Mai 2001

Tagung von 1996!

gut: vergleichende Artikel von B. Palt
Erfahrungsbericht von Lehrkräften aus profilierten Schulen
(Jenaplan, altersgemischte Klassen, Montessori, projektorientierter Unterricht
unter dem Aspekt der Schulentwicklung interessant (S. 324!)
⇒ werbespotartige Beiträge: zu einer Waldorfschule (226)

ungenügende stilistische Bearbeitung der Aufsätze nicht
deutschsprachiger Autoren! Wäre Sache der Hrsg., dies zu tun!

Anregungen international
verwirklichter Reformpädagogik

GREIFSWALDER STUDIEN ZUR ERZIEHUNGSWISSENSCHAFT

Herausgegeben von Andreas Pehnke

Band 8

PETER LANG
Frankfurt am Main · Berlin · Bern · Bruxelles · New York · Wien

Andreas Pehnke
Gabriele Förster
Wolfgang Schneider
(Hrsg.)

Anregungen international verwirklichter Reformpädagogik

Traditionen, Bilanzen, Visionen

PETER LANG
Europäischer Verlag der Wissenschaften

Die Deutsche Bibliothek - CIP-Einheitsaufnahme

Anregungen international verwirklichter Reformpädagogik : Traditionen, Bilanzen, Visionen / Andreas Pehnke/Gabriele Förster/Wolfgang Schneider (Hrsg.). - Frankfurt am Main ; Berlin ; Bern ; Bruxelles ; New York ; Wien : Lang, 1999
(Greifswalder Studien zur Erziehungswissenschaft ; Bd. 8)
ISBN 3-631-35645-5

Gedruckt auf alterungsbeständigem, säurefreiem Papier.

ISSN 0945-8581
ISBN 3-631-35645-5

Printed in Germany 1 2 3 4 6 7

INHALT

VORWORT

Reformpädagogische Ansätze sind immer aus einer Unzufriedenheit mit der Regelschulpädagogik entstanden, aus einer Kritik am Zeitgeist, der eine kindgemäße Erziehung verhindert. Dies gilt sowohl für Reformer um die zurückliegende Jahrhundertwende mit ihrer Kritik am Geist der Wilhelminischen Gesellschaft, am Rationalismus und, wie L. v. FRIEDEBURG sagt, an der "Entzauberung der Welt durch Wissenschaft und Technik"[1] als auch für gegenwärtige reformpädagogisch orientierte Erzieher und Erzieherinnen, die wie Barbara KLUGE große Zweifel daran haben, daß das heutige Regelschulsystem mit den Problemen, die in den Schulen existieren (Lernverweigerung, soziale Verwahrlosung, das Grauen der Lehrer(innen) vor der Schule), fertig wird.[2] Eine Kritik am Regelschulsystem ist paradoxerweise um so notwendiger, je mehr die Regelschulen methodische Elemente, die von Reformpädagogen entwickelt wurden, einbauen. Wenn (Regel-)Schulen vermehrt projekt- und handlungsorientiert arbeiten, Sozialformen des Unterrichts wie Gruppen- und Partnerarbeit favorisieren oder für von Schülerinnen und Schülern initiierte Gespräche und Handlungsmuster eintreten, so mag dies sicherlich als lobenswertes Bemühen um eine sinnvolle Erziehung gelten, kann aber schon an den Zielen einer angemessenen Pädagogik und erst recht an reformpädagogischen Idealen vorbeigehen.
Die Gründe dafür liegen *zum einen* darin, daß solche von Reformpädagogen in entscheidendem Maße geprägten Sozial- und Handlungsformen innerhalb eines hoffnungslos veralteten schulischen Rahmens präsentiert werden. Dieser Rahmen betrifft den Unterrichtstakt (keine reformpädagogische Schule hat den pädagogisch völlig unsinnigen 45-Minuten-Unterrichtstakt), die Organisation der Schule (reines altershomogenes Unterrichten gibt es in reformpädagogischen Schulen nicht), das Klingel- oder Gongzeichen (das in reformpädagogischen Schulen längst abgeschafft ist), den Aspekt fächerübergreifenden Unterrichts (der in den meisten reformpädagogischen Schulen in den altersheterogenen Unterricht der Stammgruppen integriert ist), den Aspekt der Mitplanung der Schüler(innen) nicht nur bei der Unterrichtsgestaltung, sondern auch bei der Gestaltung ihres Lernumfeldes, die Förderung individueller Begabungen durch eigens erstellte Arbeitspläne auf der einen und die Berücksichtigung schwächerer Heranwachsender (ebenfalls durch Binnendifferenzierung) auf der anderen Seite, die Integration von behinderten Heranwachsenden, die Eröffnung von Freiräumen für die Schüler(innen) (welche Schule nicht als ein Gebäude, son-

[1] von FRIEDEBURG, L.: Bildungsreform in Deutschland. Geschichte und gesellschaftlicher Widerspruch. Frankfurt/Main 1989, S. 202 f.

[2] KLUGE, B.: Der Jena-Plan - ein zukunftsweisendes Reformmodell. In: PEHNKE, A./RÖHRS, H. (Hrsg.): Die Reform des Bildungswesens im Ost-West-Dialog, Geschichte, Aufgaben, Probleme. Frankfurt/Main, Berlin, Bern, New York, Paris, Wien u. a. 1998, S. 275 - 290.

dern als Lebenswirklichkeit, die auch außerhalb von Schulmauern stattfindet, begreifen), und last, but not least das ständige Sichüberprüfen und Infragestellen der eigenen Konzeption von seiten der (kooperativ) arbeitenden Lehrer- oder Tutorenschaft. Die Gründe dafür, daß es nicht hinreicht, eine Schule dadurch zu verändern und zu verbessern, daß man sich einer anderen, von der Reformpädagogik entlehnten Methodik bedient, liegen *zum anderen* darin, daß Forderungen nach einer veränderten Methodik sehr oft (dies gilt insbesondere für die bundesdeutsche Schulbürokratie) in einen Dogmatismus münden. Jeder Referendar, der sich als erwachsene, mündige Persönlichkeit mit einer ausgewiesenen fachlichen Kompetenz in einer zweijährigen Ausbildung reinfantilisieren lassen muß, weiß, wie dirigistisch Forderungen nach Methodenwechsel im Unterricht, Mitplanung der Schüler(innen), Initiierung von Schüler-Schüler-Gesprächen etc. erhoben und durchgesetzt werden. Pädagogische Kompetenz ist eben nicht eine Frage der Treue gegenüber dem Dienstherrn, sondern in allererster Linie eine Frage der eigenen geistigen Beweglichkeit und Offenheit und der Fähigkeit, methodische Konzepte auf ihre Brauchbarkeit zu überprüfen und sie, wenn nötig, jederzeit wieder fallenzulassen.

Was Reformpädagogik zuallererst auszeichnet, ist weniger der organisatorische, didaktische und methodische Rahmen, innerhalb dessen sie Schule stattfinden läßt, sondern vielmehr der Geist der Kritik, der Geist der Negation. Negation bedeutet dabei nicht das bloße Verneinen von Bestehendem und gleichsam dessen negative Bejahung, die ebensosehr Grenze, Mangel und Beschränkung ist wie das, was sie verneint. Negation bedeutet hier vielmehr eine Reformierung bereits vorhandener Konzepte, die sich selbst auch als etwas, was ständig neu zu formulieren, zu korrigieren und zu negieren ist, begreift. Sie setzt dem, was sie negiert, etwas Positives entgegen, das sie seinerseits wiederum einem beständigen Negiertwerden aussetzt. Dieser Geist der Negation - der Negation der Negation i. S. HEGELs - bringt einen Prozeß des Aufhebens[1] in Gang, in dem das von ihm Negierte nicht vollständig beseitigt wird, sondern auf veränderte Weise erhalten bleibt.[2] Den Geist der Reformpädagogik kennzeichnen somit

---

[1]HEGEL nennt den Begriff des Aufhebens einen der wichtigsten Grundbegriffe der Philosophie. In seiner *Wissenschaft der Logik* macht er auf den Doppelaspekt, den das Wort "aufheben" hat, aufmerksam: "aufheben" bedeutet zum einen aufbewahren und erhalten und zum anderen aufhören lassen, ein Ende machen. "Das Aufbewahren", so HEGEL, "schließt schon das Negative in sich, daß etwas seiner Unmittelbarkeit und damit einem den äusserlichen Einwirkungen offenen Daseyn entnommen wird, um es zu erhalten. - So ist das Aufgehobene ein zugleich Aufbewahrtes, das nur seine Unmittelbarkeit verloren hat, aber darum nicht verschwunden ist" (HEGEL, G. F. W.: Wissenschaft der Logik. Bd. 1, Die objektive Logik, hrsg. v. F. HOGEMANN u. W. JAESCHKE, in: G. W. F. HEGEL, *Gesammelte Werke*, in Verb. mit der Dt. Forschungsgemeinschaft hrsg. von d. Rhein.-Westfäl. Akad. d. Wiss., Bd. 11. Hamburg 1978, S. 58).

[2]Diesen Prozeß der bestimmten Negation, der Negation der Negation, hebt HEGEL als die grundlegende Methode, die ein (philosophisches) Denken auszeichnet, heraus. In der Einlei-

erstens ein Festhalten an bestimmten Traditionen mit der Möglichkeit ihrer beständigen Korrektur, zweitens eine Kritik an Bestehendem, die nicht Kritik um der Kritik willen, sondern Kritik mit der Absicht einer Neuformulierung von pädagogischen Konzepten ist, und drittens das Sichoffenhalten für eine Revision, Korrektur und Neuorientierung im Hinblick auf die eigenen Konzepte. Reformpädagogik heißt danach auch Kritik an der Reformpädagogik.[1] Wenn daher reformpädagogisch orientierte Schulen wie die Jenaplanschulen sich nicht starr an die Konzeptionen ihres Gründers, Peter PETERSENs, halten, sondern eigene Konzeptionen entwickeln, die teilweise den Intentionen PETERSENs sogar entgegengesetzt sind (oder zu sein scheinen), so ist dies kein Widerspruch, sondern Ausdruck für den (selbst)kritischen Geist der Reformpädagogik.[2]
Darzustellen, wie dieser Geist sich weltweit, also über die Grenzen der Bundesrepublik Deutschland hinaus, zeigt, ist Aufgabe dieses Bandes. Der Band faßt zumeist Beiträge zusammen, die während der im Oktober 1996 stattgefundenen

---

tung zur Wissenschaft der Logik sagt HEGEL dazu: "Das Einzige, um den wissenschaftlichen Fortschritt zu gewinnen, ist die Erkenntniß des logischen Satzes, daß das Negative eben so sehr positiv ist, oder daß das sich Widersprechende sich nicht in Null, in das abstracte Nichts auflöst, sondern wesentlich nur in die Negation seines besonderen Inhalts, oder daß eine solche Negation nicht alle Negationen, sondern die Negation der bestimmten Sache, die sich auflöst, somit bestimmte Negation ist" (a. a. O., S. 25).

[1]Dies soll - als ein Beispiel unter vielen - der Aufsatz "Politische Reformpädagogik - eine verdrängte Dimension" von T. RÜLCKER [in: *Pädagogik und Schulalltag* 52(1997)2, S. 157 - 165] verdeutlichen. RÜLCKER kritisiert in diesem Aufsatz die konservative politische Tendenz, die nach seiner Meinung die berühmteren Reformpädagogen in der ersten Hälfte dieses Jahrhunderts ausgezeichnet habe. [Vgl. zum kritischen Umgang mit Reformpädagogik auch das Interview, das W. KEIM mit B. SCHONIG, einem Erziehungswissenschaftler, der sich besonders intensiv mit dem Thema Reformpädagogik beschäftigt hat, führte ("Zur Ambivalenz der Reformpädagogik", abgedruckt in ebd., S. 193-198]. SCHONIG moniert darin die Ambivalenz reformpädagogischer Konzepte, die für ihn in dem Widerspruch zwischen theoretisch-ideologischem Anspruch und realisierter pädagogischer und schulpädagogischer Praxis besteht (a. a. O., S. 195).

[2]Ein Beispiel für das Aufheben der Pädagogik Peter PETERSENs ist die Art und Weise, wie in den Niederlanden das Modell des von PETERSEN initiierten Jenaplans praktiziert wird. Huub van der ZAANDEN, ein niederländischer Jenaplan-Pädagoge, schreibt dazu: "Der Jena-Plan der zwanziger und dreißiger Jahre kann nicht mehr der Jena-Plan der neunziger Jahre sein. Das Menschen-und Gesellschaftsbild PETERSENs stammt aus dem Anfang dieses Jahrhunderts und kann nicht der Jena-Plan-Schule heute als Grundlage dienen. Deshalb darf die heutige Jena-Plan-Schule keine Kopie der damaligen Schule in Jena sein" (van der ZAANDEN, H.: Eine Schule für Europa - Gemeinschaftsgedanke und Menschenbild in der Jena-Plan-Schule heute. In: RETTER, H. (Hrsg.): *Jena-Plan-Pädagogik als Chance, Kindgerechte Schulpraxis im Zeichen europäischer Verständigung*, Bad Heilbrunn 1993, S. 31-42, S. 39). In die gleiche Richtung geht seine Forderung, gegen den sich jetzt wieder anbahnenden Nationalismus anzugehen und alle Volksgruppen in die Reformbewegung des Jenaplans zu integrieren, eine Forderung, die zu PETERSENs nationaltheoretischer Begründung des Jenaplans eher im Gegensatz steht.

Tagung mit dem Titel "Anregungen international verwirklichter Reformpädagogik" gehalten wurden. Diese Tagung verstand sich als Fortsetzung und inhaltliche Erweiterung der Ende 1994 veranstalteten Tagung "Einblicke in reformorientierte Schulpraxis der neuen Bundesländer".[1] Der Band greift damit zwar über den reformpädagogischen Rahmen der Bundesrepublik Deutschland und insbesondere der fünf neuen Bundesländer hinaus, bleibt aber dennoch letztlich auf diesen Rahmen bezogen. Intention war, Anregungen von außen dafür zu bekommen, wie der selbstkritische, sich im Sinne des Aufhebens immer wieder neu formulierende und neu orientierende Geist der Reformpädagogik pädagogisches Arbeiten befördern kann. Wir sind aus diesem Grunde für die Beiträge, die die Kolleginnen und Kollegen aus Japan, den Niederlanden, Rußland, Ungarn, Tschechien, der Slowakei und der Schweiz gehalten haben, in besonderem Maße dankbar. Sie haben uns gezeigt, wie sehr Reformpädagogik einer dogmatischen Verengung von pädagogischen Konzeptionen entgegensteht und wie sehr zuweilen auch subversives und anarchisches[2] Denken Voraussetzung für (reform) pädagogisches Arbeiten ist.[3] Kindgemäße Erziehung bedeutet danach nicht, schülerzentriertes Unterrichten zum Dogma zu machen oder be-

[1]Der gleichnamige Protokollband dieser Tagung ist (hrsg. von A. PEHNKE) als Band 4 der Greifswalder Studien zur Erziehungswissenschaft 1996 bei Peter Lang erschienen.

[2]Es ist das Verdienst von Emanuel LEVINAS (1906-1995), einem modernen jüdischen Philosophen, darauf aufmerksam gemacht zu haben, wie sehr der Geist der Anarchie jüdisches Denken geprägt habe und wie sehr das abendländische Denken ein Denken der *arche* (ein griechisches Wort, das Anfang, Prinzip, Ursprung bedeutet) sei, deren Negation der Begriff *Anarchie* ist. Für LEVINAS ist das abendländische Denken eine Bewegung zum Selben und Einverleibung des Anderen in das Selbe, während die Anarchie, dieses radikal gedachte Werk (œuvre pensée radicalement), eine Bewegung des Selben zum Anderen ist, die nie mehr zum Selben zurückkehrt (un mouvement de Même vers l'Autre qui ne retourne jamais au Même), wie er in dem Aufsatz "La trace de l'Autre" (in: ders., *En découvrant l'existence avec HUSSERL et HEIDEGGER*, 3. Aufl., Paris 1982, S. 191) sagt. In diesem Aufsatz zieht LEVINAS eine interessante Verbindung zum Odysseus-Mythos und zur biblischen Abraham-Geschichte. Exemplarisch für das Denken in Prinzipien sei der nach Ithaka, in seine Heimat, seine *arche*, zurückkehrende ODYSSEUS; exemplarisch für das Denken des Anderen, für die an-archische Ethik, sei die Geschichte ABRAHAMS, der seine Heimat (Ur in Chaldäa) für ein noch unbekanntes Land (Kanaan) für immer verläßt und der seinem Knecht verbietet, den Sohn zu dieser seiner *arche* zurückzuführen (Gen. 24, 6). - Das Denken der *arche* ist ein Festhalten an Prinzipien, das nicht nur das Denken unbeweglich zu machen droht, sondern auch zu einem Dogmatismus führt, der auf alle Fragen schon die richtigen Antworten parat zu haben vermeint. Ein an-archisches Denken dagegen beraubt sich gerade jeglicher Prinzipien, mit denen es zur Ruhe kommen könnte.

[3] Das Erscheinen des Bandes hat sich vor dem Hintergrund des bis heute noch immer nicht entschiedenen Für oder Wider zum Greifswalder Versuchsschulprojekt (vgl. PEHNKE i. d. B.) ganz erheblich verzögert. So mußten zahlreiche Beiträge aktualisiert und andere - alle mit einem * im Titel gekennzeichneten - Aufsätze vereinbart werden, damit insgesamt trotz der zeitlichen Verzögerung im Erscheinen des Bandes ein hochaktueller Beitrag zur Reformpädagogik-Praxis und -Forschung entstehen konnte.

stimmte Sozialformen des Unterrichts (wie Gruppen- und Partnerarbeit) einseitig zu favorisieren, sondern sie bedeutet im Gegenteil das Vermeiden jedes Fixierens auf einen bestimmten Standpunkt, auf eine bestimmte Seite der mannigfaltigen Möglichkeiten von Pädagogik. In diesem Sinne bedeutet "subversiv" und "anarchisch" das Untergraben von pädagogischen Maßstäben, die mit dem Anspruch der Endgültigkeit formuliert werden. Für Reformpädagogen gibt es keine letztgültigen Prinzipien und Grundsätze dafür, wie pädagogisch sinnvoll und vernünftig gearbeitet werden kann, und sie lassen sich solche letztgültigen Prinzipien auch von niemandem aufzwingen, weder von ihren Kollegen und Kolleginnen noch von irgendwelchen (staatlichen oder nichtstaatlichen) Institutionen.
Selbstverständlich gilt dies auch für die Reformpädagogen im eigenen Lande, die wie H. von HENTIG oder A. von der GREOBEN zur Vermeidung von Dogmatismus sogar bereit sind, in bezug auf das von ihnen mitverwirklichte Schulmodell - die Bielefelder Laborschule - auf den Namen "Reformpädagogik" zu verzichten. Und es gilt für die reformpädagogischen Schulmodelle, die zum Teil bereits bei der Tagung von 1994 vorgestellt wurden, wie z. B. für das Chemnitzer Schulmodell oder für die Montessori-Schule in Greifswald. Hier wird auf besonders eindrückliche Weise gezeigt, wie es in der "Praxis" aussieht, wenn eigene Konzeptionen wieder aufgegeben werden und wenn immer wieder nach Neuansätzen gesucht wird.
Es sei an dieser Stelle ausdrücklich darauf hingewiesen, daß die Diskussionen, die dieser Band anregen will, nicht nur Diskussionen zwischen Reformpädagogen sein sollen. Kritik am Regelschulsystem, aus der heraus, wie eingangs gesagt, Reformpädagogik sich immer wieder konstituiert, bedeutet nicht Distanzierung und Sichabschließen. Reformpädagogen wollen durchaus auch Impulse für die Regelschulen, die in der Bundesrepublik Deutschland nach wie vor das Gros aller Schulen ausmachen, geben. Sie wollen den Geist der Negation und der Kritik auch in den Regelschulbereich hineintragen. Sie wollen nicht, daß unreflektiert und in dogmatischer und dirigistischer Weise bestimmte Methoden der reformpädagogisch orientierten Schulen übernommen werden. Aus diesem Grunde enthält der Band auch Beiträge von Lehrerinnen und Lehrern, die im Regelschulbereich versucht haben, einen Reformierungsprozeß, der die bisherige Art und Weise des Unterrichtens in Frage stellt, in Gang zu bringen. Diese Beiträge zeigen, wie bitter notwendig im Regelschulbereich ein Umdenken und das Vermögen sind, sich für eine Korrektur und für Selbstkritik offenzuhalten.
Die Diskussionen, die dieser Band anregen will, sollen darüber hinaus ebenso die erziehungswissenschaftliche Forschung erfassen. Die Herausgeber dieses Bandes haben sich eingehend mit Fragen der Reformpädagogik beschäftigt und dazu mehrfach publiziert. Sie wissen aus eigener Erfahrung, wie kontrovers innerhalb der Reformpädagogik diskutiert wird und wie gerade kontroverse, auf dem Geist der Kritik und Negation beruhende Diskussionen die wissenschaftli-

che Forschung befruchten können. Sie erhoffen sich daher auch für diesen Band eine kritische Resonanz, die hilft, den wissenschaftlichen Diskurs voranzubringen.
Die Herausgeber hoffen überdies, daß der Band einer möglichst breiten pädagogischen Öffentlichkeit zugänglich wird. Nicht nur Erziehungswissenschaftler und Studierende sollen in die Diskussion über die immer wieder neu zu stellende Frage, wie eine kindgemäße Erziehung aussehen soll, einbezogen werden, sondern auch diejenigen, die diese Frage unmittelbar betrifft: Eltern, Lehrerinnen und Lehrer an den Regelschulen, Fachleiter und pädagogische Leiter an den Seminaren zur Ausbildung von Referendaren und die für Fragen der Bildung verantwortlichen Kräfte der Administration. Ziel ist, die Öffentlichkeit für den mühsamen Reformierungsprozeß im Regelschulbereich zu sensibilisieren, einen Reformierungsprozeß, der sich im internationalen Vergleich als immer notwendiger erweist.

Wir danken Frau Irmgard BURMEISTER, der 'Seele' des Greifswalder Lehrstuhls für Allgemeine Erziehungswissenschaft, und wir gedenken tiefbewegt Frau Margitta STEINs, die während der technischen Fertigstellung des Bandes urplötzlich im Alter von erst 43 Jahren verstorben ist, für die sehr umfänglichen Schreibarbeiten des Manuskriptes.

Greifswald, im März 1999

Andreas PEHNKE Gabriele FÖRSTER Wolfgang SCHNEIDER

I. Zur Einführung

Die Pädagogen Armin LÜTHI, Andreas PEHNKE, Hermann RÖHRS und Franz PRÜSS (v. r. n. l.) während der Konferenz in der altehrwürdigen Aula der Ernst-Moritz-Arndt-Universität Greifswald

Grußwort[1]

Meine sehr verehrten Damen und Herren,
liebe Kolleginnen und Kollegen!

Herr PEHNKE hat mich gebeten, ein Grußwort an Sie zu richten. Diesen sehr herzlich gemeinten Gruß möchte ich verbinden mit einigen wenigen Überlegungen hinsichtlich Ihrer Tagungsthematik "Anregungen international verwirklichter Reformpädagogik".

Nichts ist so vielen Mißverständnissen ausgesetzt gewesen wie die Thematisierung der internationalen Fragestellungen in der Reformpädagogik. In Wirklichkeit ist die Reformpädagogik jedoch - von wenigen Ausnahmen abgesehen - vom ersten Tag an international orientiert gewesen. Die reformpädagogischen Aufbrüche in Ost und West, in Nord und Süd während der 80er und 90er Jahre - also vor rund einem Saekulum - waren zwar national bestimmt, aber sie waren dennoch - der inneren Dynamik der Fragestellung entsprechend - auf eine übernationale Diskussion der reformpädagogischen Grundanliegen ausgerichtet.

In dieser Hinsicht stellen die reformpädagogischen Ansätze, wie Helen PARKHURSTs Daltonplan, Carlton WASHBURNEs Winnetkaplan, TOLSTOIs Jasnaja Poljana, Paul GEHEEBs Odenwaldschule und Ecole d'Humanité, DECROLYs Ecole pour la vie par la vie, MONTESSORIs Kinderhäuser und viele andere mehr, modellhafte Institutionen zur Lösung der Erziehungs- und Schulnöte dar.

Dieses nur beispielhaft genannte reformpädagogische Repertoire erlaubt bei gewissenhafter Auswahl die Konstruktion neuer Schulformen und -stile, wie es etwa mit dem Jenaplan und später mit den Comprehensive Schools in Leicestershire unter Stewart MASON geschehen ist. Es scheint eine pädagogische Reißbrettarbeit zu sein, und dennoch ist es wichtig, den Innenraum der Schule, ihren reformpädagogischen Geist, erfahren zu haben. Insbesondere die - bei uns bis vor kurzem - völlig verständnislos interpretierte daltonisierte Schule ist eine Fundgrube für derartige Vorhaben. Im Grunde ist auch der Schulneubau in diesen Prozeß einzubeziehen.

Die für den Erfolg wichtige experimentelle Anlage dieser Versuchsarbeit - und ihre wissenschaftliche Überprüfung - konnte dem allgemeinen wissenschaftlichen Entwicklungsstand entsprechend nur schwach ausgebildet sein. Um so erstaunlicher bleibt es, daß die einzige modellhafte Studie, die Anlage und Erfolg einer reformpädagogischen Unternehmung über eine längeren Zeitpunkt nach einem differenzierten Design zu klären versuchte - die "Eight Years Study" von Wilford M. AIKIN - trotz ihrer fünf hochinteressanten Bände - weitgehend unbekannt blieb. Sicherlich war der Zeitpunkt des Erscheinens 1942/43 - also mitten

[1] Vorab veröffentlicht in: Hermann RÖHRS - Gesammelte Schriften, Bd. 12: Reformpädagogik und innere Bildungsreform. Weinheim 1998, S. 336-339.

im Kriege - nicht günstig. Aber das erklärt noch lange nicht die weitgehend fehlende Resonanz während der folgenden Jahrzehnte.
Nichts läßt sich imitieren - schon gar nicht die exzeptionelle guten Voraussetzungen aufgrund der Unterstützung durch die Rockefeller Foundation. Aber die Frage nach dem Einfluß reformpädagogischer Ziele auf die Lebenseinstellung und -aufgeschlossenheit der Ehemaligen sowie dem Lebenserfolg in Studium und Beruf dürfte seither nicht übersehen werden, weil sie entscheidende Kriterien für die Beurteilung der Wirkungskraft der Schule bringt.
Die Schul- und Unterrichtsforschung muß daher ein notwendiger Bestandteil des Schulversuchs sein. Hinsichtlich der pädagogischen Einschätzung der reformpädagogischen Schulen ist die wissenschaftlich begründete Antwort auf die Frage nach der Schulbewährung ihrer Schüler, aber auch nach deren Studien-, Berufs- und Lebenserfolg, von großer Bedeutung; daher sind Kontrolluntersuchungen notwendig.
Für alle diese erziehungswissenschaftlichen Begleituntersuchungen sollte der Grundsatz gelten, daß sie so anzulegen sind, daß sie das Schulleben nicht stören, vielmehr - ähnlich dem Effekt des Hawthorne-Experiments - dem Lehrer und Schüler einen höheren Grad der Bewußtheit ihres täglichen Tuns vermitteln und somit die unterrichtserzieherische Kommunikation stärken.
Die wissentlich menschliche Zuwendung als humane Aufgabe in der Alltäglichkeit, in deren Dienst wir uns bewußt als Gehilfen der Mit-Menschlichkeit zu stellen haben, wird zu einem Grundmotiv der Pädagogik. In diesem permanenten Humanisierungsprozeß spielt die Reformpädagogik zunehmend eine bedeutsame Rolle.

Während Ihrer Tagung ziehen Sie den Umkreis reformpädagogischer Wirksamkeit bewußt bis in die Gegenwart aus. Das ist eine wichtige Entscheidung. Sie scheint mir aus zwei Gründen bedeutsam zu sein. Einmal wird die Reformpädagogik ihrem Grundanliegen nur gerecht, wenn sie nicht bloß in der historischen Dimension verharrt. Gewiß entwickeln sich auch die historischen Modelle weiter. Aber der Wandel in der Gesellschaft und der ihr korrespondierenden Erziehungswirklichkeit erfordert auch spezifisch neue Antworten. Unter diesem Aspekt betrachtet, lassen sich zum anderen eine Fülle reformpädagogischer Ansätze aufweisen, die des Gesprächs, der Ermutigung und der Unterstützung bedürfen. Darin erblicke ich die großen Möglichkeiten Ihrer Arbeit.
Wir benötigen derartige Schulen als pädagogische Wegweiser und Wegbereiter. Die klassische Reformpädagogik stellt dazu ein reiches Arsenal reformpädagogischer Ideen und Praktiken bereit - aber keineswegs als Steinbruch, den man willkürlich nutzen kann; vielmehr als eine historisch sanktionierte pädagogische Vorleistung; sie erlaubt nur unter Beachtung aller Regeln wissenschaftlicher Arbeit eine weitere Verwendung. Jener oft zu hörende Spruch: Alles sei zusammengeborgt, ohne daß die Bezüge markiert wurden, ist reformpädagogisch und wissenschaftlich nicht vertretbar. Die Reformpädagogik ist ein Kontinuum und sollte als solches geachtet und gepflegt werden.

Sie finden in Greifswald einen Lebensrahmen vor, der im Medium einer wechselvollen Geschichte einen starken Freiheitswillen geprägt hat; er konnte eine Weile unterdrückt, aber nicht vollends beseitigt werden. Flankiert wird dieser Freiheitswille von einem kultivierten hanseatischen Geist. Beide werden wiederum vertieft durch den von Caspar David FRIEDRICH bewußt gemachten Kunstsinn, der die Landschaft als Entwicklungsrahmen des Menschwerdens und -seins deutet. Besonders klar kam diese Grundaussage der Bilder FRIEDRICHs während einer Ausstellung 1982 in der National Gallery in London zum Ausdruck, die ich anläßlich einer internationalen Konferenz besuchen konnte. Unter der Thematik "Caspar David FRIEDRICH and the Landscape" wurde diese geheimnisvolle Wechselwirkung durch ein ästhetisch glückliches Arrangement sowie ergänzende Veranstaltungen gerade für das englische Publikum transparent. Diese gediegene Grundstimmung ist auch im Umfeld von Greifswald und in seinen Kirchen spürbar.

Wo Maria sich mit sieben bedeutenden Professoren zusammenfindet, da muß eine gute pädagogische Atmosphäre herrschen. Damit spiele ich auf den Titel des spätgotischen Gemäldes an, das im Dom zu sehen ist und das von Heinrich RUBENOW, dem Gründer und ersten Rektor der Universität, 1460 gestiftet wurde.

Es ist ein eindrucksvolles Bild, das RUBENOW mit sechs ihm befreundeten Professoren im Gebet und zwischen ihnen eine leuchtende goldene Mandolo mit Maria und dem Jesuskind zeigt. Walter PAATZ, der Heidelberger Kunsthistoriker und einer der besten Kenner der gotischen Backsteinkirchen in Norddeutschland, mit dem ich Ende der 50er und während der 60er Jahre in der traditionsreichen Philosophischen Fakultät (übrigens zusammen mit den damals noch aktiven Hans-Georg GADAMER und Karl LÖWITH) wirkte, kennzeichnet das Gemälde als die trefflichste Darstellung von Professoren im Übergang vom Mittelalter zum Humanismus, tief religiös, aber bereits weltaufgeschlossen: "Lichter der Welt", wie die Inschrift des Bildes lautet.

Wir befinden uns in Greifswald also in einem ehrwürdigen akademischen Rahmen; er bewährt also denkbar gute Voraussetzungen für eine Tagung über Reformpädagogik.
Ich wünsche Ihnen einen guten Erfolg!

Hermann RÖHRS

Andreas PEHNKE

Reformpädagogische Impulse für eine zukunftsgerichtete Schule

Es mag nicht sonderlich zeitgemäß erscheinen, mit den reformpädagogischen Intentionen einer entwicklungsgerechten Pädagogik ein Plädoyer für die Lösung der immer anspruchsvoller werdenden Bildungs- und Erziehungsaufgaben einer modernen Schule sprechen zu wollen. Schließlich ist der nicht selten panische Ruf nach mehr Leistungsdruck und Eliteschulen vor dem Hintergrund der in der Tat für die deutsche Schullandschaft ernüchternden Ergebnisse der *Dritten Internationalen Mathematik- und Naturwissenschaftsstudie - The Third International Mathematics and Science Study (TIMSS)*[1] - unüberhörbar. Meine Argumentation reiht sich in jene Arbeiten ein (vgl. BAUMERT/KÖLLER 1998; v. d. GROEBEN 1999;WALLRABENSTEIN 1998), die als Reaktion auf die erwähnte *TIMSS* die oft eilfertig gelieferten liberal-konservativen Vermessungen für Veränderungen der Schule, die bis zur Rede des Bundespräsidenten Roman HERZOG vom 5. November 1997 zum Thema "Aufbruch in der Bildungspolitik"[2] reichen, wieder zurück auf die Vielschichtigkeit des Problemfeldes zu rufen suchen.

Die klassische Reformpädagogik im schulischen Wandel von heute und morgen

1900 hatte die schwedische Frauenrechtlerin und Pädagogin Ellen KEY unser nun zu Ende gehendes Jahrhundert verheißungsvoll und emphatisch als "Jahrhundert des Kindes" bezeichnet (KEY 1902; DRÄBING 1990; ANDRESEN/BAADER 1998). Leider wurde es eher eine kinderfeindliche Zeit. Und leider kann die von ihr eingeklagte Reformpädagogik längst nicht mehr als ein sauber eingrenzbares Phänomen beschrieben und eindeutig definiert werden. Daß sich auf Reformpädagogik jedermann mehr oder weniger berechtigt berufen konnte und noch heute kann, hat mit deren Heterogenität zu tun. Sie ist ein höchst vielschichtiges Gebilde, entstanden als eine pädagogische Antwort zumeist auf Probleme der modernen Industriegesellschaft. In ihrer Gesamtheit kann sie weder politisch noch pädagogisch eingeordnet werden: Sie ist in konservativ-reaktionären Ansätzen ebenso enthalten wie in den Positionen einer humanistisch-demokratischen Pädagogik (vgl. BERNHARD 1997). So vielschichtig und unterschiedlich wie die sog. reformpädagogische Bewegung selbst sind auch ihre Interpretationsmuster. Neben der augenfälligen Renaissance der erziehungswissenschaftlichen Diskussion um reformpädagogische Auffassungen erfreuen sich historische wie zeitgenössische Vorstellungen generell beim breiten pädagogischen Publikum größten Interesses. Nun mag es noch so viele Kontroversen im wissenschaftlichen Meinungsstreit um das Phänomen Reformpädago-

[1] BAUMERT/LEHMANN u. a. 1997.
[2] HERZOG 1997; vgl. auch RUTZ 1997.

gik geben, die vor allem durch eine ideen- und motivgeschichtliche sowie ideologiekritische Einengung, durch eine starre Kanonisierung der einzelnen Reformpädagogen und schließlich durch das Ignorieren gesellschaftskritischer Reformpädagogen gekennzeichnet sind, so gibt es aber mittlerweile doch wenigstens Konsens, daß nach dem Anschluß der DDR an die Bundesrepublik Deutschland die neuen Bundesländer wieder in das Blickfeld der bundesdeutschen Reformpädagogik-Rezeption rückten, die - zumindest für lange Zeit - sowohl in der alten Bundesrepublik Deutschland (vgl. KEIM 1992) als auch in der DDR (vgl. PEHNKE 1993) weitgehend in Vergessenheit geraten waren. Erfreulicherweise treten auch bedeutende Zentren der demokratisch-sozialistischen Variante der historischen Reformpädagogik wie Sachsen oder Berlin allmählich ins Bewußtsein einer breiten pädagogischen Öffentlichkeit. Dies hängt vor allem mit dem lange Zeit vorherrschenden Verständnis von Reformpädagogik zusammen, die weithin als "unpolitisch" galt (vgl. RÜLCKER/OELKERS 1998). Anerkannt waren hauptsächlich solche Repräsentanten, die eher zu anti-aufklärerischen, anti-liberalen, anti-demokratischen und anti-sozialistischen, teilweise sogar zu anti-semitischen Positionen tendierten. Leitbilder waren in Deutschland die LIETZschen Landerziehungsheime, Georg KERSCHENSTEINERS oder Hugo GAUDIGS Arbeitsschulkonzepte, der Jenaplan Peter PETERSENS, die Hauslehrerschule Berthold OTTOS oder Rudolf STEINERS Waldorfschulen, während gesellschaftspolitisch orientierte bzw. akzentuierte Modelle wie das Arbeitsschulverständnis in den sächsischen Lehrervereinen, die Berliner Lebensgemeinschaftsschulen in Arbeitervierteln sowie der Bund Entschiedener Schulreformer um Paul OESTREICH[1], der sich explizit als (kultur-) politische Kraft verstand und innere und äußere Schulreform zu verbinden suchte (vgl. zuletzt BERNHARD 1999), weithin diskreditiert wurden. Dieses Verständnis von Reformpädagogik wirkte in der Phase der gesamtgesellschaftlichen Restauration nach 1945 in Westdeutschland weiter (vgl. KEIM 1992), während in der DDR im Zuge der Stalinisierung Reformpädagogik generell als bürgerliches Relikt bekämpft wurde (vgl. PEHNKE 1993; vgl. insges. KEIM/WEBER 1998, S. 11). So geriet hier wie dort in Vergessenheit, daß es die "linke" Reformpädagogik gewesen war, die sich durch die Nazis nicht hatte vereinnahmen lassen und deshalb schon in den ersten Monaten ihrer Gewaltherrschaft zerschlagen worden war (vgl. KEIM 1997).

Natürlich sollten wir nicht nur die lange Zeit verdrängten Reformpädagogen wiederum einseitig in den Mittelpunkt unseres Interesses rücken! Als Wissenschaftler dürfen wir sehr wohl mehr oder weniger Sympathien für diese oder jene Reformpädagogik verraten; in unseren Analysen jedoch ist die Gesamtheit des reformpädagogischen Phänomens in seiner gesamtgesellschaftlichen und überregionalen Verflochtenheit unvoreingenommen darzustellen.

---

[1] Paul OESTREICH wurde für seine lebenslangen reformpädagogischen Aktivitäten 1949 die Ehrendoktorwürde unserer Greifswalder Universität verliehen (vgl. UA der Ernst-Moritz-Arndt-Universität, Ehrenpromotionen).

In vielerlei Hinsicht ist inzwischen das eher traditionelle, konservative deutsche Schulsystem, in dem so gern an "Bewährtem" festgehalten wird (vgl. PEHNKE 1996a), von reformpädagogischen Elementen und Impulsen direkt oder indirekt beeinflußt worden: Gruppenarbeit, freie Diskussion, Differenzierungsmaßnahmen, Berücksichtigung motorischer und emotionaler Bedürfnisse der Lernenden, die Wertschätzung von Selbsttätigkeit, Selbständigkeit und Kreativität usw. Vieles davon ist inzwischen Bestandteil der Diskussionen um das Erziehungs-, Bildungs- und Ausbildungssystem. Dennoch wird die Reformbedürftigkeit der staatlichen Regelschule kaum noch in Zweifel gezogen.
Leider führt die gewiß lobenswerte Tatsache, daß sich so manche klassische reformpädagogische Forderung, wie die z. B. nach Projekttagen, im Regelschulbetrieb wiederfindet, noch viel zu oft bei Pädagogen und Schulfunktionären zu der kurzschlüssigen Meinung: *Reformpädagogik, das praktizieren wir doch schon längst!*

Zum einen tun wir gut daran, ohne Arroganz die vielen Schätze der historischen Reformpädagogik zu heben und voller Achtung die Ergebnisse des Denkens und die Erfahrungen unserer Vorgänger für die Gegenwart - kritisch analysiert - zu nutzen. *Zum anderen* ist das Beharren auf demokratischen und humanistischen Prinzipien der Reformpädagogik um so wichtiger, je mehr Reformpädagogik - wie ich es gegenwärtig erlebe - entweder fast nur noch Objekt von Verklärung oder von akademischer Historisierung mit zunehmend delegitimierender erziehungswissenschaftlicher Diskussion zu sein scheint. Schließlich befinden wir uns in vielen bildungspolitischen und pädagogischen Debatten in der Bundesrepublik Deutschland gegenwärtig noch ganz am Anfang dessen, was die engagierten Kräfte z. B. in der basispädagogischen Bewegung im ersten Drittel unseres Jahrhunderts mit ihrer demokratischen und emanzipatorischen Pädagogik meinten.

Parallelität der Schulkritik einst und heute

Auffallend ist die weitgehende Übereinstimmung der schulkritischen Positionen am Beginn unseres Jahrhunderts mit aktuellen Kritikpunkten wie Stoffdominanz, Frontalunterricht, Schülerpassivität, mangelnde Berücksichtigung von Subjektivität, Individualität, Altersspezifik und Sozialkompetenz. Fraglich bleibt dennoch, ob heute in genau der Weise auf Kritikwürdiges reagiert werden kann wie vor etwa hundert Jahren. Angesichts der immer komplexeren Zusammenhänge unserer (und anderer) Gesellschaft(en) werden die Bildungs- und Erziehungsaufgaben der Schule allein schon vor dem Hintergrund der immensen Ausweitung des Wissens zunehmend anspruchsvoller. Natürlich muß die Schule ihr pädagogisches Konzept immer neu an der Lebenswelt und deren Veränderungen kontrollieren und entsprechend modifizieren. Das ergibt sich allein aus der Komplexität solcher Themen wie veränderte Kindheit, Erneuerungsprozesse in der Schule als einer sozialen Institution, verändertes Lehrersein heute, Variationen der bildungspolitischen Basis und anderes mehr. In den neuen Bundesländern beispielsweise können die Spontanrezeption der reformpädagogischen Auffassungen und die zum Teil völlige Kritiklosigkeit ihnen gegenüber als Reaktion auf die jahrzehntelang erzwungene Vereinheitlichung des Schulwesens verstanden werden. Reformpädagogik kann ihrem Grundanliegen aber nur gerecht werden, wenn sie nicht in der historischen Dimension verharrt. Die historischen Reformpädagogiken sind entwicklungsfähig, wenn sie mit ihrem engagiert eingeklagten Erneuerungsstreben zunehmend nicht mehr nur auf eine Verbesserung des öffentlichen Schulwesens zielen, sondern mit den Landerziehungsheimen, Montessori-, Waldorf- oder Jenaplanschulen einen Neuansatz als kritische Alternative zur heutigen Regelschule darstellen. Alle diese klassischen Reformschulen erfreuen sich auch heute, ca. 75 bis 100 Jahre nach ihrer Erstgründung, größter Beliebtheit, obwohl sie in dem peinlich unterentwickelten Schulvielfaltsangebot in Deutschland eher Exoten sind, die nicht selten noch einen Großteil ihrer Kraft in Gerichtsprozessen gegen ihre Geldgeber verschleißen müssen (vgl. z. B. PEHNKE 1998a, S. 254 ff.). Für über 80 Millionen Einwohner der Bundesrepublik Deutschland stehen lediglich 370 reformpädagogische Schulen bereit. Den knapp 15 Millionen Niederländern stehen demgegenüber immerhin 600 reformpädagogische Schulen zur Verfügung (vgl. RANG i. d. B.; vgl. auch OECD/CERI 1996).

In den Darlegungen Wulf WALLRABENSTEINS (1996, S. 204 f.) über die reformpädagogisch inspirierten methodischen Innovationen in der gegenwärtigen schulpädagogischen Diskussion in der Bundesrepublik Deutschland spielt zunächst auch die schlichte Gegenüberstellung zentraler Kategorien der traditionellen Reformpädagogik mit einigen Thesen zur Schulreform der 90er Jahre eine zentrale Rolle, wenn er wie folgt vergleicht: »

- "Kulturkritik" - Erziehung in einem offenen Staat macht eine Auseinandersetzung mit "Macht", "Herrschaft", "kulturellen Verschiedenheiten", "Hierarchien" notwendig und erfordert ein offenes Schulsystem, das hierarchisch organisierte Systeme der kulturellen und sozialen Auslese abbaut und mit der Öffnung des Unterrichts als kleinstem Schritt beginnt.
- "Erziehung vom Kinde aus" - "Erziehung vom Kind aus" heißt auch, Sortieren von Kindern nach vierjähriger Grundschulart abzulehnen und statt des Verschiebens und Aussiebens über die Schulsysteme eine pädagogische Konzeption des Förderns in einer offenen Lebensschule zu entwickeln.[1]

[1] Gewiß nicht komplikationslos ist diese so einsichtige und voll zu unterschreibende Forderung umzusetzen, wenn immerhin der Bundespräsident Roman HERZOG in seinem Grußwort anläßlich der Eröffnung des 15. Kongresses der Deutschen Gesellschaft für Erziehungswissenschaft im März 1996 in Halle an der Saale in seinem Plädoyer für das dreigliedrige Schulsystem meinte, daß selbst die Grundschule für alle nicht das Richtige sei (vgl. *Frankfurter Rundschau* vom 21. März 1996, S. 6). Mit Recht konnte Wolfgang KEIM (1996, S. 146) dazu nur konstatieren: "Es lebe die gymnasiale Vorschule der Wilhelminischen Ära!" Demgegenüber sind die aktuellen bildungspolitischen Vorstöße in Mecklenburg-Vorpommern, die auf

- "Selbsttätigkeit" - Selbsttätigkeit sollte als Idee einer progressiven Erziehung nicht zu den üblichen formalen Reparaturen des Bildungswesens beitragen, sondern als Grundlage eines Verständnisses von "Bildung" ganzheitliche Formen praktischen, handlungsorientierten, offenen Lernens schrittweise anbieten.
- "Einheit von Lernen und Leben" - Die (reformpädagogisch naive) Einheit von Lernen und Leben bekommt heute aufgrund veränderter gesellschaftlicher Rahmenbedingungen (Lernchancen, Lebenswelten) für Kinder und Jugendliche eine neue Dimension, in der "Bildung und Schule" als Überlebenschance in einer "Risikogesellschaft" neu definiert werden müssen [...].
- "Gemeinschaftsprinzip" - Der Weg in eine multikulturelle Gesellschaft bedeutet für die Schule sowohl "Gemeinschaft" und "Integration" als auch "Differenzierung" und "Individualisierung" mit einer Vielfalt an integrierten Bildungsgängen und nicht eine frühzeitig festgelegte, abschlußbezogene "Schullaufbahn" - die einzelne Schule sollte sich profilieren, autonom sein - nicht die Schulform.

Diese relativ plakative Gegenüberstellung vermittelt neben dem Erkennen direkter Bezüge zwischen zentralen reformpädagogischen Kategorien und Diskussionselementen aktueller Schulreform vor allem auch die Erfahrung, sich in einem so komplexen Bezugssystem mit vielen Widersprüchlichkeiten zu befinden, daß kaum lineare Ableitungen möglich sind [...].
Kritisch ist ... anzumerken, daß die z. T. euphorische, ungeprüfte Verwendung reformpädagogischer Elemente wie z. B. 'Wochenplanarbeit' über eine Arbeitsbogenflut zu Deformationen führt und auch langfristig kein Allheilmittel gegen tiefergreifende, gesellschaftlich bedingte Problemlagen ist: Eine Weiterentwicklung reformpädagogischer Ideen bedarf stets einer historisch-kritischen Analyse und der Transformation in ein persönlich entwickeltes, aktuelles Konzept von Unterricht<< (ebd., S. 205/206).

Offenheit der Reformkonzepte prüfen

Meine Skepsis gegenüber der heute noch kritiklosen Übernahme geschlossener reformpädagogischer Konzepte, die nicht selten dann abgerufen werden, wenn das Register "üblicher" pädagogischer Möglichkeiten erschöpft scheint, gründet sich darauf: Der Wandel in der Gesellschaft, die Weiterentwicklung der Wissenschaften werden nur in jenen Reformpädagogiken berücksichtigt werden können, denen von Anbeginn offene Konzeptionen zugrunde lagen. Je stärker sich aber die betroffenen Lehrer(teams) bemühen, die historische Grundkonzeption in all ihren Bestandteilen umzusetzen oder gar zu kopieren, desto vorsichtiger sollten Eltern bei der Wahl dieser Schule sein. Das gilt weniger für jene reformpädagogischen Konzeptionen, die wie etwa die Jenaplanpädagogik bereits in kritischer Auseinandersetzung mit verschiedenen Reformpädagogiken entwickelt wurden. Oder beispielsweise in den von Edith und Paul GEHEEB begründeten Landerziehungsheimen - der Odenwaldschule sowie der Ecole d' Humanité im Schweizer Goldern, die sie in Anlehnung an und in kritischer Differenz zu Hermann LIETZ' ersten Landerziehungsheimgründungen konzipiert hatten -

---

eine schultypunabhängige Orientierungsstufe zielen, ein wichtiger Schritt in Richtung einer entwicklungsgemäßen bzw. kindgerechten Schule.

findet man heute ganz selbstverständlich eine starke Orientierung an Martin WAGENSCHEINS Reformpädagogik und der Psychologie Ruth COHNS (vgl. LÜTHI sowie ALPHEI i. d. B.).
Wo diese Offenheit nicht gegeben ist, wie etwa in der Waldorfpädagogik, herrschen zumeist ein Fortbestehen veralteter didaktisch-methodischer Verfahren vor, das einseitige Favorisieren eines nicht sonderlich zeitgemäßen Menschen- und Weltbildes (vgl. dazu u. a. EICKHORST 1995) oder der wirklichkeitsfremde Umgang mit modernen Medien: Statt sich der Herausforderung der Gegenwart zu stellen und die Lernenden zu einem sachgerechten selbstbestimmten, kreativen und sozialverantwortlichen Handeln in einer weitgehend von Medien durchdrungenen Welt pädagogisch zu befähigen (vgl. dazu u. a. TULODZIEKI [2]1992), wird der moderne Medienkonsum häufig einfach untersagt.
Ich will in diesem Zusammenhang ausdrücklich betonen, daß ich auch Waldorflehrer(innen) kenne, deren Pädagogik ganz und gar nicht verSTEINERt ist.

Mein Plädoyer gilt insgesamt einem weiteren Ausbau der Schulvielfalt, damit das Elternrecht des Grundgesetzes auf differenzierte Wahl zwischen spezifischen pädagogischen Profilen überhaupt gewährleistet werden kann. Daß dazu auch zeitgemäß arbeitende Waldorfschulen gehören, ist eine Selbstverständlichkeit (vgl. auch ZEPLIN i. d. B.).

Toleranz und sachlich-kritischer Dialog versus "Schwarzbücher" oder andere ausgrenzende Kampagnen

Neben der bereits erwähnten Tatsache, daß eine sonderlich differenzierte Reformpädagogik-Rezeption in Deutschland noch gar nicht zufriedenstellend erfolgt ist, erschweren unterschiedliche Kampagnen gegen einzelne Reformpädagogiken ein wissenschaftlich fundiertes Abwägen zwischen Für und Wider einzelner reformpädagogischer Konzeptionen. Vor allem werden dadurch unvoreingenommene Entscheidungen der an der pädagogischen Basis tätigen Pädagogen und Erzieher und natürlich auch der Elternschaft behindert.
An zwei Beispielen, die den öffentlichen pädagogischen Meinungsstreit besonders nachhaltig beschäftigt haben bzw. noch beschäftigen, möchte ich diese Problematik näher illustrieren: sowohl mit Guido und Michael GRANDTs "Schwarzbuch der Anthroposophie" mit dem bezeichnenden Untertitel "Rudolf STEINERS okkult-rassistische Weltanschauung" (Wien 1997) als auch mit der internationalen Anti-Tvind-Kampagne gegen Dänemarks Tvind-Schulen.

Die von ehrgeizigen Journalisten geschwungene große Keule gegen die Waldorfpädagogik wurde zum Bumerang

Vorweg sei betont, daß ich weder ein glühender Verfechter der Waldorfpädagogik bin, noch meine Sicht auf unsere Welt nur ansatzweise mit Rudolf STEINERS Weltanschauung konform geht. Wofür ich aber gerne eintrete, das ist eine kritische Auseinandersetzung mit der Reformpädagogik im allgemeinen sowie mit der Waldorfpädagogik im besonderen, die bekanntlich in STEINERs Anthroposophie ihre theoretischen Grundlagen findet. Aber die Kritik, wie sie die GRANDTs vortragen, will nur eines: Sie will vernichten.

Schon die Wahl des Titels "Schwarzbuch" bis hin zu der für mich kaum erträglichen Häufung von abwertenden Wortmarken wie "Unsinnigkeiten", "abstruse Sichtweise", "Waldorfschock", "gedanklicher Schrott" usw. belegen, daß die Verfasser weit hinter ihrem Anspruch zurückbleiben, "eine zeitgemäße Auseinandersetzung mit der Weltanschauung der Anthroposophie" zu führen. Die Autoren sind lediglich auf Effekthascherei, Panikmache und Reißerisches aus. Es fehlt generell das Hinterfragen, warum sich die Waldorfpädagogik, die die GRANDTs förmlich auf die "Abschußliste" setzen wollen, eines so großen Zuspruchs erfreuen kann; schließlich werden gegenwärtig in 164 deutschen Waldorfschulen 65.634 Kinder unterrichtet.

Das Rezept ist einfach: Man nehme aus der kritischen Fachliteratur die geäußerten Einwände gegen die Waldorfpädagogik und gegen Rudolf STEINERs wirklichkeitsfremde Weltsicht, reichere sie mit reißerisch ausgewerteten Erlebnissen enttäuschter Schüler und Eltern an, und fertig ist ein "Schwarzbuch".

Für mich bleibt die Frage, ob wirklich jede einzelne extreme Sichtweise STEINERs so linear für die Bewertung der heutigen praktizierten Waldorfpädagogik herangezogen werden kann. Selbstredend glaube ich auch nicht den Beschwörungen zahlreicher Waldorflehrer(innen), daß ihre praktizierte Pädagogik nur sehr bedingt etwas mit Anthroposophie zu tun habe.

Mit den Kontroversen um dieses "Schwarzbuch", das der Stuttgarter Dachverband der Waldorfpädagogen Anfang 1997 per einstweiliger Verfügung für einen Vertrieb in Deutschland zu sperren vermochte, zeigt sich das Grunddilemma: Eine sachlich-kritische Analyse, die aus einem konstruktiven Dialog zwischen Sympathisanten und Kritikern der Anthroposophie/Waldorfpädagogik erwachsen könnte, wird so unmöglich. Die eine Seite - die Vertreter der Anthroposophie - verschließt sich einem solchen Dialog, wenn sie, wie in diesem Fall, die Auslieferung dieses Buches verhindert. Damit erhält das Buch zugleich eine Interessantheit, die es gar nicht verdient. Die andere Seite - die Autoren - provoziert es geradezu durch Form und Basis ihrer Kritik, als ernstzunehmender Dialogpartner auszuscheiden.

Wenn es zudem um die Existenz von Schulen geht, die Bildungsaufgaben wahrnehmen, für die ein öffentliches Interesse anerkannt ist, dann scheinen wir gut beraten zu sein, nicht voreilig die große Keule zu schwingen, um nicht das ohnehin in der Bundesrepublik Deutschland sehr unterentwickelte Schulvielfaltsangebot unbedacht zu schwächen. Für viele Kinder ist es - bei aller Problematik um die Waldorfpädagogik - ein Segen, daß es diese alternative Schulform gibt. Außerdem sollten wir voller Achtung und ohne Vorurteile die Ergebnisse des Denkens und die Erfahrungen jener Waldorfpädagogen, die sich einer verklärten VerSTEINERung erfolgreich widersetzen konnten, kritisch prüfen, um neue Inno-

vationen auch für unser überaus reformbedürftiges Regelschulwesen zu gewinnen.
Meine kritische Position zu diesem "Schwarzbuch" (vgl. PEHNKE 1997a) ließ mich bezeichnenderweise zu einem Kommunikationspartner des Waldorfpädagogik-Dachverbandes werden. Zahlreiche von mir - auch in Vorbereitung dieses Buches bzw. des "Vorgängerbandes" (vgl. PEHNKE 1996b) - unternommenen Kontaktaufnahmen für einen Dialog um Für und Wider der Waldorfpädagogik blieben hingegen unbeantwortet. Im Brief vom 8. Mai 1997 wird mir von Stefan LEBER bescheinigt, daß meine Rezension zum "Schwarzbuch" "von wachem Geist zeuge". Natürlich nicht ohne Hinweis darauf, daß wohl die einzige von mir gewürdigte Information des "Schwarzbuches", die STEINER mit seinen überaus diskriminierenden Betrachtungsweisen gegenüber Menschen mit anderer Hautfarbe als Rassisten kennzeichnet (vgl. S. 182 f.), in anderer Relation gesehen werden müsse, wenn "dem sicher gegen 90.000 Seiten umfassenden Werk STEINERs sich vielleicht etwa nur 20 Seiten finden lassen, um STEINER Rassismus unterstellen zu können".
Wem nutzen derartige Rechtfertigungen, Glorifizierungen usw.? Auch wenn eine rassistische Position eventuell nur am Rande, per Fußnote oder wie auch immer angeblich beiläufig geäußert wurde, so ist doch wohl ein kritischer Hinweis darauf nicht nur legitim, sondern geradezu Pflicht!

Die voreilig mit Paragraphen gegen die Tvind-Schulen vorgingen, werden nun selbst juristisch belehrt

Ebenso widerspiegelte sich in der 1995 bis 1996 hektisch geführten internationalen Anti-Tvind-Kampagne, die im faktischen Verbot aller 32 dänischen Tvind-Schulen durch völligen Finanzentzug einen traurigen Höhepunkt fand, eines der Grundprobleme des gesamtgesellschaftlichen Umgangs mit Reform- und Alternativschulen.
Eine ganz sicher notwendige kritische Auseinandersetzung mit Tvind und ähnlichen Reform- und Alternativschulvarianten, die sich insgesamt am weitesten und entschiedensten von staatlichen Vorgaben befreit haben, um durch konsequente Selbstbestimmung der Schulgestaltung eine Pädagogik von den Kindern und Jugendlichen her gestalten zu können, blieb und bleibt noch immer in Ansätzen stecken. So wurden die unbestritten kritikwürdigen Entgleisungen des Tvind-Imperiums wie die zweckentfremdete Anlage staatlicher Finanzzuschüsse in geradezu kurzschlüssiger Weise auf das ursprüngliche reformpädagogische Konzept bezogen, das Morgens Amdi PETERSEN Ende der 60er /Anfang der 70er Jahre in Tvind entwickelt hatte und das auf Grund der starken Praxisorientierung neben der antiautoritären Erziehung im britischen Summerhill (vgl. NEILL 1971; KÜHN 1995) zum einflußreichsten alternativen Modell in Europa avancierte und für viele Jahre interessierte Reformpädagogik-Enthusiasten aus aller Welt nach Dänemark pilgern ließ (vgl. insges. RÝDL 1999).

Es bleibt auch hier - in Parallelität mit der zuvor behandelten Waldorfpädagogik - nach wie vor zu fragen, was die Initiatoren der Tvind-Schulen in die Selbstisolation im Streit um die öffentliche Anerkennung ihres Reformprojektes getrieben hat; welche Rahmenbedingungen wirklich dafür verantwortlich waren, daß zusätzlich erschlossene Finanzquellen offenbar zunehmend wichtiger wurden als der reguläre Unterrichtsbetrieb; ob die vehement verweigerte gesellschaftliche Anerkennung, das beständige Ausgegrenztsein zahlreiche Tvind-Verfechter besonders anfällig machte für pseudoreligiöse Sekten.
Ist der tiefe Fall des Tvind-Imperiums nicht eher auch eine logische Folge ihrer zunehmend gedrückten Lage?
Welchen Zwängen sehen sich erst Anhänger von Reform- und Alternativschulen in Ländern wie der Bundesrepublik Deutschland mit einer eher konservativen Bildungsbürokratie ausgesetzt?
Nur eine international geführte sachliche Diskussion über Aufstieg und Fall der Tvind-Schulen läßt erhoffen, daß die wirklichen Ursachen des viel zu oft noch stiefmütterlichen Daseins zahlreicher Reform- und Alternativschulen und ihres harten Überlebenskampfes aufgedeckt werden.
Wo die Möglichkeiten eines konstruktiven und sachlichen Dialogs (vgl. dazu PEHNKE 1990b und 1998b, S. 12 ff.) vertan werden, bleibt in Demokratien glücklicherweise als allerletztes Mittel der juristische Streit. So auch in Sachen Tvind-Schulen. Ähnlich wie in Sachsen alle *Freien Schulen* als letzte Überlebenschance ihren Freistaat verklagen mußten und das Verfahren - in erster Instanz - gewonnen haben (vgl. PEHNKE 1998a, S. 257), blieben auch den Tvind-Anhängern nur noch juristische Mittel: Nur wo sich vor Gericht Reform- und Alternativschulen auf der einen und der Staat auf der anderen Seite gleichsam Auge in Auge gegenüberstehen, ist der Umgangston moderater geworden.
Zum ersten Mal in der Geschichte Dänemarks hat das *Oberste Gericht* des Landes ein Gesetz für ungültig erklärt: das verfassungswidrige Tvind-Sondergesetz. Die kleine Freischule *Veddinge Bakker* nahm den juristischen Kampf gegen das Tvind-Sondergesetz von 1996 auf, der durch alle Instanzen bis zum *Obersten Gericht* führte. Dieses erkannte nun, wie Andreas KNUDSEN im *Neuen Deutschland* vom 2. März 1999 (S. 13) informierte, einen klaren Verstoß gegen die grundsätzlich vorgeschriebene klassische Dreiteilung der Macht in die Legislative, Exekutive und Judikative.
Der Anlaß der sehr ungewöhnlichen Vorgehensweise des dänischen Parlaments, des Folketings, in einem Gesetz festzuschreiben, welche *Freien Schulen* nicht berechtigt sind, staatliche Zuschüsse zu erhalten, war an sich banal. Der staatliche Rechnungshof wies in einem Bericht nach, daß die insgesamt 32 Tvind-Schulen nicht unabhängig voneinander sind, wie es das Freischulengesetz vorschreibt, sondern ökonomisch und leitungsmäßig eine Einheit bilden. Der tiefere Grund für die Sondergesetzgebung ist allerdings woanders zu suchen: in der Furcht und möglicherweise auch Abscheu ministerieller Beamter und des Ministers vor den Erfolgen und dem Umfang der Tvind-Schulen. Die bescheidene

Schule, die 1970 im dänischen Tvind gegründet worden war, mauserte sich zu einer geschlossenen Gemeinschaft von 32 Schulen, denen gegenüber sich das Ministerium machtlos fühlte. Man wußte eigentlich nur, daß etliche Millionen Kronen Staatszuschuß im Jahr in das Imperium hineinflossen und daß Tvind darauf bedacht war, die Formalia in Ordnung zu haben. Die bisherigen Reaktionen der Regierung sowie des Ex-Ministers Ole Vig JENSEN sind äußerst zurückhaltend, deuten aber darauf hin, daß der juristische Kampf gegen Tvind fortgesetzt werden soll.

Politikern fällt das Eingestehen von Fehlern offenbar ganz besonders schwer. Welche sachlichen Argumente werden aber die unbestreitbaren Erfolge der Tvind-Schulen besonders für Schüler(innen) mit Lern- und Verhaltensproblemen aus sozial belasteten Familien entkräften können? Die ganz enorme basispädagogische Anerkennung bewog eine Reihe dänischer Kommunen und Eltern, auch nach der Streichung der zentralen Zuschüsse den Schulen weiterhin junge Menschen anzuvertrauen. Elternzahlung, kommunale Zuschüsse und nicht zuletzt die legendären finanziellen Reserven des Schulkonzerns ermöglichten das ökonomische Überleben der meisten Schulen.

Formal gilt das Urteil des *Obersten Gerichts* nur für die Veddinge Freischule. Seine Begründung macht aber klar, daß auch die übrigen Schulen Ähnliches erwarten könnten. Wie und in welchem Umfang nun aber neue ministerielle Zuschüsse und eventuelle Erstattungen für die vergangenen Jahre gezahlt werden, ist noch nicht völlig klar, da das Freischulengesetz nach der Annahme des Tvind-Gesetzes geändert wurde. Angeblich war es die damalige mangelnde juristische Grundlage, die ein Sondergesetz als unumgänglich erscheinen ließ.

Der Tvind-Konzern ist heute schon längst nicht mehr auf dänische Zuschüsse angewiesen. Inzwischen ist Tvind nicht nur in Skandinavien, sondern auch in Deutschland, Österreich und einer Reihe weiterer europäischer Staaten, den USA und Kanada, Lateinamerika, Afrika, Indien, China und Malaysia vertreten. Über Dutzenden von Schulen, Plantagen, Werkstätten und Handelsgesellschaften weht heute die Flagge der *Humana People to People.* Im Oktober 1998 eröffnete Humana sein pompöses Hauptquartier in der Nähe von Harare, der Hauptstadt Simbabwes. Staatspräsident MUGABE ließ es sich nicht nehmen, zur Eröffnung zu erscheinen und so seine Dankbarkeit für die im Unabhängigkeitskrieg gezeigte solidarische Haltung auszudrücken. Laut Humana arbeiten heute weltweit 300.000 Menschen in 26 Ländern in 150 Entwicklungsprojekten mit. Für alle Humana-Tvind-Unternehmungen aber ist es leider typisch, daß ihre inneren Beziehungen und ökonomischen Transaktionen für den Außenstehenden undurchschaubar bleiben (vgl. auch Anlage 3 i.d.B.).

Keine Selbstzufriedenheit mit dem erreichten Grad der Annäherung an Reformpädagogik aufkommen lassen

Zwar finden wir heute schon in allen Bundesländern staatliche Schulen mit einem vergleichsweise hohen didaktisch-methodischen Standard, die sich geradezu als Vorzeigeschulen der Nation eignen. Aber so wie die Geschichte der Reformpädagogik immer als Geschichte von Versuchsschulen und Meister-Lehrern geschrieben worden ist, bleibt auch das heutige Bild des schon teilweise reformpädagogisch orientierten Unterrichts immer das Bild einer kleinen Gruppe hochengagierter Lehrer(innen), die in wenigen Reformklassen an einzelnen Schulen ihre besondere Pädagogik leben. Die erfolgreiche Arbeit dieser Reformer unserer Generation sagt aber noch nicht sehr viel aus über den Alltag und den Gesamtzustand der Regelschule.

Die Beispiele offenen, projektorientierten Unterrichts, die fast ausschließlich aus Schulen mit besonderem Status kommen, aus den außerordentlich wenigen Versuchs- und Modellschulen, Labor- und Experimentierklassen, aus Alternativschulen, Piloteinrichtungen und aus den verschiedenen Schulen der klassischen Reformpädagogik, sind freilich für jeden Regelschullehrer und seine Berufskolleginnen in Ost und West eine Fundgrube der Annäherung an das reformpädagogische Credo einer kindgemäßen Pädagogik (vgl. z. B. THURN/TILLMANN 1997; RÖHNER u. a. 1998; natürlich auch die nachfolgenden Kapitel i. d. B.).

Angesichts der Vorreiterrolle der Reform- und Alternativschulen müssen sich Schulverwaltung und Gesetzgeber fragen lassen, ob ihre traditionelle Einstellung zu diesen Schulen heute noch am Platze ist. Wenn diese Schulen öffentliche Bildungsaufgaben wahrnehmen, wirken die restriktive Vergabe von Berechtigungen, die mitunter nicht nachvollziehbaren Kriterien für Förderung oder Förderungsentzug sowie die generell beschränkte Zumessung von Finanzen veraltet und hinderlich.

Wir benötigen derartige Reformschulen als Wegbereiter und Wegweiser; die klassische Reformpädagogik stellt dafür ein weites Arsenal von Ideen und Praktiken bereit (vgl. PEHNKE 1998c). Aber sie darf nicht als Steinbruch verstanden werden, den man willkürlich nutzen kann (vgl. RÖHRS 1998 sowie sein Grußwort i. d. B.). Gewiß wird der Praktikerin/dem Praktiker, die/der sich heute an der Reformpädagogik orientieren möchte, der Weg auch wahrhaftig nicht einfach gemacht, denn so vielschichtig und widersprüchlich wie die sog. klassische reformpädagogische Bewegung selbst sind auch ihre Interpretationsmuster. Weitgehend unberührt von erziehungswissenschaftlichen Streitereien finden dennoch zahlreiche methodische Ansätze der Reformpädagogik ihren Weg in die Praxis. Nur sollte vermieden werden, daß die Reformpädagogik-Rezeption "naiv" erfolgt, denn Reformpädagogik ist ein vieldimensionales Kontinuum.

Über die zahllosen Beispiele "naiven" Reformpädagogik-Verständnisses zu berichten, läßt der vorgegebene Umfang dieses Buches nicht zu. Lediglich auf ein Schlüsselerlebnis sei hier stellvertretend verwiesen:

Im Anschluß an meinen Vortrag "Vielfalt - ein hervorragender Ansatz für Reformpädagogik: Schulvielfalt, didaktische Vielfalt, Vielfalt in der Schülerpopulation" auf der zentralen Lehrerfortbildungsveranstaltung des Landesinstituts für Schule und Ausbildung Mecklenburg-Vorpommerns in Zusammenarbeit mit dem Lehrstuhl Allgemeine Erziehungswissenschaft der Ernst-Moritz-Arndt-Universität Greifswald am 20. Oktober 1995 in Greifswald (vgl. dazu POSPISCHIL 1996), in dem ich, wie es im Tagungsbericht heißt (ebd., S. 62), neben bereits Erreichtem "in geradezu schonungsloser Offenheit Hemmnisse und Barrieren, die die basispädagogische Reforminitiativen (angefangen von der Schulaufsicht bis hin zum Kultusministerium) lähmen", illustrierte, bekam ich postwendend durch die bildungspolitische Prominenz der Stadt Greifswald mit Hinweis auf meine angeblich unberechtigte massiv geführte Kritik eine Einladung zur Unterrichtshospitation an eine Greifswalder Regelschule, an der kurz zuvor schon die damalige Kultusministerin optimal verwirklichte Reformpädagogik erlebt hätte und begeistert gewesen wäre. Vor Ort konnte ich dann gewiß in einigen vorsichtigen Ansätzen einige Tendenzen reformpädagogisch orientierter Unterrichtsführung erleben[1], was mich ehrlich freute. Aber daraus zu schlußfolgern, daß reformpädagogische Arbeitsweisen den Regelschulalltag bereits beherrschen würden, schlägt jedem ehrlichen Bemühen für eine verbesserte pädagogische Alltagssituation für unsere Kinder und Jugendlichen förmlich ins Gesicht.

Die Initiative der Bertelsmann Stiftung zur Vernetzung innovativer Schulen und zu einem offenen gesellschaftlichen Dialog über die Zukunft unseres Schulsystems

Der Sonderpreis "Innovative Schulen" wurde im Rahmen des Carl Bertelsmann-Preises 1996 "Innovative Schulsysteme im internationalen Vergleich" ausgeschrieben und stellt eine Momentaufnahme schulischer Innovation in der Bundesrepublik Deutschland dar. 333 Schulen aus allen Schulformen und Bundesländern hatten sich für diesen Sonderpreis beworben, der jene Schulen ermitteln sollte, die im Sinne einer lernenden Organisation ihr Schulprogramm kontinuierlich weiterentwickeln, intensiv mit dem schulischen Umfeld kooperieren und systematisch an der Förderung von Motivation und Leistungsfähigkeit aller an der Schulentwicklung Beteiligten arbeiten (vgl. *Schule neu gestalten* 1996, S. 9). Der mit 10.000 DM dotierte Sonderpreis sollte positive Entwicklungen im Schulbereich befördern, innovative Ideen dokumentieren und damit der öffentlichen Diskussion zur Schulentwicklung in der Bundesrepublik Deutschland neue Impulse geben.

---

[1] Vgl. dazu auch *Ostseezeitung* vom 8. Februar 1996, S. 14. Zahlreiche Bitten der Herausgeber dieses Buches sowie Unterstützungsangebote zur gemeinsamen Dokumentation der Unterrichtspraxis dieser Schule blieben von Seiten des Lehrerkollegiums ohne Ergebnis.

Für die Preisträgerrecherche wurden folgende acht Prüfkriterien aufgestellt (ebd., S. 15/16):

>> 1. *Orientierung der Schulen an der Lern- und Lebenssituation von Kindern und Jugendlichen*
Damit Kinder und Jugendliche verantwortungsbewußt in der Gesellschaft von heute und morgen agieren können, müssen sie die dazu notwendige Handlungskompetenz (Fach- und Methodenkompetenz, Sozial-und Kommunikationskompetenz) erwerben. Schulen sind dann innovationsfähig, wenn sie ihre Ziele, Inhalte und Methoden von den Entwicklungsmöglichkeiten und Bedürfnissen ihrer "Kunden", den Kindern und Jugendlichen, ausgehend definieren und in sinnvoller Abstimmung mit bewährten Normen und Werten kontinuierlich weiterentwickeln.
2. *Innovation und Evolution*
Um den gesellschaftlichen Herausforderungen der Gegenwart und Zukunft aktiv zu begegnen, müssen die Einzelschulen als lernende Organisationen über Gestaltungsfreiräume verfügen und diese zur Verbesserung ihrer Leistungsfähigkeit ausschöpfen.
3. *Potentiale der Mitarbeiterinnen und Mitarbeiter*
Die wichtigste Voraussetzung für eine gute Schule sind motivierte, gut ausgebildete, ideenreiche Lehrerinnen und Lehrer. Ihre Aufgabe und ihre Vorbildfunktion erfordern einen Prozeß des lebenslangen Lernens.
4. *Innovatives Führungssystem*
Es ist die Aufgabe der Schulleitung, Initiative und Verantwortungsbewußtsein in den Schulen zu fördern. Sie ermutigt die an den Schulen tätigen Personen zu größerer Freiheit und Verantwortung. Alle Beteiligten repräsentieren und verantworten die Schulen gegenüber dem gesellschaftlichen Umfeld. Die Gesamtverantwortung liegt bei der Schulleitung.
5. *Beteiligung von Schülerinnen und Schülern, Eltern und Institutionen*
Schulen nehmen Bildungs- und Erziehungsaufgaben parallel und ergänzend zur Familie wahr. Im Spannungsfeld zwischen Weiterführung bewährter Bildungs- und Erziehungsaufgaben und flexibler Anpassung an aktuelle Veränderungsnotwendigkeiten müssen die Schulen aktiv den Austausch mit relevanten gesellschaftlichen Gruppen fördern und steuern.
6. *Kooperation zwischen Einzelschule und externen Entscheidungsträgern*
Schulträger, Schuladministration und Schulpolitik sind die verantwortlichen Instanzen für die schulischen Rahmenbedingungen. Ihre Akteure müssen konstruktiv zusammenarbeiten. Ziel der Zusammenarbeit ist die permanente Verbesserung der schulischen Arbeit.
7. *Evaluation und Qualitätssicherung*
Alle Beteiligten im Schulsystem arbeiten kontinuierlich an der Verbesserung der Qualität. Verläßliche, formalisierte Verfahren der Evaluation sind die Voraussetzung für die Delegation von Verantwortung an die Einzelschule.
8. *Staatliche Rahmenbedingungen für innovative Schulentwicklung*
Innovative Schulen brauchen fördernde Rahmenbedingungen. Der Staat gewährleistet den notwendigen Gestaltungsfreiraum der Schulen und stellt vergleichbare Bildungschancen für alle Kinder und Jugendlichen sicher. <<

Schulen aus Mecklenburg-Vorpommern waren lediglich durch die *Berufliche Schule Bautechnik* in Rostock mit ihrem integrativen Ausbildungsprofil (vgl. ebd., S. 332), die Rostocker *Sonderschule am Schwanenteich*, ein regionales

Förderzentrum (vgl. ebd., S. 142), und die *Ferdinand-von-Schill-Grund- und Hauptschule*, die vor allem durch ihr Umweltprofil bekannt wurde (vgl. ebd., S. 176), vertreten. Letztere überraschte uns Organisatoren des Kongresses "Anregungen international verwirklichte Reformpädagogik" dadurch, daß das gesamte Kollegium sich für besagte Veranstaltung angemeldet hatte. Wen wundert es, daß die Schulleiterin Anneli DOMNICK zu unserer Wunschkandidatin für das Versuchsschulprojekt in Greifswald avancierte, auf das ich am Ende dieses Beitrages näher eingehen werde.

Im Ergebnis der Auswertung aller 333 Bewerbungsunterlagen wurden folgende Merkmale für eine innovative Schule durch ein Expertengremium ermittelt (ebd., S. 20/21):

- "Innovative Schulen verstehen sich als pädagogische Handlungseinheiten. Die Schulen weisen sich aus durch Schulprogramm und Schulprofil; Mitarbeiterinnen und Mitarbeiter fühlen sich an die vereinbarten, wenn auch nicht immer schriftlich niedergelegten Leistungsvorstellungen für Unterrichts- und Erziehungsarbeit gebunden.
- Innovative Schulen reflektieren die Einzelaspekte ihrer Arbeit, aber auch die "Befindlichkeit" des Schulsystems insgesamt. Sie entwickeln aus dieser Reflexion im Rahmen ihrer generellen Pflichten ihre "pädagogische Philosophie", ihr " pädagogisches Credo". Damit ist in diesen Schulen der Grundstein dafür gelegt, daß die Prinzipien der Selbstwirksamkeit und der Selbstverantwortung bei der Gestaltung des Unterrichts, der Schulorganisation und der Außenkontakte zunehmend an Geltung gewinnen.
- Die innovativen Schulen nutzen die Freiräume, die ihnen die geltenden rechtlichen und inhaltlichen Vorschriften lassen, extensiv. Sie erkennen die allgemeinen Leistungspflichten von Schulen und Schulformen an, bestehen aber in der Regel auf der Wahrnehmung eigener Gestaltungsmöglichkeiten. Von den innovativen Schulen ausgehend entwickelt sich in vielen Fällen zu Schulverwaltung und Schulaufsicht ein eher dialogisches als durch hierarchische Struktur und Weisung bestimmtes Verhältnis.
- In innovativen Schulen wird eine adaptive und zugleich präventive pädagogische Arbeit betrieben: Der Bezug auf das jeweilige Umfeld der Schule und die jeweilige Schülersituation sind ebenso Ausgangspunkte für die Zielsetzungen und Verfahrensweisen der Schularbeit wie eine vorausschauende, mögliche Entwicklungen einbeziehende Unterrichts- und Erziehungspraxis. Innovative Schulen sind weniger reproduktiv und reagierend als perspektivisch und prospektiv agierende Schulen. Sie beziehen Frage- und Problemstellungen, die Schülerinnen und Schüler unmittelbar angehen, in hohem Maße in die pädagogische Arbeit ein.
- Alle innovativen Schulen zeichnen sich dadurch aus, daß sie in der Kernzone ihrer Arbeit, dem Unterricht, neue und offene, auf die Selbsttätigkeit von Schülerinnen und Schülern und auf eine neue Lehrerrolle ausgerichtete Arbeitsverfahren und Methoden wenigstens in Teilbereichen erproben und praktizieren. Dabei spielt die Einbeziehung der elektronischen Medien eine zunehmend größere Rolle für die Erschließung neuer Zugänge zu Wissensbeständen und Informationen und für deren systematische Bearbeitung.
- Innovative Schulen bemühen sich, über ein oft technisch gestütztes Schulmanagement die pädagogische Arbeit zu erleichtern und beweglich zu machen.
- Zu innovativen Schulen gehören für alle Beteiligten Kommunikationsoffenheit und Kommunikationsfähigkeit ebenso wie kooperatives Arbeiten und das Handeln aus dem Systemganzen heraus.

- In innovativen Schulen wird - auch wenn dieses unter den jetzigen Bedingungen sehr schwierig ist - versucht, in Ansätzen moderne Personalentwicklung und Personalführung zu praktizieren, ohne die eine erfolgreiche Arbeit des Gesamtsystems nicht möglich ist.
- Innovative Schulen verfügen in der Regel über eine starke, führungsbewußte Schulleitung, die planungssicher, bewertungssicher und konfliktsicher agiert, zugleich Verantwortung teilt und in der Schule eine dezentrale, transparente Verantwortungsstruktur aufbaut.
- In innovativen Schulen werden, wenigstens in Ansätzen, auch im Rahmen der unterrichtlichen Arbeit, Außenbezüge eröffnet und systematisch erweitert. Dies dient, über die Vergrößerung der Unterrichtsmöglichkeiten hinaus, auch der Einleitung eines Dialoges mit der Öffentlichkeit.
- In innovativen Schulen gehört die Einbeziehung von Eltern sowie Schülerinnen und Schülern in Entscheidungsvorgänge immer mehr zur Alltagspraxis.
- In innovativen Schulen werden Formen der Offenlegung der eigenen Tätigkeit, der kritischen und konstruktiv weiterführenden Erörterung der Praxis und damit Formen der Selbstevaluation erprobt."

Die Gespräche mit Lehrer(inne)n, Schüler(inne)n, Eltern und Verantwortlichen aus dem Umfeld der Schule über Entwicklung der Schulen in den letzten Jahren haben Einblicke in den Werdegang auf dem Weg zu einer innovativen Schule gegeben, der wie folgt verallgemeinert wurde (ebd., S. 21/22): >>

1. Die Schulen haben in der Regel mehrere Jahre - etwa drei bis fünf Jahre - gebraucht, um ihr Selbstverständnis zu klären und auszudifferenzieren und den jetzigen Entwicklungsstand eines wachsenden teilautonomen Handelns, der wiederum nur als Zwischenschritt gesehen wird, zu erreichen.
2. Alle Schulen haben sich aus einer "Leidens- oder Impulssituation" heraus auf den Weg gemacht. Am Anfang stand meist die Erfahrung, daß es "so nicht mehr" weitergehen könne und solle, stand also die Analyse der eigenen Arbeitssituation, die immer auch eine Analyse der Umfeldsituation und der Rahmenbedingungen der jeweiligen Schularbeit war. Diese Analyse setzte die in manchen Fällen mühsame Herstellung der Kommunikationsbereitschaft bei allen Beteiligten voraus. Es war für die Beteiligten in den Schulen nicht selbstverständlich, sich aus der Vereinzelung der alltäglichen Arbeitspraxis zu lösen, sich gemeinsam an einen Tisch zu setzen und über die eigene Situation offen und konstruktiv zu sprechen. Die Entwicklung von Analyse- und Gesprächsfähigkeit stand meistens am Anfang des Prozesses.
3. Aus dieser konstruktiven Phase der Analyse hat sich in den Schulen in der Regel die Formulierung von ersten pädagogischen und organisatorischen Zielsetzungen und Handlungsgrundsätzen ergeben. Es entstand ein Katalog von - manchmal wenigen und sehr unterschiedlichen - Leitvorstellungen, auf die man sich verständigen und die man gemeinsam tragen zu können glaubte. Parallel dazu mußten die Arbeitsfelder und Handlungsschwerpunkte ermittelt und festgelegt werden, in denen die Stärke der Schule und ihrer Mitarbeiterinnen und Mitarbeiter lag, die zugleich Schlüsselbereiche für systematische innovative Arbeit sein konnten.
4. In vielen Fällen hat sich daraus - nach mehr oder weniger langen Beratungsdurchgängen - die "pädagogische Philosophie" der Schule entwickelt, operationalisiert im Schulprogramm und ausgerichtet auf ein Schulprofil, d. h. auf das spezifische "Gesicht" der Schule. Dabei sind die Anknüpfungen für diese Profilbildung recht unterschiedlich gewesen, von fachlichen Schwerpunkten bis hin zu differenzierten pädagogischen Akzentsetzungen.

5. In den Prozeß der Konsensbildung über die Veränderung der pädagogischen Arbeit und die Zielsetzungen für die zukünftige Entwicklung sind in allen innovativen Schulen die Eltern und meist auch Schülerinnen und Schüler früh einbezogen worden.
6. Alle innovativen Schulen haben zu einer "Toleranzabsprache" kommen müssen. Sie war in der Regel genauso notwendig und für die Entwicklung wichtig wie eine an Mehrheitsbeschlüssen orientierte Meinungsbildung. Alle Beteiligten sollten sich dem Kurs der Schule verpflichtet fühlen, waren aber berechtigt, diesen Kurs aktiv oder eher hinnehmend mitzutragen. Der Bedarf für solche "Toleranzabsprachen" galt und gilt in den innovativen Schulen nach der einen und nach der anderen Seite. Nur so kann sich die Einvernehmlichkeit in Zielsetzungen und Handlungsweise unter den jetzigen rechtlichen Rahmenbedingungen bilden und bewahrt werden.
7. Innovative Schulen haben ihre Selbstgestaltungsmöglichkeiten am besten nutzen können, wenn sie ein neues, dialogisches Verhältnis zur Schulaufsicht aufbauen konnten. Dies ist oft personenabhängig gewesen, weil der geltende Rechtsrahmen einen offenen Handlungsrahmen für Einzelschulen nur in Ansätzen und Teilbereichen kennt. Innovative Schulen brauchen Schutz und Förderung durch Offenheit auf der Schulsystemebene.
8. In einigen innovativen Schulen zeigten sich nach einer Zeit der verstärkten Aktivität Ermüdungserscheinungen, die unterschiedliche Ursachen hatten. Sie konnten in der Regel aufgefangen werden, wenn die "pädagogische Philosophie" der Schule sich als tragfähig erwies, das Alltagsmanagement solide war, wenn in Verbindung mit einer umsichtigen Personalführung ein gutes, vertrauensvolles Schulklima vorhanden war, wenn man Mut zur Korrektur von Fehlentwicklungen und Überbelastungen hatte und wenn durch systematische und gezielte Außenorientierung Bestätigung sowie neue Arbeitsimpulse gewonnen wurden. Das Überzeugtsein von der eigenen Wirksamkeit erwies sich in den meisten Fällen als entscheidender Faktor für eine kontinuierliche Entwicklung. <<

Wenn ich an dieser Stelle so ausführlich auf die Dokumentationen zum Carl Bertelsmann-Preis 1996 verweise (vgl. ebd. sowie *Innovative Schulsysteme im internationalen Vergleich* 1996 und 1998), dann deshalb, weil ich in den Ergebnissen einen wirkungsvollen Anstoß erkenne, um dem Schulreform-Stau in der bundesdeutschen Schullandschaft begegnen zu können (vgl. PEHNKE 1996c).

Nutzung internationaler Erfahrungswerte

Angesichts der Tatsache, daß deutsche Schülerleistungen im internationalen Vergleich zunehmend schlechter wurden (vgl. *TIMSS*), wäre es doch nur konsequent, danach zu schauen, inwiefern eben in anderen Schullandschaften effizienter gearbeitet wird. Bildungspolitische Verantwortungsträger in der Bundesrepublik Deutschland hingegen bedienen sich leider nicht selten populistischer Bekundungen, die von panisch artikulierten Forderungen nach erhöhtem Leistungsdruck, verstärkten Schul- und Schülerkontrollen, undifferenzierten Wertungen über die Reformunfähigkeit der (ostdeutschen) Lehrerschaft bis hin zur Wiedereinführung der sog. DDR-Kopfnoten reichen.
Ein Hinterfragen reformpädagogischer Innovationsmöglichkeiten für eine zukunftsgerichtete Schule schließt demgegenüber von Anbeginn internationale Er-

fahrungswerte ein, weil bekanntlich reformpädagogische Diskussionen um die zurückliegende Jahrhundertwende sich recht schnell international vernetzten (vgl. u. a. RÖHRS/LENHART 1994; PROTZ 1997).

Folgende drei Problembereiche wurden von zahlreichen Ländern mit Blick auf den Schulreform-Stau in der Bundesrepublik Deutschland konstruktiv in Angriff genommen:

Erstens vermochten es die Staaten, die über ein zukunftsgerichtetes Bildungssystem verfügen, eine grundlegende äußere Schulreform mit inneren Schulreformtendenzen konsequent zu verbinden und sich dabei der über 200jährigen Einheitsschuldiskussion im Interesse demokratischer Teilhabe und gesellschaftlicher Integration nicht verschlossen haben. Ich erinnere daran, daß auch die überwiegende Mehrheit der klassischen reformpädagogischen Kritik an der veralteten und lebensfremden Schule sich ganz vordergründig gegen die historisch überholte Dreigliedrigkeit im Schulwesen wandte. Ob Montessori-Kinderhaus oder Waldorfschule, dies sind - um nur zwei Beispiele zu erwähnen - natürlich Einheitsschulvarianten!

Besorgniserregend bleibt auch der Trend in den jüngeren Schulreformplänen hin zur einseitigen Interessenverlagerung von der äußeren zur inneren Schulreform, wie in der von der nordrhein-westfälischen RAU-Kommission vorgelegten Denkschrift "Zukunft der Bildung - Schule der Zukunft" (1995) oder in dem - an anderer Stelle bereits erwähnten - Grußwort des Bundespräsidenten und früheren baden-württembergischen Kultusministers Roman HERZOG anläßlich der Eröffnung des 15. Kongresses der Deutschen Gesellschaft für Erziehungswissenschaft im März 1996 in Halle an der Saale, in dem er der Gleichheit als Erziehungsziel eine Absage erteilte und uneingeschränkt für das dreigliedrige Schulsystem plädierte (vgl. KEIM 1996, S. 146; RATZKI 1996).

Die Berücksichtigung historischer und internationaler Schulreformerfahrungen rückt m. E. immer stärker auf den Plan: So sollten wir uns *zum einen* vergegenwärtigen, daß es in den Stadtstaaten Hamburg und Bremen, aber auch in den Ländern Braunschweig, Thüringen, Sachsen sowie in der preußischen und Reichshauptstadt Berlin in der Anfangsphase der Weimarer Republik die weitreichendsten Bestrebungen und Ansätze für eine Demokratisierung und pädagogische Gestaltung des Bildungswesens gab, weil sowohl Fragen der inneren als auch äußeren Schulreform erfolgreich vernetzt werden konnten, was in der Konsequenz dazu führte, daß dort auch die meisten und zugleich interessantesten reformpädagogischen Modellschulen angesiedelt waren (vgl. POSTE 1993 - unter besonderer Berücksichtigung auch des Vorwortes von Wolfgang KEIM; AMLUNG u. a. 1993; RADDE u. a. 1993; PEHNKE 1998a). *Zum anderen* können natürlich nicht die Erfahrungswerte jener Länder ignoriert werden, die sich rechtzeitig und engagiert um innovative Schulsysteme bemüht haben. Hier ist vor allem der Bertelsmann Stiftung dafür zu danken, daß sie bereits eine Fülle kreativer Impulse recherchiert hat und dies im Hinblick auf eine kontinuierliche

Fortsetzung in der *Münsterischen Erklärung* vom 27. März 1998 (vgl. Anlage 1) festgeschrieben hat.

Zweitens ist für mich ein Erkennungsmerkmal für Modernität einer Bildungslandschaft dadurch bestimmt, inwiefern es sich die Gesellschaft leisten kann und will, Schulvielfalt aktiv zu fördern und nicht nur zu dulden. Noch immer gibt es in Deutschland im Unterschied zu den Niederlanden oder den skandinavischen Ländern Berührungsängste mit dem sog. Wildwuchs von Reform- und Alternativschulen.

So ist es für mich auch in keiner Weise verwunderlich, daß für die Ermittlung des Preisträgers 1996 der Bertelsmann Stiftung in der Kategorie "Innovative Schulsysteme im internationalen Vergleich" mit Kanada, Neuseeland, Niederlande, Norwegen, Schottland, Schweiz und Ungarn Länder nominiert wurden, die beide von mir erwähnten Aspekte erfüllen: sowohl die Verbindung von äußerer und innerer Schulreform als auch ein förderliches Verhältnis zur Reformpädagogik im allgemeinen und zu Reform- und Alternativschulen im besonderen (vgl. *Innovative Schulsysteme*, Bd. 1 und 2).

Mein *dritter* Gradmesser für Zeitgemäßheit und Zukunftsgerichtetheit in einem Schulsystem verbinde ich mit der Frage *Wieviel Schulaufsicht benötigt eine reformorientierte Schullandschaft?*

Als Interessenvertreter von Reform- und Alternativschulen werde ich zunehmend mit ausgeklügelten Methoden konfrontiert, die die Absicht haben, den Umgang miteinander zu verkomplizieren, Macht und vorhandene hierarchische Strukturen weiter zu verfestigen, politischen Einfluß zu stabilisieren und womöglich vorhandene Autonomie weiter einzuschränken. Es muß für Aufsichtsbeamte, die sich in ihrem Selbstverständnis allein an der Obrigkeit orientieren, offenbar eine Provokation sein, den Vertretern von Modellschulen oder Basisinitiativen mit deren ausgeprägtem Selbst- und Gemeinschaftsgefühl zu begegnen. Unterhalb der untersten staatlichen Hierarchieebene trifft man plötzlich auf so viel Mut, so viele Visionen und so viele Direktkontakte zu Schülern, Lehrern, Eltern. Das macht den unsicher, der diese Kontakte, diesen Mut und diese Visionen nicht hat (vgl. URBAN 1995; PEHNKE 1997b).

In einem derart gestörten Verhältnis zwischen hochengagierten Pädagogen und Aufsichtsbeamten findet kaum noch ein Transfer von praktischem oder theoretischem Wissen statt. So muß die Schere zwischen innovativen Erfordernissen an der Basis und dessen Umsetzung in Verordnungen immer weiter auseinander gehen. Dann muß es auch nicht verwundern, daß sich Lehrer(innen) immer weniger verstanden fühlen in ständig neuen Erlassen und Bestimmungen "von oben".

Ich stelle mir vor, wie befreiend es doch für beide Seiten - Schule und Aufsicht - sein könnte, wenn diese Energien - die der Schulaufsicht zur Machterhaltung und jene der Schule zur Anpassung - sich zu einem vertrauensvollen Miteinander bündeln könnten. Der wichtigste und einfachste Hebel, der dazu angesetzt werden kann, eine Angleichung an staatliche Vorgaben zu erzwingen, ist zweifellos der Finanzdruck. Pädagogische Abweichungen werden nun nicht mehr wie früher politisch verfolgt, sie werden einfach nicht bezahlt. Es ist viel mehr erlaubt, als sich die meisten Lehrer trauen. Aber es darf nichts kosten. Dies sei eben der Preis der Freiheit, heißt es. Der Gipfel ist dann erreicht, wenn engagierten Lehrer(inne)n, die auf eigene Kosten in Ferienzeiten zu Fortbildungsveranstaltungen oder zu reformpädagogisch arbeitenden Schulen fahren möchten, selbst der Versicherungsschutz verwehrt wird. Eine solche Unterschätzung innovativer Potenzen und der wirklich selten gewordenen Qualität mutiger Reformen zahlt sich für den Staat in einer Sicherung des Status quo aus. Die andere Seite der gleichen Medaille möchte ich so beschreiben: Es gibt nach meiner Kenntnis kaum etwas, was von Lehrer(inne)n mit vergleichbarer Vehemenz gefordert wird wie Prüfungsordnungen, Lehrpläne, Richtlinien, Unterrichtshilfen oder Stundentafeln. So viel Freiheit, wie beispielsweise in den neuen Schulgesetzen von Hessen, Brandenburg und Niedersachsen der Einzelschule zugemutet wird, stößt bei vielen Lehrer(inne)n und Eltern auf Ablehnung. Dringlicher denn je wird eine Begleitung durch kompetente Schulberater gesucht und benötigt. Das unmittelbare Wegbrechen jeglichen Geländers hat sich nicht überall zum Segen der Schule ausgewirkt.

Die Schulaufsicht muß ihre Funktion verändern. Sie muß die pädagogischen Gestaltungsmöglichkeiten der einzelnen Schulen beratend unterstützen und im Rahmen der rechtlichen Möglichkeiten befördern. Auf folgende vier Bereiche müßte sich Schulaufsicht konzentrieren:

Erstens die Beratung von Schulen und Kollegien, *zweitens* die Förderung von Initiativen im unterrichtlichen und außerschulischen Bereich, *drittens* die Sicherung rechtlich vorgeschriebener Verfahrensabläufe und inhaltlicher Anforderungen und schließlich *viertens* die Anwendung gleicher Maßstäbe bei personalrechtlichen Entscheidungen. Eine in dieser Form inhaltlich kompetent besetzte Schulverwaltung könnte dann die innere Schulreform maßgeblich befördern (URBAN ebd.; BROCKMEYER 1998; JOBST 1998; MÄCK 1998).

Welche Funktion hat Schulaufsicht demgegenüber in einem innovativen Schulsystem? Die internationale Expertengruppe für die Vergabe des Carl Bertelsmann-Preises 1996 "Innovative Schulsysteme im internationalen Vergleich" favorisierte nach ihrer Preisträgerrecherche bei nur einer Enthaltung einstimmig das *Durham Board* [1] *of Education* der Provinz Ontario in Kanada.

Hierbei handelt es sich um einen Schuldistrikt mit 62.200 Schüler(inne)n in 110 Schulen und 5.650 Angestellten (pädagogischen und nichtpädagogischen Kräften). Das Board erfüllt folgende Funktionen: Schulaufsicht, Schulträger, Trainingsinstitut, Curriculumentwicklung. Es hat in den vergangenen 14 Jahren eine tiefgreifende Reform durchlaufen. Angestoßen wurde die Reform durch eine frühere Vergleichsuntersuchung aus dem Jahre 1982, bei der das *Durham Board of Education* hinsichtlich der Ausgaben pro Schüler(in), Anzahl der Mitarbei-

---

[1] Der englische Aussdruck *Board* bezeichnet zweierlei: sowohl die Behörde an sich als auch deren Zuständigkeitsbereich im räumlichen Sinne sowie die dazugehörigen Schulen.

ter(innen), professionellem Entwicklungsstand, Einstellung der Lehrer(innen), der Schulleitung und anderer Leistungsträger den schlechtesten Platz belegt hatte. Dieses führte damals zur Auffassung des Ministeriums der Provinz Ontario, die Mißstände dringlichst abzustellen.
Nach den letzten Vergleichsuntersuchungen des kanadischen Bildungsministeriums zählt das *Durham Board of Education* heute zu den innovativsten Boards in Kanada. Der Erfolg der Reform läßt sich auch daraus ersehen, daß eine andere Vergleichsuntersuchung des Ministeriums zur Bewertung der Schülerleistungen nachgewiesen hat, daß das *Durham Board of Education* heute unter den ersten fünf Plätzen von insgesamt 168 Boards hinsichtlich Lese- und Schreibtests eingestuft wird (vgl. *Innovative Schulsysteme* 1996, S. 21).
Als wichtigste Reformaspekte wurden genannt:

- "Ausgehend von einer Befragung von Lehrern und Schulleitern nach den aus ihrer Sicht wichtigsten Problemfeldern, die im Jahr 1982 durchgeführt wurde, entwickelte das *Durham Board of Education* als Herzstück der Reform ein intensives Qualifizierungsprogramm. Schwerpunkte waren und sind dabei >>Empowerment in the Classroom<<, begleitet durch >>Empowerment of Management<<.
- Planvolle Innovation entstand weiterhin durch die Erarbeitung eines Systemplans unter Einbeziehung der Schulleiter und Lehrer der Region.
- Einen bedeutenden Stellenwert nimmt in dem Entwicklungsplan die zeitgemäße Einbindung von technischen Möglichkeiten ein (Computertechnologie, moderne Medien).
- Besonderes Augenmerk wird auf innovative Führung der Schulen der Region gelegt. Schulleiter werden vom Durham Board durch kontinuierliches Training in ihren Fähigkeiten gestärkt, insbesondere auch zur Anfertigung von Schulentwicklungsplänen und Managementplänen.
- Der Grundsatz der Kooperation durchzieht wie ein roter Faden die Handlungsweise der innerhalb des Durham Board nominierten Schule (Mount Sinclair Secondary School, Whitby). Kooperation unter den Schulen, externen Entscheidungsträgern und natürlich auch unter den Schülern und Lehrern ist tragendes Prinzip des Handelns.
- Der Grundsatz der Kooperation führt zu einem aufgeschlossenen Verhältnis zu Transparenz und Rechenschaftslegung und regelmäßiger Berichterstattung gegenüber der Öffentlichkeit.
- Die Ernsthaftigkeit, mit der Innovation und permanente Leistungsverbesserung betrieben wird, äußert sich auch darin, daß Durham sich intensiv um die Entwicklung von Leistungsmessungssystemen im Schulbereich bemüht" (ebd., S. 21/22).

Die internationale Arbeitskommission der Bertelsmann Stiftung ist der Meinung, daß das *Durham Board of Education* ein überzeugendes Beispiel für einen zielgerichteten, aber auch ausgesprochen partizipativ orientierten Reformansatz darstellt. Die Kommission ist darüber hinaus der Auffassung, daß die Erfahrungen des *Durham Board of Education* ein vorbildliches und anregendes Beispiel im Hinblick auf eine effektivere und effizientere Umstrukturierung des Schulsystems in der Bundesrepublik Deutschland sein können (vgl. ebd., S. 22).

Das kanadische Bildungssystem zeichnet sich insgesamt durch eine starke Dezentralisierung aus, ohne daß es dadurch zu einem Verlust an produktiven

Wechselwirkungen bzw. Synergien zwischen den verschiedenen organisatorischen Ebenen - Provinz, Schuldistrikte, Schulen - kommt.
Eine wesentliche politische Leistung der Provinz Ontario besteht darin, den nachgeordneten Einheiten im Rahmen allgemeiner Vorgaben zum einen weitgehend freie Hand bei der Gestaltung des Reformprozesses zu lassen und zum anderen die organisatorischen Bedingungen so zu gestalten, daß ein ständiges Feedback bezüglich der Ergebnisse möglich ist, wie es in der kanadischen Länderskizze heißt (vgl. ebd., S. 83). Charakteristisch für diesen Prozeß und eine besondere Stärke des Systems ist der hohe Integrationsgrad der Reform mit seiner intensiven Vernetzung der unterschiedlichen Elemente wie Curriculumentwicklung, Personalentwicklung, Betonung von Kooperation und Evaluation sowie Einbeziehung der verschiedensten Beteiligten in den Prozeß. Die Unterschiede im Stellenwert dieser Faktoren erscheinen im Falle der Provinz Ontario als am wenigsten ausgeprägt im Vergleich zu den anderen hier vorgestellten Bildungssystemen. Somit treten vor allem dank der multifunktionalen Kooperation der verschiedenen Systemebenen im laufenden Reformprozeß hierarchische Aspekte zugunsten der Prozeßeffizienz zurück. Der Reformansatz zielt sowohl auf >>Empowerment of Management<< als auch auf >>Empowerment in the Classroom<<, also auf die Entwicklung der Leitungsebene und der pädagogischen Kompetenz. Beides hängt miteinander zusammen und ist unentbehrlich für die Durchführung und dauerhafte Verankerung des Innovationsprozesses. Diesen Zielen dienen auf der Ebene des Board wie der Schulen eine Reihe von miteinander vernetzten Einrichtungen und Instrumenten:

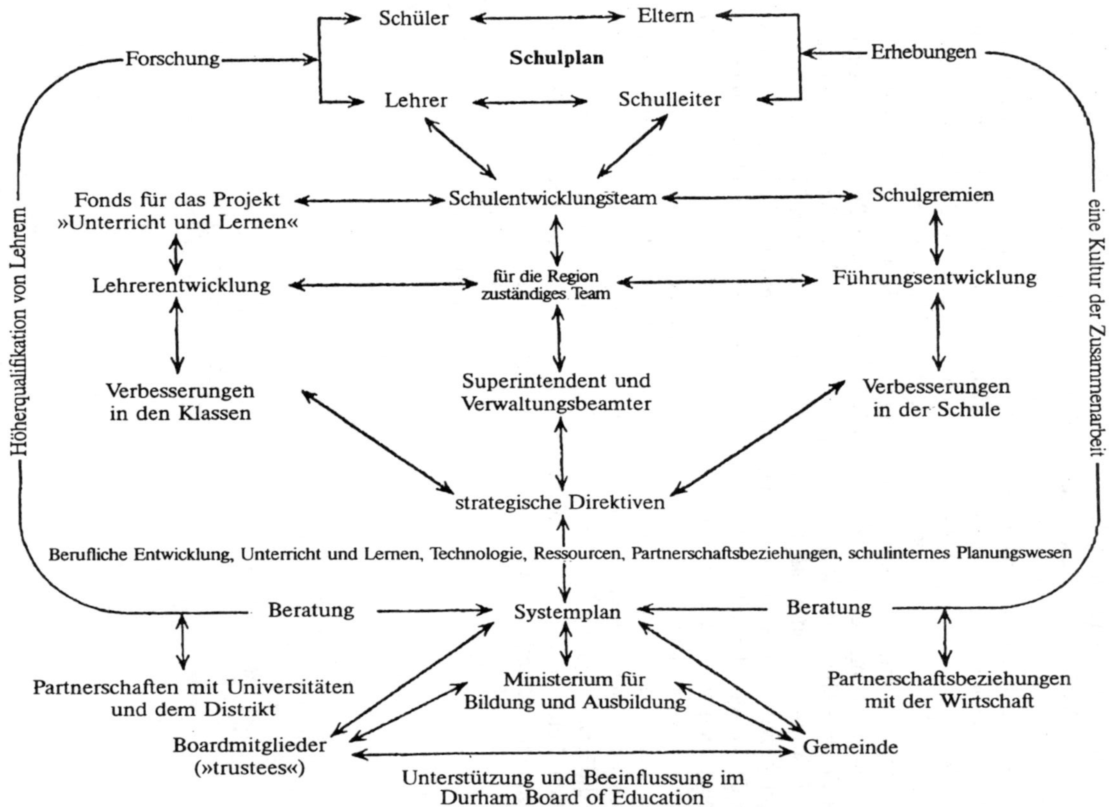

Quelle: Innovative Schulsysteme 1996, S. 83 f; Strukturbild S. 86.

Es stimmt mich zuversichtlich, daß die hier am Beispiel des kanadischen *Durham Board of Education* skizzierten Reformorientierungen von Schulen und Schulsystemen auf veränderte gesellschaftliche und individuelle Anforderungen wie die der anderen von der Bertelsmann Stiftung analysierten ausländischen Schulsysteme ein Programm der Bund-Länder-Kommission für Bildungsplanung und Forschungsförderung (BLK) zur "Qualitätsverbesserung durch Steigerung der Innovationsfähigkeit und der Selbstwirksamkeit in Schulen und Schulsystemen" ausgelöst haben (vgl. Rainer BROCKMEYERs gleichnamige Projektskizze, 45 Manuskriptseiten, November 1998).

Trotz bisher vertaner Chancen für eine gesamtdeutsche Bildungsreform sind Reformschritte möglich und notwendig

Inwiefern die realen Chancen für eine humanistische, eine moderne und eine für viele Ideen offene Pädagogik in den 90er Jahren in der Bundesrepublik Deutschland verpaßt wurden und damit eine einseitige Interessenverlagerung von der äußeren zur inneren Schulreform erfolgte, habe ich kürzlich an anderer Stelle ausführlich beschrieben (vgl. PEHNKE 1998b).
In den vorhandenen Rahmenbedingungen muß nach weitgehend optimalen pädagogischen Antworten auf die zeitbedingten Veränderungen des Aufwachsens und Lernens von Kindern und Jugendlichen gesucht werden, damit Einsichten darüber gewonnen werden können, welche Erkenntnisse, Fähigkeiten und Einstellungen junge Menschen heute und für die Zukunft benötigen, um sich produktiv mit jenen universalen Entwicklungen und Problemen auseinandersetzen zu können und schrittweise urteilsfähig, mitbestimmungsfähig und mitgestaltungsfähig zu werden (vgl. KLAFKI 1994, S. 137; vgl. auch TILLMANN 1995). Dabei kann und darf sich der pädagogische Raum Schule nicht dem gesellschaftlichen Entwicklungs- und Modernisierungsprozeß entziehen, wenn sich die Schule nicht hinter dem Wandel im Lernen als lebenslangem Lernen, der sich außerhalb ihrer Mauern vollzieht, hinterherhinken und so an Stellenwert in der Gesellschaft verlieren will. So muß sich die Schule und alle anderen bildend wirkenden Angebote in aufeinander weitgehend abgestimmter Form an dem aktuellen und zukunftsgerichteten Bildungsverständnis orientieren, das nach Wolfgang KLAFKI (ebd., S. 139) als selbständig arbeitender und personal verantworteter Zusammenhang dreier Grundfähigkeiten zu verstehen ist:

- "als Fähigkeit zur Selbstbestimmung jedes einzelnen über seine individuellen Lebensbeziehungen und Sinndeutungen zwischenmenschlicher, beruflicher, ethischer, religiöser Art;
- als Mitbestimmung, insofern jeder und jede Anspruch, Möglichkeit und Verantwortung für die Gestaltung unserer gemeinsamen kulturellen, ökonomischen, gesellschaftlichen und politischen Verhältnisse hat;
- als Solidaritätsfähigkeit, insofern der eigene Anspruch auf Selbst- und Mitbestimmung nur gerechtfertigt werden kann, wenn er nicht nur mit der Anerkennung, sondern mit

dem Einsatz *für* diejenigen und dem Zusammenschluß *mit* ihnen verbunden ist, denen eben solche Selbst- und Mitbestimmungsmöglichkeiten aufgrund gesellschaftlicher Verhältnisse, Unterprivilegierung, politischer Einschränkungen oder Unterdrückungen vorenthalten oder begrenzt werden."

Innerhalb schulischer Bildungsprozesse müssen wir es demzufolge den Kindern und Jugendlichen ermöglichen und an sie entsprechende Anforderungen stellen, daß sie die wissenschaftliche, technische, ökonomische, gesellschaftliche und politische Wirklichkeit vernetzt denken und dementsprechend handeln können. Hierzu empfiehlt KLAFKI (ebd., S. 152), didaktisch jeweils regional- und situationsspezifisch anzusetzen. Dabei rät er, unter ausdrücklichem Bezug auf reformpädagogische Erfahrungen, welche er bereits seit Anfang der 60er Jahre mit wissenschaftlichem Interesse verfolgt (vgl. u. v. a. KLAFKI [2]1963 bis KLAFKI u. a. 1993), folgende drei didaktischen Aspekte entsprechend zu berücksichtigen:

"*Erstens:* Einem Unterricht, der sich auf [vernetzte] Schlüsselprobleme im angedeuteten Sinn konzentriert - ich nenne ihn abkürzend: Problemunterricht -, ist die 45-Minuten-Schulstunden-Schablone mit ständigem Wechsel voneinander isolierter Fächer ersichtlich unangemessen. Selbst die Blockung zu Doppelstunden könnte nur ein begrenzter Zwischenschritt sein. Die angemessene Form ist der *Epochalunterricht*. Stundenplantechnisch heißt das: Durch den Schulvormittag von Halbtags- oder Ganztagsschulen müßte sich an den meisten Tagen der Schulwoche ein Band von mindestens zwei Schulstunden, besser noch: etwa zwei Zeitstunden ziehen, das in epochalem Wechsel dem >>Problemunterricht<< vorbehalten ist, der jeweils Anteile mehrerer der herkömmlichen Fächer in sich vereinigt und in dem, um es zu wiederholen, durchaus auch fachliche Lehrgangssequenzen ihren Ort finden können und müssen, wenn das jeweils anstehende Problem es erfordert. In den Jena-Plan-Schulen, bei A. REICHWEIN, in der Odenwaldschule, in den Waldorfschulen, auch in manchen öffentlichen Schulen ist ein solches Epochalunterrichtskonzept und sind die entsprechenden stundenplantechnischen Lösungen seit langem erprobt worden.

Zweitens: Sowohl der >>Problemunterricht<< als auch erhebliche Teile des übrigen Unterrichts müssen im Sinne folgender vier miteinander verschränkter Unterrichtsprinzipien gestaltet werden:

- *Exemplarisches Lehren und Lernen*, d. h. so, daß Schüler(innen) sich jeweils an wenigen, in ihrem Erfahrungsbereich liegenden oder in ihn einzuführenden Beispielen das Verständnis verallgemeinerbarer Prinzipien, Einsichten, Gesetzmäßigkeiten, Zusammenhänge erarbeiten. Erst vom exemplarischen Lehren und Lernen her wird orientierter Unterricht sinnvoll.
- *Methodenorientiertes Lernen*, m. a. W. die Aneignung von übertragbaren Verfahrensweisen des Lernens und Erkennens sowie der Übertragbarkeit von Erkenntnissen in praktische Konsequenzen.
- *Handlungsorientierter Unterricht*, heute oft "praktisches Lernen" genannt. Mit diesen abkürzenden Kennzeichnungen ist eigentlich die Verknüpfung zweier Elemente gemeint: Auf der einen Seite geht es um praktisches Tun und Herstellen, szenische Gestaltung, Vollzug von Erkundungen und Befragungen innerhalb und außerhalb der Schule, um den aktiven Einsatz der Medien Foto, Videoaufnahme, Tonband, Kassette durch die Schüler(innen), die Durchführung von Praktika und von Projekten; auf der

anderen Seite um reflexive Verarbeitung und erste Schritte der Verallgemeinerung des Erfahrenen sowie um den Entwurf weiterführender Perspektiven. Handlungsorientierter Unterricht angesichts von Problemen, die junge Menschen für sich selbst als bedeutsam erfahren können und als sinnlich vermittelte Aktivitätsform, dürfte auch die pädagogisch aussichtsreichste Weise sein, um auf den vielbeklagten Motivationsschwund in der jungen Generation, ihre Zweifel am Sinn schulischen Lernens zu antworten. Er öffnet, so ist bereits deutlich geworden, den Lernort Schule überdies hin zu anderen, außerschulischen Lernorten und Erfahrungsfeldern und bringt schulisches Lernen damit in Beziehung.

- *Kreativitätsförderndes Lehren und Lernen*, das bedeutet: Unterricht und Schulleben sollen immer wieder dazu anregen und Gelegenheiten bieten, daß Schüler(innen) *eigene* Vorschläge machen, *eigene* Initiativen ergreifen, *eigene* Entscheidungen treffen bzw. an Entscheidungen über Zielsetzungen, Inhalte, Verfahrensweisen des Unterrichts oder der Gestaltung des Schullebens teilhaben können, daß sie Zeit erhalten und ermutigt werden, *eigene* Fragen zu entwickeln, divergent zu denken, *eigene* Lösungen für alte oder neue Probleme auszudenken und auszuprobieren, und zwar in den verschiedenen Fähigkeits- und Interessendimensionen: kognitiv, im praktisch-werktätigen Herstellen und Konstruieren, im ästhetischen Gestalten - sprachlich, bildnerisch, musikalisch, tänzerisch, szenisch -, im Spiel und im Sport, im Bereich des Planens und Organisierens, in Projekten und Aktionen.
- *Verbindung von sachbezogenem und sozialem Lernen*, die eine Skala von Aufgaben und Möglichkeiten umfaßt; ich deute einige der wichtigsten wenigstens an:
  - das kooperierende Lernen in Partner- und Kleingruppen;
  - die Fähigkeit, anderen sachgemäß bei Schwierigkeiten im Lernprozeß helfen zu
  - können [...]

Drittens: Problemunterricht erfordert die Bildung von Lehrer(innen)teams [...]
- das Erlernen von rationalen Formen der Konfliktbewältigung;
- die Fähigkeit, sich auch in größere Gruppen mit Anregungen, Kritik, eigenen Argumentationen einbringen zu können" (ebd., S. 153 -155; Hervorh. original).

Ohne Anspruch auf Vollständigkeit empfehle ich zur Beantwortung der Frage, *wo diese innovativen didaktischen Reformen ansetzen können*, zunächst die folgenden Bereiche:
Zum einen die Schaffung von Rahmenbedingungen, die den selbständigen und bewußten Erwerb von Kenntnissen und Verfahren ermöglichen, die Grundlage sind für das Weiterlernen, die aber auch helfen, außerhalb der Schule weiterzulernen. Ich denke an die historischen Arbeitstechniken zur freien geistigen Tätigkeit der Leipziger Reformpädagogen Hugo GAUDIG und Otto SCHEIBNER ebenso wie an die aktuellen Projekte der Reformpädagogen der zweiten Generation z. B. zum entdeckenden Lernen durch Selbsttätigkeit, zum offenen Unterricht und vieles andere mehr (vgl. RAUSCH/STEINHÖFEL 1998 sowie PEHNKE 1998a, KLEINESPEL 1998, WALLRABENSTEIN 1991).
Zum anderen im Zurücktreten der Belehrung zugunsten des selbständigen, selbsttätigen und auch selbstkontrollierten Lernens: Freiheit, Selbstbestimmbarkeit, Verantwortlichkeit müssen als Möglichkeit und Bedingung, als Orientierung für das Handeln von Anfang an die Erziehung bestimmen, denn: Freiheit

ist als Prozeß rückgekoppelt an Möglichkeiten, sich selbst zu bestimmen, und zwar im Kontext von sozialen Situationen und im Aufbau von Bindungen und Verantwortung. Die Schüler müssen ihren eigenen Freiheits- und Handlungsspielraum erhalten und befähigt werden, diesen zu erfassen und zu nutzen.
Drittens schließlich - und dies soll und kann nur ein Anstoß zum Weiterdenken sein - ist zusammen mit der Vermittlung von Sachkompetenz *verstärkt* die Herausbildung einer ethisch sozialverantwortlichen Haltung - sprich: Sozialkompetenz - zu fördern.
Zuvörderst müssen an der Basis andere Unterrichts- und Organisationsformen realisiert werden: Reformpädagogisch orientierter Unterricht muß *offen, binnendifferenziert, handlungs- und projektorientiert* sein. Solche Arbeitsformen können die Lehrer unter steigenden Klassenfrequenzen, Lehrerstellenreduzierungen, Pflichtstundenerhöhungen, erschwerten Zugangsmöglichkeiten für Absolventen des Lehrerstudiums/Referendariats usw. freilich nur schwer realisieren, aber solange die gesellschaftspolitisch bedeutsamen Entscheidungen noch vordergründig von Parteibuch, Koalitionsabsprachen, Wahlperioden und dem - aus welchen Gründen auch immer - ausgerechnet (!) für Bildungsfragen leeren 'Geldsäckl' bestimmt werden, gilt es, den individuellen Handlungsspielraum der Lehrer(innen) im Hinblick auf alternative und reformpädagogische Arbeitsformen zu nutzen.
Es sollte weniger die eigene bisherige pädagogische Arbeit völlig in Frage gestellt und ein reformpädagogisches Modell kopiert werden, sondern - anknüpfend an Bewährtes - die Vielfalt reformpädagogischer Ansätze angeeignet und gut ausgewählt für die didaktisch-methodische Bereicherung der eigenen Lehrtätigkeit auf Für und Wider analysiert und erprobt werden, um so eine Annäherung an das reformpädagogische Credo von einer kindgemäßen Pädagogik zu praktizieren.

Anregungen zur Effektivierung der bereits verwirklichten Reformpädagogik

Die Tagung "Anregungen international verwirklichte Reformpädagogik" sowie der vorliegende erweiterte Dokumentationsband liefern eine reichhaltige Auswahl von Schulporträts und übergreifenden Darstellungen, die insgesamt einen nachhaltigen Eindruck von der Vielfalt reformpädagogischer Neu- und/oder Wiedergründungen, aber auch zum Teil von den Schwierigkeiten, mit denen sie zu kämpfen haben, vermitteln.
Bevor sich die Leserin bzw. der Leser von den nachfolgend illustrierten reformorientierten pädagogischen Räumen mit ihren vielen Farben und vielen Profilen inspirieren läßt, möchte ich vorab aus meiner langjährigen Beschäftigung mit historischen Erfahrungswerten gelebter Reformpädagogik und der mir seit etwa zehn Jahren möglichen Begleitung ostdeutscher sowie ost- und mitteleuropäischer Reform- und Alternativschulen zwei Problemkreise als Anregung zur Effektivierung bereits verwirklichter Reformpädagogik skizzieren:

1. Jene klassischen reformpädagogischen Bestrebungen, die bis in die Gegenwart die umfangreichsten zeitübergreifenden Innovationsmöglichkeiten bereithalten, sind mehrheitlich in Kooperation mit einer sorgfältig konzipierten wissenschaftlichen Begleitung bzw. durch die Gewährleistung selbständiger wissenschaftlicher Reflexion umgesetzt worden. Dafür stehen natürlich zunächst solche weltweit bekannt gewordenen Versuchsschulen mit unmittelbarer universitärer Anbindung wie John DEWEYs Laboratory School an der Universität von Chicago (1894-1904), Peter PETERSENs Versuchs- und Übungsschule an der Universität Jena (1923-1950) oder, um auch ein Beispiel der zeitgenössischen Reformpädagogik zu erwähnen, die 1974 durch Hartmut von HENTIG begründete Laborschule der Universität Bielefeld (vgl. dazu insges. KLEINESPEL 1998). Ebenso sei daran erinnert, daß in enger Kooperation mit universitären und außeruniversitären Forschungseinrichtungen durch reformpädagogisch orientierte Lehrer Einrichtungen zur Beförderung der reformpädagogischen Diskussion sowie für die reformpädagogisch-orientierte Weiterbildung der Lehrer(innen) gegründet wurden, die überregionale Bedeutung erlangten. So das 1906 durch den Leipziger Volksschullehrer Rudolf SCHULZE gegründete Institut für experimentelle Pädagogik und Psychologie des Leipziger Lehrervereins, das erste dieser Art in Deutschland. Es knüpfte an das weltbekannte Institut Wilhelm WUNDTs, der Ehrenmitglied des Leipziger Lehrervereins war, an (vgl. KRUSE/SCHMITT i. d. B.; vgl. auch PEHNKE 1998a, S. 64 ff. sowie PEHNKE 1998d). Durch die optimale Zusammenarbeit dieser Institution mit der basispädagogisch orientierten Reformarbeit im Rahmen der Versuchsklassenprojekte im Wilhelminischen Deutschland sowie der Versuchsschularbeit in der Weimarer Republik konnten zahlreiche zeitübergreifend wirkungsvolle Erkenntnisse entwickelt und erprobt werden. Zu dem international wohl renommiertesten und noch heute weltweit geschätzten Institut, das nach dem Vorbild dieses Leipziger Instituts entstanden ist, entwickelte sich das 1912 von Eduard CLAPARÈDE in Genf gegründete *Institut Jean-Jacques Rousseau*, dem 1925 das Buerau International d' Education angegliedert wurde (vgl. CLAPARÈDE 1912; vgl. auch HELMCHEN 1995).

Wenn Reformpädagogen wie beispielsweise der Bremer Heinrich SCHARRELMANN glaubten, nur durch radikale Abwehr bislang pädagogisch Gedachtem sowie durch das Ignorieren des reformpädagogisch-orientierten wissenschaftlichen Meinungsstreits "unbelasteter" und effektiver arbeiten zu können, dann war das Scheitern ihres Reformprogramms geradezu vorprogrammiert, wie es SCHARRELMANN erleben mußte (vgl. MÜLLERS 1977; PEHNKE 1984).

Heute ist es ganz sicher nicht mehr notwendig, als praktischer Pädagoge Forschungsinstitutionen gründen zu wollen. Je besser jedoch eine Kooperation zwischen Praxis und Forschung aufeinander abgestimmt ist, desto erfolgsversprechender gelingt die Reformarbeit in dreifacher Hinsicht: *Zum einen* können die Innovationspotenzen der im Gefolge der gesamtgesellschaftlichen Umbrüche des Herbstes 1989 neu - bzw. wiedergegründeter Reform- und Alternativschulen für das Regelschulwesen um ein Vielfaches erhöht werden: für die Lehreraus- und -fortbildung, durch veröffentlichte Erfahrungswerte in der pädagogischen Publizistik usw. *Zum anderen* kann eine derartige Kooperation zur Profilierung und/oder Modifizierung des eigenen Schulkonzepts führen. Und schließlich *drittens* können wissenschaftlich begründete Urteile über die Effizienz der gelebten Reformpädagogik Vorurteile und Klischees von einer angeblich leistungshemmenden Schule in der Öffentlichkeit und nicht zuletzt in der Schulbürokratie abbauen helfen, womit insgesamt natürlich auch dem an den Beispielen der Waldorfpädagogik und der Tvind-Schulen zuvor beschriebenen Phänomen der etwaigen Selbstisolierung wirkungsvoll begegnet werden kann (vgl. PEHNKE 1998a, Kap. 8).

Zu besonders weitreichenden und überzeugenden Ergebnissen für die Entwicklung des gesamten Schulwesens gelangten bzw. gelangen jene Schulexperimente, deren Arbeitsweisen nicht nur im Rahmen einer wissenschaftlichen Begleitung geprüft wurden, sondern wo innerhalb des Versuchsschulkomplexes selbst auch wissenschaftlich gearbeitet wurde (vgl. dazu KLAFKI - im Interview - 1997). Dafür gibt es sowohl historische als auch aktuelle Beispiele. So tendierte beispielsweise die Öffentlichkeitsarbeit der Chemnitzer Versuchsschulen gegen Null, nachdem die ministeriell genehmigten Abminderungsstunden nach den schulpolitischen Sparplänen am Ende der Weimarer Republik 1930 gestrichen wurden (vgl. *Stadtarchiv Chemnitz*).

Für das aktuelle Fallbeispiel wähle ich die bemerkenswerte Dokumentation zum zehnjährigen Bestehen der Reformschule Kassel: Zur Forschungstätigkeit wird darin u. a. betont:

> "Die Reformschule wird von Anfang an durch die Gesamthochschule Kassel wissenschaftlich begleitet. Dabei verstehen Schule und Hochschule die Begleitung nicht als eine Be-Forschung im Sinne einer reinen Ergebnisabfrage. Durch ein vielfältiges Mit-Erleben der Schulpraxis durch die WissenschaftlerInnen wird vielmehr gewährleistet, daß im Sinne einer qualitativen Forschung die Beobachtung und Beschreibung von unterrichtlichen und schulischen Prozessen im Vordergrund steht und daß die Entwicklungsprozesse einer neuen reformierten Schule eine Begleitung erhalten. Daß das Kollegium der Schule über Jahre hinweg offen ist für Besuche und Beobachtungen durch die wissenschaftliche Begleitung, daß die manchmal auch konträre Diskussion und die Beratung gesucht und nicht gemieden wird, werten alle Beteiligten als Zeichen dafür, daß der richtige Weg der Kooperation hier gefunden ist. Eine Weiterführung der wissenschaftlichen Begleitung über die in der Hochschule ausgesprochene Befristung hinaus wird vom Kollegium der Reformschule mit Blick auf die erforderliche Evaluation eines so anspruchsvollen Schulkonzeptes für unabdingbar gehalten" (SKISCHUS/THIES 1998, S. 29).

Besorgniserregend hingegen ist das Resümee Wiltrud THIES' (vgl. 1998, S. 285), daß die am Beginn der Reformschultätigkeit zunächst günstigen Rahmenbedingungen für die wissenschaftliche Begleitung sich im Laufe der Jahre quantitativ kontinuierlich deutlich verschlechtert haben und derzeit vor ihrem Ende stehen.

Eine - wie ich meine - dramatische Situation im bundesdeutschen Schulreform-Stau, die die Tiefe der gegenwärtigen Krise der Schulpolitik plastisch veranschaulicht, wenn die weitere Existenz unserer leider nur sehr vereinzelt existierenden Versuchsschulen als deutlichste Option auf eine zukunftsgerichtete Schule in ernste Gefahr gerät.

2. Ein noch nicht annähernd berücksichtigtes, aber effizientes Mittel zur Identifizierung der Pädagogen mit Reformpädagogik ist für mich nach wie vor (vgl. dazu bereits PEHNKE 1992, S. 23 ff.) - neben dem weiteren sorgfältigen Studium der renommierten Reformpädagogiken; einschließlich der Beachtung der Argumente ihrer konstruktiven Kritiker (vgl. u. a. OELKERS ^{3}1996) - die Kenntnisnahme und das Aufheben des eigenen regionalen reformpädagogischen Erbes.

Umfangreichere Befragungen von Lehrer(inne)n und Erzieher(inne)n in den neuen Bundesländern, aber auch in Prag und Riga verdeutlichen erfreulich solide Kenntnisse über zahlreiche reformpädagogische Entwürfe der Alternativschulen und Kinderläden in Westeuropa, die z. B. in der Tradition der Reformkonzeptionen Rudolf STEINERS, Maria MONTESSORIS, Ovide DECROLYS oder Celestine FREINETS stehen. Traditionen der eigenen basispädagogischen Arbeit waren hingegen mit Ausnahme der in Jena befragten Lehrer(innen) kaum bekannt. Man sollte m. E. durchaus beachten, daß es gerade die in zahlreichen Zentren der sog. kleinen Reformpädagogen gesammelten praktischen Erfahrungen im Umgang mit reformpädagogischen Bestrebungen waren, die in der Pionierzeit der Reformpädagogik (etwa bis zum Ausbruch des Ersten Weltkrieges) ein mitunter sogar international lebhaftes Echo fanden und auch von den o. g. klassischen Vertretern der internationalen Reformpädagogik z. T. sehr sorgfältig für die Konzipierung eigener reformpädagogischer Modelle studiert wurden (vgl. u. a. PEHNKE 1990a).

Die Beschäftigung mit den vielen kleinen, aber wirksamen regionalen Reformbewegungen ist es gerade, die heute einen kräftigen Anstoß und eine Stärkung des Selbstbewußtseins der Reformer bringen könnte. Aus diesem 'hautnahen' Verhältnis zum eigenen regionalen reformpädagogischen Erbe können besonders intensive rationale und emotionale Beziehungen erwachsen.

Erste zum Teil umfangreiche wissenschaftliche Analysen dazu wurden - mit Blick auf die neuen deutschen Bundesländer - kürzlich für Sachsen-Anhalt (vgl. BERGNER 1999), Berlin (vgl. KEIM/WEBER 1998), Sachsen (vgl. PEHNKE 1998a) und Mecklenburg-Vorpommern (vgl. MEFFERT 1999) vorgelegt.

Außerdem kann so manche unkritische Reformpädagogik-Rezeption der sog. Nachwendezeit in ausgewogenere Bahnen gelangen, wenn auch zeitgenössische Argumente in das Blickfeld geraten. An dieser Stelle bleibt nur Platz für ein Beispiel:

Nach einer Vortragsreise des wohl renommiertesten sächsischen Reformpädagogen, Hugo GAUDIG, durch Pommern löste zunächst GAUDIGS ablehnende Haltung zum Gesamtunterricht in der Grundschule, der von 1912 bis 1914 in einem großangelegten sächsischen Versuchsklassenprojekt erfolgreich erprobt worden war (vgl. PEHNKE 1998a, S. 15 ff.) und der mit der Sanktionierung der für alle Kinder gemeinsamen Grundschule in der Weimarer Verfassung Bestandteil der eigenständigen kindorientierten Grundschulkonzeption wurde, Befremden aus [vgl. *Pommersche Blätter* 45(1921)36, S. 424]. In den *Pommerschen Blättern* [46(1922)3, S. 31] lesen wir:

> "Wir verkennen GAUDIGS Bedeutung für die moderne Arbeitsschulbewegung durchaus nicht, aber wir müssen an GAUDIGS Stellung zu den bedeutsamsten Zielen der deutschen Lehrerschaft unwillkürlich denken, so an seine Ablehnung der Lehrerbildungsbestrebungen, der Selbstverwaltung, und sein Eintreten für die konfessionelle und die Standesschule."

Solche weitgehend differenzierungsbetonten Erkenntnisse aus der zeitgenössischen Argumentation um Für und Wider einzelner Reformpädagogiken können heute helfen, so manche verklärte Sicht - um am Beispiel zu bleiben: des 1992 gegründeten Leipziger "Hugo-Gaudig-Freundeskreises" (vgl. dazu STEINHÖFEL 1997) - in ausgewogenere Relationen zu bekommen.

Der mittlerweile überwiegend anerkannte hohe Stellenwert regionenbezogener Identifikationsprozesse ist nicht zuletzt daran zu erkennen, daß die Deutsche Forschungsgemeinschaft (DFG) im Dezember 1998 die Einrichtung eines interdisziplinär arbeitenden Sonderforschungsbereiches zu eben dieser Thematik am Fallbeispiel Sachsen genehmigt hat (vgl. WOLLERSHEIM 1998, 1999).

Unsere Greifswalder Versuchsschulinitiative als eine mögliche Option auf eine zukunftsgerichtete Schule

Der Kongreß "Anregungen international verwirklichter Reformpädagogik" wurde von Anbeginn auch aus der Motivation heraus konzipiert, der basispädagogischen "Initiative reformpädagogische Gesamtschule Greifswald e. V." zu einem entscheidenden Auftrieb zu verhelfen und nicht zuletzt diejenigen für das Projekt zu gewinnen, die über das Zustandekommen einer Versuchsschule die Entscheidung zu treffen haben. Diese Initiative war zunächst im April 1995 von Lehrer(inne)n und Eltern in der Greifswalder Montessori-Grundschule, einer Schule in Trägerschaft der Aktion Sonnenschein, die im Schuljahr 1994/95 begann, ihre spezifische Reformpädagogik zu verwirklichen, gegründet worden.
Im Juli 1996 wurde das Grundsatzkonzept für die Greifswalder Versuchsschule (vgl. Anlage 2) in der Öffentlichkeit zur Diskussion gestellt. Es war Produkt der kontinuierlichen Zusammenarbeit mit der langjährig erfahrenen didaktischen Leiterin der Bielefelder Laborschule, Annemarie von der GROEBEN. Die Kontakte mit der 1974 von Hartmut von HENTIG begründeten Bielefelder Laborschule reichen bis weit in die DDR-Ära zurück, als Hartmut von HENTIG einen kontinuierlichen Dialog zur Schulabteilung der Pommerschen Evangelischen Kirche initiiert hatte und diesen bis heute pflegt.

Die 40 Mitglieder der Initiative, die von Anfang an den Kontakt zu Reformpädagogik-Forschern hergestellt hatten, stritten bis heute in zahllosen Gesprächsrunden mit bildungspolitischen Vertretern der Hansestadt Greifswald, dem Landesinstitut für Schule und Ausbildung (L.I.S.A.), der Pommerschen Evangelischen Kirche, der Universität Greifswald und nicht zuletzt mit dem Kultusministerium Mecklenburg-Vorpommern, die unübersehbar von Kompetenzstreitigkeiten, abwartendem Taktieren, unberechtigt erhofften "Stellenverschiebungen"[1] und - wie könnte es anders sein - der "Pflege verletzter Eitelkeiten" begleitet wurden.
Der mit dem Reformpädagogik-Kongreß im Oktober 1996 erhoffte Auftrieb blieb trotz der richtungsweisenden Tagungsbeiträge von Annemarie von der GROEBEN und Klaus-Jürgen TILLMANN, seit 1994 wissenschaftlicher Leiter der Bielefelder Laborschule, sowie der langjährigen Wegbegleiter der Reformschule Kassel, Wiltrud THIES und Ralf LAGING, aus (vgl. die betreffenden Aufsätze i. d. B.). Zeit wurde insofern gewonnen, als die Montessori-Grundschule vom Kultusministerium den Zuschlag für die Orientierungsstufe erstreiten konnte. Dadurch ist der beabsichtigte Wechsel der ersten Schüler(innen) nach Klasse 6 der Montessori-Grundschule auf den Schuljahresbeginn 2000/2001 "vertagt".
Was dem Versuchsschulvorhaben insgesamt bislang fehlte, das war die deutliche politische Willensbekundung unseres Bundeslandes für Versuchsschulen, wie sie nun im Pkt. 137 der Koalitionsvereinbarung zwischen den Regierungsparteien SPD und PDS vom 2. November 1998 verankert wurde.
Aus der Sicht der Initiativgruppe, des Greifswalder Schulamtes und der Universität Greifswald sind alle Voraussetzungen erfüllt, damit der Minister für Bildung, Wissenschaft und Kultur, Peter KAUFFOLD, zum 1. August 1999 eine entsprechende Aufbaukommission berufen kann.

Nachfolgend möchte ich auf zwei Problembereiche hinweisen, die die öffentliche Diskussion um die Versuchsschule Mecklenburg-Vorpommern derzeit tangieren:

Grundsatzkonzept versus Reformen nach Plan?

Ich will keineswegs unterschlagen, daß auch zum jetzigen Zeitpunkt noch gelegentlich Bedenken zum vorliegenden Konzept der Versuchsschule geäußert werden. Einzelne Fachwissenschaftler, Verwaltungsbeamte und planungsbeflissene Schulfunktionäre möchten vorab für die Versuchsschule ein detailliertes Konzept erarbeiten, das dann durch die Versuchsschullehrer(innen) nur noch "abgearbeitet" zu werden braucht. Diese Tendenz ist so alt wie die reformpädagogischen Versuchsschulen selbst.

---

[1] Sowohl infolge der Standortreduzierungen der Landesinstitute für Schule und Ausbildung (L.I.S.A.) als auch durch permanente Stellenkürzungen im universitären Bereich glaubten einige Dialogpartner, Personalsparmaßnahmen über die Anbindung an die Versuchsschule kompensieren zu können.

RAUSCHENBERGER (1998, S. 8 ff.), der "theoretische Kopf" der Reformschule Kassel, setzt derartigen Sichtweisen folgende überaus trefflichen Argumente entgegen:

> Pädagogisches Planen gelingt immer nur aus Freiheit. Wer gezwungen wird zum Planen, bringt nichts Rechtes zuwege und ist ständig in der Versuchung, seine Arbeit als etwas auszugeben, was sie nicht ist. Dies ist eine Binsenweisheit, die jeder bestätigen kann, der jemals Kinder unterrichtet, Lehrer(innen) ausgebildet oder Schulen geleitet hat, und der den schmalen Weg sucht zwischen Ermutigung und Herausforderung.
> Pädagogisches Planen besteht in gedanklichen Entwürfen. Verwechselt man es mit technischem Planen, so fällt man in einen inneren Zwang. Dann möchte man die zu schaffende Wirklichkeit genau nach Plan anfertigen. Ein (Versuchs)Schulplan hingegen besteht in einer Leitidee, in der Verhältnisse bedacht werden: Rhythmen und Räume, Themen und Umgangsformen, Aktives und Passives. Schulpläne geben Vorstellungen von Ordnungen, nicht Vorlagen für Prozesse. Sie sollen den Blick auf die pädagogischen Begegnungen freigeben; gerade diese dürfen sie nicht festschreiben, sie sind also keine Baupläne.
> Zu oft wird vergessen, daß das Ziel Verständigung ist, nicht Verfügung. Das Planen von Schule und Unterricht einerseits und das Zusammenleben in einer pädagogischen Situation andererseits sind zwei Pole eines einzigen dialektischen Zusammenhangs. Das Problematische besteht nun aber darin, daß der erste Teil dieser Dialektik technisch und rational begreifbar ist, während der zweite Teil kontingent, unverfügbar und auch planerisch nur zum Teil vorwegnehmbar ist, obwohl gerade in ihm so etwas wie eine pädagogische Wirklichkeit überhaupt erst entsteht.
> Pläne, festgeschriebene Konzeptionen können Ordnungen schaffen, vielleicht sogar Sicherheiten bieten. Sobald sie aber den Umgang der handelnden Menschen selber dirigieren wollen, werden sie destruktiv. Man spricht gerne von Demokratie, verbindet dies aber mit einem administrativen Lenkungsbedürfnis, das die Betroffenen um ihre Verantwortung bringt.

Daraus folgt für unsere Greifswalder Initiative: Die im Grundsatzkonzept (Anlage 2) artikulierten Schwerpunkte wie der integrative und jahrgangsübergreifende Unterricht finden bei allen, die sich für eine Versuchsschule engagieren, Konsens. Darum muß parallel zur Berufung der Aufbaukommission die Lehrerstellenausschreibung für die mit dem Schuljahr 2000/2001 einzurichtenden Klassen [vorgeschlagen wird der Beginn mit je einer 0., 1., 5. und 7. Klasse] erfolgen, damit es zu einer der ersten Aufgaben der Aufbaukommission werden kann, zunächst vier geeignete Lehrer(innen) auszuwählen, denen im Schuljahr 1999/2000 wöchentlich ca. 5 Abminderungsstunden an ihren bisherigen Schulen zugestanden werden sollten, um aktiv mit der Aufbaukommission am "Feinkonzept" ***ihrer*** Versuchsschule mitarbeiten zu können bzw. Fortbildungen etc. zu absolvieren.

Zum Anspruchsniveau einer Versuchsschule in Mecklenburg-Vorpommern

Versuchsschulen sind in ihrer etwas über 100jährigen Geschichte stets Optionen auf eine zukunftsgerichtete Schule gewesen. Sie nehmen die Kritik an Fehlent-

wicklungen der öffentlichen Schule auf und versuchen in ihren Schulkonzeptionen, neue pädagogische Antworten auf die Probleme des Heranwachsens und Lernens von Kindern und Jugendlichen zu finden. Ihre im Vergleich zu mehr oder weniger profilierten Regelschulen zwingend notwendige größere ***Freiheit*** ergibt sich aus der generellen Aufgabenstellung für Versuchsschulen. Eines ihrer Hauptanliegen besteht darin, flexibler als andere Schulen auf neue Herausforderungen umgehend zu reagieren. Probleme, die alle Schulen haben, müssen von Versuchsschulen früher erkannt werden können. Ihnen kommt innerhalb der Schullandschaft die Aufgabe zu, effizient auf anstehende pädagogische Problemlagen - gepaart mit gründlicher wissenschaftlicher Begleitung an der pädagogischen Basis (!) - mit Alternativen zu reagieren, die perspektivisch als Innovationsschub für alle Schulen impulsgebend sein können.
Elizza ERBSTÖSSER, Ministerialrätin im Hessischen Kultusministerium, schrieb im Amtsblatt 1/99 (S. 143) ihres Ministeriums: "In der aktuellen Schulpolitik der Länder erscheint vieles als zufällig und willkürlich, als aufgesetzt und (überflüssiger) Bruch. Oft schneidet man Gewachsenes ab und ersetzt es durch 'politisch Gewolltes', dabei Verwerfungen hinnehmend, ohne die Folgen zu bedenken." Das veranlaßt mich, auf zweierlei mit Nachdruck hinzuweisen:
Zunächst und zuvörderst muß für diese Versuchsschulinitiative stets bedacht werden, daß sie von einer ganz bemerkenswert breiten Basisbewegung von Schülern, Eltern, Lehrern, Wissenschaftlern und anderen an pädagogischen Fragen Interessierten getragen wird und sich als logische Konsequenz der erfolgreich gelebten Reformpädagogik an der von Herrn Nils KLEEMANN geleiteten und von der *Aktion Sonnenschein* getragenen Montessori-Grundschule Greifswald entwickelt hatte (vgl. auch KLEEMANN i. d. B.).
Die zu konzipierende und einzurichtende Versuchsschule darf also in keiner Frage losgelöst von dieser Montessori-Grundschule und anderer erfolgreich arbeitenden reformpädagogisch orientierten Grundschulen wie der Jenaplan-Schule (Greifswald-Riems) betrachtet werden (vgl. auch PAECH i. d. B.).
Daraus ergibt sich (vgl. Anlage 2) die perspektivische Einzügigkeit im Grundschulbereich und die Zweizügigkeit im Sekundarbereich.
Zugleich ist die Frage eines gewissen Versuchsschulstandards zu beachten:
Wohl wissend, daß die geradezu idealen Rahmenbedingungen beispielsweise der Bielefelder Laborschule für unser Bundesland unrealistisch sind, muß ein Grundstandard gewahrt sein. Dazu zählen wir (vgl. ebd.):

a) ein zusätzlicher Lehrerstundenumfang von 2,0 Lehrerstellen,
b) eine Wissenschaftlerstelle,
c) für 5 Jahre eine Beraterstelle,
d) 1,0 Stelle Sekretariat/Dokumentation.

In diesem Zusammenhang sind die grundlegenden Erfahrungswerte der bundesdeutschen Versuchsschularbeit seit den 70er Jahren sowie der in öffentlichen Versuchsschulen der neuen Bundesländer in den 90er Jahren (z. B. Leipziger

Nachbarschaftsschule, Chemnitzer Schulmodell - vgl. THURN/TILLMANN 1997; RÖHNER u. a. 1998; PEHNKE 1998a) zu berücksichtigen.
Während der Aufbauphase (5 Jahre) sollte eine, dem ganz besonders herausragenden Stellenwert einer Versuchsschule entsprechende hochdotierte Stelle einer/einem langjährig erfahrenen Versuchsschulpädagog(en)in zur Verfügung gestellt werden.
Das Ministerium für Bildung, Wissenschaft und Kultur wurde gebeten, dafür in die entsprechenden landesübergreifenden Verhandlungen zu treten, um Frau Annemarie von der GROEBEN, "Symbolfrau" der Greifswalder Versuchsschulinitiative, zu gewinnen bzw. abordnen zu lassen.
Frau von der GROEBEN - für ihre international anerkannten Verdienste für innovative Versuchsschulpädagogik kürzlich mit der Ehrendoktorwürde der Universität Bielefeld geehrt (vgl. *Pädagogik* 9/1998, S. 59) - wäre, als überregional sichtbares Signal für wirklich gewollte innovative Pädagogik, gewiß für diesen Zeitraum von 5 Jahren (mit möglicher zeitlicher Überbrückung bis zum Eintritt in den Altersruhestand) als Beraterin über unser Versuchsschulvorhaben hinaus für das gesamte Bundesland, dem Ministerium für Bildung, Wissenschaft und Kultur unterstellt, noch effizienter eingesetzt. Hierfür gibt es ganz herausragende Parallelen: So wurde der ebenso geschätzte Schulreformer Gerold BECKER in einer ebensolchen Beraterstelle für innovative Pädagogik durch das Hessische Kultusministerium angestellt; was schon zu 5 Versuchsschulen in Hessen führte - allen voran die überaus bemerkenswerte Helene-Lange-Schule.
So "leistet" sich - um noch ein letztes Beispiel zu bemühen - die Stadt Leipzig im Schulverwaltungsamt mit Frau Elke URBAN, "Symbolfrau" des basispädagogischen Aufbruchs der "Wendezeit" und mittlerweile Vize-Präsidentin des Europäischen Forums für Freiheit im Bildungswesen, das 1998 für sein bildungspolitisches Engagement, insbesondere für die Unterstützung beim Aufbau mittel- und osteuropäischer Bildungssysteme, die Theodor-Heuss-Medaille zuerkannt bekam (vgl. *Auf der Suche ... 1998*), eine Dauer-Beraterstelle für die Gründung und Betreuung von Reform- und Alternativschulen. Trotz problematischer Finanzsituation favorisiert die Stadt Leipzig eine aktive Unterstützung innovativer Pädagogik; nicht zuletzt - weil die Entscheidung auswärtiger und ausländischer Investoren, sich in der Region anzusiedeln, maßgeblich vom Vorhandensein einer modernen Schulvielfalt abhängig ist (vgl. PEHNKE 1998a, S. 283 ff.).

Möge das deutliche gutachterliche Votum zum Greifswalder Versuchsschul-Grundsatzkonzept von Klaus-Jürgen TILLMANN, unserem Favoriten für die Leitung des wissenschaftlichen Beirates der anvisierten Versuchsschule, vom 14. Juli 1998, aus dem ich nachfolgend auszugsweise zitiere, die Entscheidungsfindung für die Greifswalder Versuchsschule positiv befördern:

>> 1. *Das pädagogische Konzept* basiert wesentlich auf der Pädagogik von Hartmut von HENTIG und den Erfahrungen der Bielefelder Laborschule, geht teilweise jedoch weit darüber hinaus. Es überzeugt durch die Klarheit und Konsequenz, mit der hier ein "Haus des Lernens" skizziert wird: mit offenen, erfahrungsorientierten Lernangeboten, individuell unterschiedlichen Bildungswegen und einem gemeinschaftsorientierten Schulleben. Es wird nach meiner Einschätzung mindestens 10 Jahre dauern und große Anstrengungen erfordern, dieses Konzept unter den gegebenen Bedingungen zu realisieren; zugleich könnte diese Entwicklungsarbeit von großer innovativer Impulswirkung sein.

2. *Das wissenschaftliche Konzept* basiert, ebenso wie das der Laborschule, auf der engen Verzahnung von pädagogischer Praxis und Forschung und ist darauf ausgerichtet, wechselnde Probleme der Pädagogik systematisch zu bearbeiten. Die Ergebnisse dieser Arbeit könnten speziell für die Schulentwicklung in Mecklenburg-Vorpommern, darüber hinaus für die neuen Bundesländer insgesamt von Bedeutung sein. Eine mögliche Zusammenarbeit beider Versuchsschulen, evtl. unter Beteiligung anderer Institutionen, könnte neue Perspektiven eröffnen.

3. *Das Autonomie-Konzept* der Versuchsschule geht meines Wissens erheblich über das hinaus, was bisher an deutschen Schulen realisiert ist. Ich halte dieses Konzept für wegweisend im Hinblick auf zukünftige Schulentwicklung. Hier können die Möglichkeiten, Chancen und Grenzen schulischer Autonomie am Modell erprobt und auf ihre Tragfähigkeit und Verallgemeinbarkeit hin geprüft werden.

4. *Die Vernetzung mit anderen Institutionen, insbesondere der Lehrerbildung*, erscheint mir ebenfalls zukunftsweisend, aber noch konkretisierungsbedürftig. Die Bielefelder Laborschule hat in dieser Hinsicht gute Erfahrungen gemacht, aber auch die Probleme einer solchen Kooperation kennengelernt: Eine Schule, die in vieler Hinsicht von der Normalität abweicht, kann auf die Arbeit im Regelschulwesen nur begrenzt vorbereiten. Anderseits sollen gerade angehende Lehrerinnen und Lehrer mit einem innovativen Potential ausgestattet werden, das sie zu späterer eigener Entwicklungstätigkeit befähigt und ermutigt. In dieser Hinsicht könnte die neue Versuchsschule, weit über das Bielefelder Modell hinaus, Zeichen setzen.

5. *Der Standort Greifswald* erscheint mir in dreifacher Hinsicht interessant. (1) Die Universität und das Erziehungswissenschaftliche Institut sind am Aufbau der Versuchsschule interessiert, so daß eine enge Kooperation zwischen Schulpraxis und Erziehungswissenschaft möglich wird. (2) Die grenznahe Lage der Stadt legt eine - im Konzept der Schule ausdrücklich angelegte - Öffnung der Schule zur polnischen Nachbarregion sowie nach Skandinavien nahe; die Entwicklung von Formen und Inhalten solcher Kooperation dürfte nicht nur pädagogisch-didaktisch, sondern auch (bildungs)-politisch im Hinblick auf das zusammenwachsende Europa von großem Interesse sein. (3) Eine Versuchsschule in einer strukturschwachen Region kann erproben und zeigen, wie pädagogisches Handeln in angespannter Finanzlage und unter möglicherweise ungünstigen äußeren Bedingungen gleichwohl neue Spielräume eröffnen kann, welche Grenzen ihm gesetzt sind und welche Hilfen ihm geboten werden können. <<

Die jüngst allmählich schulpolitisch in Bewegung geratene Bundesrepublik Deutschland zeigt sich zunehmend aufgeschlossener, neue Impulse für die Etablierung reformpädagogischer Schulkonzeptionen zu ermöglichen. Um diesen Prozeß in Fluß zu bringen, sollten wir nicht schlechthin klassische reformpädagogische Ideen wiederbeleben, sondern diese in ihrer Eigenwertigkeit entdekken und für das Heute nutzbar machen. Nicht einfach zurückschauen auf den reformpädagogischen "Schnee vom vergangenen Jahrhundert"[1], sondern - im Sinne Hegelscher Dialektik (vgl. *Vorwort* i. d. B.) aufmerksam und kritisch zurückblicken, um klarer vorwärtsschauen zu können, wie es beispielsweise Ralf HICKETHIER, ein Enthusiast der Reformpädagogik A. S. MAKARENKOS, in seinen Visionen von einer sog. konservativ-kreativen Alternativschule trefflich dokumentiert hat (vgl. HICKTHIER 1998; vgl. auch HILLIG 1987).

Der frische Wind, den die weltweit innovativen Schulsysteme entfachen (vgl. *Innovative Schulsysteme* 1996, 1998), kann die bundesdeutsche Schulentwicklung zusätzlich befördern:

»We cannot command the wind, but wie can set the sails.«[2]

Literatur

(soweit im Text nicht bibliographisch vollständig genannt)

AMLUNG, U./HAUBFLEISCH, D./LINK, J.-W./SCHMITT, H. (Hrsg.): "Die alte Schule überwinden." Reformpädagogische Versuchsschulen zwischen Kaiserreich und Nationalsozialismus. Frankfurt am Main 1993.

ANDRESEN, S./BAADER, M. S.: Wege aus dem Jahrhundert des Kindes. Tradition und Utopie bei Ellen Key. Neuwied, Kriftel, Berlin 1998.

Auf der Suche nach einem neuen Ethos - weltweit und zuhaus: 34. Theodor-Heuss-Preis 1998. Hrsg. von der Theodor-Heuss-Stiftung. Stuttgart 1998.

BAUMERT, J./KÖLLER, O.: Nationale und internationale Schulleistungsstudien. Was können sie leisten, wo sind ihre Grenzen? In: Pädagogik 50(1998)12, S. 12-18.

BAUMERT, J./LEHMANN, R. u. a.: TIMSS-Mathematisch-naturwissenschaftlicher Unterricht im internationalen Vergleich. Deskriptive Befunde. Opladen 1997.

BERGNER, R.: Die Berthold-Otto-Schulen in Magdeburg. Frankfurt am Main, Berlin, Bern, New York, Paris, Wien 1999.

BERNHARD, A.: Zukunft in der Vergangenheit. Reformpädagogik und die Zukunft der Schule. In: Pädagogik 49(1997)6, S. 31-34.

BERNHARD, A.: Demokratische Reformpädagogik und die Vision von der neuen Erziehung. Sozialgeschichtliche und bildungstheoretische Analysen zur Entschiedenen Schulreform. Frankfurt am Main, Berlin, Bern, New York, Paris, Wien 1999.

BÖHM, W./HARTH-PETER, W./RÝDL, K./WIEGAND, G./WINKLER, M.: Schnee vom vergangenen Jahrhundert. Neue Aspekte der Reformpädagogik. Würzburg ^{2}1994.

BROCKMEYER, R.: Die Schule der Zukunft und die neugestaltete Schulaufsicht - Leitvorstellungen und Empfehlungen. In: Pädagogische Führung 9(1998)3, S. 144-148.

BROCKMEYER, R.: Qualitätsverbesserung durch Steigerung der Innovationsfähigkeit und der Selbstwirksamkeit in Schulen und Schulsystemen. Projektskizze, November 1998, 45 S.

CLAPARÈDE, E.: Un Institut des Sciences de l'Education et les besoins auxquels il répond. Genf 1912 - Reprint, Genf 1987.

[1] In Anlehnung an BÖHM u. a. ^{2}1994; in diesem Zusammenhang allerdings nur an den Buchtitel und nicht an den überaus differenzierungsbetonten Inhalt.

[2] *Durham Board* of Education, Gewinner des Carl Bertelsmann-Preises 1996; vgl. Anlage 1.

DRÄBING, R.: Der Traum vom "Jahrhundert des Kindes". Geistige Grundlagen, soziale Implikationen und reformpädagogische Relevanz der Erziehungslehre Ellen Keys. Frankfurt am Main, Bern, New York, Paris 1990.

EICKHORST, A.: Der Zusammenhang von Menschenbild und Entwicklungslehre im didaktisch-methodischen Vorgehen in reformpädagogischen Konzepten. In: Pädagogik und Schulalltag 50(1995)3, S. 387-396.

ERBSTÖSSER, E.: Buchbesprechung zu *Pehnke, A.: Sächsische Reformpädagogik. Traditionen und Perspektiven. Leipzig: Militzke Verlag, 1998.* - In: Amtsblatt des Hessischen Kultusministeriums 52(1999)1, S. 143.

GRANDT, G. & M.: Schwarzbuch der Anthroposophie. Rudolf Steiners okkult-rassistische Weltanschauung. Wien 1997.

von der GROEBEN, A.: Leistung wahrnehmen, Leistung bewerten. Sieben Anmerkungen zu TIMSS - oder: Plädoyer für einen differenzierten Blick in der Leistungs- und Qualitätsdebatte. In: Pädagogische Führung 10(1999)1, S. 7-10.

HELMCHEN, J.: L' Èducation nouvelle francophone et la Reformpädagogik allemande - deux "histoires"? In: HAMELINE, D./HELMCHEN, J./OELKERS, J. (Hrsg.): L 'Èducation nouvelle et les enjeux de son histoire. Bern, Berlin, Frankfurt am Main, New York, Paris, Wien 1995, S. 1-29.

HERZOG, R.: Aufbruch in der Bildungspolitik. Bulletin 5. November 1997, Nr. 87, S. 1001-1008. Bonn 1997. - Dass. in RUTZ 1997: A. a. O., S. 13-33.

HICKETHIER, R.: Mut zum Ganzen: Ordnung *und* Freiheit. Denkanregungen für Eltern und Pädagogen, die es noch nicht aufgegeben haben, ihre Kinder/Schüler erziehen zu wollen. Begründung und Visionen einer konservativ-kreativen Alternativschule (KuK-Schule). Leipzig 1998.

HILLIG, G.: A. S. Makarenko - Ein Wegbereiter der modernen Erlebenispädagogik? Lüneburg 1987.

Innovative Schulsysteme im internationalen Vergleich. Bd. 1: Dokumentation zur internationalen Recherche. Hrsg. von der Bertelsmann Stiftung. Gütersloh 1996.

Innovative Schulsysteme im internationalen Vergleich. Bd. 2: Dokumentation zu Symposium und Festakt. Hrsg. von der Bertelsmann Stiftung. Gütersloh 1998.

JOBST, W.: Die neue Rolle der Schulaufsicht für die selbständigere Schule. In: Pädagogische Führung 9(1998)3, S. 157-160.

KEIM, W.: Zur Reformpädagogik-Rezeption in den alten Bundesländern - Phasen, Funktionen, Probleme. In: PEHNKE 1992: A. a. O., S. 111-139.

KEIM, W.: Gesamtschule '96 - eine Standortbestimmung. In: Pädagogik und Schulalltag 51(1996)2, S. 145-156.

KEIM, W.: Erziehung unter der Nazi-Diktatur. Bd. 1: Antidemokratische Potentiale, Machtantritt und Machtdurchsetzung. Bd. 2: Kriegsvorbereitung, Krieg und Holocaust. Darmstadt 1997.

KEIM, W./WEBER, N. H. (Hrsg.): Reformpädagogik in Berlin - Tradition und Wiederentdekkung. Für Gerd Radde. Frankfurt am Main, Berlin, Bern, New York, Paris, Wien 1998.

KEY, E.: Das Jahrhundert des Kindes. Berlin 1902 [Schwedische Erstausgabe 1900].

KLAFKI, W.: Das pädagogische Problem des Elementaren und die Theorie der kategorialen Bildung. Weinheim ^{2}1963.

KLAFKI, W./AMLUNG, U./BERG, H. Chr./LENZEN, H./MEYER, P./WITTENBRUCH, W. (Hrsg.): Adolf REICHWEIN - Schaffendes Schulvolk - Film in der Schule. Die Tiefenseer Schulschriften. Kommentierte Neuausgabe. Weinheim, Basel 1993.

KLAFKI, W.: Schlüsselprobleme als inhaltlicher Kern internationaler Erziehung. In: SEIBERT, N./SERVE, H. J. (Hrsg.): Bildung und Erziehung an der Schwelle zum dritten Jahrtausend. München 1994, S. 135-161.

KLAFKI, W. (im Interview): Wem nützt eine solche Versuchsschule? Laborschulpädagogik und das Regelschulwesen. In: THURN/TILLMANN 1997: A. a. O., S. 316-330.

KLEINESPEL, K.: Schulpädagogik als Experiment. Der Beitrag der Versuchsschulen in Jena, Chicago und Bielefeld zur pädagogischen Entwicklung der Schule. Weinheim, Basel 1998.

KÜHN, A. O.: Alexander S. Neill. Reinbek bei Hamburg 1995.

MÄCK, W.: Innere Schulentwicklung und ihr Verhältnis zu einer veränderten Schulaufsicht. In: Pädagogische Führung 9(1998)3, S. 160-163.

MEFFERT, R.: Schulreform in Pommern (1815-1933). Eine problem- und sozialgeschichtliche Studie. Diss., Ernst-Moritz-Arndt-Universität Greifswald, 1999.

MÜLLERS, W.: Die Pädagogik Heinrich SCHARRELMANNS. Ein Beitrag zur Historiographie der reformpädagogischen Bewegung. Diss., Gesamtschule Duisburg, 1977.

NEILL, A. S.: Das Prinzip Summerhill: Fragen und Antworten. Reinbek bei Hamburg 1971.

OECD/CERI (Hrsg.): Freie Schulwahl im internationalen Vergleich. Ein OECD/CERI-Bericht. Frankfurt am Main, Berlin, Bern, New York, Paris, Wien 1996.

OELKERS, J.: Die Reformpädagogik. Eine kritische Dogmengeschichte. 3., erw. Aufl., Weinheim, München 1996.

PEHNKE, A.: Schulpolitische und pädagogische Auffassungen des Reformpädagogen Heinrich SCHARRELMANN (1871-1940). Diss., Pädagogische Hochschule Leipzig, 1984.

PEHNKE, A.: Studien zur Entwicklung von Auffassungen in der Lehrerbewegung über die Aktivierung des Schülers im Unterricht der deutschen Volksschule von 1900 bis 1918. Habilitationsschrift, Leipzig 1990 (a).

PEHNKE, A.: Erfolgreiche Dialogpolitik benötigt auch Dialogbefähigung im Unterricht. In: Pädagogik 45(1990)5, S. 420-424 (b).

PEHNKE, A. (Hrsg.): Ein Plädoyer für unser reformpädagogisches Erbe. Neuwied, Kriftel, Berlin 1992.

PEHNKE, A.: Vorüberlegungen zu einer Bestandsaufnahme der Reformpädagogik-Forschung in der DDR. In: Pädagogische Rundschau 47(1993)5, S. 535-560.

PEHNKE, A.: Der steinige Weg für Reformpädagogen im konservativen deutschen Schulsystem. In: SEYFARTH-STUBENRAUCH, M./SKIERA, E. (Hrsg.): Reformpädagogik und Schulreform in Europa. Hohengehren 1996, S. 377-388 (a).

PEHNKE, A. (Hrsg.): Einblicke in reformorientierte Schulpraxis der neuen Bundesländer. Frankfurt am Main, Berlin, Bern, New York, Paris, Wien 1996 (b).

PEHNKE, A.: Wider dem Schulreform-Stau in den neuen Bundesländern. Zu Modernisierungseffekten von Reform- und Alternativschulen für das Regelschulwesen. In: PEHNKE, A. (Hrsg.): Einblicke in reformorientierte Schulpraxis der neuen Bundesländer. A. a. O. 1996, S. 21-40 (c).

PEHNKE, A.: Mit der großen Keule gegen die Waldorfpädagogik. Eine Kritik zum "Schwarzbuch der Anthroposophie" von G. und M. GRANDT. In: Deutsche Lehrerzeitung 44(1997) Nr. 15/16, S. 15 (a).

PEHNKE, A.: Demokratisierung bis hinein in die Verwaltung. In: Deutsche Lehrerzeitung 44(1997) Nr. 43/44, S. 3 (b).

PEHNKE, A.: Sächsische Reformpädagogik. Traditionen und Perspektiven. Leipzig 1998 (a).

PEHNKE, A.: Trotz bisher vertaner Chancen für eine Reform des Bildungswesens im Ost-West-Dialog neue Reformschritte ableiten. In: PEHNKE, A./RÖHRS, H. (Hrsg.): Die Reform des Bildungswesens im Ost-West-Dialog. Geschichte, Aufgaben, Probleme. 2., erw. Aufl., Frankfurt am Main, Berlin, Bern, New York, Paris, Wien 1998, S. 11-36 (b).

PEHNKE, A.: Reform- und Alternativschulen als Impulsgeber für das Regelschulwesen. In: PEHNKE, A./RÖHRS, H. (Hrsg.): Die Reform des Bildungswesens im Ost-West-Dialog. Geschichte, Aufgaben, Probleme. 2., erw. Aufl., Frankfurt am Main, Berlin, Bern, New York, Paris, Wien 1998, S. 333-343 (c). - Vgl. zugleich die übersetzten Beiträge der 1. Aufl.

(1994): Progressive and alternative schools as stimuli for the established system. In: Education. Volume 54(1996), S. 38-46; Escuelas reformadas y alternativas como impulsoras del sistema de escuelas públicas. In: Educacion. Volumen 56(1997), S. 50-59.

PEHNKE, A.: Das durch Wilhelm WUNDT geförderte Leipziger Institut für experimentelle Pädagogik und Psychologie (1906-1933) und seine Ausstrahlungskraft. In: JAHNKE, J./FAHRENBERG, J./STEGIE, R./BAUER, E. Hrsg.): Psychologiegeschichte - Beziehungen zu Philosophie und Grenzgebieten. München, Wien 1998, S. 169-182 (d).

POSPISCHIL, W.: Bericht zur Greifswalder Tagung: Lehrer, Eltern und Schüler verändern ihre Schule - Innovationen im Schulalltag. In: Pädagogik und Schulalltag 51(1996)1, S. 62-63.

POSTE, B.: Schulreform in Sachsen 1918-1923. Eine vergessene Tradition deutscher Schulgeschichte. Frankfurt am Main, Berlin, Bern, New York, Paris, Wien 1993.

PROTZ, S. (Hrsg.): Europa als Bildungsgemeinschaft. Bildung - Schulreform - Lehrerbildung. Rudolstadt, Jena 1997.

RADDE, G./KORTHAASE, W./ROGLER, R./GÖSSWALD, U. (Hrsg.): Schulreform - Kontinuitäten und Brüche. Das Versuchsfeld Berlin-Neukölln. Opladen 1993.

RATZKI, A.: Steinige Pfade zum Haus des Lernens. Ein Kommentar zur Denkschrift der NRW-Bildungskommission "Zukunft der Bildung - Schule der Zukunft". In: Pädagogik und Schulalltag 51(1996)2, S. 207-209.

RAUSCH, E./STEINHÖFEL, B.: Das arbeitsunterrichtliche Verfahren und das Unterrichtsgespräch im Sinne Hugo GAUDIGs und Otto SCHEIBNERs. In: PEHNKE, A./RÖHRS, H. (Hrsg.): Die Reform des Bildungswesens im Ost-West-Dialog. Geschichte, Aufgaben, Probleme. 2., erw. Aufl.; Frankfurt am Main, Berlin, Bern, New York, Paris, Wien 1998, S. 215-229.

RAUSCHENBERGER, H.: Schulreform zwischen pädagogischem Programm und pädagogischem Takt. In: RÖHNER/SKISCHUS./THIES 1998: A. a. O., S. 8-18.

RÖHNER, Ch./SKISCHUS, G./THIES, W. (Hrsg.): Was versuchen Versuchsschulen? Einblicke in die Reformschule Kassel. Hohengehren 1998.

RÖHRS, H./LENHART, V. (Hrsg.): Die Reformpädagogik auf den Kontinenten. Ein Handbuch. Frankfurt am Main, Berlin, Bern, New York, Paris, Wien 1994.

RÖHRS, H.: Reformpädagogik und innere Bildungsreform. Weinheim 1998.

RÜLCKER, T./OELKERS, J. (Hrsg.): Politische Reformpädagogik. Bern, Berlin, Frankfurt am Main, New York, Paris, Wien 1998.

RUTZ, M. (Hrsg.): Aufbruch in der Bildungspolitik. Roman Herzogs Rede und 25 Antworten. München 1997.

RÝDL, K.: Geschichte und Gegenwart dänischer Schulreformbestrebungen. Frankfurt am Main, Berlin, Bern, New York, Paris, Wien 1999.

Schule neu gestalten. Dokumentation zum Sonderpreis Innovative Schulen im Rahmen des Carl Bertelsmann-Preises 1996. Hrsg. von der Bertelsmann Stiftung. Gütersloh 1996.

SKISCHUS, G./THIES, W.: Die Reformschule Kassel - Ein Porträt. In: RÖHNER./SKISCHUS./THIES 1998: A. a. O., S. 19-30.

Stadtarchiv Chemnitz: Akten des Rates der Stadt Karl-Marx-Stadt; Rat der Stadt Chemnitz, Bezirksschulrat Chemnitz I, Chemnitzer Versuchsschulen, 1920/33, BV 1/3.

STEINHÖFEL, B.: Aus der Arbeit des Hugo-Gaudig-Freundeskreises. In: Deutschunterricht 50(1997)10, S. 492-493.

THIES, W.: Ein phänomenologisch-dialogisches Verfahren der Schulentwicklung: Zum Verständnis der Wissenschaftlichen Begleitung. In: RÖHNER/SKISCHUS/THIES 1998: A. a. O., S. 285-293.

THURN, S./TILLMANN, K.-J. (Hrsg.): Unsere Schule ist ein Haus des Lernens: Das Beispiel Laborschule Bielefeld. Reinbek bei Hamburg 1997.

TILLMANN, K.-J.: Schulentwicklung und Lehrarbeit. Nicht auf bessere Zeiten warten. Hamburg 1995.

TULODZIECKI, G.: Medienerziehung in Schule und Unterricht. Bad Heilbrunn ^{2}1992.

URBAN, E.: Schulaufsicht mit Zukunft. Chancen, Risiken und Ausblicke einer praktischen Auseinandersetzung. In: BADERTSCHER, M./GRUNDER, H. U. (Hrsg.): Wieviel Staat braucht die Schule? Schulvielfalt und Anatomie im Bildungswesen. München 1995, S. 99-103.

WALLRABENSTEIN, W.: Offene Schule - offener Unterricht. Ratgeber für Eltern und Lehrer. Reinbek bei Hamburg 1991.

WALLRABENSTEIN, W.: Reformpädagogisch inspirierte methodische Innovationen in der schulpädagogischen Diskussion der Gegenwart: Handlungsorientierter Unterricht, Offener Unterricht, Wochenplanarbeit, Freie Arbeit. In: SEYFARTH-STUBENRAUCH, M./SKIERA, E. (Hrsg.): Reformpädagogik und Schulreform in Europa. Hohengehren 1996, S. 204-212.

WALLRABENSTEIN, W.: Sündenbock Offener Unterricht. In: Die Grundschulzeitschrift 12(1998)118, S. 4.

WOLLERSHEIM, H.-W./TZSCHASCHEL, G./MIDDELL, M.: Region und Identifikation. Bd. 1: 1998. Leipzig 1998.

WOLLERSHEIM, H.-W. Der Sonderforschungsbereich 417 "Regionenbezogene Identifikationsprozesse: Das Beispiel Sachsen". In: Universität Leipzig 1/1999, S. 12-15.

Zukunft der Bildung - Schule der Zukunft. Denkschrift der Kommission >>Zukunft der Bildung - Schule der Zukunft<< beim Ministerpräsidenten des Landes Nordrhein-Westfalen. Neuwied, Kriftel, Berlin 1995.

II. Internationale und nationale Schulreformtendenzen

II.1. Internationale Erfahrungswerte

Paul GEHEEB ca. 1950 in der Ecole d'Humanité

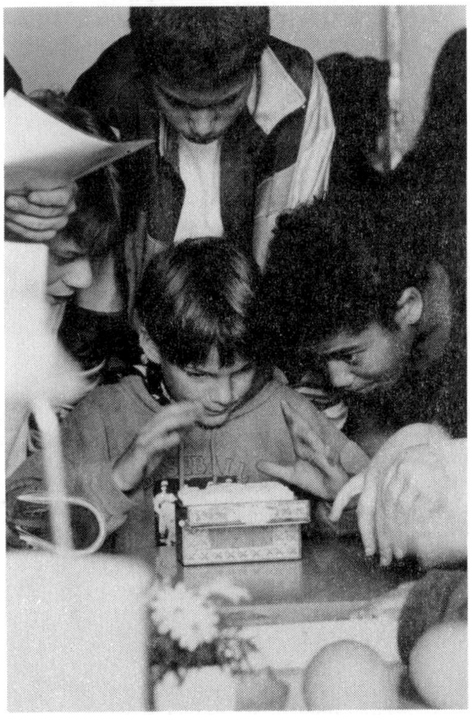

Ein Blick in die gegenwärtige Unterrichtsarbeit der Ecole

Armin LÜTHI

Impulse der GEHEEBschen Ecole d' Humanité

Die Geschichte der Landerziehungsheime ist die Geschichte einiger starrköpfiger, streitsüchtiger, hochbegabter, einiger wirklich schwieriger Männer. Ich denke, Sie sind mit Leben und Werk von Hermann LIETZ vertraut. Er ist ja einer der Ihrigen. Aber auch Paul GEHEEB, der Gründer der Odenwaldschule und der Ecole d' Humanité, kommt aus Ostdeutschland, aus dem ehemaligen Ostdeutschland, aus Geisa in Thüringen. Wir haben da vor drei Jahren an seinem Geburtshaus, der Apotheke, eine Gedenktafel angebracht.

Ich will hier von GEHEEB und seinem Werk berichten. Ich werde mich dabei vor allem seiner Pädagogik widmen und nicht nur sein langes Leben von 1870 bis 1961 darstellen, dieses lange Leben mit der dramatischen und traumatisierenden Kindheit in Geisa, mit den 20 Semestern Studium in Berlin und Jena, mit seiner Genialität und mit seinen Verrücktheiten. GEHEEB selbst sagt, daß sein Leben durch Katastrophen bestimmt war. Und in der Tat, es gibt sie: der frühe Tod der über alles geliebten Mutter, die Katastrophe LIETZ, später die Katastrophe WYNEKEN in Wickersdorf, der Erste Weltkrieg, der aufkommende Nationalsozialismus, die Emigration in die Schweiz mit einer ganzen Kette von existenzbedrohenden Katastrophen. Daneben gab es auch persönlich noch tiefergehende Unglücksfälle in seinem Leben. Zum Beispiel der Tod von Otto BRAUN, wie GEHEEB sagte, der einzige wirklich so begabte Mensch wie GOETHE, der ganz jung gefallen war. Dieser Tod hat GEHEEB in die Nähe des völligen Zusammenbruchs gebracht. Ist GEHEEB aber wirklich dieser starrköpfige Mensch, dessen Leben durch Katastrophen bestimmt gewesen ist? Er hat von den vielen Errettungen und Glücksfällen seines Lebens nicht oft gesprochen. Er hat nicht erzählt von der Ehe mit der ihm geistig ebenbürtigen, aber unendlich viel lebensklügeren Edith CASSIRER, nicht davon, daß sein Schwiegervater, Max CASSIRER, ihm 1910 die Verwirklichung seiner radikalen Ideen in der Odenwaldschule ermöglicht und daß derselbe Max CASSIRER das jährliche erhebliche Defizit bis 1934 immer wieder beglichen hat.

Es ist diese Odenwaldschule, die sehr bald schon zum umfassendsten und kühnsten Schulversuch Deutschlands, ja vielleicht ganz Europas geworden ist, wie HERDERS pädagogisches Lexikon in den 30er Jahren gesagt hat. Es muß in den ersten Jahrzehnten dieses Jahrhunderts sehr bald gewinnversprechend gewesen sein, wenn man sich dem Kreis der neuen Schulen, der neuen Erziehung der Reformpädagogik zugezählt hat, insbesondere den Landerziehungsheimen. Adolphe FERRIÈRE, einer der Theoretiker der neuen Erziehung, Professor am *Institut Jean Jacques Rousseau* in Genf, hielt es daher für notwendig, schon 1914 den Trittbrettfahrern dieser Bewegung einen Kriterienkatalog entgegenzuhalten und 30 Forderungen aufzustellen, die mindestens zur Hälfte erfüllt sein mußten, wenn man sich zu dieser Bewegung zugehörig zählen durfte. Nur die Odenwaldschule genügte damals allen 30 Forderungen. Ich kann die weitere Geschichte der Odenwaldschule nur streifen. Genaues kann man jetzt in zwei Dissertationen erfahren. Martin NÄF hat vor einigen Monaten bei Jürgen OELKERS in Bern seine Dissertation über GEEHEB und die Odenwaldschule eingereicht und mit summa cum laude verteidigt. Sie wird gedruckt werden. Sie bricht allerdings 1910 ab. Dennis SHIRLY, beide sind übrigens frühere Mitarbeiter unserer Schule, schrieb seine Dissertation 1990. Sie ist als Buch der *Harvard University* erschienen: The Politics of Progressive Education. The Odenwaldschule in Nazi Germany. Cambridge, London 1992. Wie schwierig und verwirrend diese ersten 30er Jahre gewesen sind, kann man aus einem kurzen Abschnitt eines Briefes sehen, der am 13. Januar 1934 an Edith GEHEEB-CASSIRER geschrieben worden ist:

„Diejenigen Eltern aber, die völlig mit den jetzigen Einrichtungen des Staates zufrieden sind, und das ist doch wohl die größte Mehrheit, werden Bedenken haben, euch die Schüler anzuvertrauen, weil Paul ihnen wahrscheinlich nicht weit genug geht und weil sie ihn nicht für einen hundertprozentigen Nationalsozialisten halten, als den er sich ja auch nicht ausgeben will, obgleich du völlig recht hast, wenn du sagst, daß ihr im Prinzip ja eigentlich mit dem neuen Geist einverstanden seid und daß ihr im gewissen Sinn viel vorgearbeitet habt." Der das geschrieben hat, ist nicht irgend jemand, es ist Max CASSIRER, der Vater - Jude - erfolgreicher Industrieller, Stadtrat und Ehrenbürger von Berlin. Ein lebenskluger, weltgewandter Mensch. 1934 emigriert er nach Versaix bei Genf.

Die Nachfolgeschule der Odenwaldschule war nicht eine deutsche Schule im Ausland. Es sollte eine übernationale Schule sein, eine Ecole d' Humanité, eine Schule der Menschheit. Es folgt der unaufhaltbare Abstieg. 1943 sind noch 7 Flüchtlingskinder und einige Getreue in dieser Schule. Das ist in einer Naturfreundehütte am Vanil im Kanton Fribourg. Das ist übriggeblieben vom kühnsten Schulversuch Deutschlands.

1946, also vor mehr als 50 Jahren, erfolgte der Umzug nach Goldern im Berner Oberland, wo wir jetzt noch sind. Der 10. Oktober 1960, der 90ste Geburtstag, wird zum Wendepunkt, er bringt viel öffentliche Anerkennung: die Goethe-Plakette, eine gemeinsame Botschaft aller deutschen Kultusminister, das Ehrendoktorat von Tübingen und von Vishva Bharati, der von R. TAGORE gegründeten indischen Universität. Am 1. Mai 1961 stirbt Paul GEHEEB im 91. Lebensjahr. Der Vorstand der Genossenschaft der Ecole d' Humanité beauftragt mich und meine Frau zusammen mit Edith GEHEEB mit der Schulleitung. Wir haben damals diese Aufgabe nicht leichten Herzens übernommen. Unser Ziel war: Wir wollten aus einer genialen Schule eine gute Schule machen. Wer kann schon Nachfolger eines Mannes sein, der mit Rehen stundenlange Wanderungen im Odenwald macht oder dem ein bissiger Hund die schwerverletzte Pfote aufs Knie legt oder der einem im Konzentrationslager verstummten Kind die Sprache wiedergibt. GEHEEB selbst hat sich nicht um seinen Nachfolger gekümmert. Der

einzige Satz, den er uns zur Hilfe sagte, war: Man kann nur seinem ärgsten Feind wünschen, eine solche Schule zu leiten.
Was ist nun aber heute in der Ecole d' Humanité übriggeblieben von dem, was die Odenwaldschule ausgezeichnet hat? Ist sie das sehr lebendige Leitfossil der Reformpädagogik, als das manche Zeitgenossen sie heute sehen? Oder ist alles nur, ich zitiere: „eine Flucht in die Anspruchslosigkeit einer antiintellektuellen reformpädagogisch-romantisierenden Idylle?" Der Mann, der das geschrieben hat, hat einmal vor 25 Jahren mich über die Schule reden hören. Und wie kommt es, daß sehr alte Altschüler und Altschülerinnen in der heutigen Schule vieles wiedererkennen, was ihnen die Odenwaldschule seinerzeit so lieb und lebensbestimmend hat werden lassen? Eine vorläufige Antwort könnte heißen: Da spielt die außergewöhnliche Konstanz mit. Die Konstanz von Leitung und Mitarbeiterschaft. Edith GEHEEB hat bis zu ihrem Tode im 97. Lebensjahr, im Jahre 1982, die Leitung liebevoll und wachsam begleitet. Meine Frau und ich sind seit 1948 in verschiedenen Funktionen mit der Schule verbunden, und eine größere Gruppe von Mitarbeitern und Mitarbeiterinnen hat zwischen 30 und 40 Jahren der Schule die Treue gehalten. Solche Treue, solche Konstanz enthält zweifellos die Gefahr der Erstarrung, der tödlichen Routine. Wenn da nicht die GEHEEBsche Konzeption gewesen wäre und sich immer wieder als beunruhigend, attraktiv, als lebendig, als tragfähig und als bestürzend modern erwiesen hätte. Ich bin natürlich sehr oft der kritischen und zweifelnden Frage begegnet, ob denn heute noch möglich sei, was 1910 geglückt ist. Ob denn die Welt, die Kinder, die Jugendlichen, aber auch die Erwachsenen heute nicht völlig andere Vorstellungen, Erfahrungen und Bedürfnisse hätten. Es ist meine Überzeugung, daß diese berechtigte Frage oft zu der einseitigen Antwort führt, heute sei alles radikal anders geworden. Natürlich ist vieles anders geworden. Aber das, was menschliches Sein ausmacht, zeigt auch merkwürdige Konstanten, so die Auseinandersetzung mit den Eltern, die Loslösung von den Eltern, die Geschwisterkonstellation und ganz besonders die Wirkung der Wir-Gruppe, die Wirkung der Gleichaltrigen, die ja oft alle erzieherische Intention einfach wegspült. Ein Beispiel für diese Konstanz: Im Steglitzer Selbstmordprozeß wurde Paul KRANZ, später unter dem Schriftstellernamen Ernst-Erich NOT bekannt, vorgeworfen, er hätte unter Gleichaltrigen, unter seinesgleichen eine Selbstmordepidemie initiiert. Das war vor 70 Jahren, vor drei, vier Generationen (GEHEEB hat übrigens KRANZ nach dem Prozeß in die Odenwaldschule aufgenommen.) Natürlich verändert sich vieles, z. B. die Sexualität. Heute reden Buben und Mädchen in der Familiengruppe ohne Verlegenheit z. B. über Menstruation. Ein Kondom ist heute kein rätselhafter und geheimnisvoller Gegenstand mehr, über den ich mir in meiner Bubenzeit noch sagenhafte Vorstellungen gemacht habe.
Im zweiten Teil meiner Ausführungen komme ich zur heutigen Schule. In ihr lernen 150 junge Menschen, vom Säugling bis zur 22jährigen Chinesin, die sich auf die Universität vorbereitet, Jungen und Mädchen, möglichst gleich viele (es ist ganz schwierig, das einzuhalten), aus 22 Nationen von verschiedener Religi-

on, Konfession, Hautfarbe, unterschiedlicher Begabung, sozialer Herkunft. Wir sind eine Gesamtschule, kennen also keine Aufgliederung in Gymnasiasten, Realschüler, Sekundarschüler, Oberschüler und was es sonst noch alles gibt in der Schweiz. Es gibt ein deutschsprachiges Schulsystem bis zum Abschluß der obligatorischen Schulpflicht, das sind 9 Schuljahre in der Schweiz, bis zu einem gehobenen Abschluß, was man jetzt bei uns Diplommittelschulabschluß nennt, für Kunstgewerbeschule und ähnliches oder die Vorbereitung auf die Eidgenössische Maturität, die wir nicht selbst abnehmen können. Auch ein amerikanisches Schulsystem existiert, das 12 Schuljahre erfaßt und bis zum High-School-Abschluß führt, der dazu berechtigt, daß man in England oder in Amerika studieren kann. Bei uns arbeiten 34 Lehrerinnen und Lehrer, seit 1955 wirkt ein neues 5-köpfiges Leitungsteam der gemeinnützigen Genossenschaft mit einem Vorstand, der die letzte Verantwortung trägt. Die Finanzierung erfolgt nur durch Schulgelder, d. h. nur durch das, was die Eltern aufbringen. Wir bekommen keinerlei staatliche Hilfe. Das ist nur dadurch möglich, daß alle Mitarbeiter sich mit äußerst bescheidenen Löhnen abfinden. Über Geld und Pädagogik wäre viel zu sagen, auch darüber, daß die Knappheit von Geld mit der Qualität von Pädagogik nur ganz wenig zu tun hat. Die relative Armut unserer Schule führt unter anderem zu einer günstigen Auslese der Mitarbeiterschaft. Zu unserem Bestand gehören 22 Häuser, zum Teil ins Schulzentrum, zum Teil ins kleine Berner oberdörfische Bergdorf integriert, in einer wunderbaren Landschaft, die von Zersiedelung bedroht ist und vom übergeordneten Tagestourismus genutzt wird (1050 m über dem Meer).

Im folgenden beschreibe ich vorwiegend das deutschsprachige Schulsystem. Bei der Um- und Ausgestaltung des Unterrichts in den ersten Jahren der Odenwaldschule war unter anderem das Büchlein von Georg KERSCHENSTEINER „Das Grundaxiom des Bildungsprozesses" maßgebend. Sehr salopp ausgedrückt besagt dieses Axiom ja nur, daß es verlorene Liebesmüh ist, einem Kind etwas beibringen zu wollen, für das es nicht die nötige Reife und geistige Struktur aufweist. Wie aber wurde und wird KERSCHENSTEINER in schulische Realität umgesetzt? Durch größtmögliche Flexibilität, durch ein echtes ernstgenommenes Mitsprache- und Wahlrecht der Schülerinnen und Schüler bei der Gestaltung des eigenen Lehrplans, durch Konzentration und Beschränkung des Lehrstoffs auf nur drei Lektionen in langen Stunden am Vormittag (75 Minuten, 60 Minuten, 60 Minuten). Jeden Tag dieselben drei Fächer während etwa fünf Wochen. Das ist eine Kursperiode. Am Nachmittag ein reiches Angebot von musischen, handwerklichen, sozialen, sportlichen Aktivitäten, dies nicht als Luxusamüsement für diejenigen, die sich solches leisten können, sondern als notwendige Gegenwelt zur alkoholisierten, sexualisierten, vertrödelten, todlangweiligen und spannungslosen Lebenswirklichkeit allzu vieler Jugendlicher. Auch da gibt es einen großen Spielraum für eigene Entscheidungen innerhalb eines gegebenen Rahmens. Und auch das noch: Wir erteilen keine Noten. Damit entfällt ein Disziplinierungsmittel für Lehrerinnen und Lehrer, die sich nicht mehr zu helfen

wissen. Wohl aber arbeiten wir mit Lehrerurteilen in Form eines nichtstandardisierten, einmaligen Berichtes über ein einmaliges Kind. Diese Urteile formuliert der Lehrer nach jeder Kursperiode. Wir üben aber größte Zurückhaltung bei diesen Beurteilungen. Ich weiß, wovon ich rede.
Ich habe mehrere Tausend Berichte geschrieben. Einem Recht auf Mitsprache bei der Kurswahl entspricht am Ende jeder Kursperiode die Bewertung der eigenen Arbeit durch die Jugendlichen. Jeder Schüler, jede Schülerin trägt das in das sogenannte „olivgrüne Heft" ein. Ich will noch einmal zusammenfassen. Das ist der äußere Rahmen des Unterrichts. Die Jahresklassen sind aufgelöst, Schülerinnen und Schüler haben bei der Gestaltung des eigenen Lehrplans, eventuell des Unterrichts, eventuell sogar der Wahl des Lehrers oder der Lehrerin Mitspracherecht. Wir pflegen eine konsequente Konzentration und Beschränkung auf nur drei Fächer in langen Schulstunden während fünf Wochen, ein reiches Nachmittagsprogramm, es gibt keine Noten, jedoch Urteile und natürlich Selbstbeurteilungen. Unsere Lehrerinnen und Lehrer haben jeweils eigene Lehr- und Stoffpläne und können auf das sogenannte vollständige Pensum verzichten. Wir haben in der Schweiz 26 Schulsysteme, damit 26 Lehrpläne, Mut also zum 27. Lehrplan für Hans und zum 28. für Grete. Ich denke, ein guter Lehrer, eine gute Lehrerin kann nur sein, wer immer auch ein bißchen subversiv ist.
Wie aber wird dieser Rahmen gefüllt? Man kann ja auch bei hilfreichen und befreienden Strukturen schlechten Unterricht erteilen, auch bei uns. Wie guter Unterricht zu gestalten sei, ist das Thema der wöchentlichen Didaktikgruppen, in denen Unterricht gemeinsam vorbereitet und dann analysiert wird, wo Probleme der Methodik, aber auch Disziplinfragen angegangen werden. Vereinfacht gesagt: es werden alle Methoden unterstützt, die Selbsttätigkeit und Selbständigkeit fordern und die entdeckendes Lehren und Lernen zulassen. Zwei Namen sind zu nennen, die für uns diese Richtung andeuten. Martin WAGENSCHEIN und sein „Exemplarisch-genetisch-sokratisches Lehren". Er war neun Jahre Lehrer in der Odenwaldschule und nach 1949 häufiger Gast in der Ecole d' Humanité. Einer der größten Glücksfälle meines Lebens war, als ich 1949 als blutjunger Lehrer miterlebt habe, wie WAGENSCHEIN mit einer Gruppe zum ersten Mal - das hat er später publiziert - EUKLITS Beweis, daß es keine letzte Primzahl gebe, durchgeführt hat. Er hat das nicht in 10 Minuten gemacht, wie das möglich und üblich ist, sondern in sechs Stunden. Seitdem weiß ich, was Unterrichtskunst ist. Denken Sie nun nicht, wir seien eine „Wagenschein-Schule". WAGENSCHEIN ist vielleicht der Polarstern, der eine richtige Richtung angibt. Unser bescheidenes Ziel ist es momentan, daß möglichst alle Schülerinnen und Schüler einmal im Jahr exemplarisch-genetisch-sokratischen Unterricht erleben sollten. „Exemplarisch" ist bekanntlich zu einem Schlagwort im pädagogischen Schrifttum und Sprachgebrauch geworden; kein Lehrplan, kaum ein Schulreformansatz kommt ohne diesen Begriff aus. Abgekürzt gesagt bedeutet „exemplarisch" nur, daß weniger mehr ist: Ein einziges mathematisches oder physikalisches Problem bis in alle Tiefen und Konsequenzen zu verstehen bringt unendlich größeren Ge-

winn, als 20 Probleme anzuschneiden, um sie nach möglichst kurzer Zeit und mit möglichst geringem Aufwand nach einem Test als erledigt abzuhaken. Martin WAGENSCHEIN hat diese andere Auffassung vom Unterricht in vollendeter Form praktiziert und in die pädagogische Theorie eingebracht (vgl. WAGENSCHEIN 1983, 1990, 1992). Der zweite Name, den ich nennen will, ist Ruth C. COHN mit ihrer themenzentrierten Interaktion (TZI). Ruth COHN ist mittlerweile eine berühmte Frau geworden. Sie war Psychologin des Jahres in New York, sie hat die Ehrendoktortitel der Universitäten von Hamburg und Bern. In den USA wurde sie zu einer der Begründerinnen der humanistischen Psychologie, vollzog früh den Wandel von der Einzeltherapie zur Gruppentherapie und dann vor allem auch zur Gruppenpädagogik. Ihre auf der Grundlage der humanistischen Psychologie entwickelte und gelehrte Methode des „lebendigen Lernens" basiert auf der Bedeutung der dynamischen Balance zwischen ICH-WIR-ES, d. h. zwischen dem einzelnen Teilnehmer einer Gruppe, der gesamten Gruppe und ihrem jeweiligen Thema oder ihrer Aufgabe. Eine Gruppe, z. B. eine Schulklasse, arbeitet und lernt effizienter, echter und lebendiger, wenn auf dieses dynamische Gleichgewicht geachtet und dabei auch die Umwelt, der „Globe" miteinbezogen wird. COHNs themenzentrierte Interaktion schließt in auffallender Weise an das an, was seit 1910 in der Odenwaldschule und seit 1934 in der Ecole d' Humanité angestrebt wird (vgl. COHN 1975; COHN/TERFURTH 1993; LÖHMEER/STANDHARDT 1992). Heute wird das System der themenzentrierten Interaktion auch in kirchlichen Kreisen, in Gefängnissen, in der Industrie, an vielen Universitäten angewendet. Eigentlich überall dort, wo man versucht, sowohl effizient wie human zu sein. Seit 1974 lebt Ruth COHN bei uns. Sie hat vieles bewegt. Da die philosophischen Grundlagen der themenzentrierten Interaktion mit der GEHEEBschen Konzeption kongruent sind, ergab sich eine außerordentlich fruchtbare Zusammenarbeit, deren Wirkungen im Unterricht, in der Erziehung, aber auch im Alltag deutlich spürbar sind.

Was ein Landerziehungsheim erst zu einem solchen macht, ist die Einheit von Erziehung und Unterricht. Dies hat die Konsequenz, daß die Lehrerinnen und Lehrer gleichzeitig auch die Erziehungsarbeit leisten müssen. In allen Schulheimen, denke ich, häuft sich die Anzahl der Problemkinder, so daß die Lehrerinnen und Lehrer oft durch die schwierige Erziehungsaufgabe beinahe verbraucht sind. Unterricht findet dann halt auch noch statt. So konnte das Mißverständnis entstehen, Landerziehungsheime seien intellektfeindlich. Auch wir müssen uns enorm anstrengen, nicht zu einem Erziehungsheim für sozial Geschädigte zu werden. Unsere Konzeption ist dafür untauglich. Wohl aber ist unsere Schule ein guter Ort auch für Geschädigte, wenn eine Balance besteht zwischen der Anzahl der Problemfälle und den tragfähigen, einsatzfreudigen Jugendlichen. Diese Balance erkaufen wir uns, indem wir enorme Schulgeldermäßigungen gewähren.

Erziehung, was ist das? Wieviel? Wozu? Es ist schwierig, über Erziehung auch nur einigermaßen eine Einigung zu erzielen. Es ist sicher noch schwieriger als

bei Unterrichtsfragen. Bei der Erziehung spielen Werte mit und über die zu diskutieren ist oft schlicht sinnlos. GEHEEB hat keine Theorie hinterlassen. Wir kennen seine Praxis, einige Vorträge und kurze Schriften und dann die Zitate, die er vor dem Mittagessen gezielt eingesetzt hat. Ein von ihm immer und immer wiederholtes Wort, daß ihm alles zu enthalten schien, was als Erziehungsanweisung sagbar ist, ist das: „Werde, wer du bist.“ Wenn Erziehung mehr ist als Aufsicht beim Zähneputzen und Löschen des Lichtes, was ist sie dann?
Hier noch einige unsystematische und auch unvollständige Gedankengänge. Drei Gedanken, die vor allem die Erwachsenen betreffen. Erstens: Wir Erwachsenen müssen erwachsen sein. Man muß sich an uns orientieren können. Wir müssen es zulassen, daß uns die Jungen kritisch über die Schulter gucken, mit der Frage: Wer bist du? Wie bewältigst du denn dein Leben? Zweitens: Wir Erwachsenen müssen uns selbst als wachsend, sich verändernd, reifend verstehen. Drittens: Wir müssen mit Jugendlichen behutsam, möglichst machtfrei, d. h. aber nicht ohne Strenge, umgehen.
Zum Schluß will ich sechs Gedanken nennen, die jung und alt betreffen. Erstens: Der Name unserer Schule „Ecole d' Humanité“ enthält ein Erziehungsprogramm. Eine Schule der Menschheit soll sie sein. Verschiedenheit aller Art verstehen wir als Bereicherung und nicht als ein Anlaß von Angst. Zweitens: Die Ursprünge aller Landerziehungsheime liegen in der Zeit einer umfassenden Lebensreform zu Beginn des Jahrhunderts. Davon ist bei uns noch manches zu finden. Zum Beispiel ein kontrollierter, zum Teil massiv eingeschränkter Konsum. Ökologische Gesichtspunkte durchdringen alle Bereiche. Das ist ein weites Erziehungsfeld. Drittens: Im weiten Sinn politische Erziehung durch die Schulgemeinde, durch allerlei Gremien zur Mitbestimmung, zum Teil nur der Jugendlichen untereinander, z. T. zusammen mit den Erwachsenen. Wir üben dabei das Einmischen, die Zivilcourage, Gemeinsinn zu entwickeln, zu erleben, daß man gebraucht wird, zu erleben, daß meiner Einsicht, meinem Verständnis manches entgegensteht, das ebenfalls zu begründen ist. Viertens: Immer auch die Balance herstellen zwischen der Verzweiflung an dieser Welt und dem Glück, auf diesem wunderbaren Stern leben zu dürfen. Fünftens: Ob es uns darüber hinaus auch noch gelingt, die letzten Fragen des Menschseins auch nur anzurühren, ist eine offene Frage. Der richtige Mensch muß im richtigen Moment das richtige Wort finden und das ist nicht planbar. Und schließlich sechstens ein letztes von GEHEEB häufig gebrauchtes Goethe-Zitat: „Die väterliche Meinung, daß der Sohn sich nirgends besser entwickle als in Gegenwart des Vaters, ist ein holder väterlicher Irrtum“. Dieses Wort spricht die Demut an, die einzig mögliche Haltung eines Erziehers, der sich bewußt ist, daß sein Handeln immer auch scheitern kann, daß alle erzieherische Anstrengung auf Hoffnung angelegt ist und nicht auf Gewißheit.
Wir wissen: Das Licht kommt aus dem Osten. Es ist zu hoffen, daß jetzt hier unter uns einige starrköpfige, streitsüchtige, hochbegabte, einige wirklich schwierige Männer und Frauen sitzen, die der Pädagogik neue starke Impulse

verleihen. Impulse, wie sie von den Gründergestalten der Reformpädagogik ausgegangen sind.

Literatur

(soweit im Text nicht bibliographisch vollständig genannt)

BUCK, P. (Hrsg.): Europäische Schulgestalten im Spannungsfeld von pädagogischer Idee und schuladministrativen Bestimmungen. Berlin 1991.

COHN, R. C.: Von der Psychoanalyse zur themenzentrierten Interaktion. Stuttgart 1975.

COHN, R. C./TERFURTH, Chr. (Hrsg.): Lebendiges Lehren und Lernen. TZI macht Schule. Stuttgart 1993.

LÖHMER, C./STANDHARDT, R. (Hrsg.): TZI-Pädagogisch-therapeutische Gruppenarbeit nach Ruth C. Cohn. Stuttgart 1992.

NÄF, M.: Alternative Schulformen in der Schweiz. Zürich 1988.

WAGENSCHEIN, M.: Erinnerungen für Morgen. Weinheim, Basel 1983.

WAGENSCHEIN, M.: Kinder auf dem Wege zur Physik. Weinheim, Basel 1990.

WAGENSCHEIN, M.: Verstehen lehren. Weinheim, Basel 1992.

Yoichi KIUCHI

Zur Aktualität des reformpädagogischen Gedankenguts in Japan - am Beispiel einiger Reformschulen der Gegenwart -

Vom 27. bis zum 29. August 1996 fand in der alten Hauptstadt Kyoto die Jahresversammlung der japanischen Gesellschaft für Erziehungswissenschaft statt. Auf dieser Tagung, die das bedeutendste Forum der Erziehungswissenschaftler und der Praktiker darstellt, wird jedes Jahr die wichtigste Thematik pädagogischer Forschungen zur Diskussion gestellt. Das Thema von 1996 lautete "Erziehungswissenschaft, wohin?". Damit sind die Lage und der Schwerpunkt der erziehungswissenschaftlichen Forschungen in Japan in voller Klarheit zum Ausdruck gebracht: Es geht nämlich darum, das Paradigma der neuzeitlichen Erziehungswissenschaft in Frage zu stellen und über das Theorie-Praxis-Problem der Erziehungswissenschaft aus heutiger Sicht nachzudenken.
Vor diesem Hintergrund wird verständlich, daß man sich auch auf das Vermächtnis der pädagogischen Theorien von vor 1945 besinnt und versucht, Tragweite und Grenzen des historischen Erbes neu zu reflektieren. Es ist daher nicht verwunderlich, daß ein großes Interesse an der international verbreiteten Reformpädagogik auch in Japan herrscht. Sie den 80er Jahren bemüht man sich besonders intensiv, den Stellenwert der Reformpädagogik im In- und Ausland für die Schulreformbestrebungen angemessen einzuschätzen.
Unter zahlreichen Veröffentlichungen über diese Thematik sei hier vor allem die von Tomoji NAGAO herausgegebene Reihe "Reformpädagogik" (33 Bde., 1983 ff.) genannt. Jeder Band besteht aus der genauen Übersetzung eines reformpädagogischen Textes und einer ausführlichen Erläuterung des Übersetzers, der in Japan als der beste Interpret des Autors gilt. Diese Bemühungen der Japaner um die Neueinschätzung der heimischen und ausländischen Reformpädagogik dekken sich vollkommen mit denen der Europäer. So ist der Dialog zwischen westlichen und östlichen Pädagogen jetzt besonders erwünscht.
Wenn angesichts dieser Forschungslage in meinem Beitrag von der "Aktualität" des reformpädagogischen Gedankengutes die Rede ist, so lassen sich mindestens zwei verschiedene, allerdings eng verbundene Problemkreise unterscheiden.

a) es geht um die Frage, wie die in den zwanziger Jahren gegründeten Reformschulen heute beschaffen sind. Diese Frage gilt der Neuformulierung bzw. Fortführung der damaligen Reformversuche in denselben Schulen.
b) Man kann auch fragen, ob in den zwanziger Jahren vorgelegten neuen pädagogischen Konzeptionen auch heute ihre Geltung beanspruchen dürfen. Es kommt, anders ausgedrückt, auf die Frage an, ob, und wenn ja, in welchen Bereichen diese Errungenschaften der heutige Schulpraxis im allgemeinen zugrunde liegen.

In meinem Beitrag sollen diese zwei Fragen anhand einiger Beispiele erörtert werden. Dabei seien folgende Prinzipien besonders beachtet, die sich in der japanischen Reformpädagogik entwickelten und auch heute von Bedeutung sind:

- Beachtung der "Freiheit" und der "Eigenständigkeit" des Kindes,
- Verlagerung des Schwerpunktes vom "Lehren" des Lehrers auf das "Lernen" des Schülers,
- Rekonstruierung und Neuformulierung der Fächer: Versuch eines "Gesamtunterrichts".

In den jetzt folgenden Überlegungen stelle ich zunächst die Tamagawa-Grundschule als Beispiel einer privaten Reformschule vor. Im Anschluß daran sei auf die reformpädagogisch eingestellt Praxis in den Regelschulen in der Nagano-Präfektur aufmerksam gemacht, bevor das kürzlich in die japanischen Grundschulen eingeführte neue Fach "Seikatsu-ka" (wörtlich: Lebenskunde) im Zusammenhang mit dem reformpädagogischen Erbe abschließend zur Diskussion kommt.

I

Wie die Professoren KANGI, KINOSHITA und PEHNKE an anderer Stelle dieses Buches schildern, gibt es in Japan vor allem in den zwanziger Jahren unter Einfluß von westlichen reformpädagogischen Bewegungen neue Bemühungen, die neukonzipierte pädagogische Theorie in die Praxis umzusetzen. Diese "Neue Erziehung" wurde in mindestens 40 Grund- und Mittelschulen in Japan vertreten und praktiziert. Der Einfluß der neuen pädagogischen Reflexionen reicht noch weiter und tiefer.

Tamagawa-Grundschule und -Schulkomplex in Tokyo als repräsentative Reformschule

Die Tamagawa-Grundschule wurde von Kuniyoshi OBARA (1887-1977) im Jahre 1929 gegründet. OBARA war damals erst 32 Jahre alt. Er gehörte zu den jüngsten Verfechtern der Reformpädagogik in Japan und war daher im Gegensatz zu anderen Mitstreitern in der Lage, auch nach dem Zweiten Weltkrieg seine Schule zu leiten und zu einem großen Schulkomplex (vom Kindergarten bis zur Universität) einschließlich eigener Druckerei zu entwickeln. Seine Schule findet auch in Deutschland Interesse: E. SPRANGER besuchte diese Schule anläßlich seines Aufenthaltes in Japan 1936/37. O. Fr. BOLLNOW hatte eine Professur an dieser Universität.

Nach dem Besuch des Lehrerseminars studierte OBARA Philosophie an der damaligen Kaiserlichen Universität Kyoto. Das dortige Philosophische Institut, eine der wichtigsten Forschungsstätten der Philosophie in Japan, orientierte sich stark an der deutschen Philosophie. Daher konnte OBARA schon in seiner Studienzeit ausgezeichnete Kenntnisse der westlichen, vor allem der deutschen Philosophie und Pädagogik, insbesondere der zeitgenössischen internationalen reformpädagogischen Bewegung erwerben. Nach dem Studium war es OBARA auch gelungen, als Schuldirektor Praxiserfahrungen zu sammeln. Durch die von ihm entwickelten Theorie der totalen Persönlichkeitserziehung verleiht OBARA seinem Erziehungsgedanken besonderen Nachdruck. Es war nun die Absicht des jungen OBARA, auf der Grundlage von Kenntnissen der westlichen Reformpädagogik und seiner eigenen Praxis eine neukonzipierte Reformschule zu gründen. Wir wollen uns nun einen Einblick in diese Schule verschaffen.

Im Jahre 1992 wurde das neue Schulgebäude aufgebaut. Das richtet sich nach dem Erziehungsgedanken von OBARA. Schon am Eingang findet man das Motto der Grundschule: "reines Herz", "kluger Kopf" und "starke Körper". Ich schenke dem Schulgebäude deshalb besondere Aufmerksamkeit, weil die neueren phänomenologischen Forschungen in Deutschland nachgewiesen haben, daß die Entwicklung der Schüler und ihre Umwelt vor allem mit den Schulbauten in enger Verbindung stehen. Meiner Beobachtung zufolge weist dieses Schulgebäude folgende Eigentümlichkeiten auf, die für die heutigen Schulreformbestrebungen von Interesse sind:

- Das Gebäude ist innen mit Absicht hauptsächlich aus Holz ausgestattet. Das Holz stellt die warme Atmosphäre in der Schule her.
- Große Säle und Flure stehen den Schülern zur Verfügung. Das ist auch bei Regenwetter angenehm.
- An jedem Klassenzimmer befindet sich eine kleine Bibliothek. D. h. die Schüler können durch die Bibliothek ins Klassenzimmer hineingehen. Die Bücher sind immer bei ihnen.
- Der Arbeitsplatz des Lehrers befindet sich an einer Ecke des Klassenzimmers, nicht im Lehrerzimmer. Dieses System ist in Japan sonst nicht üblich. Der Lehrer ist somit immer bei den Schülern. Die Lehrer finden sich nur während einer Pause im Lehrerzimmer zusammen.
- Das Gebäude hat einen großen Balkon, durch den die Schüler in der Pause kommunizieren können. Im Notfall fungiert er als Notausgang.
- Die Türen sind hauptsächlich Schiebetüren. Das ist traditionell und vielen Japanern angenehm.

OBARA selber verweist als Spezifik seiner Schule auf die Arbeitsschule im Sinne G. KERSCHENSTEINERS. Die Tamagawa-Grundschule ist gerade in dieser Hinsicht in ganz Japan bekannt. Diese Schule hat hierzu einen eigenen Acker. Die Schüler und die Studenten arbeiten dort gemeinsam mit Lehrern.

Im Curriculum dieser Schule stehen schwerpunktmäßig der fachübergreifende Unterricht, das freie Lernen mit Themenschwerpunkten, die Arbeit, die Gruppentätigkeit und der Sport im Vordergrund. Neuerdings wurde der Computer in die Schule eingeführt.

Von Wichtigkeit erscheint ferner die Tatsache, daß die meisten Lehrer dieser Grundschule Absolventen des Instituts für Pädagogik an der Tamagawa-Universität sind und daher die Ideen OBARAs kennen. Meiner Beobachtung zufolge sind sie stark motiviert und engagiert, den Reformideen des Begründers dieser Schule treu zu bleiben. Hier ist eine starke Seite dieser Reformschule zu sehen.

Reformbestrebungen in den Grundschulen in der Nagano-Präfektur

Die in den japanischen Bergen gelegene Nagano-Präfektur (200 km von der Hauptstadt) stellt das räumliche Zentrum der Hauptinsel Honschu dar. Die hohen Berge als eine natürliche Grenze sind dafür verantwortlich, daß diese Region von den großstädtischen Einflüssen weitestgehend verschont blieb. Somit konnte sich eine besondere Kultur entwickeln, die sich insbesondere in der Hochschätzung von Erziehung und Bildung ablesen läßt. Die Pädagogen dort sind seit Jahren stets bemüht, durch Einführung neuer pädagogischer Ideen das Niveau der Erziehung und Bildung zu erhöhen.

Ein weiterer Grund für die große Resonanz der Reformideen unter den Lehrern in diesem Landstrich war die humanistisch orientierte Arbeit der literarischen Schule "Shirakabaha" (wörtlich: die Lindenbaum-Schule) am Beginn des 20. Jahrhunderts: Die Literaten dieser Schule legten nach 1910 den Schwerpunkt der Diskussion auf das Thema: "Die Person im modernen Sinne, d. h. ein freies, selbstbewußtes Ich". Dieses neue Menschenverständnis wirkte auf die reformorientierten Lehrer richtungsweisend und legte den Grundstein für die weitere erzieherische Praxis in der Nagano-Präfektur. Bei der Umfrage ist mir oft deutlich geworden, daß dieser Humanismus das Ethos der Lehrer in dieser Gegend auch heute noch stark prägt.

Im Jahre 1917 wurde an der Grundschule des Lehrerseminars in der Nagano-Präfektur eine Versuchsklasse eingerichtet. Herr YODOGAWA leitete diese Klasse seit zwanzig Jahren in Zusammenarbeit mit dem Schuldirektor, Psychologe SUGIZAKI. In seiner Klasse ging es um eine Art "Gesamtunterricht" mit folgenden Schwerpunkten:

- direkte Erfahrung der Schüler in der Natur,
- Halten von Hühnern und
- Erforschung der Heimatstadt "Nagano".

Diese Praxis, die hier leider nicht weiter dargestellt werden kann, ist in die Geschichte der japanischen Erziehung eingegangen. Wenngleich die Regelschulen in Japan im allgemeinen von Kultusministerium in Tokyo sehr stark geregelt werden und so die Freiheit der Lehrer sehr eingeschränkt wird, ist diese reiche Tradition mehr oder weniger an manchen Schulen in dieser Gegend doch noch erhalten.

An dieser Stelle lassen sich zwei Vorgehensweisen vorstellen, die sich an diese Tradition anschließen:

- Herr TAKEI, mein Kommilitone und Lehrer der fünften Klassen der Yoshida-Grundschule, legt auf die reformpädagogische Praxis besonderen Wert. Am 3. Oktober 1996 konnte ich "die Reisernte" seiner Schüler hospitieren. Seine

Schüler hatten im Juni Reis gepflanzt. Der dritte Oktober war der Tag, an dem sie Reis ernteten. Es war mir eine Freude, mit ihnen mitzuarbeiten. Die Absicht von Herrn TAKEI war es, den Schülern die Natur und die Freude an der Arbeit erleben zu lassen.

- In der Nagano-Präfektur gibt es vier bekannte reformorientierte Regelschulen. Die Ina-Grundschule gehört dazu. Die bemerkenswerte Praxis war "eine Kuh halten". Der Klassenleiter war Herr MOMOSE. Er unterrichtete die Schüler von der ersten bis zur sechsten Klasse. Auf den Vorschlag der Schüler hielten Herr MOMOSE und seine Schüler fünf Jahre lang eine Kuh. Im Laufe dieser Jahre stand diese Kuh als Kern nicht nur in den Materialien eines "Gesamtunterrichts", sondern im Leben der Schüler. Sie bauten einen Stall, malten die Kühe. Im Umgang mit der Kuh lernten sie den Körper der Kuh und des Menschen kennen. Diese Praxiserfahrung wurde in Buchform veröffentlicht und fand in ganz Japan Beachtung.

Heute finden sich in der Praxis der Schulen in der Nagano-Präfektur außerdem der fachübergreifende Unterricht, die Schülerversammlung, Tätigkeiten der Schüler außerhalb der Schule, die freie Malerei usw. Diese sind auf die Tradition der Lindenbaum-Schule sowie auf die idealistische Philosophie an der Universität Kyoto zurückzuführen, denn es ist eine bekannte Tatsache, daß die Lehrer in dieser Region Philosophen aus Kyoto, wo der Gründer der Tamagawa-Grundschule studierte, öfters zum Vortrag eingeladen hatten, um sie zu Rate zu ziehen. Meiner Meinung nach müßte die Zusammenarbeit der reformorientierten Lehrer und der Philosophen an der Universität Kyoto noch erforscht werden. Allerdings erschwert die Versetzung der Lehrer, von einigen Schulen abgesehen, die kontinuierlichen Reformbestrebungen. Es besteht daher immer die Gefahr, daß die Reform dadurch ausgehöhlt und damit inhaltslos wird. Dies ist aber ein Problem vieler Regelschulen in ganz Japan.

Seit 1989 wird in der ersten und der zweiten Klasse der Grundschule in Japan das neue Lehrfach "Seikatsu-ka" (wörtlich: Lebenskunde) praktiziert. Es geht in erster Linie um ein neues Fach, das den natur- und sozialkundlichen Bereich integriert. Das Ziel dieses Faches ist es, die Schüler zur Selbständigkeit aufzufordern, und zwar dadurch,

- daß man durch die konkreten Tätigkeiten und die Erlebnisse der Schüler das Interesse auf sich selbst und den Umgang von sich selbst mit der Gesellschaft und der Natur lenkt,
- daß die Schüler über sich selbst und über den Alltag nachdenken und
- daß die Schüler sich die für das alltägliche Leben notwendigen Gewohnheiten und Kenntnisse aneignen.

Das Fach "Lebenskunde" beruht auf dem Erbe der Reformpädagogik: In der japanischen Reformpädagogik spielten zwei pädagogische Strömungen eine wichtige Rolle: der Idealismus der Neukantianer wie Paul NATROP und der Pragmatismus John DEWEYs. Unter dem Einfluß DEWEYs wurde damals die Integration von Leben und Lernen betont. Das Stichwort war "learning by doing". Dieses Argument richtete sich ursprünglich zwar an die herbartianische Erziehungstheorie, aber man geht heutzutage davon aus, daß es in der modernen japanischen Gesellschaft immer mehr an Bedeutung gewinnt. Hierin und auch in Bezug auf die Integration der Fächer kann man einen Ansatz der heutigen "Lebenskunde" erblicken.

Was den Inhalt anbelangt, beginnt dieses Fach in der ersten Klasse mit dem Thema "Expedition durch die Schule". Die Schüler erforschen die Schule, um sie kennenzulernen. Da unser Schulkalender im April beginnt, kommen im zweiten und dritten Kapitel die Themen: Blumen, Pflanzen und Insekten im Sommer. Im Herbst, im September und im Oktober, pflegen die Schüler Tiere. Im Winter kommt schließlich das Thema Familie in den Vordergrund. Von diesem Fach erwartet man jetzt sehr viel. Insofern ist das Erbe der Reformpädagogik in Japan aktuell.

Ich fasse zusammen:

- Die privaten Reformschulen finden nach wie vor Beachtung. Man erhofft sich von dem in diesen Schulen praktizierten Prinzip der freien Erziehung Impulse für eigene pädagogische Arbeit. Ihre erzieherische Praxis, die sich deutlich an reformpädagogischen Prinzipien der zwanziger Jahre orientiert, nimmt in mancher Hinsicht die heutige Reform in Regelschulen vorweg und fungiert als eine Art Vorbild. Insofern ist sie beachtenswert.
- Was den Regelschulbereich anbelangt, ist zu bestätigen, daß die Reformbestrebungen je nach der Schule sehr unterschiedlich greifen. Nach meinem Wissensstand ist es in den Regelschulen - im Vergleich mit Privatschulen - nicht leicht, sich kontinuierlich um die reformpädagogische Praxis zu kümmern. Allerdings befinden sich unter diesen auch Schulen, die sich über die tägliche Praxiserfahrung zu profilieren verstehen.
- Der deutliche Bezugspunkt der gegenwärtigen curricularen Reform auf die Reformpädagogik spiegelt sich in der Diskussion um die neu eingeführte "Seikatsu-ka" (wörtlich: Lebenskunde) in der Grundschule wider.

Adalbert RANG

Verwirklichte Reformpädagogik in den Niederlanden

Bei der Vorbereitung dieses Kurzreferats hatte ich zwei Schwierigkeiten:
Mein Arbeitsgebiet an der Universität von Amsterdam von 1983 bis 1993 war nicht die Schulpädagogik, sondern die theoretische und historische Pädagogik. Ich kenne daher die gegenwärtigen Schulverhältnisse in den Niederlanden nicht systematisch aus eigenen Untersuchungen, sondern nur aus gelegentlichen Hospitationen, aus Berichten anderer und aus der Literatur.
Die zweite Schwierigkeit ist, daß ich zu fast dem gleichen Thema schon einmal - und zwar 1991 in Halle - bei Herrn PEHNKE aufgetreten bin. Wie aber lassen sich dann Wiederholungen vermeiden? Und zwar Wiederholungen, die sich nachweisen lassen würden, denn die 1991 in Halle gehaltenen Vorträge sind ja inzwischen veröffentlicht worden.[1]
Zum ersten Punkt kann ich nur sagen, daß ich trotzdem hoffe, ein paar interessante Informationen und die eine oder andere Anregung geben zu können. Mein zweites Problem, die Wiederholungsgefahr, werde ich dadurch zu verkleinern versuchen, daß ich das Gewicht auf Aspekte lege, die ich 1991 allenfalls am Rande berührt hatte.
Mein Referat hat zwei Teile. Ich will zunächst, mit einem vergleichenden Seitenblick auf Deutschland, die reformpädagogischen Verhältnisse der Niederlande grob skizzieren (I.) und anschließend einige Vermutungen zu der Frage formulieren, warum denn eigentlich es in den Niederlanden soviel verwirklichte Reformpädagogik gibt und warum man dort insbesondere die Jenaplanschulen und die Montessoripädagogik favorisiert (II.).

I.

Wer sich heute zu verwirklichter Reformpädagogik äußert, spricht in der Regel über reformpädagogische Schulen. Das ist bemerkenswert, wenn man daran denkt, daß historisch die Kritik mancher Reformpädagogen bis hin zur Ablehnung der Schule gegangen ist. Diese Ablehnungstendenz gab es nicht nur zu Anfang unseres Jahrhunderts z. B. bei Berthold OTTO und seiner Hauslehrerschule. Noch im letzten Drittel dieses Jahrhunderts, zumal in den 60er und 70er Jahren, hatten wir in den USA und England und dann auch in Westdeutschland die sog. Entschulungsdebatte.
Reformpädagogisch orientierte Schulen also. Welche Richtungen oder Arten gibt es davon heute in den Niederlanden? Und wie häufig kommen sie vor?

---

[1] Vgl. RANG, A.: Reformpädagogik in den Niederlanden - Akzeptanz und Kritik. In: PEHNKE, A. (Hrsg.): Ein Plädoyer für unser reformpädagogisches Erbe. [Protokollband der internationalen Reformpädagogik-Konferenz am 24. September 1991 in Halle]. Neuwied, Kriftel, Berlin 1992, S. 34-49.

An erster Stelle sind hier die Jenaplan-Schulen zu nennen (zur Zeit 275 Basis- bzw. Grundschulen, außerdem 2 Gesamtschulen / 'Middenscholen'); an zweiter Stelle stehen die Montessori-Schulen (150 als Basisschulen, 13 als weiterführende); den dritten Platz nehmen die Waldorf-Schulen ein (84 auf Basisniveau, ca. 10 als weiterführende in der Vereinigung IVO = Schulen für Individueel Voortgezet Onderwijs); schließlich erwähne ich noch die Daltonplan-Schulen, von denen es in den Niederlanden 31 als Grund- bzw. Basisschulen, 8 als weiterführende allgemeinbildende Schulen und 1 als Berufsschule gibt; Schlußlichter sind ein paar Freinet-Schulen und 1 Korczak-Schule.
Wie kaum anders zu erwarten, sind weitaus die meisten der eben genannten Reformschulen Basis- bzw. Grundschulen. Aber die Basis-School (bzw. den Basis Onderwijs) gibt es in den Niederlanden immerhin für die Vier- bis Zwölfjährigen, d. h. hier gehört die Vorschulerziehung in der Form der sog. 'Kleuterschool' von vornherein mit dazu. Inzwischen ist das, was die Holländer Basisunterricht nennen, auch noch nach oben ausgedehnt worden. Der Unterricht für die Zwölf- bis Sechzehnjährigen wird seit einigen Jahren ebenfalls als Basis-Unterricht aufgefaßt, wenn auch als fortgesetzter ('voortgezet') Basis-Unterricht. Am Ende dieser Phase, d. h. dort, wo es um die 15- und 16jährigen Schülerinnen und Schüler geht, sind allerdings bestimmte reformpädagogische Impulse - und zwar die eher egalitären - erheblich abgeschwächt. Es gibt dann nämlich fachbezogene, individuell leistungsorientierte und eben damit zugleich auch konkurrenzorientierte Differenzierungsformen, denn anschließend geht man auf Berufs- und Fachschulen oder auf das Gymnasium über. Die Parallele zum früheren Übergang auf die EOS oder jetzt zum Übergang in die gymnasiale Oberstufe der Gesamtschulen ist hier ganz offensichtlich.
Auffällig ist zunächst einmal - rein quantitativ - die erstaunlich große Anzahl reformpädagogisch orientierter Schulen. Legt man, wie ich es eben getan habe, die Dokumentation von KLASSEN und SKIERA (2. Aufl. 1993) zugrunde, dann ergibt sich unterm Strich, daß wir es in den Niederlanden, faßt man die Schulen der unterschiedlichen Richtungen zusammen, mit ca. 550 reformpädagogischen Basisschulen zu tun haben. Dazu kommen ca. 40 reformpädagogisch orientierte weiterführende Schulen .
Was diese Zahlen bedeuten, wird besonders deutlich dann, wenn man sich die deutschen Verhältnisse vergegenwärtigt. Ich beschränke mich auf einen unvollständigen Vergleich. Für die Niederlande mit ihren ca. 15 Millionen Einwohnern (ungefähr vergleichbar mit Nordrhein-Westfalen) nennen KLASSEN und SKIERA insgesamt etwa 600 reformpädagogische Schulen, für Deutschland mit seinen ca. 80 Millionen Einwohnern insgesamt etwa 370. Oder nach Reformrichtungen sortiert, von denen ich jetzt aber nur drei herausgreife: In Deutschland gibt es zur Zeit 16 Jenaplan-Schulen, in den Niederlanden 277. 130 deutschen Montessori-Schulen stehen 163 niederländische gegenüber. In Holland gibt es knapp 100 Waldorfschulen, in Deutschland 130. Bezieht man letzteres auf die Bevöl-

kerungszahlen, dann gilt auch hier, daß die Niederländer im Verhältnis sehr viel mehr Rudolf-Steiner-Schulen haben als die Deutschen.
Nur bei einem einzigen Reformtyp, nämlich den Landerziehungsheimen, bleiben die Niederländer desinteressiert. Die 2 Internatsschulen, die es in diesem Jahrhundert gab, haben nur ganz kurze Zeit bestanden. Die von KLEEFSTRA (der sich wie LIETZ von Abbotsholme hat beeindrucken lassen) gegründete Brinio-School befand sich in Hilversum und hat nur knapp 4 Jahre (1908 - 1912) bestanden. Die andere war eine jener nach 1933 entstandenen 'Schulen im Exil', über die man bei Hildegard FEIDEL-MERTZ nachlesen kann. Also eigentlich gar keine niederländische, sondern eine deutsche, von Emigranten gegründete, ebenfalls ganz kurzlebige Schule. Zwar wurden und werden reformpädagogische Internate auch in Deutschland nur von einem winzigen Bruchteil der schulpflichtigen Kinder und Jugendlichen besucht; aber niederländische Eltern, so scheint es, zögerten und zögern noch konsequenter, die Erziehung ihrer Kinder ganz oder zum größten Teil aus den Händen zu geben. Symptomatisch dafür ist u.a. eine ausführliche Diskussion, die es vor dem ersten Weltkrieg in der in Holland sehr populär gewesenen Zeitschrift des Reformpädagogen Jan LIGTHART ('School en Leven') über Internatserziehung als pädagogisches Problem gegeben hat. Die Eltern und Pädagogen, die LIGTHART zu Wort kommen ließ, lehnten Internate fast einhellig ab. Einzige Ausnahme: eine sozialistische Feministin. Eine 'casa dei bambini' in der radikalen, die Familie ersetzenden und damit gewissermaßen die Eltern enteignenden Form, wie sie Maria MONTESSORI in Rom realisiert hatte, wurde in den Niederlanden ebenfalls zurückgewiesen (vgl. die Diskussion in GUNNINGs Zeitschrift 'Het Kind'). Es mag daher verständlich sein, daß Landerziehungsheime in den doch eigentlich so reformfreudigen Niederlanden bis zum heutigen Tage keine Chance haben und gar nicht vorkommen.

II.

Erklärungsvermutungen zur Häufigkeit von Reformschulen insgesamt und zur Bevorzugung von Jenaplan- und Montessorischulen insbesondere:
Daß die Niederlande heute vielen als ein Mekka der Reformpädagogik erscheinen, hat möglicherweise etwas mit den Emanzipationsbestrebungen zu tun, die sich in Holland im Verlauf des 19. Jahrhunderts gegen die vordringende Macht des Zentralstaates und seiner Vereinheitlichungs- und Säkularisierungstendenzen richteten. Die Proteste gegen die Bevorzugung der kommunalen weltlichen Schulen und d. h. gegen die Benachteiligung der privaten bzw. christlichen Schulen wurden im 19. Jahrhundert schließlich so laut, daß es zu einem regelrechten Schulkampf ('school-strijd') kam. Er endete kurz nach dem ersten Weltkrieg mit einem Sieg der Kirchenvertreter und sonstiger Staatskritiker und führte dazu, daß fortan alle Schulen, also auch die kirchlichen und andere private Schulen (und zwar nicht nur die schon lange bestehenden, sondern auch alle Neugründungen, die sich häufig als alternativ bzw. reformpädagogisch verstan-

den) von der öffentlichen Hand finanziert wurden. Ich denke, daß diese Lösung (der sog. 'Schulkompromiß') - freilich nur als ein Faktor unter vielen anderen - in den Niederlanden zur großen Anzahl und zur Blüte reformpädagogischer Schulen mit beigetragen hat.
Im 19. Jahrhundert hatte es noch so ausgesehen, als wenn der kirchlich-private Sektor des Schulwesens mit der Zeit zur kleinen Minderheit und die Staatsschule (genauer wohl: die Gemeindeschule in Staatshand) zur alles dominierenden Regelschule werden würde. Der Ausgang des Schulkampfes in unserem Jahrhundert hat jedoch zum beinahe Entgegengesetzten geführt. Heute gehören nur noch ca. 30 % der Schulen zum 'Openbaar Onderwijs', ca. 70 % aber zum sog. 'Bijzonder Onderwijs'. Und 'bijzonder' - das bedeutet wörtlich 'besonders', aber für Holländer hat das Wort noch weitere Konnotationen: z. B. tendenziell privat im Gegensatz zu öffentlich; das Besondere im Gegensatz zum Allgemeinen; eigensinnig und eigengestaltig im Gegensatz zu uniform und konform; spezifisch geprägt, profiliert und selbständig im Gegensatz zu vereinheitlicht und normiert; frei im Gegensatz zu staatlich bevormundet und eingebunden. (In den Niederlanden heißen die Waldorfschulen 'vrije scholen'. In Amsterdam gibt es 2 Universitäten: die Gemeinde-Universität und die 'Vrije Universität'. Letztere nennt sich frei, weil sie protestantisch ist .) Kurzum: Statt sich dem vom Staat repräsentierten Allgemeinen kritiklos zu fügen, favorisierte man in den Niederlanden eigensinnig, manchmal auch querköpfig, die Vielfalt des Besonderen, - und zwar zunächst vor allem die Vielfalt der je besonderen Glaubens- und Kirchengemeinschaften und ihrer Erziehungsvorstellungen, später - zumal nach dem zweiten Weltkrieg - dann auch weltlichere Versionen des pädagogischen Reformdenkens. Aber so oder so hat man den Eindruck, daß es sich um sektiererisch-individualistische bzw. um gruppenegoistische Motive und Impulse handelt, - und dabei ist es für den Beobachter zunächst einmal gleichgültig, ob der jeweilige pädagogische Eigensinn von calvinistischen Reformierten oder von Baptisten, von Quäkern oder von Katholiken, von Liberalen oder von Konservativen, von Anarchisten oder von Sozialisten ausgeht.
Zusammenfassend und schlagwortartig könnte man sagen: Die Niederlande sind ein Land verwirklichter Reformpädagogik vielleicht auch deshalb, weil die Holländer in vieler Hinsicht ausgeprägte Individualisten sind. Und das wiederum hängt vermutlich nicht nur mit der Vielzahl der Kirchen und Sekten zusammen, sondern auch mit dem sehr frühen Entstehen bürgerlicher Kultur- und Lebensformen, mit dem sehr frühen Übergang von einer primär agrarischen zu einer primär städtischen Gesellschaft, mit der risikofreudigen Mentalität von kapitalistischen Händlern und Kleinunternehmern - und eben auch von pädagogischen Reformern und Schulgründern.
Aber das ist nicht alles. Was noch dazukommt, sieht man besonders gut dann, wenn man sich den Gründen und Hintergründen für die enorme Beliebtheit der Jenaplan-Schulen und für die relativ weite Verbreitung der Montessori-Schulen zuwendet. Die Jenaplanschulen, so meine Vermutung, sind deshalb so beliebt,

weil sie mit ihrer organisatorischen Struktur, ihrer Didaktik und ihren Methoden zwei Anforderungen entsprechen, die heute im Zeichen von Individualisierung und Vergesellschaftung, von Modernisierung und Globalisierung an die Heranwachsenden gestellt werden. Jenaplan-Schulen befriedigen nämlich ein nur scheinbar widersprüchliches Doppelinteresse: Sie sorgen für Individualisierung und für Sozialität. In den Kursen dominiert leistungs- und konkurrenzorientierter Individualismus; das Soziale (soziale Interaktion und Integration, Gruppenarbeit, Multi- und Interkulturalität) kommt im Kernunterricht bzw. in den Stammgruppen zu seinem Recht. Mit anderen Worten: Wenn Modernisierung von den Individuen nicht nur eine gewisse Wendigkeit, Umstellungs- und Anpassungsbereitschaft, sondern auch Rücksichtnahme auf andere und Kooperationsfähigkeit verlangt, dann bieten sich die Jenaplan-Schulen mit ihrer didaktischen und organisatorischen Struktur als die optimalen Modernisierungsbeförderer an.

Ganz Ähnliches gilt für die Popularität der Montessori-Pädagogik. Auch sie befriedigt, grob gesagt, ein doppeltes Interesse: Sie individualisiert und sie diszipliniert, und an beidem sind Holländer interessiert. Denn einerseits legen sie als bürgerliche Liberale Wert darauf, daß die Eigenart, die Individualität, die Selbständigkeit und in gewissen Grenzen sogar der Eigensinn ihrer Kinder respektiert und gefördert werden. Andererseits treten sie als liberale Bürger (mit christlichem, oft calvinistischem Hintergrund) für gute Sitten, für Zucht und Ordnung ein. Von daher die Sympathien für das, was man im Falle der Montessori-Schulen als Trainierpädagogik bezeichnen könnte. Der disziplinierende Effekt u. a. des Umgangs mit dem Montessori-Material wird hier jedoch abgemildert dadurch, daß er mit sehr weitgetriebener Individualisierung einhergeht. Es scheint eben diese Kombination, eben dieser wechselseitige Ausgleich zu sein, der in den Niederlanden zur Attraktivität der Montessori-Schulen beiträgt.

Man könnte vielleicht auch sagen, daß die praktischen Niederländer vor Extremen und Einseitigkeiten zurückscheuen und jeweils den Mittelweg bevorzugen: Nicht Führen oder Wachsenlassen, sondern Wachsenlassen und Führen; nicht Individualität oder Sozialität, sondern Individualisierung und soziale Erziehung; nicht Arbeits- oder Lernschule, sondern Arbeitsschule und Lernschule; nicht teacher-centred oder child-centred, sondern child-centred und teacher-centred.

In diesem Kontext können noch zwei weitere, für die Niederlande typische Phänomene erwähnt werden: flexibler Pragmatismus bzw. pragmatische Flexibilität und ein hohes Maß an relativer Ideologiefreiheit. Die meisten Reformschulen basieren längst nicht mehr auf der reinen Lehre ihrer jeweiligen Gründungsväter bzw. -mütter. Beispiel: PETERSENs 'Metaphysik' interessiert allenfalls noch spezialisierte, von außen beobachtende und beschreibende Wissenschaftler (historische Pädagogik, Wissenschaftsforschung, Kultur-, Sozial- und/oder Ideengeschichte); und sie interessiert, von innen gesehen, nur noch die jeweiligen theoretischen 'Chefs' bzw. Sprecher der Jenaplanschulbewegung (in den Niederlanden war das viele Jahre Frau FREUDENTHAL-LUTTER, jetzt ist es Kees VREUGDENHILL). Bei den in der täglichen Unterrichts- und Erziehungspraxis arbeitenden Reformlehrerinnen und -lehrern sieht es jedoch ganz anders aus. Aus Umfragen und Interviews geht hervor, daß es Lehrerinnen und Lehrer an Jenaplan-Schulen gibt, die noch nie etwas von Peter PETERSEN gelesen haben. Man trifft sogar auf Waldorf- und Montessori-Lehrkräfte, denen die Schriften von Rudolf STEINER oder Maria MONTESSORI unbekannt sind, die sich aber trotzdem als Waldorf-Lehrer oder Montessorianer verstehen.

Diese Entwicklung, so scheint mir, hängt nicht nur mit dem Aufkommen neuer Lehrergenerationen, nicht nur mit veränderten sozialkulturellen Bedingungen, nicht nur mit anderen Mentalitäten und Einstellungen zusammen, sondern auch mit einer Entwicklung, auf die zumal Niklas LUHMANN aufmerksam macht, wenn er die Differenz von Theorie und Praxis betont. Gemeint ist, daß die Praxis ihr eigenes Selbstverständnis entwickelt und damit auch ihre spezifisch eigenen Theorieformen generiert. Wo das geschieht, handelt es sich um Beschreibungsformen von innen statt von außen, also um Selbstbeschreibung statt um Fremdbeschreibung. Das aber kann man als Ausdruck der Autonomisierung des in der Schulpraxis tätigen Lehrpersonals ansehen. Man könnte es auch nennen: Aufklärung als Heraustreten aus (nicht nur selbst verschuldeter!) Unmündigkeit. M. a. W.: Die gegenwärtige pädagogische Praxis ist längst so selbstbewußt, so reflexiv, daß sie kaum noch Bedarf an externen Mentoren hat (vgl. im Gegensatz dazu die Mentorenfunktion von NOHL, SPRANGER, FLITNER etc. für die deutsche Reformpädagogik der ersten drei Jahrzehnte dieses Jahrhunderts).

Dazu paßt, ebenfalls pragmatisch und ziemlich unideologisch, die ganz auf die praktische Unterrichtstätigkeit konzentrierte, bewußt nicht in den Universitäten, sondern an Pädagogischen Akademien stattfindende Lehrerausbildung und der inzwischen vorherrschende reformerische Eklektizismus. Man trifft kaum noch auf konsequente, gleichsam lupenreine Beachtungen der ursprünglichen Dogmatik der jeweiligen Richtungen, kaum noch auf stromlinienförmige Anpassungen an die Orthodoxie irgendwelcher Stifterfiguren. Stattdessen geht es praktisch und nüchtern zu. In den Schulen wird ausprobiert, womit es am besten geht. Gemacht wird das, was sich bewährt hat. Gebraucht werden die Materialien, angewendet werden die Differenzierungs- und Individualisierungsformen und Methoden, mit denen das angeleitete und das freie Lernen am ehesten funktioniert - und dann ist es im Grunde egal, ob diese Formen und Methoden von PARKHURST oder von MONTESSORI, von FREINET oder von PETERSEN oder von wem auch immer herkommen. Maria MONTESSORI, sonst immer sehr darauf achtend, daß ausschließlich mit dem von ihr entwickelten Material und nach der von ihr vorgeschriebenen Methode gearbeitet wurde, hat sich dann auch in den Niederlanden von Anfang an viel nachgiebiger gezeigt, d. h. sie hat sich mit der praktischen, liberal-lockeren Art der Niederländer abfinden und akzeptieren müssen, daß in viele der niederländischen Montessori-Einrichtungen auch Materialien, Organisationsformen und Methoden hineingenommen wurden, die im ursprünglichen Montessori-Konzept gar nicht vorgesehen waren. Entsprechen-

des gilt für bestimmte Aspekte der Jenaplan-Pädagogik, die man inzwischen (ich möchte fast sagen:) überall im Schulwesen wiederfindet.
Das aber bedeutet, daß die Abgrenzungen der reformpädagogischen Richtungen, die es anfangs - d. h. in der ersten Hälfte unseres Jahrhunderts - noch mehr oder weniger gegeben haben mag, inzwischen durchlässig und damit unscharf geworden sind. Und zwar nach innen, im reformpädagogischen Lager selber, und nach außen, gegenüber den 'normalen' Schulen. Diese nämlich gehören inzwischen längst selber ins Reich der 'verwirklichten Reformpädagogik'. Vor 3 Jahren hatte die Universität Utrecht Studenten aus Erfurt und von der Berliner Humboldt-Universität zu Besuch. Sie hospitierten in verschiedenen Schulen. Befragt nach ihren Eindrücken sagten sie, daß es ihnen oft kaum möglich gewesen sei, die Schulen nach Richtungen und Arten ('normal', Jenaplan, Montessori, Daltonplan) zu unterscheiden. In allen besuchten Schulen hätten die Türen zu den Unterrichts- und Arbeitsräumen weit offengestanden; in allen seien Schülergruppen erstaunlich diszipliniert auch bei intensiver unbeaufsichtigter Lerntätigkeit und buchstäblich überall arbeitend zu sehen gewesen (nämlich auch draußen auf den Gängen, auch in der Kantine, auch auf dem Schulhof); in jeder Schule habe man multikulturell, leistungs- und altersheterogen zusammengesetzte Lerngruppen antreffen können; überall habe es sowohl Formen der Individualisierung, der Förderungs- und der Leistungsdifferenzierung als auch Gruppenarbeit, Spiele und andere Kooperationsformen gegeben. Und wenn es sich nicht um eine der klassischen reformpädagogischen Schulen, sondern um eine 'normale' Schule handelte, habe man das kaum oder gar nicht bemerken können (es sei denn, die Gastgeber hätten ausdrücklich darauf hingewiesen).
Ich höre, etwas unvermittelt, mit einem Beispiel für das heute in den Niederlanden sehr weit verbreitete pragmatisch-eklektische Reformgemisch auf. In der Selbstbeschreibung einer sich als Reformschule verstehenden Gesamtschule (sie steht in Lelystad auf eingepoldertem, dem Meer abgewonnenem Land, wird besucht von 12- bis 18jährigen Schülerinnen und Schülern und gliedert sich in eine Unter- und eine Oberstufe) heißt es:
"Unsere Schule widmet sich sehr intensiv der Vermittlung von Kenntnissen. Über Wissen und Kenntnisse hinaus ist aber noch mehr nötig, wenn ein Mensch in der Gesellschaft seinen Mann/seine Frau stehen will. Die Gesellschaft fordert auch die Fähigkeiten, sich durchzusetzen und zu dienen. Man muß mitreden und mitbeschließen können. Darum legen wir in unseren Stunden Wert auf selbständiges Denken, Urteilen, Entscheiden und Zusammenarbeiten. Und eben aus diesem Grund ist in der Gesamtschule der Projektunterricht zu Hause. Das ist ein Unterricht, wo die Schüler Themen, die sie studieren wollen, selbst wählen. Wir richten unsere Aufmerksamkeit also auf die Entwicklung von Kopf, Herz und Hand."[1] (Zit. nach KLASSEN/SKIERA 1993, S.117)

---

[1] KLASSEN, Th. F./SKIERA, E. (Hrsg.): Handbuch der reformpädagogischen und alternativen Schulen in Europa, 2. erweiterte und aktualisierte Auflage. Hohengehren 1993, S. 117.

Isidor GRAORAC

Reformpädagogik in Serbien*

Wie in vielen Ländern Europas Ende des 19. Jahrhunderts beruhte die herrschende Pädagogik auch in Serbien auf den Auffassungen von J. F. HERBART. Aber Anfang des 20. Jahrhunderts melden sich zahlreiche Pädagogik-Absolventen, die an europäischen Universitäten bei denjenigen Professoren studieren, die auf verschiedenartige Weise versuchen, den Intellektualismus in der Pädagogik und den Formalismus im Unterricht zu überwinden. Es scheint, daß der Erste Weltkrieg für die neuen pädagogischen Bestrebungen, für das Vertrauen in das Neue und Andersartige in der Schule und Kultur eine eigenartige Herausforderung darstellte. Solche Bestrebungen werden in Serbien am häufigsten einheitlich "Reformpädagogik" genannt.

Es entstehen neue Werke, die die innere Schulreform und die neue Erziehung behandeln; auf der Schul- und Pädagogikszene erscheinen diejenigen, die der neueuropäischen Erziehungsbewegung angehören. Die Lebensgemeinschaftsschule Peter PETERSENs ist der Grundanreger und das Ideal der gesellschaftlichen Veränderungen.

Immer mehr Pädagogik-Absolventen aus Serbien bzw. aus Jugoslawien bekommen Unterstützung vom Erziehungsministerium, damit sie vorwiegend an deutschen Universitäten die neueren pädagogischen Auffassungen kennenlernen und studieren. Vielleicht ist Vladimir SPASIĆ einer der bedeutendsten Vertreter der erwähnten Bestrebungen, der im Jahre 1926 bei PETERSEN den Doktortitel mit dem Thema: "Die alte und die neue Schule mit besonderer Berücksichtigung der Frage des Fach-, Klassen- oder Gruppenlehrers" erwarb.[1] Die Dissertation erschien in der Bibliothek "Forschungen und Werke zur Erziehungswissenschaft", die unter der Redaktion von PETERSEN herauskam und für die dieser ein Vorwort von 24 Seiten schrieb. Nun wird auch im Titel dasjenige hervorgehoben, das sowohl für den Mentor als auch für den Autor besondere Berücksichtigung verdiente, nämlich: "*Die Lehrerfrage in der Neuen Schule*. Eine geschichtliche und grundsätzliche Darstellung ...".

Der Prozeß des Neuzeitlichen und Zusichkommens der Pädagogik und der Schule erzwang die Notwendigkeit einer andersartigen Definition des *Subjekts* der Veränderung: sowohl der Schüler als auch der Lehrer. Die Kritiker und Schulreformatoren schaffen verschiedene Modelle der *freiheitlichen Erziehung*, indem sie radikal vom schülerorientierten Standpunkt ausgehen. (STEINER, NEILL, ILLICH) und damit eine Antipädagogik begründen und das Heranwachsen

[1] Nach SPASIĆ promovierten auch seine Landsleute S. MENTSCHIĆ mit einer Arbeit zum Thema "Die Krise der Schulreform und eine Grundlage zu ihrer Überwindung" (1934), A. POPOVIĆ mit der Dissertationsschrift "Die Grundlagen der Sowjetpädagogik" (1935) und Z. PULJEVIĆ mit der Studie "Das Verhalten der Schulneulinge in den pädagogischen Situationen des Gruppenunterrichts und des freien Arbeitens (und der Vergleich mit dem Verhalten in der Kreissituation) im Jena-Plan" (1938) bei PETERSEN in Jena [A. P.].

der Kinder ohne Erziehung organisieren. Damit bezahlt die Pädagogik eigentlich ihre Schulden der postmodernen Krise, der Zeit der Apokalypse am Ende des zweiten Millenniums.
Die gesellschaftliche und schulische Situation heute in Serbien verlangt ebenfalls neue Antworten auf alte pädagogische Fragen, und man kann sie als offen für verschiedene Innovationen und Bestrebungen betrachten. Aber die schaffensfreudigen Bestrebungen in der Pädagogik, zum Unterschied von denjenigen Anfang des 20. Jahrhunderts, sind heute nicht von tiefer durchdachten *Neuerungen*, auch nicht von verantwortungsvollen Handlungen für die Zukunft gekennzeichnet. Um eine vollkommene Einsicht in das Schaffen, die Bestrebungen und die Resultate der neuen Schule und der neuen Pädagogik zu gewinnen, versuchte ich, die Biographien und die pädagogischen Tätigkeiten derjenigen zu untersuchen, die Anfang dieses Jahrhunderts an deutschen Universitäten studiert und promoviert haben. Als ich feststellte, daß ich eine vollkommene Liste nicht erstellen kann (ich fand um die zwanzig Namen), beschloß ich, die Tätigkeit der nur bedeutendsten und der Jenaplan-Pädagogik am nächsten stehenden Pädagogen darzustellen.
Die Bestrebungen und die Ergebnisse der Schul- und Pädagogikreformatoren in Serbien gehen von Motiven aus, die auch anderwärtig vorhanden sind: sich die wertvollsten Errungenschaften der Wissenschaft und der Schulpraxis in europäischen Ländern anzueignen, um das heimische Schulsystem zu fördern. Da man aber das Beste in der eigenen kulturellen Tradition verschiedenartig verstand, hat man auch die besten Errungenschaften der europäischen Pädagogik nicht zufriedenstellend erkannt. Vielseitigkeit, Pluralismus und Widersprüchlichkeiten sind ebenfalls eines der Grundkennzeichen der reformpädagogischen Strömungen. Bei der Durchsicht meiner Aufzeichnungen für diesen Beitrag stellte ich fest, daß diese Auslegungen nur als eine Skizze der künftigen ausführlicheren Untersuchungen aufzufassen seien.

> "Die Hauptaufgabe des Spiels und der Kunst wie auch einer echten Erziehung besteht darin, die Kräfte für Veränderungen zu entwickeln" (RAKIĆ 1946).

Was alles wurde in bezug auf die Reformpädagogik als "neu" bezeichnet? "Neue Pädagogik", "neue Schule", "neue Lehrer", "neue Lebensformen", "neue Aufgaben der neuen Lehrer" usw. Es gibt sicher viele Gründe, daß man über die kulturell-geschichtliche Situation Anfang des 20. Jahrhunderts von der "großen Wende" sprechen kann, daß man nach verschiedenen Veränderungsauffassungen sucht. Zu einer sichtlichen Wende in den pädagogischen Bestrebungen in Serbien kommt es unter sehr verschiedenen ideellen Einflüssen. Es kann für die pädagogischen Ereignisse indikativ sein, wenn man diese pädagogischen und gesellschaftlichen Ereignisse am Beispiel eines eifrigen Pestalozzianhängers darstellt, eines Pädagogen von europäischem Rang, Vojislav MLADENOVIĆ (1884-1964). Er absolvierte die Lehrerbildungsanstalt und wird zum Begründer des Lehrerklubs zusammen mit den Sozialdemokraten im Jahre 1907. Er promovierte 1921 in Zürich mit dem Thema "*Über die Grundlage der Erziehungslehre*". Die Dissertation wurde bei G. F. LIPPS 1921 im Pädagogischen Magazin, Heft 846, veröffentlicht. In der Anmerkung für die serbische Auflage (Beograd 1922) schreibt MLADENOVIĆ, daß er "gegen das einfache Umpflanzen und Nachahmen desjenigen (sei), zu dem andere Völker im Bereich der Erziehung gekommen sind". Er ist der Meinung, daß die Bildung ihren Weg "von den Eigentümlichkeiten unserer völkischen Lebensgemeinschaft zu einer echten, allgemein menschlichen Kultur" gehen soll (ebd., S. 3).

Ein Interpret zieht folgende Schlußfolgerungen über das Werk von MLADENOVIĆ: Die Einteilung der Pädagogik in die Erziehung des Willens, die Erziehung der Gefühle und die Erziehung des Geistes ist nichts anderes als ein Ausdruck einer verlorenen Zeitspanne vor allem beim unruhigen Suchen nach neuen Werten ... Das Buch von V. MLADENOVIĆ bedeutet eine endgültige Abrechnung mit dem Herbartismus und einen tapferen Versuch, das pädagogische Schaffen unserer Zeit zu begründen" (*Pedagoška Jugoslavija* 1939; 21).

Die Reformpädagogik ist eigentlich Ausdruck der Bestrebungen, "neue Werte" zu entdecken und zu leben und als Bewegung und Unternehmen mehr kulturellgeschichtlich als pädagogisch gerichtet zu sein. Heute ist auch der Wille in Frage gestellt, da auch sein Sinn destruiert ist. Deswegen ist unsere Aufgabe noch delikater als diejenige, die sich die neue Pädagogik Anfang des Jahrhunderts gestellt hat: neue Vereinigung der zerbrochenen Diskurse der neuen Zeit. Der Wille zum Wandel, der Anfang des 20. Jahrhunderts ein verdecktes oder bewußtes Motiv der Schulreformer war, ein Streben nach der Zukunft und ein Versuch, dem gesamten Leben der Kinder, der Lehrer, der Eltern und der Lebensgemeinschaften einen neuen Sinn zu geben, kann am Ende desselben Jahrhunderts nur *ein Schrei nach dem Sinn* und ein Wirken um die *Existenz* der zerstörten Welt sein. Das Gegenüberstellen der Vision des Lebens und das Bezeugen des sinngemäßen Daseins Anfang des 20. Jahrhunderts mit dem Fortdauern im Schatten der Apokalypse an seinem Ende kann als fruchtbare Herausforderung für pädagogische Antworten darauf dienen, was heute für die Kinder und die Schule zu tun wäre, wie in der Pädagogik zu denken sei. Es ist zu verstehen, daß unsere balkanischen und europäischen Erfahrungen mit den Begriffen wie Gemeinschaftsbildung, Werte, Sinn des Lebens, Erziehung, menschliche/kindliche Rechte und Würde heute wesentlich geändert sind. Obwohl wir heute, wie vor mehreren Jahrzehnten, dieselben Worte gebrauchen, müssen wir damit rechnen, daß sich ihr Sinn und ihre Bedeutung wesentlich geändert und/oder verbraucht haben. Ohne Zweifel hat die Reformpädagogik den Bedarf nach Neuheit entwickelt. Die Voraussetzung für diesen Bedarf an der Innovation ist die immanente Erfahrung der modernen Zeit, daß "etwas nicht in Ordnung sei", daß man etwas anderes, etwas Neues tun soll. Daher impliziert der Begriff der Moderne den Begriff der Krise. Die Verluste im Rahmen der Moderne befinden sich unter anderem auch in der Kompromitation der Ideen der Aufklärungszeit vom ständigen Fortschritt der Geschichte, vom unaufhaltbaren Progreß der menschlichen

Welt. Der Wille zum Herrschen oder zur absoluten Kontrolle, der in allen Modi der Moderne-Ideologie (Liberalismus, Egalitarismus, Solidarität) eingebaut ist, hat sich als wesentlich nihilistisch und destruktiv gezeigt.

Kriege und die Pädagogik in Serbien

"Laß dir an meiner Gnade genügen: denn meine Kraft ist in den Schwächen mächtig"(2. Kor. 12,9)

Kriege, Welt- und balkanische Kriege, waren die wichtigsten Determinanten der Pädagogik in Serbien im Laufe des 20. Jahrhunderts. Der Frieden, der mittels der Waffengewalt unlängst den jugoslawischen Völkern aufgezwungen wurde, ist ein falscher Frieden. Der Krieg hat auch teilweise meine Auffassungen der Pädagogik bestimmt. Ich möchte das Vertrauen, die Humanität und Liebe, die die geistige Vertikale der Erziehungswissenschaft darstellen, bezeugen, in dessen Namen wir zu zusammenkamen in der Wiege der europäischen Kultur. Die Liebe ist der Kern der jüdisch-christlichen Zivilisation und Kultur, von der die meisten von uns herkommen. Oder wie der Heilige PAULUS sagen würde: "Die Liebe höret nimmer auf, so doch die Weissagen aufhören werden und das Zungenreden aufhören wird und die Erkenntnis aufhören wird. Denn unser Wissen ist Stückwerk, und unser Weissagen ist Stückwerk. Wenn aber kommen wird das Vollkommene, so wird Stückwerk aufhören" (1. Kor. 13; 8-9).
Aber auch diesmal und hier muß auf die Besorgnis hingewiesen werden, die nicht nur im postmodernen Diskurs ausgeprägt ist, d. h. die Besorgnis um jeden Totalitätsanspruch, weil solche Prätentionen auch in den Vorstellungen und der Praxis der Schule als Lebensgemeinschaft anwesend sind. Vielleicht sogar auch in jeder umfangreicheren Erziehungstheorie und Schule. Nicht nur, daß die Waffenstreitigkeiten die Art des Denkens über die Kinder und ihre Erziehung bestimmten, sie haben sogar direkt oder implizit die Schlüsselwerte angegeben, die für die Ausbildung und das Heranwachsen der Kinder von Bedeutung waren. Die Pädagogen in Serbien befinden sich vor einer großen und noch nicht ganz begreiflichen Aufgabe, die Schlußkonsequenzen und den Sinn von BRECHTs tiefer Einsicht zu durchdenken: *In unseren Städten ist immer Krieg.*
Das Opfer, die Kreuzigung und der Sinn sind ewige und wichtigste Fragen der Schule und des Heranwachsens der Kinder in Serbien im 20. Jahrhundert: "Verbrüderung der Völker, und davon ist im Testament die Rede, Verbrüderung der Völker ist gleichwohl eine Formel, die uns grausam darauf hinweist, daß auch Kain und Abel Brüder waren ..." (W. BRANDT, Nobelpreisrede 1971).
Die Pädagogik-Absolventen, Doktoranden und Professoren brachten nach Serbien (Jugoslawien) von den deutschen Universitäten nicht nur neue Bücher, neue Ideen und die Motivation für die Arbeit am *Wandel* in der Schule und Gesellschaft. Viele von ihnen, da sie an sehr verschiedenen Orten tätig sind, üben

durch ihre Institutionen, in denen sie tätig sind, einen Einfluß auf die Reformierung der Schule aus. Als sie in ihre Heimat zurückkamen, wurden sie Professoren an Lehrerbildungsanstalten und Pädagogischen Hochschulen, Direktoren, sie unterrichten an Philosophischen Fakultäten, führen Kurse für Lehrer durch und machen diese mit der "neuen Pädagogik" und den "neuen Unterrichtsmethoden" bekannt. Sie arbeiten im Erziehungsministerium, waren Schulinspektoren, gründen und leiten neue Zeitschriften und Bibliotheken, übersetzen Werke ihrer Lehrer und Professoren. Zwar lesen zahlreiche Lehrer in dieser Zeit sehr oft auch fremdsprachige Bücher: deutsche, französische, russische. Es werden des weiteren zahlreiche Fachvereine der Lehrerschaft, der Pädagogen, Psychologen und Versuchsschulen gegründet: in Belgrad, in Novi Sad, Borovo, Niš und in anderen Orten.

Bedeutsame Autoren und ihre Werke in Serbien, die der Reformpädagogik nahestehen

In Serbien (Jugoslawien) ist kein ernster Schnitt mit der sozialistischen Pädagogik durchgeführt worden. Schon im Jahre 1967 wurde erkannt, daß die Doktorarbeit von V. RAKIĆ ("Gedanken über die Erziehung durch Spiel und Kunst", Leipzig 1911) "die Entwicklung der wissenschaftlichen Gedanken überhaupt darstellt", d. h. daß dieses Werk als Anfang der (jugoslawischen) pädagogischen Theorie und eine Annäherung an das Niveau der modernen wissenschaftlichen Theorien in der Welt betrachtet werden kann. Selbstverständlich konnte eine solche ketzerische Meinung keinen Widerhall in der Pädagogik zur Zeit des marxistischen Dogmatismus finden. RAKIĆ bekam seine Ausbildung in Deutschland, er "bekam aber auch starke Anregungen von den anglosächsischen Denkern ..." (*Pedagoška Jugoslavija* 1939; 18). Seine Ideen fanden in deutschen Lehrbüchern Platz, wurden 1913 auf internationalen Konferenzen wie auch in WUNDTs "Archiv für die gesamte Psychologie" diskutiert. Mit seiner rein theoretischen Stellungnahme in bezug auf die Erziehung ist RAKIĆ der erste unter den serbischen Pädagogen, die den Weg für eine Veränderung der serbischen normativen herbartianischen Wissenschaft von der Erziehung zur nicht normativen, reinen wissenschaftlichen Theorie ebneten (vgl. *Pedagoška Jugoslavija* 1939; 20).

Das Kind

Nach E. KEY (1900, "*Jahrhundert des Kindes*") konnte man weder in der Pädagogik noch im Schulleben zurückgehen. Die Anhänger der *Neuen Schule* haben einen *neuen*, entscheidenden Schritt nach vorwärts gemacht. Als der Zweite Weltkrieg zu Ende war, begriff ADORNO, daß nach Auschwitz die Erziehung nur als Selbstreflexion möglich ist, und zwei Jahrhunderte danach sagt E. v. BRAUNMÜHL, daß die Erziehung eigentlich *nicht möglich* sei. So war also das neue Verständnis des *Subjekts* in der Pädagogik (des Schülers und des Lehrers) unumgänglich. Mit der nihilistischen Situation der Zeit konfrontiert, begreifen die Pädagogen immer mehr, daß es Grenzen für die Erziehung gibt bzw. daß Erziehung unmöglich ist. Die Antipädagogik bildet den Höhepunkt einer solchen Besinnung.

Schlußfolgerung: Wertung, Ergebnisse, Kritik

Es liegt vielleicht die größte Bedeutung und der tiefste Sinn der Reformpädagogik darin, daß wir heute gezwungen sind, uns zu fragen: Wer sind wir heute? Was für einen Sinn hat dasjenige, das wir heute in der Schule tun, was können und was müssen wir für die Kinder tun? Ist dasjenige, was wir tun, das beste, das wir imstande sind für die Zukunft zu tun trotz der Tatsache, daß die Seelen der Kinder im Hause von Morgen wohnen, das ihr nicht besuchen könnt, nicht einmal in euren Träumen? Eine fruchtbare Aufforderung der reformpädagogischen Strömungen liegt darin, daß sie uns zum Begreifen der Notwendigkeit zwingen, daß es nötig ist, die gesamte Krise des Sinnes der modernen Zeit, in denen sich die verschiedenen ideologischen Inhalte mit immer totalisierten Intentionen und Wirkungen abwechseln, zu reflektieren.
Sehr aktuell und fördernd ist die Kritik "unserer Erwachsenenkultur" und der Institutionen, die PETERSENs Schüler V. SPASIĆ niederschreibt. Er kommt zu dem Schluß, daß wir die Kinder und Jugendlichen "körperlich und seelisch recht geschützt gegen die schädlichen Einflüsse unserer Erwachsenenkultur ... erziehen". Auch müßten wir den Kindern die Auseinandersetzung mit der Familie, dem Staat und der Kirche ermöglichen (SPASIĆ 1927).

Das kritische und besinnliche Potential der Reformpädagogik in diesem Beitrag ist bloß angedeutet. Am Ende möchte ich einige anregende Ideen oder kulturell-historischen Voraussetzungen hervorheben, die der Erfahrung und dem Selbstbewußtsein des Menschen am Ende des zweiten Milleniums nahestehen. Ich bin der Meinung, daß die führenden Vertreter der Reformpädagogik sich der Fortschrittsmythen sehr bewußt waren. Für diese Denker kann nicht gesagt werden, daß sie ihre Leidenschaft fürs Neue als profane Eschatologie des Progresses verstanden haben. Bei ihnen ist in der Tat des "entzauberte" Bewußtsein angedeutet. Durch die neue Erkenntnis des Kindes, der Erziehung, des Unterrichts und der Schule, durch die Einführung der Begriffe "Leben" und "Gemeinschaft" in das Erkenntnisinstrumentarium für das Verstehen der Lehrer, des Unterrichtes, der Schule deutet die Reformpädagogik die Möglichkeit der Aufhebung oder der Beendigung der Erziehung an und zwar durch antipädagogische Bewegungen oder Prozesse, die zur offenen Erziehung und einer entschulenden Gesellschaft führen. Heute können wir den richtigen Sinn und die Bedeutung der Selbstaktivitäten des Kindes in der neuen Schule nicht verstehen (neues Subjekt?); die Schule als Lebensgemeinschaft, wenn wir dies nicht im Lichte desjenigen deuten, was sich Entschulungsprozesses und Antipädagogik nennt.

Die Rekonstruktion der impliziten Voraussetzungen der Reformpädagogik muß ihre Prätentionen zur Totalität umfassen, das Bestreben, daß man die Gesamtheit des Lebens der Kinder, der Lehrer, der Schulgemeinde umfaßt und kontrolliert. In solchen Bestrebungen kann man bestimmt utopische Dimensionen des Veränderungsprogramms erkennen, das in der Reformpädagogik ausgesagt wurde. Ohne eine solche Rekonstruktion (implizit ist die Dimension jedes Reformprogramms wesentlich) ist das Erkennen dieses Programmes, für das wir uns einsetzen, nicht möglich. Es kann für ein *Curriculum* bleiben. Man kann sogar sagen, daß das Bewußtmachen des impliziten Programms der Reformpädagogik der einzige Weg für das Bewußtmachen der Pädagogik heute überhaupt sei. Die moderne Totalität wird wirklich nicht realisiert und daher ist der utopische Diskurs den Kategorien der modernen Totalität immanent.

Irina MAVRINA

Russische (alternative) Bildung heute: Zustand und Entwicklungsperspektive*

Die Traditionen im russischen Bildungssystem haben tiefe und feste Wurzeln. Die Bildung in Rußland trug von Anfang an einen zwiespältigen Charakter: einerseits die naturwissenschaftliche und andererseits die geisteswissenschaftliche Ausbildung, die zusammen einen ausreichend breiten Bildungsstandard ergaben. Die geschichtliche Entwicklung des russischen Staatswesens wird von heutigen Autoren unter Vorbehalt in drei Perioden geteilt: vor der Revolution (bis 1917); die sowjetische Periode (1917 – 1985); die Periode nach der Perestrojka (1985 bis heute). Dementsprechend hat jede der obengenannten Perioden eigene Tendenzen zur Entwicklung der Bildung bzw. der Bildungsstrukturen. Jede Periode sei kurz charakterisiert.

1. Vor 1917. Die Bildung vor der Revolution trug ausschließlich "Klassencharakter" (nach der Terminologie von K. MARX). Grundbildung bekam man auf Gymnasien (für Jungen und für Mädchen), die auf der Universität weitergeführt werden konnte (die Hochschulbildung für Frauen war verboten, lediglich in St. Petersburg existierten Bestushew-Frauen-Seminare). Realbildung (vorwiegend naturwissenschaftlich) brachten Realschulen, deren Absolventen nur das Recht bekamen, in Technischen Hochschulen zu studieren (Institute und Lehranstalten). Für die unteren Bevölkerungsschichten (Kleinbürger, Bauern und Arbeiter) endete die Ausbildung mit der 4-klassigen Grundschule. Das Gymnasium vermittelte breites und fundiertes Wissen auf allen Bildungsgebieten; besonders gründlich wurden Fremdsprachen unterrichtet (antike – Latein, Griechisch; moderne – Deutsch und Französisch). Die Realschule gab die Möglichkeit, Fortschritte in den angewandten Wissenschaften zu machen: Trigonometrie, Physik, Chemie, Grundlagen der Ökonomie und Buchhaltung. Die Grundschule vermittelte nur das Grundwissen. Eine solche Aufteilung hatte Vor- und Nachteile. Zu den Vorteilen zählt man die genaue Orientierung der Absolventen auf die zukünftige Berufswelt, stabile Fertigkeiten zur regulären Lerntätigkeit, gut entwickelte Fertigkeiten zur Aufnahme großer Volumina des Lehrstoffes im Aufgabengebiet und die Fähigkeit zu seiner Anwendung. Zu den Nachteilen zählt man die von Anfang an enge Spezialisierung, die Auswahl der Bildungsform für das Kind durch die Eltern und durch die Staatsstrukturen, die starren Bildungsformen, die der Entwicklung von Fertigkeiten des selbständigen Denkens im Wege standen, die vorwiegend reproduktiven didaktischen Methoden.

2. 1917-1985. Die Sowjetmacht legte per Dekret den Streit zwischen den Befürwortern der erzieherischen und didaktischen Paradigmen in der Pädagogik bei, in dem sie die Ideologie in den Mittelpunkt der pädagogischen Disziplin rückte. Obwohl sie die Schule bis an die Grenze ideologisierte, konnte sie am

naturwissenschaftlichen Zyklus nichts ändern. Gleichzeitig brauchte die Industrie des jungen Sowjet-Rußlands eigene qualifizierte technische Kräfte, die in der Lage wären, den Produktionsprozeß der aufstrebenden Betriebe zu sichern. Deshalb nahm der Zustrom der Jugend in die Technischen Hochschulen und Lehranstalten Anfang der 30er Jahre stark zu und demzufolge stiegen die Anforderungen an die schulischen naturwissenschaftlichen Vorbereitungen. Die klassische Gymnasialbildung trat zurück, die Realbildung rückte in den Vordergrund. So betrug 1934 der Anteil der naturwissenschaftlichen Fächer in den Lehrplänen für die mittleren allgemeinbildenden Schulen 58,6 % gegenüber 36,2 % geisteswissenschaftlicher Fächer und 5,2 % berufsvorbereitender Fächer. Dieses Verhältnis zwischen natur- und geisteswissenschaftlichen Bildungskomponenten existierte bis 1959, als die Schulen die berufsvorbereitende Ausbildung einführten, deren Anteil 1962 bis auf 14 % stieg (dementsprechend betrug der naturwissenschaftliche Anteil 54,3 % und der geisteswissenschaftliche 31,7 %).

Die Orientierung des Landes auf die Versorgung mit Fach- und Arbeitskräften des mächtigen Militär-Industrie-Komplexes wurde bis 1985 beobachtet. Heben wir die positiven Seiten des angesprochenen Vorgehens in der Bildungsstrategie hervor.

Unbestritten positiv war und ist bis heute das hohe Bildungsniveau der naturwissenschaftlichen Ausbildung im ganzen Land. Die Schwierigkeit des theoretisch-vielseitigen Vorgehens, das Grundlage der Mehrheit der Unterrichtsmittel war, motivierte die Entwicklung der Fertigkeiten zum logischen Denken bei etwa 75 % der Schüler in den mittleren allgemeinbildenden Schulen. Die Betonung der naturwissenschaftlichen Vorbereitung gab einen Impuls für die Schaffung verschiedener didaktischer Technologien auf dem Gebiet des Mathematik-, Physik-, Chemie- und Biologieunterrichtes (S. P. LYSENKOWA – überholende Ausbildung, W. P. SCHATALOW – die Technologie stützender Konspekte, Sch. A. AMONASCHWILI - die Technologie der kreativen Ausbildung u. a.). Innerhalb von mehr als 40 Jahren ergänzte das Land seinen Kaderbestand mit hochqualifizierten Ingenieuren und Konstrukteuren verschiedener Richtungen.

Die andere Seite der Medaille war die Ideologisierung der Fachinhalte von Literatur, Geschichte und Staatsbürgerkunde. Ideologische Stempel, Formalismus, die Unmöglichkeit eigener Meinungsbildung führten zu festen Rede- und Denkklischees. Die Ideologisierung in der Bildung wurde verstärkt durch die Ideologisierung in der Erziehung in gesellschaftlichen Kinder- und Jugendorganisationen. Der Staat preßte die Teile für eine mächtige Exekutiv-Maschinerie.

3. Nach 1985. Das Jahr 1985 ging in die Geschichte Rußlands als das erste Jahr der Perestrojka ein. Unter Perestrojka versteht man den Versuch der Reorganisation des politischen, sozialen und ökonomischen Systems, das fast 70 Jahre in Rußland herrschte. Die Durchsetzung eines Mehrparteiensystems, die Dezentralisierung der Wirtschaft und die ökonomische Unabhängigkeit der Regionen, die

Verstärkung der sozialen Differenzierungen auf der Grundlage verschiedener Merkmale (Geschlecht, Alter, Besitz, Religion, Nationalität) führten 1991 zum Zerfall der UdSSR und zur Gründung der GUS. Solche Veränderungen konnten am Bildungssystem nicht spurlos vorübergehen. In den letzten 10 Jahren (1987-1997) bildeten sich vier soziale Gruppen in Rußland, deren Interessen auf dem Bildungsgebiet unterschiedlich ausgeprägt sind, und zwar:

A. Die Arbeiter sehen keinen Sinn und kein Ziel in der Bildung, da die Bildung ihrer Meinung nach keine Stabilität im Leben gibt, keinen Lohn und keine Stabilität der sozialen Stellung garantiert (etwa 40 % der Fachkräfte, die eine Hoch- bzw. Fachschulausbildung besitzen, bekommen ihren Lohn unregelmäßig, haben lange unbezahlte Freistellungen, sind genötigt, sich zusätzliche Verdienstmöglichkeiten zu suchen).

B. Die Bauern, die Arbeiter der landwirtschaftlichen Aktiengesellschaften: In ihrer Mehrheit weisen sie einen niedrigen Bildungsgrad auf. Bildung stellt für sie keinen Wert dar, weshalb sie nicht das Ziel haben, Bildung zu erlangen. Bestenfalls schätzen sie eine konzentrierte Berufsausbildung, die man unmittelbar in Wohnortnähe erhalten kann.

C. Technische, geisteswissenschaftliche und agrarwissenschaftliche Intelligenz orientiert auf Bildung in zwei Richtungen: Erstens erscheint die Bildung für sie als Selbstwert, d. h. ist für sie selbst wertvoll, unabhängig vom Grad ihrer Nutzung in der Praxis und im Leben. Zweitens bezeichnet die Intelligenz Bildung als professionellen Wert, der die Möglichkeiten der Person bezüglich ihrer Karriere bestimmt. In diesem Zusammenhang definiert die Intelligenz selbständig die Bildungsziele und fordert die Erneuerung der inhaltlichen und technischen Komponenten des Bildungsprozesses auf allen Stufen (von der Grundschul- bis zur Hochschul- bzw. Zusatzbildung). Insbesondere die Intelligenz ist der Hebel zur Entwicklung des Bildungsprozesses in Rußland und Initiator aller bedeutenden Änderungen im russischen Bildungssystem in den letzten 5 - 7 Jahren.

D. Unternehmer und Geschäftsleute ("neue Russen", wie sie oft genannt werden): Diese soziale Gruppe ist heute zahlenmäßig klein und stellt nach Angaben von Soziologen und Ökonomen etwa 2,7 % der Bevölkerung Rußlands dar. Das Lebensniveau dieser sozialen Gruppe übersteigt durchschnittlich das allgemeine Lebensniveau im Land um das 5-8fache. Die Vertreter dieser sozialen Gruppe sind auf eine Prestige-Ausbildung fixiert, unabhängig von deren Inhalt und Technologie, kommerzieller Anwendbarkeit oder Breite. Eine nicht unwesentliche Rolle spielt für sie auch der psychologische und pädagogische Komfort, der dem Kind durch dieses oder jenes Bildungssystem, das das Kind unterrichtet, geboten wird.

Diese Unterschiede in den Bildungsorientierungen der verschiedenen sozialen Gruppen führte zweifellos zu bestimmten Schwierigkeiten in der Formierung des sozialen Auftrags an die Bildungssysteme in Rußland im Ganzen und bei der Bestimmung des weiteren Entwicklungsweges des Bildungssystems.

Das Problem des sozialen Bildungsauftrags ist eines der wichtigsten in der sozialen Struktur in jeder Gesellschaft. Es sollen einige Ansätze zur Formierung des sozialen Bildungsauftrags, die in der modernen Welt existieren, hervorgehoben werden.

Am weitesten verbreitet ist der fachdidaktische Ansatz. Sein Wesen besteht darin, die Bildung als Instrument, mit deren Hilfe man einen Beruf erlernen kann und dadurch auch einen Lebenserfolg erreicht, zu betrachten. Jedoch haben die Menschen, die ihre Ausbildung im Kontext eines solchen Ansatzes bekamen, fast unüberwindliche Schwierigkeiten bei Notwendigkeit einer Änderung ihrer Berufstätigkeit oder ihres Berufsfeldes. Während einer Krisenperiode, bei Verlust des Arbeitsplatzes verlieren sie das Gefühl der Lebensstabilität und sind nicht in der Lage, ihr Leben zu verändern. Der soziale Auftrag orientiert sich auf die Herausbildung von Ausführenden, d. h. Menschen, die den Willen der sozialen Umwelt ausführen und eine fest bestimmte Stellung im Staatssystem einnehmen.

Der Bedeutung nach an zweiter Stelle steht der persönlichkeitsaktive Ansatz, innerhalb dessen die Person auch auf Berufserfolg orientiert ist. Der Erfolg selbst befriedigt die Person nur in dem Falle, wenn das Bildungsniveau bedeutend breiter ist, als es von der Berufstätigkeit vorausgesetzt wird. Ein solcher Ansatz sichert die Vielfältigkeit der Bildungstechnologien, ein breites Bildungsprogramm, begrenzt aber die Selbständigkeit in der Bildungstätigkeit. Die bevorzugten Bildungsmethoden sind reproduktiv. Die Person, die ihre Ausbildung im Rahmen dieses Ansatzes erhalten hat, ist besser auf Situationen bei Veränderungen im Beruf eingestellt; sie neigt dazu, neues Wissen in ihrem Berufsfeld zu erlangen, sie kann selbst ihre eigenen Berufsziele definieren. Jedoch ist sowohl die Änderung des Berufsfeldes als auch die Organisation eigener Anstrengungen zur Veränderung der Berufssituation (Arbeitslosigkeit, Nichtbekommen des Lohnes zu gegebenen Zeiten, was für Rußland 1995 - 1997 typisch ist) für sie ebenfalls kompliziert. Die Produktivität der Bemühungen zur Überwindung eigener Schwierigkeiten ist nicht hoch und folgt aus den wenigen Fertigkeiten der eigenständigen und kreativen Tätigkeit. Der soziale Auftrag zielt auf die Bereitstellung multifunktionaler Ausführender, die in der Lage sind, unterschiedliche Tätigkeiten im Rahmen eines bestimmten Berufsfeldes zu erfüllen.

Der dritte Ansatz kann unter Vorbehalt als persönlichkeitsbildender bezeichnet werden. Sein Wesen besteht in der Ablehnung einer direkten Bindung zwischen der Bildung (Bildungsniveau) und der Berufstätigkeit. Die Bildung selbst hat einen Wert, weil die unter einem solchen Aspekt ausgebildete Person in der Lage ist, selbst die Anwendung ihrer Bildung zu suchen, ohne sich auf ein einziges bestimmtes Berufsfeld zu begrenzen. Ein gutes Beispiel ist die Erfahrung japanischer Kollegen. Der Absolvent der mathematisch-naturwissenschaftlichen Abteilung der Universität Tokio kann sich später auf einem breiten Spektrum von Berufsfeldern spezialisieren: von der angewandten Mathematik bis zur Ichtyologie. Zweifelslos positiv in so einem Ansatz sind die Selbständigkeit,

Flexibilität und Kreativität als individuelle Charakteristika des Niveaus der persönlichen Entwicklung, die Fähigkeit zur Selbstentwicklung, zur Formierung nicht nur neuer Arten, sondern auch neuer Tätigkeitswege, die für ihn früher nicht charakteristisch waren. Er fürchtet keine instabilen Situationen, er hat mehr Optimismus und mehr Selbstvertrauen als ein anderer. Negativ in so einem Ansatz ist die Unmöglichkeit seiner Realisierung für alle sozialen Gruppen, da die Umsetzung dieses Bildungsstandards für etwa 25 % der Mitglieder der sozialen Umwelt schwierig ist und sich auf ein Minimum – die Schule - beschränkt. Der soziale Auftrag für die einzelnen gesellschaftlichen Gruppen hat zum Ziel, Persönlichkeiten hervorzubringen, die sich frei orientieren und selbständig über ihre Wahl bestimmen, die die soziale Situation beherrschen und in der Lage sind, die gegebene Situation zu beeinflussen. So ein sozialer Auftrag enthält ein gewisses Risiko für jede soziale Umwelt. Das Risiko besteht darin, daß das soziale Modell durch die Entstehung von Situationsänderungen bedroht wird.

Der vierte Ansatz besteht in der maximalen Intellektualisierung des Bildungsprozesses. Hierbei ist die Bildung selbst, die Erhöhung des Bildungsniveaus, gleich dem Ziel der Bildung, was den Bildungsprozeß kontinuierlich macht. Die Bildung trägt keine sichtbaren angewandten Funktionen, dient nicht als Instrument zur Orientierung in der Lebenssphäre, ist nicht berufsbezogen. Der soziale Auftrag kann als "Erhalt der Mitglieder der sozialen Umwelt" beschrieben werden, als garantierte, in Zeit und Raum genau begrenzte Strukturierung der Lebenstätigkeit. Eine solche Strukturierung erlaubt der sozialen Umwelt, ihre Jugendlichen zu erhalten, gibt den Heranwachsenden die Möglichkeit, ihr "Erwachsenwerden" zu verschieben, sich beruflich erst zu einer späteren Lebenszeit zu entscheiden. Andererseits provoziert dieser Ansatz die Bildung einer sozialen Schicht in der Gesellschaft, deren Lebensziel und Existenzart die Bildung allgemein und der Bildungsprozeß eine beliebige Form und technologische Absicherung darstellt.

Das bedeutet, keiner der oben beschriebenen Ansätze zur Formierung des sozialen Bildungsauftrags ist universell und jeder hat seine positiven und negativen Seiten. Eine Kurzdarstellung der vorgenommenen Analyse ist in Tabelle 1 enthalten.

Tabelle 1: Ansätze zur Formierung des sozialen Bildungsauftrags.

Ansatz	Ziel	positiv	negativ
fach-didaktischer	Herausbildung von Ausführenden, die eine fest bestimmte Stellung in der sozialen Hierarchie einnehmen	garantiert die Ausbildung hochspezialisierter Fachkräfte mit der garantierter Perspektive auf einen Arbeitsplatz für jedes Mitglied der sozialen Umwelt	Schwierigkeit bzw. Unmöglichkeit einer Änderung des Berufsfeldes, Verlust der Lebensorientierung, Depressionen in Krisensituationen

persön-lichkeitsaktiver	Herausbildung von multifunktionalen Ausführenden im Rahmen des Berufsfeldes	breite Bildungsvoraussetzungen, Multifunktionalität des Fachmannes auf dem Gebiet der konkreten sozialen Sphäre, Adaptationsfähigkeit in Situationen berufliche Veränderungen	Unselbständigkeit in Situationen von Veränderungen im Berufsfeld, Orientierung auf reproduktive Tätigkeitsmethoden bei Verlust von kreativ-produktiven Methoden
persön-lichkeits-bildender	Herausbildung von frei denkenden, orientierten, nach ihrer Wahl handelnden und ihre Tätigkeitssphäre selbst bestimmenden Spezialisten	Flexibilität, Kreativität des Denkens, Fähigkeit zu selbständiger Organisation des Lebensraumes, Fähigkeit zum Überleben durch Steuerung zur Veränderung der Lebenssituation im eigenen Sinne von Seiten der Mitglieder der sozialen Umwelt	"Ausfall" eines Teils der sozialen Umwelt aus dem Rahmen des sozialen Auftrags (Gründe: Schwierigkeiten in der Ausführung des Bildungsstandards), Risiko für die soziale Umwelt durch mögliche Veränderung des sozialen Modells durch Initiativen einzelner Mitglieder
intellektuell-bildender	Erhaltung der Mitglieder der sozialen Umwelt im Rahmen "sozialen Verhaltens", Erreichen von sozialer Sicherheit auf natürlichem Wege	Kultivierung von Bildungswerten, Erkundungsinteressen als leitendes Motiv der Bildung, zentralisierte und kontrollierte Strukturierung der Lebenstätigkeit der Jugend, Intellektualisierung des gesellschaftlichen Lebens	Fehlen beruflicher Orientierung als Bildungskomponente, Provokation zur Entstehung sozialer Schichten, deren einzige Lebensart in der Bildung besteht, Konsumverhalten zu Bildungsdienstleistungen

Innerhalb der 70jährigen Entwicklung (1918–1985) überwogen in Rußland die ersten zwei Ansätze. So wurde in den 30er und 40er Jahren der soziale Auftrag durch die Staatsmaschinerie bestimmt, der zu ihrer Erhaltung mobile, nicht denkende, in einer eigenen Abhängigkeit überzeugte Arbeiter und Angestellte benötigte.

Zur Zeit der sogenannten Tauwetter-Periode von CHRUSCHTSCHOW und danach (1956 - 1974) wurde der soziale Auftrag persönlichkeitsaktiv. Das wird deutlich durch eine sprunghafte Entwicklung von Systemen der Fachhochschul- und Fachschulbildung im Ural, in West- und Ostsibirien sowie im Fernen Osten (Gründung neuer Universitäten, Institute, Lehranstalten).

Die Qualität der Bildung sowie ihre Breite störte sich nicht an der hohen Spezialisierung auf enge Sphären. Notwendig wurde eine solche Spezialisierung für jeden, der eine Ausbildung erhielt.

Danach (1974–1983) kehrte der soziale Auftrag zum fachdidaktischen Modell unter der Losung "Das Land braucht arbeitende Hände" zurück. Insbesondere das Fehlen von Kadern in der Produktion und der Landwirtschaft bildete den Anstoß zur Rückkehr zum alten sozialen Auftrag. Der Grund für das Fehlen von arbeitenden Händen in Produktion und Landwirtschaft war in der demographischen Situation zu suchen. Zu Anfang der 70er Jahre gingen die Kader, die in den 40er und 50er Jahre in die Produktion kamen, in Pension. Die Änderung des sozialen Auftrags Ende der 50er/Anfang der 60er Jahre führte zu einem Boom der Hochschulbildung und verringerte die Anzahl die Berufsschulabgänger und demzufolge auch die Zahl der Kader für die Produktion und Landwirtschaft.
Die Bildungsreform in der UdSSR 1983 formulierte formell einen zwischenzeitlichen sozialen Auftrag, der im Versuch eines künstlichen Ausgleichs zwischen den Anteilen des fachdidaktischen und persönlichkeitsaktiven Ansatzes mündete. Jedoch brachte sie nur geringe, kaum merkliche Resultate.
Mit Beginn der Perestrojka (1985–1987) veränderte sich das Bildungssystem nur unwesentlich, da der soziale Auftrag der gleiche blieb, genauer gesagt existierten nunmehr zwei soziale Aufträge parallel: Die Gesellschaft benötigte immer noch hochqualifizierte, mobile Fachkräfte und Ausführende, die keine globalen Änderungen des gesellschaftlichen Systems forderten. Auf dem Allunionskongreß der Lehrer 1988 wurde eine Resolution nicht angenommen, da sich die Delegierten über Ziele und Inhalt der Bildung nicht einigen konnten. Seit 1989 beginnt sich in der UdSSR und später ab 1991 in der GUS und Rußland ein Bildungssystem zu entwickeln, das alternativ genannt wurde.
Unter einer alternativen Ausbildung versteht man die Ausbildung, die sich durch drei Punkte von der traditionellen unterscheidet:

- Unstaatlichkeit, die sich durch keine oder nur geringe finanzielle Unterstützung ausdrückt (zwischen $^1/_{30}$ und $^1/_{10}$ des Budgets der entsprechenden Einrichtung des alternativen Bildungssystems),
- Nutzung nicht traditioneller Bildungstechnologien (schonende, unterstützende, intensivierende u.a.);
- Änderung des Bildungsinhalts in Einrichtungen gewöhnlichen Typs.

Jedoch verlor 1997 der Terminus "alternative Ausbildung" seine Aktualität und Notwendigkeit, da die vor 10 Jahren geschaffene alternative Bildung einen spezifischen Katalysator für die Reformprozesse im gewöhnlichen Bildungssystem darstellte.
Im folgenden soll versucht werden, die Etappen der Entwicklung der alternativen Ausbildung in Rußland kurz zu beschreiben und ihre Einflußzonen auf die russische Bildung im Ganzen zu verdeutlichen. Für die Analyse soll folgende Reihe von Kriterien genutzt werden:

Idee → Ziel → Tätigkeit → Resultat
↓ ↓
Inhalt Technologien

Alle Bildungssysteme in Rußland zeichneten sich traditionell durch Brutalität aus, die Gewalt in Erziehung und Bildung trat als kräftiger Hebel und Antrieb auf. Das Resultat des Ausbildungsprozesses wurde durch das Bildungsprogramm kontrolliert und bestimmt, dessen Umsetzung traditionelle Bildungstechnologien (Klassenstundensystem, programmierte Ausbildung usw.) garantierten. Hierbei entsprachen die inhaltlichen, technologischen und resultativen Ausbildungskomponenten den Bildungszielen und diese den Ideen (d.h. dem sozialen Auftrag).

Ungefähr im 4.–5. Jahr der Perestrojka wurde von zwei sozialen Gruppen (Intelligenz und Unternehmer) ein neuer sozialer Auftrag ausgearbeitet und vorgeschlagen – der persönlichkeitsbildende. Insbesondere diese sozialen Gruppen sind mit der direkten beruflichen Orientierung der Ausbildung auf allen Stufen nicht einverstanden. Es besteht ein Widerspruch: Am Anfang der alternativen Ausbildung standen die Pädagogen, d. h. Fachleute, die die traditionelle Ausbildung von innen heraus erfahren hatten und die Notwendigkeit der Änderung ihrer Ziele und dementsprechend auch ihres sozialen Bildungsauftrages erkannten. Jedoch kamen die professionellen Pädagogen nicht auf direktem Wege zur Idee der Änderung des sozialen Bildungsauftrages.

Das Auftreten der alternativen Ausbildung begann mit der Änderung der technologischen Bildungskomponente. 1985 bis 1991 wirkte mit Erfolg eine Bewegung von Novator-Lehrern, wobei jeder von ihnen, wie er meinte, universelle Bildungstechnologien vorschlug.

Die Ausbildungsleiter, angetrieben durch ein Prinzip globaler Notwendigkeit, gaben die Direktiven über die Erweiterung neu entstehender Technologien in Ausbildung und Erziehung heraus. Die äußeren Technologieformen änderten sich, wurden auf neue Tätigkeitsfelder übertragen (aus dem Gebiet der naturwissenschaftlichen Ausbildung in die geisteswissenschaftliche, aus der Grundschule in die Mittelstufe und umgekehrt) und brachten oft anstelle der erwarteten hohen Ergebnisse nur mittelmäßige. Die Änderung dieser Ausbildung sollte so global ausfallen, daß sie grundsätzlich ihr Ergebnis, d.h. das Bildungsniveau des Absolventen aller Systemstufen, zu ändern vermochte.

In den Zentren Rußlands und der Ukraine (St. Petersburg, Moskau, Kiew) wurden 1989/90 erste Einrichtungen des Systems der alternativen Ausbildung gegründet: private Schule. Der Terminus "private Schulen" wird verwendet zur Bezeichnung von Einrichtungen privaten Profils. Worin besteht der Unterschied zwischen nichtstaatlichen und staatlichen Schulen, privaten und kommunalen Kindergärten? Die Unterschiede werden in Tabelle 2 dargestellt.

Tabelle 2: Merkmale traditioneller (gewöhnlicher) und alternativer Bildungssysteme

Merkmal	traditionelles System	alternatives System
sozialer Auftrag (Idee)	Erhaltung des Lebens und der Gesundheit des Kindes, Teilstrukturierung seiner Zeit; Professionalisierung und Berufsvorbereitung mit Orientierung auf konkrete Tätigkeitssphären	Erhaltung des Lebens und der Gesundheit des Kindes bei Sicherung eines maximalen psychologischen Komforts in Ausbildung und Erziehung; Intellektualisierung der Bildung; Absage an eine Orientierung auf konkrete Tätigkeitssphären; breites Spektrum der Ausbildung
Ziele	Herausbildung von Ausführenden auf reproduktivem Niveau; Unbedingte Ausführung des staatlichen Bildungsstandards; Persönlichkeitsorientierter Ansatz in der Ausbildung	Herausbildung von hoch gebildeten, flexiblen, sozialisierten Mitgliedern der sozialen Umwelt, die in der Lage sind, sich selbständig in komplizierten Lebenssituationen zurechtzufinden; Ausführung des staatlichen Bildungsstandards; individueller Ansatz in der Ausbildung bei Sicherung eines maximalen psychologischen Komforts
Inhalt	Ausbalancierte, durch den zugrundeliegenden Schulplan ausgedrückte, nicht variierbare, regionale und schulische Komponenten des Ausbildungsprogramms; Variationsrichtungen: naturwissenschaftliche, geisteswissenschaftliche und angewandte (technologische); regionale und schulische Komponenten werden auf der Basis der Bildungseinrichtung formiert	Grundlage ist ein Basisplan, ergänzt durch regionale und schulische Komponenten, unabhängig vom Bedarf der Region, auf den Bildungsgebieten, die den Konzepten der gegebenen Bildungseinrichtung (geisteswissenschaftlich, naturwissenschaftlich, allgemein intellektuell, kreativ, physische Entwicklung u.a.) entsprechen
Technologie	Klassenstundensystem; modulare Ausbildungstechnologie in den 10./11. Klassen; Profilierung der Ausbildung in Mittel- und Oberstufe; differenzierte Ausbildung	Klassenstundensystem als Grundtechnologie; Gruppenausbildung; fachbezogene individuelle Gruppendifferenzierung; individuelle Ausbildung; selbständige Planung eigener Ausbildungstätigkeit

Resultat	Erfüllung des Bildungsstandards; professionelle Auswahl; Orientierung auf konkrete Berufssphäre	Überschreitung des Bildungsstandards; Erfüllung des Bildungsstandards bei Sicherung eines maximalen psychologischen Komforts; Orientierung nicht auf Berufs-, sondern auf Bildungssphäre; Fähigkeit zur selbständigen Planung der Bildungsziele und –programme

Einige Erläuterungen zu Tabelle 2:
In den letzten fünf Jahren (1992-97) wurde viele Veränderungen in der traditionellen Ausbildung beobachtet. Ein Teil der allgemeinbildenden Schulen wurde umprofiliert zu Gymnasien, Lyzeen; ein Teil der Lehranstalten und Berufsschulen zu Colleges; ein Teil der Institute zu Universitäten und Akademien. Solche Profilierungen sind durch solche Faktoren wie die teilweise Änderung der Bildungsinhalte (frühe Profilierung, Einführung zusätzlicher Lehrfächer, willkürliche Umverteilung der Lehrstunden auf konkrete Fächer) bedingt. Dies war eine Voraussetzung zum Überleben in der neuen ökonomischen Situation für mittlere Speziallehranstalten; hinzu kamen die Begrenzung der finanziellen Mittel durch die Eröffnung neuer Fachrichtungen, u. a. auch auf kommerzieller Grundlage, und enge Bindungen zu Hochschulen (stufenweise Ausbildung, bei der das Studium in einem College mit vier Semestern an einer konkreten Hochschule gleichgesetzt wird, und die Absolventen der Colleges können ihr Studium im fünften Semester an der entsprechenden Hochschule fortsetzen).
Die Hochschulen Rußlands sind auf dem Weltmarkt für Ausbildung bis heute benachteiligt, da ihre Diplome (mit Ausnahme von 27 Hochschulen der GUS, davon 13 russische) in anderen Ländern nicht anerkannt werden. In einer solchen Situation ist die Hochschule gezwungen, andere Wege zur Festigung ihrer Diplome zu suchen. Einer davon ist der Übergang auf ein mehrstufiges System der Hochschulbildung mit Ausgabe von Diplomen über allgemeine Hochschulbildung (2 Jahre), Bachelor-Abschluß (4 - 5 Jahre), Magister-Abschluß (6 - 7 Jahre). Aus dem obengenannten folgt, daß die traditionelle Ausbildung gleichzeitig mit der Entstehung der alternativen Ausbildung einen kräftigen Schub zur Entwicklung neuer Formen und teilweise neuer Technologien bekam. Jedoch tragen alle Änderungen im traditionellen Bildungssystem nicht den Charakter von Reformen und führen nicht zu grundlegend anderen, höheren Resultaten. Als Grund dafür sind zwei Faktoren anzusehen: die Unveränderlichkeit des sozialen Auftrages an die traditionelle Ausbildung und der Formalismus der deklarierten Ziele. Die Formalisierung der Ziele des traditionellen Bildungssystems ist begründet im Widerspruch zwischen der Idee, die die Ziele setzt, und den Bedingungen, die die Idee als utopisch und das Ziel als nicht erreichbar erklären. Diese Behauptung bezieht sich auf den persönlichkeitsorientierten Ansatz in der

Bildung, deren Realisierung unter den Bedingungen hoher Klassenstärken (bis zu 30 Schüler), Unterricht in zwei Schichten (mehr als 50 % der Schulen in Rußland unterrichten in zwei Schichten) und einer geringen technologischen Ausrüstung (Computer, Material, Lehrbücher, Schreibhefte, Kopierer, technologische Mittel usw.) praktisch nicht möglich ist.

Das alternative Bildungssystem besitzt mehr Möglichkeiten zur Realisierung seiner Ziele. Das individuelle Herangehen als eines der Ziele des Bildungssystem ist möglich auf der Grundlage geringerer Klassenstärken und eines hohen Qualifizierungsniveaus der Pädagogen, die von den alternativen Bildungseinrichtungen eingestellt werden und große Möglichkeiten bei der Realisierung nichttraditioneller Bildungstechnologien bei ausreichend hohem Gehalt (im Mittel 20-30 % höher im Vergleich zu gewöhnlichen Bildungseinrichtungen) haben. Wichtigster Hauptfaktor bei der Realisierung der Ziele im alternativen Ausbildungssystem ist die Entwicklung verschiedenartiger Formen von schulischer und außerschulischer Hilfen für die Schüler, die aus diesem oder jenem Grund nicht in der Lage sind, den Bildungsstandard zu erreichen. Zu solchen Formen gehören die diskrete individuelle Ausbildung, Individualisierung von Kontrollformen (z. B. das Kind, das eine Schreibschwäche hat, kann auf eine individuelle audioale Kontrolle umgesetzt werden; die Schüler, die Sprachstörungen haben, können Testkontrollformen auswählen usw.) sowie verschiedene Formen differenzierter und modularer Ausbildung.

Der Ausbildungsinhalt in allen Einrichtungstypen des alternativen und traditionellen Bildungssystems wird durch den staatlichen Bildungsstandard reglementiert und vom Staat kontrolliert. Alle Bildungseinrichtungen, unabhängig von ihrer Zugehörigkeit, die die staatliche Lizensierung, Akkreditierung und Attestierung durchlaufen haben, haben das Recht auf Ausgabe von einheitlichen Zertifikaten (Diplome, Reifezeugnisse, Zeugnisse, Urkunden). Wenn noch bis 1991 diese Verfahren (Lizensierung, Akkreditierung und Attestierung) nur für die alternativen Bildungseinrichtungen vorgeschrieben waren, so müssen seit 1992 Einrichtungen aller Typen diese nachweisen.

Der staatliche Bildungsstandard beschreibt das Minimum notwendiger Kenntnisse, Fähigkeiten und Fertigkeiten, die ein Absolvent einer konkreten Bildungsstufe (Grundschule, Mittelschule, Oberschule, Hochschule usw.) aufweisen soll. Deshalb stimmen die Ziele des alternativen und traditionellen Bildungssystems bezüglich der Erfüllung des Bildungsstandards überein. Jedoch stellt der Grundlehrplan, der vom Ministerium für Allgemeine und Berufsausbildung empfohlen wird und der nicht variierbare, regionale und schulische Komponenten enthält, nur eine Form dar, die mit Inhalt ausgefüllt werden muß. Insbesondere dieser Fakt charakterisiert die Schwierigkeit für jede konkrete Bildungseinrichtung, da er eine Analyse der Bedürfnisse der Lernenden und ihrer Familien auf dem Bildungsgebiet erfordert, d.h. eine Analyse der Bestandteile des sozialen Auftrages der gesellschaftlichen Gruppen, die sich auf diese Bildungseinrichtung orientieren. Die Leiter traditioneller Bildungseinrichtungen waren nicht

zu einer derartigen Tätigkeit bereit. Demzufolge sind die regionalen und schulischen Komponenten im Grundlehrplan dieser Einrichtungen (Schulen) eklektisch und entsprechen nicht den Bedürfnissen der Lernenden und ihrer Eltern.
Im alternativen System ist der Bildungsinhalt nicht nur durch den empfohlenen Lehrplan, sondern auch durch das Konzept der Einrichtung bestimmt. Jede private Bildungseinrichtung hat eine eigene konzeptionelle Grundlage. So existierten 1993 bis 1997 in Omsk sieben private Schulen, drei private Kindergärten sowie zwei private Hochschulen. Konzeptionelle Grundlagen ihrer Tätigkeit sind z.B. die Renaissance und Erhaltung von Traditionen russischer Kultur (Schule der "Renaissance"), Intellektualisierung des Bildungsprozesses ("Schule für intellektuelle Entwicklung"), fördernde Ausbildung (Schule "Alpha und Omega"), frühe Entwicklung künstlerischer Begabungen bei Kindern (Kindergarten "Däumelinchen"), die Renaissance orthodoxer Traditionen in Ausbildung und Erziehung (Schule "K. BELOW").
Der Bildungsinhalt im alternativen System wird reguliert durch Grundlagen des Konzepts der Einrichtung. Bei der Wahl der Bildungseinrichtung suchen die Eltern oder der Lernende selbst Varianten, die ihren sozialen Auftrag realisieren und studieren das Bildungskonzept, das von der Schule bzw. Hochschule angeboten wird, und demzufolge entspricht der Bildungsinhalt ihren Bildungszielen.
Eine besondere Stellung im Bildungsprozeß beliebiger Ausrichtung besitzen die Technologien. Zweifellos spielt das Klassenstundensystem eine führende Rolle in der technologischen Sicherung der Bildungstätigkeit in beiden Systemen, da es auf Grund von drei Merkmalen universell ist: breiter Umfang gleichzeitig Lernender; Wirtschaftlichkeit; Regularität der Tätigkeit. Jedoch erlaubt die Anwendung der universellen Technologie nicht die Realisierung des Ziels des Bildungssystems z. B. in der Standardausführung. Deshalb wurden in Rußland in den letzten 15 Jahren verschiedene Arten und Formen der Differenzierung in der Ausbildung getestet.
Die traditionelle Ausbildung experimentiert mit der Differenzierung auf dem Niveau der ersten bis dritten Stufe der allgemeinbildenden Schule. Ein grundlegendes Merkmal der Differenzierung ist das Ausbildungsniveau (komplexe Anzeige der Möglichkeit des Erreichens des Bildungsstandards). Das Ausbildungsniveau entspricht den Leistungen und Möglichkeiten der Schüler zur Aneignung allgemeinbildender Fähigkeiten und Fertigkeiten. Entsprechend dem Ausbildungsniveau werden die Schüler in Gruppen und Klassen aufgeteilt, die sogenannten homogenen Gruppen (U. GASSER "Schule ohne Pechvögel" 1995).
So eine Differenzierungsmethode führt nicht zu den gewünschten Resultaten, da in der homogenen Gruppe eine spezifische Dynamik des Lernerfolgs beobachtet wird, die in Abbildung 1 dargestellt ist.

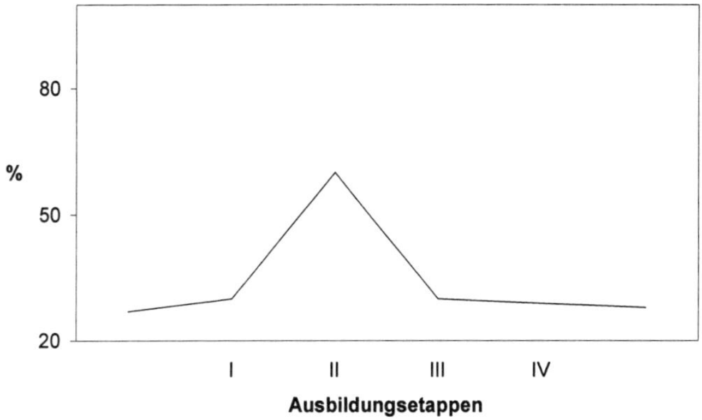

Abbildung 1 : Dynamik des Lernerfolgs in einer homogenen Schülergruppe mit niedrigem Lernniveau

Wie aus Abb. 1 ersichtlich sind die Lernresultate in der ersten Etappe (1-1,5 Monate) für etwa 30 % der Lernenden in der Gruppe positiv, anschließend nehmen sie in der zweiten Etappe deutlich zu (bis zu 60 % der Lernenden erfüllen erfolgreich das Programm). Weiterhin folgt die Etappe einer nicht weniger deutlichen Abnahme der Lernresultate (4. Monat), dann wird die Ausbildung nicht mehr effektiv. In homogenen Lerngruppen mit einem mittleren und hohen Lernniveau besteht eine etwas andere Dynamik des Lernerfolges, wie in Abb.2 dargestellt. Fast alle Schüler bringen die höchsten Resultate in der ersten Lernetappe. Anschließend verbleiben auf dem höchsten Niveau nur die begabtesten und am besten vorbereiteten Schüler (etwa 40 %), die restlichen erniedrigen kontinuierlich das Niveau. In der dritten Etappe paßt sich ein Teil der Schüler, die in der zweiten Etappe niedrige Resultate brachten, an die Lernbedingungen und die erhöhten Anforderungen der Lehrer, die in der ersten Etappe formuliert wurden, an. Jedoch bringen etwa 50 % der Lernenden nur mittlere oder schlechtere Ergebnisse.

Aus dem oben gesagten folgt, daß eine homogene Differenzierung ihre Ziele nicht erreicht wird, da ein Widerspruch besteht zwischen dem Ausgleich des anfänglichen Bildungsniveaus und dem Zwang eines einheitlichen Lerntempos aller Mitglieder der homogenen Gruppe, die individuell unterschiedlich entwikkelt sind. Dieser Widerspruch kann leicht durch die Behauptung "Ähnliches wird durch Ähnliches vernichtet." beschrieben werden.

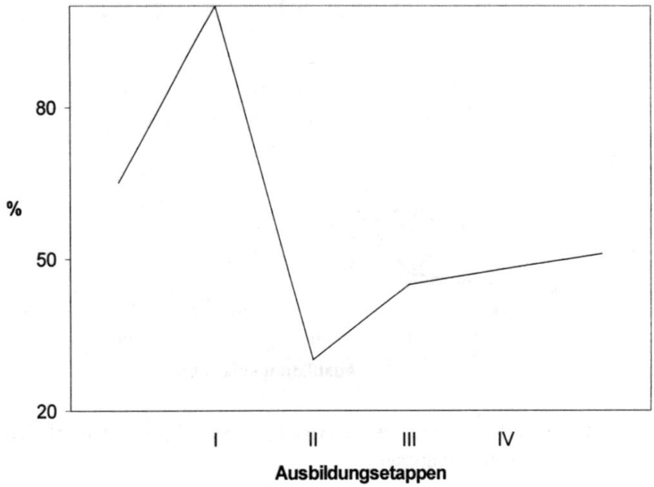

Abbildung 2: Dynamik des Lernerfolgs in einer homogenen Schülergruppe mit hohem und mittlerem Lernniveau

In Zusammenhang mit dem oben Gesagten ist die Behauptung berechtigt, daß die Differenzierung nach dem Lernniveau oder dem Niveau der Lernfähigkeiten als führende Subtechnologie im Rahmen des Klassenstundensystems meiner Meinung nach nicht erfolgreich ist.

Die Differenzierung als Hilfstechnologie wird in dem System der alternativen Ausbildung angewandt. Darüber hinaus wird bei geringen Klassenstärken durch die Differenzierung eine Annäherung des Lernprozesses in der Gruppe an den individuellen Lernprozeß erreicht. Eine der Varianten einer solchen Differenzierung ist die individuelle Gruppendifferenzierung nach dem Lernfach, deren Technologie in der Privatschule der intellektuellen Entwicklung in Omsk (Sibirien/Rußland) angewandt wird.

In dieser Schule lernen 65 Kinder im Alter von 7 bis 13 Jahre (1. bis 7. Klasse). Die Lehreinrichtung ist ganztägig geöffnet (8:30 bis 18:00 Uhr). Das Grundkonzept und die zugrunde liegende Idee des Bildungsprozesses ist die Idee der Erweiterung des intellektuellen Tätigkeitsfeldes des Schülers. Dementsprechend wird der Bildungsinhalt in der Schule aus fünf Blöcken zusammengesetzt:

1. naturwissenschaftlicher, der folgende Fächer einschließt: Mathematik, Naturwissenschaft und Informatik;
2. geisteswissenschaftlicher: Literatur, Lesen, Philologie, Rhetorik, Geschichte;

3. sprachlicher: Russisch, Englisch, Französisch, Deutsch (davon 2 obligatorisch);
4. allgemein intellektueller: Musik, Kunst, intellektuelle Spiele, psychologische Entlastung, Schach, Handarbeit;
5. physische Entwicklung: Choreographie, Sport, Schwimmen, Karate, korrigierende Gymnastik.

Die aufgezählten Blöcke enthalten einen nicht variablen Teil des Grundlehrplans als obligatorische staatliche Komponente des Bildungsinhaltes. Die restlichen Fächer werden in einem Zusatzzyklus vereinigt und dienen der Erweiterung der Möglichkeiten und Formen der Bildungstätigkeit, die zusammen die Lernerfolge verstärken. So z. B. erleichtert Handarbeit mit bis zu vier Wochenstunden zu Beginn der Ausbildung (September bis Dezember des ersten Schuljahres) die Formierung der Schreibfähigkeiten; Musik und Rhetorik haben einen wesentlichen Einfluß auf die Entwicklung des Lesens; Karate, das Bewegungskoordination, Ausdauer und Handlungsfertigkeiten schult, dient der Formierung der Bewegungsorientierung sowie der allgemeinen Lernfähigkeiten und –fertigkeiten. Gleichzeitiges Lernen von zwei Fremdsprachen entwickelt phonetisches Hören und wirkt positiv auf den Erfolg in der Beherrschung der theoretischen Grundlagen der russischen Sprache.

Das Wesen dieser individuellen Gruppendifferenzierung nach dem Lernfach besteht in der Zusammenführung homogener und heterogener Formen der Bildungstätigkeit. Hierbei teilt sich die Klasse nach Merkmalen der individuellen Art des Lernens der Schüler im konkreten Lehrfach in Gruppen. Diese Methode der Differenzierung wurde zuerst durch W. PETROW (1901) in Rußland beschrieben, ist jedoch seit der Oktoberrevolution bis heute nicht untersucht und wiederholt worden.

Bei der individuellen Gruppendifferenzierung nach dem Lernfach lernt der Schüler in mehreren Gruppen. Die Zusammensetzung der Gruppe hängt vom Tempo der Wissensaneignung durch die Mitglieder in diesem Lehrfach ab. Die Zusammensetzung der Gruppe ist nicht stabil, da sich das Tempo der Wissensaneignung individuell verändern kann.

Um negative Folgen der “Homogenität” zu vermeiden, arbeiten die nach Lerntempo unterschiedlichen Gruppen nicht öfter als dreimal pro Woche, und zwei- bis dreimal pro Woche setzen sich die Gruppen für gemeinsame Handlungen, Übungen und gegenseitige Verstärkung des intellektuellen Feldes zusammen. Mit Beginn der fünften Klasse wird jeder Schüler in die selbständige Projektierung der Bildungstätigkeit in der Schule der intellektuellen Entwicklung mit einbezogen. Sie haben das Recht, den individuellen Lehrplan (ILP) zu konstruieren. Dieser ILP besteht aus drei Blöcken: nichtvariabler (staatlicher Standard), fakultativer und eklektischer (Lehrfächer nach Wahl) (s.Tab.3).

Tabelle 3: Grundlagen der Konstruktion des individuellen Lehrplans

nichtvariabler Block				**fakultativer Block**		**eklektischer Block**	
26 von 26 h	5.	6.	7.	6 von 12 h	5.-7.	10 von 26 h	5.-7.
Russisch	5	5	5	Mathematik (zusätzlich)	2	Kunst	2
Mathematik	5	5	5			Musik	2
Literatur	2	2	2	Weltliteratur	2	Schach	2
Fremdsprache (Eng.)	4	4	3	Französisch (2.Sprache)	4	Karate	4
Biologie	2	2	2			Choreographie	2
Geschichte	2	2	2	Englisch	2	Handarbeit	3
Geographie	2	2	2	Französisch (zusätzlich)	2	Philologie	1
Sport	2	2	2			Rhetorik	1
Technologie	2	2	1			Weltkunde	1
Physik	1	-	2			psychologische Entlastung	1
						intellektuelle Spiele	2
						Deutsch	3
						Singen	2

Insgesamt ergibt sich für die Schüler der 5.-7. Klasse ein individueller Lehrplan mit weniger als 12 Wochenstunden. Es entsteht jedoch keine Überbelastung, da das individuelle Grundstundensoll 28 Stunden beträgt. Die restlichen 14 Stunden sind keine Unterrichtsstunden, sondern Beschäftigung nach Interessen und Neigungen, was die Realisierung der Ziele der zusätzlichen Ausbildung im Rahmen der Schule erlaubt.

Die Konstruktionstechnologie des ILP stellt sich heute im System der alternativen Ausbildung und allgemein in der Schule als nicht vollständig ausgearbeitet dar und bringt deshalb nur erste Resultate. Meiner Meinung nach gehört jedoch dieser Technologie die Zukunft der russischen Bildung.

Und im folgenden zu den Resultaten der Bildung: Zunächst soll versucht werden, die Frage, was unter einem Resultat der Bildung zu verstehen ist, zu beantworten.

Albert EINSTEIN hat das Resultat der Bildung im weitesten Sinne des Wortes wie folgt definiert: "Bildung ist das, was ein Mensch behält, wenn er alles vergißt, was er in der Schule gelernt hat." (zurückübersetzt aus dem Russischen – d. Ü.) Bei dieser Definition handelt es sich um das Restwissen. Außerdem existieren andere Charakteristiken der Bildung: Breite, d.h. möglichst eine große Anzahl von Bildungsgebieten umfassen; Tiefe, d.h. spezifische Kenntnisse auf verschiedenen Bildungsgebieten; Selbständigkeit und Unabhängigkeit des Denkens. Es erscheint als notwendig, ein weiteres Kriterium für den Erfolg der Ausbildung einzuführen, und zwar die Fähigkeit zur a) Selbstprojektion und b) Auswahl der Reihenfolge der Handlungen, um die Bildungsziele zu erreichen. In der traditionellen Bildung werden die Resultate mit Hilfe eines Zensurensystems eingeschätzt, und nach Beendigung bestimmter Stufen wird durch die Ausgabe eines

Zertifikats das Bildungsniveau bestätigt. Der Nachteil der Resultate der traditionellen Bildung besteht darin, daß sie dem Kriterium der Selbstentwicklung (selbständiges Bestimmen und Erreichen der Bildungsziele, -programme und -handlungen) nicht entspricht. Daraus folgt, daß der Schulabgänger des traditionellen Bildungssystems selbst bei Überschreiten des Bildungsstandards nicht selbständig sein Bildungsgebiet zu vertiefen vermag. Folglich ist es für ihn angenehmer, leichter und verständlicher, das durch den sozialen Auftrag formulierte Zielesystem zu nutzen. Es sei daran erinnert, daß das Hauptziel des sozialen Auftrages des traditionellen Systems in der Professionalisierung der Ausbildung besteht. Der Kreis vom sozialen Auftrag zum Resultat ist geschlossen. Der Widerspruch innerhalb der Kette ist dadurch begründet, daß heute der soziale Auftrag den gesellschaftlichen Bedürfnissen nicht entspricht, obwohl er theoretisch diese Bedürfnisse widerspiegeln sollte. Kürzungen bei den Arbeitsplätzen, bei den Lehrstellen in den Berufsschulen erfordern eine Neuorientierung der Bildungsziele und eine Änderung des sozialen Auftrages, was eine Aufgabe der Zukunft darstellt.

Das alternative Bildungssystem entwickelte sich als Anwort auf einen anderen sozialen Auftrag und führt folglich zu anderen Resultaten. Heute über repräsentative Resultate zu sprechen ist zu früh, da bisher keine Privatschule in Rußland einen vollständigen Bildungsgang (1. bis 11. Klasse) durchgeführt hat. Es ist nur möglich, über Prognosen der Resultate des alternativen Bildungssystems und seiner Entwicklungsperspektiven zu diskutieren.

Extrapolierte (d. h. zeitlich nahe) Prognose: Die Erweiterung des Angebotsspektrums der Bildungsdienstleistungen auf dem Gebiet der alternativen Bildung erfolgt in zwei möglichen Richtungen. Einerseits die quantitative Erhöhung privater Bildungseinrichtungen, die sich durch ihre konzeptionellen Grundlagen unterscheiden, andererseits die quantitative Kürzung der Bildungseinrichtungen des alternativen Bildungssystems durch Zusammenschluß und die Schaffung mächtiger Konglomerate der alternativen Bildung, die Wahlmöglichkeiten der Ausbildung entsprechend dem sozialen Auftrag anbieten. Es ist ebenso vorstellbar, daß sich die genannten Richtungen als Entwicklungsetappen des alternativen Bildungssystems erweisen. Möglich ist auch ein paralleler Prozeß.

Die ökonomischen Bedingungen in Rußlands stellen sich heute als krisenhafte Entwicklungsbedingungen dar. Die in der Welt existierenden Erfahrungen zu Krisensituationen erlauben, eine 2. bzw. 3. Variante der Entwicklung der alternativen Bildung in den nächsten fünf Jahren mit hoher Wahrscheinlichkeit zu prognostizieren.

Eine Prognose zur langfristigen Entwicklung der alternativen Bildung gestaltet sich schwierig. Jedoch ist die Prognose zur Änderung des sozialen Auftrages offensichtlich. In diesem Fall wird die traditionelle Bildung genötigt, ihre Ziele zu überprüfen und zu ändern und demzufolge die Ziele der alternativen Bildung zu übernehmen. Das alternative Bildungssystem wird seine Hauptaufgabe als Katalysator des Prozesses zur Änderung des sozialen Bildungsauftrages erfüllen, und damit entfällt die Notwendigkeit der Existenz des alternativen Bildungssystems. Das Bildungssystem in Rußland wird einheitlich bei Erhalt vieler Varianten in sich.

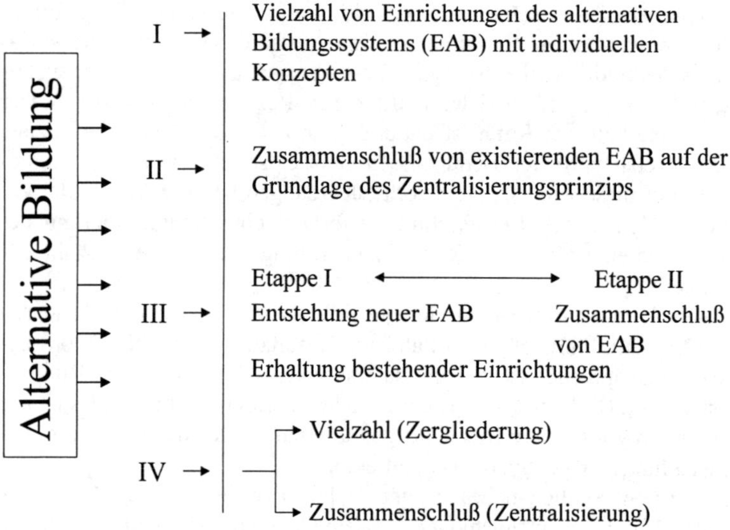

Abbildung 3 : Prognose zur Entwicklung des alternativen Bildungssystems

Klaus ALTERMANN & Anita ČAURE

Verwirklichte Reformpädagogik in Lettland*

Wir können im Jahr 1996 - nur knapp fünf Jahre nach der Unabhängigkeitserklärung des lettischen Volkes vor dem Obersten Sowjet in Moskau - keinen Bericht über die Realisierung von reformpädagogischen Konzepten in Lettland geben, ohne nicht wenigstens skizzenhaft einige Eindrücke von der allgemeinen Situation der Menschen und des Landes wiederzugeben, denn das Leben im heutigen Lettland unterscheidet sich vom Leben in den modernen westlichen Staaten Europas so gravierend, daß man sich dies als Außenstehender kaum vorstellen kann.

Es erübrigt sich zu sagen, daß demzufolge auch die Situation im Bildungswesen Lettlands von der Bildungslandschaft z. B. der Bundesrepublik Deutschland erheblich divergiert. Fünfzig Jahre kommunistisches Sowjetregime haben ihre Spuren hinterlassen, die nicht von heute auf morgen beseitigt werden können - auch wenn sich das freie Lettland nun in weiten Bereichen an den westlichen Industrienationen zu orientieren beginnt. Viele Menschen blicken sehnsüchtig nach allem, was aus dem Westen kommt - vielleicht noch nicht ahnend, daß auch dort nicht alles Gold ist, was glänzt, und welche Schattenseiten das westliche Leben mit sich bringt. Andererseits ist es wohl noch nicht wirklich in das Bewußtsein vieler Westeuropäer gedrungen, daß auch die Baltischen Länder zum neuen Haus Europa dazugehören.[1]

Im Frühjahr des Jahres 1996 schrieb mir eine lettische Studentin einen Brief, dessen Inhalt ich Ihnen bekannt machen möchte, zeigt er doch in gravierender Weise die Situation im Land:

"Wie bin ich eigentlich? Gut oder böse? Stark oder schwach? Groß und allmächtig oder klein und nichtig? Schwarz, weiß, grell, grau vielleicht? Wer wagt mir die Antwort zu geben? Fragen, nur ewige Fragen, mein ganzes Leben.

Ich leide, streite, kämpfe. Ich bezweifle alles Lebendige. Sogar meine eigene Existenz ist mir nicht klar. Meine Ängste, Freude, Liebe, Glück, Weinen bis ins Unendliche, Schreien, rufen nach Etwas, nach Jemandem. Wo seit ihr? Seid ihr denn hier? Ihr hört mich doch? Oder bin ich allein? Von der Blindheit umarmt?

Liebe ist alles. Aber ich habe Angst vor allem ... Kopf unter dem Kissen, Tränen in der Nacht ... Immer unruhig. Etwas ruft nach mir ... Ich weiß nicht was ... ins Wasser, ins Meer ... Ich sage, ich sei glücklich.

Man hat mich Zweifel als Kind genannt. Ich will diesen Namen wechseln. Mein zweiter Name ist häßlich. Ich bin nämlich die Angst. Ich habe Angst vor mir selbst, vor allem, was mich umgibt. Manchmal bin ich Angst und manchmal Zweifel ... Oft spiele ich, als ob ich Freude und Glück bin. Niemand erkennt mich dann. Alle wundern sich. So komme ich (wieder nicht aus meiner Rolle. Dann kommt wieder die Angst, daß es so für immer bleibt. Ich habe zu viele Probleme in mir. Das macht mich wahnsinnig. Ich will nicht mehr ich selbst sein ... Ich

---

[1] Vgl. PFISTERER, A.: Praktikumsbericht zum Projekt Pluralistische Pädagogikausbildung von Prof. Klaus ALTERMANN. - Pädagogische Hochschule Ludwigsburg 1994, S. 22 f.

muß dann weg, weg nach Hause. Das ist aber so weit von hier ... Meine Mutter heißt Freude. Aber sie hatte sich damals in den Schreck verliebt. So bin ich geboren. Ganz hilflos, traurig ... Nur die Liebe kann mich retten ...
Ich gehöre der Dunkelheit ... Und ich bin so müde, ganz müde. Ich habe Sehnsucht nach Liebe und Ruhe. Helfen Sie mir, die Welt zu verstehen, meine lettische Gesellschaft zu begreifen und ein glücklicher Mensch zu werden".[1]

Lettland im Jahr 1996, was ist aus dir geworden? Die Mehrzahl der lettischen Familien kann den Monat nicht kalkulieren. Die Lehrer in den Schulen verdienen durchschnittlich 55 Ls (etwa 155 DM). Für eine Zwei-Zimmer-Wohnung mit Komfort (warmes Wasser, Heizung), in der durchschnittlich 4 Personen wohnen, müssen aber diese Lehrer etwa 35 Ls Miete bezahlen. So verbleiben 20 Ls für das Leben. 20 Ls kosten ein Paar einfache Schuhe. Mein Professorengehalt an der Universität Lettlands beträgt 118 Ls im Monat (etwa 330 DM). Im Vergleich dazu verdient eine Mitarbeiterin im Neste-Tankstellen-Konzern 300 Ls.
Das Ergebnis dieser Politik sind stark ausgeprägte Depressionen und Resignationen in der Gesellschaft. Besonders spürbar sind die Auswirkungen der erwähnten Erscheinungen auf der intellektuellen Ebene.
Zwischen diesen Problemen und dem ständigen Ansteigen der Kriminalität, besonders der Jugendkriminalität, gibt es einen konkreten Zusammenhang:

- in Lettland wird jedes 5./6. Verbrechen von minderjährigen Kindern und Jugendlichen begangen;
- etwa 12 % der Verbrechen sind Gewaltverbrechen, bis zum Mord;
- im Zeitraum von Januar bis Juli 1995 wurden in Lettland 1028 schwere Verbrechen von Minderjährigen begangen (307 davon in der Stadt Prag);
- die Polizeiliste beinhaltet 2993 registrierte Verbrecher, die minderjährig sind; 728 minderjährige Verbrecher sind noch keine 14 Jahre alt;
- 2060 registrierte Kinder gehen in Lettland nicht mehr in die Schule.[2]

In Lettland gibt es augenblicklich keine staatliche Idee für eine Menschenbildung, die den jungen Menschen in umfassender Weise helfen will, ihr eigenes Wesen zu entfalten. Wir können und dürfen aber nicht tatenlos zusehen, daß Kinder an der Schwelle des Jahres 2000, im Herzen Europas, als Analphabeten aufwachsen. Gemeinsam mit kreativen und aktiven Menschen werden wir darum kämpfen, auch in Lettland eine wirkliche Menschenbildung zu realisieren.
Vor dem Hintergrund dieser so gravierenden gesellschaftlichen und staatlichen Geschehnissen arbeiten wir an der Entwicklung und Festigung einer stabilen Schulpädagogik.
Wer sich aber mit Schulpädagogik beschäftigt, wird die Kritik am staatlichen Erziehungswesen zur Kenntnis nehmen müssen. Wer sich mit der Geschichte

[1] Vgl. Beichte einer bösen Kraft. - Brief der lettischen Studentin Irina G. an Klaus ALTERMANN vom 10. Januar 1996.
[2] Vgl. Cik solu no bērna lidz noziedzniekam? In: PIRMDIENA, 1995. gada 28. augusts; vgl. auch Zeitschrift Kultur und Bildung vom 19. Juni 1994, S. 14 (lett.).

der öffentlichen Schulen auseinandersetzt, wird nach Alternativen fragen. Wer nach Auswegen sucht, wird auf die Reformpädagogik stoßen und sie studieren. Der Suchende wird sich mit zahlreichen Persönlichkeiten konfrontiert sehen, die als Träger der reformpädagogischen Epoche angesehen werden. Peter PETERSEN ist unter ihnen, ebenso wie Rudolf STEINER, Maria MONTESSORI, Celestine FREINET, Kurt HAHN u. v. a.[1]
Ziel unserer Arbeit mit Lehramtstudenten und in der Lehrerweiter- und -fortbildung ist die Realisierung des Konzeptes PLURALISTISCHE PÄDAGOGIKAUSBILDUNG, das sich zum Ziel gesetzt hat, die verschiedenen pädagogischen Konzeptionen in der Lehrerausbildung gleichberechtigt nebeneinanderzustellen und den Studierenden auch praktisch nahzubringen. Gleichzeitig soll die Idee der wahlweisen Vertiefung einer von den Studierenden frei gewählten pädagogischen Richtung bei gleichzeitiger Ermöglichung eines staatlichen Abschlusses verwirklicht werden.

Von neuen ostdeutschen Anfängen lernen

Die Entstehung der Projektidee für eine PLURALISTISCHE PÄDAGOGIKAUSBILDUNG an der Otto-von-Guericke-Universität Marburg steht im engen Zusammenhang mit der historischen Umbruchsituation in der ehemaligen DDR, die im Herbst 1989 ihren sichtbaren Anfang nahm und schließlich zur deutschen Wiedervereinigung am 03.10.1990 führte. Die Wende eröffnete bislang ungeahnte Möglichkeiten, aber auch gleichzeitig Notwendigkeiten: vom Herbst 1989 an haben wir uns in oft schmerzlichen Analysen mit dem bisherigen und zukünftigen Weg unserer Arbeit in Lehre und Forschung auseinandergesetzt.
Heute gelingt es uns, Vertreter unterschiedlicher pädagogischer Konzeptionen an einen Tisch zu bringen. Wir können die Gleichzeitigkeit des anderen herstellen, das Andersartige wahrnehmen, ohne den eigenen Standpunkt und die eigene Identität zu verlieren. Es wäre natürlich völlig verkehrt, die staatlichen Schulen abzuschreiben und nur auf Alternativschulen zu setzen. Es geht vielmehr darum, in den Schulen ein Klima zu erreichen, in dem sich Schüler und Lehrer wohlfühlen, Selbsterkenntnis und Selbstverwirklichung erreichen können. Für uns geht es in der Pädagogikausbildung darum, Lehrer(innen) auszubilden, die die pädagogischen Grundkonzeptionen kennen und auch positive Anregungen aus den Alternativschulmodellen aufnehmen, um sie in das staatliche Schulwesen integrieren zu können. Es geht nicht um eine dogmatische Abgrenzung von Schulen in freier und staatlicher Trägerschaft voneinander, sondern um Freiheit und Vielfalt im gesamten Bildungswesen, um ein Sich-Öffnen und Voneinander-Lernen, also mehr Bewußtmachung von Differenz und Anderssein. Nicht

[1] Vgl. ZIEGENSPECK, J. (Hrsg.): Kurt Hahn - Erinnerungen - Gedanken - Aufforderungen: Beiträge zum 100. Geburtstag des Reformpädagogen. Verlag Klaus Neubauer Lüneburg 1987.

Imitation, Assimilation und Selbstaufgabe ist heute gefordert, sondern vielmehr kritische Sympathie und Toleranz, Pluralität und Multikulturellität. Ziel ist also nicht die Pluralität an sich, sondern die geklärte eigene Überzeugung, für die ich eintrete, bis ich überzeugt bin, daß ich mich ändern muß, um vorwärtszukommen.
Der Lehramtsstudent braucht die Erfahrung pluraler Möglichkeiten in dem Maße, daß er seine eigene Überzeugung nicht unreflektiert und einseitig aus der Tradition übernimmt. Im Gespräch mit anderen muß jeder seine eigene Überzeugung überprüfen und sie klären. Dazu ist aber die Erfahrung freien Austausches zwischen unterschiedlichen Positionen oder Konzepten notwendig.
Natürlich sind wir für die PLURALISTISCHE PÄDAGOGIKAUSBILDUNG. Sie ist für Lehramtsstudenten notwendig. Wir setzen uns sehr dafür ein. Dennoch kann ich mich nicht in allen Positionen z. B. mit der Waldorfpädagogik identifizieren, wenngleich ich ihren Gedanken sehr viele Anregungen entnehme. Ich werde aber immer dafür eintreten, daß Eltern, die eine Waldorfschule für ihre Kinder wollen, oder daß Studenten, die sich für Waldorfpädagogik interessieren, dazu Gelegenheit bekommen. Im Lehramtsstudium muß man die Alternativmodelle kennenlernen. Es ist auch gut, wenn man jede pädagogische Konzeption durch Überzeugte erschlossen bekommt. Zugleich müssen aber die Studenten auch mit kritischen Einwänden vertraut gemacht werden. Studium ist etwas anderes als ein Sich-Missionieren-Lassen von Anthroposophen, Montessorianhängern oder Freinetspezialisten. Bei unseren Lehrveranstaltungen, Workshops, Spezialseminaren etc. vertreten wir diese Position explizit.

Die Bilanz der bisherigen Arbeit

Vertragspartner

- Bildungs- und Erziehungsstätte Schlössli Ins/Schweiz
- Pädagogik-Kooperative Bremen/Deutschland
- Aktionsgemeinschaft Deutscher Montessori-Vereine
- Europäisches Forum für Freiheit im Bildungswesen (EFFE)
- Pestlaozzianum Zürich/Schweiz
- Institut für Bildungsforschung und Bildungsrecht Hannover/Deutschland

Neue Curricula

- Waldorf-/Montessori-/Freinet-Pädagogik in den Kursen Erziehungsphilosophie / Allgemeine Pädagogik
- Projektwochen Freinet-Pädagogik und Waldorfpädagogik
- $^1/_2$ jähriges Studentenpraktikum im Schlössli Ins/Schweiz
- 2wöchiges Schulpraktikum pro Studienjahr für eine Seminargruppe in Deutschland (Freinet-Pädagogik)
- Schulpraktikum an Alternativschulen in Lettland
- Lehrerweiterbildungszentrum ANKA
- Projektwochen *Innovation zur Hochschuldidaktik*

Conclusion

Lettland hat eine reiche pädagogische Tradition: von Ernst GLÜCK, der um 1680 die Bibel in die lettische Sprache übersetzt hat und Vater der lettischen Schulen genannt wird, weil er die ersten Landschulen gegründet hat, in denen der Unterricht in der lettischen Sprache erteilt wurde, bis hin zu Jānis CIMZE, der im Jahr 1836 seinen Bildungsgang im Weißenfelsschen Seminar in Sachsen bei Dr. HARNISCH begann und damit u. a. PESTALOZZIs philosophische und pädagogische Ideen nach Lettland brachte.

Heute besteht die Möglichkeit und Notwendigkeit, diese Ideen im lettischen Bildungswesen wieder aufzugreifen und weiterzuentwickeln. Dazu ist es notwendig, Lettland auf dem Gebiet des Bildungswesens in internationale Kontakte zu bringen. Wenn wir weiterkommen wollen, braucht es eine internationale Vernetzung derer, die sehen, daß pluralistische Lehrerbildung eine Notwendigkeit ist. Wir haben in Lettland begonnen, diesen Weg zu beschreiten. Internationale Projektwochen und Konferenzen, besonders in den Jahren 1995 und 1996 haben dazu beigetragen, pädagogische Konzepte in Lettland bekannt und anwendungsbereit zu machen. Die von uns 1996, zum ersten Mal in der lettischen Sprache, herausgegebenen Montessori- und Pestalozzibücher werden ab dem Studienjahr 1996/97 als Pflichtliteratur für Lehramtsstudenten ausgewiesen.[1]

Ergänzende Literatur

ALTERMANN, K./ČAURE, A.: Das ANKA-JOURNAL. - 2. Auflage, Universität Lettlands Riga, Januar 1996.

ALTERMANN, K./ČAURE, A. (Hrsg.): BĒRNS; MĒS TEV PALIDZĒSIM TO VEIKT PAŠAM! IEVADS MONTESORI PEDAGOGIJA: PEDAGOGIJAS STUDIJAS I. GRĀMATA. - apgāds IZGLITIBA; Riga 1995, S. 1-93.

ALTERMANN, K./ČAURE, A. (Hrsg.): Johanns-Heinrichs-Pestalocijs. - PEDAOĢIJAS STUDIAJAS II: GRĀMATA: - Latvijas Universitāte, Riga 1996, S. 1-140.

Einladung und Programm zu den drei Bildungspolitischen Innovationsprojekten der Universität Lettlands Riga 1995. Universität Lettlands Riga 1995.

[1] Eine ausführliche Projektbeschreibung zur PLURALISTISCHEN PÄDAGOGIKAUSBILDUNG finden Sie bei PFISTERER, A.: Praktikumsbericht zum Projekt Pluralistische Pädagogikausbildung von Prof. Klaus Altermann. - Pädagogische Hochschule Ludwigsburg, 1994, S. 1-129.

Karel RÝDL

Zur Rezeption klassischer Reformpädagogiken in der Tschechischen Republik

Bis zum Jahr 1989 waren nur wenigen Fachleuten und Theoretikern reformpädagogische Ideen bekannt. Die Bildungs- und Schulpraxis wurde von solchen „unmarxistischen Bildungsideen“ gar nicht angetastet, da jegliche reformpädagogischen Bestrebungen nach dem Zweiten Weltkrieg verboten wurden und so in Vergessenheit gerieten.[1]

Gleich nach dem politischen Umbruch im November 1989 ergaben sich verschiedene Möglichkeiten der Umsetzung reformpädagogischen Gedankenguts in die Schulpraxis. Bedeutenden Anteil hatten hieran verschiedene Bürgerinitiativen und Förderkreise wie z. B. der Kreis der freien Waldorfschulen in Pribram, der Kreis der Jenaplan-Schulen in Podébrady, die Montessori-Initiative in Prag, PAU (Freunde des engagierten Unterrichts) in Obristvi, NEMES (Unabhängige interdisziplinäre Fachgruppe) und IDEA (Independent Development of the Education Activities) sowie CS EFFE (Tschechisches Länderbüro des Europäischen Forums für Freiheit im Bildungswesen) in Prag.

Ein zweite Quelle der Verbreitung derartigen Gedankenguts stellten Publikationen der Universitäten in Prag, Ostrava und Brno über die klassischen Reformbewegungen (Waldorf-, Montessori-, Freinet-, Petersen- oder Daltonplanschulen) dar.[2]

Drittens beeinflußten zahlreiche Aktivitäten verschiedener ausländischer Schulen, einzelner Experten und Organisationen den Import reformpädagogischer und alternativer Bildungs- und Erziehungsideen in die Tschechische Republik, was vor allem zu einer bemerkenswerten Stärkung und geistigen Bereicherung der Waldorf-Bewegung führte.

Unter solchen Umständen wurde teilweise auch die bildungspolitische Gesetzgebung zugunsten der Pluralisierung und Demokratisierung sowie der rechtlichen, ökonomischen und pädagogischen Autonomiebestrebungen einzelner Schulen und pädagogischer Einrichtungen geändert.

---

[1] Die Auseinandersetzung mit diesem Prozeß erfolgte z. B. in RÝDL, K.: Reformpädagogik in der Tschechoslowakei. In: BÖHM, W. u. a.: Schnee der vergangenen Jahrhunderte. Neue Aspekte der Reformpädagogik. Würzburg 1993, S. 83-128. RÝDL, K.: Zur reformpädagogischen Bewegung in der Tschechoslowakei zwischen den beiden Weltkriegen. In: Paedagogica Historica (Gent). Journal for History of Education, XXX, 1994, No. 4, S. 506-527.

[2] RÝDL, K.: Alternativni pedagogická hnuti v soucasné spolecnosti (Pädagogische Alternativbewegungen in der heutigen Gesellschaft). Brno 1994. HRDLICKOVA, A.: Reformné pedagogika. Ceské Budejovice, Pedf. 1995.

Einflüsse der Montessori-Pädagogik in den 90er Jahren

Die Themenkreise des Interesses für die Montessori-Pädagogik kann man in drei fundamentale Bereiche unterteilen, die natürlich miteinander verknüpft sind, der Übersichtlichkeit halber jedoch getrennt dargestellt werden sollen.
Die Montessori-Pädagogik wurde zu einem festen Bestandteil des Unterrichts an den pädagogischen und philosophischen Fakultäten unseres Landes im Rahmen der Lehrveranstaltungen der Vergleichenden Pädagogik und der Geschichte der Erziehung. Im Hinblick auf die Freiheit bei der Ausarbeitung der Lehrpläne und die Möglichkeit, diese den individuellen Bedürfnissen der Schulen, Lehrer und Studenten anzupassen, kann letztendlich die Qualität der Informationen stark differieren.
Im Zusammenhang mit dem Unterricht erscheint der Name dieser italienischen Reformerin in verschiedenen einschlägigen Hoch- und Mittelschullehrbüchern sowie Skripten.[1]
Damit gelangen wir zur zweiten Ebene des heutigen theoretischen Interesses für Maria MONTESSORI und ihre Lehre. Anfang der 90er Jahre erschienen in der tschechischen Fachzeitschrift „Pedagogika" sowie in den slowakischen Publikationsorganen „Predskolská výchova" und „Pedagogická revue" eine Reihe von Artikeln über diese bemerkenswerte Frau. In der Tschechischen Republik befassen sich mit dieser Problematik vor allem K. RÝDL und J. FELLNEROÁ, in der Slowakei Z. BADURIKOVÁ.
Zur gleichen Zeit wurden aufschlußreiche Studien über die Pädagogik der MONTESSORI veröffentlicht, die durch umfangreiche Bibliographien, vor allem deutscher und englischer Quellen, erweitert worden sind. Die meisten Autoren hatten sich schon früher mit dieser Problematik befaßt, und sie nutzten die neue politische Lage, anknüpfend an ihre vorher erworbenen Kenntnisse, zu einem erneuten, notwendigen Studium der alternativen pädagogischen Strömungen. Mit ihren Publikationen verfolgten sie vor allem das Ziel, so gut wie möglich zu informieren, um dadurch eine Basis für eine weitergehende Würdigung und Bewertung dieser Richtungen zu schaffen und letztendlich deren Nutzung in der schulischen Praxis zu ermöglichen.[2]
Das Interesse an Maria MONTESSORIs Gedankengut ist inzwischen so groß, daß aktuelle Studien über die italienische Reformerin auch jenen Themenkreisen und Problemkreisen Aufmerksamkeit widmen, die zwar mit ihrer Pädagogik zusammenhängen, bisher aber nur am Rande oder gar nicht erwähnt worden waren. Sie verweisen auf die Popularität der Gedanken dieser Frau im Ausland und

---

[1] JERÁBKOVÁ, B.: Materská skola jako zivotni (Der Kindergarten als der Lebensraum). Brno, MU 1993. RYDL, K.: Alternativi proudy v soucasné pedagogice (Alternativströmungen in der heutigen Pädagogik). Praha, UK 1990. SINGULE, F.; Soucasné pedagogické smery a jejich pschologické souvislosti (Aktuelle pädagogische Strömungen und ihre psychologischen Zusammenhänge). Praha, SPN 1992.
[2] CIPRO, M.: Prameny výchovy (Quellen der Erziehung). Praha 1991.

die Intensität der Montessori-Bewegung in der Welt schon zu der Zeit, als hierzulande die Möglichkeit, neue Informationen zu erhalten, stark eingeschränkt war.[1] Des weiteren wird die Notwendigkeit deutlich, dieses fehlende Wissen nachträglich zu ergänzen und die Erfahrungen anderer für die eigene Praxis zu nutzen.

Ein neuer Aspekt ist ebenfalls die Anwendung der Unterrichtsmethode der Maria MONTESSORI, die auf den Prinzipien der Selbsttätigkeit und der Arbeit mit didaktischen Materialien beruht, im Bereich der Sonderpädagogik, also fachlich die Rückkehr zu den Anfängen ihrer Arbeit. In diesem Zusammenhang lenken die erwähnten Autoren das Augenmerk insbesondere auf die Integration behinderter Kinder in den Montessori-Schulen; vor allem auf die Versuche, die hierzu im Kinderzentrum München unter der Leitung von Th. HELLBRÜGGE durchgeführt werden.[2]

Allgemein wird die Methode der MONTESSORI derzeit komplexer begriffen, als das bisher der Fall war. So erscheinen Informationen über die Möglichkeit der Anwendung dieser Pädagogik bei älteren Kindern sowie Berichte über die Tätigkeit von Institutionen vom Montessori-Typ im Ausland. Erwähnenswert ist hierzu ein Beitrag von K. RÝDL, in dem er sich mit bisher unbekannten Aspekten der Montessori-Pädagogik wie den Themen der „Kosmischen Theorie und Erziehung“ oder dem Element des Glaubens in der Erziehung befaßt.[3]

Was die praktischen Versuche mit der Methode der MONTESSORI betrifft, so wartet man bislang vergeblich auf eine breitere Nutzung ihrer Ideen unter den einheimischen Bedingungen. Zuerst müssen wir bei uns in Tschechien die theoretische Basis der Erkenntnisse erweitern und erreichen, daß diese Konzeption unter den Studenten und Lehrern zu einem fest integrierten Bestandteil des allgemeinen Wissens und Bewußtseins wird.

Derzeit werden praktische Vorhaben vor allem im Bereich der Förderung behinderter Kinder sowie bezüglich der Nutzung des didaktischen Materials von Maria MONTESSORI in Versuchs-Kindergärten realisiert bzw. geplant.

Anstrengungen zur Integration behinderter Kinder wurden z. B. in der mährischen Stadt Olomouc unternommen. Schon in der ersten Hälfte des Jahres 1990 wurde hier unter der Leitung von V. TICHA ein „Kinderzentrum“ eröffnet, das eine umfassende Betreuung von Kindern mit verschiedenen Behinderungen - vom Neugeborenen bis zum 18jährigen - gewährleistet. Ein ähnliches Projekt läuft seit 1993 in dem Prager Kindergarten „Uzásobni zahrady“ unter der Leitung von M. BRABCOVÁ, wobei es sich hier nicht um eine Einrichtung vom Montessori-Typ handelt, jedoch bei der täglichen Arbeit mit den Heranwachsenden Aspekte aus der Lehre Maria MONTESSORIs genutzt werden.[4]

---

[1] RÝDL, K.: Ke 120. výroci Marie Montessoriové. In: XL, 1990, No. 6, S. 714-716.
[2] HABINÁKOVA, E.: Základ spolocenstva zdravých a poskodených deti. In: Preskolská výchova, XLV, 1990-1991, No. 6, S. 5-6.
[3] Ebenda.
[4] RÝDL, K.: Alternativni proudy ..., S. 79-121.

Ein weiterer Versuch zur Integration behinderter Kinder fand in der Schule „Paprsek“ in Ústi nad Labem unter S. CECHUROVÁ statt. Auf der erste Stufe wurden hier seit 1990 alternative Arbeitsweisen im Geist der Montessori-Pädagogik eingeführt. Diese Schule wird von Schülern mit diversen körperlichen und geistigen Behinderungen, vor allem mit Verhaltensstörungen sowie Kindern mit körperlichen Behinderungen in Kombination mit Gehörschäden, besucht. Spezielle Unterrichtsbedingungen (kürzere Stunden, Pausen mit Turnen, Klassen mit höchstens 12 Kindern usw.) wurden geschaffen. Jedoch hat die derzeitige Leitung von den alternativen Methoden teilweise Abstand genommen, zumal Frau CECHUROVÁ schon seit einem Jahr nicht mehr an der Schule weilt.
Seit Januar 1994 arbeitet in Prag-Dejvice bei der Pädagogischen Oberschule in der Evropska-Straße ein „Centrum volnéko casu pro deti a mládez a materska skola M. Montessoriové“ (Freizeit-Zentrum für Kinder und Jugendliche mit M. Montessori-Kindergarten). Die derzeitige Leiterin des Kindergartens und zugleich die einzige qualifizierte Lehrerin, Vera SEBESTOVÁ, hat auf Empfehlung des Dozenten MATEJCEK einen zehnmonatigen Kurs für Montessori-Pädagogik in München absolviert und die dortige Abschlußprüfung, bestehend aus den Fächern Medizin, Psychologie und Pädagogik, sowie eine praktische Prüfung abgelegt.[1] In Zusammenarbeit mit J. SEKOT, dem Direktor der Pädagogischen Oberschule, entstand sodann ein Kindergarten mit Halbtagsbetrieb. Dank der Unterstützung des Münchener Kinderzentrums sowie der holländischen Spezialistin für Montessori-Arbeiten, Frau Elizabeth van SANTER, gelang es, Originalmaterial der MONTESSORI, welches sehr teuer ist, zu beschaffen und durch eigene Produktion zu ergänzen, so daß die Schule zur Zeit sehr gut mit diesen Arbeitsmitteln versorgt ist. Der Kindergarten hat nur eine Aufnahmekapazität von 10 bis 12 Kindern, die im Moment voll ausgeschöpft ist. Für den Unterricht sorgt Frau SEBESTOVÁ selbst mit Unterstützung durch Praktikantinnen von der Pädagogischen Oberschule. Die Schülerinnen absolvieren hier ihr pädagogisches Praktikum und werden dabei direkt in die Montessori-Methodik eingeführt. Die Pädagogische Schule gewährt dem Kinderzentrum und dem Kindergarten auch die erforderliche materielle und organisatorische Unterstützung. Dieser Kindergarten in Prag-Dejvice ist keine Montessori-Schule orthodoxen Typs, in der konsequent alle Elemente der Methode angewandt werden, Frau SEBESTOVÁ bemüht sich jedoch mit Sorgfalt, die methodischen Verfahren der Maria MONTESSORI bei der Arbeit mit dem didaktischen Material einzuhalten, wobei aber in Hinblick auf die Besonderheiten des tschechischen Milieus solche Aktivitäten wie Singen, freies Zeichnen, Erzählen von Märchen, Vortragen kleiner Gedichte usw. weitaus stärker gefordert werden, als es in der traditionellen Montessori-Schule üblich ist. Aus diesem Grunde kann die Dejvicer Schule zu

[1] Détské centrum (Kinderzentrum). In: Lidové noviny, 25.6.1990, S. 6.

den fortschrittlichen Montessori-Anstalten gezählt werden, in denen eine moderne Konzeption dieser Methodik angewandt wird.
Das Freizeitzentrum bietet thematische Nachmittage mit dem Ziel an, die Kinder von der ersten bis zur neunten Klasse der Grundschule in ihrer Freizeit sinnvoll zu beschäftigen. Es handelt sich also nicht um den klassischen Typ eines Interessenzirkels, denn die Kinder können nachmittags jederzeit in das Zentrum kommen. Zur Zeit arbeiten hier mehrere Zirkel verschiedenen Typs mit unterschiedlicher Thematik. Außerdem existiert der Klub „Vlastooky" (Schwalben) für Kinder im Vorschulalter, deren Mütter in den Vormittagsstunden infolge unvorhergesehener Ereignisse Besorgungen machen müssen. In Klub und Zentrum führt immer ein Erwachsener die Aufsicht, doch das Programm wird im Rahmen ihres pädagogischen Praktikums von Schülerinnen der Pädagogischen Oberschule gestaltet. Obwohl weder der Klub noch die Zirkel direkt die didaktischen Montessori-Materialien einsetzen, arbeiten alle Abteilungen eng zusammen und betreuen sowie erziehen die Kinder im Geiste Maria MONTESSORIS.

Ideen der Jenaplan-Pädagogik in Theorie und Praxis

Tieferes Interesse an der Jenaplan-Pädagogik offenbarten einige Lehrer dadurch, daß sie schriftliche und später auch persönliche Kontakte zu verschiedenen Jenaplan-Initiativen und -Schulen anknüpften Das einstige Ziel, den Zugang zu den notwendigen Informationen und Fachkenntnissen zu sichern, hat sich allmählich dahingehend geändert, daß inzwischen eine tschechische Initiative zur Gründung einer Jenaplan-Schule ihre Arbeit aufgenommen hat. Im Rahmen vergangener Fachkonferenzen haben deren Wirken viele Freunde und Kollegen wie E. SKIERA, TH. KLAßEN, K. BOTH, W. van GELDER, B. MERGNER, K. KREUGDENHILL und E. DERKS unterstützt.

JV

Neben den fachlichen Publikationen von Karel RÝDL[1], seinen Vorträgen und Seminaren (z. B. in Ostrava, Prag, Pribram von 1991 - 1993 sowie während eines Ausbildungskurses in Chocen 1994) entstanden zur Jenplan-Pädagogik weitere originäre Beiträge und Übersetzungen von E. URBANOVSKÁ (Universität Olomouc)[2], V. VÁCLAVIK (Pädagogische Hochschule Hradec Králové)[1], P. BORKOVÁ (Pardubice)[2] und E. PISOVÁ (Podebrady).

---

[1] RÝDL, K.: Alternativni pedagogické hnuti v soucasné spolecnosti (Pädagogische Alternativbewegung der heutigen Gesellschaft). Brno 1994, S. 221-250. RÝDL, K.; Co muze skola prevzit jenského plánu? (Was kann die Regelschule vom Jena-Plan übernehmen?). In: Pedagogika, XLIII, 1993, No. 3, S. 285-295; es handelt sich um die Übersetzung eines Kapitels aus dem Buch von Theo DIETRICH: Die Pädagogik Peter Petersens. Bad Heilbrunn, Klinkhardt 1991.

[2] URBANOVSKÁ, E.: Význam alternativniho skola pro reformu státniho skolského systému (se zretelem na nekteré formy výchovne vzdelávaci práce jenských skol) /Bedeutung des alternativen Schulwesens für eine Reform des staatlichen Schulwesens (mit Rücksicht auf einige Formen der Bildungs- und Erziehungsarbeit der Jenaplan-Schulen). In: Sbornik z konference o alternativnim skolstvi. Olomouc, UP 1992, S. 161-166.

Ohne bewußt an die Ideen PETERSENs anknüpfen zu wollen, haben Lehrer in Zátor (Bruntál in Nordmähren) eine neunjährige Grundschule in eine staatliche Modellschule 3 + 3 + 3 umgewandelt. Trotz guter Erfahrungen wurde dieser Versuch jedoch nach 3 Jahren Existenzberechtigung 1995 abgebrochen. Vor allem den Aktivitäten von E. PISOVA in Podebrady im Jahre 1993 ist es zu verdanken, daß eine Elterninitiative mit dem Namen „Kruh prätel jenských skol" (Kreis der Freunde der Jenaplan-Schulen) auf diesem Gebiet viel geleistet hat.
E. PISOVA hat ihr Studium an der Universität in Prag mit einer Diplomarbeit über die Pädagogik Peter PETERSENs erfolgreich beendet.[3] Kurz danach hat sie in Podebrady eine Gruppe von Eltern und Lehrern zusammengebracht, die zu Beginn einen Kindergarten, später sogar den Grundschuldirektor in der Art und Weise beeinflußten, daß diese reformpädagogischen Ideen hier Einzug hielten. Im September 1995 wurde die erste Jenaplan-Klasse gegründet.[4] Zwei junge Lehrerinnen haben den Kurs zur Jenaplan-Pädagogik an der Karlsuniversität in Prag von 1995 - 1996 besucht und sind jetzt in der Lage, ihre theoretischen und praktischen Erfahrungen weiterzuvermitteln. In Kooperation mit der Prager Universität und dem dortigen Open Society Fund haben die Lehrer und Lehrerinnen aus Podebrady einen erneuten ganzjährigen Ausbildungskurs vorbereitet.
Im September 1996 wurde in Kooperation mit der ThILM aus Jena der 3. Internationale Ausbildungskurs mit dem Titel „Traditionen und Innovationen der Jenaplan-Pädagogik" für mehr als 90 Teilnehmer aus verschiedenen europäischen Ländern organisiert.
An dieser Stelle konnten nur die wichtigsten Aktivitäten zur Verbreitung der Jenaplan-Pädagogik in der Tschechischen Republik genannt werden. Eine Tendenz ist jedoch schon deutlich geworden: die Organisation fester Ausbildungskurse und die Neueröffnung weiterer Jenaplan-Schulen, um der immer größeren Nachfrage gerecht zu werden.

Schlußfolgerungen

Die Reformpädagogik, vor allem die Waldorf-, Montessori- und Jenaplan-Pädagogik, entwickelt sich in der Tschechischen Republik immer heftiger. Vor allem junge Familien bekunden zunehmend ihr Interesse hieran. Abschließend sollen die drei konkreten Aufgaben der reformpädagogischen Bewegung für die Zukunft einen Ausblick auf weitere Vorhaben und Bestrebungen geben:

---

[1] VÁCLAVIK, V. hat mehrere Jenaplan-Seminare für die Pädagogische Tage in Hradec Králové (1995, 1996) und für die Lehrerausbildungstagungen der PAU-Initiaitve (1995) vorbereitet.
[2] BORKOVÁ, P. hat einen „workshop" zu der Problematik des Jena-Planes während der Konferenz in Kokory (Oktober 1995) geführt.
[3] PISOVÁ, E.: K pedagogické teorii Petra Petersena (Zur Pädagogik Peter Petersen). Praha, UK - Diss. Inaug. 1992.
[4] Siehe: Beiträge und Interviews in der Zeitschrift „Ucitelské listy" (Lehrerblätter), Frühling 1996.

1. An reformpädagogischen Institutionen mit staatlichen Schulen vergleichbare Bedingungen durchzusetzen,
2. ein Curriculum zugunsten der Aufgaben der Zukunft vorzubereiten und
3. die Ideen, Prinzipien und Organisationsformen der Reformpädagogik in mehreren Regelschulen zu verbreiten.

Beatrix PALT

Modernisierungsprozesse und verwirklichte Reformpädagogik in Ungarn und in der Tschechischen Republik zwischen europäischer Anpassung und Tradition*

Die ehemals sozialistischen Gesellschaften befinden sich in einem politischen und sozio-ökonomischen Transformationsprozeß, der das Bildungswesen als wichtigen Modernisierungsfaktor einbindet. Dabei wird die historische Chance genutzt, das Schulsystem neu auszurichten und dabei die Bedürfnisse der Europäischen Union mit eigenen Bildungstraditionen zu verknüpfen. Eine besondere Rolle kommt der Reformpädagogik zu. Aufgrund des doppelten Traditionsbruchs gilt die Reformpädagogik als der innovative Versuch, die autoritären Strukturen der sozialistischen Ära zu überwinden. Gleichzeitig ist sie Ausdruck der Rückbesinnung auf eigene Bildungstraditionen vorsozialistischer Bildungsideale und des sich derzeit vollziehenden Wertewandels in der Gesellschaft. Wenn es auch auf den ersten Blick scheint, als ob in diesen Ländern dieselben Prozesse äußerer und innerer Schulreformen abliefen, so zeigt doch der Vergleich der Verwirklichung reformpädagogischer Ansätze in Tschechien und Ungarn, daß es wesentliche Unterschiede gibt, die sowohl in den unterschiedlichen reformpädagogischen Traditionen liegen als auch in den jetzigen bildungspolitischen Schwerpunkten und deren Umsetzung in Schulsystemreformen, Curriculumsrevisionen und Verwaltungsreformen.

Die mit dem Ziel der Demokratisierung, Liberalisierung und Dezentralisierung vollzogenen Schulreformen sollen deshalb auf die Kontinuität zwischen Modernisierung im strukturfunktionalistischen Sinne und Reformpädagogisierung untersucht werden. Im Mittelpunkt steht die Frage, welche Chancen, aber auch Probleme mit der Einführung reformpädagogischer Elemente in den Schulalltag verbunden sind und welche Umsetzungshilfen bereitgestellt werden. Es gilt zu differenzieren, welche äußeren und inneren Reformstrukturen entwicklungsfördernd oder -hemmend wirken bzw. welche Modernisierungseffekte von der Reformpädagogik geleistet werden können. Dabei soll die für Ungarn aufgestellte These KOMLÓSIs bestätigt werden, daß Europäisierung und Reformpädagogisierung der Schule einander nicht ausschließen, da bei beiden "die Entfaltung eines auf Selbständigkeit und Selbstentwicklung bauenden Unterrichtssystems" (KOMLÓSI, S. 1993, S. 197) das Ziel ist, und ihre Gültigkeit auch für Tschechien aufgezeigt werden.

Ausgangspunkt ist die Tendenz in der Forschungsliteratur, Modernisierungsprozesse und äußere Reformprozesse im Bildungswesen auf ihre Integrations- und Differenzierungsfunktion hin zu untersuchen und dabei implizit systemtheoretisch zu argumentieren (vgl. GUTSCHE, M. 1996; von KOPP, B./HUCK, W.; OECD 1996; EURYDICE 1997). Manchmal wird die Verwirklichung reformpädagogischer Ansätze vor dem Hintergrund bildungspolitischer Probleme

in Einzellandstudien analysiert (z. B. RÝDL 1995; 1996; NÉMETH 1996). Nur vereinzelt werden Entwicklungen einzelner Ländern miteinander verglichen (z. B. VANOVA, R. 1995). Zwar gibt es allgemeine Untersuchungen, die vor allem Entwicklungszusammenhänge aufzeigen und einzelne Länder exemplarisch berücksichtigen (vgl. ANWEILER, O. 1992), aber nur selten systematisch vorgehende Vergleiche. Dabei zeigt erst der Vergleich der Transformationsprozesse einzelner Länder in Mittel- und Osteuropa in seiner Profilschärfe, daß es in diesem “Block” eine nicht zu unterschätzende historische kulturelle, sprachliche und religiöse Vielfalt gibt, was zu heterogenen Entwicklungen führte (vgl. BÎRZEA, C. 1994, S. 31f.). Der Vergleich der Entwicklungen in beiden Ländern soll Erklärungsmechanismen und Zusammenhänge aufzeigen, die im nationalen Kontext schwerer erkennbar sind. Gleichzeitig sollen aber auch Gemeinsamkeiten in der Entwicklung aufgezeigt werden.
Methodisch handelt es sich bei der vorliegenden Arbeit um einen dualen Ländervergleich aus implizit dritter bzw. deutscher Perspektive (vgl. RÖHRS, H. 1995). Da Reformpädagogik sich nur schwer verwirklichen läßt, wenn die institutionellen Rahmenbedingungen nicht dazu passen, wird in Anlehnung an die Untersuchungsinstrumente der Vergleichenden Erziehungswissenschaft und der Analysekriterien der OECD aus modernisierungstheoretischer Perspektive die zunehmende Reformpädagogisierung reflektiert. Als Diskussionsparameter dienen die Reformindikatoren, die derzeit bei Analysen der Entwicklung beider Schulsysteme verwendet werden.
Zunächst werden die jeweiligen länderspezifischen Traditionen aus der vorsozialistischen Ära erläutert (Kap. 1), und daran anschließend die inneren und äußeren Reformbewegungen seit dem Ende des Transformationsprozesses gegenübergestellt (Kap. 2). Anhand der Demokratisierungs-, Dezentralisierungs- und Liberalisierungsprozesse wird erläutert, daß die externen und internen Steuerungs- und Integrationsmöglichkeiten zur Einbindung und Verwirklichung reformpädagogischer Konzepte in Tschechien und Ungarn unterschiedlich wahrgenommen werden, obgleich die Zielsetzungen weitgehend übereinstimmen (Kap. 3).

Reformpädagogische Traditionen

Üblicherweise wird mit Reformpädagogik der Zeitraum zwischen 1890 und 1933 umschrieben und damit ein zeitlicher Rahmen mit einer pädagogischen Strömung verbunden. Durch die Erneuerungsbewegung bzw. die Rückbesinnung in Tschechien und Ungarn auf die reformpädagogischen Traditionen stellt sich die Frage, welche Elemente der Reformpädagogik zeit- oder länderspezifisch sind und welche universelle Gültigkeit haben bzw. welche auf die heutigen Bedürfnisse übertragbar und mit den Modernisierungsbestrebungen in Einklang zu bringen sind. Dazu ist es erforderlich zu hinterfragen, welche Ziele zu Beginn des Jahrhunderts mit der Reformpädagogik verfolgt wurden, inwieweit sie um-

gesetzt wurden und unter welchen Bedingungen heute auf die damaligen Ergebnisse zurückgegriffen werden kann.
Der Vergleich der reformpädagogischen Entwicklung bis zu den 30er Jahren in Ungarn und Tschechien zeigt, daß es in beiden Ländern weitgehende Übereinstimmung in Zielsetzung und Umsetzung in Reformschulen gab, jedoch Unterschiede hinsichtlich der Rahmenbedingungen, der Reichweite, der theoretischen Auseinandersetzung und des Einflusses auf die Bildungspolitik. Es gibt aber auch zeit- bzw. ideologiebedingte Parallelen: Damals wie heute ist das Ziel, sich vom jeweiligen Bildungskonzept zu befreien, von einem System, der "tief verwurzelten" Gewohnheit, nur nach vorgegebenen detaillierten Vorgaben "von oben" zu handeln, nach veralteten Unterrichtsmethoden und Inhalten" (OECD 1996, S. 19). In diesem Sinne wird damals wie heute die Reformpädagogik als innovativ verstanden und ihr Modernisierungscharakter in den Vordergrund gestellt.[1]
Unterschiede gab es hinsichtlich der Reichweite verwirklichter Reformpädagogik. So gab es in *Ungarn* zwar zum Ende des 19. Jhds. ein Schulwesen, das privaten Trägern die Möglichkeit einräumte, reformpädagogische Projektschulen zu realisieren. Dennoch unterstanden diese Schulen der Kontrolle des Staates und trugen zwar zur Vielfalt in der Schullandschaft bei, was als positive Entwicklung bzw. "Poliphonie" begrüßt wurde (vgl. NÉMETH, A. 1996), hatten allerdings keinen unmittelbaren Einfluß auf das staatliche Schulwesen. Die reformpädagogisch orientierten Privatschulen der damaligen Zeit zeichneten sich durch ein hohes Maß an Individualismus und Ausrichtung an der Person aus und dadurch, daß sie im internationalen Kontext und Austausch standen. Meist waren diese Schulen künstlerisch ausgerichtet und blieben ohne theoriebildenden Anspruch. NAGY jedoch entwickelt 1921 einen entwicklungspsychologisch begründeten Lehrplan. Auf der Grundlage seiner Theorie wird die "Neue Schule" unter der Leitung von Domokos LÁSZONE gegründet, die vor allem Wert auf das natürliche Umfeld des Kindes legte, während die Reformschule von Nemes MÜLLER MÁRTA vorwiegend von der belgischen Reformpädagogik beeinflußt wurde. Daneben existieren Privatschulen auf der Grundlagen ausländischer Reformpädagogen, beispielsweise Montessori-Schulen. Insgesamt wurden zwar die reformpädagogischen Erfahrungen in zahlreichen wissenschaftlichen Publikationen auch über die Grenzen hinaus verarbeitet; blieben jedoch auf das Privatschulwesen beschränkt.
In *Tschechien* hingegen gingen die Bestrebungen weit über die individuelle Erprobung reformpädagogischer Ansätze in Einzelschulen hinaus. Es gab zwei Strömungen, einerseits die künstlerisch ausgerichteten Schulen (z. B. die Ver-

[1] Vgl. OELKERS, der ausführlich diskutiert, daß die Reformpädagogik einen modernisierungshemmenden und modernisierungsfördernden Widerspruch dadurch in sich trägt, daß sie zum einen gerade durch den Bruch mit der Tradition spektakulär wird und demgegenüber gerade keinen Innovationsschub leistet, weil sie überwiegend traditionell orientiert ist. (OELKERS 1994, S. 566 f.).

suchsschulen Prag-Holešovice und Kladno) und romantisch-pädagogische Schulversuche (z. B. von Bohumil ZEMÁNEK und Marie KÜHNELOVA), die - wie in Ungarn - am starken Individualismus scheiterten.[1] Auch hier waren die Reformschulen Ausgangspunkt für Zeitschriften, die sich mit neuen didaktischen und methodischen Ideen auseinandersetzten und für eine an den Hochschulen geführte wissenschaftliche Diskussion, aus der sich theoretische Ansätze entwickeln sollten (SOMR, M. 1995). Unmittelbares Ziel dieser Bewegung war die Demokratisierung des Schulwesens. Die innerlich differenzierte Einheitsschule, die den gleichberechtigten Zugang zu Bildung einerseits sichern sollte, wurde gefordert und geplant (vgl. VANOVA, R. 1995; RÝDL, K. 1996). Durch die Verstärkung des nationalen Moments verloren französische und deutsche Strömungen zugunsten der progressiven angelsächsischen Reformpädagogik an Bedeutung.

Einen wesentlichen Beitrag zur tschechischen Reformpädagogik leistete der von DEWEY geprägte PŘÍHODA, der mit der Unterstützung des Bildungsministeriums und zahlreicher Versuchslehrer eine Schulreform organisierte und somit durch die Verknüpfung äußerer und innerer Schulreformen die Reformpädagogik als Grundprinzip der tschechischen Schule anvisierte, unter Beachtung aller notwendigen Unterstützungsmaßnahmen, d. h. Schulorganisation, den Lehrplan, methodische Konzeptionen bzw. ein Lehrprogramm und einen Erfahrungsaustausch der Lehrer. Der entscheidende Unterschied zu den Entwicklungen in Ungarn liegt darin, daß die Reformen PŘÍHODAS auf einem festem Konzept basieren, der zugleich Leitfaden und Orientierungsrahmen ist. Diese grundsätzliche Unterscheidung findet sich auch in der heutigen Auseinandersetzung mit Reformpädagogik wieder.

In beiden Staaten mußten die reformpädagogischen Bemühungen abrupt beendet werden; aufgrund des individualisierenden Schwerpunkts waren sie mit den sozialistischen Bildungszielen nicht vereinbar.

Äußere und innere Schulreformen
Schulreformen als externes Steuerungsinstrument
Demokratisierung und Dezentralisierung

Tschechien und Ungarn bemühen sich seit dem Zusammenbruch des Sozialismus durch verschiedenen Reformmaßnahmen ihr Schulwesen dem neuen politischen und sozio-ökonomischen Kontext anzupassen. Damit verbunden ist die zunehmende Differenzierung des Bildungswesens, die Anpassung an europäische Standards und die Neubestimmung der zu vermittelnden Qualifikationen zur Verbesserung der Konkurrenzfähigkeit und der europäischen Mobilität ungarischer und tschechischer Schulabgänger. Gleichzeitig soll durch die Schaffung der notwendigen institutionellen Rahmenbedingungen bzw. der Neustruk-

[1] Hierzu ausführlicher bei K. RÝDL, 1994, S. 508-516.

turierung des Schulwesens, der Bildungsadministration und einer Curriculumsrevision der Weg für innere Reformen geebnet werden.
Die bildungspolitischen Ziele Demokratisierung, Liberalisierung bzw. Pluralisierung und Dezentralisierung des Schulwesens mit dem Fokus auf der Erweiterung der Schulautonomie stimmen in Ungarn und Tschechien weitestgehend überein. Angestrebt wird in beiden Ländern die Überwindung der politisch-ideologischen Kontrollfunktion der Bildungsverwaltung und die Schaffung eines Handlungsrahmens für die Verwirklichung reformpädagogischer Ansätze an Schulen. Dazu wird das Schulwesen in beiden Länder zunehmend demokratisiert und dezentralisiert, d. h. Entscheidungskompetenzen werden von den Ministerien auf untergeordnete Instanzen verlagert, die Partizipationsmöglichkeiten aller an Bildung Beteiligten (Schulleiter, Lehrer, Eltern, Schüler) werden erweitert. Anvisiert wird die autonome Schule mit Entscheidungsfreiheit im finanziellen, organisatorischen, curricularen und pädagogischen Bereich. Jedoch schon in den Umsetzungsmodalitäten liegt der Unterschied. Während in Ungarn die Entscheidung zugunsten eines Minimums an externer administrativer und pädagogischer Einflußnahme und zugunsten der Stärkung der Individualisierung der Schulen gefallen ist, wird in Tschechien zunehmend versucht, reformpädagogische Ansätze nicht nur in Einzelschulen zu verwirklichen, sondern sie auf der Basis eines breiten bildungspolitischen Konsens in das pädagogische Grundsatzkonzept der tschechischen Bildungspolitik zu integrieren.
In *Ungarn* wurden 1985 und 1993 neue Schulgesetze verabschiedet[1], 1996 wurde der nationale Entwicklungsplan zur Volksbildung fertiggestellt (NAT), jeweils mit dem Ziel, die externe Steuerung und national verbindliche Vorgaben abzubauen und die Eigenverantwortlichkeit der Schulen und hier speziell der Lehrer zu erhöhen. Dazu wurden zunächst die Kompetenzen bzw. Kontrollfunktionen der Regionen auf das nationale Bildungsministerium zurückübertragen. Lokale Verwaltungen haben nun fachliche Beratungsfunktionen, beispielsweise die Bewertung der Tätigkeit einzelner Schulen sowie Hilfe bei der Gründung oder Auflösung von Bildungseinrichtungen. Die Aufgaben der nachgeordneten Verwaltungsebenen sind jedoch ebenso vage formuliert wie die Funktionen der einzelnen Schulgremien, durch die die Eigenverantwortlichkeit der Schulen erhöht werden soll. Als problematisch erweist sich die Kontroverse zwischen der Schaffung von Freiräumen, die als Chance bzw. Grundlage für die Erprobung verschiedener Konzepte verstanden werden können (GUTSCHE, M. 1997). Man kann sie jedoch auch als Entwicklungshemmnis einstufen, da diese Freiheit als mangelhafte Konzeption und Umsetzungshilfe verstanden werden kann und das nicht zuletzt dadurch, daß bislang die gegebenen Möglichkeiten nicht hinreichend genutzt werden (können). So legte zwar das Bildungsgesetz von 1985 die Verwirklichung der institutionellen und im gewissen Rahmen auch der inhaltlichen und pädagogischen Autonomie (z.B. Abweichung vom Lehr-

[1] Seitdem und zwischendurch hat es immer wieder Modifizierungen gegeben.

plan, Freiheit bei der Gestaltung außerunterrichtlicher Aktivitäten, Möglichkeiten der Schule zur Profilbildung) fest, die vorgeschlagenen Schulgremien sind jedoch fakultativ und ihre Funktionen bislang nur ungenau umrissen bis auf die Tatsache, daß sie auf Beratung beschränkt sind, was zur mangelnden Einrichtung und Teilnahme führt (NAGY, M. 1994). Die Einrichtung eines *Rats der Schule*, der sich aus dem Schulleiter, Lehrern, Eltern und Vertretern der lokalen Verwaltung zusammensetzt und sich mit organisatorischen, pädagogischen und inhaltlichen Fragen auseinandersetzen soll, ist genauso problematisch wie die Wahl einer *Schulkommission*, die die öffentliche Kontrolle über das Schulwesen stärken soll und sich aus Eltern, politischen Kräften der Gemeinde, Sponsoren und Treuhändern zusammensetzt und sich ebenfalls mit pädagogischen Fragen befassen soll. Diese Gremien können den äußeren Rahmen für die Umsetzung reformpädagogischer Prinzipien an Einzelschulen zur Verfügung stellen. Auch wird dieses Modell, das in seiner Entstehungsphase als "Pseudoautonomie" abgetan wurde (vgl. BACHMAIER, P. 1991), zunehmend von Bildungspolitikern begrüßt, da es den Schulen mehr Entscheidungs- und Entwicklungsfreiheit zugesteht (BATHORY, Z. 1995). Die derzeitige Finanzmisere im Bildungsbereich, die mangelnden Fortbildungsmöglichkeiten für Lehrer, das unterschiedlich ausgeprägte Lehrerengagement und insgesamt die mangelnde Bereitschaft der Öffentlichkeit, Interessen aktiv zu vertreten, ist der Verwirklichung einer inneren Reform durch die Verwirklichung reformpädagogischer Ideale jedoch eher hinderlich und das, obwohl bewußt an die Traditionen der reformpädagogischen Schulen zu Beginn des Jahrhunderts angeknüpft werden soll (GUTSCHE, M. 1997, S. 424).

Auch in *Tschechien* wird das Schulwesen reformiert, wenn auch mit einer zeitlichen Verzögerung gegenüber Ungarn, die damit zusammenhängt, daß Bildung im Transformationsprozeß zunächst keine Priorität hatte. Im Gegensatz zu Ungarn, wo viele Probleme aus der ungenauen Konzeption resultieren, wird in der Tschechischen Republik das Modernisierungskonzept klar umrissen. Grundprinzip ist ein neokonservatives Liberalisierungskonzept, das vereinzelt als "ultraliberal" bezeichnet wird (BÎRZEA, C. 1994, S. 62). Spätestens mit dem Bildungsgesetz Nr. 564/1990 wurde ein Konzept für Organisation und Management von Schulen verabschiedet, das Schule nach marktwirtschaftlichen Prinzipien ausrichtet. Durch das neue Gesetz wird

- die Position des Schulleiters gestärkt, der nunmehr für die Auswahl der Curricula, die Einhaltung der geforderten Qualitätsstandards sowie die sinnvolle Nutzung der finanziellen Mittel verantwortlich ist;
- festgelegt, daß die lokalen Schulgremien bei den Bezirkswahlen gewählt werden; sie sind für die Bildungsverwaltung incl. der Finanzen zuständig;
- die Institution des lokalen Schulverbundes als fachliches und inhaltliches Erziehungsnetzwerk eingerichtet, das vom Schulleiter angeführt wird.

Partizipation und Eigenverantwortung werden gerade in der Tschechischen Republik als tragende Pfeiler des Umbruchprozesses angesehen, und zwar nicht nur bezogen auf den institutionalisierten Bereich von Bildung, sondern als ein Grundprinzip, das sich nachhaltig auf die innere Reform des Schulwesens auswirkt (SVEKOVA, J. 1994, S. 103). Damit geht es zwar einerseits um die Eingliederung der tschechischen Schulautonomiediskussion in Europa (vgl. Ein Blick auf die Reformen im Bildungsbereich, 1996), vor allem aber um eine Verknüpfung äußerer und innerer Reformprozesse als interdependenten Modernisierungsprozeß. Durch ihn soll der bislang defizitäre kommunikative Prozeß über Entwicklungen im Bildungswesen und gesellschaftliche Prozesse erhöht werden. Die Reformpädagogik übernimmt hier die Funktion einer denkbaren Alternative, auf die sich ein neues bildungspolitisches Konzept stützen könnte.

Liberalisierung und Pluralisierung

In beiden Staaten wurde nach dem politischen Umbruch eine sofortige Schulsystemreform gefordert, um einerseits auch im Bildungsbereich den Systembruch sichtbar zu machen (BATHORY, Z. 1995) und andererseits die Grundprinzipien einer kindorientierten Beschulung wiederzubeleben. Dabei ist sowohl eine Liberalisierung als auch eine Pluralisierung des Schulwesens festzustellen. Zum einen findet eine Erweiterung und Umstrukturierung des Schulsystems, verbunden mit einer zunehmenden Durchlässigkeit und dem erweiterten Zugang zu Schulbildung bzw. die freie und an den individuellen Bedürfnissen des Kindes orientierten Wahl des Bildungsganges, statt. Diese Entwicklung wird durch die Dezentralisierung und Anwendung des Subsidiaritätsprinzips in der Bildungsverwaltung unterstützt (OECD 1996, S. 17). Aber auch die zunehmende Pluralisierung des Schulwesens, vor allem durch die vielfältige Gründung von Privatschulen, verändert die Schullandschaft nicht nur quantitativ, sondern auch qualitativ. Als Schlüsselbegriff erweist sich in beiden Ländern die "Chancengleichheit", die vor dem Hintergrund der sozialistischen Ära einen anderen Stellenwert einnimmt als in den westeuropäischen Ländern. Trotz ähnlicher Schwerpunkte kam es in Ungarn und in der Tschechischen Republik zu unterschiedlichen Entwicklungen, die teilweise in der unterschiedlichen ideologischen Verankerung begründet sind: in Ungarn eine Mischung von Liberalismus und Neo-Traditionalismus und in Tschechien Neo-Konservatismus, gepaart mit Ultraliberalismus. (BÎRZEA, C. 1994, S. 43 f.)

Im *ungarischen Schulsystem* fallen vor allem die Verlängerung der Schulpflicht und eine zunehmende Differenzierung, verbunden mit der Schaffung eines vielfältigen Ausbildungsangebots und einem hohen Grad an Durchlässigkeit, auf. So wurde durch das Volksbildungsgesetz von 1993 (Gesetz LXXIX/1993) die Schulpflicht von acht auf zehn Jahre verlängert, so daß für Berufsschüler die Ausbildung erst mit dem 16. Lebensjahr beginnen kann. Außerdem wurde seit 1989 damit begonnen, das Schulsystem dahingehend umzustrukturieren, daß es sowohl nach der 4. als auch nach der 6. und 8. Klasse die Möglichkeit zum Wechsel in ein Gymnasium gibt. Nach der 8. Klasse gibt es außerdem die

Wahlmöglichkeit zwischen der Berufsschule, der Berufsmittelschule und der Fachschule. Die Berufsmittelschule bereitet ebenso auf das Abitur vor wie das Gymnasium. Obwohl die zunehmende Pluralisierung als einer der Eckpfeiler der Demokratisierung des ungarischen Schulwesens gilt (BATHORY, Z. 1995), wird eine weitere Differenzierung in der gegenwärtigen bildungspolitischen Diskussion abgelehnt, da "man eine Divergenz eines derartigen Ausmaßes beobachtet, durch die die Wirksamkeit des Unterrichts gefährdet werden könnte" (GUTSCHE, M. 1996, S. 221).

In der *Tschechischen Republik* wird erst allmählich und unter dem Druck der Öffentlichkeit mit der Umstrukturierung des formalen Schulsystems begonnen. Dabei fallen zwei Besonderheiten auf, von denen eine auch in Ungarn eine besondere Rolle spielt: Der politische Umbruch führte in diesen wie in anderen ehemals sozialistischen Ländern zu einer Funktionsveränderung von Bildung innerhalb der Gesellschaft. Als Ergebnis eines unbefriedigten "Bildungshungers" und als Gegenreaktion zu den zögerlichen oder zunächst schlecht organisierten Veränderungen entwickelt sich in beiden Ländern parallel zum staatlichen Schulsystem ein hoher Anteil an Privatschulen und ein alternatives Netz an zusätzlichen Nachmittagsangeboten (ČERMÁK, V. 1994). Das Angebot an nichtstaatlichen Schulen reicht von privaten, konfessionellen, muttersprachlichen und alternativen bis hin zu reformpädagogischen Schulen. Zweifelsohne verschärft diese Pluralisierung die Ungleichheit im Bildungswesen. Auf den zweiten Blick offenbart sich jedoch eine zweite Ebene, nämlich die der Priorität von Bildung in der Gesellschaft und in der Familie. So waren Eltern beispielsweise 1992 in der Tschechischen Republik bereit, 15-20% eines durchschnittlichen Monatseinkommens für Schulgeld auszugeben (VON KOPP, B./HUCK, W 1995).[1] Bildung kann derzeit in diesen Ländern als Strategie zum wirtschaftlichen und sozialen Aufstieg eingesetzt werden und eine höhere Ausbildung verspricht - so Umfrageergebnisse - "mehr distributive Gerechtigkeit, ... nachdem sie wegen der egalitären Politik des kommunistischen Regimes ... ins Abseits gedrängt worden war" (MATĚJŮ, P. 1994, S. 227 f.). In diesem Zusammenhang erweist sich derzeit die Diskussion um die Einheitsschule als Stein des Anstoßes. Diese ist als Symbol sozialistischer Gleichmacherei in die Kritik geraten, gilt jedoch in der reformpädagogischen Diskussion als traditioneller Bestandteil der Reformprojekte, und zwar als Design einer innerlich differenzierten Schule (VANOVA, R. 1995, S. 240 f.).

[1] Nach fernmündlicher Auskunft des Erziehungsbeauftragten der Botschaft der Tschechischen Republik vom 28.06.1998 sind diese Zahlen immer noch aktuell bzw. liegen mit 20-30% inzwischen sogar noch höher. Allerdings nimmt die Bereitschaft, Schulgeld zu bezahlen tendenziell ab.

Innere Reformen und Schulautonomie
Curriculare Selbstbestimmung von Schulen

Die Reformpädagogik versteht sich vornehmlich als Instrument der inneren Reformen. Gerade im Kontext eines gesamtgesellschaftlichen Umbruchprozesses besteht jedoch die Notwendigkeit, den Blickwinkel zu erweitern und zu hinterfragen, welchen Beitrag die Reformpädagogik zur Modernisierung leisten kann. Bislang hat sich gezeigt, daß Bildungsreformen in beiden Ländern als eine Mischung externer und interner Reformprozesse voranschreiten und daß der Einfluß reformpädagogischer Ansätze im Zuge der neuen bildungpolitischen Verankerung, zugrunde gelegter Werte und pädagogischer Maßstäbe an Bedeutung gewinnen. Zweifelsohne orientieren sich die Bildungsministerien bei der Neugestaltung der Curricula und der methodischen Umgestaltung des Unterrichts vor allem an europäischen Trends. Jedoch ist die zunehmende internationale Diskussion reformpädagogischer Ansätze auch ein derzeitiger Trend.

Nachdem im Zuge der Liberalisierung in Ungarn und der Tschechischen Republik zunächst die Entsowjetisierung der Lehrpläne im Vordergrund stand, wird der Schwerpunkt nunmehr auf die Öffnung der Curricula gelegt. Dabei umfaßt die Reform des Curriculums strukturelle, inhaltliche, aber auch methodische Aspekte: Strukturelle Veränderungen sind sowohl in der Organisation und in der Verteilung der Ausgestaltungskompetenzen der Curricula unerläßlich, aber auch der Fächerkatalog wurde, z. B. im Bereich des Fremdsprachenunterrichts, den europäischen Standards angepaßt. Im organisatorischen Bereich werden neue Wege beschritten, nachdem für die Fächer alternative Curricula und der Aspekt der Kombinierbarkeit eingeführt worden sind. Neu ist in beiden Ländern auch die Formulierung von Basiswissen mit der zusätzlichen Möglichkeit zur Ausgestaltung der Inhalte im Sinne der Anpassung an die kulturelle und soziale Umwelt.

Grundsätzlich hat in beiden Ländern ein Funktionswandel weg von einem standardisierten nationalen Curriculum mit ideologischer Funktion als politisches Instrument hin zu Rahmencurricula stattgefunden. Diese Rahmencurricula sollen einerseits ein hohes Maß an Autonomie mit den entsprechenden Handlungsfreiräumen gewähren, andererseits einen Beitrag zu dem allgemeinen bildungspolitischen Ziel leisten, das Bildungswesen an den Bedürfnissen der Marktwirtschaft auszurichten. Dabei wird von Bildungspolitikern die Gefahr gesehen, daß die wachsende Orientierung an den Bedürfnissen des freien Marktes zum Widerspruch mit den Erziehungszielen führen könnte bzw. gemahnt, daß dieses Gleichgewicht noch austariert werden muß (PARIZEK, V., 1995).

In *Ungarn* wurde im Zuge der Curriculumsreformen die alternative Wahl zwischen verschiedenen Curricula möglich. Die Curricula sind kombinierbar und ermöglichen ansatzweise sogar fächerübergreifenden Unterricht. Auf der politischen Ebene wurde die Kontrolle der regionalen und lokalen Ebene über das Curriculum bereits 1985 per Gesetz abgeschafft (diese Ebene diente zur ideologisch-politischen Kontrolle!), und zwar Zug um Zug mit der Abschaffung der Kontrollfunktion der Inspektoren. Jedoch wird bemängelt, daß nicht alle Schulen in die neuen lokalen Netzte eingebunden sind. Zudem haben nicht alle Lehrer die finanziellen Möglichkeiten, die Materialien zu erwerben, um mit ihnen zu arbeiten. Selbst wenn sie sie erwerben können, geben die Curricula zu wenig Handlungsanweisungen und Umsetzungshilfen, weshalb Lehrerfortbildungen unerläßlich sind. Diese sind zwar vorgesehen, müssen von den Lehrern jedoch überwiegend privat finanziert werden. Dies ist den meisten Lehrern nicht möglich, da ihr Gehalt derzeit nicht einmal als Lebensgrundlage ausreicht, so daß sie oft einer zweiten, manchmal dritten Beschäftigung zusätzlich nachgehen müssen (vgl. GUTSCHE, M. 1997).

In der *Tschechischen Republik* gibt es seit 1990 Rahmencurricula, die von den einzelnen Schulen spezifiziert werden mit dem Ziel der Profilbildung von Schulen. Die Auswahl der Curricula liegt beim Schulleiter; je höher die Klassenstufe, um so größer ist der variable Eigenanteil. Daß Privatschulen über eigene Curricula verfügen, kann als Indikator für ein sich anbahnendes Bildungsgefälle zwischen dem staatlichen und dem privaten Schulwesen gewertet werden, wenn man das hohe Bildungsinteresse der Eltern mit berücksichtigt. Andererseits ermöglicht die Option eigener Curricula den reformpädagogischen Schulen die Möglichkeit, ohne Einschränkungen ihre Ideale kindzentrierter Pädagogik methodisch und inhaltlich umzusetzen. Das könnte zwar zu einem Schulsystem führen, in dem der Grad an Kindzentriertheit von den finanziellen Möglichkeiten der Eltern abhängt und die Tendenz verschärft wird, die Bildungsverantwortung auf die Eltern und ihre Bereitschaft zu finanziellen Aufwendungen abzuwälzen (ANWEILER, O. 1992). Diese Schulen könnten jedoch auch einen Impulseffekt auf die staatlichen Schulen haben, wenn sie nicht als Konkurrenz oder Alternative, sondern als Modell verstanden werden. Voraussetzung hierfür ist jedoch die Bereitschaft, Modernisierungsprozesse und reformpädagogische Prinzipien als sich ergänzende und nicht als konkurrierende Prinzipien zu verknüpfen.

Eine Besonderheit der tschechischen Curriculumsreformen besteht darin, daß didaktische und methodische Fragen integriert werden. Ähnlich wie in Ungarn können die Schulen zwischen Lehrplanvarianten wählen. Zusätzlich zu inhaltlichen Fragen wurden die Curricula jedoch auch im Hinblick auf die Unterrichtsorganisation und methodische Fragen überarbeitet. Es ist nunmehr möglich, den Unterricht in Blöcken und in Form von Projektunterricht zu gestalten (Ein Wind der Reformen streift Europa 1997). Wenn auch in Tschechien die finanzielle Ausstattung der Schulen weiterhin ein großes Problem ist, so werden doch von der OECD nachhaltige Impulse von diesen Curriculumsreformen erwartet. Immerhin sind sie konzeptionell offener und moderner als das bei den westlichen europäischen Ländern der Fall ist (OECD 1996).

Wichtig ist in beiden Ländern die Frage, ob prinzipiell nur Schulen als Einheiten reformpädagogisch orientiert sein können, oder ob es im Sinne der neuen

Handlungsfreiräume dem einzelnen Lehrer möglich ist, seinen Unterricht nach reformpädagogischen Prinzipien auszurichten. Im Fall der Privatschulen, gerade in Tschechien, ist die Antwort eindeutig.

Pädagogische Autonomie an Schulen

Die zunehmende Liberalisierung und Pluralisierung im Schulwesen wird in beiden Ländern übereinstimmend mit dem Ziel vorangetrieben, den Schulen Autonomie in finanziellen, organisatorischen, curricularen und pädagogischen Fragen zu übertragen (GUTSCHE, M. 1997; OECD 1996). Grundlage ist einerseits die Dezentralisierung der Bildungsverwaltung, inhaltlich und pädagogisch jedoch die ideologische Neuorientierung, d. h. die Loslösung vom kommunistischen Kollektivgedanken mit ihrem Chancengleichheitsprinzip (Entsowjetisierung) zugunsten einer Individualisierung im Schulwesen, verbunden mit einem andersartigen Chancengleichheitsprinzip, das sich an den westlichen Demokratien orientiert (BÎRZEA, C. 1994, S. 36). Als Konsequenz wird nunmehr die Dialektik von Modernisierungsprozessen und kindzentrierter Pädagogik in den Mittelpunkt gestellt. Die Anstrengungen zielen "auf einen radikalen Wandel des Schulethos", verbunden mit einer Forderung nach "Kindgemäßheit, Autonomie und Selbstverwirklichung" (MITTER, W. 1992, S. 478).
Zunehmende Autonomie bedeutet zunehmende Verantwortung aller an Bildung Beteiligten. In diesem Zusammenhang stellt sich die Frage, welche Kompetenzen konkret an die Schulen bzw. die einzelnen Lehrer übertragen werden, inwieweit Lehrer aufgrund ihrer Ausbildung in der Lage sind, diesen neuen Anforderungen gerecht zu werden und welche Impulse zur inneren Reform zu erwarten sind. In letzter Konsequenz bedeutet die Umsetzung der Reformziele eine Veränderung von Lehr-Lernprozessen. Gerade zu diesem Bereich gibt es bislang kaum Studien. Das liegt einerseits daran, daß sich beide Länder in einer experimentellen Phase befinden, die nicht durch frühzeitige Reglementierungen gestört werden soll. Andererseits widerstrebt es den Bildungspolitikern beider Länder, neugewonnene Handlungsfreiräume zu beschneiden und Lehrer methodisch einzuschränken (KOMLÓSI, S. 1993, S. 200). Dabei steht die Schule vor einer besonderen Herausforderung, denn ihr obliegt künftig die Verantwortung für die Verbindung sozialökonomischer Anforderungen "mit Veränderungen der pädagogisch-psychologischen und didaktisch-methodischen Arbeit in den Bildungseinrichtungen." (GOLZ, R. 1995, S. 15 f.).
Eine besondere Herausforderung für die Schulen liegt in beiden Ländern seit Beginn des Transformationsprozesses im politischen und sozio-ökonomischen Ziel der schnellen Anpassung der Qualifizierung von Arbeitskräften an die veränderten Marktverhältnisse bzw. umstrukturierten Wirtschaftssysteme. Dies erfordert zum einen ein hohes Maß an Flexibilität und Überblickswissen über die geforderten Schlüsselqualifikationen von den Lehrern und gefährdet anderseits - wie BATHORY bereits 1994 anmahnte - "die gute alte Lernschule". Immerhin

haben beispielsweise IEA-Studien (zuletzt TIMSS 1997) gezeigt, daß beide Bildungssysteme ausgesprochen effektiv sind. In diesem Zusammenhang stellt sich die Frage, ob die Bereitstellung von pädagogischer Autonomie sich langfristig als ausreichend erweisen wird bzw. müssen gerade im ungarischen Fall Bedenken geäußert werden, die Entwicklung des Schulsystems zu sehr sich selbst zu überlassen.

In *Ungarn* wurde die pädagogische Souveränität von Lehrern bereits im Schulgesetz von 1985 verankert. Seitdem gibt es die Möglichkeit der Erarbeitung alternativer Lehrpläne und Curricula sowie die freie Schulwahl. Auch wird die der Entwicklung des Kindes angepaßte Beschulung eingeräumt. Bislang konnten allerdings aufgrund der Diskontinuitäten zwischen Anspruch und politischer Wirklichkeit die meisten dieser Optionen nicht umgesetzt werden (NÉMETH, A. 1996, S. 470). Die Schulen haben nunmehr die Möglichkeit, eigene Schwerpunkte zu setzten und pädagogische Projekte zu entwickeln. Das umfaßt sowohl die Unterrichtsplanung wie die didaktische und methodische Orientierung. Damit wird einerseits der Handlungsfreiraum gegeben, andererseits besteht jedoch kein äußerer Druck. Einen systematischeren und besser organisierten Entwicklungsprozeß erhofft sich das ungarische Bildungssystem durch die Einführung des NAT. Ob allerdings angesichts der angespannten Haushaltslage und der unzureichenden Bereitstellung von Mitteln im Bildungsbereich Lehrer motiviert werden können, mehr Verantwortung zu übernehmen und zu pädagogischen Experimenten und Innovationen bereit sind, ist fraglich.

Obwohl bis zur Reform von 1997 der *Tschechischen Republik* eine unsystematische und wenig innovative Bildungspolitik bescheinigt wurde (OECD 1996), in der der "Grundzug der Improvisation dominierte (ČERMÁK, V. 1994), gibt es nunmehr den Anspruch, äußere und innere Modernisierungsprozesse im Schulwesen zu vernetzen. Durch die neu konzipierten Rahmencurricula ist der Weg frei für pädagogische Autonomie an Schulen und kindzentrierte Unterrichtsmethoden wie Projektunterricht als Regelform des Unterrichts. Insgesamt wird über konkrete Veränderungen im didaktisch-methodischen Bereich bislang nur wenig veröffentlicht. Das liegt vorwiegend daran, daß innere Reformentwicklungen nur schwer meßbar bzw. vom Engagement einzelner Schulen/Lehrer abhängig sind. Dennoch nehmen die Berichte über die Erprobung alternativer Unterrichtsmethoden an staatlichen Schulen zu, aufgrund derer Rückschlüsse für die Verwirklichung reformpädagogischer Ansätze möglich sind.

Zweifelsohne stehen die Bemühungen um Schulautonomie in beiden Ländern erst am Beginn der Entwicklungen. Zwar bezeichnete MITTER noch 1992 die Autonomiebestrebungen in den Mittel- und Osteuropäischen Ländern als "verordnete Autonomie" (MITTER, W. 1992). Dieser Vorwurf relativiert sich jedoch, je stärker reformpädagogische und andere kindzentrierte Ansätze herangezogen werde, um den inneren Reformprozeß voranzubringen.

Reformpädagogik heute

Die Reformpädagogisierung der Schule vollzieht sich in beiden Ländern primär an den nichtstaatlichen Schulen, wenn es auch im staatlichen Sektor zunehmend Initiativen und Modellversuche gibt. Es geht zum einen um die Adaption ausländischer Reformpädagogikkonzepte und zum anderen um die Anknüpfung an eigene Modelle. Dabei handelt es sich um eine bewußte Verschränkung traditioneller Konzepte mit den gegenwärtigen Herausforderungen, wie sie auch in anderen europäischen Ländern als modernisierte Reformpädagogik anzutreffen ist (KOERRENZ, R. 1994). Schwerpunkt ist in beiden Ländern der innere Reformprozeß, der von Reformpädagogen mit Individualisierung des Unterrichts, Kindgemäßheit und Projektarbeit verbunden wird (GOLZ, R. 1995, S. 13 ff.). All diese Initiativen vollziehen sich vorrangig in Kindergärten und Grundschulen.
Die Öffnung des Schulwesens hat in beiden Ländern die Funktion, zur Pluralisierung der Schullandschaft beizutragen und gilt als wichtiger Faktor bei den gegenwärtigen Reformbestrebungen. Der entscheidende Unterschied liegt im bildungspolitischen Anspruch. Denn, während die reformpädagogisch orientierten Schulen in Ungarn an die Rahmencurricula gebunden sind, sind sie in Tschechien frei. In Tschechien wiederum sollen die Erfahrungen mit den reformpädagogischen Modellversuchen in das allgemeine Bildungskonzept integriert werden. Dennoch besteht gerade in Ungarn - wo die Reformpädagogik überwiegend über die Privatschulen verwirklicht wird - die Gefahr, daß es zu einer Zwei-Klassen-Pädagogik kommt, die reformpädagogisch orientierte Schulen für bestimmte Bevölkerungsgruppen vorsieht und so Eliten schafft, die sich allein aus dem Einkommen rekrutieren. Hingegen plädiert das OECD-Revisionsteam in Tschechien für die Bindung der Privatschulen an die vom Bildungsministerium vorgegebenen Curricula, um dieser Zweiteilung entgegenzuwirken (OECD 1996, S. 119).
Ausgangspunkt für die erst allmählich sich vollziehende eigene reformpädagogische Profilbildung in Ungarn sind Adaptionen ausländischer Reformpädagogik-Konzepte. So fällt beispielsweise die Freinetbewegung auf, die sich 1988 durch die Gründung einer Freinet-Werkstatt formiert hat und auf der engen Zusammenarbeit von Kindergärtnerinnen, Lehrern und Mitarbeitern an Hochschulen basiert. Die zusätzlich gegründete Freinet-Stiftung, deren Ziel die Verbreitung der Freinet-Pädagogik, die Unterstützung bei der Umsetzung, vor allem bei der Verwirklichung pädagogischer Alternativen ist, trägt durch die Veröffentlichung einer Monatszeitschrift zu einer reflektierten Diskussion und zum Erfahrungsaustausch bei (NÉMETH, A. 1996, S. 471). Ähnlich verfährt die Montessori-Stiftung, die allerdings mit im Ausland ausgebildeten Pädagogen arbeitet. Erst 1995 wurde darüber hinaus eine Jenaplan-Arbeitsgruppe gegründet, die sich die Verbreitung der Peter-Petersen-Pädagogik zur Aufgabe gemacht hat. Diese Gruppe hebt sich dadurch hervor, daß sie nicht nur Schulen bei ihrer täglichen Arbeit und bei der Neugründung von Reformschulen unterstützt, sondern daß sie

Kurse zur Aus- und Weiterbildung von Lehrern bereitstellt. Aus den Erfahrungen mit dieser Gruppe wurde der Wunsch abgeleitet, die praktischen Ergebnisse an den Hochschulen in einem wechselseitigen Austauschprozeß mit den wissenschaftlichen Erkenntnissen zu vernetzen und den Lehrern im Rahmen ihrer Ausbildung verfügbar zu machen (ebd.) Somit würde die Universität zur Schnittstelle und zum Multiplikator. Erste Ansätze hierzu gibt es an der Eötvös-Loránd-Universität in Budapest.
Auch in *Tschechien* gehen Impulse zur Reformpädagogisierung von der Waldorf-, der Montessori- und der Jenaplanpädagogik aus. Daneben gibt es "Freie Grundschulen mit originellem Unterrichtsprogramm, die als staatliches Experiment finanziell unterstützt werden" (RÝDL, K. 1996, S. 493). Auch hier gelten gerade die Privatschulen als innovativer Sektor, d.h. als pädagogische Nische für die experimentelle Einführung alternativer Curricula, Unterrichtsfächer sowie Unterrichtskonzepte und -methoden als Modellversuch mit der Intention, diese Ergebnisse in das staatliche Schulwesen einfließen zu lassen (OECD 1996). Auch hat sich gezeigt, daß die nichtstaatlichen Schulen die pädagogischen Freiräume mehr nutzen als die staatlichen, um reformpädagogische Ideale im Unterricht zu verwirklichen. Dennoch gibt es auch in zunehmendem Maße an den staatlichen Schulen Lehrer, die aufgrund von Eigeninitiative die ihnen garantierten didaktischen und methodischen Freiräume für Veränderungen ihres Unterrichts nutzen, indem sie beispielsweise mit Wochenplan- und Projektunterricht experimentieren. Hierbei handelt es sich überwiegend um vom Engagement des Lehrers abhängige pädagogische Versuche. Ob es sich bei "handlungsorientiertem Unterricht" und "Individualisierung des Lernens" um eine Mode handelt oder ob nachhaltige Veränderungen im Unterrichtskonzept zu erwarten sind, bleibt abzuwarten. Immerhin kämpfen tschechische (wie auch ungarische) Schulen um das Überleben und sind darauf angewiesen, durch Profilbildung Schüler an sich zu binden (RÝDL, K. 1995, S. 215). Einen wichtigen Beitrag leisten zweifelsohne die Hochschulen, die in zunehmendem Maße Lehramtsstudenten die theoretischen Grundlagen der Reformpädagogik vermitteln. Ergänzt werden diese Bemühungen durch Initiativen (z. B. IDEA - Independent Development Education Alternative; CS EFFE - European Forum for Freedom in Education), die Lehrer bei der praktischen Umsetzung unterstützen und als Austauschgremien dienen. Als positiver Indikator kann die Tendenz gewertet werden, daß die reformpädagogischen Ideale und Argumente um so mehr an Einfluß gewinnen, je weiter die bildungspolitischen Diskussionen in der Tschechei voranschreiten und bildungspolitische Rahmenbedingungen geklärt werden (RÝDL, K, 1995).
Was die Verwirklichung der Reformpädagogik in beiden Ländern erschwert, ist der hohe theoretische Anspruch, der teilweise mit dem erforderlichen Pragmatismus des Umbruchprozesses kollidiert. Zweifelsohne geht es bei der Reformpädagogisierung von Schule im eigentlichen Sinn nicht um die Bereitstellung geeigneter Lernmodelle und -methoden, sondern um eine Pädagogik, bei

der "das Kind selbst als Aktivität" den Lernprozeß bestimmt (OELKERS, J. 1994, S. 568). Dies erweist sich im derzeitigen Entwicklungsstadium, das in beiden Ländern noch vom Modernisierungsdruck und von großer Unsicherheit seitens der Lehrer geprägt ist, als unerfüllbare Maxime.

Ergebnis

Der Zusammenbruch der totalitären Staaten führte insgesamt zu einer Rückbesinnung auf reformpädagogische Traditionen. Zwar galt dieser Trend zwischenzeitlich, d.h. zu Beginn der 90er Jahre, schon als beendet, da die hohen Erwartungen in so kurzer Zeit nicht erfüllbar schienen (MITTER, W. 1992). Entgegen den damaligen Prognosen haben die Anhänger der Reformpädagogik jedoch langen Atem bewiesen.

Die Reformpädagogik steht in beiden Ländern übereinstimmend vor der Aufgabe, im Einklang mit dem sich vollziehenden Modernisierungsprozeß zu stehen. Als sich überlappende Ziele stehen sich in beiden Ländern die Forderungen nach Demokratisierung und Liberalisierung des Schulsystems, nach zunehmender Individualisierung und kindzentrierter Pädagogik sowie nach europäischer Integration und Zukunftsfähigkeit des Schulsystems gegenüber.

Der Reformprozeß vollzieht sich in Ungarn und Tschechien auf zwei Ebenen: der äußeren und inneren Reform. In beiden Ländern wird versucht, beide Ebenen dadurch in Einklang zu bringen, daß durch zunehmende Dezentralisierung und mithin der Übernahme von Verantwortung durch die Schulen/Lehrer ein äußerer Rahmen für innere Reformprozesse zur Verfügung gestellt wird. Auch die Probleme sind ähnlich: Vor allem die Finanzmisere entpuppt sich als entwicklungshemmend, denn umfangreiche Reformen lassen sich leichter realisieren, wenn Mittel für Lernmittel, Curricula, Unterrichtstechnologien und Lehrerfortbildungen bereitgestellt werden können. Da hilft es zwar, daß Eltern, soweit sie in der Lage dazu sind, die Kosten für eine Privatschule aufbringen, ich stimme jedoch mit ANWEILER überein, daß die dadurch erzielten Effekte langfristig begrenzt sein werden (ANWEILER, O. 1992). In beiden Ländern gibt es übereinstimmend ein großes Engagement von Vereinigungen, Lehrern, Bewegungen, Initiativen, Bildungsexperten und sonstigen Aktivisten, die sich in den Dienst von Bildungsreformen stellen. Dabei ist jedoch in Ungarn eine Zunahme dieser Vereinigungen festzustellen (GUTSCHE, M. 1996), während in Tschechien diese Institutionen an Einfluß verlieren, je mehr die Bildungspolitik "auf der Ebene einiger hochformaliserter und institutionalisierter Gruppen abgehandelt" wird (ČERMÁK, V. 1994, S. 210). Ziel sollte es sein, die verschiedenen Strömungen nicht als konkurrierende Verirrungen zu bewerten, sondern sie unter einem Rahmenkonzept zu bündeln.

Was den Vergleich interessant macht, sind nicht die nationalstaatlichen Differenzen innerhalb der Reformpädagogik, denn Kindorientierung an sich ist universal. Auch wurde weder in dem einen noch in dem anderen Land die Theorie

des Kindes neu erfunden. Dies ist weder ihr Anspruch noch ihr Ziel (vgl. OELKERS, J. 1994, S. 567f.). Die Untersuchung hat gezeigt, daß die Unterschiede zwischen beiden Ländern vor allem darin begründet liegen, daß in Ungarn der bildungspolitische Schwerpunkt derzeit auf der Pluralisierung des Schulwesens und der Übernahme von Eigenverantwortung liegt, wohingegen in Tschechien versucht wird, die reformpädagogischen Erfahrungen in das bildungspolitische Geamtkonzept zu integrieren.
Insofern zeichnet das ungarische Schulsystem sich dadurch aus, daß es zu einer raschen Veränderung der rechtlichen Grundlage sowie zu Strukturreformen, die die Durchlässigkeit und Differenzierung erhöhen sollen, kam. Dadurch wurde der Weg für minimal eingeschränkte innere Reformen frei gemacht und die Ausweitung eines alternativen Schulnetzes begünstigt.
Hingegen hat sich das tschechische Schulwesen spontan und als Folge einer intensiven bildungspolitischen Debatte und bottom-up-Entscheidungen entwickelt (OECD 1996, S. 18). Die lange Phase der Diskussion wird als Wegbereiter für innere Reformen gewertet, die sich langfristig als positiver erweisen wird als frühzeitig getroffene top-down-Reformen, die die wirklichen Bedürfnisse und Probleme des Mikrobereichs Schule, Lehrer, Kinder und Eltern nicht analysiert.
In Tschechien sind entscheidende Impulse vom Privatschulwesen ausgegangen, das bis in die 90er Jahre als "dynamisches und binnendifferenziertes, flexibles Gebilde" bezeichnet wird, das für Veränderungen offen ist (ČERMÁK, 1994, S. 214). Für die Umsetzung reformpädagogischer Ideale im Bildungswesen gilt das insgesamt wachsende Engagement der Lehrerschaft an der Basis (HIMMEL, B. 1997, S. 28) als wichtige Voraussetzung für die zukünftige Verwirklichung reformpädagogischer Ansätze an staatlichen Schulen.
Ob Privatschulen mit eigenem Curriculum, wie in Tschechien, oder die ungarischen Privatschulen, die den staatlichen Vorgaben unterliegen, langfristig einen größeren Integrationseffekt bei der Reformpädagogisierung leisten können, bleibt abzuwarten. Der Blickwinkel sollte auch weiterhin offen bleiben und GOLZ' Hinweis ernst genommen werden, daß reformpädagogische Ansätze nicht nur dort verwirklicht werden, wo ausdrücklich die Namen von Reformpädagogen auftauchen. Insgesamt gilt die Verwirklichung reformpädagogischer Ansätze sowohl in Ungarn als auch in Tschechien als Mittel, den pädagogischen Modernisierungsschub der 20er Jahre in Europa zu wiederholen.

Literatur

ANWEILER, O.: Bildungsprobleme postkommunistischer Gesellschaften. Eine Herausforderung an Politik, Wissenschaft und Praxis. In: *Bildung und Erziehung*, 45 (1992) 3, S. 251-263.

BACHMAIER, P. (Hrsg.): Bildungspolitik in Osteuropa. Systemwandel und Perspektiven, Schule - Wissenschaft - Politik, Bd. 5. OLECHOWSKI, R. (Hrsg.): Wien 1991.

BATHORY, Z., Hungary, in: Postlethwaite, T.N. (Hrsg.): International Encyclopedia of National Systems of Edcucation. Oxford 1995, S. 415-419.

BÎRZEA, C.: Educational Policies of the Countries in Transition, Strasbourg: Council of Europe Press 1994.

BÖTTCHER, L./GOLZ, R. (Hrsg.): Reformpädagogik und pädagogische Reformen in Mittel- und Osteuropa. Münster 1995.

CERMÁK, V.: Strukturelle Veränderungen im tschechischen Bildungssystem und ihr Niederschlag in der neuen Bildungspolitik. In: HETTLAGE, R. (Hrsg.): Bildung in Europa - Bildung für Europa? Die europäische Dimension in Schule und Beruf. Regensburg 1994, S. 207-216.

Ein Blick auf die Reformen im Bildungsbereich. In: Le Magazin, (1996) 6, S. 11-13.

Ein Wind der Reformen streift Europa. In: Le Magazin, (1997) 7, S. 10-12.

EURYDICE, The Situation in Bulgaria, the Czech Republik, Hungary, Poland, Romania and Slovakia. Supplement to the Study on the Structures of the Education and Training Systems in the European Union. Brüssel 1997.

GOLZ, R.: Zur Renaissance der Reformpädagogik als Teilaspekt pädagogischer Neuorientierung in ausgewählten Ländern Osteuropas. In: BÖTTCHER, L./GOLZ, R.: Reformpädagogik und pädagogische Reformen in Mittel- und Osteuropa. Münster 1995, S. 10-30.

GUTSCHE, M.: Das ungarische Bildungswesen im Umbruch. Von Reformen zur Transformation. Köln,Weimar,Wien 1996.

GUTSCHE, M.: Ungarn. In: DÖBERT, H., GEIßLER, G.: Schulautonomie in Europa. Umgang mit dem Thema, theoretisches Problem, europäischer Kontext, bildungshistorischer Exkurs. Baden-Baden 1997, S. 423-446.

HIMMEL, B.: Maßnahmen zur Qualitätssicherung der Allgemeinbildung in der Tschechischen Republik: Zentralabitur und Evaluationsverfahren. In: Tertium Comparationis, 3 (1997) 1, S. 28-35 (im Druck).

KOERRENZ, R.: "Reformpädagogik" als Systembegriff: In: *Zeitschrift für Pädagogik*, 40 (1994) 4, S. 499-563.

KOMLÓSI, S.: Aktuelle Perspektiven einer europäischen Bildungspolitik für Ungarn. In: LIEDTKE, M. (Hrsg.): Hausaufgabe Europa. Schule zwischen Regionalismus und Internationalismus. Bad Heilbrunn 1993, S. 195-203.

VON KOPP, B.,/HUCK, W.: Tschechische Republik und Slowakische Republik. In: *Internationales Handbuch der Berufsbildung*. Baden-Baden 1995, CSFR S. 1-81.

KOZMA, T.: Helyi koncepciók a közoktatás fejlesztésehezl [Lokale Konzeptionen zur Entwicklung der Volksbildung.]. In: Köznevelés (1993-06-18) Beilage 1993.

MATĚJŮ, P.: Veränderungen des Stellenwerts und der Wahrnehmung der Ausbildung während der postkommunistischen Transformation: Das Beispiel der Tschechischen Republik. In: HETTLAGE, R. (Hrsg.) 1994, S. 217-233.

MITTER, W.: Erziehung, Demokratie und Entwicklung in einer Periode revolutionären Wandels. Vortrag zur Eröffnung des VII. Weltkongresses für Vergleichende Erziehungswissenschaft. In: *Bildung und Erziehung*, 4 (1992) 4, S. 477-487.

NAGY, M./ HUNGARY. In: KARSTEN, S./MAJOOR, D. (Hrsg.), Education in East Central Europe. Educational Challenges after the Fall of Communism. Münster, New York S. 29-71.

NÉMETH, A.: Länderstudie Ungarn. In: SEYFARTH-STUBENRAUCH, M./SKIERA, E.: Reformpädagogik und Schulreform in Europa. Grundlagen und Aktualität, Bd. 2, Schulkonzeptionen und Länderstudien. Baltmannsweiler 1996, S. 461-474.

OECD, Reviews of National Policies for Education. Czech Republic. Paris 1996.

OELKERS, J.: Bruch und Kontinuität. Zum Modernisierungseffekt der Reformpädagogik. In: *Zeitschrift für Pädagogik*, 40 (1994) 4, S. 565- 581.

PARIZEK, V.: The Vision of Education in the Czech Republic. In: WULF, C. (Hrsg.): Education in Europe. An Intercultural Task. Münster, New York 1995, S. 128-131.

ROEHRS, H. (Hrsg.): Die Vergleichende und Internationale Erziehungswissenschaft, Gesammelte Schriften, Bd. 3. Weinheim 1995.

RÝDL, K.: Zur reformpädagogischen Bewegung in der Tschechoslowakei zwischen den beiden Weltkriegen. In: *paedagogica historica*, 30 (1994) 2, S. 505-527.

RÝDL, K.: Historische und aktuelle Probleme und Tendenzen der tschechischen Pädagogik im europäischen Kontext. In: BÖTTCHER, L./GOLZ, R. (Hrsg.): Reformpädagogik und pädagogische Reformen in Mittel- und Osteuropa. Münster 1995, S. 211-217.

RÝDL, K.: Länderstudie Tschechische Republik. In: SEYFARTH-STUBENRAUCH, M./SKIERA, E. (Hrsg.): Reformpädagogik und Schulreform in Europa. Grundlagen, Geschichte, Aktualität, Bd. 2, Schulkonzeptionen und Länderstudien. Baltmannsweiler 1996, S. 487-294.

SOMR, M.: Reformbestrebungen der zwanziger und dreißiger Jahre in tschechischen Schulen In: BÖTTCHER, L./GOLZ, R. (Hrsg.), S. 218-235.

SVEKOVA, J.: Czechoslovakia. In: KARSTEN, S./MAJOOR, D. (Hrsg.): Education in East Central Europe. Educational Changes after the Fall of Communism. Münster,New York 1994.

VANOVA, R.: Aspekte des Einheitsschulproblems im Europa der Zwischenkriegszeit. In: BÖTTCHER, GOLZ, (Hrsg.): Reformpädagogik und pädagogische Reformen in Mittel- und Osteuropa. Münster 1995, S. 236-242.

Anne WOLF

Benposta, die Nation der Kinder*

Die Nation der Kinder wurde 1956 in Orense, Spanien, von einer Handvoll Jugendlicher und einem jungen katholischen Priester gegründet. Der Pater Jesús Silva, damals 23 Jahre alt, lernte auf den Straßen seiner Heimatstadt eine Gruppe Jungen kennen, die durchaus nicht einverstanden waren mit dem Zustand ihrer Welt und ihren Zukunftsaussichten: sie wuchsen als Kinder armer Eltern in Galicien auf, einem der ärmsten Landesteile Spaniens, unter der Diktatur Francos und in einer Gesellschaft, deren rigider Katholizismus nicht auf soziale Veränderungen erpicht war. Gemeinsam mit Pater Silva, den alle bald nur noch freundschaftlich *Cura* (Priester) nannten, begannen sie, von einer besseren Welt zu träumen. Wie müßte eine Gesellschaft aussehen, in der gerade die Kinder ihre Rechte verwirklichen können? Was als Gedankenspielerei begonnen hatte, wurde allen Beteiligten schnell zum ernsthaften Ziel. Die *Nación de Muchachos*, Nation der Kinder, war geboren. Pater Silva gab seine Pläne auf, als Missionar nach Venezuela zu gehen. Die Kinder holten von ihren Eltern die Erlaubnis ein, in Zukunft mit Gleichaltrigen zusammenzuleben. Die finanzielle Unterstützung der Eltern des jungen Priesters ermöglichte es der Gruppe, unweit der Stadt ein altes Weingut zu erwerben. Dessen Name Benposta (galicisch etwa: gut gelegen, gut gemacht), den die Jugendlichen beibehielten, steht auch heute noch für ein radikales und ambitionsiertes Projekt der Reformpädagogik: Neben Benposta Orense gibt es heute drei Gemeinschaften desselben Namens in Kolumbien (Bogotá, Villavicencio, Monteria), eine in Venezuela (Caracas) und eine weitere in Bolivien (Cochabamba).

Der Grundgedanke des Gemeinschaftslebens in Benposta war niemals rein caritativ. Wer die Einwohner Benpostas nach ihren Zielen fragt, wird mit großer Wahrscheinlichkeit (und überraschender Selbstverständlichkeit) die Antwort erhalten: "Wir wollen die Welt verändern." Dieser hohe Anspruch gründet sich auf die simple Beobachtung, daß es immer und überall die Kinder sind, die am meisten unter den von Erwachsenen heraufbeschworenen Krisen leiden und ständig um ihre Grundrechte betrogen werden. Kinder sind in den seltensten Fällen Mitgestalter der Gesellschaft, in der sie leben. Nirgendwo erhalten sie Gelegenheit, all ihre individuellen Fähigkeiten zu entdecken, zu entwickeln und für sich und andere zu nutzen. Ihre Meinung, ihre Wünsche, auch ihre Verantwortung sind nicht gefragt. Benposta ist nun der Entwurf einer Gegengesellschaft, in der alle Mitglieder - Kinder, Jugendliche, Erwachsene - alle Aspekte des Lebens gleichberechtigt miteinander teilen. Obwohl sich die verschiedenen Gemeinschaften in vielen Punkten stark voneinander unterscheiden (darauf wird später noch einzugehen sein), so bestimmen doch überall dieselben grundsätzlichen Werte und Konzepte den Ablauf des Alltags und das Zusammenleben der *Benposteños*.

Vollversammlung und Regierung

Jede der Gemeinschaften wird von allen Einwohnern gemeinsam verwaltet. Das wichtigste Organ ist dabei die *Asamblea*, also die Vollversammlung aller Mitglieder, die zwei- bis dreimal wöchentlich tagt. Den Vorsitz führt dabei der von allen gewählte Bürgermeister (Wahlen zum Bürgermeisteramt finden alle zwei Jahre statt) gemeinsam mit den von ihm ernannten Ministern, die jeweils zuständig sind für einen bestimmten Bereich des Gemeinschaftslebens (Schulwesen, Öffentliche Ordnung, Harmonie und Zusammenleben, Gesundheit, Kultur, Finanzen, Werkstätten und Arbeit). Der Bürgermeister ist für die Koordination der Regierungsgeschäfte verantwortlich und im übrigen Ansprechpartner für alle, die Hilfe bei der Lösung persönlicher oder praktischer Probleme benötigen. Auf der Vollversammlung legt die Regierung Rechenschaft ab über ihre Pläne und Tätigkeiten; alle Mitglieder der Gemeinschaft haben hier die Möglichkeit, Vorschläge einzubringen, auf Probleme aufmerksam zu machen oder wichtige Fragestellungen zu diskutieren. Im Zweifelsfall entscheidet die Mehrheit. Um sicherzustellen, daß auch die Stimmen schüchterner Menschen nicht ungehört bleiben, ist auf der *Asamblea* immer Raum für Berichte aus den *Distritos* (Kleingruppen, denen alle Mitglieder Benpostas angehören und die mehrmals wöchentlich unter sich Fragen beraten, die für die Gruppe oder die Gemeinschaft wichtig sind).
Die regelmäßige Teilnahme an der *Asamblea* und den Vollversammlungen der *Distritos* (spanisch: Distrikte) ist für alle gleichzeitig ein Recht und eine Pflicht. Ohne die Beteiligung aller *Benposteños* könnten keine wahrhaft demokratischen Entscheidungen getroffen werden, die Mitwirkung des Einzelnen ist für die Organisation und Verwaltung Benpostas eine Notwendigkeit. Kinder und Jugendliche wachsen hinein in einen Prozeß der demokratischen Willensbildung der Diskussion, der gemeinsamen Verantwortung für ideelle und materielle Fragen. Wer in ein Regierungsamt berufen wird, hat keinesfalls die Befugnis, dort tyrannische Macht auszuüben, sondern ist aufgefordert, verantwortungsbewußt für die Belange aller *Benposteños* zu handeln. Regierung und Parlament sind in Benposta kein Kinderspiel. Neben den rein praktischen Funktionen erfüllen sie einen wichtigen pädagogischen Zweck, indem sie wesentlich zur politischen und sozialen Bildung der jungen Menschen beitragen.

Bildung in Schule und Universität

Jede der Gemeinschaften (mit Ausnahme von Benposta Bolivien) verfügt über eigene Schulen, deren Abschlüsse (bis hin zur Hochschulzugangsberechtigung) staatlich anerkannt sind. Das Curriculum ist dasselbe wie an öffentlichen Schulen.
Die Übergänge von einer Klassenstufe zur nächsten sind für die Schüler fließend, sie absolvieren den Stoff in Anpassung an ihren persönlichen Lernrhyth-

mus und ihre Fähigkeiten. Auf Gruppenarbeit und inhaltliche Auseinandersetzung der Schüler untereinander wird bei der Bearbeitung des Unterrichtsstoffs ausdrücklich Wert gelegt. Fachübergreifender Unterricht ist eine Selbstverständlichkeit. In einer Gemeinschaft, deren hochgestecktes Ziel es ist, die Welt zu verändern, soll ganz besonders die Entwicklung des kritischen Denkens und Bewußtseins gefördert werden: Im Erdkundeunterricht etwa wird nicht nur gelernt, wo sich die wichtigsten Rohstoffquellen des Planeten befinden, sondern es wird auch darüber diskutiert, wer in welcher Weise von ihnen profitiert. Die oft sehr unterschiedliche soziale und nationale Herkunft der Kinder und Jugendlichen mit ihren vielfältigen Erfahrungen trägt zudem dazu bei, den Unterricht anschaulich und lebendig zu machen.

In Benposta gelingt es, die oft so problematischen Gegensätze zwischen Schule und Elternhaus aufzuheben: Die Kinder und Jugendlichen lernen mit denselben Menschen, mit denen sie auch ein Zimmer teilen, später gemeinsam essen, arbeiten und künstlerischen Aktivitäten nachgehen. Die Lehrer sind teils ebenfalls Mitglieder Benpostas, teils kommen sie von außerhalb, teilen jedoch die pädagogischen Prinzipien der Gemeinschaft.

In Benposta Orense wurde Mitte der 80er Jahre die *Escuela de Imagen y Sonido* gegründet, die in einem dreijährigen Studium auf Fachhochschulniveau technische und journalstische Kenntnisse in Fotografie, Radio und Fernsehen vermittelt. Pro Jahrgang werden dreißig Studenten ausgebildet. Viele Jugendliche aus der spanischen Gemeinschaft entscheiden sich nach ihrem Schulabschluß für diese Laufbahn, und auch Mitglieder der lateinamerikanischen Gemeinschaften wechseln oftmals zwecks Studium an der *Escuela de Imagen y Sonido* nach Spanien. Benposta verfügt über eine eigene Radiostation sowie - seit 1995 - über einen lokalen Fernsehkanal. In beiden Bereichen arbeiten Fachkräfte und Studenten zusammen. Zudem bieten Radio und Fernsehen auch allen anderen Mitgliedern der Gemeinschaft die Möglichkeit, im Schulunterricht oder aus persönlichem Interesse den Umgang mit Medien zu üben.

Wer andere Studiengänge vorzieht, kann sich an den Hochschulen von Orense, Bogotá und Caracas einschreiben oder aber ein Studium an einer der Fernuniversitäten absolvieren. Die Hochschulgebühren trägt die jeweils zuständige Gemeinschaft.

Werkstätten und Arbeit

Jede der Gemeinschaften Benpostas unterhält eigene Werkstätten - Tischlerei, Töpferei, Schlosserei, Schneiderei usw. - die von Meistern und Künstlern geleitet werden. In Orense, Caracas und Villavicencio gibt es zudem auch landwirtschaftliche Projekte. Die Kinder und Jugendlichen arbeiten in den Werkstätten, auf den Feldern oder in anderen Bereichen (Küche, Wäscherei, Reinigungsarbeiten, Wartung) etwa zwei Stunden pro Tag mit. Sie können ihre Tätigkeit frei wählen und Kenntnisse erwerben und vertiefen. Die tägliche Arbeitsstunde ist wichtiger Bestandteil eines Zusammenlebens, in dem möglichst alle Anlagen eines jeden zum Ausdruck kommen sollen. Gleichzeitig tragen auf diese Weise alle gemeinsam die Verantwortung für das tagtägliche Funktionieren Benpostas und helfen mit, Gegenstände für die Gemeinschaft oder zum Verkauf herzustellen. Die Kinder und Jugendlichen lernen, nicht nur mit dem Kopf, sondern auch mit den Händen zu denken und schätzen den Wert der eigenen praktischen Arbeit: Sie schlafen in Betten, die sie selbst gebaut, und essen Salat, den sie selbst gepflanzt und gegossen haben. Wer möchte, kann (nach dem jeweiligen Pendant des Haupt- oder Realschulabschlusses) in den Werkstätten eine formale Lehre absolvieren.

Künstlerische Aktivitäten

Neben allen anderen Tätigkeiten beteiligen sich die meisten Mitglieder Benpostas auch noch an den künstlerischen Aktivitäten. Schon 1966 debütierte der Zirkus *Los Muchachos*, ansässig in der spanischen Gemeinschaft, und Mitte der 70er Jahre wurde in Bogotá eine Folkloretanzgruppe gegründet. Sowohl der Zirkus als auch die Tanzgruppe werden von ihrem eigenen Orchester begleitet. Beide Ensembles haben etwa 100 Mitglieder und sind international renommiert; der Zirkus hat in den 33 Jahren seiner Existenz bereits über 80 Länder bereist, und die kolumbianischen Tänzer absolvieren in den 80er Jahren eine Tournee durch ganz Europa. In den Gemeinschaften Villavicencio und Caracas gibt es Zirkusschulen, die zumindest auf lokaler und regionaler Ebene auftreten.
Zirkus und Tanz erfüllen in Benposta mehrere Funktionen:
Zunächst einmal machen Bewegung und Sport (fast) allen Kindern und Jugendlichen ganz einfach Spaß. Und es ist erheblich spannender, mit artistischem oder tänzerischem Können den Applaus eines begeisterten Publikums zu gewinnen, als den Torwart bei der lokalen Fußballmannschaft abzugeben. Die Kinder und Jugendlichen sind bei ihrer Ankunft in Benposta fasziniert von der Aussicht, bald zur Truppe zu gehören. Also wird in den Zirkus- und Tanzschulen eifrig trainiert; auf die artistische Grundausbildung folgt, je nach Können und Neigung, die Spezialisierung.
Sowohl für Neuankömmlinge als auch für die erfahrenen Artisten ist das Training anspruchsvoll (und manchmal auch sehr anstrengend). Nicht nur Muskelkraft und persönliches Geschick müssen geübt werden, sondern auch noch ganz andere Dinge: Keine Nummer könnte ohne das Zusammenspiel und gegenseitige Vertrauen der beteiligten Menschen funktionieren. Ein Mädchen steht bewegungslos auf einer Stange, die zwei ältere Jungen über das Hochseil balancieren. Sie muß sich darauf verlassen können, daß keiner von beiden einen falschen Schritt tun wird. Umgekehrt müssen die beiden Jungen sicher sein, daß sie sich um ihr Gleichgewicht bemüht und ihre Träger nicht ins Schwanken bringt. Um in dieser Weise vertrauen zu können, muß man einander gut kennen und schätzen - oder doch zumindest in der Lage sein, Konflikte nicht am falschen Ort

auszutragen. Die Zusammenarbeit zwischen Artisten, Tänzern, Musikern steht in Wechselwirkung mit ihrem Verhalten bei anderen Tätigkeiten des Alltags. Der vielleicht wichtigste Aspekt der künstlerischen Aktivitäten ist jedoch die Kommunikation mit der Welt außerhalb der Grenzen Benpostas. Artistische Nummern und Tänze können auch ohne Worte in jedem beliebigen Land Ideen vermitteln. So wirken die Auftritte des Zirkus und der Tanzgruppe als geöffnete Fenster, die einen Einblick in die Weltsicht Benpostas erlauben - und umgekehrt lernen die kleinen und großen Künstler auf ihren internationalen Reisen die gesellschaftlichen Bedingungen in vielen verschiedenen Ländern kennen. Im Zirkus *Los Muchachos* gibt es keine einzelnen Stars, sondern nur das gekonnte Zusammenspiel von Kindern, Jugendlichen und Erwachsenen. Im Vordergrund stehen die vielfältigen artistischen Glanzleistungen; auf den etwa mit Raubtiernummern verbundenen Nervenkitzel wird dagegen völlig verzichtet. Selbstverständlich sind die Artisten bei ihren Darbietungen am Trapez und auf dem Hochseil durch ein Netz gesichert. Höhepunkt des Programms sind die *Troupes*, Menschenpyramiden, die Benpostas Vorstellung einer besseren Welt verkörpern: Die Erwachsenen stehen ganz unten und tragen auf ihren Schultern die Jugendlichen; ganz oben aber, auf der Spitze, stehen die jüngsten Kinder. Die Folkloretanzgruppe wiederum zeigt in ihren Darbietungen ganz bewußt das Erbe der indianischen, schwarzen und weißen Bevölkerung des südamerikanischen Kontinents und gibt vielen alte Mythen und Geschichten tänzerisch einen neuen, modernen Sinn.

Die Rolle der Religion

Der Gründer Benpostas ist ein katholischer Priester, und Benpostas Konzept einer gerechteren Gesellschaft beruht nicht zuletzt auf christlichen Prinzipien. Die Religion wird jedoch nicht als wertkonservatives Mittel zur Gängelung eingesetzt, sondern von vielen Mitgliedern Benpostas in der Auseinandersetzung mit einer egoistischen Gesellschaft als stärkend und befreiend erlebt. Nächstenliebe, Solidarität, Rücksicht auf Schwächere und Altruismus sind in Benpostas keine leeren Worte, sondern absolute Prioritäten, sowohl für das Verhalten jedes Einzelnen als auch für die Stellungnahme Benpostas zu gesellschaftlichen Problemen. Pater Sivia betont immer wieder die Notwendigkeit einer nicht nur aufs Materielle und Pragmatische gerichteten Weltsicht. Eine der Quellen des sozialen und politischen Engagements Benpostas ist gerade der christliche Glaube als selbstverständlicher Bestandteil des Alltags. Das bedeutet aber nicht, daß jeder *Benposteño* zwangsläufig religiös, geschweige denn Christ sein müßte. Insbesondere in Benposta Spanien leben viele Kinder und Jugendliche, die anderen Religionen angehören (Islam, Buddhismus) und diese auch dort praktizieren. Es gibt in Benposta jedoch nur wenige überzeugte Atheisten. Der Grund dafür ist sicherlich darin zu suchen, daß die Kinder und Jugendlichen größtenteils aus Kulturen stammen, in denen der Glaube ohnehin eine größere Rolle spielt als etwa in Deutschland, und zudem hineinwachsen in die gesellschaftsverändernde Interpretation, die in Benposta selbstverständlich ist. Es muß bedacht werden, daß es in Lateinamerika vor allem kirchliche Gruppen oder Einzelpersonen sind, die sich unerschrocken und oft unter großen persönlichen Risiken für die Rechte der Armen und Schwachen einsetzen.

Eine neue Währung: Die Corona

In allen Gemeinschaften Benpostas gibt es eine eigene Währung, die *Corona*. Kinder, Jugendliche und Erwachsene erhalten einen wöchentlichen Lohn für ihre Tätigkeiten innerhalb der Gemeinschaft. Der Sinn: Kinder sollen erfahren, daß sie nicht auf die Mildtätigkeit der Erwachsenen angewiesen sind, sondern mit ihrem eigenen Geld, das ihnen zusteht, in den Cafés und Läden innerhalb Benpostas kaufen können, was sie brauchen. (Für große Anschaffungen wie z. B. Kleidung erhalten sie jedoch den notwendigen Betrag in der jeweiligen Landeswährung.) Gleichzeitig hat die *Corona* einen gewissen symbolischen Wert: In Benposta gilt kein anderes Zahlungsmittel, so daß auch Besucher als erstes in die Bank gehen müssen, um dort Geld zu wechseln.

Benposta als permanente Lebensform: Die Etappen

Allein aus der vorangehenden Beschreibung des Alltags in Benposta und der Werte, die ihn bestimmen, läßt sich ersehen, daß Benposta weder ein Feriencamp noch ein Kinderheim ist: Wer sich dafür entscheidet, in Benposta zu leben, tut dies üblicherweise auf längere Sicht. Es gibt viele verschiedene Gründe, weshalb Kinder, Jugendliche oder Erwachsene diese Entscheidung treffen. Manche sind fasziniert vom Zirkus, andere leiden in ihrer Familie unter sozialen oder finanziellen Schwierigkeiten, einige Kinder ertragen die einseitige intellektuelle Förderung und den damit verbundenen Schulstreß in ihrem Heimatland nicht (das gilt besonders für die Kinder aus Japan), viele sind auf der Suche nach einem Ort, an dem sie gleichberechtigt und solidarisch mit anderen Menschen zusammenleben können. Diese persönlichen Motive spielen, ebenso wie die soziale oder nationale Herkunft, eine gewisse Rolle bei der Eingliederung des Einzelnen in die Gemeinschaft. Wirklich wichtig ist jedoch, daß er oder sie Lust und genügend gute Gründe haben, um in Benposta leben zu wollen, denn in Benposta ist jeder mitverantwortlich für alles, das geschieht. Und das kann nur dann gutgehen, wenn alle über ein gewisses Maß an Eigenverantwortung verfügen und bereits sind, die Regeln des Zusammenlebens zu akzeptieren und ihren Beitrag zum Funktionieren des Alltags zu leisten. Die Eingliederung von Neuankömmlingen verläuft in aufeinanderfolgenden Etappen. Den Zeitpunkt des Übergangs von einer Etappe in die nächste bestimmt dabei jeder *Benposteño* selbst; die Gemeinschaft wird davon jeweils in der *Asamblea* informiert.

Pueblo Joven: Das Kinderdorf

Die Kinder zwischen acht und zwölf Jahren (jüngere werden nur in seltenen Not- und Ausnahmefällen aufgenommen) gehören zu dieser Gruppe. Sie beteiligen sich an allen Aktivitäten, besuchen selbstverständlich die Schule, lernen (spielerisch) in den Werkstätten und nehmen auch am Zirkus-, Tanz- oder Musikunterricht teil. Sie werden durch einige Erwachsene oder ältere Jugendliche betreut; diese sind auch zuständig für altersgerechte Spiele und Freizeitaktivitäten. Die Kinder wählen ihren eigenen Bürgermeister und haben eine eigene Regierung, einmal pro Woche treffen sie sich zur Vollversammlung der Kinder. An der *Asamblea* der Großen nehmen sie ebenfalls einmal in der Woche teil. Sie können in Benposta so leben und lernen, wie es ihrem Alter entspricht, sind aber trotzdem voll in die Aktivitäten und Entscheidungen der ganzen Gemeinschaft integriert.

Integración

Ziel dieser Etappe ist die Eingliederung aller Neuankömmlinge, die bei ihrer Ankunft in Benposta älter als zwölf Jahre sind. Sie leben als Gruppe zusammen (oft im selben Zimmer), bilden einen *Distrito* (der von einem erfahrenen Mitglied der Gemeinschaft betreut wird) und haben zunächst die Aufgabe und Möglichkeit, Benposta allmählich kennenzulernen. Erfahrungsgemäß besteht die wahre Herausforderung dieser Phase, die maximal ein Jahr dauern soll, in den scheinbar bedeutungslosen Kleinigkeiten. Dazu gehört etwa das Zusammenleben mit oftmals sehr unterschiedlichen Menschen in denselben Räumlichkeiten; die Selbstverständlichkeit des Teilens und der gegenseitigen Unterstützung; die Notwendigkeit, vor Konflikten nicht wegzulaufen, sondern sie gewaltfrei und respektvoll zu lösen; die Entdeckung und Herausbildung der Verantwortung für die eigenen Worte und Taten im Alltag. Viele dieser Rechte und Pflichten sind das genaue Gegenteil dessen, was die Gesellschaft den Kindern und Jugendlichen bis dahin vermittelt hat. Manche stürzen sich nun voller Enthusiasmus in eine neue Lebensform; andere haben genau damit ihre Schwierigkeiten. Wer sich in Benposta nicht wohlfühlt, verläßt die Gemeinschaft meistens schon bald wieder.

Aceptación

Die meisten wollen jedoch bleiben und gehen dann in die Gruppe derer über, die Benposta für sich zunächst akzeptieren. Der Prozeß der Sozialisation setzt sich fort: Nun geht es nicht mehr nur um die Verantwortung für die eigenen Handlungen, sondern auch um gestärktes Bewußtsein für kollektive Prozesse. Die Ziele Benpostas werden verstärkt diskutiert, so daß der Einzelne seine Haltung dazu überdenken und gegebenenfalls weiterentwickeln kann. Ein wichtiger Aspekt ist auch das Bewußtsein eines jeden für seine eigene familiäre und soziale Wirklichkeit (die oft höchst kompliziert ist); das Engagement für die Verbesserung der Lebensumstände in der eigenen Familie, im eigenen Stadtviertel soll geweckt und gefördert werden - eine Möglichkeit, die vielen Jugendlichen vor ihrer Ankunft in Benposta oft völlig hoffnungslos erscheint. Die Phase der Akzeptanz dauert meistens etwa zwei Jahre.

Aspiración

Zu dieser Gruppe gehören diejenigen, die eine bewußte persönliche Identifikation mit den Zielen Benpostas - und deren Umsetzung im Alltag - anstreben. Sie übernehmen bereits praktische Ämter (und damit einen Teil Verantwortung für das materielle Funktionieren Benpostas); das erlaubt ihnen, ihre organisatorischen Fähigkeiten zu erproben. Während dieser Etappe wird ganz besonders die Fähigkeit zur gesellschaftlichen Analyse gefördert (man kann nicht verändern, was man nicht kennt oder nicht interpretieren kann) und die pädagogische Arbeit mit Gruppen (innerhalb oder außerhalb Benpostas) geübt.

Das Ende dieser Phase, die ebenfalls ungefähr zwei Jahre umfaßt, trifft meistens zusammen mit dem 18. Geburtstag und dem Ende der formalen Schulbildung (bzw. der beruflichen Ausbildung in einer der Werkstätten). Die Mitglieder Benpostas sind nun volljährig und haben in der Zeit ihres Aufenthalts in der Gemeinschaft vieles gelernt. Sie haben die Schule und manchmal auch schon eine Lehre in einem handwerklichen Beruf absolviert. In den meisten Fällen sind sie zudem Zirkusartisten, Tänzer oder Musiker. Sie wissen, was es bedeutet, nicht nur für sich selbst, sondern auch für andere Verantwortung zu tragen. Ihre soziale Kompetenz haben sie im alltäglichen Zusammenleben, in den Prozessen der Entscheidungsfindung und in der pädagogischen Arbeit mit den jüngeren geübt. Kurz: Sie verfügen über eine Reihe von Fähigkeiten und Fertigkeiten, die die meisten ihrer Altersgenossen so nicht besitzen. Wer die Gemeinschaft nun verläßt, nimmt das Gelernte und Erlebte mit. Die Erfahrung zeigt, daß die meisten *Benposteños*, die die Gemeinschaft zu diesem Zeitpunkt verlassen, sich über den "ganz normalen" Familien- und Arbeitsalltag hinaus weiterhin in sozialen, politischen oder künstlerischen Bereichen engagieren.

Ciudadania

Wer bleibt, entscheidet sich für Benposta als permanente Lebensform. Er ist nun Bürger Benpostas. Die *Ciudadanos* sind hautpverantwortlich für die materielle und pädagogische Funktionsfähigkeit ihrer Gemeinschaft und setzen ihre Kenntnisse und Erfahrung zum Wohl aller Mitglieder Benpostas ein. Innerhalb der Gemeinschaft übernehmen sie je nach Schul- und Berufsausbildung technische und administrative Aufgaben. Sie bemühen sich besonders darum, die Ideale Benpostas nach außen zu tragen, und arbeiten auf vielfältige Weise auch mit anderen Nicht-Regierungs-Organisationen zusammen.

Als Gruppe sind die *Ciudadanos* in rechtlicher Hinsicht für Benposta verantwortlich.

La Gran Aventura: Das Große Abenteuer

Das Große Abenteuer ist innerhalb Benpostas eine besondere Erfahrung, die insgesamt etwa ein Jahr dauert und an der alle interessierten Erwachsenen (also üblicherweise; die *Ciudadanos*) teilnehmen können. Eine neue Generation von "Abenteurern" beginnt immer dann, wenn sich eine ausreichend große Anzahl (mindestens sechs) zusammengefunden hat. Die *Aventureros* legen ihre üblichen Tätigkeiten für ein Jahr nieder und leben als Gruppe zusammen. Sie setzen sich mit theologischen, sozialen und politischen Fragen auseinander, erwerben und vertiefen aber auch Kenntnisse in Psychologie, Pädagogik und Medizin. Im Prozeß des Zusammenlebens lernen sie, sich selbst und die anderen realistische einzuschätzen, die eigenen und fremden Stärken zu fördern und persönliche Schwächen zu überwinden. Auch die Auseinandersetzung mit Fragen des christlichen Glaubens spielt während dieses Zeitraums eine wichtige Rolle. Als Gruppe suchen sie die Möglichkeit der Konfrontation mit der gesellschaftlichen Realität und entwickeln ihre Kreativität im persönlichen Umgang mit problematischen Situationen weiter. Freiwillig arbeiten sie in staatlichen Kinder-, Alten- oder Behindertenheimen, lassen sich für einen Monat ins Gefängnis einschließen, leben und arbeiten eine Zeitlang in den ärmsten Stadtteilen lateinamerikanischer Großstädte oder brechen ohne Geld zu tagelangen Wanderungen über Land auf. Die Möglichkeiten sind vielfältig. Ziel der *Gran Aventura* ist die Festigung der Persönlichkeit, der Kenntnisse und der Überzeugungen des Einzelnen, auch und gerade im Umgang mit Schwierigkeiten. Benposta nimmt ständig Stellung zu gesellschaftlichen Problemen, setzt sich für die Wahrung der Menschenrechte ein, und immer wieder werden Projekte oder neue Gemeinschaften gegründet: Das ist nur dann möglich, wenn es in Benposta genug Menschen gibt, die vor Konflikten nicht zurückscheuen, Situationen realistisch einschätzen und bereit sind, persönliche Risiken und Unbequemlichkeiten auf sich zu nehmen. Von den *Ciudadanos* wird diese Grundhaltung im Allgemeinen erwartet; bei den *Aventureros* wird sie stillschweigend vorausgesetzt.

Eine Etappe baut auf die andere auf. Die Jungen und Mädchen haben so die Möglichkeit, Benposta langsam immer besser kennenzulernen, ohne sich überfordert zu fühlen. Die Etappen definieren den spezifischen Platz des Einzelnen innerhalb der Gesellschaft Benpostas sowohl für jeden selbst als auch für anderen: Jeder kennt seine Rechte und Pflichten, muß sich aber auch an ihnen messen lassen. Das Zusammenleben der Mitglieder einer jeden Etappe bringt die Notwendigkeit mit sich, nicht nur im Alleingang, sondern in Abstimmung mit einer Gruppe zu handeln. Innerhalb der *Distritos* hat jeder seine (praktische) Aufgabe zu erfüllen und beteiligt sich zudem an Diskussionen, Informationsveranstaltungen, gemeinsamen Freizeitaktivitäten etc. der Gruppe. Die *Distritos* der Kinder und Jugendlichen haben jeweils einen (älteren) Ansprechpartner, der viel Zeit mit ihnen verbringt und auch bei der Lösung von Konflikten hilft. So bieten die Kleingruppen für alle *Benposteños* einen verläßlichen sozialen Bezug innerhalb der größeren Gemeinschaft.

Benposta in den verschiedenen Ländern: Zur Arbeit der einzelnen Gemeinschaften

Obwohl Benposta in allen Ländern mit denselben grundsätzlichen Konzepten und Strukturen arbeitet, so unterscheiden sich die einzelnen Gemeinschaften doch stark voneinander. Naturgemäß nimmt das Engagement für die Rechte der Kinder und anderer benachteiligter sozialer Gruppen an jedem Ort unterschiedliche Formen an. Ebenso hat jede Gemeinschaft - bedingt durch die jeweiligen äußeren Umstände oder auch durch Schwierigkeiten bei der Verwirklichung der selbstgewählten Konzepte - mit spezifischen Problemen zu kämpfen.

Benposta Spanien

Benposta Orense ist die Gründergemeinschaft; sie besteht seit 1956 und hat in ihrer Geschichte schon diverse verschiedene Phasen erlebt. Zur Zeit der Franco-Diktatur war sie der einzige Ort auf spanischem Boden, an dem demokratische Prinzipien herrschten, und zog schon deshalb viele junge Menschen an. Zudem war das alte Gut, das sich in den 60er Jahren zu einem Dorf entwickelte, auch Versammlungs- und Zufluchtsort für Mitglieder der damals verbotenen sozialistischen und kommunistischen Parteien: Wenn die Militärpolizei mit einem Durchsuchungsbefehl vor den Toren stand, waren die Gesuchten längst wieder über alle Berge. Das Projekt war den Machthabern natürlich ein Dorn im Auge - aber schließen und räumen konnten sie es auch nicht, dann neben allen unliebsamen Aktivitäten erfüllte es auch eine Funktion, die der Staat nicht leisten konnte. In den 60er Jahren emigrierten viele Bewohner der verarmten Provinz Galicien auf der Suche nach Arbeit in andere europäische Staaten und waren froh darüber, daß ihre Kinder ohne bürokratische Komplikationen (die schriftliche Einwilligung der Eltern reichte damals wie heute aus) in Benposta und damit in Spanien bleiben konnten, ohne den Staat oder ihre Familie finanziell zu belasten. Damals hatte die *Nación de Muchachos* zeitweilig fast zweitausend Einwohner und begann, auch international bekannt zu werden: Die Schließung wäre ein Skandal gewesen. So wurde Benposta, wenn auch nicht gern, geduldet. Die *Benposteños* wiederum entwickelten großen Erfindungsreichtum, um ihr Projekt zu finanzieren. Die Werkstätten - Schlosserei, Tischlerei und Töpferei - arbeiteten auf Hochtouren. Die Jungen zogen als Lumpensammler durch die Straßen der Stadt. Eine Tankstelle wurde aufgebaut (Benposta liegt direkt an einer großen Landstraße). Und ab 1966 sorgte natürlich der Zirkus *Los Muchachos* mit seinen Auftritten im In- und Ausland für eine relativ konstante Einnahmequelle. Kinder und Jugendliche aus anderen Ländern ließen sich vom Zirkus begeistern und begleiteten ihn nach Spanien: Die Bevölkerung wurde international. 1975 starb Franco, Spanien wurde ein demokratischer Staat, und die Gesellschaft begann sich in mancherlei Hinsicht zu verändern. Seither leben auch Mädchen und junge Frauen in Benposta. Mitte der 80er Jahre wurde die

Escuela de Imagen y Sonido gegründet. Dies geschah aus der Erwägung heraus, daß die Kommunikation durch Massenmedien in der heutigen Zeit immer wichtiger wird, die Art der Nachrichtenvermittlung aber nicht zwangsläufig überall der Wahrheit entspricht. Die Ausbildung zukünftiger Journalisten hat in Benposta neben der professionellen als auch noch eine ethische Komponente. Radio Benposta sendet seit 1987. Der lokale Fernsehkanal nahm 1995 seine Arbeit auf. Aber auch abgesehen von diesem ganz professionellen Bereich ist die Kommunikation heute vielleicht die wichtigste Aufgabe der spanischen Gemeinschaft. Die Bevölkerung von Benposta Orense ist international, derzeit leben dort etwa 200 Menschen aus insgesamt 15 Nationen. Ihr friedliches Zusammenleben ist ein Beispiel für internationale Solidarität und gegenseitige kulturelle Bereicherung. Der Zirkus erfüllt nach wie vor die Funktion, die Ideen und Ideale Benpostas in aller Welt bekannt zu machen. Jedes Jahr kommen Hunderte von Besuchern und Besuchergruppen aus den verschiedensten Ländern, darunter viele Pädagogen, mit dem Wunsch, das Leben in Benposta persönlich kennenzulernen (besonders in Japan genießt Benposta seit etwa zehn Jahren einen sehr guten Ruf; ein Kinofilm über die Gemeinschaft sorgt seit Ende der 80er Jahre für einen wahren Benposta-Boom). Der Gründervater Benpostas, der *Cura* Pater Silva, hat seine bescheidene Wohnung in Benposta Orense und hält sich auch den größten Teil des Jahres dort auf, sofern er nicht gerade die anderen Gemeinschaften besucht oder in Angelegenheiten Benpostas international reisen muß. Sei großes persönliches Engagement (und Charisma) trägt ebenfalls dazu bei, den Anliegen Benpostas an geeigneter Stelle Gehör zu verschaffen.

Neben den zweifellos positiven gibt es in Benposta Orense jedoch auch eine Reihe ernstzunehmender Probleme. Einige Erwachsene, die bereits seit dreißig Jahren in Benposta leben (und deren Engagement für die Belange der Gemeinschaft insgesamt über jeden Zweifel erhaben ist), haben seit über einem Jahrzehnt dieselben wichtigen Posten inne, darunter die Hauptverantwortung für den Zirkus und die Finanzen. Den Jugendlichen bleibt selbstverständlich nicht verborgen, daß sich durch die Ausübung dieser (und anderer) Ämter für die Betreffenden bisweilen handfeste Privilegien ergeben. Gleichzeitig haben sie den berechtigten Eindruck, daß ihre eigene Mitarbeit in diesen Bereichen bezüglich aller wirklich wichtigen finanziellen, künstlerischen oder organisatorischen Fragen gar nicht erwünscht ist. Damit läßt das Engagement gerade der fähigsten unter den jungen Leuten nach. Verständlicherweise sind viele unter ihnen heute nicht bereit, pädagogische oder praktische Verantwortung zu übernehmen, solange sie die Entscheidungen einiger weniger niemals hinterfragen können. Da unter den Erwachsenen einige offensichtlich gleicher sind als andere, machen sich auch die Kinder und Jugendlichen bei der Regelung ihrer Verhältnisse oftmals dasselbe Prinzip zu eigen und fangen plötzlich an, ihren persönlichen Besitz besonders zu hüten oder sich auf die eine oder andere Weise ein paar *Pesetas* (neben den *Coronas*, die ihnen zustehen) zu verdienen. Die pädagogischen

Prozesse und die Grundprinzipien Benpostas haben im Alltag der spanischen Gemeinschaft ihre Wichtigkeit und Überzeugungskraft eingebüßt.
Der Zirkus spielt in Benposta Orense eine derart wichtige Rolle, daß andere Tätigkeiten oft dahinter zurückstehen müssen und im Alltag manchmal vernachlässigt werden.
Die Integration junger Familien in das Gemeinschaftsleben ist in den vergangenen Jahren nicht gelungen.
Unter den Mitgliedern der Gemeinschaft schwelen heute Konflikte, die niemals wirklich offen ausgetragen werden. Die Präsenz, persönliche Integrität und Überzeugungskraft des *Cura* ermöglicht zwar das Funktionieren aller wichtigen Tätigkeiten; der Zusammenhalt der Mitglieder von Benposta Orense über seine Lebenszeit hinaus muß jedoch ernsthaft in Zweifel gezogen werden.

Benposta in Kolumbien

Benposta ist in Kolumbien seit 1974 präsent. Das Land besitzt neben allem natürlichen Reichtum ein ungeheures Konfliktpotential. Die politischen Auseinandersetzungen zwischen den beiden größten Parteien enden regelmäßig in Blutbädern, in den 80er Jahren genossen die Barone der Drogenkartelle mehr Macht als Politiker und Militärs, die Zusammenstöße zwischen linksgerichteten Guerillas (Farc, ELN) und rechten paramilitärischen Gruppen führen gerade in letzter Zeit immer wieder zu hemmungslosen Massakern an der Zivilbevölkerung. Politik und Wirtschaft kranken immer noch an den Folgen von Kolonialismus und Imperialismus. Die Meinungsfreiheit existiert nur auf dem Papier: In keinem anderen Land der Erde werden jährlich so viele Journalisten ermordet wie in Kolumbien. Derzeit befinden sich etwa zwei Millionen Menschen im eigenen Land auf der Flucht vor der Gewalt.
Die konfliktreiche politische Situation des Landes bringt auch für Benposta große Schwierigkeiten mit sich; in Kolumbien ist es gefährlich, die bestehenden Ungerechtigkeiten zu benennen. Als Institution, die mit Kindern arbeitet, genießt Benposta jedoch einen ausgezeichneten Ruf und damit ein gewisses Maß an Sicherheit. Mitglieder Benpostas werden von den Universitäten der Hauptstadt häufig gebeten, Vorträge über pädagogische Themen zu halten. Benposta erfüllt eine Beraterfunktion bei der UNICEF. Der Staat ist daran interessiert, einige Methoden Benpostas experimentell an staatlichen Grundschulen einzuführen.
Die erwachsenen Mitglieder und Leiter der drei Gemeinschaften treffen sich regelmäßig und stimmen alle wichtigen Fragen miteinander ab. Die Zusammenarbeit verläuft hier ohne Machtgefälle und persönliche Privilegien. Die Kolumbianer haben sich völlig von der spanischen Gemeinschaft abgenabelt; es besteht zwar Kontakt, und der *Cura* wird auch in allen kolumbianischen Gemeinschaften begeistert empfangen, aber das Verhältnis der kolumbianischen *Ciudadanos*

und *Aventureros* zu den Erwachsenen in Benposta Orense ist ausgesprochen kühl.

Benposta Bogotá

Die Gemeinschaft in der kolumbianischen Hauptstadt wurde 1974 während einer Tournee des Zirkus durch Lateinamerika gegründet. Die etwa 200 Kinder und Jugendlichen, die dort leben, stammen überwiegend aus den *barrios*, den Armenviertel der Stadt. Gerade für diese Kinder aus bescheidenen Verhältnissen ist Benposta eine große Chance, die sie auch zu schätzen wissen. Sie haben Unrecht und Armut vielfach schon gut kennengelernt und wissen, wovon die Rede ist, wenn in Benposta über die Rechte der Kinder diskutiert wird. Ohne Benposta hätten sie niemals die Möglichkeit, sich so "luxuriösen" Beschäftigungen wie Tanz oder Musik zu widmen, und der Besuch einer Universität wäre für die Söhne und Töchter armer Familien üblicherweise unmöglich. Die Jugendlichen und jungen Erwachsenen beteiligen sich alle daran, in den Armenvierteln künstlerische Projekte oder Freizeitaktivitäten für Kinder und Jugendliche zu organisieren und durchzuführen. Zudem besuchen weitere 200 Kinder als Externe die Schulen Benpostas, beteiligen sich auch an anderen Aktivitäten und bekleiden auch Ämter innerhalb der Schulregierung (es gibt eine eigene *Asamblea* und Regierung für schulische Belange). Die Eltern der Kinder, die in Benposta leben, sind zur Teilnahme an der *Escuela de Padres*, der Elternschule, verpflichtet. Sie kommen jeden Samstag nach Benposta, helfen bei notwendigen Arbeiten mit, nehmen an Kursen teil (z. B. über die pädagogischen Prinzipien Benpostas oder zu Fragen der Hygiene und Gesundheitsfürsorge) und verbringen den Tag mit ihren eigenen Kindern, den anderen Einwohnern der Gemeinschaft sowie den anderen Eltern. Viele Eltern identifizieren sich ebenso mit Benposta wie ihre Kinder, wirken in den *barrios* als Multiplikatoren des Ideals einer wahrhaft demokratischen Gesellschaft und leisten so ebenfalls einen Beitrag zur Veränderung der herrschenden Verhältnisse. In Benposta Bogotá gibt es mehrere Familien mit eigenen Kindern, die in der Gemeinschaft aufwachsen. Die Erwachsenen arbeiten eng mit anderen Organisationen zusammen, die sich für die Wahrung der Menschenrechte einsetzen. Diese Form des Engagements bedeutet in Kolumbien grundsätzlich ein persönliches Risiko, dessen sich die *Benposteños* auch durchaus bewußt sind.

Benposta Villavicencio

Die Kleinstadt Villavicencio liegt südöstlich der Hauptstadt *Llanos*, den Tiefebenen des Landes. Das Gebiet um die Stadt herum ist ländlich geprägt und dürftig besiedelt; hier wohnen vorwiegend Vieh- und Ackerbauern, deren Alltag hart ist und die es nur selten zu bescheidenem Wohlstand bringen. Benposta Villavicencio wurde 1983 von dreißig Kindern aus Benposta Bogotá sowie zwei erwachsenen Betreuern gegründet. Die Gemeinschaft verfügt über landwirtschaftliche Projekte und eine Zirkusschule. Heute leben dort etwa 200 Kinder, die meisten stammen aus der Umgebung. Das Durchschnittsalter der *Benposteños* ist niedriger als in anderen Gemeinschaften Benpostas, die Erwachsenen sind gegenüber den Jungen und Mädchen deutlich in der Minderzahl; um so engagierter übernehmen die Kinder und Jugendlichen in Villavicencio wichtige Funktionen und Verantwortung. Die politische Lage in den *Llanos* ist seit Jahren ausgesprochen kompliziert. Viele Familien fliehen von ihrem eigenen Haus und Hof aus Furcht, von Guerrilleros oder Todesschwadronen umgebracht zu werden; der Staat (und das Heer) wollen sie jedoch auch gegen ihren Willen wieder in ihre Heimatorte zurückbringen. Die regionale Regierung hat schon des öfteren in Benposta angefragt, ob etwa Kinder dieser Familien dort aufgenommen wurden. Es läßt sich denken, daß die Verantwortlichen in Benposta Villavicencio häufig mit Worten jonglieren und die eigentlichen, auf gesellschaftliche Veränderung bedachten Ziele Benpostas nach außen hin verbergen müssen.

Benposta Monteria

Benposta Monteria wurde 1989 von zwölf jungen Mädchen, die damit ihr Großes Abenteuer begannen, sowie einer erwachsenen *Aventurera* gegründet. Die jungen Frauen mieteten ein Haus im Stadtviertel Canta Claro, einer *invasión* - also einem zunächst illegal besetzten Gebiet, auf dem mehrere hundert Familien quasi über Nacht ihre Hütten errichtet hatten - und organisierten fortan eine Vielzahl von Aktivitäten gemeinsam mit den Kindern wie auch der erwachsenen Bevölkerung des Stadtteils. Heute wird Benposta Monteria von einem kolumbianischen Ehepaar (mit zwei eigenen und vier adoptierten Kindern) geleitet. Die Arbeit Benpostas in Canta Claro ist nach wie vor nach außen gerichtet. Die Mitglieder Benpostas leben nicht gemeinsam auf dem gleichen Gelände, sondern mit und bei ihren eigenen Familien. Das bedeutet wiederum, daß alle Initiativen Benpostas Auswirkungen auf das gesamte Viertel haben. Die Jungen und Mädchen besuchen die Schule, die von Benposta gegründet wurde. Die Tischlerei kann unentgeltlich von allen Bürgern genutzt werden, die verschiedenen Kurse und Veranstaltungen zur Bildung und Fortbildung stehen allen Männern und Frauen offen, die Kinder und Jugendlichen beteiligen sich an sportlichen Wettkämpfen und Freizeitaktivitäten aller Art, übernehmen gruppenweise Verantwortung für verschiedene Anliegen und Arbeiten im Viertel und lernen quasi nebenbei, daß sie ihren sozialen Verhältnissen nicht völlig hilflos ausgeliefert sind. Benposta gibt eine Zeitung heraus, die regelmäßig sowohl zu regionalen und nationalen Fragen als auch zu den Belangen Benpostas Stellung nimmt. Mittlerweile leben in Canta Claro etwa 4.000 Familien. Eine unabhängige Umfrage ergab 1996, daß die Mehrzahl der Bürger die Aktivitäten, die Benposta organisiert und unterstützt, für sinnvoller hält als die Arbeit aller anderen Institutionen, und sich eher für die Veranstaltung Benpostas interessiert als für das

Bier in der Kneipe. Gerade diese Breitenwirkung macht die Arbeit für die engagierten *Benposteños* besonders gefährlich. In und um Monteria operieren die berüchtigten Truppen des paramilitärischen Führers Carlos Castaño. Die Leiter Benpostas haben in der Vergangenheit mehrfach Morddrohungen erhalten und setzen ihre Arbeit trotzdem fort.

Benposta Venezuela

Auch Venezuela ist ein reiches Land. Dennoch leben 80 % der Bevölkerung nach internationalen Maßstäben in absoluter Armut, und die Hälfte aller Jungen und Mädchen hat nicht die Möglichkeit, eine Schule zu besuchen. Die Wirtschaft des Landes stützt sich im wesentlichen auf den Export von Erdöl - und dessen Preis ist in den vergangenen 20 Jahren stark gefallen. Ein Drittel des Bruttosozialprodukts muß für die Abzahlung der Auslandsschulden aufgewendet werden. Das Vermögen des Landes ist in den Händen einer zahlenmäßig sehr begrenzten Oberschicht; die Zukunftsaussichten der ländlichen Bevölkerung und der Bewohner des Elendsgürtels der großen Städte werden dabei immer finsterer. Auch hier leiden besonders die Kinder unter der schwierigen politischen, wirtschaftlichen und sozialen Situation.
Benposta Venezuela wurde 1990 nur wenige Kilometer außerhalb der Hauptstadt Caracas in den Räumlichkeiten eines früheren Klosters gegründet, direkt am Meer gelegen und mit eigenen ausgedehnten Ländereien. Allein die äußerliche Harmonie und Schönheit macht die Gemeinschaft zum Zufluchtsort für derzeit etwa 80 Kinder und Jugendliche aus den Elendsvierteln der Hauptstadt. Viele von ihnen finden in Benposta zum ersten Mal die Möglichkeit, eine Schule zu besuchen, ausreichend zu essen und ihrer Umwelt vertrauen zu können (auch hier gibt es zudem Werkstätten, Landwirtschaft und eine Zirkusschule). Daß darüber hinaus auch noch ihre vielfältigen sozialen und persönlichen Fähigkeiten sowie ihr Sinn für Verantwortung respektiert und gefördert werden, ist für die meisten eine völlig neue Erfahrung. Der Lernprozeß der oft stark traumatisierten Kinder ist deshalb nicht immer einfach, dafür aber umso wichtiger für den Lebensweg der Jungen und Mädchen. Auch in Venezuela arbeitet Benposta eng mit verschiedenen Organisationen (insbesondere mit Repräsentanten, die sich für eine Veränderung der bestehenden gesellschaftlichen Verhältnisse einsetzen.
Fast neun Jahre nach der Gründung sind einige organisatorische und finanzielle Fragen in Benposta Venezuela noch nicht endgültig geklärt. Auch hier erfordert die Zusammenarbeit mit staatlichen Institutionen einen ausgeprägten Sinn für Diplomatie, aber die Arbeit Benpostas hat auch hier schon offizielle Anerkennung gefunden. Zeitweilig herrschte in den letzten Jahren unter den erwachsenen Mitgliedern der Gemeinschaft eine starke Fluktuation; ein größerer Anteil an Erwachsenen käme der pädagogischen Arbeit sicherlich zugute. Die *Aventureros* in Venezuela pflegen einen regen Austausch mit Benposta Kolumbien; die

gegenseitige Unterstützung der lateinamerikanischen Gemeinschaften konsolidiert sich immer mehr.

Benposta Bolivien

Bolivien ist das ärmste Land auf dem südamerikanischen Kontinent. Obwohl die Bevölkerung zu über 90 % indianischer Abstammung ist, konzentriert sich die politische und wirtschaftliche Macht in den Händen einiger weniger, meist weißer Familien. Benposta Bolivien wurde 1992 im Andengebiet, nahe der Stadt Cochabamba, von zwei kolumbianischen *Aventureros* gegründet (sie ist Ärztin, er Sozialpädagoge). Auch hier wird mit den Einwohnern mehrerer Dörfer nach außen hin gearbeitet. Neben der intellektuellen, handwerklichen und politischen Bildung spielt die Gesundheitsvorsorge und ärztliche Versorgung in diesem Projekt eine außerordentlich wichtige Rolle - in der Gegend mangelt es der Bevölkerung an fast allem, das wir von europäischem Standpunkt aus für lebensnotwendig halten. Während in allen anderen Gemeinschaften Benpostas allgemein gesprochen wird, ist in Benposta Bolivien die "Amtssprache" das indianische *Quechma.*

Die Gründer Benpostas in Bolivien sind sehr stark eingebunden in die Arbeit vor Ort; schon deshalb, aber auch der größeren geographischen Entfernung wegen ist der Kontakt zu den anderen Gemeinschaften weder besonders eng noch besonders regelmäßig.

Keine der Gemeinschaften versteht sich als beschauliche Insel, und keine beschränkt sich auf die Betreuung einer begrenzten Zahl von Jungen und Mädchen. Die Türen Benpostas stehen immer offen. Die Kinder und Jugendlichen, die schon in ihren ersten Lebensjahren schwierige Situationen erlebt haben, erfahren hier, daß sie selbst dazu beitragen können, das Leben anderer Menschen zu verändern und zu verbessern. Sie erhalten ihre volle Menschenwürde zurück. Und wer die anderen ebenso wichtig nimmt wie sich selbst, schaut auch immer über die Grenzen des eigenen beschränkten Raumes hinaus. Benpostas ist eher eine Bewegung als eine Institution: Deshalb ist auch für die Zukunft damit zu rechnen, daß nicht eine Bewegung in den schon bestehenden Gemeinschaften fortgesetzt wird, sondern daß auch weiterhin neue Projekte gegründet werden.

Hinsichtlich der Gemeinschaft in Spanien bleibt zu hoffen, daß es ihr gelingen möge, die gegenwärtige Stagnation zu überwinden. In jedem Falle aber ist zu erwarten, daß sich in Lateinamerika das Engagement noch ausweiten und verstärken wird.

Derzeit befinden sich sechs erwachsene Mitglieder Benpostas aus den kolumbianischen Gemeinschaften im Westen des Landes, der im Januar 1999 von einem schweren Erdbeben erschüttert wurde, und versorgen dort 400 Kinder mit drei täglichen Mahlzeiten; und in Venezuela beginnen einige *Aventurereos*, mit der verarmten indianischen Bevölkerung der Lagune von Sinamaica zu arbeiten.

II.2. Nationale Bilanzen und Lösungsansätze

Hildebrand SCHWERIN

Abbrüche und Neuanfänge - kritische Bilanz der Schulreformdiskussion in Mecklenburg-Vorpommern

Mit dem 1. Schulreformgesetz führte das Land Mecklenburg-Vorpommern 1991 das gegliederte Schulwesen ein. Die Diskussion um die Veränderung und den Neubeginn von Schule fand damit zunächst einen vorläufigen Abschluß.
Mein kritischer Rückblick beginnt 1989. Es ist das Jahr, in dem im Juni in Berlin der IX. Pädagogische Kongreß der DDR tagte. Das Leitthema für den Kongreß lautete:„Unser sozialistisches Bildungssystem - Wandlungen - Erfolge - neue Horizonte". Die „neuen Horizonte" des Bildungswesens waren eine leere Worthülse in einer Propaganda-Veranstaltung, in der unnachgiebig an den bestehenden partei- und bildungspolitischen Dogmen festgehalten wurde.
Zahlreiche Anträge an den Kongreß mit Vorschlägen, Schule zu erneuern und sie aus ihrer Erstarrung zu lösen, wurden letztlich negiert, die Hoffnungen auf Reformen mußten wieder einmal begraben werden.
Und doch beginne ich mit meinem Vortrag beim IX. Pädagogischen Kongreß, weil sich im Zusammenhang mit der Kongreßvorbereitung die Möglichkeit zur kritischen Äußerung über die Schulpolitik der DDR bot. In der Informationsschrift der Evangelisch-Lutherischen Landeskirche von Mecklenburg „Friedensnetz" aus dem Frühjahr 1989 stieß ich auf „Offene Briefe" an den IX. Pädagogischen Kongreß, in denen sehr treffend und akzentuiert Mängel des sozialistischen Bildungswesens benannt und Alternativen zur Veränderung vorgeschlagen wurden. In diesen Briefen wird die Aufbruchstimmung von 1989 transparent.

Erstes Beispiel:
Im Februar 1989 kommen anläßlich einer Schülerrüstzeit des Landesjugendpfarramtes in der Nähe von Parchim dreißig 15 - 18 Jahre alte Schüler zusammen und schreiben einen „Offenen Brief" an das Ministerium für Volksbildung im Hinblick auf den bevorstehenden IX. Pädagogischen Kongreß. Sie äußern sich zu vier Themen

1. Unterrichts- und Lehrplangestaltung,
2. Zensuren- und Beurteilungssystem im Unterricht,
3. Umwelt- und Friedenserziehung,
4. Christen in der Freien Deutschen Jugend (FDJ)

Sie schreiben u. a.: „Die wichtigste Voraussetzung für die Lernmotivation des Schülers ist die Verbesserung des Lehrer-Schüler-Verhältnisses. Der Lehrer sollte nicht als eine absolute, druckausübende Autoritätsperson auftreten. Kommunikationsübungen können ein neues, geeignetes Mittel zur Förderung von

Beziehungen zwischen Lehrern und Schülern, innerhalb und zwischen Klassen sein. Dadurch kann Vertrauen aufgebaut und die Lernatmosphäre verbessert werden. Wir machen die Erfahrung, daß in gesellschaftswissenschaftlichen Fächern eigene Meinungsäußerungen nicht toleriert werden, wenn sie den in den Lehrinhalten festgelegten Standpunkten widersprechen.
Für eine entwicklungsfähige sozialistische Gesellschaft halten wir es für notwendig, daß Schüler sich eine eigene Meinung bilden und diese offen vertreten können. So kann die Individualität der Persönlichkeit gefördert werden. Als notwendig betrachten wir die Erziehung zu mehr Selbständigkeit, die durch entgegengebrachtes Vertrauen und übertragene Verantwortung gefördert wird. Viel erreichen läßt sich mit einer Veränderung der Lernatmosphäre, zum Beispiel durch eine phantasievolle Gestaltung der Klassenräume (kreisförmige Sitzordnung) und des Schulhofes.“ Auf fünf Briefseiten schreiben sich die Schüler ihre Kritik vom Herzen, sie sprechen aus, was viele andere Schüler und Eltern denken, sie unterbreiten Vorschläge zur Veränderung - sie erhalten nicht einmal eine Eingangsbestätigung.
Aus der genannten Schrift „Friedensnetz“ entnehme ich ein *zweites Beispiel*:
Ein weiterer „Offener Brief“ wird am 28. Mai 1989 an Frau Honecker gerichtet. Absender ist ein „Forum zu Fragen der Volksbildung“ der Evangelischen Kirche, welches in Berlin stattfindet. Die Teilnehmer aus der gesamten DDR berufen sich für ihre Argumentation u. a. auf gesetzliche Bestimmungen und beziehen sich auf Veröffentlichungen in Presseerzeugnissen der DDR. „Im Rahmen eines Forums zu Fragen der Volksbildung nehmen wir Teilnehmer, die wir gleichzeitig als Betroffene unser Unbehagen am existierenden Volksbildungssystem äußern, die Gelegenheit wahr, uns mit unserer Kritik und unseren Vorschlägen an das Ministerium für Volksbildung zu wenden (Paragraph 24 der Schulordnung).
Die „Organisation solcher pädagogischer Bedingungen, in denen sich der Heranwachsende die menschlichen Wesenskräfte selbst aneignet und sich so als Persönlichkeit entwickelt“ (KIRCHHÖFER in *Sonntag* 15/89), "ist nach unseren Erfahrungen Grundvoraussetzung für notwendige Änderungen." Das Forum faßt seine Gedanken und Forderungen in Änderungsvorschlägen zusammen, von denen ich einige verkürzt nennen will:

- die demokratische Umgestaltung unseres Landes als Grundvoraussetzung für die Schaffung einer handlungsfähigen Volksbildung;
- Entwicklung eines basisdemokratischen Modells der Volksbildung (Dezentralisierung der Verwaltung, Selbstverwaltung der Schulen) durch Diskussion und Erarbeitung in zu schaffenden Gremien;
- Entwicklung von Sozial- und Demokratiefähigkeit als Hauptaufgabe der Volksbildung;
- Schaffung einer offenen Schule zur Freilegung und nicht zur Lenkung der Fähigkeiten des Schülers;

- Schaffung einer Schülermitbestimmung;
- Entideologisierung, Enttabuisierung und Entnormung der Volksbildung.

Jahrzehntelang haben sich die Kirchen, ihre Gremien und christliche Gruppierungen, auch in Mecklenburg-Vorpommern, sehr kritisch mit dem Bildungs- und Erziehungsauftrag der DDR auseinandergesetzt. Sie hatten im kirchlichen Raum von jeher eine andere Sicht auf die Arbeit mit Kindern und Jugendlichen, indem u. a. Impulse der Reformpädagogik aufgenommen wurden. Lernprozesse waren offen, auch altersstufenübergreifend angelegt und gingen von den Erfahrungen der Kinder aus. Daß Eingaben, Vorschläge und Forderungen der Kirchen abgelehnt bzw. nicht einmal beantwortet wurden, verwundert niemanden, der in der DDR lebte. So sind die Anstöße und Unterstützungen verständlich, die Bürgerinitiativen in der Wendezeit gerade von den Kirchgemeinden erhielten, wie sie auch das Engagement von kirchlichen Mitarbeitern bei der Umgestaltung des Bildungswesens in der nachfolgenden Wendezeit erklären.
Bei einem Besuch im „Wendearchiv" der Hansestadt Rostock erhielt ich Kenntnis von Überlegungen, Stellungnahmen, Diskussionen, Beiträgen und Forderungen, insbesondere aus Arbeitsgruppen des Neuen Forums, von „Runden Tischen" und Bürgerinitiativen zur Veränderung der Schule und ihres Bildungs- und Erziehungsauftrages, sämtlich vom Herbst 1989 bis zum Frühjahr 1990. Stellvertretend für viele andere will ich auf Überlegungen von Arbeitsgruppen aus Rostock, Ahrenshoop, Teterow, Wredenhaen/Walow/Satow/Röbel, Gadebusch, Waren und Demmin eingehen. Die überwiegend aus der Elternschaft stammenden Mitglieder dieser Gruppen fordern nicht primär Struktur- bzw. Organisationsveränderungen, sondern, ähnlich wie die Schüler in ihrem „Offenen Brief", substantielle Veränderungen in der Schule, die meist deutlich reformpädagogisch geprägt sind. Sie fordern

- die konsequente Durchsetzung demokratischer Prinzipien in der Schule, insbesondere im Verhältnis zwischen Lehrern und Eltern sowie zwischen Lehrern und Schülern. „Schule soll Übungsstätte für Demokratie und verantwortliches und solidarisches Handeln sein";
- eine differenzierte Unterrichtsarbeit, gekennzeichnet durch Projektunterricht, Erkundungen und Simulationen, Partner- und Gruppenarbeit zur Entwicklung der Kooperationsfähigkeit der Schüler und eine umfassende Lebensverbundenheit der Schule;
- größere Freiräume für die Lehrer bei der Entwicklung von Flexibilität und Kreativität der Schüler, auch durch die Ablösung von staatlichen Lehrplänen durch Rahmenpläne sowie eine stärkere Beachtung und Förderung unterschiedlicher Begabungen, Neigungen und Interessen wie auch der individuellen Fähigkeiten und Bedürfnisse der Kinder und Jugendlichen;
- eine 4jährige Grundschule ohne Zensuren,
- eine Schulstruktur mit Ganztags- und Gesamtschulen sowie ein Angebot von Schulen in freier Trägerschaft (insbesondere Waldorfschulen) sowie
- eine Veränderung der Lehrerrolle in der Schule und gegenüber den Eltern.

Erwartet wird ein Lehrer, der die Kinder liebt und dabei ihre unverwechselbare Individualität und ihre Entfaltungsmöglichkeiten garantiert und fördert und sich durch Toleranz, Freundlichkeit, Wärme und Verständnis im Umgang mit Kindern auszeichnet.

Interessant sind aus dieser Zeit des Aufbruches zwei Schulmodelle, entwickelt in Greifswald und in Rostock:

In Greifswald befaßte sich der „Runde Tisch - Bildung" ausführlich mit dem künftigen Bildungs- und Erziehungsauftrag. Ich zitiere: „Zentraler Bezugspunkt der Schule soll das Kind sein, die Akzeptanz seiner Gesamtpersönlichkeit, seine optimale Förderung und die Förderung seiner sozialen Integration." Konzipiert wird eine Schulstruktur, „die jedem Schüler erlaubt, nach seinen Neigungen, Interessen und Fähigkeiten unterschiedliche Wege zum gleichen Ziel zu gehen und auch Korrekturen seines Weges vornehmen zu können."

Folgende Schulstruktur wird vorgeschlagen:

An eine 4jährige Grundschule soll sich für alle Kinder die gemeinsame Orientierungsstufe 5/6 anschließen. Die weiterführende Realschule soll mit umfangreichen Differenzierungsformen Schülern breit angelegte Profilierungsmöglichkeiten anbieten, welche durch die Zusammenarbeit von Nachbarschulen noch verstärkt werden sollen. In den einzelnen Jahrgängen soll sowohl gemeinsamer wie auch getrennter Unterricht möglich sein.

Daneben ist das Gymnasium mit den Jahrgangsstufen 7 bis 12 vorgesehen.

In Rostock entwickelte Herr HIERUNDAR, Lehrer an der ehemaligen 7. Polytechnischen Oberschule, ein Gesamtschulmodell mit einer der Waldorfpädagogik nachempfundenen integrierten Grundschule. Anfang Februar 1990 stellt er dieses Modell der Öffentlichkeit vor. Er erhält Zuspruch und Unterstützung von Eltern und Lehrern, kann sich engagiert gegen Zaudern und Widerstände durchsetzen und beginnt mit Unterstützung des Senats der Hansestadt als Schulleiter im Schuljahr 1990/91 mit einem Schulversuch. Hervorzuheben sind die Anstrengungen des Kollegiums, von Beginn an ein demokratisches Miteinander von Schülern, Lehrern und Eltern zu entwickeln, um auf dieser Basis den Grundstein für die Gestaltung dieser Schule als Lern- und Lebensraum für die in ihr Agierenden zu legen.

Ich zitiere aus einem Elternbrief, den ich einer Initiative zum Erhalt dieser Schule entnommen habe, weil er die Freude widerspiegelt, die Eltern nach ihren ersten Erfahrungen mit einer Schule empfinden, in der begonnen wird, Demokratie und Humanismus zu leben.

„Ich möchte mit diesem Brief ausdrücklich betonen, daß Direktor HIERUNDAR und seine Mitstreiter mein volles Vertrauen besitzen. Als einer der ersten Direktoren entwickelte er mit Gleichgesonnenen engagiert und kompetent ein neues Schulmodell, das sich bereits im ersten Jahr bewährt. Ich hatte meinen Sohn nach der 1. Klasse extra in die 18. Oberschule umgeschult, und er ist von seiner Klassenlehrerin genauso begeistert wie von seinem Direktor. Er fühlt sich von beiden als kleine Persönlichkeit akzeptiert und hängt an ihnen. So versteht es die

Lehrerin beispielsweise, in Gesprächsrunden wie dem Morgenkreis, Konflikte innerhalb der Klasse mit den Kindern gemeinsam zu lösen, Vertrauen aufzubauen und die unterschiedlichen Fähigkeiten und Neigungen der Kinder differenziert und einfühlsam zu fördern. Deshalb möchte ich nachdrücklich um Unterstützung des von der 18. Oberschule vorgeschlagenen Schulmodells und um den Erhalt der dortigen Lehrerschaft bitten - sie kämpfen nicht für sich oder aus irgendwelchen politischen Interessen, sondern für unsere Kinder!"
Den 1991 beschrittenen Weg setzen Herr HIERUNDAR und sein Kollegium in der heutigen Borwin-Gesamtschule (mit gymnasialer Oberstufe) mit beispielhaftem Engagement fort.
Aus den Ihnen bisher vorgestellten basisdemokratischen Reformvorstellungen der Jahre 1989 und 1990 wird ein bildungspolitisches Gesamtkonzept für Mecklenburg-Vorpommern noch nicht erkennbar, aber Vorstellungen dazu gibt es durchaus. Ich beziehe mich auf entsprechende Überlegungen aus der Universität Rostock und dem „Bildungsrat für Mecklenburg-Vorpommern". Die Hochschulgruppe des Kulturbundes an der Wilhelm-Pieck-Universität in Rostock veröffentlicht am 1. Dezember 1989 ein Diskussionspapier zu Reformvorstellungen, ein sehr frühes Programm, das vom Fortbestand der DDR ausgeht, weit über das hinausreicht, was bisher das Volksbildungsministerium, die Führung der SED und andere Parteien und Institutionen zur Diskussion stellten und „revolutionäre" Veränderungen des sozialistischen Bildungssystems anstrebt
Kernpunkte dieses Papiers sind detaillierte Vorstellungen:

- zur Demokratisierung des Volksbildungswesens,
- zum Ziel des Bildungs- und Erziehungsprozesses („Das Hauptziel ist zu begreifen als: 'die als Weltbürger denkende und handelnde sozialistische Persönlichkeit'"),
- „zur Überwindung der überwiegend praktizierten Eindimensionalität des Bildungs- und Erziehungsprozesses, der sich u. a. offenbart in einer überwiegenden Orientierung auf die Vermittlung und Aneignung gebrauchsfähiger Kenntnisse sowie festgelegter Modelle der Wissensaneignung",
- zu alternativen Unterrichtsführungen,
- zu den Lernzielen im Unterricht usw.

Der Bildungsrat für das Land Mecklenburg-Vorpommern, bestehend aus Vertretern aller Universitäten und Hochschulen sowie der Institute für Lehrerbildung und Vertretern der neuen Bezirksschulämter, verabschiedete am 24. Juli 1990 erste Standpunkte zur Weiterentwicklung der Schulen und der Lehrerbildung. Besonders erwähnenswert ist der Verweis auf die künftige Lehrerrolle in einer veränderten Schulpraxis, „in der die Lehrer sich auf die neuen inhaltlichen und vor allem methodischen Gegebenheiten einer pluralistischen Schule einstellen müssen, die weniger der Stoffschüttung als der Arbeit mit dem Schüler verpflichtet ist und zu seiner individuellen Persönlichkeitsentwicklung beitragen soll".

Darüber hinausgehende Vorstellungen zur Umgestaltung des Bildungswesens lassen sich zum Beispiel im Positionspapier des Runden Tisches zu Bildung, Erziehung und Jugend in Berlin sowie in Empfehlungen des neuen Ministeriums für Bildung und Wissenschaft der DDR vom Sommer 1990 finden.
Alle bisher von mir erwähnten Dokumente enthalten im wesentlichen zwei grundsätzliche Forderungen an die neue Schule: 1.Ihre Demokratisierung, indem sie sich befreit von Indoktrination und Entmündigung; 2. Ihre innere Erneuerung, indem sie unter Wahrung der Chancengleichheit das Kind zum Subjekt der Bildungsbemühung werden läßt, womit insbesondere eine Veränderung der Lehrerrolle verbunden ist.
In den ehemaligen drei Nordbezirken der DDR beteiligten sich auch Lehrer und Erzieher engagiert an der Demokratisierung der Schulen, die mit der Ablösung der Ministerin für Volksbildung, Margot HONECKER, im Herbst 1989 einsetzte. Ich erinnere mich an zahlreiche Konferenzen auf Schul- beziehungsweise Kreisebene, an die Mitwirkung von Lehrern im Neuen Forum und an „Runden Tischen“ sowie in neu gegründeten demokratischen Parteien.
Mit der Wiedervereinigung 1990 begann die Vorbereitung fundamentaler Schulstrukturveränderungen. Diese Veränderungen und die in der Wendezeit oft zu pauschal erfolgte Kritik des pädagogischen und politischen Verhaltens der Lehrer in der Schule der DDR führten bei diesen zu einer zunehmenden Verunsicherung hinsichtlich des Umgangs mit der eigenen Biographie und ihren Zukunftsperspektiven. Viele Lehrer zogen sich aus der weiteren Diskussion um die innere Schulreform zurück, womit die Basis für die Schulreformdiskussion erheblich geschwächt wurde.
Ein Zitat des ehemaligen Oberbürgermeisters von Rostock am 19. Juni 1990 in der Mecklenburger Volkszeitung verdeutlicht dieses:

> „Wir haben in letzter Zeit aus Kreisen der Pädagogen viele Fragen gehört, die die Sicherheit der Arbeitsplätze, die Höhe der Gehälter, die Fortschreibung der Schulspeisung, die Anerkennung verschiedenster Qualifikationen und die Beibehaltung von Kindergärten im bisherigen Umfang betrafen - all das sind verständliche soziale Fragen, die einer Antwort bedürfen - und wir sind auch bereit, diese zu geben. Was jedoch unserer Meinung nach bisher viel zu kurz gekommen ist, das ist die Diskussion um die neuen Lehrinhalte, die Frage, wie man den Schutt des alten, ideologisch begründeten Feindbildes aus den Köpfen unserer Kinder zu entfernen gedenkt.“ Und weiter: „Auf welche Weise wird sie in unseren Schulen gelehrt werden - die Kultur der politischen Auseinandersetzung und die Toleranz gegenüber den Andersdenkenden? Es scheint uns, daß hier noch erheblicher Nachholebedarf besteht.“

Wie reagierten die neuen demokratischen Parteien auf die verschiedenen basisdemokratischen Vorstellungen und Forderungen der „Runden Tische“ und Bürgerinitiativen zur künftigen Gestaltung der Schule in Mecklenburg-Vorpommern? Überprüft man daraufhin ihre Wahlprogramme zu den Landtagswahlen 1990, so fällt das Ergebnis eher dürftig aus. Bemerkenswert sind die programmatischen Äußerungen der CDU und der SPD.

Die CDU möchte ein demokratisches Bildungswesen etablieren, das die Ganzheitlichkeit der Persönlichkeit und die volle Entfaltung ihrer Individualität beachtet. Sie fordert eine Schule, die den mündigen Bürger erzieht, alle Begabungen fördert, leistungsorientiert ist, die Behinderten und Schwachen nicht ausgrenzt sowie den Eltern ein größeres Mitspracherecht bei der schulischen Bildung und Erziehung einräumt. Dafür wird das dreigliedrige Schulsystem gewünscht.
Das Wahlprogramm der SPD beschreibt die Aufgabe der Schulerneuerung so:

„Die Schule hat die Aufgabe, die Lernfreude der Kinder zu erhalten und zu fördern, ihre Fähigkeiten zu entwickeln und den individuellen Neigungen weitgehend gerecht zu werden. Im Grundverständnis einer erneuerten Schule müssen soziale Beziehungen gedeihen können, die von gegenseitiger Achtung, Verständnis und Respektierung auch des Andersdenkenden ohne Berührungsängste geprägt sind. In diesem Sinne wollen wir eine demokratische, pädagogische und soziale Schule, die durch Mitbestimmung aller Beteiligten, durch kindgerechte und individuelle Förderung aller Schülerinnen und Schüler sowie durch soziales Lernen eine ganzheitliche Bildung von Kopf, Herz und Hand ermöglicht. Wir wollen Schulen, die solange wie möglich das gemeinsame Lernen und damit gemeinsame Erfahrungen - auch mit behinderten Kindern - ermöglichen, die Auslesung von Schülern möglichst vermeiden und zugleich die guten Schüler in ihren spezifischen Leistungsstärken besser fördern als bisher.“

Nach den Landtagswahlen 1990 bilden CDU und FDP eine Koalitionsregierung. Der Ministerpräsident Dr. GOMOLKA gibt am 30. November 1990 eine Regierungserklärung, in der er sich auch zur Schule äußert:

„Wir wollen eine neue Schule, in der die weniger Begabten gefördert und die Begabten gefordert werden. Es soll ein gegliedertes Schulwesen geben. Benachteiligte und behinderte Schüler sollen nach Kräften integriert und nicht länger ausgegrenzt und abgeschoben werden. Die Neugestaltung des Schulwesens braucht Zeit.“

Am 20. Dezember 1996 schreibt der erste Kultusminister von Mecklenburg-Vorpommern, Herr Oswald WUTZKE, einen langen Brief an die Lehrer und Erzieher im Lande und verweist hinsichtlich der inneren Erneuerung der Schule „auf die schwierige Aufgabe, jetzt eine gründliche Diskussion über die neuen Schulstrukturen und Unterrichtsinhalte zu führen“. Beide Landespolitiker machen auf einen längerfristigen Prozeß der Neugestaltung von Schule in Mecklenburg-Vorpommern aufmerksam.
Die Bildungsdiskussion wird im Frühjahr 1991 durch den Entwurf des 1. Schulreformgesetzes bestimmt. Es wird ein Gesetz, welches sich fast ausschließlich der äußeren Schulreform widmet, vorgezeichnet durch Vereinbarungen im Einigungsvertrag. Ein öffentlicher Diskurs über Unterrichtsinhalte und die Fortsetzung der inneren Schulreform findet vor allem aus Zeitgründen so gut wie nicht mehr statt. Die Landesregierung beabsichtigte noch im Dezember 1990 einen allmählichen Übergang in das gegliederte Schulwesen. Dieses Vorhaben konnte jedoch auf Grund massiver Proteste der Eltern, denen sich auch die Landtags-

fraktionen anschlossen, nicht durchgehalten werden. Allgemein wurde die Forderung erhoben, sofort mit Beginn des Schuljahres 1991/92 alle Schularten des gegliederten Schulwesens, insbesondere das Gymnasium, einzuführen, um einer vermuteten Benachteiligung der Kinder hinsichtlich der bundesweiten Anerkennung ihrer Schulabschlüsse zu begegnen. In zahlreichen Beratungen stellten Mitarbeiter des Kultusministeriums, vornehmlich den Eltern und Lehrern, den Gesetzentwurf vor. Darüber hinaus erhielt das Kultusministerium eine Fülle von Stellungnahmen und Vorschlägen zum Gesetzentwurf, die den Schluß zulassen, daß 1991 die Chance zu demokratischer Mitwirkung hoch eingeschätzt wurde. Was ist der landesweite - ziemlich einheitliche - Tenor von schriftlichen Stellungnahmen und Meinungsäußerungen zum Entwurf des Schulreformgesetzes?

- Forderung, die Gesamtschule als gleichberechtigte Schulform aufzunehmen (Hauptsächliche Begründung: Möglichkeit der wohnortnahen Beschulung, kaum pädagogische Gründe.);
- Forderung, die Kinder nicht schon nach vier Schuljahren auf die weiterführenden Schulformen aufzuteilen, sondern eine zweijährige Orientierungsstufe für alle Kinder einzurichten (Begründung: Nach vier Schuljahren läßt sich die Eignung für die bestimmte Schulart noch nicht einschätzen.);
- Forderung, den Schulhort auch künftig räumlich und personell mit der Schule zu verbinden;
- Forderung, nicht das Fach Religion einzurichten, sondern religionskundliches Wissen über andere Fächer zu vermitteln;
- Benennung schulorganisatorischer Probleme, wie Schülerbeförderung, Lernmittelfreiheit und die Internatsunterbringung von auswärtigen Schülern.

Die Schularten der DDR werden kaum kritisiert, sondern im Gegenteil besonders von Unterstufenlehrern und Horterziehern positiv beurteilt, wahrscheinlich im Zusammenhang mit der Sorge um die eigene Perspektive. Die Unsicherheit gegenüber der künftigen Schulentwicklung überwiegt das Gefühl der Erleichterung, daß diese nun selbst mitgestaltet werden kann. Fragen der inhaltlichen und pädagogischen Umgestaltung der Schulen und damit substantielle Kritik am alten Schulsystem spielen kaum noch eine Rolle. Reformpädagogische Überlegungen und Vorschläge zu entsprechenden Unterrichtsformen sind in den Stellungnahmen nur vereinzelt zu finden. Partiell ist Enttäuschung spürbar, nach den basisdemokratischen Erfahrungen der Wendezeit kaum aktiv in die Schulpolitik eingreifen zu können. Insgesamt spiegeln die gesichteten Briefe an den Kultusminister und die Meinungsäußerungen in Versammlungen zum Gesetzentwurf gewisse Ängste vor Veränderungen und sozialem und materiellem Abstieg, dagegen nur selten ein Gefühl der Erleichterung über neue Möglichkeiten schulischer Arbeit wider. Damit belegt das untersuchte Material zumindest hier eine pragmatische Sichtweise. Aufbruchstimmung, Lust auf Innovation oder gar Visionen wurden in ihm kaum sichtbar. Jedoch, die bildungspolitisch interessierte Öffentlichkeit war sich zu diesem Zeitpunkt, Frühjahr 1991, bewußt, wesentliche Forderungen zur inneren Veränderung der DDR-Schule bereits durchgesetzt zu haben, zum Beispiel

- die Abkehr von der politisch-ideologischen Durchdringung und Indoktrination des Unterrichts,
- die Abschaffung des Unterrichtsfaches Staatsbürgerkunde,
- die Abschaffung der Wehrerziehung und der Werbung für den militärischen Nachwuchs in Schulen,
- die Veränderung des Fremdsprachenkonzepts, u. a. durch Beseitigung der Präferenz von Russisch,
- die Beseitigung der Einflußnahme politischer Parteien und Organisationen auf die Schule, einschließlich der Jugendweiheausschüsse,
- die beginnende Einführung von Rahmenplänen,
- die Neubestellung von Schulleitern und Schulräten,
- die Erhöhung der Mitsprachemöglichkeit für Eltern, Schüler und Lehrer durch die Einrichtung von Mitwirkungsgremien,
- die Zulassung von Schulen in freier Trägerschaft.

Die Landtagsberatung zum 1. Schulreformgesetz konzentrierte sich ebenfalls vor allem auf die äußere Schulreform. Stellungnahmen wie: „Wenn man die Reformierung der Schule will, dann muß man zuerst über die Bildungsinhalte nachdenken, nämlich wie man Bildung und Erziehung moderner, besser, humanistischer und demokratischer gestalten will" waren eher die Ausnahme.
Am 25. April 1991 wird das 1. Schulreformgesetz vom Landtag Mecklenburg-Vorpommerns verabschiedet. Es ist relativ knapp formuliert und schafft den gesetzlichen Rahmen für das gegliederte Schulsystem. Auf ein späteres umfassendes Schulgesetz wird verwiesen. Damit werden nach den ersten demokratischen Landtagswahlen 1990 die gesetzlichen Voraussetzungen für den Aufbau eines demokratischen Bildungssystems geschaffen. Die Möglichkeit, aus der Polytechnischen Oberschule heraus eine Schulart wie in Sachsen - die Mittelschule, in Thüringen - die Regelschule oder in Sachsen-Anhalt - die Sekundarschule zu entwickeln, wurde nicht wahrgenommen, obwohl eine vergleichbare Schule auch für Mecklenburg-Vorpommern im Herbst 1990 konzipiert wurde.
Mit dem Schuljahr 1991/92 begannen für Lehrer, Schüler und Eltern gleichermaßen bewegte Jahre, geprägt durch veränderte Arbeits- und gesetzliche Rahmenbedingungen in den Schulen, geprägt von Existenzfragen, aber auch von einer viel umfassenderen gesellschaftlichen Umbruchsituation in ganz Deutschland.
Die besondere Konstellation für die Lehrer in Mecklenburg-Vorpommern und in den anderen neuen Ländern besteht in der zeitlichen Parallelität der Abkehr vom sozialistischen Bildungssystem der DDR und den in den 90er Jahren zunehmenden Fragen nach einer grundsätzlichen Umgestaltung des Konzepts von Schule und dem didaktischen Anspruch an sie. Diese Situation erschwert den schulischen Reformprozeß in Mecklenburg-Vorpommern zusätzlich.

Von 1991 bis 1996 hat das Landesinstitut Mecklenburg-Vorpommern für Schule und Ausbildung (L.I.S.A.) angestrengt daran gearbeitet, durch Lehrerfort- und -weiterbildung zur Veränderung der Schulen beizutragen.
Übergreifend für alle Fächer und Schularten werden den Lehrern Fortbildungen zu den „klassischen" reformpädagogischen Ansätzen wie Öffnung des Unterrichts, projektorientiertem, fächerübergreifendem, handlungsorientiertem Unterricht, Wochenplanarbeit u. ä. angeboten, die insbesondere Hilfen bei der Entwicklung einer selbstverantwortlichen, eigenaktiven und produktiven Lernhaltung der Schülerinnen und Schüler geben sollen. Fortbildungsveranstaltungen zur Kommunikation, zur Konfliktfähigkeit und zum Rollenverständnis sowie die Begleitung und Moderation von Schilf-Prozessen (Schulinterne Lehrerfortbildung), bei denen es um die Weiterentwicklung von Schulkollegien zu lernenden Teams geht, ergänzen zunehmend die traditionellen schulfachlichen Angebote.
Von besonderem Gewicht war die erfolgreiche Nachqualifikation von fast 3000 Lehrkräften, insbesondere für moderne Fremdsprachen und Sozialkunde, Religion und Kunst, die durch das Landesinstitut in Zusammenarbeit mit Universitäten, der Bundeszentrale für politische Bildung, Stiftungen u. a. Bildungsträgern organisiert wurde.
Aber auch Kommunen haben beachtenswerte Anstrengungen unternommen, um die Schulreform in ihrem Einzugsbereich voranzubringen. Ich verweise auf ein beispielhaftes Programm der Hansestadt Greifswald „Öffnung der Schulen für kulturelle und kommunikative Zwecke".
Ich zitiere daraus:

„Öffnung von Schule ist zu verstehen als eine mögliche Form schulischer Antwort auf die veränderten Lebensbedingungen von Kindern und Jugendlichen, welche Schule als wesentlichen Lebensraum von Kindern und Jugendlichen begreift. Schule in diesem Sinne ist nicht mehr nur Lehranstalt, sondern Lebenswelt für die Schülerinnen."

Das Konzept ist so angelegt, daß auf seiner Basis Lehrer, Eltern und Schüler der einzelnen Schulen ihr eigenes Schulprogramm entwerfen können.
Die Bereitschaft der Lehrer, ihre Rolle in der Schule zu hinterfragen, ist unterschiedlich ausgeprägt. Es läßt sich noch oft beobachten, daß Lehrer ihre Rolle vor allem als Wissensvermittler begreifen, also vorrangig in einer tradierten Bildungsfunktion verharren. Auch das Bewußtsein, jetzt lange geforderte Handlungsspielräume bei der Unterrichtsplanung und -gestaltung zu besitzen und diese aktiv nutzen zu können (und zu müssen), entwickelt sich nicht bei allen Lehrern in gleichem Umfang. Zu oft wird auf Initiativen und Regelungen von außen gewartet.
Seit dem 25. Mai 1996 hat das Land Mecklenburg-Vorpommern ein neues Schulgesetz. Es ist auch das Ergebnis einer breiten öffentlichen Aussprache und Mitwirkung. Der Bildungs- und Erziehungsauftrag der Schule enthält neben Aussagen zur Wissens- und Kenntnisvermittlung insbesondere klare Aufträge

zur Entwicklung von Haltungen und Einstellungen. Selbständigkeit, Eigenverantwortung, soziale und politische Mitverantwortung, Konfliktfähigkeit, Umwelt- und Naturbewußtsein sind einige der genannten Ziele.
Die Eigenverantwortlichkeit der Schulen bei der Planung und Gestaltung des Unterrichts, der Erziehung und der Organisation ihrer inneren Angelegenheiten wird ausdrücklich betont. Schüler und Eltern sind an der Gestaltung des Schullebens und der Auswahl der Unterrichtsinhalte zu beteiligen. Sie sind in viel größerem Umfang und mit mehr Vollmachten ausgestattet als bisher. *Das Gesetz fördert* die weitere *Öffnung des Unterrichts und der Schule* gegenüber ihrem gesellschaftlichen Umfeld.
Mit dem neuen Schulgesetz kann die Schulreformdiskussion der Aufbruchszeit 1989/90 wieder aufgenommen und weitergeführt werden. Umfangreich sind die Möglichkeiten *demokratischer Mitwirkung aller in und an die Schule Beteiligten.* Möge sie gelingen, damit der Entwicklungsprozeß, Schule als Lern- und Lebensraum weiter auszugestalten, erfolgreich fortgesetzt werden kann.

Manfred ROSENBERGER

Zur Entwicklung der Idee einer „Schule ohne Aussonderung" in Deutschland[1]*

„Behinderte" sind in Sonderschulen am besten zu fördern. So glaubte man jahrhundertelang. Inzwischen hat sich auch in Deutschland die Erkenntnis verbreitet, daß dies ein Mythos ist. Nicht den in die Sonderschulen Eingewiesenen wurde damit in erster Linie geholfen,[2] sondern die mangelhaft ausgestatteten, am quasi militärisch gleichschrittigen Lernen orientierten Regelschulen wurden damit entlastet. Sie wurden entlastet vom Anspruch, Schule so zu organisieren, daß sie allen Schülerinnen und Schülern gerecht werden kann, indem sie als eine Schule ohne Aussonderung konzipiert wird. Inzwischen gibt es vor allem im Ausland,[3] aber auch in Deutschland erprobte Konzepte, die zeigen, daß eine dieser Idee verpflichtete Schulorganisation machbar und finanzierbar ist.[4]
Wie kam es zu diesem Anspruch an die Allgemeine Schule, daß sie so zu organisieren sei, daß auch Menschen mit Beeinträchtigungen darin gut gefördert werden können?

Historische Wurzeln

Ein wichtiger Ansporn für viele Eltern und Professionelle, die sich seit Anfang der siebziger Jahre zunehmend für die nichtaussondernde Förderung einsetzen, dürfte das Wissen von der Behandlung „Behinderter" während der nationalsozialistischen Gewaltherrschaft sein. Damals erleichterten es Sondereinrichtungen erheblich, daß für viele der dort Untergebrachten die Aussonde-

---

[1] Dieser Beitrag ist die gekürzte Fassung des 1. Kapitels. In M. ROSENBERGER (Hrsg.): Schule ohne Aussonderung. Idee, Konzepte, Zukunftschancen. Neuwied 1998. Bei Berufs- oder Rollenbezeichnungen wird in der Regel die männliche Form benutzt; Mädchen bzw. Frauen sind dabei natürlicherweise immer mitbedacht.

[2] Es gibt keine wissenschaftliche Untersuchung, die belegen kann, daß die Förderung an einer Sonderschule für die Betroffenen besser sei als eine Förderung an der Allgemeinen Schule mit zusätzlichen Fördermaßnahmen. Vgl. dazu A. SANDER: Das bisherige Konzept sonderpädagogischer schulischer Förderung in kritischer Sicht. In: ROSENBERGER, M. (Hrsg.): Ratgeber gegen Aussonderung. Heidelberg ^{2}1998.

[3] Interessant ist in diesem Zusammenhang, daß in englischsprachigen Veröffentlichungen und internationalen Dokumenten wie etwa der UNESCO-Erklärung von Salamanca vermehrt der Begriff „inclusion" (Einbeziehung) benutzt wird, der in etwa dem deutschen „ohne Aussonderung" entspricht.

[4] Vgl. dazu U. PREUSS-LAUSITZ: Integration Behinderter zwischen Humanität und Ökonomie. Zu finanziellen Aspekten sonderpädagogischer Unterrichtung, in: Pädagogik und Schulalltag, 1/1996, S.17-31. - Einen umfassenden Überblick über den Stand der Konzeptentwicklung und die Realisierung in allen deutschen Bundesländern, in Österreich und der Schweiz bietet M. ROSENBERGER (Hrsg.): Schule ohne Aussonderung, a. a. O.

rung tödlich endete.[1] Diese als angebliche Wohltat verschleierten Verbrechen im Dienst der Nazi-Ideologie durch „medizinisch-politische Mordkommissionen“[2] trugen wesentlich dazu bei, daß in der Nachkriegszeit Menschen mit Beeinträchtigungen und Eltern von Kindern mit Beeinträchtigungen mißtrauisch gegenüber einer Versorgung in besonderen Einrichtungen wurden. Wie leicht könnte diese Versorgung wieder in eine „Entsorgung“ umschlagen, fragten sich viele. - Bemerkenswert in diesem Zusammenhang ist, daß die damaligen „Ausmerzer lebensunwerten Lebens“ offensichtlich davor zurückschreckten, den Eltern ihre Kinder zu Hause wegzunehmen.[3]

Doch trotz dieser schlimmen Erfahrungen, trotz der unheimlichen Erkenntnis, daß manche der an der „Euthanasie“ Beteiligten sich in den frühen Jahren der Bundesrepublik am Wiederauf- und -ausbau der Sondereinrichtungen beteiligten[4], trotz des Wissens um den tödlichen Beiklang des von den Nazis im Zusammenhang mit der Vernichtung jüdischer Menschen entwickelten Begriffs der „Sonderbehandlung“[5], trotz alledem wurde der Ausbau der „Sonderschulen“ im Nachkriegsdeutschland mit typisch deutscher Perfektion betrieben. Kein anderes Land der Erde leistet sich ein zehngliedriges Sonderschulsystem.[6] Diese Aussonderungspraxis wurde legalisiert durch Paragraphen in den Schulgesetzen der Bundesländer, die zum Teil wortgleich dem Reichsschulpflichtgesetz von 1938 entsprachen.[7]

Erst Ende der sechziger und Anfang der siebziger Jahre gab es in der Bundesrepublik[8] im Rahmen der Gesamtschuldebatte die erste Möglichkeit, die schuli-

---

[1] Vgl. dazu E. KLEE: „Euthanasie“ im NS-Staat. Die „Vernichtung lebensunwerten Lebens“. Frankfurt/M 1983.

[2] A. MÖCKEL: Geschichte der Heilpädagogik. Stuttgart 1988, S.230.

[3] Vgl. dazu A. MÖCKEL, a. a. O., S. 230.

[4] Vgl. dazu U. SIERCK / N. RADTKE: Die Wohltäter-Mafia. Vom Erbgesundheitsgericht zur Humangenetischen Beratung, Hamburg 1984.

[5] Vgl. dazu auch den Hinweis von A. MÖCKEL (in: Behindertenpädagogik in Hessen, 1/1996, S. 111-114) auf eine Veröffentlichung des Reichsfachschaftsleiters in „Die Deutsche Sonderschule“ von 1941. Dort heißt es: „Der Begriff Sonderpädagogik steht (...) zum Nationalsozialismus in unmittelbarer Beziehung (...) Wir betrachten deshalb die Begriffe `Sonderpädagogik´ oder `Sondererziehung´ als unser geistiges Eigentum.“ (a. a. O., S. 113).

[6] Vgl. dazu A. SANDER, a. a. O.

[7] So hieß es zum Beispiel bis 1990 im Berliner Schulgesetz § 10,2: „Schulpflichtige, die bildungsfähig sind, aber wegen körperlicher, geistiger, seelischer oder sittlicher Besonderheiten auf dem allgemeinen Bildungsweg der Berliner Schule nicht oder nicht hinreichend gefördert werden können, sind zum Besuch einer ihrer Eigenart entsprechenden Sonderschule verpflichtet.“

[8] In der DDR gab es eine nahezu ungebrochene Sonderschultradition, wobei allerdings der in den 60er Jahren in der Bundesrepublik aufgrund von Elterninitiativen („Lebenshilfe“) erfolgte Aufbau eines Sonderschulsystems für „Geistigbehinderte“ dort nicht stattfand. Vgl. dazu U. ANGERHOEFER u. a.: Zur Entwicklung des Sonderschulwesens in der ehemaligen DDR bis 1989. In: K. HASEMANN/H. MENSCHENHASSER (Hrsg.): Sonderpädagogische Förderzentren, Hohengehren 1997; K. LIEBERS: Sonderpädagogik und Sonderschulwesen der DDR als Ausgangssituation für gemeinsame Erziehung nach der Wende in Brandenburg. In: P. HEYER/U.

sche Aussonderung zu überwinden. Doch die von engagierten Praktikern und Wissenschaftlern erhobene Forderung, die Sonderschulen in die Überlegungen zur Organisation der Gesamtschulen einzubeziehen[1], konnte sich nicht durchsetzen. Diese Ausblendung der Sonderschüler aus der damaligen Diskussion um Chancengleichheit war um so bedenklicher, als eines der wesentlichen Ziele der Gesamtschule die Verringerung soziokultureller Benachteiligung durch „kompensatorische Erziehung" war und in den Sonderschulen für Lernbehinderte (damals „Hilfsschulen" genannt) vor allem Kinder aus Unterschicht-Familien versammelt waren, die mit einem Sonderschulabschluß kaum eine Chance hatten, ihre soziale Situation zu verbessern.[2]

Im Jahre 1972 bekräftigte die Kultusministerkonferenz mit der „Empfehlung zur Ordnung des Sonderschulwesens" eine Politik, die konservativ-leistungsorientiert am gegliederten Schulwesen festhielt: „Für die Beibehaltung eigenständiger Sonderschulen spricht die Notwendigkeit, eine umfassend angepaßte Hilfe für behinderte Schüler zu geben und gleichzeitig die allgemeine Schule von Schülern zu entlasten, denen sie nicht gerecht werden kann." (S. 21)

An dieser schulpolitischen Richtungsentscheidung konnte auch die 1973 erschienene, unter der Leitung von Jakob MUTH erarbeitete Empfehlung der Bildungskommission des Deutschen Bildungsrates „Zur pädagogischen Förderung behinderter und von Behinderung bedrohter Kinder und Jugendlicher" nichts ändern, in der eine möglichst weitgehende gemeinsame Unterrichtung „behinderter" und „nichtbehinderter" Schüler empfohlen wurde. Es wurde -abhängig von den jeweiligen Fähigkeiten des Kindes- ein flexibles Organisationssystem vorgeschlagen, das von Kontakten außerhalb des Unterrichts über integrativen Unterricht in manchen Fächern bis zur völligen schulischen Integration reichte.[3]

PREUSS-LAUSITZ/J. SCHÖLER: „Behinderte sind doch Kinder wie wir!" Gemeinsame Erziehung in einem neuen Bundesland. Berlin 1997.

[1] Vgl. H. EBERWEIN: Die Sonderschule als Integrationsfaktor der Gesamtschule - ein pädagogisch-soziologisches Problem, in: Zeitschrift für Heilpädagogik, 6/1970, S. 311-327; U. PREUSS-LAUSITZ: Probleme der Integration von Sonderschülern in die Gesamtschule. In: Zeitschrift für Heilpädagogik, 3/1971, S. 183-193.

[2] Vgl. dazu U. PREUSS-LAUSITZ, a. a. O. Interessant ist in diesem Zusammenhang, daß die heutige „Integrationspädagogik" über das damalige Gleichheitsideal der kompensatorischen Erziehung hinausgeht, indem sie nicht nur auf den Ausgleich von Unterschieden zielt, sondern auch ganz bewußt „die Gleichwertigkeit und Gleichberechtigung der Ungleichen" akzeptiert. Vgl. K. RIEDEL: Was kann Didaktik zur Integration von Behinderten und Nichtbehinderten beitragen? In: H. EBERWEIN (Hrsg.): Einführung in die Integrationspädagogik. Weinheim 1996. Vgl. dazu auch A. PRENGEL: Zur Dialektik von Gleichheit und Differenz in der Pädagogik. In: H. EBERWEIN: Behinderte und Nichtbehinderte lernen gemeinsam. Handbuch der Integrationspädagogik. Weinheim [3]1994; A. HINZ: Heterogenität in der Schule. Integration - Interkulturelle Erziehung - Koedukation. Hamburg 1993.

[3] Vgl. A. SANDER: Die Empfehlung des Deutschen Bildungsrates von 1973 für Schulpolitik und Schulrecht heute. In: Bundesvereinigung Lebenshilfe (Hrsg.): Rechtliche Grundlagen und Probleme schulischer Integration. Marburg 1991, S. 30-43.

Das durch diese Empfehlung angeregte In-Frage-Stellen des Sonderschulwesens war eine Art Initialzündung für die westdeutsche „Integrationsbewegung", die - bestehend aus Lehrern, Hochschullehrern, Menschen mit Beeinträchtigungen und Eltern von Kindern mit Beeinträchtigungen- in den folgenden Jahren die Einrichtung von zunächst noch sehr vereinzelten „Integrationsklassen" durchsetzten.
Erst 1994 akzeptierte die Kultusministerkonferenz mit ihrer „Empfehlung zur sonderpädagogischen Förderung in den Schulen der Bundesrepublik Deutschland" die inzwischen bereits weit verbreiteten integrativen Schulkonzepte. Bereits der Titel dieser Empfehlung macht die Abkehr von der alten, institutionsbezogenen Sicht („Sonderschulwesen") und die Hinwendung zur modernen, personenbezogenen und schulartenübergreifenden Sicht deutlich: Es geht nicht länger in erster Linie um die bürokratisch-geordnete Erhaltung des herkömmlichen Sonderschulwesens, sondern darum, daß Kinder mit Beeinträchtigungen die nötige „sonderpädagogische Förderung" erhalten, was grundsätzlich auch in der Allgemeinen Schule möglich ist. Bereits im Vorwort heißt es: „Die Erfüllung sonderpädagogischen Förderbedarfs ist nicht an Sonderschulen gebunden; ihm kann auch in allgemeinen Schulen, zu denen auch berufliche Schulen zählen, vermehrt entsprochen werden."
Während die Empfehlung von 1972 nur die oft äußerst fragwürdige Zuordnung von Kindern mit „sonderpädagogischem Förderbedarf" zu einer der zehn Sonderschularten vorsah, werden nun „Sonderpädagogische Förderschwerpunkte" beschrieben, die auch in den Regelschulen bearbeitet werden können, etwa wenn es beim Lern- und Leistungsverhalten des Kindes Schwierigkeiten gibt oder wenn Probleme mit der Sprache bzw. der Kommunikation, der emotionalen und sozialen Entwicklung, der geistigen Entwicklung, der körperlichen und motorischen Entwicklung, dem Hören, dem Sehen oder der körperlichen und seelischen Verfassung festgestellt werden.
Mit dieser Empfehlung gibt die Kultusministerkonferenz einer „Schule ohne Aussonderung" zwar noch nicht den Vorrang, aber sie gibt den Weg frei für eine Entwicklung, an deren Ende eine „Schule ohne Aussonderung" in Deutschland stehen könnte.
Vorangetrieben wurde diese Entwicklung bisher vor allem von engagierten Eltern. Bereits in den achtziger Jahren setzten sich immer mehr lokale Elterninitiativen dafür ein, daß in ihrer Stadt oder in ihrem Dorf eine „Integrationsklasse" nach dem Fläming- oder Uckermark-Modell eingerichtet wurde.[1]

[1] Das „Fläming-Modell" ist gekennzeichnet durch 15 Kinder pro Klasse, wovon 5 „behindert" sind, die durch 1 Lehrer/in und 1 Pädagogische Unterrichtshilfe betreut werden. Das Konzept der Uckermark-Grundschule ist das einer „Schule ohne Aussonderung", die alle Kinder des Einzugsbereiches aufnimmt. Damit auch die zu erwartenden Kinder mit Beeinträchtigungen (etwa 10% eines jeden Einschulungsjahrganges) gut betreut werden können, werden die Klassen auf 20 Schüler verkleinert und pro Jahrgang (mit jeweils 3 Klassen) eine Sonderpädagogenstelle zusätzlich eingerichtet. Vgl. dazu P. HEYER u. a. (Hrsg.): Zehn Jahre wohnortnahe

Verstärkt wurde dieser Prozeß dadurch, daß sich diese zunächst sehr vereinzelten Initiativen ab Mitte der achtziger Jahre zur Bundesarbeitsgemeinschaft „Gemeinsam leben - gemeinsam lernen Eltern gegen Aussonderung" mit inzwischen elf Landesarbeitsgemeinschaften zusammenschlossen.[1] Damit wurde der Informationsaustausch erleichtert, die Konzeptentwicklung verbessert und der politische Druck verstärkt.
Sicher nicht zufällig kam es in den folgenden Jahren zu einer Reihe von Gesetzesänderungen in verschiedenen Bundesländern (Saarland 1986, Berlin und Schleswig-Holstein 1990, Brandenburg 1991, Hessen 1992, Niedersachsen und Bremen 1994, Nordrhein-Westfalen 1995, Mecklenburg-Vorpommern 1996 und Hamburg 1997), mit denen die Phase der isolierten „Modellversuche" überwunden und eine weitere Verbreitung integrativ arbeitender Klassen erreicht wurde, indem diese gesetzlich vorgesehen wurden, allerdings nur „im Rahmen der vorhandenen schulorganisatorischen, personellen und sächlichen Möglichkeiten" (§ 4, Saarländisches Schulordnungsgesetz).
Das Saarländische Schulordnungsgesetz vom 4. Juni 1986 hat das historische Verdienst, erstmals in Deutschland festgestellt zu haben, daß „der Unterrichts- und Erziehungsauftrag der Schulen der Regelform grundsätzlich auch die behinderten Schüler (umfaßt)", eingeschränkt allerdings durch den Hinweis auf die „vorhandenen Möglichkeiten", der in Zeiten knapper staatlicher Mittel oder schwach ausgeprägten politischen Willens die Eltern zu Bittstellern macht, deren Bitte auch abgelehnt werden kann.
Die Schulgesetznovellen der anderen Bundesländer orientierten sich an diesem Vorbild, nicht an der Berliner Novelle vom 19. Oktober 1990, in der verlangt worden war, „die Voraussetzungen für das uneingeschränkte Wahlrecht der Erziehungsberechtigten" bis zum Schuljahr 1996/97 zu schaffen. Allerdings wurde 1996 dieses Schulgesetz dahingehend novelliert, daß das angeblich weiterhin großzügig zugestandene „Wahlrecht" der Eltern unter einen „Haushaltsvorbehalt" gestellt wurde, womit es ebenfalls zum „Antragsrecht" degenerierte.

Versuch einer Klärung von Begriffen

Die Begriffe „behindert"/„Behinderung" wurden bisher, wenn überhaupt, nur mit Unbehagen verwendet. Zwei Beispiele sollen die Fragwürdigkeit dieser Begriffe deutlich machen: Der prozentuale Anteil der Schüler, die in Sonderschulen beschult werden, wozu sie als „behindert" deklariert werden, ist in den Bun-

---

Integration, Frankfurt/M 1993; Projektgruppe Integrationsversuch (Hrsg.): Das Fläming-Modell. Weinheim u. Basel 1988.

[1] Vgl. dazu M. ROSENBERGER: Eine Elternbewegung ist entstanden: „Gemeinsam leben - gemeinsam lernen / Eltern gegen Aussonderung" In: M. ROSENBERGER (Hrsg.): Ratgeber gegen Aussonderung, a. a. O.; dort auch die Kontaktadressen für die Bundesländer in Deutschland.

desländern sehr unterschiedlich. Im Saarland lag er im Schuljahr 1994/95 bei etwa 3% aller Schüler, in Sachsen-Anhalt aber bei fast 6%. Die Ursache für diese deutlichen Unterschiede nur auf Seiten der betroffenen Schüler suchen zu wollen, griffe sicher zu kurz. Und: Das Statistische Bundesamt stellte 1978 bei einer Erhebung fest, daß sich fast 1 Million Bezieher einer „Behinderten-Rente" nicht als „behindert" eingestuft hatten.[1]
Die Begriffe „behindert"/"Behinderung" scheinen also alles andere als eindeutig zu sein, so daß Fachleuten die angeblich objektive Zuordnung offensichtlich in sehr unterschiedlichem Ausmaß gelingt. Dies zeigt das erste Beispiel, wobei allerdings auch schulpolitische Vorgaben eine Rolle spielen. Andererseits, wie das zweite Beispiel zeigt, scheinen sich auch von dieser Zuordnung Betroffene zu scheuen, sich als diesem Begriff zugehörig zu bekennen, denn in einer leistungsorientierten Gesellschaft ist dieser Begriff alles andere als positiv besetzt. Dazu kommt die Belastung dieses Begriffs aus der NS-Zeit. MÖCKEL hat in seiner „Geschichte der Heilpädagogik" sehr eindrücklich darauf hingewiesen, daß der Ermordung „Behinderter" eine sprachlich-gedankliche Isolierung vorausging, indem diesen Menschen das Menschsein abgesprochen und das „Behindertsein" mit allen daraus resultierenden -letztlich oft tödlichen- Konsequenzen zugesprochen wurde: „Behindertes" Leben wurde zum „lebensunwerten" Leben erklärt.[2]
Wenn diese gedankliche Ausgrenzung für die Betroffenen tödlich enden kann, wenn die institutionalisierte Fürsorge „Behinderter" in ungünstigen Zeiten auch in das Besorgen ihrer Ermordung umschlagen kann, dann ist es notwendig, dieser Besonderung in ihren Anfängen zu wehren. Und diese Anfänge sind begründet in der Art und Weise, wie über diese Menschen gedacht wird und darin, welche Begriffe benutzt werden, wenn über sie geredet wird.
Menschen, die sich ungewöhnlich benehmen, die sich Leistungsanforderungen verweigern, deren Körper sehr gebrechlich ist oder nur mit starken Einschränkungen „funktioniert", lösen zunächst Ängste beim Beobachter aus. Derartige Formen menschlicher Existenz, welche die potentielle Hilfebedürftigkeit jedes menschlichen Lebens deutlich machen, verunsichern. Verdrängung und Abwehr sind eine mögliche Reaktion. Die auch von vielen Spenden- oder Lotteriemillionen möglichst weit außerhalb der Gemeinden unterhaltenen „goldenen Käfige" der Sondereinrichtungen sind eine Folge dieser Denkweise, die Konfrontationen vermeiden will. Gesünder für die Psyche wäre jedoch, diese Konfrontation zuzulassen, indem man diese nur allzu menschlichen Schwächen zuläßt - auch bei sich selbst.[3]
Eine solche grundsätzliche Akzeptanz menschlicher Schwächen, möglichst von klein auf eingeübt, ermöglicht einen offenen Blick für das jeweilige menschliche

---

[1] Vgl. G. CLOERKES: Soziologie der Behinderten, Heidelberg 1997, S. 18-25.
[2] Vgl. A. MÖCKEL, a. a. O., S. 226 ff. u. 231 f.
[3] Vgl. dazu auch H. WOCKEN: Integrative Prozesse, in: M. ROSENBERGER (Hrsg.), a. a. O.

Individuum. Menschen mit Auffälligkeiten, auch wenn diese sehr unbequem sind, werden dann nicht länger komplexitätsreduzierend als „körperbehindert", „geistig behindert", „lernbehindert" etc. definiert und in die angeblich dafür optimal eingerichtete Sonderschule („für Körperbehinderte", „für Geistigbehinderte" etc.) abgeschoben. An dieser starken Vereinfachung der komplexen Wirklichkeit, damit sie für unflexible Bürokratien möglichst einfach zu handhaben ist, ändert sich auch nichts, wenn die Sonderschulen in „Förderschulen" oder „Schulen zur individuellen Lebensbewältigung" umbenannt werden, wie dies in einigen nur scheinbar reformbereiten Bundesländern zu beobachten war. Wird demgegenüber diese Typisierung „von Amts wegen" nicht länger durchgeführt, so ist dies grundlegend dafür, daß der jeweilige Mensch in seinem konkreten So-Sein wahrgenommen werden kann. Das ist eine wesentliche Voraussetzung für eine möglichst weitgehende nichtaussondernde Förderung. Allerdings ist dies wesentlich anspruchsvoller für die beteiligten Menschen und die Organisationen, in denen sie sich befinden. So hilft zum Beispiel die traditionelle, punktuell eine Selektion legitimierende Diagnostik nicht mehr weiter und muß durch eine lernprozeßorientierte „Förderdiagnostik" ersetzt werden.

Mit dieser Denkweise ist es nicht länger nötig, Menschen als „Behinderte" zu diskriminieren. Sie können als „Menschen mit Behinderung" oder als „Schüler mit besonderen pädagogischen Bedürfnissen"[1] - nicht „mit sonderpädagogischen Bedürfnissen"! - bezeichnet werden. Damit wird wieder deutlich, daß auch diese Menschen trotz ihrer Beeinträchtigung in erster Linie Menschen sind. Diese differenzierte Sichtweise legt auch die Einteilung der Weltgesundheitsorganisation (WHO) nahe.[2] Dort wird unterschieden in „impairment" (Schädigung), „disability" (Beeinträchtigung) und „handicap" (Behinderung). Damit läßt sich die Apartheid, die Aufteilung unserer Gesellschaft in angeblich Behinderte und angeblich Nichtbehinderte zunächst zumindest gedanklich überwinden. Zwei Beispiele sollen dies verdeutlichen:

Jemand kann aufgrund eines Unfalls, der seine Wirbelsäule verletzte (Schädigung), sich nur noch mit Hilfe eines Rollstuhls fortbewegen (Beeinträchtigung). Zu einer Behinderung führt dies dann, wenn ihn z. B. ein für Rollstühle unzugängliches öffentliches Nahverkehrssystem daran hindert, sich so fortzubewegen, wie die nicht auf Rollstühle angewiesenen Menschen. Und eine derartige Behinderung kann - zumindest zeitweise - jeden treffen. Oder: Ein Kind kommt mit einer Chromosomen-Anomalie (Schädigung) zur Welt. Diese Schädigung kann eine Fülle von Beeinträchtigungen zur Folge haben, sowohl im physischen

[1] Dieser Begriff geht zurück auf den englischen Begriff „children with special educational needs"; vgl. dazu den Warnock-Report: Special educational needs. Report of the Comittee of Enquiry into the Education of Handicapped Children and Young People, London 1978.

[2] Vgl. dazu auch A. SANDER: Behinderungsbegriffe und ihre Konsequenzen für die Integration. In: H. EBERWEIN (Hrsg.): Behinderte und Nichtbehinderte lernen gemeinsam. Handbuch der Integrationspädagogik. Weinheim und Basel [3]1994, S. 99-107.

(aufgrund von Herzfehler oder Gelenkschäden kann etwa die Ausdauer beim Laufen beeinträchtigt sein) als auch im intellektuellen Bereich Informationsaufnahme und -verarbeitung betreffend, was etwa Probleme beim Lesen, Schreiben, Rechnen und Sprechen mit sich bringen kann. Behindert in seiner möglichen Entwicklung wird dieses Kind dann, wenn ihm in Sondereinrichtungen die anregungsreiche Vielfalt der Regeleinrichtungen vorenthalten wird.
Mit dieser differenzierten Sichtweise verlieren die aussondernden Sonderschulen ihre Berechtigung. Keine Beeinträchtigung kann von vornherein eine absondernde Unterbringung rechtfertigen. Sie ist vielmehr Ansporn, eine möglichst nicht behindernde Hilfe in der Regelschule zu organisieren: in der „Schule ohne Aussonderung".
Für die theoretische Begleitung dieser Schulreform muß sich auch die Fachwissenschaft reformieren. Die Auseinanderentwicklung von „Allgemeiner Pädagogik" und „Sonder(schul)pädagogik" ist zu überwinden.[1]

Zu den bisherigen Ergebnissen der wissenschaftlichen Begleitforschung

Schon im Mai 1989 zog PREUSS-LAUSITZ im Rahmen einer dem europäischen Informationsaustausch dienenden Tagung in Berlin[2] eine überwiegend positive Forschungsbilanz, ohne allerdings zu behaupten, daß bereits alles erforscht sei. Was jedoch die wichtigen Bereiche der sozialen Beziehungen und der Leistungseffektivität des Unterrichts in integrativen Klassen betrifft, seien die Ergebnisse durchweg positiv.
Da viele Bundesländer ihren jeweils eigenen Schulversuch durchgeführt haben, ist die Fülle der positiven Versuchsergebnisse inzwischen noch eindrucksvoller geworden.[3] Dennoch ist der Umfang der Verwirklichung dieses erfolgreichen Schulkonzeptes insgesamt gesehen noch sehr gering. Bundesweit gehen erst etwa 5% aller Schulpflichtigen mit „sonderpädagogischem Förderbedarf" in eine Allgemeine Schule[4], wobei allerdings die Quoten in den verschiedenen Bundesländern sehr unterschiedlich sind.[5]

---

[1] Vgl. H. EBERWEIN: Konsequenzen des gemeinsamen Lernens behinderter und nichtbehinderter Kinder für das Selbstverständnis der Sonderpädagogik und der Förderschulen. In: Zeitschrift für Heilpädagogik, 5/1994, S. 289-301; ders.: Lernbehinderung - Faktum oder Konstrukt?, in: Zeitschrift für Heilpädagogik, 1/1997, S. 14-22.

[2] Vgl. U. PREUSS-LAUSITZ: Behinderte Kinder in Integrationsschulen der Bundesrepublik Deutschland - Ergebnisse der Wissenschaftlichen Begleitungen. In: J. SCHÖLER (Hrsg.): Ansätze zur Integration behinderter Kinder und Jugendlicher in den Ländern der Europäischen Gemeinschaft, TUB-Dokumentation, Heft 47, Berlin 1990, S. 107-118.

[3] Zu den wichtigsten zusammenfassenden Veröffentlichungen vgl. M. ROSENBERGER: Zur Entwicklung der Idee einer Schule ohne Aussonderung. In: M. ROSENBERGER: Schule ohne Aussonderung, a. a. O., Anmerkung 34.

[4] So der niedersächsische Kultusminister WERNSTEDT in einer Debatte des niedersächsischen Landtages am 4. 9.96.

[5] Im einzelnen vgl. dazu M. ROSENBERGER: Schule ohne Aussonderung, a. a. O.

Warum fällt die Durchsetzung dieser Schulorganisation in Deutschland, aber auch in Österreich und der Schweiz, so schwer? Sucht man eine Antwort auf diese Frage, so muß man den engeren Bereich der Schulpolitik verlassen und die gesellschaftspolitischen Verflechtungen dieses Themas ins Auge fassen.

Warum es nichtaussondernde schulische Förderung so schwer hat, aber auch: Warum sie eine Chance für unsere Gesellschaft ist

DEPPE-WOLFINGER hat dazu im Rahmen der bereits erwähnten EG-Tagung im Mai 1989 in Berlin einen nachlesenswerten Vortrag gehalten.[1] Zunächst nennt sie drei Gründe, warum integrative Erziehung in Deutschland „nachhinkt“:
1. Die lange Tradition der besonderen Erziehung in Sonderschulen, die über ein erhebliches Beharrungsvermögen verfügen und sich nur zögerlich dem Anliegen einer gemeinsamen Erziehung öffnen.
2. Die überkommene, auf Selektion ausgerichtete Schulstruktur, die im Gegensatz zur acht- oder neunjährigen Einheitsschule fast aller Nachbarländer steht.
3. Die Orientierung an traditionellen Leistungsanforderungen in der Schule, die auch eine systemstabilisierende Funktion hat:
„In einem Land mit relativ großem wirtschaftlichen Wohlstand sollte die Schule vor allem auf spätere berufliche Tätigkeiten vorbereiten und zugleich eine Ideologie in den Köpfen der SchülerInnen verankern, nach der die ungleiche Verteilung des gesellschaftlichen Reichtums das Resultat ungleicher Begabung und ungleicher Anstrengung ist. In einer solchen Ideologie ist für die Förderung von Kindern mit eingeschränkter Leistungsfähigkeit nur wenig Raum.“ (S.21)
Jedoch sieht sie auch gesellschaftliche Entwicklungen, die mit einer integrativen Erziehung in Einklang zu bringen sind:
1. Durch den raschen technologischen Wandel in der Arbeitswelt verliert ein festgelegter schulischer Wissenskanon an Bedeutung zugunsten von Grundlagenwissen, das intellektuelle Beweglichkeit, emotionale Sicherheit und soziale Kompetenzen beinhaltet:
„In den integrativen Klassen werden diese notwendigen Sozialisationsleistungen in besonderem Maße gefördert: An die Stelle eines gleichschrittigen Lernens tritt Beweglichkeit hinsichtlich des Lernstoffes und des Lerntempos. Alle Kinder werden auf ihrem jeweiligen Entwicklungsniveau flexibel gefördert. Durch die Betonung des handelnden Unterrichtes wird Ganzheitlichkeit im Sinne einer Integration von kognitivem, affektivem und sozialem Lernen gefördert“ (S. 22).
2. Die Sozialisationsbedingungen und Lebensbezüge sind offener und damit auch krisenanfälliger geworden:
„An die Stelle des festgefügten Sozialmilieus ist eine größere räumliche, soziale und kulturelle Mobilität getreten. Allerorten findet eine Individualisierung der

---

[1] H. DEPPE-WOLFINGER: Integrative Erziehung in der Bundesrepublik Deutschland, in: J. SCHÖLER (Hrsg.), a. a. O., S.19-25.

Lebensstile statt. Diese veränderten Lebensbedingungen aushalten und gestalten zu können, bedarf es eines hohen Maßes an Autonomie, an eigenem Willen, an Eigenwilligkeit. Für die Schule wird es immer wichtiger, Abschied zu nehmen von einem gesellschaftlich durchschnittlichen Maß an Wissen und Verhaltensweisen, das allen Kindern gleichermaßen abverlangt wird. Die Individualisierung im integrativen Unterricht kommt einer solchen Forderung entgegen" (S. 23).

3. Die innere Stabilität des gegliederten Schulsystems ist erheblich ins Wanken geraten, indem immer weniger Schüler bzw. deren Eltern eine Hauptschule wählen und immer mehr an Realschulen und Gymnasien wollen, hoffend, dadurch später nicht zum Millionenheer der Arbeitslosen zu gehören. Aus dieser Sinn- und Legitimationskrise leitet DEPPE-WOLFINGER die Hoffnung ab, daß sich diese Schulformen „zukünftig stärker der Vielfalt kindlicher Fähigkeiten und Begrenzungen öffnen" (S. 24).

Die konsequente Umsetzung einer nichtaussondernden schulischen Erziehung könnte ein Impuls für die längst überfällige Modernisierung, Effektivierung, Demokratisierung und Humanisierung unseres Schulsystems sein:

„Integration ist ein allgemeines pädagogisches Postulat, eine universelle Forderung nach einer kindgerechten und demokratischen Schule, die Pluralität und Vielfalt unterstützt und dabei das Besondere, auch das notwendig Begrenzte, anerkennt. Das Ziel ist ein solidarisches Miteinander von verschiedenartigen Kindern in einer Schule, die nicht mehr nur Lernfabrik ist, sondern ein lebendiger, im Stadtteil verankerter Ort gemeinsamen Lebens und Lernens" (S. 25).

An internationalen Dokumenten, die ein solches Schulkonzept nahelegen, fehlt es nicht. Nimmt man sie zur Kenntnis, wird noch deutlicher, wie rückständig die Schulpolitik in den deutschsprachigen Ländern ist.

Internationale Dokumente, die eine nichtaussondernde schulische Fördeng empfehlen

Der Zeitschrift „inclusion international" vom Mai 1996 ist eine eindrucksvolle Zusammenstellung von UN-Dokumenten zu entnehmen[1], die eine deutliche internationale Absichtserklärung zugunsten der Verwirklichung einer nichtaussondernden schulischen Förderung belegen:

UN-Weltaktionsprogramm für behinderte Menschen (1983)

„Die Mitgliedsstaaten sollten eine Politik verfolgen, die das Recht von behinderten Menschen auf gleiche Erziehungschancen anerkennt. Die Erziehung von behinderten Menschen sollte so weit wie möglich im Regelschulsystem stattfinden ..." (Art. 120).

UN-Konvention über die Rechte des Kindes (1989)

[1] Ebenfalls abgedruckt in: Gemeinsam leben. Zeitschrift für integrative Erziehung, 3/1996, S. 133 f.

„Die Vertragsstaaten achten die Rechte, wie sie in dieser Konvention jedem Kind zuerkannt werden und gewährleisten diese im Rahmen ihrer Hoheitsgewalt, ohne irgendeine Art von Diskriminierung und unabhängig von der Behinderung des Kindes. (Art. 2.1) (...) Die Vertragsstaaten erkennen an, daß ein geistig oder körperlich behindertes Kind ein erfülltes und menschenwürdiges Leben unter Bedingungen führen soll, die die Menschenwürde gewährleisten, Selbständigkeit fördern und die aktive Teilnahme des Kindes am Gemeinschaftsleben erleichtern (...) so daß die möglichst vollständige soziale Integration des Kindes ermöglicht wird. (Art. 23.1/3)"

Weltdeklaration Erziehung für alle (1990)

„Die Lernbedürfnisse der Behinderten verlangen besondere Aufmerksamkeit. Es sind Schritte notwendig, um jeder Kategorie von behinderten Menschen den gleichen Zugang zu einer Erziehung als integralen Bestandteil des Erziehungssystems zu ermöglichen. (Art. 3.5)"

UN-Standardregeln (1993)

„Menschen mit Behinderung sind Mitglieder der Gesellschaft und haben das Recht, in ihrer Gemeinschaft zu bleiben. Sie sollten die notwendige Hilfe im Rahmen der normalen Strukturen von Erziehung, Gesundheit, Beschäftigung und Sozialangeboten bekommen. (Einleitung, Art. 26) Die staatlichen Erziehungsbehörden sind verantwortlich für die Erziehung von Menschen mit Behinderung in einer integrativen Form. Die Erziehung von Menschen mit Behinderung sollte als ein integraler Bestandteil des staatlichen Erziehungswesens in Planung, Lehrplanentwicklung und Schulorganisation berücksichtigt werden. (Regel 6)"

UNESCO Salamanca-Statement und Aktionsrahmen (1994)

„Wir fordern alle Regierungen dringend dazu auf, (...) das Prinzip Erziehung ohne Ausgrenzung auf rechtlicher oder politischer Ebene anzuerkennen. (Statement, Punkt 3) (...) diese [Kinder] mit Sondererziehungsbedürfnissen müssen Zugang zur Regelschule haben und dort eine am Kind orientierte Pädagogik erfahren, die diesen Bedürfnissen gerecht werden kann. (...) Regelschulen mit einer solchen integrativen Orientierung sind das wirksamste Mittel, um diskriminierende Haltungen zu bekämpfen, offene Gemeinschaften zu schaffen, eine Gesellschaft ohne Ausgrenzung aufzubauen und Erziehung für alle zu verwirklichen; darüber hinaus bieten sie der Mehrheit der Kinder eine wirksame Erziehung und verbessern die Effizienz und letztlich die Kosteneffektivität des gesamten Erziehungssystems. (Statement, Punkt 2) (...) Der tiefste Grund für Lernschwierigkeiten liegt im Schulsystem selber (Abschlußbericht, S. 15).

Weltgipfel für soziale Entwicklung (Kopenhagen, März 1995)

„Wir werden auf allen Ebenen für gleiche Erziehungschancen für Kinder, Jugendliche und Erwachsene mit Behinderung sorgen, und zwar in integrativer Form, wobei die individuellen Unterschiede und jeweilige Lebenssituationen in vollem Umfang berücksichtigt werden sollen (Deklaration, Verpflichtung 6).

UNDP (Entwicklungsprogramm der UNO) - Interregionales Programm für behinderte Menschen
„Behinderte Menschen dürfen von Programmen zur dauerhaften menschlichen Entwicklung nicht ausgeschlossen werden. Allerdings müssen bestimmte Veränderungen geschehen und beträchtliche Anstrengungen gemacht werden, wenn man sie erfolgreich in die Regelprogramme integrieren und öffentliche Angebote schaffen will, die ihren besonderen Bedürfnissen gerecht werden (DRAFT Guide, S. 5).
„... erfolgreich in die Regelprogramme integrieren". Diese undatierte Zielvorgabe der UN versäumen bundesrepublikanische Schulpolitiker bereits seit geraumer Zeit, zur Normalität werden zu lassen, obwohl es im Salamanca-Statement heißt: „Die Erfahrung vieler Länder zeigt, daß sich die Integration von Kindern und Jugendlichen mit besonderen Bedürfnissen am besten in einschließenden Schulen verwirklichen läßt, was allen Kindern der Gemeinde dient. Wir appellieren an alle Regierungen, das Prinzip der einschließenden Pädagogik gesetzlich festzulegen und alle Kinder in Regelschulen zu unterrichten."
Doch auch dieser Appell scheint bei den schulpolitisch Verantwortlichen nahezu wirkungslos verpufft zu sein. Nicht verwunderlich ist deshalb, daß immer mehr Betroffene auf die Verwirklichung einer nichtaussondernden schulischen Förderung durch Gerichtsverfahren hoffen.

Juristische Argumente

Die Hoffnung vieler Betroffener, juristische Unterstützung in ihrem Kampf um eine nichtaussondernde schulische Förderung zu bekommen, ist seit dem 15. November 1994 deutlich größer geworden. Seit diesem Tag steht nach langer und mühsamer Vorbereitung[1] im Grundgesetz der Bundesrepublik Deutschland: „Niemand darf wegen seiner Behinderung benachteiligt werden" (Art. 3.3 GG)[2]. Die dadurch geweckte Hoffnung, daß jede Überweisung an eine Sonderschule gegen den Willen der Betroffenen eine im Sinne des Art. 3,3 GG verbotene Benachteiligung sei, hat sich durch die am 8. Oktober 1997 ergangene Entscheidung des Bundesverfassungsgerichts (1 BvR 9/97) jedoch nicht erfüllt.
Zwar betonen die Richter, daß es verfassungsrechtlich nicht zu rechtfertigen sei, wenn ein Bundesland die gemeinsame Erziehung von behinderten und nichtbehinderten Schülern generell ausschließe, jedoch könne die tatsächliche Verwirklichung integrativen Unterrichts unter den „Vorbehalt des tatsächlich Machbaren

---

[1] Vgl. dazu H.-G. HEIDEN: Die Fakten liegen auf dem Tisch. Benachteiligung und Diskriminierung behinderter Menschen in der Bundesrepublik Deutschland. In: H.-G. HEIDEN (Hrsg.): „Niemand darf wegen seiner Behinderung benachteiligt werden." Grundrecht und Alltag - eine Bestandsaufnahme. Reinbek 1996, S. 15-37.
[2] Am 9. Juli 1997 hat das österreichische Parlament eine ähnliche Verfassungsänderung beschlossen (Ergänzung des Art. 7,1).

und des finanziell Vertretbaren“ gestellt werden. Damit gilt weiterhin, daß die politisch Verantwortlichen davon überzeugt werden müssen, daß integrative Erziehung tatsächlich machbar und finanziell vertretbar ist. Neuere Untersuchungen, die das Bundesverfassungsgericht offensichtlich noch nicht zur Kenntnis genommen hat, belegen, daß integrative Förderung nicht teurer sein muß als separierende Förderung.[1] Dies sollte in einer Zeit knapper öffentlicher Kassen helfen, die politisch Verantwortlichen zumindest mittelfristig zu einer umfassenden Reform zu bewegen. Kurzfristig wird durch diesen Beschluß des Bundesverfassungsgerichts die Position der Eltern gegenüber der Schulverwaltung und auch vor Gericht gestärkt.

Zwar weist das Gericht darauf hin, daß die Bundesländer eine aus Art. 7,1 GG abgeleitete weitgehende Gestaltungsfreiheit in schulischen Angelegenheiten haben. Diese werde jedoch eingeschränkt durch das Recht des Schülers auf eine möglichst ungehinderte Entwicklung seiner Persönlichkeit (Art. 2,1 GG) und das elterliche Erziehungsrecht (Art. 6,2 GG). Das elterliche Erziehungsrecht sei dem Erziehungsauftrag des Staates „gleichgeordnet zur Seite gestellt“. Daraus folge, daß „die Vorstellungen der Eltern und der Kinder und Jugendlichen darüber, wie deren schulische Erziehung und Unterrichtung gestaltet (...) werden sollen (...) großes Gewicht haben“. Eine eingehende Prüfung des Elternwunsches und „eine Auseinandersetzung mit dem in ihm zum Ausdruck gebrachten elterlichen Erziehungsplan“ sei erforderlich. Sofern eine Überweisung an eine Sonderschule angeordnet werde, obliege der Behörde „eine gesteigerte Begründungspflicht“:

„Anzugeben sind (...) die Gründe, die die Behörde gegebenenfalls zu der Einschätzung gelangen lassen, daß Erziehung und Unterrichtung des Behinderten am besten in einer Sonderschule gewährleistet erscheinen. Gegebenenfalls sind auch organisatorische, personelle oder sächliche Schwierigkeiten sowie die Gründe darzulegen, warum diese Schwierigkeiten im konkreten Fall nicht überwunden werden können.“

Auch die gleichberechtigte Einbeziehung der Eltern in die Arbeit der „Förderkommission“, die eine Empfehlung über Umfang und Art der sonderpädagogischen Förderung abgibt, wird betont:

„Dieses Verfahren, das einerseits um eine weitgehende Objektivierung der behördlichen Entscheidungsfindung bemüht ist und andererseits die Erziehungsberechtigten in den Entscheidungsprozeß einbindet, (...) trägt dem möglichen Konflikt zwischen Eltern und Kindern sowie Schulverwaltung sachgerecht Rechnung. Es schafft nicht nur einen äußeren Rahmen, in dem die Grundrechtspositionen des behinderten Schülers und seiner Eltern aus Art. 2 Abs. 1 und Art. 6 Abs. 2 Satz 1 GG angemessen zur Geltung gebracht werden können, es erscheint

[1] Vgl. zum schulischen Bereich U. PREUSS-LAUSITZ: Integration Behinderter zwischen Humanität und Ökonomie, a. a. O.; zum beruflichen Bereich vgl. den Beitrag von A. CIOLEK in M. ROSENBERGER (Hrsg.): Ratgeber gegen Aussonderung, a. a. O.

vielmehr im Schulbereich auch geeignet, als verfahrensmäßige und organisatorische Absicherung des Benachteiligungsverbots des Art. 3 Abs. 3 Satz 2 GG zugunsten Behinderter zu dienen."
Wenn es doch noch erreicht wird, daß die nichtaussondernde Förderung nicht nur auf ausdrücklichen, vielleicht nur mit juristischer Hilfe erfüllbaren Wunsch der Betroffenen ermöglicht wird, sondern als etwas gesetzlich Normales vorgesehen wird, dann sollte bei den dann nötig werdenden Gesetzgebungsdebatten auf die Begriffe geachtet werden - geht es um „Behinderte" oder um „Menschen mit zusätzlichem Förderbedarf"? - und es sollte vorab geklärt werden, ob weiterhin besondere Gesetze für Menschen mit Beeinträchtigungen nötig sind oder ob die Einbeziehung der besonderen Bedürfnisse dieser Menschen in die allgemeine Gesetzgebung dem Ziel der „Normalisierung" nicht eher gerecht wird. Dazu mehr im folgenden Abschnitt.

Umrisse einer nichtaussondernden Gesetzgebung

Abschreckendes Beispiel einer aussondernden Gesetzgebung ist die deutsche Sozialgesetzgebung, die -zentral organisiert- weitverzweigt und für den Benutzer oft undurchschaubar ist.
SCHUMANN skizziert dieses Dickicht und weist auf die Konsequenzen hin:
„Schrittweise wurde ein lückenloses System der sozialen Sicherheit etabliert, das Menschen mit Behinderung auf Sonderversorgungsbereiche verweist. Verschiedene Gruppen behinderter Menschen erhalten damit -je nach Zugehörigkeit zur Sozialversicherung und entsprechend dem jeweiligen Förderbedarf (medizinische, berufliche, soziale Rehabilitation)- unterschiedliche Leistungen von unterschiedlichen Trägern. Sie variieren von Bundesland zu Bundesland in der Anwendung. In der Bundesrepublik Deutschland wird die öffentliche Aufgabe der Hilfen für Menschen mit Behinderung häufig an verschiedene nichtstaatliche Organisationen überantwortet. Dieses Subsidiaritätsprinzip hat in seiner institutionellen Umsetzung zur Folge, daß die Tätigkeit freier Träger Vorrang hat vor staatlichen Leistungen. Die durch diese Versorgungslage unterstützte `Logik der Aussonderung´ ist in der Bundesrepublik also zum durchgängigen Prinzip geworden ..."[1]
Entscheidend für die aussondernde Wirkung dieser Gesetze ist, daß die Menschen, die Hilfe erhalten wollen, sich als „behindert" oder „von Behinderung bedroht" definieren lassen müssen. Dies geschieht z.B. aufgrund des Bundessozialhilfegesetzes §§ 39,40. Durch die oft unkoordinierte Tätigkeit der verschiedenen Dienste kann es zudem zu Versorgungslücken oder zu ineffizienter Mehrfachbetreuung kommen.

[1] Monika SCHUMANN: Schule und begleitende soziale Dienste in Ländern der Europäischen Gemeinschaft am Beispiel Bundesrepublik Deutschland, Italien, Dänemark. In: J. SCHÖLER (Hrsg.), a. a. O., S. 97.

Diese Problematik wird auch in dem vom Bundesministerium für Arbeit und Sozialordnung im März 1994 vorgelegten 3. Bericht der Bundesregierung über „Die Lage der Behinderten und die Entwicklung der Rehabilitation“ benannt[1]:
Es bestehen „neben dem Rehabilitations-Angleichungsgesetz, dem Schwerbehindertengesetz und dem Bundessozialhilfegesetz eine Vielzahl ergänzender Vorschriften in anderen Gesetzen und Verordnungen, so daß Rechtsauslegung, Rechtsanwendung und Nutzung der Vorschriften durch die Betroffenen, insbesondere für die Behinderten und von Behinderung Bedrohten, erschwert sind“ (S. 308). Deshalb solle das Rehabilitations- und Schwerbehindertenrecht „in übersichtlicher Form“ im Sozialgesetzbuch IX zusammengefaßt werden:
„Dabei sollten insbesondere Verbesserungen bei der Zusammenarbeit der Träger und der Abstimmung der einzelnen Leistungen der medizinischen, beruflichen und sozialen Rehabilitation sowie hinsichtlich der Ausdehnung des Anwendungsbereiches des Rehabilitations-Angleichungsgesetzes auf die begleitende Hilfe erreicht werden. Den behinderten und von Behinderung bedrohten Menschen sollte es erleichtert werden, ihre Rechte in Anspruch zu nehmen“ (S. 309). Allerdings ist dieses Vorhaben der Bundesregierung auf Bundesrecht beschränkt, so daß landesrechtliche Regelungen wie etwa die Schulgesetze, das Bauordnungsrecht oder die Ausführungsgesetze zum Bundessozialhilfegesetz nicht berücksichtigt werden. Dasselbe gilt für alle kommunalrechtlichen Vorschriften.
Doch selbst wenn dieses Gesetzesvorhaben gelingen sollte, wird es sein postuliertes Ziel -die weitgehende Eingliederung der „Behinderten und von Behinderung bedrohten“- nicht erreichen können, weil besondere Gesetze zur Durchsetzung der „Integration“ die Stigmatisierung der Betroffenen verstärken, auch wenn dies mit der guten Absicht „positiver Diskriminierung“ geschieht. Der Idee der Nichtaussonderung und Nichtdiskriminierung entspricht eher eine Gesetzessystematik, bei der die derzeit für die Allgemeinheit gültigen Gesetze so umgestaltet werden, daß sie auch Menschen mit besonderen Bedürfnissen gerecht werden können. Interessanterweise schränkt die Bundesregierung ihr besonderes Gesetzgebungsvorhaben selbst ein:
„Nicht einbezogen in die Kodifikation werden ferner Vorschriften, die sich in anderweitigen größeren Sachzusammenhängen als spezielle Regelungen für Behinderte darstellen, da eine Herauslösung aus diesen Sachzusammenhängen eher zu Verständnisschwierigkeiten führen als Transparenz fördern würde. Dies gilt beispielsweise für steuerliche Vergünstigungen in den verschiedenen Steuergesetzen, berufsrechtliche Sonderregelungen in den Gesetzen über die Berufsaus-

[1] 3. Bericht der Bundesregierung über „Die Lage der Behinderten und die Entwicklung der Rehabilitation“. Bonn 1994 (zu beziehen über das Bundesministerium für Arbeit und Sozialordnung, Ref. Öffentlichkeitsarbeit, Postfach 14 02 80, 53 107 Bonn).

bildung oder die Ausbildungsförderung oder Sonderregelungen im Wohngeldbereich."[1]
In diesen „speziellen Regelungen" innerhalb „größerer Sachzusammenhänge" sind erste Anfänge einer nichtaussondernden Gesetzgebung zu erkennen. Im schulorganisatorischen Bereich entspricht dieser Ansatz dem Konzept der „integrativen Regelklassen", das in Hamburg entwickelt wurde.
Viel umfassender ist dieses „Normalisierungsprinzip" bereits in der skandinavischen Sozialgesetzgebung verwirklicht.[2] So wurden in Dänemark seit Ende der 50er Jahre mehrere Einzelgesetze zur Gewährung von Hilfsmaßnahmen für einzelne Behindertengruppen durch eine weitgehende Integration dieser Hilfsangebote in das allgemeine System der sozialen und gesundheitlichen Vorsorge überwunden. Damit wurden auch diskriminierende Begriffe in der Gesetzgebung überflüssig. Kernstück dieser Reform ist das 1980 verabschiedete „Gesetz über den sozialen Beistand", dessen §48 einen generellen Leistungsanspruch aller Büger auf den gesamten Leistungskatalog beinhaltet, wobei Art und Umfang der Einzelmaßnahme dem individuellen Bedarf angepaßt wird. Zudem wurde dieses soziale Sicherungssystem dezentral in den Gemeinden verankert, womit ein für den Benutzer unübersichtliches, zentralisiertes System abgeschafft und durch eine individuelle Bedarfsermittlung von seiten der kommunalen Sozial- und Gesundheitsverwaltung ersetzt wurde.
In Schweden sind seit 1978 auch die Baunormen so angelegt, daß die Wohnungen in allen neugebauten Mehrfamilienhäusern so zugeschnitten sein müssen, daß sie auch von Menschen im Rollstuhl benutzt werden können.[3]
Vor diesem Hintergrund verwundert es nicht, daß sich der stellvertretende Vorsitzende des Dänischen Rates der Behindertenorganisationen, Niels Arthur HANSEN, im Rahmen der Debatte um ein Europäisches Anti-Diskriminierungsgesetz gegen diese „besondere" Gesetzgebung aussprach:
„Mit der Einführung von Antidiskriminierungsgesetzen laufen wir Gefahr, behinderte Menschen als Sondergruppe abzustempeln: als Menschen, die besondere Bestimmungen und besondere Gesetze brauchen - und deshalb anders sind. Das kann Neid hervorrufen, Vorurteile und stereotypisierende Denkmuster bestärken und zur Ausgrenzung behinderter Menschen im rechtlichen Sinne führen. Normalisierung, Eingliederung, Integration -und nicht Segregation- sind die Schlüsselbegriffe und das Herzstück der dänischen und allgemein der skandinavischen Behindertenpolitik. Durch positive Diskriminierung behinderter Menschen riskieren wir die Entwicklung einer Gesellschaft, in der ein Großteil der Bevölkerung behinderte Menschen als privilegierte, unruhestiftende Außenseiter betrachtet."[4]

---

[1] a. a. O., S. 310 f.
[2] Vgl. zum Folgenden M. SCHUMANN, a. a. O.
[3] Vgl. den Leserbrief von A. RATZKA in: bizeps-Info (a.a.O.), Mai 1996, S. 4.
[4] Vgl. Helioscope (hrsg. im Auftrag der Europäischen Kommission), Nr. 1 / 1994, S. 18.

Auf den schulischen Bereich bezogen bedeutet dies, daß Schulgesetze und Schulorganisation so gestaltet werden müssen, daß die Schulen vor Ort flexibel über die benötigten Hilfsmaßnahmen verfügen können, ohne daß jemand zum „Behinderten" deklariert werden muß. Nur damit kann Außenseitertum, egal ob unruhestiftend oder ruhiggestellt, vermieden werden und können Menschen mit Beeinträchtigungen als gleichberechtigte Mitglieder unserer Gesellschaft betrachtet werden, welche die benötigten Hilfen in einer möglichst nichtaussondernden Weise erhalten.
Aufgabe der Schulverwaltung ist es, die Lehrer, Schulleiter und Schulaufsichtsbeamten rechtzeitig und ausreichend dementsprechend fortzubilden und sich selbst davon nicht auszunehmen[1]. Dann könnte aus den vielfältigen Impulsen, die nichtaussondernde schulische Förderung in den letzten Jahrzehnten gegeben hat, doch noch die schon längst überfällige umfassende Reform des bundesrepublikanischen Schulwesens erwachsen.

Gibt es eine Chance für eine umfassende Schulreform in Deutschland?

HÜBNER[2] - ein politisch denkender Erziehungswissenschaftler - vermißt bei den Akteuren heutiger Schulpolitik „zentrale Leitgedanken", wie dies etwa in den 60er und 70er Jahren der Fall gewesen sei. Statt dessen beobachtet er „Stückwerkpolitik für artikulationsfähige organisierte Bildungsinteressen von Minderheiten", wobei der „Einbau der Integration von behinderten Schülern (...) in ein gegliedertes, nach wie vor selektives Schulsystem höchst kompromißhaft" (S. 40) erfolge. Verschärft werde dies durch die derzeit zu beobachtenden „gesellschaftsstrukturell erzeugten Entsolidarisierungsvorgänge", wodurch sich immer mehr Eltern an `höherwertigen´ Schulabschlüssen orientieren, in der Hoffnung, daß ihr Kind dadurch später einen Arbeitsplatz erhält. Dieser „Differenzierungsdruck" widerspräche einem Gesamtschulsystem, daß die nichtaussondernde Förderung erleichtert:
„Solange also differenzierte schulische Abschlüsse mit einer gegliederten und nicht vollständig horizontalisierten Schulorganisation verbunden sind, ist eine vollständige Integration und damit die Aufhebung der Sonderschule schulpolitisch nicht durchsetzbar" (S. 51).

---

[1] Eine Fortbildung der Schulverwalter muß mit einer Reform der Organisationsstruktur der Schulverwaltung einhergehen. Vgl. dazu Bildungskommission NRW: Zukunft der Bildung - Schule der Zukunft, Neuwied 1995 (insbes. Kap. IV. 2.5 Evaluation, Berichterstattung, neugestaltete Schulaufsicht). Zur Reform der Lehrerausbildung vgl. H. EBERWEIN: Die integrationspädagogische Ausbildung als Auftrag der Erziehungswissenschaften. Begründung, Entwicklungen, Perspektiven. In: ders. (Hrsg.): Einführung in die Integrationspädagogik, a.a.O., S. 269-278.

[2] P. HÜBNER: Schulpolitische und gesellschaftliche Probleme der Integration von Kindern und Jugendlichen mit Behinderungen. In: H. EBERWEIN (Hrsg.): Einführung in die Integrationspädagogik, a. a. O., S. 38-57.

HÜBNERs deprimierender Analyse gegenwärtiger Schulpolitik ist zuzustimmen. Dennoch soll abschließend die Frage gestellt werden, unter welchen Voraussetzungen die Idee einer „Schule ohne Aussonderung“ für das deutsche Schulsystem doch noch `wesensbestimmend´ werden könnte.

Eine Chance für die Verwirklichung besteht, wenn durch weitere Überzeugungsarbeit und weitere Gerichtsverfahren die Anzahl der integrativ beschulten Schüler deutlich ansteigt und es den Betroffenen gelingt, widersprechende Vorschriften (etwa was Zensierung, Stundenpläne, Versetzung betrifft) Schritt für Schritt außer Kraft zu setzen oder zu modifizieren. Diese Arbeit an der Basis des Schulsystems ist jedoch sehr mühsam, sehr zeitraubend und birgt die Gefahr in sich, daß sie „Stückwerk“ bleibt. Deshalb sollte das Schwergewicht schulpolitischer Aktivitäten darauf gelegt werden, die Interessen möglichst vieler an Schulreform interessierter Verbände von Eltern, Lehrern und Betroffenen zu bündeln[1], damit umfassende Schulreform wieder zu einem vernehmbaren politischen Thema wird und dadurch die Chance größer wird, daß in der Bevölkerung und in den Parlamenten Mehrheiten dafür entstehen. Diese Mehrheiten werden allerdings nur entstehen, wenn in der Öffentlichkeit deutlich wird, daß ein Schulsystem, das Schüler mit Beeinträchtigungen nicht aussondert, gut ist für alle Schüler, weil es nicht nur human, sondern auch modern und effektiv ist. In einer Zeit, die von Massenarbeitslosigkeit und rigiden Sparmaßnahmen im Bildungs- und Ausbildungsbereich geprägt ist, sollte die Notwendigkeit einer umfassenden Schulreform zu vermitteln sein.

[1] In manchen Bundesländern wie z. B. Baden-Württemberg, Bayern, Nordrhein-Westfalen oder Schleswig-Holstein gibt es bereits solche Aktionsgemeinschaften von Eltern- und Lehrerverbänden, die sich gemeinsam für Schulreform einsetzen.

Franz PRÜSS

Schule - Handlungsort für zwei Professionen?*

Zusammenarbeit von Jugendhilfe und Schule

Wie in allen anderen neuen Bundesländern hat es auch in Mecklenburg-Vorpommern eine umfangreiche und unterschiedlich akzentuierte Diskussion über die Optionen einer forcierten Zusammenarbeit zwischen Jugendhilfe und Schule gegeben, wurden und werden verschiedenartige Projekte schulbezogener Angebote der Jugendhilfe realisiert. Der gesellschaftliche Umbruch im Osten Deutschlands hat zu grundlegenden Umgestaltungsprozessen sowohl im Schulbereich als auch in der Jugendhilfe geführt (vgl. FLÖSSER/OTTO/TILLMANN 1996; KRÜGER/KÜHNEL/THOMAS 1995; PRÜSS 1996a). Die nicht hinreichend reflektierte Einführung des altbundesrepublikanischen Schulsystems hat damit eine völlig veränderte Bildungsstruktur erzeugt und somit auch damit im Zusammenhang stehende, damals noch nicht abschätzbare Probleme hervorgebracht. Und die Jugendhilfe erfuhr von ihrem Aufgabenverständnis her eine völlige Neuorientierung hinsichtlich des Aufgabenspektrums und ihres Fachverständnisses, ohne daß dafür bereits die Strukturen geschaffen und funktionstüchtig entwickelt waren (vgl. *Neunter Jugendbericht* 1994; BEATHGE 1995; KRÜGER 1995). Gleichzeitig haben sich die Lebenskontexte von Heranwachsenden verändert, wozu besonders die Familie, die Schule, die Freizeit und die Berufswelt zu rechnen sind. Die Entwicklung der Schule und der Jugendhilfe in der DDR unterlag einem anderen Verständnis und einer anderen Absicht, indem schulisches Lernen mit einer außerunterrichtlichen Tätigkeit vorwiegend auch am Ort Schule verbunden sein sollte. Die Jugendhilfe selbst hatte eine außerordentlich enge Aufgabenstellung, nämlich Interventionsleistungen beim Mißlingen der an der sozialistischen Lebensweise orientierten Normalbiographie zu erbringen. Deshalb war die Jugendhilfe als Institution nicht mit der Jugendarbeit verbunden, sondern ausschließlich auf Korrektur, Verhütung und Beseitigung von Vernachlässigungen und die Umerziehung sogenannter schwererziehbarer oder straffälliger Minderjähriger und auf die Sorge für elternlose und familiengelöste Kinder und Jugendliche ausgerichtet (vgl. *Verordnungen* 1966).

Die Polytechnische Oberschule (POS) mit den Jahrgangsstufen 1-10 war meist ein- oder zweizügig, so daß 10 oder 20 Klassen und nur in Ausnahmefällen mehr zu einer Schule gehörten. Mit einer durchschnittlichen Klassenfrequenz von 21 Schülern und meist Schulen mit weniger als 500 Schülern waren sie wohnortnahe, altersgruppengemischte und von allen Kindern und Jugendlichen *gemeinsam* besuchte Schulen. Der Besuch der Abiturstufe erfolgte in der Regel ab der Klasse 9 in gesonderten Klassen, aber nach dem Gesetz über das einheitliche sozialistische Bildungssystem von 1965 nach der 10. Klasse der POS. Die Schule war eingebettet in ihren Stadtteil, in das Wohngebiet oder das Dorf und hatte *ebenfalls* soziale Funktionen zu erfüllen, die größtenteils von den Lehrern wahrgenommen werden mußten. Als wesentliches Integrationsmoment für die Schüler galt der mehrdimensionale Klassenverband, der meist auch eine kollektive Selbstbestimmung und ein gemeinsames Agieren über den Unterricht hinaus ermöglichte. Neben den unterrichtlichen Angeboten mit dem eher bescheidenen Anteil fakultativer Kurse hatten sich in den Schulen umfangreiche außerunterrichtliche Betätigungsmöglichkeiten entwickelt. Hierzu sind das durch die Pionierorganisation und die FDJ gestaltete Verbandsleben zu rechnen, die von vielen Lehrern gestalteten Arbeitsgemeinschaften ab Klasse 5 und die Schulsportgemeinschaften (vgl. HOYER/VÄTH 1994; FLÖSSER/OTTO/TILLMANN 1996; PRÜSS 1996b). Unterstützt wurden diese schulischen Angebote durch eine Reihe von Betätigungsmöglichkeiten der Schüler in Trainingszentren des Deutschen Turn- und Sportbundes, den Sektionen der Gesellschaft für Sport und Technik, durch Aufenthalte in Touristenstationen der einzelnen Kreise, in Jugendklubs sowie durch vielfältige Angebote in den Stationen junger Naturforscher und Techniker und in den Pionierhäusern. Alle Angebote waren in der Regel an den Schulen bekannt und wurden über Bezugspersonen vermittelt. Eine besondere Verantwortung hatten die Klassenlehrer gegenüber den einzelnen Schülern hinsichtlich ihrer Leistungsentwicklung, für die Berufsorientierung und für die Zusammenarbeit mit den Eltern. Diese Ganzheitlichkeit des schulpädagogischen Aufgabenverständnisses hatte nicht nur einen pädagogisch unterstützenden Charakter, sondern in starkem Maße auch einen kontrollierenden und eingreifenden. Da die Schule und damit die Lehrer die Verantwortung für die Entwicklung der „Normalbiographie" der Heranwachsenden tragen mußten, oblag ihnen auch die Zusammenarbeit mit allen an der Erziehung Beteiligten, so daß sie ein hohes Maß an sozialpädagogischen Aufgaben erfüllen mußten. Die Aufgabe der Gemeinsamkeit von Schule, die Abgabe der ganzheitlichen Sicht auf die Schüler sowie die Veränderung der Funktion von Schule machten nun auch neue Arbeitsfelder in den neuen Bundesländern notwendig

Die Entwicklungsgeschichte der Schule und der Jugendhilfe in den alten Bundesländern ist eine Geschichte der Abgrenzung der Institutionen. Schule und Jugendhilfe hatten separate Aufgaben, eigenständige Arbeitsbereiche und bis in die 70er Jahre keine direkten Berührungspunkte. Schule und Jugendhilfe waren verselbständigt und standen in einer relativen Beziehungslosigkeit zueinander. Ende der 60er und Anfang der 70er Jahre sollte im Rahmen der Bildungsexpansion eine möglichst breite Beteiligung *aller* Schichten der Bevölkerung an Bildungsprozessen erfolgen. Durch vielfältige Maßnahmen (gezielte Schulvorbereitungen, schulbegleitende Hilfen in der Grundschule zur Beförderung von Kindern aus bestimmten Milieus, Hausaufgabenhilfen, sozialpädagogische Schülerhilfen u. a.) sollten herkunftsbedingte Benachteiligungen abgebaut werden. So entwickelten sich in Schulen selbst Schulsozialarbeitsprojekte und das Konzept einer sozialpädagogischen Schule (vgl. HOMFELDT/LAUFF/MAXEINER 1977). In den 80er Jahren mit den zunehmenden Jugendproblemen kam es auch zu einer weiteren Akzentuierung der Schulsozialarbeit, nämlich durch die Ent-

wicklung einer offensiven Jugendhilfe und die Einbeziehung der Schule. Probleme auf dem Ausbildungs- und Arbeitsmarkt, das Infragestellen der Verwertbarkeit schulischer Abschlüsse, die Zunahme berufstätiger und auch alleinerziehender Mütter drängten direkt nach weiteren Angeboten ganztägiger Betreuung. Neue Phänomene, wie Drogenkonsum, Aggressivität und Gewalt, verschiedene Formen abweichenden Verhaltens, Aussiedler- und Asylbewerberkinder, die geforderte Behindertenintegration in die Regelschule und andere Faktoren forderten die Schule heraus und überforderten partiell einen Teil der Lehrer.
In den 90er Jahren haben die weiteren gesellschaftlichen Veränderungen, so vor allem im Segment der Familie und im Bereich der Berufs- und Arbeitswelt neue Anforderungen an die Schule und Jugendhilfe gestellt. Zunehmend fehlende familiale Orientierungshilfen, Turbulenzen in der Arbeitswelt, fehlende berufliche Unterstützungs- und Entscheidungshilfen für die Jugendlichen haben ihre Orientierungsschwierigkeiten drastisch erhöht und schulische Lernmotivation erheblich gesenkt. Somit haben sich für den Bereich der Schulsozialarbeit auch weitere Aufgaben ergeben. Die Installierung der Schulsozialarbeit ist in den einzelnen alten Bundesländern doch unterschiedlich vorgenommen und in keiner Weise flächendeckend realisiert worden. Wir finden sie vor allem in Hauptschulen und in sozialen Brennpunkten und natürlich in den Konzepten der Gesamtschulen und der Ganztagsschulen. Den schulbezogenen Aktivitäten der Jugendhilfe ist „der Durchbruch zu einer ihre eigenständige sozialpädagogische Fachlichkeit respektierenden Zusammenarbeit mit der Schule bis heute nicht gelungen" (RADEMACKER 1994, S. 38/39).
In den neuen Bundesländern ist eine größere Verantwortung entsprechend dem Grundgesetz § 6 Abs. 2, 3, 5 auf die Familie zurückübertragen worden, worauf ein Teil der Eltern weder inhaltlich noch von der Einstellung her vorbereitet war. Diese Rückübernahme der primären Erziehungsverantwortung aus der öffentlichen Erziehung bereitete einem Teil der Eltern große Schwierigkeiten und wirkte sich natürlich zunächst direkt auf die Heranwachsenden aus. Obwohl ein Teil der Eltern mehr Zeit für seine Kinder als in der Vorwende aufbringen kann (nur in 51,9 % der Familien sind beide berufstätig), nehmen die Belastungen im Zusammenleben der Familienmitglieder nicht automatisch ab (vgl. *Zur Situation der Jugend* 1993; *Jugendhilfe im Umbruch* 1996). Gravierende Veränderungen im familialen Kontext zeigen sich durch die stark zurückgegangenen Geburten, da z. Z. weniger als 1/3 der Kinder im Vergleich zu 1980 geboren werden (vgl. *Statistisches Landesamt* 1996). Zukünftig werden also mehr als Einzelkinder aufwachsen. Notwendige Sozialerfahrungen mit Geschwistern innerhalb der Familie können dann nur bedingt gemacht werden, und der soziale Umgang mit Gleichaltrigen wird besonders in der ländlichen Region mit wenigen Heranwachsenden des gleichen Jahrgangs im Wohnort problematisch. Die Schule hatte vor der Wende für alle Schüler als Lernort gleichzeitig auch eine *soziale* Funktion, so daß eine sozialpädagogische Arbeit im Sachverständnis der alten Bundesländer im Rahmen der Jugendhilfe nicht erforderlich war. Die Klassen-

lehrer hatten bis dahin neben der Sicht auf die Leistungsentwicklung auch die Verantwortung für das Sozialverhalten ihrer Schüler auch über den Unterricht hinaus und die Verpflichtung zum Kontakt zu den Eltern.
Im Rahmen der Neustrukturierung des Schulsystems fanden unterschiedliche Entkoppelungsprozesse statt, so auch die Trennung von Schule und Freizeit, Schule und Arbeits- bzw. Berufswelt. Während die Schule vor der Wende sich Teilen der Jugendhilfe über eine intensive außerunterrichtliche Arbeit verpflichtet fühlte, die nach heutigen Termini der außerschulischen Jugendbildung, Jugendarbeit in Sport, Spiel und Geselligkeit sowie Kinder- und Jugenderholung zuzuordnen wären, entstand spätestens mit der Verabschiedung des Schulreformgesetzes - in den meisten Fällen jedoch schon wesentlich früher - für diesen Bereich ein Defizit, da die Schule dafür nicht mehr zuständig war. Diese Abkoppelung ist in der Regel abrupt und ohne hinreichend vorhandene Kompensationsformen erfolgt. Das führte oft zu fehlenden Angeboten in Frei- und Ferienzeiten für interessierte Schüler und für diejenigen, für die keine anderen Möglichkeiten der Betätigung bestanden. Gleichzeitig fehlte ihnen ein wesentliches Moment im Umgang mit Gleichaltrigen, das von Schülern zunehmend eingefordert wird (vgl. *Jugendhilfe im Umbruch* 1996; BÜCHNER/ FUCHS/ KRÜGER 1996).
Mit der Umgestaltung des Schulwesens wurden auch der Arbeitsweltbezug der Schule durch den polytechnischen Unterricht in den polytechnischen Kabinetten und Betrieben - von unterschiedlichen Bewertungen seiner Durchführung abgesehen -, die Berufswahlvorbereitung durch den berufsberatenden Lehrer an der Schule und verschiedene Formen der Berufsausbildung mit Abitur abgebaut. Das führte notgedrungen zur reinen Lernorientierung in der Schule, zu Orientierungsproblemen der Schüler und zu eingeschränkten Aktivitätsfeldern der Heranwachsenden. Der institutionalisierte Zugang der Schüler zu den Betrieben stellte eine Form der Sicherung von Arbeitswelterfahrungen der Schüler dar (vgl. *Neunter Jugendbericht* 1994, S. 468).
Neben diesen Veränderungen in den Lebenskontexten von Kindern und Jugendlichen zeigen sich auch besondere Belastungen, Beeinträchtigungen und Defizite in den Lebenslagen und den möglichen Bewältigungsformen durch die Heranwachsenden. Als solche Faktoren zeigen sich aus Ermittlungen, Untersuchungen und aus der öffentlichen Diskussion:

- die große Sorge der Eltern um hohe Schulabschlüsse ihrer Kinder einerseits und eine gewisse Sorglosigkeit eines Teils der Eltern um schulische Belange andererseits,
- Schulunlust und Schulversagen bei besonderen Gruppen von Jugendlichen (vernachlässigte, benachteiligte, gefährdete, beeinträchtigte Kinder und Jugendliche),
- die Zuordnung der Heranwachsenden zu einzelnen Schulformen aufgrund der aktuellen geistigen Leistungsfähigkeit einerseits und den Mangel an sozialer Integration andererseits,
- die Diskussion um die Zunahme von Gewaltbereitschaft innerhalb von Schulen und Normverletzungen und gewalttätiges Handeln außerhalb der Institution Schule,

- zunehmende Lernschwierigkeiten von Schülern und ein Vermissen von Unterstützungen durch Mitschüler und Lehrer,
- Klassenlehrer außerhalb des Unterrichts nach Schülermeinungen wenig oder selten Zeit für sie haben (55,3 %) und auch selten bzw. kein Verständnis für ihre Probleme zeigen (45,1 %) (vgl. Dokumentation Schulsozialarbeit Ludwigslust 1997, S 93).
- der Wegfall unterschiedlicher Formen der Freizeitgestaltung an den Schulen, aber auch in den Gemeinden und in bestimmten Wohngebieten,
- die Sorge um die berufliche Perspektive durch unzureichende berufliche Orientierung, Berufswahlvorbereitung und die Schwierigkeiten beim Übergang aus der allgemeinbildenden Schule in die Berufsausbildung und später beim Berufseinstieg,
- die Auswirkungen von besonderen Lebenslagen, finanziellen und sozialen Problemen der Familien in die Schule hinein (Arbeitslosigkeit eines oder beider Elternteile, alleinerziehende Mütter oder alleinerziehende Väter, Partnerkonflikte, Vernachlässigung der Kinder u. a.).

Aus dieser doppeltschwierigen Situation heraus, der Implementierung eines vollständig neuen Schul- und Jugendhilfesystems einerseits und den *veränderten Lebensbedingungen* und *individuellen Bewältigungsvoraussetzungen* andererseits, ergeben sich die Überlegungen für Hilfe- und Unterstützungsleistungen für die Entwicklung der Heranwachsenden zu eigenverantwortlichen und gemeinschaftsfähigen Persönlichkeiten (vgl. *Das neue Kinder- und Jugendhilfegesetz KJHG* § 1, 1990). Eine solche Möglichkeit scheinen schulbezogene Angebote der Jugendhilfe (Jugendarbeit, Jugendsozialarbeit, Schulsozialarbeit) zu sein, den Kindern und Jugendlichen im Schulalter *freiwillig zu nutzende* Angebote *in der Institution Schule* zu unterbreiten und diese auch *am Ort Schule* zweckmäßig zugänglich machen zu können. Offensichtlich gibt es in den neuen Bundesländern dazu günstigere gesellschaftliche Rahmenbedingungen und größere institutionelle und persönliche Bereitschaften für die Einrichtung des Handlungsfeldes Schulsozialarbeit an den Schulen. Schul- und Jugendhilfestrukturen sind in einer Konsolidierungsphase und damit noch in einer gewissen Flexibilität, und die Lehrkräfte verfügen noch über ein bestimmtes Maß sozialpädagogischer Erfahrungen wie viele Mitarbeiter der Jugendhilfe über einen Fonds weitgehender Schulerfahrungen. Das erzeugt Hoffnungen auf Innovationen und Experimente einer effektiveren und effizienten Zusammenarbeit von Schule und Jugendhilfe. Für dieses Arbeitsfeld hat sich in den alten Bundesländern der Begriff „Schulsozialarbeit" herausgebildet. Schulsozialarbeit, vielfältig beschrieben und unterschiedlich inhaltlich gefaßt, meint grundsätzlich Konzepte und Aktivitäten einer Kooperation von Jugendhilfe und Schule am Ort Schule oder in ihrem Umfeld. Sie wird bisher als eine Gruppe verschiedener Aktivitäten innerhalb von Schulen oder in ihrem Umfeld verstanden. Sie gilt als die intensivste Form der Zusammenarbeit von sozialpädagogischen Fachkräften der Jugendhilfe mit Vertretern der Schule (vgl. RAAB/RADEMACKER/WINZEN 1987).

Formen der Zusammenarbeit von Jugendhilfe und Schule

Gesetzliche Grundlagen einer Zusammenarbeit

Für den Umbau des Schulwesens in Mecklenburg-Vorpommern wurde das Erste Schulreformgesetz am 25. April 1991 wirksam und mit dem weiter differenzierten und entwickelten Schulgesetz vom 15. Mai 1996 eine rechtliche Grundlage für die Kooperation von Schule und Jugendhilfe geschaffen, die bereits mit der Einführung des Kinder- und Jugendhilfegesetzes am 3. Oktober 1990 von der Jugendhilfe eingefordert wurde. In Mecklenburg-Vorpommern sind damit Formen der Zusammenarbeit von Schule und Jugendhilfe auf gesetzlicher Grundlage möglich und begründen den Ausbau einer produktiven Kooperation der beiden Institutionen. Diese Festlegungen sind das Ergebnis politischer Abstimmungsprozesse und basieren auf dem mehrheitsfähigen Konsens. Die Schüler sollen „befähigt werden, aktiv und verantwortungsvoll am sozialen, wirtschaftlichen, kulturellen und politischen Leben teilzuhaben“ (*Schulgesetz* § 2 Abs. 2). Dabei sollen das „Land, die kommunalen Gebietskörperschaften und die freien Träger ... bei der Erfüllung des Bildungs- und Erziehungsauftrages der Schule mit Lehrern, Schülern, Erziehungsberechtigten und den für die außerschulische Berufsausbildung Verantwortlichen“ zusammenwirken (ebd. § 4 Abs. 4). Die Schule wird explizit aufgefordert, sich zum gesellschaftlichen Umfeld zu öffnen und die Zusammenarbeit „insbesondere mit den Trägern der örtlichen Jugendhilfe, Sport- und anderen Vereinen ...“ (ebd. § 40 Abs. 1) zu entwickeln. Dieses wird besonders bedeutsam, wenn sich die Grundschulen zu vollen Halbtagsschulen entwickeln und im Sekundarbereich I sowie an Förderschulen die Ganztagsangebote auf der Basis freiwilliger Teilnahme der Schüler zunehmen sollen (vgl. ebd. § 39 Abs. 1, 3). Die geforderte Zusammenarbeit der örtlichen Träger der öffentlichen Jugendhilfe mit der Schule soll vor allem „Schülern und Erziehungsberechtigten bei der Überwindung von Lernschwierigkeiten, Erziehungsproblemen und beim Übergang in die berufliche Bildung und während der beruflichen Bildung“ dienen (ebd. § 59). Das Schulgesetz basiert auf der Erkenntnis, daß Schule ein ganz zentraler kultureller Lebensmittelpunkt ist. Deshalb hat die Mitwirkung und Mitgestaltung mit dem Ziel der aktiven gesellschaftlichen Teilhabe für den Gesetzgeber einen hohen verbindlichen Stellenwert sowohl für die Jugendarbeit als auch für die Schule. Auch das Kinder- und Jugendhilfegesetz sieht vor, daß die Träger der öffentlichen Jugendhilfe „mit anderen Stellen und öffentlichen Einrichtungen, deren Tätigkeit sich auf die Lebenssituation junger Menschen und ihrer Familien auswirkt, insbesondere mit 1. Schulen und Stellen der Schulverwaltung, 2. Einrichtungen und Stellen der beruflichen Aus- und Weiterbildung ...“ zusammenarbeiten (*KJHG* §81). Somit ergibt sich nicht nur die Legitimation, sondern die ausdrückliche Aufforderung nach Zusammenarbeit von Schule und Jugendhilfe aus dem Schulgesetz des Landes Mecklenburg-Vorpommern und aus dem *KJHG* mit den bisher drei verabschiedeten Landesausführungsgesetzen Mecklenburg-Vorpommern zum

KJHG (vgl. *Kinder- und Jugendförderungsgesetz* 1997). Diese rechtlichen Grundlagen stellen die fundamentale Bedingung für eine produktive und dauerhafte Kooperation von Schule und Jugendhilfe dar und sind die Voraussetzung für eine *aufeinander abgestimmte* und im Interesse beider Institutionen liegende und den Schülern dienende Zusammenarbeit. Vielfältige Formen der Kooperation von Schule und Jugendhilfe haben sich in den letzten Jahren bereits entwikkelt. Doch ihre Existenz und Perspektive sind von notwendigen Rahmenbedingungen und entsprechenden Beförderungen abhängig. Die Zusammenarbeit wird nicht gelingen, wenn eine Seite von vornherein die Führung beansprucht und die andere zum Gepäckträger erklärt. Dieser Gefahr kann sowohl die Schule als auch die Jugendhilfe erliegen. Kooperation darf nicht als Delegierung von Aufgaben an die jeweils andere Seite definiert werden. So ein hierarchisches Modell würde bedeuten, die eine Seite bestimmt, die andere paßt sich an. Steuerung solcher integrativer Prozesse kann nicht auf hierarchischer Macht beruhen, sondern wird durch gegenseitige Offenheit und Anerkennung der individuellen und kollektiven Kompetenz und die gemeinsame Verantwortung für die Erreichung gemeinsamer Ziele bestimmt.

Ziele einer Kooperation

Die in Mecklenburg-Vorpommern umgesetzten Konzepte und laufenden Projekte der Zusammenarbeit gehen davon aus, daß die Zielbestimmungen und Handlungsformen der *Jugendhilfe* in der Schule oder in ihrem Umfeld realisiert werden. Diese Feststellung ist deshalb bedeutsam, weil sie zeigt, daß die Jugendarbeit/Schulsozialarbeit in ihrem Funktionsverständnis über die Regelaufgaben von Schule und das professionelle Lehrerhandeln hinausgeht. Sie erweist sich mit ihren Absichten, Aktivitäten und Arbeitsformen als *eigenständiges* Element im Raum Schule und - trotz aller reformorientierter Vorstellungen von einer veränderten Schule und eines veränderten Rollenverständnisses der Lehrer - kann wohl kaum nur durch den Berufsstand der Lehrer realisiert werden. Insofern scheint sie ein zusätzliches Leistungssegment in der Institution Schule, ein sinnvolles wie notwendiges Element in der Bildungsinstitution Schule zu sein. Jugendarbeit und Schule - Jugendhilfe und Schule - stellen zwei unterschiedliche Aufgabenbereiche dar. Die gesellschaftliche Arbeitsteilung hat auch im Entwicklungsraum von Kindern und Jugendlichen zu einer funktionellen Differenzierung geführt (RICHTER 1994, S. 10). Die Schule ist ausschließlich als lernorientierte Institution auf Leistungskarriere der Schüler ausgerichtet. Dieses hat sich vor allem noch durch die heute vollzogene *negative* Auslese, d. h. zuerst Besuch des Gymnasiums und danach die Selektion nach unten, verstärkt. Die Jugendhilfe wiederum nimmt die erzeugten Problemkarrieren auf und versucht, durch externe Interventionen die Problembewältigung zu meistern. Das institutionelle Separatisieren und Auseinanderrücken von Schule und Jugendhilfe schafft zwar klare Abgrenzungen, erreicht damit aber auch das Ausgrenzen der Kinder und Jugendlichen aus ihrem Lebenskontext, weil Probleme nicht im direkten lokalen und sozialen Kontext bearbeitet werden, wo sie entstehen. Einzelne Aufgaben werden losgelöst voneinander und durch unterschiedliche Personen oder Institutionen verwirklicht. Die funktionelle Differenzierung führt dadurch auch zur Isolation, wenn keine Rückbindungen erfolgen und die soziale Integration nicht als unmittelbares Ziel angestrebt wird. Die Kooperation zwischen Schule und Jugendhilfe sollte und könnte diese Entwicklung vermeiden. Deshalb ist über eine Neuverteilung der pädagogischen Verantwortung und der Aufgaben sowie der Funktionen der Institutionen Schule, Jugendhilfe und Familie nachzudenken. Offensichtlich sind die einzelnen Institutionen bei der Erfüllung ihrer bisherigen Aufgaben überfordert und suchen in der Auslotung ihres Verhältnisses zueinander sowie in einer besseren Verzahnung einzelner Bereiche nach neuen Lösungen. Dieses bezieht sich auf das Verhältnis von Familie und Schule genauso wie auf das Verhältnis von Schule und Jugendhilfe. Deshalb erwarten Lehrer, daß die Jugendhilfe in Gestalt der Sozialpädagogen möglicherweise gewichtige Beiträge zur Problembearbeitung am Ort Schule leisten kann. Die Vertreter der Jugendhilfe wiederum scheinen die Einsicht gewonnen zu haben, daß die Schule als Ort der Vergabe von karrierebeeinflussenden Bildungsabschlüssen zunehmende Bedeutung für Schüler gewinnt und hier alle Kinder und Jugendlichen *vor* dem Auftreten akuter Probleme erreicht werden können und deshalb in besonderem Maße *präventive* Arbeit geleistet werden kann. Die Funktion der Schule heute ausschließlich in der Wissensvermittlung zu sehen, wäre absolut einseitig. Zur unterrichtsorientierten Arbeit kommen verstärkt erzieherische Probleme und Ziele hinzu, die die Ansprüche an die pädagogische Arbeit in der Schule anwachsen lassen, wozu besonders die Befähigung zur Selbststeuerung in der fachlichen, gesellschaftlichen und normativen Orientierung, der Aufbau sozialer Kompetenzen und gesellschaftlicher Verantwortungsbereitschaft sowie die Bereitschaft und Fähigkeit, sich in der Welt zurechtzufinden, zu bewegen und an ihrer Weiterentwicklung teilzunehmen, gehören (vgl. *Zukunft der Bildung* 1995, S. 39). Deshalb muß Schule sich auch verstärkt den jugendkulturellen Phänomenen und den dahinterstehenden Bedürfnissen der Heranwachsenden öffnen und mit entsprechenden Angeboten reagieren. Dieses macht das Zusammengehen von Schule und Jugendhilfe (Jugendarbeit) notwendig und die sachkundige, arbeitsteilige Zusammenarbeit zur Persönlichkeitsentwicklung möglich, die in der Erziehung zum mündigen Bürger (vgl. *Schulgesetz* § 2) besteht. Schule ist ein prophylaktischer Ort und kann durch die Öffnung für die Jugendarbeit und für die Bedürfnisse der Schüler durch die Kooperation nur gewinnen. Spezifische Angebote der Jugendarbeit können die Lebenswelt Schule attraktiv machen und den Schülern Treffmöglichkeiten und Gestaltungsräume bieten. Prophylaktische Arbeit bedeutet in diesem Zusammenhang, daß die pädagogische Arbeit möglichst früh damit beginnen muß, Kinder und Jugendliche zu erreichen, sie mit ihren Interessen und Bedürfnissen wahrzunehmen und diese in gemeinsamen Prozessen produktiv zu wenden, beispielsweise in der Entwicklung angemessener Freizeitaktivitäten. Die Lebens-

welten von Kindern und Jugendlichen entsprechen heute weniger denn je dem Modell, das für die Pädagogik lange Zeit orientierend war: das Elternhaus liefere beschulbare Kinder, Schule diene der Wissensvermittlung und Jugendarbeit sorge für die notwendigen und sinnvollen Freizeitangebote unter Gleichaltrigen. Auch die Berührungsängste der Jugendarbeit gegenüber Schule machen in diesem Zusammenhang keinen Sinn - selbst wenn die Kritik am schulischen Lernsystem aus dieser Perspektive nach wie vor vielfach berechtigt zu sein scheint, denn Schule ist die für die Kinder und Jugendlichen dominierende Lebenswelt und sollte sich - z. B. mit Hilfe von Ansätzen der Jugendarbeit - für deren Bedürfnisse stärker öffnen, um vorgezeichnete Karrieren der Abgrenzung und Selbststigmatisierung frühzeitig abfangen zu können.
Lehrer sehen Bereiche des sozialen Lernens nicht unmittelbar als ihre Aufgabe an (und haben dafür oftmals auch weder Zeit noch Kraft!) und möchten diese gern an die Jugendhilfe delegieren, so daß die Schüler im Unterricht besser funktionieren. Sozialpädagogen hingegen unterliegen - aus unterschiedlichen Gründen - gelegentlich einer gewissen Betroffenheitslogik und Abgrenzung gegenüber der Institution Schule. Eine solche Polarisierung kennzeichnet die Probleme im Zusammengehen zweier pädagogischer Arbeitsfelder, die zügig überwunden werden sollte. Jugendarbeit muß sich von Schule nicht funktionalisieren lassen, sie muß aber auch nicht automatisch in der totalen Abgrenzung verharren: allein das mit dem 8. Jugendbericht ausgerufene Paradigma der Lebensweltorientierung legt anderes nahe, denn Schule ist ein wesentlicher Lebensbestandteil, und warum sollten Kinder und Jugendliche nicht dort abgeholt werden, wo sie bereits sind.
Durch die Kooperation soll aber auch Kindern und Jugendlichen mit sozialer Benachteiligung, individueller Beeinträchtigung oder Behinderung Hilfe und Unterstützung gegeben werden, um entsprechenden Anforderungen besser gewachsen zu sein. Sie soll günstigere Sozialisationsbedingungen für *alle* schaffen und Möglichkeiten der Vernetzung von Angeboten und Projekten in der Schule und der Kommune bzw. im Stadtteil erschließen.

Kooperationsbereiche/Tätigkeitsbereiche

In den neuen Bundesländern haben sich unterschiedliche Modelle der Zusammenarbeit von Schule und Jugendhilfe entwickelt (z. B. „Sozialarbeit an Schulen“ in Brandenburg, „Jugendarbeit an Thüringer Schulen“ in Thüringen, „Schulsozialarbeit“ und „Öffnung von Schulen“ in Mecklenburg-Vorpommern). Ausgangspunkt einer Zusammenarbeit von Jugendhilfe und Schule waren jeweils unterschiedliche Schwerpunktsetzungen in den Ländern wie beispielsweise die Jugendarbeit, Unterstützungsleistungen für einen Berufseinstieg, offene Freizeitangebote für Schüler, niedrigschwellige Zugänge zu sozialpädagogischen Hilfen, Arbeit mit verhaltensauffälligen Schülern, mit Unterrichtsschwänzern, Hilfen zur Lebensorientierung bis hin zur Entwicklung von Schulbibliotheken. Viele Projekte haben sich aufgrund von Initiativen von unten entwickelt und eine mehr oder weniger große Unterstützung durch staatliche Einrichtungen und Institutionen erhalten. Dabei wurde mit dem Programm „Sozialarbeit an Schulen“ nur im Bundesland Brandenburg ein Landeskonzept zur Entwicklung der Zusammenarbeit von Jugendhilfe und Schule schrittweise umgesetzt. In den anderen neuen Bundesländern wurden Initiativen und Projekte zur Kooperation der Institutionen Schule und Jugendhilfe auf unterschiedliche Weise gefördert. In Mecklenburg-Vorpommern erfolgt das über den vom Landesjugendamt erarbeiteten Landesjugendplan mit seinen Fördermöglichkeiten und schließt Zuwendungen ein für:

- Projekte der schulbezogenen Sozialarbeit und der Gewaltprävention,
- Projekte der Jugendarbeit mit Schülern,
- Schülerklubs in Mecklenburg-Vorpommern,
- Schule und Verein.

Dabei sind das Förderprogramm „Jugendarbeit mit Schülern“ von der Deutschen Kinder- und Jugendstiftung und das Förderprogramm „Schülerklubs in Mecklenburg-Vorpommern“ von der Stiftung Demokratische Jugend gemeinsam mit dem Kultusministerium getragene Programme. Seit Sommer 1995 gibt es die Arbeitsstelle für Schule und Jugendhilfe Mecklenburg-Vorpommern mit ihrem Sitz in Waren/Müritz und in der Trägerschaft der RAA e.V. als landesweite Koordinierungs- und Beratungsstelle für die Zusammenarbeit von Schule und Jugendhilfe über das Förderprogramm. Die Initiative für die Projekte selbst muß von den Jugendämtern, den freien Trägern der Jugendhilfe oder von den Schulen ausgehen. In Mecklenburg-Vorpommern lassen sich nach der Trägerschaft drei Grundtypen charakterisieren. Die Frage nach der *institutionellen* Anbindung der Jugendarbeit an Schulen und der Schulsozialarbeit scheint auf den ersten Blick nicht so bedeutsam zu sein. Doch die Praxis widerlegt diese Auffassung. Von der Trägerzugehörigkeit hängt einerseits die Nähe oder Distanz von Schule und Jugendhilfe ab und andererseits die Stellung des Sozialpädagogen hinsichtlich seiner Dienst- und Fachaufsicht und damit seine Einbindung bzw. Abhängigkeit von der Institution Schule und seine mögliche Vereinnahmung durch das schulische Personal oder aber die Erhaltung seiner Eigenständigkeit und damit Unabhängigkeit und Möglichkeit des professionellen sozialpädagogischen Handelns.

(1) *Zum ersten Grundtyp* gehören Projekte in öffentlicher Trägerschaft. Hier erfolgt eine Anbindung an das Jugendamt bzw. auch in anderen neuen Bundesländern an das Sozialamt. Sie stehen in kommunaler Trägerschaft und unterliegen der Dienst- und Fachaufsicht der Jugendhilfe. Die Beförderung dieses Projektes ist in Mecklenburg-Vorpommern seit 1995 eingestellt worden, indem solchen Trägern der Schulsozialarbeit keine Landesförderung mehr gewährt wurde. Die Fortführung dieser Projekte obliegt den öffentlichen Trägern dann selbst. Als förderungsfähig gelten alle Projekte in freier Trägerschaft. Bis dahin durchgeführte Untersuchungen mit solchen Projekten haben keine Nachteile offenlegen können, so daß die Zweckmäßigkeit oder Unzweckmäßigkeit dieser Variante nicht nachgewiesen ist.

(2) *Zum zweiten Grundtyp* gehören Projekte in schulischer Trägerschaft. Sie treten in Mecklenburg-Vorpommern nur vereinzelt auf, haben aber in Hamburg, in Bremen, in Berlin und besonders in Brandenburg und auch in Sachsen eine weite Verbreitung gefunden. Sie werden in zwei Varianten realisiert, zum einen durch die Zuordnung des Sozialpädagogen zu einer Schule und seine Integration in das Kollegium, zum anderen durch die Bildung einer Arbeitsgruppe Schulsozialarbeit in der kreisfreien Stadt oder im Landkreis mit der Anbindung an die Schulbehörde.

(3) *Zum dritten Grundtyp* gehören Projekte in freier Trägerschaft. Nach dem *KJHG* (§ 75) findet als Träger der freien Jugendhilfe Anerkennung, wer „1. auf dem Gebiet der Jugendhilfe im Sinne des § 1 tätig ist, 2. gemeinnützige Ziele verfolgt, 3. aufgrund der fachlichen und personellen Voraussetzungen erwarten läßt, daß er einen nicht unwesentlichen Beitrag zur Erfüllung der Aufgaben der Jugendhilfe zu leisten imstande ist und 4. die Gewähr für eine den Zielen des Grundgesetzes förderliche Arbeit bietet" (*KJHG* 1990, S. 65/66). In diesem Grundtyp lassen sich drei Varianten als Träger differenzieren: a) die Wohlfahrtsverbände; b) die Jugendverbände; c) die Vereine, die sich eigens für die Umsetzung der Schulsozialarbeit gegründet haben (z. B. in Ludwigslust der Jugendhilfe e. V., in Greifswald Öffnung der Schulen e. V., Schulsozialarbeit-Beratungszentrum Peeneland e. V., Schulsozialarbeit an der Friedrich-Dethloff-Schule Waren / Müritz u. a.).

Bisher kann keine Trägerkonstruktion favorisiert werden. Entscheidend zu sein scheint, daß vor der Einrichtung der Schulsozialarbeit genau geprüft wird, inwieweit der Bewerber die fachlichen und organisatorischen Voraussetzungen besitzt und eine effektive Arbeit leisten kann. Als wichtige Grundlage der Zusammenarbeit haben sich Vereinbarungen bzw. Kooperationsverträge zwischen dem Träger und der Schule unter Einbeziehung des Schulträgers sowie des Jugendamtes erwiesen. Die besondere Berücksichtigung der Schulsozialarbeit in den Jugendämtern scheint sich durchzusetzen und ist unterschiedlichen Bereichen zugeordnet, so der Kinder- und Jugendarbeit (Stralsund, Müritz, Rostock, Schwerin, Greifswald u. a.), der Jugendsozialarbeit (Güstrow, Ludwigslust u. a.) oder der Jugendförderung (Bad Doberan, Rügen, Demmin u. a.; vgl. MALLESKAT 1995). Als eine Variante der Erbringung sozialpädagogischer Leistungen in der Schule wird in Mecklenburg-Vorpommern auch das Gewähren von zwei Deputatstunden für Klassenlehrer von Hauptschulklassen gesehen (vgl. *Die Arbeit an der Hauptschule* 1994).
Von entscheidender Bedeutung für die Wirksamkeit der Zusammenarbeit von Jugendhilfe und Schule sind jedoch die *Zielsetzungen und inhaltlichen* Schwerpunktsetzungen der einzelnen Projekte. Hier lassen sich in Mecklenburg-Vorpommern drei Haupttypen unterscheiden.

(1) *Der erste Haupttyp* von Projekten ist explizit auf die freizeitpädagogische Gestaltung des außerunterrichtlichen Bereiches an Schulen oder in ihrem Umfeld gerichtet. Dabei reicht das Angebotsspektrum von einer vorstrukturierten bis zu einer offenen Kinder- und Jugendarbeit.
Diese freizeitpädagogische Orientierung soll die durch den Strukturwandel im Schulsystem entstandenen Lücken schließen und solche Leerstellen besetzen, die vorher von der FDJ, der Pionierorganisation und auch von Lehrern mit ihrer Arbeitsgemein-

schaftstätigkeit ausgefüllt worden waren. Sicherlich sind Tendenzen eines solchen Ersatzes von Angeboten im außerunterrichtlichen Bereich zur Vorwendezeit vorhanden, aber Untersuchungen zeigen, daß gerade über diese Projekte auch ein Zugang zu Schülern mit besonderen Problembelastungen geschaffen werden konnte und das Schulklima insgesamt positiv beeinflußt wird (vgl. Schulbezogene Jugendhilfe Greifswald 1997). Diese Projekte sind meist offen gestaltete, auf Prävention angelegte, dem § 11 des KJHG verpflichtete und in vielfältigen Formen initiierte Projekte der Kinder- und Jugendarbeit in der Schule.

(2) *Der zweite Haupttyp* realisierter Projekte bezieht sich auf Angebote und Schwerpunkte des § 13 KJHG (Jugendsozialarbeit). In diesem wendet man sich Kindern und Jugendlichen mit sozialen Benachteiligungen und/oder individuellen Beeinträchtigungen einerseits und aufgrund besonderer Auffälligkeiten (Schulbummelei, Diebstahl, gewalttätiges Handeln u. a.) von einzelnen oder Gruppen andererseits zu. Anlaß für solche Projekte sind oft auftretende Probleme und ein besonderer sozialpädagogischer Handlungsbedarf. Hier stehen dann einzelfallbezogene Hilfen, sozialpädagogische Gruppenarbeit, Unterstützungsleistungen beim Übergang von der Schule in die Berufsausbildung und spezielle Beratungsangebote im Vordergrund.

(3) *Der dritte Haupttyp* installierter Projekte gründet sich auf *kombinatorische* Leistungen im Bereich der Kinder- und Jugendarbeit und unterbreitet gleichzeitig Angebote im Sinne des § 13 KJHG (Jugendsozialarbeit). Die Sozialpädagogen realisieren dabei nicht nur eigene Angebote, sondern werden vor allem auch organisatorisch und *vernetzend* tätig, indem sie andere Leistungsanbieter in die Schule holen, lokale und regionale Ressourcen in verschiedenen Aktivitätsbereichen erschließen und die Schule dafür in Zusammenarbeit mit den Schulleitern öffnen.

In den Jugendamtsbereichen Mecklenburg-Vorpommerns dominieren der erste und der dritte Haupttyp. Auf diese beiden soll nachfolgend näher eingegangen werden.

Zum ersten Haupttyp gehören unterschiedliche Modelle.

a) *Jugendarbeit durch freizeitpädagogische Projekte an Schulen*

In Greifswald wurde der Weg beschritten, an den Schulen vorrangig im Freizeitbereich tätige Kräfte einzusetzen und diese der Dienst- und Fachaufsicht des Jugendamtes zuzuordnen. Das war in der Tat ein Versuch, sozialpädagogische Tätigkeit in der Schule anzusiedeln, und zwar explizit für die Kinder- und Jugendarbeit. Öffnung der Schule als Prinzip hat hier in einem gleichnamigen Projekt „Öffnung der Schulen" *eine* Linie seiner Umsetzung gefunden.

Die Schulen sehen in der schulbezogenen Jugendarbeit eine Chance, ihr Schulleben attraktiver zu machen, ihre Profilbildung durch Freizeitangebote in ihren profilbestimmenden Bereichen zusätzlich zu stützen sowie zur allgemeinen Verbesserung des Schulklimas beizutragen (vgl. PRÜSS 1997).

(1) Die Schule soll zunehmend zum Lebensraum der Jugend und damit auch ganztägig zum Raum für ihre freizeitliche Kommunikation sowie für kulturell-innovative und sportliche Betätigungen werden.

(2) Schulbezogene Jugendarbeit soll die Möglichkeit bieten, durch aktive und attraktive Schülermitbestimmung das Demokratieverständnis, den Teamgeist und die Gruppenakzeptanz in der Schülerschaft zu stärken.

(3) Die offene Arbeit gestattet eine schulübergreifende Wirksamkeit in vielfältiger Form über die jeweilige Schule hinaus. Eine Verknüpfung unterschiedlicher Träger und deren Aktivitäten in der Jugendarbeit kann verwirklicht werden. (Vgl. *Schulentwicklungskonzeption* 1996, S. 13)

Die Ergebnisse, insbesondere die Einschätzungen der Schulleiter, zeigen, daß sich bei der institutionellen Ausgestaltung im Verlaufe der Realisierung des Projektes nur ein „kooperativer Ansatz“ als tragfähig erweist. Schulbezogene Jugendhilfe sollte weder als „Oppositionsbeziehung“ von Schule und Jugendhilfe noch als „Subordination“ der Jugendhilfe unter die Belange der Schule betrachtet, sondern als Kooperationsbeziehung ausgebaut und realisiert werden. Die sozialpädagogischen Fachkräfte hatten die Möglichkeit, ihre Arbeit in der Schule nach eigenen Vorstellungen und Kriterien zu gestalten und somit das Schulleben und das pädagogische Angebot der Schule dadurch zu bereichern, daß sie ihre spezifischen Kompetenzen und Perspektiven in die Arbeit mit Schülern, Eltern und Lehrern selbständig zur Geltung bringen konnten.

Für diese Art der Projekte können als unumgängliche Bedingungen für den Aufbau fruchtbringender kooperativer Beziehungen zwischen Jugendhilfe und Schule gelten:

Klares Konzept des Trägers; Genaue Bestimmung von Aufgabenbereichen und Tätigkeitsschwerpunkten/-profil für die Tätigkeit der Freizeitpädagogen; Gewinnen der Schulleiter für das Projekt (laufende Kontakte und Information durch die Projektleitung); Überzeugendes, auf Kooperation orientiertes Wirken der Freizeitpädagogen an den Schulen; Herstellen von Partnerschaftsfähigkeit beider Institutionen und Berufsgruppen (vgl. PRÜSS 1997).

b) *Schülerklubs in Mecklenburg-Vorpommern*

Die Stiftung Demokratische Jugend fördert gemeinsam mit dem Kultusministerium seit 1992 und in einem Modellprojekt seit 1994 die Einrichtung von Freizeittreffs an Schulen in Form von Schülerklubs über die Servicestelle der Stiftung Demokratische Jugend in Neubrandenburg. Durch die Bereitstellung nötiger Anschubmittel sollte in einem Zeitraum von drei Jahren ein flächendeckendes Netz von Schülerklubs im Lande entstehen. Mit einer Fördersumme von bis zu 4000 DM je Schule konnten Ausstattungsgegenstände und Beschäftigungsmaterialien erworben werden. Die Fördersumme wurde dann bereitgestellt, wenn ein separater Raum auf dem Schulgelände genutzt werden kann, der Klub für interessierte Jugendliche an fünf Wochentagen bis mindestens 17.00 Uhr zur Verfügung steht, ein Schülerklubrat für die inhaltliche Gestaltung verantwortlich ist und der Nachweis einer Komplementärfinanzierung der Kommune für zwei Folgejahre mit jeweils 1000 DM erbracht wird. Von 539 Schulen haben 144 diese Möglichkeit genutzt und mit der Starthilfe einen Schülerklub eingerichtet. Die Schülerklubs gestalten sich als offene Freizeit- und Kommunikationstreffpunkte. Zu beobachten ist, daß die Nutzer immer jünger werden. Während 1992/93 vornehmlich Gymnasien, Gesamtschulen und Berufsschulen sich um eine Förderung bemühten, waren es in den Folgejahren mehrheitlich Realschulen mit Grund- bzw. Hauptschulteil. Nutzer sind überwiegend die Schüler der Klassenstufen 5 - 7 (vgl. LERCH 1997, S.7). Die Schülerklubs genießen offenbar eine breite Akzeptanz. Sie werden von der Institution Schule überwiegend als Bereicherung der „Lebenswelt“ Schule gesehen und sind in den Schulbetrieb weitgehend mühelos integriert worden. Schülerklubs sind mit geringem finanziellen Aufwand entstanden und ein Anlaß zu neuen Schüleraktivitäten im Sinne der Ausgestaltung und Nutzung der Räume.

Die Schülerklubs unterstützen das Prinzip, Schule als Lebensraum interessanter zu gestalten, indem sie innerhalb der Schule Möglichkeiten bieten, sich außerhalb der gängigen Schülerrolle zu bewegen, Gestaltungsräume und offene Angebote zu entwickeln. Damit wird die Schulsituation aufgelockert, muß man als Schüler die Schule nicht unbedingt verlassen, um sich informelle Treffs zu schaffen. Insofern kann dieser soziale Raum dazu dienen, jugendkulturell attraktive Freizeitangebote zu entwickeln, die im Sinne der Prophylaxe dazu dienen, Jugendlichen weitgehend selbstbestimmte Aktivitäten zu ermöglichen, ohne sie sich selbst zu überlassen.

Es ist die Tendenz zu beobachten, in der Schule hauptamtliche Kräfte zur Betreuung der Schülerklubs einzusetzen, zumeist auf ABM-Basis. Die begrenzte Zeitperspektive ihres Einsatzes führt dann zur Auflösung bereits geknüpfter Beziehungen, und die bestehenden -

aber plötzlich zwangsweise aufgekündigten - strukturell-personellen Abhängigkeiten führen zu Krisen, die unter dem Zusammenbruch der Betreuungsstruktur nicht aufgefangen werden können. Dann drohen die Klubs plötzlich zur Last für die Institution Schule zu werden und laufen Gefahr, geschlossen zu werden (vgl. HILL 1997, S. 29).

c) *Jugendarbeit mit Schülern*

Im Rahmen des Programms „Jugendarbeit mit Schülern" sind in den vergangenen zwei Jahren landesweit über 100 Projekte entstanden, die auf einem überwiegend eigens hierfür abgeschlossenen Kooperationsvertrag zwischen einer Schule und einem freien Träger beruhen. Mit diesem Programm sollten die Angebote der Jugendarbeit für die 12 - bis 16jährigen ausgebaut und die Freizeitsituation der Jugendlichen in Mecklenburg-Vorpommern verbessert werden. Es wurden Projekte gefördert, in denen freie Träger gemeinsam mit Schulen und jungen Menschen Freizeitvorhaben entwickeln und durchführen konnten. 1995 wurden 57 Projekte bewilligt, 1996 77 Neuanträge und 28 Folgeanträge. Einzelne Projekte konnten eine Förderung bis zu 15 000 DM erhalten. Inhaltlich-thematisch und hinsichtlich der Angebotsformen findet sich unter den Projekten eine Vielfalt, die vom selbstgestalteten Schülercafé oder Schulklub bis zu sportlichen, erlebnispädagogischen, künstlerischen und ökologischen Freizeitprojekten reicht. Dieses Förderprogramm sollte erstens eine Initialfunktion, also das In-Gang-Setzen von Vorhaben und Projekten zur Gestaltung der Jugendarbeit mit Schülern, und zweitens eine Beförderungs- und Stabilisierungsfunktion, also die Unterstützung von Vorhaben zu ihrer Profilierung und zum Ausbau des Freizeitangebotes für Schüler haben. Als Bedingung wurde gesetzt, daß in den beantragten Projekten jeweils mindestens eine sozialpädagogische Fachkraft tätig ist und daß Räume in der Schule, in ihrem Umfeld bzw. im Umfeld der freien Träger genutzt werden können.

Die Wirkung der Projekte ist vielfältig und trägt insgesamt mit zur Verbesserung des Schulklimas bei, zumal die Projekte in der Regel allen interessierten Schülern der Schule offenstehen. Eine eingegrenzte Adressatenausrichtung ist kaum zu verzeichnen. Ein Viertel der Projekte macht Angebote für Kinder und Jugendliche im Alter von 7 bis 16 Jahren, über die Hälfte hat Teilnehmer von 11 bis 16 Jahren. Gerade diese heterogene Zusammensetzung der Gruppen hat eine positive Wirkung auf das Verhältnis der Schüler unterschiedlicher Altersgruppen zueinander und beeinflußt damit vor allem auch das Schulklima positiv (vgl. *Dokumentation Jugendarbeit* 1997, S. 73). Die Projekte, die über das Förderprogramm „Jugendarbeit mit Schülern" co-finanziert werden, werden zur Zeit fast ausschließlich über Mitarbeiter betreut, deren Personalstellen mit Hilfe der Bundesanstalt für Arbeit finanziert (AB-Maßnahmen ca. 1/3 der Mitarbeiter) bzw. teilfinanziert (§ 249 h AfG ca. 2/3 der Mitarbeiter) werden. Damit ist aus Sicht der Mitarbeiter die Perspektive der Projekte auf längere Zeit nicht gegeben bzw. es kommt durch Personalwechsel zur Diskontinuität in der Arbeit.

Für die materielle Sicherstellung der Projektarbeit ist die Förderung durch die Deutsche Kinder- und Jugendstiftung eine Überlebensfrage. Von der Stiftung kommen diesbezüglich die intensivsten Unterstützungsleistungen, gefolgt vom Träger des Projektes und dem örtlichen Jugendamt. Die Funktion und Stellung der Projekte im Ensemble der Angebote an den Schulen muß in den Städten und Gemeinden selbst weiter verantwortungsvoll bedacht werden, zumal viele der geförderten Projekte (45,6 %) kleine Projekte sind und nur *einen* Mitarbeiter haben. Manchmal ist das Projekt auch das einzige an der Schule, so daß es für die Kinder- und Jugendarbeit an der jeweiligen Schule dann auch eine besondere Bedeutung besitzt.

Diese Projekte sind insgesamt aus dem Leben der Schule nicht mehr wegzudenken. Sie bieten eine große Palette an Veranstaltungen, die auf die Interessenlage der Kinder und Jugendlichen ausgerichtet ist. Für die weitere Entwicklung der Kinder- und Jugendarbeit mit

Schülern wird von den Schulleitern und Projektleitern das Schaffen mindestens einer festen Stelle an jeder Schule für wichtig erachtet. Nach Auffassung der Projektleiter und Schulleiter wäre es günstig, rechtliche Voraussetzungen zu schaffen, damit sich auch Lehrer aktiver in die außerunterrichtliche Arbeit einbringen können (Absenkung des Stundensolls mit der Orientierung, daß die gewonnene Zeit für sozialpädagogische Aktivitäten genutzt werden kann). Außerdem sollten Wege gefunden werden, die Jugendarbeit mit Schülern durch eine Regelfinanzierung zu sichern und durch Projektförderung zu ergänzen (vgl. ebd.,1997, S. 63-66). Die Kooperation zwischen den freien Trägern und den Schulen sind ebenso wie die damit verbundenen konkreten Angebote oftmals noch „Zufallsprodukte" bzw. die Kooperationen manchmal noch reine „Zweckbündnisse" in dem Sinne: Die Schule sucht jemanden, der die Freizeitarbeit übernimmt, dem freien Träger mangelt es an Jugendlichen im Freizeitzentrum, also kooperieren beide miteinander.

d) *Schule und Verein*

„Schule und Verein" ist ein Förderprogramm zur Entwicklung der sportbezogenen Jugendarbeit an den Schulen in Mecklenburg-Vorpommern. Die Schulen können Jugendsportgruppen im Zusammenwirken mit Sportvereinen bilden, die Mitglied des Landessportbundes sind und regelmäßig einmal wöchentlich mit mindestens 15 Schülern arbeiten. Die monatliche Festbetragsfinanzierung beträgt 100 DM je Maßnahme. Dafür standen 1994 262.000 DM und 1996 494.000 DM zur Verfügung, die von 9 % bzw. von 14 % der Vereine in Mecklenburg-Vorpommern genutzt wurden. 1994 gab es 319 bewilligte und 1996 487 bewilligte Anträge aus allen Kreisen des Bundeslandes, wovon besonders die kreisfreie Stadt Rostock und der Landkreis Ludwigslust diese Fördermöglichkeiten für die Entwicklung der sportlichen Jugendarbeit an den Schulen nutzten.

Zum dritten Haupttyp gehören die Projekte der Schulsozialarbeit an den Schulen: Zunächst waren in Mecklenburg-Vorpommern Projekte der Schulsozialarbeit zur Gewährung von Hilfe und Unterstützung für Kinder und Jugendliche mit sozialer Benachteiligung, individueller Beeinträchtigung oder Behinderung entstanden. Doch in vielen Projekten wurde die Erfahrung gemacht, daß die Hinwendung zu diesen Adressatengruppen nicht hinreichend ist und ein erweiterter Bedarf an Unterstützung einerseits erforderlich ist und andererseits weitere Tätigkeitsbereiche notwendig sind. Besondere Erfahrungen mit umfangreichen Modellprojekten konnten dabei besonders in den Kreisen Güstrow und Ludwigslust gewonnen werden.

Schulsozialarbeit sollte als ein kooperatives Modell der Zusammenarbeit von Jugendhilfe und Schule verstanden werden und sich *sowohl* um die Unterstützung Benachteiligter *als auch* um die Verbesserung der Entwicklungsbedingungen für alle Schüler bemühen und damit Leistungen des *KJHG* nach den §§ 11 und 13 einschließen. Mit diesen Projekten sollte der Versuch unternommen werden, am Ort Schule und im Umfeld von Schule Hilfe- und Unterstützungsleistungen der Jugendhilfe jungen Menschen dort zukommen zu lassen, wo sie einen großen Teil ihres Tages verbringen und bereits im Ansatz entstehender Probleme Unterstützung erhalten können. Damit wird ein Stück präventiver Arbeit geleistet und stärker dem Prinzip des ganzheitlichen Vorgehens entsprochen, indem eine enge Zusammenarbeit aller an der Entwicklung von Kindern und Jugendlichen Beteiligter möglich werden kann. Diese Schulbezogene Jugendhilfe im Sinne der Schulsozialarbeit war z. B. im Kreis Ludwigslust eine Reaktion auf gravierende Veränderungen im Schul- und Jugendhilfesystem nach der Wende und auch auf veränderte Orientierungen und Verhaltensweisen von Kindern und Jugendlichen und damit der Versuch, neue Kooperationsformen zwischen Jugendhilfe und Schule zu entwickeln. Die Schulsozialarbeit verfolgt jugendhilfespezifische Ziele, Arbeitsformen, Methoden und Handlungskonzepte und bringt diese in Schule mit ein. Schule selbst kann diese Aufgaben trotz Erweiterung ihres Handlungsauftrages und der Erhöhung der Lehrerverantwortung und Lehrerkompetenz *nicht* allein realisieren. Dazu sind sozialpädagogische Fachkräfte erforderlich. Diese Notwendigkeit ergibt sich nicht so sehr aus den Handlungsfeldern und Arbeitsbereichen als vielmehr aus der Sicht des Lehrers und der des Sozialpädagogen auf die Heranwachsenden. Der Lehrer und die Schule sind *zunächst* auf Lern- und Leistungsanforderungen des Unterrichts orientiert und damit auf Bildungszuwachs der Schüler ausgerichtet. Erst *danach* sind andere Aspekte wie Interessen, Neigungen, Ideale, Probleme usw. für sie bedeutsam. Sozialpädagogen jedoch sehen *zunächst* den Heranwachsenden als individuell geprägte Person und *dann* ihn erst in seiner Schülerrolle. Somit richten Sozialpädagogen ihre Aufmerksamkeit auf den „gesamten“ Schüler und sind erklärtermaßen „Anwälte“ der Kinder und Jugendlichen. Beide - Lehrer und Sozialpädagoge - haben ihre spezifische Sicht auf die Heranwachsenden und müssen unabdingbar, wenn sie an einem Ort - der Schule - wirken, *gleichberechtigt* zusammenarbeiten. Das setzt dann die Schaffung einer Partnerschaftlichkeit und Gleichwertigkeit beider voraus, wozu jedoch an der Schule entsprechende Voraussetzungen geschaffen werden müssen. Dazu gehört auch die Reflexion über das spezifische Aufgaben- und Funktionsverständnis der Institutionen Schule und Jugendhilfe sowie die Berufsrolle von Lehrern und Sozialpädagogen. Erst auf dieser Grundlage der Bestimmung des eigenen Arbeitsfeldes, der Grenzbereiche und auch der gemeinsamen Schnittmengen können die jeweils *eigenen* Aufgaben festgelegt und die Grenzen bestimmt und die Zusammenarbeit organisiert und gestaltet werden. Schulsozialarbeit bedarf des Gewolltseins an der Schule, der Gleichberechtigung und der Gleichwertigkeit der Partner von Jugendhilfe und Schule. Das bisherige Aufgaben- und Tätigkeitsspektrum der sozialpädagogischen Fachkräfte erweist sich als außerordentlich vielfältig. Es schließt ein:

- Hilfe- und Unterstützungsleistungen für einzelne Schüler bei Leistungsproblemen, in persönlichen schwierigen Lebenssituationen und bei Konflikten,
- Beratungsangebote in problematischen Lebenssituationen, Unterstützung bei der Berufswahlvorbereitung und der Berufsfindung,
- Hausaufgabenhilfe,
- Betreuung von Schülern vor und nach dem Unterricht sowie in Freistunden,
- eigene Freizeitangebote,
- Organisierung von offenen Freizeit- und Kulturangeboten an der Schule,
- Unterstützung von Treffs, Schülerklubs und Schülercafés,

- Erschließung von weiteren Angeboten für Schüler im Schulumfeld (Vermittlung),
- gemeinsame Durchführung von Unterrichtsprojekten mit Lehrern,
- Gestaltung von Schulfesten und -feiern sowie Klassenveranstaltungen gemeinsam mit Lehrern,
- Zusammenarbeit mit Eltern und Lehrern,
- Zusammenarbeit mit Ämtern, Institutionen, Einrichtungen und Vereinen,
- Leitungs- und Vernetzungsaufgaben.

Dieses sozialpädagogische Aufgabenfeld zeigt,

a) vom Aufgabenspektrum und der Aufgabenvielfalt sowie
b) von der Quantität der zu betreuenden Schüler objektiv eine partielle Überforderung des Sozialpädagogen. Daraus ergäbe sich der unbedingte Einsatz mindestens eines Sozialpädagogen an jeder Schule.

Das Aufgabenpensum, das zu bewältigen ist, kann nicht allein und ohne Projektbeteiligung anderer Kräfte bewältigt werden. Hier scheint notwendigerweise eine Zusammenarbeit mit anderen Personen, Einrichtungen, Institutionen und Vereinen sinnvoll, so daß entsprechende *Steuerungsinstrumente* entwickelt und ein bestimmter Zeitfonds für *Leitungsfragen* verfügbar gemacht werden müßten. Die Schulsozialarbeit hat an allen Schulen eine hohe Akzeptanz gefunden. Schulleiter, Lehrer, Sozialpädagogen und die Schüler als Nutzer selbst halten die Schulsozialarbeit für sehr wichtig bzw. wichtig und aus dem schulischen Leben nicht mehr wegzudenken. Der Sozialpädagoge ist für viele Schüler ein Treffpunkt geworden und hat durch seine Arbeit zur Verbesserung des Schulklimas und auch manchen Klassenklimas beigetragen (vgl. *Dokumentation Schulsozialarbeit Ludwigslust* 1997, S. 60). Er erfüllt unterschiedlich graduiert für die Schüler folgende Funktionen: Vertrauensfunktion; Anregungs- und Aktivierungsfunktion; Beratungsfunktion; Kommunikationsfunktion; Unterstützungsfunktion; Partnerfunktion.
Der Sozialpädagoge ist für viele Schüler ein Ansprechpartner, für einige wahrscheinlich der einzige, der ihnen aus ihrer Sicht helfen könnte. In den sozialpädagogisch stärker betreuten Klassen zeigt sich, daß der Sozialpädagoge sogar Ansprechpartner vor dem Klassenlehrer bei vielen Problemen ist (vgl. ebd., S. 128).
Das „klassische" Modell der Schülerfreizeitarbeit an den Schulen sieht eine Beschäftigung der Schüler in thematisch zentrierten Arbeitsgemeinschaften vor, in denen sie spezifischen Neigungen und Interessen nachgehen und diese vertiefen können. Von den Lehrkräften wird diese Angebotsstruktur i. d. R. gern dazu genutzt, um den Kontakt zu den Schülern zu intensivieren und auf einer weniger formalisierten Ebene (ohne Benotung und den entsprechenden Leistungsdruck) aufbauen zu können. Hier werden im Bereich Sport und musisch-kultureller Bildung wichtige identitätsstiftende Angebote unterbreitet, die auf Freiwilligkeit aufbauen und den Schülern weitreichende Gestaltungsspielräume gewähren. Damit erfüllen die neigungs- und interessenspezifischen Angebote eine wichtige Funktion zur Strukturierung der Freizeit und zur Entwicklungsförderung. Sie finden in den Jugendzentren und Häusern der Offenen Tür eine Entsprechung in

einer Vielzahl ähnlicher Sport-, Spiel- und Bastelangebote, in Musik- und Theatergruppen mit und ohne Betreuung. Dies setzt jedoch voraus, daß Bedürfnisse und Interessen bereits so weit offen liegen, daß sie in gezielten Aktivitäten münden können, eine Voraussetzung, die gerade für die Zielgruppen, denen Jugendarbeit auftragsgemäß besondere Aufmerksamkeit zu schenken hat, nicht immer als gegeben angenommen werden kann. Daher muß die Aufmerksamkeit mehr auf die Basisangebote der Jugendarbeit gerichtet werden.
Ein Hauptproblem von Jugendarbeit in und außerhalb der Schule besteht in der Erreichbarkeit gerade der sogenannten „schwierigen" und „auffälligen" Jugendlichen, die sich in der Regel jeder Einflußnahme durch Erwachsene entziehen. So werden Angebote der Jugendarbeit gemieden, sofern sich die Jugendlichen darin nicht wiederfinden können und Normen ausgesetzt sind, die hauptsächlich die Regeln und Hierarchien der Erwachsenenwelt abbilden.
„Offene" Angebote zu unterbreiten heißt, sich stärker auf die Jugendlichen und ihre Bedürfnisse einzulassen, ohne sie von vornherein mit pädagogischen Ansprüchen zu überfrachten. Solche grundlegenden Bedürfnisse sind:

- das Bedürfnis nach Entspannung und nach ungezwungener Kommunikation unter Gleichaltrigen;
- das Bedürfnis nach jugendspezifischer (jugendkultureller) Gestaltung von Situationen und Atmosphären, wie es sich im Musikhören und im Ausgestalten von Räumen widerspiegelt;
- das Bedürfnis nach Selbstpräsentation und Selbststilisierung, auch das Experiment mit (geschlechtsspezifischen) Rollen und ersten Partnerbeziehungen;
- das Bedürfnis nach weitgehend selbstbestimmten und an eigene Interessen anknüpfende Aktivitäten;
- das Bedürfnis nach Beziehungen zu „signifikanten anderen" (Vorbildern, Erwachsenen, sonstigen Bezugspersonen).

Daß sich Jugendliche nicht nur von Sozialisationsinstanzen abwenden, in denen sie diese Bedürfnisse nicht gespiegelt finden können (Familie, Schule, Ausbildungsstätten, aber auch Jugendverbände, Sportvereine usw.), sondern auch von Einrichtungen der Jugendarbeit, zeigen die vielen Straßencliquen, die sich teils in unmittelbarer Nähe von Jugendeinrichtungen aufhalten, deren Schwelle aber nicht überschreiten. Solche Jugendlichen zu erreichen, erfordert spezifische pädagogische Methoden, z. B. offene und weitgehend unstrukturierte Situationen anzubieten, in denen sich diese Bedürfnisse entfalten können. Es erfordert eine entsprechende offene Haltung der Pädagogen, solches in einem möglichst weitgesteckten Rahmen zulassen zu können und in einer *akzeptierenden* Jugendarbeit umzusetzen.

Funktion der Schulbezogenen Jugendhilfe

An vielen Schulen werden gegenwärtig verschiedenartige Angebote der Jugendhilfe für Schüler gemacht. Sie reichen von der Schülerfreizeitgestaltung bis zu speziellen Hilfen in besonderen Problemlagen. Oft wird für das gesamte Leistungsspektrum von Schulsozialarbeit gesprochen. Schulsozialarbeit und Schülerfreizeitarbeit stehen zwar in einem engen Verhältnis zueinander, dürfen jedoch nicht als Synonyme betrachtet werden. Die Schulsozialarbeit soll ergänzend zu den Hilfen (Einzelfallhilfe, Beratung, Vermittlung gezielter Hilfen, soziale Gruppenarbeit, Elternarbeit u. a.) auch die Rahmenbedingungen für die Freizeitarbeit zur Verfügung stellen, wie sie in § 11 des *KJHG* für die Jugendarbeit beschrieben sind. Die Tätigkeit des Sozialpädagogen an der Schule umfaßt also:

- die schulbezogene Jugendsozialarbeit als Ausgleich sozialer Benachteiligungen oder als Überwindung individueller Beeinträchtigungen (§ 13),
- die Berufsvorbereitung und Jugendberufshilfe (§ 13) als Unterstützung zur Entwicklung von Lebensperspektiven und
- die Jugendarbeit nach den Schwerpunkten des *KJHG* § 11 Abs. 3 hinsichtlich einer offenen Freizeit- und Kulturarbeit und einer Jugendbildung.

Der Sozialpädagoge erbringt Leistungen der Jugendhilfe für Schulkinder und Schuljugendliche. Damit ersetzt er keineswegs die anderen speziellen Angebote der Jugendhilfe, macht aber ein breites Angebot für die Heranwachsenden dort, wo sich alle begegnen und miteinander umgehen. Eine Schulbezogene Jugendhilfe mit unterschiedlichen Schwerpunktsetzungen erweist sich somit als unerläßlich. Zur Bewältigung dieses Anspruchs macht sich die Institutionalisierung der Schulbezogenen Jugendhilfe als Dauer- und Regelaufgabe und die Schaffung von Strukturen zur Verankerung in der Schule, im Stadtteil bzw. Gemeinwesen und zur Förderung des ehrenamtlichen Engagements notwendig.

Professionalität

Die in diesem Arbeitsfeld tätigen Fachkräfte sind vorwiegend Quereinsteiger, die eine unterschiedlich geartete pädagogische Ausbildung besitzen und ihre eigene biographische Kompetenz für den Einstieg genutzt haben. Sie kommen vor allem aus dem Kinderkrippen-, Kindergarten-, Erzieher- und Grundschulbereich sowie aus dem Fachunterricht als DiplomlehrerIn. In der Jugendarbeit sind u. a. auch Fachkräfte anderer Professionen tätig (z. B. Bibliothekarin, Ingenieur, Floristin, Katechetin). Entscheidend ist, daß sich die in diesem Arbeitsfeld Tätigen sozialpädagogisch weiterbilden und nach Grundsätzen der Jugendarbeit und Jugendsozialarbeit ihren Umgang mit Jugendlichen gestalten. Die Auffassung, daß Sozialpädagogik jeder machen könne, weil er auch Kinder erzogen hat, ist kontraproduktiv. Ohne entsprechende Fachlichkeit lassen sich die anstehenden Aufgaben und schon gar nicht die besonderen Problembelastungen von Jugendlichen bewältigen. Qualifikationsdefizite sind der Nachwendesituation geschuldet, die den Aufbau neuer Strukturen teils ohne eine gewachsene Personalkompetenz mit entsprechenden Qualifikationen bewältigen mußte. Hinzu kommt, daß in diesen Arbeitsfeldern eine Beschäftigung fast ausschließlich über ABM und

AfG § 249 h erfolgt ist (95 %) und die Verfügbarkeit entsprechend notwendiger Qualifikationen auf dem 2. Arbeitsmarkt nur teilweise gegeben war. Die Qualifikationen entsprechen oftmals nicht den Anforderungen der neuen Arbeitsfelder.
Qualifikationsdefizite werden erkennbar in

- unscharfen konzeptionellen Vorstellungen über neue Arbeitsfelder und in der professionellen Distanz zum Arbeitsfeld und zu den Zielgruppen,
- der sozialwissenschaftlich-analytischen Tätigkeit als Voraussetzung adäquater Angebote für besondere Zielgruppen und für eine prophylaktische Arbeit gerade mit „schwierigen" und „gefährdeten" Jugendlichen,
- der Anwendung sozialpädagogischer Methoden, besonders im Gestalten und Aushalten von „offenen" Situationen,
- der Vernetzungskompetenz in der Gemeinde- und Stadtteilarbeit zur Erschließung weiterer Ressourcen, zur Einbindung zusätzlicher, gezielter Fachkompetenzen, zur Gestaltung von Öffentlichkeitsarbeit und zur Interessenvertretung in den entsprechenden politischen und verwaltungsmäßigen Gremien.

Die Fort- und Weiterbildung sollte thematische Schwerpunkte auf Wissensgebiete und Handlungskompetenzen setzen, die von den sozialpädagogischen Fachkräften zur Bewältigung der aktuellen Aufgaben im Arbeitsfeld notwendig sind. Gleichzeitig sollte der Reflexion eigener beruflicher Erfahrung und von Konflikten, der Diskussion von Lösungsvarianten und der Besprechung von Belastungen in der beruflichen Tätigkeit genügend Zeit eingeräumt werden. Die sozialpädagogischen Fachkräfte gewinnen nur durch ihre Fachkompetenz und ihr Engagement weiteres Ansehen an der Schule und müssen die gleichberechtigte und gleichwertige Stellung gegenüber der Lehrerschaft einnehmen können. Gewachsene Statusunterschiede in den alten Bundesländern sollten hier nicht unbedingt befördert werden, da sie eine sachgerechte arbeitsteilige Kooperation erschweren.

Rahmenbedingungen

Durch das Schulgesetz und das Kinder- und Jugendhilfegesetz, einschließlich der Landesausführungsgesetze, sind die rechtlichen Grundlagen für eine produktive Kooperation von Schule und Jugendhilfe gegeben. Konzeptionelle Vorstellungen ihrer praktischen Umsetzung bedürfen der gemeinsamen Diskussion der zuständigen ministeriellen Ressorts und eine Entwicklung von Optionen zur Sicherung von Stabilität und Kontinuität im Bereich der Zusammenarbeit von Schule und Jugendhilfe. Kreisfreie Städte, Landkreise und Gemeinden scheinen gegenwärtig von der kommunalen Finanzausstattung her nicht allein in der Lage zu sein, dieser Kooperation Stetigkeit verleihen zu können. Das Rotationsprinzip der Besetzung von Stellen durch ABM über das Arbeitsamt führt zu geringen

Verbleibezeiten von Fachkräften im Arbeitsfeld und zu Existenzgefährdungen von Projekten.
Die Zuordnung und Anbindung der Sozialpädagogen an einen freien Träger wird als positiv gesehen. Das sichert die Eigenständigkeit und Unabhängigkeit beider Bereiche. Anzustreben ist aber eine *kontinuierliche* Zusammenarbeit zwischen dem freien Träger und der jeweiligen Schule und ihrem Schulleiter auf der Basis der gleichberechtigten Partnerschaft. Die dazu erforderliche Partnerschaftsfähigkeit kann einerseits Schule durch die Entwicklung von mehr Sensibilität für soziale Probleme der Schüler und die Wahrnehmung von *Mit*verantwortung für deren Bearbeitung und andererseits Jugendhilfe durch mehr Verständnis für die Lern- und Leistungsforderungen der Schule gewinnen. Für die einzelnen Schulen ist der Aufbau einer Struktur von Schulsozialarbeit mit qualifizierten Fachkräften *gleichzeitig* ein förderndes Moment für die Jugendarbeit an Schulen, die dann selbst ein Bestandteil breiter angelegter Aufgaben der Schulbezogenen Jugendhilfe sein kann. Mit der Institutionalisierung der Schulbezogenen Jugendhilfe und ihrer Verortung in der Schule oder in ihrem unmittelbaren Umfeld wird sie neben Familie und Schule zu einem wesentlichen Sozialisationsfeld werden können und die notwendige Vernetzungsfunktion der Angebote für Schüler vornehmen müssen. Dadurch können die Sozialpädagogen an Gleichwertigkeit in der Zusammenarbeit mit Lehrern gewinnen.
Eine erfolgreiche Kooperation erfordert: die Schaffung einer Struktur für die Zusammenarbeit; persönliche Kontakte zwischen Fachkräften aus beiden Bereichen; die Unterstützung durch die Schulkonferenz und das Kollegium; den Abschluß von Kooperationsvereinbarungen; die Evaluation der Ergebnisse.
Es gibt keine für alle Schulen gleichermaßen ausgerichtete Schulsozialarbeit/Jugendarbeit. Die Art der Trägerkombination und die inhaltlichen Schwerpunktsetzungen ergeben sich aus den jeweiligen Bedarfslagen an der Schule, den vorhandenen schulischen und außerschulischen Ressourcen und den gemeinsamen Fachkompetenzen.
Für die Jugendarbeit an Schulen bedarf es folgender Voraussetzungen: (a) räumliche Ausstattung: Erreichbarkeit und Zugänglichkeit der Räume und Abtrennung vom Unterrichtsbereich; Gestaltbarkeit durch Jugendliche, Veränderbarkeit; Öffnungszeiten nach Freizeitbedürfnissen der Schüler; Funktionalität nach Nutzungszweck; (b) personelle Ausstattung: Förderung von Ehrenamtlichkeit; Förderung von Schülerklubräten als Selbstverwaltungsgremien und ihre Beratung auf unterschiedlichen Ebenen; Betreuung durch Mitarbeiter mit sozialpädagogischer Kompetenz; Betreuung durch engagierte Angehörige des Lehrkörpers mit Kenntnis jugendkultureller Phänomene.
In der Schulbezogenen Jugendhilfe (Jugendarbeit/Schulsozialarbeit) müssen zur Langfristigkeit und Berechenbarkeit der Arbeitsformen personelle Standards und finanzielle Vereinbarungen von den beteiligten Partnern abgestimmt sein. Aufgrund der sehr unterschiedlichen Qualifikationen und individuellen Voraussetzungen der Mitarbeiter in diesen Arbeitsfeldern muß eine ständige Fort- und

Weiterbildung gesichert sein, müssen auch die freien Träger der Jugendhilfe als Anstellungsträger ihre Verantwortung wahrnehmen und den Mitarbeitern personenbezogene Qualifikationsmöglichkeiten öffnen. Die öffentliche Jugendhilfe sollte beim Einsatz von sozialpädagogischen Fachkräften die Einhaltung der nach dem *KJHG* bestimmten Standards prüfen.

Perspektiven

Die Erfahrungen und Analysen zur Jugendarbeit und Schulsozialarbeit in Mecklenburg-Vorpommern stimmen einerseits zuversichtlich und andererseits skeptisch, wenn man das hohe Engagement für die Gestaltung der Zusammenarbeit von Schule und Jugendhilfe in einigen kreisfreien Städten und Landkreisen betrachtet und die bei der Realisierung auftretenden Schwierigkeiten wahrnimmt. Von den weiteren schul- und jugendpolitischen Schritten, dem Schul- und Jugendhilfeverständnis der Entscheidungsträger und dem Engagement in jeder Schule und jeder Kommune wird maßgeblich die Beziehung von Schule und Jugendhilfe mitbestimmt.

Die Bewältigung der Schülerprobleme ist ein Anliegen aller am Entwicklungsprozeß junger Menschen Beteiligter. Deshalb sollten vor allem auch die Entwicklungsbemühungen der Schulen fortgesetzt, ihre Reformbestrebungen befördert und Profilbildungen vorangetrieben werden, wobei die Schulbezogene Jugendhilfe als Motor für die Schulentwicklung genutzt werden kann. Die Schule braucht sozialpädagogische Fachlichkeit. Ob diese verstärkt innerschulisch durch sozialpädagogisch qualifizierte Lehrer oder durch hinzugezogene in der Schule arbeitende Sozialpädagogen bewältigt werden kann, bedarf weitergehender Überlegungen und Untersuchungen. Verstärkt sollten Lehrer, Schulleiter und auch Kreisschulräte sich in Fortbildungen mit sozialpädagogischen und Jugendhilfefragestellungen beschäftigen können. In allen Schulen wird diese sozialpädagogische Kompetenz inzwischen von Schülern und auch Eltern erwartet, das gilt auch für die Berufsbildenden Schulen. Die Jugendhilfe sollte nicht mehr in Pflicht- und Kann-Aufgaben differenzieren, sondern bedarfsgerecht und lebensweltbezogen gleichrangig die Jugendarbeit und die Hilfen zur Erziehung berücksichtigen. Dabei sollte vor allem die Schulsozialarbeit - eingebettet in die Schulbezogene Jugendhilfe - auf der Grundlage des § 13 KJHG eine Regelaufgabe sein und systematisch in allen Kreisen aufgebaut und, wo vorhanden, konzeptionell weiterentwickelt und durch Regelfinanzierung gesichert werden. Durch die Institutionalisierung der Schulbezogenen Jugendhilfe wären die Angebote freier und öffentlicher Träger kleinräumig vernetzbar und nutzerfreundlich präsentierbar. Die fachliche Anbindung der Schulsozialarbeit sollte bei der Jugendhilfe verbleiben und ihren eigenständigen - vorwiegend präventiven - Aufgabenbereich verwirklichen.

Die Verfügbarkeit finanzieller Mittel für die Kinder- und Jugendarbeit ist in den kreisfreien Städten und Landkreisen ungerechtfertigt differenziert und führt zur

Ungleichbehandlung von Heranwachsenden in Mecklenburg-Vorpommern. Hier sollte über verbindliche Regelsätze nachgedacht werden.

Literatur

BRAUN, K.-H.: Schule und Sozialarbeit in der Modernisierungskrise. In: neue praxis, 24 (1994)2, S. 107-118.

BÜCHNER, P./BURKHARD, F./KRÜGER, H.-H.: Vom Teddybär zum ersten Kuß - Wege aus der Kindheit in Ost- und Westdeutschland, Studien zur Jugendforschung. Opladen 1996.

Das neue Kinder- und Jugendhilfegesetz (KJHG). Hrsg. von Bundesminister für Jugend, Familie, Frauen und Gesundheit. Bonn 1990.

Die Arbeit in der Hauptschule: Erlaß der Kultusministerin vom 8. Juni 1994. Schwerin 1994.

Dokumentation Schulsozialarbeit Ludwigslust - Evaluation des Projekts „Schulsozialarbeit" im Landkreis Ludwigslust im Auftrage des Jugendhilfe e. V.: Ltg. PRÜSS, F.; Greifswald 1997.

Empfehlungen zum Projekt „Sozialarbeit an Schulen": Rundschreiben 26/94, Hrsg.: Ministerium für Bildung, Jugend und Sport, Amtsblatt Nr. 9 vom 14. Juli 1994. Potsdam 1994.

Empfehlungen zum Thema „Jugendhilfe und Schule" / Bundesarbeitsgemeinschaft der Landesjugendämter. Köln 1993.

FLÖSSER, G./OTTO, H.-U/TILLMANN, K.-J.: Schule und Jugendhilfe, Neuorientierung im deutsch-deutschen Übergang. Opladen 1996.

FROMMANN, A.: Schule und Sozialpädagogik. In: Jugendhilfe im gesellschaftlichen Umbruch. Hrsg. von S. ESCHLER . Jena 1995, S. 200-201.

GLANZER, W.: Schulsozialarbeit in den neuen Ländern - Schlagwort oder zukunftsweisende strukturelle Maßnahme? In: Jugendhilfe 31(1993)1, S. 19-22.

GLANZER, W.: Schulsozialarbeit auf der Suche nach Zukunft. In: Jugendhilfe 35(1997)1, S. 3-10.

GOTTSCHALK-SCHEIBENPFLUG, J.: Konflikt oder Kooperation? Wie Lehrer und Sozialarbeiter miteinander umgehen. In: TILLMANN, K.-J. (Hrsg.): Schulsozialarbeit. Problemfelder und Erfahrungen aus der Praxis. München 1982, S. 74-86.

GROSSMANN, W.: Aschenputtel im Schulalltag, Historische Entwicklung und Perspektiven von Schulsozialarbeit. Weinheim 1987.

HILL, B.: Wissenschaftliche Begleitung des Modellprojekts Schülerklubs in Mecklenburg-Vorpommern. In: 3 Jahre Schülerklubs in Mecklenburg-Vorpommern - Stiftung Demokratische Jugend. Neubrandenburg 1997, S. 13-33.

HOMFELD, H. G./LAUFF, W./MAXEINER, J.: Für eine sozialpädagogisch orientierte Schule. München 1977.

HOYER, H.-D./VÄTH, E.: Schulsozialarbeit in den ostdeutschen Bundesländern. In: Jugendhilfe (1994) 4, S. 204-211.

Jugendhilfe im Umbruch: Projekt der Universitäten Bielefeld und Greifswald. Ltg. OTTO, H.-U./PRÜSS, F., Materialband III, Forschungsergebnisse. Bielefeld 1996.

KALB, P.E./PETRY, C./SITTE, K. (Hrsg.): Jugendarbeit und Schule. Für eine andere Jugendpolitik/3. Weinheimer Gespräch. Weinheim, Basel 1994.

KREFT, D.: Schule in Not: Kann da die Jugendarbeit helfen? In: Jugendarbeit und Schule, Für eine andere Jugendpolitik/3. Weinheimer Gespräch. Hrsg.: KALB, P. E. u. a. Weinheim, Basel 1994, S. 27-31.

Kinder- und Jugendförderungsgesetz - KJfG Mecklenburg-Vorpommern, GS Mecklenburg-Vorpommern Gl. Nr. 226-3, 7. Juli 1997, S. 287-289.

KRÜGER, H.-H.: Kindheit im Umbruch - zur aktuellen Lebenssituation von Kindern in den neuen Bundesländern. In: Transformationsprobleme in Ostdeutschland. Arbeit, Bildung, Sozialpolitik. Opladen 1995, S. 77-87.

LERCH, M.: Projektförderung und Landestreffen der Schülerklubräte. In: 3 Jahre Schülerklubs in Mecklenburg-Vorpommern - Stiftung Demokratische Jugend, Neubrandenburg 1997, S. 6-9.

LIEBAU, E.: Schulsozialarbeit im Spannungsfeld zwischen Jugendhilfe und Schule. In: Die Deutsche Schule 87(1995)2, S. 207-215.

MALLESKAT, Y.: Schulbezogene Sozialarbeit als spezifisches Segment zur Beförderung des Aufwachsens von Kindern und Jugendlichen durch die Jugendhilfe und die Schule unter Berücksichtigung des gegenwärtigen Entwicklungsstandes in Mecklenburg-Vorpommern. Diplomarbeit, FB Erziehungs- und Sportwissenschaften. Rostock 1995.

Modellversuch „Schulsozialarbeit/Schülertreff“: Erfahrungsbericht, Hrsg.: Sozialreferat Stadtjugendamt München. München 1994.

Neunter Jugendbericht: Bundesministerium für Familie, Senioren, Frauen, Jugend. Bonn 1994.

PRÜSS, F.: Die Situation von Schülern in Ostdeutschland - Anforderungen an die Jugendhilfe. In: Lebenslagen von Kindern und Jugendlichen im Wandel. Neue Anforderungen an Jugendhilfe und Schule. Verein für Kommunalwissenschaften e.V., Berlin 1996 (a), S. 36-69.

PRÜSS, F.: Chancen und Wege zur sozialen Arbeit in der Schule. In: Jugendhilfe. 33(1995)1, S. 13-23.

PRÜSS, F.: Jugendhilfe und Schule. In: Schulsozialarbeit Marzahn / Hrsg. Ges. zur Förderung angewandter Jugendforschung e. V. Berlin 1996 (b), S. 7-21.

PRÜSS, F.: Schulbezogene Jugendhilfe. In: Schulleitung. Ergänzungslieferung Nr. 11 [18 S.]. Neuwied 1996 (c).

PRÜSS, F. (Hrsg.): Schulbezogene Jugendhilfe. „Öffnung der Schulen“ in der Hansestadt Greifswald. Greifswald 1997.

PRÜSS, F./BETTMER, F.: Schule und Jugendhilfe - neue Kooperationschancen im Osten? In: FLÖSSER, G./OTTO, H.-U./TILLMANN, K.-J. (Hrsg.): Schule und Jugendhilfe. Neuorientierung im deutsch-deutschen Übergang. Opladen 1996, S. 238-252.

PRÜSS, F./KÖHN, B.: Dokumentation Jugendarbeit mit Schülern - wissenschaftliche Begleitung des Projektes "Jugendarbeit mit Schülern" in Mecklenburg-Vorpommern im Auftrag der Deutschen Kinder- und Jugendstiftung. Greifswald 1997.

RAAB, E./RADEMACKER, H.: Schulsozialarbeit in München: Entwurf einer Konzeption für den kommunalen Kinder- und Jugendplan der Landeshauptstadt München. München 1994.

RADEMACKER, H.: Schulsozialarbeit - die beargwöhnte Liaison von Jugendhilfe und Schule. In: Jugendarbeit und Schule. Für eine andere Jugendarbeit/3. Weinheimer Gespräch. Hrsg.: KALB, P. E. u. a., Weinheim, Basel 1994, S. 32-55.

RICHTER, I.: Sozialisation - Vom positiven zum negativen Kompetenzkonflikt In: Jugendarbeit und Schule. Für eine andere Jugendpolitik/3. Weinheimer Gespräch. Hrsg.: KALB, P. E. u. a., Weinheim, Basel 1994, S. 9-19.

SCHINZLER, E.: Eindeutiges Ja zur Schulsozialpädagogik. Ergebnisse einer Pilotstudie In: Jugendwohl. 75(1994), S. 159-162.

SCHMUTZLER, H.-J. u. a.: Materialien zur Schulpraxis: Schulsozialarbeit. Begründung - Probleme - Praxisansätze für eine pädagogische Neugestaltung der Schule. Hrsg.: Verband Bildung und Erziehung. Hamm 1992.

Schulentwicklungskonzeption der Hansestadt Greifswald. Greifswald 1996.

Schulgesetz des Landes Mecklenburg-Vorpommern, Kultusministerium. Schwerin 1996.

SEITHE, M.: Funktion und Aufgaben von Schulsozialarbeit, in: Jugendhilfe im gesellschaftlichen Umbruch, Hrsg.: ESCHLER, St. Evangelische Akademie Thüringen. Jena: 1995, S. 211-219.

Sozialpädagogische Arbeit im Rahmen des Modellprojektes Schulsozialarbeit im Landkreis Güstrow nach 2 $^{1}/_{2}$jähriger Praxis. Güstrow 1997.

Statistisches Landesamt Mecklenburg-Vorpommern (Hrsg.): Statistisches Jahrbuch Mecklenburg-Vorpommern 1996. Schwerin 1996.

TILLMANN, K.-J.: Schulsozialarbeit. Problemfelder und Erfahrungen aus der Praxis. München 1982.

TILLMANN, K.-J.: Schulentwicklung und Lehrarbeit. Nicht auf bessere Zeiten warten. Hamburg 1995.

Verordnungen über die Aufgaben und Arbeitsweise der Organe der Jugendhilfe: Jugendhilfeverordnung vom 3.3.1996. In: Gesetzblatt der DDR, Teil 2.- Nr. 35.

WULFERS, W.: Schulsozialarbeit. Ein Beitrag zur Öffnung, Humanisierung und Demokratisierung der Schule. Hamburg 1992, 5. Aufl.

Zukunft der Bildung - Schule der Zukunft, Bildungskommission NRW. Neuwied 1995.

Zum Stand der Schulsozialarbeit im Landkreis Güstrow und nach einjähriger Praxis.- Hrsg.: Jugendamt und Volkssolidarität Kreisverband Mitte Mecklenburg-Vorpommern. Güstrow 1995.

Zur Situation der Jugend in Mecklenburg-Vorpommern: Einstellungen, Orientierungen, Werthaltungen und Problembelastungen junger Menschen in Mecklenburg-Vorpommern. Forschungsprojekt: Jugendhilfe im Umbruch, Ltg. OTTO, H.-U./PRÜSS, F., Bielefeld, Rostock 1993.

III. Reformpädagogische Praxis

III.1. Praxisberichte über Arbeitsmethoden- und -ergebnisse traditioneller sowie neuester Reform- und Alternativschulen

Geschichte und Gegenwart der Odenwaldschule

Hartmut ALPHEI

Vertrauen in die Selbstentwicklungskräfte Heranwachsender

Die Odenwaldschule ist in vielen Dingen etwas anders. Dieses Anderssein ist gewollt, ergibt sich aber auch aus den etwas anderen Bedingungen, unter denen hier Schule gemacht wird. Darüber werde ich berichten. Allerdings wird mein Bericht subjektiv gefärbt sein, ich werde so berichten, wie ich die Odenwaldschule nach 27 Jahren als Lehrer und Erzieher sehe und vortragen, was ich für bemerkenswert halte.

Die Odenwaldschule – eine Schule im Wandel der Zeit

Über die Odenwaldschule und ihren Gründer Paul GEHEEB heißt es in HERDERS „Lexikon der Pädagogik der Gegenwart" von 1930: „Anzuerkennen ist an GEHEEB das Vertrauen auf den gesunden Sinn unserer Jugend, der Ernst, mit dem er sie ernst nimmt, und sein mutvolles, konsequentes Handeln, das sein Werk zu dem umfassendsten und kühnsten Schulversuch Deutschlands, ja vielleicht ganz Europas gemacht hat, der geradezu zu einer Wallfahrtsstätte für Suchende aus aller Herren Länder geworden ist."
Über 60 Jahre sind seit dem Erscheinen des Lexikons vergangen, Jahre, in denen die politischen Ereignisse der Welt auch die in ländlicher Idylle gelegene Odenwaldschule nicht in Ruhe ließen. Schon bald nach der „Machtergreifung" der Nationalsozialisten verließ Paul GEHEEB[1] zusammen mit seiner Frau Edith und etwa 25 vorwiegend jüdischen Schülern Deutschland und gründete in der Schweiz die „Ecole d' Humanité", die bis heute in Goldern auf dem Hasliberg existiert und die bis heute an den GEHEEBschen Grundsätzen festhält. Unter der Leitung von zwei langjährigen Mitarbeitern, Heinrich SACHS und Werner MEYER, und mit Billigung von GEHEEBs Schwiegervater, dem Stadtrat Max CASSIRER aus Berlin, wurde die Odenwaldschule weitergeführt[2]. Man versuchte, den Geist der alten OSO[3] und die GEHEEBschen Grundsätze der Erziehung aufrechtzuerhalten, mußte aber in dem Spagat zwischen Anpassung und Widerstand manchen Kompromiß eingehen, der bei den in die Schweiz Emigrierten kein

[1] Vgl. dazu SHIRLEY, D.: The Politics of Progressive Education. The Odenwaldschule in Nazi Germany. Cambrigde, Massachusetts und London, England, Havard University Press 1992.
[2] ALPHEI, H.: Erziehung in Verantwortung vor der Geschichte. Die Odenwaldschule im Nationalsozialismus. In: ARNDT, H./MÜLLER-HOLTZ, H. (Hrsg.): Schulerfahrungen – Lebenserfahrungen. Anspruch und Wirklichkeit von Bildung und Erziehung heute. Reformpädagogik auf dem Prüfstand. Frank am Main 1995.
[3] OSO ist die allgemein übliche Abkürzung für Odenwaldschule Oberhambach.

Verständnis fand und eher als Verrat an der Sache GEHEEBs angesehen wurde[1]. Mit Minna SPECHT als Schulleiterin[2] von 1946 bis 1951 begann eine Phase intensiver Auseinandersetzung mit der Last der Vergangenheit und neuen Perspektiven für eine den neuen gesellschaftlichen Gegebenheiten angemessene Schule. Sie wollte die OSO, die bis dahin wie andere Landerziehungsheime eher eine Schule für Kinder aus reformfreudigen, bürgerlichen und gutsituierten Familien war, „allen Kindern des Volkes öffnen"[3]. Sie nutzte deshalb ihre Kontakte zu führenden Männern der Gewerkschaften und wollte sie für eine Unterstützung der OSO gewinnen, das schlug allerdings fehl. Trotzdem war es ihr ein großes Anliegen, die pädagogische Arbeit „handfester" zu machen und die Kinder nicht in einen intellektuellen Elfenbeinturm hineinwachsen zu lassen. In ihrer Zeit wurde die Schule „politischer", sie nahm Anteil an der allgemeinen Auseinandersetzung über den zukünftigen Weg Deutschlands, sie wollte nicht mehr aus der kritischen Distanz des „Rückzugs aufs Land" davon träumen, wie alles anders werden könnte, sondern mischte sich aktiv in die Bildungspolitik ein. In diesem Zusammenhang entwickelte sich die OSO auch zur UNESCO-Projektschule. Der Ansatz, die praktische Arbeit gleichberechtigt neben die intellektuelle zu setzen, wurde unter der Schulleitung von Kurt ZIER ausgeweitet. Er richtete eine „Werkstudienschule"[4] ein, in der der Unterricht in einem Handwerk das Erlernen einer zweiten Fremdsprache ersetzen konnte, ohne damit die Option auf einen gymnasialen Abschluß zu gefährden. An den Reformdiskussionen der 60er Jahre beteiligte sich die OSO mit eigenen Entwürfen, vor allem aber konnte sie ihre Erfahrungen mit einzelnen Reformmodellen z. B. zur Orientierungsstufe, zur Differenzierung in der Mittelstufe, zu Wahlfächern oder zur Praxis von Semester- bzw. Jahresarbeiten in der Oberstufe aus vielen Jahren schulreformerischer Praxis beisteuern[5]. Für Walter SCHÄFER, der die OSO von 1962 bis 1972 geleitet hat, aber bereits vorher schon zehn Jahre lang Unterrichtsleiter gewesen war, stand Unterricht im Vordergrund, auf ihn sind die ge-

---

[1] ALPHEI, H.: Die Odenwaldschule im Übergang (1945/46). In: LEHBERGER, R. (Hrsg.): Schulen der Reformpädagogik nach 1945. Beiträge zur dritten schulgeschichtlichen Tagung vom 15. bis 16. November 1994 im Hamburger Schulmuseum. Hamburg 1995.

[2] Für das Wirken von Minna SPECHT in der Odenwaldschule vgl. die verschiedenen Arbeiten von I. HANSEN-SCHABERG, insbesondere: HANSEN-SCHABERG, I./SPECHT, M.: Eine Sozialistin in der Landeserziehungsheimbewegung (1918 bis 1951). Frankfurt am Main 1992 sowie das Minna SPECHT gewidmete Heft aus den Publikationen der Odenwaldschule: Minna SPECHT OSO-Hefte Neue Folge 15, Oberhambach 1993.

[3] SPECHT, H.: Bericht und Pläne für das Landerziehungsheim Odenwaldschule bei Heppenheim an der Bergstraße, Gross-Hessen. In: OSO-Hefte Neue Folge 9. Oberhambach 1985.

[4] ZIER, K.: Die Werkstudienschule. Ein neuer Zweig der Odenwaldschule. Schriftenreihe der Odenwaldschule, Heft 3. Oberhambach 1960.

[5] Vgl. dazu die in den 60er Jahren im Eigenverlag erschienene „Schriftenreihe der Odenwaldschule", in der über real existierenden Unterricht berichtet und verschiedene neue didaktisch-methodische Entwürfe vorgestellt und diskutiert wurden. Diese Reihe wurde mit weiteren 12 Heften fortgesetzt im Hirschgraben-Verlag unter dem Titel „Erziehung und Unterricht heute. Beiträge zur Theorie und Praxis".

nannten Unterrichtsformen zurückzuführen. Als dann in den 70er Jahren die Schulen in großem Umfang reformiert wurden, verkleinerte sich der Abstand zwischen Reformschulen wie der OSO und den immer mit einer gewissen Abfälligkeit „Staatsschulen" genannten öffentlichen Schulen. Die Zeit der „umfassenden" und „kühnen" Reformentwürfe ging an der Odenwaldschule erst einmal zu Ende. Jetzt sah die OSO vor allem ihre Aufgabe darin, „*eine gute Schule zu sein*", und das ist mit den Worten von Gerold BECKER, dem Leiter der Odenwaldschule von 1971 bis 1985, eine Schule, „*in der sich Erwachsene und Kinder wohlfühlen*", und es ist „*eine Umgebung, die dem Aufwachsen bekommt*". Sie reagierte damit auch auf sich bereits anbahnende Tendenzen, die man später unter dem Begriff „neue Kindheiten" zusammengefaßt hat. Wenn auch die Reaktion auf die veränderten Bedingungen des Aufwachsens dazu führte, daß Fragen der Heimerziehung jetzt mehr im Vordergrund standen, so war das doch keineswegs ein Verzicht auf die ständige Reflexion von Theorie und Praxis des Unterrichts in der Odenwaldschule.[1] Heute versteht sich die Odenwaldschule als eine Heim-Schule. Beides ist ihr wichtig: sowohl eine auf die Bedingungen und Möglichkeiten des einzelnen Schülers abgestimmte schulische Ausbildung als auch das Zusammenleben im Internat als Erfahrungsraum für soziales Lernen.

Die Odenwaldschule – ein Landerziehungsheim

Auch für GEHEEBs Schulgründung im Odenwald gilt das, was in den drei Wortbestandteilen des Begriffes „Land-Erziehungs-Heim"[2] ausgedrückt ist. Man wollte der städtischen Zivilisation entfliehen, die als verderbt und verderblich galt, und hatte vor, in der Abgeschiedenheit des „Lebens auf dem *Lande*" zur Besinnung und Neuorientierung in einer aus den Fugen geratenen Welt zu kommen. Schule sollte mehr sein als Wissensvermittlung, deshalb wurde der *Lernschule* die *Lebensschule* entgegengesetzt. Das hieß einerseits, Unterricht sollte durch **Erziehung** ergänzt werden. Andererseits sollte Schule darüber hinaus auch zu einem Lebensraum werden, in dem Erwachsene und Heranwachsende gemeinsam leben, die Bedingungen und Möglichkeiten ihres Zusammenlebens gemeinsam bestimmen und ausgestalten und zu neuen Formen menschlichen Zusammenlebens kommen. Die Schule sollte zum „*Heim*" werden.

---

[1] SCHÄFER, W./EDELSTEIN, W./BECKER, G.: Probleme der Schule im gesellschaftlichen Wandel. Das Beispiel Odenwaldschule. (edition suhrkamp 496) Frankfurt am Main 1971. SCHÄFER, W.: Erziehung im Ernstfall. Die Odenwaldschule 1946 – 1972. (suhrkamp taschenbuch 557) Frankfurt am Main 1979.

[2] Eine umfassende Bibliographie über alle Landerziehungsheime bietet K. SCHWARZ: Bibliographie der deutschen Landerziehungsheime. (Aus den deutschen Landerziehungsheimen 8) Stuttgart 1970. Hier findet man auch kurze Biographien der Gründer und kurze Darstellungen der Geschichte der einzelnen Heime. Diese Bibliographie endet leider 1970, sie ist bisher nicht weitergeführt worden.

Bevor GEHEEB 1910 seine eigene Schule im Odenwald gründete, war er bereits in verschiedenen reformorientierten pädagogischen Einrichtungen tätig gewesen. Er hatte in den Trüperschen Anstalten in Jena gearbeitet, war im Nordseepädagogium in Wyk auf Föhr gewesen, war Mitarbeiter und, nach LIETZ' Neugründung von Bieberstein, Leiter des DLEH Haubinda und hatte schließlich zusammen mit WYNEKEN, LUSERKE, HALM und AESCHLIMANN die Freie Schulgemeinde Wickersdorf gegründet. Schon während seiner Studienzeit in Jena und Berlin gab es Kontakte zur Frauenbewegung, zur sozialen Bewegung und zu Reformbewegungen in Kunst und Literatur (sein Bruder war Chefredakteur des Simplicissimus). Wie anderen Reformpädagogen ging es ihm um die Erneuerung von Kultur und Gesellschaft durch eine Erneuerung der Erziehung, wobei er, im Gegensatz zu LIETZ, weniger an eine „deutsche Erziehung", sondern eher an eine Erziehung zu Internationalität und Humanität dachte[1]. Das kommt besonders im Namen seiner Schweizer Schule zum Ausdruck. Den Begriff „Ecole ´d Humanité" wollte er immer in der Doppelbedeutung „Schule der Menschlichkeit" und „Schule der Menschheit" übersetzt wissen.

Die Odenwaldschule – eine „alte" Reformschule

Zwar war für GEHEEB das gestaltete Zusammenleben von Erwachsenen und Heranwachsenden, „Mitarbeitern" und „Kameraden", wie man hier sagte, von großer Bedeutung, aber die wichtigste Rolle spielte doch die Schule. Allerdings unterschied sich die Schule in ihrer didaktisch-methodischen Zielsetzung und damit auch in ihrer Organisation deutlich von anderen Schulen. Altersgleiche Klassen, die Aufsplitterung des Schultages in viele Einzelstunden, die Beschränkung auf Buchwissen, die erzwungene Teilnahme an Unterrichtsveranstaltungen, deren Inhalt einem egal ist, gab es nicht. Zusammen mit Otto ERDMANN[2], dem ersten Unterrichtsleiter, und Mario JONA, einem ehemaligen Schüler aus Haubinda, hatte GEHEEB 1913 eine Arbeitsorganisation für die Odenwaldschule ausgearbeitet[3], die von einem radikalen Kurssystem ausging. Jeder Schüler wählte sich in drei Kurse ein, die er dann über einen Zeitraum von vier Wochen täglich besuchte. Der Vormittag war gegliedert in den Frühkurs (vor dem Frühstück), den Mittelkurs und den Spätkurs, die Reihenfolge der Kurse wechselte täglich. Die Kurse wurden von Mitarbeitern ausgeschrieben und geleitet. Man konnte die Kurse zwar im allgemeinen herkömmlichen Schulfä-

---

1 Vgl. die Biographie von W. SCHÄFER: Paul Geheeb. (Aus den deutschen Landerziehungsheimen 4). Stuttgart 1960.

2 Otto ERDMANN (1883 – 1960) gründete 1926 zusammen mit GEHEEBs Schwester Anna das Erziehungsheim Burg Nordeck bei Gießen.

3 ERDMANN, O.: Die Arbeitsorganisation der Odenwaldschule. In: Die Tat. Jena. 5. Jg. H. 12. März 1914, S. 1284 – 1288. Auch in DIETRICH, Th.: Die Landerziehungsheimbewegung. Bad Heilbrunn 1967 und in: OSO-Hefte NF 9, 1985.

chern wie Mathematik oder Englisch zuordnen, im Mittelpunkt standen aber eher allgemeine Fragestellungen, die sich an den für das Fach konstitutiven Themen orientierten. Die meisten Kurse war für alle offen, so daß Kleine und Große, Erfahrene und Neulinge in den gleich Kursen saßen und jeder wußte, daß er nach Kräften zum Gelingen des Kurses beizutragen hatte. Ein Schüler konnte auf diese Weise persönliche Schwerpunkte bilden, hatte aber auch die Möglichkeit, Bereiche, zu denen er noch keinen Zugang gefunden hatte, zu meiden. In späteren Jahren wurde die Kurswahl von dem für die Kursorganisation verantwortlichen Mitarbeiter ein bißchen mehr gesteuert, weil es wichtig schien, daß von den Schülern in den einzelnen Fachbereichen wenigstens Grundkenntnisse erworben wurden. Über Jahre hinweg, von 1925 bis 1933, war Martin WAGENSCHEIN der Kursorganisator[1], und wer WAGENSCHEINs didaktischen Ansatz kennt, wird feststellen, daß er aus diesem Kurssystem viele Anregungen aufgenommen hat. Das System funktionierte insgesamt recht gut und konnte sogar in der Nazi-Zeit bis 1938 beibehalten werden[2]. Schüler, die ein Abitur anstrebten, und das waren in der Zeit nach 1918 fast alle, hatten in der Odenwaldschule am Ende doch so viel Stoff gelernt oder waren in der Lage, sich den geforderten Stoff selbständig anzueignen, so daß sie problemlos eine Externenreifeprüfung ablegen konnten. Ab 1932 hatte die Odenwaldschule dann das Recht, selber ein Abitur abzunehmen, das die spezifischen Vorbedingungen der Schule besser berücksichtigen konnte.

In diesem Kurssystem stand also nicht das Absolvieren eines vorgegebenen Lehrplans im Vordergrund, sondern vorherrschend war *das exemplarische Prinzip*. Es ging darum, an einem Problem, einer Fragestellung oder einem Phänomen die dahinter stehenden Gesetzmäßigkeiten herauszuarbeiten und zu zeigen, welchen Stellenwert das behandelte Problem in der Struktur des Faches hat und wie das entsprechende Fach mit der angesprochenen Fragestellung umgeht. Diese Form des Unterrichts war natürlich zugleich *fächerübergreifend*. In der jeweiligen Kursepoche hatte man nur wenige Fächer, die dafür aber mit einer hohen Stundenzahl ausgestattet waren. Man setzte sich eine Zeit lang mit dem behandelten Thema intensiv auseinander, legte es dann aber ab und wandte sich anderen Fragestellungen zu. Darin steckt das Prinzip der *Epochalisierung*. In diesem Zusammenhang liegt ein Vergleich mit der etwa zur gleichen Zeit entstandenen Waldorfpädagogik nahe. Ferner ist an diesem System bemerkenswert, daß in *altersheterogenen Gruppen* gelernt wurde, so veränderte sich der Gleichschritt der Gleichaltrigen in ein wechselseitiges Von-einander-Lernen Jüngerer und Älterer. Wichtig war GEHEEB, den Prozeß der *individuellen Entwicklung* zu fördern und zu stärken, ganz im Sinne des von ihm immer wieder zitierten Pindar-Wortes „Werde, der Du bist". Er traute seinen Schülern viel zu und setzte

[1] WAGENSCHEIN, M.: Erinnerungen für morgen. Eine pädagogische Autobiographie. Weinheim und Basel 1983.

[2] Die Ecole d' Humanité in Goldern/Schweiz hat das Kurssystem in seinen Grundzügen bis heute beibehalten.

damit Kräfte in den Menschen frei, die mancher bei sich selbst nicht vermutet hätte.
Nach 1945 ist die Odenwaldschule aus mancherlei Gründen zu dieser Kursorganisation nicht wieder zurückgekehrt. Die Schule hat allerdings versucht, einzelne Elemente des Kurssystems in die Jahrgangsklassenstruktur zu übernehmen. Dazu gehörte beispielsweise das fächerübergreifende Prinzip, das in der Orientierungsstufe in den Fächern „Uspr" und „Unat" realisiert wurde. „Unat" heißt „Ungefächerter naturwissenschaftlicher Unterricht". Hier wurden naturwissenschaftliche Phänomene, Erfahrungen komplexer Art, mit den fachspezifischen Arbeitsmethoden einzelner Naturwissenschaften untersucht. Dabei sollte gezeigt werden, wie einzelne Fächer mit diesem Phänomen umgehen und welches die spezifischen Fragestellungen und Zugangsweisen des jeweiligen Faches sind. Ähnliche Überlegungen standen hinter dem Fach „Ungefächerter Sprachunterricht" („Uspr"). Das Phänomen Sprache wurde untersucht, indem mit den Schülern herausgearbeitet wurde, was Sprache ist und was Sprache leistet. Auch ging es darum, Gesetzmäßigkeiten oder Unterschiede bei verschiedenen Sprachen aufzuzeigen. Es zeigte sich, daß es durchaus möglich ist, mit Kindern der Orientierungsstufe „Sprache" auf einer ihnen verständlichen Ebene philosophisch zu erörtern.
Auch das Epochenprinzip wurde in veränderter Form umgesetzt, indem die Fächer nicht mit wenigen Stunden durchgehend, sondern als mit vielen Stunden ausgestattete Epochenblöcke nur für eine begrenzte Zeit (z. B. ein Quartal, ein Halbjahr) unterrichtet wurden. In der Mittelstufe (Klasse 7 - 10) stand überhaupt eher die Möglichkeit zur individuellen Schwerpunktbildung im Vordergrund. Die Schüler konnten zwischen "Lang- und Kurzkursen" auswählen. Zur Entscheidung standen z. B. ein Kurs in Physik und ein Kurs in Geschichte, beide mußten gemacht werden, aber Lang- und Kurzkurs standen in Bezug auf ihre Dauer im Verhältnis 2 : 1, hier konnte man also z. B. durch diese und nachfolgende Wahlentscheidungen entweder ein naturwissenschaftliches oder ein sozialwissenschaftliches Profil entwickeln.[1]
Konsequenterweise wurden diese Wahlmöglichkeiten dann in der Oberstufe fortgesetzt. Schon in den 50er Jahren wurden in der Odenwaldschule *Wahlfächer* eingeführt, zwar noch vier nebeneinander und nur in bestimmten Kombinationen, die den Anspruch auf Allgemeinbildung sicherstellten, aber die Regelungen der "Neugestalteten gymnasialen Oberstufe" von 1970 waren hier in gewisser Weise bereits vorweggenommen. Kein Wunder, denn Walter SCHÄFER war Mitglied im "Experimentalausschuß" des "Deutschen Bildungsrates". Eine zeitgemäße Fortführung des Kurssystems war auch der "Gesamtunterricht" auf der Oberstufe. Er war ein zusätzliches Fach, in dem ein bestimmtes Thema von verschiedenen Lehrern unter verschiedenen Aspekten bearbeitet wurde. Das war

---

[1] W. EDELSTEIN: Odenwaldschule. Eine differenzierte Gesamtschule. Entwicklung und Struktur. (Erziehung und Unterricht heute - Beiträge zur Theorie und Praxis). Frankfurt/M. 1967.

in gewisser Weise eine Analogie zu den Projekten des *studium generale,* wie man es häufig in den 50er und 60er Jahren an den Universitäten fand.
Natürlich fühlte sich die Odenwaldschule wie auch andere Reformschulen PESTALOZZIs Prinzip vom *Lernen mit Kopf, Herz und Hand* verpflichtet. Praktische Arbeit, sei es als handwerkliche Übung, sei es als Hilfe bei der Erledigung der alltäglichen Aufgaben in Haus und Hof, gab es an der Odenwaldschule seit Anbeginn. Schon GEHEEB hatte Werkstätten eingerichtet, in denen Schüler unterrichtet wurde. Er selber gab Unterricht in Schreinerei. Aber auch in der Schmiede, in der Töpferei, in einer Nähwerkstatt und seit 1928 in einer eigenen Druckerei lernten Schüler den werkgerechten Umgang mit Materialien. Ruth ZECHLIN, die Autorin des "Werkbuchs für Mädchen", war eine Zeit lang Mitarbeiterin in der Odenwaldschule. Aber vor allem durch den Einfluß von Minna SPECHT und Kurt ZIER wurde die Ausbildung in einem Handwerk in den 50er Jahren zu einem festen Bestandteil des Schulcurriculums ausgebaut. Heute machen alle Schüler in den Klassen 8 bis 10 eine handwerkliche Grundausbildung. Sie kann von denen, die es wollen, in Klasse 11 und 12 bis zu einer Gesellenprüfung weitergeführt werden. Die Schüler der Mittelstufe gehen jede Woche einen Vormittag in eine der Werkstätten und werden dort von Handwerksmeistern unterrichtet. Wer die Gesellenprüfung anstrebt, ist zusätzlich an zwei Nachmittagen in der Werkstatt. Die Ausbildung orientiert sich an den allgemeinen Berufsbildungsplänen. Zwei Lehrer aus der Berufsschule Bernsheim unterrichten den Theorieteil. Die Abschlußprüfung wird von der Handwerkskammer abgenommen. Jährlich nutzen etwa 15 Schüler diese Chance. Unter den Schlossergesellen aus der Odenwaldschule waren auch schon Hessische Landessieger und ein dritter Preis beim Bundeswettbewerb.
So hat die Odenwaldschule immer wieder Anregungen zur Reform des allgemeinen Schulwesens gegeben. Die Erfahrungen mit der Differenzierung in der Mittelschule, mit der Ergänzung der schulischen durch eine praktische Ausbildung in Werkstätten oder mit der Oberstufenreform waren Themen, die über Walter SCHÄFER, Wolfgang EDELSTEIN und Gerold BECKER in die öffentliche pädagogische Diskussion der 60er und 70er Jahre eingebracht wurden.

Die Odenwaldschule - eine Gesamtschule

Eigentlich war die Odenwaldschule von Anfang an so etwas wie eine Gesamtschule, obgleich es diesen Begriff damals noch nicht gab. Ein solches offenes Schulsystem ergibt sich wie von selbst, wenn man davon ausgeht, daß Kinder und Jugendliche unterschiedlich sind, man dieser Unterschiedlichkeit gerecht werden muß und durch die Einrichtung Schule einem jeden von ihnen helfen will, seinen eigenen Weg zu finden.
Ein Kollege hat die Odenwaldschule einmal als "Haus mit vielen Ausgängen" bezeichnet. Das beschreibt ganz gut unsere heutige Situation. Die Schule vergibt unterschiedliche Abschlüsse, denen entsprechende Laufbahnen zugeordnet sind:

Hauptschulabschluß, erweiterter Hauptschulabschluß, Mittlere Reife, Fachhochschulreife, schulischer Teil der Fachhochschulreife und Allgemeine Hochschulreife. Möglich wird diese Vielfalt durch ein kompliziertes System von innerer und äußerer Differenzierung, eine schwierige Aufgabe, die immer wieder Anlaß zu Absprachen, Streitgesprächen, Konferenzen und Neuregelungen gibt. Die Erfahrung lehrt, daß die Besseren unter den Schülern ihren Weg schon machen werden und daß es vor allem die Schwächeren sind, um die man sich kümmern sollte. Aber das darf nicht zu einem Auseinandersortieren führen, denn bei allem notwendigen Differenzieren muß doch das "Zusammenführen" immer im Vordergrund stehen.

Die Odenwaldschule - eine Internatsschule

Vieles von dem, was bisher beschrieben wurde, wird erst möglich oder wird zumindest erleichtert durch die Tatsache, daß die Odenwaldschule eine Internatsschule ist. Von den etwas mehr als 300 Schüler(inne)n in den Klassen 5 bis 13 leben 250 im Internat. Täglich dreimal sehen sie sich bei den gemeinsamen Mahlzeiten im Speisesaal und begegnen sich zu den übrigen Zeiten immer wieder im Gelände. Das schafft große menschliche Nähe, aber manchmal auch eine bedrängende Dichte der Beziehungen untereinander. Diese Ambivalenz der Gefühle ist charakteristisch für die hier Lebenden und Arbeitenden. Man fühlt sich in der Schulgemeinde aufgehoben, leidet aber zugleich darunter, daß es kaum Rückzugsmöglichkeiten gibt. Man freut sich auf die Ferien und fragt sich in den Ferien, wann reisen denn die Kinder endlich wieder an. Alle im Internat, Erwachsene wie Heranwachsende, Lehrer wie Schüler sind eigentlich "gläserne Menschen". Man nimmt wahr, wie es dem anderen geht, man kennt seine Stärken und seine Schwächen, man entwickelt bleibende Freundschaften, aber auch grundsätzliche Ablehnung und Feindschaften. Allerdings kann man solche Feindschaften nicht allzusehr ausleben, denn es könnte ja sein, daß man schon morgen in irgendeiner Sache wieder zusammenarbeiten muß. Die Auswirkungen des eigenen Tuns - das gilt für Lehrer wie Schüler gleichermaßen - bekommt man viel schneller und unmittelbarer zu spüren. Jedenfalls läßt die Dichte des Zusammenlebens Konflikte deutlicher hervortreten und schafft natürlich auch ihrerseits Konflikte. Das Internatsleben ist anstrengend, das spüren nicht nur die hier lebenden Kinder und ihre Ersatzeltern, sondern das spüren besonders auch die leiblichen Eltern, wenn die Schüler nach 3 bis 4 Wochen nach Hause kommen und erst einmal ganz lange ausschlafen müssen, um sich vom Streß des Internatslebens auszuruhen.

Diese Kontaktdichte hat für das Schulleben aber auch positive Seiten. Sie ermöglicht manches, was bei Schülern öffentlicher Schulen eines wesentlich größeren Aufwandes bedarf. Die Schüler(innen) können sich gegenseitig besuchen, ohne größere Strecken zurücklegen zu müssen, sie machen Hausaufgaben, verabreden sich für gemeinsame Unternehmungen, setzen sich bei jemandem im

Zimmer zusammen, reden über Gott und die Welt und bauen so an ihrem Weltverständnis. Auch im Schulleben wird manches leichter: Theaterproben, Musikmachen, kulturelle Veranstaltungen, Schülerparlament, Beratung der Schüler usw. lassen sich problemloser organisieren.
Die "Einheit von Leben und Lernen", eine zentrale Forderung der Reformpädagogik, ist in der Form des Internates verwirklicht. Das Internat ist eine kleine Polis, in der jeder seinen Teil beizutragen hat und in Bezug zu allen anderen lebt. Dazu gehört, daß man sich für das Ganze mitverantwortlich fühlt und in Teilbereichen Verantwortung übernimmt. Ein Beispiel für die Mitverantwortung der Schüler(innen) ist die Arbeit des Schülerparlamentes. Bei allen die gesamte Schule betreffenden Entscheidungen sind Schülervertreter beteiligt. Das gilt für Änderungen der Schulstruktur ebenso wie für die in pädagogischen Beschlußkonferenzen behandelte Frage, ob ein Schüler, der die Regeln der Schule verletzt hat, die Schule verlassen soll oder bleiben kann. Als die Schule zu GEHEEBs Zeiten noch kleiner war, trafen sich alle Mitglieder der Schule (Schüler(innen), Lehrer(innen), Mitarbeiter aus Verwaltung und Technik) einmal in der Woche zur "Schulgemeinde". Hier wurden von allen die Schule betreffende Fragen besprochen und entschieden. Heute hat die Schule etwa hundert Schüler(innen) mehr. Mittlerweile haben wir deshalb ein System von gewählten Vertretern und Gremien, die zu verschiedenen Teilfragen zusammenkommen, bei fast allen sind aber auch Schülervertreter beteiligt. Ein anderes Beispiel dafür, wie Schüler(innen) Verantwortung tragen, sind die "Kameradenfamilien". Eine ältere Schülerin oder ein älterer Schüler betreut eigenverantwortlich zwei Jüngere, übernimmt die Pflichten der Heimbetreuung, sitzt mit ihnen im Speisesaal am Tisch, schaut nach den Hausaufgaben, macht mit ihnen Unternehmungen und vertritt sie gegenüber anderen Erwachsenen in Schule und Heim.
In diesem Sinne steht eine Internatsschule keineswegs in Konkurrenz zur Familie, sie kann im Gegenteil eher als eine Ergänzung und Erweiterung der Erfahrungsräume von Heranwachsenden verstanden werden.

Die Odenwaldschule - ein Ort kompensatorischer Erziehung

Für manche Schüler(innen) allerdings ist das Internat eher ein Ersatz für die Familie oder es muß zumindest Defizite der familiären Erziehung kompensieren. Normalerweise liegt ein wichtiger Grund vor, wenn jemand seine Familie verläßt und ins Internat geht. Internate gelten als Reparaturwerkstatt für verkorkste Schulkarrieren. In den meisten Fällen aber sind schulische Probleme nur der Auslöser bzw. ein Indikator für andere, verdeckte Probleme. Oft sind heute Trennungen der Eltern ein Grund, manchmal auch Schwierigkeiten, die Alleinerziehende mit ihren Kindern bekommen, nicht selten "mißlungene" Adoptionen (wenn die adoptierten Kinder nicht so geraten, wie man sie gerne gehabt hätte), bisweilen auch tragische Unfälle oder Tod eines oder beider Elternteile. Gelegentlich soll der Internatsbesuch auch die Wiedereingliederung einer/eines Ju-

gendlichen nach einem Klinikaufenthalt wegen Magersucht oder ähnlicher Probleme ermöglichen. Darüber hinaus gibt es natürlich immer wieder auch den klassischen Ablösungskonflikt von den Eltern in der Pubertät, für den ein Internatsaufenthalt die erhoffte Rettung bringen soll. Für die meistern dieser Kinder ist der Wechsel ins Internat eine Hilfe bei der Überwindung einer Krise. Im Internat findet man neue Erfahrungsräume in der Gruppe der Gleichaltrigen, hier kann man "neu anfangen", unbelastet von früheren Rollenverhärtungen, hier begegnet man möglicherweise Erwachsenen, die sich anders verhalten, als man das von ihnen erwartet; hier ist vielleicht auch ein größerer Freiraum, in dem man sich selbst erfahren kann, ohne daß es sofort zu massiven Konflikten mit der Umgebung kommt. Das Internat kann also durchaus in der Lage sein, Sozialisationsdefizite zu kompensieren. Jedenfalls zeigen die Erfahrungen, daß die Zeit im Internat, wenn man sich denn auf diese Lebensgemeinschaft einläßt, den weiteren Verlauf des Lebens sehr stark bestimmt und von den meisten im Nachhinein sehr positiv gesehen wird.
Oft haben Internate im Bewußtsein der Öffentlichkeit aber auch einen negativen Ruf. Sie gelten als der letzte Versuch, wenn alles andere gescheitert ist. Wer in einem Internat zur Schule geht, hat es offenbar nötig. Manchmal bewirkt schon die Androhung der Eltern: "Dann kommst Du eben ins Internat!" eine Verhaltensänderung, und wenn auch das ergebnislos war und schließlich gar nichts mehr hilft, wird die Drohung in die Tat umgesetzt. Internatserziehung hat in Deutschland ja bei weitem nicht die Tradition wie in England, dem klassischen Land der Internate. Von den etwa 7,5 Mill. Schüler(inne)n in der BRD sind etwa 20.000 in Schülerheimen (ohne Einrichtungen für Behinderte usw.) untergebracht, in die Schulen der Landerziehungsheime gehen ca. 4.500 Schüler(innen) (Interne und Externe), davon leben ca. 2.500 im Internat. Eine verschwindend kleine Zahl! Und doch sind diese Schulen durchaus der Rede wert. Die deutschen Internatsschulen und unter ihnen insbesondere die Landerziehungsheime decken zwar nur ein kleines Segment des Schulmarktes ab, bekommen dafür aber in der Öffentlichkeit erstaunlich viel Aufmerksamkeit.

Die Odenwaldschule - eine Schule in freier Trägerschaft

Die Odenwaldschule ist eine Schule in freier Trägerschaft. Wirtschaftlicher Träger ist also nicht, wie sonst üblich, eine Gebietskörperschaft (Stadt, Kreis), sonder der Verein " Odenwaldschule e. V.", dessen einziger Zweck es ist, die Odenwaldschule zu betreiben. Früher hießen Schulen dieser Art "Privatschulen", heute benutzt man den treffenderen Ausdruck "Schulen in freier Trägerschaft". In dem Begriff Privatschule schwang mit, daß dort Kinder von Eltern beschult wurden, die es sich leisten konnten und die nicht mit der Masse zusammen unterrichtet werden wollten. Da lag auch der Ausdruck Eliteschulen nicht fern. In dem heutigen Begriff "Schulen in freier Trägerschaft" schwingt das nicht mehr mit. Privatschulen kosten Geld, meistens viel Geld. Auch die Odenwaldschule kostet die Eltern viel Geld, denn trotz aller Zuschüsse des Landes Hessen (sie machen leider im Gesamthaushalt nicht mehr als ca. 17 % aus) bleibt ein erheblicher Rest, der durch Schulbeiträge der Kostenträger, und das sind meistens die Eltern, hereingeholt werden muß. Zur Zeit kostet die Odenwaldschule monatlich 3.100 DM. Auch die anderen Landerziehungsheime verlangen ähnliche Beiträge. Das ist auf den ersten Blick unangemessen viel Geld, entspricht aber bei genauerem Hinsehen etwa dem, was auch für die Schüler in öffentlichen Schulen aufgewendet werden muß. Allerdings zahlen es dort nicht die Eltern, und es sind verschiedene Kassen, aus denen das Geld kommt, und selten wird eine Gesamtaufstellung der Kosten gemacht. Die hohen Schulkosten für die Odenwaldschule könnten natürlich dazu führen, daß sich dort nur die Kinder von wohlhabenden Eltern einfinden. Das ist nicht so, etwa ein Drittel der Schüler auf der Odenwaldschule werden durch andere Kostenträger finanziert (z. B. Jugendämter, Stiftungen oder Stipendien).

"Schule in freier Trägerschaft" hat noch eine andere, wichtige Seite. Im Normalfall bedeutet "staatliche Schule" Unbeweglichkeit in Bezug auf die Gestaltungsfreiheit der Schule. Zwar ist die Helene-Lange-Schule als Reformschule in öffentlicher Trägerschaft eine Ausnahme und in Hessen gibt es noch einige weitere Ausnahmen, aber Schulen in freier Trägerschaft haben wesentlich größere Möglichkeiten, besondere pädagogische Schwerpunkte zu setzen. Sie sollen in ihrer Arbeit zwar *gleichwertig*, müssen aber nicht *gleichartig* sein. Vielleicht bringen die in der Bildungsdiskussion sogar in Baden-Württemberg anzutreffenden Tendenzen zur Stärkung der Autonomie der einzelnen Schule in dieser Hinsicht in Zukunft eine Veränderung, noch ist es aber nur in wenigen Schulen soweit und nicht immer ist auch das Kollegium der Schule bereit, sich auf mehr Autonomie einzulassen. Die Odenwaldschule jedenfalls hat den ihr zur Verfügung stehenden Spielraum genutzt und immer wieder Organisation und Inhalt des Unterrichts verändert, und die Kultusverwaltung des Landes Hessen hat das mit Wohlwollen beobachtet und bisweilen auch Anregungen aus der Odenwaldschule in ihr öffentliches Schulwesen übernommen.

Die Odenwaldschule - eine Museumsinsel?

Manches ist an der Odenwaldschule anders. Vieles davon hat seine Wurzeln in der Entstehungsgeschichte der Schule und steht in gewisser Weise in der Tradition des gesellschaftlichen Gegenentwurfs einer "pädagogischen Provinz", wie ihn die Reformpädagogen im Sinne hatten. Es ist jedoch eine Besonderheit der Odenwaldschule im Vergleich mit anderen Landerziehungsheimen, daß sie sich immer wieder offen, aber auch kritisch mit der jeweiligen Gegenwart auseinandergesetzt und versucht hat, auf Veränderungen angemessen zu reagieren. Vielleicht war die Odenwaldschule in den 20er und 30er Jahren noch eher eine "Schule auf dem Zauberberg", als Minna SPECHT, 1946 aus dem englischen Exil zurückkehrend, die Leitung der Odenwaldschule übernahm, machte sie die

Odenwaldschule eher zu einer "politischen" Schule. Sie hatte klare Vorstellungen davon, welches die zukünftige Rolle der Erziehung sein sollte. Sie wollte eine gegenwarts- und zukunftsorientierte Schule, und nur eine politische Schule war in ihren Augen eine gute Schule. So engagiert beteiligte sie sich an den bildungspolitischen Diskussionen der Nachkriegszeit und gab wichtige Impulse für die Entwicklung des Schulwesens in Hessen. Auch ihre Nachfolger in der Schulleitung, Kurt ZIER und Walter SCHÄFER, führten diesen Weg weiter. Sie arbeiteten eng zusammen mit der Konferenz der Odenwaldschule, die als oberster Souverän die bestehenden Regelungen immer wieder auf ihre Tragfähigkeit hin überprüfte und sie gegebenenfalls veränderte. Man sah sich in den 60er Jahren in dem Prozeß einer "rolling reform". Die Neugestaltung des Bildungswesens in der BRD zu Beginn der 70er Jahre, an dem die Odenwaldschule in der Vorbereitungsphase mitgestaltend tätig gewesen war, brachte das Ende einer Phase, die bei der Gegenwartsanpassung des Schulwesens vor allem auf organisatorische Maßnahmen gesetzt hatte. In der Odenwaldschule begann nun unter Gerold BECKER eine Phase, die eher von der Zuwendung zum einzelnen Kind und der Sorge um seine Probleme und Möglichkeiten bestimmt war. Damit wurde in gewisser Weise der pädagogische Ansatz des Gründers GEHEEB wieder stärker aufgenommen, der von einem großen Vertrauen in die Selbstentwicklungskräfte Heranwachsender bestimmt gewesen war. Der derzeitige Schulleiter, Wolfgang HARDER, versucht beiden Ansprüchen gerecht zu werden, die Odenwaldschule soll als Heimschule einerseits eine gute Schule sein, sie soll aber auch für die hier im Internat lebenden Kinder ein Heim sein.
Und so ist die heutige Odenwaldschule keine Museumsinsel der Reformpädagogik, sondern eher ein reformpädagogisches Biotop mit einem sehr vielfältigen Leben und vielen unterschiedlichen Entwicklungsmöglichkeiten für alle, die darin leben.

Literatur

ALPHEI, H.: Die Odenwaldschule im Übergang (1945/46). In: LEHBERGER, R. (Hrsg.): Schulen der Reformpädagogik nach 1945 (Beiträge zur ...), S. 95-116.

ALPHEI, H.: Erziehung in Verantwortung vor der Geschichte. Die Odenwaldschule im Nationalsozialismus. In: ARNDT, H./MÜLLER-HOLTZ, H. (Hrsg.): Schulerfahrungen - Lebenserfahrungen. Anspruch und Wirklichkeit von Bildung und Erziehung heute. Reformpädagogik auf dem Prüfstand. Frankfurt am Main, Berlin, Bern, New York, Paris, Wien 1995.

ALPHEI, H.: Die Reaktionen der Landerziehungsheime auf den Nationalismus. In: SEIDEL, Th. A. (Hrsg.): Nachbarn auf dem Ettersberg. Menschenverachtung und Erziehung zur Ehrfurcht. Neudietendorf, Weimar 1995.

BECKER, G.: Die Odenwaldschule Ober-Hambach. Ein Versuch, Leben und Lernen als Einheit zu verwirklichen. In: Westermanns Pädagogische Beiträge 2/79, S. 79-83.

BECKER, G.: "Anzuerkennen ist" - Über die pädagogische Grundhaltung der Odenwaldschule. In: Westermanns Pädagogische Beiträge 3/84, S. 122-125.

BECKER, G.: The Odenwaldschule. In: Education. A Biannual Collection of Recent German Contributions to the Field of Educatiumonal Research. volume 37, S. 111-126.

BECKER, G. unter Mitarbeit von VOGEL, J. P. und WEIDAUER, K.: Die deutschen Landerziehungsheime. In: Arbeitsgemeinschaft Freier Schulen (Hrsg.): Handbuch Freie Schulen. Reinbek bei Hamburg 1993, S. 231-269.

DREWS, U.: Mit den Kindern in Augenhöhe leben - und das 24 Stunden am Tag. In: DREWS, U.: Unterricht in Deutschland. Hohengehren 1993.

HUGUENIN, E.: Die Odenwaldschule. Weimar 1926.

MEIER, R.: Odenwaldschule (Serie Schulportrait). In: betrifft: Erziehung. Juli 1984.

NÄF, M.: Pädagogischer Rebell oder sentimentaler Träumer? Paul Geheeb zum 125. Geburtstag. In: unterwegs auf neuen Lern- & Erziehungswegen. 7. Dezember 1995, S. 24-27.

NORDLOH, C.: Abenteuer Odenwaldschule. In: PädForum 4/1996, S. 333-395.

SCHÄFER, W.: Paul Geheeb - Mensch und Erzieher. (Aus den deutschen Landerziehungsheimen 4). Stuttgart 1960.

SCHÄFER, W.: Die Odenwaldschule 1910 - 1960. Der Weg einer freien Schule. Ober-Hambach 1960.

SCHÄFER, W.: Paul Geheeb - Briefe. Mensch und Idee in Selbstzeugnissen.

SCHÄFER, W.: Erziehung im Ernstfall. Die Odenwaldschule 1946 - 1972 mit einem Nachwort von Hellmut BECKER. Frankfurt am Main 1979.

SCHÄFER, W./EDELSTEIN, W./BECKER, G.: Probleme im gesellschaftlichen Wandel. Das Beispiel Odenwaldschule. Frankfurt am Main 1971.

SCHLÖMERKEMPER, J.: Was man in der Odenwaldschule lernen kann. In: Pädagogische Beiträge 3/84, S. 126-131.

SCHWARZ, K.: Bibliographie der deutschen Landerziehungsheime. Stuttgart 1970.

WAGENSCHEIN, M.: Erinnerungen für morgen. Eine europäische Autobiographie. Weinheim, Basel 1983.

WINTER, F.: Goethe, Herder und Pink Floyd - ein Tag an der Odenwaldschule in Ober- Hambach. In: unterwegs auf neuen Lern- & Erziehungswegen. Dezember 1995, S. 20-23.

ZUDEICK, P.: Odenwaldschule - oder: Von der Schwierigkeit, ein republikanisches Landerziehungsheim zu machen. In: ZUDEICK, P: Alternative Schulen. Frankfurt am Main.

Anett ZEPLIN

Schulbericht der freien Waldorfschule Berlin-Mitte „An der Mauer“

Die Geschichte einer der ersten Waldorfschulen auf ehemals ostdeutschem Boden begann am 04. November 1989. Neben all den Plakaten, die die Veränderung der politischen Situation im Lande auf der damaligen großen Demonstration auf dem Alexanderplatz forderten, gab es auch zahlreiche Aufforderungen zur Veränderung der Schullandschaft und speziell zur Gründung von Waldorfschulen. Schon am selben Abend trafen sich viele Interessenten in der Christengemeinschaft in der Schwedter Straße zu ersten bedeutenden Schritten. Der Wunsch nach Veränderung, der an diesem Tage so vielfach zum Ausdruck kam, korrespondierte nun mit den Intentionen von Frau Margarete HEINRICHs, einer ehemaligen Waldorflehrerin. Sie erkannte die politische Situation für eine Schulgründung als geeignet und brachte die nötige Erfahrung für eine Waldorfschulgründung mit. Dort, wo es möglich war, hatte sie schon im ehemaligen Osten den Weg für die Waldorfpädagogik bereitet. Das durch sie zusammengeführte zukünftige kleine Kollegium stand aber vorerst vor einer schweren Entscheidung. Es galt zu überlegen, ob die Schule trotz der geringen Kräfte und Mittel so schnell als möglich in die durch große Umwälzungen geprägte Zeit gesetzt werden sollte. Schließlich sind in Zeiten solcher Umbrüche Neuerungen viel leichter durchzuführen. Andererseits schien es sinnvoll, ein bis zwei Jahre zu warten, um die Schulgründung gut vorzubereiten. Dann aber immer mit dem Risiko, daß die politischen Bedingungen für eine Schulgründung nicht mehr gegeben sind. Die Kollegen entschlossen sich zu einer schnellstmöglichen Gründung der Schule.

Als am 01. September 1990 die erste Waldorfschule in Ost-Berlin ihre Tore öffnete, lag hinter den Lehrern und Eltern ein harter Weg. Neben der inhaltlichen Vorbereitung hatten sie aus einem ehemaligen Staatssicherheitsobjekt, von dem noch heute die alten Telefonhörer in den Baumwipfeln vor der Schule künden, in nur 3 ½ Monaten eine Waldorfschule entstehen lassen. Umgrenzten die Schule, die direkt neben dem ehemaligen Grenzstreifen gelegen ist, an ihrem Eröffnungstag zwar noch drei Mauern, führte doch die Polonaise am ersten Schultag schon wahrhaftig und symbolisch durch erste Öffnungen in der Mauer zu neuen Wegen in der alten Ost-Schullandschaft hindurch.

Bei einem Gang über unseren begrünten und vielseitig gestalteten Schulhof kann man sich heute kaum noch vorstellen, daß hier einmal der sogenannte Todesstreifen gewesen sein soll. Doch nicht nur das Außengelände hat sich in den letzten Jahren verändert. Auch innerhalb des Schulgebäudes wurde immer wieder aus- und umgebaut. Damit die Schule wachsen konnte, mußten neue Räume in Provisorien (Baracken und Container) geschaffen werden. Aber auch diese Gebäude reichen bald nicht mehr. Ein Schulneubau oder ein Wechsel in ein anderes Schulgebäude ist notwendig geworden.

Derzeit werden an der Schule die Klassen 1 – 11 mit ca. 275 Schüler(inne)n von 23 Lehrer(inne)n unterrichtet. In der Nachmittagsbetreuung der Klassen 1 – 3 sind fünf Erzieher(innen) und zwei Absolventen tätig, und im technischen Bereich arbeiten fünf Mitarbeiter(innen). Die staatlichen Zuschüsse decken bei weitem nicht alle Kosten, so daß die Eltern – gestaffelt nach Einkommen – noch einen wesentlichen Beitrag von durchschnittlich z. Z. 187,- DM pro Monat leisten müssen.

Das Konzept der Waldorfschule geht auf ihren Begründer Rudolf STEINER zurück und legt eine zwölfjährige Schulausbildung zugrunde. Diese gewährleistet jedem Kind, unabhängig von seinen Leistungen, so lange einen Bildungsanspruch, wie es wächst und sich entwickelt, mindestens bis zum 18. Lebensjahr. Dabei bleiben alle Schüler(innen) bis zum Ende ihrer Schulzeit in einer Klasse und trennen sich nur zum Fachunterricht. Bis zur 8. Klasse wird in der Regel die Klasse von demselben Klassenlehrer betreut. Da dem kognitiven Lernen genauso viel Aufmerksamkeit wie dem handwerklich-künstlerischen gegeben wird, findet jedes Kind seinen Bereich, in dem es sein Selbstvertrauen stärken und ohne Zeugnisnot und Leistungsdruck lernen kann. Der Unterricht ist geteilt in den Hauptunterricht, der jeden Morgen von 8.00 – 9.45 Uhr stattfindet und den Fachunterricht, der sich daran anschließt. In den Klassen 1 – 8 wird der Hauptunterricht in der Regel vom Klassenlehrer erteilt und enthält in epochalen Abschnitten, die sich über 3 bis 4 Wochen hinziehen, die Fächer Deutsch, Mathematik, Erdkunde, Geometrie, Chemie, Geschichte, Physik usw. In der Oberstufe wird ab der 9. Klasse dieser Unterricht von sogenannten Epochenlehrern übernommen. Geführt werden die Klassen nun von einem Klassenbetreuer. Im Fachunterricht sind die Fächer Musik, Malen und Zeichnen, Werken, Handarbeit, Russisch, Englisch, Eurythmie, Sport und Deutsch – wie Mathematik – in Übungsstunden verankert. Die Lehrer sind nicht verbeamtet, sondern nur angestellt und haben außer der üblichen Lehrerausbildung noch eine Waldorflehrerausbildung.

Neben dem regulären Unterricht gestaltet sich das schulische Treiben durch rege Aktivitäten außerhalb des Unterrichts, wie Basare, Monatsfeiern, Klassenspiele, Chor- und Orchesteraufführungen, Klassenfahrten und Praktika in der Oberstufe.

Ein wichtiges Bindeglied zwischen Elternhaus und Schule ist in der Unterstufe der Schulhort, der den Kindern der 1. bis 3. Klasse Geborgenheit, aber auch ein reiches Angebot an spielerischer Betätigung bietet. Schade nur, daß dieses Angebot aus Raum- und Personalgründen nicht auch auf ältere Klassen ausgedehnt werden kann.

Das Geheimnis der Funktionsweise des Organismus Waldorfschule liegt in der Selbstverwaltung, in der Entscheidungsfreiheit aller Beteiligten. Innerhalb der Lehrerkonferenzen und der zahlreichen Eltern-Lehrer-Arbeitskreise auf vielfältigen Gebieten wird gemeinsam um die Gestalt der Schule gerungen. So können alle an der jeweiligen Sache beteiligten Menschen über den Weg der Konsens-

bildung an der Entscheidungsfindung teilnehmen. Der Zeit- und Kraftaufwand ist in solchen Prozessen, im Gegensatz zu hierarchisch geprägten, oft viel größer. Dafür aber gewinnt die Tragfähigkeit von getroffenen Entscheidungen.
Natürlich sollte der Weg zu einer Waldorfschule genau von dem jeweiligen Elternhaus überlegt und bedacht werden. Damit Entscheidungen der Eltern nicht mit Erwartungsenttäuschungen enden, bietet die Schule neben der einschlägigen Literatur und vielen offenen Veranstaltungen acht Einführungselternabende an, die die Eltern umfangreich über unser Schulmodell informieren sollen. In Aufnahmegesprächen und Probezeiten können beide Seiten, Schule wie Elternhaus, abschätzen, ob sie zueinander passen.
Das Einkommen der Eltern spielt für die Aufnahme an die Schule keine Rolle. Immerhin wurde schon die erste Waldorfschule 1919 für Proletarierkinder und nicht als Privatgymnasium geschaffen.

Nils KLEEMANN

Montessori-Schule in Greifswald

Eine Schule nach eigenen Vorstellungen aufbauen und darin arbeiten!
Ist Ihnen dieser Gedanke nicht ganz fremd?

Kinder des dritten und vierten Jahrgangs arbeiten in einem Raum. Es ist Freiarbeit in der grünen Klasse:
Matthias und Matti arbeiten auf dem Teppich mit dem Material zur großen Division. Trotz des unterschiedlichen Leistungsniveaus sind sie seit kurzem eng befreundet und arbeiten oft sehr intensiv. Die Montessori-Materialien stehen für jedes Kind zugänglich in offenen Regalen. Sie sind nach Materialgruppen geordnet. Am Computer, der wie jedes Material, nur einmal im Raum vorhanden ist, sitzen einige Jungen und Mädchen. Sie wollen einen Zeitungsartikel zur laufenden Werkstatt schreiben. In den Werkstattaufgaben geht es um die Behandlung eines Büchleins, in der "Birne", die Hauptfigur, Abenteuer im Weltraum erlebt. Die Erlebnisse von Birne haben Claudia und Johanna angeregt, sich mit Phasen des Mondes zu beschäftigen. Die jüngere der beiden Mädchen hatte die Idee, und sie ist jetzt auch die treibende Kraft. Sie wollen in der Versammlung, die jeden Dienstag stattfindet, einen Vortrag zu ihrem selbstgewählten Thema halten. In der Kuschelecke wird daher von ihnen die Fachliteratur gewälzt. Auf ihrem Arbeitsplatz liegen großen Blätter und der Malkasten. Entsprechende Bilder sollen den Vortrag ergänzen. Fabian ist von der Idee nicht so begeistert. Er arbeitet am selben Tisch gerade mit den Bruchrechenkreisen. Die Handhabung hat er sich am Vortag bei einem Viertklässler abgeschaut.
Wo ist eigentlich der Lehrer?
Ich sitze auf meinem grünen Sitzball und beobachte die Kinder. Vor mir sitzt Laura mit ihrer großen Schwester. Laura geht in den Montessori-Kindergarten und besucht uns derzeit regelmäßig. Heute versucht sie sich am Europapuzzle. Immer wieder kommen Kinder zu mir. Gerade hat sich Mirco noch einmal vergewissert, ob er den Umgang mit dem Perlenmaterial richtig erklärt. Dörte und Clemens arbeiten mit ihm. Beide sind Integrationskinder und müssen zieldifferenziert unterrichtet werden. Auf einer viel anschaulicheren Ebene lösen sie mit dem Perlenmaterial auch die großen Divisionsaufgaben. Nicht alle Kinder sind derzeit im Klassenraum. Phillip und Maxim melden sich derzeit gern ab. Die Erstklässler in der orangen Klasse haben einen leistungsfähigeren Computer, und die beiden Jungen haben dort ein Programm des Bundesministeriums für Verkehr installiert. Juliane und Maria wurden bei der Arbeit gestört. Mit Ludwig sind sie nun in den Sprachraum gegangen. Dort können sie jetzt ungestört an Werkstattaufgaben arbeiten. Auch eine Etage tiefer, im Bastelraum, bauen Jan-Simon und Max weiter an ihrer Rakete. Einige Kinder der roten Klasse arbeiten ebenfalls in diesem Raum. André hat mich schon vor einer Weile gebeten, ihm

bei einer Aufgabe zu helfen. Eigentlich ist er auf dem Weg zum Kopierraum. Er hat sich aber im Waschraum festgequatscht. Wenke wäscht dort ohne recht Lust das Frühstücksgeschirr ab. Da kommt ein Gesprächspartner recht gelegen.
Vielleicht nutze ich die Zeit und erzähle Ihnen, wie ich zu meinem Sitzball in der grünen Klasse gekommen bin!

1988 beendete ich meine Ausbildung am Institut für Lehrerbildung in Rostock. Mit 20 Jahren begann ich als Lehrer für untere Klassen in Greifswald. Die Arbeit machte mir Spaß, oft wußte ich aber auch nicht weiter, hatte Probleme mit meinem Unterricht, verlor in der Absolventenzeit meine Ziele aus den Augen.
1990 gab es für mich dann die Möglichkeit, an einem Montessori-Kurs in München teilzunehmen und das Montessori-Diplom zu erwerben. Ich hatte nun ein Jahr Zeit, meine Arbeit in der Schule zu hinterfragen. Meine Einstellung zum Kind änderte sich. Kinder nehmen wir nur ernst, wenn wir ihre eigenen Entwicklungskräfte stärken. Das Kinde drängt von Geburt an nach Unabhängigkeit und Selbständigkeit. In einer gut vorbereiteten Umgebung kann konzentrierte, langandauernde Beschäftigung des Kindes Normalität sein. Bereiche der Mathematik oder der geschriebenen Sprache können sich Kinder durchaus im Vorschulalter erschließen, ohne auf herkömmliche Schulpädagogik angewiesen zu sein. Leistungsfähige Schule kann nicht mit einem Anfangsunterricht beginnen, der einen Teil der Schulanfänger nicht fordert.
Die Qualität unserer Kindergärten wird mit über die Zukunft eines guten Abiturs in Deutschland entscheiden. Unsere Schule muß die Kinder dort abholen, wo sie stehen. Das ist eben individuell sehr verschieden. Uns wird es zum Glück nicht gelingen, alle Kinder für den Unterrichtsbeginn auf denselben Stand zu trimmen. Die Unterschiedlichkeit wird zunehmen. Derzeit fällt uns oft nur die Sonderung der Kinder nach verschiedenen Niveaus oder Schädigungsgraden ein. Sind denn am Gymnasium die leistungsstärksten Kinder unter sich? Oder hat sich diese Schulform nicht ganz leise zu einer Gesamtschule gewandelt, die zu wenig differenziert und zu viele Kinder ausschließt?
Im Vorschulalter leben Kinder verschiedener Altersklassen und Niveaus den ganzen Tag zusammen. Sie behindern sich kaum in ihrer Entwicklung und lernen doch alle bis zum 6. Lebensjahr mehr, als jemals wieder in so einem kurzen Zeitraum. Schule kann diese Möglichkeit auch für die Kinder schaffen. Ich bin für freie intellektuelle Arbeit, für innere Disziplin, für Bildungserwerb, für den Aufbau einer eigenen Persönlichkeit jedes Kindes. Kann ich dann weiter traditionell unterrichten? 1991 unterrichtete ich wieder in Greifswald
Zuerst begann ich, Strukturen in einem bestehenden Kinderhaus zu verändern. Ein gemeinnütziger Verein, die Aktion Sonnenschein Mecklenburg-Vorpommern e. V., wurde schon 1990 gegründet. Heute ist dieser Verein Träger von zwei Montessori-Kinderhäusern in Greifswald. Über offene Unterrichtsformen wollte ich meinen Unterricht in der öffentlichen Schule kindgerechter gestalten. Einige Grundlagen sind dafür notwendig. Ich benötige mehr Freiraum

für eigenständiges Arbeiten. Eigentlich waren meine Forderungen damals sehr zurückhaltend. Das Montessori-Material, es wurde der Aktion Sonnenschein gespendet, sollte in deren Besitz verbleiben. Ich wollte in meiner Klasse Deutsch, Mathematik und Sachkunde unterrichten, um fächerübergreifend arbeiten zu können. Ein fester Klassenraum sollte die von mir vorbereitete Umgebung sein. Finanziellen Mehraufwand hatte ich nicht gefordert. Das Schulamt wollte sich dafür einsetzen, aber niemand wollte diese notwendigen Bedingungen klar festschreiben. Damit war nicht einmal für das erste Jahr klar, ob die wenigen Grundlagen für offeneres Arbeiten umgesetzt werden können. Natürlich hätte ich mit weiteren Kompromissen meinen Unterricht verändern können. Ich habe in den folgenden Jahren Lehrerinnen und Lehrer in den öffentlichen Schulen erlebt, die sich mit den Eltern zusammen ihre Klasssenräume eingerichtet und viele Unterrichtsmaterialien hergestellt haben. Einige Jahre später wurden sie in andere Schulen versetzt, zum Beispiel, weil dort eine Musiklehrerin fehlte. Manchmal mußte nur der Klassenraum gewechselt werden. Meist haben diese Lehrerinnen und Lehrer nicht noch einmal mit so viel Kraft eine neue kindgerechte Umgebung geschaffen. Es schien mir, ich könnte in der öffentlichen Schule nicht nach meinen Vorstellungen arbeiten. Aber Veränderung von Schule, zeitgemäßer Schule, muß doch gerade im öffentlichen Bereich möglich sein. Dieser Gedanke sollte mich in einigen Jahren wieder sehr konkret beschäftigen. Im Oktober 1992 saß ich zwischen Haushaltsplänen, Schulgesetzen bzw. Schulreformgesetzen. Ich hatte mich entschlossen, selbst eine Schule zu gründen.

Die Aktion Sonnenschein wollte die Trägerschaft übernehmen. Bis hin zu konkreten Räumlichkeiten und der entsprechenden Finanzierung lag im November ein Konzept vor. Die Aktion Sonnenschein Mecklenburg-Vorpommern e. V. stellte noch 1992 den Antrag auf Genehmigung einer Ersatzschule zum Schuljahr 1994/95. An die Zeit vor der Gründung denke ich heute nicht gern zurück. Ohne das Einverständnis der Kommune konnte zum damaligen Zeitpunkt in Mecklenburg-Vorpommern keine Schule in freier Trägerschaft gegründet werden. Dies bedeutete einen entsprechenden Bürgerschaftsbeschluß. Anfang 1994 war noch keine positive Entscheidung abzusehen. Erst nach dem Einverständnis der Stadt Greifswald würde das Kultusministerium den Antrag weiter bearbeiten. In den Informationsveranstaltungen zeichnete sich zunehmend größeres Interesse von Eltern ab. Durch die Verzögerungen wurde die Unsicherheit einiger Eltern natürlich größer. Kurz vor Schuljahresbeginn wurde die Genehmigung für die Montessori-Grundschule erteilt. Im August 1994 begann ich mit einer Jahrgangsklasse den Schulbetrieb. Der Genehmigungsantrag beinhaltete altersgemischte Klassen. Dies wurde von der untersten Schulaufsichtsbehörde erst im Sommer 1994 zugelassen. Da war die Klasse schon zusammengestellt. Eine einzügige Grundschule sollte nun bis 1998 entstehen.

André ist vom Kopierer zurück. Allerdings hat gerade die große Pause begonnen. Sie geht eine Stunde. Die Kinder können selbst entscheiden, ob sie weiter im Raum bleiben oder auf den Hof gehen. Eine Horterzieherin beaufsichtigt die Kinder. Hort und Schule sind in einem Haus. Die Lehrer übernehmen den Frühdienst und arbeiten nach festen Zeiten bis in den Nachmittag. Die Erzieher sind schon während des Unterrichts da. Das Haus ist trotz der wenigen Lehrer und Erzieher bis 17.00 Uhr geöffnet. André möchte mit einigen Jungen Fußball spielen. Wir verabreden uns für einen späteren Zeitpunkt.
Schon 1994 machten sich die Eltern meiner Klasse Gedanken über eine mögliche Weiterführung.
Wenn Claudia in der dritten Klasse selbständig Fachbücher im Klassenraum nutzt, kann sie sich nicht in Klasse 9 einen ganzen Tag von der Schule abmelden, weil sie in der Stadtbibliothek und am heimischen Computer ein Teil eines Projektes erarbeitet. Eltern und Lehrer gründeten die "Initiative reformpädagogische Geamtschule e. V.". Diese Initiative hat sich auf dieser Tagung vorgestellt. Noch einmal investiere ich in Greifswald viel Kraft, um ein öffentliches Schulprojekt mit anzuschieben. Meinen Weg finde ich in der Montessori-Schule. Sie wird zukünftig in zwei Stufen unterteilt. Die Kinder der 1. bis 2. Klasse (Stufe I) werden in drei jahrgangsgemischten Klassen unterrichtet.
Im August 1996 trat das Schulgesetz des Landes Mecklenburg-Vorpommern in Kraft. Es genehmigt in Ausnahmefällen den Anschluß der Orientierungsstufe an eine Grundschule. Schon einen Monat später waren wir ein Ausnahmefall, und ein entsprechender Antrag war geschrieben.
Als sich der Bildungsausschuß der Hansestadt mit diesem Thema befassen wollte, hatte die Aktion Sonnenschein vom Kultusministerium schon einen positiven Bescheid. Ein Einverständnis der Kommune war nach neuem Schulgesetz nicht mehr notwendig. Die Schüler der Klassen 4 bis 6 (Stufe II) werden nun ebenfalls in drei Klassen jahrgangsgemischt unterrichtet. Dies hat natürlich auch inhaltliche Konsequenzen. Unsere Montessori-Schule wird sich immer weiter entwickeln müssen und hoffentlich auch können. Die Gedanken Maria MONTESSORIs bestimmen natürlich nicht allein die Arbeit der Lehrer dieser Schule, Sie geben uns einen Leitfaden, der es uns ermöglicht, eigene freie Arbeitsweisen zu entwickeln und Schulleben zu gestalten.
Claudia und Johanna arbeiten in der Pause an ihrem Platz. Sie haben mich gebeten, ihnen ein Buch zu geben, in dem etwas über "die Mondfinsternis" steht. Auch die Entstehung der Mondphasen wäre ihnen noch nicht klar. Da haben wir wohl bis zum Beginn der nächsten Stunde zu tun.
Claudia hat dann Englisch. Neben Johanna werden noch einige Kinder der Klasse mit mir in einer gebundenen Unterrichtsform an einer Beschreibung weiter arbeiten.
Ich werde sie jetzt mit ihren Gedanken allein lassen und mich auf meinem grünen Ball zu meinen Schülern begeben.

Theo WINKELS

Überlegungen zur Erstellung des Schulprogramms einer Montessori-(Grund-)Schule[1]

In einem Schulprogramm stellt die Schule "*in einer ganzheitlichen Konzeption ihre spezifische pädagogische Zielsetzung als Ergebnis einer reflektierten Aufnahme der Richtlinien- und Lehrplanvorgaben und der konkreten Lernbedingungen ihrer Schülerschaft in ihrem Umfeld*" dar. (Denkschrift der Bildungskommission NRW, 1995, S. 144)

Im Sinne eines pädagogischen *Grundkonsens* sollten bei der Erstellung des Schulprogramms einer Montessori-(Grund-)Schule u. a. beachtet werden:

- Die *Freiheit* und *Würde* des Kindes sind zu achten.
- Die *Kindheit* ist eine *eigene* Entwicklungsphase, die nicht als eine Art Vorlaufsphase zum Erwachsenwerden verstanden werden darf.
- Das Kind leistet den *Aufbau seiner Person* im wesentlichen selbst; der Erwachsene ist in diesem Prozeß ein anregender und vertrauensvoller *Helfer*.
- Die *Individualität* des Kindes ist zu respektieren; die *Sozialität* des Kindes ist hinsichtlich des Gegenwarts- und Zukunftsbezuges zu fördern.
- Für seine *Entwicklung* braucht das Kind Möglichkeiten und Raum für ein *Denken* und Handeln in Freiheit und Selbstverantwortung.
- *Erziehung* und *Unterricht* stehen in einem wechselseitigen (*BEGRÜNDUNGS*-)Zusammenhang und sollen dem Kind zur *Ich-Identität*, zur *Achtung* des *Mitmenschen* und der *Schöpfung* sowie zur verantwortungsbewußten *Handlungskompetenz* verhelfen.
- Das Kind ist entsprechend seiner *individuellen Entwicklung* hinsichtlich seiner *Kenntnisse*, *Fähigkeiten* und *Fertigkeiten* zu fördern; es soll befähigt werden, seine Einstellungen und *Wertvorstellungen* kritisch zu reflektieren und ggf. zu verändern.

Im Sinne eines *Schulprofils* zeigt sich das "Erziehen und Unterrichten" in einer Montessori-(Grund-)Schule konkret

- in der intensiven *Beobachtung* (der Entwicklung) des Kindes,
- in der dem Entwicklungsstand des Kindes entsprechenden *vorbereiteten Umgebung*,

[1] Herr Dr. Theo WINKELS, Schulleiter der Montessori-Grundschule Mönchengladbach, >>Das Selbstverständnis einer Montessori-(Grund-)Schule. Anthropologische, pädagogische und organisatorische Grundlagen<<. Vgl. auch >>Leben mit Kindern - Kinder leben mit. Leben und Lernen in einer Montessori-Schule: 20 Jahre Montessori-Grundschule Mönchengladbach<<. Hrsg. von der Montessori-Grundschule Mönchengladbach. Mönchengladbach 1996.

- in der Zulassung selbstverantworteter *Freiarbeit*,
- in der Auswahl und im Angebot von (Entwicklungs-)*Materialien*,
- in der Wertschätzung *eines* ganzheitlich orientierten und *fächerübergreifenden* Lernens,
- in der Bildung *jahrgangsübergreifender* Gruppen (Klassen),
- in der *veränderten Rolle* der/des Lehrerin/Lehrers (Erzieherin/Erziehers).

Burkhard JUNG

Das Evangelische Schulzentrum Leipzig

Situation und Geschichte des Evangelischen Schulzentrums Leipzig

1990 wurden auf den Montagsdemonstrationen in Leipzig die ersten Schilder hochgehalten: Freie Schulen! Bald wuchs der Wunsch nach christlichen Schulen. Ein ungeheuerlicher Vorgang nach 60 Jahren (nicht 40!) Bildungsdiktatur.
Als im Herbst 1989 viele tausend Leipzigerinnen und Leipziger in den Kirchen der Stadt Gottes Wort hörten, wuchs in vielen die Zuversicht, daß "der Geist der Kraft, der Liebe und der Besonnenheit den Geist der Verzagtheit" (2. Tim 1,7) überwinden wird. Diese Jahreslosung war in der DDR-Vergangenheit für viele zur Überlebenshilfe geworden, nun aber, in der Euphorie der Wende, wurden viele Visionen von einst zur greifbaren Wirklichkeit.
Die Forderung nach Freien Schulen löste zunächst ungläubiges Erstaunen aus. Die Initiative "Freie Pädagogik" wurde gegründet, reformpädagogische Diskussionen folgten, die "christlichen Elternforen" diskutierten in Kirchengemeinden über die Umstrukturierung der DDR-Schulen, ein Forderungskatalog wurde entwickelt. Reformbewegte Ratgeber aus den alten Bundesländern halfen dabei herauszufinden, was eine "gute Schule" sein könnte. Der Mißbrauch des Schulmonopols durch den Staat hatte alle gegenüber den Gefahren einer neuerlichen Indoktrination sensibilisiert.
So kristallisierten sich für die christlichen Elternforen vor allem drei Erfordernisse heraus: (1.) Schule braucht Gestaltungsfreiheit; (2.) eine geistige Mitte; (3.) eine Lehrer-Schüler-Eltern-Gemeinschaft, die sich freiwillig dieser geistigen Mitte engagiert stellt.
Für Christen war es naheliegend, die geistige Mitte des Evangeliums in seiner *befreienden* Kraft in den Mittelpunkt der Überlegungen zu stellen. Wie kann man von daher "gute Schule" machen? Wie ist das Evangelium in einer allgemeinbildenden Schule, die für alle offen sein soll, immer wieder neu zu buchstabieren? Was ist eine christliche Schule? Eine christliche Schule muß nicht notwendigerweise eine gute sein! Was ist also eine gute, christliche Schule? Ist der Unterricht in einer freien christlichen Schule anders? Wie lassen sich religiöse, spirituelle Dimensionen von Unterricht erspüren? Fragen über Fragen.
In den kirchlichen Kindergärten meinte man reformpädagogische Ansätze finden zu können. Deshalb drängten Eltern, Lehrerinnen und Lehrer, eine am einzelnen orientierte Pädagogik in der Grundschule fortzusetzen. Angesichts der nur schleppend vorankommenden Bildungserneuerung wünschten sich viele Eltern aber bald auch weiterführende christliche, ökumenische Schulen. Schließlich wurde für ein Evangelisches Schulzentrum Leipzig eine Konzeption entwickelt, die den Diskussionsstand in den Leipziger Gemeinden und Überlegungen in evangelischen Schulen der Altbundesländer zusammenführt. So der Be-

ginn. 1991 entstand in Trägerschaft eines *Elternvereins* mit Unterstützung westlicher Landeskirchen und der Evangelischen Schulstiftung in Bayern das Evangelische Schulzentrum Leipzig, eine Schule mit Grundschule, Gymnasium und Mittelschule unter einem Dach. Im fünften Jahr danach ist aus einer kleinen fünfklassigen Aufbauschule, die mit zwei weiteren Staatsschulen unter einem Dach begann, ein Schulzentrum mit 28 Klassen und 800 Schüler(innen) geworden. Die Schule erfährt enormen Zuspruch. Auf jeden freien Platz kommen ca. 4 bis 5 Bewerber. Ein Schulgebäude von 1870, neben der Petrikirche gelegen, - welch Symbiose von Ortsgemeinde und Schule! - beherbergt das in Sachsen einzige Schulzentrum mit allen allgemeinbildenden Schulen unter einem Dach, mittlerweile in *kirchlicher* Trägerschaft. Nachdem der Zustrom geradezu beängstigend wurde, die Schule explosionsartig wuchs, die Stadt Leipzig uns Unterstützung gab, übernahmen 1993 die evangelisch-lutherischen Kirchenbezirke Leipzigs mit Unterstützung der Sächsischen Landeskirche die Trägerschaft der Schule. Der Elternverein war weise genug, nie die kirchliche Anbindung zu vergessen. Die personelle Kontinuität ist im neuen Trägergremium gewahrt.
Warum war diese evangelische Schule in Leipzig erfolgreich? Erfolgreich in einer Stadt, die seit 60 Jahren keine christlichen Schulen mehr kennt, deren Bevölkerung nur noch zu 12 - 15 % sich konfessionell gebunden weiß?
Ein wesentlicher Punkt scheint mir das erkennbare und unverwechselbare pädagogische Profil zu sein. (Doch dazu weiter unten.)

"Tabula rasa" - der Verlust christlicher Traditionen und Bildungsgüter - Bestandsanalyse anhand persönlicher Erfahrungen, Zahlen und Fakten

Die Situation in der ehemaligen DDR scheint mir ganz spezifische Eigenarten zu besitzen, aber sie spiegelt auch in besonders pointierter Weise den insgesamt feststellbaren Säkularisierungsprozeß in unserer Republik. Deshalb bin ich davon überzeugt, daß die folgende Bedingungsanalyse sich nur in der quantitativen Gewichtung von der westdeutscher Großstädte unterscheidet.
Ich werde mich zunächst auf eine Beschreibung des in Leipzig beobachtbaren Säkularisierungsprozesses und des sichtbaren Verlustes christlicher Traditionen und Bildungsgüter beschränken, weil dieser Zusammenhang beim Aufbau einer evangelischen Schule zentral ist. Ohne Kenntnis des weitgehenden Verschwindens christlichen Bildungsgutes werden meine Forderungen bezüglich der Aufgaben christlicher Schulen eben nicht verständlich. Wir haben uns zu fragen, in welchem gesellschaftlichen Umfeld christliche Bildungsangebote gemacht werden und wie sie zu legitimieren sind. Die beobachtbare Säkularisation ist gewaltig. Vermeintlich kanonische und angeblich fast jedem Mitteleuropäer geläufige Bildungsinhalte biblischer Traditionen sind vielfach nicht mehr auszumachen. Brauchen wir dann aber überhaupt noch kirchliche und christliche Schulen, wenn die christlichen Wurzeln nicht mehr vorhanden sind?

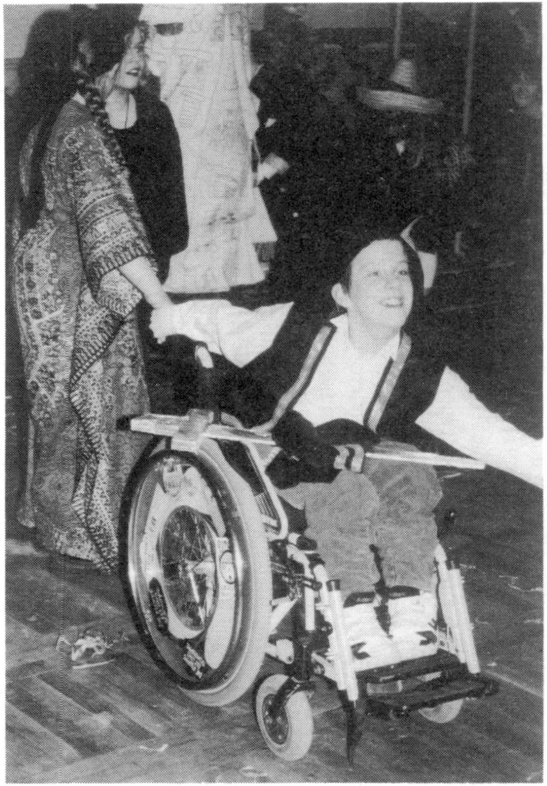

Schüler(innen) des Evangelischen Schulzentrums Leipzig

Schlaglichter

Auf dem prächtigen, weitläufigen Weihnachtsmarkt 1992 in Leipzig ist neben den traditionellen Märchenszenen der Brüder Grimm - Rotkäppchen, Hänsel und Gretel, Schneewittchen - figürlich und lebensgroß nun im zweiten Jahr die Geburt Jesu ins Zentrum des Marktes gerückt. Ich beobachte eine ca. 35jährige Frau mit ihrer etwa 5jährigen Tochter. Sie bleiben vor der Figurengruppe und der Krippe stehen.
"Mutti", sagt das Mädchen und deutet auf die Eltern Jesu, "was sind das für Leute?" - Einen kurzen Moment innehaltend, dann aber den Kopf schüttelnd, zieht die Mutter die Tochter an der Hand weiter und antwortet: "Ach, ich weiß nicht so genau. Komm."
Ich will nicht zuviel in die Situation hineinspekulieren. Vielleicht hatte die Mutter keine Zeit, vielleicht wollte sie weiteren Fragen ausweichen, vielleicht aber wußte sie selbst nicht mehr so genau, wie die Namen der Frau und des Mannes hinter der Futterkrippe lauteten. Ich habe Grund, das letztere anzunehmen. Ein Einzelfall?

Ein zweites Beispiel

Im Februar 1993 hielt ich vor Deutschlehrerinnen und -lehrern aus Thüringen einen Vortrag über "Die Bibel in der Literatur - Folgen für die Sequenzbildung im Literaturunterricht." Trotz Winterferien waren über 40 Kolleginnen und Kollegen zu dieser Fortbildungsveranstaltung gekommen. Eine sensationelles Interesse, verglichen mit westdeutschen Verhältnissen. Über Vorbehalte und beobachtbare Faszination in der modernen Literatur, Beispiele für Einflüsse biblischer Sprache, Stoffe, Gattungen und Textarten von Goethes "Faust" über Büchners "Woyzeck" bis zu Heyms "Ahasver" bis hin zu Folgerungen für die Sequenzbildung im Lesebuch und unterrichtspraktischen Überlegungen spannte sich der Vortragsbogen. Meine Zuhörerinnen und Zuhörer waren sehr aufmerksam und folgten offensichtlich interessiert. Auf meine Bitte am Ende, Nachfragen zu stellen, reagierten aber für mich erstaunlicher Weise alle mit Schweigen. Erst auf mein drängendes Nachforschen stand einer der Teilnehmer auf und erklärte sinngemäß: "Bitte fassen Sie unser Schweigen nicht als Kritik oder Desinteresse auf. Ich fand Ihren Beitrag sehr bereichernd und neu. Aber ich nehme an, daß so wie ich die meisten genau aus diesem Grund nichts zu sagen wissen. Den Zusammenhang von Bibel und Literatur habe ich nie gesehen, die Einflüsse sind mir neu."
Danach entstand eine lebhafte Diskussion über Literaturdidaktik und -unterricht zu DDR-Zeiten. Goethes "Osterspaziergang" aus dem Faust, Pflichtstoff der Klasse 8, war eben in der Regel als Frühlingsgedicht besprochen worden, ohne auf die Auferstehungshoffnung zu rekurrieren, ohne die symbolische Verdich-

tung dieser Szene zu erspüren (als Auferstehung Fausts nach seinen Suizidgedanken zum Glockengeläut des Ostermorgens).

Ein drittes Schlaglicht

Im Schuljahr 93/94 unterrichte ich das Fach Religion in einem Grundkurs der Jahrgangsstufe 11 an einem staatlichen Gymnasium in Leipzig. Der Kurs läuft mit Sondergenehmigung des Oberschulamtes zur Erprobung des in der Entwicklung stehenden Lehrplanes für evangelische Religion. Etwa die Hälfte der Schülerinnen und Schüler der Jahrgangsstufe haben Religion statt Ethik gewählt, sicherlich aus den unterschiedlichsten Gründen. Einige gaben an, endlich wolle man über die Bibel Bescheid wissen. Schließlich gehöre das dazu.
Unser Kursthema ist die biblische Anthropologie in der Diskussion mit anthropologischen Entwürfen der Philosophie und Naturwissenschaft. Bei der Besprechung von Gen 1-3 zeigte sich, daß von den 28 Kursteilnehmern lediglich vier Schülerinnen, die kirchlich gebunden sind, den Sieben-Tage-Bericht oder die Paradieserzählung kannten. Für 20 waren die Texte und ihr Inhalt völlig neu. Adam- und Eva-Darstellungen in der Kunst konnten deshalb nicht entschlüsselt werden. (Im übrigen spannende Religionsstunden!)
Die Beispiele sind mehr als deutliche Signale, daß meine Einschätzung von oben über den Zustand der Säkularisierung und das weitgehende Verschwinden eines sogenannten christlichen Bildungshorizontes richtig sind. Vermeintlich Selbstverständliches wie die Namen der Eltern Jesu kann bei einigen Bevölkerungsschichten nicht mehr vorausgesetzt werden. Viele Bildungsträger, Lehrerinnen und Lehrer, verspüren bei sich selbst diesen Verlust. Nach 40 Jahren materialistischer Geschichtsschreibung und Erziehung zur sozialistischen Persönlichkeit haben vielerorts Eltern, Lehrerinnen, Lehrer und Heranwachsende eine Verbindung zur christlichen Tradition verloren. „Tabula rasa“. Hier soll jetzt nicht gejammert werden, denn damit einher geht vielerorts ein reges Interesse und eine große Offenheit für religiöse Fragen. Eine Chance für Kirche und Bildung? Statistische Zahlen belegen diese Folgerungen.
Leipzig hat knapp 500 000 Einwohner.
Etwa noch 15% sind in Leipzig Stadt Kirchenmitglieder, 5 - 10% haben noch eine engere Verbindung zu den beiden großen Konfessionen. Von diesen 10 % sind etwa 90 % evangelisch-lutherisch und 10% römisch-katholisch. Kleinere Konfessionen sind hier vernachlässigt.

Zahlen aus dem Jahr '92, bezogen auf den Kirchenbezirk Leipzig-West:

Kirchenmitglieder	ca. 50.000		1975 ca. 120.000!)
Taufen	310		
Konfirmanden	267		
Trauungen	37		
Bestattungen	709	(200 Beerd. - 500 Einäsch.)	
Christenlehre	1.327	(1026 getaufte)	

(Leipzig-Grünau: 80.000 Einwohner, 7.700 Gemeindemitglieder, 3.500 direkte Kontakte)

Erfahrungen des Herbstes 89 haben keineswegs zu einem Anstieg in der Kirchenmitgliedschaft geführt, die Erhebung von Kirchensteuer hat eher zu Austritten geführt. (In den Landkreisen zeigt sich ein etwas anderes Bild, hier ist ein leichter Anstieg zu verzeichnen, der aber in keinem Verhältnis zu der Situation in den Großstädten steht.) Hoffnungen auf eine Belebung des kirchlichen Lebens sind zumindest für die nächsten Jahre und mittelfristig, vielleicht überhaupt illusionär.

Zur Legitimierung evangelischer Schulen in säkularer Umwelt

Wir haben solche Bedingungen sehr genau zur Kenntnis zu nehmen, wenn wir uns daran machen, in solcher Umgebung eine evangelische Schule aufzubauen. Genauere Bedingungsanalysen im jeweiligen Ort stehen unbedingt an (ein Wunsch an die Pädagogik). Vor allem werden wir uns fragen müssen, woraus wir die Legitimation für evangelischen Schulen ableiten. Brauchen wir denn überhaupt noch evangelische Schulen, wenn eine Gesellschaft sich geradezu durch den Rückzug christlicher Inhalte auszeichnet?

Meines Erachtens reicht es nicht aus, auf die rasanten Anmeldezahlen an evangelischen Schulen im Osten zu verweisen. Natürlich ist dies ein Indiz für den Bedarf. Aber es könnte auch lediglich eine enttäuschte Reaktion auf das Scheitern der staatlichen Schulreform sein. Ebenso reicht der Verweis auf die weitgehende Säkularisierung in der Gesellschaft, in der evangelische Schule quasi als Gegengewicht etabliert werden muß, um Inseln der Bewahrung christlicher Traditionen zu bilden, nicht aus. Der Umkehrschluß wäre ja auch möglich. Ich höre die Kritiker schon unken: „Eine entkirchlichte Gesellschaft braucht eben **keine** kirchlichen Schulen. Die wenigen Christen werden doch in den Kirchgemeinden zu bedienen sein. Die Kirchen wären voller, wenn ein echtes Bedürfnis der Menschen nach kirchlicher Lehre und Bildung konstatierbar wäre.“ Aus kirchlichen Kreisen hört man vielerorts als Einwand gegen kirchliche Schulen immer noch den ernst zu nehmenden Ruf: Sind wir nicht das "Salz der Erde"? Entziehen wir nicht den staatlichen Schulen die geistigen Kräfte, die sie so dringend brauchen? Werden wir nicht gerade als bekennende Christen in der säkularen

Schule gebraucht? Die christliche Stimme darf nicht in der Pluralität staatlicher Schulen verstummen. Wenn wir die wenigen kirchlichen Kinder und die Lehrkräfte aus dem staatlichen Bildungswesen abziehen und auf kirchliche Inseln bringen, leisten wir genau diesem gesamtgesellschaftlichen Säkularisierungsprozeß Vorschub. Die Konzeption evangelischer Schulen muß auf diese Anfragen Antworten haben. Zur tieferen Legitimation verweise ich auf drei Gesichtspunkte, die auf ihre konkrete Umsetzung theologisch und pädagogisch noch durchdacht werden müssen.

Der Bildungsauftrag

Evangelische Schulen sind in besonderem Maße dazu aufgerufen, angesichts der säkularen Entwicklung christliche Bildungsinhalte und Traditionen wachzuhalten und weiterzusagen. Wer denn sonst, wenn nicht Kirche, hat darauf zu achten, daß die vielfältigen Glaubenszeugnisse in der Geschichte, in der Kunst, in der Literatur, in der Musik, in der Philosophie weitertransportiert werden. Unabhängig vom Glaubenszeugnis ist unstrittig, daß wesentlich zur Kultur des Abendlandes christliche Traditionen und Überzeugungen gehören, die ich kennen muß, um meine Umwelt zu verstehen. Wir werden prüfen müssen, wie dieser Bildungsauftrag an einer evangelischen Schule in besonderer Weise Gestalt gewinnen kann. Hier erwarten wir Hilfe von der Religionspädagogik.

Mission

Innerkirchlich ebenso unstrittig müßte auch der Gedanke lebendiger Mission sein. Nein, kritisieren Sie nicht vorschnell eine eventuelle "Kreuzzugsmentalität". Es geht nicht darum, das Honeckerbild abzunehmen und das Kreuz hinzuhängen und den Fahnenappell durch das Morgengebet zu ersetzen. Es wird zu prüfen sein, was heute angesichts der oben beschriebenen Situation der Missionsbefehl bedeutet: „Darum gehet hin und machet alle Völker zu Jüngern und taufet sie auf den Namen des Vaters und des Sohnes und des heiligen Geistes, und **lehret** sie alles halten, was ich euch befohlen habe.“ Evangelische Schule ist demnach auch Missionsschule, nur wie? Schule wird vielleicht auch zu einer Lebensfrage für die Kirche. Bei der inhaltlichen Füllung des Missionsgedankens angesichts der beschriebenen Säkularisation brauchen wir dringend Hilfe von der Theologie.

Sinnstiftung

Der Begriff der Sinnstiftung ist theologisch sehr prekär. Trotzdem möchte ich ihn an dieser Stelle neu in die Diskussion bringen, um als evangelische Schule stärker Flagge zu zeigen, oder besser: zu bekennen. Wir gehen als Christen davon aus, daß trotz lähmender, ungerechter und zur Resignation verleitender Lebensverhältnisse und Gesellschaftsstrukturen, trotz der ökologischen Bedrohung dieser Welt, trotz der kriegerischen, dem Liebesgebot ins Gesicht schlagender Wirklichkeit diese Welt anders werden kann. Unsere Hoffnung richtet sich auf das Versprechen Gottes, daß diese Welt inmitten des Unheils heil werden kann. Insofern könnten evangelische Schulen **sinnstiftende Hoffnungsräume** sein, in denen der einzelne individuell Unterstützung und sozial Geborgenheit erfährt. Inmitten pluralistischer Angebote sollten wir uns nicht scheuen, auf die sinnstiftende Kraft des Evangeliums zu verweisen, aber eingedenk des paulinischen Begriffs der Freiheit: "Ihr seid zur Freiheit berufen! ... Darum diene einer dem anderen durch die Liebe!" (Gal 5,13)

Pädagogisches Profil

Fünf Schlaglichter beleuchten in besonderer Weise die Konzeption und das Leben dieser Schule:

Drei Schule unter einem Dach

Die in Sachsen möglichen allgemeinbildenden Schulen versuchen unter einer Gesamtschulleitung eine mannigfaltige Kooperation und Durchlässigkeit der Bildungsgänge; Vertrautheit mit dem Gebäude und den Lehrkräften erleichtern die jeweiligen Übergänge; Lehrerteams in den Jahrgangsstufen 5 und 6 erlauben eine echte Orientierung.

Grundschule:
- Konzeptionen bestimmen die jeweiligen Lehrkräfte, z. B. Montessori-Konzept u. a.
- Morgenkreis
- Schnuppersprache
- Hort

Mittelschule:
- Orientierungsstufe
- Profilierung
- Differenzierung
- Hauptschul- und Realschulgang

Gymnasium
- Sprachenfolge
- Diakonischer Einsatz
- Kursbildung Oberstufe
- Diff-Bereich

Diakonischer Auftrag

Die Schule versucht sich in besonderer Weise diakonischen Aufgaben zu stellen. Behinderte und ausländische Schülerinnen und Schüler werden bei der Aufnahme in besonderer Weise berücksichtigt. Der behindertengerechte Ausbau der Schule ist ein vordringliches Ziel, integratives Arbeiten ist kein medienträchtiges Mäntelchen, sondern konzeptionell gewünscht. Alle Schülerinnen und Schüler des gymnasialen Zweigs leisten in der Jahrgangsstufe 9 anstelle des sonst üblichen Berufspraktikums einen zweiwöchigen diakonischen Einsatz in einer sozial-diakonischen Einrichtung.

In der Mittelschule können Schüler(innen) das sozial-diakonische Profil mit vier Wochenstunden wählen. Ein allgemeinbildendes praktisches und theoretisches Fach mit Berufsspezifizierung, von Religionslehrern, Sozialpädagogen und Gestaltungslehrern lehrbar, das in dieser Form lediglich in unserer Schule praktiziert wird.

Religiöses Leben

Montags-Morgenandachten, Gottesdienste, Rüstzeiten *prägen* das Schulleben und sind nicht nur frommes Mäntelchen. Wichtig erscheint uns der Aufbau einer Schulgemeinde, die miteinander auf dem Weg ist, die sich nach außen öffnet und den interreligiösen Dialog sucht. Dabei soll nicht einer neuen Indoktrination das Wort geredet werden. "Teilnahme freiwillig!" ist im Hinblick auf das religiöse Leben in der Schule eine elementare Voraussetzung, soll die Schulgemeinde angesichts einer sehr stark säkularisierten Umwelt Gewalt gewinnen. Dabei können wir uns eine Zersplitterung in konfessionelle Gruppierungen nicht mehr leisten. In Leipzig mit 12 % Kirchenmitgliedern gibt es keine Volkskirche mehr. Katholische und evangelische Schüler(innen) sitzen im gemeinsamen Religionsunterricht und im gemeinsamen Gottesdienst (konfessionsübergreifende Gruppe - konfessionsbezogener Unterricht).

Ganzheitliche Erziehung

Schulleben will ganzheitlich angelegt sein; Arbeitsgemeinschaften, ein Kulturprogramm, interkulturelles Lernen, Schüleraustausch und ein musisch-ästhetisches Klima gehören zum Schulleben, um nur einige Schlagwörter zu nennen: AG-Stunde; Aufwertung musisch-künstlerischer Fächer; sozialpädagogische Begleitung; Theaterpädagoge; Musikpädagoge.

Bei COMENIUS haben wir nachgelesen: Auch der *Unterricht* selbst muß dem Lernen für Kopf, Herz und Hand folgen.

Fächerübergreifendes Arbeiten, projektorientiertes und praktisches Lernen wollen gelehrt und gelernt sein. Dabei wollen wir vor allem Themen mit ethischen und religiösen Implikationen bedenken. Zumindest einmal im Schuljahr sollte jede Klasse über mehrere Wochen mit mehreren Fächern *einer* Sache auf der Spur sein. (Ein langer steiniger Weg!)

- Beispiel "Regenbogen" und "Im Zeichen des Bibers"

Schulklima

Das Klima einer Schule, die Atmosphäre lassen sich nicht messen, nicht evaluieren, wie die Pädagogen sagen. Sicherlich sind überdurchschnittlich viele Schülerinnen und Schüler zufrieden mit ihrer Schule, viele identifizieren sich mit ihr, wie Umfragen zeigen. Aber letztlich meßbar ist nicht, was den Geist einer Schule ausmacht. Das muß man spüren, wenn man in die Schule hineinkommt. Wir setzen auf die verbindende Kraft des Evangeliums. Lehrerinnen und Lehrer mit unterschiedlichen religiösen Erfahrungen und Sozialisationen gruppieren sich um die geistige Mitte, um den christlichen Glauben, um die sinnstiftende Kraft christlicher Ethik und Anthropologie. Ich glaube fest daran, daß Menschen, die sich stets ihres Glaubens vergewissern, die die ihnen Anvertrauten als individuelle Geschöpfe Gottes ansehen wollen, die mit ihren Jugendlichen nach dem rechten Weg fragen, die eigenes Scheitern zugeben können und die Frage nach der eigenen Schuld zulassen, - daß diese Menschen in der täglichen Banalität und Großartigkeit erzieherischen Handelns ihre Überzeugung spüren lassen. Und Kinder merken sehr deutlich, wie ernst man sie nimmt.

Acht Thesen zur Gestaltung evangelischer Schulen

Die Entwicklung in Leipzig hat gezeigt, daß Eltern und Kinder sehr dankbar eine Schule annehmen, die ernst macht Gestaltungsfreiheit und eine geistige Mitte postuliert. Dafür lassen sich viele engagiert gewinnen. Hier liegt für Kirche nach meiner festen Überzeugung ein weites Betätigungsfeld, das ihr Ansehen, Reputation und Vertrauen zurückgeben kann und in besonderem Maße den Menschen dient. Wann steigt der Anteil derer, die kirchliche Schulen von ganzem Herzen wollen? Warum investieren wir nicht als Kirche vielmehr in die Ausbildung der Kinder?

Ich möchte Ihnen acht Thesen zur Gestaltung kirchlicher Schulen vorstellen, die ein Ansatz zur Weiterentwicklung sein könnten.

Evangelische Schulen müssen entschieden multikulturelle, ökumenische und diakonische Angebotsschulen werden, die den interreligiösen Dialog pflegen und offen werden für jedermann und jederfrau.

Der Missionsgedanke verbietet geradezu die Exklusivität auf kirchliche Gemeindeglieder. Evangelische Schule ist keine klerikale Kaderschmiede, sondern offener, multikultureller Lebens- und Bildungsraum für alle, die kommen wollen, wenn sie "gesellschaftliche Grundfunktionen wie die pädagogische Grundfunktion im öffentlichen Bildungssystem miterfüllen will" [NIPKOW, Ev. Schulen als Beitrag der Kirche zu Erziehung und Unterricht, in: Unterrichtserneuerung (BERG u. a.)]. Kinder unterschiedlicher Schichten, Volksgruppen und Konfessionen, Menschen mit und ohne Behinderung sollen miteinander und voneinander lernen. Wie unsinnig wird eine konfessionelle Einführung angesichts der Zahlen in Leipzig, Zahlen, die uns vielleicht mittelfristig überall in Deutschland ins Haus stehen.

Allerdings müssen die Aufgenommenen sich auf die Bedingungen einer evangelischen Schule einlassen. Die können von Region zu Region variieren; **die** Bedingungen evangelischer Schulen wird es nicht geben, wenn sie Schule für die Menschen am Ort bleiben soll. Doch müssen die jeweiligen Bedingungen offengelegt werden, damit alle wissen, auf was sie sich einlassen. Angesichtes des fast überall beobachtbaren Anmeldedrucks plädiere ich für Quotenregelungen für z. B. ausländische und behinderte Kinder, damit unsere Schulen offen bleiben. Ansonsten verhindert der Anmeldesturm (gerade in den neuen Ländern) ein multikulturelles Miteinander.

Evangelische Schule und vor allem die darin Unterrichtenden müssen bei dieser geforderten Offenheit um so deutlicher und entschieden offensiv Stellung beziehen, wessen Glaubens Kind sie sind.

Zu einer vielleicht für alle verbindlichen Bedingung für die Aufnahme gehört die Akzeptanz der christlichen Motivation und Wurzeln der Lehrerschaft. Es soll hier nicht versteckter Mission das Wort geredet werden. Doch werden wir uns fragen lassen müssen, ob die befreiende Kraft des Evangeliums in unseren Schulen sichtbar wird. Und dazu gehört das Bekenntnis in Wort und Tat. Das Angebot des Glaubens muß gelebt werden, damit Kinder und ihre Eltern wissen, woran sie sind. Wenn Schülerinnen und Schüler fragen, woran man glauben, worauf man hoffen und wie man leben kann, - das können bohrende und verunsichernde Fragen sein - sollten Lehrerinnen und Lehrer aus ihrem christlichen Glauben Antworten in einer verläßlichen Sprach- und Bilderwelt geben können. Beim einzelnen Schüler wird es liegen, die Antworten und Angebote zu prüfen. Das heißt: Es kann eben nicht jeder und jede Lehrer an einer evangelischen Schule sein. Evangelische Schule ist in diesem Sinne keine plurale Schule, sondern die darin Unterrichtenden beziehen deutlich Stellung. Diese Stellungnahme wird im Rahmen der Freiheit des Evangeliums so plural ausfallen, wie sie individuell ist. Dabei wird jede evangelische Schule eigene Schwerpunkte setzen müssen. Doch kann ich mir kaum vorstellen, daß sie an den Themen des konziliaren Prozesses vorbeigehen kann.

Dafür brauchen evangelische Schulen ein lebendiges geistliches Leben und spirituelle Erfahrungsräume für Lernende und Lehrende.

Die kleine Morgenandacht darf nicht zum christlichen Schürzchen verkommen, sie reicht nicht aus, um geistliche, spirituelle Räume zu öffnen. Gottesdienste, Rüstzeiten, Einkehrtage, neue Formen religiöser Gemeinschaft und religiösen Lebens (Meditation, Gebetsstunden, Bibliodrama, Morgensingen ...) müssen intensiv gepflegt werden, soll Glauben auf Schülerinnen und Schüler ausstrahlen. Dabei sollte aber in der Regel der Angebotscharakter gewahrt bleiben. Teilnahme freiwillig! Dies setzt voraus, daß auch die Unterrichtenden ein geistliches Miteinander pflegen. Pädagogische Konferenzen und dienstliche Zusammenkünfte vertragen Andachten. Ein Kollegium braucht geistliche Einkehrtage. Den Dialog mit anderen Religionen gilt es voranzutreiben durch gemeinsame Aktivitäten, Gespräche und religiöse Formen im Sinne des ökumenischen Prozesses.

Evangelische Schulen sollten angesichts der beschriebenen Säkularisation wesentlich stärker als bisher religiöse und ethische Implikationen von Unterrichtsinhalten methodisch variationsreich thematisieren.

Die religiöse Frage kann nicht in den Religionsunterricht abgeschoben werden, der allerdings m. E. ein für alle verbindliches Fach sein sollte, das konfessionsbezogen überkonfessionell unterrichtet wird. "Religion auch in Physik und Deutsch? Überall wo sachgemäß!" (BERG) In besonderer Weise sind evangelische Schulen aufgerufen, genuin christliche und religiöse Wurzeln und Einflüsse in der Geschichte, in Kunst und Literatur, in der gesellschaftlichen Wirklichkeit

(auch säkularisierte Formen), in die unterrichtliche Beschäftigung hineinzuarbeiten, wenn sie *zur Erhellung der Sache dienen!* Naturwissenschaftlicher Unterricht ist eben auch Schöpfungsunterricht.
Um Mißverständnissen vorzubeugen: Nicht gemeint ist die christliche Vereinnahmung des Fachunterrichts (vgl. BERG/NIPKOW, Aufnahme der Ansätze Wagenscheins und Comenius).

Evangelische Schulen müssen deswegen endlich den Begriff der freien Trägerschaft ernster nehmen und diese Freiheit ins Zentrum des Unterrichts holen.
Das ständige Schielen auf staatliche Anerkennung und das Diktat der Lehrpläne verhindert phantasievolle, neue Unterrichtsformen eigener Ausprägung. Sicherlich sind evangelische Schulen auch "Muster des Normalen". (POTTHASTs oft mißverstandenes Wort gilt - er meinte nie den "Musterknaben".) Fächerübergreifender Unterricht, der die religiös-ethische Dimension sucht, Formen offenen Lernens in Interessengruppen, neue Beurteilungsformen, demokratische Strukturen, Stärkung der Kolleginnen und Kollegen , die Neues versuchen wollen ..., um nur einige Stichpunkte zu nennen.

Evangelische Schulen müssen stärker als bisher gemeindliches Leben üben, und dazu gehört auch, den Freizeitbereich stärker einzubeziehen, indem sozialpädagogische Angebote gemacht werden.
Angesichts der veränderten Familiensituationen können unsere Schulen mittags nicht mehr geschlossen werden. vielfältige Formen des Freizeitbereiches gehören in die Schule hinein. Je nach Umgebung könnten sich Schulen zu kulturellen, lebensnahen Gemeindezentren entwickeln. Zusammen feiern und stille werden, spielen und aufeinander hören, sich selbst und andere entdecken. In einer multikulturellen Schulgemeinde will Zusammenleben geübt sein. Dafür brauchen wir Sozialpädagogen, Freizeitpädagogen und Psychologen, die Angebote im Freizeitbereich anbieten.

Evangelische Schulen brauchen eine stärkere Anbindung an die Kirchgemeinden.
Statt Entfremdung zu produzieren muß Gemeinde in die Schule und die Schule zur Gemeinde. In den alten Bundesländern sind vielerorts seltsame Berührungsängste spürbar. Wie gut, daß beim Aufbau der Schule in Leipzig die Situation anders war und ist. Die Schule lebt durch den Rückhalt in den Kirchgemeinden. Evangelische Schulen sollten sich auf Gemeinden stützen und können ihrerseits Gemeinden befruchten, personell und kulturell. Hier liegt noch ein weites Aufgabenfeld.

Lehrerinnen und Lehrer an Evangelischen Schulen müssen die Frage nach ihrer Schuld im pädagogischen Prozeß immer wieder neu stellen; Vergebung wird dann eine zentrale pädagogische Kategorie.
Unser Umgang mit Versagen und Schwächen kann sich nicht auf ein teilnehmendes Schulterklopfen beschränken. Wir haben den Benachteiligten nachzugehen. Wir wissen, daß wir tagtäglich im Miteinander und pädagogischen Bemü-

hen auch scheitern, daß wir aus der Vergebung leben und befreit sind, weiter zu arbeiten. Leistung und Wert eines Menschen sind säuberlich zu trennen. Vergebung sollte auch für unseren Umgang mit den Anvertrauten Maßgabe sein und einen steten Neubeginn eröffnen. (Ich weiß, wie schwierig das ist.) Dabei sollten wir auch noch einmal grundsätzlich über unseren Umgang mit Leistungsbewertung nachdenken (vgl. NIPKOW, FLITNER, BERG).
Schulen, die in diesem Sinne weitergestaltet würden, sind nicht überflüssig, sondern werden zu Visionen eines anderen Umgangs und könnten zu beispielhaften Mustern im Kanon gesellschaftlicher Bildungsangebote werden. So würde die Schullandschaft bereichert, so nähmen evangelische Schulen Einfluß auf gesellschaftliche Entwicklungen und hielten gesellschaftlicher Verantwortung stand. So bleiben Schülerinnen und Schüler, Lehrerinnen und Lehrer "Salz der Erde". Wir sollten nur den Mut haben, auch von sinnstiftender Schule zu reden. Im pluralistischen Nebeneinander der unterschiedlichen Einstellungen und Wertsysteme in staatlichen Schulen könnten evangelische Schulen zu Lernorten mit deutlichem Werteprofil werden, wenn wir paulinische Freiheit nicht mir "Alles ist möglich" verwechseln und deshalb Scheu haben, Stellung zu beziehen. Wir sollten unsere Bindung deutlich benennen, eine Bildung an den Weg Jesu, die uns zum Dienst der Liebe befreit.

Anregungen für die staatliche Regelschule?

- Autonomie und Gestaltungsfreiheit durch Finanz- und Personalmitbestimmung
- geistige Mitte als Grundvoraussetzung
- schulinterne Fortbildung
- Freiheit bei der Ausgestaltung der Umsetzung der Lehrpläne

Gerlinde MEHLHORN

BIP-Kreativitäts(grund)schulen
Ein Weg zur schöpferischen Balance

Die erste BIP Kreativitätsgrundschule in Deutschland ist durch das Kultusministerium Sachsen zum Betrieb als Ersatzschule im September 1997 genehmigt worden.
Das Konzept dieser Schule beruht auf Ergebnissen von mehr als dreißigjähriger wissenschaftlicher Kreativitäts- und Begabungsforschung und praktischen pädagogischen Untersuchungen der Initiatoren Prof. Dr. Gerlinde MEHLHORN und Prof. Dr. Hans-Georg MEHLHORN (seit 1967). Die praktischen Untersuchungen, vergleichbar einem Modellversuch, wurden gemeinsam mit zahlreichen Wissenschaftlern, Künstlern, Lehrern und Erziehern in den Jahren 1988 bis 1993 in Leipziger Kindergärten im letzten Vorschuljahr und ab 1989 in regulären Grundschulen durchgeführt.
Die zahlreichen Publikationen der Initiatoren machen den Forschungsweg insgesamt nachvollziehbar (u. a. MEHLHORN/ MEHLHORN, Begabung - Schöpfertum – Persönlichkeit, Berlin 1985, MEHLHORN/ MEHLHORN, Persönlichkeitsentwicklung Hochbegabter, Berlin 1988).
1991 und 1992 wurde die Organisationsform der Kreativitätsschulen als Ergänzungs- und Ersatzschultyp in wissenschaftlicher Zusammenarbeit mit den international bekannten Begabungs- und Kreativitätsforschern Hans JELLEN (USA und Deutschland), John F. FELDHUSEN (USA), Erika LANDAU (Israel) und Norah MAIER (Kanada) beraten (u. a. FELDHUSEN, Saturday and Summer Programs, 1991, LANDAU, Mut zur Begabung, 1990, Kreatives Erleben, 1984).
Aus internationalen Forschungen war bekannt, daß die Sozialisationsbedingungen der ersten zehn Lebensjahre für die Entwicklung der Qualität der kreativen Leistungsfähigkeit eines Menschen von besonderer Bedeutung sind.
In eigenen Forschungen konnten MEHLHORN/ MEHLHORN ermitteln, daß erfolgreiche Personen (Nobelpreisträger, Erfinder, Künstler, Wissenschaftler) sehr häufig in ihrer Kindheit im Elternhaus oder durch andere Kontaktpersonen

- außergewöhnlich intensive Anregungen auf einem oder mehreren Gebieten erhielten,
- zu intensiver geistiger und praktischer Tätigkeit stimuliert wurden.

Überzufällig häufig erfolgten die Anregungen durch Formen der künstlerischen Tätigkeit. Deshalb sind die Begriffe Begabung, Intelligenz und Persönlichkeit, die zugleich das besondere Kürzel BIP für diese Mehlhorn-Schulen kreieren, Schlüsselbegriffe dieses reformpädagogischen Schultyps. BIP-Schulen gehen von dem Grundsatz aus, daß die in jedem Menschen (nicht nur begabten Personen) angelegten psychischen und physischen Voraussetzungen sich immer in enger Wechselwirkung mit den sozial gegebenen Anregungen, der emotionalen Zuwendung und Akzeptanz und den individuellen Erfolgserfahrungen für und in

eigener aktiver Beschäftigung beim Spielen, Lernen und in der Arbeit entwickeln. Sie sind deshalb Schulen, die das Prinzip der Anregung aller Sinne für alle Kinder (unabhängig vom individuellen Fähigkeits- und Begabungsniveau) durch die Einbeziehung kreativitätsfördernder Medien in den Unterricht und die Ergänzung des Unterrichtes im Nachmittagsbereich durch Förderung in 8 verschiedenen Kreativitätseinrichtungen umfassen.
Dabei geht es um:

- eine vielseitige Interessenanregung aller Schüler, unabhängig von ihrem individuellen Begabungsniveau und das Unterstützen der Herausbildung eines eigenen Begabungsprofiles,
- um das Wachhalten aller Sinne, die durch Beschäftigung mit den Medien Malen und Gestalten, Tanz und Bewegung, Musik und Rhythmik, kreatives Erzählen und Schreiben, Problemlösen mit Hilfe des Computers, Schach und anderen Spielen stimuliert werden, weil dies die Grundlage für jedwedes kreative und schöpferische Schaffen ist,
- eine ausgewogene Balance der Unterstützung der Herausbildung sowohl des rational-abstrakten Denkvermögens wie auch der Phantasie, des Einfallsreichtums, der emotionalen Intelligenz, der Fähigkeit zu ganzheitlichem Wahrnehmen, der künstlerischen und ästhetischen Sensibilität.

Die Gestaltung des Schulalltags (Atmosphäre und Sozialbeziehungen), Unterrichtsinhalte, Lehr- und Lernmethoden und die freie kreative Förderung der Kinder im Nachmittagsbereich berücksichtigen die Notwendigkeit einer anregungsreichen Umwelt für die Stimulierung von Spracherwerb incl. Rhetorik und Fremdsprachenerwerb, Bewegungsentwicklung, musisch-künstlerischer Entwicklung, ästhetischem Empfindungsvermögens, der Förderung konkret anschaulichen und strategischen Denkens sowie emotionaler Intelligenz.
Der tragende Entwicklungs- und Förderansatz der BIP-Schulen ist das Schaffen von Anreizen für alle Kinder, sich aktiv und vielseitig auszuprobieren und dadurch ihr individuelles Begabungsprofil auszuprägen.
Die Psychologen PIAGET und WYGOTSKY wiesen durch Korrelationen des Lebensalters mit dem Entwicklungsverlauf der rationalen Fähigkeiten bei Kindern und Jugendlichen nach, daß dieser Prozeß stufenförmig bzw. in Etappen verläuft und auch, daß entwicklungspsychologisch äußere und innere Anreize für den Ablauf und den Verlauf dieses Prozesses wichtig sind.
Die äußeren und inneren Anreize beeinflussen die individuelle Ausprägung der Fähigkeitsprofile auf den einzelnen Entwicklungsetappen sowie den biologischen Zeitpunkt des Erreichens der „Zone der nächsten Entwicklung“ (nach WYGOTSKY). Immer natürlich in enger Wechselwirkung mit den tatsächlichen vorhandenen psychischen und physischen Voraussetzungen der betreffenden Person.
Die tradierten Entwicklungskonzepte von Erziehung und Bildung bauen auf dieser Erkenntnis auf und projizieren sie in Form von Lehrplänen für die staatliche Schule, die wesentlich die schrittweise Annäherung an rationales, abstrakt-

logisches Denkvermögen und dann die gezielte Förderung dieser Erkenntnisform durch Lernen in den verschiedenen Fächern ermöglichen und anstreben.
Der im Menschen biotisch angelegte und ursprünglich auch für die Gesamtheit des Lebens erforderliche Vorgang der Erkenntnisgewinnung mit allen Sinnen wird dabei zunehmend eingeengt und reduziert auf die in der linken Hirnhälfte angelegten Wahrnehmungsmuster. Ein Mensch, „dessen linke Gehirnhälfte die rechte dominiert, (wird) sich sprachlich präzise ausdrücken und/oder gut mit Zahlen umgehen können. Er wird Probleme durch logische Überlegungen und rationale Entscheidungen bewältigen. Zahlen, Daten und Fakten bestimmen sein Weltbild. Er wird dazu tendieren, das, was auf ihn zukommt, sofort zu bewerten, einzuordnen, zu analysieren, zu beurteilen oder zu kategorisieren ... Ordnungsstrukturen geben ihm Sicherheit. Gefühle, plötzliche Impulse, paradoxe Phänomene und nicht logische Prozesse werden mindestens als störend, wenn nicht gar als bedrohlich empfunden“ (WATZLAWICK, 1986, S. 32 ff.).
„Die rechte Hemisphäre speichert das Wissen, das sich nicht verbal ausdrücken läßt. Sie ermöglicht das Erkennen von größeren Zusammenhängen, das intuitive Erfassen von Situationen, das ganzheitliche Erkennen, das Verstehen von Analogien und Metaphern und das ‚synthetische Denken‘. Ebenso ist es die rechte Gehirnhälfte, die es uns ermöglicht, aus völlig verschiedenen Informationsgehalten, die zu unterschiedlichen Zeiten gesammelt worden sind, auf einmal etwas Gemeinsames oder etwas ganz Neues zu entwickeln. ‚Das Ganze ist mehr als die Summe seiner Teile‘. Das Visualisieren, das Erkennen von Mustern und Strukturen, räumlichen Zuordnungen und der Orientierungssinn, das ‚Gefühl für das Richtige‘ und die musikalischen Fähigkeiten und wohl auch ein erheblicher Teil des Träumens sind Domänen der rechten Hemisphäre“ (HUHN, 1990, S. 52-53). Die Wahrnehmungsmuster der rechten Hirnhälfte sind Ideen, Bilder, Töne, Empfindungen, (unbewußte und vorbewußte) Eingebungen und Anmutungen. Sie sind die dominierenden Aneignungsweisen in den Bereichen der Kunst und Kultur.
GRÜSSER (1987, S. 152) schreibt: „Das zur Zeit gültige Schulsystem und die Art der Ausbildung der Kinder bevorzugt in einseitiger Weise sprachliche Lernprozesse durch ein ‚Training der linken Hemisphäre‘. Die auf Objekte und Sachverhalte in unserer Umwelt gerichteten Funktionen, die kreativ-künstlerischen Leistungen und die motorischen konstruktiven Fähigkeiten, die mehr eine Funktion der rechten, nicht dominanten Hemisphäre sind, werden in der zeitgenössischen Pädagogik nicht hinreichend gefördert.“ Deshalb gehören Eigeninitiative und das Glück einer anregenden Umwelt dazu, die eigenen psychischen Kräfte in schöpferischer Balance über die Zeit des Lebens zu erhalten und sich der einengenden Wirkung von einseitig rational ausgerichteter Erziehung entgegenzustellen.
Aus der wissenschaftlichen Forschung zu den Phänomenen der Entwicklung von Genie, Begabung, Talent und Kreativität ist bekannt, daß in allen menschlichen Kulturen die bedeutendsten produktiven Leistungen stets aus einem harmoni-

schen Zusammenspiel beider Wahrnehmungsarten durch ein und dieselbe Persönlichkeit im schöpferischen Schaffensprozeß hervorgegangen sind.
Dem entspricht eine Kreativitätspädagogik, die methodisch die Balance der Funktionen beider Hirnhälften anspricht und damit fördert, also wissensbezogenes rationales Lernen methodisch mit Anreizen für kreatives Schaffen verbindet. Krativitätspädagogik betrachtet genau diese Balance als ein wichtiges Entwicklungsprinzip. Die kreatives Verhalten und kreative Aktivitäten ermöglichenden „Medien" Musik/Rhythmik, Darstellendes Spiel, Bildkunst, Tanz und Bewegung, kreative Sprachnutzung ermöglichen ästhetische Erfahrungen und musisch künstlerische Interessenentwicklung. Eigenaktivität in diesen Richtungen und die Schulung des konkret-anschaulichen (bildhaften) und strategisch vorauseilenden Denkens in Schach- und anderen Strategiespielen sowie der kreative Gebrauch des Computers zum Knobeln, Problemlösen, selbst Entwerfen/Programmieren untersetzt rationale Denkschulung mit wichtigen Komponenten für schöpferisches Problemlösen. Dabei besteht die Aufgabe, die Wahrnehmungsfunktionen und die Kommunikation der Wahrnehmungssysteme so anzuregen, daß sie im Zusammenspiel mit den entwickelten Voraussetzungen des logisch-abstrakten Denkens, die jedem Kind mögliche Balance der schöpferischen psychischen Kräfte ermöglichen.
Da die Aneignungsweisen von Musik und Kunst nicht nur eine zentrale Rolle für die Befähigung in diesen Tätigkeitsbereichen selbst besitzen, sondern zugleich jene Sinne fördern, die bei kreativem Schaffen in jedwedem menschlichen Tätigkeitsbereich wichtig sind, besitzen sie in der hier dargestellten Kreativitätspädagogik eine ausschlaggebende Bedeutung.
Kreative Aktivität in jedem der musisch-künstlerischen und den beiden kognitiven Handlungsbereichen folgt zunächst den Objektbesonderheiten der einzelnen Bereiche, führt jedoch dann integrativ über Zusammenwirken in gemeinsamen Projekten zu einer Ganzheitlichkeit der Förderung der Sinnesentwicklung.
So gilt für die darstellende Kunst: Sie „ist die einzige künstlerische Gattung, in der der Spieler zugleich Schöpfer und Material (Subjekt und Objekt) ist und in der der handelnde Mensch in der Vielfalt seiner sozialen und individualpsychologischen Beziehungen Hauptgegenstand ist. Das darstellende Spiel realisiert sich erst im Augenblick der Rezeption durch die Öffentlichkeit, zuvor erfüllt es einen kreativen Selbstfindungs- und Suchzweck für den Akteur ... es können wesentliche Fähigkeiten und Fertigkeiten angeregt werden, die für eine schöpferische Persönlichkeit unverzichtbar sind, u. a. Auseinandersetzungswille und Handlungsbedürfnis, umfassende Sensibilisierung zur bewußten Wirklichkeitswahrnehmung und Aneignung, Kommunikationsfähigkeit als soziale Handlung und als fachspezifische Fähigkeit, Spontaneität und Impulsivität, Konzentrationsfähigkeit, körperliche und geistige Kondition u. a." (FÖRSTER 1992, S. 1).
Tanzen wiederum „hilft, Lebensqualitäten und Lebensweisen auszuprägen. Tanz ist prädestiniert, dem starken, ursprünglichen motorischen Entfaltungsdrang und

dem Äußerungsbedürfnis des Kindes auf natürliche Art zu entsprechen und seine Ausdrucksfähigkeit zu entwickeln ... Kinder erfahren im Tanz auf körperlich-sinnliche, auf direkteste und persönliche Weise von ihrem Tun, womit zugleich eine Entwicklung und Sensibilisierung ihrer kinästhetischen Empfindungs- und Wahrnehmungsfähigkeit erfolgt. Das Erkunden und Erleben von Bewegungsmöglichkeiten, die im Tanz weit über die alltäglichen Zweckbewegungen hinausgehen, bilden ein Körper- und Bewegungsbewußtsein aus, ...“ das den menschlichen Körper individuell in seiner Ausdrucksfähigkeit selbst erfahrbar macht (vgl. GOEWE, Tanz für Kinder, Leipzig 1990).
In der Musik geht es „um die Wechselwirkung von Erleben – Erkennen – Benennen. Auf dem Wege zu instrumentaler und vokaler Improvisation, die wesentliche Aspekte der Kreativität in der Musik einschließt, werden Tonhöhensensibilisierung, Richtungshören, unterschiedliches Klangempfinden, Rhythmus- und Metrumsempfinden angeregt und gefördert ...“ (vgl. ZEISBERG). Günter GIESSLER schreibt: „Es gibt gewichtige Gründe, die eine synthetische Arbeit der verschiedenen Kunstgattungen nahelegen. Es gibt nicht nur Berührungspunkte, sondern grenzüberschreitende und sich ergänzende Vorstellungs- und Empfindungsabläufe der literarischen, bildkünstlerischen, musikalischen und spielerisch-darstellenden Phantasie ... Kinder haben den natürlichen Drang, Musik in Bewegung umzusetzen, Geschichten zu erfinden und zu bebildern. Kindern fällt es auch nicht schwer, eine Musik in Farben oder Linien zu übersetzen. In Gegenteil, der Drang nach Abwechslung unterstützt das Bedürfnis, Erlebnisse, Gefühle und Gedanken in verschiedenen Formen auszudrücken.“
Kreativitätspädagogik nutzt diese Grenzüberschreitungen und die Übertragbarkeit der in den verschiedenen Kreativitätsrichtungen erworbenen Verhaltensweisen auch auf das schulische Lernen als ein tragendes methodisches Handlungsprinzip.
Kreativität wird verstanden als Einheit produktiver psychosozialer Kräfte des Kindes, die es ihm ermöglichen, die Welt sowohl mit allen Sinnen zu erfahren, als auch in ständiger Veränderung begriffen zu verstehen. Kreative Vorgänge wie Fragen und Staunen, Träumen und Erfinden, Entdecken und Probieren, Weiter-, Voraus- und Querdenken vollziehen sich in BIP-Kreativitätsschulen nicht als inhaltsleere Gedankenspiele, sondern sind sachbezogene Wahrnehmungs- und Erkenntnisarbeit, um Wissen und Gefühlsreichtum über die Wirklichkeit und die Lösung realer Lebensprobleme zu erwerben und zu nutzen.
Ein ganzheitlicher Erfahrungsgewinn erfolgt bei diesem Vorgehen, wenn logisch-abstrakte Erkenntnisvorgänge (wie Sprechen, Lesen, Schreiben, Rechnen, Analysieren, Urteilen, Abstrahieren etc.) in allen diesen Handlungsfeldern durch den Reiz kreativen Schaffens ausgelöst und gefördert werden: Probleme selbst erkennen und definieren, Einfälle und Ideen äußern, Fragen stellen, Visionen, Träume und Hypothesen ausdenken, über heuristische Vorgänge „anders“ denken, visualisieren und assoziieren, erfinden, entdecken, suchen, versuchen, riskieren ... und dabei das emotionale Erleben eigener psychischer Zustände wie

Angst und Freude, Erfolg und Mißerfolg, Sympathie und Antipathie, Wut und Zuneigung, Trauer und Euphorie etc. erfahrbar und fühlbar sind. Es wird auf diese Weise eine soziale Kompetenz des kreativen Umganges mit dem eigenen Selbst angeregt, die zugleich wie eine emotionale Brücke zu einem sinnvollen Miteinanders mit anderen Menschen wirkt.

BIP-Kreativitätsgrundschule heißt deshalb Unterricht nach Lehrplan und Bewertung der Leistungen verbal und durch Noten vom ersten Schuljahr an, ausgenommen alle Ergebnisse und Äußerungen kreativen Schaffens. Die Schule beinhaltet frühen Fremdsprachenerwerb (in Leipzig Arabisch, Englisch und Französisch ab 1. Klasse), strategische Denkentwicklung durch Schach und Informatik, Entwicklung aller Sinne durch kreativen Tanz, Freude am Singen und Musizieren (Grundkurs für alle Schüler an drei Instrumenten mit freier Wahl), vielseitiges bildnerisches Gestalten, Freude am Sprechen, Formulieren, Fabulieren, frühe Schulung der rhetorischen Fähigkeiten, künstlerisches Darstellen der eigenen Phantasien in Wort, Bild und Bewegung, Förderung toleranten und freudevollen Miteinanders und gewaltfreie Klärung sozialer Konfliktsituationen, Gestaltung des Miteinander nach feststehenden gemeinsamen Regelungen (Spielregeln) und Aufrechterhalten eines autoritativen Verhältnisses zwischen Erwachsenen und Kindern.

Die wissenschaftlichen Grundlagen für diesen Schultyp wurden durch eine fünfjährige pädagogisch-psychologische Verlaufsforschung im regulären Lebens- und Schulalltag von 160 Leipziger Kindern geprüft und präzisiert. Die Betreuung und Förderung der Kindern begann 1988 mit 189 Kindern in den 9 ältesten Gruppen von vier Leipziger Kindergärten und beinhaltete deren weitere Kreativitätsförderung in sechs Schulklassen an vier Leipziger Schulen. Die Forschung endete nach dem 4. Grundschuljahr (1993). Musik/Rhythmik, Darstellendes Spiel, Bildkunst, Tanz und Bewegung und kreativer Sprachgebrauch wurden als „Medien“ für ästhetische Erfahrungen und musisch-künstlerische Interessenentwicklung genutzt. Dazu kam zur parallelen Stimulierung der kognitiven Kräfte die Förderung in Schach und das Heranführen an kreative Tätigkeiten am Computer (Entwerfen, Gestalten, Knobeln, Problemlösen). In diesen beiden Handlungsbereichen wurden die Kreativitätsübungen auf die Anregung und Förderung der Fähigkeitskomponenten konkret-anschauliches und strategisches Denken gerichtet.

Mit der Auswahl dieser fünf musisch-künstlerischen und der genannten kognitiven Handlungsbereiche wurde die Kreativitätsentwicklung auf Bereiche gelenkt, die im regulären Fächerkanon der Schulen unterrepräsentiert waren und sind.

Diese Bereiche ermöglichen in besonderem Maße die Anregung von Phantasie und Einfallsreichtum, differenzierten ästhetischen Wahrnehmungsfähigkeiten und individuellen Gefallensstrukturen, differenzierter sozialer Kontaktfähigkeiten und der regulär unterforderten kognitiven Fähigkeitsbereiche des konkret-anschaulichen und strategischen Denkens.

Dieses Projekt war der einzige sozialwissenschaftliche Modellversuch zur Gestaltung von Schule, der in der DDR begonnen und trotz erheblicher organisatorischer und finanzieller Probleme bis 1993 fortgeführt werden konnte.
Die Ziele des Projektes waren:

1. Untersuchung der Wirkung eines kreativitätsfördernden Erfahrungsgewinnes auf eine harmonische Persönlichkeitsentwicklung durch die komplexe musisch-künstlerische, ästhetische und kognitive Stimulation aller Sinne in aktiver Tätigkeit.
2. Untersuchung der Entwicklungsarbeit von Individualität auf der Grundlage der Anregung von Interessen/Begabung und Talent durch vielseitige aktive Betätigung im Vorschul- und frühen Schulalter.
3. Untersuchung der Wirkung erfolgsorientierter Selbsterfahrungen in kreativen Aktivitäten auf die Entwicklung von Erkenntnisinteressen und eigenmotivierter Betätigung in Schule und Freizeit.
4. Untersuchung der Zusammenhänge konstruktiven Sozialverhaltens.
5. Befähigung von Lehrenden und Erziehenden zu eigener kreativer Arbeit und zu kreativer Tätigkeit mit Kindern.

Das Projekt war auf den Nachweis der Vorteile von Sozialisationsbedingungen gerichtet, die die Ganzheitlichkeit der Persönlichkeit ansprechen. Es untersuchte die Möglichkeiten, individuelle Entwicklungsfähigkeit und –bereitschaft und physischer Voraussetzungen durch kreative Betätigungen kindgemäß zu behüten und zu fördern. Damit war die ästhetische Absicht (als Methode) verbunden, Kindern Aktivitäten zu ermöglichen, in denen die Aneignung der Welt und der sozialen Beziehungen durch die Art der Tätigkeit und durch erfahrbare positive emotionale Selbstbestätigung immer eine möglichst große subjektive Bedeutung erlangt.
Die rationale Einseitigkeit des (damaligen und heutigen) Bildungserwerbes wurde ersetzt durch eine Methodik, die die Einheit von rationaler und emotionaler Erfahrung beabsichtigte, um die SINNhaftigkeit eigenen Tuns nicht nur begreifen, sondern erleben und empfinden zu können.
Das Projekt war konkrete Interventionsforschung, die die aktuelle Veränderung der Entwicklungsbedingungen der Kinder im Kindergarten und in der Schule sowie die Erarbeitung der Förderprogramme und ihre Integration in Vorschule und Grundschule beinhaltete. Wesentliche psychologische und soziale Qualitäten der Entwicklung der Kinder wurden durch pädagogische und psychologische Begleituntersuchungen abgebildet.
Das Projekt konnte nur auf der Grundlage einer langfristigen und kontinuierlichen Zusammenarbeit von Kindergärtnerinnen bzw. Klassenlehrerinnen, Horterzieherinnen und den Mitarbeitern des Forschungsprojektes als Interventionsforschung realisiert werden. Inhalt dieses Zusammenwirkens war die schrittweise Befähigung dieses Personenkreises zu eigenem kreativen Erziehen und Lehren, d. h. dem Umgang mit der wachsenden Kreativität der Kinder einerseits und der

kreativen methodischen Gestaltung des Unterrichtes bzw. der Lern- und Spielbedingungen der Kinder.
Sehr entscheidend war auch ein intensiver Kontakt zu den Eltern der Kinder auf der Grundlage eines weitreichenden Informationsprozesses über die Prozesse der Interventionsforschung und über die ganz besondere Individualitätsentwicklung jedes einzelnen Kindes sowie die Anregung der Eltern zu einer ähnlich fördernden Gestaltung einer kreativen Entwicklungsatmosphäre im Elternhaus.
Die Kreativitätsübungen in den verschiedenen Richtungen wurden sämtlich durch Personen ausgearbeitet und mit den Kindern realisiert, die selbst auf den verschiedenen Gebieten sowohl über eine kreative Befähigung verfügten als auch in der Lage waren, gemeinsam mit Kindern kreativ tätig zu sein und die kindliche Individualität zu verstehen und zu fördern.
Nach fünfjähriger Laufzeit (1993) wiesen die Kinder der Projektklassen folgende Besonderheiten auf:

- Sie waren in ihrem gesamten Verhalten auffallend aktiver, sie kannten weniger Langeweile, suchten sich selbständiger aktive Beschäftigungen, besaßen mehr Hobbys, die sie auch aktiv ausübten, nutzten einen größeren Umfang ihrer frei verfügbaren Zeit für aktive Beschäftigungen.
- Sie bezogen in der Regel stärker andere Personen (Freunde, Eltern, Geschwister, Verwandte, Lehrer) in ihre Interessen und Beschäftigungen ein, gestalteten über ihre Interessen und Hobbys häufiger ihre sozialen Beziehungen inhaltlich aus, wählten Kontaktpersonen konsequenter nach solchen inhaltlichen Beziehungen.
- Sie waren toleranter und freundlicher im Umgang miteinander, heftige Auseinandersetzungen waren häufiger als in anderen Klassen gewaltarm, Erscheinungen von (bewußter) Aggression und Gewaltausbrüche waren äußert selten.
- Sie besaßen offensichtlich ein achtungsvolleres bis hin zu einem auf emotionaler Zuneigung beruhendes Verhältnis zu Erwachsenen, das Widerspiegelung der Aufmerksamkeit war, die die Erwachsenen durch vielseitige aktive, gemeinsame kreative Tätigkeit den Kindern haben zukommen lassen und auch der kreativen Toleranz gegenüber den verschiedenen Individualitäten einer ganzen Gruppe und einer ganzen Gruppe und Schulklasse.
- Sie waren anspruchsvoller in ihren Tätigkeiten und Beziehungen und auch in ihren Anforderungen an Erwachsene wie auch familiäre Partner.
- Sie besaßen klarer ausgeprägte Vorstellungen über ihr späteres Leben und anspruchsvolle Lebensziele, die über einen recht weiten Zeitraum reichten, oft schon verbunden mit Berufswünschen, die deutlich über frühe Berufsschwärmereien hinausreichten und bereits mit konkreteren und realistischeren Vorstellungen über den künftigen Beruf verbunden waren.
- Sie waren hoch belastbar und zu erheblicher und lang anhaltender Konzentration im Tätigkeitsprozeß fähig, wobei die Bereitschaft zur konzen-

trierten Aktivität ein selbstgewähltes oder aber fremd vermitteltes anspruchsvolles Angebot voraussetzte, das für sie einen offensichtlichen Reiz besaß oder ihnen einen bestimmten Nutzen versprach. Mechanische und lediglich routinehafte Übungs- und Beschäftigungsphasen wurden bereits seit dem Kindergarten offensiver abgelehnt.

- Sie waren generell geistig leistungsstärker. Das war auch differenziert nachweisbar anhand von deutlich über den Normwerten liegenden Ergebnissen aus Intelligenztests, wobei sich diese höhere geistige Leistungsfähigkeit zugleich in anspruchsvolleren schulischen Leistungen und einem deutlich höheren Anteil an den in Sachsen maßgeblich auf Zensurendurchschnitten beruhenden Bildungsempfehlungen für das Gymnasium zeigte. Die Kinder erreichten durchschnittlich bessere schulische Zensuren. Über den Zeitraum von vier Jahren war nur ein Kind aus diesen sechs Klassen sitzengeblieben, wobei dafür auch bei diesem Kind nicht die tatsächlichen intellektuellen Potenzen, sondern die sozialen Bedingungen und die soziale Frustration im Elternhaus (maßgeblich verursacht durch die Beziehung zur Mutter) ausschlaggebend waren.
- Sie waren stärker an der Entwicklung ihrer eigenen Fähigkeiten interessiert, fühlten sich durch den begrenzten Freizeitraum bereits in diesem Alter häufiger in der Realisierung ihrer Befähigungen und Interessen eingeschränkt, litten teilweise unter diesen Begrenzungen, was auch zu Konflikten in der Schule führen konnte, wenn der Unterricht sie geistig unterforderte.
- Sie waren generell kognitiv interessierter und aufgeschlossener, zeigten ein stark ausgeprägtes kognitives und soziales Neugierverhalten, sahen ihr eigenes Selbst stärker als Altersgleiche in größeren sozialen bzw. gesellschaftlichen Zusammenhängen, litten stärker unter negativen Weltproblemen, waren aber mehrheitlich auch bereits aktiver um konstruktive Lösungsvorschläge für diese globalen Probleme bemüht.
- Sie waren in der Selbsterkenntnis und Selbststeuerung Altersgleichen mehrheitlich voraus.
- Sie waren auf allen speziellen kreativen Tätigkeitsgebieten befähigter:
  - im Schach mit Spitzenleistungen wie ständigen guten Plazierungen bei allen städtischen Meisterschaften und mit dem Gewinn des Sächsischen Meistertitels durch ein Mädchen,
  - im kreativen Umgang mit Mathematik mit Erfolgen als Frühstarter bei Mathematikolympiaden und erfolgreichen Bewerbungen zur Spezialschule,
  - in Musik/Rhythmik mit entwickelten Fähigkeiten im Singen, dem rhythmischen Empfinden und vereinzelten guten instrumentalen Leistungen, guten sängerischen Einzelleistungen in Stimmbildung und Chorarbeit,

- in Computerarbeit durch Leistungsentwicklung bis zur Basic-Programmierung im 4. Schuljahr,
- im bildungskünstlerischen Gestalten mit Preisen für herausragende Leistungen seit dem Vorschulalter und mit einer Fülle ausstellungsreifer Leistungen im Vergleich zu altersgleichen Kindern,
- in Tanz und Bewegung auf einem relativ hohen Durchschnittsniveau und zahlreichen Empfehlungen für eine weitere Ausbildung an einer Ballettschule,
- im kreativen Umgang mit Sprache und Literatur mit deutlichen Vorsprüngen in der Sprachentwicklung, in der Sprecherziehung, in der Begriffsverwendung und dem Gebrauch stilistischer Mittel, im Verstehen literarischer Werke und dem eigenen kreativen Schaffen (Schreiben von Texten),
- im darstellenden Spiel mit den jährlich praktizierten Theateraufführungen (Peter und der Wolf, Zurück ins Schildkrötenland, Schachgeschichte, Szenen aus der Sage „Nibelungenlied").

Seit 1992 wird das Förderkonzept durch die Initiatoren zugleich in Einrichtungen angewendet und weiterentwickelt, die als Ergänzungsschulen/Kreativitätsschulen im Freizeitbereich arbeiten. Kinder und Jugendliche nehmen hier an einem längerfristigen Komplexprogramm der Kreativitäts- und Begabungsförderung in neun Kreativitätseinrichtungen teil. Zu den o. g. Richtungen kommt frühe Fremdsprachenförderung in bis zu drei Fremdsprachen sowie Förderung innovativer Fähigkeiten dazu. Dort, wo diese Einrichtungen durch speziell am Bildungsinstitut von Professor MEHLHORN ausgebildete Kreativitätspädagogen geführt und die Förderveranstaltungen durch solche getragen werden, nehmen die Kinder und Jugendlichen eine vergleichbare gute Entwicklung aller ihrer individuellen Voraussetzungen. Dies ist an den Kreativitätsschulen Leipzig Mitte, Nordost und Grünau der Fall, in Zeitz, Halle/Händelstraße und Potsdam.

Damit wurden zugleich die Ergebnisse der Verlaufsforschung bis heute bestätigt und haben Professor Gerlinde MEHLHORN und Professor Hans-Georg MEHLHORN zum Einreichen des entsprechenden Ersatzschulkonzeptes für BIP-Schulen in mehreren Bundesländern ermutigt. Im Sommer 1998 wurde eine BIP-Kreativitätsgrundschule in Chemnitz eröffnet.

Die Verlaufsforschung zeigte auch, daß Lehrende an Kreativitätsschulen grundsätzlich eine spezielle Ausbildung zum Kreativitätslehrer benötigen, da die bisherige Lehrerausbildung lediglich den Entwicklungsprozeß der intellektuellen Kräfte des Kindes auf der Grundlage alterstypischer biologischer und psychischer Komponenten der Persönlichkeitsentwicklung (Stufen der Entwicklung nach PIAGET) als Prinzipien des Aufbaues und der Realprozeßgestaltung von Unterricht vermittelt. Der Unterricht an Kreativitätsschulen setzt den Einblick in die Entwicklungsgesetze und Entwicklungsverläufe der logisch-abstrakten Wis-

sensvermittlung und Wissensaneignung einerseits wie auch der Entwicklungsgesetze und Entwicklungsverläufe des kreativen Denkens des Verhaltens voraus.
Die freie Entfaltung der Persönlichkeit jedes Kindes wird als ein ganzheitlicher Prozeß der Anregung der individuellen intellektuellen, emotionalen, volitiven und sozialen Kräfte jedes Kindes verstanden. Dies verlangt weitreichende Einsichten in die natürliche Wechselwirkung von biologischer und psychologischer Entwicklung des Menschen über alle Lebensalter (der Mensch als biopsychosoziale Einheit von Körper, Verstand und Emotionalität).
Lehrende an Kreativitätsschulen benötigen eine vielseitige Einsicht in die Komplexität der Entwicklung von Individualität, die nicht nur die Prozesse der logisch-abstrakten Wissensaneignung und Erfahrungsgewinnung beinhaltet, sondern zugleich eine umfassende Befähigung zur Sinnesstimulierung und Erhaltung konkret-anschaulicher Erkenntnismöglichkeiten jedes Kindes.
Die wesentlichen Komponenten der kreativen Befähigung der Lehrenden beruhen auf

- persönlicher moralischer Integrität,
- einer positiven und optimistischen Einstellung zur Veränderbarkeit der Welt und ihrer eigenen Person,
- einer positiven und optimistischen Einstellung zu den jeweils individuellen Entwicklungsgegebenheiten und Entwicklungsfähigkeiten eines Menschen
- Fähigkeiten, sich selbst kreativ entäußern zu können,
- vielsinnigem Empfindungs- und Wahrnehmungsvermögen,
- Sensibilität für Feedback,
- Freude an kreativem Schaffen,
- sozialem Verantwortungsbewußtsein.

Die pädagogisch-psychologische Schulung der Lehrenden zielt auf die individuelle Befähigung der Verbindung von rationalem und kreativem Lehren und Lernen und der Schaffung positiv stimulierender psychosozialer Entwicklungsbedingungen für jedes Kind.
Kreative Aneignung und Entäußerung hilft dem Menschen, ganzheitliche Beziehungen zur Welt aufzunehmen, zu vertiefen und zu verfeinern. Sie hilft, Sehen zu lernen, die Sinne zu gebrauchen, feinsinnig zu werden. Sie kann Lebenshilfe leisten und trägt zur Hebung des Selbstwertgefühles bei. Sie vermittelt positive Selbsterfahrungen und Wertorientierungen, indem die Wertigkeit der eigenen psychologischen Möglichkeiten verstanden und praktisch erfahren wird, aber auch die Bedeutung der sozialen Verflochtenheit mit anderen Menschen.
Unterricht kann kein Vorgang sein, in dem 25 bis 30 Schüler in Bezug auf ein Lernziel den gleichen Erkenntnis- oder Lernweg gehen. Themen, Projekte, individuelle Problemstellungen etc. können den Rahmen für höchst unterschiedliche Annäherungen an erreichenswerte Erkenntnisse oder Erfahrungen bieten. Kreative Basisfähigkeiten wie Planung und Zielpräzisierung, Lösungssuche und Evaluation von Lösungsansätzen, Ausdenken und Prüfen von Präsentationsvarianten und Gestaltungsprinzipien, konstruktive Fremd- und Selbstbewertung sti-

mulieren und fördern Erfahrungen im selbstmotivierten Arbeiten und dem emotionalen Erleben des Zwiespaltes und der notwendigen Selbstentscheidung für Zielerreichung und ein selbstbestimmtes Leistungsergebnis.
Unterricht muß die verschiedenen möglichen kreativen Aneignungsweisen und Interpretationsmöglichkeiten von Wirklichkeit integrieren und entwickeln – die intellektuelle und verbale ebenso wie die musisch-künstlerische, psychophysische und sensomotorische wie bei Sport, Tanz oder darstellendem Spiel usw. Ein nur auf rationales Erkennen und Interpretieren gerichteter Unterricht läßt die Persönlichkeit verarmen und die Vielfalt kreativer Erkenntniskräfte ungenutzt. Voraussetzung für die freie Entfaltung der Persönlichkeit ist immer auch die Befähigung, zwischen verschiedenen Aneignungs- und Ausdrucksformen der Erkenntnis und Auseinandersetzung mit der Welt wählen zu können.

Nachbetrachtung

Die Welt eines Kindes ist riesengroß. Ihre Gesetzmäßigkeiten sind dem Kind zunächst noch unerschlossen und werden durch eigenes Tun „erfahren“ oder durch andere Menschen „vermittelt“.
Die Welt läßt sich „begreifen“, „belauschen“, „schmecken“, „empfinden“. Sie ist übervoll an sinnlichen und körperlichen Anreizen und Herausforderungen.
Jedes Kind wendet sich der Welt zu, in die es geboren wird und zuerst den Menschen, denen es dort begegnet. Es versucht mit erwachendem Bewußtsein, eine soziale Brücke zu schlagen. Nahezu immer wird dieser Versuch ein Lächeln sein, begleitet von wachen Augen, in die noch alles unbewertet eintauchen kann. Alle Kinder, auch psychisch oder physisch beeinträchtigte, wollen diese Welt „erobern“ und „entdecken“ mit allen ihren Sinnen und ihrem ganzen Körper.
Wir sind dazu da, bei dieser Annäherung an die eigenen Kräfte und Möglichkeiten und an die Veränderbarkeit der Welt zu helfen. Das Kind wird sich auch dann zurechtfinden und agieren müssen, wenn diese Hilfe ausbleibt, unbeholfen ist oder bewußt manipulativ.
Die Grundlagen von Verstand und Herz und die Reaktionsmuster von Denken und Gefühl sind angeboren. Die Vielfalt der Möglichkeiten geistigen und praktischen Handelns in Einheit mit Empfinden und Fühlen erwirbt das Kind sich selbst – abhängig von den ganz eigenen Gegebenheiten seiner Lebensbiografie, von der Wirklichkeit der Welt, die es für sein Leben vorfindet und den Wirkprinzipien, die diese Welt als sozialen Organismus bewegen.
Es steht außer Zweifel, daß diese, unsere Welt, eine für den Einzelnen problematische Wirklichkeit ist. Die Negativa und Defekte bestimmen den alltäglichen Informationsprozeß und sind manchmal wie eine Lawine, die uns mitreißt und unter sich verschüttet. Manchmal wenden wir selbst uns ab und suchen den Ausweg in Flucht vor den Befindlichkeiten und Bildern, die sich mit Gewalt, Verunsicherung und Lebensangst verbinden.

Wir vermissen und suchen die Stille – in der Hoffnung auf Ruhe und Besinnlichkeit um uns, um verstandesmäßig begreifen und verarbeiten zu können, eine sinnhafte Ordnung der Wirklichkeit in unserem Bewußtsein zu schaffen. Dies aber auch zugleich in der Hoffnung auf die Stille in uns, die uns „aussteigen" läßt aus der Hast und dem Lärm des Alltags und uns unter der Decke des Verstandes unsere Empfindungen erreichen und fühlen läßt.

Gewalt und Zerstörung, Depression und Selbstvernichtung, Passivität und „Null-Bock" sind nicht nur – wie gegenwärtig überwiegend diskutiert und publiziert – Reaktionen auf eine ungesunde Umwelt.

Sie sind zugleich Aktionen, die aus innerer Leere, Mangel an Selbstbesinnung und emotionalem Gleichgewicht, einem individuellen Aktivitätsstau aller kreativen Kräfte und dem Verlust eigener Sinnbestimmung und möglicher individueller Zukunftsvision entstehen.

Angst vor innerer Stille und Unfähigkeit zu vielsinnigem Erfassen und Erklären der Welt verursachen rastlose Betriebsamkeit und Sucht nach Ersatzbefriedigungen für unbekannte Selbstwerte.

Nur wenn Verstand und Herz wie die Schalen einer Waage wohl austaxiert einander sich im Gleichgewicht halten und bei jedweder Belastung sich wechselseitig aufwiegen können, ist eine produktive Haltung zum Leben und zur eigenen Person möglich.

Einer solchen Hilfe und Unterstützung der Heranwachsenden fühlen sich die BIP-Schulen von Professor Gerlinde und Hans-Georg MEHLHORN verpflichtet.

Literatur

FELDHUSEN, J. F.: Saturday an Summer Programs. In: Handbook of Gifted Education, Edited by N. Colangelo and G. A. Davis, Allyn and Bacon. Boston, London, Toronto, Sydney, Tokio, Singapore 1991.

FÖRSTER. P.: Darstellendes Spiel – Lehrinhalte und Systematik ihrer Vermittlung. Manuskript Leipzig 1992.

GIESSLER, G.: Zur Spezialisierung im Bereich kreatives Schreiben. Manuskript Leipzig 1992.

GRÜSSER, O.-J.: Von der Perzeption zur Kognition. Die Mechanik des Denkens. Aus Forschung und Medizin. Berlin 1987.

GUNTERN, G.: Der kreative Weg. Kreativität und Wirtschaft, Kunst- und Wissenschaft. Zürich 1993.

HUHN, G.: Kreativität und Schule, Risiken der derzeitigen Lehrpläne für die freie Entfaltung der Kinder. Berlin 1990.

LANDAU, E.: Kreatives Erleben, Psychologie und Person 17. München, Basel 1990.

LANDAU, E.: Kreatives Erleben, Psychologie und Person 17. München, Basel 1984.

MEHLHORN, G./MEHLHORN, H-G.: Intelligenz. Zur Erforschung und Entwicklung geistiger Fähigkeiten. Berlin 1981.

MEHLHORN, G./MEHLHORN, H-G.: Begabung – Schöpfertum – Persönlichkeit. Zur Psychologie und Soziologie des Schöpfertums. Berlin 1985.

MEHLHORN, H-G.: Persönlichkeitsentwicklung Hochbegabter. Beiträge zur Psychologie, H. 23. Berlin 1988.

ZEISBERG, S.: Materialien für das Fach Rhythmik. Manuskript. Leipzig 1990.

Helena GRECMANOVÁ & Eva URBANOVSKÁ

*Möglichkeiten des Projektunterrichts in Reformschulen aus lerntheoretischer, handlungstheoretischer und entwicklungspsychologischer Sicht**

Der Projektunterricht ist vor allem mit den Namen Wiliam Heard KILPATRICK und MCMURRY verbunden, der Amerikaner, die anfangs des 20. Jahrhunderts auf die Probleme der sogenannten „traditionellen Schule" reagierten. Diese Schule unterwarfen sie der Kritik und forderten das Ordnen des Lehrstoffes nach Projekten, welche laut KASOVÁ (1995) eine der natürlichsten Formen des Unterrichts sind. KILPATRICK hält den Projektunterricht für eine planmäßige unterrichtliche Tätigkeit, die im sozialen Milieu verläuft und bei der man die Erfahrung benutzt und eine bestimmte Stufe des Erkennens oder des Wissens erreicht. Bei der Arbeit an einem solchen Projekt werden wir diesen Pädagogen nach zu besseren Bürgern, zu rücksichtsvollen, vernünftig kritischen, mit Selbstvertrauen, die auf neue soziale Bedingungen vorbereitet sind (DEWEY/KILPATRICK 1935). Auch DEWEY spricht von dem Projektunterricht als von dem Lernen aus Erfahrungen, bei dem es zur Entfaltung sinnvoller Fertigkeiten, die für das Leben Bedeutung haben, kommt (DEWEY 1974). HÄNSEL und RICHARDS betonen, daß sich die Schüler(innen) im Projektunterricht mit wirklichen Aufgaben beschäftigen müssen und zwar so, daß sie zuerst eine bestimmte Situation wählen, die das Problem vorstellten, an welchem sie später arbeiten. Die gefundene Lösung erproben sie in der Wirklichkeit (HÄNSEL-MÜLLER 1988, RICHARDS 1990, nach BOSSING 1977).
Ähnlich charakterisiert VRÁNA das Projekt als ein Unternehmen, das nach einem bestimmten Ziel strebt, und zwar das Unternehmen der Schüler(innen), das für seine Ergebnisse die Verantwortung trägt (VRÁNA 1936).
Mit der Anführung einiger Definitionen des Projektunterrichts wollen wir darauf aufmerksam machen, daß eine einheitliche Begrenzung nicht existiert. Man kann sich beständig fragen: Was ist der Projektunterricht?
Das Verständnis des Projektunterrichts variiert nämlich zwischen verschiedenen Autoren in der Zahl, dem Charakter und in dem Akzentuieren seiner einzelnen Merkmale.
Zum Beispiel denken manche Autoren bei der Abgrenzung des Begriffs „der Projektunterricht" ausschließlich oder vor allem an die Erzeugung materieller Produkte oder an die Lösung praktischer Aufgaben (z. B. RICHARDS/BOSSING). Andere (z. B. KILPATRICK) bezeichnen als Projekt jede planmäßige und selbständige Tätigkeit, in der irgendeine Aufgabe zum Zweck ihrer Lösung bewältigt wird. Als wesentliches Merkmal der Projekte bekräftigen manche Pädagogen die gesellschaftliche Relevanz, andere nennen die Gruppenarbeit, wieder andere erkennen auch individuelle Zugänge an.
Während es manche Autoren bedeutend halten, daß bei dem Lösen des Projekts viele Sinne angesprochen werden, befürworten andere Projekte, die relativ ein-

seitig sind und die zur Entfaltung bestimmter intellektueller oder praktischer Fähigkeiten führen.
Es wird oft von der Interdisziplinärität als Merkmal des Projektunterrichts gesprochen, aber um Projektunterricht kann es sich auch dann handeln, wenn sich die Tätigkeit auf einen Gegenstand richtet.
Wir sind uns bewußt, daß das Erklären des Projektunterrichts ausschließlich mittels des Überblicks bzw. Katalogs der Merkmale nicht immer optimal sein muß, weil auf diesem Wege nur einige Aspekte beschrieben werden, die verabsolutisiert werden. Das kann zu einer sehr abstrakten und formellen Definition führen. Nach den Ansichten mancher Autoren kann man von Projektunterricht nur dann sprechen, wenn sich alle Merkmale realisieren, die in dem Überblick bzw. Katalog angeführt sind, was aber praktisch unmöglich ist. Überdies sollte man es auch als Projektunterricht anerkennen, wenn er sich bemüht, sich den angeführten Merkmalen anzunähern. Wir müssen aber immer im Sinne haben, daß eine Reihe der Merkmale, welche angeführt werden, auch typisch für den „traditionellen" Unterricht sind. Für das leichtere Begreifen der oben angeführten Gedanken bieten wir Beispiele an, die die Merkmale des Projektunterrichts laut GUDJOHNS/BASTIAN/GUDJOHNS (1986) SCHULZ (1973) und VALENTA (1993) anführen: GUDJOHNS hält es für Projektunterricht, wenn sich vorfinden:

- Situationsbezug und Lebensweltorientierung,
- Orientierung an den Interessen der Beteiligten,
- Selbstorganisation und Selbstverantwortung,
- gesellschaftliche Praxisrelevanz,
- zielgerichtete Projektplanung,
- Produktorientierung,
- Einbeziehung vieler Sinne,
- soziales Lernen,
- Interdisziplinarität.

SCHULZ macht im Sinne des Projektunterrichts aufmerksam auf:

- die Bedürfnisbezogenheit,
- die Bezogenheit auf die Bewältigung von Alltagssituationen in der Lebenswelt der Schüler(innen),
- die Interdisziplinarität um der Lösung der komplexen Lernaufgabe willen,
- die Selbstorganisation des Lehr-Lern-Prozesses in bezug auf Planung, Durchführung und Bewertung,
- die Produktorientiertheit: es geht um die Veränderung der Situation, die sich in einem Handlungsergebnis äußert,
- die kollektive Realisierung: Gruppen können leichter Konventionen in Frage stellen und komplexe Aufgaben lösen,
- die gesellschaftliche Relevanz: über die Kritik an den gesellschaftlichen Bedingungen sollen die Lernenden zu mehr als der bloßen Anpassung an gegebene soziale Strukturen gelangen.

VALENTA formuliert folgende Merkmale des Projektunterrichts:

- gezielte, durchdachte und organisierte Lerntätigkeit,
- intellektuelle (theoretische) und echt praktische Lerntätigkeit,
- entsprechend den Bedürfnissen und Interessen der Schüler(innen), aber auch dem pädagogischen Entschluß des Lehrers (bzw. dem Einvernehmen beider Seiten),
- konzentrierte und bestimmte Grundideen,
- praktisch gelenkt und auf Anwendung im Leben gerichtet,
- Veränderungen im ganzen der Persönlichkeit der Schüler(innen) bringend,
- die Tätigkeit, für welche die Schüler(innen) Verantwortung übernehmen.

Aus den Übersichten ist unverkennbar, daß die Autoren, indem sie die Mehrheit der Merkmale des Projektunterrichts begrenzen, in manchem verschieden sind. Zum Beispiel bekräftigt GUDJOHNS die Orientierung der Schüler(innen) auf die Interessen der Teilnehmer und nicht auf ihre Bedürfnisse, was hingegen SCHULZ umgekehrt macht, und bei VALENTA erscheint die Orientierung auf die Interessen wie auch auf die Bedürfnisse der Schüler(innen). Im Unterschied von anderen hebt GUDJOHNS die Einschaltung mehrerer Sinne und das soziale Lernen hervor. SCHULZ als einziger legt besonderen Nachdruck auf die kollektive Realisierung, VALENTA orientiert sich auf die intellektuelle (theoretische) sowie praktische Tätigkeit, bei der man die Entscheidungen des Lehrers und der Schüler(innen) akzeptiert. Dabei legt er besonderen Nachdruck auf die Stellung des Lehrers, die Tätigkeit, welche sich auf eine bestimmte Idee konzentriert und Veränderungen im ganzen der Schülerpersönlichkeit bringt, die Tätigkeit, für welche die Schüler(innen) ihre Verantwortung tragen. Weitere Unterschiede, die aus der Komparation hervorgehen, sind weniger wesentlich und eher von formaler Art. Es ist jedoch bedeutend, daß SCHULZ und GUDJOHNS in den Gesamtübersichten nicht die Projektorientierung auf das Problem anführen. VALENTA tut es an einer anderen Stelle und hält das Problem für eine Art von Kern, der für die reine Gestalt der Projektmethode der typischste ist.
„Das Problem ist also die spezifische Konzentration des Lehrstoffes, der auf dem Wege der Projektmethode angeeignet werden soll. Und weil das Projekt stets eine breitere und systematisierte Angelegenheit ist, bleibt hier das Grundproblem nicht isoliert, sondern es ist von einer Reihe von Teilproblemen umgeben - von Schritten, deren Absolvieren die Voraussetzung für die Lösung des Grundproblems ist. So vervollständigen sich die Schüler(innen) im Denken, gewinnt Kenntnisse und Fertigkeiten, formen ihre Erfahrungen, die das Ergebnis des Aktionseinflusses nicht nur auf ihr Gedächtnis oder ihre Verstandsoperationen sind, sondern auch auf seine Emotionen, Wertstufen, Sittenzüge usw." (VALENTA 1993, S. 5). Auch SAGEDER (1989) konstatiert, daß sich das Projekt auf eine relativ umfangreiche, praktisch bedeutsame und realitätsnahe Problemstellung stützt, deren Lösung die Lernenden überwiegend selbständig planen und eigenverantwortlich durchführen müssen. Ein pädagogisches Hauptziel von

Projekten besteht in der Förderung bzw. selbständigen Gewinnung von Erkenntnissen darüber, wie bestimmte Probleme in der Praxis gelöst werden können. Mit Rücksicht auf die Zusammenhänge zwischen Projekt und Problem machen wir noch auf ältere tschechische pädagogische Literatur der ersten Hälfte des 20. Jahrhunderts aufmerksam (VRÁNA 1936), die bestrebt ist, das Problem vor allem als theoretische und als Gedankenangelegenheit zu definieren und die das Projekt für die praktische Tätigkeit hält. Diese theoretische Trennung von Problem und Projekt ist in der Praxis im Grunde überwunden.
Jedenfalls ist die Unterrichtsform „Projektlernen" im Vergleich zum Beispiel mit dem Frontalunterricht und anderen Formen des Unterrichts bedeutend komplexer, weil die Projekte aus zahlreichen verschiedenen Phasen zusammengestellt sind, weil sie alle Sozialformen und Methoden des Lernens nutzen und sich auf höchst anspruchsvolle Bereiche der Lernziele richten (PETRI 1991, S. 205).

Die Struktur des Projektunterrichts

1. Leitziel: Identifikation der Schüler(innen) mit den Zielen ihres Lernhandelns durch unmittelbare Bedürfnis- und Lebensweltorientierung des Unterrichts

Der Projektunterricht orientiert sich auf die Schüler(innen) und nicht zum Beispiel auf den Lehrer oder den Lerninhalt. Die Schüler(innen) sollen auf Grund ihrer Interessen und Bedürfnissen lernen und nicht nur für die Prüfung, für die „Zukunft", zur Freude der Eltern und Lehrer oder um in der Klasse einen guten Rangplatz einzunehmen.
Das Respektieren der Kinderpersönlichkeit bedeutet hier, dem Kinde zu helfen, das gesunde Selbstbewußtsein zu stärken, seine Interessen und Wißbegier zu provozieren, zu immer besseren Leistungen zu ermutigen bis zum Maximum der ihm gegebenen Möglichkeiten, seine vielseitigen Aktivitäten anzuregen, aber nicht, das Kind zu manipulieren (KASOVÁ 1995).
FREUDENTHAL macht darauf aufmerksam, daß die Forderung, die (Schüler(innen) müssen etwas lernen, nur dann richtig ist, wenn dem „Muß" das Bedürfnis der Schüler(innen) vorgeht (MÜNZINGER 1977).

2. Vorgangsweise: Geplante Realisierung von Handlungszielen am Beispiel von materiellen Produkten, Zuständen, Problemlösungen, die den individuellen oder allgemeinen Bedürfnissen entsprechen

Für die weitere Entwicklung der Schüler(innen) ist allerdings wichtig, nicht nur auf die Interessen und Bedürfnisse, wie schon gesagt wurde, zu bauen, sondern dieselben auch weiter zu entfalten. Das ist gleichfalls der Sinn des Projektunterrichts, welcher eine planmäßige Veränderung aller Teilnehmer des erzieherisch-bildenden Prozesses erstrebt mit Rücksicht auf die gesellschaftliche Dimensionen.

Der Projektunterricht geht natürlich aus der Situation hervor, welche in der Klasse überwiegt. Im Vordergrund stehen nicht fixe Lernziele, sondern der Lernprozeß selbst, in den die Schüler(innen) eingreifen können. Die Schüler(innen) sind aber nicht nur an der Bildung des Lernprozesses beteiligt, sondern auch an dem Leben der Schule und der Gesellschaft.

3. Methodische Komponenten

a) Spezifische Komponenten

Alle Versuche zum Definieren des Projektunterrichts sind darin übereingekommen, daß die Arbeit am Projekt eine planmäßige Tätigkeit darstellt. Dabei handelt es sich um eine Beschäftigung mit komplexen Aufgaben, welche nicht einfach, routiniert oder improvisiert zu erledigen sind. Ihre Lösung erfordert Nachdenken und *eine organisierte Tätigkeit, die in einzelnen Phasen/Komponenten abläuft*:

1. Zielbestimmung
2. Planung des Inhalts und Arbeitsorganisation/Plan
3. Durchführung
4. Reflexion, d. h. die Bewertung der Ergebnisse und kritische Rückbetrachtung der Ablaufart (Reflexion).

- In der Phase der Zielbestimmung können wir nach VALENTA (1993, S. 6) zwei Ebenen unterscheiden:

a) den Antrieb selbst, der eine spezifische Rolle bei spontanen Projekten spielt (Stimmung, Zufall, Interesse, spezifische Motivation usw.) und eine andere Rolle wieder bei „Lehrerprojekten“ (Klarstellung der Ziele, Kenntnis der Kinder, restruktierender Anblick auf den Lehrstoff, das Gefühl für die Realität - resp. für pädagogische Situationen usw.),

b) die Formulierung des Ausgangspunktes, des Kerns, des Problems und zwar: „um was es sich hier eigentlich handelt“.

- Beim Planen des Inhalts und der Arbeitsorganisation kommt es zur Formulierung der Hauptfragen und Themen, Abgrenzung der Tätigkeiten und Mittel, Aufgabenteilung, Zeitbilanz, wobei man mit dem Einsatz der Kinder rechnet.
- In der Phase der Durchführung aktivieren sich vor allem die Schüler(innen), die Lehrer(innen) stellen sich in den Hintergrund und übernehmen die Rolle des Führers, des Organisators, des Ratgebers, des Richters, des Mitarbeiters, des Agitators usw.
- Die Phase der Bewertung / Reflexion orientiert sich nicht nur an der Bewertung durch die Lehrer(innen), sondern insbesondere an der Kinderbewertung des Ablaufs der ganzen Aktion und deren Ergebnisse. Auf Grund der Erfahrungen aus der Planung, Durchführung oder Reflexion werden Ziele revidiert, was zu Änderungen in der weiteren Planung und Durchführung führen kann, die eine weitere Revision der Ziele hervorrufen können.

Die einzelnen Aktionsphasen können sich durchdringen und parallel ablaufen.

b) *Unspezifische Komponenten - Handelndes Lernen*

Die Schüler(innen) lernen im Projektunterricht bestimmte Dinge, um damit ein sie interessierendes Handlungsziel, zum Beispiel ein materielles Produkt (Bücher, Lehrbücher, Zeitungen, Film, Video) oder die Lösung eines Problems zu erreichen. Primär geht es hier nicht um Lehrziele, sondern um Handlungsziele. Das Lernen ist nicht ein lästiger oder belastender Selbstzweck, sondern es ist sinnvoll und attraktiv. Beliebte Methoden, die beim Projektunterricht benutzt werden, sind zum Beispiel Rollenspiele, Interviews, Reportagen, Erkundungsgänge, Experimente usw.

- *Selbstbestimmung und Mitbestimmung*

Diese Komponenten kommen aus dem engagierten Zugang des Kindes zur Erkenntnis. Wie schon gesagt wurde, hält VRÁNA (1936) das Projekt vor allem für das Unternehmen der Schüler(innen). Die Schüler(innen) sollen selbst über das Vorgehen in allen Phasen der Projekttätigkeit von der Zielbestimmung bis zur Reflexion entscheiden oder zumindest mitentscheiden. Das verlangt eine Arbeitsorganisation, die der Spontaneität und Kreativität der Schüler(innen) weiten Spielraum lassen.

KASIKOVÁ (VALENTA 1993) macht aufmerksam, daß sich die Rolle des Lehrers im Projektunterricht aus der führenden in die konsultierende verwandelt. Es ist aber selbstverständlich, daß eine gut funktionierende Selbst- und Mitbestimmung der Schüler(innen) nicht einfach und problemlos von heute auf morgen eingeführt werden kann, sondern schrittweise mit Rücksicht auf Schüler(innen), Lehrer(innen) und Lernprozeß. Die Ansicht, daß die Schüler(innen) im Projektunterricht maximale Entscheidungsfreiheit über ihren Ablauf haben sollen, vertreten nicht alle Pädagogen. Manche heben hervor, daß eine gewisse Steuerung durch den Lehrer notwendig ist, zum Beispiel bei der Wahl des Themas und des Planentwurfs zu seiner Verarbeitung oder in der Situation, wenn es bei der Projektrealisierung zu Zeitnot kommt, die das Erreichen des Ziels gefährden kann.

Das Erreichen des Projektziels bestärkt und hebt das Selbstvertrauen der Schüler(innen) und überdies das Gefühl, daß man „etwas" fertigbrachte. Es hilft in der Situation, nicht vorzeitig auf die Erfüllung weiterer Aufgaben zu verzichten.

- **Ganzheitliches Lernen**

Beim Projekt wird nicht nur einseitig der Schülerintellekt angesprochen, sondern auch soziale, motorische, emotionale und andere Seiten seiner Schülerpersönlichkeit. Die Schüler(innen) werden Teilnehmer des Projektunterrichts als ganze Persönlichkeiten mit „Kopf, Herz und Hand". Sie lernen nicht nur den Inhalt „irgendeines Stoffes" der Prüfung wegen zu memorieren, sondern sie haben die Möglichkeit, das Leben allein zu erkennen, weil alles, was die Kinder in der Schule lernen, logisch aus dem Lebensbedürfnis emporkommen und von neuem ins Leben zurückkehren soll (KASOVÁ 1995). Im Projektunterricht wird die ganzheitliche Ausnutzung der geistigen und körperlichen Arbeit angestrebt, was beim Spiel, bei einer Festtagsfeier, beim Brotbacken ... möglich ist, nicht aber dann, wenn die einzige Quelle der Erkenntnis das Lehrbuch ist. Die Lernziele beziehen sich hier nicht nur auf die Teilstrukturen des Intellekts, die für die Speicherung der Kenntnisse und eingeübten Fähigkeiten wesentlich sind. Sie beziehen sich auf die ganze Persönlichkeit, sind psychologisch außerordentlich heterogen, was aber bedeutet, daß bei ihrem Erreichen in viel größerem Maße auf die verschiedenen Bedingungen geachtet werden muß (PETRI 1991, S. 207).

- **Kreatives, forschendes Lernen**

Die Möglichkeit zu einem kreativen, forschenden Lernen ist in allen Phasen der Projekttätigkeit, zum Beispiel bei der Zielbestimmung, Planung und zuletzt beim Bewerten (Reflexion) des Vorgehens bei der Arbeit und der Ergebnisse vorhanden.

Natürlich kann man von den Schüler(inne)n wirkliche wissenschaftliche Entdeckungen oder künstlerisches Schaffen besonderer Bedeutung nicht erwarten, aber man ist um die Entfaltung ihrer persönlichen Kultur bemüht. Der Projektunterricht soll die eigenen Ansichten und bisherigen Fähigkeiten und Fertigkeiten der Schüler(innen) entfalten.

- **Kooperative Arbeitsformen**

Zur Realisierung attraktiver Tätigkeiten benutzt der Projektunterricht in allen Phasen des Ablaufs kooperative Arbeitsformen, zum Beispiel die Gruppenarbeit, Zweiergruppenarbeit, Klassendiskussion usw. Die Vorteile der kooperativen Tätigkeit werden näher im Zusammenhang mit der Reflexion der Projektunterrichtsbedeutung behandelt.

c) *Optimale Komponenten*

- **Fachübergreifendes Arbeiten**

KASOVÁ (1995, S. 13) verweist darauf, daß der Projektunterricht „Kenntnisse und Fertigkeiten aus verschiedenen Fächern integriert. Er gibt die Möglichkeit, wichtige Bindungen und Zusammenhänge zu suchen und zu finden, die das richtige und verantwortliche Lösen der Probleme bedingen. Er ermöglicht das Begreifen der Poesie dank der Mathematik, der Historie mittels der ästhetischen Ausbildung, der Landeskunde zum Beispiel durch das Betreiben eines eigenen fiktiven Reisebüros." Die Globalerkenntnisse von der Welt zerfallen so nicht in einzelne Unterrichtsgegenstände. Überdies ist es für die Erfüllung der Projektziele oft nötig, die Erkenntnisse aus mehreren Fächern zu haben und sie geltend zu machen. Fachübergreifendes Arbeiten ist deswegen wünschenswert, weil so Kenntnisse und Fertigkeiten, die für das Leben wichtig sind, gewonnen werden und nicht isolierte Fachkenntnisse, die man oft nur oberflächlich aufnimmt und bald vergißt. Eine weitere Bedeutung des fachübergreifenden Arbeitens liegt darin, daß beim Projektunterricht das Bestreben auf das Projekt gerichtet ist (z. B. Video-Film, Ausstellung, Publikationen über die Schule, Schulbrief, Windgenerator usw.).

- **Außenweltkontakte**

Eine wichtige Rolle im Projektunterricht spielen Kontakte mit der Außenwelt, weil sie die Lernorientierung auf menschliche Bedürfnisse und das Leben ermöglichen. Mittels der Außenweltkontakte können die Schüler(innen) Informa-

tionen und Erfahrungen speichern und ihre Kommunikationsfähigkeiten, Terrainorientierung und Übersicht im Rahmen des Ansprechens von Außenempfängern weiter entfalten, sie können der Gemeinde behilflich sein.
Die erwähnten Kontakte kommen zustande zum Beispiel bei der Besichtigung von Betrieben und Ausstellungen, im Interview mit Passanten, in Gesprächen mit Experten, bei der Übernahme von Aufgaben und Verpflichtungen, beim Organisieren der Vorstellungen zu aktuellen Fragen usw. und bringen außer den Informationen auch verlockende und anregende Erlebnisse und Gelegenheiten zu persönlichem und sozialem Lernen. So wird das Schulleben mit dem Gemeindeleben und dem Leben der breiteren Gesellschaft verbunden. Wir können hier von der gesellschaftlichen Relevanz der Projektaktivitäten sprechen.

4. Angestrebte Effekte

4.1. Inhaltlich-Kognitives

Dauerhafte Aneignung von Kenntnissen und Fertigkeiten, die auf Grund des Sinneserlebnisses gewonnen werden, die die Schüler(innen) laufend auszunutzen fähig sind.

4.2. Funktional-Kognitives

Die Fähigkeit zu selbständigem Planen und Handeln, Lernen lernen, die Fähigkeit der Flexibilität, Kreativität, des komplexen Denkens, Immunität gegen ideologische Manipulation, Problembewußtsein, Fähigkeit zum kritischen Denken, Argumentation, Prozeßdenken, das Verständnis für Multikausalität usw.

4.3. Selbstkompetenz

Bessere Selbstwahrnehmung, Selbstvertrauen, die Kunst der Bewältigung von inneren Konflikten und Problemen, Initiative usw.

4.4. Sozialkompetenz

Besseres Wahrnehmen anderer Personen, Kontaktfähigkeit, Verständnis für andere, Fähigkeit zur Konfliktbewältigung, Kooperationsfähigkeit, Verhandelnkönnen, Sichpräsentierenkönnen, Selbstbehauptung usw.

4.5. Verbesserung des Schulklimas

Weniger Schulangst und mehr Freude an der Schule und am Lernen, gute Beziehungen zwischen Schüler(inne)n und Lehrer(inne)n, Schüler(inne)n und Schüler(inne)n, Lehrer(inne)n und Lehrer(inne)n usw.
Vor allem will der Projektunterricht durch bessere Nutzung der Kenntnisse und Fertigkeiten die Fähigkeit im Bereich des Funktional-Kognitiven der Selbstkompetenz und der Sozialkompetenz vermitteln oder verbessern.
Dabei ist es allerdings notwendig, auch weitere Ziele genügend zu bewerten; zum Beispiel die inhaltlich-kognitive Erkenntnisspeicherung.

Typen des Projektunterrichts

VALENTA (1993, S. 5, 6) legt eine sehr übersichtliche Typologie vor, was uns eine Vorstellung von den Möglichkeiten des Projektunterrichts zu gewinnen ermöglicht.

Projekte dem Zwecke nach:
- KILPATRICKs Auffassung
Selbst der „Begründer" KILPATRICK unterscheidet Projekt je nach ihrem Zweck folgendermaßen:

1. Das Projekt, welches bestrebt ist „to embody idea or plan in external form - also das Verkörpern einer Idee oder eines Plans in die äußere Form" - es wird hier eine gewisse „Realität" konstruiert, auch wenn es nur das Kartoffelanbauen, ein Ausflug nach Krähwinkel oder ein Theaterstück ist.
2. Das Projekt, welches die ästhetische Erfahrung zum Ziel hat (z. B. die „pantomimische" Darbietung eines Bildes).
3. Das Projekt, welches bestrebt ist „to solve some problem" - ein Problem zu lösen („Warum bildet sich die Eiskruste auf dem Fahrweg der Brücken?").
4. Das Projekt, welches zum Erreichen einer Fertigkeit führt (z. B. Fragen stellen usw.).

- HOSICs Auffassung
Aus faktisch übereinstimmendem Gesichtswinkel unterscheidet J. F. HOSIC folgende Projekte: Problemprojekte, Konstruktivprojekte, Bewertungsprojekte, Einübprojekte; Drillprojekte.

Projekte nach dem „Antragsteller"
1. spontane - also „schülerhafte", kindliche, die aus den Bedürfnissen und Interessen der Kinder erwachsen; 2. künstlich vorbereitete und in die Arbeit durch die Lehrer(in), die Lektor(inn)en, die Erzieher(innen) eingetragene; 3. und selbstverständlich der Zwischentyp, der aus der einen Position hervorgeht, aber durch die zweite Position bedeutungsvoll korrigiert ist.

Projekte nach Ort bzw. auch nach Zeitausübung
1. Schulprojekte (verlaufend in der Erziehungsinstitution im dazu bestimmten Zeitrahmen); 2. Hausprojekte (also der Gegensatz der vorhergehenden); 3. und wiederum zusammenhängende, denn diese Projekttypen können gegenseitig gut anknüpfen.

Projekte nach der Schülerzahl
1. individuelle; 2. kollektive (Gruppenprojekte; Klassenprojekte; Jahrgangsprojekte; Mehrjahrgangsprojekte; Gesamtschulprojekte); 3. und wieder die Hybride,

welche gemeinsame Aktivitäten mit den individuellen zu verbinden ermöglichen.

Projekte nach Anzahl der Zeitauswertung
1. kurze Projekte; 2. lange Projekte / Aufbau der plastischen Landkarte Afrikas - 5 Monate; Arbeit an einem Plakat, das die Errungenschaften der Gesundheitslehre propagiert.

Projekte der Größe nach
1. sogenannte kleine Projekte (Suppenkochen usw.); 2. große Projekte (der Aufbau des Museumsraumes in der Schule usw.).

Der Projektunterricht in der Schulrealität

Auch wenn der Projektunterricht seit seiner Entstehung am Anfang des Jahrhunderts über die dynamische und einflußreiche Renaissance nach dem Jahre 1968 ein relativ langfristiges Entwicklungsstadium durchgemacht hat, wird er sich wohl nicht dauernd durchsetzen und seinen Platz als Hauptunterrichtsform an der Mehrzahl der Schulen einnehmen. Gemeinsam mit KASIKOVÁ (VALENTA 1993) können wir uns die Frage stellen, ob in unserer Schule die Zeit der Projekte begonnen hat?
Suchen wir auf diese Frage eine Antwort (vgl. PETRI 1991), stellen wir fest, daß sich viele Lehrer(innen) eher mit den Prinzipien der traditionellen Schule identifizieren. Der Projektunterricht wird dann nur bei einigen Lehrern entwickelt, die die gegenwärtige Schule kritisch sehen. Die Möglichkeit der Durchsetzung des Projektunterrichts beeinflußt auch die traditionelle Schulsystemstruktur, die auf isolierten Lernprozessen mit unverbundenen eingeschachtelten Erkenntnissen aufbaut, die die Schüler(innen) vielleicht im Rahmen eines bestimmten Lerngegenstandes benutzen können, aber gewöhnlich nicht im Leben. In der traditionellen Schule treffen wir vorwiegend rezeptierendes Lernen und extreme Kenntnisspeicherung an, was doch im Projektunterricht als unerwünscht betrachtet wird.
Dem Projektunterricht wird vorgeworfen, daß er auf die kognitiven Fähigkeiten der Schüler(innen) keinen besonderen Nachdruck legt und daß er eher ein Spiel als ernste pädagogische Arbeit ist, oder daß er nur zur Erholung der Schüler(innen) und Lehrer(innen) dient, eventuell zum Abschaffen der möglichen Last, welche die traditionelle Schule mitbringt, oder daß er nur der Schulpopularität dient.
Die traditionelle Schule wehrt sich gegen den Projektunterricht auch mit dem Argument, daß er große Ansprüche auf die Vorbereitung legt und finanziell und materiell kostspielig ist, daß man sich also nicht wundern kann, wenn viele Lehrer(innen) das Interesse verlieren und resignieren, besonders wenn ihnen auch die Grundausbildung für den Projektunterricht fehlt. Außerdem wird angeführt,

daß der Projektunterricht viel zu viel der Unterrichtszeit erfordert und daß es dann unmöglich ist, alle offiziell gestellten Lernziele zu erreichen.
Soll sich also die Position des Projektunterrichts bestärken, ist es nach unserer Ansicht nötig, die traditionellen Schulsystemstrukturen zu verletzen, die noch immer bei uns in der autoritären Schule Maria THERESIA wurzeln, um den Weg des systematischen Anwendens des Projektunterrichts neben anderen Lernprozessen zu gehen, damit sie sich gegenseitig ergänzen und durchdringen. Wir sind uns allerdings bewußt, daß ein übereiltes Einführen des Projektunterrichts ohne vorhergehende Anweisung und Erfahrung, ohne Rücksicht auf allmählichen Übergang, sehr riskant ist.
Weiter kann die Frage aufkommen, warum gerade der Projektunterricht die steife traditionelle Schule stören sollte. Es existiert doch eine Reihe weiterer Unterrichtsformen und Methoden, die sich auf den Schüler orientieren.

Vorteile des Projektunterricht

Der Projektunterricht entspricht besonders in Anbetracht seiner Natürlichkeit und Komplexität als Unterrichtsform vollständig den Anforderungen unserer Reformschule. Obgleich wir uns einiger noch nicht ganz nachgewiesener und bewiesener Tatsachen bewußt sind, wollen wir wenigstens einige positive Aspekte von der Ansicht der Kindesentwicklung sehr deutlich hervorheben. Der Projektunterricht kommt aus dem spezifischen *„fokalen" (brennpunkthaften) Charakter der Kindertätigkeiten*, welche sich um ein bestimmtes Bedürfnis oder eine Funktion konzentrieren. Wie sich O. DECROLY äußerte, hat das Kind zum gegebenen Zeitpunkt die Tendenz, alle seine Aktivitäten auf das dominierende „Zentrum" zu beziehen (STECH 1992).
Die Erkenntnis der Wirklichkeit durch das Kind geschieht natürlich auf dem Wege der autonomen Kindeserfahrung, welche zuerst eine praktische, aus dem direkten Kontakt mit der Realität auf Grund des Experimentierens und Durchforschens gewonnen ist. Dazu ist es nötig, dem Kinde ein solches Milieu und solche Anregungen anzubieten, die dieses Experimentieren erleichtern oder sogar anregen. Der Projektunterricht ermöglicht dem Kinde, die Erkenntnisse mit den Erlebnissen und Sinneswahrnehmungen zu verbinden. Er ermöglicht, den Grundsatz zu respektieren, den schon J. A. KOMENSKY ausgesprochen hat, daß es notwendig ist, aus dem Konkreten hervorzugehen, denn nur das ist dem Kinde vertraut und bekannt. Es ist aber auch nötig zu erkennen, was für das Kind das Konkrete ist, was seiner unmittelbaren Erfahrung entspricht.
Im Laufe der Projekttätigkeit eignen sich die Schüler(innen) nicht schon fertige oder abstrakte Erkenntnisse an, sondern er *konstruiert* diese, erobert sie, entdeckt in ihr bekannte Realität, die er im folgenden mit Hilfe des Erkannten rekonstruiert. Nach G. BOCHARD (GFEN 1991, S. 130) „ist jede Erkenntnis die Antwort auf irgendeine Frage". Es ist deshalb wichtig, daß die gegebene Realität für das Kind ein aktuelles Problem, eine Frage enthält. „Solange im Kinde eine

authentische Frage ist, entsteht die Notwendigkeit, mögliche Antworten zu suchen, zu erkennen, also seine eigene Erkenntnis zu bilden oder zu konstruieren. Das Kind wird also zum Subjekt der Erkenntnis, nicht nur zum reinen Objekt des pädagogischen Prozesses (VALENTA 1993, S. 26).
Durch die Anbindung des Lehrers an die Schulerfahrung ist die erwünschte *Kontinuität der Erfahrung und der Erkenntnis* gesichert.
Nur auf Grund eigener Erfahrungen, in konkreter, erlebter Realität, ist das Kind fähig, seine *Erkenntnisfähigkeiten* zu entwickeln. Im Kontakt mit konkreten Erscheinungen baut es sich zugleich immer mehr Mittel, um seine notwendige Übersicht und den Abstand von konkreten Erfahrungen zu gewinnen.
In Einvernehmen mit E. FROMM (1992, S. 38), der den Begriff „kennen" als Bestandteil des Produktendprozesses annimmt, betonen wir, daß es sehr wichtig und vielleicht noch wichtiger als nur das Aneignen der Erkenntnisse ist, das Kind die Methoden des Erkennens zu lehren.
Der Projektunterricht korrespondiert mit diesem Erfordernis durch seinen *Forschungscharakter*. Die Forschertätigkeit oder Forschungsarbeit der Kinder im Rahmen des Projekts stellt eine eigenartige Methodologie des Lernens dar, ruft die Forschergrundhaltung hervor und baut die Angewohnheit des Fragensuchens vor dem Antwortgeben auf (STECH 1992).
Allgemein wird angenommen, daß das Einüben selbständiger Informationssuche und deren Verarbeitung die *Lernfähigkeit des Schülers hebt* (in Bezug auf das gegebene Fach oder allgemein), worin auch der Vorzug des Projektunterrichts ersehen wird (PETRI 1991; KUSÁK-DARILEK 1992).
Die Tatsache, daß die Schüler(innen) auf Grund eigener Entscheidungen und Planungen persönlichen Interessen nachgehen können, das tun können, was sie selbst als eigenen Wunsch empfinden, stellt einen starken *Motivationscharakter* für die Lerntätigkeit dar. Freie Wahl der Wegrichtung zur Erkenntnis sowie die Möglichkeit eigener Teilnahme in der Projektdurchführung machen die Motivation intensiver und beständiger. Die Motivation wird auch durch den Fakt verstärkt, daß der Ausgangspunkt den Kinder näher steht, daß er natürlich ist, eine enge Beziehung zu dem realen Leben hat. Die Erkenntnis, bei der Projektverwirklichung erworben, hat immer einen unmittelbaren Sinn, sie ist verwertet. Die Ergebnisse der Lerntätigkeit der Schüler(innen) sind nützlich und brauchbar. Nach DEWEY hat jede Erkenntnis einen Sinn nur dann, wenn sie einen sozialen Ausgang hat, wenn sie Veränderungen im Leben, namentlich im Alltagsleben, ermöglichen (STECH 1992, S. 34).
Im Prozeß des Projektunterrichts *kommt es nicht zur Überlastung der Kindespsyche*, weil ihre *individuellen Bedürfnisse und Voraussetzungen stets respektiert werden können*. Hervorgehend aus dem Prinzip des *Komplementierens* (gemeinsamen Ergänzens) des Individuums und der Gruppe, aber auch des Individuums, der Schule und der Umwelt, ist der Projektunterricht auf dem Kommunikationsprinzip aufgebaut und benutzt verschiedene individuelle Erfahrungen der Schüler(innen). Andererseits müssen wir uns aber genügend bewußt

werden, daß individuelle Eigenarten in den Fähigkeiten und Motivationen bei einem Teil der Schüler(innen) auch die Effektivität des Projektlernens senken kann, z. B. wenn sich die Kinder zu leichte Aufgaben aussuchen würden, die nicht ihren Fähigkeiten entsprechen, wenn sie im Hintergrund stehen würden, wenn sich schüchterne Kinder den dominanten Mitschüler(inne)n unterwerfen würden und sich zur Seite drängen ließen usw.

Der Projektunterricht wirkt positiv auf *das Formen der Kinderpersönlichkeit*. Die Erkenntnis ist für das Kind nicht nur das Erwecken, das Werkzeug zur Erkenntnisbereicherung oder das Werkzeug zur Eingliederung in die Gesellschaft, sondern zugleich ein bedeutungsvolles Werkzeug zur Bildung der Selbstwahrnehmung, der Identitätsformierung. Das Kind hat die Möglichkeit, das Selbstvertrauen zu seinen eigenen Kräften in der Wahrnehmungstätigkeit zu bestärken, sich selbst zu finden, seine Möglichkeiten, seinen Wert (STECH 1992; KASOVÁ 1995).

Selbstverständlich sind wir uns bewußt, daß viele der oben genannten Positiva durch seriöse Forschungen noch bestätigt werden müssen (z. B. Möglichkeit der Entwicklung der dynamischen Fähigkeiten im Prozeß des Projektunterrichts, ihre Übertragbarkeit in spätere außerschulische Situationen).

Die Bedeutung der kooperativen Arbeitsformen beim Projektunterricht

Ein sehr wichtiger Aspekt aus der Sicht der Persönlichkeitsformierung des Individuums ist die Tatsache, daß sich im Rahmen des Projektunterrichts *kooperative Arbeitsformen* geltend machen. Forschungsarbeiten, die sich mit dem Vergleich der kooperativen und andersartigen Arbeitsformen befassen, haben viele Vorteile und einen höheren Gesamtgewinn für alle Teilnehmer eben in der kooperativen Situation bestätigt (DARILEK 1993).

Die Kooperation erhöht die Motivation zum Lernen vor allem durch das Erwarten gemeinsamer Ziele, ihrer Erfüllung durch die Möglichkeit, ein Problem mit dem Partner zu besprechen, durch das Bestreben, nicht hinter den anderen zurückzubleiben, durch die Gruppe anerkannt werden. Das Interesse für eine bestimmte Sache kann auch durch den Mechanismus „gemeinsamer Sozialansteckung“ bestärkt werden.

Für die kooperierende Gruppe ist typisch die offene Kommunikation über wesentliche Informationen zwischen den Teilnehmern, erhöhte Empfindsamkeit für gemeinsame Interessen. Es wurde festgestellt, daß die Mitarbeit die Annäherung der Interessen und die Konformität, die Gestaltung freundschaftlicher Haltungen, des Vertrauens und der Hilfsbereitschaft anregt. Im Vergleich mit den andersartigen und individualistischen Gruppen haben kooperative Gruppen festeren Zusammenhalt und in ihnen wirken positivere Beziehungen zwischen den Mitgliedern (ein höheres Niveau der gemeinsamen Beliebtheit, des Interesses an anderen, Freundschaftlichkeit, Aufmerksamkeit gegen andere, der Wunsch, gemeinsame Achtung zu gewinnen und sie zu erhalten), aber auch positivere Hal-

tungen zu den Vorgesetzten oder Erzieher(inne)n sowie Lehrer(inne)n. Die Mitglieder haben auch eine höhere Selbsteinschätzung und erlangen bessere Ergebnisse im Bereich der sozialen Fertigkeiten.
Die Mitglieder der Gruppe unterstützen gemeinsam die Entwicklung ihres Denkens, regen zu besonderen Betrachtungen an, nötigen zu vollkommener, tieferer Einsicht in das Problem, sie erzeugen eine große Menge von Gedanken und Einfällen (brainstorming). Die Kooperation hat zur Folge ein hohes Niveau des divergenten Denkens und eine höhere Produktivität als in den gegnerischen oder individualistischen Gruppen.
PETRI (1991, S. 217-222) bietet einen Überblick über wichtige Fähigkeiten, die nach Meinung vieler Befürworter vom Gruppenlernen und von „Selbsterfahrungsgruppen" durch lernende Teilnahme an Gruppenaktivitäten erworben oder verbessert werden können:

1. Im Bereich funktional-kognitiver Lernziele ist das die Fähigkeit
   - eigene Gedanken klar und verständlich zu formulieren,
   - Informationen aufzunehmen und zu verarbeiten, also Mitteilungen von Gruppenmitgliedern voll zu verstehen suchen, abweichende Ansichten aufzunehmen, zu sortieren, zu ergänzen bzw. eigene Ansichten zu korrigieren,
   - komplexitätsbewältigenden Denkens, Flexibilität, also des Begreifens der Komplexität der Erscheinung, des Denkens in Zusammenhängen, Problemwahrnehmung, Fähigkeit des kritischen Denkens und Widerstandskraft gegen Manipulation.
2. Im Bereich der *Selbstkompetenzziele* geht es um die Schaffung
   - adäquater Selbstwahrnehmung, d. h. realistische Einschätzung der eigenen Fähigkeiten und Mängel, aufrichtige Selbstreflexion des eigenen Benehmens,
   - des gesunden Selbstwertgefühls, realistischer persönlicher Zielsetzungen, der Fähigkeit, zielführend seine Absichten zu realisieren (zielbewußtes Handeln),
   - der Fähigkeit, sich durchzusetzen.
3. Im Bereich der Lernziele der *Sozialkompetenz* geht es um
   - die Entfaltung des Zusammengehörigkeitsgefühls (das „Wir-Gefühl") und der Solidarität, die als überdauernde Einstellung zu unserer sozialen Umgebung fungieren sollte,
   - den Erwerb prosozialer Verhaltensweisen, namentlich der Empathiefähigkeit (sich einfühlen) und Verständnis, Sympathie und Bewertung anderer Menschen (auch wenn sie etwa verschiedene Ansichten haben), die Fähigkeit, bereitwillig anderen Menschen zu helfen,
   - die Fähigkeit des Umgangs mit Konflikten, sinnlose Eskalation (Steigerung) von Konflikten vermeiden, Konflikte bewältigen,
   - die Fähigkeit des demokratischen Handelns, d. h. nicht andere Personen beherrschen wollen und sich nicht beherrschen lassen,

- die Fähigkeit, soziale Normen zu entwickeln, zu akzeptieren und zu befolgen.

4. Das Ziel der Gestaltung *kooperativer Fertigkeiten* umfaßt Fertigkeiten kooperationstechnischer Natur, die ein gutes Funktionieren der Interaktionen innerhalb von Gruppen und zwischen Gruppen fördern sollen (Diskussionen, Planungen usw.) (PETRI 1991, S. 217-222).

Die Bedingungen der Effektivität der Gruppenarbeit im Projektunterricht

Der Projektunterricht bietet Gelegenheiten zur weitgehenden Nutzung der Gruppenarbeit und zum Erreichen der oben angeführten Ziele. In welcher Art und in welchem Maße diese Ziele erreicht werden, wie groß die Lernfortschritte der an einem Projekt beteiligten Schüler(innen) sein werden, hängt von zahlreichen *Bedingungen* ab. Zunächst muß sich nach PETRI (1991) die Gruppenarbeit mit Aufgaben befassen, die sich in hinreichendem Maße auf die betreffenden Lernziele beziehen.

Die Qualität eines Unterrichtsprojekts hängt nicht von dem Ansehen und der guten Bewertung des Produkts ab, sondern vor allem davon, in welchem Maße den beteiligten Schüler(inne)n effektive Lerngelegenheiten in bezug auf die Lernbereiche geboten werden (also nicht nur in bezug zu dem Kenntniserwerb). Auch in Projekten mit nicht sehr gelungenen Produkten können sich Schüler(innen) wesentliche Fähigkeiten und Techniken aneignen und ihre Fähigkeiten entfalten. Demgegenüber kann es in sehr eindrucksvollen Projekten nur zu geringfügigen Lernfortschritten der beteiligten Schüler(innen) in Bereichen des funktional-kognitiven, personalen und sozialen Lernens kommen (PETRI 1991, S. 227).

Als Beispiel von Effektivität des Projektunterrichts in bezug zu den erwähnten Zielen wollen wir zum Abschluß die Erkenntnisse der Grundschullehrer in Obrisitvi (Tschechische Republik) anführen, die mehrjährige Erfahrungen mit der Projektrealisation haben. Nach Einführung von dieser Art des Unterrichts bemerkten sie folgende positiven Veränderungen:

- positiv schaffende Schulatmosphäre,
- offene und aufrichtige Kontakte mit den Schüler(inne)n,
- das Erwecken der Aktivität und der Schaffenskraft der Schüler(innen) und Lehrer(innen),
- Kräftigung des Selbstvertrauens und Selbstbewußtseins der Schüler(innen) (die Feststellung, daß für das Leben das Büffeln nicht genügt),
- die Fähigkeit der entsprechenden Selbstreflexion und Reflexion,
- vertrautere, positive Beziehungen der Schüler(innen) zur Schule und zur Bildung.

Als wertvollste Erkenntnis sieht diese Schule die Tatsache, daß bei der Einführung des Projektunterrichts die geringsten Probleme mit den Schüler(inne)n wa-

ren. „Als wenn sie auf diese Veränderung schon lange warten würden und auf sie vollkommen vorbereitet wären“ (KASOVÁ 1995, S. 10).
Der Projektunterricht ist selbstverständlich mit der Bewältigung vieler Hindernisse, eingelebter Stereotype und Vorstellungen verbunden, er fordert große Anstrengung und erhebliche fachliche, pädagogisch-psychologische und soziale Kompetenzen der Lehrer(innen), oft fordert er Veränderungen in uns selbst. Die angeführten positiven Ergebnisse überzeugen uns davon, daß er eine große Bedeutung und seinen Platz in der Reformschule hat, die nun wieder die Schule für Kinder sein sollte. Wenn wir als Erziehungsziel einen Menschen haben, der harmonisch entwickelt, sozial anpassungsfähig und gesund ist, schöpferisch denkt und seine Bildung im Leben anwenden will, dann ist es unmöglich, die Schulbildung nur auf Wissensleistungen zu beschränken.

Literatur

BASTIAN, J./GUDJONS, H.: Das Projektbuch. Hamburg 1986.

BOSSING, N. L.: Die Projektmethode. In: KAISER, A./KAISER, F. J.: Projektstudien und Projektarbeit in der Schule. Bad Heilbronn 1977.

DARILEK, P.: Psychologische Aspekte der Mitarbeit in bezug auf ihre Nutzung in Schulbedingungen. In: AUPO, Psychologica IV. Olomouc 1993.

DARILEK, P./KUSÁK, P.: Kapitel aus der pädagogischen Psychologie. Palacký Universität, Olomouc 1992.

DEWEY, J.: Psychologische Grundfragen der Erziehung. München 1974.

DEWEY, J./KILPATRICK, W. H.: Der Projekt-Plan - Grundlegung und Praxis. Weimar 1935.

FROMM, E.: Haben oder sein. Nase vojsko, Praha 1991.

GFEN: Alle auf einen Einser! Alternativ-didaktische Verfahren. Praha 1991.

HÄNSEL, D./MÜLLER, H.: Das Projektbuch Sekundarstufe. Weinheim und Basel 1988.

KASOVÁ, J.: Die Schule etwas anders. Projektunterricht in Theorie und Praxis. Juventa, Kromeriz 1995.

MÜNZINGER, W.: Projektorientierter Mathematikunterricht. Urban und Schwarzenberger. München 1977.

PETRI, G.: Idee, Realität und Entwicklungsmöglichkeiten des Projektlernens. Bundesministerium für Unterricht, Kunst und Sport, Zentrum für Schulversuche und Schulentwicklung. Graz 1991.

SAGEDER, J.: Schüleraktivierende Unterrichtsmethoden. Erziehung und Unterricht 1989, S. 368-378.

SCHULZ, W.: Das Projekt. Basel, Ulef - Werkstattseminar, Arbeitspapier 1973, S. 871.

STECH, S.: Die Schule immer neu. Karolinum. Praha 1992.

VALENTA, J. Ansichten. Projektmethode in der Schule. IPOS ARTAMA. Praha 1993.

VRÁNA, S.: Lernmethoden. Brno, Praha 1936.

III.2. Einblicke in reformorientierte Grundschulpraxis

Birgit METT

Einblicke in die reformorientierte Grundschulpraxis

Lange habe ich überlegt, wie ich Ihnen als Dezernentin für Grundschulen am Landesinstitut Mecklenburg-Vorpommern für Schule und Ausbildung Impulse für Ihre Arbeit geben kann. Laut Fremdwörterbuch bedeutet Impuls u. a. Antrieb, Anregung, Anreiz. Viele praktische Impulse werden Sie heute im Verlauf unserer Arbeitsgruppentätigkeit noch bekommen. Ich möchte versuchen, Ihnen Mut zu machen und Antrieb zu geben, in Ihrer Schule oder in Ihrer Klasse Schritte der Neu- bzw. Umgestaltung (d. h. Reform) zu gehen.
In einem Vortrag über Schulentwicklung hörte ich Prof. LICHTE aus den Niederlanden vier Möglichkeiten zum Umgang mit Erlaubtem und Verbotenem sagen:

1. „Es ist alles erlaubt, was nicht verboten ist."
2. „Es ist alles verboten, was nicht erlaubt ist."
3. „Es ist alles erlaubt, auch das, was verboten ist."
4. „Es ist alles verboten, auch das, was erlaubt ist"

Diese letzte Regel gilt sicher in Mecklenburg-Vorpommern nicht mehr. „Es braucht also keiner Angst zu haben, daß er etwas tut, was eigentlich nicht erlaubt ist. *Es ist erlaubt"*, antwortete Frau DUMRESE, Grundsatzreferentin der Abteilung Schulen im Kultusministerium Mecklenburg-Vorpommern, Lehrkräften im Rahmen einer Diskussion zum Schulgesetz.
Meine Anregungen für Sie habe ich in 2 Abschnitte gegliedert.

I. Herausfinden, was nicht *ausdrücklich* verboten ist, insbesondere in Bezug auf das neue Schulgesetz Mecklenburg-Vorpommern vom 15. Mai 1996.
II. Betrachten kleiner, sicherer Schritte, die besser sind als große, bei denen man ins Stolpern gerät.

I. Es ist alles erlaubt, was nicht ausdrücklich verboten ist.

Das neue Schulgesetz in Mecklenburg-Vorpommern vom 15. Mai 1996 eröffnet den Schulen viele Möglichkeiten. Bevor ich auf die Lernziele etwas näher eingehe, möchte ich kurz einige Paragraphen anführen und zum Teil zitieren, die aus meiner Sicht gerade nach Veränderungschancen rufen, so wie bei Frau HOLLE die heißen; fertig gebackenen Brote: „Ach zieh mich heraus, zieh mich heraus".

- **§ 8 Rahmenpläne**
  Rahmenpläne enthalten die allgemeinen, fachlichen und *fächerübergreifenden Ziele und Inhalte* der Unterrichtsfächer, Lernbereiche und Aufgabengebiete. ...
  Die Rahmenpläne sind so zu gestalten, daß dem *unterschiedlichen Leistungsvermögen, den individuellen Fähigkeiten und Neigungen* der Schüler entsprochen werden kann. Der *Schule* soll ein hinreichend großer Entscheidungsraum für die *Gestaltung eines eigenen Profils* bleiben. Die Lehrer sollen die Rahmenpläne in eigener pädagogischer Verantwortung offen und fächerübergreifend nutzen können.
- **§ 13 Grundschule**
  ... Grundkenntnisse und Grundfertigkeiten. Dazu gehören das *Erlernen der Kulturtechniken und das Erwerben von sozialen und kommunikativen Kompetenzen.*
  Der Unterricht in der Grundschule wird in der Regel in Jahrgangsstufen erteilt. Er kann *jahrgangsstufenübergreifend* erteilt werden, wenn dieses zur Erhaltung eines wohnortnahen Standortes erforderlich ist.
  Ab Jahrgangsstufe 3 soll eine *Fremdsprache* angeboten werden.
- **§ 14 Vorklassen und Diagnoseförderklassen**
- **§ 35 Gemeinsamer Unterricht von behinderten und nichtbehinderten Schülern**
- **§ 38 Schulversuche, Versuchsschulen**
  Schulversuche dienen dazu, durch Veränderung der Rahmenpläne, der Unterrichtsorganisation, der Unterrichtsmethoden und der Formen der Schulmitwirkung zur Weiterentwicklung der Schule *neue pädagogische Konzeptionen und organisatorische Formen* zu erproben.
- **§ 39 Weiterentwicklung der Schule**
  (3) Grundschulen können zu vollen *Halbtagsschulen* entwickelt werden.
  (4) Zur Umsetzung reformpädagogischer Erziehungs- und Unterrichtsformen kann der Unterricht an Grundschulen in *altersgemischten Lerngruppen* erteilt werden.
- **§ 40 Öffnung der Schule**
- **§ 62 Bewertung der Leistungen und Beurteilung des Arbeits- und Sozialverhaltens**
  (1) ... An Förderschulen kann die Bewertung anstelle von Noten durch schriftliche Berichte über Leistungswillen, Lernentwicklung und Lernerfolg erfolgen.
  (2) Ab Jahrgangsstufe 2 wird *zusätzlich zum Lernentwicklungsbericht* ein Notenzeugnis erteilt.

Erste Schlußfolgerungen für die Schulentwicklung in Mecklenburg-Vorpommern:

1. Ohne eigenverantwortliche Entwicklung der Einzelschule ist die Umsetzung dieser Paragraphen nicht möglich.
2. Notwendig sind schulinterne Abstimmungsprozesse.
3. Schulentwicklung liegt in der Verantwortung aller beteiligten Gruppen.

Lernziele

Es gibt nicht nur den einen richtigen Weg, um die Lernziele zu verwirklichen. Unterricht muß inhaltlich und organisatorisch so gestaltet werden, daß er sich in einem ausgewogenen Verhältnis danach richtet, was das Kind kann, was das Kind möchte und was es soll. Wenn im Unterricht dem Kind der Sinn des zu Lernenden deutlich wird, ist davon auszugehen, daß das Kind interessierter und motivierter arbeitet.
Auf der Tagung in Spornitz im Mai 1996 zur „Kleinen Grundschule" fragte Jörg SONDERNDER aus der Schweiz: „Wollen wir eine Schule der Vielfalt oder eine Schule der Einfalt?" Er verglich die Schule mit einem Wald, es ging dabei um den Vergleich von Laubmischwäldern mit reinen Fichtenwäldern. Er machte deutlich, daß auf lange Sicht die Fichtenwälder doch nicht so rentabel und widerstandsfähig waren wie die Mischwälder.
Dieses Bild übertrug er auf homogene und heterogene Schulklassen.
Ich möchte dieses Bild übertragen auf die verschiedenen Möglichkeiten, „Gute Schule" zu gestalten.
Gern möchte ich mit Ihnen verschiedenen Wege diskutieren, um folgende Lernziele (Auswahl aus dem Schulgesetz Mecklenburg-Vorpommern vom 15. Mai 1996) erreichen zu können.

Die Schüler sollen in der Schule u. a. lernen,

1. Selbständigkeit zu entwickeln und eigenverantwortlich zu handeln,
2. die eigene Wahrnehmungs-, Erkenntnis- und Ausdruckskraft zu entfalten,
3. selbständig wie auch gemeinsam mit anderen Leistungen zu erbringen,
4. sich Informationen zu verschaffen und sie kritisch zu nutzen,
5. die eigene Meinung zu vertreten und die Meinung anderer zu respektieren,
6. eigene Rechte zu wahren und die Rechte anderer auch gegen sich selbst gelten zu lassen sowie Pflichten zu akzeptieren und ihnen nachzukommen,
7. Konflikte zu erkennen, zu ertragen und sie vernünftig zu lösen,
8. mit der Natur und Umwelt verantwortungsvoll umzugehen,
   Verständnis für wirtschaftliche und ökologische Zusammenhänge zu entwickeln.

Dies sind große Ziele. Es geht darum, vor dem Hintergrund dieser Gesamtzielstellung Schule zu gestalten. Diese Lernziele fordern heraus, bieten viele Chancen, machen mir aber auch gleichzeitig etwas Angst. Verhalten wir uns als Lehrkräfte entsprechend diesen Grundsätzen? Verfügen wir über ausreichende Kompetenzen, um diese Ziele gemeinsam mit den Schülern verwirklichen zu können?

II. *Dies ist nur mit kleinen, sicheren Schritten, bei denen man nicht ins Stolpern gerät, zu erreichen.*

Lassen Sie uns gemeinsam kleine, sichere, schon gegangene Schritte betrachten
- in der Schule und
- in der Lehrerausbildung.

Kleine, sichere Schritte in der Schule
Auf der 1. Grundschultagung 1992 in Rostock sprachen wir gemeinsam mit Hermann SCHWARZ vom „Inselnanlanden", d. h. nicht alles auf einmal zu verändern. Warum auch? Heute - im Jahr 1996 - sind wir in der Lage, zu sehen, was die einzelne Schule zu einer guten Schule macht. So haben sich die Schulen unseres Landes bzw. auch einzelne Lehrkräfte auf verschiedene Wege begeben. Dabei gab es Erfolge und auch Mißerfolge. Welches Ziel, welches Programm bzw. Profil haben Grundschulen sich erarbeitet? Ich nenne hier nur programmatische Sätze und beschreibe nicht die einzelnen (langwierigen) Wege der Schulen:

- Ästhetische Erziehung - durch Erweiterung der künstlerisch-musischen Betätigung der Schüler
  Durch vielerlei außerunterrichtliche Veranstaltungen und Höhepunkte im Schuljahr soll die Schule nicht ausschließlich Lern- sondern vor allem Lebensraum sein.
- Europa gegen den Krebs - Fit fürs Leben
- Grundschule ohne Noten
  Durch Lernentwicklungsberichte sollen sowohl dem einzelnen Kreis als auch den Erziehungsberechtigten Lernwege, Leistungen und Perspektiven deutlich werden.
- Langfristige Entwicklung einer modernen Jena-Plan-Schule
  Die Schule soll zur Begegnungsstätte der in ihr lebenden Menschen werden.
  Sie soll die Individualität durch Selbsterkenntnis stärken und positive Wertvorstellungen und Verhaltensweisen fördern.
- Schule als Lebens- und Lernstätte mit Schultheater, offenem Unterricht und Projektarbeit
- Grundschulen mit frühbeginnendem Fremdsprachenunterricht
- Gesunde Schule
- Montessori-Schule
- Computer in der Grundschule „Pumukl" (Schulversuch).

Diesen Themen bzw. Programmen widmeten sich einzelne Schulen bereits vor dem Inkrafttreten des Schulgesetzes. Jetzt aber fordert das Schulgesetz uns alle heraus, einen Schritt nach dem anderen zu gehen, d. h. Veränderungsprozesse zu initiieren und zu gestalten.
Eine Herausforderung ist das Programm „ Grundschulen auf dem Lande".

Bewerbungen für dieses Programm aus demographischen Gründen liegen derzeit von 16 Schulen vor, aus reformpädagogischen Gesichtspunkten von zwei Schulen.

Liebe Kolleginnen und Kollegen, ich bin ganz sicher, daß es noch viele weitere Beispiele für erste Schritte zur Weiterentwicklung der Schule in unserem Land gibt.
Auf dem Schulleitertag am 12.März 1996 in Güstrow entstand auf die Frage: „Wie können Sie als Schulleiterin Schulentwicklung in Ihrer Schule initiieren und leiten?“ folgendes Bild. (Es waren ausschließlich Frauen in der Arbeitsgruppe.)
Sie wünschen sich eine Schule, in der

- Lernfreude entwickelt, gefördert und erhalten wird,
- eine kindgerechte Atmosphäre geschaffen wird,
- Kinder sich mit ihrem Umfeld identifizieren können,
- es eine optimaler Förderung und Chancengleichheit jedes einzelnen gibt.

Ich kann mich dieser Vision nur anschließen.

Kleine, sichere Schritte in der Lehrerausbildung

Wie erlangen Lehrerinnen und Lehrer die notwendigen Kompetenzen, um im Sinne der genannten Lernziele des Schulgesetzes und der Visionen der Schulleiterinnen ihre Arbeit zu gestalten? Auch für die Ausbildung, ich spreche jetzt für die 2. Phase der Lehrerausbildung im Grund- und Hauptschullehramt, gilt der Grundsatz: Lernen mit Kopf, Herz und Hand! Die Referendare fordern und erhalten immer mehr die Möglichkeit, voneinander zu lernen. In den Seminaren werden neben Vorträgen, Diskussionen, Arbeiten in verschiedenen Sozialformen, work shops und Projekte durchgeführt.
Sie lernen, sowohl Fachunterricht als auch fächerübergreifenden Unterricht zu planen, zu gestalten und jeweils zu begründen. Für die Entwicklung von Sach-, Fach-, Sozial- und Methodenkompetenz ist aus meiner Sicht ein Zusammenwirken der verschiedenen Phasen der Lehrerausbildung unabdingbar, einschließlich der 3. Phase, der Lehrerfortbildung. Die Lernziele für die Schüler sollten aus meiner Sicht auch Lernziele für die Lehrkräfte sein.

Liebe Kolleginnen und Kollegen, lassen Sie uns keine Zeit versäumen, die fertig gebackenen Brote aus dem Ofen zu ziehen.
Lassen Sie uns gemeinsam Antworten darauf finden, wie wir je verschieden, entsprechend der individuellen Aufgaben, Voraussetzungen und Besonderheiten, „Gute Schule“ gestalten können.

Ralf LAGING

Die altersgemischte Lerngruppe in der kleinen Grundschule

Die kleine Grundschule und mit ihr die altersgemischte Lerngruppe werden in der landespolitischen Bildungsdiskussion recht unterschiedlich eingeschätzt. In Brandenburg beispielsweise gibt es die offensive Befürwortung der kleinen Grundschule mit altersgemischten Lerngruppen. Die Erprobung wird durch einen KMK-Modellversuch abgesichert. In Sachsen fürchtet man die kleine Grundschule mit der altersgemischten Gruppe so sehr, daß das Kultusministerium eine Kabinettsvorlage erarbeitete, um sich auf Regierungsebene Rückendeckung für die Verhinderung solcher Schulen zu holen (Sächsische Staatsregierung 1996). Andernorts wie in Sachsen-Anhalt hat man einfach die Klassenmindestgröße auf 10 Kinder herabgesetzt und den Schulträgern überlassen, wie sie vor Ort ihre Schulen erhalten. In Mecklenburg-Vorpommern führte die altersgemischte Lerngruppe zu bildungspolitischer Polemik: In der Frankfurter Rundschau vom 22. Juni 1995 ist folgende Schlagzeile zu lesen: "Die Christdemokraten sehen die Kinder mit den Fingern rechnen". Hinter dieser Schlagzeile verbirgt sich ein brisantes Thema. Es heißt nämlich: "Auch die schulpolitische Sprecherin der CDU, Ex-Kultusministerin Steffie SCHNOOR, schreckte vor Polemik nicht zurück. Wer - wie die SPD - Grundschüler jahrgangsübergreifend unterrichten wolle, 'nimmt in Kauf, daß Kinder in der fünften Klasse teilweise immer noch mit den Fingern rechnen'".

Hier wird also unterstellt, daß Kinder in der Grundschule mit jahrgangsübergreifenden Gruppen nicht genügend lernen. Eine solche Schlagzeile kann auf eine weit verbreitete und - auch unter Lehrern und Lehrerinnen - tief verwurzelte Meinung über das Lernen in Schulklassen zurückgreifen. Es wird davon ausgegangen, daß schulisches Lernen sinnvoll nur in altershomogenen Klassen zu organisieren ist. Mit der Jahrgangsklasse wird unterstellt, daß alle Schüler(innen) einer Klasse etwa gleiche Leistungsvoraussetzungen haben, daß sie alle in gleicher Weise voranschreiten können, daß sie einen etwa gleichen Entwicklungsstand aufweisen und daß sie somit ein ökonomisches, gleichmäßiges und gleichschrittiges Unterrichten zulassen.

Wir können daran erkennen, daß die Größe einer Schule und die Frage der Gruppenzusammensetzung unter dem Anspruch moderner Lebensverhältnisse kontrovers diskutiert wird. Kleine Schulen mit nur geringer Klassengliederung gelten seit den 50er Jahren als rückständig und nicht mehr zeitgemäß. Pädagogisch ist dies jedoch nie in dieser Eindeutigkeit akzeptiert worden. Vor allem in der Grundschulpädagogik hat es eine starke Befürwortung der kleinen Grundschule gegeben. "Der sozialerzieherische Spielraum der KGS (Kleinen Grundschule, R. L.) wird allgemein als günstig eingeschätzt (Schulgemeinde, Integration, generationsübergreifende Beziehungen, Stammgruppeneffekte)", so der Grundschulpädagoge Kurt MEIERS (1995, 17). Die Überschaubarkeit, die Geborgenheit, Vertrautheit und soziale Wärme werden allgemein als Vorteile herausgestellt. Nachteilig wird immer wieder angeführt, daß es durch die geringe Schülerzahl und damit verbunden die geringe Anzahl von Gleichaltrigen, die Begrenztheit der Beziehungsmöglichkeiten zu Erwachsenen (Lehrer/innen) und durch die hohe Differenzierungsnotwendigkeit zu einem geringeren Anregungspotential und einem großen pädagogischen Aufwand für den Lernerfolg kommt und damit die Chancengleichheit im Hinblick auf die Bildungsabschlüsse nicht gesichert werden kann. Dem stehen die Ergebnisse gegenüber, daß geringere Lernleistungen durch die Form "Kleine Grundschule" nicht nachweisbar sind. Entscheidener ist die "Gestalt" (FEND, 1987), das "Ethos" (RUTTER u. a. 1980) der Schule. Solche Untersuchungsergebnisse gibt es von KNÖRZER (1985) und STRITTMATTER (1985) über kombinierte Klassen oder Mehrklassensschulen. KNÖRZERS (1985) Untersuchung zur kombinierten Klasse weist gerade darauf hin, daß die Fähigkeit des selbständigen Arbeitens in den kombinierten Klassen signifikant größer ist.

Mit diesem Hinweis will ich meine Vorbemerkungen schließen. Sie verweisen bereits auf den Kern meiner Ausführungen. Kleine Grundschulen werden immer auch mit dem Konzept des jahrgangsübergreifenden Lernens verbunden. Ich will diesen Aspekt aus der Diskussion um die Kleine Grundschule herausgreifen und weiter ausführen. Ich spreche dabei von der altersgemischten Lerngruppe, weil sie meines Erachtens den pädagogischen Kern besser trifft. Es geht schließlich nicht mehr um ein Lernen nach Jahrgängen, sondern um ein Lernen von und mit anders altrigen. Die altersgemischte Lerngruppe ist keine organisatorische Notlösung für eine gesellschaftliche und bildungspolitische Problemlage, sondern eine Chance zur Reform der Grundschule bzw. der weiterführenden Schule überhaupt. Pädagogischer Kern meiner Überlegungen ist die Differenz oder die Heterogenität der Lerngruppe als Ausgangspunkt für das Lernen.

Die altersgemischte Gruppe geht von der Verschiedenheit als konstitutives Merkmal von Lernen aus. Die Differenz erfordert das gegenseitige Helfen, sie macht eine Hilfesituation augenfällig. Aus der Differenz erwachsen zudem Lernanregungen für die einzelnen Schüler und Schülerinnen. Sie ist der Motor zur Selbsttätigkeit und zum individuellen Lernen. Für die Kinder wird es dann normal, ihre Unterschiedlichkeiten als gleichberechtigt nebeneinander zu sehen. Erst dann wird es möglich, sich unabhängig vom Alter mit den Themen der anderen auseinanderzusetzen. Die Wahrnehmung der Differenz muß einhergehen mit einem solidarischen Umgang untereinander. Hier könnte ein Bildungsprozeß entstehen, der nicht auf Unterrichtung beruht, aber doch im Unterricht stattfindet.

Ich will im folgenden zunächst die pädagogische Grundidee des Konzepts Altersmischung durch einige reformpädagogische Bezüge herausarbeiten und sie in die gegenwärtige Lebenssituation stellen.

Fotografie und Copyright: Bielefelder Fotobüro Veit METTE

Differenz als pädagogischer Kern der altersgemischten Lerngruppe aus reformpädagogischer Perspektive

Maria MONTESSORI betont in ihrem Spätwerk "Das kreative Kind" (1972, 203) noch einmal die seit Anfang des Jahrhunderts vorgebrachte Bedeutung des sozialen Gefüges einer geschlechts- und altersgemischten Gruppierung der 3 - 6 jährigen, der 6 - 9jährigen und der 9 - 12jährigen. Sie sieht eine Gruppierung über drei Altersjahrgänge als günstig an, da so der Unterschied zwischen den Kindern groß genug ist, um den jeweils anderen als anders (kleiner - größer), hilfebedürftig oder hilfegebend zu erkennen. Über drei Jahrgänge wird das "Band des sozialen Lebens" nicht wie in einer Jahrgangsgruppierung zerrissen. Das Soziale einer Gruppe wird erst lebendig, wenn es sich aus unterschiedlichen Individuen zusammensetzt. Für Montessori bündelt sich der Vorteil der Altersmischung im Sozialen, wobei das Helfen eine zentrale Rolle einnimmt: "Kinder verschiedenen Alters (helfen sich) untereinander (...); die Kleinen sehen, was die Größeren tun und bitten sie um Erklärungen, die diese ihnen gerne geben." (1973, 203)[1]

Die Betonung des einzelnen Kindes bei MONTESSORI entspricht ihrem Lernkonzept: Die Kinder arbeiten in einer vorbereiteten Umgebung mit eigens für die individuelle Freiarbeit hergestellten Materialien. Mit diesen Montessori-Arbeitsmaterialien ist eine weitgehende Differenzierung bis hin zur Individualisierung nach Leistungsvermögen, Lernfähigkeit, Motivationslage und Rhythmus möglich. Durch diese gewollte Individualisierung der Lernprozesse stellen sich in der altersgemischten Gruppe besonders gut die Differenzen heraus, die die Kreativität des Kindes, aber auch das Helfen und die Achtung vor dem Anders-Können des Anderen fördern sollen.

Berthold OTTO, der bereits um die Jahrhundertwende seine Reformgedanken entwickelt und in seiner Hauslehrerschule in Berlin erprobt hat, bezeichnet die traditionelle Schule 1897 als "Zwangsanstalt, in der geistige Leistungen als sittliche Pflicht gefordert werden" und er fügt hinzu: "Ich glaube, daß die Schule in diesem Sinne wirklich das Ende des zwanzigsten Jahrhunderts nicht erleben wird, daß die Definition der Zukunftsschule wesentlich anders lauten wird." (OTTO 1897, in FLITNER/KUDRITZKI 1961, 173) Berthold OTTO wendet sich gegen den Zwang, gegen Strafe, gegen die Lehrpläne. Er stellt das Kind mit seinen Interessen in den Mittelpunkt und fordert das "uneingeschränkte Fragerecht" (1912, 4) des Kindes. Dazu wendet er die "natürliche Methode" an, die sich im

---

[1] Winfried BÖHM interpretiert dieses Anliegen von MONTESSORI so: "In diesen altersgemischten Gruppen entsteht durch das harmonische Zusammenleben und -arbeiten selbständiger Personen, durch Achtung des persönlichen Bereichs des anderen und durch gegenseitiges Helfen das Gefühl einer sozialen Einheit, in der der einzelne vom anderen respektiert wird und in der er ungehindert seinen Interessen nachgehen kann, ohne durch unsinnige Bewegungen oder übermäßige Lautstärke gestört zu werden." (1986, 138).

Austausch unter Kindern und zwischen Kindern und Eltern vollzieht und sich der konkreten Anschauung bedient (OTTO 1963 [1901] 2). An diese familiäre Lebenssituation angelehnt hat OTTO seinen Gesamtunterricht entworfen, der die Begegnung unterschiedlich alter Kinder, ähnlich einer Situation unter Geschwistern in der Familie herbeiführt.[1] Berthold OTTO geht davon aus, daß jedes normale Kind "sich von Natur aus für seine Umwelt" interessiert und daß es, solange man diesem Interesse Nahrung gibt, zu einem "gut durchgearbeiteten Weltbild" gelangen wird. "Dafür ist die größere Gemeinschaft, die sich zur Schule zusammenfindet, noch günstiger als die Familie, weil die verschiedenen Interessen einander gegenseitig anregen; und man findet in der Praxis die Bestätigung der psychologischen Erkenntnis, daß Geistesleben von Grund aus Gemeinschaftsleben ist, und daß, wie Sprache nur in der Gemeinschaft entsteht, auch alle Erkenntnis der Hauptsache nach Gemeinschaftsarbeit ist." (OTTO 1925, 140) Georg KERNER hat bei seinem Besuch in der Hauslehrerschule Berthold OTTOs gesehen, wie diejenigen, die schon etwas wissen, die anderen in ihr Gebiet hineinziehen. Er betont, daß auch diese Kinder von der Aussprache etwas haben: "Indem sie die Fragen der Jüngeren oder auf dem Gebiet Unwissenden zu beantworten suchen, merken sie erst, wie unklar noch diese oder jene Vorstellung bei ihnen ausgebildet ist. Da sehen sie sich nun gezwungen, genauer hinzusehen, gründlicher ihre Vorstellungen auszubilden, um klarer darüber sprechen zu können" (KERNER 1924, 39/40).

Das Konzept des Jena-Plans von Peter PETERSEN (1980[56 - 60]), der besonders seit der deutschen Vereinigung an Popularität für den Aufbau reformorientierter Schulen in den neuen Bundesländern gewinnt, sieht die Bildung von vier bzw. fünf altersgemischten Stammgruppen vor. Mit besonderem Nachdruck weist PETERSEN in seinem Kleinen Jena-Plan auf die Unsinnigkeit der Nichtversetzung und die damit verbundene Notwendigkeit der faktischen Aufhebung der Jahresklasse hin. Durch die verstärkte Auslese für die höheren Schulen und die

---

[1] Er schreibt: "Der Gesamtunterricht ... bezieht sich auf das Zusammensein der ganzen Schule, wo 6-jährige bis 17-jährige zusammen sind. Gerade darin liegt mir so außerordentlich viel, an der geistigen Gemeinschaft verschiedener Lebensalter. Es ist das auch, wodurch die Familie in der geistigen Ausbildung der Kinder der bisherigen Schulen entschieden überlegen ist ... Das liegt daran, daß ganz verschiedene geistige Entwicklungsstadien dort sich aneinander anpassen ... (Wir) müssen (...) hier (in der Schule, R. L.), wenn wir uns von 6-jährigen bis 17-jährigen hinauf verständigen wollen, die Verständigungsmittel in der Sprache und in der ganzen Darstellungsweise dessen, was wir gesehen, gedacht und erlebt haben, so einrichten, daß wir zu einer gegenseitigen Verständigung gelangen. Wir haben dadurch mehr, als es bei einer rein gleichaltrigen Klasse der Fall sein kann, ein Abbild der Art und Weise, wie die Menschen selbst bei der Erforschung der Welt geistig miteinander verkehren ... Gerade darauf bereitet unsere Art des Gesamtunterrichts, der Gesamtschule von vornherein vor. Sie bereitet auch darauf vor, daß die Menschen verschiedene Interessen haben und daß eine gewisse Toleranz, eine gegenseitige Achtung und Duldung geübt und, wo sie nicht vorhanden sein sollte, gelernt wird. Darin erziehen die Kinder sich hier in der Gesamtunterrichtsstunde gegenseitig." (OTTO 1963 [1901], 129).

hohen Sitzenbleiberquoten werde deutlich, daß die Schule offensichtlich nicht so arbeite, daß die Ziele von der überwiegenden Mehrheit erreicht werden könnten.[1] PETERSEN fordert daher "die Ersetzung der Klasse durch die natürliche Altersgruppe" (1984[10], 93) und schlägt die Bildung folgender Gruppierungen vor: Untergruppe 1. - 3. Schuljahr, Mittelgruppe 4. - 6. Schuljahr, Obergruppe (6.) 7. - 8. Schuljahr, Jugendlichengruppe I (8.) 9.-10. Schuljahr und Jugendlichengruppe II (10.) 11. - 12. Schuljahr. Mit der Bildung von altersgemischten Gruppen wird die Gefahr vermieden, daß ein und dieselbe Zusammensetzung auch ihre Schwierigkeiten im Zusammenleben ständig erhält. Dadurch, daß alljährlich in der Gruppe etwa ein Drittel der Schüler neu hinzukommt bzw. die Gruppe verläßt, bleibt eine vorgeordnete Sozialstruktur erhalten, in die die neuen Schüler und Schülerinnen hineinwachsen.

Wie MONTESSORI und besonders OTTO betont auch PETERSEN die Bedeutung der Differenz, die durch die unterschiedlichen Jahrgänge in einer Klasse zwischen den Kindern entsteht.[2] Damit die von PETERSEN als "Bildungsgefälle" bezeichnete Differenz wirksam werden kann, ist der "Gegensatz von reiferen und weniger reiferen Menschen erforderlich, und zwar als ... Wirksamwerden jenes Gegensatzes von Zögling und Erzieher, von Schüler und Lehrer, vom reiferen Schüler und weniger reiferen Schüler."(1984[10], 135) Aufgrund der Differenz unter den Schülern entsteht ein "Verband zu gegenseitiger Hilfe ... Zwei und drei Begabte stacheln sich gegenseitig an; dort hilft der Klügere dem nicht so Begabten, hier ein Älterer dem Jüngeren" (1984[10], 135).[3] Der bereits in den reformpädagogischen Konzepten angelegte Grundgedanke der Differenz gewinnt unter den heutigen modernen Lebensverhältnissen eine ganz neue Bedeutung. Die kulturelle Vielfalt in unserer Gesellschaft, die Pluralisierung der Lebensformen, die Individualisierungstendenzen im Aufwachsen, die Technisierung des Lebens und damit die Möglichkeit der sehr frühen Teilhabe an vielen Informationen führt zu weiteren Ausdifferenzierungen von Wissen, Können und Vorstellungen. Die Differenz der Kinder untereinander ist nicht mehr nur in den klassischen Lernbereichen wie Lesen, Schreiben und Rechnen festzustellen, sondern vor allem in den biographischen Lebenserfahrungen. Insofern hat Schule und Unterricht noch mehr die Aufgabe, mit diesen Differenzen umzugehen. Annedore PRENGEL (1993) hat in ihrem Buch "Pädagogik der Vielfalt" ei-

---

[1] PETERSEN schreibt: "Kein Volk kann die Schüler ändern und lernschulmäßig mehr aus ihnen herausbringen, darum ist das Schulwesen - und nicht in erster Linie das Schulleben - selbst zu ändern!" (1980[56-60], 17).

2 "Die Altersunterschiede sind zugleich verstärkte Bildungsunterschiede, ohne daß wiederum die Spannung zu groß wird. Das bedeutet vermehrte geistige und allgemein menschliche Anregung und Förderung für die ganze Gruppe. Es sind im reicheren Maße pädagogische wie unterrichtliche Führer unter den Kindern selber vorhanden. Dadurch entsteht jenes fruchtbare 'Bildungsgefälle'." (PETERSEN 1980[56-60], 38).

[3] PETERSENS Konzept bedarf allerdings der kritischen Auseinandersetzung. Vgl. dazu BENNER/KEMPER (1991), RÜLCKER 1992 u. a., zur Altersmischung vgl. LAGING (1993).

nen demokratischen Differenzbegriff an der interkulturellen, feministischen und integrativen Pädagogik für die Schulbildung theoretisch fundiert. Ich möchte sie mit der These "Entwicklungen zwischen Verschiedenen" zitieren: "Wenn verschiedene Menschen einander kennenlernen, eröffnen sich neue Handlungsperspektiven. Die Anwesenheit eines schwerstbehinderten Kindes, das vor allem durch Körperkontakt in Beziehung zu anderen tritt, veranlaßt zum Streicheln, zu Zärtlichkeit. Fortgeschrittene Schüler und Schülerinnen können anderen, die beim Rechnen, Lesen, sportlichen Übungen usw. noch nicht so weit sind, etwas beibringen und lernen dabei selbst. Die Begegnung mit Anderen, die etwas anderes können, ist eine wichtige Herausforderung für kognitives und emotionales Wachstum. Die Erfahrung der Koedukation und der hierarchisch organisierten Jahrgangsklasse sowie manche Erfahrungen der Ausländerpädagogik lehren aber, daß das nicht naturwüchsig so ist. Wenn nicht Lehrkräfte ein Klima der Akzeptanz der Verschiedenheit schaffen, ist immer damit zu rechnen, daß nicht Entwicklungsprozesse wechselseitiger Anregung in Gang kommen, sondern daß die mächtigen Traditionen des Rassismus, der Frauenfeindlichkeit und der Behindertendiskriminierung sich Bahn brechen und sich verfestigen und so neue Entwicklungen blockieren." (PRENGEL 1993, 186) Dieser Gedanke verweist darauf, daß auch die Altersmischung kein Selbstläufer ist. Sie muß in pädagogischer Verantwortung und in einem reformpädagoischen Schulkonzept reflexiv gestaltet werden, so daß die Kinder verschiedener Altersgruppen gegenseitige Akzeptanz und Bereicherung erfahren.

Mögliche Organisationsformen der altersgemischten Lerngruppe

Die konsequente Realisierung des reformpädagogischen Konzepts zur Altersmischung stößt bei den derzeitigen äußeren Schulstrukturen an enge Grenzen. Zum einen haben wir eine Trennung von Grundschulen und weiterführenden Schulen und zum anderen endet die Grundschule in den meisten Bundesländern nach dem 4. Schuljahr[1]. Dennoch beginnt die Umsetzung nicht bei der Organisation, sondern bei einem veränderten Verständnis von Unterricht, einem Verständnis, das die Heterogenität als Bereicherung ansieht und zur Voraussetzung einer kindorientierten Schule erhebt. Wenn ein Kollegium sich über ein reformorientiertes Konzept verständigt, in dem verschiedene Elemente der Grundschulreform aufgenommen worden sind, wie Freie Arbeit, Wochenplanarbeit, alltagsorientierter Schriftsprachenerwerb, Projekte, Morgenkreis usw., dann wird es auch möglich, nach eigenen Vorstellungen einen organisatorischen Rahmen zur Einführung von altersgemischten Lerngruppen zu finden. Zur Einführung altersgemischter Gruppen lassen sich aus der bisherigen Darstellung zwei pädagogische Orientierungspunkte nennen, die den Grundgedanken wiedergeben: Zum einen handelt es sich um die aus der Erfahrung erwachsene Altersspanne von

[1] Eine sechsjährige Grundschule gibt es nur in Berlin und Brandenburg. Vgl. zum Thema "Sechsjährige Grundschule": RÖSNER 1994.

drei Jahren, mit der man sichern möchte, daß über die bereits vorhandene Differenz unter den Kindern hinaus eine fruchtbare Situation im Bildungsprozeß entsteht und zum anderen um die Aufeinanderfolge von mehreren altersgemischten Gruppen, so daß jedes Kind den Prozeß des Größer-werdens nicht als einmalig erlebt. Während der erste Punkt die günstigen Voraussetzungen für das Entstehen von Hilfesituationen beschreibt, weist der zweite Punkt darauf hin, daß Kinder auch mit ihrem Alter "rechnen" können; sie sind irgendwann auch die "Großen", ihnen fällt dann eine Rolle zu, die sie als "Große" erfüllen müssen, wie sie ebenso beim Hineinwachsen in die nächsthöhere Gruppe wieder die "Kleinen" sind. Zur Realisierung des zweiten Punktes bietet die vierjährige Grundschule eine schlecht Voraussetzung. Eine mindestens sechsjährige Grundschule kann mit zwei aufeinanderfolgenden dreijährigen altersgemischten Gruppen beide Punkte erfüllen.[1]

Die vierjährige Grundschule muß den Kompromiß der vier Schuljahre umfassenden Altersmischung oder die Zwei-Klassenkombination mit dem ersten und zweiten sowie dem dritten und vierten Jahrgang eingehen. Denkbar wäre noch das Zusammenbleiben von immer zwei Jahrgängen bis zum Ende der Grundschulzeit als Aufsteigemodell oder die Verbindung des ersten mit dem dritten und des zweiten mit dem vierten Schuljahr. Wenn Eingangsstufe oder Vorklasse hinzukommen, verbessern sich die Möglichkeiten, einen dreijährigen altersgemischten Schulanfang zu gestalten. Durch das Eingangsstufenmodell könnte zugleich das Problem des immer späteren Einschulens durch Zurückstellung und das immer noch zu hohe Wiederholen in den ersten beiden Schuljahren einer Lösung nähergebracht werden. Mit der Organisationsform der altersgemischten Lerngruppe wird es möglich, auch an kleinen Grundschulen Parallel-"klassen" zu bilden. Eine sechsjährige Grundschule mit insgesamt 60 Schüler(innen) könnte für die Stufe 1 und 2 jeweils zwei Parallelstammgruppen mit je 15 Schüler(inne)n führen. Jeder Jahrgang in einer Stufe würde also fünf Schüler(innen) umfassen. Jährlich würden nur 10 Kinder eingeschult werden. Die Parallelgruppenkonstruktion hat den Vorteil, daß Lehrer(innen) auf einer Stufe kooperieren, ja sogar ein Zweierteam bilden können. Eine Klassenlehrerin wäre nicht mehr mit der einzigen Klasse dieses Jahrganges alleine.

Die organisatorischen Varianten sind also vielfältig. Wichtiger scheint jedoch, daß die Grundidee des Voneinanderlernens in der altersgemischten Gruppe zum Tragen kommt.[2]

---

[1] Im Zusammenhang mit der altersgemischten Gruppe erweist sich die bildungspolitische Schwerfälligkeit, eine sechsjährige Grundschule einzuführen, als sehr ungünstig. So ist es z. B. im Bundesland Hessen mit einem neuen, durchaus fortschrittlichem Schulgesetz nicht möglich, eine sechsjährige Grundschule einzurichten; schlimmer noch: noch nicht einmal die vereinzelte Umwandlung in eine sechjährige Grundschule ist vorgesehen.

[2] W eitere Hinweise zur Gestaltung altersgemischter Gruppen finden sich in dem Themenheft "Altersgemischtes Lernen" der Zeitschrift "Die Grundschulzeitschrift" (1995), darin im Über blick LAGING (1995 a).

Ausgewählte Ergebnisse einer Untersuchung über das Leben und Lernen in altersgemischten Gruppen

Die soziale Beziehung der Kinder untereinander hat eine hohe bedeutung für die Entwicklung. Kinder brauchen Raum und Zeit, Beziehungen selber zu gestalten und auszuhandeln. Dies wird ihnen in Anbetracht der veränderten Lebensverhältnisse immer weniger gewährt bzw. ist immer seltener möglich (vgl. FÖLLING-ALBERS 1989, 1992; GEULEN 1988, ROLFF/ ZIMMERMANN 1992²). Gerade deswegen ist heute der altersgemischten Gruppe eine große Bedeutung beizumessen. Im Rahmen der Wissenschaftlichen Begleitung der Reformschule Kassel habe ich eine Studie zur Bedeutsamkeit der altersgemischten Gruppe angefertigt (LAGING 1995b).[1]
Ich konzentriere mich im folgenden auf zwei Aspekte, die für das Leben und Lernen in der altersgemischten Gruppe bedeutsam sind und die zugleich in der Konzeption der Altersmischung eine wesentliche Rolle spielen: a) die Bedeutung des Alters für die Sozialbeziehungen und b) die Bedeutung des Helfens für das Lernen. Beide Aspekte werden in der Literatur als Vorteile der altersgemischten Gruppe gegenüber der Jahrgangsklasse diskutiert. Als Datengrundlage dienen leitfadenorientierte Interviews mit den Kindern und freie Beobachtungsprotokolle über das Unterrichtsgeschehen. Die Untersuchung bezieht sich auf die Stufe 1 der Reformschule Kassel. Die Stufe 1 umfaßt das 0. - 2. Schuljahr (5 - 7jährige Kinder). Die Erhebungen wurden 1991 und 1992 durchgeführt.

Unterschiedlichkeit durch das Alter

Im Interview wurden die Kinder gefragt, ob sie benennen können, welche Kinder ihrer Gruppe zu den jüngeren, mittleren und älteren Kindern gehören. Die Antworten sind recht eindeutig. Es ist allen Kindern bewußt, daß sie einer Klasse aus drei verschiedenen Altersgruppen angehören. Einige wissen sogar, daß zu jeder Altersgruppe sieben Kinder gehören. Den jüngeren Kindern ist besonders die eigene Altersgruppe bekannt.
Die genauesten Wiedergaben finden sich bei den Kindern der mittleren und älteren Altersgruppe. Die Kinder der Reformschule sind somit in einer Situation, in der sie ihr Alter als Variable in die Gestaltung sozialer Beziehungen bis hin zur Bildung von Peer-Groups, Geflechten und Freundschaften (KRAPPMANN/ OSWALD 1983) einbringen können (vgl. auch de HAAN 1991). Dies unterscheidet sie erheblich von den Kindern der Jahrgangsklassen in den Regelschulen. Dort gibt es eine enge Verknüpfung des Alters mit der Zugehörigkeit zu einer

[1] Zur Konzeption und Arbeit der Schule vgl. LAGING/SKORKA 1991 und THIES 1994.

Lerngruppe bzw. einer Klasse. Die Möglichkeit, das Alter über eine Altersspanne von drei Schuljahren hinweg als ein wesentliches Kriterium zur Gestaltung ihrer Sozialwelt zu verwenden, ist somit ein Zugewinn gegenüber der Regelschule. Damit spielt das Alter bei der Definition und Gestaltung von sozialen Beziehungen eine wesentliche Rolle. Diese Beobachtung läßt sich durch eine andere Untersuchung von Gertrud BECK über die Altersmischung in der Jahrgangsklasse bestätigen. BECK (1994) hat in ihrer qualitativen Studie darauf aufmerksam gemacht, daß den Kindern in der Jahrgangsklasse zwar Altersunterschiede bewußt sind, daß es aber die Jahrgangsklasse unmöglich macht, "vorhandene Unterschiede durch Alter erklärbar zu machen, sie suggeriert Gleichheit. Es gibt kein Einordnungkriterium "Alter", zumal in bezug auf die schulischen Leistungen keineswegs die gleichen Unterschiede sichtbar sein müssen wie im sozialen Verhalten. Während in einer altesgemischten Gruppe die Zuordnung zu den Älteren oder Jüngeren für die Selbst- und Fremdwahrnehmung sehr wichtig ist und hilft, Selbst-Bewußtsein zu entwickeln, gibt es diese Unterscheidung in der Jahrgangsklasse nicht oder nur äußerst vage." (BECK 1994).

Erste Hinweise darauf, daß die Unterschiedlichkeit im Alter praktische Auswirkungen bei der Bewältigung von Aufgaben hat, zeigen sich vor allem in den Beobachtungsprotokollen des Unterrichtsgeschehens. Eine inhaltliche Strukturierung zeigt, worum es geht: Zum einen handelt es sich um solche Interaktionen, die von älteren Kindern an jüngere Kinder gerichtet sind. Dabei geht es 1. um "Belehrungen und Zurechtweisungen" ("Ey, der kann noch nicht mal bis 3 zählen!"), 2. um "gut gemeinte Ratschläge" ("Du mußt zuerst diese Seite ausschneiden!"), 3. um "Kommentierungen" ("Oh, wie schreibst Du denn Deinen Namen!"), 4. um "Hilfen" ("Komm, ich schreib Dir die Wochengeschichte. Du erzählst und ich schreibe!") und 5. um "Kooperationen" ("Wir beide sind heute mit dem Kaufladendienst dran!").

Auf der anderen Seite gibt es die "stille Teilhabe" von jüngeren Kindern an Aktivitäten der älteren Kinder, besonders wenn ältere Kinder laut lesen oder sich ein Sachbuch anschauen, aber auch wenn sie mit Bastelarbeiten befaßt sind. Die "stille Teilhabe" wird ergänzt durch das "Fragen" von jüngeren Kindern ("Wieviele Körperteile hat ein Wal?"). Vielfach hat der Umgang auch den Charakter von "sozialer Verantwortung" gegenüber Schwächeren, wenn ein älteres Kind sich über ein anderes Kind beschwert ("Du hast schon so viel geschrieben, jetzt kommen die anderen erst!"). Die älteren sorgen dafür, daß die jüngeren Kinder zu ihrem Recht kommen ("Zuerst ist Dörte dran!"). Aber die Belehrungen, Ratschläge, Kommentierungen, Hilfen, Kooperationen, stillen Teilhaben, Fragen und sozialen Verantwortungen laufen nicht nur *mit* dem Altersgefälle, sondern auch *gegen* das Altersgefälle.

Die Protokolle zeigen auch, daß bei einer Reihe von Aufgabenbewältigungen die sozialen Beziehungen davon abhängig sind, ob das andere Kind zur selben oder anderen Altersgruppe gehört. Es scheint nämlich ebenso bedeutsam zu sein, bei bestimmten Aufgaben gleichaltrige Kinder aufzusuchen, besonders dann,

wenn sie dieselben Aufgaben bzw. Aufgabenblätter bekommen haben. Das andere Alter als Unterscheidungskriterium ist sowohl für die Gestaltung der Beziehungen zu Kindern einer anderen Altersgruppe als auch zu Gleichaltrigen wichtig. Nehmen die altersübergreifenden Beziehungen vor allem durch die unterschiedlichen Aufgabenanforderungen sehr viel differenziertere Formen an, so handelt es sich bei altersgleichen Aufgabenanforderungen eher um ein Nebeneinander oder um kooperative Formen der sozialen Beziehungsgestaltung. Beide Fälle bringen unterschiedliche Gelegenheiten für soziale Erfahrungen hervor.
Die Bedeutung des Alters als Kriterium für Unterschiedlichkeit findet man in den Aussagen zu einer weiteren Interviewfrage bestätigt. Die Kinder wurden gefragt, wie sie es finden, daß sie mit Kindern unterschiedlichen Alters eine gemeinsame Lerngruppe bilden. Es lassen sich fünf Argumentationsfiguren voneinander unterscheiden, von denen die ersten vier die Zustimmung und die letzte die ablehnende Haltung aufzeigen: 1. "Helfen und Sorgen", 2. "Groß-Werden", 3. "mehr Anregung", 4. "je nach Person" und 5. "Abgrenzung". Ich stelle nur die erste Argumentationsfigur vor. Sie ist zugleich die gewichtigste Begründung aus der Sicht der Kinder.
Alle drei Altersgruppen bringen mit der Unterschiedlichkeit des Alters das "Helfen und Sorgen" für andere bzw. "Hilfe bekommen und Versorgt-werden" in Verbindung. Woher diese Assoziation kommt, kann hier nicht beantwortet werden. Auffällig ist jedenfalls, daß dieses Thema bei fast allen Kindern das erste Argument auf die Interviewfrage ist. Die älteren Kinder sehen offensichtlich deutlich ihre Aufgabe. Sie wissen, daß sie als Helfer gebraucht werden und sie auch Verantwortung zu tragen haben. Dazu ein Beispiele:

- "Manchmal kann man halt auch für die jüngeren ein bißchen sorgen und ein bißchen mit denen spielen."

Die mittleren Kinder sehen die Wechselbeziehung zwischen Hilfe-Geben und Hilfe-Bekommen. So verstehen sie ihre Rolle in beiderlei Richtungen. Dies zeigt die folgende Interviewaussage:

- "Weil die Jüngeren, die können da was lernen, da kann ich dann helfen und die Älteren können mir helfen."

Im Gegensatz zur Rollendefinition der mittleren und älteren Kinder sehen die jüngeren Kinder sich in der Rolle der Hilfe-bekommenden Kinder. Dazu wieder ein Beispiel:

- "Ja, weil dann, wenn die Kleinen, wenn sie die brauchen, können sie die Großen holen."

Mir scheint es für die Arbeit mit altersgemischten Gruppen nicht unwichtig zu sein, darauf vertrauen zu können, daß die Kinder Erwartungen haben, die mit dem Hilfe-geben und Hilfe-bekommen zusammenhängen. Es wäre zu fragen, wie man hierauf aufbauend das Helfen von Anfang an so kultivieren kann, daß es für die Kinder zum selbstverständlichen Alltag gehört.

Helfen als Sozialereignis

Wie das erste Auswertungsthema bereits gezeigt hat, spielt das Helfen im Sozialleben der altersgemischten Gruppen eine bedeutende Rolle. Es wird als ein Sozialereignis verstanden, das die Kinder emotional bewegt und das sie durch erlebte Situation gut beschreiben können.
Helfen und Hilfe-Bekommen verlangt ein hohes Maß an Einfühlungsvermögen. Eine Interaktion kann nur dann befriedigend aufrecht erhalten werden, wenn es den Beteiligten gelingt, die ungleichen Fähigkeiten wechselseitig zu kompensieren. OSWALD und KRAPPMANN (1988, 220) bemerken dazu u.a.: "Unabhängig von der Ausgangslage und vom Bereich, in dem Hilfe geleistet wird, besteht eine Asymmetrie zwischen Helfer und Hilfsbedürftigem, die dem Helfer besondere Einflußchancen einräumt und dem Hilfeempfänger nahelegt, Vorkehrungen zu treffen, die Abhängigkeit zu mildern, auszugleichen oder gar umzukehren und negative Folgen für Ansehen und Stellung zu vermeiden". Die altersgemischte Gruppierung hat hier günstigere Bedingungen als die Jahrgangsklasse. Sie macht für die Kinder aufgrund ihres jeweiligen Altersstatus deutlich, wer vornehmlich die Rolle als Helfer und wer die als Hilfeempfänger inne hat. Hier vermute ich, daß das Aufkommen von Unterlegenheits- und Überlegenheitsgefühlen nicht in dem Maße zum Tragen kommen kann wie in der Jahrgangsklasse, da die strukturelle Asymmetrie (also Notlage hier und Kompetenz dort) durch die institutionell geschaffene Ungleichheit im Alter eine Legitimation erfährt.
Das Konzept der altersgemischten Lerngruppe unterstellt eine besonders günstige Situation für das gegenseitige Helfen. Dabei verstehe ich Helfen zum einen als wohl begründeten und reflektiert eingesetzten Auftrag zur Unterstützung anderer Kinder und zum anderen als eine unter Kindern auf Gleichheit beruhende, gegenseitige und ausgehandelte Beziehungskonstellation, die den Zweck einer Unterstützung erfüllt. Zum Helfen kann also beauftragt werden, aber das Helfen kann auch Teil einer Beziehungsdefinition sein und sich dabei auf einen zu vermittelnden Sachverhalt oder ein soziales Thema konzentrieren.
Die Äußerungen der Kinder differieren in den einzelnen Altersgruppen. Die älteren Kinder sprechen vier unterschiedliche Formen der Hilfe an: "Helfen als Lehren", "gegenseitiges Helfen", "arrangierte Zusammenarbeit" und "soziale Hilfe". Dagegen taucht in den Darstellungen der mittleren Kinder von diesen Formen nur die "gegenseitige Hilfe" auf. Sie verstehen darüber hinaus Helfen vor allem als "Hilfe-bekommen". Bei den jüngeren Kindern verstärkt sich diese

Schülerinnen der Versuchsklasse in der Grundschule Nr. 37 in Łódź

verwirklichte Kreativitätspädagogik

Tendenz. Sie beschreiben Helfen nur im Sinne einer zu bekommenden Hilfe. Dazu gehören nicht nur die größeren Kinder, sondern vor allem der Lehrer oder die Lehrerin. Ich beschränke mich hier auf die Form des gegenseitige Helfens, weil sie am häufigsten in den Erzählungen der Kinder vorkommt.
Die umfangreichsten Erfahrungen liegen dazu aus dem selbstorganisierten, sich oft zufällig ergebenden Umgang miteinander vor. Hierbei geht es um Hilfen, die sich aus der Gelegenheit ergeben. Manchmal fragt ein Kind und manchmal bietet ein Kind Hilfe an. Das so verstandene gegenseitige Helfen ist nicht vom Lehrer oder der Lehrerin organisiert. Die Heterogenität am Arbeitsort, bedingt durch die Altersdifferenz und die Verschiedenheit der gleichzeitig bearbeiteten Aufgaben, schafft die Situation, aus der heraus das Helfen entsteht. Dabei beziehen die Kinder sich fast ausschließlich auf Aufgaben aus dem Arbeitsplan. Eines der älteren Kinder beschreibt das gegenseitige Helfen im Interview so:

- "Naja, also ich hab gerade der Karin geholfen und die hat mir vorhin beim Arbeitsplan geholfen. Da mußte ich so Reime machen, die standen da, und da mußte ich gucken, was für ein Tier dazugehört ... das ging eigentlich leicht, nur wußte ich manchmal nicht, was das alles für Tiere waren, da waren so viele Vögel und ich kenne nicht alle Vogelsorten."

Diese Form der Hilfe spielt auch bei den mittleren Kindern eine Rolle. Dazu ebenfalls ein Beispiel:

- "Denen sag ich dann immer, also erstmal, wenn sie 3 + 3 haben: 'Mach erst mal drei Finger und dann plus und dann nochmal 3' und wenn sie's einfach nicht rauskriegen, dann sag ich: 'Zähl mal' und dann sagen sie immer sofort: '6'".

Die Antworten der Kinder sind kein Beleg dafür, daß alle Kinder in der altersgemischten Gruppe eine große Hilfsbereitschaft zeigen und engagiert mit Hilfe für die anderen eintreten oder daß sie sich auf die Hilfe der anderen verlassen können. Wohl aber zeigen sie, wie die Kinder der Reformschule in der altersgemischten Zusammensetzung ihre Rolle in bezug auf das Thema Helfen interpretieren. Meines Erachtens läßt sich aus dieser Interpretation schließen, daß sie sich ihres jeweiligen altersspezifischen Auftrages bewußt sind.
Vergleicht man die in dieser Untersuchung gewonnene Einschätzung zum Helfen mit anderen Untersuchungen in der Grundschule, dann zeigt sich, daß die Altersmischung einen Effekt hat. In der Berliner Studie von KRAPPMANN/OSWALD (1988) zu Grundschulkindern kommt Helfen während des Unterrichts nur selten vor und wenn, dann handelt es sich zur Hälfte um das Ausleihen von Materialien. Die andere Hälfte bezieht sich auf Aufgaben. Die hier beobachteten Hilfen waren überwigend problematisch und konfliktträchtig. Nur unter eng

vertrauten Kindern (Freunden) verlief die Hilfe erfolgreich. Ansonsten waren die Hilfen mit Erniedrigungen und abfälligen Bemerkungen versehen.

Abschluß

Statt noch einmal die pädagogischen Überlegungen zur Altersmischung zusammenzufassen, will ich mit einem Szene schließen, die eigentlichen alles aussagt, was zum Lernen in der altersgemischten Gruppe in dem dargelegten pädagogischen Verständnis von Schule und Unterricht zu sagen ist. Die Szene beschreibt die Entstehung einer Wochengeschichte durch Hilfeleistung eines größeren Kindes:

"Jan (7 Jahre) und Heiner (7) stehen an einem der Gruppentische und überlegen, was sie noch machen können. Dabei reden sie sehr laut. Lars (7) fragt, ob sie auch eine Geschichte schreiben müssen. Jan (7) verneint dies. Etwas später setzen sich Kirsten (7), Felix (5) und Tina (6) an den Tisch. Kirsten (7) schreibt für Felix die Wochengeschichte. Er diktiert, sie schreibt mit großer Geschwindigkeit. Sie fragt: "Was hast Du noch auf dem Spielplatz gemacht?" Felix (5) erzählt und Kirsten (7) schreibt. Lars (7) bemerkt: "Oh, schreibst Du dem Felix (5) viel. Ist ja auch eine tolle Geschichte." Felix (5) bemerkt: "Das kann ich gar nicht alles sagen, weil es nicht auf's Blatt paßt." Kirsten (7) erwidert: "Das macht nichts. Ich schreibe auf der Rückseite weiter." So schreibt Kirsten (7) auch auf der Rückseite. Dann ist sie fertig. Sie gibt Felix (7) das Blatt, er bringt es weg und geht in den Bauraum."

Literatur

BECK, G.: Altersmischung in der Jahrgangsklasse. Vortragsmanuskript der Grundschultagung in Kassel 1994 (zusammen mit Elisabeth BERGMANN und Claudia HELLDÖRFER).

BENNER, D./KEMPER, H.: Einleitung zur Neuherausgabe des "Kleinen Jena-Plans". Weinheim und Basel 1991.

BÖHM, W.: Die Montessori-Philosophie und ihre erzieherische Relevanz. In: RÖHRS, H. (Hrsg.): Die Schulen der Reformpädagogik heute. Düsseldorf 1986, 129.

De HAAN, G.: Die Bedeutung von Raum und Zeit für das Lernen von Kindern. Bericht für das Hessische Institut für Bildungsplanung und Schulentwicklung. Typoskript. Wiesbaden 1991.

Die Grundschulzeitschrift: Themenheft "Altersgemischtes Lernen". Heft 84. Velber 1995.

FEND, H.: "Gute Schulen - schlechte Schulen". - Die einzelne Schule als pädagogische Handlungseinheit. In: STEFFENS, U. (Hrsg.): Erkundungen zur Wirksamkeit und Qualität von Schule. Wiesbaden 1987, 55.

FILTNER, W./KUDRITZKI, G. (Hrsg.): Die deutsche Reformpädagogik. Die Pioniere der pädagogischen Bewegung. Düsseldorf und München 1961.

FÖLLING-ALBERS, M.: Schulkinder heute. Auswirkungen veränderter Kindheit auf Unterricht und Schulleben. Weinheim und Basel 1992.

FÖLLING-ALBERS, M. (Hrsg.): Veränderte Kindheit - veränderte Grundschule. Frankfurt 1989.

GEULEN, D. (Hrsg.): Kindheit. Neue Realitäten und Aspekte. Weinheim 1994.

KERNER, G.: Die Berthold-Otto-Schule. In: HILKER, F.: Deutsche Schulversuche. Berlin 1924, 36.

KNÖRZER, W.: Sind Schüler in kombinierter Grundschulklassen. benachteiligt? Baltmannsweiler 1985.

KRAPPMANN, L./OSWALD, H.: Freunde, Gleichaltrigengruppen, Geflechte. Die soziale Welt der Kinder im Grundschulalter. In: FÖLLING-ALBERS, M. (Hrsg.): Veränderte Kindheit - veränderte Grundschule. Bd. 75. Frankfurt a. M. 1989, 94 - 102.

KRAPPMANN, L./OSWALD, H.: Schulisches Lernen in Interaktionen mit Gleichaltrigen. In: Zeitschrift für Pädagogik 31 (1985) 3, 321 - 337.

LAGING, R./SKORKA, A. (Hrsg.): Schulstr. zwo. Band 1: Reformschule Kassel. Kassel 1991.

LAGING, R.: Altersgemischte Gruppen als Beitrag zur Schulreform. In: *Die Deutsche Schule* 85 (1993), 3, 364 -382.

LAGING, R.: Altersgemischte Gruppen in der Grundschule. Untersuchungen zur Veränderung sozialer Beziehungen. In: EBERWEIN, H.; MAND, J. (Hrsg.): Forschen für die Schulpraxis. Was Lehrer über Erkenntnisse qualitaitver Sozialforschung wissen sollten. Weinheim 1994, 117 -136.

LAGING, R.: Altersgemischtes Lernen. In: *Die Grundschulzeitschrift* 9 (1995a), 84, 6 - 13.

LAGING, R.: Lernen in altersgemischten Gruppen. Untersucht und beschrieben an der Reformschule Kassel unter der Perspektive der sozialen Entwicklung am Schulanfang. Abschlußbereicht für das Hessische Institut für Schulentwicklung und Bildungsplanung. Manuskript 197 Seiten. Kassel 1995b.

MEIERS, K.: Zur Theorie der "Kleinen Grundschule". In: Wege entstehen beim Gehen. "Kleine Grundschulen" entwickeln ein Konzept. Pädagogisches Landesinstitut Brandenburg (PLIB) Ludwigsfeld 1995, 14 - 24.

MONTESSORI, M.: Das kreative Kind. Freiburg (Herder) 1973.

OTTO, B.: Die Berthold-Otto-Schule. In: Gustav PROGER (Hrsg.): Neue Schulformen und Versuchsschulen. Bielefeld und Leipzig 1925, 137.

OTTO, B.: Die Schulreform im 20. Jahrhundert. Ein Vortrag (1897). In: Wilhelm FILTNER; Gerhard KUDRITZKI (Hrsg.): Die Deutsche Reformpädagogik. Bd. 1. Düsseldorf und München 1961, 167.

OTTO, B.: Die Reformation der Schule. Groß-Lichterfeld 1912.

OTTO, B.: Ausgewählte Schriften, besorgt von Karl KREITMAIER. Paderborn 1963.

PETERSEN, P.: Der Kleine Jena-Plan. Weinheim und Basel 1980^{56-60}.

PETERSEN, P.: Führungslehre des Unterrichts. Neuausgabe nach der 10. Auflage. Weinheim und Basel 1984^{10}.

PRENGEL, A.: Pädagogik der Vielfalt. Opladen 1993.

ROLFF, H.-G./ZIMMERMANN, P.: Kindheit im Wandel. Weinheim und Basel 1992^{2}.

RÖSNER, E. (Hrsg.): Sechsjährige Grundschule. Qualität und Chancen eines Reformmodells. Essen 1994.

RÜLCKER, T.: Erziehung für die Volksgemeinschaft. Die Funktion von PETERSENs völkischralisitischer Erziehungswissenschaft in der NS-Zeit. In: RÜLCKER, T./KASSNER, P. (Hrsg.): Peter PETERSEN: Antimoderne als Fortschritt? Erziehungswissenschaftliche Theorie und pädagogische Praxis vor den Herausforderungen ihrer Zeit. Frankfurt a. M. 1992, 193.

RUTTER, M. u. a.: Fünfzehntausend Stunden. Schulen und ihre Wirkung auf die Kinder. Beltz, 1980.

Sächsische Staatsregierung: Grundschulnetzplanung. . Kabinettsvorlage. Dresden 1996.

STRITTMATTER, A.: Die Mehrklassenschulen in der Schweiz. In: Schweizer-Schule (1985), 4, 38-46.

THIES, W. (Hrsg.): Schulstr. zwo. Band 2: Beiträge zur Reformschule Kassel 1989-1994. Kassel 1994.

Margarete SCHÄFER

Leben und Lernen in der Sternenklasse
Pädagogische Situationen in der Grundschulpraxis

Die Voraussetzungen: PETERSENs Begriff der Pädagogischen Situation
Gemeinsam leben und lernen in der Schule braucht einen theoretischen Hintergrund, der dabei hilft, Einsichten umzusetzen, zu reflektieren und weiterzuentwickeln. Peter PETERSENs Definition der "Pädagogischen Situation" ist der Begriff, der sich für mich als brauchbar erwiesen hat, auf die Schwierigkeiten in meiner Klasse [1] zu reagieren. Darüber hinaus ist er mir hilfreich bei der Gestaltung meines Unterrichtsalltags, insbesondere bei der rhythmischen Planung der Woche. Hier haben die Kinder Gelegenheit zu individueller Arbeit, zugleich aber kommt der Gemeinschaft eine tragende Rolle zu. Im Folgenden möchte ich den Begriff der "Pädagogischen Situation" kurz darstellen.

Der Begriff der "Pädagogischen Situation"

PETERSEN charakterisiert die Pädagogische Situation als "problemhaltigen Lebenskreis" von Kindern um eine Lehrerin/einen Lehrer, der diesen Kreis in "pädagogischer Absicht" so ordnet, daß jede und jeder in diesem Kreis geradezu "genötigt" wird, "als ganze Person zu handeln, tätig zu sein" (vgl. PETERSEN, P.: Führungslehre des Unterrichts. Weinheim und Basel 1984, S. 20).
Diese Definition enthält für mich den Anspruch, die Kinder und mich selbst als "ganze Person" ernst zu nehmen. Ich möchte, daß wir alle unserer Arbeit, unserem Zusammensein in unserem Klassenraum und in der Schule zustimmen können. Ich möchte, daß wir gerne kommen und uns miteinander freuen. Mitangesprochen ist die "Pädagogische Ordnung", dazu gehört die Gestaltung des Klassenraums als "Schulwohnstube"[2] ebenso wie der rhythmische Wochenarbeits-

[1] Wenn ich von meiner Klasse spreche, so meine ich einerseits die Sternenklasse, in der ich vier Jahre lang Klassenlehrerin war, andererseits die Eichhörnchenklasse, mein jetziges drittes Schuljahr, das ich seit Beginn des Schuljahres unterrichte. Die Arbeit in der Sternenklasse war besonders in den ersten beiden Schuljahren eine enorme Herausforderung. Die Kinder waren ganz anders, als ich sie erwartet hatte. Alle brachten ihre zum Teil dramatische, sechs-, sieben- oder achtjährige Lebensgeschichte mit, auf die ich reagieren mußte. Da war zum Beispiel Sascha aus der Vorklasse. Er schlug schon zu, wenn jemand nur hinter ihm stand. Da war Christian, der höchstens eine Minute still sitzen konnte, und das auch nur, wenn er sich vorher schon in den Kreis geworfen hatte. Gleichzeitig war Dominique da, der irgendwo saß und in den höchsten Tönen fiepte. Und da waren natürlich noch viele andere Kinder. Nach vier Wochen bat ich den Schulpsychologen zu kommen, da ich mich nicht nur überfordert, sondern auch unfähig fühlte. Wenn ich von der Sternenklasse berichte, benutze ich die Vergangenheitsform, von der Eichhörnchenklasse berichte ich in der Gegenwart.
[2] Peter PETERSEN, Führungslehre des Unterrichts. Weinheim und Basel 1984.

plan. Die folgenden Ausführungen sehe ich als Versuch einer Antwort auf diesen Anspruch.

Der Kreis in meiner Klasse

Der Kreis ist in meiner Klasse der grüne Bankkreis. Hier treffen wir uns nach der Freien Arbeit morgens, um uns zu begrüßen und um im "Ründchen" darzustellen, woran die einzelnen Kinder arbeiten, womit sie sich beschäftigen. Hier treffen wir uns täglich zum Lesekreis. Hier findet der Wochenbeginn mit Erzählen vom Wochenende und der Wochenschlußkreis mit dem Klassenrat und dem Goldenen Buch[1] statt. "Problemhaltig" ist unser "Lebenskreis" allemal. Neben Zwischenmenschlichem gibt es sachliche Fragen und Probleme, unsere Aufgabe ist es, sie auszuwählen und aufzugreifen, ihrer Lösung allein oder gemeinsam ein Stück näherzukommen. Mein Anteil liegt darin, dafür zu sorgen, daß sich jeder von uns zur Sprache bringen und tätig sein kann. Dazu ist es manchmal notwendig, daß ich dabei helfe, aus Fragen Themen zu formulieren und zu gliedern. Häufig werde ich bei der Materialbeschaffung gebraucht. Hin und wieder gibt es eine Durststrecke: Eine Arbeitsgruppe hat sich gestritten, jemand steigt aus dem Thema aus, eine andere Gruppe kommt ohne Rat nicht weiter.
Vieles in der Sternenklasse entstand im dritten und vierten Schuljahr ohne mein Zutun, und ich war in der Präsentation am Mittwoch oft eine Lernende und manchmal überrascht. Diese sehr große Selbständigkeit der Sternenklassenkinder war das Ergebnis von vier gemeinsamen Jahren. Ich lernte zunehmend, Selbständigkeit zuzulassen, während die Kinder lernten, Offenheit und Freiheit sinnvoll zu nutzen.

Wochenrhythmus in der Sternenklasse

Der Wochenrhythmus der Sternenklasse entwickelte und veränderte sich während der vier Jahre. In den ersten drei Schuljahren gab es einen Wochenplan, der in den Tagesplan integriert war und zunehmend Platz für eigene Vorhaben ließ. Der Wochenplan war themenorientiert. Er bildete den Rahmen, innerhalb dessen die Kinder zunehmend frei arbeiteten. Das Thema wurde durch mich oder durch die Kinder eingebracht. Themen waren zum Beispiel: Eisenbahn, Zauberwoche, Ritter und Burgen, Paul KLEE, Vom Ei zum Frosch, Robben, Wale, Türme, Schneewittchen ... Ein neues Thema begann häufig mit einem Plakat, auf dem

---

[1] Die Idee, ein Goldenes Buch zu schreiben, habe ich meiner ehemaligen Schulleiterin Roswitha STAHRINGER zu verdanken. Bei ihr habe ich während des Referendariats erlebt, wie gespannt die Kinder am Freitag im Schlußkreis sind, wenn etwas Positives über sie vorgelesen wird. Auf mein "Goldenes Buch" gehe ich bei der Beschreibung des Wochenschlußkreises näher ein.

wir sammelten, was an Wissen und Fragen da war. Anhand des Plakates konnte ich das Thema gliedern. Vorhandenes Material wurde auf dem "blauen Tisch"[1] gesammelt und gesichtet (Kinderzeitschriften, Bücher, Fotos, ...). Die Kinder ordneten sich einer Frage oder einem Thema zu.
Jedes Thema endete mit einer Präsentation, zunächst vor der Klasse, dann häufig vor einer anderen Klasse, der Schulgemeinde oder den Eltern.
Zu Beginn des vierten Schuljahres haben wir uns vom Wochenplan gelöst. Ziel des Wochenplans war es zunächst, zunehmend selbständig zu arbeiten und die eigene Arbeit zu organisieren. Neben Pflichtaufgaben (Sternchen) gab es freiwillige Aufgaben (Sonne). Diese freiwilligen Aufgaben waren Anregungen, sich eigene Themen zu suchen und sie, auch über mehrere Tage hinweg, selbständig zu bearbeiten. Die Pflichtaufgaben wurden in dem Maß weniger, in dem die Kinder in der Lage waren, eigene Aufgaben zu finden. Ein verläßlicher Wochenrhythmus war weiterhin notwendig. So begann jeder Tag mit "Freier Arbeit", erst danach trafen wir uns zur gemeinsamen Begrüßung und zum "Ründchen" im Kreis. Eine Ausnahme bildete der Mittwoch, hier präsentierten die Kinder ihre Arbeitsergebnisse.
"Ründchen" heißt bei uns, daß jede Gruppe kurz berichtet, woran sie gearbeitet hat und wie es weitergeht. Ich frage nach, wir organisieren Material oder besprechen, wie etwas präsentiert werden kann. Mir selber hilft das Ründchen, den Überblick zu behalten. Fast täglich mache ich mir Notizen, die zur Grundlage für das Goldene Buch, für die Leistungsbeurteilungen und auch für Elterngespräche dienen.
In der Freien Arbeit arbeiten die Kinder meist in kleinen Gruppen, manchmal auch allein, an ihren Themen. Dabei kann alles Thema werden, und durch die Präsentation am Mittwoch Morgen haben auch alle etwas davon.
In der Sternenklasse diente eine Wand im Klassenraum als Plakatwand, sie reichte aber bald nicht mehr aus, um alle Plakate zu fassen. Außer Plakaten entstanden Theaterstücke, Leseblätter und sogar Tests. Die Kinder schrieben Fragenkärtchen für das Fragenkästchen[2], aus dem nach der Pause vorgelesen wurde. Die Kinder hatten die Idee, die Arbeitsergebnisse auch in anderen Klassen vorzustellen. Eine Liste bearbeiteter Themen und Theaterstücke wurde geschrieben und an die Klassenlehrerinnen der Klassen verteilt. Berichte zu Themen wurden "bestellt".

---

[1] Unsern Thementisch nannten wir "Blauer Tisch", weil eine blaue Decke darauf lag.

[2] Täglich wurden zwei Fragenkärtchen vorgelesen. Das Fragenkästchen habe ich bei einer Hospitation in der damaligen Klasse von Edith SKIERA kennengelernt, in meiner Klasse diente es zunächst der Lesemotivation. Da es eine genaue Reihenfolge gab, welches Kind wann mit dem Fragenkästchen "dran" war, war es auch klar, daß jedes Kind an die Reihe kommt, im Kreis vorzulesen. Das Fragenkästchen wurde zu einem Ritual, das die Kinder einklagten, wenn ich einmal nicht daran dachte. Es kamen immer neue Fragen aus dem Unterricht dazu, alte Fragen wurden für eine Weile weggepackt, um dann wieder mal unter die aktuellen Fragenkärtchen gemischt zu werden. Das war eine gute Wiederholung.

Kinder organisierten einen Besuch bei der Feuerwehr, eine Kinderkunstwoche, ein Fußballspiel, eine Dorfrallye und, nicht zu vergessen, den Besuch des Autors Rolf KRENZER.
Wichtige Punkte nach der Präsentation sind "Fragen und Sagen" sowie "Kritik". Hier wird es durchaus kritisiert, wenn ein Kind zum dritten Mal über einen Fußballverein berichtet oder aus dem Kreis weglaufen mußte, um noch Material zu holen. Manchmal bin ich überrascht, wie klar einige Kinder Kritik äußern können, wie sensibel sie andererseits auch mit Leistungen anderer umgehen.
Der Wochenschluß muß noch näher beschrieben werden. Zuerst sind noch die Dienste zu erledigen. Jedes Kind ist für eine Sache verantwortlich. Pascal wischt zum Beispiel jeden Freitag Staub auf den Fensterbrettern, Dominique gießt die Blumen, Romana und Hamit tragen die Mülleimer raus. Dann treffen wir uns im Kreis. Jede Woche ist ein anderes Kind für die Leitung des Klassenrates[1] zuständig. Während der Woche kann jeder Wünsche, Ideen und Bedürfnisse auf ein Klassenratspapier schreiben. Das jeweils verantwortliche Kind verliest der Reihe nach die Punkte. Zunächst hat immer das Kind das Wort, das den Punkt aufgeschrieben hat. Danach gibt es Meinungsäußerungen, hier melde ich mich genauso wie die Kinder, behalte mir bei den Abstimmungen aber ein Veto vor. Das ist schon mal nötig, wenn es zum Beispiel den Kindern im Winter einfällt, es wäre doch so schön, mal zusammen zu zelten oder bald wieder eine Klassenfahrt zu machen. Viele Ideen sind wirklich sehr gut. So geht zum Beispiel unsere Kinderkunstwoche[2] auf den Klassenrat zurück, oder auch die Idee, beim Thema "Sterne" in der Schule zu schlafen und eine Nachtwanderung mit Teleskop zu machen. Das Thema "Hausschuhe" wurde ausgiebig diskutiert und das Tragen von Hausschuhen schließlich akzeptiert. Den Namen "Eichhörnchenklasse" haben die Kinder vorgeschlagen, nachdem wir im Herbst öfter im Baum vor unserer Klasse ein Eichhörnchen beobachten konnten. Daraus entstand das Thema "Eichhörnchen".
Thema kann aber auch Streit oder ein Problem zwischen Kindern sein (Natascha: "Ich will nicht Tasche genannt werden.").
Nach dem Klassenrat kommt das Goldene Buch. Am Ende jeder Woche lese ich eine Art Klassentagebuch vor, in dem über jedes Kind mindestens eine gute Sa-

---

[1] Vgl. Célestine FREINET. Pädagogische Texte, Hamburg 1980, und Thomas GORDON, Lehrer-Schüler-Konferenz, 4. Aufl. 1992.

[2] Es war Thomas, der vorschlug, einmal eine Woche lang nur Kunst zu machen. Die anderen Kinder fanden die Idee sehr gut, und mir gefiel sie auch. Wir hatten einen Abreißkalender in der Klasse, der jeden Tag ein Kunstwerk anbot. Diese Blättchen sammelten wir in einer Kiste. Mit Timo zusammen suchte Thomas aus dieser Kiste das Bild "Blauschwarzer Fuchs" von Franz Marc als Grundlage für die Kinderkunstwoche aus. Thomas schrieb an das Museum in Wuppertal, dort hängt das Bild. Er bekam von dort Informationen über das Bild sowie eine dicke Mappe mit Kunstdrucken. Er entwarf eine Arbeitsanleitung, wie die Kinder in Marc'scher Weise malen können und berichtete über die Art, wie Marc malte. Mein Beitrag war ein Leseblatt mit Informationen über Marc. Es entstanden viele Geschichten zum "Blauschwarzen Fuchs", Fuchsbilder und viele Miniaturen.

che steht. Das Goldene Buch hatte ich im ersten Schuljahr angefangen, um selber in meiner sehr wilden Sternenklasse positive Beobachtungen zu machen. Das setzte voraus, daß ich bei jedem Kind positive Dinge sehen wollte und sie auch notierte. Bei mir hat sich die Wahrnehmung für einzelne Kinder dadurch geändert. Den Kindern ist das Goldene Buch sehr wichtig, nie ist es in meiner Klasse so andächtig leise wie in der letzten Stunde am Freitag! Die Sternenklassenkinder haben es im vierten Schuljahr manchmal selber übernommen, ins Goldene Buch zu schreiben. Das bedeutete für die Kinder, sich jeden Tag vier oder fünf andere Kinder vorzunehmen und etwas Gutes über sie aufzuschreiben. Manche Kinder schafften das bald ohne meine Unterstützung.

Über den Erzählkreis, der notwendig in den Wochenrhythmus gehört, habe ich noch kaum geschrieben. Am Anfang war er natürlich wichtiger, im dritten Schuljahr erzählten die Kinder nur noch montags. Anfangs war das Hauptthema im Erzählkreis, was es im Fernsehen gegeben hatte. Mir ging es so, daß ich nicht nur keine Lust hatte, mir anzuhören, was 21 Kinder "geguckt" haben, sondern auch die Zeit zu kostbar fand, und so wurde das Fernsehprogramm für eine Weile tabu.

Etwas Besonderes ist das Partnerstündchen in der letzten Stunde am Montag. An unserer Schule übernimmt jeweils das dritte Schuljahr die Patenschaft für ein erstes Schuljahr. Je eine der beiden Klassen gestaltet das Partnerstündchen. Mal wird gemeinsam gebastelt, mal gibt es Kuchen, mal organisiert eine Klasse eine Feier, wir lernen gemeinsam ein Lied oder tanzen. Die Partner und Partnerinnen haben sich auch schon gegenseitig vorgelesen. Manchmal wollen die Partner auch nur miteinander spielen, solche Vorschläge finden sich auf dem Klassenratspapier.

Zum Monatsrhythmus unserer Schulgemeinde gehört die Monatsfeier. An jedem letzten Freitag im Monat trifft sich die Schulgemeinde im Flur. Die Feier beginnt mit der Würdigung der Geburtstagskinder. Anschließend gestalten je ein bis zwei Klassen die Feier. Manchmal gibt es auch einen Lehrerinnenvortrag. Für eine solche Feier hatte ich Jonglieren gelernt und war dann sehr enttäuscht, als mein Teller mit einem lauten Krach vor der versammelten Schulgemeinde auf den Boden knallte.

Schulwohnstube mit Arbeitsecken

Unser Klassenraum hat sich im Laufe der Zeit zu einer Schulwohnstube mit Arbeitsecken entwickelt. Es gibt bei uns eine Leseecke, hier stehen die Bücher zum Schmökern. Man kann auf dem Teppich liegen oder es sich auf dem Sessel bequem machen.

Dann gibt es das Weltkunderegal. Die Kinder haben den Begriff gefunden, weil hier die Weltkugel und unsere Bücher[1] über die Welt, mit anderen Worten: unse-

[1] Es waren tatsächlich zum großen Teil "unsere" Bücher. Fast alle Eltern waren bereit, anstelle von Süßigkeiten zum Geburtstag ein Buch für die Klasse zu besorgen oder von mir be

re Sachbücher stehen. Zur Welt gesellten sich bald, aufgrund spezieller Vorlieben von Daniel und Marc-André, die Sterne und Planeten.
Dann gibt es den Thementisch, hier sammeln wir alles, was wir zu einem Thema finden können. Natürlich gibt es ein Rechenregal und eine Küchenecke, seit neuestem auch eine kleine Werkbank.
Zwar haben die Kinder feste Plätze an Gruppentischen, aber die Sitzordnung ändert sich so häufig, wie es die gemeinsame Arbeit verlangt. Der zentrale Ort in unserer Klasse ist aber der Kreis.

Schlußwort

Viele Punkte habe ich in meinem "Einblick" nicht angesprochen: Zensuren, Hausaufgaben, Verträge[1], Elternmitarbeit, Elternskepsis und natürlich den Übergang in die weiterführende Schule. Die Sternenklasse ist fast geschlossen auf die Förderstufe der Gesamtschule im Nachbarort gewechselt. Ich kann berichten, daß die Kinder selbstbewußt ihre Interessen vertreten und hinsichtlich der Leistungen insgesamt gut zurechtkommen. (Das ist wahrscheinlich eine Angst, die viele Lehrerinnen und Lehrer im vierten Schuljahr bewegt: Können sie denn auch genug?) Für die Sternenklassenkinder hat sich sehr viel geändert. Sie haben jetzt einen 45-Minuten-Rhythmus und werden von vielen verschiedenen Fachlehrerinnen und Lehrern unterrichtet. Aber sie haben auch Projektwochen und Arbeitsgemeinschaften, und davon berichten sie begeistert.
Schließen möchte ich meinen Bericht, indem ich unser Verabschiedungsritual schildere. Am Ende jedes Tages verabschieden wir uns per Handschlag an der Tür. Mit jedem einzelnen Kind habe ich noch einmal Blickkontakt, kann noch etwas Persönliches sagen oder bekomme etwas gesagt. Dieser Schulvormittag ist vorbei, was immer heute war, morgen ist ein neuer Tag mit neuen Chancen und Möglichkeiten.

---

sorgen zu lassen. Außerdem waren die Eltern bereit, monatlich einen festen Betrag in eine Klassenklasse einzubezahlen, über den ich für und mit der Klasse verfügen konnte. Von diesem Geld schafften wir sehr viele Bücher an. Am Ende des vierten Schuljahres suchte sich jedes Kind sein Lieblingsbuch für zu Hause aus. Ein Teil der Bücher wanderte mit in die weiterführende Schule, ein Teil kam mit in meine neue Klasse.

[1] Im Sinn der Kooperation Verhaltensmodifikation (vgl. z. B. A. REDLICH/W. SCHLEIY : Kooperative Verhaltensmodifikation im Unterricht. München 1978) schließe ich mit Kindern "Verträge" ab. Im Moment habe ich zum Beispiel einen Vertrag mit Jessica. Sie hat sich vorgenommen, schneller an ihre Rechenaufgaben zu gehen und die Rechenzeit besser zu nutzen. Mittags besprechen wir, ob sie ein "Pünktchen" verdient hat. Für 20 Pünktchen sucht sie sich eine kleine Belohnung aus der "Vertragskiste" aus.

Der Wochenarbeitsplan (Wochenrhythmus)

<table>
<tr><th>Montag</th><th>Dienstag</th><th>Mittwoch</th><th>Donnerstag</th><th>Freitag</th><th>Zeit</th></tr>
<tr><td colspan="5">gleitender Anfang
Freie Arbeit/Wochenplan</td><td>07.30-08.00</td></tr>
<tr><td colspan="5">Freie Arbeit/Wochenplan/Vorbereitung für Lesekreis</td><td>08.00-08.30</td></tr>
<tr><td rowspan="2">Erzählkreis
Sport</td><td colspan="4">Kreis, Ründchen</td><td>08.30-08.45</td></tr>
<tr><td colspan="4">fächergreifende Arbeit am Thema
Kreis bei Bedarf</td><td>08.45-09.45</td></tr>
<tr><td colspan="5">gemeinsames Frühstück, Spielpause</td><td>09.45-10.15</td></tr>
<tr><td colspan="4">Lesekreis</td><td>Monatsfeier1</td><td>10.15-1015</td></tr>
<tr><td colspan="4">Rechenzeit</td><td>Sport</td><td>10.30-11.30</td></tr>
<tr><td colspan="4">Spielpause</td><td></td><td>11.30-11.45</td></tr>
<tr><td>Partnerstündchen</td><td>Musik</td><td>Präsentation2</td><td>Arbeitsgemein-schaften</td><td>Klassenrat
Goldenes Buch</td><td>11.45-12.30</td></tr>
<tr><td colspan="5">"Dienste" / Verabschiedung</td><td>12.30-12.45</td></tr>
</table>

1 Die Monatsfeier findet jeden letzten Freitag im Monat statt. Die gesamte Schule nimmt teil.
2 Die Präsentation ist ein Beschluß des Klassenrates.

Ingrid WIESNER

Einige Gedanken und Erfahrungen zur Arbeit an der Jenaplanschule Rostock

Im Jahre 1991 wurde ich das erste Mal mit dem Wort Jenaplanpädagogik konfrontiert. Ich bekam von der Universität Braunschweig eine Einladung zu einer Tagung "Schule in Europa im Jahre 2000 - Jenaplanpädagogik". Von dieser Tagung kam ich sehr motiviert nach Rostock und faßte den Entschluß, in Rostock eine Jenaplanschule aufzubauen. Nachdem ich Schriften zur Jenaplanpädagogik studiert hatte, setzte ich mich mit der Forschungsstelle Jenaplanpädagogik der Universität Gießen in Verbindung. Außerdem nahm ich Kontakte zu Jenaplanschulen in Köln, Lübbenau und Jena auf.

Jenaplanschulen - Was tun?

- Öffentliche staatliche Schulen für alle Kinder.
- Für die Bildungsinhalte gelten die staatlich vorgegebenen Rahmenrichtlinien, damit ist der Wechsel in eine andere Regelschule jederzeit möglich.
- Sie sind überkonfessionell, interkulturell und lehnen weltanschauliche Abgrenzungen ab.
- Sie sind offen für neue Ideen und Methoden.
- Jenaplanschulen versuchen, ein hohes Maß an demokratischer Mitbestimmung von Lehrern, Eltern und Schülern zu praktizieren. Eine gewisse Ordnung, Disziplin und vor allem gegenseitige Rücksichtnahme sind dafür notwendige Voraussetzungen, d. h. es wird nicht antiautoritär erzogen.
- Das Ziel der Jenaplanschulen, wie von allen anderen Schulen auch, ist es, die Kinder möglichst gut auf ihr späteres Leben vorzubereiten und Schule selbst so zu gestalten, daß Kinder gern in die Schule gehen.

Herr Dr. SEYFARTH-STUBENRACUH, der Leiter der Jenaplan-Forschungsstelle der Universität Gießen, kam umgehend nach Rostock, um auf verschiedenen Veranstaltungen Lehrer(innen) und Eltern für diese Thematik und die damit verbundene Schulreform zu begeistern.
Bald darauf gründete sich eine Initiativgruppe "Jenaplanschule Rostock". Wir waren inzwischen 6 Lehrerinnen, die sich mit dem "Kleinen Jenaplan" von Peter PETERSEN befaßten und an verschiedenen Weiterbildungen mit Herrn Dr. SEYFARTH-STUBENRACUH teilnahmen. Auf Weiterbildungsveranstaltungen der Gesellschaft für Jenaplan-Pädagogik in Deutschland e. V. in Rauischolshausen stellten auch wir unsere Bemühungen und die Hindernisse und Rückschläge zur Einrichtung einer Jenaplanschule in Rostock vor. Nachdem wir Filme über Jenaplanschulen in Köln gesehen hatten, entschlossen wir uns zu einer Hospitationsfahrt an die Schule am Rosenmaar in Köln. Für uns stand nun endgültig fest: Diese Schulform wollen wir in Rostock aufbauen. Wir erarbeiteten eine Konzeption und reichten diese im Kultusministerium sowie bei den Parteien und

dem Bildungsausschuß des Landtages ein. Gemeinsam mit Herrn Dr. SEYFARTH-STUBENRACUH und Frau Dr. HERMES stellte ich die Konzeption nicht nur in Schwerin, sondern auch dem Schul- und Bildungsausschuß sowie den Fraktionen der Hansestadt Rostock vor. Zu unserer Initiativgruppe kamen dann recht schnell auch interessierte Eltern hinzu. Wir bemühten uns gemeinsam auf den verschiedenen Ebenen, um diese Schulform in Rostock durchzusetzen. Dieser Weg dauerte Jahre. Die Kinder der Eltern, die schon in der ersten Zeit die Initiative unterstützt haben, waren älter geworden und besuchten inzwischen weiterführende Schulen. Also mußten wir neue Eltern für unsere Idee interessieren. Auch die Kolleginnen arrangierten sich an ihren Schulen, da sie den eingeschlagenen Weg für einen guten Weg im Sinne unserer Kinder hielten und immer noch halten. Nach weiteren Höhen und Tiefen im Genehmigungsverfahren, nach der Lösung weiterer organisatorischer und materieller Probleme konnten wir endlich am 03. August 1996 die erste Jenaplanschule in Mecklenburg-Vorpommern in Rostock eröffnen. Wir gründeten im Vorfeld einen Schulverein, und dank auch der Initiative der Eltern erreichten wir die Zusage vom Jugendamt, einen Hort in freier Trägerschaft des Schulvereins eröffnen zu können.
Am 03. August 1996 schulten wir 27 Schülerinnen und Schüler der 1. und 2. Klasse ein. Anschließend fand ein von allen Eltern organisiertes großes Schulfest statt. Unserer Einladung zur Eröffnung sind viele Gäste gefolgt, so z. B. in Vertretung des Oberbürgermeisters der Amtsleiter des Schulverwaltungsamtes, Herr SIEGL, die Schulrätin Frau von FIRKS, von der Universität Gießen Professor KLASSEN, der Kölner Schulleiter Herr ANGENFOORT, Herr LANGE aus Marburg, verschiedene Schulleiterinnen aus Rostock und der Insel Riems, Vertreter des Bezirkspersonalrates sowie der Gewerkschaft Erziehung und Wissenschaft, um nur einige Gäste zu nennen.
Die Stadt unterstützte die Eröffnung materiell - 4 Räume wurde renoviert und mit neuen Schulmöbeln ausgestattet. Da es noch so wenige Schüler waren, begannen vorerst 2 Kolleginnen mit der Arbeit.
Aus unserer Konzeption heraus formulierten wir die Ziele für unsere Jenaplanschule:

- Die Bereitschaft der Schülerinnen und Schüler, Verantwortung für sich und andere zu übernehmen;
- die Fähigkeit, Konflikte anzunehmen und gewaltfrei auszutragen;
- der partnerschaftliche Umgang miteinander;
- die Fähigkeit, Kritik zu üben und zu ertragen;
- die Bereitschaft, einander zu helfen;
- die Fähigkeit, miteinander zu feiern;
- jedem das Tempo seines Lernens zuzugestehen;
- sich immer wieder neue auf den Weg zu machen, Rückschläge zu akzeptieren und den Neubeginn zu wagen;
- die Fähigkeit, das Lernen zu lernen;
- Wissenserwerb in den Bildungsformen: Gespräch, Spiel, Arbeit, Feier.

Theoretisch war uns vieles klar, aber erst jetzt in der praktischen Tätigkeit zeigten sich die Schwierigkeiten. Das begann beim Stundenplanbau, der eine für uns und für das Schulamt völlig neue Struktur erhielt. Wir ersetzten den sog. Fetzenunterricht durch einen rhythmischen Wochenarbeitsplan. Die Woche beginnt mit einem Morgenkreis und endet mit einer Wochenabschlußfeier. Täglich finden Kreisgespräche z. B. als Zeigetag, Vorlesetag, Übungstag oder Ideenberatungen statt. Die 45minütigen Unterrichtsstunden wichen einer Einteilung nach Blöcken. Wir haben mit zwei Stammgruppen begonnen, in der Schülerinnen und Schüler der 1. und 2. Klasse gemeinsam lernen. Einige Deutsch- und Mathematikstunden werden in Jahrgangsklassen, die Übungsstunden sowie die Fächer Kunst und Gestalten, Werken, Sport und Musik dagegen in den Stammgruppen unterrichtet. Die Arbeit mit den Eltern richtet sich darauf, ihnen diese neue Schulart und das Konzept vorzustellen und ihnen bewußt zu machen, was Leistung heißt. Reformschulen wird oft nachgesagt, daß in ihnen kein Leistungsdruck herrsche, Leistungen spielten nur eine untergeordnete Rolle, bis hin zu der irrigen Ausnahme, Leistungen würden gar nicht verlangt. Das pädagogische Konzept heißt aber, angstfrei zu lernen. Hängt doch die Schulangst oft gerade mit dem Leistungsdruck zusammen. Wir leben in einer Leistungsgesellschaft, deren gängiges Bild geprägt ist von wissenschaftlichen, technischen und sportlichen Höchstleistungen:

- die Leistungsfähigkeit des einzelnen wird untersucht,
- die Leistungsbilanz der deutschen Wirtschaft wird verglichen,
- die Hochleistungstechnologie breitet sich aus,
- die Schulleistungen deutscher Abiturient(inn)en geben Anlaß zur Sorge, weshalb die Kultusminister neue Vorschriften für die Wahl der Leistungsfächer erlassen haben, und schließlich gibt es da noch den
- Dienstleistungssektor.

Zuerst müssen wir eine Begriffserklärung vornehmen. Das "Leistungsprinzip" etlicher Grundschulen besteht leider immer noch darin, Leistungsauslese zu betreiben, das heißt, die Leistungsbewertung mittels Noten und Punkten ist auch in Grundschulen ein immer noch legitimes Mittel. Die Aussortierung derer, die einen bestimmten Durchschnitt nicht erreichen, erfolgt bei uns im Land spätestens im ersten Halbjahr der 4. Klasse. Hier wird über die weitere schulische und berufliche Zukunft über die Köpfe der Kinder hinweg entschieden oder, besser gesagt, eine Selektierung vorgenommen. Glauben die meisten bundesdeutschen Kultusminister wirklich daran, daß Zehnjährige ein so ausgeprägtes Lern- und Leistungsprofil besäßen, daß eine "Sortierung" zu diesem Zeitpunkt bereits möglich ist? Die geforderten Leistungen sind sogenannte kognitive Leistungen, also Leistungen, die vorwiegend dem Bereich des erkennenden Denkens und des daraus resultierenden Wissens angehören. Reformschulen kommen ohne solche Leistungen auch nicht aus. Wichtig ist aber, daß hier die Schüler nicht ausgesondert werden, weil sie den Anforderungen zu einem bestimmten Zeitpunkt noch nicht gewachsen sind.

Geforderte Leistungen in der Jenaplanschule

In der Wochenarbeit soll das Kind möglichst selbständig, d. h. ohne Hilfe schrittweise lernen, Pflichten zu übernehmen. Das heranwachsende Kind soll befähigt werden, seiner eigenen Leistungsfähigkeit zu vertrauen. Jeder Schüler erhält wöchentlich ein methodisch-didaktisch aufbereitetes Arbeitskonzept, den Wochenplan, ein kleiner Lehrplan, der überwiegend den Lernbereich Sprache und Mathematik für zwei Wochen abdeckt. Der "homo faber" ist angesprochen, der übend gestaltende Mensch. Seine Vielfalt der Aufgabenstellung von dem Kind ist zu meistern: Arbeit ist einzuteilen, zunächst in ganz kleinen Schritten und dann, mit zunehmenden Fähigkeiten, die Fertigkeit zu erwerben, größere kompaktere Lerneinheiten zu überschauen und aufzunehmen. Die Verantwortung gegenüber der Sache wächst, die Fähigkeit, mit dem Faktor "Zeit" sinnvoll umzugehen, ebenso. Weil das Kind in unserem Fall zwei Wochen Zeit zur Verfügung hat, lernt es, diesen Zeitabschnitt zu überschauen und erkennt rasch die Notwendigkeit, diesen einzuteilen, zu gliedern. Es macht die Erfahrung, daß es nicht gut ist, die Arbeit vor sich her zu schieben. Also: Das Kind erbringt Leistungen sowohl im kognitiven als auch im emotionalen Bereich. Die Kausalität von Wenn-dann-Relationen wird hier sehr intensiv erlebt. Im Gesprächskreis erhält das Kind die Möglichkeit, das Fehlen von Arbeiten zu begründen, zu erklären, weshalb die geforderte Leistung nicht erbracht werden konnte. Hier ist Ehrlichkeit erwünscht. In aller erster Linie Ehrlichkeit gegenüber sich selbst im Kreis der Gemeinschaft. Das führt zu einer zunehmend realistischen Einschätzung der eigenen Stärken und Schwächen. Sie erfahren Zuwachs an Offenheit und Verständnis füreinander. Die Kinder erbringen also Leistungen aus dem Gebiet der Gemeinschaftsbildung im Sozialen, und das ist heute notwendiger denn je. Fähigkeiten müssen hier geübt werden wie auf anderen Gebieten, und es ist wichtig, früh damit zu beginnen.

Hier ein kleines Beispiel: Eine Schülerin der 2. Klasse schaffte mehrmals hintereinander ihren Wochenplan nicht und konnte auch nicht so richtig erklären warum. Sie nutzte ihre Zeit, arbeitete sogar zu Hause und am Ende wurde sie doch nicht fertig. Am nächsten Freitag zur Kontrolle kam sie freudestrahlend und erzählte, daß sie jetzt weiß, woran das lag. Sie stellte nämlich fest, daß sie die schwierigen Aufgaben immer vor sich hergeschoben hatte und dann fehlte die Zeit. Sie sagte, jetzt erledige ich die schweren Aufgaben zuerst und dann geht alles ganz schnell. Es freute mich ganz besonders, daß sie selbst zu dieser Erkenntnis gekommen ist.

Vom "Tun" zum "Begreifen", dieses grundlegende Prinzip der Pädagogik gilt auch hier, in dem alles, was mit der Gemeinschaft zusammenhängt, vom ersten Schuljahr an eine besondere Rolle spielt. Jeder Auftritt in einer Schulfeier ist dabei eine Leistung eigener Art. Jeder Gruppenausflug und jedes Gruppenspiel steigert die Fähigkeit, denn jede Unterrichtsstunde fordert und fördert soziales Handeln, bietet die Voraussetzung dafür, Verbindlichkeit im Sozialen zu üben. Man sieht, daß der Begriff "Leistungsanforderungen" aus seiner heute üblichen Bedeutungsvereingung gelöst werden muß, will man beschreiben, was in einer Grundschule, in der Kinder "angstfrei" lernen, an Leistungen erbracht wird. Das Geleistete wird nicht an einem von außen vorgegebenen Leistungsniveau gemessen, sondern an den Begabungen und Möglichkeiten, die der einzelne Schüler mitbringt. Daraus ergibt sich immer neu die Erkenntnis des Lehrers, seinen Schülern fürsorglich Hilfe zu bieten und Wege zu weisen, sie aber auch ermahnen und energisch zum Arbeiten anzuhalten.

Schule ohne Lernen gibt es nicht, die Lernarbeit in der Schule muß bleiben

Wir brauchen aber eine "andere Lernarbeit". Die Kinder sind anders, die Gesellschaft ist anders. Situationen des praktischen Lernens müssen geschaffen werden, des Lernens mit dem Verstand und allen Sinnen, denn nur so kann man als ganze Person wirksam werden. Schule muß auf Dauer gemeinsam mit Partnern aus der Gesellschaft arbeiten.

Öffnung von Schule - Hereinholen der Realität in die Schule

Die neue Ordnung des Lernens wird von folgenden Elementen bestimmt:

- dem fachlichen und überreichlichen Lernen in Dimensionen,
- der Offenheit für aktuelle Schlüsselprobleme,
- dem Erwerb von Schlüsselqualifikationen,
- dem Erwerb von Kulturtechniken.

Es kann also kein Lernen in abgegrenzten Unterrichtsfächern mehr geben. Bildung muß mehr eine Persönlichkeitsbildung sein. Erziehung und Bildung müssen die Persönlichkeit des Kindes im Blick haben, es befähigen, mit zukünftigen Situationen fertig zu werden. Die ersten beiden Schuljahre werden als Einheit begriffen, die die Kinder in der Regel in 2 Jahren, aber auch in 3 Jahren oder in einem Jahr durchlaufen können. Es steht nicht das sture Einhalten eines Lehrplanes und das Ableisten eines bestimmten Stundensolls im Vordergrund, sondern die *Freude am Lernen.* Schule ist keine Rennbahn, höchstens eine Anlaufstrecke. Schule ist kein Schonraum, aber immerhin ein Lebensraum. Es gilt, Situationen zu schaffen. Situationen meistern, das heißt, sich vor allem auf die Kinder in ihrer Situation einzulassen, ihnen zu helfen, ihrerseits immer mehr Situationen zu meistern. Nicht der Plan ist das Wichtigste; vor allem muß der Unterricht auf das Interesse der Kinder abgestellt werden. Das morgendliche Erzählen ist Ausgangspunkt, Kern- und Keimzelle des Unterrichts: "Was gibt es Neues?". Für das Kind ist es wichtig, einen zuhörenden Partner zu haben, ihm sagen zu können, was es bewegt, vielleicht auch bedrückt. Es sollte aber auch keinen Unterricht geben, in dem Humor und Spaß fehlen.

Wie wird an Jenaplanschulen gelernt?

Wie im täglichen Leben: Ausgangspunkt aller unterrichtlichen Arbeit ist das natürliche Lernen. Es erfolgt vor allem einzeln oder in den kleinen Lerngruppen (Tischgruppe), im Gruppenunterricht oder in Kursen (Jahrgangsklasse), in denen die Stammgruppen aufgelöst werden zur Sicherung des Mindestwissens. Einführungskurse in neue Lerninhalte in Deutsch und Mathematik, im Kernunterricht in der Stammgruppe, in dem nach Wochenplan gearbeitet wird, und zwar in den Fächern Kunst und Gestalten, Werken, Musik und Sport.
Peter PETERSEN war der Auffassung, daß die hauptsächlichen Aktivitäten, bei denen man etwas lernt, Gespräche, Arbeit, Spiel und Feier sind. Das konnten wir nachvollziehen und folgen seinen daraus entwickelten Bildungsgrundformen:

Gespräch: Kreisgespräche, abfragende Gespräche, Diskussionen, Vorträge, Bericht, Aussprachen, belehrende Unterhaltung usw.

Spiel: Freies Spiel, Lernspiele, Zweckspiele (z. B. im Sport, in den Pausen), Rollenspiele, Schauspiele, Gesellschaftsspiele Bewegungsspiele, Rechenspiele usw.

Arbeit: "normaler Unterricht", handwerkliche Tätigkeiten, Wochenplanarbeit, Einzelarbeit, Partnerarbeit, Gruppenarbeit, Dienste und Ämter - Voraussetzung sind die reichlich zur Verfügung stehenden Arbeitsmittel, z. B. Schreibmaschinen, Druckerei, Computer, Werkzeug, Papier, Farbe usw.

Feier: Sie kann verschiedene Anlässe haben, z. B. Geburtstagsfeier, Einschulungsfeier, Weihnachtsfeier, Schulfeste, Traditionen usw. Es geht um ein gemeinsames Erleben. Gelerntes wird dargeboten, Bräuche und Sitten der heimatlichen Gegend werden gepflegt.

Wir veranstalten jeden Freitag eine *Wochenabschlußfeier*. Jede Gruppe zeigte im ersten Jahr ein kleines Programm. Im zweiten Jahr haben wir gemeinsam festgelegt, daß an jedem Freitag eine Gruppe dafür verantwortlich ist. So kommt jede Gruppe alle drei Wochen dran und kann sich somit besser vorbereiten. Mögliche Formen der Wochenabschlußfeier: vom Lehrer dargeboten und geleitet; von den Schülern selbständig gestaltet. Vorteile der zweiten Form: Schüler planen und erarbeiten von Anfang bis Ende selbständig jeden Schritt und alle Materialien. Dadurch werden Kreativität, Selbständigkeit, Verantwortung, gegenseitige Hilfe, Teamarbeit gefördert. Schüler zeigen, führen etwas vor. Dadurch werden Selbstbewußtsein, Kritik/Selbstkritik, Gemeinschaftssinn, soziales Zusammenleben, Sozialkompetenz gefördert.
Neben den von mir bislang betonten Aspekten zur *inneren Ordnung* wende ich mich nun Fragen der unbedingt auch dazu gehörenden *äußerne Ordnung* zu, an der man die pädagogische Absicht, die wichtigsten Gedanken des Jenaplanes, erkennen kann: Es sind dies Lernen durch handelndes Erfahren, Lebensorientierung und Erziehung zur Gemeinschaft. Dazu gehören:

- *Schulwohnstuben statt Klassenzimmer*
  Dank der Unterstützung des Schulverwaltungsamtes konnten wir in renovierte Räume mit neuen Tischen und Stühlen einziehen. Diese Gestaltung war dann unsere Aufgabe. Erst Schränke von einer Realschule, dann Schränke vom ehemaligen Hort, jetzt Schränke von einer Kindereinrichtung aus Greifswald. Schreibmaschine, Computer, Drucker als Leihgaben. Fernseher vom Schulamt. Teppich, Blumen und Gemälde sowie Bastelarbeiten der Kinder vervollständigen den Gesamteindruck. Durch geschickte Anordnung entstanden so eine Arbeitsecke, eine Leseecke neben den Tischgruppen.
- *Einbeziehung der Eltern*
  Eltern renovierten das Schulhaus und die Toiletten. Zum neuen Schuljahr haben sie zwei weitere Räume renoviert, damit der Hort gute Bedingungen hat.
- *offene Räume, in denen am Leben Orientiertes Lernen durch Erfahrung stattfinden kann*:
  - Werkraum - kreative oder funktionelle Gestaltungsmöglichkeiten
  - Leseraum - Schulbibliothek
  - Toberaum - Kids machen Krach, raufen, toben, turnen
  - Bastelraum - umfangreiches Angebot verlockt zum Basteln
  - Ruheraum - zum Ausruhen nicht nur für die Erstkläßler, Lesen, Musikhören
- *Umfeld der Schule*
  Schulgelände gestalten, um sich frei zu bewegen, zu spielen, zu entdecken; Wäldchen mit Bäumen zum Klettern; Büsche zum Budenbauen oder Verstecken; Klettergerüste und Schaukeln; riesiger Sandkasten; Ascheplatz zum Fußballspielen; Aschebahn zum Laufen, Weitsprung usw.; Wasser- und Feuerstelle; Schulgarten.

Wir haben einen Studenten der Landschaftsgestaltung gewonnen, der gemeinsam mit Eltern, Kindern und Lehrern einen sehr guten Plan entworfen hat. Jetzt müssen erst noch die Eigentumsverhältnisse geklärt werden, bevor an die kostengünstige Umsetzung gedacht werden kann.
Noch einmal zurück zur Arbeit mit den Wochenplänen. Die Wochenarbeit steht unter einem ganz bestimmten Thema. Die Themen reichen von jahreszeitlich angepaßten Texten, über Tiergeschichten bis zu Texten von Kindern. Die Inhalte werden immer den Rahmenrichtlinien angepaßt. Der Wochenplan umfaßt mehrere Fächer wie Mathematik, Deutsch, Sachunterricht; sollte aber auch fächerübergreifend sein. Die Aufgabenstellungen werden von uns Lehrern vorgegeben. Es besteht ein offener Zeitrahmen; bei uns sind das zwei Wochen, in denen die Schüler Gelegenheit haben, täglich am Wochenplan zu arbeiten. Sie sollen zunächst die eigene Lernarbeit erlernen, sie legen nach dem vorgegebenen Zeitrahmen Reihenfolge, Zeitumfang, Art der Arbeit (allein, in der Gruppe oder mit Partner) selbst fest. Wir Lehrer kontrollieren nach erfolgter Selbstkontrolle oder auch der Kontrolle durch Mitschüler.

Ich möchte zusammenfassend folgende wichtige Punkte zur Arbeit mit dem Wochenplan nennen:

1. *Gründe*: Die Schüler werden zu Selbständigkeit, Kreativität, Freude an der Sache, Selbsttätigkeit erzogen. Sie lernen, mit Problemlösungen fertig zu werden. Es wird das Interesse entwickelt und mit Spaß gelernt.

2. *Klassenraum*: anregende Lernumgebung; Regale, Raumteiler; Funktionsbereiche (Lese-, Bau-, Info-, Arbeitsecken, Tischformationen); Pinnwände; Ausstellungsmöglichkeiten; Blumenecke, Möglichkeiten zur Tierhaltung;
3. *Lern- und Arbeitsmaterialien*: Klassenbücherein, Nachschlagewerke, Lexika, Fachbücher, LÜK-Material, Rechtschreibkartei, Rechenkartei, Rechenspiele, Experimentiermaterial, Karten, Atlanten uvm.
4. *Regeln während der Arbeitsphase* (gemeinsam mit Kindern erarbeiten): Bewege dich leise! Störe nicht andere, sprich leise! Wenn du nicht zurechtkommst, frage! Führe zu Ende, was du begonnen hast! Kontrolliere deine Ergebnisse! Stelle das benutzte Material wieder an seinen Platz! Räume deinen Arbeitsplatz auf, verlasse ihn sauber!
5. *Arbeitstechniken*: Informationsentnahme aus Lexika, Nachschlagewerken, Aufgabenbearbeitung nach Karteikarten, Benutzung von Büchern, Umgang mit Kassettenrecorder, Computer usw.
6. *Vorgehensweise des Lehrers*: Klare Strukturen schaffen; ständig Material sammeln, bereitstellen; Flure nutzen, Klassentür öffnen; Freiräume für individuelle Arbeit sichern; sich selbst zurücknehmen, gegenseitige Hilfe fördern.

Es müßte eigentlich noch etwas zur gesamten Elternarbeit gesagt werden, denn nur mit einem vertrauensvollen Miteinander kann unsere Konzeption im Interesse der Kinder auch wirklich umgesetzt werden. Die Eltern haben ein großes Mitspracherecht. Das ist nicht immer leicht, aber wir wollen die Potenzen der Eltern nutzen, ihre Einsatzbereitschaft auf den vielfältigsten Gebieten.
Abschließend möchte ich noch bemerken, daß uns diese Arbeit sehr viel Freude bereitet und wir hoffen, den Kindern auch. Wir können nur viele Lehrerinnen und Lehrer, viele Schulen ermuntern, sich auf den Weg zu machen und die Methoden der Reformpädagogen umzusetzen.

Frau WIESNER in ihrer Jenaplanschule

Barbara PAECH

Gelebte Jenaplanpädagogik auf der Insel Riems

Wir sind eine kleine Grundschule mit jahrgangsübergreifendem Unterricht. Seit 1995 befinden wir uns in einem Schulversuch. Den Ausgangspunkt bildete die Schulentwicklungskonzeption für Greifswald, die die Schulen aufforderte, nach eigenen Schulprofilen zu suchen.
In Fortbildungsveranstaltungen, dem Studium von Fachliteratur sowie in vielen Hospitationen an reformpädagogischen Schulen in Gießen, Köln, Lübeck, Lübbenau u. a. suchten wir nach neuen Wegen. Dabei schien uns der Jenaplan mit seinen offenen Unterrichtsformen als der für unsere Schule beste Weg.
Wo etwas Neues entsteht, gibt es auch Startschwierigkeiten. So auch bei uns. Wir mußten das Vertrauen und die Einsicht der Eltern gewinnen, denn wir wollten ihre Kinder nach völlig neuen Unterrichtsformen unterrichten, die ihnen bis dahin noch weitgehend unbekannt waren. In dieser Zeit fanden sehr viele Gespräche und Hospitationen statt. Bis auf 2 Elternhäuser gaben alle ihr Einverständnis.
Es wurden mit 64 Schülern 4 Stammgruppen gebildet:
1./2. Jahrgang bildete 2 Gruppen;
3./4. Jahrgang bildete 2 Gruppen;
jede der 4 Lehrerinnen leitet eine Gruppe.
Der Unterricht findet in den Formen des Jenaplanes statt:

Kurse: (jahrgangsweise als Einführungs- und Förderkurs vorwiegend in Deutsch und Mathematik)
Wahlkurse: (zeitlich begrenzt, Schüler wählen selbst aus, an welchem sie teilnehmen, im Laufe des Schuljahres hat jedes Kind mehrere verschiedene WK besucht)
Kernunterricht: (Stammgruppenarbeit zur Übung und Festigung, Partner- und Gruppenarbeit, soziales Lernen)

Erst in der unmittelbaren Arbeit zeigte sich, daß einige inhaltliche und organisatorische Veränderungen erforderlich wurden. Nach einigen Wochen stellten Eltern und Lehrer fest, daß der Anfangsunterricht in den Stammgruppen 1 und 2 (1./2. Jahrgang) problematisch war, denn die Zweitkläßler waren gerade der 1. Klasse entwachsen, also noch nicht sehr selbständig, die Schulanfänger hatten noch wenig Normkenntnisse und standen erst am Anfang. Es war noch keine gute Stammgruppenarbeit möglich. In Beratungen mit dem Lehrer- und Schulelternrat wurde festgelegt, die Stunden im Kurs zu erhöhen und die Kernstunden auf einen Tag zu konzentrieren. Dadurch konnte auch mit diesen beiden Gruppen jahrgangsgemischt an Projekten gearbeitet werden. Wir wählten den Freitag, der dann mit der Wochenendfeier abschloß.
Mit Beginn des 2. Halbjahres arbeitete der 1. Jahrgang einmal wöchentlich nach einem Tagesplan und wurde so behutsam an selbständiges Arbeiten herange-

führt. Nach weiteren 6 Wochen erprobten sie einen 2-Tagesplan. Die anderen Stammgruppen arbeiteten seit Schuljahresbeginn nach einem Wochenplan.
Der 45-minütige Fetzenstundenplan störte oft bei Projekten. Es wurde täglich eine Doppelstunde als Block geplant.
Um die Kinder in Ruhe in der Schule ankommen zu lassen, führten wir den gleitenden Beginn ein, von dem die Schüler(innen) regen Gebrauch machen, denn sie können alle Schulmaterialien, Spiele, Computer usw. benutzen und die Lehrer stehen ihnen als Ansprechpartner zur Verfügung.
Wir stellten fest, daß eine 30-minütige Hofpause für die aktive Erholung der Schüler(innen) sinnvoller ist als 2 mal 15 min. Es können Spielgeräte benutzt werden, oder es kann auch Ruhe in einer stillen Ecke gesucht werden.
Innerhalb des Schuljahres konnte auch durch die Initiative einer Mutter die Versorgung mit Mittagessen organisiert werden.
Ab 14.00 Uhr wird durch eine ABM-Kraft des Kinderschutzbundes täglich ein abwechslungsreiches Freizeitangebot gesichert.
Argumenten gegen den jahrgangsübergreifenden Unterricht können wir für unsere Schule nicht zustimmen.
Wir arbeiten nach einer exakten Unterrichtsplanung, aus der die Wochenpläne erstellt werden. Diese gliedern sich in Pflicht-, Wahl- und Zusatzaufgaben. Außerdem enthalten sie Tips für die Freiarbeit.
Die Schüler(innen) wählen die zeitliche Abfolge selbst aus, der Lehrer gibt Hinweise, wenn er merkt, daß ein Kind noch nicht gut seine Zeit einteilen kann.
Am Wochenende werden alle Aufgaben des Wochenplanes kontrolliert (Selbstkontrolle, Lehrerkontrolle). Im 2. Jahrgang steht ein Lehrerurteil über Vollständigkeit, Sauberkeit, Partnerarbeit, Leistungsüberprüfungen. Die Eltern zeichnen gegen. Im 3./4. Jahrgang erfolgt eine Einschätzung durch den Lehrer nach einem Stoffabschnitt, etwa nach 2 bis 3 Wochen. Für differenzierte Aufgabenstellungen in den Wochenplänen ist es unerläßlich, ständig den Leistungsstand zu analysieren und daraus ableitend zu fordern oder zu fördern.
Zum Ende eines Halbjahres werden Gespräche mit den Eltern über den Leistungs- und Entwicklungsstand ihres Kindes geführt, zusätzlich zu den Zeugnissen. Diese Form der Leistungsanalyse und die im ganzen Schulhaus ausgestellten Ergebnisse von Projektarbeiten werden von den Eltern positiv gewertet.
Im Laufe des Schuljahres bekamen wir durch Sponsoren einige Computer; Eltern und Großeltern spendeten Lernspiele.
Aus der am Anfang vorhandenen Skepsis einiger Eltern wird immer mehr Vertrauen. So konnten in Beratungen der Elternstammtische, der Klassen- und Schulelternräte mit der Schulkonferenz einige Veränderungen für das kommende Schuljahr geplant werden:
Der 1. Jahrgang wird im 1. Halbjahr allein unterrichtet, ab 2. Halbjahr durch 1- bis 2-Tagespläne behutsam an die Stammgruppen und das selbständige Arbeiten herangeführt. In sämtliche Schulprojekte werden sie von Anfang an einbezogen.

Aus den Jahrgängen 2, 3 und 4 werden 3 Stammgruppen gebildet. Dadurch wird eine größere Stetigkeit erreicht, denn es wechselt in jedem Jahr nur 1/3 die Gruppe und nicht wie bisher die Hälfte.
Damit verwirklichen wir gleichzeitig das Jenaplan-Prinzip: Lehrling - Geselle - Meister (Jeder ist einmal in dieser Position.).
Die Wahlkurse sollen niveauvoller gestaltet werden, Ergebnisse werden nicht nur in der Schule präsentiert, sondern auch im Wohngebiet. Darum wird die Dauer eines Wahlkurses differenziert geplant. Gewährleistet wird dabei trotzdem der Schülerwechsel und die Vielfalt des Angebotes.
Dem Antrag, ab 1997/98 volle Halbtagsschule zu werden, wurde zugestimmt. Wir hoffen weiterhin auf gute Unterstützung.

Kerstin HERRMANN

Ein Thüringer Erfahrungsbericht

Ich bin Grundschullehrerin einer altersgemischten Klasse an der Grundschule in Kleingeschwenda.
Kleingeschwenda ist ein Dorf im südlichsten Zipfel Thüringens im Landkreis Saalfeld-Rudolstadt. In unserer Grundschule werden Kinder aus 11 Dörfern unterrichtet. 84 Kinder lernen dieses Schuljahr in unserer kleinen Schule.

Zur Entstehung einer altersgemischten Klasse an unserer Schule

Anfang April 1994 stellte das Kultusministerium Thüringen das Projekt „Klassenübergreifender Unterricht" den Schulen vor. Auch an unserer Schule wurde dieses Projekt im Lehrerkollegium diskutiert. Aufgrund der sinkenden Schülerzahlen in den nächsten Jahren befanden wir diese Unterrichtsform als eine sinnvolle pädagogische Gestaltung des Unterrichts und eine Möglichkeit, um unsere kleine Grundschule zu erhalten. Da es auch schon erste gute Erfahrung mit dieser Unterrichtsform in der Hortarbeit und im Religions- und Ethikunterricht gab, bewarben wir uns für die Mitarbeit an diesem Projekt.
Unsere Schule und 7 weitere kleine Grundschulen wurden für das Projekt vom Kultusministerium ausgewählt und wurden und werden durch die Pädagogische Werkstatt in Jena begleitet. Nun galt es für mich, alles zu tun, um dieser großen Herausforderung gerecht zu werden, und das war manchmal gar nicht so leicht. In meiner Klasse lernen heute 16 Schüler, 9 Zweitklässler und 7 Viertklässler.

Zur Vorbereitung des Schuljahres

Viel gab es dabei zu bedenken, z. B.
1. *der Stundenplan*
Entstehende Mehrstunden laut Stundentafel der Klasse 4 werden so organisiert, daß in Deutsch (1 Stunde) separater Unterricht mit den 7 Schülern der 4. Jahrgangsstufe erteilt wird. Jeweils 1 Wochenstunde Sport und Musik sowie im Ethik- und Religionsunterricht werden die Schüler in die Jahrgangsklasse integriert. Zusätzlich wird je eine Unterrichtsstunde der Stundentafel in Deutsch, Mathematik und Heimat- und Sachkunde in der Jahrgangsgruppe unterrichtet. Klassenleiterprinzip und fächerübergreifender Unterricht sollten in der Projektklasse realisiert werden.

2. *die Sitzordnung*
Die Sitzordnung war auch ein Problem, denn die gewohnte Sitzordnung konnte ich nicht beibehalten, da sie die neue Lernform nicht unterstützt. Ich konnte aber auch nicht nur Vierer- und Sechsertische wählen, da sich die Kleinen (besonders

in Klasse 1) doch erst gewisse Arbeits- und Lerngewohnheiten und natürlich auch Wissen aneignen mußten. Die damaligen Dreier besaßen schon ein gewisses Potential an Wissen aus Klasse 2 und sollten und mußten es jetzt, zu Beginn des Schuljahres, wiederholen.
Sie sollten jedoch so sitzen, daß sie sich gegenseitig helfen können, aber auch jeder genügend Platz und Raum für seine selbständige Arbeit hat.

Nun begann der schwierigste Zeit meiner Arbeit, die Unterrichtsvorbereitung. Für mich stellte sich die Frage: Wie plane, organisiere und leite ich den Unterricht, so daß alle Kinder optimale Bedingungen haben, um sich das geforderte Wissen, vielseitige Fähigkeiten und Fertigkeiten ohne die ständige Anleitung und Hilfe des Lehrers anzueignen. Dabei mußte es mir gelingen, die Gewohnheiten und Erfahrungen der Kinder von und mit älteren und jüngeren Kindern zu lernen, in meine Planung einzubeziehen.
Deshalb studierte ich in Vorbereitung des neuen Schuljahres und auch während des Schuljahres eine Menge Literatur, um Anregungen und Hinweise für meine Arbeit zu bekommen. Dabei stellte ich fest, daß es mir in vielen kleinen Schritten gelingen muß, die Kinder zu selbständigem, kameradschaftlichem und hilfsbereitem Lernen zu führen. Es war abzusehen, daß die älteren Schüler dieses Ziel schneller erreichen werden als die Kleinen, da sie über größere schulische Kenntnisse, Fähigkeiten, Fertigkeiten und Gewohnheiten verfügen. Überraschend für mich war, wie und mit welcher Bereitwilligkeit die Großen diese schulischen Erfahrungen auch ohne meine Anleitung weitergaben. Angefangen von der Zuckertütenübergabe, über das Vorstellen des Klassenraumes und der Schule sowie bei der Behebung kleiner und größerer Probleme im Schulalltag. Es entwickelten sich Partnerschaften, die auch in diesem Schuljahr noch Bestand haben.
Am zweiten Schultag überlegten wir uns gemeinsam Regeln für das gemeinsame Lernen. Heute sitzen alle Kinder an Vierer- bzw. Sechsertischen. Nur bei Lernkontrollen wird an Zweiertischen gearbeitet. Außerdem habe ich in meiner Klasse eine Kuschelecke, bestehend aus einem Sofa und vielen Matratzen. Dorthin ziehen sich die Kinder zum Lesen und zur Freiarbeit zurück. Außerdem stehen viele Regale zur Verfügung. Dort liegen die Sachen für die Freiarbeit. Jeder Schüler hat ein Regalfach für seine Arbeitsmaterialien.

a) *Verhaltensregeln*
1. Wir nehmen aufeinander Rücksicht und sorgen für Ruhe und Ordnung an unserem Tisch.
2. Jeder soll konzentriert arbeiten können.
3. Bei Partner- und Gruppenarbeit spreche ich so leise, daß die anderen nicht gestört werden.
4. Wir helfen uns gegenseitig, damit jeder die Aufgaben lösen kann. Erst wenn wir nicht mehr weiterwissen, fragen wir den Lehrer.

5. Mit Arbeitsmitteln gehe ich ordentlich um und stelle sie dorthin zurück, wo ich sie genommen habe.
6. Wenn ich außerhalb des Klassenraumes arbeite, verhalte ich mich diszipliniert.

b) *Regeln zur Arbeit mit dem Tages- und Wochenplan*
1. Ich entscheide mich, für welches Fach ich arbeiten möchte.
2. Die Arbeitsaufträge lese ich mir aufmerksam durch.
3. Auf meinem Wochenplan und auf meinem Arbeitsblatt notiere ich zunächst Name und Datum. In meinem Heft schreibe ich zuerst Datum, Übung, Seite und Nummer der Aufgabe.
4. Wenn ich eine Aufgabe beginne, mache ich sie ordentlich zu Ende, bevor ich mit einer anderen Aufgabe anfange.
5. Meine WPL-aufgaben liefere ich pünktlich ab.
6. Wenn ich vom Lehrer/von der Lehrerin kontrollierte Aufgaben zurückbekomme, berichtige ich zunächst meine Fehler, bevor ich neue Aufgaben beginne.

c) *Symbole zur Unterstützung des Lernens der Erstklässler*
Wir legen für jedes Unterrichtsfach Farben fest, um es jedem Kind zu ermöglichen, den Stundenplan zu lesen und sein Hausaufgabenheft selbständig zu führen. Auch die Hefte wurden mit den gleichfarbigen Umschlägen versehen.

rot	-	Deutsch
gelb	-	Mathematik
grün	-	HSK
blau	-	alle anderen Fächer

Alle Regeln und Symbole wurden im Klassenraum für jedes Kind sichtbar angebracht. In der ersten Zeit mußte ich die Kinder oft an diese Regeln erinnern. Heute ist es zur Selbstverständlichkeit geworden.

Manchmal denken sich auch Kinder noch zusätzliche Dinge zum Lernstoff aus. Am Wochenende kontrollieren die Eltern die Arbeit mit dem Wochenplan. Sie kontrollieren aber nur die Vollständigkeit der Aufgaben oder lösen mit den Kindern noch fehlende Aufgaben. Die Zeit, die die Kinder noch zu Hause arbeiten, wird im Wochenplan vermerkt. Am Montag geben mir die Kinder dann ihren Wochenplan ab und ich kontrolliere alle Aufgaben.
Oft kontrollieren auch die Kinder mit einem Lösungsblatt ihre Aufgaben. Alle fehlerhaften und fehlenden Aufgaben müssen berichtigt bzw. nachgeholt werden.
Während der Wochenplanarbeit habe ich genügend Zeit, mich individuell mit lernschwachen Kindern zu beschäftigen bzw. leistungsstarke Schüler durch gezielte Arbeitsblätter und Aufgabenstellungen zu fördern. Genauso wie in homogenen Klassen wird das Wissen in Lernzielkontrollen überprüft. Hier hat sich

gezeigt, daß die Leistungen genauso gut sind wie in der homogenen Klasse. Den Kindern macht es sehr viel Freude, mit dem Wochenplan zu arbeiten. Die Kleinen sind sehr bemüht, genauso gut wie die Großen, vielleicht sogar noch gewissenhafter, mit dem Wochenplan zu arbeiten. Die Kinder freuen sich, wenn sie eine Aufgabe selbständig und richtig gelöst haben oder wenn sie einem anderen Schüler helfen können. Sie fragen viel lieber einen Klassenkameraden, egal ob gleichaltrig, jünger oder älter, als den Lehrer.
Sie haben ein sehr hilfsbereites, kameradschaftliches und freundliches Verhältnis entwickelt. Aggressivität hat in unserer Klasse keinen Platz. Alle Kinder kommen gern in die Schule. Den damaligen Schulanfängern wurde der Schulanfang durch die Hilfe und Freundschaft der anderen erleichtert.
Einige Schülermeinungen dazu:

Carolin:
"Das gemeinsame Lernen macht viel Spaß. Es war neu für mich, nach dem Wochenplan und mit weniger Hilfe von den Lehrern zu arbeiten. Ich fühle mich wohl in dieser Klasse, weil es mir Spaß macht, selbständig zu arbeiten. Besonders gefällt mir, daß wir im Unterricht aufstehen dürfen, um anderen Kindern zu helfen."
Michael:
"Ich finde es super, daß ich mit meinen Freunden gemeinsam den Wochenplan machen kann. Es macht Spaß, auch mal im Unterricht mit ihnen leise zu reden. Das konnte ich in der anderen Klasse nicht. Jetzt komme ich auch viel öfters im Unterricht dran."
Benjamin:
"Ich habe gelernt, selbständig zu arbeiten und Probleme mit Hilfe meiner Mitschüler zu lösen. Wenn ich mich im Unterricht auf meine Aufgaben konzentriere und die Zeit nutze, habe ich zu Hause Zeit zum Spielen."

Als wir dieses Projekt „Klassenübergreifender Unterricht“ begannen, gab es wenig Erfahrung auf diesem Gebiet. Es war Neuland für uns Lehrer, für die Kinder und für die Eltern. Alle meine Eltern unterstützen heute das Projekt sehr. Sie unterstützen die Lernarbeit, die außerunterrichtliche Arbeit, z . B. Theateraufführungen, Feiern und Bastelnachmittage. Hier möchte ich einige Elternmeinungen vorlesen. Diese wurden ungefähr zum Halbjahr des Schuljahres 1995/96 verfaßt. Es sind auch Meinungen dabei, wo die Eltern nicht ganz vom Sinn des Projektes überzeugt waren.

„Mein Sohn z. B. war leistungsmäßig nicht der Beste und auch nicht der Schlechteste und trotzdem hat er sich verbessert und nicht nur leistungsmäßig. Er ist viel selbständiger geworden. Meine Kontrollen erübrigen sich von selbst. Die Erklärung von manchen Aufgaben ist kaum noch nötig, weil er sich selbst intensiver damit in der Schule beschäftigt. Das ist ein großes Plus für diese Klasse, weil das selbständige Lernen für ihr späteres Leben von großem Nutzen sein wird.“

"Nach ca. 6 Monaten Projektklasse $^1/_3$ der Grundschule Kleingeschwenda stellen wir fest:
1. Alle Lernziele wurden, wie in jeder anderen Klasse, erreicht.
2. Unser Sohn Dominik (1. Klasse) geht nach wie vor gern zur Schule.

3. Dominik hat Freunde unter gleichaltrigen und älteren Schülern seiner Klasse. Kinder, die er vor der Schulzeit nicht kannte.
4. Als besonderen Vorteil einer solchen „gemischten“ Klasse erkennen wir die schnellere Integration neuer Schüler in das bestehende Schulsystem. Unsere Meinung nach haben es jüngere Schüler leichter, sich im Schulalltag zurechtzufinden.
5. Weiter können wir feststellen, daß die Schüler der 3. Klasse ein höheres Verantwortungsgefühl gegenüber Jüngeren zeigen. Dies könnte auch eine Möglichkeit sein, zunehmender Gewalt in manchen Schulen entgegenzuwirken. Das sollte sich besonders bei Schülern „gemischter“ Klassen in höheren Klassenstufen zeigen.

Abschließend möchten wir feststellen, daß sich der klassenstufenübergreifende Unterricht bestens bewährt hat und von uns in jeder Beziehung unterstützt wird.

Allen Skeptikern zum Trotz funktioniert diese moderne Lehrmethode weit besser als von manchen erwartet. Natürlich „stehen und fallen“ diese Projekte mit der Einstellung der Lehrer einer solchen Klasse zur Arbeit. Die Schulleitung, insbesondere Klassenleiterin Frau HERRMANN, haben im ersten Halbjahr eine sehr gute Arbeit geleistet.“

„Seit Beginn des Schuljahres 1995/96 besucht mein Sohn als Schüler des 3. Schuljahres die Klasse 1/3 der Grundschule Kleingeschwenda. Zum heutigen Zeitpunkt kann ich einschätzen, daß sich seine Selbständigkeit bei der Erledigung der Aufgaben sehr positiv entwickelt hat. Hier finde ich vor allem die Arbeit mit den Wochenplänen als eine sehr gute Voraussetzung dazu. Da ich selbst öfter an Veranstaltungen der Klasse teilnehme, ist mir aufgefallen, daß sich das Verhalten der Schüler untereinander betreffs Umgangsform und -ton kameradschaftlicher und verantwortungsbewußter gegenüber den „Kleinen“ entwickelt hat. Die Entscheidung, mein Kind an dieser Unterrichtsform teilnehmen zu lassen, hat sich als richtig und gut erwiesen und kann meinerseits anderen Eltern empfohlen werden.“

„Wir glauben, daß er sich auch im Verhalten gebessert hat und führen dies mit auf das schulische Zusammensein mit den Schülern der 1. Klasse zurück. Gregor ist ja bekanntlich ein Einzelkind, und bestimmte Verhaltensweisen sind da mitunter erzieherisch gar nicht so einfach zu vermitteln. Insofern sind wir der Überzeugung, daß bestimmte Verhaltensmerkmale, wie Hilfsbereitschaft, Ein- und Unterordnung, Verantwortungsgefühl, Mitverantwortung für die ganze Klasse, Selbständigkeit und Durchsetzungsvermögen, sich positiv entwickelt haben.“

Anschließend möchte ich feststellen, daß

- sich die Selbständigkeit und die Eigenverantwortlichkeit sowie das Selbstbewußtsein der Kinder der Gesellschaft angepaßt haben,
- sich die Vielfalt sozialer Erfahrungen, der Umgang mit älteren und jüngeren Kindern enorm erweitert hat,
- Hilfsbereitschaft, Kameradschaft und Rücksichtnahme im Unterricht notwendig sind und daß sich deshalb Aggressionen nicht so verbreiten können wie in homogenen Klassen, wo doch oft „Stärke“ demonstriert werden muß,
- eine jahrgangsgemischte Klasse kein Allheilmittel gegen steigende Gewalt ist, jedoch die Kinder eher lernen, sich in ihrer Unterschiedlichkeit zu tolerieren und zu achten,
- sich Kinder in einer gemischten Klasse besser nach ihrem individuellen Lerntempo entwickeln können,
- sich die Kinder wechselseitig mehr Lernanregungen schaffen,

- dieser Unterricht den Kindern mehr Gelegenheit zu Eigeninitiative bietet,
- lernschwache Kinder bei der Übernahme eine größere Bestätigung ihrer Lernkompetenz erfahren.

Beenden möchte ich mit einigen Zeilen, die ich neulich in der Grundschulzeitschrift las.

> Wenn ich nur darf,
> wenn ich soll,
> aber nie kann,
> wenn ich will,
> dann mag ich auch nicht, wenn ich muß.
> Wenn ich aber darf,
> wenn ich will,
> dann mag ich auch,
> wenn ich will,
> und dann kann ich auch,
> wenn ich muß.
> Denn schließlich:
> Die können sollen,
> müssen wollen dürfen.

Hanni WAWERKA-DRIESCH

Entstehung und Entwicklung des reformpädagogisch orientierten Schulversuchs an der Blumenschule Malchin*

Der Gedanke

Anläßlich der Teilnahme an einer Weiterbildungsveranstaltung zur Reformpädagogik an der Universität Greifswald im November 1996 überlegten die Schulleiterin Frau Kerstin KLEIST und ich, ob es nicht möglich sei, reformpädagogisches Gedankengut in die Arbeit an der Blumenschule Malchin einzufügen. Besonders imponiert hatte uns der Vortrag des Herrn BERGER, der Schulleiter einer Chemnitzer Schule ist. (Chemnitzer Schulmodell; dort hat die Hälfte des Kollegiums im April 1997 hospitiert.) Seine Ausführungen zum integrierten, projektorientierten und fächerübergreifenden Unterricht bewegten uns zu sagen: "Das machen wir auch!".

Die Frage war nun: Wie gehen wir es an? Wie bringen wir das Kollegium dazu, bestimmten reformpädagogischen Gedanken zu folgen, sie mitzutragen und zu verwirklichen? Wie gehen wir mit den heiligen Kühen "lehrerzentrierter Unterricht" und "Ziffernzensuren" um? Und vor allem: Wie können wir die eher schulkonservativen Eltern überzeugen, uns auch weiterhin ihre Kinder anzuvertrauen? - Schwierig - schwierig!

Aber die Idee war da und setzte sich immer mehr in unseren Köpfen fest. Die Schulleiterin und ich begannen nun, in nachmittäglichen Sondersitzungen bestimmte "Säulen" eines solchen Schulversuchs zu thematisieren und für eine nachfolgende Lehrerkonferenz aufzubereiten.

Die Ausgangslage

Die Blumenschule Malchin war im Schuljahr 1996/97 eine Verbundene Haupt- und Realschule mit Grundschulteil. (Dieser Grundschulteil, damals noch zweizügig, wurde aber zum Schuljahr 1998/99 der anderen Grundschule in Malchin angegliedert. Diese bedauerliche Entwicklung vollzog sich im Rahmen der schulpolitischen Trägerschaft.) Der Unterricht lief so ab, wie es dem klassischen Regelschulmuster entspricht: Der Lehrer erklärt, bewertet, zensiert, diszipliniert, und die Schülerinnen und Schüler hören zu (oder auch nicht), lesen, schreiben, rechnen (oder auch nicht); am besten jeder für sich allein. Das damals neue Schulgesetz für Mecklenburg-Vorpommern sieht die Öffnung von Schule und Unterricht vor, auch die Möglichkeit des jahrgangs- und bildungsübergreifenden Unterrichts, sogar Epochenunterricht erlaubt es; aber das schien nicht weiter ins Bewußtsein der Lehrerinnen und Lehrer im Lande und ihrem Verständnis von Schule gerückt.

Wichtige Paragraphen standen als Hindernis im Weg. Schulversuche (auch Versuchsschulen) konnten laut Gesetz an der unteren Schulaufsicht vorbei geplant

und beim Kultusministerium in Schwerin beantragt werden. (Das haben wir nicht getan.)
Die Lehrerkonferenz mußte dem Schulversuch zustimmen, die Schulkonferenz ebenfalls. Und - in unseren Augen die schwierigste Hürde - der Schulträger, also die Stadt Malchin. Nun gilt es zwei Dinge zu tun:

1. Das Konzept zum Schulversuch mußte ausführlich erarbeitet, beraten und geschrieben werden.
2. Die beteiligte Öffentlichkeit (Schulrat, Schulträger, Kultusministerium, Eltern, Lehrer) mußten informiert und überzeugt werden.

Die Intentionen
Unsere Intentionen, diesen Schulversuch auf den Weg zu schicken, orientieren sich im wesentlichen an den Schlüsselqualifikationen, die unsere Kinder für ihr zukünftiges Leben - auch ein Leben mit ganzer, zumindest teilweiser Arbeitslosigkeit - besitzen sollten, nämlich Selbständigkeit, Selbsteinschätzung, Teamfähigkeit, Friedfertigkeit, Umweltbewußtsein, Freude am Weiterlernen (Neugier), Zukunftshoffnung statt Zukunftsangst, Mündigkeit als Staatsbürger. Für mich selbst ist soziales Lernen die Grundvoraussetzung für Bildung; ich behaupte, daß soziales Lernen Vorrang haben muß vor schulischer Wissensvermittlung, denn unsere Gesellschaft kann es sich nicht leisten, einen Großteil der Bevölkerung ins soziale "Aus" zu schicken. Soziales Lernen beginnt ganz früh, zunächst im Elternhaus, dann in Kindergarten und Schule, und darf nicht zugunsten von Leistungsdruck und theoretischer Wissensvermittlung aus dem Blickfeld geraten.

Die Säulen des Schulversuchs
Diesen Gedanken folgend, ergaben sich wichtige "Säulen" für unseren Schulversuch:

1. Eine integrierte Orientierungsstufe (HS + RS + Gym + behinderte Kinder)
2. Wegfall der Ziffernzensuren, dafür ausführliche verbale Bewertungen
3. Binnendifferenzierter Unterricht
4. Förder- und Forderunterricht
5. Fächerübergreifender und projektorientierter Unterricht
6. Offene Unterrichts- und Arbeitsformen (Partner-, Gruppenarbeit; Freie Arbeit, Stationenarbeit, Tages- und Wochenpläne)
7. Allmonatliche Elternabende, Monatsfeiern
8. Informatik ab der 5. Klasse
9. Block- und Epochenunterricht
10. Ganztagsschule, d.h. u.a. kindgerecht rhythmisierter Ablauf eines Unterrichtstages

Die Realisierung

Unsere "Säulen" waren nun also da. Zu jeder dieser "Säulen" bildete sich aus dem Kollegium eine Arbeitsgruppe. (Die mit der heikelsten Thematik war die "Säule" 2!) Diese Arbeitsgruppen schrieben nach eingehender Beratung Teilkonzepte, welche auf einer nachfolgenden Lehrerkonferenz im Plenum beraten wurden. Und sie wurden verabschiedet! Nun erfolgte eigentlich nur noch Redaktionsarbeit, denn es fehlten noch Vorspann, Überleitungen, Begründungen und das Schlußwort. Außerdem galt es auch, dem ganzen eine optische "Eleganz" zu verleihen, wozu sich unser Computerfachmann bereiterklärte. Das Gesamtkonzept wurde zunächst von der Lehrerkonferenz, dann auch von der Schulkonferenz einstimmig verabschiedet.

Nun fehlte noch die Zustimmung des Schulträgers. Wir dachten uns: Informieren ist alles! Und so luden wir alle Mitglieder des Schulausschusses - nach Parteizugehörigkeit sortiert - einzeln zum Beratungsgespräch ein und beantworteten Fragen über Fragen. Außerdem hielt ich noch einen kleinen Vortrag zur Geschichte der Reformpädagogik und unseren eigenen Zielen in einer Versammlung des Stadtrates. Zu unserer großen Erleichterung sah man unser Vorhaben als Bereicherung des Schulstandortes Malchin und stimmte dem Projekt zu.

Ebenso positiv stand auch das damalige Kultusministerium unserem Vorhaben gegenüber. Man half uns dort mit Ratschlägen und schulgesetzlicher paragraphenmäßiger Untermauerung des reformpädagogisch orientierten Schulversuchs an der Blumenschule Malchin.

Wir erhielten die Genehmigung, mit dem Schulversuch 1998/99 zu beginnen! Das taten wir auch - mit einer Luftballonaktion am 1. Schultag!

Ein kleiner Bericht über das 1. Schulhalbjahr 1998/99

Alle Kinder der beiden Schulversuchsklassen gehen gern und völlig angstfrei zur Schule.

Einige sog. "Versager" haben sich sehr positiv entwickelt. Die Kinder haben neue Unterrichts- und Arbeitsformen ausprobiert und wenden sie nun erfolgreich an. Der allmonatliche Elternabend, der zu einem großen Teil mit dem Lesen der Lernentwicklungsberichte gefüllt ist, zeigt, daß die Eltern sehr zufrieden sind. Allerdings bedarf es für sie der Gewöhnung, daß die Kinder nun freiwillig und selbständig ihre schriftlichen Aufgaben erledigen.

Die regelmäßig stattfindenden öffentlichen Monatsfeiern erfahren eine immer größere Resonanz, und die kleinen Akteure, die ihre Unterrichtsergebnisse dort vorstellen, treten zunehmend selbstverständlicher und professioneller ins Rampenlicht.

Keines der Kinder vermißt die Zensuren, sondern sie lesen jetzt sehr genau ihre Bewertungen und orientierten ihre Arbeit an den Lerninhalten, nicht mehr an der Eins, Zwei, Fünf oder Sechs. Besondere Freude macht ihnen projektorientierter fächerübergreifender Unterricht (s. "Wabenmodell", Anlage).

Sie helfen sich gegenseitig in sog. Patenschaften ("Hilfst du mir in Mathe, so helf' ich dir in Deutsch"). Ein Computer, eine Lese- und Spielecke, eine große Tafel für Zeichnungen und Botschaften sorgen auch unter dem materiell und ausstattungsmäßig eher schlechten Zustand der Schule für Wohlbefinden der Kinder und Beschäftigungsmöglichkeiten, besonders dann, wenn die Arbeit getan ist ...

Anlage (auf nachfolgender Seite)
"Wabenmodell" für fächerübergreifenden projektorientierten Unterricht.

Erläuterung: Das Kernfach (Ideenträger) ist hier GL (Gesellschaftslehre; Integration von Geographie, Geschichte und Sozialkunde); die anderen Fächer arbeiten zu.

Wabenmodell zum fächerübergreifenden projektorientierten Unterricht Klasse 5a

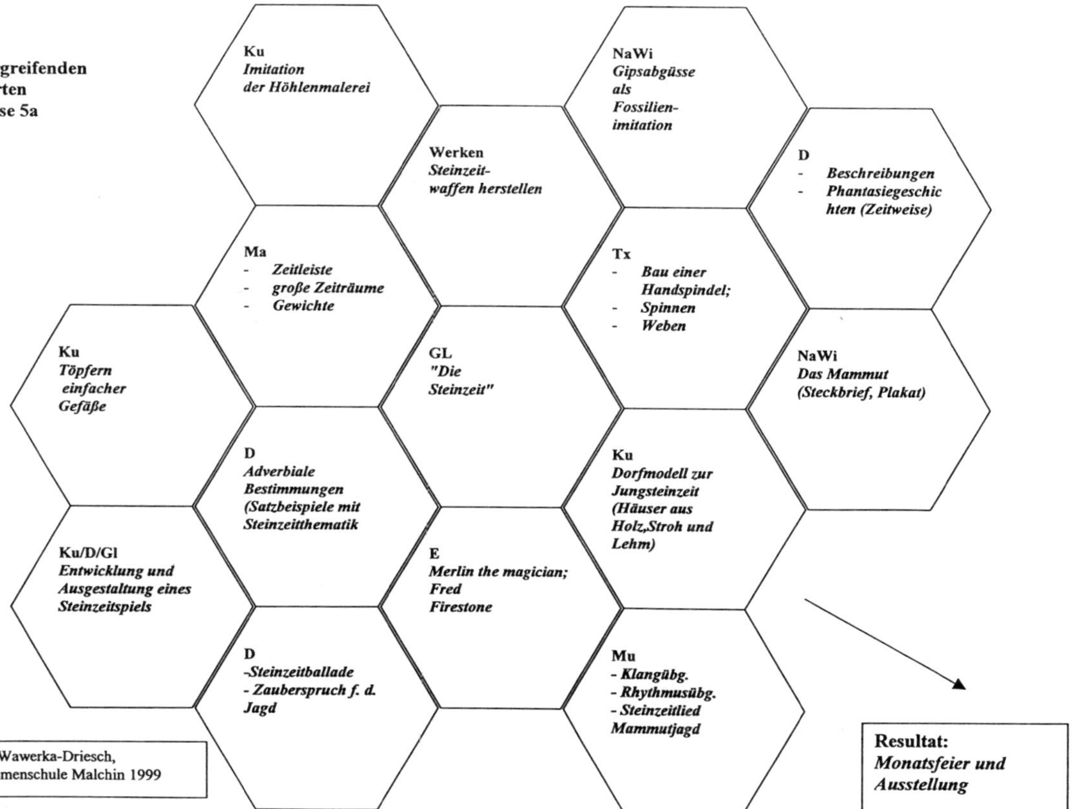

H. Wawerka-Driesch, Blumenschule Malchin 1999

Ursula DREWS

Einblicke in die reformorientierte Grundschulpraxis - ein Resümee

Die Arbeitsgruppe 3 - Einblicke in die reformorientierte Grundschulpraxis - zeigte durch den großen Zuspruch, den sie erhielt, durch das Impulsreferat Birgit METTs vom LISA in Schwerin, durch die Beiträge von Lehrerinnen und Wissenschaftlern, durch die Diskussion, vor allem zweierlei:

- Die Grundschule ist die wichtigste Schule.[1]
- Die Grundschule ist die am meisten reformorientierte Schule unter den Schulen.

Im einzelnen läßt sich das in folgenden Punkten konkretisieren:
Birgit METT äußerte sich eingangs zu Festlegungen und daraus erwachsenden Möglichkeiten des neues Schulgesetzes in Mecklenburg-Vorpommern, was sie durchaus auch kritisch tat (z.B. hinsichtlich der dort getroffenen Aussagen zur Ziffernbenotung). Für mich blieb als Quintessenz ihrer Ausführungen, daß Schulen sich in kleinen Schritten entwickeln und daß sie Mut machte, solche Schritte zu wagen. Wichtig ist allerdings, den „richtigen" Schritt zu tun. Das kann aber wohl nur jede Schule für sich selbst entscheiden.
Die anwesenden Lehrerinnen aus unterschiedlichen Bundesländern sprachen genau über jene Schritte, zu denen sie sich selbst bzw. die ganze Schule durchgerungen haben, welche Freude sie dabei empfunden haben, aber auch, welche teils erheblich großen Steine auf den Weg gerollt wurden oder auf einmal ohne Vorwarnung dalagen. Auf jeden Fall machten sie deutlich, daß Reformen kein Spaziergang sind, auch dann nicht, wenn man nicht gleich nach den Sternen greift, sondern eben in der Tat einen überschaubaren Schritt tut. Zugleich aber zeigten sie auch, daß Reformerinnen und Reformer keine Menschen sind, die bei den ersten Schwierigkeiten aufgeben, auch wenn das Durchstehen oft sehr viel Kraft kostet. Aber sofern man weiß, was man will, hat man häufig auch die notwendige Portion an Eigensinn und Stärke parat, seine Idee - gemeinsam mit anderen - durchzusetzen und manch unausbleiblichen Rückschlag zu verkraften.
Wenn Kerstin HERRMANN aus Thüringen (Grundschule Kleingeschwenda) beispielsweise über ihre Versuche sprach, das Lernen in altersgemischten Gruppen zu organisieren, so konnte man vieles an bewältigten Schwierigkeiten in diesem Prozeß durchaus heraushören: das Problem des Stundenplanes, das der in der Literatur kaum beschriebene Mischung von Kindern der Klassenstufen 1 bis 3, das Problem der Sitzordnung und nicht zuletzt das der Regeln, die beim gemeinsamen Lernen und Arbeiten einzuhalten sind. Bestätigung bekam dieser Versuch vor allem von seiten der Kinder. Das legt die Frage nahe, ob Pädagoginnen und

[1] Vgl. Ludwig ECKINGER: Begrüßung der Teilnehmer der Bundesgrundschulkonferenz. In: Arbeitskreis Grundschule - Der Grundschulverband e.V./Gewerkschaft Erziehung und Wissenschaft/Verband Bildung und Erziehung: Zukunft für Kinder - Grundschule 2000. Bundesgrundschulkonferenz 1995. Bonn, Frankfurt am Main 1996, S. 34.

Pädagogen nicht noch viel häufiger den Ideen und Wahrnehmungen der Kinder vertrauen sollten. Schließlich sollen Schulreformen zuallererst den Kindern zugutekommen. Und da bezieht man sie wohl zweckmäßigerweise von Anfang an gleich mit ein. Genau das aber ist der Punkt, woran weitere Reformen scheitern könnten: Wenn dieses Vertrauen in Kinder nicht da ist oder eine Art „pädagogischer Ängstlichkeit" („Ich habe ja für alles die Verantwortung und kann sie nicht teilen") einzelne Lehrerinnen und Lehrer daran hindert, einen Schritt nach vorn zu wagen, dann könnte es durchaus schlecht um die weitere Realisierung von Reform in der Grundschule stehen. Wenn ich für diese Wahrnehmung von Ideen und Bedürfnissen der Kinder plädiere, so spreche ich mich nicht für Kindertümelei aus. Die Geschichte der Pädagogik hat oft genug gezeigt, wohin es führt, wenn Kinder künstlich auf einem Niveau gehalten werden, von dem Erwachsene meinen, es sei kindgemäß. Kinder wollen erwachsen werden, und sie brauchen Erwachsene, die ihnen dabei helfen (Hartmut von HENTIG). Aber sie haben ein Recht darauf, mit Ernsthaftigkeit in ihren tatsächlichen Entwicklungen wahrgenommen und angenommen zu werden.

Ebenso negative Folgen hat es selbstverständlich, - auch das hat die Geschichte gezeigt - wenn Kindorientierung generell abgelehnt wird und nur „höhere" Ziele existieren, zu denen das Kind gebracht werden soll. Insofern wird es für lange Zeit noch Erörterungsgegenstand von Grundschulfachleuten bleiben, was unter kindgemäßer Pädagogik zu verstehen ist. Die vielen vorliegenden empirischen und theoretischen Untersuchungen[1] machen dabei Mut, auch hier einen nächsten Schritt zu tun. Die alten und neuen Erfahrungen von Lehrerinnen und Lehrern sollten dabei aber noch mehr Berücksichtigung finden. Auf letzteres verweisen auch die Beiträge Frau PAECHs und Frau WIESNERs aus Greifswald (Grundschule Riemser Ort) und Rostock (Jenaplanschule) sowie von Sylvia APEL aus der Montessorischule in Stralsund.

Frau PAECH und Frau WIESNER machten sich gleich nach der Wende auf den Weg, um sich Anregungen für ihr eigenes Schulkonzept zu holen. Die Jenaplanpädagogik schien ihnen nach ihren Erkundungen dann letzten Endes ein hinreichendes Anregungspotential zu bieten. Dabei machten sie die Erfahrung, daß sie mit ihren Ideen zunächst keinen Widerhall bei den Eltern fanden („So etwas wollen wir nicht!"). Bis heute wird daher manches, was an den Schulen passiert, mit Skepsis betrachtet. Dennoch haben die Lehrerinnen mittlerweile so viel Selbstbewußtsein gewonnen, daß sie sagen: In unsere methodische Gestaltung des Unterrichts lassen wir uns nicht hineinreden! Aber was ist einer solchen Haltung wohl an Auseinandersetzung mit sich selbst vorausgegangen ... Und welches Durchsetzungsvermögen ist erforderlich, um Kritik immer wieder auszuhalten.

[1] Vgl. z. B. Maria FÖLLING-ALBERS: Schulkinder heute. Beltz-Verlag Weinheim, Basel 1992. Renate VALTIN: Mit den Augen der Kinder. Hamburg 1991.

Dennoch: Allen Beteiligten ist ebenso klar, daß eine Durchsetzung von Reformideen ohne die Einbeziehung von Eltern nicht oder nur schwer möglich ist. Und daß Eltern vor allem auch ein Grundbedürfnis und ein Recht haben, in die pädagogischen Intentionen dessen, was die Schule ihrer Kinder tut, einbezogen zu werden. Das betrifft zum Beispiel - wie von Frau WIESNER verdeutlicht - das Verständnis von Leistung, das die Schule hat. Die meisten Eltern wollen nun einmal das Beste für ihr Kind. Sie wollen vor allem, daß das Kind etwas leistet, weil sie davon ausgehen, daß Leistung zur Schule gehöre und zum anderen ihr Kind dann bessere Chancen auf weiterführenden Schulen oder etwa im späteren Leben habe. Im Grunde ist das gar keine so angreifbare Denkweise. Aber: der Leistungsbegriff ist heute in der Grundschule ein ganz anderer als der früher übliche und wird sicher auch für weiterführende Schulen und darüber hinaus zu diskutieren sein. Leistung kann nicht mehr nur die kognitive Seite umfassen. Allerdings darf sie auch keinesfalls ausgeschlossen werden. Ein leistungsfähiger Mensch muß heute aber auch von hoher sozialer Sensibilität sein, emotionale Stärke besitzen, mit anderen Menschen umgehen, sich selbst und seine Arbeitsergebnisse darstellen können u.a.m. Dies ist Eltern mit Sicherheit immer wieder nahezubringen, dafür sind sie aufzuschließen. Dabei ist es sicher kein Trost für die Lehrerinnen, die diese Debatten ständig führen müssen, aber es sei zunächst festgehalten: Auch in den pädagogischen Wissenschaften ist eine Diskussion um den Leistungsbegriff schon des längeren im Gange und wird angesichts der Meinungspolarität wohl auch noch lange geführt werden.

An der Montessorischule in Stralsund waren und sind ähnliche Probleme zu lösen. Interessanterweise gab es hier den größten Widerstand von seiten des Hausmeisters. Sylvia APEL beschrieb, daß er sich mit dem, was an der Schule passierte, nicht einverstanden erklären konnte und die Schule deshalb verließ. Auch für die Reinigungskräfte war es nicht einfach, Maria MONTESSORI in ihren Auswirkungen auf ihre Arbeit zu tolerieren. Wenn auch hier zunächst negativ apostrophiert, so ist die oben getroffene Aussage zur Zusammenarbeit mit den Eltern nun erheblich zu erweitern: Hausmeister und Reinigungskräfte gehören ebenfalls zu den in neue Konzepte Einzuweihenden. Im Grunde ist dies ein schönes Beispiel, wie Schule nur als ein organisches Ganzes funktioniert bzw. funktionieren kann.

Geduldige Aufklärungsarbeit ist unter vielen Aspekten notwendig.

Am Beispiel der Montessorischule wird noch etwas deutlich: Die Eltern haben gesagt, daß die Lehrerinnen und Lehrer schon vorher gut mit den Kindern gearbeitet hätten, also könne man wohl annehmen, daß sie auch nach MONTESSORIs Konzept (!) weiterhin gut mit den Kindern arbeiten würden. Wenn es solchen Vertrauensbonus an einer Schule für das Kollegium gibt, dann kann es sich wahrlich glücklich schätzen.

Von bereits längere Zeit realisierter Arbeit nach einem Reformkonzept konnte Margarete SCHÄFER, Grundschule Giessen-Wieseck, berichten. An ihrer Schule wird jenaplanorientiert gearbeitet. Ihre anschaulich vorgetragenen Beispiele wa-

ren dazu angetan, auch jenen Kolleginnen und Kollegen Mut zur Umgestaltung von Schule und Unterricht zu machen, die sich noch in der Phase des Überlegens befinden.
Aus wissenschaftlich-theoretischer Sicht rundete Ralf LAGING, Magdeburg (früher Kassel), insbesondere die Überlegungen zur Arbeit in altersgemischten Gruppen ab. Er belegte nochmals, daß es sich hierbei durchaus nicht um Notlösungen handelt (geringe Schülerzahlen, Kleine Grundschulen), sondern Altersmischung von wohldurchdachten pädagogischen Konzepten getragen wird bzw. getragen werden muß und viele Vorzüge für das kindliche Lernen und den Umgang miteinander besitzt.
Die vielen Fragen an die Vortragenden zeigten vor allem:

- Das Interesse an Veränderung von Grundschule ist nach wie vor vorhanden. Es äußert sich vielleicht nicht mehr so expressiv wie unmittelbar nach der Wende, hat aber vermutlich an Stabilität gewonnen und in vielen Fällen zu einer organisatorischen Form gefunden, worüber auch Austausch gewünscht wird.
- Nach wie vor scheint vor allem in den neuen Bundesländern das Verhältnis von Lehr- bzw. Rahmenplan zu möglichen Reformen im täglichen Unterrichts- und Schulleben eine große Rolle zu spielen. Das Problem ist dabei immer wieder das der Freiheit im Umgang mit dem Plan. Gerade hierbei wird es sicher noch längerer Zeit bedürfen, um ein solches Maß an pädagogischer Souveränität zu erreichen, daß Pläne nicht mehr als Fessel verstanden, sondern daß in ihnen all jene Möglichkeiten gesehen werden, die die eigene methodische Freiheit nicht behindern, sondern durchaus fördern können (Anregungen zu fächerübergreifendem Unterricht z.B., zu neuen Unterrichtsformen u.a.m.).
- Die Schwierigkeiten, Reformen zu realisieren, sind in den vergangenen Jahren mit Sicherheit den reformwilligen Lehrerinnen und Lehrern deutlicher bewußt geworden. Zugleich aber sind Zähigkeit, Hartnäckigkeit und Einfallsreichtum derjenigen gewachsen, die sich für diesen steinigen Weg entschieden haben. Das betrifft auch die Gewinnung von Verbündeten.

Als wichtigste Schlußfolgerung aus Beiträgen und Diskussion läßt sich für mich ableiten: Es wäre ein großer Gewinn, wenn es weiterhin gelänge, Foren zu schaffen, auf denen sich Reformerfahrene und Reformwillige begegnen, sich im Gespräch stützen, ermutigen und über ihre jeweils nächsten Schritte austauschen könnten.

Fotografie und Copyright: Pressefoto Michael SEIFERT, Hannover

III.3. Erfahrungsberichte über Innovationen in Schulen der Sekundarstufe

Annemarie von der GROEBEN

Einladung zu einer pädagogischen Gedankenreise

Alter Zug auf neuen Gleisen?

"Impuls", so sagt das Herkunfts-Wörterbuch, bedeutet "Antrieb" oder "Anstoß". Es geht bei dieser Tagung darum, wie und wohin sich heutige Schulen entwikkeln wollen und sollen, bei unserer Arbeitsgruppe speziell um die Sekundarstufe I. Vergleicht man deren heutige Situation, die geprägt ist von bedrängenden und bedrückenden Problemen, mit einem stehenden oder nur mühsam auf gewohnten Gleisen dahinrollenden Zug, so ist die Frage, wie man diesen wieder in Schwung bringen und auf welches andere Gleis man ihn vielleicht umlenken könnte. Ein solches Gleis, um im Bild zu bleiben, ist durch das Thema unserer Tagung benannt: Es soll irgendwie in Richtung "Reformpädagogik" gehen. Aber was heißt das? Ich würde, offen gesagt, das Wort am liebsten aus dem pädagogischen Vokabular streichen, aus zwei Gründen: Erstens verstehen allzu viele allzu Unterschiedliches unter "Reformpädagogik", und zweitens wird der Begriff gegenwärtig häufig in der Art eines Allheilmittels für alle möglichen Schwierigkeiten und Probleme geradezu inflationär gehandelt. Dazu ein selbsterlebtes Beispiel. Ich habe kürzlich an einer Tagung teilgenommen, bei der es unter anderem um die Frage ging, ob das Gymnasium mit dem 5. oder mit dem 7. Schuljahr beginnen solle. Ein prominenter Redner begründete sein Eintreten für den späteren Beginn (also ab Jahrgang 7) folgendermaßen: Im 5. und 6. Schuljahr seien die Kinder noch sehr unruhig, der reformpädagogische Bedarf folglich groß. Darum solle man diese beiden Jahre lieber der Grundschule zuschlagen, die ja ohnehin mehr und mehr reformpädagogisch orientiert sei und so das Gymnasium für seine eigentliche Aufgabe besser freisetzen. - Wenn ich diese Position - zugegeben: etwas polemisch - zuspitze, so heißt das: Bei Disziplinproblemen ist Reformpädagogik angesagt. Ein bißchen in den Wald gehen oder in die Stadt, ein bißchen Projekt oder Kochen, Werken, Malen oder was man sonst für "reformpädagogisch" hält oder auch ein bißchen Freiarbeit - das beruhigt die Kinder. Wenn sie dann aus dem Schlimmsten heraus sind, kann die Bildung beginnen. - Es wird Sie nicht erstaunen, wenn ich sage, daß ein solches Verständnis von "Reformpädagogik" diese ins Lächerliche zieht, den Begriff und seinen Sinn in ein absurdes Gegenteil verkehrt. Ein bißchen Allerlei "mit Kopf, Herz und Hand", gleichsam eine pädagogische Beschäftigungstherapie, um die Kinder in schwierigen Zeiten bei Laune zu halten, nach deren erfolgreichem Überstehen dann irgendwann und irgendwie die eigentliche Bildung beginnt - das kann es doch wohl nicht sein! Aber was dann? Es ist hier nicht der richtige Ort und auch nicht meine Aufgabe, den Begriff "Reformpädagogik" historisch oder systematisch zu klären. Ich werde ihn ab sofort vermeiden, möchte überhaupt die Theorie-Ebene verlassen und Sie statt dessen zu einem Gedankenexperiment einladen, gleichsam einer gemeinsamen Reise mit dem Zug, des-

sen Richtung wir miteinander bestimmen. Natürlich kann ich mir nicht anmaßen, für alle hier Anwesenden zu reden, sondern nur versuchen, das Bild von der gemeinsamen Reise so plastisch vorzustellen, daß es vielleicht den einen oder die andere von Ihnen überzeugt, Sie mit Reiselust ansteckt, um im Bild zu bleiben. Solche Vorstellungen sind natürlich sehr stark geprägt von den eigenen Erfahrungen, für mich durch eine mittlerweile 20jährige Tätigkeit an der Bielefelder Laborschule, die ich Ihnen im Zuge unserer Gedankenreise gleichsam nebenbei vorstellen möchte. Das Beste an dieser Schule ist, daß sie ihrem Gründungsauftrag nach nie mit sich zufrieden sein soll, sondern gehalten ist, ständig an sich zu arbeiten. Aber natürlich wird auch dort nur mit Wasser gekocht, werden Menschen älter und verlieren ihren Schwung, manchmal auch die Lust an der Arbeit, ganz zu schweigen von allen übrigen Problemen, die wir natürlich auch (und nicht zu knapp) haben. Darum soll es hier aber nicht gehen.
Neuer Schwung, Impuls, kann nur aus Ideen kommen, die zu gemeinsamen Überzeugungen von Menschen werden und so stark sind, daß diese beschließen, die Ärmel aufzukrempeln und an die Arbeit zu gehen. Die Ideen und Vorschläge, die ich Ihnen vortragen werde, sind alle nicht neu und schon gar nicht von mir; sie stammen aus verschiedenen Quellen, zumeist von Hartmut von HENTIG oder aus der Praxis der Laborschule und anderer Schulen. Ob daraus am Ende für Sie und Ihre Arbeit so etwas wie ein Impuls werden kann, also der gewünschte Anstoß, oder ob Sie - in des Wortes negativer Bedeutung - solche Vorstellungen eher anstößig finden, kann ich nicht wissen, erhoffe mir aber gerade auch aus Ihrer Kritik den entscheidenden Anstoß für eine dann folgende, hoffentlich gute und spannende Diskussion.

Der„Reiseproviant“: drei Vorgaben

Angenommen also, durch eine wie auch immer geartete Schicksalswende wären wir hier zu einem Kollegium geworden, das beschließt, neue Wege zu gehen, gerade jetzt, unter widrigen Umständen und in schwierigen Zeiten, nicht zu resignieren, sondern neu über unseren Erziehungs- und Bildungsauftrag nachzudenken. (In Klammern gesagt: Das wäre für mich eine einleuchtende Definition von Reformpädagogik: darunter die Einstellung von Erwachsenen zu verstehen, die ihre Aufgabe vor allem darin sehen, Anwalt der Kinder zu sein, die darum ihren Erziehungs- und Bildungsauftrag besonders ernst nehmen und ständig daran arbeiten, ihn besser zu erfüllen.) Angenommen also, wir wären ein solches Kollegium, Leute mit viel Power und Phantasie, die Mut und Lust haben, sich auf das Wagnis einzulassen, ihre Schule neu zu denken.
Angenommen weiter, der Kultusminister hätte uns - als unschätzbare Güter - drei Vorgaben konzediert. Erstens das Recht, die Schule von unten neu aufzubauen, beginnend mit dem ersten Schuljahr oder sogar einem Vorschuljahr. (Erlauben Sie mir hierzu eine persönliche Bemerkung. Sie werden mit mir darin übereinstimmen, daß, im Nachhinein gesehen, bei der Wende - um es vorsichtig

zu sagen - bei weitem nicht alles so gelaufen ist, wie es vernünftigerweise hätte laufen sollen. Ich denke, daß das Bildungswesen dafür ein gutes Anschauungsobjekt ist: Anstatt Vorhandenes erst einmal behutsam zu sichten und dann in kleinen Schritten Reformprozesse einzuleiten, hat man mit einem Schlag alles Gewesene vom Tisch gefegt und durch - ich glaube: oftmals kaum reflektierte, geschweige denn kritisch hinterfragte - Westimporte ersetzt. Zu den Unbegreiflichkeiten dieses Vorgangs gehört für mich die Tatsache, daß Primarstufe und Sekundarstufe, die in DDR-Zeiten ja zusammengehörten, systematisch getrennt wurden. - Aus Sicht der Bielefelder Erfahrungen kann ich nur sagen: Es gehört zu unseren kostbarsten und wichtigsten Merkmalen, daß wir eine eigene Grundschule haben. Eigentlich ist es ja eine pädagogische Binsenweisheit, daß das, was man "oben" ernten will, "unten" angelegt sein muß und darum ist es um so unverständlicher, warum man dieser schlichten und elementaren Einsicht nicht Folge leistet. Gegenwärtig tut sich in den Grundschulen, wie Sie wissen, sehr viel, während die Sekundarstufe ein bißchen hinterherhinkt und sich langsam darauf besinnt, daß es gut wäre, sich mit der Primarstufe zu verbünden, anstatt, wie so oft, ein bißchen hochmütig auf sie herabzuschauen. Auch bei dieser Tagung arbeiten beide in getrennten Gruppen, was zum Glück, wie die Veranstalter sagen, nur organisatorische und keine systematischen Gründe hat. - Es wird Sie nach diesem kleinen Exkurs nicht wundern, wenn ich sage: Der erste Schritt zur Veränderung der Sekundarstufe sollte die Einführung einer jeweils eigenen Primarstufe sein.)

Angenommen also, das Kultusministerium hätte uns diese eigene Primarstufe als erste Konzession zugestanden. Die zweite wäre das Recht, auf Noten zu verzichten, sie durch individuelle Formen der Bewertung zu ersetzen. Es ist meine feste Überzeugung, daß alles, was die Bielefelder Laborschule an pädagogischer Entwicklungsarbeit vorzuweisen hat, aufs Engste mit dieser Bedingung zusammenhängt, die dort erfüllt ist. Wir bewerten die Leistungen der Kinder nach einem anderen Maßstab: ihren eigenen Möglichkeiten. Wir sagen ihnen: Du bist dann gut, wenn du dein Bestes leistest. Das ist ein sehr hoher Maßstab, ja, der strengste, den es gibt, denn mehr als sein Bestes kann niemand geben. Wenn ein Kind, das langsam und mühevoll lernt, sich beispielsweise in der Rechtschreibung deutlich verbessert hat, wird ihm das als besonders gute Leistung zurückgespiegelt und auch von den anderen Kindern als solche anerkannt - darin urteilen sie sehr fair und unbestechlich. Ein anderes, intelligent und ein bißchen schludrig, erfährt, es könne weit Besseres leisten. "Objektiv" hätte das erste eine 5 oder 6, das zweite eine 2 oder 1. Ich hoffe, das Beispiel genügt, um Ihnen zu zeigen, daß man unter Gerechtigkeit etwas anderes verstehen kann als normierte Leistungsbewertung nach Noten. Es würde zu weit führen, dies weiter auszuführen; vielleicht kommen wir in der Diskussion darauf zurück.

Die dritte Konzession des Kultusministeriums für unsere gedachte Schule wäre das Recht, den Unterricht nach eigenen Überzeugungen bis zum Ende des 10. Schuljahrs zu gestalten; danach müßten die Schülerinnen und Schüler, die die

Oberstufe besuchen wollten, sich einer Zulassungsprüfung unterziehen. Wir wären also frei, unter Umständen ganz anders zu unterrichten, als wir es gelernt haben; wir könnten Fächer zusammenlegen oder einige ganz oder eine zeitlang aussetzen lassen, wir könnten die Gruppen verändern, beispielsweise unterschiedliche Altersstufen mischen, wir könnten auch beispielsweise mit einer Gruppe ein. Jahr auf Seereise gehen, also alles tun, was wir pädagogisch für richtig halten

Die Richtung: pädagogische Grundüberzeugungen

Wie würden wir also vorgehen, was als erstes in Angriff nehmen? Natürlich würden wir nicht den Fehler machen, die Welt neu zu erfinden, sondern uns an vielen Schulen Rat und Vorbilder suchen, beispielsweise bei den Landerziehungsheimen, die ja von jeher ernst machen mit dem "Lernen mit Kopf, Herz und Hand", mit Bewährung und Ernstfall, mit sozialer und zunehmend auch ökologischer Verantwortung. Wir würden in den ersten Jahren den größten Wert darauf legen, die Schule zu einer wirklichen Lebens- und Arbeitsgemeinschaft aller dort tätigen Kinder, Jugendlichen und Erwachsenen werden zu lassen, zu einem "Haus des Lernens", wie es in der Denkschrift der Bildungskommission Nordrhein-Westfalen heißt, das sich selbst als eine Gesellschaft im Kleinen verstehen würde, als eine Polis, um mit Hartmut von HENTIG zu reden. Wir würden das Haus mit Kindern und Eltern gemeinsam gestalten, uns täglich versammeln, gemeinsame Angelegenheiten miteinander regeln in der Überzeugung, daß Mündigkeit und Verantwortung nur durch Mündigkeit und Verantwortung gelernt werden können und daß dies das wichtigste tägliche Lernpensum ist.

Wir würden das Schuljahr großzügig planen, im Jahrgangsteam zunächst einmal gemeinsam festlegen, welche besonders bedeutsamen und/oder umfangreichen Lernerlebnisse das jeweilige Schuljahr strukturieren sollen. Ich verlasse jetzt für einen Augenblick die Ebene des gemeinsamen Gedankenexperiments und berichte aus der Praxis der Bielefelder Laborschule, wo man so vorgeht. Für den gegenwärtigen Jahrgang 7 haben wir beispielsweise zunächst folgende Grobplanung festgelegt: Zu Beginn ist das Thema "Liebe, Freundschaft, Sexualität" vorgesehen, dessen Dauer offengelassen wird. Im Schuljahr soll es zwei geschichtliche Unterrichtseinheiten geben, "Griechenland" und "Mittelalter". Im Winter werden die Schülerinnen und Schüler ein mehrtägiges Sozialpraktikum in einer Kindertagesstätte machen. Zu Beginn des zweiten Halbjahres werden sie zwei Wochen in einer Berghütte verbringen; dem geht eine Unterrichtseinheit über das Leben im Gebirge, über Wetter und über die Entstehung der Alpen voraus; eine große Rolle wird auch die ökologische Problematik des Ski-Tourismus spielen. Darüber hinaus wird die Selbstversorgung in der Hütte durch den dritten Teil eines abgestuften Haushaltscurriculums vorbereitet. Nach den Osterferien wird die Arbeit an einem Jahrgangs-Theaterprojekt beginnen. - In einem zweiten Schritt haben wir dann, zunächst noch ungenau, festgelegt, welche Anteile welche Fächer innerhalb dieses pädagogischen Jahresplans einnehmen wollen und sollen. Von der Sache her ergeben sich zahlreiche Überschreitungen der Fächergrenzen, die an dieser Schule ausdrücklich gewollt sind. So wird beispielsweise das Fach Deutsch an fast allen genannten Vorhaben in unterschiedlicher Weise beteiligt sein, Mathematik an einigen; Entsprechendes gilt für alle übrigen Fächer. Diese planen dann in einem dritten Schritt, wie sie die noch zur Verfügung stehende Zeit verwenden wollen. Auf diese Weise entsteht ein Jahrgangs-Jahresplan, der jedoch so offen angelegt ist, daß für die Arbeit in den einzelnen Stammgruppen unterschiedliche "Verweildauern" und Schwerpunktbildungen möglich bleiben.

Zurück zu unserem Gedankenexperiment. Unsere Arbeit wäre natürlich getragen durch die gemeinsame Überzeugung, daß ein solcher "pädagogischer Jahresplan", eine gewollte und entschiedene Konzentration auf einige inhaltliche Schwerpunkte, an die Stelle des üblichen zerstückelten Lernens im 45-Minuten-Takt treten soll und daß die Kinder auf diese Weise nicht weniger, sondern mehr lernen als im herkömmlichen "reinen" Fachunterricht. Natürlich würden wir alle unsere Fächer und deren Bildungsanspruch sehr ernst nehmen. Als Pädagogen, die wir erklärtermaßen alle zuerst wären, würden wir jedoch darauf setzten, daß unser Bildungsauftrag umso besser gelingen wird, je mehr das Lernen die je unterschiedlichen Personen der Lernenden mit einbezieht, ihre Erfahrungen, ihre subjektiv sehr verschiedenen Möglichkeiten der Aneignung, ihren je eigenen Arbeitsrhythmus.

Wir würden darauf setzen, daß es möglich und unsere Pflicht ist, ihre natürliche Lernfreude und Neugier auf die Welt zu erhalten und ständig zu vergrößern, daß wir ihnen, um mit Hartmut von HENTIG zu reden, "Anlaß zu Freude und Einsicht" schulden. Wir würden, wiederum mit HENTIG, Bildung als einen Prozeß des Sich-Aneignens verstehen, der darum nicht restlos planbar ist und schon gar nicht zu erzwingen. Wir würden statt dessen die von ihm so genannten Bildungsanlässe, die das gemeinsame Leben und Arbeiten für solches Sich-Aneignen reichlich bietet, pflegen und nutzen: Geschichten, Gespräch, Theater, Musik, Naturerfahrung, Reisen - um nur einige zu nennen.

Wir würden dem Tag einen guten Rhythmus geben, so wie er für Heranwachsende gut ist und nicht so, wie irgendwelche Sachzwänge ihn zu gebieten scheinen: Ruhe und Bewegung, Konzentration und Entspannung sollten in einem ausgewogenen Verhältnis stehen; nicht nur der Kopf würde zu seinem Recht kommen, sondern der ganze Mensch, also auch sein Körper. (Die Laborschule hatte sich ursprünglich zum Ziel gesetzt, jedes Kind solle jeden Tag eine Stunde Sport haben. Leider haben wir dieses Ideal bei weitem nicht erreicht: Auf dem Stundenplan sind nur drei Stunden vorgesehen. Immerhin aber stehen in den großzügig bemessenen Pausen die Sporthallen zur Verfügung, so daß alle Kinder ihren täglichen Sport wenigstens haben *können.*)

Wir würden vor allem dem Lernen einen guten Rhythmus geben. Der zerstückelte Unterricht im 45-Minuten-Takt wäre aus dieser Schule verbannt zugunsten eines anderen, klaren und einfachen Lernrhythmus. Dafür fänden wir in anderen Schulen gute Vorbilder (die Waldorfschulen und manche Landerziehungsheime wie beispielsweise die Ecole d'Humanité, die nach dem Grundsatz verfährt: kein Mensch kann mehr als drei Dinge zugleich wirklich lernen). Das Prinzip der Unterrichtsplanung wäre also - zumindest in den Schuljahren 5 - 7 - eine möglichst durchgehende Epochalisierung, also die Konzentration auf *ein* jeweiliges Schwerpunktthema, wie am Beispiel der Laborschule dargestellt. (Selbstkritisch sei hinzugefügt, daß die Laborschule nach Meinung vieler Beteiligten in dieser Hinsicht noch nicht konsequent genug arbeitet, daß es also noch zu viel isolierten Fachunterricht gibt, der sinnvollerweise in solche Epochen integriert werden könnte.) Die Auswahl dieser Themen würde eine ausgewogene Beteiligung aller Fächer gewährleisten. Deutsch und Mathematik wären, soweit dies möglich und sinnvoll ist, in den Epochenunterricht integriert, ebenso auch die Künste. Daneben gäbe es Fachkurse: in den Fremdsprachen und in den nicht integrierten Bereichen. Der Alltag (immer vorausgesetzt, es handele sich um eine Ganztagsschule) hätte viel Freiraum: für individuelles, selbstverantwortetes Lernen und Arbeiten, für gemeinsame Tätigkeiten, für das Leben in der Schule. Es wäre so strukturiert, daß nach Möglichkeit der Morgen dem Üben und Lernen der Kulturtechniken und Fremdsprachen dient, daß im Zentrum des Vormittags die Arbeit am Epochenthema steht und der Nachmittag für freies Arbeiten, Versammlungen, Wahlunterricht zur Verfügung steht. Ebenso würden wir dem Schuljahr einen klaren, einfachen Rhythmus geben, der nicht, wie gemeinhin üblich, primär durch die Ferien strukturiert ist, sondern durch Veranstaltungen des Schullebens: Feste und Feiern, Reisen und Praktika, Theater, Schul- und Jahrgangsprojekte, Ausstellungen und andere kulturelle Veranstaltungen.

Natürlich würden wir alles tun, um unsere begrenzten Möglichkeiten dadurch zu erweitern, daß wir die Schule öffnen und möglichst viele Menschen von außen hereinholen, so wie wir umgekehrt die Stadt und die Region als möglichen und besonders wichtigen Schauplatz von Schule verstehen würden. Die Eltern wären unsere wichtigsten Bundesgenossen; die Schule sollte für sie nicht ein Aufbewahrungsort sein, wo sie ihre Kinder abgeben können, sondern *ihre* Sache, die sie zusammen mit ihnen und uns in die Hand nehmen und gestalten. Auch die Großeltern würden wir als mögliche und willkommene Helfer sehen. Wir würden die Phantasie und Arbeitskraft, das Engagement, die Berufs- und Lebenserfahrung der Eltern- und Großelterngeneration, wo immer es möglich wäre, "anzapfen" und könnten zum Ausgleich das anbieten, was wir gelernt haben, beispielsweise Kurse in Fremdsprachen, Kunst, Naturwissenschaft, Informatik. Auch Nachbarn könnten wir auf diese Weise in die Schule hereinholen, wissend, daß wir für unsere Schule nichts nötiger brauchten als zusätzliche Erwachsene. Das Gefühl, als Einzelkämpfer oder Einzelkämpferin vor 30 Kindern mitsamt all ihren Problemen, Bedürfnissen und Schwierigkeiten zu stehen, kann jedem pädagogischen Idealismus schnell ein Ende bereiten. Kann ich aber fünf in die Bibliothek schicken, wo jemand ist, der sich mit Büchern und Kindern auskennt und beide zueinanderbringt, fünf andere vielleicht zu drei Großeltern, die um diese Zeit immer Zeit haben, mit ihnen zu lesen oder ihnen bei Aufgaben zu helfen, zehn allein arbeiten lassen - teils im Klassenraum oder in der Bibliothek, teils in der Küche, wo sie mit einer Praktikantin einen Imbiß für alle zubereiten, dann kann ich den übrigen endlich so viel Zeit und Zuwendung zukommen lassen, wie sie gerade brauchen. Die Praktikantin habe ich soeben aus der Laborschule geholt und in unsere gedachte hineingemogelt. Sie ist eine angehende Erzieherin, die an der Schule ihr Anerkennungsjahr macht. Auch künftige Sozialarbeiterinnen und Sozialarbeiter, Sozialpädagoginnen und -pädagogen tun das, und ohne die Hilfe dieser jungen Erwachsenen könnten wir beispielsweise die vielen Pausenangebote nicht machen. Durch sie verlieren die Pausen ihre bekannte Ventilfunktion und werden zu einem meist friedlichen Nebeneinander sehr unterschiedlicher Tätigkeiten, für die alle Lernorte der Schule zur Verfügung stehen. Wer Ruhe braucht, geht in die Bibliothek, wer sich austoben möchte, kann das in den Sporthallen oder auf dem Außenspielgelände oder auch zu heißen Rhythmen in der Diskothek tun, wer sein Tier pflegen und streicheln möchte, geht in den sogenannten Zoo, wer an einem angefangenen Werkstück arbeiten oder musizieren möchte, findet die Fachräume offen.

Das Programm: Vielfalt und Sinnhaftigkeit

Ebenso unterschiedlich wie die Arbeitsformen im Unterricht und die Freizeitangebote sind an der Laborschule auch die Lernprofile, mit denen die Jugendlichen am Ende die Schule verlassen. Wir verzichten auf jegliche Leistungsdifferenzierung. An ihre Stelle tritt ein sich nach oben hin erweiterndes Wahlangebot, das bis zu einem Drittel des Unterrichts umfaßt. Diese Kombination von Pflicht- und Wahlkursen würden wir in unsere gedachte Schule übernehmen. Ein sich nach oben hin differenzierendes Kurssystem (Kunst und Musik, Handwerk, Technik und Informatik, Ökologie und Hauswirtschaft) würde sehr unterschiedliche Lernprofile ermöglichen. Im 9./10. Schuljahr würde der Epochenunterricht sich mehr und mehr fachlich differenzieren; auf diese Weise würden die Fächer, so wie es an der Bielefelder Laborschule der Fall ist, nicht von vornherein in den Unterricht hineinregieren, sondern sich gleichsam im Kopf der Lernenden allmählich herausbilden.
Diese Theorie hat Hartmut von HENTIG der Gliederung des Lernfeldes an der Laborschule zugrunde gelegt. Kleine Kinder sehen die Welt gewiß nicht in Fächern, sondern als ein großes, noch weitgehend unbekanntes Ganzes. Darum ist der Unterricht in der Eingangsstufe der Laborschule (Jahrgang 0, 1 und 2) und weitgehend auch noch in der folgenden Stufe II (Jahrgang 3 und 4) ganzheitlich und ungefächert; die Kinder leben und lernen "am Tag entlang". Mit zunehmendem Alter erschließen sich ihnen mehr und mehr unterschiedliche Weisen, die Welt zu verstehen - je nachdem, ob es um Umgang mit Menschen geht oder um

Sachen, mit denen man wiederum sehr verschieden umgehen kann, nämlich "beobachtend, messend, experimentierend" oder "erfindend, gestaltend, spielend", oder um Gedachtes, Gesprochenes, Geschriebenes oder um den Umgang mit dem eigenen Körper. Die hier verwendeten Ausdrücke bezeichnen die von HENTIG so benannten Erfahrungsbereiche. Sie sind ein Mittleres zwischen dem ganzheitlich-ungefächerten Lernen der Kleinen und der fachlichen Differenzierung, die sich in den oberen Jahrgängen (8-10) allmählich aus ihnen ergibt.
Ob wir an unserer gedachten Schule diese oder eine andere Einteilung vornehmen würden, ist sekundär. Sehr entschieden aber wäre unsere Option für ein Lernen in Sinnzusammenhängen und nicht in (meist uneinsehbaren) Fächergrenzen. Wir würden genau unterscheiden zwischen dem notwendigen Üben vor allem der Kulturtechniken, den Fächern, die kontinuierliche Progression erfordern, und den übrigen. Wir würden das Üben und das Lernen in Fachkursen natürlich sehr ernst nehmen und zugleich darauf achten, daß es nicht dominiert. Denn im Mittelpunkt der Lernarbeit würde die gemeinsame Arbeit an Epochenthemen stehen, die zugleich individuell sehr unterschiedliche Formen und Wege der Aneignung zuließe. Darum könnten wir auch - zeitweise oder ganz - die Altersgrenzen der Jahrgänge überschreiten, ebenso wie die Fächergrenzen. Themen wie die genannten, also beispielsweise "Leben im Gebirge" oder "Griechenland" könnten für 9-12jährige ebenso sinnvoll und spannend sein wie für 13-15jährige. Es kommt darauf an, was und wie man damit anfängt. Warum also nicht altersgemischte Kurse, für die es gute pädagogische Argumente gibt? An der Laborschule machen wir es so, daß die sogenannten Stammgruppen konstante Jahrgangsgruppen sind, die Wahlkurse hingegen altersgemischt.
Für die pubertierenden Jugendlichen, sagen wir für das 8. Schuljahr, würden wir ein besonderes Profil entwickeln, aus der Einsicht heraus, daß in diesem Alter auch noch so große Unterrichtsanstrengungen der Erwachsenen von ihnen eher widerstrebend oder gar nicht angenommen werden. Hier sind andere Formen des Lernens angesagt. Die Schülerinnen und Schüler würden die meiste Zeit außerhalb der Schule verbringen; Unterricht und Belehrung würden zurücktreten hinter Ernstfall und Bewährung. Sie würden mehrere Monate im Ausland verbringen, ein Sozialpraktikum sowie ein Betriebs- und/oder ökologisches Praktikum ableisten. (Dazu wieder eine Anmerkung aus der Praxis der Laborschule: Wir haben uns vor vielen Jahren vorgenommen, ein solches Profil zu entwickeln und es bis heute nicht geschafft. Zu groß sind die Begleitprobleme, wie Sie sich denken können. Immerhin sind einige Bausteine entwickelt und seitdem fester Bestandteil des Schullebens.)
Fremdsprachen würden in unserer Schule früh begonnen, schon in der Grundschule. Alle Kinder würden auf diese Weise spielerisch Englisch lernen und, wenn sie wollen, eine zweite, später vielleicht auch eine dritte Fremdsprache. Natürlich würden wir uns bemühen, Partnerschulen zu finden und den Kontakt zu ihnen so zu pflegen, daß daraus ein lebendiger und intensiver Austausch würde. Beispielsweise könnten die 8. Klassen beider Schulen sich für einen be-

stimmten Zeitraum - sagen wir: ein Quartal - jeweils halbieren und mischen. Auf diese Weise würden alle Schülerinnen und Schüler den "Ernstfall" des Lebens im Ausland, des Lebens in einer anderen Kultur und mit einer anderen Sprache über mehrere Monate hinweg, als einen besonders wichtigen Meilenstein ihrer Schulbiographie erleben

Diese Gedankenreise ließe sich noch lange fortsetzen. Natürlich würden wir uns auch mit lauter ungelösten Fragen und Problemen herumschlagen müssen. Woher sollten wir das Geld nehmen und vor allem die Personen, die man braucht, um auch nur einen Teil davon zu verwirklichen? Natürlich wäre uns klar, daß wir in Zeiten immer knapper werdender Ressourcen und dramatischer Sparmaßnahmen nicht eine zusätzliche Mark erwarten, vielmehr froh sein könnten, wenn uns von dem Wenigen nicht noch etwas gestrichen würde. Was und wie ließe sich unter solchen widrigen Umständen realisieren? Wie könnten wir die Eltern überzeugen und die Schulaufsicht beschwichtigen? Wie stünde es mit den Verordnungen und Bestimmungen, den Versicherungs-, Aufsichts- und anderen Problemen? Und schließlich: Wie sollten wir in einer Schule, die so anders arbeitet, am Ende doch Zensuren und Abschlüsse vergeben?

Vielleicht würde uns angesichts all dieser Fragen alsbald der Mut verlassen. Vielleicht würde der gemeinsame Schwung uns aber auch über solche Talsohlen der Depression hinwegtragen. Anstatt darüber nachzudenken, was alles nicht geht, würden wir uns darauf besinnen, was möglich ist. Wir würden entschieden, beharrlich und listig alle Freiheiten nutzen, die unter dem Stichwort "Autonomie" heute erreichbar sind. Vielleicht ist es eine Ironie der Weltgeschichte, bescheidener gesagt, der Schulgeschichte, daß ausgerechnet in der Zeit zunehmender Not die Gestaltungsfreiheiten für Schulen, die neue Wege gehen wollen, größer sind als je zuvor. Manche, die mit großen Nöten zu kämpfen haben, mögen das geradezu als Zynismus empfinden und das viele Reden über Autonomie und Reformpädagogik für trügerische Schalmeienklänge halten, die in Wirklichkeit nur weitere Einsparungen übertönen sollen. So verständlich mir eine solche Reaktion ist; man muß doch auch zurückfragen, was denn die Alternative sein könnte. Sollen wir die Hände in den Schoß legen und ängstlich auf die nächsten Unglücke und Streichungen warten? Und was könnten die Regierungen tun, für die es doch wahrlich kein Spaß sein kann, den Mangel verwalten zu müssen? Ist es da nicht wirklich sinnvoll, den Schulen wenigstens alle Freiheiten zu lassen, die sie sinnvoll begründen und durch ihre Arbeit rechtfertigen können? Sie merken: Ich halte die gegenwärtige Situation auch für eine Chance. Ich glaube, daß es uns im Westen zu lange zu gut gegangen ist, daß die Schulen neuen Impuls brauchen. Es ist eine tragische Ironie, daß dieser aus der Not kommt, und noch mehr, daß diese Not den Osten unverdient und unverhältnismäßig hart trifft.

Ich möchte das Gedankenexperiment an dieser Stelle beenden, obwohl viele wichtige Fragen noch gar nicht vorgekommen sind, beispielsweise die, um welche Schulart es sich denn handeln solle. Darüber gibt es hier sicher unterschied-

liche Meinungen, und vielleicht ist es darum vernünftig, diesen Streit heute ausnahmsweise nicht weiterzuführen. Ich bin überzeugt, daß die skizzierte Schule sowohl eine Grund- und Hauptschule als auch eine Realschule oder ein Gymnasium mit eigener Grundschule sein könnte, erst recht natürlich eine Gesamtschule, die es sich ja ausdrücklich zur Aufgabe macht, eine Schule für alle Kinder zu sein und deren Unterschiedlichkeit bewußt anzuerkennen, ja als Bereicherung zu sehen.
Alle diese Schulen könnten sich die hier vorgestellten Grundsätze zu eigen machen:

- die Schule als Lebens- und Erfahrungsraum zu sehen, als eine Gemeinschaft aller dort Tätigen, in der die Heranwachsenden täglich erfahren und lernen, wie ein gutes Leben sein könnte und daß dazu Mündigkeit und Verantwortung gehört, einen Ort, wo Leben und Lernen bewußt aufeinander bezogen und, soweit das möglich und sinnvoll ist, miteinander verbunden werden;
- Unterricht nicht als fortgesetzte Belehrung zu verstehen, sondern vor allem als Arrangement von Lernsituationen, die sich an den Lernenden, ihren unterschiedlichen Fähigkeiten und Bedürfnissen orientieren und individuell unterschiedliche Formen der Aneignung ermöglichen;
- die Schule zu öffnen für alle Lern- und Erfahrungsmöglichkeiten, die die Heranwachsenden in der Stadt und in der Region, in der Natur, in Betrieben, bei sozialen Diensten, auf Reisen und anderswo besser als im Klassenraum finden können;
- den Bildungsauftrag der Schule nicht primär aus den Fächern abzuleiten, sondern aus den vielen möglichen Anlässen und Wegen, sich, mit HUMBOLDT gesagt, die Welt anzueignen, "soviel Welt als möglich mit sich zu verbinden", den Kindern und Jugendlichen solche Lernerlebnisse zu ermöglichen, die fast immer über Fächergrenzen hinausgehen und die Fächer allmählich als Differenzierung der Verstehensmöglichkeiten erfahren zu lassen.

Eine solche Schule würde sich selbst "Reform" als Dauerprogramm vorschreiben müssen, weil sie ihren Erziehungs- und Bildungsauftrag als fortlaufenden Prozeß versteht, der stagnieren muß, sobald man beginnt, sich auszuruhen. Die Erwachsenen würden einander durch Beratung und konstruktive Kritik unterstützen, die Schulleitung (wenn es denn eine solche geben müßte) sich als Teil des Kollegiums und vor allem als fehlbar verstehen. "Reformpädagogisch" würde eine solche Schule mit diesem Programm aus präzise zu benennenen Gründen wohl sein, würde sich aber vielleicht nicht so nennen wollen, um jenes eingangs genannte Mißverständnis von vornherein auszuschließen, jenes Denken in falschen Gegensätzen - hie normale Schule, da Reformpädagogik, hie stures Pauken, da Lernen mit Kopf, Herz und Hand, hie Erlebnis- und Beschäftigungstherapie, da Bildung, hie Schwerpunkt "Pädagogik“, da Schwerpunkt Fachunterricht. Ich möchte mit einem Zitat von Hartmut von HENTIG schließen, der in seinem neuen Buch "Bildung"[1] dazu sagt:

Habe ich bisher gesagt: „Wenn die Schule nicht >pädagogisch< wird, kann sie ihre Bildungsaufgabe nicht erfüllen", möchte ich heute hinzufügen: "Und wenn sie dabei nicht die >Bildung neu denkt<, wird sie bald keine Schule mehr sein, sondern ein sozialpädagogisches Heim einerseits und eine Berufsvorbereitungsanstalt andererseits.“

[1]Hartmut von HENTIG: Bildung. München, Wien 1996, S. 58.

Peter THIELE & Jens BERGER

Erfahrungsbericht verwirklichter Reformpädagogik im Chemnitzer Schulmodell (CSM)

Das Selbstverständnis

Die anfängliche Unwissenheit über die verschiedenen europäischen reformpädagogischen Bewegungen ist inzwischen gewichen. Wir haben vieles gesehen, gelesen, uns darüber verständigt. Vieles, was wir tun, haben wir, ohne es gewußt zu haben, dort wieder gefunden. Intuitiv sind wir richtige Wege gegangen. Manches übernahmen wir, weil es uns gut gefiel, uns einleuchtete. Einen richtigen "Ahnherren" oder eine richtige "Ahnfrau" besitzen wir aber nicht. "Im Gegensatz zu den traditionell-reformpädagogischen Schulen, die sich im Rahmen eines durch lange Erfahrung gesicherten methodisch-didaktischen Wissens kontinuierlich entwickeln können, sind" wir "ständig in Bewegung"* Wir erklären uns mit dem von SKIERA beschriebenen "konstitutiven Moment" - gemeint als "immer wieder neu aufgenommene(r) Suche nach einem Konsens" - einverstanden (ebd.).

Geschichte

Die Vorgeschichte des CSM begann im Herbst 1989. Im Gefolge der Demonstrationen im Oktober 1989 bildete sich neben anderen Bürgerinitiativen auch eine Bürgerinitiative Pädagogik. Diese war Teil der Demokratisch-Oppositionellen Plattform, die in Karl-Marx-Stadt aus 25 Bürgervertretern bestand und das oppositionelle Gegengewicht am Runden Tisch der Stadt darstellte. Erste Themen in den Arbeitsgruppen der Bürgerinitiative Pädagogik waren u. a. die Abschaffung des Wehrkundeunterrichts, der Pionier- und FDJ-Organisationen, die Umgestaltung des Staatsbürgerkundeunterrichts. Aus dieser Arbeit heraus konnte die Arbeitsgruppe bereits in der ersten Dezemberdekade mit einem immerhin 20seitigen Entwurf zur Bildungsreform an die Öffentlichkeit treten (Bildungsreform in der DDR - Teil 1 - Notwendigkeit, Forderungen und Ziele - Entwurf; Bürgerinitiative Bildungsreform, Karl-Marx-Stadt, Dezember 1989).
Im Januar 1990 bildeten sich Arbeitsgruppen mit konkreten, unterschiedlichen Zielsetzungen: Waldorfschule, Waldorfkindergarten, Schulpsychologische Beratung, Allgemeine schulische Probleme, Freie Schule - aus dieser ging das CSM später hervor - sowie der Freie Kindergarten - aus dem sich später das Chemnitzer Kindergartenmodell entwickelte.
Aufgrund der Situation in den Schulen im Frühjahr 1990 beschlossen die Mitglieder der Arbeitsgemeinschaft Freie Schule, selbst eine Schule zu gründen.

* Vgl. T. F. KLASSEN/E. SKIERA (Hrsg.): Handbuch der reformpädagogischen und alternativen Schulen in Europa. Hohengehren 1993, S. 20.

Die Eltern unterstützten die Lehrer(innen) hierbei sehr aktiv. Erste Konzepte entstanden. Schulen in der BRD wurden besucht, mit westdeutschen Kollegen wurde gesprochen. Im Mai 1990 wurde auf der ersten Klausurtagung die Konzeption fertiggestellt. Ein weiterer Teil der Elternschaft wurde für die Idee einer anderen Schule gewonnen. Nach der Überwindung unzähliger Hürden und Schwierigkeiten gelang das Ersehnte. Am 25. Juli 1990 beschloß das Stadtparlament, die ehemalige Albrecht-Dürer-Schule unbefristet dem Chemnitzer Schulmodell zu überlassen. Der Schulbetrieb konnte am 3. September beginnen, es wurde gewerkelt und geräumt, alles war etwas provisorisch, doch gelernt wurde auch schon. Wir begannen mit den Klassen eins bis sieben. Die offizielle Eröffnung erfolgte am 1. Oktober 1990 durch den Kulturdezernenten der Stadt. Seit September 1994 liegt eine Anerkennung als Schulversuch vom Sächsischen Kultusministerium vor (vgl. THIELE 1995).

Die Fächerstruktur am CSM

Blockunterricht

Der Unterricht wird in Blockform mit einem zeitlichen Umfang von 90 Minuten durchgeführt. Innerhalb des Blocks liegen fließende Pausenzeiten, die in der pädagogischen Verantwortlichkeit des/der Lehrer(in)s unter Berücksichtigung des physischen und psychischen Leistungsvermögens der Schüler(innen) festgelegt werden. In den ersten Schuljahren erfolgen solche Pausen öfter, in den oberen nur noch selten. Der Unterricht unterscheidet sich hierin grundsätzlich vom 45 Minutentakt. Freiräume entstehen, die Konzentration auf einen Sachverhalt wird gefördert, die Intensität nimmt zu. 8.00 Uhr beginnt der 1. Block. Von 9.30 bis 10.00 Uhr ist die Frühstückspause, danach findet der 2. Block statt. Zwischen 11.30 und 12.30 Uhr ist dann Mittagspause, danach gibt es den 3. Block. Nach 14.00 Uhr findet für einige größere Klassen weiterer Unterricht statt. Eine Schulklingel gibt es nicht. Das bedeutet: weg vom magischen Warten auf das Klingelzeichen, hin zum Inhalt.

Der Klassenleiterunterricht - offener Unterricht

In dem Stundenplan unserer Grundschulklassen wird man die Fächer Deutsch, Mathematik, Sachkunde nicht finden. Auch hier möchten wir von dem Denken in Schubkästen wegkommen. Es findet Klassenleiterunterricht statt, und der Klassenleiter sucht den logischen Rhythmus, findet Verknüpfungen und Übergänge in den einzelnen Blöcken. Die Auflösung des Frontalunterrichts zugunsten von Freiarbeit, Projektarbeit, Werkstätten oder Wochenplanarbeit erfordert das eigentlich als logische Konsequenz. Die Hygiene der Stundentafel wird natürlich trotzdem gewahrt.

Frühbeginn einer Fremdsprache

Mit der Zunahme internationaler Kontakte und dem Zusammenwachsen der europäischen Staaten gewinnen Fremdsprachenkenntnisse an Bedeutung. Die Schule muß dieser Tatsache Rechnung tragen. So versuchen wir zu erreichen, daß schon in den Klassen 1 und 2 im Klassenleiterunterricht Englisch gesprochen wird. Durch die vielfältigen Sprechabsichten, bereits in Klasse 1 und 2, wollen Kinder, wie selbstverständlich und aus eigenem Antrieb, die Sprache Englisch nun auch schreiben. Zugang hierzu bieten nahezu sämtliche Beschäftigungen und Tätigkeiten, mit welchen Kinder sich in diesem Alter auseinandersetzen bzw. zwangsläufig konfrontiert werden.
Leicht nachvollziehbar ist ebenfalls, daß Kinder immer früher mit Spielen umzugehen verstehen, welche sich in ihrer wesentlichen Nutzung auf Computerprogramme jedweder Art stützen. Offensichtlich tragen aber auch alltägliche visuelle Effekte, z. B. auf Werbeflächen lesbare englische Beschriftungen oder Titel im Fernsehen etc., dazu bei, daß die englischen Vokabeln und Laute auch im Unterricht höchst interessiert aufgenommen werden. Solche günstigen Umstände zu nutzen, lohnt sich. Die Kinder werden in Situationen versetzt, welche sie als vertraut empfinden. Die Fremdsprache wirkt nicht fremd, sondern wird vielmehr als selbstverständliches Kommunikationsmittel wahrgenommen und sozusagen "spielend" gelernt.

Naturkunde

Das Fach Naturkunde hebt die Trennung der Naturbetrachtung in einzelne Fachbereiche auf. Die Untersuchungsgegenstände werden so zu einem Zeitpunkt umfassend besprochen. Die mühevolle und meist recht schwierige Abstimmung zwischen den Fachlehrer(inne)n der Einzelfächer entfällt. Der Unterricht umfaßt fünf Wochenstunden. Dies entspricht durch Vorverlagerung einer Physikstunde aus Klasse 6 in die Klassenstufe 5 der amtlichen Stundentafel. Die in den sächsischen Lehrplänen erhobene Forderung nach fächerübergreifendem Unterricht wird durch das Fach Naturkunde am konsequentesten umgesetzt. "Die Durchdringung der Wirklichkeit über den Fachunterricht hinaus wird durch die Herstellung fächerübergreifender und fächerverbindender Bezüge gewährleistet" (LP Sachsen, Mittelschule, Biologie S. 5).
"Nach dem Übergang von der Grundschule zur Mittelschule müssen sich die Schüler(innen) kontinuierlich an das Fachlehrer(innen)system gewöhnen... Wie in der Grundschule findet der Unterricht im Klassenverband, gegebenenfalls binnendifferenziert statt. Das verlangt einen angemessenen Einsatz verschiedener unterrichtlicher Formen, im Wechsel zwischen Frontalunterricht, partner- und gruppenunterrichtlicher Arbeitsweisen und Einzelarbeit. Alternative Unterrichtsformen, wie zum Beispiel Projektunterricht, sollen einbezogen werden" (LP Sachsen, Mittelschule, Biologie S. 6). Zu den theoretischen Grundlagen des Faches Naturkunde gehört das "Exemplarische Lernen" nach

WAGENSCHEIN, aber auch der Naturkundeunterricht an der Odenwaldschule sowie der naturkundliche Unterricht an der Glockseeschule Hannover. In der Klasse 5 dominieren Komplexe der Erfahrungswelt der Schüler(innen). Ab Klasse 6 liegt die inhaltliche Schwerpunktsetzung eher bei der geographischen Leitlinie. Dies ist eine Erfahrung aus der reichlich dreijährigen Praxis des Faches.

Epochenunterricht

Ab Klasse 8 wird Epochenunterricht durchgeführt, welcher aber nicht mit dem der Waldorfschule identisch ist. Die Schüler(innen) haben pro Woche 8 Stunden Unterricht in einem der Fächer Geschichte, Geographie, Physik, Biologie, ab Klasse 9 auch Chemie sowie in der 10. Klasse in Astronomie. Damit reduziert sich der Fächerkanon für die Schüler(innen) in der Woche um 3 bis 5 Fächer. Die Stundentafel wird - auf ein ganzes Schuljahr bezogen - damit nicht verändert. Die/der Fachlehrer(in) legt die Epochenlänge gemäß dem Stoffkomplex fest. So können maximal 3 Wochen für eine Epoche genutzt werden. Zu Beginn des Schuljahres wird durch die beteiligten Fachlehrer(innen) gemeinsam die Verteilung vorgenommen. Obwohl in den einzelnen naturwissenschaftlichen Fächern unterrichtet wird, bietet die intensive Beschäftigung Möglichkeiten zum fachübergreifenden Unterricht. Auch hier geht es um das Abbauen von Schubfachdenken. Die Möglichkeit des "Dranbleibens" an einem Stoffgebiet ermöglicht und fördert Gruppenarbeit, selbständigeres Aufbereiten von Wissensinhalten durch die Schüler(innen), aber auch das intensive Üben. Der Problematik, daß die einzelnen Fächer in größeren Zeitabständen nicht unterrichtet werden, eine permanente Wiederholung somit nicht möglich ist, sind wir uns bewußt. Mit einer kurzen, intensiven Wiederholungsphase wird der Einstieg in ein anderes Epochenfach gestaltet. Hierbei ist unsere Erfahrung, daß durch die äußerst intensive Lernsituation, wie sie eine Epoche mit sich bringt, Gelerntes in dieser Wiederholungsphase leicht wieder aktiviert wird. Der Mittwoch bietet die Gelegenheit, zeitaufwendige Experimente, Exkursionen und Gruppenprojekte durchzuführen.

Kurssystem

Das Kurssystem wird in den Fächern Musik und Kunst durchgeführt. Dabei arbeiten Schüler(innen) der Klassenstufen 7/8 und Schüler(innen) der Klassenstufen 9/10 zusammen. Die Kurse werden halbjährlich gewechselt und enthalten die Themen der sächsischen Lehrpläne.

Der Sportunterricht am CSM

Unsere Schüler(innen) fordern und erhalten einen umfassenden Spiel-, Sport- und Bewegungsunterricht nach ihren Vorstellungen. Die Kinder und Jugendlichen sollen und wollen sich weitgehend eigenverantwortlich und selbstbestimmt die Bewegungsformen aneignen, die für sie und ihr Leben von Bedeutung sind

oder werden können. Vor allem in den Klassenstufen 1 - 4 lassen wir den Kindern viel Zeit zum individuellen Spiel. Dabei beziehen wir nicht nur Bälle oder Kleingeräte in unsere Arbeit ein, auch einfache Beschäftigungen im Sandkasten oder mit Puppen, das Klettern an Geräten oder Fangenspielen mit anderen Schüler(inne)n sind in der Grundstufe an unserer Schule Normalität. Wir legen Wert darauf, daß unsere Kinder ihren natürlichen Spieltrieb auch in den Sportstunden ausleben können. Diese Möglichkeiten nehmen unsere Schüler(innen) freudig an und danken es in den späteren Schuljahren mit einer freiwilligen und aktiven Teilnahme am Sport. An unserer Schule nehmen die sogenannten Ergänzungsbereiche wie Tischtennis, Badminton, Schwimmen, Hockey den gleichen Stellenwert wie die Kernbereiche ein. Wir finden es wichtig, in diesen Bereichen zu arbeiten, den Kindern Perspektiven zu zeigen und sie mit diesen Bewegungsformen vertraut zu machen. Sie sollen lernen, diese Sportbereiche freudvoll für sich zu entdecken und zu nutzen und nicht krampfhaft nach guten Zensuren zu haschen.
Der Sport ist am CSM fester Bestandteil des Tagesablaufes der meisten Schüler(innen). Schüler(innen) der 3. oder 4. Klasse spielen in den Pausen oft gemeinsam mit Jungen und Mädchen der 8. oder 9. Klasse Fußball, Tischtennis, Volley- oder Basketball. In allen Klassenstufen ist das Interesse am Besuch von Sportveranstaltungen oder die Freude an der aktiven Teilnahme an Sportangeboten der Stadt in den Bereichen Leichtathletik, Basketball, Schlittschuhlaufen, Fußball oder Breitensport groß. Jährlich werden Tischtennisturniere, Hochsprung mit Musik, Basketballturniere und Familiensporttage an unserer Schule durchgeführt. Es beteiligen sich ca. 1/3 der Schüler(innen) freiwillig. Erfolge beim Wettbewerb "Jugend trainiert für Olympia" sowie vordere Plätze bei Wettkämpfen auf Stadt- und Landesebene bestätigen, daß unsere Kinder auch ohne Leistungsdruck motiviert und zu Höchstleistungen angespornt werden können.

Betriebspraktika

Das Betriebspraktikum wird seit dem Jahr 1990 in den Klassen 8 und 9 durchgeführt, wobei die Schüler(innen) der Klasse 8 das Praktikum zwei Wochen und die Schüler(innen) der Klasse 9 das Praktikum drei Wochen belegen.
In den ersten zwei Jahren wurden die Schüler(innen) seitens der Schule bei der Suche nach einem Praktikumsplatz unterstützt, da aus dem Bereich der Industrie und der Wirtschaft relativ wenig Angebote vorlagen. Dank der positiven Entwicklung verschiedener Wirtschaftszweige suchen sich die Schüler(innen) jetzt ihren Betrieb und den damit verbundenen Praktikumsplatz selbst aus. Unsere Aufgabe besteht weitgehend in berufsorientierenden Gesprächen und Hinweisen zur richtigen Bewerbung. Die Aufgabe jeder/jedes Schüler(in)s besteht im täglichen Anfertigen eines Berichtes. Dieser soll Auskunft über die Arbeit geben, auf vorhandene Probleme aufmerksam machen und Fragen aufwerfen, welche bei der Arbeit aufgekommen sind. Weiterhin muß jeder/jede Schüler(in) einen vorgegebenen Fragenkatalog beantworten, welcher dann im Deutschunterricht so-

wie im Technikunterricht ausgewertet wird. Im nachhinein stellt jede(r) Schüler(in) seine Praktikumsstelle in einem öffentlichen Aushang im Schulhaus vor, was wiederum Anregung für jüngere Schüler(innen) sein soll, sich in dieser Tätigkeit auszuprobieren. Lehrer(innen), welche durch das Praktikum unterrichtsfreie Zeit haben, besuchen die Schüler(innen) an ihrem Praktikumsplatz, führen Gespräche mit den jeweiligen Betreuern und lassen sich die Arbeit und das Arbeitsfeld von den Schüler(inne)n erklären, wobei auch auf eventuell bestehende Probleme individuell eingegangen werden kann.

Aus den Erfahrungen, welche wir in den fünf Jahren gesammelt haben, läßt sich sagen, daß kaum eine Praktikumsstelle durch Schüler(innen) zweimal genutzt wird. Ursachen liegen zum einen in der natürlichen "Neugier", etwas Neues auszuprobieren, und zum anderen in der unerfüllten Bestätigung dessen, was man sich unter diesem Beruf vorgestellt hat. Aufgrund dessen findet nach dem Praktikum der Klasse acht zumeist eine berufliche und schulische Neuorientierung statt. Das Praktikum wird aufgrund dessen von unseren Schüler(inne)n als sehr hilfreich und wichtig eingeschätzt, da zunächst nur wenige Schüler(innen) eine Vorstellung von dem Beruf haben, welchen sie später ausüben wollen. In der Klasse 9 sind die Vorstellungen zum späteren beruflichen Werdegang bereits konkreter. Vielfach besteht sogar der Wunsch nach einem weiteren Praktikum in der Klasse 10, was jedoch wegen der Kürze des Schuljahres nicht möglich ist. Schüler(innen) der Klasse 10, welche eine weiterführende Bildungseinrichtung besuchen werden, erhalten durch das Praktikum die Möglichkeit, ihren weiteren Bildungsweg besser und gezielter zu planen.

Notenfreie Bewertung und ihre Auswirkungen

Diskussionen am Chemnitzer Schulmodell um Zensierung oder Nichtzensierung traten vereinzelt nur in den Anfangsjahren auf. Eine schuleinheitliche Regelung der Bewertung konnte innerhalb unserer Herbstklausur 1995 gemeinsam mit Prof. Dr. HACKER und Prof. Dr. WESEMANN von der Universität Chemnitz/Zwickau erreicht werden. Seither sind die Formen der Bewertung und Einschätzung von Schüler(inne)n, Lehrer(inne)n und Eltern an unserer Schule unumstritten. Eine Zensierung findet erst ab Jahrgangsstufe 8 statt. Die Fächer Musik, Zeichnen und Sport bleiben bis zum Abschluß der Klasse 10 von der Zensierung ausgeschlossen. Schüler(innen) erhalten zum Halb- und Endjahr ausführliche Lernentwicklungsberichte, ab Klasse 8 statt dessen ein Zensurenzeugnis sowie zusätzlich von ihrem Klassenlehrer/ihrer Klassenlehrerin einen persönlich an sie gerichteten Brief.

Grundlage unserer Arbeit mit den Kindern und Jugendlichen ist die Anerkennung des jungen Menschen in seiner Individualität, d. h. wir versuchen, seine Denk- und Gefühlsstrukturen in jedem Wachstumsstadium zu respektieren. Sie spüren, daß sie anerkannt werden, und aus dieser Erfahrung lernen sie, sich selbst und andere zu achten. Unser Ziel ist es, daß das Kind und später der Jugendliche konkrete Verantwortung für sein Leben und seine Welt übernehmen kann. Das setzt voraus, daß wir den Heranwachsenden schon heute erlauben, verantwortlich zu sein für sich, für ihr Lernen und ihre Handlungen und auch dafür, ihre sozialen Konflikte selbst auszutragen. Eine bewährte Form hierfür sind die täglich stattfindenden Gesprächskreise, in denen die Kinder und Jugendlichen im Klassenverband selbst ihre sozialen Normen finden, verändern und überwachen. So erreichen sie eine für sie sinnvolle und nachvollziehbare Klassen- und Schulsituation im sozialen Bereich. Für unsere praktische Tätigkeit im Grundschulbereich bedeutet das, daß wir unseren Kindern ihre Umgebung so gestalten, daß sie voller Neugier bleiben, voll Vertrauen in sich selbst und ihre Welt aufwachsen und sie so gestalten, daß sie für sie sinnvoll wird. Dazu gehört, daß wir die authentischen Bedürfnisse der Kinder wahrnehmen lernen und versuchen, diese Bedürfnisse so weit wie möglich zu erfüllen. Wir erleben täglich, wie es dadurch zu einer Mobilisierung von Kräften - nicht nur bei den Kindern, sondern auch bei den Erwachsenen - kommt. Die Kinder werden aktiv, aufgeschlossen für alles, was sich in ihrer Umwelt befindet, und nutzen die angebotenen Materialien, um sich oft lange Zeit darin zu vertiefen. Wichtig für die Kinder ist dabei weniger die Bewertung der erbrachten Leistungen im Vergleich mit anderen Schüler(inne)n, sondern die Rückmeldung und Bestätigung ihrer eigenen Lernentwicklung. Deshalb wird an unserer Schule die Nichtbenotung der Leistungen favorisiert. Bei Schüler(inne)n, welche erst vor kurzer Zeit aus einer Regelschule an das Chemnitzer Schulmodell wechselten, beobachten wir, daß bei ihnen ausnahmslos Angst und Unsicherheit zu spüren ist, sobald eine Kontrolle oder ein Test durchgeführt werden soll. Bei einzelnen dieser Kinder traten plötzlich wieder alte Symptome wie z. B. Asthmaanfälle, Magen- oder Kopfschmerzen auf. Diese Kinder waren es auch, welche durch Schummeln und Tricks versuchten, ihre Leistungen zu manipulieren. Es wurde deutlich, daß sie Angst hatten, Fehler zu machen, weil Fehler in ihrer früheren Schule mit schlechten Noten bestraft wurden. Es bedarf teilweise vieler Wochen, bis die Kinder begreifen, daß der Fehler zum ganz normalen Erkenntnisprozeß gehört, so daß sie deshalb keine negativen Konsequenzen in der Schule oder zu Hause zu befürchten haben und nicht als Versager dastehen müssen. Dies ist auch die Zeit, in der die Kinder ihre innere Sicherheit finden, um die Lernangebote für sich zu entdecken, um zu experimentieren oder einfach nur selbständig tätig zu werden. Eine Notengebung würde zwar die erbrachte Leistung beurteilen, könnte sich aber nicht an den Bemühungen des Kindes orientieren.

In unseren Lernentwicklungsberichten werden deshalb die Kinder direkt angesprochen, um ihre individuelle Entwicklung aufzuzeichnen. Damit diese Texte für die Kinder faßlich werden, knüpfen wir direkt an Ereignisse, Projekte und Tätigkeiten an. Wir versuchen, dem Kind ein Bild von sich selbst zu zeichnen, in dem es sich wiedererkennt und verstanden fühlt. Dabei wird von den Rahmenvorgaben ausgegangen. Die Eltern und Kinder erfahren dabei, in welchen Bereichen das Kind vorangekommen ist oder auch nicht, was ihm Schwierig-

keiten bereitet und was ihm gut gelungen war, wann es Hilfe, Ansporn und Kontrolle benötigt.
Der Übergang zur Sekundarstufe I stellt die Schüler(innen) des Chemnitzer Schulmodells vor keine größeren Anpassungsprobleme, da die notenfreie Bewertung bis einschließlich Jahrgangsklasse 7 beibehalten wird, kein abrupter Lehrer(innen)wechsel erfolgt und nicht sofort und absolut in den gegliederten Fachunterricht übergegangen wird. Elemente des offenen Unterrichts aus der Grundschule finden sich weiterhin im Naturkundeunterricht, in den Wochen- und Monatsplänen, der Freiarbeit und vielen anderen Details des Schulalltags wieder. Natürlich schreiben wir auch Kontrollarbeiten, vergeben Punkte und rechnen Fehler zusammen. Am Ende steht dann aber keine Zensur unter der Klassenarbeit, sondern ein meist ausführliches Worturteil, dessen Aussage den Schüler(inne)n deutlich signalisieren kann, welchem Leistungsstand sie momentan entspricht, wo ihre Reserven, Stärken und Schwächen liegen.
Wenn in der Jahrgangsklasse 8 dann die Zensierung einsetzt, kennen die jungen Menschen sich bereits, ihre Stärken und Schwächen, sie hatten Zeit, ihre Persönlichkeit auszubilden, sie sind nicht durch Zensuren gedrückt oder erhoben worden. So ist dieser Kompromiß an die gesellschaftliche Realität durchaus vertretbar, und nur als solcher kann er von uns verstanden werden, denn spätestens zu Beginn der beruflichen Laufbahn muß die Motivation zum ständigen Wissenserwerb wieder aus ihnen selbst erwachsen. Es ist ein befreites Lernen und Lehren für Schüler(innen) und Lehrer(innen), ohne dem Druck der Note ausgesetzt zu sein. Es ist ein Lernen und Lehren, welches die Möglichkeit schafft, auf die Bedürfnisse der Kinder hören zu können, sie ernst zu nehmen.

Lernformen, auf die wir Wert legen

Wissensexplosion und Wissenserneuerung sind unserer modernen Gesellschaft immanent. Formales Auswendiglernen von Fakten sowie deren Wiedergabe in Kontrollen wird dieser Entwicklung kaum gerecht. Wenn unsere Schüler(innen) für das kommende Jahrtausend gerüstet sein sollen, müssen sie Schlüsselqualifikationen wie Kontakt- und Kommunikationsfähigkeit, Team- und Kooperationsfähigkeit, Einfühlung und Rücksichtnahme, Flexibilität und Risikobereitschaft, Innovationsfähigkeit und Kreativität sowie Durchhaltevermögen und Belastbarkeit besitzen. Lernformen müssen das ermöglichen, aber auch den sich verändernden Kenntnissen über die Psyche des Kindes Rechnung tragen. So kam es in unserer Schule zur Auseinandersetzung mit bekannten und zur Suche nach "neuen" Lernformen. Am CSM gibt es einerseits lehrerzentrierte Unterrichtsformen und andererseits Unterrichtsformen, die stärker handlungs-, sozial- und individualitätsorientiert sind, wie offenen Unterricht, Freiarbeit, Gruppen- und Projektarbeit, Exkursionen, Arbeit an den Tages-, Wochen- und Monatsplänen, fächerübergreifenden Unterricht, Gesprächskreise sowie die Wochenfeier.
Im folgenden soll die Umsetzung dieser Methoden am Chemnitzer Schulmodell erläutert werden.

Lehrerzentrierter Unterricht
Wir möchten bewußt auf den Begriff des "Frontalunterrichtes" verzichten, da er unseres Erachtens die Schüler(innen)-Lehrer(innen)-Aktivität in ihrem Verhältnis zu wenig beschreibt. Demgegenüber erscheint uns der Begriff "lehrerzentrierter Unterricht" aussagekräftiger. Gemeint ist hiermit, daß die/der Lehrer(in) als Stoffvermittler im Zentrum steht und die Schüler(innen)aktivität vorwiegend auf Zuhören, Ausführen der Anweisungen und Verstehen (rezeptive Aufnahme) beschränkt ist.
Der lehrerzentrierte Unterricht ist am Chemnitzer Schulmodell vorhanden, hat aber gemessen an anderen Unterrichtsformen eher einen geringen Anteil. "Frontalunterricht" - gemeint im Sinne von lehrerzentriertem Unterricht - "hat dann Sinn und Berechtigung, wenn er mit anderen Lernformen verknüpft wird und in das Gesamtgefüge von Unterricht integriert ist" (vgl. R. MILLER: Schullabyrinth, 1993, S.140). Unsere Erfahrungen sind, daß er allein wenig Engagement und wenig Selbstreflexion bei den Schüler(inne)n fördert und deshalb kaum zur Selbstbestimmung des Lernens beiträgt. Diese Unterrichtsform findet Verwendung in der Sekundarstufe I. Hier dient sie vor allem zur Einführung in komplexe theoretische Zusammenhänge, z. B. bei grammatischen und orthographischen Regeln in Deutsch und den Fremdsprachen, zur zügigen Veranschaulichung von Problemstellungen in den naturwissenschaftlichen und gesellschaftswissenschaftlichen Fächern, zur Zusammenstellung und Wiederaufbereitung von Vorkenntnissen sowie zur Einordnung und Zusammenfassung von Kenntnissen. Mit einem relativ geringen Aufwand wird für die gesamte Klasse die Voraussetzung für die weitere stoffliche Auseinandersetzung geschaffen.

Unterricht, der handlungs-, sozial- und individualitätsorientiert ist
Handlungsorientierter Unterricht heißt für uns, solche Methoden zu wählen, die die Schüler(innen) zum selbständigen und aktiven Handeln motivieren. Ziel ist: Vorgesetztes, Vorgeschriebenes, Vorgedachtes zurückzudrängen zugunsten der eigenen Aktivität (C. FREINET), das Kind zur vertieften Arbeit kommen zu lassen (M. MONTESSORI). Sozialorientierter Unterricht enthält Lernformen und -situationen, die kooperativ und kommunikativ sind. Das Kind hat vielfältige Möglichkeiten, um als Einzelwesen verantwortungsvoll in einer Gemeinschaft zu agieren. Individualitätsorientierter Unterricht macht mit Gleichmaß Schluß. Er hilft, das Ich im Kind mit seinen einzigartigen Fähigkeit und Fertigkeiten zu entfalten und zu stärken.

Freiarbeit
Die Schüler(innen) haben während einer festgeschriebenen Zeit im Wochenablauf die Möglichkeit, Unterrichtsthemen zu vertiefen, Angebote wie Lernspiele, Arbeitsblätter, Lesetexte und dergleichen zu nutzen, an den Tages-, Wochen- und Monatsplänen zu arbeiten oder sich selbst Arbeitsthemen zu suchen. Ziele der Freiarbeit sind im besonderen die Entwicklung von Selbstdisziplin und eige-

nen Lernstrategien. Erfolge stellen sich bei langfristiger und kontinuierlicher Anwendung dieser Lernmethode ein.

Gesprächskreise
Im Gesprächskreis sitzen alle Schüler(innen) und die/der Lehrer(in) im Stuhlkreis zusammen. Das Klassenzimmer muß also die Möglichkeit bieten, daß alle schnell und unkompliziert mit ihren Stühlen diesen Kreis bilden können. Besonders in den unteren Klassen wird dieser Kreis oft auf einem Teppich gebildet. Jeder kann jedem in die Augen sehen. Die/der Lehrer(in) ist nicht hervorgehoben, er ist Teil dieses Kreises. Dies ist eine wichtige Voraussetzung für die Schüler(innen)zentrierung. Die Konzentration auf den Sprechenden ist größer. Die Leitung wird von der/vom Lehrer(in) oft an Mitschüler(innen) abgegeben. Engagement, Selbstbestimmung und Mitverantwortung der Schüler(innen) werden gefördert. Direktes Nachfragen und Eingreifen, aber auch Verteidigung des eigenen Standpunktes sind erwünscht.

Tages-, Wochen- und Monatspläne
Hierbei handelt es sich um eine Zusammenstellung von Aufgaben aus einem oder mehreren Stoffgebieten oder sogar aus verschiedenen Fächern, die in der festgelegten Unterrichtszeit gelöst werden sollen. Diese Pläne können für einige Tage, ein oder zwei Wochen oder sogar für einen Monat gelten. Sie bieten die Möglichkeit, daß die Aufgaben qualitativ und quantitativ differenziert und dem jeweiligen Entwicklungsstand des Kindes angemessen sein können. Die Entscheidungsmöglichkeit des Ortes, der Zeitdauer, des Umfanges der vorgenommenen Arbeit birgt große Potenzen zur Persönlichkeitsentwicklung. Individuelles Lernen wird gefördert; diese Arbeitsweise entspricht am ehesten dem eigenen Lerntempo. Das Finden eigener Lernstrategien wird gestärkt. Die Hilfe in der Klasse sowie durch die Lehrer(innen) ist hier sehr gut möglich. Monatspläne werden vorrangig in den oberen Klassen eingesetzt. Sie haben hier eher eine unterrichtsbegleitende Funktion, indem sie Möglichkeiten anbieten, Stoff zu wiederholen, zu vertiefen oder vorzubereiten. Sie sind also nicht unbedingt an konkrete Unterrichtseinheiten gebunden und bieten sich für Freiarbeitsphasen sowie für das Lernen zu Hause an. Die Anforderung an selbst eingeteiltes und selbstverantwortetes Lernen hat hier eine höhere Stufe erreicht.

Gruppenarbeit
Gruppenarbeit nimmt im Unterrichtsgeschehen des CSM einen wichtigen Platz ein. Wir verstehen hierbei Gruppenarbeit weniger unter dem Gesichtspunkt der Auflockerung im didaktischen Prozeß, wo sie als 10- bis 20minütige Phase Teil jedes gut gegliederten Unterrichts ist, sondern oftmals als unterrichtsbestimmendes Prinzip. Gerade im projektorientierten Unterricht ist sie unabdingbar. Hier ist sie dann die bestimmende Arbeitsform über Stunden. Die Schüler(innen) müssen ihre Partner selbst finden, oder die Gruppen werden nament-

lich vom Lehrer oder der Lehrerin festgelegt. Die Gruppen wählen sich eines der vorgegebenen Arbeitsthemen aus oder bekommen eines zugeordnet. Eventuell formulieren sie eine eigene Aufgabenstellung. Die Gruppen werten konkrete Arbeitsmaterialien aus oder können bereitliegendes Material nutzen oder sie müssen sich völlig selbständig darum kümmern, wie und mit welchen Mitteln die Aufgabe gelöst werden kann.
In Abhängigkeit von der Altersstufe, dem zu bearbeitenden Thema, den individuellen Fähigkeiten der Schüler(innen) sowie der pädagogischen Zielstellung greifen die Lehrer(innen) auf unterschiedliche Weise in den Prozeß ein. In jedem Fall erfahren die Schüler(innen) während dieser Phasen die Vorteile, aber auch die Schwierigkeiten einer solchen Arbeitsweise. Da prallen die unterschiedlichsten Charaktere aufeinander, da gilt es, persönliche Interessen, Stärken und Schwächen unter einen Hut zu bekommen. Zuverlässige, selbständig arbeitende Schüler(innen) arbeiten mit solchen zusammen, die Hilfe und Unterstützung brauchen. Sie erleben dabei aber auch deren Vorzüge und deren Nutzen für die Gruppe. Dies hat Bedeutung für das Selbstwertgefühl der fachlich Schwächeren. Es wird also nicht nur eine Seite der Persönlichkeit gefordert, sondern der Schüler oder die Schülerin darf in seiner Gesamtheit aktiv werden und wird auch so erlebt.
Schlüsselqualifikationen wie Kontakt- und Kommunikationsfähigkeit, Team- und Kooperationsfähigkeit, Einfühlung und Rücksichtnahme etc. werden trainiert und können sich entwickeln.

Projektunterricht

Was verstehen wir unter Projektunterricht? Die zwei Projektwochen, während deren die gesamte Schule an einem Thema arbeitet, besitzen für uns eine eigene Qualität (vgl. THIELE 1995, S. 342 f.).
Um vernetztes Denken und Handeln zu befördern, um komplexe Zusammenhänge verstehen und gestalten zu können, um also der Wissensexplosion und Wissenserneuerung gewachsen zu sein, muß Unterricht selbst vernetzt und komplex sein. Und das über diese 2 Wochen hinaus. Logisches Denken und Kreativität werden gefördert. Jede Art von Fakten ist über Computer immer umfangreicher und schneller abrufbar. Diese Informationen zu vernetzen bleibt die Herausforderung des nächsten Jahrhunderts. Bloßes Pauken wird dem nicht gerecht.
Unterricht projektorientiert zu gestalten, also Raum zu schaffen für das Handeln der/des Schüler(in)s, dies bietet sich in den gesellschafts- und naturwissenschaftlichen sowie den Sprachfächern oft von selbst an. Ob es sich um ein Steinzeitprojekt in Geschichte über Bekleidung, Waffen und Feuerherstellung handelt, ob um Wandzeitungen, ob um ein Gedichtprojekt mit Gedichtinterpretation und dem Schreiben eigener Gedichte, ob um ein Projekt in Geographie über das Funktionieren der Europäischen Union, wo Parlamentsarbeit anhand des Beispiels der Rinderseuche BSE entdeckend nachgespielt wird - bei genauem Hin-

sehen bieten sich Möglichkeiten über Möglichkeiten. Darüber hinaus gehen die Kolleg(inn)en erste nötige Schritte, die unterschiedlichen Fächer komplexer zu betrachten und miteinander zu vernetzen. Dies wird durch die Kolleg(inn)en des CSM vereinfacht, indem immer mehr Lehrplanabsprachen stattfinden, so daß fächerübergreifender Projektunterricht organisatorisch einfacher und sinnvoller ist. Pro Klassenstufe der Sekundarstufe I sollen ein bis zwei komplexe Lehrplaninhalte, die in mehreren Fächern vorkommen, projektorientiert unterrichtet werden. Dies bietet sich beispielsweise zum Thema "Renaissance" oder "Globale Probleme" an. Es wird vermieden, daß sich manche Themen im Laufe eines Schuljahres (oder mehrerer) zusammenhanglos wiederholen, wodurch bei den Schüler(inne)n das Gefühl eintritt "Haben wir ja schon gehabt!" und die Aufmerksamkeit und die Lernbereitschaft sogleich absinken. Durch das fächerübergreifende Lernen wollen wir die Zeit "unnützer" Wiederholungen gewinnen zugunsten der wesentlich tieferen Auseinandersetzung mit der Thematik. Dies steht nicht im Widerspruch zur grundsätzlich positiven Bedeutung und Notwendigkeit der Wiederholung im Lernprozeß.

Die Schüler(innen), Lehrer(innen) und Eltern im Erfahrungsfeld des CSM

Schüler(innen)

Selbstbewußtsein, Leistungs- und Risikobereitschaft, Teamgeist - all dies sind keine Dinge, die in irgend einem Ausdrucksunterricht erlernt werden können. Hier kommt es wesentlich auf das Learning by doing an. All diese Persönlichkeitseigenschaften können sich doch nur wirklich entfalten, wenn die Möglichkeit des Ausprobierens da ist, wenn das kindliche Engagement ernst genommen und sogar erwartet wird, wenn Schule auch nach innen offen ist, wenn Schule Erfahrungs- und Erlebnisbereich, Arbeits- und Freizeitbereich ist (siehe auch Art. 104 Abs. 1 LV Sachsen). In diesem Kontext sind der Morgenkreis, die Wochenfeier, aber auch die anderen vielfältigen Formen der Mitbestimmung erwünscht. Vieles geschieht unaufdringlich. Es existiert keine verschlossene Tür zum "geheiligten" Lehrer(innen)zimmer, es ist ein offener, eher kommunikativer Raum. Es ist normal, daß Kinder hereinkommen und fragen. Die Lehrerin/der Lehrer sind nicht auf der einen Seite Unterrichtspersonen und auf der anderen Freizeitpersonen. Und unsere Schüler(innen) betrachten wir nicht anders. Vieles geschieht wirklich unaufdringlich und eher nebenher. Neben diesem unbewußten Mittun der Schüler(innen) existieren auch feststehende Rechte und Pflichten der Mitverantwortung. Schon ab Klasse 4 wählen die einzelnen Klassen ihren Klassensprecher. Diese bilden den Schüler(innen)rat, welcher sich wöchentlich zur Beratung mit der/dem Vertrauenslehrer(in) trifft.

Es ist selbstverständlich, daß Schüler(innen) der oberen Klassen auch an Elternabenden teilnehmen, da es sicher besser ist, *mit* jemandem zu sprechen als *über* ihn. Unsere Erfahrungen damit sind äußerst positiv. Ihre Eigenverantwortlichkeit wird den Schüler(inne)n hiermit viel klarer. Probleme lassen sich somit aus

verschiedenen und überzeugenderen Blickwinkeln gemeinsam beleuchten und klären.
Oftmals sind an unserer Schule Besucher zu Gast. Nach einer knappen Vorstellung der Besonderheiten führen Schüler(innen) der oberen Klassen diese Gruppen durch unsere Schule. Sie bringen den Besuchern den Schulalltag und das Besondere unserer Pädagogik überzeugend nahe. Die Cafeteria unserer Schule wird über Jahre hinweg von Schüler(inne)n einer Klasse selbständig geführt. Dabei ist ein hohes Maß an Genauigkeit, Zuverlässigkeit und Planung notwendig. Ein Kollege steht ihnen beratend und helfend zur Verfügung. Auch dies geschieht eher leise und normal. Die Bibliothek der Schule, die sich in einem gemütlichen Raum im Dachgeschoß befindet, wird ebenfalls von Schüler(inne)n selbstverwaltet.

Eltern

Entsprechend unserer Konzeption nimmt die Elternarbeit eine herausragende Rolle ein. Eltern prägen unsere Arbeit, sie können sie fördern, aber auch kritisch Stellung nehmen. Kontinuität in der Arbeit mit Eltern ist für uns wichtig. Unserer zum Teil sehr selbstbewußten Elternschaft kann weder die Rolle der bloßen Adressaten (wie sie im herkömmlichen Informationselternabend zum Vorschein kommt) noch die des nützlichen Schulhelfers, der eifrig Spiel- und Lernmittel finanziert oder bastelt, zugemutet werden. Eltern haben eigene Vorstellungen und Interessen, die Bestandteil unserer Zusammenarbeit sind. Die Eltern als Partner ernst zu nehmen, heißt: ihre Erziehungsarbeit anzuerkennen, sich für ihre Nöte und Sorgen offen zu zeigen und ihnen unsere Bildungs- und Erziehungsarbeit ausführlich zu verdeutlichen. So hospitieren alle Eltern des Grundschulbereiches zweimal im Jahr einen vollständigen Schultag in der Klasse ihres Kindes. Darüber hinaus ist es legitimes Recht der Eltern, unseren Unterricht zu hospitieren und danach über ihre Eindrücke zu sprechen.
Im folgenden stehen Formen der Elternarbeit bzw. des Elternkontaktes im Mittelpunkt.

Elternabende

Diese sind mindestens einmal monatlich von der/vom Klassenlehrer(in) durchzuführen. In einigen Klassen treffen sich Eltern und Lehrer(innen) auch vierzehntägig, d. h. in jeder Klasse finden im Durchschnitt 8 bis 10 Elternabende pro Schuljahr statt. Treffen von Eltern und Klassenlehrer(innen) außerhalb der Schule.

Eltern-Lehrer(innen)-Stammtisch

Diese Stammtische finden vierteljährlich in der Schule statt. Es werden meist pädagogische Themen vorgetragen und diskutiert, z. B. "Freiheit als Anspruch" oder "Medienentwicklung und Kindheit".

Schulverein

Er ist für uns eine wichtige Stütze im Schulalltag. Der Verein finanziert Projekte der Schule und Klassen. Über den Schulverein werden eine Vielzahl von Arbeitsgemeinschaften organisiert, z. B. Computeranwendung, Computergraphik, Tischtennis, Keramik, Fotografie, Textgestalten, Zeichnen, Musikgruppe, Fußball usw. Darüber hinaus bietet der Förderverein als Träger der Freien Jugendhilfe die Möglichkeiten für Praktikumsstellen im sozialpädagogischen Bereich bzw. im Schulsozialbereich.

Elternrat

Der Elternrat trifft sich monatlich. Hier sind aus jeder Klasse 1 - 2 Elternvertreter(innen) tätig. Der Elternrat führt jährlich eine Klausur durch. Seit der Novemberklausur 1996 arbeitet der Elternrat in sieben Arbeitsgruppen. Sie lauten wie folgt:

1. Konzeptionelle Zusammenarbeit mit den Lehrer(inne)n
2. Öffentlichkeitsarbeit
3. Austausch mit alternativen Schulen
4. Informationsaustausch innerhalb des CSM
5. Organisation von Veranstaltungen
6. Gestaltung der Lernumwelt
7. Chronik des CSM

Lehrer(innen)

Da eine reformpädagogische Schule nur dann sinnvoll arbeitet, wenn ihre Lehrer(innen) selbst reformpädagogischen Gedanken aufgeschlossen gegenüberstehen, ist in unserer Konzeption festgeschrieben, daß „die Lehrer(innen) zu Beginn ihrer Lehrtätigkeit am Chemnitzer Schulmodell die Konzeption anerkennen, aktiv an der Ausgestaltung des Schulversuches teilnehmen“ und bereit sind, „sich für das Wohlergehen der Schule über die obligatorische Unterrichtszeit hinaus einzusetzen“.

Schule, die den Erfordernissen der modernen Gesellschaft gerecht werden will, darf nicht nur Selbstbewußtsein, Teamfähigkeit und individuelle Fähigkeiten bei ihren Schüler(inne)n fördern, sie muß natürlich zuerst selbst so organisiert sein, daß diese Eigenschaften von den Lehrer(inne)n dieser Schule gefordert werden und zum Tragen kommen können.

Die Leitung unserer Schule erfolgt deshalb nach dem Kollegialitätsprinzip, wobei der/die Schulleiter(in) die Schule nach außen hin vertritt. Neben der formalen Schulleitung existiert eine erweiterte Leitung, bestehend aus vier zusätzlich gewählten Kolleg(inn)en. Themen für Dienstberatungen werden gemeinsam vorbereitet. Die pädagogische Arbeit in unserer Schule wird hier reflektiert; pädagogische Projekte werden langfristig vorbedacht. Der/die Schulleiter(in) hat in der erweiterten Leitung also eine wichtige Entscheidungshilfe.

Von den 6 Lehrern und 9 Lehrerinnnen arbeiten 10 gleichzeitig als Klassenlehrer(in). Um die Entwicklung der Kinder und Jugendlichen realistisch beurteilen zu können, ist eine enge Zusammenarbeit zwischen allen Kolleg(inn)en während des gesamten Schuljahres notwendig. Jede(r) Lehrer(in) belastet sein Zeitbudget durch wöchentliche Dienstberatungen und Etagenkonferenzen zusätzlich. Zur Dienstberatung werden organisatorische Probleme und Aufgaben besprochen, die alle betreffen. Die Etagenbesprechungen sollen die Zusammenarbeit vor allem zwischen den Lehrer(inne)n und Klassen fördern, die auf derselben Etage lernen und arbeiten. Auf diese Weise können gut gemeinsame Projekte und Exkursionen geplant, Probleme diskutiert, Elterngespräche und -abende vorbereitet, es kann aber auch über die Ausgestaltung der Klassenzimmer und der Gänge gesprochen werden.
Zweimal jährlich halten wir über 3 Tage eine Klausurtagung, die stets außerhalb der Schule stattfindet. Diese dienen dazu, ausführlich über pädagogische und psychologische Themen zu diskutieren, Schulen mit ähnlicher Prägung zu besuchen und Erfahrungen auszutauschen, sie dienen aber nicht zuletzt auch dem näheren Kennenlernen der Kolleg(inn)en untereinander, was für eine schöpferische Zusammenarbeit von großer Bedeutung ist.

Die in der bisherigen Bestandsaufnahme als wichtig und erfolgreich eingeschätzten Zielstellungen bilden die Basis für nachfolgende Ziele

- Untersuchung weiterer Lernformen (Projektlernen, offener Unterricht) und Lernmethoden (neuro-mentale Lernmethoden/gehirngerechtes Lernen: Gehirnoptimierung und Synchronisation der beiden Gehirnhälften, Entspannung, Abbau von Lern- und Motivationsblockaden, mentale Stimulierung);
- Auseinandersetzung mit computerunterstützten Lernmethoden;
- Auseinandersetzung mit suggestpädagogischem Lernen.
- Untersuchung der curricularen Strukturen mit dem Ziel der weiteren Vernetzung des Lernens;
- Langzeitstudie über Schüler(innen) zu den Auswirkungen des Schulversuches auf ihre Persönlichkeitsentwicklung;
- Im Sinne des besonderen pädagogischen Konzeptes und aufgrund besonderer Erfahrungen suchen wir nach Wegen, um etwa in Form einer Budgetierung finanzielle Mittel selbst zu verwalten.

Für Anregungen, Unterstützung und Interesse am CSM ist unsere Schule jederzeit offen und dankbar.

Literatur

PEHNKE, A.: Sächsische Reformpädagogik. Traditrionen und Perspektiven. Leipzig 1998.

TAUBERT, D./GREMM, C.: Das Chemnitzer Schulmodell (CSM). In: PEHNKE, A. (Hrsg.): Einblicke in reformorientierte Schulpraxis der neuen Bundesländer. Frankfurt am Main, Berlin, Bern, New York, Paris, Wien 1996; S. 135-138.

THIELE, P.: Geschichte und reformpädagogische Ansätze des Chemnitzer Schulmodells. In: Pädagogi und Schulalltag 50(1995)3, S. 332-346.

SEYFARTH-STUBENRAUCH, M./SKIERA, E. (Hrsg.): Reformpädagogik und Schulreform in Europa. Hohengehren 1996.

Jochen HINSCHING & Karin MÜLLER

Schulprofil und Entwicklungskonzept der Martin-Andersen-Nexö-Schule Greifswald für den Zeitraum 1997-2000

Ein Beispiel für die reformpädagogische Arbeit an Schulen in den neuen Bundesländern

Präambel

Mit der Schulentwicklungskonzeption der Hansestadt Greifswald von 1995 werden die Schulen der Region nachdrücklich darauf orientiert, entsprechend der Möglichkeiten der Schulgesetzgebung eigene Schulprogramme zu entwickeln. Diese Schulprogramme sollen das spezifische pädagogische Profil verdeutlichen, zu dem sich die Schule auf dem Weg ihrer weiteren demokratischen und reformpädagogischen Ausgestaltung bekennt und an dem sich die gemeinsame Arbeit all derer orientiert, die in der Schule lernen, lehren und arbeiten. Unter diesem Aspekt und mit dem Willen, sich diesen Veränderungsprozessen im Rahmen von Schulreform auch weiterhin engagiert zu stellen, legt die Nexö-Schule Greifswald ihr Schulkonzept vor. Es umfaßt den absehbaren Entwicklungszeitraum bis zum Jahre 2000 und soll mit der vorgestellten und begründeten Profilbildung auch danach weitergeführt werden.

Das Porträt der Schule

- Die Martin-Andersen-Nexö-Schule Greifswald hat ihren Standort in einem Außenbezirk der Stadt. Sie ist in die städtische Verkehrsinfrastruktur gut eingebunden und dadurch für Schülerinnen und Schüler aus allen Stadtteilen gut erreichbar. Durch die unmittelbare Nachbarschaft der allgemeinen Förderschule und des Diakonischen Werkes bieten sich viele Möglichkeiten zu schulübergreifender kooperativer Arbeit an, die auch teilweise bereits praktiziert werden.
- Die 1962 eingerichtete Schule bietet sowohl im Schulhaus als auch im Schulgelände viele Gestaltungsmöglichkeiten. In unmittelbarer Nähe zur Schule befindet sich eine kleine Turnhalle. Zu den neugeschaffenen Einrichtungen, die das Schulleben prägen, gehören Fachkabinette, die „Villa Kunterbunt“ als soziokulturelles Zentrum und das Schülercafé „Nexi“. Mit der Intensivierung des Schullebens ist auch der Kontakt zum Schulumfeld enger und die Mitwirkung der Eltern an den Aufgaben der Schule engagierter geworden.
- Von ihrer Struktur her ist die Schule eine verbundene Haupt- und Realschule mit einer unter gleichem Dach befindlichen Grundschule. Im Grundschulteil arbeiten gegenwärtig 11 Pädagogen, im Haupt- und Realschulteil 20. In die-

sem Schulteil sind außerdem 1 Sozialpädagogin und 1 ABM-Kraft beschäftigt.

- Die Schule wird gegenwärtig von ca. 400 Schülerinnen und Schülern besucht. Davon gehören ca. 150 zur Grundschule und ca. 250 zur Realschule. Außerdem existieren an der Schule noch eine Vorbeitungsklasse auf das Gymnasium.
- Seit 1991 arbeitet die Schule nach dem Prinzip der Integration. Derzeit lernen 20 Kinder mit unterschiedlichen Körperbehinderungen an der Schule. Zur behindertengerechten Ausstattung der Schule ist im Schuljahr 1997/98 ein entsprechender Aufzug eingebaut worden.
- An der Schule gibt es umfängliche und gute Erfahrungen zur Projektarbeit. Der Prozeß des Lernens ist bereits seit 1991 durch schulinterne unterrichtsbezogene Projekte als auch durch die Mitarbeit an schulexternen Projekten komplexer, effizienter und lebensnaher gestaltet worden.
- Die Mitverantwortung der Schülerinnen und Schüler für ihre Schule ist im bisherigen Veränderungsprozeß der Schule sichtbar gewachsen. Sie ist - bei allem Wissen um die Schwierigkeit der Aufgabe und die Relativität des Erreichten - zu einem tragenden Prinzip der pädagogischen Arbeit an der Schule geworden.
- Die Schule ist als Ort reformpädagogischer Praxis in Zusammenarbeit mit dem Institut für Erziehungswissenschaft der Universität Greifswald Gastgeber für zwei internationale wissenschaftliche Tagungen zur Reformpädagogik (1994, 1996) gewesen. Über den schulischen Erneuerungs- und Innovationsprozeß an der Nexö-Schule Greifswald ist - oftmals in Zusammenarbeit von Schulvertretern und Wissenschaftlern - mehrfach in der wissenschaftlichen Literatur berichtet worden (DRENCKHAN/HINSCHING 1995 und 1997, MÜLLER/FÖRSTER 1996, HINSCHING 1995).

Grundsätze zur reformpädagogischen Entwicklung an der Schule

- Schulreform und Reformpädagogik sind eng verflochten. Sie sind wesentliche Bestandteile der Modernisierung der Gesellschaft. Schulentwicklung wird damit als Teil gesamtgesellschaftlicher Entwicklung begriffen. In diesem Prozeß sind Schulen gestaltbare soziale Einheiten mit eigenem Profil und unterschiedlicher Qualität (STEFFENS 1995).
- Reformpädagogik der Gegenwart hat viele Springquellen. Eine der wesentlichen, vielleicht sogar die wesentlichste, ist die Schulpraxis selbst. Es besteht Konsens darüber, daß das angestrebte reformpädagogische Konzept nur von innen heraus entsteht, aus den Erfahrungen, Ideen und Zielsetzungen der Beteiligten. Das erarbeitete Konzept wird als Wegemarke einer inneren Schulreform angesehen.

- Mit dem Autonomieprinzip hat die Schule sowohl einen Verantwortungsauftrag als auch einen definierten Handlungsrahmen zur Entwicklung eines schuleigenen reformpädagogischen Konzeptes. Das Recht auf Autonomie soll als pädagogische Verpflichtung umfassend wahrgenommen und basisdemokratisch ausgestaltet werden.
- Internes Expertenwissen als tragfähige Basis für reformpädagogische Bemühumgen entsteht dann, wenn die Akteure bereit und in der Lage sind, den pädagogischen Alltag selbstreflexiv zu betrachten und zu gestalten. Schulreform und Reformpädagogik bedeutet nicht nur die Entwicklung des pädagogischen Profils der Schule, sondern sie wird auch als eine Herausforderung der Lehrenden zu ihrer weiteren Entwicklung und pädagogischen Qualifizierung verstanden, auch als Ermunterung zu neuen Formen und Inhalten pädagogischer Arbeit und Mut zu pädagogischem Risiko.
- Die Schule bekennt sich nachdrücklich zum Prinzip der Integration als Teil demokratischenr Bildung einer pluralistischen Gesellschaft (PREUSS-LAUSITZ 1996). Integration ist ein tragendes Prinzip innerer und äußerer Schulreform und verlangt eine unteilbare innovative pädagogische Praxis. Dazu liegen ausbaufähige Erfahrungen zur Arbeit an der Schule vor (MÜLLER/FÖRSTER 1996, DRENCKHAN/HINSCHING 1997).
- Im Mittelpunkt aller reformpädagogischen Bestrebungen stehen die Schülerinnen und Schüler und damit eine für Reformschulangebote typische kindgemäße Pädagogik (PEHNKE 1996, 31). Die Schule folgt mit ihrem Schulkonzept einem ganzheitlichen pädagogischen Ansatz. Dieser sieht Schule als eine pädagogische Handlungseinheit (FEND 1987). Er geht davon aus, daß Schule zu einem Lebensraum für die Heranwachsenden entwickelt und ausgestaltet wird, der von ihnen angenommen und mitgestaltet wird und der der Realisierung des Bildungs- und Erziehungsauftrages in einer sich verändernden Welt ein tragfähiges Fundament verleiht.
- Der zentrale Zielaspekt der Schulentwicklung wird in der Entwicklung einer Schulkultur (FAUSER 1989, TERHART 1994, HOLTAPPELS 1995) gesehen, die durch die bisherigen Entwicklungsschritte vorgeprägt ist und die bereits heute in der Nexö-Schule eine spezifische Ausrichtung des schulpädagogischen Alltags deutlich werden läßt. Mit dem vorliegenden Schulprogramm wird die gemeinsame Weiterarbeit an diesem Ziel konzeptionell festgeschrieben und strukturell fixiert. Es stellt eine Bündelung und Vernetzung von Zielsträngen dar. Für übergreifende Entwicklungsaufgaben werden Zeithorizonte festgelegt und Stufenprogamme erstellt.

Zielsetzung und Strukturierung des Schulprogramms

- Das Schulprogramm der Nexö- Schule Greifswald wird von drei Zielaspekten bestimmt:

1. Der inhaltliche - und zentrale - Zielaspekt ist die Entwicklung einer *Schulkultur* als einer Lern- , Erziehungs- und Organisationskultur an der Schule, die sich als funktionale Einheit und als praktischer Gesamtzusammenhang versteht. Schulkultur bezieht sich auf die inhaltliche Ausrichtung, Qualität und Organisation der pädagogischen Ressourcen der Schule und zielt auf eine profilprägende pädagogische Kultur an der Schule.
2. Der strukturelle Aspekt ist die Profilierung der Schule zu einer *offenen Ganztagsschule.* Damit werden ein organisatorisch- pädagogischer Rahmen gesetzt und ein Handlungsraum geschaffen, in dem sich das Miteinander von Lehrenden und Lernenden vollzieht. Die Beteiligten verstehen das zugleich als einen intentionalen pädagogischen Prozeß, der frei von Illusionen sein muß und der im Wissen um Interessenkonflikte und notwendige Konfliktaushandlung zu gestalten ist. Eine wichtige Rolle spielt die Entwicklung der Schule zur Stammschule eines integrativen pädagogischen Förderzentrums der Hansestadt Greifswald, das auf eine besondere Schülergruppe ausgerichtet ist.

- Mit dem Begriff der *Schulkultur* werden die *ausgewählten Grundprinzipien* pädagogischer Arbeit als Profillinien zukünftiger Entwicklung aufgegriffen und weiterentwickelt. Es ist - bildlich gesprochen - „die Konstruktion des reformpädagogischen Hauses“ der Nexö-Schule Greifswald. Dieses wird unter dem Dach der Schulkultur durch 4 Grundpfeiler vernetzter Entwicklung getragen, die zugleich Ausdruck von Offenheit im pädagogischen Prozeß sind:

- *Erfahrungsgeleitetes und projektorientiertes Lernen*
  Ausgangspunkt wird die Orientierungsstufe sein, für die ein Projektkatalog mit Gesamtcurriculum erarbeitet werden soll. Solche Ziele wie die Einrichtung von Klassenzimmern mit Werkstattcharakter, Lernen mit allen Sinnen, handlungsorientiertes und selbstorganisiertes Lernen, klassen- und fächerübergreifendes Lernen, Ausbildung der Beurteilungskompetenz u. a. sollen angestrebt werden.
- *Integration*
  als „selbstverständlicher“ und übergreifender Bestandteil pädagogischer Arbeit. Gemeinsames Lernen und Leben der behinderten und nichtbehinderten Kinder zur Herausbildung von Verständnis und Toleranz, auch als Gemeinsamkeit zwischen Realschülern und Hauptschülern und als ein Verflechtungszusammenhang zwischen Primarstufe und Sekundarstufe.
- *Bewegte Schule*
  Die Ausgestaltung der Schule als Bewegungsraum, die Schaffung vielfältiger Bewegungsangebote in Schulleben und Schulalltag, Angebote zu sportlicher Aktivität, die Beachtung des Prinzips des Lernens mit dem ganzen Körper, die nachdrückliche Verbindung von motorischem und sozialem Lernen.

- *Offene Ganztagsschule*

  Die Öffnung der Schule zum Stadtteil, die Ausgestaltung eines soziokulturellen Zentrums, die kooperativen Beziehungen zum Schulumfeld, das Engagement für Heranwachsende, die sozial benachteiligt sind.

Die Verwirklichung der Zielaspekte und die Ausgestaltung der Schulkultur setzt die Beachtung folgender *reformpädagogischer Schwerpunkte* im Schulalltag voraus:

1. Die Vermittlung von *fachübergreifenden Lerninhalten* und die zielgerichtete Förderung der Sozialkompetenz der Schüler steht im Mittelpunkt der Schulkonzeption. Die Entwicklung zu einer „*offenen Ganztagesschule*" umfaßt die Vernetzung schulischer und außerschulischer Kompetenzen.
2. Die Sozialisationsinstanz Schule wird deshalb als *Lern- und Lebensort* verstanden. Schule als Bewegungs-, Medien- und Kulturraum sind durchgängige Gestaltungsprinzipien. Die Zusammenarbeit mit kommunalen Trägern (im wesentlichen Jugendamt/Schulsozialarbeit) soll in diesem Zusammenhang zu einem wesentlichen Bestandteil der Arbeit werden.
3. *Integrative Arbeit* findet auch in der Sekundarstufe 1 statt. Sie geht von entwicklungsbedingten individuellen Besonderheiten der Schüler aus und versucht, optimale Lernbedingungen für alle Schüler zu schaffen. Die Förderung erfolgt in homogenen und heterogenen Lerngruppen.
4. Die *Kooperation mit dem Förderzentrum* wird ein wesentlicher Stützpfeiler der pädagischen Arbeit sein.
5. *Übergänge* zwischen den Schularten (z. B. Grundschule, Orientierungsstufenbereich und Übergang in den Berufsbereich) stellen häufig „Bruchsituationen" dar und werden deshalb langfristig vorbereitet.
6. Die *Mitverantwortung der Schülerinnen und Schüler* für ihre Schule ist im bisherigen Veränderungsprozeß der Schule größer geworden. Sie wird - wenn auch noch deutlich optimierbar - als Engagement der Lernenden für „ihre Schule" vielfältig in den Schulalltag eingebracht und ist zu einem tragenden Prinzip der pädagogischen Arbeit an der Schule geworden.

Prinzipien der Lehrerinnen und Lehrer dieser Schule

Die angezielte ganzheitliche schulische Bildung beinhaltet die Wahrnehmung der Schülerpersönlichkeit insgesamt und die Weiterentwicklung von Ressourcen, die sowohl für eine weiterführende Ausbildung als auch für hohe soziale Kompetenz notwendig sind. Unter diesen Aspekten und den obengenannten Zielstellungen gestalten die Lehrenden an der Schule ihre pädagogische Arbeit nach Prinzipien wie

- Kontinuität im gesamten Bereich der Sekundarstufe I;
- Beachtung der Eingangs-(Grundschule) und Ausgangsproblematik (Übergang nach Schulabschluß);

- schülerorientierte Lernziele;
- Strategien zum Aufbau von Selbstvertrauen und Selbstwertgefühl;
- Entwicklung der Kompetenz zu sozialer Kommunikation;
- Förderung besonderer Fähigkeiten;
- Verbesserung der Lernergebnisse durch frühzeitiges Erkennen von Schwierigkeiten;
- Strategien zur erfolgreichen Motivierung und Selbstmotivierung der Schüler;
- Integration von Schülerinnen und Schülern mit Körperbehinderungen und Wahrnehmungsstörungen;
- Erhöhung der Schülerkompetenz für den Bildungsprozeß;
- Einbeziehung des Schulumfeldes in das Schulleben und vor allem die Einbeziehung der Eltern der Lernenden in die Weiterentwicklung des Schulkonzeptes.

Beispiele aus dem reformpädagogischen Alltag der Schule Planung einer Stoffeinheit in der Orientierungsstufe im Schuljahr 1997/98: Reformpädagogisches Unterrichten am Beispiel Mathematik

Das Schulentwicklungskonzept der M. A. Nexö-Schule sieht seinen reformpädagogischen Ansatz u.a. auch in einem veränderten Unterricht in der Orientierungsstufe. Neue Unterrichtsformen (Freiarbeit, offener bzw. geöffneter Unterricht, Partner - und Gruppenlernen, Projektarbeit) stehen gleichberechtigt dem herkömmlichen frontalen Unterrichten gegenüber. Das klassen - bzw. fächerübergreifende Lernen ist ein unverzichtbarer Aspekt zur Durchsetzung reformpädagogischen Denkens. Mit dem Aufbau einer Lernwerkstatt, in der die Schüler unter Anleitung der Fachlehrer selbständig tätig sind, werden neben stofflichen Unterrichtsinhalten auch soziale Aspekte berücksichtigt.

Ausgangssituation und Voraussetzungen

Alle Klassen werden von unterschiedlichen Fachlehrern unterrichtet. An 4 der 5 Wochentage können jeweils 2 Klassen zeitgleich ohne Stundenplanänderungen klassenübergreifend am Projekt arbeiten. Am verbleibenden Schultag ist eine Staffelung der einzelnen Klassen unproblematisch möglich. So könnten sich die beiden 5. Klassen jeweils viermal und die beiden 6. Klassen jeweils dreimal wöchentlich an der Lernwerkstatt beteiligen. In den verbleibenden Unterrichtsstunden steht jeder Klasse wöchentlich oder 14tägig das Computerkabinett mit speziellen Lernprogrammen zur Bruchrechnung zur Verfügung. Alle Klassen haben nebeneinander ihre Klassenräume.

Inhaltliche und materielle Ausgestaltung der Lernwerkstatt

Im Verlaufe der letzten Schuljahre wurden vom Fachbereich Mathematik schon einige Materialien (Bruchrechendomino, Freiarbeitsdateien, diverse Kopiervorlagen, Bruchteilpuzzles usw.) angeschafft bzw. angefertigt. Diese Materialien gilt es nun so unterzubringen, daß Schüler im geöffneten Unterricht mit Freiarbeitscharakter einzeln oder in Gruppen arbeiten können. Dazu müssen Regale und Schubkästen besorgt werden. Ausreichend Bastelmaterial (farbiges Papier, Scheren, Kleber, Buntstifte, Farbkästen usw.) sollte einen festen Platz in der Werkstatt bekommen. Eine kleine Bibliothek mit Nachschlagewerken, Lehrbüchern und zusätzlichen mathematischen Rate- und Denkaufgaben wäre wünschenswert. Lernspiele kommen im Verlauf der Ausgestaltung der Lernwerkstatt dazu.

Ziele des Projektes

Das Lernziel besteht darin, alle Aspekte, die ein Klassenunterricht für diese Stoffeinheit nach den Rahmenrichtlinien M - V vorsieht, zum Abschluß der jeweiligen Klassenstufe zu erfüllen. Neben der Werkstattarbeit muß es für jede Klasse einen zielgerichteten Plan geben, um auftretende Probleme auch im Klassenverband lösen zu können. Schriftliche Lernkontrollen und Klassenarbeiten werden entsprechend durchgeführt. Eine kontinuierliche Hausaufgabenstellung fällt mit der neuen Unterrichtsform nicht weg. Die Werkstattarbeit kann später auch fächerübergreifend praktiziert werden.

Präsentation und Veröffentlichung

Angefertigte Modelle, Spiele und andere Schülerarbeiten (z. B. Wandzeitungen) werden im Schulhaus ausgestellt. Die Entstehung der Lernwerkstatt könnte dokumentarisch begleitet werden durch Texte, Bilder, eventuell Videofilme bis hin zur Vorstellung im Internet („ Multimedia - Präsentation “).

Zusammenarbeit in der Fachkonferenz

Der Aufbau einer Lernwerkstatt erfordert eine gründliche Planung und eine ständige Absprache unter den Fachlehrern. Mindestens einmal wöchentlich tagt dazu die Fachkonferenz.

Die Eltern müssen über die anstehenden Aufgaben rechtzeitig informiert werden.

Die Vorstellung des Konzeptes erfolgt auf einer Lehrerkonferenz. Über Erfahrungen und Probleme wird nach Beendigung des Projektes ebenfalls in einer Zusammenkunft des gesamten Kollegiums berichtet.

Ein Beispiel zur Arbeit in an der Lernwerkstatt

Organisationsplan (Lernwerkstatt)
Teilnehmende Klassen : 5a, 5b, 6a, 6b

	Montag	Dienstag	Mittwoch	Donnerstag	Freitag
1.Std.	5a / 6a		5a / 5b		
2.Std.		5b		5a / 6b	5b / 6a
3.Std.	5b / 6b	6a			
4.Std.					
5.Std.		6b			
6.Std.		5a			

Raumkoordinierung

	Montag	Dienstag	Mittwoch	Donnerstag	Freitag
1.Std.	5a 10 / Hei ***5b 11 / St*** 6a 9 / Schu		5a 10 / Hei 5b 9 / Scha		
2.Std.		5b 9 / Scha		5a 10 / Hei 6b 9 / Bo / Scha ***5b 11 / Fr 13 / Wu***	***5a 11 / Zu*** 5b 9 / Scha 6a 10 / Schu
3.Std.	***5a 12 / Ku*** 5b 9 / Scha / Schu 6b 10 / Bo	***5b 11 / Fr*** 6a 9 / Schu			
4.Std.					
5.Std.		***5b 12 / Fr*** 6b 9 / Bo			
6.Std.		5a 9 / Hei			

Für die Arbeit in den Räumen 9 und 10 werden jeweils 2 Tische in der Vorbereitungszeit zusammengestellt, damit auch in Gruppen gearbeitet werden kann. Die Türen von beiden Räumen sind offen. Die Schüler können sich ihre Arbeitspartner und ihr Material während der gesamten Zeit frei wählen. Die Lehrer sind dafür verantwortlich, daß es auf dem Flur vor den Räumen leise zugeht. Nach jeder Stunde wird wieder die Ausgangssituation in den Klassenräumen hergestellt (Ausnahme : Dienstag nach der 2. und 5. Std.). Das bedeutet, daß effektiv jeweils 40 Minuten in der Lernwerkstatt gearbeitet werden kann.

***Handlungsanweisungen** (für die Schülerhand)*

Eine Unterrichtsstunde dauert 45 Minuten. Häufig spricht man auch von einer *Dreiviertelstunde*. Wo kommt das her und warum ist damit die gleiche Zeitdauer gemeint ? Was ist eigentlich ein Bruch und wie kann man damit rechnen ?
Um solche Fragen beantworten zu können, müssen wir uns mit den gebrochenen Zahlen auseinandersetzen. Dies sollt ihr nun im Mathematikunterricht *möglichst selbständig* tun. Damit ihr wißt, wie ihr vorgehen sollt, lest euch genau die Schwerpunkte und *Handlungsanweisungen* durch.

Schwerpunkte der Arbeit :

- *der Bruchbegriff*
- *die Darstellung von Brüchen / Erweitern und Kürzen*
- *das Ordnen und Vergleichen von Brüchen*
- *das Rechnen mit gebrochenen Zahlen*
- *die Dezimalbrüche*
- *das Rechnen mit Dezimalbrüchen*

Handlungsanweisungen :

- *Lest zuerst die jeweiligen Aufgabenstellungen durch !*
- *Versucht dann das Problem zunächst selbständig zu lösen !*
- *Nutzt dazu eure Lehrbücher und Zusatzliteratur sowie auch die Hinweise auf den Arbeitsblättern!*
- *Besprecht eure Lösungsideen mit den Mitschülern (Partner - oder Gruppenarbeit)!*
- *Helft euch untereinander !*
- *Wenn dann immer noch Fragen auftreten, sucht euch Hilfe bei den Lehrern !*
- *Kontrolliert, wenn möglich, eure Ergebnisse selbständig !*
- *Kreuzt auf dem Wochenplan am jeweiligen Wochenende an, ob ihr den Lernstoff verstanden habt und zeigt eure Entscheidungen am Wochenanfang dem Mathematiklehrer !*

Beispiel für einen Wochenplan :

Was solltest du *bis wann* gelernt haben ?

1. Woche

Lernstoff	**verstanden**	**teilweise verstanden**	**noch nicht verstanden**
Was ist ein Bruch ? Schreibweise, Bedeutung von Zähler und Nenner, echte und unechte Brüche, gleichnamige und ungleichnamige Brüche			

Wie bestimmt man Bruchteile ? Erkennen der Anteile von Ganzen, Anteile von Ganzen Berechnen			
Wie kann man Brüche vergleichen ? Erweitern und Kürzen			

2. Woche

Lernstoff	verstanden	teilweise verstanden	noch nicht verstanden
Wie kann man Brüche vergleichen ? Erweitern und Kürzen, Vergleichen und Ordnen			
Wo liegen die Brüche am Zahlenstrahl ? Auffinden und Eintragen der Brüche am Zahlenstrahl			
Wie kann man Brüche addieren ? Addition gleichnamiger Brüche			

Projektarbeit. Beispiele aus Unterricht und Schulleben

Eine besondere Bedeutung hat die *Projektarbeit unter reformpädagogischen Aspekten* an der Nexö-Schule Greifswald. Sie hat bereits mit der Neuprofilierung der Schule nach 1990 einen festen Platz im pädagogischen Alltag gefunden. Die Arbeit an und mit Projekten ist für Lehrende wie Lernende eine bewährte und sehr akzeptierte Form effizient gestalteter moderner Bildung und aktiver Auseinandersetzung mit den angebotenen Themen.
Zur Zeit bestehen an der Schule folgende Projekte:

Modellversuch „Gesundheitsfördernde Schule“
„Bewegte Schule“ (Modellversuch beantragt)
Schulpartnerschaft
Informatik
Schülercafé
Schülerclub
Villa „Kunterbunt“
und weitere offene Freizeitangebote wie Keramik

Seidenmalerei
Ökoschulgarten
Kanu
Streetball, Volleyball
Schach
Indianistik
Fotoclub
Naturkosmetik

Einige Projekte stellen sich hier vor: Projekt - "Naturkosmetik"

Naturgemäße und sanfte Methoden der Behandlung und Heilung stehen heutzutage hoch im Kurs. Man möchte den Einfluß der Chemie immer mehr verdrängen. Gerade bei der Herstellung von Kosmetika achten die Mädchen und Frauen (auch einige Jungen und Männer) darauf, daß hautfreundliche, milde, pflegende und vor allen Dingen reizfreie Stoffe verwendet wurden. Unerwünschte Nebenwirkungen sowie die Reizungen von Haut und Haaren sind Probleme, die "Kosmetik-Freunde" davon abhalten, Cremes, Sprays, Shampoos u.a. zur Körperpflege zu verwenden. Die Leiterin dieses Projektes, Frau STEFFEN, hilft, solche Ängste abzubauen. Sie ist in Biologie und Chemie gut bewandert, kennt sehr viele Naturstoffe und deren Wirkung. In der Kosmetik kommen auch Pflanzenheilkräfte von Gewürz- und Arzneipflanzen zum Einsatz. Zwar "duften" die natürlichen Kosmetika nicht so wie die chemisch hergestellten, aber wenn man weiß, daß sich der Körper nach der Verwendung des Naturkosmetikums richtig wohlfühlt, dann greift man eben immer wieder zu diesem. Die ganze Vielfalt der Einsatzmöglichkeiten natürlicher Stoffe im Kosmetik-Bereich lernt ihr im *Projekt - "Naturkosmetik"* kennen.

Projekt - "Indianistik"

An diesem Projekt können Schüler(innen) ab Klassenstufe 7 auf freiwilliger Basis einmal wöchentlich teilnehmen. Projektleiterin ist Frau EGERT-KUPPE. Finanzielle Unterstützung erfuhr die "Indianistik" im Rahmen des Projektes "Gesundheitsfördernde Schule".

Wie die Kultur der Indianerstämme "funktioniert", darüber sollen die Schüler Vorstellungen entwickeln, sie sollen aber das Leben der Indianer nicht kopieren.

Erfahren werden sie vieles über die Ernährung, die Kunst, die Religiosität, die Stammesordnung und das Alltagsleben der Indianer.

Immer wieder erscheinen in den Medien Meldungen, die die Lebensweise und Träume heute noch lebender Indianerstämme in den Vordergrund rücken. Die Schüler wollen solches Leben und Verhalten gern einmal selbst "ausprobieren".

Fachliteratur wird in diesem Projekt besonders genutzt, wenn es um die Unterschiedlichkeit der Indianerstämme, deren Verbreitung und Lebensweise geht. Auch Videos, CDs, MCs, Fachbücher und Museumsbesuche schaffen reelle Bezüge für das Projekt. Bei der Umsetzung des Gesehenen und Gehörten in die Realität werden die unterschiedlichsten Materialien verwendet. Diese sammeln die Schüler in der Natur, sie basteln viele Dinge selbst, und es werden auch Eltern, verschiedenste Einrichtungen, Fördervereine, Privatpersonen und viele andere um Hilfe gebeten, wenn es um die Verwirklichung der Schülerideen geht.

Hallo Partner- Ein paar kurze Informationen zu unseren Schulpartnerschaften

Schüler aus Reutlingen und Greifswald April 1996 - Unsere Klassensprecher waren eine Woche Gäste in Reutlingen

Unsere Schule hat gegenwärtig zwei feste Schulpartnerschaften. Seit August 1992 besteht eine Partnerschaft zur 56. Grundschule in Szczecin. Mehrmals waren Schüler dieser Schule seitdem bei uns zu Gast und wurden herzlich aufgenommen. Im Dezember 1996 dauerte der Besuch bereits mehrere Tage. Im Rahmen eines Projektes wurden die polnischen Kinder von einer 6. und einer 7. Klasse unserer Schule rundum betreut. Die Schüler organisierten u.a. Stadtführungen und einen Empfang beim Oberbürgermeister. Für alle war es eine neue Erfahrung, die viel Anstrengung, aber auch tolle Erlebnisse brachte. Unsere zweite Partnerschule ist die Eduard-Spranger-Schule in Reutlingen (Baden- Württemberg). Die Beziehung zu dieser Schule entwickelte sich aus der gemeinsamen Beteiligung am Projekt "Europäisches Netzwerk gesundheitsfördernder Schulen". Die Spranger-Schule ist mit ihren rund 600 Schülern etwa genauso groß wie die Nexö-Schule mit der Grundschule. Nach anfänglichen Kontakten (1992/93) über die Lehrerkollegien gibt es seit 1994/95 Schüleraustausch in beiden Richtungen. So lernten Reutlinger Schüler und Lehrer das Leben in Mecklenburg-Vorpommern kennen, und wir erklommen die Höhen der Schwäbischen Alb, direkt vor den Toren der Stadt Reutlingen. Es gab viele herzliche Kontakte, und Freundschaften entstanden über eine Entfernung von vielen hundert Kilometern. Beide Partnerschaften werden in den nächsten Jahren weitergeführt.

Schulentwicklungskonzept in kritischer Reflexion

Das vorliegende Konzept verwirklicht sich nicht im Selbstlauf und bietet allein auch mit seiner - langen und oft auch kontrovers geführten - Diskussion und Ausformulierung im Kollegium der Schule noch nicht die Garantie einer konfliktfreien Umsetzung. Auch bei einer Schule wie der hier dargestellten verläuft der Schulalltag oft anders als konzeptionell gedacht und leitungsmäßig abgesprochen, zusätzliche Anforderungen von außen oder unvorhergesehene personelle Probleme innerhalb des Kollegiums Probleme führen zu einem Entscheidungsbedarf jenseits aller langfristigen Strategien.

Mit dem Entwicklungskonzept der Schule wird bei allen Beteiligten viel an Risikobereitschaft gefordert. Die Lehrerinnen und Lehrer dieser Schule müssen bei ihrer reformpädagogischen Arbeit sich auf Neues und Unsicheres einlassen und reflexionsfähig sein hinsichtlich ihrer Wirksamkeit in Bildung und Erziehung, hinsichtlich dessen, was sie an pädagogischer Arbeit tagtäglich leisten. Sie brauchen dazu die aktive Unterstützung aller Partner der Schule, um trotz der Mühen des Alltags die konzeptionelle Linie nicht aus den Augen zu verlieren und variantenreich reagieren zu können. Die Schule bedarf mehr als bisher eines stabilen Kollegiums und braucht Planungssicherheit für den Bereich kurz- und mittelfristiger Entwicklung. Projekte und Schul- oder Modellversuche können nur gelingen, wenn Schulbehörden in Land und Region Entgegenkommen beweisen, innovatives Arbeiten fördern und bürokratische Hürden abbauen helfen, damit

Lehrerinnen und Lehrer auch über ihren arbeitsreichen Schulalltag hinaus bereit und in der Lage sind, mehr zu investieren und Neues zu erproben.
Die schulinterne Fortbildung (Schilf -Tage) erhält durch ein solches Entwicklungskonzept eine deutliche Profilierung und wird zunehmend bedeutsam für die gemeinsame Arbeit in der Schule. Und nicht zuletzt ist mit einem solchen Konzept die Schule als Partner der Universität herausgefordert, wissenschaftliche Begleitung muß von allen Beteiligten gesucht und darf nicht angeordnet oder lustlos geduldet werden. Auch das zu erreichen ist ein Bestandteil oder Baustein der Umsetzung des vorgestellten Entwicklungskonzeptes der Nexö-Schule Greifswald und noch lange nicht selbstverständlich.

Literatur

DRENCKHAN, I./ HINSCHING, J.: Schule in Bewegung. In: Sportpädagogik 19(1995), S. 53-56.

DRENCKHAN, I./ HINSCHING, J.: Spielräume erweitern. In: Sportpädagogik 21(1997), S. 17-20.

FAUSER, P.: Nachdenken über pädagogische Kultur. In: Die Deutsche Schule 81(1989), S. 5-25.

HINSCHING, J.: Bewegung und Sport im Lebensraum Schule. In: Körpererziehung 45(1995), S. 410-417.

HOLTAPPELS, H. G. (Hrsg.): Entwicklung von Schulkultur: Ansätze und Wege schulischer Erneuerung. Neuwied, Kriftel, Berlin 1995.

HOLTAPPELS, H. G.: Schulkultur und Innovation - Ansätze, Trends und Perspektiven der Schulentwicklung. In: HOLTAPPELS , H. G. (Hrsg.): a. a. O., S. 6-36.

KLUPSCH-SAHLMANN, R.: Bewegte Schule. In: Sportpädagogik 19(1995), S. 14-22.

MÜLLER, K./FÖRSTER, G.: Integration an der Martin-Andersen-Nexö-Schule Greifswald: Erfahrungen, Probleme und Erfolge. In: PEHNKE, A. (Hrsg.): a .a. O., S. 197-205.

PEHNKE, A. (Hrsg.): Einblicke in reformorientierte Schulpraxis der neuen Bundesländer. Frankfurt/M. 1996.

PEHNKE, A.: Wider dem Schulreform-Stau in den neuen Bundesländern. Zu Modernisierungseffekten von Reform- und Alternativschulen für das Regelschulwesen. In : PEHNKE, A. (Hrsg): a. a. O., S. 21-40.

PREUSS-LAUSITZ, U.: Integrationspädagogik, modernisierte Reformpädagogik zwischen Individualisierung und sozialem Lernen. In: PEHNKE, A. (Hrsg.): a. a. O., S. 41-59.

Schulentwicklungskonzeption der Hansestadt Greifswald. Greifswald 1996.

STEFFENS, U.: Schulqualität und Schulkultur - Bilanz und Perspektiven der Verbesserung von Schule. In: HOLTAPPELS, H. G. (Hrsg.): a. a. O., S. 37-50.

TERHART, E.: SchulKultur. Hintergründe, Formen und Implikationen eines schulpädagogischen Trends. In: Zeitschrift für Pädagogik 40(1994), S. 685-699.

Die in diesem Beitrag aufgenommenen Beispiele aus dem pädagogischen Alltag der Schule sind von folgenden Kolleginnen und Kollegen der Nexö-Schule erarbeitet worden: Rainer HEIDEN (Beispiel Mathematikunterricht); Heidelore STEFFEN (Projekt Naturkosmetik); Dana KUPPE-EGERT (Projekt Indianistik); Wilhelm HOLST (Projekt Schulpartnerschaft).

Heike KAGEL & Jens STEIN

Schule im Aufbruch – eine Betrachtung zum Schulversuch „Ganzheitliche Gesundheitserziehung durch sportliche Betätigung" der Erwin-Fischer-Schule Greifswald

Der Weg zum Schulversuch

Schule in der herkömmlichen Art und Weise verliert immer mehr an Akzeptanz bei Schülern und Eltern. Diese Erfahrung mußten auch wir in den letzten Jahren machen. Aus einer Welt, in der alles seine „Ordnung" hatte, sprich: alles „angeordnet" wurde, sind wir in eine Welt gekommen, in der wir handeln müssen, in der Selbsttun an erster Stelle steht! Das haben viele Schüler und manche Erwachsene, dazu zählen wir auch manchen Lehrer, noch nicht gelernt. Oft haben sich für die Kinder neue Familienverhältnisse ergeben, und in der Schule kam die Einteilung in Schularten dazu, nichts war mehr in Ordnung! Bei den Kindern und Jugendlichen stellten wir in wachsendem Maße psychische Störungen, zunehmende Verbreitung von Suchtkrankheiten (Zigaretten, Alkohol, Tabletten) und psychosomatische Beeinträchtigungen fest. Im Unterricht zeigte sich diese Tendenz in Schulunlust, fehlender Konzentration und Ausdauer, Trägheit und oftmals Schulfrust mit zunehmender Gewaltbereitschaft. So wollten wir nicht weiterarbeiten, wir mußten nach neuen Wegen suchen. Die Gesellschaft verlangt nach wie vor von der Institution „Schule" neben der Wissensvermittlung verstärkt Präventionsarbeit als Vorbereitung auf die Leistungsgesellschaft sowie echte Hilfe zur Lebensgestaltung und Problembewältigung. In Auswertung vieler Gespräche im Lehrerkollegium der Grund- und Realschule mit Hauptschulteil[1] setzten wir uns das Ziel, die Kinder und Jugendlichen dort abzuholen, wo sie stehen, die Schule nicht nur als „Bildungsstätte" zu sehen, sondern gemeinsam mit Schülern und Eltern als Lern- *und* Lebensort zu gestalten. Ausgangspunkte unserer Überlegungen waren:

- die Grund- und Realschule mit Hauptschulteil auf einem gemeinsamen Schulgelände,
- die günstigen sportlichen Rahmenbedingungen (eigene Schulsporthalle, die Angebote des Schulsportvereins „Grün-Schwarz" Greifswald e. V., Schule = Standort des Vereins),
- ein eigenes umfangreiches Hortangebot der Grundschule,
- die Angebote für Schüler der Klassen 5 bis 10 im Freizeitbereich und das Vorhandensein eines Freizeitpädagogen (über das *Bundesaktionsprogramm gegen Aggression und Gewalt*),
- die immer stärkere Annahme der Schule als Kommunikations- und Freizeitzentrum und
- der natürliche große Bewegungsdrang der Kinder und Jugendlichen.

Die Grundschule begann bereits 1992 mit Eltern, Partnern aus dem Institut für Sportwissenschaften der Universität Greifswald und dem Sportverein mit viel

---

[1] Mittlerweile ist diese Schule die derzeit einzige Gesamtschule in der Hansestadt Greifswald geworden.

Engagement und Eigeninitiative neue Wege im Unterricht zu gehen. Neben monatlichen Gesundheitstagen und halbjährigen Gesundheitswochen wurden alternative Unterrichtsformen zum festen Bestandteil des schulischen Ablaufs.
In der Sekundarstufe I hatten wir den ersten Schritt mit der Öffnung der Schule für den Freizeitbereich getan. Schüler, Eltern und Lehrer richteten mit dem Freizeitpädagogen einen Clubraum und ein Billardzimmer ein. Über das AGAG-Projekt stand bereits ein Fitneßraum zur kostenlosen Nutzung zur Verfügung. Mit der Zeit spielte es immer weniger eine Rolle, ob ein Schüler aus der Realschul-, Hauptschul- oder der Gymnasialschulklasse kommt, ob er jetziger oder ehemaliger Schüler ist oder von einer anderen Schule stammt. Sie haben gelernt, einander zuzuhören und toleranter miteinander umzugehen. Genau dort konnten wir mit unserem zweiten Schritt beginnen. „Zuhören" wollen und toleranter im Unterricht sein können, das war der Anfang für „Unterricht anders".
In Auswertung der ersten Erfolge erkannten Eltern, Schüler und Lehrer einschließlich der Horterzieher und des Freizeitpädagogen, daß langfristig nur eine Verhaltensänderung erzielt werden kann, wenn eine ganzheitliche Gesundheitserziehung im Elternhaus, im Unterricht und im Freizeitbereich erreicht wird.

Das Anliegen des Schulversuchs

Wir stellten ein Konzept für einen Schulversuch zusammen, der allen Beteiligten helfen sollte, sich beherrschen zu lernen, Konflikte gewaltfrei zu verarbeiten, durch Sport bis an seine Grenzen gehen zu können und in den anderen Fächern mehr selbsttätig zu werden. Also durch Schule nicht krank zu werden, sondern gesünder an Körper und Geist leben zu lernen. „Gesundheit ist nicht alles, aber ohne Gesundheit ist alles nichts" (SCHOPENHAUER).
Unser Ziel bleibt: Wir wollen junge Menschen so gut wie möglich auf das Leben vorbereiten, d. h. umfangreiche fachliche Kenntnisse vermitteln, zur Teamfähigkeit unseren Beitrag leisten und vor allem zur Selbsttätigkeit führen.
Mit dem Schulversuch „Gesundheitserziehung durch sportliche Betätigung" (genehmigt 1995 durch das Kultusministerium) wollen wir aufgrund unserer Bedingungen vorrangig auf sportlichem Gebiet präventiv arbeiten und den nachgewiesenen Bewegungsmangel sowie die sich daraus ergebenden Folgen reduzieren. Bewegung umfaßt in unserem Versuch nicht nur den Sportunterricht, sondern schließt den Unterricht, die Pausen und den außerunterrichtlichen Bereich mit ein.

Die Partner des Schulversuchs

Grundschule	Grund- und Realschule	Realschule
Schulleitung und Kollegen, Eltern, Hort und Sportmedizin	Environet (Gesundheitszentrum), Regionalstelle für Sucht- und Konfliktbewältigung, Barmer-Ersatzkasse, Sportwissenschaftliches Institut der Ernst-Moritz-Arndt-Universität, Kommune, Schulamt, Landesinstitut für Schule und Ausbildung, Schulsportverein „Grün-Schwarz", Sportamt und Sportbund	Schulleitung und Kollegen, Eltern- und Schülervertreter, Pädagogisches und Psychologisches Institut der Universität, Freizeitpädagogen, Jugendamt

Die Umsetzung des Schulversuchs im Schulalltag

Grundschule

Für die Grundschule eröffneten sich mit dem Schulversuch neue Möglichkeiten für reformpädagogische Ansätze, u. a. wird jetzt viel mit Tages- und Wochenplänen gearbeitet. Seit dem Schuljahr 1994/95 steht die Problematik „Wir sitzen zuviel und sind zu passiv" im Mittelpunkt, denn Schule im herkömmlichen Sinn engt den Bewegungsdrang unserer Kinder ein. Mit der Fragestellung „Wer schreibt uns vor, daß Lernen nur im Sitzen erfolgen kann?" begannen die Kollegen in Absprache mit den Eltern erste Änderungen im Schulalltag vorzunehmen:

- Pausenzeiten wurden so verändert, daß eine längere Bewegungspause von 30 Minuten im Verlauf des Vormittags erfolgt (Spielgeräte liegen bereit).
- In Mathematik- und Deutschstunden werden regelmäßig Bewegungs- und Entspannungsphasen eingebaut, z. B.:

Stille Bewegungen im Raum ohne Geräte und mit Geräten

- Bewegung ohne Geräte
  - Pantomime
  - Händedrücken
- Bewegung mit Geräten – Partnerübungen
  - Watte pusten
  - Zurollen von Bällen
  - Balancieren von Gegenständen
- Entspannung durch Musik und Bewegung
  - Gefühle zur Musik zeichnen
  - einfache Rhythmen klopfen, klatschen
  - direkte Bewegung zur Musik
  - Nachahmen von Tieren
  - Gestalten von kleinen Geschichten

- Entspannungsgeschichten im Unterricht
  - Finden einer angenehmen Entspannungshaltung
  - Liegen (Teppich)
  - Sitzen (Ball, Stuhl)
  - Kennenlernen der richtigen Atmung
  - Vorlesen einer Entspannungsgeschichte
  - „Entspannungsminuten“ gehören in einigen Klassen inzwischen zum festen Bestandteil des Unterrichts.
  - Alternative Sitzformen (Sitzbälle, Sitzkissen, entsprechender Fußbodenbelag) sind nicht nur erlaubt, sondern erwünscht.
  - Der Morgenkreis gibt u. a. Ausblick auf die Woche und ermöglicht durch Erlebnisberichte einen ruhigen, freudigen Tagesbeginn und einen behutsamen Übergang zum Lernprozeß.

Seit Beginn des Schuljahres 1995/96 nutzen die Kollegen der Grundschule verstärkt Freiräume, die auch die Rahmenrichtlinien gewähren. Mit einem offenen Unterrichtsbeginn zwischen 07.45 Uhr und 08.00 Uhr und der Voraussetzung, daß der Klassenlehrer in einer Klasse möglichst Deutsch, Mathematik, Sachkunde und Alternativunterricht erteilt, kann der erste Unterrichtsblock bis 10.00 Uhr von ihm frei gestaltet werden. Dabei werden besonders im fachübergreifenden Unterricht Tages- und Wochenpläne verwendet. Nach der Bewegungspause erfolgt der zweite Block mit anderen Unterrichtsbereichen.
Fester Bestandteil bleiben die eingeführten Gesundheitswochen und Unterrichtstage zu bestimmten Themen (Tag der Mathematik, Tag der Kinderliteratur, Tag der Tradition und Bräuche usw.), die durch Einbeziehung außerschulischer Partner an pädagogischem Wert gewinnen. Die durch den Schulbesuch zur Verfügung stehenden Sportstunden werden folgendermaßen aufgeteilt:

- Zwei Stunden Sportunterricht erfolgen nach den Rahmenrichtlinien.
- In Klasse 3 und 4 kommt eine Schwimmstunde hinzu.
- In der zusätzlichen Stunde wählen Schüler unter verschiedenen Kursangeboten auf Klassenstufenebene aus. Diese Stunden erfreuen sich besonderer Beliebtheit. Dank dem Wahlcharakter und entsprechender pädagogischer Lenkung werden Über- und Unterforderungen weitgehend ausgeschlossen.
  Als Kurse bieten wir den Schülern an:
- den Fördersport, um die Kinder an die Bewegung, das Kennenlernen ihres Körpers heranzuführen,
- „Musik und Bewegung“, um Gefühle ausleben zu lernen,
- Mannschaftsspiele, um Sozialität und Einsatzbereitschaft zu fördern,
- Leichtathletik, um die Grenzen und Belastbarkeit austesten zu können,
- Freizeitspiele, um das selbständige Miteinander zu lernen.

Sekundarstufe I

Von großer Bedeutung erscheint uns der Übergang von der 4. in die 5. Klasse. Wir bieten in der Orientierungsstufe aufgrund des Schulversuches an unserer Schule alle drei Schularten an. In diesem Jahr haben wir eine Realschul- und eine Gymnasialklasse. Die Schüler bleiben in ihrer gewohnten Umgebung und

können sich ganz auf die neue Klassensituation und die Fächervielfalt konzentrieren. Durch die offenen Veranstaltungen des Hortes, der Schulbereiche, der Freizeitpädagogen aus dem Sekundarbereich und durch die gemeinsamen Pausen kennen sich viele Schüler. Sie werden nicht als „Neue“ behandelt. Innerhalb der ersten acht Wochen fahren die 5. Klassen gemeinsam für drei bis fünf Tage in ein Schullandheim. Die Belegung der dort angebotenen Kurse erfolgt nach Wunsch und nicht nach Klassenzugehörigkeit. Zusammen werden Wanderungen, Spiele und Feiern veranstaltet. Mit den 5. und 6. Klassen führen wir im Sekundarbereich die traditionelle Gesundheitswoche weiter. Besonders die Vertreter der Regionalstelle für Sucht- und Konfliktbewältigung, der Krankenkassen und die Partner der Universität sind bei diesen Veranstaltungen in der Schule hilfreiche Mitgestalter bzw. ergänzen aktiv das Programm durch zusätzliche Angebote ihrer Einrichtungen.
Ein wesentlicher Schwerpunkt zur Förderung der Gesundheitserziehung bleibt der Sportunterricht. In den Klassenstufen fünf und sechs werden die Kurse aus dem Primarbereich in der zusätzlichen Sportstunde klassenübergreifend weitergeführt und ausgebaut. In den Klassen sieben bis zehn hat die zusätzliche Sportstunde Neigungscharakter auf Klassenebene, weil wir in diesem Bereich zur Zeit einzügig sind. Diese Stunden werden entsprechend den Schülerinteressen nach Absprachen gestaltet. Hinzu kommt ein Sportangebot für Realschüler im Wahlpflichtbereich. In diesem Rahmen nutzen wir die guten Partnerbeziehungen zum Sportinstitut, zum Sportamt und zum Schulsportverein. Folgende Kurse können in diesem Schuljahr für die Schüler der Klassen 7 bis 10 angeboten werden:

Wahlpflichtfach Kl. 7/8

- Trampolinspringen	4	Doppelstunden	(Partner)
- Schwimmen	3	Doppelstunden	(Sportlehrer)
- Selbstverteidigung	3	Doppelstunden	(Partner)
- Fußball	4	Doppelstunden	(Partner)
- Kegeln/Bowling	3	Doppelstunden	(Sportlehrer)
- Spiele (Badminton)	3 / 4	Doppelstunden	(Partner)
- Rudern/Kanu	4	Doppelstunden	(Partner)
- Boxen	3	Doppelstunden	(Partner)

Wahlpflicht Kl. 9/10

- Surfen	3	Doppelstunden	(Partner)
- Trampolinspringen/ Fechten	2	Doppelstunden	(Partner)
- Kegeln/Bowling	3	Doppelstunden	(Sportlehrer)
- Schwimmen	2	Doppelstunden	(Sportlehrer)
- Rudern/Kanu	4	Doppelstunden	(Partner)
- Boxen	3	Doppelstunden	(Partner)
- Spiele aller Art	6 / 8	Doppelstunden	(Sportlehrer)

Die Kurse werden von den Sportlehrern mit den entsprechenden Partnern organisiert, abgestimmt und begleitet. Im Sportunterricht haben wir erste Erfolge im Umgang der Schüler miteinander und im Verhalten in der Mannschaft erreicht. Und wie nicht anders erwartet, zeigen sich erste Ansätze auch in den anderen Fächern. Die Schüler sind kritischer geworden, wollen Unterricht anders, besonders in den 5. bis 7. Klassen. Wir haben im letzten Jahr mit dem fächerübergreifenden Projektunterricht in der Realschulklasse 7 im naturwissenschaftlichen Bereich begonnen. Inzwischen gehören die Partnerarbeit und die Wochenplanarbeit in vielen Fächern zu den alltäglichen Unterrichtsformen. Gerade in diesen Unterrichtsformen lernen die Schüler, einander zu akzeptieren, dem Partner zuzuhören, und üben Teamfähigkeit. Sicherlich gibt es noch einige Schüler, die sich auf den Partner „verlassen“, die einen Teil der Stunden „verbummeln" und sich in der letzten Stunden überfordert fühlen. Aber genau das müssen sie durch uns auch lernen: Zeit einteilen, Nichtstun bestraft sich selbst, Selbsttätigkeit hat nichts mit Strebertum zu tun. Vor allem in den Hauptschulklassen ist diese Erkenntnis wichtig! Diesen Schülern müssen wir oft das Selbstwertgefühl erst wiedergeben! Sie sind genauso Schüler wie alle anderen, sie müssen das nicht beweisen durch Anderssein! Deswegen ist ein guter Lehrer bereit, sofort wichtige Probleme zu besprechen, um tätlichen Auseinandersetzungen so weit wie möglich vorzubeugen. Wir haben an unserer Schule eine Aussage von Hartmut von HENTIG als Leitspruch:
„Wir müssen es erst mit den Lebensproblemen der Schüler aufnehmen, bevor wir ihre Lernprobleme lösen können.“[1]
Sicherlich schaffen es nicht alle Lehrer gleich schnell und gut, liegt es nun an ihrer Mentalität, an ihren Fähigkeiten oder anderen Gründen. Mit Sicherheit kann ich aber sagen, daß an unserer Schule alle Lehrer mitziehen wollen. Das ist die wichtigste Grundlage, mit der wir arbeiten können, genauso wie die Zusammenarbeit mit den Elternvertretern der Klassen. Auf regelmäßigen Zusammenkünften (alle zwei Monate) werden die nächsten Aufgaben besprochen, die Schulfeiern abgestimmt und „Nachmittage der offenen Tür“ geplant.

Freizeitbereich

Gemeinsam mit dem Hortbereich und dem Schulsportverein entstand ein umfangreiches Freizeitangebot. Arbeitsgemeinschaften wie „Förder- und Gesundheitssport“, "Musik und Bewegung“, „Familiensport“, „Kunst und Gestaltung“, „Tischtennis“, „Schach“ und „Tanz“ wurden aufgebaut und auf den Sekundarbereich erweitert. Zusätzlich öffnet der Hort einmal in der Woche sein Freizeitangebot auch für Kinder, die nicht den Hort besuchen. Über 50 % (!) der Schüler nutzen diese zusätzlichen Möglichkeiten der Freizeitgestaltung. Aus dem Sekundarbereich bleiben viele Schüler täglich nach der Schule auf dem Schulge-

[1] v. HENTIG, H.; Die Schule neu denken. In: Erziehung und Wissenschaft, Heft 4/1994, S. 10.

lände, unterhalten sich miteinander oder nehmen die angebotenen Freizeitmöglichkeiten wahr:

Freizeitangebote der Erwin-Fischer-Schule

- Fitneß im gut eingerichteten Kraftraum (montags bis freitags von 13.00 bis 19.00 Uhr);
- Nutzung des Spielzimmers mit drei Billards, Tischfußball und diversen Gesellschaftsspielen (montags bis freitags von 13.00 bis 19.00 Uhr);
- Tischtennis in der Schulsporthalle (montags von 16.00 bis 18.00 Uhr);
- Basketball und Fußball auf der neuen Kleinsportanlage (auf Tartanbelag mittwochs und freitags von 17.00 bis 18.00 Uhr);
- Schachspielen kann jeder, der Lust hat, donnerstags von 14.00 bis 16.00 Uhr.
- Vier Streetballpoints stehen täglich bis zum Abend zur Verfügung.
- Das Schülercafé öffnet montags bis freitags von 15.00 bis 19.00 Uhr mit vielen Leckereien und alkoholfreien Getränken. Wer möchte, kann sich dort auch dienstags in der Seidenmalerei probieren.
- Die Redaktion der Schülerzeitung trifft sich dienstags um 15.00 Uhr und versucht sich im Schreiben von Reportagen.

Die älteren Schüler kommen am späten Nachmittag wieder und bringen ihre Freunde mit. Zusammen werden Veranstaltungen mit den Hortkindern organisiert, der Schülerrat und der Schulclub sind dabei aktive Partner. In diesem Jahr begannen Schüler, ein Lehrer und eine Mutter mit einer Schülerzeitung über das Schulleben, die vierteljährlich herausgegeben werden soll.

Nachbetrachtung

Erste Erfolge im Verhalten der Kinder und Jugendlichen und in der Einstellung zur Schule, bestätigt durch die Auswertung der Universität, machen uns Mut in unserem Vorgehen. Wir verschließen jedoch nicht die Augen vor den Mängeln bzw. Problemen, die noch auftreten:

- Schüler rauchen noch heimlich in den Pausen,
- Schüler haben noch nicht kontinuierlich genug die richtige Lerneinstellung (Hausaufgabenproblem),
- noch mehr Eltern sollten gewonnen werden, um sich aktiv am Schulleben ihrer Kinder zu beteiligen,
- Lehrer beschränken die reformpädagogischen Ansätze noch überwiegend auf die „Randklassen“ / „Randgruppen“ (Gym, HS).

Wir gehen jedoch „den Weg der kleinen Schritte auf der Leiter weiter, denn: Überspringe keine Sprosse, sonst besteht die Gefahr, daß du ganz nach unten rutschst und Angst hast, noch einmal hochzuklettern!"[1]

[1] v. HENTIG, H.; Die Schule neu denken. In: Erziehung und Wissenschaft, Heft 4/1994, S. 10.

Necla KELEK

Interkulturelle Pädagogik zwischen Theorie und Praxis

Das Konzept der interkulturellen Pädagogik und ihre praktische Umsetzung am Beispiel der Hector-Peterson-Gesamtschule Berlin Kreuzberg[1]

Mein erster Besuch in der Hector-Peterson-Gesamtschule in Berlin-Kreuzberg fand an einem Nachmittag statt. Die ersten Eindrücke prägten meine Erinnerung: Obwohl der Unterricht vorbei war, war Leben in den Korridoren und vielen Räumen. Die (meist türkischen) Jugendlichen schienen „ihre" Schule gerne auch außerhalb der Schulzeit für Treffs und Freizeitaktivitäten zu nutzen. Weiter fiel mir auf, daß die Atmosphäre entgegen meiner Erwartung gänzlich unaggressiv, geradezu freundlich war. Meine Vorstellung von einer „Ghetto"-Schule voller Graffitis erwies sich als falsch. Schließlich warf ich einen Blick in die Kantine: türkische Küche, so daß ich, selbst Türkin der „2. Generation", einen Anflug heimischen Gefühls hatte. Mein Interesse galt einer Schule, die den Ruf hat, nicht nur erkennbar höhere Erfolgsquoten bei den schulischen Leistungen der Ausländerkinder zu haben, sondern Prinzipien der interkulturellen Pädagogik in Organisation und Unterrichtsgestaltung umzusetzen versucht. Um die Praxisbeobachtungen ins Verhältnis setzen zu können zum theoretischen Diskussionsstand interkultureller Pädagogik, werde ich zunächst die Grundzüge der interkulturellen Pädagogik umreißen.

Grundzüge der interkulturellen Pädagogik

Die in den letzten 25 Jahren zunehmend spürbareren Folgen von Arbeitsmigration, Fluchtmigration und Zuwanderung von Aussiedlern und die damit verbundenen wachsenden gesellschaftlichen Herausforderungen betreffen Bildungspolitik, Schulpraxis und wissenschaftliche pädagogische Diskussion in direkter Weise. Deutschland ist ein Einwanderungsland, eine multi-ethnische Gesellschaft geworden. Von den ca. 6 Mio. in Deutschland lebenden Ausländern sind über ein Viertel im schulpflichtigen Alter (Bundesminister f. Arbeit u. Sozialordnung, 1993).

Gewollt oder ungewollt suchen die heranwachsenden Migrantenkinder eine Zukunft in Deutschland, d.h. auch eine schulische Perspektive. Die Institution Schule ist darüber hinaus Sozialisationsinstanz und damit prädestiniert dafür, nicht nur Antworten zur Bewältigung der durch Migration aufgeworfenen Konflikte zu geben, sondern darüber hinaus einen wesentlichen Anteil der gesellschaftlichen Integrationsleistungen zu erbringen. Die Ursprünge der Ausländerpädagogik sind im Grunde aus dem migratiospolitischen Dilemma entstanden,

---

[1] Vorveröffentlicht in Pädagogik und Schulalltag 52(1997)3, S. 321-329.

daß die ins Land gerufenen Gastarbeiter nicht, wie von der Politik erwartet, in die Heimat zurückkehrten und damit aus ihrem Aufenthalt sozial - und bildungspolitische Handlungserfordernisse erwuchsen. Der Familiennachzug verlangte Reaktionen im Bildungssystem, die zunächst in erster Linie kompensatorischer Natur waren und die Rückkehrfähigkeit erhalten sollten (AUERNHEIMER 1996, S. 7). Gerade den Kindern und Jugendlichen der 2. und 3. Migrantengeneration fehlte jedoch die Rückkehrperspektive in ihre Heimat. Für sie ist Deutschland ihre neue Heimat geworden, sei es wegen der politischen oder ökonomischen Situation im Herkunftsland, sei es, weil sie der Heimat entfremdet sind.

Fremd waren und sind sie aber auch in der Schule, die auf den in bestimmten Ballungsgebieten ständig wachsenden Ausländerkinderanteil konzeptionell nicht vorbereitet war. Maßnahmen wie spezieller Deutschunterricht für Ausländerkinder, Einrichtung von Ausländerklassen, Förderung der Muttersprache als Rückkehrvoraussetzung wurden der Dimension des Problems nicht gerecht, sondern verstärkten eher eine Segregation der Ausländerkinder schon in der Schule (PAGEL u. a. 1993, S. 115). Die Kritik an einer Schulpraxis und Erziehungswissenschaft, die Ausländerpädagogik zunächst mehr oder minder als Sonderpädagogik für Ausländer behandelte, wuchs (NIEKE 1986).

Anfangs waren es häufig Initiativgruppen, angebunden an Schule, Kirche oder Jugendzentren, die eine mehr emanzipatorische Arbeit mit Ausländerkindern (z.B. als offene Jugendarbeit, Schulsozialarbeit, deutsch-ausländische Begegnungsstätte) verwirklichten. Parallel wurde in der Erziehungswissenschaft der Sinn kompensatorischer Maßnahmen kritisch hinterfragt. Die politischen und gesellschaftlichen Ursachen wurden in den Vordergrund gerückt und eine auf Fördermaßnahmen reduzierte Ausländerpädagogik, die die Kinder nur zu Objekten machte, als unzulänglich abgelehnt („Wider die Pädagogisierung der Ausländerproblematik!“) (AUERNHEIMER 1996, S. 8). In den 80er Jahren erweiterte der in Politik und Sozialwissenschaft geprägte Begriff der multikulturellen Gesellschaft die Dimension der Diskussion. Die Anerkennung der Migration als Einwanderung veränderte die Perspektive so, daß die Migrantenkulturen einen Stellenwert neben der Kultur des Einwanderungslandes erhielten (NIEKE 1986, S. 964). Die Akzeptanz der ethnischen und kulturellen Eigenheit von Minoritäten als dauerhafter Bestandteil einer multikulturellen Gesellschaft stellte kulturelle Begegnung und Bereicherung in den Vordergrund, während einer Zwangsassimilation zugunsten einer kulturellen Koexistenz entgegenzuwirken war.

Zeitweise geriet der Begriff multikulturelle Gesellschaft allerdings zum Kampfbegriff gegen das herrschende Gesellschaftsbild, das von einem statischen Kulturbegriff und einem national orientierten ethnischen Selbstverständnis geprägt war (AUERNHEIMER 1996, S. 3). Die Folge war einerseits eine unübersehbare gesellschaftliche Abwehrhaltung der Gegner, andererseits eine etwas naive, die

Konflikthaftigkeit einer multikulturellen Gesellschaft nicht realisierende Sichtweise mancher Befürworter einer kulturellen Öffnung (SCHMIDT 1989, S. 54).
Interkulturelle Erziehung ist die pädagogische Antwort auf die Realität der multikulturellen Gesellschaft. Interkulturelle Erziehung bedeutet, daß die Pädagogik Bezug nimmt auf die verschiedenen Kulturen bzw. ethnischen Eigenheiten der multikulturellen Gesellschaft (ESSINGER/GRAF 1984, S. 20). Sie kann als Strategie gesehen werden, das Leben in einer multikulturellen Gesellschaft sinnvoll zu bewältigen. Ihr Konzept geht über die Hilfestellung zur Integration hinaus, will vielmehr die notwendigen Kompetenzen zur Behauptung in der Zuwanderungsgesellschaft vermitteln, unter Wahrung der Herkunftskultur und mit dem Anspruch, daß ein gegenseitiger Assimilationsprozeß, also auch eine Veränderung auf seiten der Majorität, in Gang gesetzt wird (GLOWKA u. a. 1987, S. 17). Ihr Ausgangspunkt ist die grundsätzlich gleichberechtigte Koexistenz von verschiedenen Kulturen, ihr Leitgedanke die Erziehung zu Toleranz, Empathie, Solidarität und interkulturellem Respekt (SANDFUCHS 1986, S. 1150). Es geht darum, sich in der multikulturellen Gesellschaft orientieren zu können, mit ethnischer, sprachlicher, religiöser sowie sozialer Heterogenität umgehen zu lernen, einen eigenen Platz in dieser Lebenswelt zu finden (KRÜGER-POTRATZ 1994, S. 3).
Interkulturelle Erziehung erkennt Kulturwandel und Kulturdiffusion als faktische und notwendige Prozesse bzw. Chancen an.
Sie begreift kulturelle Werte auf keiner Seite als statisch, sondern in stetiger Veränderung. Sie versucht, Verunsicherungen und Abgrenzungen auf allen Seiten entgegenzuwirken und statt dessen Offenheit und die Bereitschaft bzw. Fähigkeit zu entwickeln, sich einerseits in die Einstellungen und Lebensbedingungen des anderen einzufühlen und andererseits die eigenen Einstellungsmuster kritisch zu reflektieren (AUERNHEIMER 1990, S. 167). Im Ergebnis soll der Lernende sich nicht nur vom eigenen Selbstverständnis leiten lassen, sondern den fremden Standpunkt als ebenso legitim auffassen wie den eigenen, um ihn ggf. sogar annehmen zu können. Insoweit wird interkulturelle Erziehung auch als Friedenserziehung begriffen (ESSINGER/GRAF 1984).
Interkulturelle Erziehungskonzepte müssen auf kindzentrierter Pädagogik (Lebensnähe, Handlungsorientierung, Selbsttätigkeit, Spontaneität, Berücksichtigung individueller Unterschiedlichkeit) basieren und flexibel mit den Kultur-und Sprachkapazitäten deutscher und ausländischer Kinder umgehen. Dabei ist in bezug auf die Ausländerkinder eine sinnvolle Koordination von Mutter-und Zweitsprachunterricht zu leisten (POMMERIN 1984).
Als weiteres Essential wird häufig auch eine Außenorientierung der Bildungseinrichtung genannt: Durch Öffnung zum Stadtteil (Gemeinwesenbezug) wird die Lebenswelt der Schüler(innen) als Vehikel zur pädagogischen Aufarbeitung von Alltagserfolgen genutzt, durch Veranstaltungen werden Diskussionen über die Schule hinaus angeregt, durch Einbindung der Eltern außerschulische Konflikte aufgegriffen (AUERNHEIMER 1996, S. 224).

Der mit der interkulturellen Pädagogik verbundene Perspektivwechsel, die Neuorientierung weg vom Ausländerkind als Objekt von Assimilationsmaßnahmen hin zu einer ganzheitlichen Sichtweise der Aufgabe einer multikulturellen Bildungseinrichtung, die die einheimischen Schüler(innen), aber auch die Schule selbst einbezieht, darf letztlich jedoch nicht zur Vernachlässigung einer zentralen Aufgabe der Pädagogik führen: der erforderlichen Kompetenzvermittlung. Ohne vergleichbare Qualifikation der Schüler(innen) für die weitere Berufsausbildung wäre das Ziel nicht erreicht.

Zur Geschichte der Hector-Peterson-Gesamtschule

Die Hector-Peterson-Gesamtschule (HPG) in Berlin Kreuzberg ist aus einem 1979 begonnenen Schulmodell entstanden. Damals wie heute wies Kreuzberg einen überproportionalen Ausländeranteil von ca. 30% der Wohnbevölkerung auf, überwiegend türkischer Herkunft.
Der Stadtteil war und ist, wenn auch in Veränderung, noch geprägt von Problemen wie unterdurchschnittlicher Wohnungsqualität, Kiezstruktur, hoher Arbeitslosigkeit und einer überdurchschnittlich hohen Zahl von Sozialhilfeempfängern. Die schulische Versorgung war Spiegelbild der äußeren Situation: Der (ganz überwiegend türkische) Ausländerkinderanteil in der Schule lag bei 40%. Ein System von Vorbereitungsklassen, ausländischen Regelklassen und Leistungsdifferenzierung zwischen deutschen und ausländischen Kindern hatte die Ghettoisierung im Stadtteil in die Schule übertragen. Zum Alltag der türkischen Schüler(innen) gehörten Schulschwänzen, kleinere Bandenkriminalität und harte, teilweise körperliche Aggressionen. Die ausländischen Schüler(innen) reagierten mit Resignation, für die deutschen Schüler(innen) war das Image des Hauptschulabschlusses (den die Schule damals nur bot) auf dem Nullpunkt (PAGEL 1993, S. 113) . In dieser Situation konnte eine Umstrukturierung der Hauptschule in eine Gesamtschule, die in der Folge den Namen Hector-Peterson-Gesamtschule (benannt nach dem 13jährigen Schüler, der 1976 im Kampf der schwarzen Schüler von Südafrika gegen das rassistische Apartheitsregime getötet wurde) erhielt, durchgesetzt werden. Das damalige Kollegium wollte unter besonderer Berücksichtigung der wachsenden Zahl von Immigrantenkindern eine Schulform entwickeln, die deutschen wie ausländischen Kindern zu besseren Schulabschlüssen verhelfen sollte; eine Schulform, die Aspekte wie ein Höchstmaß an individueller Förderung, verstärkter Durchlässigkeit zwischen den schulischen Niveaus, einem breiteren Angebot unterschiedlicher Schulabschlüsse (Hauptschulabschluß bis zur Qualifikation zur Oberstufe) erreichen wollte, sollte mit der „Integration" der türkischen Schüler(innen) verbunden werden. Die Geschichte der HPG ist letztlich auch ein Abbild der Entwicklung von der Ausländerpädagogik zur interkulturellen Pädagogik. Entsprechend dem damaligen pädagogischen und politischen Stand der Diskussion sollte eine Qualifikation in doppelter Hinsicht vermittelt werden: Den türkischen Kindern die

gleichen Schulabschlüsse wie den deutschen zu vermitteln stand neben der gleichrangigen Aufgabe, die Reintegration in die Heimatkultur zu ermöglichen, und dies vor allem durch Förderung der Muttersprache. Das migrationspolitische Rotationskonzept wurde noch aufrecht erhalten. Wenige Jahre später zeigte sich jedoch unverkennbar, daß die angenommene Rückkehrabsicht eine Fiktion war. Es ging um die Integration von Einwandererkindern (ebd., S. 114). Parallel zu dieser Erkenntnis war ebenso der bisher diffuse Integrationsbegriff zu füllen. Es ging um gegenseitige Integration, mit der letztlich auch überhöhten Assimilationsanforderungen an die türkischen Schüler(innen) entgegengetreten werden sollte.
Der Begriff der gegenseitigen Integration erfaßt dabei eine Dimension, die sich an die deutschen Mitschüler(innen) wendet. Sie waren gleichfalls, nicht zuletzt aufgrund häufiger krasser Verhaltensauffälligkeiten, sozial zu integrieren. Aber darüber hinaus wurde der Anspruch entwickelt, eine Integrationsleistung zu erbringen, die von der Akzeptanz der türkischen Mitschüler(innen) bis zum vertieften Interesse und der Beschäftigung mit dem fremden Kulturkreis geht. Die Kulturen beider Schülergruppen sollten dabei Gegenstand der vielfältigen Beschäftigung, aber nicht der gegenseitigen Bewertung sein (ebd., S. 114).
Wenn auch der aus der Praxis entwickelte Begriff der gegenseitigen Integration sich bald als wenig geeignet erwies, die Vorgänge in der Schülerschaft tatsächlich zu beschreiben, und seine Umsetzung an deutliche Grenzen stieß, war er immerhin ein Leitgedanke, von dem aus das Kollegium in der damaligen Zeit seine erzieherische Arbeit definierte. Das in der Folge aus diesem Leitgedanken entwickelte Schulkonzept hat bis heute Modellcharakter für die Praxis interkultureller Pädagogik.

Das Konzept der Hector-Peterson-Gesamtschule

Die HPG ist eine Gesamtschule der Sekundarstufe I, also für Schüler(innen) der 7.-10. Klasse. Pro Jahrgang werden 6 Klassen mit je 20 Schüler(innen) unterrichtet, insgesamt gibt es 24 Klassen mit zusammen ca. 480 Schüler(innen).
Der Ausländerkinderanteil liegt bei ca. 8 von 20 Schülern pro Klasse. 70-80% der Schüler(innen) erreichen den Realschulabschluß, davon erhalten 10-20% eine Empfehlung zur Oberstufe/Gymnasium.
Das Schulkonzept ist wie folgt zu charakterisieren:
Gesamtschulkonzept
Das Gesamtschulkonzept ermöglicht, daß Schüler(innen) der verschiedensten Leistungsvoraussetzungen weitgehend gemeinsam unterrichtet werden können und das Ziel sozialen Lernens ohne Selektion erreicht werden kann.
Das Gesamtschulmodell ermöglicht die notwendigen Differenzierungen durch Binnendifferenzierung, Fachleistungsdifferenzierung und Differenzierung nach Neigung. Es bietet Förderungsmöglichkeiten sowohl auf dem Leistungssektor wie in Fragen des methodischen und thematischen Herangehens an den Lern-

stoff. Entscheidungen über Abschlüsse werden so lange wie möglich offengehalten, um ohne Selektion die Schüler(innen) individuell angemessenen Schulabschlüssen zuzuführen.

Lernen im überschaubaren sozialen Kontext

In fast allen Fächern des Pflichtbereiches durchlaufen die Schüler(innen) die Schulzeit im festen Klassenverband. Die Anonymität von großen und unpersönlichen Bildungszentren wird vermieden, soziale Bezüge zwischen den Mitschüler(inne)n gefördert.

Kleine Klassen / Lern - und Tischgruppen

Die Klassen von jeweils nur 20 Schüler(inne)n ermöglichen individuelles Eingehen auf die einzelnen Schüler(innen) mit deren spezifischen Problemen und vermeiden auch eine Überforderung der Lehrer(innen). Darüber hinaus arbeiten die Schüler(innen) häufig in Lern- und Tischgruppen sowohl zur Förderung sozialen Lernens, zur Differenzierung in Lernniveaus wie auch zur besseren Integration von „Außenseitern".

Teamorganisation im Kollegium

Jeweils 6 - 8 Lehrer(innen) betreuen als festes Team jeweils drei Klassen eines Jahrgangs. Sie begleiten die Klassen bis zum Abschluß. Je 2 Lehrer(innen) nehmen als „Tandem" die Klassenlehrerfunktion wahr. Das Lehrerteam kann den Lehrplan innerhalb bestimmter Rahmenvorgaben selbst bestimmen. Diese Regelung sichert ein hohes Maß an Kontinuität der Klassenbetreuung und erlaubt fächerübergreifend, daß auf individuelle Erfordernisse und Bedürfnisse der Schüler(innen) einheitlich eingegangen wird. Zwischen den Fächern ist eine Abstimmung über Lerninhalte möglich.

Förderunterricht

Nachmittags finden zusätzlich Förderunterricht und Schulaufgabenbetreuung statt, die sich insbesondere (aber nicht ausschließlich) an den Bedürfnissen der Migrantenkinder orientieren.

Türkischunterricht

Türkischunterricht wird von den türkischen Fachlehrern parallel zum Fremdsprachenunterricht mit 4 Wochenstunden angeboten. Die türkischen Mitschüler(innen), die wie alle anderen außerdem noch Englisch als Pflichtfach haben, sind zur Teilnahme verpflichtet.

Leistungsbeurteilung

In den Jahrgängen 7 und 8 wird auf Zeugnisse im üblichen Sinn verzichtet. Statt dessen erhalten die Schüler(innen) eine Beurteilung, die im Fachteil nur die Kategorien „Lernziel gut erfüllt/erfüllt/nicht erfüllt" enthält. In einem umfangreichen Sozialteil beinhaltet das Zeugnis einen ausführlichen Lernentwicklungsbericht. Auf diese Weise soll einer Konkurrenz entgegengewirkt und ein Beurteilungssystem vermieden werden, bei dem Migrantenkinder stets den kürzeren ziehen würden. Themenzentrierte Motivationsförderung tritt an die Stelle der Jagd nach Punkten und Zensuren.

Antirassistische und multikulturelle Prägung der Schule

Die Einbeziehung antirassistischer wie multikultureller Elemente und Ziele ist fester Bestandteil des Schulkonzeptes und von Lerninhalten. Schon der Name der Schule ist insoweit Programm. Die Vermittlung von Informationen über Geschichte, Kultur, Politik fremder Ethnien, insbesondere der Türkei, wird, soweit möglich, flexibel in Unterrichtsinhalte integriert, wobei die türkischen Mit-Schüler(innen) ihre eigene Kompetenz einbringen sollen. Die Diskussion von Kulturdifferenzen kommt in fast allen Fächern zum Tragen. Konflikte in diesem Bereich sind immer vorrangig zu behandeln. Die multikulturelle Prägung äußert sich darüber hinaus in Musik- und Tanzveranstaltungen, in der türkischen Schulkantine und in öffentlichen Veranstaltungen in der Schule, z. B. zum Thema Rassismus.

Projektunterricht

Im Projektunterricht planen Lehrer(innen) und Schüler(innen) gemeinsam Vorhaben, die über den Rahmen eines einzelnen Faches hinausgehen. Derartige Projekte können sich bevorzugt auf die konkrete Lebenswelt der Schüler(innen) beziehen, etwa zu Problemen aus dem Stadtteil.

Klassenfahrt/Türkeireise

In jedem Jahr wird eine Klassenfahrt unternommen, an der sich alle Schüler(innen) der jeweiligen Klasse beteiligen. In der 10. Klasse findet eine gemeinsame Reise in die Türkei statt.

Erfahrungen und Beobachtungen aus dem Schulalltag der Hector-Peterson-Gesamtschule

Das Konzept der HPG entspricht in weiten Teilen dem, was die pädagogische Wissenschaft in Hinblick auf institutionelle Rahmenbedingungen und Methoden für eine interkulturelle Erziehung in der Schule entwickelt hat (AUERNHEIMER 1996, S. 220 ff.).

Um so interessanter ist die Frage nach der Umsetzbarkeit in der Praxis, nach den positiven und negativen Erfahrungen der an dem Schulexperiment Beteiligten. Durch Auswertung der nur begrenzt vorhandenen Begleitforschung (PAGEL 1993, S. 113 ff.), durch Hospitationen im Unterricht, durch Gespräche mit der Schulleitung und dem Kollegium sowie durch Interviews mit einer Auswahl von Schüler(inne)n konnte ich zu einigen Einblicken kommen, die an dieser Stelle allerdings nur ausschnittweise zusammenzufassen sind und nicht den Anspruch wissenschaftlicher Absicherung erheben. Die Begleitforschung, zwei Erhebungen aus den Jahren 1985 und 1991, bezogen sich im wesentlichen auf die Lebensumstände der Schülerschaft und ihrer Familien. Hier ist auffällig, daß inzwischen die türkischen Schüler(innen) so gut wie alle in Deutschland geboren wurden. Ihre Familiensituation weicht insbesondere von der der deutschen Kinder ab, da die Kinderzahl wesentlich höher liegt und sie in aller Regel, im Gegensatz zur Situation vieler deutscher Schüler(innen), in vollständigen Familien mit Mutter und Vater leben. Die wirtschaftliche Lage der deutschen und türkischen Familien hat sich tendenziell angeglichen, allerdings auf niedrigem Niveau. Die besserverdienenden deutschen Familien verlassen die Wohngegend. Ein auffälliger Gesichtspunkt soll noch genannt werden:

Die türkischen Kinder, insbesondere die Mädchen, werden in wesentlich höherem Umfang zur Hausarbeit und Unterstützung der Familie herangezogen als die deutschen (PAGEL 1993, S. 117 ff.) mit der Folge, daß deutliche Defizite in der Schularbeit auftreten. In der Lehrerschaft ist einerseits eine hohe Arbeitsmotivation und Verbundenheit mit der Schule und ihren Zielen festzustellen. Andererseits wird häufig berichtet, daß die Realisierung von Vorstellungen, in der Schule eine echte Zusammenführung der Ethnien zu erreichen, sehr begrenzt ist. Die deutschen und die türkischen Schüler(innen) finden wohl jeweils ihren Platz in der Schule, allerdings durchaus getrennt. Immerhin würden die türkischen Schüler(innen) „nicht mehr versteckt", ihre Probleme nicht mehr auf die sprachliche Ebene reduziert. Sie erhalten vielmehr offensiv eine Position im Erziehungskonzept und haben sich ihre Schule „erobert". Von einer vorbehaltlosen multikulturellen Durchmischung der Schülerschaft auf allen sozialen Ebenen kann nicht ausgegangen werden. Die ethnischen Gruppen bleiben außerhalb des Unterrichts weitgehend unter sich. Als auffälliges Phänomen wird beschrieben, daß bei den türkischen Schüler(inne)n erheblicher Widerwillen gegen den Zwang zum muttersprachlichen Unterricht besteht. Die Gruppenkonformität, letztlich Ausdruck der Abgrenzung der eigenen Identität gegenüber den Deutschen, führt nicht zu einem besonderen Interesse an muttersprachlichem, türkisch orientiertem Unterricht.

Eine wachsende Distanz zur türkischen Heimat zeigt sich auch insofern, als das Interesse an Klassenfahrten in die Türkei bei den türkischen Schüler(inne)n schwindet. Die Türkei hat offenbar die Rolle als Heimatland, das man (mit Stolz) den Mitschülern zeigen möchte, verloren. Sie ist weitgehend nur noch das übliche familiäre Urlaubsland, so daß eher das Bedürfnis besteht, Klassenfahrten in die fremden Länder zu unternehmen, wo man mit der Familie nicht hinkommt.

Die Befragung der türkischen Schüler(innen) erwies zunächst eine hohe Zufriedenheit mit Schule und Lehrern auf. Ganz überwiegend wurden die Schulerfahrungen in der HPG als positiv bezeichnet. 5 von 13 Befragten bezeichneten ihre Erfahrungen als „in Ordnung", der Rest wählte positive Beurteilungen. Zwei Drittel der Schüler(innen) stellten die Hilfsbereitschaft der Lehrer(innen) heraus. Negative Schulerfahrungen wurden nur aus der Zeit vor der Einschulung in die HPG berichtet, in der über die Hälfte der Befragten reine Ausländerklassen besucht hatten. Zwei Drittel der Schüler(innen) äußerten das Bedürfnis nach persönlicher Unterstützung in der Schule auch bei außerschulischen Problemen und nahmen die entsprechenden Beratungsangebote in der HPG in Anspruch. Nur 2 von insgesamt 13 Schüler(inne)n wünschten sich weitere Hilfeleistungen.

Alle Befragten berichteten, daß ihre Eltern von ihnen einen Schulabschluß erwarten, so daß sie mindestens eine Lehre machen können. Immerhin gut ein Drittel der Eltern erwarten einen Realschul- oder Abitur-Abschluß. Etwa $^2/_3$ der Eltern besuchten regelmäßig die Elternabende. Die Berufswünsche der Befragten erschienen ausgesprochen realistisch. Die männlichen Befragten orientierten sich in Richtung handwerklicher Berufe, die Mädchen nannten durchweg Dienstleistungsberufe (Kindergärtnerin, Arzthelferin, Stewardeß). Befragt nach ihrem Verhältnis zu Deutschen wurde ganz überwiegend von einem guten Verhältnis zu deutschen Mitschüler(inne)n und Lehrer(inne)n berichtet. Diese Einschätzung bezog sich jedoch weitgehend auf oberflächliche Bezüge, weil häufig eingeschränkt wurde, daß tiefe Freundschaften nicht bestünden. Nur 2 Mädchen gaben an, deutsche Freundinnen zu haben. Ein Befragter hatte überhaupt keinen Kontakt mit Deutschen. Auf die Frage, wie man mit einer eventuellen Heirat eines/einer Familienangehörigen mit einem/einer Deutschen umgehen würde, wurden Ressentiments deutlich:

Zwei Drittel äußerten sich eher negativ, wobei mehr in Frage kam, daß ein Türke eine deutsche Frau heiraten könnte (die allerdings zum Islam übertreten müsse). Soweit positiv reagiert wurde, gab es durchweg die Einschränkung, daß die Familie eine solche Heirat nicht akzeptieren würde. Die Befragung bestätigte die im Lehrerkollegium berichtete Einschätzung, wonach im sozialen Kontext der Schule wohl ein positives Miteinander in bezug auf die deutschen Mitschüler(innen) besteht, echte und tiefere Beziehungen aber noch immer die Ausnahme darstellen.

Befragungen, Beobachtungen und Hospitationen erlauben die Feststellung, daß auch im Rahmen einer interkulturellen Erziehung die unterschiedlichen kulturellen Prägungen und Abgrenzungen nicht ohne weiteres aufzulösen sind, sondern mit ihnen gezielt umgegangen werden muß. Veränderungen und Anpassungen vollziehen sich langsam und nicht ohne Widersprüche.

Bei den Migrantenkindern ist, bei allem erkennbaren Erfolg des Schulkonzeptes, besondere Aufmerksamkeit der Herausbildung ganz eigener kultureller Maßstäbe geboten. Die Identität der jugendlichen Migranten unterscheidet sich offenbar von den Maßstäben sowohl der türkischen Herkunftskultur (als Kultur der Eltern) als auch der Kultur der Aufnahmegesellschaft [als Kultur der deutschen Mitschüler(innen) und Lehrer(innen)]. Eine Assimilation scheint nur in den Grenzen zu erfolgen, die die eigene bikulturelle Ich-Identität der Schüler(innen) erlaubt (POPP 1994, S. 221).

Die Schulpraxis in der HPG kann insofern der Themendiskussion um die interkulturelle Pädagogik einen Anstoß geben: Jedes Konzept muß berücksichtigen, daß die Betroffenen „als Türken wie Deutsche“ leben und leben wollen. Dieser plakativen Aussage muß jedoch zur Vermeidung von Mißverständnissen hinzugefügt werden: Es geht um eine Neuorientierung derart, sich unter Erhalt türkischer Kulturkomponenten die Möglichkeiten der deutschen Lebensumwelt zu erschließen. Unter dem Gesichtspunkt scheint sich eine eigene (Sub-)Kultur der ausländischen Jugendlichen entwickelt zu haben, die intensiv zu diskutieren und zu untersuchen sein wird.

Literatur

AUERNHEIMER, G.: Einführung in die interkulturelle Erziehung. Darmstadt 1996.

ESSINGER, H.: Interkulturelle Pädagogik. In: BORELLI, M.(Hrsg.): Interkulturelle Pädagogik. Baltmannsweiler 1986.

GLOWKA, D./KRÜGER, B./KRÜGER-POTRATZ, M.: Über einige Schwierigkeiten mit der „multikulturellen Erziehung“. In: Erz.in der multikulturellen Gesellschaft. VE-Info. Nr.17, 1987.

HOHMANN, M.: Interkulturelle Erziehung - eine Bestandsaufnahme. In: Ausländerkinder in Schule u. Kindergarten 15 (1983) 4, S. 4 ff.

NESTVOGEL, R.: Interkulturelles Lernen ist mehr als „Ausländerpädagogik“. In: Info.dienst zur Ausländerarbeit 2/87.

NIEKE, W.: Multikulturelle Gesellschaft und interkulturelle Erziehung - Zur Theoriebildung in der Ausländerpädagogik. In: Die Deutsche.Schule 9 (1986) 4, S. 462 ff.

PAGEL, D.: Thesen für eine antirassistisch geprägte Schule. In: KROON, S./PAGEL, D./VALLEN, T. (Hrsg.): Multiethnische Gesellschaft und Schule in Berlin. Münster, New York 1993.

KRÜGER-POTRATZ, M.: Die problematische Verkürzung der Ausländerpädagogik als Subdisziplin der Erziehungswissenschaft. In: Sozialarbeit u. Ausländerpädagogik. In: Neue Praxis 7 (1983) 7, S. 172 ff.

POMMERIN, G.: Migrantenliteratur und ihre Bedeutung für die interkulturelle Erziehung. In: Zielsprache Deutsch 39 (1984) 3, S. 41 ff.

POPP,U.: Geteilte Zukunft. Opladen 1994.

SANDFUCHS, U. (Hrsg.): Lehren und Lernen mit Ausländerkindern. Bad Heilbrunn 1986.

SAYLER, W.: Ausländerpädagogik als Friedenspädagogik. Außerschulische pädagogische Arbeit mit ausländischen und deutschen Kindern und deren Familien. Saarbrücken u. Fort Lauderdale 1987.

SCHMIDT, N./DANNHAUER, H.: Die erziehungspsychologische Problematik der Kinder von Spätaussiedlern aus osteuropäischen Ländern. In: Unsere Jugend 41 (1989) 1, S. 12 ff.

THOMAS, A. (Hrsg.): Interkulturelles Lernen im Schüleraustausch. Saarbrücken u. Fort Lauderdale 1988.

Reinhard EHRTMANN

Bilanz zum Modellversuch des Werkgymnasiums Heidenheim

Werkgymnasium – Lernen mit Kopf und Hand, das war - Mitte der 60er Jahre - die Idee des Personalchefs der Fa. VOITH, eines metallverarbeitenden Großbetriebs in einer Kleinstadt auf der Schwäbischen Alb. Sein Ziel war, berufliche und schulische Bildung zu vereinigen.
1967 war es so weit, im Auftrag des Kultusministeriums wurde von Lehrern, Professoren und Lehrlingsausbildern das Heidenheimer Modell entwickelt. 4 Jahre später, 1971, nahm das Heidenheimer Modell in Form des „Werkgymnasiums" seine Arbeit auf. Seit 18 Jahren residiert die Schule, schon lange kein Modell mehr, sondern harte Wirklichkeit, in einem futuristischen Glas-Stahl-Bau auf der grünen Wiese. Die harte Wirklichkeit holte die Schulgründer Stück für Stück ein. Nach 10 Jahren Modellschule wurden wir anfangs der 80er Jahre zur Regelschule mit einigen Unregelmäßigkeiten. Diese möchte ich jetzt etwas genauer vorstellen.
Unsere Schule ist eine Ganztagsschule, nichts besonderes für Gäste aus dem Ausland und den neuen Bundesländern. In Westdeutschland entbrennt, auch in unserer Schulgemeinschaft, regelmäßig der Streit, ob den Kindern der Ganztagsbetrieb zuzumuten sei. Der Ganztagsbetrieb hat aber offensichtliche Vorteile, auch in Hinblick auf unser Ziel, lebenstüchtige Menschen aus unserer Anstalt zu entlassen.

- Der Ganztagsbetrieb schafft eine engere Verbindung der Schüler untereinander,
- er fördert ein positives Sozialverhalten und ein ungezwungeneres Umgehen von Schülern und Lehrern miteinander; solche Ergebnisse sind nicht zuletzt bei einer Podiumsdiskussion mit ehemaligen Schülern zu Tage gekommen,
- er schafft Möglichkeiten für die Schüler, sich vielfältig ins Schulleben einzubringen, wie es in Arbeitsgemeinschaften, Chor, Orchester und Theater, sportlichen Aktivitäten, soweit möglich, angeboten wird. Hier ist eine Einschränkung durch zeitliche Rahmen gegeben, oft genug und leider bestimmt die Bürokratie unser pädagogisches Tun.

Der Ganztagsbetrieb wird durch eine Mensa und durch Spielangebote in der Mittagspause ermöglicht, ich nenne diese beiden Punkte absichtlich zusammen; denn beides ist Nahrung. Betreut wird der Freizeitbetrieb durch einen Sozialpädagogen. Diese Einrichtung hat zwar Tradition an der Schule, wurde aber bei der Überführung in die Regelschule dem Ministerium als „Bauernopfer" präsentiert, um andere Einsparungen zu verhindern. Dies halte ich nach wie vor für einen Fehler. Aber hier zeigt sich wieder eine Besonderheit unserer Schule anderen gegenüber. Die Eltern gründeten einen Förderverein und organisierten die Sozialpädagogenstelle selbst. Neben dem Freizeitangebot organisiert der Sozialpädagoge auch Einzelfallhilfe. Sogar Kollegen nehmen seinen Rat und seine Hilfe in Anspruch. Unterstützt wird er von Praktikanten der Berufsakademie.

Kommen wir zum Kern unseren „Modells“: Das Lernen mit Kopf und Hand. Wie ich eingangs kurz erwähnte, war die Idee, schulische Bildung mit beruflicher Bildung zu verknüpfen. Von dieser Doppelqualifikation mußte man schon in der Modellphase abrücken, da dies mit dem zeitlichen und inhaltlichen Rahmen, wie er von der Industrie gefordert wurde, nicht vereinbar war. Was sich im Laufe der Jahre entwickelte, sind „berufsfeldorientierte Praktika“, wir nennen es Begleitunterricht. Die Verbindung von „Kopf und Hand“ beginnt in der Unterstufe, wo anders auch Orientierungsstufe genannt, in der Klassenstufe 5 und 6 mit dem sog. „Praktischen Grundkurs“. Er wird mit 4 Wochenstunden unterrichtet, in der 5. Klasse von einem Lehrerteam. Der Unterricht ist projektbezogen aufgebaut. Die Projekte verbinden naturwissenschaftliche, technische und gestalterische Fragestellungen oder geisteswissenschaftliche und gestalterische Themen. Oder sie vertiefen eingehend das Thema. Hier werden Einblicke in chemische, physikalische, biologische und technische Eigenschaften dieses Stoffs geschaffen, bis hin zu Freilandversuchen und Umweltaspekten. Wir verwirklichen also seit vielen Jahren erfolgreich Forderungen nach fächerverbindendem Unterricht, Gruppenarbeit, Projektunterricht, Erlernen von Teamfähigkeit. Die 7. Klasse hat eine trimesterförmige Orientierung, da sich der weite praktische Ausbildungsweg ab der Klasse 8 in 3 Bereiche gliedert,

1) den technisch-ingenieurwissenschaftlichen, Kurs A genannt,
2) den experimentell-naturwissenschaftlichen, Kurs B, und
3) den Kurs C für Medientechnik und Gestaltung.

In der ursprünglichen Planung war noch ein sprachpraktischer Kurs vorgesehen. Dieser scheiterte aber sehr schnell an den Klippen tradierter gymnasialer Vorstellungen. Bis heute befinden sich die meisten Skeptiker unserer Schule auch im eigenen Kollegium unter den Philologen.

Diese Kurse wurden ursprünglich als Tagesblock, der Kurs A sogar in der Lehrlingsausbildung der Fa. VOITH unterrichtet. Verschiedenste Angebote, wie z. B. Drucktechniken, wurden von Fachleuten aus der Industrie unterrichtet. Die Kurse waren in der Mittelstufe Hauptfach, wie Mathe oder Englisch. Dies mußten wir bei Übergang vom Modell zur Regelschule streichen. Heute unterrichten in allen Kursfächern ordentliche Lehrer, auch wenn es ein bunter Haufen von Berufsschul-, Sec 1 -, Fach- und Gymnasiallehrern ist. Die Stundentafel weist nur nach 4 oder 5 Kursstunden aus, wir mußten unser Programm also verdichten, Vertiefungen streichen, Themen integrieren. In der Oberstufe ist der Kurs nach langen Verhandlungen Pflichtkurs geblieben und kann im Abitur, das bei uns im math-nat. Typ abgelegt wird, angerechnet werden.

In der Orientierung des Kurses A werden einfache handwerkliche Techniken der Holzbearbeitung trainiert, erste technische Zeichnungen angefertigt und seit vielen Jahren der beliebte Holzkoffer hergestellt.

Im Kurs B, dem naturwissenschaftlichen Kurs, wird eine Lochkamera gefertigt, und es werden erste fotografische Übungen durchgeführt. Im Biologie-Kurs schließlich gibt es ein Mikroskopierpraktikum. Untersucht werden z. B. Moose. Zu diesem Zweck haben Lehrer und Schüler in einer Projektwoche in einem kahlen Betoninnenhof einen Moosgarten angelegt, der heute eine wuchernde grüne Wildnis darstellt.
Im Kurs C bieten wir den Schülern Projekte an, die gestalterischen Freiraum und den richtigen Umgang mit dem Material verbinden. In der Keramik entsteht eine Gefäßplastik, die aus Ton gefertigt wird. Aus dem Graphikbereich werden häufig Plakatentwürfe für Theater und Konzertveranstaltungen erarbeitet. Die Schüler bekommen für ihre Arbeiten Noten, wie in anderen Fächern auch. Am Ende des Schuljahres erstellen die beteiligten Lehrer aus allen Kursen eine gemeinsame Note und sprechen eine gemeinsame Kursempfehlung aus. Die Entscheidung bleibt aber bei den Kindern und ihren Eltern. Nach der 8. Klasse haben die Schüler noch einmal die Möglichkeit, den Kurs zu wechseln.
In den nächsten Jahren werden in den Kursen immer wieder ähnliche Aufgaben und Fragestellungen auftauchen, die in höheren Jahrgangsstufen, wie unsere Klassen heißen, in komplexeren Fragestellungen wieder auftauchen.
So finden sich das technische Zeichnen in jedem Jahrgang des Kurses A, elektrische Schaltungen von der Ampelanlage über das Netzgerät zu computergesteuerten Anlagen, und der Umgang mit Metall wird vom Manuellen, über das Mechanische bis zu theoretischen Fragestellungen erprobt. In der 8. Klasse bleibt man beim schon vertrauten Werkstoff Holz. Ein Fahrzeug wird entworfen, eine Konstruktionszeichnung angefertigt, eine Teileliste erstellt. Der Lehrer ist Helfer und Berater, lehrt den Umgang mit Maschinen und überwacht den Arbeitsablauf. Die Klassen 9 und 10 sind der Metallbearbeitung vorbehalten. In Klasse 9 finden Übungen mit Säge und Feile statt. Als Ergebnis dieser Arbeiten entsteht ein Schmiedehammer. In Klasse 10 wird die kompliziertere Bügelsäge hergestellt. Einzelteile müssen mit Maschinenhilfe gefertigt werden, Drehbank und Fräsmaschine kommen zum Einsatz. In der Oberstufe widmen sich die Schüler mehr den Grundlagen. Eigenschaften von Metallen werden untersucht, komplizierte mechanische Gebilde gezeichnet, computergesteuerte Anlagen entwickelt.
Ähnlich sieht das Curriculum im Kurs B aus. Wie schon in der Orientierung, so finden sich auch im Kursangebot höherer Jahrgänge immer Projekte aus den Bereichen Chemie, Physik und Biologie. Arbeitsmethoden beim Flechtenprojekt in Klasse 8 tauchen in Klasse 9 bei der Pflanzenuntersuchung, in der 10. Klasse im mikrobiologischen Projekt und im Wasserprojekt der 11. Klasse wieder auf. Diese Arbeitsmethoden, die für das Forschungsprojekt der Jahresarbeit benötigt werden, sind, so wie sie von Kultusministerien gefordert werden, bei uns Realität. Die Projekte werden immer an praktischen Aufgabenstellungen aufgehängt. Beliebt ist das Glasblasepraktikum in der 9. Klasse. Einfache Gerätschaften für chemische Versuche sollen die Schüler selbst herstellen. Vor Weihnachten artet dies immer in Weihnachtsbaumkugelnblasen aus. Ein allseits beachtetes und von

den Schülern mit Eifer betriebenes Projekt ist die Wasseruntersuchung in der 11. Klasse. Seit vielen Jahren wird die Wassergüte unseres Heimatflusses an mehreren Stellen geprüft. Nahezu lückenlos läßt sich so der Zustand des Flusses ablesen. In einem internationalen Workshop wurde dies an Wasserproben aus ganz Europa überprüft. Als Beispiel für eine Jahresarbeit haben wir die Flechtenuntersuchung mitgebracht; sie wurde übrigens von der Robert-Bosch-Stiftung prämiert.

Im letzten Kurs, dem Kurs C, in dem meine Kollegen und ich unterrichten, ist das Curriculum ebenso spiralförmig aufgebaut. Wir unterscheiden 3 Bereiche, den Print-Bereich, also die Drucktechniken, den Non-Print-Bereich, Video/Foto, und das Produktdesign.

Am Anfang haben wir Projekte aus allen Bereichen, in der 9. Jahrgangsstufe stehen die traditionellen/künstlerischen Drucktechniken im Vordergrund, in der 10. Klasse sind industrielle Techniken und nach der Einführung in Fotografie in Klasse 8 deren Vertiefung und selbständigeres Handhaben angesagt. Dies führt quasi zu einem Abschluß, da doch eine gewisse Zahl Schüler uns mit der Mittleren Reife verläßt und nicht selten Berufe des grafischen Gewerbes wählt. So waren vor einigen Jahren von den 11 Setzerlehrlingen an der Heidenheimer Berufsschule 5 Absolventen unseres Kurses. Aus diesem Kurs ging fast die gesamte Redaktion der Schülerzeitung hervor. In der Oberstufe liegt der Schwerpunkt der Projekte im Non-Print und Produkt-Bereich, auch hier wird von einfacheren Fragestellungen zu komplexeren im nächsten Kurs übergegangen.

Dies sind die offensichtlichen Unterschiede zu einem Regelgymnasium, aber es gibt auch andere in der Schulgemeinschaft, in den Aktivitäten der Schule zu finden. Ein Beispiel, das mich betrifft: Seit vielen Jahren führen wir bei Projektwochen mehrtägige Kajakfahrten durch. Jüngst las ich in einer Fachzeitschrift, daß in Stuttgart um eine Fortbildung zu diesem Thema nachgefragt wurde. Wir können noch andere Puzzlestücke nennen, durch die Schüler und Eltern in besonderer Weise aktiv werden, so das „Orangenprojekt" für eine Partnerschule in Bangladesch, die letztlich alle aus dem Geist der ganzheitlichen Erziehung stammen, der für uns kein leeres Schlagwort geblieben ist. Trotz dieser offensichtlichen Erfolge unserer Schule haben wir Mühe, die Ziele der Schule, die Verbindung von Kopf und Hand, das bewußte kognitive Lernen, die sozialen Aspekte immer wieder neu den gegebenen Umständen anzupassen.

Wolfgang SCHNEIDER

Innovationen in der Sekundarstufe - ein Resümee

Das Problem fehlender Innovationen in der Schule stellt sich vor allem im Sekundarschulbereich. Es scheint, daß Strukturen um so schwieriger aufzubrechen sind, je komplizierter die Aufgaben sind, die eine Schule zu bewältigen hat, und je älter die Schüler sind, die sie unterrichtet. Daß eine solche Festgefahrenheit jedoch nicht zwingend ist, zeigten die Beiträge und Diskussionen dieser Arbeitsgruppe.

Innovationskraft und Reformorientiertheit hängen wesentlich von einem kritischen Selbstverständnis ab, das Schule hat, und davon, wie beweglich sie sich in ihren Strukturen und Konzepten hält. Kritisches Selbstverständnis meint das Wissen darum, wie defizitär das eigene pädagogische Vermögen ist, das Wissen darum, daß Schule ihrer Aufgabe, die Kinder sich in ihren kognitiven, emotionalen und sozialen Beziehungen und Potenzen entdecken zu lassen und diese zur universalen Entfaltung zu bringen, nie gerecht werden kann, daß sie notwendig hinter ihren Ansprüchen zurückbleiben wird, ohne jedoch ihre Ansprüche aufzugeben. Kritisches Selbstverständnis meint aber auch, über die eigene Konzeption hinaus auf das zu sehen, was andere machen und was bereits gemacht worden ist; es meint die prinzipielle Offenheit für das "Experiment" oder den "Versuch" Erziehung. In diesem Sinne und nicht als Widerspruch ist zu verstehen, wenn Annemarie von der GROEBEN die Laborschule Bielefeld, deren Intention und Struktur sie im Impulsreferat vorgestellt hat, einerseits nicht unter dem Titel Reformpädagogik vereinnahmt wissen will (wohl wissend, daß das Wort "Reform" heute mehr und mehr zu einem Slogan verkommt, dessen man sich in Wirtschaft, Politik, Wissenschaft und Kultur allzuoft und ohne Bedacht bedient) und andererseits in Verbindung bringt mit der Idee der Landerziehungsheime wie der Ecole d'Humanité, mit Projekten also, die sich deutlich als reformpädagogisch ausweisen.

In diesem Sinne ist auch der Eklektizismus kein Widerspruch zur Innovationsfähigkeit einer Schule, was Jens BERGER mit seinem sehr erfrischenden Referat für das Chemnitzer Schulmodell bewies, das sich nicht auf eine bestimmte Variante der traditionellen Reformpädagogik eingeschworen hat, sondern eine Mischung aus mehreren Varianten, traditionellen und modernen, ist und diese in der Weise für sich verwendet, wie es ihm für seine Zwecke gerade nützlich ist. Nicht die Treue zum Original ist entscheidend, sondern dessen Nutzung für eine immer auf die konkrete pädagogische Situation ausgerichtete Schule. So kann das Chemnitzer Schulmodell Elemente der Jenaplan- oder der Montessori-Pädagogik ebenso in sein Konzept einbauen wie Elemente aus der (vor allem für den naturwissenschaftlichen Bereich relevanten) Methodik nach Martin WAGENSCHEIN, ohne sich starr an die Konzeptionen von Peter PETERSEN, Maria MONTESSORI und Martin WAGENSCHEIN zu halten.

Dogmatische Fixierung auf Konzepte oder gar Personen würde in der Tat jeglicher reformerischer Tatkraft den Garaus machen. So versteht auch die reformpädagogische Versuchsschulinitiative Greifswald, die Benjamin SKLADNY vorstellte (vgl. dazu PEHNKE i.d.B. sowie Anlage 2), ihren Versuch, eine Schule nach dem Modell der Bielefelder Laborschule zu gründen, nicht als sklavische Anlehnung an die Ideen von Hartmut von HENTIG, sondern als Möglichkeit, Kindern, Eltern und Lehrern alternative Möglichkeiten von Schule zu bieten, die nicht nur eine Lehr- und Lerngemeinschaft, sondern darüber hinaus eine *Lebens*gemeinschaft sein soll, die Lehrende und Lernende als ebenbürtige Partner gleichermaßen gestalten können. Daß dabei auf die Ideen von HENTIGs rekurriert wird, ist nur zu verständlich; denn von HENTIG hat gerade diese Idee der Lebensgemeinschaft unter Anknüpfung an das antike Modell der Polis und an das aristotelische Ideal des guten Lebens für das Projekt der Bielefelder Laborschule konzeptualisiert (von der GROEBEN sprach in diesem Zusammenhang in ihrem Referat vom "Haus des Lernens"). Freilich ist dieser Ansatz in der Pädagogik nicht neu. Auch PETERSEN hat an die auf Ebenbürtigkeit und politischer Gleichheit beruhenden Strukturen der antiken Polis angeknüpft und die von ihm ins Leben gerufene Jenaplanschule als *Gemeinschaft* bezeichnet, die er als eine Form von Vereinigung, deren Glieder füreinander Selbstzweck sind, klar von der *Gesellschaft* als einer Vereinigung, in der jeder nur auf das Ausüben einer bestimmten Funktion reduziert ist, abgrenzte. Doch bedeutet Innovation in der Pädagogik ja nicht, etwas vollkommen Neues, noch nie Dagewesenes zu kreieren. Es kann auch bedeuten, Altes, Traditionelles wieder aufzunehmen, produktiv zu reformulieren und den sich ändernden Bedingungen des gesellschaftlichen Lebens anzupassen. In dieser Weise hat auch Ungarn, wie Maria NÁDASI[1] gezeigt hat, in den letzten Jahren die gesellschaftliche Umstrukturierung und die Möglichkeiten eines neuen Pluralismus dazu genutzt, um auf traditionelle Reformpädagogikkonzepte wie die Waldorf-, Montessori-, Freinet- und Jenaplanschule zurückzugreifen und sie für Reformschulprojekte des Landes verwendbar zu machen.

Daß aber innovatorische Schulen auch ganz ohne - zumindest bewußte und gewollte - Anlehnung an bereits erprobte Konzepte auskommen können, zeigten Ina ZURTH für die Nachbarschaftsschule Cottbus[2], Heike KAGEL für die Greifswalder Fischerschule (einen Modellversuch, der sich, was Reformorientiertheit und Innovation betrifft, langsam vortastet) und Reinhard EHRTMANN für das Werkgymnasium Heidenheim. Vor allem letzteres Schulmodell macht deutlich, zu welcher Phantasie und Kreativität Kinder in einer Schule fähig sein können und über welche Einfühlung sie in Natur und Technik verfügen. EHRTMANNs Vortrag hat die Arbeitsweise des Werkgymnasiums anschaulich illustriert: offen und immer am Draußen, an der erlebbaren Natur und an der Praxis, orientiert.

---

1 Leider lag ihr Beitrag nicht für die Drucklegung vor.

2 Auch Frau ZURTH kam der Bitte leider nicht nach, ihren Beitrag für die Drucklegung einzureichen.

ZURTH brachte zum Ausdruck, daß Innovation in der Sekundarstufe oftmals schon ein offeneres Umgehen mit den Vorgaben, die durch die Rahmenrichtlinien gegeben sind, bedeuten kann (offiziell gilt die Nachbarschaftsschule Cottbus als Gesamtschule). Wesentlich ist aber auch ein sozialer Gesichtspunkt dieser Schule: die Problematik des Zusammenlebens einer ethnisch und sozial heterogenen Schülerschaft (in der Schule werden Kinder afrikanischer Herkunft unterrichtet), womit ein wichtiger Aspekt von Reformpädagogik angesprochen ist, dessen in dieser Arbeitsgruppe trotz des Vortrags von ZURTH sicherlich nicht hinreichend gedacht worden wäre, wenn nicht Neclá KELEK ihn eigens zum Thema ihres Berichts gemacht hätte.
Interkulturelle Pädagogik, d. h. das Zusammenleben in der Schule von Kindern unterschiedlicher Ethnien, ist zwar ein vergleichsweise neues Phänomen, stellt aber nur modifiziert dar, was vielleicht das grundlegende Problem von Ethik, Politik, Religion und Pädagogik ist: den Umgang mit dem Andersartigen, Andersdenkenden, Andersgläubigen, Andersaussehenden. Das Problem ist so alt wie die monotheistische Religion. Im Judentum wird genau dieses Problem, das Verhältnis zum Anderen und Fremden, zum Kernpunkt von Religion und Ethik. Das Zusammenleben von heterogenen Schülern (und Lehrern) wird daher nicht so sehr als Notstand anzusehen sein, mit dem man nun einmal zu tun hat, sondern vielmehr als Herausforderung. Wenn KELEK in ihrem Beitrag auf die Seltenheit solcher interkultureller Schulprojekte wie der von ihr vorgestellten Hector-Petersen-Gesamtschule in Berlin-Kreuzberg, in der Kinder türkischer und deutscher Herkunft gemeinsam unterrichtet werden, verwies und sagte, daß sie Bedenken gehabt habe, ihre Ansichten in dem Kreise von Reformpädagogen vorzutragen, so zeigt dies, wie sehr interkulturelle Pädagogik noch ein Desiderat von Reformpädagogik ist, obgleich Reformpädagogik die Integration von (körperlich und in der kognitiven Entwicklung) Andersartigen doch auf ihre Fahnen geschrieben hat. Das Problem des Fremden ist auch ihr Problem - und ihre Chance.

III.4. Wissenschaftliche Begleitung und Beratung von Schulversuchen

Jochen HINSCHING

Wissenschaftliche Begleitforschung und reformorientierte Schulpraxis unter dem Aspekt von Differenzierung und Integration

„Differenzierung und Integration : Die Zukunft moderner Gesellschaften", das war das Thema des 28. Soziologentages 1996 in Dresden. Was hat uns die Diskussion der Soziologen über die Modernisierungsprozesse in der Gesellschaft zu sagen? Welche Konsequenzen ziehen diejenigen, die pädagogische Prozesse gestalten, die die soziale Institution Schule konstituieren, die den Schulalltag als Lehrer oder Schüler erleben und erfahren, aus dem dramatischen sozialen Wandel, der unsere Lebenswelt durchzieht und der weder vor der Schule und der Familie noch vor der Wissenschaft und der Universität halt macht.
Ich stelle also das Problem der sozialen Modernisierung in den Mittelpunkt meiner Betrachtung. Reformpädagogik, so wie wir sie heute erleben, ist nicht die Kultivierung pädagogischer Experimente vergangener Tage. So verdienstvoll ihr Beitrag für die Geschichte der Pädagogik ist, so waren sie doch Wegmarken beim Übergang der Agrargesellschaft in die Industriegesellschaft in den ersten Jahrzehnten unseres Jahrhunderts. Heute, wo das Zeitalter der Industriegesellschaft zu Ende geht, sind neue Konzepte der Reform von Schule und Pädagogik vonnöten. Dazu will ich einige Thesen vortragen, mit denen ich meinen Beitrag einleiten möchte. Speziell gehe ich dann auf das Verhältnis von Reformpädagogik und Wissenschaftlicher Begleitforschung ein, das ich unter den modernisierungstheoretischen Aspekten vom Integration und Differenzierung diskutieren will. Dabei gehe ich davon aus, daß es sich bei diesem Verhältnis von Differenzierung und Integration nicht um eine Dychotomie, sondern um eine Dialektik handelt, die sich in einer postmodernen Gesellschaft jedoch nicht von selbst einstellt.

Reformpädagogik und reflexive Modernisierung

Der Begriff der reflexiven Modernisierung bringt zum Ausdruck, daß im Zuge fortschreitender Modernisierung modernen Gesellschaften die Traditionen und Sicherheiten der Industriegesellschaft selbst zum Gegenstand von Auflösungs- und Ablösungsprozessen werden (BECK 1996a, S. 39). In diesem Prozeß, der die Rationalitätsgrundlagen der Gesellschaft in eine Konfliktsituation von existentieller Bedeutung bringt, können die institutionellen Strukturen nicht mehr nur reproduziert werden. Sie müssen vielmehr „ausgehandelt, entschieden, gerechtfertigt, ja vielleicht sogar neu erfunden werden" (BECK 1996b, S. 46). Dieser Prozeß, der auch die Institution Schule nachhaltig berührt, hat auf struktureller Ebene in den Forderungen nach Schulautonomie (u. a. TILLMANN 1995) eine deutliche Artikulation gefunden. Die strukturellen Veränderungen, die mit der reflexiven Modernisierung verbunden sind, setzen die Akteure aus diesen

Zwängen traditionellen Handelns frei. Sie zwingen sie aber gleichzeitig, die Herstellung der eigenen Individualität selbstreflexiv zu übernehmen. Dieser Prozeß, der zwangsläufig wie auch bewußt über den Zustand von Selbstverunsicherung und Selbstgefährdung führt, ist auf der inhaltlichen Ebene der Institution Schule mit der Orientierung auf Schulkultur (u. a. TERHART 1994, neuerdings übergreifend bei HOLTAPPELS 1995) in die Diskussion gebracht worden.

Schulreform und Reformpädagogik sind eng verflochten, haben ein interdependentes Verhältnis. Die Reformpädagogik heutiger Prägung ist eine unabdingbare Konsequenz und eine unausweichliche Forderung der reflexiven Modernisierung der Gesellschaft. Das läßt sich mit folgenden, thesenhaft gestalteten Aussagen unterstreichen :

- Sie ist die - suchend und experimentierend gestaltete, auf jeden Fall unkonventionell und nichtnormativ angelegte, zu sich selbst bewußt risikovoll gehaltene - Antwort der Pädagogik auf die Individualisierung der Gesellschaft.
- Die internationale Dimension der reformpädagogischen Bemühungen ist ein Ausdruck der Globalisierung, die den Prozeß reflexiver Modernisierung kennzeichnet und die deshalb in den fortgeschrittenen Industrieländern auch die schulpädagogische Landschaft immer stärker zu prägen beginnt.
- Wenn reflexive Modernisierung auch die Konstitution neuer Netzwerke jenseits traditionaler und obrigkeitsorientierter Strukturen bedeutet und eine nichttraditionale Kultur erzeugt, die auch die Erscheinung des Expertentums als ein Kennzeichen der Moderne pluralisiert und die keiner letztinstanzlichen Autoritäten bedarf (GIDDENS 1996, S. 161), dann hat die Reformpädagogik der Gegenwart viele Springquellen. Eine der wesentlichen, vielleicht sogar die wesentlichste dieser Springquellen ist die Schulpraxis selbst.

  Reformpädagogische Aktivität entsteht also vor Ort. Ihr Existenz signalisiert, daß Schulen bereit sind, zu lernen und sich als sozialer Organismus den neuen Herausforderungen der Zeit zu stellen. Das kann die Lernkultur, die Erziehungskultur oder auch die Organisationskultur der Schule betreffen .

Schulbegleitende Forschung und reformpädagogischer Prozeß

Mit der reflexiven Modernisierung treten Wissenschaft und Schule als soziale Institutionen in ein neues Verhältnis ein. Autonomie der Schule bedeutet auch, daß die Schule zu ihren ureigensten institutionellen Anliegen, nämlich der Wahrnehmung der Erziehungs- und Integrations- sowie der Qualifikations- und Selektionsfunktion, ein schuleigenes Konzept entwickelt. Dazu hat sie einen mit dem Autonomieprinzip definierten und folglich keinesfalls beliebigen Handlungsrahmen. Ihr Handeln ist in einer individualisierten Gesellschaft nicht mehr von Normativität, sondern von Heterogenität geleitet. „Schulen können den Spielraum ihrer Freiheit durch Handeln erkennen, und sie können lernen, diese Freiheit um Handeln für sich zu nutzen“ (BUHREN 1994, S. 176).

Für dieses autonome Handeln als Schule braucht sie internes Expertenwissen. Solches Expertenwissen als Grundlage für reformpädagogisches Handeln entsteht nicht von ungefähr. Es kann das dann als tragfähige Basis für reformpädagogische Bemühungen entstehen, wenn auch die Akteure bereit und in der Lage sind, den pädagogischen Alltag selbstreflexiv zu betrachten und zu gestalten. Dieser Prozeß kritischer Betrachtung, innovativer Durcharbeitung und basisdemokratischer Ausgestaltung von Schule erzeugt kollektive Identitäten, wobei dieser Weg in der Regel durch die Unumgänglichkeit des Umganges mit Kontigenz und Konflikt, mit Konsens und Dissens, eine schwierige Herausforderung für alle Beteiligten ist.
Die Wissenschaft hat diesen Prozeß, der auch die Entstehung eines spezifischen Expertenwissens bedeutet, zu respektieren. Es ist ein Ausdruck davon, wie in einer sich reflexiv modernisierenden Gesellschaft traditionale Strukturen aufbrechen, Autoritäten infrage gestellt werden, Differenzierungsprozesse vorankommen. Dabei kann sich eine in dieser Weise verändernde Schule vielen Problemen zuwenden , die aus ihren Sozialfunktionen resultieren. Sie kann auf der Suche sein nach neuen Wegen des Lehrens und Lernens, nach Bewältigung von Intergration und der Verhinderung sozialer Ausgrenzung. Ziele könnten auch Konzepte sein zur besseren Ausbalancierung kognitiver und psychosomatischer Belastungs- und Entlastungsmomente im Schüleralltag oder Konzepte der Gestaltung der Schule als Teil der Lebenswelt der Heranwachsenden, als eines umfassenden und ganztägig organisierten, obligatorische wie fakultative Elemente umfassenden Handlungs- und Erfahrungsraumes. Und nicht zuletzt kann und wird sie auch auf der Suche sein nach neuen Wegen der Selbstorganisation und Kommunikation, mit der Schule ihr eigenes System gestaltet.
Was immer der Gegenstand reformpädagogischen Bemühens auch sein wird, immer muß es ein selbstgewollter und selbstverantworteter Prozeß sein, der sowohl im Umgang mit pädagogischem Wissen und Können als auch im Umgang mit pädagogischem Risiko und pädagogischem Konflikt durch Autonomie geprägt ist. Deshalb wird die reformpädagogische Landschaft in einer posttraditionalen Welt vermutlich auch ein Abbild pluraler Konzepte, ein Ausdruck verinselter Initiativen, folglich auch eine Patchwork - Landschaft sein.
Gleichwohl sind diese Differenzierungsvorgänge auch immer gekennzeichnet durch Tendenzen gesellschaftlicher Intergration, einer kulturellen oder organisatorischen wie auch systemischen Integration. Bleibt man auf der Ebene mikrosoziologischer Betrachtungen und struktureller Bezüge am Beispiel von reformpädagogischer Schulpraxis, dann ist es natürlich auch ein wichtiges Bezugsfeld für pädagogische Wissenschaft. Wissenschaft muß sich einmischen in reformpädagogische Praxis, zugleich aber auch zurückhalten. Sie ist - im Sinne der Integration und hier notwendigerweise verkürzt diskutiert - dann nicht legitimierende Autorität oder gar Vormund, sondern Ideenträger und Wissensspeicher, Animator wie auch Animierte. Sie ist Partner im Feld gleicher wie auch unterschiedlicher Interessen. Es ist ein ambivalentes Verhältnis, bei dem Bera-

tung und Begleitung von Experimenten durchaus als doppelsinnige bzw. richtungsgedoppelte Anliegen und Aufgaben zu verstehen sind. Eine in diesem Sinne partnerschaftlich angelegte, Pädagogik als Legitimationswissenschaft statt als autoritär ausgestattete kritische Instanz gegenüber Schulpraxis betrachtende und handhabende Schulbegleitforschung gehörte übrigens auch zu den Grundforderungen zur Reform von Schule und pädagogischer Wissenschaft in der Zeit der politischen Wende und des gesellschaftlichen Neubeginns in Ostdeutschland (vgl. HORN/PROTZ 1990).
Aus ihrer besonderen Verantwortung kann jedoch Wissenschaft nicht entlassen werden. Wenn es um Schulbegleitforschung geht, dann geht es um die Teilhabe an Veränderungskonzepten und der Evaluation der sich verändernden Praxis. Dabei können Produkt oder Prozeß ins Visier wissenschaftlicher Arbeit genommen werden (BÜELER 1996). Wissenschaft kann objektive Kriterien der Bewertung liefern und Methoden der Erfassung von Ergebnissen bereitstellen. Sie richtet ihren kritischen Blick auf die Akteure wie auf sich selbst, schließt also auch die Beobachtung der Beobachter ein. Es gibt folglich eine dreifache Forschungsperspektive im Prozeß wissenschaftlicher Begleitung, nämlich als Objektperspektive, als Subjektperspektive und als Selbstperspektive. In diesem Sinne ist pädagogische Begleitforschung eine mehrdimensional angelegte handlungsorientierte Prozeßforschung, bei der zielorientierte und absichtsvolle Intention der Wissenschaft flexibel und transparent zu den Selbständerungsbemühungen von Schule ins Verhältnis gesetzt werden (vgl. auch HORN/PROTZ 1990b). Wissenschaftliche Begleitung ist auch immer verbunden mit Beratungskompetenz und Beratungsverpflichtung der pädagogischen Wissenschaft gegenüber einer ratsuchenden Schulpraxis. Diese Beratungskompetenz darf aber nicht Intervention im Sinne von Entmündigung bedeuten und Autonomieverlust nach sich ziehen. Sie ist vielmehr eine subsidiär ausgerichtete Unterstützung und basiert auf der Fähigkeit externer Beobachter, unter Nutzung der Distanz zum gemeinsam definierten Objekt ein Wissen über Zusammenhänge und Beziehungen zu erarbeiten, das auch als „architektonisches Wissen" (HENDERSON 1992, zitiert nach BETTE 1996, S. 25) bezeichnet werden kann. Über diesen Mechanismus der Einwirkung der Wissenschaft auf die evaluierte Praxis der in einem steuerungstheoretischen Verständnis mit dem Begriff der „Kontextsteuerung" belegt ist (TEUBNER/WILLKE 1982, zitiert nach ebd.), können Kooperationsbeziehungen wie Kommunikationsbeziehungen zwischen Wissenschaft und Schulpraxis, die im Zuge reflexiver Modernisierung an Bedeutung gewinnen und die den Prozeß von Integration und Differenzierung sozial einbetten, produktiv gemacht werden. Dabei sind neben den beabsichtigten Folgen von Veränderung der Schulpraxis aber auch die Nebenfolgen zu kalkulieren. Und die sind nicht immer unproblematisch. Diesen Gedanken will ich noch näher diskutieren. Wenn mehr Autonomie im Bereich von Schule auch zu offensichtlichen Unterschieden in Schulkultur und - darin eingelagert - reformpädagogischem Habitus führen, lassen sie sich leicht auch als eine spezifische Form neuer sozialer Un-

terschiede interpretieren (dazu auch TILLMANN 1996, S. 71 ff.). Unterschiedlich gestaltete Schule verfügt über unterschiedliche Ressourcen materieller wie ideeller Art, mit der sie ihren Bildungs- und Erziehungsauftrag auch unterschiedlich realisieret. Sie vermittelt ihren Schülern auch und gerade kraft ihres reformpädagogischen Konzeptes Bildung als ein kulturelles Kapital durch spezifische Art und in der Annahme, daß diese Art der Pädagogik nicht nur den Schülern angenehmer sein könnte, sondern daß sie für die Schüler die Chancen einer erfolgreichen Lebensgestaltung erhöht. Wissenschaftliche Begleitung, die auch als eine langfristig orientierte pädagogische Forschung die Verwertungsaspekte dieses Kapitals evaluieren sollte (als Absolventenanalyse z. B.), kann und wird diese Differenzierungsprozesse, die sich auch - nach BECK (1986) - als Enttraditionalisierung und Pluralisierung der Schullandschaft darstellen, unzweifelhaft vorantreiben. Sie hat aber auch gerade deshalb die gesellschaftliche Pflicht, durch ihre Vermittlungsfunktion als Korrektiv zu wirken und andere Schulen in ihren Entwicklungsbemühungen zu stimulieren und mobilisieren. Institutionalisierte pädagogische Wissenschaft muß sich deshalb auch dem Schulumfeld zuwenden, um mit der Ausdifferenzierung auch Integration zu initiieren.
Lassen Sie uns also mit Neugierde in diesem Arbeitskreis hören, welche Erfahrungen zu diesem Sachverhalt gemeinsamer Bemühungen von Wissenschaft und Praxis um die Reformpädagogik vorliegen. Ich selbst arbeite auf diese Weise seit längerem mit der Nexö - Schule Greifswald, die heute unser Gastgeber ist, zusammen und werde in der Diskussion auch über die daraus resultierenden Erfahrungen berichten.

Literatur

BECK, U.: Risikogesellschaft: Auf dem Weg in eine andere Moderne. Frankfurt/M. 1986.

BECK, U.: Das Zeitalter der Nebenfolgen und die Politisierung der Moderne. In: BECK, U; GIDDENS, A./LASH, S.: Reflexive Modernisierung: Eine Kontroverse. Frankfurt/M. 1996, S. 19-112.

BECK , U.: Das „eigene Leben“ in die eigene Hand nehmen. In: Pädagogik 48(1996)7 - 8, S. 41- 45.

BETTE, K.-H.: Wissenschaftliche Beratung des Sports: Möglichkeiten, Grenzen, Voraussetzungen. In: Sportwissenschaft 26(1996), S. 9-28.

BÜELER, X.: Prozeß oder Produkt? Grundprobleme bei der Erfassung und Beschreibung von Schulqualität. In: Bildung und Erziehung 49(1996), S. 135-154.

BUHREN, C. G.: Auch Schulen können lernen - Organisationsentwicklung in der Praxis. In: Pädagogisches Forum 9(1994), S. 175-180.

GIDDENS, A.: Leben in einer postraditionalen Gesellschaft. In: BECK, U.; GIDDENS, A./ LASH, S.: a. a. O., S. 113-194.

HORN, H./PROTZ, S.: Wissenschaftliche Begleitforschung - notwendige Bedingung für Reformen in der Schule (Methodologische Positionen); Teil I. In: Pädagogische Forschung 31(1990 a)3, S. 103-111.

HORN, H./PROTZ, S..: Wissenschaftliche Begleitforschung - notwendige Bedingung für Reformen in der Schule (Methodologische Positionen); Teil II. In: Pädagogische Forschung 31(1990 b)4, S. 109-116.

TERHART, E.: Schulkultur: Hintergründe, Formen und Implikationen eines schulpädagogischen Trends. In : Zeitschrift für Pädagogik 40(1994), S. 685-699.

TILLMANN, K. J.: Autonomie der Schule - Illusion oder realistische Perspektive? In: PEHNKE, A.(Hrsg.): Einblicke in reformorientierte Schulpraxis der neuen Bundesländer : Anregungen einer Tagung. Frankfurt/M. 1996, S. 61-74.

András NÉMETH

Die wissenschaftliche Begleitung und Beratung von Schulversuchen in Ungarn vor dem Hintergrund der Traditionen

Nach dem Strukturwechsel 1990 sind die politischen Voraussetzungen auch in Ungarn neu entstanden. Es bestand die Chance zur Herausarbeitung von neuen Bildungsperspektiven, Schulstrukturen und Schulmodellen. Daher besteht eine der wichtigsten inhaltlichen Fragen für die ungarische Schulpädagogik und ebenso für die Lehrerbildung darin, nach neuen Möglichkeiten zu suchen, um sich mit den Fragen der Humanisierung des Schullebens oder der kindzentrierten Schule und in Zusammenhang damit mit der wissenschaftlichen Begleitung und Beratung von diesen neuen Schulinitiativen bzw. Schulversuchen zu beschäftigen. Zu dieser neuen schulpädagogischen Orientierung können wir viele wertvolle und nachahmenswerte Beispiele auf der Basis der Reformpädagogik finden. Zahlreiche Aspekte der aktuellen methodisch-didaktischen Diskussion, der neuen alternativen Schulkonzeptionen, der zur Zeit wichtigen pädagogischen Gedanken stammen in Ungarn aus der Epoche der reformpädagogischen Bewegung, deren Wurzeln bis in die Zeit der Jahrhundertwende reichen.

Historische Vorbemerkungen zum Thema: Einige reformpädagogische Beispiele zur Geschichte der wissenschaftlichen Begleitung und Beratung von Schulversuchen in Ungarn

Ungarn gehörte zu Beginn dieses Jahrhunderts in der Kinderforschung zu den tonangebenden Ländern Mitteleuropas. Die ungarische Vereinigung für Kinderkunde wurde im Jahre 1906 ins Leben gerufen. László NAGY, der in einer Lehrerbildungsanstalt für Volksschulen in Budapest tätig war, und seine Mitarbeiter und Nachfolger - ebenso wie die ausländischen Vertreter der Richtung - erwarteten von der Verbreitung der modernen pädagogisch-psychologischen Bestrebungen eine neue Begründung der Erziehungswissenschaft, die Vorbereitung einer neuen pädagogischen Anschauung (DEPAEPE 1993). Diese ungarische Vereinigung spielte durch Gründungen und Begleitungen der ersten Reformschulen in Ungarn auch eine äußerst wichtige Rolle bei der Entfaltung der ungarischen Reformpädagogik.

Die Rolle der Pädologie und die früheren Bestrebungen zur wissenschaftlichen Begleitung und Beratung von Schulversuchen in Ungarn

Ausgehend von der Theorie der Entwicklung des Kindes von László NAGY (1857-1931), der ein Vertreter der Kinderforschung und Kinderpsychologie von internationalem Ruf, ein führender Wissenschaftler und ein wirkungsvoller Propagandist war, wurde die „Neue Schule“ der Pädagogischen Gesellschaft in Ungarn 1914 unter der Leitung von Frau Lászlóné DOMOKOS für 6-14jährige Jungen und Mädchen gegründet. Die Schule wollte in den ersten vier Klassen die Grundausbildung und in den nächsten Jahren die Unterstufe der Mittelschule absichern. Für diejenigen, die in einer Handels- oder Kunstschule weiterlernen wollten, ermöglichte sie eine abgeschlossene Bildung. Die Reformschule existierte bis 1949 in Budapest, als sie durch das kommunistische Regime geschlossen wurde. Die schöpferische produktive Arbeit der Kinder spielte eine sehr wichtige Rolle in der Schule, ihre Realisierung offenbarte sich in verschiedenen Tätigkeitsformen (z. B. die Arbeitshefte der Schüler, in denen sie über ihre Erlebnisse schriftlich, durch Zeichnungen ergänzt, Rechenschaft ablegen; die selbständigen Sammlungen und die Vorlesungen im Wettbewerb; die Dekoration des Klassenzimmers mit Ton- und Bastelarbeiten; die von den Schülern initiierten Feste und Ausstellungen) (NÉMETH 1996, S. 465).

Die zwischen 1915 und 1943 existierende zweite ungarische Reformschule von Frau Márta NEMES-MÜLLER hat auch internationale Bedeutung. Ihre theoretische Konzeption und die Praxis sind verbunden mit den internationalen Bestrebungen der Reformpädagogik in den 20er Jahren. Die Begründerin der Schule lebte am Anfang des Jahrhunderts längere Zeit in Belgien, und dort machte sie sich mit den bedeutendsten frühen reformpädagogischen Bestrebungen bekannt. Die Pädagogik des namhaften belgischen Reformpädagogen Ovide DECROLY hatte eine große Wirkung auf ihre Konzeption. Dieser freie Schulversuch dauerte bis zum Ausbruch des Ersten Weltkrieges, und nachdem sie nach Hause zurückkehren mußte, gründete sie 1915 in Budapest eine neue Privatschule, die „Családi Iskola“ (Familienschule) (NÉMETH 1996, S. 466).

In den folgenden Jahren, im Zusammenhang mit der Verbreitung der reformpädagogischen Bewegung, entwickelte sie ihre Schulkonzeption weiter. Seit 1920 arbeiteten nach dem Beispiel ihrer Familienschule mehrere Privatschulen in Ungarn. Die breite Anerkennung dieser Bildungseinrichtung beweisen nicht nur die in der internationalen Fachliteratur erschienenen Artikel, Studien und Berichte oder die Besuche der ausländischen Experten, sondern ebenso die Tatsache, daß Frau Márta NEMES-MÜLLER 1925 zum Ratsmitglied der „New Education Fellowship“ gewählt wurde und die von ihr regidierte ungarische reformpädagogische Zeitschrift „A jövo útjain“ (Auf dem Weg der Zukunft) als offizielles Organ des Weltbundes anerkannt und von 1926 bis 1943 herausgegeben wurde.

Die bekannteste Persönlichkeit der ungarischen Montessori-Pädagogik war Erzsébet BURCHARDT-BÉLAVÁRI (1897-1987), die zwischen 1924 und 1944 Kindergärten und von 1928 bis 1941 eine Schule nach der Methode der italienischen Pädagogin geleitet hat. Von 1930 an hielt sie Weiterbildungskurse sowie praxisorientierte Vorlesungen für Kindergärtnerinnen, Lehrer und Eltern an ihrer Einrichtung und in der Budapester Bildungsanstalt für Kindergärtnerinnen (BURCHARD 1987, S. 1187). Während des Zweiten Weltkrieges funktionierten ihre Einrichtungen nicht. In diesen Jahren näherte sie sich der Arbeiterbewegung und wurde 1942 Mitglied der illegalen Kommunistischen Partei. Nach 1945 wurde sie im Volkswohlfahrtsministerium Leiterin der Kindergartenabteilung. Nach dem Zweiten Weltkrieg spielte sie eine bedeutende Rolle bei der Kodifizierung des Kindergartengesetzes und bei der Gestaltung der Kindergärten nach neuen Prinzipien sowie bei der Neugestaltung des ungarischen Kindergartensystems. Eine weitere hervorragende Persönlichkeit der ungarischen Reformpädagogik war Elemér KENYERES (1891-1933). Durch seine Bemühungen konstituierte sich im Januar 1933 der Ungarische Montessori-Verein (NÉMETH 1993, S. 97).

Die Bestrebungen der Professoren in Szeged zur Schulbegleitung und Beratung im Geist der Reformpädagogik

Sándor IMRE, Professor für Pädagogik an der Universität in Szeged, unterstützte später sehr intensiv die Tätigkeit der o. g. Schule. Er begleitete und beriet seit 1941 die Arbeit seiner Mitarbeiterin Erzsébet BARANYAI, die in der Erziehungspsychologischen Station der „Neuen Schule" tätig war. Sándor IMRE spielte weiterhin eine wichtige Rolle bei der wissenschaftlichen Begleitung der anderen heimischen Reformschule, der „Familienschule".
Nicht nur Sándor IMRE sympathisierte mit einigen Richtlinien der ungarischen Reformpädagogik, auch Dezso VÁRKONYI hatte ähnliche Ideen. Dezso VÁRKONYI (1888-1972) war seit 1929 ordentlicher Professor der Pädagogik an der Universität Szeged. Sein Lehrstuhl bestand parallel zu dem Lehrstuhl von Sándor IMRE. Als Psychologe publizierte er eine Reihe von erziehungspsychologischen und entwicklungspsychologischen Fachartikeln und Büchern. Er unterstützte mit Rat und Tat die Arbeit von Fräulein Erzsébet DOLCH, die in Neu-Szeged eine sogenannte Gartenschule führte. Diese Schule verwirklichte die reformpädagogischen Ideen in der Praxis, bestand aber nur einige Jahre lang. VÁKONYI integrierte die wertvollsten Elemente der damaligen großen psychologischen Tendenzen und Schulen. Ein wichtiger Faktor in seinem System waren die psychologischen und pädagogischen Eigenschaften der Tätigkeit von Kindern. Als führender Professor des Pädagogisch-psychologischen Instituts an der Universität unterstützte er mit Rat und Tat die Arbeit der Gartenschule (NÉMETH/PUKÁNSZKY 1996, S. 6). Das Modell der Gartenschule bestand in der schon geschilderten Familienschule von Márta MÜLLER. Das Lehrer-Schüler-Verhältnis war freundlich-familiär, die angewandte Methodik war schülerzentriert. Die Schule sollte ein Ort sein, zu dem die Kinder gutgelaunt hingehen. Die ganze Installation der Schule - die Nähe zur Natur, die familiären Eigenschaften des Innenraumes - waren von diesem Zwecke abgeleitet. Die Direktorin dieser kleinen Elementarschule war Erzsébet DOLCH, eine Mitarbeiterin von Professor VÁRKONYI. Aber die Gartenschule zu Szeged konnte nicht lange existieren. Als Professor VÁRKONYI mit der Universität 1940 nach Kolozsvár (Klausenburg) umsiedelte, hatte die Gartenschule ihr vorzeitiges Ende. So

konnte diese Schule leider nur einen geringen Einfluß auf die Ausbildung von Mittelschullehrern an der Universität Szeged ausüben (NÉMETH/PUKÁNSZY 1996, S. 7).

Die Bestrebungen der Lehrerbildungshochschule in Szeged

Eine wichtige Rolle im Rahmen der Schulbegleitungen dieser Zeit spielte die 1928 von Budapest nach Szeged umgesiedelte Lehrerbildungshochschule für Hauptschullehrer. Der Einzugsbereich dieses Instituts war überaus breit; es kamen Kandidaten aus allen Territorien Ungarns. Für Männer gab es ausschließlich dieses Institut für die Ausbildung zum Hauptschullehrer. Es war nämlich eine Zusammenarbeit der Hochschule mit der Universität Szeged kodifiziert: Die Studentinnen und Studenten der Hochschule hatten im Rahmen ihrer Ausbildung ein Fach an der Universität zu studieren. Diese Lehramtskandidaten absolvierten meistens ein Vorstudium an der vierjährigen Hauptschule und studierten dann in dem vierjährigen Lehrer(innen)seminar für die Elementarstufe. Neben der Hochschule zu Szeged wurde auch eine Hauptschule für die Übung und Ausbildung der werdenden Hauptschullehrer gegründet. Diese wurde weit und breit im Lande als „Tatschule“ (Cselekvo Iskola) bekannt und bestand in dieser Form bis zum Jahre 1945. Die Lehrer der Tatschule vertraten die pädagogisch-methodischen Auffassungen der Reformpädagogik. So konnten die werdenden Lehrerinnen und Lehrer (die Studentinnen und Studenten der Hochschule), die hier eine Lehrübung hatten, die Ideen der Tatschule - und im allgemeinen der Reformpädagogik - in der Praxis rezipieren und sich aneignen. Diese werdenden jungen Lehrerinnen und Lehrer verbreiteten später die reformpädagogischen Auffassungen und Einstellungen in ganz Ungarn (NÉMETH/PUNKÁNSZKY 1996, S. 8.).
Die Ausbilder sollten mit der Realität rechnen: Ihre Aufgabe bestand darin, Lehrer für die „alltäglichen“, „einfachen“ Hauptschulen auszubilden. Eben deshalb wurden die oben erwähnten idealisierten Ziele (Individualisierung, Spontanität, Selbsttätigkeit, kreative Arbeit) unter ihrer systematischen Kontrolle realisiert. Diese Tendenz kann man sozusagen als eine weiterentwickelte Art des traditionellen Herbartschen-Zillerschen Formalstufenunterrichts betrachten (vgl. SIMON 1979, S. 230). Die Lehrer der Tatschule und einige prominente Vertreter des damaligen ungarischen psychologischen Denkens, wie z. B. Professor Hildebrand VÁRKONYI, publizierten ihre Gedanken über die Theorie und Praxis der Schule in ihrer pädagogischen Zeitschrift „Cselekvés Iskolája“ („Tätige Schule“). Die Zeitschrift existierte von 1933 bis 1944. Die Tatschule zu Szeged war in ganz Ungarn bekannt! Ihr Einfluß bezüglich der Praxis anderer Hauptschulen war bedeutend. Die jungen Hauptschullehrerinnen und -lehrer, die ihr Diplom an der Szegeder Hochschule erwarben, konnten die hier gesammelten Impressionen und erworbenen Einstellungen im ganzen Land verbreiten, und auch die Zeit-

schrift „Cselekvés Iskolája“ vermittelte die Methodologie des Unterrichts im Sinne der Reformpädagogik (SIMON 1979, S. 245-257).
Die Übungsschule der Szegeder Lehrerbildungshochschule arbeitete in diesem Sinne, bis die Hauptschule 1945 mit dem Entstehen der achtjährigen „Allgemeinen Schule“ abgeschafft wurde. Reformpädagogische Bestrebungen existierten nach dieser Schulreform nicht mehr. Die Schatten des einheitlichen, von „oben“ regulierten „sozialistischen“ Schulsystems waren damals schon bemerkbar.

Die Epoche der sozialistischen Einheitsschule in Ungarn

Nach der totalen Machtergreifung der Ungarischen Kommunistischen Partei begann die mehrere Jahrzehnte lang dauernde Epoche der kommunistisch-sozialistischen Erziehung. Die wichtigste Aufgabe der Schule der RÁKOSI- und KÁDÁR-Regime war die Erziehung zum gehorsamen Untertanen, “den kommunistischen-sozialistischen Menschen“. Auf der weltanschaulichen Basis des Atheismus entfaltete sich ein totalitäres staatliches Schulsystem, in dem der Schulpluralismus keine Chance bekam. Nachdem die „schädlichen Ideen der Pädologie und der Reformpädagogik“ aus der Sowjetunion schon in den dreißiger Jahren ins Exil geschickt worden waren, kamen diese pädagogischen Richtungen weder damals noch in den nächsten Jahrzehnten zu Wort (vgl. PUKÁNSZKY/NÉMETH 1994, S. 575-580; NÉMETH 1996).

Der Aufbau der sozialistischen Schulwesen

Mit der Regierungsübernahme durch die Ungarische Kommunistische Partei im Jahre 1948 begann die mehr als 40 Jahre dauernde Epoche der sogenannten sozialistischen Erziehung. Es entstanden auch in Ungarn die einheitliche Schule, die einheitliche Erziehung und die einheitliche Jugendbewegung. Am Anfang der fünfziger Jahre entfaltete sich in Ungarn das „kommunistische Modell“ des sowjetischen Unterrichtswesens, das durch die direkte Regierung der Partei funktionierende monolitische Schulsystem. Damit hängt die totale Veränderung der heimatlichen Schulwesensregelung zusammen: Bis dahin beispiellos in der Geschichte Ungarns wurde das Unterrichtswesen des Landes letzten Endes durch eine für diesen Zweck organisierte Abteilung des Parteizentrums regiert. Das Kultusministerium spielte nur die Rolle des „Transmissionsriemens“ und hatte nur eine ganz geringfügige Selbständigkeit. In allen Städten, Dörfern und Gemeinden wurde die Arbeit der Bildungsabteilung des Rates direkt von dem lokalen Parteikomitee gesteuert. Die Organe der Staatsverwaltung konnten nur ministeriale Beschlüsse und Verordnungen schaffen, die zur Durchführung der Parteibeschlüsse beitrugen. Das sich seit dem Ende der vierziger Jahre enfaltende neue sozialistische Unterrichtswesen (8 Klassen Allgemeine Grundschule / Általános iskola /, vierklassiges Gymnasium oder seit 1961 vierklassige Fachmittelschule; beide mit Abitur) blieb im Grunde genommen eigentlich bis zum

Ende der achtziger Jahre unverändert (vgl. NÉMETH/PUKÁNSZKY 1994, S. 45-50).

Die Initiativen in den letzten Jahrzehnten zu wissenschaftlich begleiteten sozialistischen Schulversuchen

In den siebziger Jahren - nach der Anerkennung des Bankrottes der früheren sozialistischen Erziehung, parallel zur Milderung der ideologischen Einengung - begannen die ersten Forschungen zur Realisierung der „Sozialistischen Arbeits- und Erziehungsschule" (die Forschungsschule in Szentlorinc). Diesen Initiativen folgten die späteren staatlich finanzierten, umfangreichen Schulforschungen der achtziger Jahre z. B.: das Zsolnai-Programm, die sogenannte wertvermittelnde-fähigkeitsentwickelnde Grundschule in Törökbálint, der Erziehungskomplex in Pécs als das Modell zur institutionellen Erziehung der 1 - 19jährigen und der Erwachsenen. Diese Initiativen begründeten die schulischen Alternativen der achtziger Jahre. In dieser Zeit bekamen die leitenden pädagogischen Forscher außerdem die Möglichkeit, Ergebnisse der westeuropäisch-anglosächsischen Pädagogik und ihrer Nachbarwissenschaften besser kennenzulernen und sich dem westlichen Wissenschaftsleben anzuschließen. Damals begann die intensive Adaption der Erkenntnisse der zeitgemäßen Strömungen und wissenschaftlichen Schulen der Psychologie, der Soziologie und der anderen Gesellschaftswissenschaften (NÉMETH 1992, S. 125-126).

Am Ende der achtziger Jahre erzwang die endgültige Agonie des bisherigen Systems eine ungleiche und begrenzte Modernisierung der Ökonomie und die Anpassung an die Marktverhältnisse. Dadurch wurde die Partei gezwungen, ihre Schulpolitik wieder zu durchdenken. Ein wahres Novum war im Jahre 1984, daß die durch das Parlament verhandelte und als Regierungsprogramm bezeichnete Entwicklungskonzeption nach einer umfangreichen Fachdiskussion zum Schulgesetz erhoben wurde. Das Gesetz über das Unterrichtswesen 1985 (Nr. 1) war die letzte großangelegte Schöpfung der ungarischen sozialistischen Kulturpolitik. Zwei positive Züge des Gesetzes sollte man erwähnen: Erstmalig wurde (nach dem Jahre 1948) die Autonomie der Schulen, die Souveränität der Pädagogen gesetzlich deklariert. Die Möglichkeit der Verwirklichung dieser Autonomie war aber unter den Rahmenbedingungen des Parteistaates überaus zweifelhaft. Zum zweiten ermöglichte dieses Gesetz seit 1948 wieder die Einführung von alternativen Lehrplänen, Curricula und Lehrbüchern, die Freiheit der Schulwahl und einen den persönlichen psychologischen Eigenschaften des Kindes angepaßten alternativen Schulbeginn.

Die ersten Grundlagen für schulische Alternativen und zum Wiedererscheinen der traditionellen reformpädagogischen Konzeptionen schuf das schon zitierte Unterrichtsgesetz im Jahre 1985. Mitte der achtziger Jahre wurde zuerst die Freinet-Pädagogik in Ungarn adaptiert. Diese wurde von der Basis durch praktizierende Pädagogen ins Leben gerufen, als die erste Freinet-Werkstatt im Jahre

1988 gegründet wurde. Zur Zeit arbeiten schon mehrere Dutzend Kindergartengruppen und Schulklassen in Ungarn nach dieser Methode. Im Jahre 1990 wurde eine Freinet-Stiftung gegründet, deren Hauptziele in der Bekanntmachung und Verbreitung der Freinet-Methoden, der Unterstützung bei deren Umsetzung sowie der Verbreitung anderer pädagogischer Alternativen bestehen. Von dieser Stiftung wird als Monatszeitschrift das „Freinet-Magazin“ herausgegeben.
Die Waldorf-Initiativen in Ungarn gingen von der Gründung des ersten Waldorf-Kindergartens in Solymár im September 1988 aus (NÉMETH 1996, S. 471).

Neue Tendenzen nach dem Strukturwechsel in Ungarn

Als eines der wichtigsten Elemente der gesellschaftlichen Veränderungen begann die strukturelle und inhaltlich-methodische Modernisierung des ungarischen Schulwesens, dessen endgültige rechtliche Garantien durch das in jüngster Vergangenheit kodifizierte Schulgesetz (N. 79, Juni 1993) geschaffen wurden, dem die europäische Integration des ungarischen Schulwesens und die Bedingungen der Schulfreiheit und des Schulpluralismus zugrunde liegen.
Nach den früheren Initiativen der Freinet- und Waldorfpädagogik (1988-89) wurde die Montessori-Pädagogik (1991) adaptiert. Neben diesen traditionellen reformpädagogischen Richtungen sind auch mehrere alternative Kindergärten und Schulinitiativen in Ungarn tätig. Nach einer Statistik vom Herbst 1991 gab es in Ungarn 78 Privat- und Stiftungsschulen und 80 konfessionelle Schulen. In den letzten Jahren erhöhte sich die Anzahl der nichtstaatlichen Schulen sehr intensiv (1990: 51; 1991: 153; 1992: 239). Im Jahre 1993 betrug die Anzahl der nichtstaatlichen und nichtkommunalen Schulen ca. 320, davon 140 Privat- und 180 kirchliche Schulen. Im folgenden Jahr arbeiteten 203 konfessionelle Schulen in Ungarn (PLATTHY 1994, S. 33-66). 1995 verweist das Jahresalmanach der Privatschulen und Kindergärten neben den konfessionellen Schulen schon auf 150 Institutionen ähnlicher Art (VÁRHEGYI 1994, S. 7).
In den nächsten Jahren wurden weitere Waldorf-Kindergärten (in Gyor, in Sárospatak, in Gödöllo usw.) gegründet. Zur Zeit arbeiten mehrere Dutzend Kindergärten in Ungarn im Geist von Rudolf STEINER. Die erste Waldorfschule wurde in Solymár gegründet. Bald werden derartige Schulen in Dunakeszi, Pesthidegkút, Budaörs, Gödöllo, Miskolc-Felsohámor ihre Tätigkeit aufnehmen.
Im März 1991 wurde die erste neue Montessori-Initiative, die sogenannte „Budapester Montessori-Gesellschaft“, ins Leben gerufen, deren Mitarbeiter(innen) noch im gleichen Jahr in Budapest im Stadtviertel Csepel ihr Montessori-Zentrum mit Grundschule gegründet hatten. Ebenso nahm der erste Montessori-Kindergarten seine Arbeit auf. Die Mitglieder der Gesellschaft verbreiten außerdem die Montessori-Literatur und -Methoden in Ungarn. Zu diesem Zweck haben sie ein Kinderhaus gegründet, in dem sie kindzentrierten Unterricht mit 3- bis 10jährigen Kindern durchführen. Im Jahre 1992 wurde die „Ungarische Montessori-Gesellschaft“ neu gegründet. Der Reformpädagogische Verein ent-

stand 1995 in Ungarn, und unter seiner Schirmherrschaft begann die erste Jenaplan-Arbeitsgruppe ihre Tätigkeit in Budapest mit dem Ziel, die Bedeutung der kindzentrierten Erziehung, vor allem die Theorie und Praxis der Jenaplan-Pädagogik von Peter PETERSEN, zu pflegen und zu verbreiten (NÉMETH 1996, S. 472). Ihre wichtigsten Aufgaben und Tätigkeitsbereiche sind die Zusammenarbeit mit heimischen und ausländischen reformpädagogischen Vereinen und Stiftungen, die Kontaktaufnahme mit Jenaplan-Institutionen im Ausland, die Koordination der Tätigkeit von Jenaplan-Initiativen in Ungarn, die Unterstützung von Lehrer- und Elterninitiativen, die Sammlung und Systematisierung von Jenaplan-Fachliteratur usw.. Durch ihre Initiativen hat die erste Jenaplan-Abteilung in einer Budapester Grundschule 1996 mit der Arbeit begonnen.
Diese Arbeitsgruppe ist in enger Zusammenarbeit mit der Dokumentations- und Forschungsstelle des Lehrstuhls für Erziehungswissenschaft an der Pädagogischen Fakultät der Loránd-Eötvös-Universität in Budapest tätig, die im Rahmen internationaler Forschungen die Wechselwirkung der europäischen Reformpädagogik in historischen und aktuellen Dimensionen dokumentiert, Forschungsprojekte zu schulischen Innovationsinitiativen organisiert, an wissenschaftlichen Begleitungen von Reformschulgründungen teilnimmt, die Forschungs- und schulischen Arbeitsdokumente sammelt und systematisiert sowie die wissenschaftliche Literatur der Reformpädagogik weiterführt.

Literatur

BURCHARDT, E.: Visszaemlékezéseim Montessori módszerű magánóvodámra és magán „népiskolámra“. In: Pedagógiai Szemle (1987) 12, S. 1187-1207.

DEPAEPE, M.: Zum Wohl des Kindes? Pädologie, pädagogische Psychologie und experimentelle Pädagogik in Europa und den USA 1890-1940. Weinheim 1993.

NÉMETH, A.: Die Vergangenheit und die Gegenwart der Reformpädagogik in Ungarn. In: RAJTMAJER, A. (Hrsg.): Collection of Scientific Papers, International Conference on alternative Educational Concepts. Maribor 1992, S. 124-128.

NÉMETH, A.: A reformpedagógia múltja és jelene. Budapest 1993.

NÉMETH, A./PUKÁNSZKY, B.: Tendencies and Reforms in the Hungarian School System in Historcal Perspektive. In: Education and the values crisis in Central and Eastern Europe. Val D. Rust etc. (Hrsg.). Frankfurt am Main u. a. O. 1994, S. 37-55.

NÉMETH, A./PUKÁNSZKY, B.: Die heimischen und internationalen Konzepte der Reformpädagogik in der ersten Hälfte des 20. Jahrhunderts in Ungarn. Schooling in Changing Societies Histrical and Comparative Perspektives (c. 1750-1966).

NÉMETH, A.: Reformpädagogik und Schulreform in Europa. Hohengehren 1996, S. 461-474.

PLATTHY, I. (Hrsg.): Magyarországi egyházak, felekezetek vallásie közösségek 1994. Budapest Muvelodési és Közoktatási Minisztérium 1995.

PUKÁNSZKY, B./ NÉMETH, A.: Neveléstörténet. Budapest [4]1996.

SIMON, G.: A polgári iskola és polgári iskolai tanárképzés története. Budapest 1975.

VÁRHEGYI, G. (Hrsg.): Magániskolák almanachja 1995-1996. Budapest 1994.

Klaus-Jürgen TILLMANN

Evaluation - ein Thema für Reformschulen?

Der Begriff „Evaluation" ist in der pädagogischen Landschaft keineswegs neu. Er wurde in den 70er Jahren im Zuge der Bildungsreform-Phase in die Diskussion eingeführt - angewandt wurde er vor allem auf die Überprüfung und Bewertung einzelner Innovationsmaßnahmen: Evaluation von neuen Curriculumpaketen, von einzelnen Schulversuchen, von methodischen Neuerungen (vgl. WULF 1972). Dabei ging es jeweils darum, in kontrollierter Weise festzustellen: Haben diese Neuerungen in der Praxis gehalten, was man sich von ihnen versprochen hat? Nun sind wir ja, was die Möglichkeiten und Grenzen von Schulreformprozessen angeht, in den 70er und 80er Jahren etwas klüger geworden. Und dazu gehört auch die Erkenntnis, daß solche Verfahren der Evaluation von Reformmaßnahmen empirisch schwierig umzusetzen sind, daß sie selten zu eindeutigen Ergebnissen führen, daß manchmal daraus eine reine Legimitations-Veranstaltung geworden ist. Ende der 80er, Anfang der 90er Jahre war „Evaluation" im Schulwesen kein großes Thema mehr: Sie wurde nur dann gefordert und hin und wieder auch durchgeführt, wenn Modellprojekte - etwa zur integrativen Förderung in der Grundschule - realisiert wurden (vgl. z. B. WOCKEN/ANTOR 1987). „Evaluation" war dann die Aufgabe einer begleitenden Wissenschaftlergruppe, die zu den pädagogischen Akteuren häufig ein gutes, gelegentlich aber auch ein recht gespanntes Verhältnis hatte.

Evaluation und Schulautonomie

Seit Anfang der 90er Jahre haben wir nun ein neue Diskussion um Evaluation im Schulwesen; eine Diskussion, die deutlich anders ansetzt, und die an Intensität kräftig zugenommen hat. Neu an dieser Diskussion ist, daß diese Überlegungen zu schulischer Evaluation eingebunden sind in das Konzept eines veränderten Steuerungsmodells für Schule: Weg vom bürokratischen Hierarchiemodell, hin zu den sich weitgehend selbststeuernden, den „teilautonomen" Einzelschulen (vgl. ROLOFF 1995). Erweiterte Autonomie auf der einen Seite erfordert neuen Formen der Qualitätssicherung auf der anderen Seite. Wie ist das zu verstehen? Etwas vereinfacht skizziert steckt folgende Überlegung dahinter: Im *traditionell-hierarchischen Modell* schulischer Steuerungen erfolgt Qualitätssicherung durch Regelungen und Erlasse: Lehrpläne, Versetzungsordnungen, Richtlinien für Erziehung beschreiben, wie die pädagogische Arbeit vor sich gehen *soll*. Daß sie dann real auch so abläuft, wird einerseits unterstellt; denn die Lehrerinnen und Lehrer als treue Beamte haben sich ja an Vorgaben zu halten. Zum anderen wird dies kontrolliert - nämlich durch die Schulaufsicht. Der Schulaufsicht kommt so gesehen eine wichtige Funktion im Prozeß der pädagogischen *Qualitätssicherung* zu. In einer solchen Konzeption ist Evaluation keine

Aufgabe, die sich auf den pädagogischen *Alltag*sbetrieb bezieht - da gibt es ja die Erlasse und die Schulaufsicht. Evaluation hat ihren gesonderten Platz bei pädagogischen Neuerungen, die ja - weil sie neu sind - ihre pädagogische Qualität erst nachweisen müssen. Hier ist durch evaluative Begleitforschung festzustellen, ob diese Neuerungen Teil des Alltagsbetriebs werden können.
Ganz anders fügen sich die Elemente zusammen, wenn man von diesem hierarchischen Steuerungsmodell Abschied nimmt - und an seine Stelle das Konzept der *Selbststeuerung und Eigenverantwortung* der Einzelschule setzt. Dies ist in besonders pointierter Weise in dem Gutachten der NRW-Bildungskommission erfolgt - einige Autoren dieser Denkschrift sind uns ja eng verbunden: Wolfgang KLAFKI (der als langjähriges Beiratsmitglied unter uns sitzt), Hans-G. ROLFF, Juliane JACOBI (als langjähriges Mitglied der „Gemeinsamen Leitung") und Klaus HURRELMANN (der unsere Arbeit seit vielen Jahren kritisch begleitet). Daß die „teilautonome Schule" noch Zukunftsmusik ist, wissen wir alle. Doch die Debatten, die gegenwärtig auf allen Ebenen dazu geführt werden, weisen eindeutig in diese Richtung. Und Schulgesetz-Änderungen in einigen Ländern (z. B. Bremen, Hessen) zeigen, daß der Zug tatsächlich in diese Richtung fährt: Zentrale staatliche Regulierungen sollen kräftig zurückgefahren werden, sie sollen auf Bestimmung von institutionellen, juristischen und curricularen Rahmenbedingungen beschränkt werden. Selbstregulierung, Selbstverpflichtung und Selbstbindung sollen sich in den einzelnen Schulen wirksam entfalten. Dies schließt ein, daß Schulen sich unterschiedlich entwickeln („Profilbildung") - und es schließt ein, daß die Kompetenzen der Schulaufsicht massiv zurückgefahren werden, bis hin zur Auflösung ganzer Schulaufsichts-Ebenen (vgl. HOFFMANN 1995). In einem solchen Konzept stellt sich die Frage der *Qualitätssicherung* völlig anders - sie wird mit der Forderung auf systematische Evaluation beantwortet. Die Fiktion einer Qualitätssicherung durch Schulaufsicht wird aufgegeben, an ihre Stelle tritt die Absicht, die Hoffnung auf Qualitätssicherung durch eine kontinuierliche und methodisch angeleitete Analyse der schulischen Praxis. Christoph BURKHARD hat diesen Zusammenhang auf den Begriff gebracht: *„Evaluation ist sozusagen der 'Preis', der für die erweiterte Selbständigkeit von Schulen zu zahlen ist"* (1997, S. 11).
In einer solchen Perspektive ist Evaluation nicht mehr eine Sonntagsbeschäftigung bei besonderen Reformmaßnahmen, sondern eine Aktivität, die den Alltagsbetrieb der „teilautonomen Schule" durchziehen soll: Eine Schule, ein Kollegium soll in kontinuierlicher Weise Rechenschaft über die Stärken und Schwächen der eigenen Arbeit ablegen; dabei können prinzipiell alle Aspekte der schulischen Arbeit - von den Orientierungsproblemen der Erstkläßler über die Fachleistungen in Englisch bis zur Qualität der Betriebspraktika - zum Gegenstand der Evaluation werden. Und: Solche Evaluationsprozesse sollen in erheblichem Maße von den Beteiligten, vor allem von den Lehrerinnen und Lehrern, selbst betrieben werden. Mit dieser Konzeption der Qualitätssicherung in

einer „autonomen" Schule erzielt „Evaluation" einen sprunghaften Bedeutungsgewinn:

- Während „Evaluation" bis Ende der 80er Jahre eine Anforderung war, die sich auf spezielle Modellversuche bezog und sich vor allem an empirische Schulforscher richtete,
- wird sie jetzt zu einer Anforderung, die sich an Lehrerinnen und Lehrer aller Schulen richtet und die alle Aspekte der schulische Alltagsarbeit mit einbeziehen soll.

Dies erklärt, so denke ich, warum in immer mehr Schulen, von immer mehr Schulleitungen gefragt wird: „Evaluation" - was ist das eigentlich? Und wie macht man das?

Schulinterne und schulexterne Evaluation

In der nordrhein-westfälischen Denkschrift wird zwischen schulinterner und schulexterner Evaluation deutlich unterschieden. „Selbstevaluation" - so heißt es dort - „soll der Selbstaufklärung der Schule und der Reflexion der eigenen Ziele und Leistungen dienen ... Hierzu sollen Informationen über die Prozesse und Ergebnisse schulischer Arbeit, einschließlich der ungewollten Wirkungen, systematisch gesammelt werden" (S. 137). Anders formuliert: Es geht darum, den Prozeß der kritischen Selbstvergewisserung in einem Kollegium durch methodisches Vorgehen zu systematisieren - und auf diese Weise Impulse zur Weiterentwicklung der eigenen Schule zu geben.

Diese Form der Selbstevaluation wird von der Bildungskommission als „Kernelement" eines künftigen Steuerungskonzepts bezeichnet (vgl. S. 195) - das freilich durch Elemente der „externen Evaluation" zu ergänzen sei. Dazu wird die Einrichtung eines staatlichen „Pädagogischen Dienstes" angeregt; dieser soll ortsnah tätig werden und „die Leistungen einer Schule als Ganzes ... bearbeiten und durch Beratung zur Verbesserung ihrer Leistungsfähigkeit beitragen" (S. 199). Als ein mögliches Vorgehen wird der mehrtägige Schulbesuch einer Expertengruppe vorgeschlagen, die einen Bericht schreibt und die dann in ein Beratungsgespräch mit den Schulen eintritt. Diese externe Evaluation - so die Bildungskommission - „soll auf einer Vertrauensbasis erfolgen, die das Zugeständnis, Fehler zu machen, einschließt" (S. 201). Mir leuchtet ein solches Konzept ein, formuliert es doch zwei Seiten einer Medaille: Man muß sich selbst um Erkenntnisse und Entwicklungen bemühen - aber man kann nicht nur im eigenen Saft schmoren. Der kritische fremde Blick - verbunden mit Solidarität und Beratungskompetenz - kann da sehr hilfreich sein.

Nimmt man den Blick von diesem - wie ich finde - schönen Konzepten weg und schaut sich die gegenwärtige bildungspolitische Entwicklung an, so setzt jedoch ganz schnell Ernüchterung ein. Zur Zeit etabliert sich tatsächlich eine Struktur zentraler Evaluation. Allerdings sind nicht die ortsnahen Expertenteams, sondern die zentralen Leistungstests massiv im Vormarsch. Damit verweise ich auf die Entwicklung, die im letzten Jahr mit der heftigen öffentlichen Diskussion um die TIMSS-Studie begann (vgl. BAUMERT/LEHMANN 1997): Ein internationaler Vergleich von mathematisch-naturwissenschaftlichen Schülerleistungen, bei dem die deutschen Schülerinnen und Schüler nur einen mäßigen Mittelplatz erreicht haben - weit hinter solchen Ländern wie Japan, Singapur oder der Tschechischen Republik. Doch die TIMSS-Studie ist längst kein Einzelereignis mehr: In Hamburg führt im Auftrag der Schulbehörde ein Forscherteam der Humboldt-Universität eine flächendeckende Untersuchung über „Kenntnisse, Fertigkeiten und Fähigkeiten" durch: Etwa 13.000 Fünftkläßler haben diese Leistungstests ausgefüllt. In dem Ergebnisbericht läßt sich jetzt u. a. präzis nachlesen, um wieviel Leistungspunkte die Grundschulen in Blankenese „besser" sind als die in Wilhelmsburg. Im 7. Schuljahr soll die Untersuchung wiederholt werden, um den schulspezifischen Leistungszuwachs zu ermitteln (vgl. LEHMANN/PEEK 1997). Und schon vor einigen Jahren wurde eine international vergleichende Studie zum Leseverständnis durchgeführt - ebenfalls mit mäßigen Ergebnissen für die Bundesrepublik (vgl. LEHMANN u. a. 1995). Was bisher die Initiative einzelner Forscher bzw. internationaler Forschungsorganisationen war, ist nun aber seit jüngstem offizielle Bildungspolitik in Deutschland. Die Kultusministerkonferenz hat nämlich auf ihrer letzten Sitzung einstimmig beschlossen, solche Leistungstests in Zukunft in allen Bundesländern regelmäßig durchzuführen und die Ergebnisse auch länderspezifisch zu vergleichen. Bis zum Ranking der einzelnen Schulen - in Holland und England längst Praxis - ist es dann nur noch eine Frage der Zeit. In Hamburg gibt es die Daten schon, irgendwann werden sie auch im „Hamburger Abendblatt" stehen.

Diese Leistungstest-Untersuchungen stehen mit unserem Thema in engem Zusammenhang, sie sind gleichsam die zentralistische Variante in dem Bemühen um „Qualitätssicherung". Betrieben wird damit die zentrale Evaluation jenes Bereichs, den man „Fachleistungen" oder auch „Fachwissen" nennt. Diese Studien konzentrieren sich in aller Regel auf solche Fächer, bei denen das Fachwissen als besonders gut abtestbar gilt: Mathematik, Naturwissenschaften, sprachliche Grundfertigkeiten einschließlich Rechtschreiben. Und sie müssen - in der Logik ihres methodischen Vorgehens - unterstellen, daß alle Schüler eines bestimmten Alters ein bestimmtes „Wissen" haben sollten. Ein solches Verständnis von schulischen Leistungen ist ja nicht falsch, aber es ist massiv einseitig, weil es den Erfolg einer Schule auf die Aneignung von Wissensbeständen in bestimmten Fächern reduziert. Die Forscher, die diese Untersuchungen durchführen, kennen diese Beschränkungen und thematisieren sie auch; doch dies wird in einer wesentlich gröber diskutierenden Öffentlichkeit kaum noch wahrgenommen. Leistungspunkt-Unterschiede - im Augenblick die zu Singapur und Korea - werden dann nur zu leicht zum alles beherrschenden Thema und verleihen einer latent vorhandenen Diskussion neue Nahrung: Die Schule sei die größte und teuerste Institution im Lande; zugleich seien ihre Leistungen mäßig bis miserabel. Dies gelte es zu ändern - und zwar durch zentrale Kontrollmaßnahmen. Die

jüngsten KMK-Beschlüsse zeigen, daß dies inzwischen offizielle Politik in allen Bundesländern ist.
Allerdings muß man hier deutlich sagen: Wer externe Evaluation allein oder vorwiegend als Etablierung zentraler Leistungstests betreibt, begibt sich in einen krassen Widerspruch zu den Empfehlungen der nordrhein-westfälischen Denkschrift. Die sieht - das habe ich ausgeführt - durchaus auch externe Evaluation vor, und die soll sich natürlich auch auf den fachlichen Leistungsstand der Schülerinnen und Schüler beziehen. Doch sind dabei die Elemente der ganzheitlichen Analyse „vor Ort" und der schulbezogenen Beratung von grundlegender Bedeutung; genau diese Elemente fehlen aber völlig bei großflächigen Vergleichstests. Und deshalb kann es auch nicht verwundern, daß Lehrerinnen und Lehrer im Regelschulwesen dies alles nur als massiven Widerspruch erleben können. Sie sollen ihre eigene Schule weit autonomer, weit selbständiger als bisher gestalten - ob das erfolgreich war, wird dann für alle am gleichen, zentral bestimmten Leisten gemessen.
Die Diskussion um „Autonomie" und „Evaluation" bewegt sich damit in höchst widersprüchlichen Bahnen: Während zur externen Evaluation die wissenschaftlichen Empfehlungen und die realen bildungspolitischen Entwicklungen massiv auseinanderklaffen, führt die Diskussion zur schulinternen Evaluation nur ein Schattendasein. Das angebliche Kernstück eines neuen Steuerungsmodells ist öffentlich wenig bekannt - wirft aber schulintern viele Fragen auf: Auf welche praktikablen Verfahren, auf welche positiven Erfahrungen kann man hier zurückgreifen? Was soll eine Schule tun, wenn sie mit solchen Arbeitsansätzen beginnen will?

Der Beitrag der Reformschulen

Spätestens jetzt stellt sich die Frage: Was hat dies alles mit der pädagogischen innovativen Arbeit von Reformschulen zu tun? Meine Antwort dazu: Dies hat sehr viel mit unserer Arbeit zu tun - und es wird höchste Zeit, daß wir uns hier zu Wort melden. Wenn ich jetzt von den „Reformschulen" rede, dann meine ich die Schulen, die - gleichsam als „innovatorische Gesamtkunstwerke" - die aktuelle schulpädagogische Reformdiskussion mit Anregungen versorgen: Schulen, die meist in staatlicher Trägerschaft arbeiten, aber zugleich ein so eigenes Profil aufweisen, daß sie von vielen Vorgaben des staatlichen Regelschulwesens befreit sind. Zu nennen sind hier wohl vor allem die Glockseeschule, die Reformschule Kassel, die Helene-Lange-Gesamtschule in Wiesbaden, die Gesamtschulen in Göttingen-Geismar, Köln-Holweide und Kassel Waldau - und neuerdings wohl auch die Lobdeburg-Schule in Jena. Daß dies keine vollständige, schon gar keine abgeschlossene Liste ist, versteht sich von selbst. Mit allen diesen Schulen sind wir Laborschulleute in einem Gesprächskreis freundschaftlich verbunden: all diese Schulen haben (wie auch die Laborschule) Formen der wissenschaftlichen Forschungs- und Entwicklungsarbeit eng in diese Praxis eingebunden.

Welchen Beitrag können diese Reformschulen zu der von mir skizzierten Diskussion um Autonomie und Evaluation leisten? Ich habe dazu fünf Thesen:

1. Reformschulen sind Vorläufer, sind Prototypen der „teilautonomen Schule". Sie können aus ihren Erfahrungen sehr viel über die Chancen, aber auch über die Probleme von Selbststeuerung und Eigenverantwortung beitragen.
2. Reformschulen sind als selbstreflexive Schulen angelegt. Ihr Auftrag, neue pädagogische Wege zu erproben, ist stets mit der Aufforderung verknüpft, Erfolge und Probleme dieser Wege aufzudecken. Insofern ist „schulinterne Evaluation", ist „Selbstevaluation" ein Teil ihres Auftrages. Ich denke, auch hier haben Reformschulen einen erheblichen Vorlauf an Erfahrungen.
3. Reformschulen haben für diesen Prozeß der Selbstreflexion, der kritischen Selbstvergewisserung Verfahren erfunden, erprobt, weiterentwickelt. Dies geht in der Laborschule von der Beschreibung von Schülerbiographien über die kollegiale Diskussion eines Jahresthemas bis hin zur quantitativen Absolventenbefragung. Damit liegt ein Fundus von Erfahrungen und Verfahren vor, der für die Diskussion um „schulinterne Evaluation" auch ganz praktisch genutzt werden könnte.
4. Reformschulen haben theoretische Grundlagen zur Selbstevaluation entwickelt: Der Stellenwert der pädagogischen Erfahrungen, die Möglichkeiten der Selbstreflexion, die Bedeutung von „Wissenschaft" in diesem Prozeß - dies ist seit DEWEY in reformpädagogischen Konzepten immer wieder diskutiert worden. Karin KLEINESPEL (1998) hat dies in ihrer Habilitationsschrift eindrucksvoll nachgezeichnet. In dieser Linie läßt sich die Hentigsche Vorstellung von „Lehrer-Forscher" (vgl. DÖPP 1987) als wichtige theoretische Vorarbeit für die „teilautonome Schule" ansehen. Denn wer die künftige Lehrerrolle prinzipiell um die Evaluations-Kompetenz erweitern will, der geht einen erheblichen Schritt in diese Hentigsche Richtung.
5. Reformschulen haben - in unterschiedlicher Intensität - die Kooperation mit wissenschaftlichen Institutionen gesucht; sie haben in gemeinsamen Forschungs- und Entwicklungsprojekten Kooperationsformen entwickelt, die nicht selten als gleichberechtigt und erkenntnisträchtig erlebt werden. In Göttingen-Geismar ist dies schon in den 70er Jahren hervorragend gelungen (vgl. BRANDT/LIEBAU 1978); das jüngste Buch über die TKM-Arbeit in Köln-Holweide ist ein aktuelles Beispiel für eine solche Kooperation (vgl. RATZKI/KEIM u. a. 1996). Und aus unserem Bielefelder-Kasseler Graduiertenkolleg weiß ich, welche Projekte dieser Art es in der Reformschule Kassel und in der IGS Waldau gibt. Und - in aller Bescheidenheit: Die Arbeit der „Wissenschaftlichen Einrichtung Laborschule" darf man wohl hier einreihen. Reformschulen kennzeichnen sich eben auch dadurch, daß sie sich selbstbewußt der Kooperation mit der universitären Erziehungswissenschaft öffnen. Die gemeinsame Forschungs- und Entwicklungsarbeit, die dabei entstanden ist, hat auch zu methodisch und inhaltlich bedeutsamen Ergebnissen schulinterner Evaluation geführt. Wie solche Kooperationsformen gelingen - gelegentlich aber auch mißlingen - können, darüber verfügen wir auch hier in Bielefeld über umfängliche Erfahrungen.

Diese fünf Thesen zusammengenommen bedeuten für mich: Reformschulen sollen sich in die Diskussion um die schulische Evaluation einmischen. Und dabei können sie mit großem Selbstbewußtsein darauf verweisen, daß von den Reformschulen - in je eigener Weise - Konzepte des Lernens und Lebens in der Schule entwickelt wurden, die weit über ein enges Schulleistungsverständnis hinausgehen: Auch in Reformschulen geht es um den Erwerb von Wissen, Kenntnissen und Fertigkeiten - gewiß, und Evaluationsprozesse beziehen dies

auch ein. Doch zugleich nehmen Reformschulen ernst, daß eine Schule dabei nicht stehenbleiben darf; daß sie Verantwortung trägt für die Entwicklung der kindlichen Persönlichkeit in alle ihren Facetten; daß eine Schule großen Wert auf Erfahrungen legen muß, an denen sich Neugier, Mitmenschlichkeit und Toleranz entwickeln können; daß Schule die herrschenden Leistungs- und Konkurrenzansprüche auch eindämmen muß, damit Kinder davon nicht überwältigt werden; daß Schule nicht für alle die gleichen Leistungsziele vorgeben darf, weil die Fähigkeiten der einzelnen so verschieden sind. Reformschulen entwerfen ein umfassendes Verständnis einer subjektorientierten Schulpädagogik - und in weiten Bereichen ihrer Praxis realisieren sie dies auch. Deshalb können sie - können wir - uns auch besonders glaubwürdig gegen die drohende Dominanz zentraler Leistungstests wenden; denn die ganze Diskussion um Autonomie und Evaluation würde sich als pädagogischer Salto rückwärts erweisen, wenn ihr Hauptergebnis die landesweite Abtestung von sogenanntem Fachwissen wäre. Das „Haus des Lernens" wird so jedenfalls nicht entstehen.
Doch neben dieser Warnung vor einer fehllaufenden externen Evaluation liegt unsere Aufgabe, liegt unsere Stärke vor allem im Bereich der schulinternen Evaluation; denn Reformschulen können zeigen, daß vielfältige Formen schulinterner Qualitätssicherung machbar sind: Projekte, in denen Schulentwicklung und Selbstevaluation zusammengeführt werden; in denen pädagogische Qualität umfassend verstanden wird; in denen Wissenschaftler nicht externe Kontrolleure, sondern Kooperationspartner sind. Kurz: Schulinterne Evaluation als selbstgesteuerte Aktivität, die eine Schule, die ein Kollegium selbstkritisch in Bewegung hält.
Sie haben gemerkt, in den letzten Minuten sind die reformpädagogische Visionen ein wenig mit mir durchgegangen. Doch immer dann, wenn ich emphatisch werde, kommen mir auch gleich die Selbstzweifel: Können Reformschulen das wirklich alles zeigen? Wo haben wir vorzeigbare Ergebnisse, wo machen wir uns erst auf den Weg? Am Ende dieser Tagung werden wir das - hoffentlich - genauer wissen.

Literatur

BAUMERT, J./LEHMANN, R, u. a.: TIMSS-Mathematisch-naturwissenschaftlicher Unterricht im Vergleich. Opladen 1997.

Bildungskommission NRW: Zukunft der Bildung - Schule der Zukunft. Neuwied, Kriftel, Berlin 1995.

BLOCK, R./KLEMM, K.: Lohnt sich Schule? Aufwand und Nutzen - eine Bilanz. Reinbeck 1997.

BRANDT, H./LIEBAU, E.: Das Team-Kleingruppen-Modell. Ein Ansatz zur Pädagogisierung der Schule. München 1978.

BURKHARD, CH.: Externe Evaluation - Rückenwind oder Motivationskiller. In: *Pädagogik*, Heft 5/1997, S. 10-15.

DÖPP, W.: Lehrer erforschen ihre Praxis. In: *Pädagogik*, Heft 5/1997, S. 21-25.

HOFFMANN, R.: Autonomie und Systementwicklung. Erfahrungen aus Bremen. In: DASCHNER, P. u. a. (Hrsg.): Schulautonomie, Chancen und Grenzen. München 1995, S. 227-252.

KLEINESPEL, K.: Schulpädagogik als Experiment - der Beitrag der Versuchsschulen in Jena, Chicago und Bielefeld. Weinheim, Basel 1998.

Landesinstitut NRW (Hrsg.): Evaluation und Schulentwicklung. Soest 1996.

LEHMANN, R. u. a.: Leseverständnis und Lesegewohnheiten deutscher Schüler und Schülerinnen. Weinheim, Basel 1995.

LEHMANN, R./PEEK, R.: Aspekte der Lernausgangslage von Schülerinnen und Schülern der fünften Klassen an Hamburger Schulen. Hamburg 1997 (Manuskriptdruck).

RATZKI, A./KEIM, W. u. a.: Team-Kleingruppen-Modell Köln-Holweide - Theorie und Praxis. Frankfurt am Main 1996.

ROLFF, H. G.: Wandel durch Selbstorganisation. Weinheim, München 1993.

ROLFF, H. G.: Autonomie als Gestaltungsaufgabe. Organisationpädagogische Perspektiven. In: DASCHNER, P. u. a. (Hrsg.): Schulautonomie, Chancen und Grenzen. Weinheim, München 1995, S. 31-54.

ROLFF, H. G.: Steuerung, Entwicklung und Qualitätssicherung durch Evaluation. In: ROLFF, H. G. (Hrsg.): Zukunftsfelder von Schulforschung. Weinheim 1995, S. 375-392.

TILLMANN, K. J.: Schulautonomie: eine pädagogische Utopie in der bildungspolitischen Debatte. In: BRAUN, H. H./KRÜGER, H. H. (Hrsg.): Pädagogische Zukunftsentwürfe. Opladen 1997, S. 195-210.

WOCKEN, H./ANTOR, G. (Hrsg.): Integrationsklassen in Hamburg. Erfahrungen, Untersuchungen, Anregungen. Solms 1987.

WULF, CH. (Hrsg.): Evaluation. Beschreibung und Bewertung von Unterricht, Curricula und Schulversuchen. München 1972.

Annemarie von der GROEBEN

Praxis und Wissenschaft - der doppelte Entwicklungsauftrag der Bielefelder Laborschule

Sie haben an dieser Stelle einen anderen Referenten erwartet.[1] Sie werden verstehen, daß es darum für mich nicht ganz leicht ist, hier zu stehen. Denn erstens haben Sie schon viele Vorträge gehört und sollen nun noch die Konzentration für einen letzten aufbringen. Zweitens kann ich Ihnen nicht das bieten, was Klaus-Jürgen TILLMANN hier vorgetragen hätte. Drittens habe ich natürlich kein ausgearbeites Manuskript.[2]
Ich will und kann nicht so tun, als würde ich unter dieser Bedingungen die Wissenschaftstheorie, die Hartmut von HENTIG der von ihm gegründeten Bielefelder Laborschule und ihrer Arbeit zugrunde gelegt hat, oder auch nur deren gegenwärtige pädagogische Theorie und Praxis systematisch entwickeln und vorstellen. Dazu würden schon allein die vorgegebenen 20 Minuten nicht ausreichen, auch nicht bei gründlicherer Vorbereitung. - Ich kann folglich nur versuchen, aus der Not eine Tugend zu mache. Ich werde „aus der Schule plaudern", Ihnen berichten, wie es einer Praktikerin geht, wenn sie sich auf diese Allianz mit der Wissenschaft einläßt, welche Erfahrungen ich persönlich damit gemacht habe, wie es der Schule in der wechselvollen Geschichte dieser zeitweise schwierigen Ehe ergangen ist, und wie der Wissenschaft. Letzteres werde ich anhand von Zitaten aus einem unveröffentlichten Manuskript von Herrn TILLMANN tun, der ja, wie Sie wissen, Wissenschaftlicher Leiter der Bielefelder Laborschule ist und eigentlich hier stehen sollte. Wir haben dieses Vorgehen miteinander abgesprochen.
Zunächst möchte ich Ihnen die Gründungsidee vorstellen: Was wollte HENTIG mit der Verbindung von Wissenschaft und Praxis? Zweitens werde ich kurz darüber berichten, warum und in welcher Weise dieses Konzept geändert wurde. Drittens werde ich anhand von Beispielen die gegenwärtige Praxis der Forschungs- und Entwicklungsarbeit darstellen und dazu viertens, wie erwähnt, Klaus-Jürgen TILLMANN zitieren.

Die Gründungsidee: Erkennen durch Handeln

Hartmut von HENTIG kam Ende der 60er Jahre nach Bielefeld. Er war vorher Lehrer gewesen, danach Professor für Pädagogik in Göttingen. Die Berufung an die neugegründete Universität Bielefeld verband er mit dem ausdrücklichen

---

[1] Der vorgesehene Referent war Klaus-Jürgen TILLMANN, Wissenschaftlicher Leiter der Laborschule und Professor für Pädagogik an der Universität Bielefeld. Er hatte wegen einer Erkrankung kurzfristig abgesagt.
[2] Die mündlich frei vorgetragenen Ausführungen wurden zum Zweck dieser Publikation später überarbeitet.

Wunsch der Gründung von zwei Schulen. So entstanden das Oberstufen-Kolleg und die Laborschule. Diese sollte natürlich eine Schule nach den pädagogischen Vorstellungen ihres Gründers sein, zugleich aber einen maßgeblichen Einfluß auf die wissenschaftliche Pädagogik haben, wie es seinem Verständnis von dieser entsprach. Er wollte sie mit der Praxis zusammenbringen und hat immer die „Weißkittel-Pädagogen" kritisiert, die von der - von ihm gern mit den Adjektiv „schmuddelig" charakterisierten - Wirklichkeit nichts wissen, geschweige denn aus ihr lernen wollen.
Stellen Sie sich vor, es gäbe hier in Greifswald ein Institut für Erziehungswissenschaft, das eine eigene Schule betreibt und seine Arbeit ganz auf diese konzentriert. So war es in Bielefeld gedacht. Es gab in der damaligen Grundordnung der Laborschule eine Bestimmung, die die Zusammenarbeit der „Weißkittel-" und „Blaukittel-Pädagogen" regelte, also der Lehrerinnen und Lehrer, Wissenschaftlerinnen und Wissenschaftler. Ich lese sie Ihnen vor. Damals zitierte man nur die männliche Form, die weibliche war sozusagen noch nicht erfunden. Das macht die Zitate kürzer. Aber es gab schon damals und gibt auch heute mehr Frauen als Männer an der Laborschule.
Das Prinzip also lautete:

> „Jeder Lehrer an der Laboschule ist zugleich zur Forschungsarbeit verpflichtet. Jeder Forscher an der Laborschule ist zugleich zu Lehrtätigkeit verpflichtet. Jeder wissenschaftliche Mitarbeiter vereinigt in sich pädagogische Praxis und Wissenschaft. Eine Unterscheidung zwischen Wissenschaftlern einerseits und Lehrern andererseits auf Grund ihrer Besoldungskategorie und Laufbahn gibt es an der Laborschule nicht."

Ein sehr kühnes Konzept, wie Sie sehen. Ein wirkliches Integrationsmodell von Wissenschaft und Praxis. Warum? Welche Vorstellung von pädagogischem Handeln und Forschung steht dahinter - genauer gefragt: welche Vorstellung von der Erkenntnis, auf die solche Forschungsarbeit zielt, und von den Prozessen, in denen sie gewonnen wird?
HENTIG hat dazu ein prominentes Beispiel herangezogen: das Beispiel eines Arztes, der eine Patientin untersucht und nicht weiß, was ihr fehlt, sie lange beobachtet und dabei vieles versucht und sie schließlich auf eine ihn selbst völlig überraschende Weise heilt. Er hat danach viele andere Patienten nach der gleichen Methode behandelt, ihre Krankengeschichten aufgeschrieben und daraus schließlich eine Theorie entwickelt, die die Wissenschaft revolutionierte. Die Rede ist, Sie haben es längst bemerkt, von Siegmund FREUD. An und aus diesen Krankengeschichten hat er die Theorie und Praxis der Psychoanalyse entwickelt, und er charakterisiert diese besondere Textsorte wie folgt: „Es berührt mich selbst noch eigentümlich, daß die Krankengeschichten, die ich schreibe, wie Novellen zu lesen sind und daß sie sozusagen des ernsten Gepräges von Wissenschaftlichkeit entbehren. Ich muß mich damit trösten, daß für dieses Ergebnis die Natur des Gegenstandes eher verantwortlich zu machen ist als meine Vorliebe." Dieses Zitat hat Hartmut von HENTIG als Motto für ein Kapitel gewählt, das

den programmatischen Titel „Die Rehabilitierung der Erfahrung in der Pädagogik“[1] trägt; es findet sich in seinem Buch „Erkennen durch Handeln“, in dem die Wissenschaftstheorie, auf der sein späteres Werk basiert, entwickelt wird.
Ich versuche mit eigenen, schlichten Worten zusammenzufassen, was das für die Pädagogik bedeutet. Es geht HENTIG um die Frage, wie pädagogische Praxis zur Sprache kommen und wie aus dieser Selbstreflexion wissenschaftliche Erkenntnis werden kann. Normalerweise geht Wissenschaft ja anders vor. Sie hat ein bestimmtes Problem, das sie an die Praxis heranträgt, und blendet dabei systematisch aus, was es sonst noch zu beobachten gäbe - klugerweise, denn die Praxis ist unergründlich und das Forschen nähme sonst nie ein Ende. Das ist das normale Vorgehen. An der Laborschule aber sollte es genau umgekehrt sein. Hier sollte es darum gehen, aus der Praxis selbst zu lernen - um im Bilde zu bleiben: aus den Krankengeschichten und ihren überraschenden Wendungen, die niemand vorhersehen kann, auch der Praktiker natürlich nicht, der vielleicht am allerwenigsten. Und so, wie die Praxis immer wieder neu ist, sollte es auch das Lernen sein und nie aufhören. Darum wurde die Laborschule nicht als Schulversuch konzipiert, der bestimmte Neuerungen erproben und nach einer festgesetzten Zeit beendet werden soll, sondern als unbefristete Versuchsschule, deren Auftrag es ist, wechselnden Problemen nachzugehen, dabei neue Formen des Lehrens und Lernens zu erproben und zu entwickeln und die Ergebnisse dieser Arbeit der Öffentlichkeit in geeigneter Weise zur Verfügung zu stellen.
Dieses Konzept impliziert ein neuartiges Verständnis von der Rolle der Lehrerinnen und Lehrer. In einem Brief an die Eltern der Laborschule, die nie so genau wußten, was und wie das denn eigentlich mit der Wissenschaft an unserer Schule ist, hat HENTIG dies einmal dargestellt. Ich zitiere aus diesem Text:

> „Der Lehrer beobachtet die Schüler bei allem, was er mit ihnen unternimmt, und in möglichst vielem, aber nicht in allem, was sie für sich selbst unternehmen. Was er sieht, ist so wichtig wie das, was er weiß, und soll sein Handeln beeinflussen. Er lernt die Ausübung seines Berufes an den Kindern, und dieses Lernen hört nie auf. Seine Aufmerksamkeit und Offenheit für die Entwicklung des Kindes und die Notwendigkeit, sich mit anderen darüber zu einigen, machen die elementare Wissenschaftlichkeit seiner Tätigkeit aus. Der Lehrer muß ein deutliches, kritisches, relativ einfaches Bewußtsein von seiner Aufgabe haben und sein Handeln an dieser messen. Er muß es in der Lehrerschaft und in der Schulgemeinde immer neu verantworten. Er ist nicht Unterrichtsbeamter, nicht Menschenmacher, nicht Besitzer - weder von Kindern noch von Kulturgütern noch von Vorrechten -, nicht Vollstrecker eines geschichtlichen Auftrages, nämlich die Gesellschaft zu wandeln. Er ist vielmehr zu allermeist Helfer der Kinder, die in diese Schule gebracht worden sind. Er ermöglicht es ihnen, in dieser komplizierten, auf schwer auszumachende Zwecke ausgerichteten Gesellschaft zu bestehen, erwachsen zu werden, Verantwortung zu tragen, ohne sich selbst zu verlieren. Man sieht, wie hier der wissenschaftliche Auftrag der Schule mit dem pädagogischen ganz eng verknüpft ist. In

[1] Hartmut von HENTIG: Die Rehabilitierung der Erfahrung in der Pädagogik. In: Erkennen durch Handeln. Versuche über das Verhältnis von Pädagogik und Erziehungswissenschaft. Stuttgart 1982, S. 11 ff.

alledem waltet schon ein ganz anderes als das geläufige Verhältnis zwischen Erziehung und Wissenschaft."

Revision des Konzepts: Erkennen und Handeln

Hartmut von HENTIG war bis zu seiner Emeritierung im Jahre 1987 Wissenschaftlicher Leiter der Laborschule. 13 Jahre lang - sie wurde 1994 eröffnet - hat sie also nach diesem Programm gearbeitet, Neues entwickelt und damit auch andere Schulen sowie die pädagogische Diskussion in der Öffentlichkeit nicht unerheblich beeinflußt und viel publiziert. Trotzdem haben die zuständigen Ministerien, das Kultus- und das Wissenschaftsministerium, sich nach meiner Wahrnehmung nie so recht mit den Hentigschen Ideen befreunden können - zu neuartig war die Integration von Wissenschaft und Praxis, zu schwierig ihre organisatorische und rechtliche Umsetzung. Unmittelbar nach der Emeritierung des Gründers wurde dieses Konzept geändert, das integrative Modell durch ein additives ersetzt.

Die Begründung war: Es solle künftig getrennte Zuständigkeiten und klar definierte Verantwortlichkeiten geben: Lehrerinnen und Lehrer seien für die Praxis zuständig, Wissenschaftlerinnen und Wissenschaftler für die Forschung. Es solle weiterhin einen praktischen und einen wissenschaftlichen Entwicklungsauftrag der Laborschule geben, aber nicht mehr, wie bisher, in *einer* Einrichtung, sondern institutionell getrennt. Seitdem gibt es also zwei Einrichtungen unter einem Dach, die Laborschule als Versuchsschule, die, wie jede andere, dem Kultusministerium untersteht, und die wissenschaftliche Einrichtung Laborschule, die in der Verantwortung der Fakultät für Pädagogik liegt und somit dem Wissenschaftsministerium untersteht. Beide Einrichtungen werden - nicht nur architektonisch, sondern auch institutionell in Form eines neu geschaffenen Gremiums - durch ein gemeinsames Dach zusammengehalten. Dieser gemeinsamen Leitung gehören neben dem wissenschaftlichen Leiter und der Schulleiterin je zwei Vertreterinnen und Vertreter der wissenschaftlichen Einrichtung und der Schule an sowie je ein Mitglied der Fakultät für Pädagogik und des Elternrats. Schule und Wissenschaftliche Einrichtung Laborschule sind gehalten, eng miteinander zu kooperieren, ja, darin liegt ihre Daseinsberechtigung.

Es wird nicht verwundern, daß diese Umstrukturierung seinerzeit für die Lehrerinnen und Lehrer, die mit HENTIG die Schule aufgebaut hatten, ein schwerer Schlag war. Sie fühlten sich und ihre bisherige Arbeit mißachtet, zumal die alte Struktur keinerlei Revision oder Prüfung unterzogen, sondern einfach administrativ abgeschafft wurde. Die Schule war in einer tiefe Krise, wie ein leckgeschlagenes Schiff, von dem niemand weiß, ob es noch einmal flottgemacht werden kann. Außerdem verbanden die Lehrerinnen und Lehrer mit dem neuen Modell die Befürchtung, die Wissenschaft könne künftig in die Praxis hineinregieren, ihr eigene Interessen gleichsam aufs Auge drücken. Das Kollegium stand in seltener Einmütigkeit hinter dem Hentigschen Grundgedanken, daß an dieser

Schule die pädagogische Praxis Quelle der wissenschaftlichen Erkenntnis sein und bleiben sollte.
In dieser Situation beschlossen die Lehrerinnen und Lehrer, die Entscheidung darüber, ob und wie sie sich mit dem neuen Modell arrangieren oder ob alle weggehen oder gar einen Schließungsantrag stellen würden (was natürlich niemand wollte), zunächst einmal zurückzustellen und in Verhandlung mit dem künftigen Trägerinstitut der wissenschaftlichen Arbeit, der Fakultät für Pädagogik, zu treten. Ich habe damals als Beauftragte des Kollegiums an diesen Gesprächen teilgenommen und sie als gut und konstruktiv in Erinnerung. Beide Seiten legten ihre Wünsche und Befürchtungen offen auf den Tisch, und es gab bei den Vertreterinnen und Vertretern der Fakultät nicht nur viel Verständnis für unsere schwierige Lage, sondern auch Unterstützung für den besonderen wissenschaftlichen Auftrag dieser Schule im Sinne HENTIGs. Natürlich brachten sie auch eigene Interessen ins Spiel, die umgekehrt von der Schule akzeptiert wurden. Das Ergebnis dieser Gespräche waren Kooperationsvereinbarungen, denen beide Einrichtungen einstimmig zustimmten. Diese sind zwar nicht rechtsgültig, haben aber damals beiden Seiten geholfen, sich aufeinander zuzubewegen, ihre Vorstellungen und Interessen abzugleichen und bieten auch heute noch Orientierung in Grundsatzfragen.
Diese Umstrukturierung liegt mittlerweile viele Jahre zurück. Auf Grund der Erfahrungen, die die Schule mit dem neuen Modell gemacht hat, läßt sich sagen, daß sie gut damit lebt, daß insbesondere die genannten Befürchtungen sich nicht bewahrheitet haben. Ein wesentlicher Grund hierfür ist sicherlich die Höhe und die Art der Verteilung von Ressourcen, die zur Realisierung des neuen Modells bewilligt wurden. Die wissenschaftliche Einrichtung ist mit drei Wissenschaftlerstellen ausgestattet sowie mit fünf Lehrerstellen, die in der Regel unter 10-20 Personen aufgeteilt werden, so daß das Kollegium in den Projekten der Wissenschaftlichen Einrichtung mit einem hohen Anteil vertreten ist. Die institutionelle Trennung von Praxis und Wissenschaft wird somit durch eine enge sachliche und persönliche Verklammerung faktisch weitgehend aufgehoben. Damit sind auch die früher häufig - manchmal erbittert und meist ohne Ergebnis - geführten Diskussionen, welches Modell das bessere sei, weitgehend verstummt; auch die kontrovers diskutierte Frage, unter welchen Bedingungen und in welchem Umfang die Tätigkeit von Lehrerinnen und Lehrern eine wissenschaftliche sein könne, überläßt man längst einer faktischen Antwort in Form von Ergebnissen. Lehrerinnen und Lehrer arbeiten gut und ohne Status- oder sonstige Probleme mit Mitgliedern der Universität zusammen - wie übrigens auch schon vor der Umstrukturierung. Die Arbeit der Projektgruppen, die überwiegend gemischt sind, gelegentlich nur aus Lehrerinnen und Lehrern und ganz selten nur aus Wissenschaftlerinnen und Wissenschaftlern bestehen, ist durch viele Publikationen ausgewiesen und einer breiten Öffentlichkeit bekanntgeworden.

Entwicklung und Forschung - Organisation und Inhalte der gemeinsamen Arbeit

Wie dies im Alltag aussieht, möchte ich Ihnen nun an einigen Fallbeispielen darstellen. Jetzt ist gerade wieder die Zeit gekommen, wo neue Anträge gestellt werden können und müssen. Die Arbeit der Wissenschaftlichen Einrichtung wird nämlich durch einen sogenannten Forschungs- und Entwicklungsplan geregelt, der jeweils für zwei Jahre gilt und zur Zeit neu erstellt wird. Aus den verschiedenen Untergruppen der Schule können Wünsche genannt werden; über diese Vorschläge, die Begründungen und Ziele der geplanten Projekte berät das Kollegium zunächst intern. Ebenso können Mitglieder der Wissenschaftlichen Einrichtung Projektideen einbringen.

Wenn alle Vorschläge eingegangen sind, werden sie Schwerpunkten zugeordnet. Auf dieser Grundlage erarbeitet der Wissenschaftliche Leiter einen Vorschlag für den neuen Forschungs- und Entwicklungsplan. Das ist ein mühsamer Prozeß, weil immer sehr viel mehr Stunden und Ressourcen beantragt werden, als zur Verfügung stehen. Nach erneuter Beratung im Kollegium und in der Gemeinsamen Leitung wird der Entwurf dann dem Wissenschaftlichen Beirat vorgestellt, dem externe Wissenschaftlerinnen und Wissenschaftler, Vertreter der Ministerien, der Schulaufsicht und des Landesinstituts angehören. Dieser Wissenschaftliche Beirat besucht die Schule in regelmäßigem Turnus: zweimal im Jahr für jeweils zwei Tage. Er ist ein freundlich-wohlwollendes, zugleich anspruchsvolles und natürlich unbestechliches Gremium - ein bißchen so etwas wie der „Liebe Gott", vor dem man möglichst gut dastehen, sich auf keinen Fall blamieren will; diese Form externer Beratung und Evaluation hat sich als sehr hilfreich und förderlich erwiesen. Alle Projektanträge und -ergebnisse werden dem Beirat vorgetragen, und natürlich wird die Forschungsarbeit durch dessen Ratschläge und Kommentare beeinflußt, bisweilen erheblich.

Zum gegenwärtigen Zeitpunkt läuft der alte Forschungs- und Entwicklungsplan aus, ein neuer wird mit Beginn des nächsten Schuljahres in Kraft treten, für den jetzt Anträge gestellt werden können. Aus diesem Anlaß wendet sich der Wissenschaftliche Leiter mit einem Schreiben an das Kollegium, in dem das Verfahren erläutert, Termine genannt und Leitfragen für die Anträge vorgegeben werden: Welches schulische Problem soll aufgegriffen werden? Welcher Lösungsbeitrag wird erwartet? An welche bisherigen Forschungs- und Entwicklungsarbeiten wird angeknüpft? In welche allgemeine Diskussion - beispielsweise Altersmischung oder Projektunterricht oder Deutschdidaktik - gliedert sich die geplante Arbeit ein? Welche Konzeptvorstellungen und Theorien fließen von dort aus ein? Auf welche Literatur wird zurückgegriffen? Welche Beobachtungen, Erkundungen, Analysen sollen vorgenommen werden? In welchen Schritten über zwei Jahre ist die Arbeit geplant? Wie soll sie dokumentiert werden? Welche Lehrerinnen und Lehrer, Wissenschaftlerinnen und Wissenschaftler wollen sich an dem Projekt beteiligen? Wie viele Forschungsstunden werden beantragt?

Wie der endgültige Forschungs- und Entwicklungsplan nach dem anstehenden langwierigen Diskussions- und Entscheidungsverfahren endgültig aussehen wird, steht zur Zeit noch nicht fest. Auf Grund der bisherigen läßt sich jedoch sagen, daß er ca. 15-20 sehr unterschiedliche Projekte enthalten wird, die auf den ersten Blick wie bunte Vielfalt wirken. Die Schule mit ihrer ganze Lebendigkeit und Vielschichtigkeit kommt tatsächlich in einem solchen sogenannten FEP (Forschungs- und Entwicklungs-Plan) zur Sprache, und dabei waltet zugleich eine gewisse Ordnung. Es gibt Schwerpunkte, die nach einem besonderen Verfahren festgelegt werden, und es gibt wiederkehrende Typen wissenschaftlicher Arbeit.
Der erste und auch von der Sache her primäre Typus ist das systematische Bearbeiten pädagogischer Probleme, wie sie an allen Schulen vorkommen. Das ist ja, wie schon gesagt, der Sinn dieser Versuchsschule, daß sie die wechselnden, sich immer neu stellenden Probleme der Praxis frühzeitig ausmachen, aufmerksam beobachten und in einer Weise bearbeiten soll, die anderen Schulen zugute kommt. Darum hat die Laborschule auch eine Klientel, die der Schichtung der Bevölkerung entspricht, und ein Höchstmaß an pädagogischer Gestaltungsfreiheit, um Lösungen finden, entwickeln und erproben zu können. Alle Prozesse, die dort ablaufen, sind von hoher Transparenz - schon äußerlich erkennbar an der offenen Großraumschule -, so daß die Schule so etwas wie ein Seismograph ist, an dem sich anstehende Probleme und Entwicklungen in der Pädagogik ablesen lassen. Ich nenne ein Beispiel: das Verhältnis der Geschlechter, genauer gesagt: die Art, wie Schulen damit umgehen. Die Laborschule hat von Anfang an mit einer andernorts selten verwirklichten Konsequenz und Entschiedenheit koedukativ gearbeitet, auch und vor allem im Sportunterricht. Darum ließen sich die Lehrerinnen und Lehrer - der Sport ist bei uns überwiegend männlich besetzt -, die in jahrelanger Arbeit dieses Curriculum entwickelt hatten, von den seit Beginn der 80er Jahren mehr und mehr bekannt werdenden Ergebnissen feministischer Forschung zunächst wenig tangieren, in denen die fortlaufende Benachteiligung von Mädchen nachgewiesen wurde. Andere sahen das selbstkritischer, bezweifelten, daß es dieses Phänomen bei uns nicht gebe, und fanden ihre Zweifel bei genauerem Hinsehen bestätigt. Zu diesem Zweck hatten sie einen Projektantrag gestellt, dessen Ergebnisse mittlerweile in den Schulalltag eingegangen sind: Sie entwickelten verschiedene Formen getrennten und gemeinsamen Unterrichtens, um Mädchen und Jungen besser gerecht zu werden, zum Beispiel sogenannte Jungen- und Mädchenkonferenzen. Im folgenden Forschungs- und Entwicklungsplan meldeten sich die Sportlehrer zu Wort. Sie konnten sich nicht vorstellen, daß unser so fortschrittliches und bewährtes Koedukationskonzept tatsächlich zur Beeinträchtigungen von Mädchen führen könne, und wollten darum systematische Unterrichtsbeobachtungen, Befragungen und Interviews durchführen. Über die nach zwei Jahren vorgelegten Projektergebnisse waren sie selbst ziemlich erschüttert, denn in der Tat hatten sie Benachteiligungen von Mädchen herausgefunden, in einem Maß, das ihre

schlimmsten Befürchtungen übertraf. Seitdem ist das Sportcurriculum modifiziert und erweitert worden. Es sieht auch Phasen getrennten Unterrichtens vor - nicht um die Koedukation abzuschaffen, sondern um die Bedingungen für ein gutes, für Mädchen und Jungen gleichermaßen förderliches gemeinsames Lernen zu verbessern. - In ähnlicher Weise entwickeln sich andere Projekte dieser Art. Ich brauche Ihnen nicht zu sagen, welche Fülle pädagogischer Probleme es gibt, die eigentlich einer solchen systematischen Bearbeitung bedürfen. Natürlich kann die Schule dies nur jeweils zu einem kleinen Teil leisten; es bedarf also bei der Festlegung neuer Schwerpunkte und Projekte einer vorher geführten ausführlichen Diskussion über das, was für wichtig und vordringlich gehalten wird.

Der zweite Typus von Forschungsprojekten wird im schulinternen Sprachgebrauch gelegentlich „Schätze heben“ genannt: Etwas, was im Lauf vieler Jahre entwickelt wurde, soll nun gesichtet, überprüft und in systematischer Form aufgearbeitet werden. So etwa die Praxis des Lese- und Schreib-Lernens in der Grundschule. Die Kinder der Laborschule leben und lernen während der ersten drei Schuljahre (Jg. 0-2) in altersgemischten Gruppen; das erfordert ein hohes Maß an Individualisierung in der Vermittlung und im Üben der Kulturtechniken. Aus den vielen Materialien, die dazu entwickelt wurden, wird ein Lese-Schreib-Lehrgang entwickelt, der sich für Kinder im Vorschulalter ebenso eignet wie als zusätzliches Übungs- und Anschauungsmaterial. Oder: Im Englischunterricht der Jahrgänge 8 und 9 sind im Laufe einer langjährigen Austauschpraxis in Zusammenarbeit mit anderen Fachlehrerinnen und -lehrern Formen und Materialien für gemeinsame Projektarbeiten der deutschen und ausländischen Partnerschülerinnen und -schüler erarbeitet worden. Diese sollen als Beiträge zu einer Didaktik des interkulturellen Lernens vervollständigt, evaluiert und publiziert werden. Oder: Lehrerinnen und Lehrer der Jahrgänge 3, 4 und 5 stellen den Antrag, einige mehrfach erprobte Projekte zu Bausteinen für ein geplantes Projektbuch auszuarbeiten. Oder: Im Laufe der Jahre hat sich in der Laborschule eine Theatertradition entwickelt, die sowohl die Erarbeitung literarischer Vorlagen als auch unterschiedliche Formen eigenen Experimentierens mit Texten und Spielformen umfaßt; diese soll in Form einer Publikation einem breiteren Kreis vorgestellt werden.

Ein dritter Typus von Forschungsprojekten ist die Curriculumentwicklung. Beispielsweise in den Fremdsprachen: Englisch wird vom 3. Schuljahr an unterrichtet, Latein und Französisch in Jg. 5 als zweite Fremdsprache angeboten. Für alle drei Sprachen hat die Schule eigene Curricula für den Anfangsunterricht entwickelt. Die Kinder des 3. und 4. Schuljahrs erwerben ihre ersten Fremdsprachenkenntnisse so, wie sie in diesem Alter auch im Leben lernen, nämlich spielend im wahrsten Sinne des Wortes. Als die Englischlehrerinnen und -lehrer immer wieder feststellten, daß danach der für das 5. und 6. Schuljahr vorgesehene Übergang zur Lehrbucharbeit nicht ohne schwierige Brüche abging, beantragten sie auf Grund dieser Erfahrung ein Anschlußprojekt, das zur Zeit läuft.

Sie wollen herausfinden, warum dieser Wechsel so schwierig ist, warum die Freude am Lernen plötzlich spürbar nachläßt, und wollen dem entgegenwirken durch die Entwicklung eines Übergangscurriculums, das die Tradition des Frühbeginns mit anderen, altersgemäßen Formen fortsetzt.
Ein vierter Typus von Projekten zielt auf die Arbeit am pädagogischen Programm der Laborschule und ist dem ersten ähnlich. Hierbei geht es jedoch nicht um Neuentwicklungen, sondern die kritische Sichtung des Bestehenden - natürlich mit der Perspektive auf mögliche spätere Änderungen. Eine „Säule" der Pädagogik dieser Schule ist zum Beispiel ihr individuelles Beurteilungssystem, die sogenannten „Berichte zum Lernvorgang", die hier an die Stelle von Notenzeugnissen treten. In diesen Texten wird den Schülerinnen und Schülern individuell in einem an sie gerichteten Brief zurückgespiegelt, was und wie sie im Berichtszeitraum gelernt und gearbeitet haben, wird ihre Leistung bewertet - nicht nach der normierenden Skala, sondern am Maßstab der je eigenen Fähigkeiten. Die Schule sieht in diesem Verfahren eines ihrer wichtigsten Instrumente und schreibt ihm große Wirkungen zu - freilich ohne dies systematisch untersucht zu haben. In zwei Projekten wird dies nun getan. Das eine liegt bereits vor[1]; es befaßt sich mit den Berichten als Textsorte und analysiert diese nach bestimmten Kriterien. Das andere wird zur Zeit durchgeführt: Anhand von Interviews soll an Fallbeispielen die Wirkung der Berichte auf Schülerinnen und Schüler sowie deren Eltern untersucht werden. Auch die Lehrerinnen und Lehrer, die die Berichte geschrieben haben, werden dazu befragt und gebeten, die von der Projektgruppe geschriebenen Textanalysen zu kommentieren. Die Schule erhofft sich von den Ergebnissen dieser Arbeit eine differenzierte Rückmeldung über die Wirkung dieses Instruments, natürlich mit Blick auf mögliche künftige Veränderungen. - Dieses Beispiel ist auch geeignet, das Ineinandergreifen von Formen externer und interner Evaluation sowie der Beteiligung von Praktikern und Wissenschaftlern zu beleuchten. Das erstgenannte Projekt war eine Dissertation und wurde von einer Wissenschaftlerin durchgeführt, das zweite wurde von einer Lehrerinnengruppe konzipiert, beantragt und begonnen.
Ein fünfter Typus von Projekten zielt auf systematische externe Evaluation. Natürlich kommen in den meisten Forschungsgruppen ohnehin Formen und Methoden der Evaluation vor. Für bestimmte Fragen, zum Beispiel die für die Schule sehr wesentliche, was aus ihren Absolventen wird, liegt es jedoch nahe, Experten von außen heranzuziehen - schon um den Verdacht der Parteilichkeit auszuschalten. Darum wurde schon in den Aufbaujahren eine Längsschnittuntersuchung von Wissenschaftlerinnen und Wissenschaftlern der Universität Bielefeld begonnen, die seitdem Jahr für Jahr weiterläuft. Die Schule hat also die Durchführung dieser quantitativen Untersuchung aus der Hand gegeben, bei der Entwicklung des Instrumentariums jedoch maßgeblich mitgewirkt und arbeitet

[1] Silvia-Iris LÜBKE: Ohne Noten. Lernberichte und pädagogischer Auftrag von Schule. Eine empirische Studie zu den Berichten zum Lernvorgang der Bielefelder Laborschule. Dissertation Universität Bielefeld 1995.

weiterhin kontinuierlich mit den Wissenschaftlerinnen und Wissenschaftlern zusammen, um deren Ergebnisse mit zu beraten, zu interpretieren und vor allem die Ergebnisse dieses Prozesses im Kollegium zu verankern.
Ein letzter Typ von Projekten sind solche, die von außen an die Schule hereingetragen werden, wenn also einzelne oder Projektgruppen sich der Schule als eines Praxisfeldes bedienen wollen, um eine bestimmte Untersuchung durchzuführen. Das geschieht nicht sehr häufig und wird von der Gemeinsamen Leitung nur dann gestattet, wenn für die Schule ein deutliches Interesse an dieser Arbeit erkennbar ist.

Chancen und Probleme

Was ich bisher berichtet habe, war eigentlich vom falschen Ende her aufgezäumt. Das liegt am Thema und an der begrenzten Zeit. Um die Arbeit einer Schule, die aus der pädagogischen Praxis gesicherte Erkenntnis gewinnen will, glaubhaft zu beschreiben, müßte natürlich zuerst und vor allem von eben dieser Praxis, vom besonderen Profil dieser Schule die Rede sein - und das ist in der kurzen Zeit nicht möglich. So kann ich die eigentliche Grundlage der hier geschilderten Arbeit nur in Form eines „Blitzlichts“ präsentieren: Die Schule mit ihren vier Stufen (Jg. 0-2, 3/4, 5-7, 8-10) und deren unterschiedlicher Didaktik - ganzheitliches, ungefächertes Lernen bei den Kleinen, später Lernen in Erfahrungsbereichen, aus denen sich allmählich die Fächer herausbilden - und gemeinsamen pädagogischen Prinzipien, die sich in jeweils altersgerechter Form in allen Stufen wiederfinden: *dem Lernen an und aus der Erfahrung* - von Streifzügen in den Wald bei den Kleinen bis zu Ökologieprojekten bei den Großen, vom Märchenspiel bis zur großen Theateraufführung, vom „Küchendienst“ bis zum Sozialpraktikum -, *der Schule als Gemeinschaft, als „Polis“* - von der täglichen Versammlung der Kleinen bis zur Projektwoche zu einem für die gesamte Schule wichtigen und verbindlichen Thema, die von der SV beantragt und mitorganisiert wird -, dem *Eingehen auf das Individuum*, seine je unterschiedlichen Fähigkeiten und Bedürfnisse - vom offenen Unterricht in der Eingangsstufe bis zu individuellen Jahresarbeiten in den Jahrgängen 8-10, von der Hilfestellung beim Schreibenlernen bis zum differenzierten Abschlußprofil. Von der Art, wie das alles realisiert wird, haben Sie Einzelheiten gehört, die sich jedoch nicht zu einem Gesamtbild fügen können. Sie haben vorhin Herrn LÜTHI und seinen Bericht über die Ecole d'Humanité gehört. Stellen Sie sich eine solche Schule vor, aus der abgeschiedenen Berg-Idylle in eine deutsche Großstadt hineintransponiert, mit völlig anderen Kindern, eben heutigen Großstadtkindern mitsamt all ihren Problemen, zugleich mit ähnlich hochgesteckten Zielen - eben der Erziehung durch die Gemeinschaft, Erfahrung statt Belehrung, Ernstnehmen des Individuums, Lernen in Sinnzusammenhängen wie bei Martin WAGENSCHEIN - dann haben Sie ungefähr die Bielefelder Laborschule. Soweit diese Kurzbeschreibung im Telegrammstil. Für die Forschungstätigkeiten versteht es sich von selbst, daß sie an dieser Praxis ansetzen, daß die Entwicklung aus ihr kommt und wieder in sie mündet. Ebenso selbstverständlich ist aber auch, daß wir nicht nur im eigenen Saft schmoren können, sondern uns jeweils der Frage der Relevanz stellen und natürlich das, was andernorts gedacht und erarbeitet worden ist, in unsere Arbeit einbeziehen.

Es ist bisweilen nicht leicht, diese verschiedenen Interessen auf einen Nenner zu bringen. Wissenschaftler, die mit der Schule nicht vertraut sind, kommen natürlich mit je eigenen Vorstellungen und Erwartungen auf sie zu, und der Wissenschaftliche Leiter muß sich jeweils neu um eine Kompromißlösung bemühen. In einem Bericht an den Wissenschaftlichen Beirat hat Klaus-Jürgen TILLMANN den Forschungs- und Entwicklungsplan der Laborschule mit einem Balance-Akt verglichen. Ich zitiere aus diesem Papier:

> „Mit diesen drei über die Schule hinaus weisenden Ansprüchen an den Forschungs- und Entwicklungsplan wird im übrigen auch die Laborschule und ihre Wissenschaftliche Einrichtung legitimiert, eine Versuchsschule, die immer wieder Impulse für das Regelschulsystem und die überregionale Fachdiskussion gibt. Weil in die Forschungs- und Entwicklungsarbeit der Laborschule all diese unterschiedlichen Interessen und Erwartungen einfließen, ist jeder Forschungs- und Entwicklungsplan ein Balanceakt zwischen sehr unterschiedlichen Ansprüchen.
>
> a) dem Anspruch, die Schule in ganz konkreten Feldern zu entwickeln, zu verbessern; die Motivation der Lehrer und Lehrerinnen ist vor allem mit diesem Anspruch verbunden;
> b) dem Anspruch, die Schule nicht in beliebigen Bereichen weiterzuentwickeln, sondern sich auf die Essentials der Laborschulpädagogik, etwa Erfahrungslernen, zu konzentrieren;
> c) dem Anspruch, sich jeweils neuen pädagogischen Herausforderungen zu stellen und dort vorzeigbare Konzepte zu entwickeln;
> d) die eigene Forschungs- und Entwicklungsarbeit so anzulegen, daß sie in den erziehungswissenschaftlichen Diskurs eingebracht werden kann.“[1]

So weit die Einschätzung des Wissenschaftlichen Leiters zum Abschluß meiner Darstellung. Ich hoffe, diese hat Ihnen einen Eindruck davon vermitteln können, daß und warum die enge Zusammenarbeit und wechselseitige Durchdringung von Praxis und Wissenschaft an der Laborschule nicht immer einfach, jedoch für beide Seiten gewinnbringend und spannend ist. Der Wissenschaftliche Beirat spiegelt uns in seinen Kommentaren immer wieder zurück, wie lebendig und fruchtbar diese Verbindung ist, wofür auch ihre Ergebnisse sprechen. Für die Lehrerinnen und Lehrer der Schule ist es ebenso motivierend wie ihrer Arbeit förderlich, daß sie die Chance haben, zeitweise etwas weniger zu unterrichten und dafür Neues zu entwickeln oder ein Problem, das sich als vorrangig erwie-

---

[1] Klaus-Jürgen TILLMANN: Laborschulforschung 1994-1997: Entwicklungen, Probleme, Perspektiven. Bericht des Wissenschaftlichen Leiters. In: Wolfgang KLAFKI, Klaus-Jürgen TILLMANN (Hrsg.): Laborschulforschung 1994-1997. Zwei Berichte. Werkstattheft Nr. 9, S. 20-21

sen hat, zu bearbeiten. Das tut uns gut, hält uns fit, zwingt uns, nie stillzustehen und mit uns zufrieden zu sein, so wie es der Gründungsidee dieser Schule entspricht.

Im Zuge zunehmender Autonomie, die den einzelnen Schulen die Möglichkeit bietet, eigene Schulprogramme zu entwickeln und zu evaluieren, ja sie dazu anhält, kann eine Schule, der dies bei ihrer Gründung vor bald 25 Jahren gleichsam als Dauerauftrag in die Wiege gelegt wurde, solchen Entwicklungsprozessen mit vielen Erfahrungen und Impulsen dienen; meine Darstellung hätte ihren Zweck erfüllt, wenn Sie davon einen Eindruck haben gewinnen können.

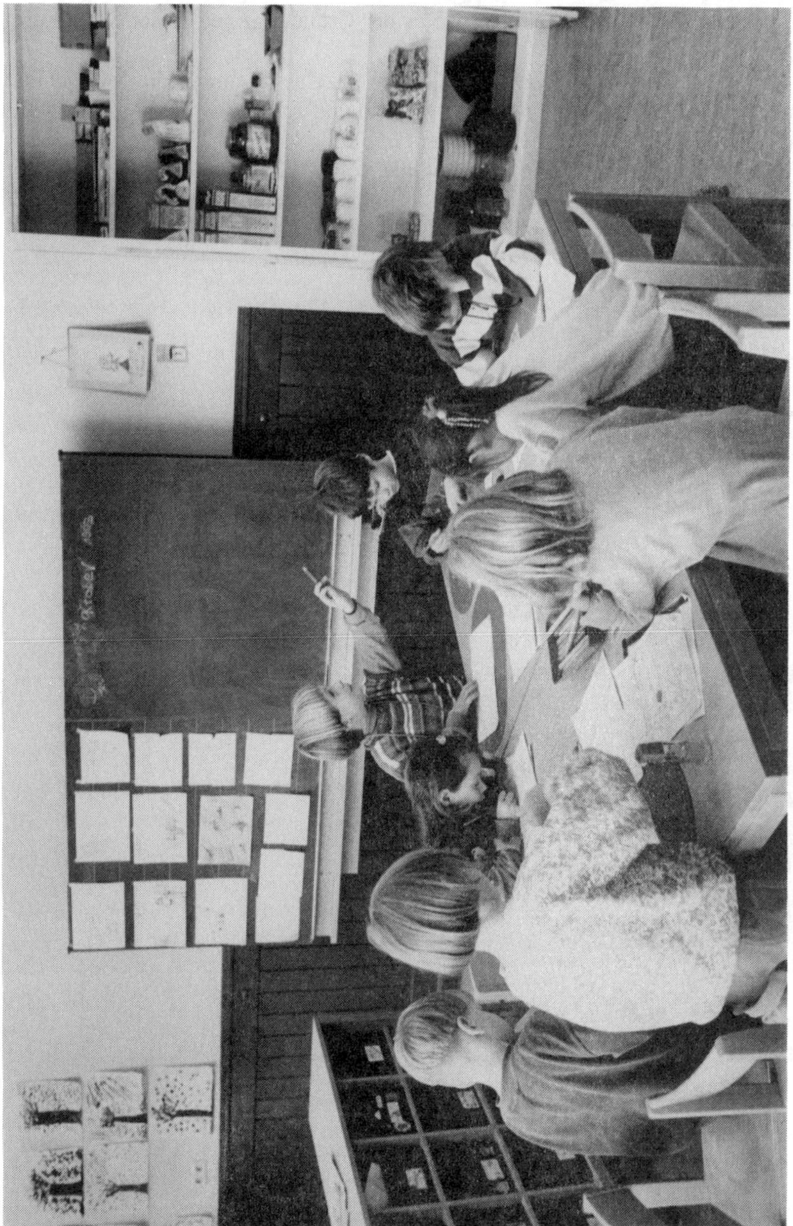

Fotografie und Copyright: Pressefoto Michael SEIFERT, Hannover

Wiltrud THIES

Die Wissenschaftliche Begleitung der Reformschule Kassel

Der vorliegende Beitrag dokumentiert zunächst einige Spezifika der Schule, deren wissenschaftliche Begleitung hier thematisiert wird. Der anschließenden Darstellung der Rahmenbedingungen folgen Aussagen zum Selbstverständnis der Schul-Begleitung an der Reformschule Kassel. Dieses Selbstverständnis eines phänomenologisch-dialogischen Verfahrens wird an zwei Beispielen unterschiedlicher Reichweite erläutert. Abschließend nenne ich eine Auswahl spezifischer Forschungsprojekte, die innerhalb der Wissenschaftlichen Begleitung der Reformschule bisher durchgeführt wurden.

Die Reformschule Kassel - Stichworte zu Schule und Konzept

Die Reformschule Kassel ist eine Versuchsschule des Landes Hessen, die 1988 gegründet wurde. Schulträgerin ist die Stadt Kassel. Die Reformschule ist eine kleine Gesamtschule, die die Jahrgänge 0 (5jährige Kinder) bis 10 umfassen wird. Da die Schule jahrgangsweise aufgebaut wird, wird die Aufbauphase erst 1998 abgeschlossen sein. Die ältesten Schülerinnen und Schüler befinden sich zur Zeit im Jahrgang 9. Die Schule wird im laufenden Schuljahr von ca. 350 Schülerinnen und Schülern besucht.

Zum pädagogischen Konzept der Schule

Der Reformschule Kassel liegt ein pädagogisches Konzept zugrunde, das von Erziehungswissenschaftler(inne)n der Gesamthochschule Kassel unter Federführung von Prof. RAUSCHENBERGER entwickelt wurde. Die Schule wurde schrittweise genehmigt; erst seit 1994 ist sichergestellt, daß sie ihre Arbeit wie geplant bis zum Abschluß der Sekundarstufe I fortsetzen kann.

Die Aufgabe der Reformschule beschreibt RAUSCHENBERGER (1991) so: "Die Reformschule soll dem jungen Menschen helfen, seine Bildungsmöglichkeiten vielseitig zu entfalten. Er soll dabei nicht nur seinen Geist bilden können, sondern auch seinen Körper und seine Fähigkeiten, etwas mit den Händen herzustellen. Er soll sich in der Welt orientieren lernen - in der Nachbarschaft wie in fernen Ländern. Er soll die Verhältnisse der Gesellschaft so weit begreifen lernen, daß er ihnen, einmal erwachsen, handelnd antworten kann. Bei alledem soll er lernen, sich selber zu achten, indem er die anderen achtet; deshalb muß er in der Schule die Erfahrung machen können, daß es ein Glück ist, wenn er aus eigener Initiative mit anderen zusammenarbeiten kann, auch wenn er zuzeiten imstande sein muß, für sich allein zu arbeiten."

An den damit umschriebenen Prinzipien "Erziehung zur Selbständigkeit", "Lernen mit Kopf, Herz und Hand" und der Betonung des sozialen Lernens orientieren sich die innere und äußere Struktur der Reformschule (SKISCHUS/THIES 1997):

1. *Die Reformschule ist eine Gesamtschule, die die Jahrgänge 0 bis 10 umfaßt.* Damit vermeidet sie Brüche in der Lernbiographie von Kindern durch Schulwechsel. Sie versucht, das schulische Zusammenleben von Kindern des 5. bis 16. Lebensjahres besonders zu fördern. Sie ist eine Schule für alle Kinder, die auch behinderte Kinder nicht ausgrenzt.
2. Die Reformschule setzt an die Stelle des Prinzips der Jahrgangsklasse *die altersgemischte Stammgruppe.* Die Schule ist in *vier Stufen* gegliedert: In der Stufe I befinden sich die Kinder der Jahrgänge 0 bis 2, die Stufe II umfaßt die Jahrgänge 3 bis 5, die Stufe III die Jahrgänge 6 bis 8 und die Stufe IV die Jahrgänge 9 und 10.
   Diese Gruppierungsform läßt sich zum einen aus der Lebenssituation heutiger Kinder begründen: Immer mehr Kinder wachsen ohne Geschwister auf und auch die Möglichkeiten, sich in informellen Spielgruppen zusammenzufinden, werden immer stärker eingeschränkt. Zum anderen verabschiedet sich die Schule mit dieser Gruppierungsform von der Vorstellung, daß Gleichaltrige zur gleichen Zeit das Gleiche lernen sollten und wollten. Durch die bewußt hergestellte Altersmischung erzwingt sie geradezu eine Vielfalt von unterrichtlichen Angeboten. Sie fördert dadurch aber auch *besondere Formen des sozialen Lernens,* indem sie Kinder verschiedenen Alters dazu veranlaßt, voneinander zu lernen und sich gegenseitig zu helfen.
3. Als *Ganztagsschule* nimmt die Reformschule die Möglichkeit wahr, sich einen zeitlichen *Rhythmus* zu schaffen, der vom 45-Minuten-Takt abweicht. Sie bietet ihren Schüler(innen) die Möglichkeit, sich auf Inhalte intensiver einlassen zu können, zeitliche Freiräume nach eigenen Bedürfnissen zu nutzen und im Zusammenleben mit anderen selbständig soziale Beziehungen zu gestalten.
4. Die Reformschule möchte Kinder von Anfang an *zum selbständigen Lernen ermutigen.* Kindliche Erfahrungen haben wenig zu tun mit der Systematik von Schulfächern - deshalb haben Unterrichtsbereiche, die von *fächerübergreifenden Fragestellungen* ausgehen, in unserer Praxis einen hohen Stellenwert.
   In den Stufen III und IV nimmt das *Lernen in Projekten* einen breiten Raum ein. Hier sollen die Jugendlichen dazu befähigt werden, an Themen aus dem gesellschaftswissenschaftlichen oder naturwissenschaftlichen Bereich selbständig zu arbeiten. Dabei soll sich das Lernen am realen Leben orientieren und inhaltliche Verknüpfungen beinhalten. Durch Öffnung von schulischem Lernen soll es gelingen, die Jugendlichen für gesellschaftliche oder naturwissenschaftliche Phänomene zu interessieren.
5. Eine Schule, die sich der Aufgabe stellt, den Kindern und Jugendlichen differenziert Lernwege, die ihren Fähigkeiten und ihrem Arbeitstempo angepaßt sind, zu eröffnen, läßt sich kaum in Einklang bringen mit traditionellen Bewertungs- und Selektionsmechanismen. Die Reformschule verzichtet daher auf starre Formen der äußeren Differenzierung und setzt an ihre Stelle *flexible Formen der Binnendifferenzierung* sowie *zeitlich begrenzte Formen der themen- oder interessensbezogenen Differenzierung.* Bis zum Beginn der Stufe IV (Jahrgang 9) *verzichtet die Schule auf Noten und Ziffernzeugnisse.* An ihre Stelle treten ausführliche Lernentwicklungsberichte, Gespräche mit den Eltern und individuelle Formen der Rückmeldung an die Kinder, die sie nicht nur durch die Lehrerinnen und Lehrer, sondern auch durch die Gruppe erfahren.
6. Die konzeptionelle Vorgabe, Erziehung und Lehre als gleichberechtigt anzusehen, erfordert die Verständigung auf ein *kooperatives Erziehungsprogramm* und die Einigung auf konkrete Praktiken im Umgang mit den Schülerinnen und Schülern. Unterricht im Team, das gemeinsam die Verantwortung für eine Gruppe übernimmt, erfordert die Fähigkeit, die eigene Unterrichtspraxis im kritischen Dialog zu reflektieren. Insofern sind kooperative Arbeitsformen im Kollegium zwingend erforderlich.

7. Die Lehrerinnen und Lehrer der Reformschule sind aktiv um einen *kontinuierlichen Kontakt mit den Eltern* bemüht. Dabei geht es darum, im Interesse einer bestmöglichen Entwicklung eines Kindes im Gespräch zu bleiben, Erfahrungen und Einsichten mitzuteilen, Kritik zu äußern und Informationen weiterzuleiten. Ein solcherart gegenseitiger kontinuierlicher Austausch zwischen Elternhaus und Schule ist vor allem deswegen wichtig, weil beide Seiten ihren Beitrag zur Erziehung des Kindes leisten wollen: Das Kind hat ein Recht darauf zu erleben, daß diejenigen, die es erziehen, auch miteinander darüber reden.
   Darüber hinaus haben Eltern eine Reihe von Möglichkeiten zur aktiven Mitgestaltung des Schullebens, indem sie zeitlich befristete Arbeitsgemeinschaften für Schülerinnen und Schüler leiten, Veranstaltungsangebote für Eltern und Kolleg(inn)en machen, pädagogische Tage (z.B. zum Thema Mädchen- und Jungenerziehung) planen und durchführen.
8. Die Reformschule wird seit ihrem Bestehen durch die Gesamthochschule Kassel *wissenschaftlich begleitet*. Hiervon wird im folgenden nun die Rede sein.

Die Wissenschaftliche Begleitung der Reformschule Kassel

Rahmenbedingungen der Wissenschaftlichen Begleitung

Die Gesamthochschule Kassel hat die Reformschule seit der Genehmigung durch den hessischen Kultusminister auf ihrem Weg in die Praxis begleitet. Sie hat aus diesem Grund Prof. RAUSCHENBERGER eine (befristete) halbe Stelle für eine/n wissenschaftliche/n Mitarbeiter(in) an die Seite gestellt (zunächst Ralf LAGING, zur Zeit Wiltrud THIES). Zusätzlich arbeitete während der ersten Jahre Charlotte RÖHNER auf einer halben Stelle als pädagogische Mitarbeiterin in der Wissenschaftlichen Begleitung mit. War zu Beginn der Arbeit der Reformschule schließlich zusätzlich eine Förderung von Forschungsprojekten durch das Hessische Institut für Bildungsplanung und Schulentwicklung (HIBS) möglich, so ist heute eine Förderung durch das Kultusministerium nicht mehr gegeben. Die Reformschule kann lediglich im Rahmen des hessischen Programms "Mittel statt Stelle" Gelder für Forschungszwecke flüssig machen, die eigentlich für die pädagogische Praxis dringend benötigt werden. Gleichzeitig ist die durch die Gesamthochschule Kassel finanzierte $^1/_2$ Mitarbeiter(innen)-Stelle nun eine Stelle mit Qualifikationsvermerk, was für die Reformschule de facto den Verlust der Hälfte dieser halben Stelle bedeutet, da diese in ein Promotionsvorhaben einfließen muß. Es dürfte deutlich geworden sein, daß sich die am Anfang der Schule zunächst günstigen Rahmenbedingungen für die Wissenschaftliche Begleitung im Laufe der Jahre quantitativ deutlich verschlechtert haben. Notwendig folgende negative Auswirkungen auf die Qualität und Reichweite der Wissenschaftlichen Begleitung werden zur Zeit mit zusätzlicher, unbezahlter Arbeit gebremst. Hier allerdings sind die persönlichen Kräfte endlich.

Zum Selbstverständnis der Wissenschaftlichen Begleitung

Die Wissenschaftliche Begleitung verstehen wir zunächst im wörtlichen Sinne: Wissenschaftlerinnen und Wissenschaftler sind *dabei*, wenn eine neue Schule

aufgebaut, etwas pädagogisch neu versucht wird. Dieses Dabei-Sein beinhaltet das Mit-Machen ebenso wie das An-Sehen und Spiegeln dessen, was zu sehen war. Hintergrund der Beurteilung von Beobachtungen ist die Einsicht, Begründungszusammenhänge für Schule heute aus der aktuellen gesellschaftlichen Situation und vermuteten Perspektiven ableiten zu müssen, da genau diese Schulentwicklung fordern. Eine Reform-Schule heute zu machen, bedeutet entsprechend, sich den Veränderungen im kindlichen Aufwachsen und erwachsenen Leben zu stellen und Antworten darauf zu suchen.
Insofern konzentriert sich die Begleitung der Schule auf pädagogische und didaktische Fragen, insbesondere wird mit den Kolleginnen und Kollegen unter immer neuen Perspektiven die Umsetzung, Veränderung und Begründung des Schulkonzepts diskutiert. Dabei ist die Offenheit des Kollegiums für Besuche und Gespräche Voraussetzung für eine solche Arbeit; Vertrauen ist Bedingung für eine taktvolle Begleitung. Schule und Hochschule verstehen die Begleitung nicht als eine Be-Forschung im Sinne einer Ergebnisabfrage, sondern vielmehr als *phänomenologisch-dialogisches Verfahren der Schulentwicklung*.
Durch Unterrichtsbeobachtung entstehen so u.a. Texte über unterrichtliche oder schulische Prozesse, die entweder im Gespräch mit der in die Beobachtung einbezogenen Lehrerin reflektiert werden oder Eingang finden in Stufensitzungen oder pädagogische Gesamtkonferenzen/ Kompaktseminare der Schule. Es geht dabei um "die Rekonstruktion und das pädagogische Lesbar-Machen dieser Prozesse, die hinsichtlich prägnanter Situationen, typischer Muster, individueller Differenzen und zugrundeliegender Strukturen interpretiert werden sollen" (LAGING 1991, S. 91). Dabei ist uns wichtig, daß Konsequenzen aus den Beobachtungen gemeinsam mit den Lehrer(inne)n der Schule entwickelt werden: nicht die Wissenschaftliche Begleitung gibt das Thema vor, sondern der Dialog entscheidet über Richtung und Tempo der Weiter-Arbeit.

Beispiele für ein phänomenologisch-dialogisches Verfahren der Schulentwicklung

Hierzu möchte ich nun zwei Beispiele vorstellen. Zunächst eines, daß das phänomenolgisch-dialogische Verfahren der Wissenschaftlichen Begleitung in der Entwicklung und Reflexion von Unterricht zeigt und dann eines, das die Meta-Ebene, die gemeinsame Reflexion des Konzepts berührt.

Beispiel 1: Projektlernen in der Stufe III
Die Reformschule ist eigentlich aus dem Gedanken entstanden, daß sich Schule vor allem im Bereich der Sekundarstufe I verändern muß, da diese die Entwicklungsphase von Jugendlichen umfaßt, in der sie sich häufig völlig vor der Schule verschließen und allein mit Erscheinungen ihrer Pubertät und Adoleszenz befaßt sind. Das freie Projektlernen mit einem großen Stundenanteil - nämlich mit regelmäßig 10 bis 12 Wochenstunden - in der Stufe III (6. - 8.

Schuljahr) zu verankern, ist der Wertschätzung authentischen, selbst gewählten Lernens verpflichtet. Die Idee, die verfolgt wird, fasse ich kurz so zusammen: Wenn das Lernen etwas mit dem Leben, mit gesellschaftlicher Realität zu tun hat, wenn der Lernstoff selbst gewählt und das Lernen selbst organisiert und im besten Sinne des Wortes praktisch ist, dann besteht für Jugendliche auch in der beschriebenen Entwicklungsphase die Möglichkeit, Interesse für die Schule zu entwickeln oder sich zu erhalten.

Die Pädagogische Planungsgruppe (1994), in der Lehrerinnen und Lehrer der Reformschule, die Wissenschaftliche Begleitung und weitere externe Lehrer(innen) ein konkretes Konzept für das Projektlernen in der Stufe III entwikkelten, einigte sich nach langen Diskussionen auf einen sehr umfassenden Projektbegriff: "Projekte sollen den Schülerinnen und Schülern die Möglichkeit bieten, allmählich zu eigenen Vorhaben (in Gruppen oder als einzelne zu kommen, wobei sie die Thematik selber auswählen und Arbeiten selber planen, durchführen und vollenden können. Die Aufgabenstellungen sollen bei Unterrichtsprojekten möglichst in Selbstbestimmung erfolgen. Die Lehrerinnen und Lehrer haben die Möglichkeit, anzuregen, zu beraten, Material zu beschaffen und die Schülerinnen und Schüler dort zu unterstützen, wo sie allein nicht weiterkommen. Sie sollen aber nicht die Ziele ohne Rücksprache mit der Gruppe von sich aus vorgeben oder den Unterricht dadurch in die Hand nehmen, daß sie die einzelnen Schritte für die Schüler(innen) festlegen." Das Planungspapier formuliert neben der allgemeinen Bestimmung noch mehrere erläuternde Aspekte unseres Projektbegriffs, deren Ausführung hier zu weit führen würde.

Deutlich war von Anfang an, daß so verstandene Projektarbeit eine hohe Anforderung an Lehrer(innen) und Schüler(innen) darstellt. Für die Schüler(innen) beinhaltet es weitgehende inhaltliche Freiheiten, aber ein Höchstmaß an Ernsthaftigkeit, Arbeitstechniken, Kommunikationsfähigkeiten in der Kleingruppe, Stehvermögen. Für die Lehrer(innen) bedeutet es vor allem die Anforderung, loslassen zu können, zu beraten statt zu belehren, eigenes Nicht-Wissen und Nicht-Können gleichwertig neben dem Können zu präsentieren und hierüber mit Schüler(inne)n und Kolleg(inne)n zu kommunizieren, die Planung des Lernprozesses aus der Hand zu geben und gleichzeitig verläßlich für Schüler(innen) und Eltern die Dinge im Auge zu behalten. Daß ein solches Unterfangen mindestens mit Anfangsschwierigkeiten zu kämpfen haben müßte, schien allen klar. Und so kam es auch: Auch die Schülerinnen und Schüler mußten ja erst für die neue Form des Arbeitens gewonnen werden. Daß nach den Sommerferien eine Gruppe von Mädchen auffallend gekleidet und in ihrer Adoleszenz deutlich weiterentwickelt durch die Flure wandelte, war zunächst ebenso gewöhnungsbedürftig wie die Präsentation von Null-Bock-Gefühlen, scheinbar fehlendem Leistungsantrieb, dafür aber ernsthaften körperlichen Auseinandersetzungen einiger Jungen. Auch wenn die Jugendlichen gemeinsam Regeln entwickelten und festlegten, so konnten sie sich doch oft genug nicht daran halten. Da liegt es in der Aufbausituation einer besonderen Schule nahe, die neu entwickelten Formen des

Lernens, insbesondere die Freiheiten im Projekt zu hinterfragen: Lernen die Kinder denn hier etwas? Und was lernen sie? Haben sie denn schon die Voraussetzungen für einen solchermaßen selbständigen Lernprozeß? Und wenn sie die schon einmal hatten, warum scheinen sie sie mindestens jetzt gerade nicht präsent zu haben? Soll die freie Wählbarkeit eingeschränkt werden, ist es nicht besser, für alle *ein* Thema zunächst vorzugeben? Aber ist es dann noch ein Projekt, so, wie wir es verstehen wollten?
RAUSCHENBERGER (1994) spiegelt nach Unterrichtshospitationen Fälle, die in der Planungsgruppe diskutiert werden:

"1. Über ein Projekt, das die Kinder fallen ließen
Alexander möchte über Elektrizität arbeiten. Das Thema Elektromotor kommt ins Spiel. Paul und zwei Mädchen schließen sich an. Die Kinder wissen nicht, wie sie es anfangen sollen, möglichst schnell einen Motor fertigzukriegen. Bald ist ihnen alles zu aufwendig. Sie werden unlustig. Schließlich rät Jacob dem Paul von der Beteiligung ab. (Jacob hatte kurz davor eine ernste Schlägerei mit Doron; es war Paul, der ihn tröstete.) Auch die Mädchen geben auf.

2. Über ein Projekt, das in die Gänge kommt
Joschi will etwas mit Strom machen. Der Lehrer verwickelt in ihn ein Gespräch, wobei er ihm klarmacht, daß das Thema konkreter werden muß. Sie landen beim Magnetismus, und Joschi fängt damit an und tastet sich langsam bis zum Elektromagnetismus vor."

RAUSCHENBERGER (1994) schlägt nach Beobachtungen wie diesen vor, die Projektvorstellungen der Kinder immer zunächst so zu behandeln, "daß sie schrittweise genötigt werden, ihre Vorstellungen selber zu konkretisieren, d.h. auf erste Schritte hin festzulegen, was auch durchführbar ist. Fragen an die Kinder sind dann 'Wie stellst Du dir das vor? ... Wie willst du anfangen? ... Hast du alles, was du brauchst? ... Wer kann mitarbeiten? ...usw.'"
Die Rückmeldung der Lehrenden ermöglicht den Schüler(inne)n, Stellung zu nehmen und den eigenen Lern- und Organisationsprozeß zu reflektieren. Gleichzeitig entscheiden sich die Lehrer(innen) im Planungsgespräch dafür, mehrere Varianten des Projektlernens nebeneinander zu erproben. So gibt es nun einerseits Versuche mit einem "Vorbereitungsunterricht für das Projektlernen", in dem die wichtigsten Funktionen, die für das selbständige Arbeiten gebraucht werden, thematisiert und geübt werden. Andererseits versucht man die Durchführung von Gruppenprojekten, in denen das Gesamtthema vorgegeben ist, mögliche Teilthemen mit der Gruppe entwickelt und Untergruppen gebildet werden. Der Abschluß des Projekts erfolgt gemeinsam. Eine weitere Variante sieht die Möglichkeit vor, daß neben dem Hauptthema der Gruppe, das die meisten Kinder bearbeiten, sich einzelne Kinder dezidiert ein anderes Thema wünschen. Diese können zu einem besonderen Zeitpunkt ihrem Lehrer oder ihrer Lehrerin im Einzelgespräch vortragen, woran sie arbeiten möchten. Dabei müssen Sie Thema und Ziel ihres Vorhabens, mögliche Mitarbeiter(innen), vermutlich benötigte Zeit sowie Vorschläge zur Selbst- oder zur Fremdüberprüfung erläutern. Was hier passiert, ist folgendes: Diejenigen Kinder, die abseits von

der Gruppe etwas Eigenes verfolgen möchten, können dies unter bestimmten Voraussetzungen tun. Sie verpflichten sich vorab auf den Ernstcharakter der Lernsituation, der sich bereits in der Vorplanung des Gesprächs mit dem der Lehrer(in) dokumentiert.
Mit Hilfe dieser neuen Planungen zum Projektlernen machen Kinder und Lehrer(innen) neue Erfahrungen. In der Planungsgruppe ist in den folgenden Wochen eine deutliche Entspannung zu spüren und Auswertungen ergeben, daß Lehrer(innen) und Schüler(innen) sicherer werden in der Handhabung des Projektlernens. Die Lehrer(innen) dokumentieren dies für mich eindrucksvoll dadurch, daß sie einhellig für eine größtmögliche thematische Freiheit der Projekte in der Stufe III plädieren und eine systematische Anbindung an einzelne Lernbereiche nicht für sinnvoll, weil als zu starr und die Freiheit des Projektlernens einschränkend erachten. Die individuelle Beratung des einzelnen Kindes durch seinen Lehrer(in) erscheint ihnen wichtiger und erfolgversprechender, um bei jedem einzelnen Kind eine inhaltliche Vielfalt im Projektlernen zu erreichen. Auch thematisieren die Kolleg(inne)n ihre eigenen Lernprozesse im Projekt nun sehr positiv: "In der Einführungsphase der Arbeit in Stufe III haben wir die Kinder, uns selbst und die Kinder uns manchmal überfordert. Denn auch wir Lehrerinnen und Lehrer mußten uns erst in die neue Rolle als Begleiter und Beraterin der Kinder einfinden, die unserem bisherigen Rollenverständnis als Lehrer und Lehrerinnen manchmal ziemlich widerspricht. Nach dieser Phase der Verunsicherung und des Lernens auf beiden Seiten ist Ruhe und Gelassenheit eingekehrt, verbunden mit der (...) Gewißheit, daß wir auf dem richtigen Weg und dem Ziel nahe sind" (WITTERN 1996).
Die Aufgabe und Arbeitsweise unserer Form der wissenschaftlichen Begleitung von Schulentwicklung ist hierbei deutlich: Entsprechend dem Verständnis als phänomenologisch-dialogischem Verfahren wird von der Beobachtung ausgegangen und das Gespräch gesucht. Gemeinsame Reflexionsprozesse führen zu neuen pädagogischen Vorhaben, die in gleicher Weise Gegenstand der wissenschaftlichen Begleitung sind. Der Dialog über eine Sache wird mindestens so lange geführt, bis ein vorläufiges Ergebnis vorliegt. Er wird dann erneut begonnen, wenn neue Faktoren (veränderte Problemlagen der Schüler(innen), neue Kolleg(inne)n, Schwierigkeiten im konkreten Schul- und Unterrichtsalltag ...) dies sinnvoll erscheinen läßt.

Beispiel 2: Zur Lernkultur in einer ganzen Stufe
Aus dem Kollegium wird die Anfrage an mich gerichtet, ob wir nicht Zeit finden können, einmal zu schauen, wie die Kinder der Reformschule in der Stufe II (3. - 5. Schuljahr) lernen und leben. Es gibt bei manchen beteiligten Lehrer(inne)n Unsicherheiten hinsichtlich des Konzepts, bei anderen aber auch nur ein nicht näher zu beschreibendes unwohles Gefühl bezüglich der gefundenen Arbeitsformen. Im Gespräch entsteht folgender Plan: Über den Zeitraum von einer Woche werden alle Gruppen der Stufe II von mir oder Herrn RAUSCHENBERGER be-

sucht. Wir organisieren das so, daß alle vorkommenden Unterrichtsformen und alle Lehrerinnen und Lehrer der Stufe in die Beobachtungen einbezogen sind. Die Wissenschaftliche Begleitung verpflichtet sich auf eine Rückmeldung auf einer zeitlich den Hospitationen nahe liegenden Stufensitzung. Wir protokollieren während unserer Beobachtungswoche den Unterricht, den wir sehen. Gemeinsam suchen wir nach einer Struktur, mit deren Hilfe wir den Kolleginnen und Kollegen unsere vielfältigen Beobachtungen rückspiegeln können. Wir versuchen dabei, unsere Kritik allgemein und konstruktiv zu fassen und nicht einzelne Personen persönlich vorzuführen. Gleichwohl ist es - so stellt es sich hinterher heraus - für die jeweils Betroffenen ohne das Gefühl der öffentlichen Bloßstellung möglich, sich wiederzufinden. Wir entwickeln für unseren Bericht folgendes Themen-Raster:

1. Die soziale Atmosphäre
2. Morgenkreise und Gesprächskreise
3. (Altersgemischter) Unterricht:
3.1. Altersgemischter Unterricht in der Thematischen Einheit
3.2. Innere Differenzierung im altersgemischten Rahmen
3.3. Äußere Differenzierung und Aufhebung des altersgemischten Rahmens
4. Vom Umgang mit (fehl)kultivierten Rahmensituationen
5. Stundenplaneffekte
6. Leistungsängste (Lehrer(innen), Schüler(innen), Eltern)
7. Pädagogische Erwägungen zur Weiterarbeit
8. Organisatorische Erwägungen zur Weiterarbeit

Der Text, den wir den Lehrer(inne)n vortragen und den sie anschließend auch schriftlich erhalten, ist eine Mischung aus Beobachtungsprotokollen, Meta-Überlegungen, Fragen und Vorschlägen. Hier kann ich nicht systematisch auf die Inhalte eingehen. Wenige nicht weiter kommentierte Text-Beispiele sollen aber spiegeln, welcher Art der Vortrag war (THIES/RAUSCHENBERGER 1993).

a) **Protokolltext als unmittelbarer Spiegel einer Situation**

Zu Unterrichtsbeginn sitzen die Kinder, zwei Lehrerinnen und die Gäste im Stuhlkreis. Nun beginnt die Lehrerin mit einem Ritus zur Schaffung einer sozialen Atmosphäre. Sie fängt leise, für Außenstehende kaum verständlich, an, zu den Kindern zu sprechen. Was sie sagt, ist eine Mischung von emotional-geistiger Fühlungsnahme und Verständigungen über Ordnungsvoraussetzungen. Es ist, als ob sie in einem sagte: "Habt Ihr gemerkt, ich bin jetzt hier. Ich möchte mit Euch zusammen etwas arbeiten, aber erst müssen wir alles beiseite schaffen, was uns daran hindert."

Die Kinder reagieren darauf, als ob es nichts Selbstverständlicheres gäbe. Sie gehen auf den Ton ein, teilen ihre Auffassung über die störenden Elemente und helfen bei ihrer Beseitigung. Dabei achtet die Lehrerin darauf, daß dieses Ordnungschaffen verstanden, eingesehen und schließlich durchgeführt wird. Was sie kritisiert, kritisiert sie so, daß den Kindern etwas zu tun bleibt. (...) Der Protokolltext berichtet dann über inhaltliche Aspekte des beobachteten Morgenkreises.

b) **Meta-Überlegungen**: Das Beispiel der Organisation von "thematischen Einheiten" in der altersgemischten Gruppe
In der Stufe II hat das altersgemischte Lernen seinen sicheren Platz in der thematischen Einheit, die innerhalb der Stammgruppe bearbeitet wird. Es gibt in den Themenbearbeitungen auch Gruppen, deren Mitglieder sich in etwa altersgleich zusammensetzen. Die Kinder orientieren sich vor allem am Thema, und sicher natürlich auch daran, was der Freund / die Freundin tun möchte.
Es ist möglich, eine thematische Einheit so aufzubereiten, daß sie für alle Kinder Herausforderungen bereithält. Die Tiefe der Erklärung versus Ausprobieren nach Versuch und Irrtum sind hierfür Indikatoren.
Die Schwierigkeiten für die Kinder, dieses Hoffen und Bangen, Versuchen, Scheitern und wieder Versuchen gehört zur selbständigen Arbeit. Genau dies ist es, was über den Themeninhalt hinaus Spaß macht. Es ist der Reiz des Authentischen: Werde ich es schaffen, kann ich es überhaupt schaffen? (...) Natürlich können die Klippen auch zu hoch werden. Wenn Kinder nichts mehr probieren, wenn sie nichts mehr vorhaben, unlustig und mürrisch sind: dann ist Hilfe nötig.

c) **Fragen unterschiedlicher Reichweite** zur späteren Diskussion unter den beteiligten Lehrer(inne)n, z. B.:

- *Gibt es inhaltliche Gestaltungsmöglichkeiten der Kinder im festen Rahmen oder ist der Rahmen zu fest, um sich öffnen zu können?*
- *Gibt es auch "andere" Mathematik, die sich vom herkömmlichen Rechnen unterscheidet?*
- *Ist es so, daß der Arbeitsplan dazu verführt, nur noch zu üben?*
- *Erhalten die Mädchen, die durch ihre solidarische Geduld unauffällig für Stabilität in Lernsituation sorgen, eine entsprechende positive Rückmeldung? Wird ihr Einsatz honoriert?*
- *Wie gelingt es, für die Großen in der Gruppe immer eine eigene Herausforderung bereitzuhalten? Ob Katja in der Nachbarschaft zu Gundi wirklich auf ihre Kosten kommt? Ob Gundi in der direkten Zuordnung zu Katja selbständiges Arbeiten lernen kann?*

d) **Vorschläge**:
Aus den Beobachtungen, Fragen und pädagogischen Überlegungen entwickelte ich den Vorschlag eines "Strukturmodells für die Stufe II" (THIES 1993). Es enthält zunächst den Versuch, die Reichweite altersgemischten Lernens auf dem zur Zeit möglichen Level zu dokumentieren und in seiner Zieldimension anzugehen: *Die* ***Altersmischung als pädagogisches Grundprinzip*** *der Reformschule soll die* ***Kultur des Schulalltages*** *prägen. Das muß so gehen, daß die jüngeren Schüler(innen) von den älteren lernen können, daß die Älteren also für die Jüngeren etwas zu tun haben und die Jüngeren kleinere Aufgaben erhalten, die sie überschauen können und mit deren Erledigung sie in die Schulgemeinschaft hin-*

einwachsen. Je nach Alter sollen also Kinder und Jugendliche eine ***unterschiedliche Verantwortung*** *übernehmen, die für das Gelingen der Schule und des Schullebens (...) einen spezifischen und wichtigen Stellenwert hat. So können die Größeren Dienste übernehmen wie die Spielgeräteausleihe in der Pause oder das Reparieren von zerbrochenen Gegenständen. Sie können die Kleineren einführen in Regeln des Klassenrats, aber auch in inhaltliche Bereiche des Unterrichts. Dafür brauchen sie dann natürlich eine entsprechende Vorbereitungszeit im Rahmen des sonstigen Unterrichts. Sie sollen dann z.B. über einen längeren Zeitraum eine "Lernkiste" erarbeiten, die selbst zusammengestelltes Material zur Einführung der jüngeren Kinder in ein bestimmtes Sachgebiet (in Mathematik ebenso wie zur Fahrradprüfung) enthalten sollen. Die Erarbeitung dieses Materials sollte die Größeren tatsächlich am oberen Limit ihrer schulischen Leistungsfähigkeit fordern. So wird es zur* ***wirklichen Aufgabe*** *und verkommt nicht zur halbherzig abgeleisteten Hilfstätigkeit.*
Wenn es gelingt, diesen Gedanken der Altersmischung stärker voranzutreiben, so wird sich perspektivisch eine Kultur des Von- und Miteinander-Lernens im positiven Sinn entwickeln können.
Es folgen Vorschläge zur Lehrer(innen)-Teambildung und zu Änderungen im Stundenplan.
Das Kollegium der Stufe II hat die durch die Hospitationswoche aufgeworfenen Fragen im Laufe der Zeit aus immer neuen Perspektiven bearbeitet. Es hat sich der Herausforderung des altersgemischten Unterrichtens gestellt und arbeitet daran im Sinne des o.a. Strukturkonzepts. Einige Vorschläge der Wissenschaftlichen Begleitung wurden umgesetzt, andere versucht und nicht für gut befunden. Der Dialog zwischen der Stufe bzw. einzelnen Kolleg(inne)n und der Wissenschaftlichen Begleitung wird seitdem in unregelmäßigen Abständen fortgesetzt.

Wissenschaftliche Begleitung ist auch Forschung in Absprache mit der Reformschule

Durch die wissenschaftliche Begleitung, zum Teil auch gemeinsam mit Kolleginnen und Kollegen der Reformschule, wird die schulische Entwicklung auch einer schriftlichen Dokumentation zugeführt. Neben pädagogischen und inhaltlich-didaktischen Reflexionen und planerischen Aufgaben wurden in den vergangenen Jahren folgende *Forschungsprojekte* durchgeführt:

* *Lernausgangserhebungen zur individuellen Entwicklung, zu Lesen und Schreiben, zu Mathematik, Natur und Technik (LAGING/RAUSCHENBERGER/RÖHNER 1988 - 1990)*: Kinder treten mit unterschiedlichen Voraussetzungen in die Schule ein. Eine Schule, die einen großen Teil ihrer Lernprozesse individualisiert, muß die Ausgangslagen ihrer Kinder genau kennen. Mit den Erhebungen konnten die Notwendigkeiten zur breitgefächerten Differenzierung belegt werden. Gleichzeitig wird deutlich, wie Kin-

der über ihre schulischen Erfahrungen denken und welche pädagogischen Ansätze notwendig sind, um ihren Ansprüchen gerecht werden zu können.

* *Episoden sozialer Phänomene und Prozesse (RAUSCHENBERGER 1988 - 1990)*: Beobachtete Episoden werden zum Gegenstand pädagogischer Gespräche, die soziale Prozesse an der Reformschule dokumentieren. Es entsteht ein Modell zum Verständnis sozialer Kompetenz von Kindern.
* *Lernverläufe an Fallbeispielen (LAGING 1989 - 1990)*: Die Studie geht der Frage nach, wie sich verändert. Im Vordergrund der Untersuchung steht die Art und Weise der Kinder, mit den angebotenen Lernarrangements umzugehen. Beobachtet werden ausgewählte Kinder im Abstand von 4 - 6 Wochen über mehrere Jahre.
* *Ganztagsschule in der Stufe I (LAGING 1990)*: Die Untersuchung geht der Frage nach, was besonders die jüngeren Reformschulkinder (und ihre Eltern) mit dem Schul-Ganz-Tag umgehen, der ohne Fächer und Stundentakt eine eigene Rhytmisierung hat.
* *Kooperation, Arbeitstätigkeit und Arbeitsbelastung im Kollegium der Reformschule Kassel (THIES 1989 - 1990)*: Die Arbeit im Team, die Entwicklung eigener Lern-Materialien und -wege, die Individualisierung des Lernens, der Anspruch, reformorientiert zu arbeiten, führt zu einem neuen Tätigkeitsprofil für Lehrerinnen und Lehrer an der Reformschule.
* *Schriftsprachenerwerb (RÖHNER 1990 - 1993)*: Die Studie behandelt die an der Reformschule erprobte Form des authentischen Lernens von Lesen und Schreiben (nach BRÜGELMANN).
* *Lernen in altersgemischten Gruppen* (LAGING 1991 - 1993): Welche Möglichkeiten bringt die altersgemischte Gruppierungsform für das Erleben der Kinder? Welche Gleichzeitigkeiten und Ungleichzeitigkeiten können beobachtet werden, welche Freundschaftsbeziehungen und Helfersysteme entwickeln sich im altersgemischten Unterricht?
* *Lernbiographien im Unterricht der Reformschule (LAGING 1990 - 1993)*: Die Studie beschreibt die Lernbiographien einzelner Reformschulkinder und ist die inhaltliche Fortführung der Studie zu Lernverläufen (s.o.).
* *Schulreform und Geschlechtererziehung (THIES 1993 - 1996)*: Schulreform ist nicht gleich Reform der Geschlechterverhältnisse. Im Forschungsprojekt werden Unterrichts- und Interaktionsformen hinsichtlich der Geschlechterfrage unter die Lupe genommen.
* *Leistungsbereitschaft und Leistungsverweigerung (RAUSCHENBERGER 1994 - 1996)*: Welche Formen von Leistungsbereitschaft, fast wichtiger noch: welche Formen der Leistungsverweigerung lassen sich im Unterricht der Reformschule differenzieren? Welche Hilfe zur Selbsthilfe läßt sich für die betroffenen Schülerinnen und Schüler entwickeln?
* *Selbständigkeit und soziale Bindungen im Nachhol-Lernen bei schulschwachen Kindern (RAUSCHENBERGER 1995 - 1996)*: Schulreform bedeutet nicht, daß alle Kinder jederzeit auf der Höhe ihrer Leistungsfähigkeit sind. Vielmehr ist es ja an der Reformschule geradezu konzeptionell verbürgt, bei persönlichen Schwierigkeiten nicht immerzu abgeprüft und kurzzeitig ausgesondert zu werden. Bei einzelnen Kindern entsteht aus verschiedensten Gründen die Notwendigkeit des Nachhol-Lernens, das in unserem Fall wissenschaftlich begleitet und angeleitet wird und zu einer besonderen Praktikumsform für Studierende der Gesamthochschule führt.

Die aufgeführten Forschungsprojekte wurden praxisbegleitend im Sinne einer qualitativen Forschung erarbeitet. Sie erwachsen zum Teil direkt aus der praktischen Aufbau- und Entwicklungsarbeit der Reformschule, zu einem anderen

Teil sind sie gebunden an die inhaltlichen Interessensschwerpunkte der Forschenden. Immer werden die Projekte im gemeinsamen Gespräch mit den Lehrenden weiterentwickelt und/oder ausgewertet. Ihre Veröffentlichung dient der Information der Fachöffentlichkeit, stärkt den Bekanntheitsgrad der Schule und kann auch in Diskussionen mit der Schulverwaltung hilfreich sein. Forschungsergebnisse aus der Praxis der Reformschule fließen auch in das Lehrangebot der Gesamthochschule ein und gewährleisten insofern einen Transfer zur nächsten Lehrer(innen)generation.

Literatur

LAGING, R./SKORKA, A.: Schulstr. Zwo, Bd. 1, Kassel 1991.

LAGING, R.: Die wissenschaftliche Begleitung. In: LAGING, R:7SKORKA, A: (Hrsg.) (1991), S. 88-96.

Pädagogische Planungsgruppe der Reformschule Kassel: Projekte in der Stufe III. Manuskript. Kassel 1994.

RAUSCHENBERGER, H.: Reformschule in Kassel - ein Gedanke und seine ganz allmähliche Verwirklichung. In: LAGING, R:/SKORKA, A: (Hrsg.) (1991), S. 78-87.

RAUSCHENBERGER, H./THIES, W.: Von der Kultur der Stufe II der Reformschule Kassel. Nachdenken über eine Hospitationswoche. Manuskript. Kassel 1993.

RAUSCHENBERGER, H.: Zur Diskussion in der Planungsgruppe am 1.11.1994. Manuskript. Kassel 1994 .

SKISCHUS, G./THIES, W.: Die Reformschule Kassel - Ein Porträt. In: THIES, W. (1997), S. 3-10.

THIES, W.: Strukturmodell für die Stufe II. Ein Vorschlag. Manuskript. Kassel 1993.

THIES, W. (Hrsg.): Schulstr. Zwo, Bd. 4, Kassel 1997.

WITTERN, M.: Projektarbeit in der Stufe III. In: THIES, W. (1997), S. 43-55.

Jens BOENISCH & Kerstin MERZ-ATALIK

„Der Blick ins Reagenzglas" Wissenschaftliche Begleitung zur schulischen Integration in den neuen Bundesländern*

Die Schullandschaft in den alten und neuen Bundesländern hat sich in nunmehr sieben Jahren nach der politischen Wende organisatorisch im wesentlichen angeglichen. Lediglich in der begrifflichen Bezeichnung der verschiedenen Sonderschulformen können noch Unterschiede zwischen den verschiedenen Bundesländern festgestellt werden (vgl. KURTH/LANGFELDT 1994). Die Kriterien und Verfahren zur Feststellung des sonderpädagogischen Förderbedarfs sind ebenfalls überwiegend vergleichbar. Nicht vergleichbar ist die große Verunsicherung bei den Lehrerinnen und Lehrern, die durch die schulpolitische Neuorientierung mit der Einführung des dreigliedrigen Schulsystem (plus Gesamtschule plus Ausbau des Sonderschulwesens) im Arbeitsfeld Schule geführt hat. Herkömmliches und im alten System Bewährtes gilt nicht mehr, neues, `westliches´ Denken und Handeln soll die gewachsenen Strukturen schnellstmöglich ablösen. Der gemeinsame Unterricht von behinderten und nichtbehinderten Kindern und Jugendlichen stellt in diesem Kontext nur eine von vielen grundlegenden Veränderungen in der Bildungspolitik der neuen Länder dar.

Anders als im überwiegend einheitlich strukturierten „Dreigliedrigen Schulsystem" haben die in den westlichen Bundesländern über 2 Jahrzehnte entwickelten Integrationskonzepte zu einer bunten „Integrationslandschaft" geführt, die heute im wesentlichen von den rechtlichen, sächlichen und personellen Bedingungen vor Ort bestimmt sind. *Pluralität der Konzepte* statt bundesweites Einheitskonzept ist dabei der zunehmend erkennbare Trend der 90er Jahre (vgl. HEIMLICH 1996a, S. 49 ff.; OPP 1996, S. 356 f). Die neuen Bundesländer hingegen sind noch weit entfernt von einer auf langjährigen Erfahrungen aufbauenden Integrationspraxis. Außer Brandenburg gehen Mecklenburg-Vorpommern, Sachsen, Sachsen-Anhalt und Thüringen einen eher vorsichtigen Weg in die Integration. Schulversuche zum gemeinsamen Unterricht wurden bzw. werden noch immer an unterschiedlichen Standorten vorbereitet, eingerichtet und kleinschrittig erprobt, um im Anschluß zu entscheiden, welche bildungspolitische Linie im jeweiligen Land verfolgt werden soll.

Wie die schulische Integrationslandschaft in den fünf neuen Bundesländern konkret aussieht, ob es - analog zur Umstrukturierung der Allgemeinen Schule - auch hier zu einer Übernahme von West-Konzepten oder ob es vielmehr zu einem „Konzeptionsmix" gekommen ist, in dem die schulischen Besonderheiten vor Ort berücksichtigt worden sind, soll im folgenden für jedes der fünf neuen Bundesländer betrachtet werden. Unter einer „integrationspädagogischen Lupe" wird versucht zu entschlüsseln:

1. Welche bildungspolitischen Veränderungen es in den letzten Jahren gegeben hat,
2. welchen Stellenwert schulische Integration heute, 3 Jahre nach den KMK-Empfehlungen zur sonderpädagogischen Förderung, in den Schulen hat und
3. welche Bedeutung Schulversuche und wissenschaftliche Begleitung bezüglich Innovation und Weiterentwicklung einer integrativen Schullandschaft haben?

Rückblick: Schule und Bildungspolitik in der DDR

Die institutionalisierte Erziehungs- und Bildungsstruktur der DDR war geprägt durch den Schulunterricht am Vormittag und den Hort. Im Hort wurden die Kinder sowohl vor als auch nach der Schulzeit betreut, bis die Eltern nach ihrer Arbeit die Verantwortung für ihre Kinder wieder übernahmen. In der Schule herrschte ein reglementierendes Leistungsprinzip. Es gab einheitliche, von staatlicher Seite festgelegte Lehrplanvorgaben und Stundentafeln, die durch vorgegebene Lehrmaterialien konkretisiert waren. Dieses *Prinzip des Zentralismus* sollte eine Vergleichbarkeit von Lernergebnissen sichern und gewährleisten, daß überall in der DDR zur gleichen Zeit das Gleiche gelernt wurde. Ein solches System der Vereinheitlichung und "Normierung" von Lehren und Lernen ließ wenig Raum für eigene, kreative Unterrichtskonzepte, für Individualisierung oder für selbstbestimmtes Lernen der Schüler(innen). Unterricht in der Regelschule realisierte sich praktisch über Frontalunterricht (vgl. BOENISCH/TRAPPSCHUH 1997).
Dieses wenig differenzierte Regelschulsystem verschloß sich durch seine Starrheit den individuellen Bildungsbedürfnissen behinderter Kinder und Jugendlicher. Daraus leitete sich die Notwendigkeit von Sonderbeschulung ab. Sonderschulen waren Bestandteil des einheitlichen sozialistischen Bildungssystems der DDR und das festgeschriebene Bildungs- und Erziehungsziel, die "Bildung und Erziehung allseitig und harmonisch entwickelter sozialistischer Persönlichkeiten", galt für die Sonderschule ebenso wie für die Regelschule. Im §19 des GESETZ ÜBER DAS EINHEITLICHE SOZIALISTISCHE BILDUNGSSYSTEM heißt es, "daß auch die geschädigten Kinder und Jugendlichen das sozialistische Bildungs- und Erziehungsziel vollständig oder nach den durch die physischen und psychischen Schädigungen verbliebenen Möglichkeiten erreichen" sollten (1965, S. 92 f).
Problematisch zeigt sich in diesem Zusammenhang, daß entgegen der Zusicherung des *gleichen Rechts auf Bildung für alle Bürger* schwerst- und geistigbehinderte Kinder als "schulbildungsunfähig" eingestuft wurden. Ihre Förderung lag nicht mehr im Aufgabenbereich des Ministeriums für Volksbildung, sondern unterstand dem Gesundheits- und Sozialwesen. „Schulbildungsunfähige Kinder"

lebten zu Hause oder in Langzeiteinrichtungen der Psychiatrie bzw. der Kirche (Diakonie).[1]

Mit Ausnahme der schwerst- und geistigbehinderten Kinder wurde, ähnlich wie in der BRD, auch in der DDR i.d.R. erst der Weg der schulischen Aussonderung eingeschlagen. Jede pädagogische Förderung von *physisch-psychisch Geschädigten* fand im DDR-Schulsystem in jeweils schädigungs-spezifisch angelegten Bildungs- und Erziehungseinrichtugnen statt mit dem Ziel der späteren sozialen Integration (vgl. MAHNKE 1995, S. 99).

Ausnahmen waren

a) LRS- (Lese-Rechtschreib-Schwäche) und Ausgleichsklassen, die an Regelschulen geführt wurden und somit zumindest räumlich nicht separiert waren, wodurch eine Rückführung in die allgemeine POS (Polytechnische Oberschule) ermöglicht werden sollte,
b) die ambulanten Beratungsstellen für Hör- und Sprach- und Sehgeschädigte, durch die betroffene(n) Schülerinnen/Schüler nach Maßgabe in ihrer Regelschulklasse hätten bleiben können und
c) die potentielle Möglichkeit von Sonderschülern(innen) zur Rückführung in die POS durch regelmäßige förderdiagnostische Maßnahmen.

Trotz dieser „integrativen Ansätze“ waren schulische Integration und zieldifferenter Unterricht im Bildungswesen der DDR nicht erwünscht. Ein Grund für die weitestgehende gesellschaftliche Akzeptanz und Anerkennung des aussondernden Charakters ist in der verbesserten Ausstattung der Sonderschulen im Vergleich zu den Polytechnischen Oberschulen zu sehen. Dies wurde auch von der Bevölkerung als eine bedeutende Errungenschaft in der sozialistischen Bildungspolitik angesehen. Aus wissenschaftlicher Perspektive wurde gemeinsamer Unterricht von behinderten und nichtbehinderten Kindern und Jugendlichen u.a. als „reformistisches Gedankengut zur Demokratisierung der bürgerlichen Schule“ mit „klar erkennbarem Klassencharakter“ deklariert (vgl. BAUDISCH 1989, S. 5).

Vor diesem historischen Hintergrund erscheint die Einführung des gemeinsamen Unterrichts von behinderten und nichtbehinderten Kindern und Jugendlichen als eine besondere Herausforderung an Lehrer, Eltern und Gesetzgeber. Nach den Kategorien (1) *Rechtsgrundlagen*, (2) *aktueller Stand der schulischen Integration* und (3) *Schulversuche und wissenschaftliche Begleitung* wird im folgenden die spezifische Entwicklung der schulischen Integration in den fünf neuen Bundesländern beleuchtet.

---

[1] Die Anerkennung der Bildungsfähigkeit für schwerst- und geistigbehinderte Kinder gehört mit zu den bedeutensten Veränderungen im Sonderschulwesen der neuen Bundesländer. Schulen für Geistigbehinderte gibt es hier erst seit 1990. Durch die Aufnahme schwerstkörperbehinderter und mehrfachbehinderter Kinder verändert sich seit 1990 die Population an den Schulen für Körperbehinderte zunehmend.

Land Brandenburg

Rechtsgrundlagen

Entgegen der Gesetzgebungen in den anderen neuen Bundesländern wird im Land Brandenburg dem gemeinsamen Unterricht *grundsätzlich* Vorrang vor der Beschulung in einer Sonderschule eingeräumt, integrative Beschulungsformen sind die Regelform. So heißt es in §3 des Brandenburgischen Schulgesetzes (BbgSchulG, vom 12.4.1996) zum Recht auf Bildung: „Es ist Aufgabe aller Schulen, jede Schülerin und jeden Schüler zu fördern. Begabte, sozial Benachteiligte und Menschen mit Behinderungen sind besonders zu fördern.“ Dies bezieht sich auf alle Schulstufen, von der (sechsjährigen) Grundschule bis zum Oberstufenzentrum[1]. Zur Unterstützung des gemeinsamen Unterrichts werden eine Zusammenarbeit mit einer Förderschule oder einer sonderpädagogischen Beratungsstelle angestrebt[2]. „Schulpflichtige, deren Eltern es wünschen oder für die in den anderen Schulformen die Voraussetzungen gemäß §29 Abs. 2 (Anm.d.V.: eine angemessene personelle, räumliche und sächliche Ausstattung) nicht vorhanden sind, besuchen die für sie geeignete Schule."[3]

Aktueller Stand der schulischen Integration

Die Umsetzung der Integration wurde, orientiert an den sozialökologischen Zusammenhängen im System Schule, als mehrstufige System-Innovation konzeptioniert und im wesentlichen auf vier Handlungs-Ebenen angesiedelt (PREUSS-LAUSITZ 1994): der Ebene des Unterrichts, der Ebene der Einzelschule, der Ebene des gesamten Kreises und der Landesebene. Der Schwerpunkt der Unterrichts-Ebene liegt auf der Förderung einer reformorientierten integrationspädagogischen Unterrichtspraxis. Innovationen auf der Ebene der Einzelschule sollen eine Isolation der Beteiligten verhindern; dazu wurde insbesondere die Kooperation mit Eltern, Kolleg(inn)en, der Schulleitung und außerschulischen Ämtern und Diensten gefördert und gestärkt. Auch auf der Ebene der Kreise waren Kooperation, interdisziplinäre Zusammenarbeit und Kompetenzerwerb entscheidende Ziele. Dazu wurden Koordinator(inn)en (in einzelnen Kreisen) in einer einjährigen Fortbildung zur Integration geschult, zu deren Aufgaben auch Fortbildung von Lehrer(innen) zählte. Für diese Fortbildungen zur Integration wurde pro Schuljahr eine vorgegebene Anzahl von Lehrer(inne)n teilweise vom Unterricht befreit. Ein Arbeitskreis Integration (für Interessierte aus allen beteiligten Personenkreisen) wurde initiiert.

Waren in den ersten Jahren Mindeststandards, bspw. eine Klassenfrequenzsenkung (15+3, 18+2, 21+1) und 4 Lehrer(innen)stunden zusätzlich pro Schüler(in) mit Behinderung festgelegt, so mußten diese im Rahmen der knapper werdenden finanziellen Mittel eingeschränkt werden. Im Schuljahr 1995/96 standen nur

---

[1] BbgSchuG, §29, Abs. 2.
[2] BbgSchuG, §29, Abs. 3.
[3] BbgSchuG, §30, Abs. 2.

noch durchschnittlich 2,26 Lehrer(innen)-Wochenstunden pro Kind mit Behinderung zur Verfügung. Für das kommende Schuljahr ist eine neue Sonderpädagogik-Verordnung vorgesehen, welche die Klassenfrequenz (voraussichtlich nicht mehr als 23 Kinder) und die Erhöhung der Lehrer(innen)stunden regeln soll (Ministerium für Bildung, Jugend und Sport - MBJS 1997). Vorgesehen ist eine Festlegung auf einen Grundbedarf, der abhängig ist von der Behinderung, aber unabhängig vom Lernort (zwischen 2,5 für lernbehinderte und 7,6 für geistigbehinderte Kinder entsprechend dem Grundbedarf an Förderschulen).
Nach Erhebungen zum Schuljahr 1996/97 (MBJS 1997) liegt der Anteil von Schüler(innen) mit sonderpädagogischem Förderbedarf bei 5,44% bezogen auf die Gesamtschülerzahl (seit 1993 von 5% kontinuierlich angestiegen). Insgesamt besuchen ca. 14,3% (1.-10. Schuljahr) dieser Kinder Integrationsklassen. Fast jedes vierte behinderte Kind besucht gemeinsam mit nichtbehinderten Kindern die sechsjährige Grundschule, in der Sekundarstufe ist der Anteil jedoch weitaus geringer (bisher nur an 8 Schulen).

Schulversuche und wissenschaftliche Begleitung

Schulversuche im Land Brandenburg sollen vorrangig dazu dienen, „das Schulwesen pädagogisch und organisatorisch weiterzuentwickeln“[1]. Da der gemeinsame Unterricht aber bereits seit dem Ersten Schulreformgesetz vom 25.4.1991 Priorität genießt, waren gesonderte Schulversuche nicht vorgesehen.
Dennoch mußten sich die Schulen im Zusammenhang mit der Etablierung von Integration einer völlig neuen Aufgabe stellen. Damit sie dieser gewachsen sein konnten, hat das Bildungsministerium Brandenburg für die Startphase des gemeinsamen Unterrichts von 1992-1996 eine wissenschaftliche Begleitung eingerichtet. Diese wurde gemeinsam von einer im Ministerium für Bildung, Jugend und Sport eingerichteten „Projektgruppe Integration“ unter Leitung von Harald OBENAUS mit einer Wissenschaftlergruppe unterschiedlichster Fachkompetenzen, aus den Bereichen Grundschulpädagogik, Sonderpädagogik und Sozialwissenschaften, durchgeführt. Die Vertreter der wissenschaftlichen Begleitung, Peter HEYER (ehem. Wiss. Direktor Grundschulpädagogik des BIL Berlin), Prof. Dr. Ulf PREUSS-LAUSITZ und Prof. Dr. Jutta SCHÖLER (FB Erziehungs- und Unterrichtswissenschaften, Technische Universität Berlin), waren dabei jeweils konkrete Ansprechpartner und Ansprechpartnerin für zuvor festgelegte regionale Zuständigkeitsbereiche im Land Brandenburg.
Das „systemisch-kommunikative Verständnis (HEYER/PREUSS-LAUSITZ/SCHÖLER 1997, S. 2)“, welches auch in der Umsetzung von Integration auf verschiedenen schulorganisatorischen Ebenen deutlich wird, war handlungsleitend für die wissenschaftliche Begleitung im Rahmen des Konzeptes für die Schulreformbegleitung. Beratung, Konzeptentwicklung, Mitwirkung an der Realisie-

---

[1] BbgSchulG, § 8.

rung und wissenschaftliche Untersuchungen sollten miteinander verbunden werden. „Dieses komplexe Verständnis einer wissenschaftlichen Schulreformbegleitung setzt nicht nur einen flexiblen Umgang mit sehr unterschiedlichen Ansprüchen und Erwartungen voraus, sondern schließt die Bereitschaft zur Kooperation und das Einlassen auf sehr praktische Fragen ein." (HEYER/PREUSS-LAUSITZ/SCHÖLER 1997, S. 1) Dabei können nach PREUSS-LAUSITZ (1997) die Mitarbeiter(innen) der wissenschaftlichen Begleitung nicht wissenschaftlich neutral daneben stehen, da sie im Zusammenhang mit ihrer integrationsfördernden Funktion für die anderen Beteiligten im Forschungsfeld klar als Unterstützer(innen) der Integration zu erkennen sein müssen.

Im Verlauf der Begleitung ließ sich eine Verschiebung der Aufgaben feststellen: Waren es zu Beginn vorrangig beratende Tätigkeiten insbesondere auf den schulbehördlichen Ebenen, bekamen in den Jahren 1993 und 1994 Aufgaben im Zusammenhang mit der Fortbildung und der schulgesetzlichen Ausgestaltung Gewicht. In den letzten beiden Jahren 1996 und 1997 war die wissenschaftliche Begleitung vorwiegend mit qualitativen und quantitativen Untersuchungen, deren Auswertung sowie mit der Frage der Fortsetzung der integrativen Beschulung an den Sekundarschulen befaßt (vgl. HEYER/PREUSS-LAUSITZ/SCHÖLER 1997). Untersucht wurde in diesem Zusammenhang die Akzeptanz und die Wirkungen der gemeinsamen Erziehung, Einstellungen zur Integration von Eltern, Lehrer(inne)n und Schüler(inne)n und Spezifitäten in der Entwicklung in ausgewählten Kreisen, begleitet von Einzelfallanalysen. Der Abschlußbericht wurde im April 1997 fertiggestellt und von der wissenschaftlichen Begleitung und dem Ministerium für Bildung, Jugend und Sport in einer Pressekonferenz am 23.4.1997 der Öffentlichkeit vorgestellt. Er wird voraussichtlich Ende 1997 veröffentlicht[1].

Die abschließenden Empfehlungen können an dieser Stelle nur verkürzt wiedergegeben werden. Nach Auffassung der wissenschaftlichen Begleitung sollte/n:

1. Förderausschüsse an der allgemeinbildenden Schule eingerichtet werden.
2. Eine maximale Klassenfrequenz (von ca. 20-24) festgelegt sein. Es sollten pro Klasse nicht mehr als 2 bis höchstens 4 Kinder mit Behinderungen aufgenommen werden.
3. Landesweite Rahmenvorgaben für erforderliche Ressourcenstandards festgelegt werden.
4. Wohnortnahe Integration vorrangiges Prinzip sein.
5. Integration in allen drei Schularten des Sekundarschulbereichs gefördert werden.
6. Die Fortbildung von Schulleiter(inne)n, Schulrätinnen/Schulräten, Schulärztinnen/Schulärzten und Schulpsycholog(inn)en intensiviert werden.
7. Eine theorie-praxis-bezogene, unterrichtsbegleitende Intensivfortbildung zur Integration für alle Lehrer(innen), die erstmals in einer Integrationsklasse arbeiten, angeboten werden.
8. Eltern landesweit über die Modalitäten einer gemeinsamen Erziehung informiert werden.
9. Schulen zu Veränderungen der Modalitäten vor jedem neuen Schuljahr in Kenntnis gesetzt werden.

[1] HEYER/PREUSS-LAUSITZ/SCHÖLER (Hrsg.). Berlin 1997.

10. Eine Übergangshilfe von der Grundschule in die Sekundarstufe für Schüler(innen) mit sonderpädagogischem Förderbedarf gewährleistet werden.
11. Rahmenvereinbarungen zwischen den beteiligten Ministerien getroffen werden.
12. Integrationspädagogik verbindlicher Studieninhalt für alle Lehrämter werden.
13. Integrationspädagogische Inhalte auch in der 2. Lehrerausbildungsphase einbezogen werden. (HEYER/PREUSS-LAUSITZ/SCHÖLER 1997).

Die abschließenden Empfehlungen sind bereits Grundlage für die Arbeit an einer Nouvellierung der Sonderpädagogik-Verordnung für das kommende Schuljahr. Das Ministerium für Bildung, Jugend und Sport zeigt deutliche Bereitschaft sowohl oben genannte als auch in der Pressekonferenz angesprochene integrationsfördernde Aspekte bei der Weiterentwicklung der Integration zu berücksichtigen.

Mecklenburg-Vorpommern

Rechtsgrundlagen

Nach dem Ersten Schulreformgesetz (SRG) vom 26.4.1991, in welchem noch keine Aussagen zu Möglichkeiten der Umsetzung von gemeinsamem Unterricht für behinderte und nichtbehinderte Schüler und Schülerinnen anzufinden waren, wurde vorrangig der Lernort Sonderschule für Kinder mit Beeinträchtigungen und Behinderungen proklamiert. Erst am 5.7.1993 wurde in einem Erlaß des Kultusministeriums zur Feststellung des sonderpädagogischen Förderbedarfs und zum Verfahren zur Aufnahme und Überweisung in eine Sonderschule erstmalig die Möglichkeit einer integrativen Beschulung ausgewiesen. Die sonderpädagogische Förderung ist folglich nicht mehr an den Lernort Sonderschule gebunden, sondern ist nun vielmehr an jeder Schule des dreigliedrigen Schulsystems zu verwirklichen. Die Realisierung wurde im Rahmen kooperativer Zusammenarbeit zwischen Sonderschule und allgemeinbildender Schule, Einrichtung von Einzelintegrationsmaßnahmen und Integrationsklassen an allgemeinbildenden Schulen und über sogenannte Förder-Diagnoseklassen für Schüler und Schülerinnen mit Teilleistungsstörungen angestrebt.
Nach dem neuen Schulgesetz im Land Mecklenburg-Vorpommern (Schulr.M-V vom August 1996) unterliegt den allgemeinen Schulen, den Berufs- und Förderschulen gemeinsam die Aufgabe der Mitwirkung bei der gesellschaftlichen Eingliederung von Kindern und Jugendlichen mit einem sonderpädagogischen Förderbedarf. Der Anspruch auf sonderpädagogische Förderung in der Schule, für „Kinder und Jugendliche, die zur Entwicklung ihrer geistigen, körperlichen, seelischen, sozialen oder kommunikativen Fähigkeiten sonderpädagogischer Hilfen bedürfen“, ist in §34 geregelt. Demnach besteht sonderpädagogischer Förderbedarf bei „Kindern, die in ihren Bildungs-, Entwicklungs- oder Lernmöglichkeiten so beeinträchtigt sind, daß sie im Unterricht oder in ihrer praktischen Berufsausbildung ohne sonderpädagogische Unterstützung nicht hinreichend gefördert werden können“. „Bei Gewährleistung der räumlichen, sächli-

chen und personellen Voraussetzungen findet möglichst wohnortnah gemeinsamer Unterricht[1]", vorrangig in Integrationsklassen an allgemeinbildenden Regelschulen, statt. Lediglich Schülerinnen und Schüler mit sonderpädagogischem Förderbedarf, die im gemeinsamen Unterricht nicht hinreichend gefördert werden können, sollen in Förderschulen, die „auf den individuellen Förderbedarf der Schüler ausgerichtet[2]" sind, unterrichtet werden. *Somit ist nunmehr die allgemeine Regelschule vorrangiger Lernort für Schülerinnen und Schüler mit sonderpädagogischem Förderbedarf.*
Der individuelle sonderpädagogische Förderbedarf wird auf Antrag der Erziehungsberechtigten oder der allgemeinen Schule durch die Schulaufsichtsbehörde anhand eines angeforderten sonderpädagogischen Gutachtens festgestellt. Im Verfahrensverlauf wird den Eltern ein Anspruch auf eine umfassende Beratung zugestanden. Die grundlegende Entscheidung darüber, „ob ihr Kind eine allgemeine Schule oder eine Förderschule besucht[3]", wird von den Eltern gefällt. Wenn an der von den Eltern gewählten allgemeinen Schule die sächlichen oder personellen Voraussetzungen für die sonderpädagogischen Maßnahmen nicht gegeben sind oder wenn Zweifel bestehen, daß der Schüler dort angemessen gefördert werden kann, muß die zuständige Schulbehörde Widerspruch einlegen. Halten die Erziehungsberechtigten ihre Entscheidung trotzdem aufrecht, so liegt die letztendliche Entscheidungsbefugnis beim Kultusministerium[4].
Die Ausgestaltung der sonderpädagogischen Förderung (Beteiligung eines Förderausschusses, Entscheidungen über Bildungsgang und Förderort, Ausgestaltung der Förderorte und Abschlüsse) unterliegt dem Kultusministerium und ist in einer Rechtsverordnung geregelt (vgl. GS Meckl.-Vorp.Gl.Nr. 223-3-16 vom 14. September 1996). Danach zählen zu den Maßnahmen sonderpädagogischer Förderung: Differenzierung im Unterricht, Beratung der Erziehungsberechtigten, Durchführung von Stütz- und Fördermaßnahmen, Zusammenarbeit mit Förderschulen, Schulpsychologen, Jugendamt und anderen Einrichtungen und Diensten sowie die schulvorbereitende Frühförderung bei Körper- und Sinnesbeeinträchtigungen.

Aktueller Stand der schulischen Integration

Nach DINSE (1995) waren es 1993 erst 73 Integrationsklassen in ganz Mecklenburg-Vorpommern, aber bereits 152 im Schuljahr 1994/95. Dies beweist deutlich die Akzeptanz integrationspädagogischer Ansätze in den Schulen.

---

[1] a. a. O. §3 5 Gemeinsamer Unterricht von behinderten und nichtbehinderten Schülern Abs.1.
[2] a. a. O. § 36 Die Förderschulen Abs. 1.
[3] a. a. O. § 34 Abs. 5.
[4] ebenda.

Schulversuche und wissenschaftliche Begleitung

Zur Weiterentwicklung neuer pädagogischer Konzeptionen und organisatorischer Formen in der Schullandschaft können in Mecklenburg-Vorpommern Schulversuche eingerichtet werden. Die Versuchsschulen sollen durch Veränderungen an den Rahmenplänen, an der Unterrichtsorganisation, den Unterrichtsmethoden und den Formen der Schulmitwirkung, der Erprobung von Veränderungen am Aufbau und der Struktur des Schulsystems dienen. Die Schulversuche bedürfen der Zustimmung der Erziehungsberechtigten und aller anderen Beteiligten sowie der Genehmigung des Kultusministeriums[1].
Im Primarschulbereich unterscheidet der Gesetzgeber nicht nach zielgleicher und zieldifferenter Integration und auch im Sekundarbereich wird diese begriffliche Unterscheidung vermieden. Allerdings gibt es für den integrativen Unterricht von Schülerinnen und Schülern mit Lernbeeinträchtigungen und geistigen Behinderungen in der Oberschule gesonderte gesetzliche Regelungen. „Der Unterricht lernbehinderter oder geistigbehinderter Schüler gemeinsam mit nichtbehinderten Schülern im Sekundarbereich I ist vorwiegend in kooperativen Formen zu ermöglichen[2]" und kann außerhalb von kooperativen Formen nur im Rahmen eines Schulversuchs nach §38 durchgeführt werden[3].

Förder- und Diagnoseklassen im Schulversuch

Mit dem Schuljahr 1994/95 wurden an einzelnen Grundschulen im Rahmen eines Schulversuchs „Förder-Diagnose-Klassen" eingerichtet (vgl. SCHULVERWALTUNG 1994). In diesen Klassen werden die Lerninhalte des 1. und 2. Grundschuljahres auf insgesamt drei Schuljahre verteilt. Auch wenn das angestrebte Ziel dieser schulischen Intervention die Eingliederung der Schülerinnen und Schüler nach dem 3. Schuljahr in die Regelschulklassen ist, so kann doch nicht von gemeinsamem Unterricht gesprochen werden. Vielmehr handelt es sich hier um ein Konzept der rein räumlichen Integration innerhalb eines Schulgebäudes. Der Übergang in eine Regelschulklasse ist nur dann möglich, wenn die ehemals diagnostizierten Leistungsschwächen und Lernrückstände im Verlauf der \`gesonderten´ Beschulung behoben sind und somit eine zielgleiche Integration möglich wird.

Sonderpädagogische Förderzentren im Schulversuch

Zwischen den Bundesländern Berlin und Mecklenburg-Vorpommern findet ein Transfermodellprojekt im Rahmen eines Schulversuchs zur *„Entwicklung und*

[1] a. a. O. § 38 Abs.1, 3+4.
[2] a. a. O. § 35 Abs.3.
[3] GS Meckl.-Vorp.Gl.Nr. 223-3-16 (14.9.1996), § 4 Abs. 3.

Erprobung differenzierter Serviceleistungen einer sonderpädagogischen Infrastruktur im Rahmen eines sonderpädagogischen Förderzentrums" statt. Die Organisationsstruktur des Sonderpädagogischen Förderzentrums an der Peter-Jordan-Schule in Berlin-Charlottenburg wurde auf zwei Schulen in Mecklenburg-Vorpommern (Stralsund und Anklam) übertragen.

Zur Zeit werden pädagogische, didaktische und methodische Innovationen und Modifikationen dieses Modells evaluiert. Dabei soll es in dem besagten Schulversuch insbesondere um eine Konzeptionalisierung und inhaltliche Ausgestaltung der vorgegebenen Modellstruktur für die konkreten Anforderungen in Mecklenburg-Vorpommern gehen. Angestrebt wird aber auch ein *bidirektionaler Transfer*, d.h. Ergebnisse und Erkenntnisse sollen Anregungen für Modifikationen des Vorbild-Modells liefern (AUSTERMANN 1996). Die dabei entwickelte und entstehende sonderpädagogische Infrastruktur soll insbesondere die „...Förderschwerpunkte Sprache, Lernen und Verhalten abdecken." (AUSTERMANN 1996, S. 51)

Diese „fachartenspezifische Förderung" (KOSSOW 1995) charakterisiert nach KOSSOW die spezifische Arbeitsweise der Sonderpädagogischen Förderzentren in Mecklenburg-Vorpommern. Er sieht Schwerpunkte der Arbeit im Sonderpädagogischen Förderzentrum Stralsund in einer Entwicklung und Erprobung von: 1. Sonderpädagogischen Fördermöglichkeiten für „Schüler mit geringem und mittlerem sonderpädagogischem Förderbedarf, um ein Herauslösen aus der Grundschulklasse zu vermeiden" (KOSSOW 1995, S. 347) und 2. von integrativen zielgleichen Beschulungsmöglichkeiten für hör-, seh- und körperbehinderte Kinder und Jugendliche.

KOSSOW erachtet die Vorzüge der differenzierten Organisationsformen in einem Sonderpädagogischen Förderzentrum insbesondere in den Möglichkeiten der wohnortnahen Förderung, der Prävention, der integrativen Förderung lernbeeinträchtigter und entwicklungsverzögerter Kinder als auch der sozialpädagogischen Hilfen und der nachschulischen Berufseingliederung (siehe Abb. 1).

Der Aufbau des sonderpädagogischen Förderzentrums Stralsund (Entwicklungsperspektive)

Sonderpädagogisches Förderzentrum			
Schulvorbereitende Einrichtungen	Grundschulteil des Förderzentrums	Lernbehindertenchule des Förderzentrums	Schulergänzende Einrichtungen
* Vorklasse für sprachgestörte Kinder (VKL) * Vorklasse für lernbehinderte Kinder (VKL)	* Sprachheilklassen * Klassen mit gemeinsamem Unterricht (Einzügig) * Förder-Diagnose-Klassen * Grundschulklassen	* Vorlaufklassen 7-9 für Hauptschulabschluß durch freiwilliges 10. Schuljahr (Kl. 9 H) * praktisches Lernen * Sonderklassen	* Mobile sonderpädagogische Dienste * Schulsozialarbeit * Beratungsstelle für nachgehende Betreuung * Freizeitangebote * Schulsituation für erheblich erziehungsschwierige Jugendliche

(Abb. 1: Nach KOSSOW 1995)

Zu dem Angebotsspektrum dieser Sonderpädagogischen Förderzentren zählen neben dem herkömmlichen Sonderschulunterricht an einer Sonderschule oder in Kleinklassen an Grundschulen auch Aufgaben im Zusammenhang mit dem gemeinsamen Unterricht von behinderten und nichtbehinderten Schülerinnen und Schülern. Sonderpädagoginnen und -pädagogen des Förderzentrums arbeiten in Integrationsklassen im Zwei-Pädagogen-System. Ambulanzlehrerinnen und -lehrer sind beratend und fördernd in Grundschulklassen mit zielgleicher Einzelintegration tätig. Die zuvor benannten Förder-Diagnose-Klassen werden ebenfalls personell von den Sonderpädagogischen Förderzentren unterstützt.
Bis zum Dezember 1996 gab es nach offiziellen Angaben 8 Sonderpädagogische Förderzentren an insgesamt 6 Standorten: Anklam, Neubrandenburg, Rostock, Schwerin, Stralsund und Wismar (vgl. SCHULVERWALTUNG 1997).
Im Herbst 1996 hat in Stralsund eine Abschlußtagung der wissenschaftlichen Begleitung stattgefunden und ein Dokumentationsband ist in Vorbereitung.

Sachsen

Rechtsgrundlagen

Im Freistaat Sachsen existiert für den Elementarbereich eine Integrationsverordnung mit der Zielvorgabe, daß eine wohnortnahe Betreuung von Kindern mit Behinderungen in integrativen Einrichtungen einer Betreuung in Sonderein-

richtungen vorzuziehen ist (IntegrVO vom 24.05.95)[1]. Für die gemeinsame Erziehung im Vorschulbereich darf keine Behinderungsart ausgeschlossen werden. Diese umfassende Regelung zur gemeinsamen Erziehung behinderter und nichtbehinderter Kinder endet mit dem Eintritt in die Schule.
Das Sächsische Schulgesetz (vom 03.07.91, geändert am 15.07.94) und die sog. „neue Förderschulverordnung" (Schulverordnung Förderschulen SOFS vom 27.03.96) regeln das Diagnoseverfahren, die Beschulung an Förderschulen, die Rückschulung und die Integration von Schülern mit sonderpädagogischem Förderbedarf[2]. Auf Antrag der Eltern ist die integrative Beschulung eines Kindes mit sonderpädagogischem Förderbedarf möglich. Ähnlich wie in vielen anderen Bundesländern entscheidet auch in Sachsen die Schulaufsichtsbehörde nach Anhörung der Erziehungsberechtigten über den Förderort. Auffallend ist jedoch, daß - trotz der noch sehr jungen Förderschulverordnung - nur die Schüler(innen) in die Regelschule aufgenommen werden dürfen, bei denen anzunehmen ist, daß sie die „Anforderungen der allgemeinen Schule bei Bereitstellung der notwendigen Hilfen" erfüllen können (STAATSMINISTERIUM FÜR KULTUS 1996, SOFS §14). „Damit ist die sog. ´zieldifferente Integration´ z.B. von Kindern mit ´Lernbehinderungen´ oder mit ´geistiger Behinderung´ nach wie vor ausgeschlossen" (HEIMLICH 1997a, S. 2). Durch das Sächsische Schulgesetz und die Förderschulverordnung können die integrativen Gruppen aus dem Elementarbereich in der Grundschule nicht geschlossen weitergeführt werden. Mit Blick auf das im Grundgesetz festgeschriebene Benachteiligungsverbot von Behinderten (GG Art. 3, Abs. 3) verweist HEIMLICH auf ein möglicherweise verfassungswidriges Moment in der SOFS (vgl. HEIMLICH 1997a, S. 2).

Aktueller Stand der schulischen Integration

Im Freistaat Sachsen werden im Schuljahr 1996/97 insgesamt 27747 Schüler(innen) an Förderschulen unterrichtet. Davon werden 68% an Schulen für Lernbehinderte, 17% an Schulen für Geistigbehinderte und je 5% an Schulen für Erziehungshilfe und Sprachbehinderte gefördert. D.h. 95% aller Schüler(innen) an Förderschulen werden an den Schulen für Lern-, Geistig- und Sprachbehinderte sowie an den Schulen für Erziehungshilfe unterrichtet. Die übrigen 5% verteilen sich wie folgt: Gehörlose und schwerhörige Schüler(innen) (2%), körperbehinderte Schüler(innen) (2%), blinde und sehschwache Schüler(innen) (1%) (vgl. STATISTISCHES LANDESAMT DES FREISTAATES SACHSEN, 1997). Nach einer Studie von HEIMLICH (1997b) werden im Schuljahr 1996/97 an (öffentlichen und privaten) Grundschulen insgesamt 364, an Mittelschulen 101 und an Gymnasien 61 Schüler(innen) mit sonderpädagogischem Förderbedarf integrativ beschult (vgl. Abb. 1).

---

[1] Durchführungsverordnung zum Gesetz zur Förderung von Kindern in Tageseinrichtungen im Freistaat Sachsen.
[2] SchulG § 13, § 30, SOFS § 12-17.

Auffallend ist, daß die beiden größten Gruppen an Förderschulen in einer verschwindend geringen Anzahl in integrativen Maßnahmen wiederzufinden sind (vgl. Abb. 2). An Grund- und Mittelschulen werden insgesamt 39 Schüler(innen) mit Lernbehinderungen unterrichtet und 3 Schüler(innen) mit geistiger Behinderung (nur Grundschule). D.h. der 85%ige Anteil der Schülern(innen) mit Lern- und geistiger Behinderung spiegelt sich in integrativen Maßnahmen in einem Anteil von nur 0,3% wider. Dagegen liegt der Anteil körper- und sinnesgeschädigter Kinder (körper-, seh- und hörbehindert) in integrativen Klassen überproportional hoch bei 52%. Die vorliegenden Zahlen entsprechen damit der bildungspolitischen Tendenz, auf der Grundlage des neuen Förderschulgesetzes vom März 1996 zielgleiche Integration unter Umständen zu ermöglichen und zieldifferente Integration mit dem notwendigen Einsatz sonderpädagogischer Unterstützungslehrer(innen) nur in seltenen Ausnahmen zu genehmigen.
Der Anteil integriert beschulter Schüler(innen) im Verhältnis zu allen Förderschülern(innen) liegt in Sachsen bei knapp 2%.

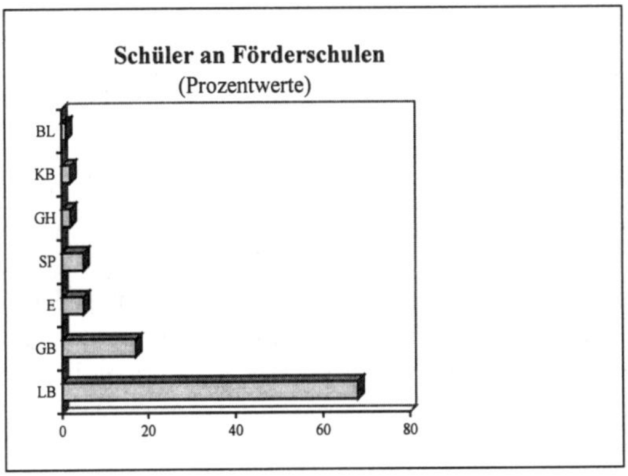

Abb. 1: Prozentualer Anteil der Schüler(innen) in Förderschulen im Freistaat Sachsen (Schuljahr 1996/97) [Datenquelle: Statistisches Landesamt des Freistaates Sachsen, 1997]
BL = Sehbehindert und blind; KB = Körperbehindert; GH = Gehörlos; SP = Sprachbehindert; E = Schüler(in) der Schulen für Erziehungshilfe; GB = Geistig behindert; LB = Lernbehindert

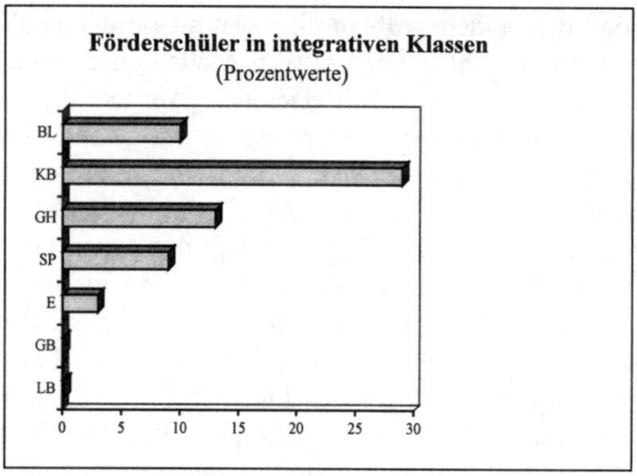

Abb. 2: Schüler(innen) mit sonderpädagogischem Förderbedarf in integrativen Klassen im Freistaat Sachsen. Prozentuale Verteilung der integriert beschulten Schüler(innen) nach Behinderungsart (Schulj. 1996/97) [Datenquelle: HEIMLICH 1997b]

Schulversuche und wissenschaftliche Begleitung

1995 wurde im Rahmen des BLK-Modellversuchs „Gemeinsam handeln - einander erleben“ ein dreijähriges Projekt zur Wissenschaftlichen Begleitung von Kooperations- und Integrationsprojekten in Grundschulen abgeschlossen. Aufgabe des Modellversuchs war es, in Baden-Württemberg und in Sachsen zu erproben, „ob und wie sich durch Berater bei den Staatlichen Schulämtern Kooperation unter der Voraussetzung der Freiwilligkeit auf Dauer stellen, d.h. institutionell verankern läßt“ (KLEIN 1996b, S. 108). Es wurden drei Arten der Kooperation unterschieden:

1. Kooperation als schulartverbindende Begegnung durch gemeinsame Veranstaltungen (Musik, Sport, Theaterbesuche, Feste,...) von Schüler(inne)n allgemeiner Schulen und Sonderschulen;
2. Vertiefte Kooperation und individualisierender Unterricht durch Kooperation von Lehrer(inne)n allgemeiner Schulen und Sonderschulen mit dem Ziel der individuellen, z.T. zieldifferenten Förderung von Kindern mit Lern-, Verhaltens-, Sprach- und Sinnesbehinderungen in Regelklassen;
3. Kooperation im Unterricht zweier Klassen (z.B. Auslagerung einer Klasse einer Schule für Sprachbehinderte in eine Grundschule (vgl. SCHWÄGERL 1996, S. 111 f.).

Schwerpunkte des BLK-Modellversuchs waren die Erkundung von Möglichkeiten der Kooperation von Schüler(inne)n aller Schularten und die Kooperation von Lehrer(inne)n aller Schularten, um zu wechselseitiger Anerkennung und zur

Erfahrung von mehr Selbstverständlichkeit im Umgang miteinander zu kommen, sowie die Erkundung des Einsatzes von Fachberater(inne)n für Fragen zur Kooperation (vgl. KLEIN 1996a). Im sächsischen Freistaat ist es im dreijährigen Verlauf aufgrund „der besonderen Personalsituation Sachsens ... nicht zur Besetzung von Fachberaterstellen für Kooperation" gekommen (SCHWÄGERL 1996, S. 112). Am Schulversuch waren insgesamt 73 Schulen und 3 Kindergärten mit 4.200 Kindern und Jugendlichen aus Sachsen beteiligt. 69 Schüler(innen) aller Behinderungsarten aus Dresden und Chemnitz wurden integrativ, z.T. im 2-Lehrer-System, beschult (vgl. SCHWÄGERL 1996, S. 111).
Beim BLK-Modellversuch von Sachsen und Baden-Württemberg ging es um die Erhebung von *Voraussetzungen* und *Vorgehensweisen*, die integrative Unterrichtung fördern (vgl. BLESS 1996, 124). Von besonderem Interesse für die wissenschaftliche Begleitung waren Fragen zur Organisation von Kooperationsmaßnahmen und Fragen zur Fort- und Weiterbildung durch Fachberater(innen). Aufgrund der Besetzungsproblematik von Fachberater(inne)n für Kooperation in Sachsen beziehen sich die vorliegenden qualitativen Ergebnisse nur auf Erfahrungen in Baden-Württemberg. Eine Übertragung der vorliegenden Erfahrungen auf die neuen Bundesländer sollte also nur dann erfolgen, wenn die Grundvoraussetzung dieser integrationsfördernden Maßnahmen in Form qualifizierter Berater(innen) vorhanden ist. Folgende Ergebnisse wurden herausgestellt:

1. Kooperation von verschiedenen Schularten kann gelingen, wenn sie auf dem Prinzip der Freiwilligkeit beruht.
2. Fachberater(innen) ohne Aufsichtsfunktion und Weisungsbefugnis für die zu beratenden Pädagogen wurden erfolgreich eingesetzt.
3. Fachberater(innen) benötigen eine gute Kommunikationsfähigkeit, Fachkompetenz, Rollendistanz und Kenntnisse über Zuständigkeiten und Abläufe in der Schulverwaltung.
4. Unterstützung durch Schulverwaltung auf allen Ebenen und Unterstützung der Eltern ist notwendige Voraussetzung für das Gelingen kooperativer Maßnahmen (vgl. KLEIN 1996b, S. 107 f.).

Schulversuche werden in Sachsen „zur Weiterentwicklung des Schulwesens und zur Erprobung neuer pädagogischer und organisatorischer Konzeptionen" eingerichtet (SchulG, 2. Abschn., §15)[1]. In dem BLK-Modellversuch wurde jedoch im wesentlichen an der bildungspolitischen Ausrichtung zur Beibehaltung lernhomogener Gruppen festgehalten, so daß man von einer innovativen Weiterentwicklung einer integrativen Didaktik nicht sprechen kann. Erkennt man kooperative Maßnahmen als eine Möglichkeit zur schulischen Integration an, dann sind Erfahrungen gesammelt worden, auf die man bei weiteren Kooperationsversuchen verschiedener Schularten zurückgreifen könnte. Dies gilt im besonderen für den Einsatz von qualifizierten Fachberater(inne)n, die in den betroffenen Schulen und in Weiterbildungsveranstaltungen Fragen der Kooperation ver-

[1] Schulgesetz für den Freistaat Sachsen (SchulG) vom 3.7.91, zuletzt geändert am 12.12.95.

schiedener Schularten und Fragen des gemeinsamen Handelns behinderter und nichtbehinderter Schüler(innen) thematisieren.
Neben der punktuellen Weiterführung einzelner, im sächsischen Modellversuch involvierter Klassen, in denen z.T. zieldifferent und reformpädagogisch unterrichtet wird, sind nach uns bisher vorliegenden Informationen aus dem Modellprojekt noch keine nennenswerten Innovationen zur schulischen Integration im Freistaat Sachsen erwachsen, auch nicht im Bereich von Kooperationsprojekten verschiedener Schulen.
Obgleich der Fokus des geplanten BLK-Modellprojekts auf dem Einsatz von Fachberater(inne)n lag, war es während der gesamten Schulversuchsphase nicht möglich, Fachberater(innen) für Kooperationsversuche zu finden. War hier möglicherweise das Interesse an der Besetzung der Stellen nur begrenzt vorhanden? Die dennoch positive Ergebnisinterpretation der offensichtlich wenig unterstützten Kooperationsversuche (vgl. SCHWÄGERL 1996) kann einerseits auf den Ausbau von Kooperationsmaßnahmen *ohne fachliche Beratung* zielen (was allen bisherigen Integrationserfahrungen zuwider laufen würde), oder aber auf eine Fortsetzung der bildungspolitischen Zurückhaltung schulischer Integrationsmaßnahmen selbst in Form von Kooperationsprojekten.
Was als „sächsisches Ergebnis" jedoch bleibt, ist das Offenlegen der Frage, wie in den neuen Bundesländern Beratungslehrer(innen) für integrative Maßnahmen gefunden und qualifiziert werden können?

Sachsen-Anhalt

Rechtsgrundlagen
Seit 1991 haben behinderte Kinder in Sachsen-Anhalt einen Rechtsanspruch auf integrative Erziehung im Elementarbereich. 1995 wurden bereits 66% aller Kinder mit Behinderungen in integrativen Kindertageseinrichtungen betreut und gefördert. Aufgrund des alten Schulgesetzes wurden bis 1996 jedoch nur die nichtbehinderten Kinder in die zuständige Grundschule übernommen, so daß die jeweiligen integrativen Kindergruppen nicht geschlossen weitergeführt werden konnten (vgl. MERZ-ATALIK / BOENISCH 1997, S. 1 f.).
Auf der Grundlage des alten Schulgesetzes vom 30. Juni 1993 galt - bis zum Ende des Schuljahres 1995/96 - die Unterscheidung in zielgleiche und zieldifferente Integration. Es wurde unterschieden in (a) zielgleiche Integration *ohne sonderpädagogischen Förderbedarf*, (b) zielgleiche Integration *mit sonderpädagogischem Förderbedarf* und (c) zieldifferente Integration von Kindern mit sonderpädagogischem Förderbedarf. Falls der Schulträger die notwendigen räumlichen und sächlichen Voraussetzungen für einen gemeinsamen Unterricht von behinderten und nichtbehinderten Kindern bereitstellt, so daß die besonderen Bedürfnisse der behinderten Kinder angemessen berücksichtigt werden, konnten (a) behinderte Kinder ohne anerkannten sonderpädagogischen Förder-

bedarf integrativ und zielgleich beschult werden. Bei einer Integration von Kindern mit sonderpädagogischem Förderbedarf (b) wurden die behinderten Kinder ebenfalls zielgleich unterrichtet. Die Lehrpersonen der Regelschule hatten in diesem Fall aber Anspruch auf ambulante Unterstützung und Beratung durch sonderpädagogische Beratungsstellen. Ein Besuch der Sonderschule entfiel nur dann, wenn neben den räumlichen und sächlichen auch die personellen Voraussetzungen in der Regelschule sichergestellt werden konnten, um dem Förderbedarf des betroffenen Kindes zu entsprechen. (c) Zieldifferente Integration von Kindern mit sonderpädagogischem Förderbedarf konnte nur im Rahmen von Schulversuchen durchgeführt werden (vgl. MERZ-ATALIK / BOENISCH 1996).
Mit dem Schuljahr 1997/98 greift in Sachsen-Anhalt ein neues Schulgesetz, das umfangreiche Änderungen in der Schulstruktur des Landes vorsieht. Neben der Einführung einer für alle nichtbehinderten Schüler verbindlichen Förderstufe in Klasse 5 und 6, die eine zweijährige Fortführung der Grundschulklassen an Sekundarschulen vorsieht (mit Ausnahme privater Schulen), weitet sich der Erziehungsauftrag der Allgemeinen Schule auch auf Kinder mit sonderpädagogischem Förderbedarf aus. In § 1 Abs. 3 des SchG LSA[1] wurde festgeschrieben: „Die Schule soll im Rahmen ihrer Möglichkeiten die individuellen Lernvoraussetzungen und Lernbedürfnisse der Schülerinnen und Schüler berücksichtigen, die Integration behinderter Schülerinnen und Schüler in allen Schulformen fördern und auf diese Weise zur Verbesserung der Chancengleichheit beitragen." Die Individualisierung des Unterrichts und der Lerninhalte wird für die Grundschule besonders herausgestellt, damit den Schülern(inne)n „mit ihren unterschiedlichen kognitiven, emotionalen und motorischen Entwicklungen" entsprochen wird (§ 4, Abs. 2 SchG LSA). Eine Beschulung an der Sonderschule tritt erst dann ein, wenn die Schüler(innen) „auch durch besondere Hilfen in den anderen Schulformen nicht ausreichend gefördert werden können und deshalb für längere Zeit einer besonderen pädagogischen Förderung bedürfen" (SPädFördVO § 8, Abs. 2)[2]. Gemeinsamer Unterricht ist damit grundsätzlich nicht mehr nur als zielgleicher, sondern auch als zieldifferenter Unterricht möglich und bedarf nicht mehr der Einrichtung eines Schulversuchs. Dadurch ist nun nicht länger das Kultusministerium, sondern die zuständige Schulbehörde für die Teilnahme am gemeinsamen Unterricht verantwortlich. Voraussetzung für die Genehmigung integrativer Beschulung bleibt jedoch die Bereitstellung der räumlichen, sächlichen und personellen Voraussetzungen entsprechend des individuellen Förderbedarfs.

---

[1] Schulgesetz des Landes Sachsen-Anhalt (SchG LSA) vom 21. Juni 1996.

[2] Verordnung über die sonderpädagogische Förderung (SPädFördVO) vom 24.September 1996.

Aktueller Stand der schulischen Integration

In Sachsen-Anhalt wurden im Schuljahr 1995/96 insgesamt 20672 behinderte Kinder und Jugendliche an Sonderschulen unterrichtet. Das sind 5,6% aller Schüler(innen) des Landes bis Klasse 10 (5,3% einschließlich Sek II, Kolleg- und Abendklassen). Hinzu kommen ca. 700 Schüler(innen) mit sonderpädagogischem Förderbedarf, die an Allgemeinen Schulen unterrichtet und von Mitarbeiter(inne)n der Sonderpädagogischen Beratungsstellen z.T. unterstützt werden (vgl. MERZ-ATALIK/BOENISCH 1996).
Von 1993 bis 1995 konnten nicht alle ausgeschriebenen Stellen in den Sonderpädagogischen Beratungsstellen besetzt werden, so daß sowohl von einer ambulanten Mangelversorgung ausgegangen werden muß als auch von einer eingeschränkten Genehmigung von Anträgen auf zielgleiche Integration von Kindern mit sonderpädagogischem Förderbedarf. Darüber hinaus wurde von Regelschulen immer wieder die mangelnde Kontinuität in der ambulanten Unterstützung und die sonderpädagogische Kompetenz der Beratungspersonen kritisiert. Ein Grund hierfür liegt vermutlich in der unausgesprochenen Rollenzuweisung der Regelschullehrer(innen) (Spezialisten-Generalisten-Problematik). Es muß jedoch ein weiterer Grund einbezogen werden, der nicht in der eigentlichen Beratungstätigkeit liegt. Als Motivationsgrund für die Arbeit in der sonderpädagogischen Beratungsstelle wurde von Einzelpersonen die Möglichkeit der Stellensicherung und Erhöhung des Stundendeputats durch die Aufnahme der Arbeit in den Beratungsstellen angeführt. Dieser Entschluß ist angesichts der schwierigen Stellensituation der Lehrer(innen) in Sachsen-Anhalt nicht zu verurteilen, trägt aber sicher nicht zur Qualitätssteigerung der ambulanten Dienste bei[1].
Im Schuljahr 1995/96 wurden im Rahmen von Schulversuchen und Modellvorhaben an sechs Standorten insgesamt 27 Schüler(innen) mit geistigen, Körper- oder Lernbehinderungen *zieldifferent* im 2-Pädagogen-System unterrichtet.

Schulversuche und wissenschaftliche Begleitung

An drei Grundschulen und zwei Sekundarschulen wurden seit 1993 insgesamt fünf Schulversuche eingerichtet und vom Institut für soziale und berufliche Integration der Otto-von-Guerecke-Universität Magdeburg wissenschaftlich begleitet. Im Schuljahr 1995/96 waren 14 Kinder mit sonderpädagogischem Förderbe-

---

[1] Die Lehrer/-innen in Sachsen-Anhalt sind - ebenso wie in den anderen neuen Bundesländern - in der Regel nicht verbeamtet. Der enorme Geburtenrückgang schlägt sich gegenwärtig in den Grundschulen nieder, in denen zum Schuljahr 1997/98 ca. 43% weniger Kinder eingeschult werden als zwei Jahre zuvor (vgl. SCHULVERWALTUNG 1995, S. 283). Unweigerlich sind hier nicht nur die Grundschulen, sondern tendenziell auch die Sonderschulen betroffen und somit ein hoher Prozentsatz der Arbeitsplätze in den Schulen gefährdet. Verschiedene Stellensicherungsmodelle werden diskutiert, dennoch ist die Verunsicherung verständlicherweise groß.

darf in die fünf Schulversuche eingebunden. Sowohl die Magdeburger Grundschule Am Hopfengarten als auch die Magdeburger Grundschule An der Klosterwuhne liegen jeweils mit einer Sekundarschule auf dem gleichen Schulgelände. Dies ermöglichte den Einsatz eines Sonderpädagogen/einer Sonderpädagogin sowohl in der Grundschule als auch in der Sekundarschule, ohne daß große Fahrtwege der sonderpädagogischen Lehrkraft in Kauf genommen werden mußten. Außerdem konnten die behinderten Kinder nach Beendigung der Grundschulzeit von der sonderpädagogischen Lehrperson auch in der Sekundarstufe weiter betreut werden. An der privaten Montessori-Grundschule in Halle (Saale) wurden zur gleichen Zeit 13 körper-, lern- und geistigbehinderte Kinder zieldifferent unterrichtet.
Die wissenschaftliche Begleitung der Schulversuche wurde aufgrund der neuen Verordnung über die sonderpädagogische Förderung (SPädFördVO vom 24.09.96) vorzeitig beendet. D.h., die weitreichende Änderung des Schulgesetzes hat vor Beendigung der Schulversuche stattgefunden. Hinzu kommt, daß selbst sechs Monate nach Inkrafttreten des neuen Schulgesetzes noch kein abschließender Bericht zur wissenschaftlichen Begleitung vorliegt. Es ist von daher zu vermuten, daß keine konkreten und umsetzbaren Erkenntnisse aus den Schulversuchen „in die zukünftigen Überlegungen zur Gestaltung der Schulen in Sachsen-Anhalt" eingeflossen sind, obwohl dies das bildungspolitische Ziel von Schulversuchen in Sachsen-Anhalt ist (vgl. SCHULVERWALTUNG 1995, S. 92; SchulG LSA, 2. Abschn., §11). Die Gründe für das relativ offene Integrationsgesetz in Sachsen-Anhalt müssen somit außerhalb der Ergebnisse aus den wissenschaftlich begleiteten Schulversuchen gelegen haben.
Seit 1995 werden durch das Institut für Rehabilitationspädagogik der Martin-Luther-Universität Halle-Wittenberg, dem Kollegium der Integrierten Gesamtschule Heide-Nord in Halle (Saale), einer Elterninitiative und dem Kultusministerium Vorbereitungen getroffen zum Beginn eines Schulversuches zum gemeinsamen Unterricht in der Sekundarstufe. Eine Konzeption zur wissenschaftlichen Begleitung liegt von Prof. Dr. Ulrich HEIMLICH bereits vor. Bis zum Beginn des Schuljahres 1996/97 konnten jedoch noch keine geeigneten Räumlichkeiten bereitgestellt werden, so daß der Schulversuch um ein Jahr verschoben wurde. Unabhängig vom neuen Schulgesetz wird der Landesschulversuch „Gemeinsamer Unterricht von Kindern mit und ohne sonderpädagogischem Förderbedarf in der Sekundarstufe I" an der Integrierten Gesamtschule voraussichtlich zum Schuljahr 1997/98 beginnen.
Die vorliegende Konzeption zeigt folgende Schwerpunkte, die in der wissenschaftlichen Begleitung beachtet werden sollen (vgl. HEIMLICH 1996b).

Ziele des Landesschulversuchs

- Entwicklung des zieldifferenten Unterrichts (zunächst) in den Jahrgangsstufen 5 und 6 unter Einbindung verschiedener Professionen in den Unterricht

- Entwicklung einer didaktischen Konzeption für den Gemeinsamen Unterricht ab Klasse 7 einschließlich der Fachleistungsdifferenzierung und des Fremdsprachenunterrichts
- Entwicklung von Unterstützungssystemen für den Gemeinsamen Unterricht innerhalb und außerhalb der Schule (Schulleben und Stadtteilarbeit)

Voraussetzungen und Vorbereitungen

- nach Möglichkeit sollen „Stammgruppen“ aus Integrationsklassen der Grundschule übernommen werden
- die Eltern sollen über das Integrationskonzept informiert sein und die Aufnahme in eine Integrationsklasse selbst beantragen
- Lehrkräfte aus der Sekundarstufe sollen rechtzeitig Kontakt zu den integrativ arbeitenden Grundschulpädagog(inn)en aufnehmen, im Gemeinsamen Unterricht hospitieren und sich über integrativen Unterricht informieren
- Integrationsklassen werden nach dem Modell 18 + 2 oder 17 + 3 gebildet. Die Klassenstärke soll 20 Schüler(innen) nicht überschreiten. Maximal soll ein Schüler / eine Schülerin mit geistiger Behinderung pro Integrationsklasse aufgenommen werden.
- Pro Integrationsklasse soll eine halbe Sonderschullehrer(innen)stelle (12,5 Stunden) zugeordnet werden
- Mögliche pflegerische Aufgaben sollen über Zivildienstleistende und sozialpädagogische Aufgaben im Rahmen der Öffnung von Schule zum Stadtteil über ABM-Kräfte abgedeckt werden.

Beratung, Kooperation und wissenschaftliche Begleitung

- Die pädagogisch Tätigen einer Jahrgangsstufe mit Integrationsklassen bilden ein Team im sogenannten „Team-Kleingruppen-Modell“.
- Fortbildungen und Praxisberatung durch die wissenschaftliche Begleitung werden entweder in den Team-Kleingruppen durchgeführt oder auf Wunsch auch in Schulinternen Fortbildungen (SCHILF).
- Die Sonderpädagogen(innen) und die Sozialpädagog(inn)en führen ein pädagogisches Tagebuch, das der wissenschaftlichen Begleitung zur Auswertung zur Verfügung gestellt wird.
- Die wissenschaftliche Begleitung konzentriert sich auf die Frage nach der „Entwicklung einer Didaktik integrativer Lernsituationen einschließlich der inner- und außerschulischen Unterstützungssysteme“. (HEIMLICH 1996b, S. 7)
- Einzelfallstudien, Unterrichtsbeobachtungen, pädagogische Tagebücher und Gruppendiskussionen mit den pädagogischen Teams sind als grundlegende Arbeitsformen geplant.

Die Konzeption zur wissenschaftlichen Begleitung des geplanten Landesschulversuchs in der Sekundarstufe widmet sich im besonderen den *Voraussetzungen* und *Vorgehensweisen*, die integrative Erziehung und Unterrichtung im Sekundarbereich fördern (vgl. BLESS 1996, S. 124). Bemerkenswert an der Konzeption ist, daß in der wissenschaftlichen Begleitung nicht nur ein Aspekt (z.B. Beratung der Fachlehrer(innen)) intensiv berücksichtigt wird, sondern daß versucht werden soll, das systemische Feld *Schule-Schüler-pädagogische Mitarbeiter-Unterricht* zu erfassen, um es unter dem Gesichtspunkt der Weiterentwicklung einer *integrativen Didaktik* zu analysieren. Gelingt es der wissenschaftlichen Begleitung, dem konzeptionellen Anspruch gerecht zu werden, dann kann man mit HAEBERLIN (1994, S. 362 f.) von einer „praxisbezogenen Begleitforschung" sprechen, in der „distanzierte, objektivierte Erkenntnis und unmittelbares, subjektiv-spontanes Handeln als idealtypische Pole eines Kontinuums" auftreten, um Aspekte einer integrativen Didaktik für die Sekundarstufe herauszuarbeiten.

Thüringen

Rechtsgrundlagen

Nach dem Thüringer Schulgesetz vom 6. August 1993 sind für die Beschulung von Schülerinnen und Schülern mit sonderpädagogischem Förderbedarf in allen Schulformen die Ausführungen im Förderschulgesetz (FSG) vom 21. Juli 1992 und die Thüringer Förderschulordnung vom 4. Oktober 1994 verbindliche Rechtsgrundlagen. Danach können Schülerinnen und Schüler mit sonderpädagogischem Förderbedarf „zielgleich" an den Regelschulen unterrichtet werden. Die Schulen können eine Unterstützung durch mobile sonderpädagogische Dienste der Förderschulen erhalten oder Diagnose- und Förderklassen mit den Klassenstufen 1, 1a und 2[1] einrichten [2]. Die Durchführung zieldifferenter Integration ist nur im Rahmen von Schulversuchen vorgesehen. „Bei der Entwicklung und Durchführung von Modellen zur gemeinsamen Unterrichtung von behinderten und nichtbehinderten Schülern sollen die Versuchsschulen mit Förderschulen zusammenarbeiten.[3]"

---

[1] Die Lerninhalte der Klassenstufen 1 und 2 werden in drei Schuljahren (1,1a und 2) vermittelt.

[2] Thüringer Schulgesetz (Schr.Th), vom 6. August 1993, § 5 Abs. 1.

[3] Schr.Th, § 12.

Aktueller Stand der Entwicklungen[1]

Schulversuche und wissenschaftliche Begleitung

Spezifische Schulversuche zum gemeinsamen Unterricht von behinderten und nichtbehinderten Schülern wurden in Thüringen bislang nicht eingerichtet. An zwei Schulversuchen wird jedoch der gemeinsame Unterricht als Bestandteil des Konzeptes praktiziert. An der Jenaplan-Schule in Jena wird, angelehnt an pädagogische Grundideen des Schulreformpädagogen Peter PETERSEN, in altersgemischten Stammgruppen der Jahrgänge 1-3, 4-6 und 7-9 unterrichtet. Im Schuljahr 1995/96 lernten an der Jenaplan-Schule insgesamt 259 Schüler(innen), darunter 24 behinderte Kinder (Kinder mit Körperbehinderungen, Hörschädigungen, Lernbehinderungen und Verhaltensauffälligkeiten). Geistig behinderte Schüler(innen) wurden bisher nicht aufgenommen. Der Schulversuch wird von Prof. Peter FAUSER von der Friedrich-Schiller-Universität Jena begleitet.
Auch an der Gewerblichen Hauptschule Könitz werden, nach Angaben des Ministeriums, Schüler/innen mit Behinderungen integriert. Die wissenschaftliche Begleitung des Schulversuches an dieser Schule erfolgt durch Prof. Manfred LUTHERDT von der Pädagogischen Hochschule Erfurt.

Literatur

AUSTERMANN, M.: Fachspezifische Förderung im Bereich der Sinnesschädigungen in einem System regionaler Förderzentren. In: Die neue Sonderschule 1/1996, S. 50-56.

BAUDISCH, W.: Effektive Bedingungen und Wege für die Bildung und Erziehung physisch-psychisch geschädigter Kinder und Jugendlicher. In: Die Sonderschule 1/1989, S. 1-9.

BLESS, G. (1996): Zur Wirksamkeit der Integration: Ergebnisse empirischer Forschungen im Überblick. In: OPP,G./FREYTAG, A./BUDNIK, I. (Hrsg.): Heilpädagogik in der Wendezeit. Brüche, Kontinuitäten, Perspektiven. Luzern.

BOENISCH, J./TRAPPSCHUH, K.: Besonderheiten schulischer Integrationsprozesse im Land Brandenburg. In: Die neue Sonderschule 4/1997 (in Druck).

DINSE, P.: Mecklenburg-Vorpommern. In: Gemeinsam leben, 4/1995, S. 184.

GESETZ ÜBER DAS EINHEITLICHE SOZIALISTISCHE BILDUNGSSYSTEM. In: Gesetzblatt der Deutschen Demokratischen Republik, hrsg. vom Büro des Ministerrates. 25. Februar 1965.

HAEBERLIN, U.: Integrationsforschung zwischen objektivierender Distanz und teilnehmender Nähe. In: Vierteljahreszeitschrift für Heilpädagogik und ihre Nachbargebiete 2/1996, S. 362-366.

HEIMLICH, U.: Länderbericht Sachsen-Anhalt. Manuskript. Halle/S.

[1] Statistische Daten und Erhebungen zum gemeinsamen Unterricht lagen nicht vor.

HEIMLICH, U. (1996a): Orte und Konzepte sonderpädagogischer Förderung. Ökologische Entwicklungsperspektiven der Heilpädagogik. In: Zeitschrift für Heilpädagogik, 2/1996, S. 46-54.

HEIMLICH, U. (1996b): Konzept für den Landesschulversuch „Gemeinsamer Unterricht von Kindern mit und ohne sonderpädagogischem Förderbedarf in der Sekundarstufe I". Manuskript. Leipzig.

HEIMLICH, U. (1997a): Länderbericht Sachsen 1997. Manuskript, Leipzig.

HEIMLICH, U. (1997b): Anhang zum Länderbericht Sachsen 1997. Manuskript zur Vorlage in Gemeinsam leben 2/1997, Leipzig.

HEYER, P./PREUSS-LAUSITZ, U./SCHÖLER, J. (Hrsg.) (1997): „Behinderte sind doch Kinder wie wir!" Gemeinsame Erziehung in einem neuen Bundesland, Schlussfassung des Abschlußberichtes zur wissenschaftlichen Begleitung. Berlin 1997 (in Druck).

HORST, I.: Integration in Mecklenburg-Vorpommern. In: Pädagogik und Schulalltag 1/1996, S. 54-61.

KLEIN, G. (1996a): Ziele und Konzepte des Modellversuchs. In: Die neue Sonderschule 2/96, S. 96-100.

KLEIN, G. (1996b): Ergebnisse des Modellversuchs. In: Die neue Sonderschule 2/96, S. 105-109.

KMK-EMPFEHLUNGEN : Empfehlungen zur sonderpädagogischen Förderung in den Schulen in der Bundesrepublik Deutschland vom 6. Mai 1994.

KOSSOW,M.: Grundlegende Gedanken zur Entwicklung des Sonderpädagogischen Förderzentrums in Stralsund. In: Die Sonderschule 5/1995, S. 347-354.

KULTUSMINISTERIUM des Landes Mecklenburg-Vorpommern : Verordnung zur Ausgestaltung der sonderpädagogischen Förderung (SoFöVo) vom 14. September 1996'.

KULTUSMINISTERIUM des Landes Sachsen-Anhalt: Verordnung über die sonderpädagogische Förderung (SPädFördVO) vom 24. September 1996.

KULTUSMINISTERIUM des Landes Thüringen: Gesetz über die Förderschulen in Thüringen (FSG) vom 21. Juli 1992.

KULTUSMINISTERIUM des Landes Thüringen: Thüringer Schulordnung für die Grundschule, die Regelschule, das Gymnasium und die Gesamtschule (ThürSchulO) vom 20. Januar 1994, zuletzt geändert am 22. Januar 1996.

KURTH, E. /LANGFELDT, H.-P.: Sonderpädagogische Förderung und Feststellung des Förderbedarfs von Schulkindern in den neuen Bundesländern - eine vergleichende Darstellung. In: Die Sonderschule 3/1995, S. 219-229.

MAHNKE, U.: Zwischen Anpassung, Handlungsdruck und Flucht nach vorn - Fortbildungserfahrungen im Land Brandenburg zum gemeinsamen Unterricht von behinderten und nichtbehinderten Kindern. In: Pädagogik und Schulalltag 1/1995, S. 98-106.

MERZ-ATALIK, K./BOENISCH, J.: Länderbericht 1996 Sachsen-Anhalt zur Gemeinsamen Erziehung und Gemeinsamen Unterricht in der Schule. Unveröff. Manuskript. Halle/S.

MERZ-ATALIK, K./BOENISCH, J.: Länderbericht Sachsen-Anhalt 1997. Gemeinsame Erziehung und Gemeinsamer Unterricht. Unveröff. Manuskript. Halle/S.

MINISTERIUM FÜR BILDUNG, JUGEND UND SPORT DES LANDES BRANDENBURG (Hrsg.): Gemeinsamer Unterricht von behinderten und nichtbehinderten Kindern im Land Brandenburg-Ergebnisse der vierjährigen wissenschaftlichen Begleitung bestätigen eingeschlagenen Weg der Integration als bildungspolitischen Schwerpunkt, Presseerklärung vom 23.4.1997.

NESTLE, W.: Kooperationsbereich: Individualhilfe - individualisierender Unterricht. In: Die neue Sonderschule 2/96, S. 100-105.

OPP, G.: Schulische Integration: Impulse für eine Neubestimmung der Diskussion. In: Zeitschrift für Heilpädagogik 9/1996, S. 354-359.

PREUSS-LAUSITZ, U.: Die Entwicklung der Integration in Brandenburg als mehrstufige System-Innovation. In: Zeitschrift für Heilpädagogik, 5/1994, S. 302-308.

PREUSS-LAUSITZ, U.: Integrationskonzept des Landes Brandenburg. In: HEYER/PREUSS-LAUSITZ/SCHÖLER. Berlin 1997.

REFERAT FÜR STATISTIK des Landes Sachsen-Anhalt: Verteilung der Schüler im Schuljahr 1995/96 zum Stichtag 16.08.1995. Magdeburg.

SCHAVAN, A.: Zur Eröffnung des Abschlußsymposiums zum BLK-Modellversuch „Gemeinsam handeln - einander erleben". In: Die neue Sonderschule 2/96, S. 87-95.

SCHULGESETZ für das Land Brandenburg (BbgSchulG) vom 12. April 1996.

SCHULGESETZ für das Land Mecklenburg-Vorpommern (GVOBI.M.-V.) vom 15. Mai 1996. Ergänzung der laufenden Fassung vom August 1996.

SCHULGESETZ des Landes Sachsen-Anhalt (SchulG LSA): Viertes Gesetz zur Änderung des Schulgesetzes vom 21. Juni 1996.

SCHULGESETZ für den Freistaat Sachsen (SchulG) vom 3. Juli 1991, zuletzt geändert am 12. Dezember 1995.

SCHULGESETZ des Landes Thüringen (ThürSchulG) vom 6. August 1993.

SCHULVERWALTUNG: Aktuelles aus Mecklenburg-Vorpommern: Förder-Diagnose-Klassen an Grundschulen 1994, Heft 11, S. 315.

SCHULVERWALTUNG: Aktuelles aus Sachsen-Anhalt: Daten und Fakten zum Schulanfang. 1995, Heft 6, S. 283

SCHULVERWALTUNG: Aktuelles aus Sachsen-Anhalt: Schulversuche. 1995, Heft 3, S. 92

SCHULVERWALTUNG: Aktuelles aus Mecklenburg-Vorpommern: Drei Sonderpädagogische Förderzentren in Rostock. 1997, Heft 3, S. 88.

SCHWÄGERL, D.: Verlauf und Ergebnisse des Modellversuchs in Sachsen. In: Die neue Sonderschule 2/96, S. 110-114.

STAATSMINISTERIUM FÜR KULTUS: Verordnung über Förderschulen im Freistaat Sachsen (Schulordnung Förderschulen - SOFS) vom 27.03.1996.

STATISTISCHES LANDESAMT DES FREISTAATES SACHSEN: Schüler/innen an Förderschulen des Freistaates Sachsen im Schuljahr 1996/97 nach Behinderungsarten und Klassenstufen, Referat 231, Kamenz.

STOELLGER, N.: Von der Sonderschule zum sonderpädagogischen Förderzentrum - Tendenzen der Weiterentwicklung des organisierten Systems sonderpädagogischer Förderung in der Schule. In: Zeitschrift für Heilpädagogik 7/1992, S. 445-458.

STOELLGER, N.: Das Sonderpädagogische Förderzentrum - Darstellung und Erläuterung eines Reformkonzeptes. In: Zeitschrift für Heilpädagogik 3/1997, S. 98-104.

Elvira WALDMANN

Wissenschaftliche Begleitung und Beratung des Modellversuchs - *Kleine Grundschule* - im Land Brandenburg

Am 01. September 1995 begann im Land Brandenburg ein Modellversuch der Bund-und-Länder-Kommission für Forschungsförderung und Bildungsplanung zur „Entwicklung und Erprobung der Qualitätssicherung Kleiner Grundschulen“ am Pädagogischen Landesinstitut Brandenburg (PLIB). Der Modellversuch unterstützt eine anspruchsvolle Aufgabe der Schulentwicklung, gilt es doch, die Kleinen Grundschulen nicht nur als „Politikum“ zu sehen, sondern als „Pädagogikum“ zu gestalten. Die nach 1990 stark zurückgehenden Schülerzahlen erfordern Konzepte für den Erhalt einer wohnortnahen Grundschule. Die demografische Situation kann dabei als eine Chance genutzt werden, die in Brandenburg begonnenen Innovationen in den Grundschulen fortzusetzen. Von Anfang an stieß die Entwicklung Kleiner Grundschulen und der Modellversuch zur Entwicklung von Konzepten altersgemischten Lernens in der sechsjährigen Grundschule auf starkes länderübergreifendes öffentliches Interesse, wie die Schlagzeilen einiger Presseberichte verdeutlichen sollen. Sie zeigen das Spannungsfeld der Meinungen und Erwartungen zwischen einem Zurück zur Zwergschule und der Chance für die weitere Entwicklung einer reformorientierten Grundschule:

- „Auch kleine Schulen werden ihre Chance haben: Auftaktveranstaltung zum Modellversuch“ (*Märkische Allgemeine Zeitung*, 03.11.95)
- „Warthe - Schule im Modellversuch
  Alte Unterrichtsformen werden verändert - Lohnenswerter Mehraufwand" (*Uckermark Kurier*, 10.11.96)
- „Die Reformschule auf dem Lande; wie Brandenburg mit einem Modellversuch Schulschließungen vermeiden will: das Beispiel Protzen bei Fehrbellin“ (*Tagesspiegel*, 28.08.96)

Im folgenden äußert sich eine beteiligte Lehrerin in einem Interview zu ihren pädagogischen Zielen im altersgemischten Unterricht:

„Auf jeden Fall möchte ich, daß die Kinder eine Selbständigkeit entwickeln; die Kinder sollen in der Lage sein, selbst zu lernen. Sie sollen lernen zu lernen, denke ich. Also sich die Arbeitstechniken anzueignen, wie sie selbst an die Sachen herankommen.
Dann ist auch das soziale Verhalten untereinander sehr wichtig.
Wie gehe ich mit Kleineren um?
Wie gehe ich mit Schwächeren um?
Wo kann ich mir Hilfe holen?
Solche Sachen stehen eigentlich im Vordergrund, wobei man natürlich nicht vergessen darf, daß auch eine Fülle von Wissen vermittelt werden muß.“

Bevor einige der ersten Erfahrungen aus der wissenschaftlichen Beratung und Begleitung der Schulen im Modellversuch dargestellt werden, sollen zunächst

Ausgangslage und Rahmenbedingungen für die Entwicklung des Konzept „Kleine Grundschule" umrissen werden.

Vor welcher Ausgangssituation stehen die Grundschulen in Brandenburg?

Im Land Brandenburg gehen wie in den anderen neuen Bundesländern die Geburtenzahlen auf etwa ein Drittel gegenüber 1990 zurück. Das macht sich bei den Einschulungen 1997/98 in einem sprunghaften Rückgang bemerkbar. Dieser setzt sich bis zum Jahr 2005 verstärkt fort. Vielen Schulen im ländlichen Raum gehen die Schüler für die Bildung traditioneller aufsteigender Jahrgangsklassen aus. Die Zahl von 15 Einschulungen als Mindestzahl für eine Jahrgangsklasse in Brandenburg wird an etwa 200 Schulen unterschritten. Damit sind von den 660 Grundschulen etwa 200 in ihrem Erhalt gefährdet. Eine besondere Problematik für Brandenburg besteht darin, daß es aufgrund seiner Flächenstruktur im Vergleich mit den Schulbezirksgrößen anderer Bundesländer eine Spitzenposition einnimmt und Kinder in dünnbesiedelten Regionen bereits längere Schulfahrwege haben.
Um trotzdem wohnortnahe Schulstandorte zu erhalten, werden Modelle für Kleine Grundschulen mit Konzepten für altersgemischtes Lernen benötigt. Als Kleine Grundschule werden im Land Brandenburg Schulen mit einer Schülerzahl von etwa 60 - 90 Kindern in den Jahrgangsstufen 1 - 6 bezeichnet. Diese Situation trifft auf die Modellversuchsschulen zur Zeit noch nicht zu. Die Schülerzahlen liegen etwa zwischen 110 und 200. Die Kollegien bestehen aus 6 - 12 Lehrerinnen und Lehrer. Um mit dem Schülerrückgang ab 1997/98 erste Erfahrungen für die zukünftigen Kleinen Grundschulen bereitstellen zu können, entwickeln und erproben die Modellversuchsschulen altersgemischtes Lernen. Der von der Bund- und Länder-Kommision für Bildungsplanung und Forschungsförderung unterstützte Modellversuch dient der Entwicklung und Erprobung von pädagogischen und didaktischen Konzepten für jahrgangsübergreifende Lerngruppen in der wohnortnahen Kleinen Grundschule. Es handelt sich dabei um ein Veränderungsprojekt, um ein Schulentwicklungsvorhaben mit komplexen Anforderungen an Schulen und an die wissenschaftliche Beratung und Begleitung. Es geht an den Kleinen Schulen nicht nur um Innovationen in einzelnen Lernbereichen oder Klassenstufen. Der altersgemischte Unterricht hat Auswirkungen auf Inhalt und Struktur der Arbeit der gesamten Schule, die in Brandenburg eine sechsjährige Grundschule ist.
Einbezogen in den Modellversuch sind acht Grundschulen des Landes Brandenburg. Die Auswahl der Schulen erfolgte nach Schulerkundungen anhand eines Kriterienkatalogs aus 17 Schulen in einer Vorphase vom Mai bis Juli 1995 und auch vor dem Hintergrund der Bildung regionaler Verbundsysteme für Fortbildung und Erfahrungstransfer und der Zusammenarbeit mit Lernwerkstätten im Bereich der zehn Außenstellen des PLIB. Im Nordwesten kooperieren die Grundschulen Demerthin, Protzen, Großwudicke, im Nordosten die Schulen

Groß Schönebeck, Warthe, Neulewin und im Südosten Töpchin und Missen in Zusammenarbeit mit der Lernwerkstatt in der Grundschule Schönwalde. Die Grundschulen Demerthin und Groß Schönebeck sind durch ihre Lernwerkstätten bereits seit drei Jahren regionale Fortbildungsorte.
Der Modellversuch erstreckt sich auf einen Zeitraum von drei Jahren, und zwar vom 01.09.95 bis zum 31.08.98. Nach Ablauf dieses Zeitrahmens ist gegenwärtig geplant, ihn als Landesmodellversuch fortzusetzen, um die Arbeit mit altersgemischten Lerngruppen und mit fächerübergreifenden und altersgemischten Arbeitsweisen in den Jahrgangsstufen 5 und 6 weiterzuentwickeln.

Welche Ziele hat sich der Modellversuch gestellt?

Stichwortartig lassen sich die Ziele wie folgt benennen:

- Sicherung der Qualität von Kleinen Grundschulen,
- Erarbeitung von Modellen und Umsetzungsmöglichkeiten altersgemischten Lernens auf reformpädagogischer Grundlage,
- Entwicklung von Schulorganisation und Lernkultur der Schulen,
- Entwicklung und Erprobung von Konzepten für Fortbildung und Beratung in regionalen Unterstützersystemen,
- Stärkung der Eigenverantwortung der Schulen für Innovationsprozesse und für ihre Schulprogrammentwicklung
- Erhöhung der Akzeptanz für die Kleine Grundschule in der Öffentlichkeit, in den Gemeinden, bei Eltern, Kollegien, Schulleitungen, Schulämtern und Schulträgern.

Die Kleinen Grundschulen benötigen eine spezifische Schulkultur. Ein solches Schulmodell sollte den Erkenntnissen der Schulqualitätsforschung Rechnung tragen. Zentrale Komponenten der pädagogischen Organisation von Schule, die die Schulkultur „Kleiner Grundschulen" kennzeichnen, sind daher unter anderem

- ein lerngerechter und schülerorientierter Zeitrhythmus (weg vom 45-Minuten-Takt, gleitender Beginn, Wechsel von Anspannung und Entspannung ...)
- eine didaktisch-methodisch differenzierte Lernorganisation (offene Lernformen, soziales Lernen, fächerübergreifende Lernformen, differenzierte Angebote und Inhalte ...)
- die schulräumliche Gestaltung (Lernumgebung, Materialecken, Einbeziehung von Fluren und Außenanlagen ...)
- das soziale Klima zwischen den Kindern und den Lehrkräften (Beziehungsstruktur, Kommunikation ...)
- die Öffnung der Schule zur Schulumwelt (u.a. Elternarbeit, kulturelle Einbindung ...)
- Kompetenzerweiterung des Kollegiums (Beratung, Fortbildung, Selbstevaluation ...)
- eine offeneres Rollenverständnis und Teamarbeit.

Die skizzierten Komponenten von Lernkultur sind Elemente der Veränderung an vielen Grundschulen, die sich auf den Weg zu einer „Kindgerechten Grund-

schule“ gemacht haben. Sie müssen aber als besonders dringlich für die Konzeption „Kleine Grundschule“ angesehen werden, da die Organisation und inhaltliche Gestaltung des Unterricht in jahrgangsübergreifenden Lerngruppen höhere Anforderungen an die Differenzierung, an die Gestaltung sozialer Lernprozesse, an Kooperations-, Team-, Planungs- und Organisationsfähigkeiten der Pädagogen stellt.
Das komplexe Anliegen des Modellversuchs besteht in der Förderung der Selbstentwicklung der Schulen, der Steuerung und Begleitung der Schulentwicklung mit allen beteiligten Lehrerinnen und Lehrern in allen Klassenstufen, der Einbeziehung von Eltern, Schulaufsicht, Schulträgern, der Lernwerkstätten und weiterer Fortbildungselemente.
Der Ausprägungsgrad der inneren Ausgestaltung Kleiner Grundschulen im Sinne o. g. Schulkultur variierte entsprechend den Bedingungen und Entwicklungswegen der einzelnen Schule. Ausgangspunkt für Beratung und prozeßbegleitende Evaluation ist die jeweilige Schule mit ihren Kompetenzen und Ressourcen für die gemeinsamen Veränderungsprozesse.
Für das erste Jahr des Modellversuchs, das Schuljahr 1995/96, ergaben sich zunächst folgende drei Entwicklungsschwerpunkte auf der Basis der Schulerkundungen, die in der ersten Durchführungsphase bis zum Januar 1996 von den beiden Beraterinnen, Frau SOMMER und Frau SCHULZ, gemeinsam erfolgten:

1. Öffnung des Unterrichts (Kompetenzerweiterung im Umgang mit neuen differenzierten Lernformen)	2. Schulinterne Kommunikation und Verständigung (Schule als lernende Institution)	3. Vorbereitung, Planung und Gestaltung der Jahrgangsmischung

Wie werden die Modellschulen begleitet und unterstützt?

Durch Schulberatung, Fortbildung und prozeßbegleitende Evaluation unterstützt das Projektteam die am Modellversuch beteiligten Schulen. Das Projektteam am Pädagogischen Landesinstitut besteht aus der Leiterin des Modellversuchs, zwei Mitarbeiterinnen sowie einer Sachbearbeiterin mit halber Stelle. Darüber hinaus kooperiert das Projektteam des Pädagogischen Landesinstituts (PLIB) mit dem Ministerium für Bildung, Jugend und Sport in einer Koordinierungsgruppe, mit den Schulämtern, den zehn PLIB-Außenstellen und einem länderübergreifenden ehrenamtlichen wissenschaftlichen Sachbeirat.
Das Beratungs- und Evaluationsmodell folgt dem Konzept der Handlungsforschung. Die Tätigkeiten des Projektteams beinhalten somit sowohl initiativ-konzeptionelle als auch reflexiv-analysierende Prozesse. Handelt es sich doch bei verändernder Forschung nicht lediglich um reflektierende Forschung. Wissenschaftliche Beratung ist für uns nicht eine von den anderen Beteiligten losgelöste Instanz, die einen Rahmen vorgibt und den Erfolg von Interventionen in

der Schule als Externer mißt. Es geht um Entwicklungsarbeit, das heißt, um einen Prozeß vom Handeln zum Wissen. Im Handeln entstehen die neuen Konzepte und werden erprobt. Durch ständige Reflexion und Rückkopplung der Beobachtungen an den Schulen wird Raum gegeben für ein Lernen aller Beteiligten im Prozeß des gemeinsamen Arbeitens. Durch informelle Teilnahme am Schulleben, durch Beobachtungen im Umfang von 24 Tagen pro Schule im Rahmen des dreijährigen Modellversuchs wird ein angemessener Intensitätsgrad bei der Datenerhebung, in der informellen Kommunikation und in der Rückkopplung an die Schulen erreicht.
Da Schulen Individualitäten mit eigenem Profil und unterschiedlicher Qualität sind, steht die Entwicklung jeder einzelnen Schule mit ihren Bedingungen im Zentrum der Beratung und Begleitung.

Welche ersten Ergebnisse gibt es bei der Konzeptentwicklung Kleiner Grundschulen?

Zwischenergebnisse können zunächst auf vier Ebenen vorgestellt werden, auf den Ebenen

- Schulberatung/Schulbesuche
- Untersuchungen und prozeßbegleitende Evaluation
- Fortbildungskonzept
- Kooperation/Öffentlichkeitsarbeit

Im Rahmen dieses Beitrags können lediglich wenige exemplarische Beispiele präsentiert werden.

Zu Schulberatung/Schulbesuchen

Die Schulbesuche in der ersten Durchführungsphase des Modellversuchs gliedern sich in zwei Anteile, zum einen vom November 1995 - Januar 1996 mit jeweils 3 Tagen pro Schule zur Ausgangsanalyse und zum anderen vom März - April 1996 mit ebenfalls 3 Tagen pro Schule zur Entwicklung der Schwerpunkte "Entwicklung offener Lernformen", "Erste Erfahrungen zur Altersmischung in Projekten, einzelnen Fächern, zu bestimmten Tagen..." und der "Schulprogrammentwicklung". Die Möglichkeit, im ersten Jahr des Modellversuchs zunächst in kleinen Schritten Altersmischung zu erproben, zu üben und Kompetenzen bei der Gestaltung veränderter Lernformen zu vertiefen, war sehr wichtig für die Arbeiten in festen altersgemischten Gruppen mit Beginn des 2. Modellversuchsjahres. Die „Probephasen“ gaben den Lehrerinnen und Lehrern Zuversicht und Motivation.
Ergebnisse liegen als Schulberichte, Unterrichtsprotokolle, Fotodokumentation, Videoausschnitte, Dias sowie in Form von dokumentierten Unterrichtsbeispielen der Schulen zum altersgemischten Lernen vor. Ein Problem sind die Fülle der Materialien und die begrenzte Zeit für Auswertungen. Die Evaluationsergebnisse der Beobachtungen des Unterrichts wurden in schriftlichen Schulberichten zu-

sammengefaßt und den Schulen mit Empfehlungen und Hinweisen rückgekoppelt. Den Schulen standen sie für Reflexion und Gestaltung ihrer weiteren Entwicklungsarbeit zur Verfügung.
Zur Illustration der Beobachtungen in der ersten Durchführungsphase dient folgender Auszug aus einem Schulbericht:

„Die 11 beobachteten Unterrichtsstunden mit anschließenden Beratungsgesprächen ergaben den Eindruck, daß das Kollegium auf dem Wege ist, eine veränderte Unterrichtskultur zu gestalten.
In dem beobachteten Unterricht in den Klassen 2, 3, 4 sind Tages- und Wochenplanarbeit ständige gestaltende Elemente des offenen Unterrichts. Die Kinder wählen aus den Angeboten von Lernmöglichkeiten freie und verpflichtende Aktivitäten aus und bestimmen den Ablauf und den/die Lernpartner bzw. -gruppe selbst.
In Klasse 1 gibt es Ansätze zur Veränderung der Unterrichtsstruktur. Im gemeinsamen Kreisgespräch wird auf das Unterrichtsthema hingearbeitet. Die in der Abschlußphase geplanten Partnerübungen können aus Zeitgründen nicht den entsprechenden sozialen Effekt erzielen. In der Hauptphase ist ein lehrergelenktes Vorgehen mit Demonstrieren und Nachahmen vorherrschend.
In den Klassen 5 und 6 sind die Kinder, wie in den anderen Klassen auch, hochmotiviert und aktiv am Unterricht beteiligt. Die Lehrer führen den Unterricht und organisieren über vielfältige Medien - vor allem in Deutsch und Biologie - einen aktiven und sinnlichen Aneigungsprozeß.
Soziale Lernprozesse sind eher die Ausnahme, weil sie nur teilweise initiiert werden. Differenzierende Unterrichtformen realisieren sich über Zusatzangebote“ (Bericht: Frau SCHURZ).
Zwei weitere Ausschnitte aus Berichten von zwei Schulen verdeutlichen die ersten Erfahrungen in jahrgangsübergreifenden Projekten in den Klassenstufen 5 und 6:
"Alle Schülerinnen und Schüler der Jahrgangsstufen 5 und 6 wurden in drei jahrgangsübergreifenden Gruppen in den ersten beiden Unterrichtsstunden für die Dauer von 7 Schultagen unterrichtet.
Trotz der dargestellten organisatorischen Probleme, die z.T. wegen der plötzlichen Erkrankung einer Kollegin noch verschärft wurden, und der noch weiter zu entwickelnden didaktisch-methodischen Kompetenzen, war der erste praktische Versuch der Gestaltung jahrgangsübergreifenden Unterrichts in den Klassen 5 und 6 für die beteiligten Lehrerinnen und Lehrer von großer Bedeutung. Es wurden sehr intensive fachliche Gespräche geführt, die wiederum Anlaß gaben, sich weiter mit bestimmten Fragen des jahrgangsübergreifenden Unterrichts zu beschäftigen, wie z. B.
- Bewertung und Zensierung,
- Umgang mit Lehrbüchern,
- verbesserte schulinterne Planung und Organisation der Zusammenarbeit mehrerer Lehrer(innen),
- Dokumentation von Projekten.

Des weiteren bedeuteten die positiven Rückmeldungen der Kinder und einiger Eltern sowie die eigenen oftmals überraschenden Erfahrungen der Lehrkräfte für sie selbst Bestätigung und Ermutigung. Skepsis und Unsicherheiten, 'ob das wohl klappen würde', wurden durch diesen ersten praktischen Versuch stärker abgebaut als durch die eher theoretischen Gespräche darüber und machten Mut, weitere Beispiele zu erproben“ (Bericht: Frau SOMMER).

Auch in der 2. Durchführungsphase, die sich auf die Monate Mai-Juni und August-Oktober aufteilt, werden 6 Unterrichtsbesuche zur Beratung und Begleitung durchgeführt. Schwerpunkte sind die Beobachtungen zum altersgemischten Ler-

nen in festen Lerngruppen, der Unterricht in den Jahrgangsstufen 5 und 6, die pädagogische Gestaltung der "ganzen Halbtagsschule" sowie die Teamarbeit.
Aus diesem Zeitraum stammt auch eine bereits angekündigte Beobachtung zum altersgemischten projektorientierten Arbeiten in den Lerngruppen 5/6 zum Thema: "Wir stellen unsere Schule vor". Im Schulbericht heißt es u. a.:

Auf der Grundlage von Vorschlägen der Schülerinnen und Schüler, die die Lehrerinnen in einer Umfrage sammelten, fanden die Projekttage zum Thema "Wir stellen unsere Schule vor" statt. Für das dreitägige Vorhaben konnten außer den Lehrerinnen zwei Experten (Ortschronist und AG-Leiter sowie Mutter, die bei einer Zeitung gearbeitet hat) für die Mitarbeit am Projekt gewonnen werden. Zur Auswahl standen thematisch strukturierte Arbeitsgruppen, in denen die einzelnen Schülerinnen und Schüler über den gesamten Zeitraum der Projektarbeit tätig wurden. Die Lehrerinnen hatten Hinweise und Anregungen schriftlich zusammengetragen und den Kindern gegeben. Außer in den beiden benachbarten Klassenräumen wurde im Schularchiv (auf dem Dachboden) sowie bei der beteiligten Mutter zu Hause am Computer gearbeitet.

Folgende Arbeitsgruppen standen zur Auswahl:
- Unsere Schule im Bild (Künstlerisches Gestalten)
- Unsere Schulzeitung
- Schulrallye
- Schule früher und heute

Der Ansatz des projektorientierten Lernens wurde durch die Einbeziehung der Schülerinnen und Schüler in die Planung und Vorbereitung gut praktiziert. Hervorzuheben ist die aktive Einbindung von Experten, die die inhaltliche und pädagogische Arbeit bereicherten. In der Organisationsstruktur und in der inhaltlichen Gestaltung des Projektthemas wurden gute Grundsätze für fächer- und jahrgangsübergreifendes Arbeiten in den Jahrgangsstufen 5 und 6 realisiert, die in der weiteren Arbeit unbedingt berücksichtigt werden sollte.
Das Vereinbaren und Einhalten gemeinsamer Regeln in der Projektarbeit sowie die bewußte Reflexion dessen, was und wie gemeinsam gelernt und gearbeitet wurde, sollte stärker durch Gesprächsrunden praktiziert werden. In der Vorbereitung müßten die Lehrerinnen ihr eigenes Eingebundensein in inhaltliche Fragen und die damit verbundene Strategie der Betreuung und Begleitung der Arbeitsgruppen noch genauer klären und festlegen.
Unbedingter Bestandteil der Arbeit der Kinder sollte die Vorbereitung der Präsentation der Ergebnisse werden. In diesem Zusammenhang erscheint es notwendig, bestimmte Arbeits- und Kommunikationstechniken zu erlernen und zu üben. Grundsätzlich sollte der Projektarbeit mehr Zeit zur Verfügung stehen, um intensiver und ohne Zeitdruck arbeiten zu können“ (Bericht: Frau SOMMER).

Neben kontinuierlichen Unterrichtsbesuchen und den sich darauf beziehenden Reflexionsgesprächen, die überwiegend als Gruppenberatungen mit Lehrkräften gestaltet wurden, fanden Beratungsgespräche mit den Schulleitungen und Lehrerkonferenzen statt. Ein weiterer Schwerpunkt der Schulbesuche entwickelte sich aus dem Informations- und Beratungsbedürfnis von Eltern, Schulträgern und Schulräten.

Zur prozeßbegleitenden Evaluation und ersten Untersuchungsergebnissen

Die Beratung der Schulen erfolgt auf der Grundlage der Untersuchungsergebnisse und der qualitativ-phänomenologisch gewonnenen Erkenntnisse in einer Kombination von „controlling“ und „consulting“. Beobachtende, analysierende und dokumentierende Forschungstätigkeit wird durch beratende, informationsvermittelnde und motivierende Tätigkeiten erweitert. Die Strategien und Instrumentarien sind in nachfolgender Übersicht zusammengefaßt. (Die Verfahren des Kinderinterviews und die Lernstandserfassung wurden [erst] zu einem späteren Zeitpunkt im Verlauf des Modellversuchs [März 1997] als notwendig erachtet und für die Vollständigkeit der Übersicht nachträglich aufgenommen.)

Forschungsmethodisches Instrumentarium

Es wurde eine kommunikationsoffene Methode für einen praxisorientierten Beratungs- und Evaluationsansatz gewählt. Die Datensammlung an den Schulen erfolgt in einer Verbindung von qualitativen und quantitativen Methoden der Sozialforschung. Die Evaluationsergebnisse werden den Schulen übermittelt.

Teilnehmende Beobachtung	Erfassung, ° Dokumentation, Analyse von Unterricht	° systematisierte Beob.bogen ° Protokolle
	° Beobachten von Lernprozessen (Schlüsselszenen) ° Einzelfallbeob.	° Beschreibende Darstellung/Schulberich-te ° Videoaufzeichnung ° Fallanalyse ° Foto- und Tondokumente
Schriftliche Befragung	Erfassen des Meinungsbildes über	
- 1 Lehrerbefragung	° Erwartungen, Haltungen zur KGS ° Zusammenarbeit im Kollegium ° Beziehungen zwischen Lehrern/Kindern ° Fortbildungsbedarf ° Angaben zur Person	° Fragebogen
- 2 Elternbefragungen	Erfassen des Meinungsbildes über ° Erwartungen, Haltun-	

	gen, Informationsstand ° Verhältnis Elternhaus/-Schule ° Mitwirkungsmöglichkeiten an der Entwicklung des Konzepts der KGS	° Fragebogen
Befragung qualitativer Prägung	Informationsaufnahme und Interpretation zu	
- 2 Lehrer(innen)-intrerviews	° pädagogischen Konzepten ° Kompetenz-Sicherheit-Probleme jahrg.übergr. Unterricht) ° Rollenverständnis	° Leitfadentiefeninterview
- 1 Experteninterview (Schulleiter/in)	Erfassen des Meinungsbildes und Rollenverständnisses zu ° Schulprogrammentwicklung ° Kommunikation und Kooperation im Kollegium ° Unterricht ° Öffnung nach außen ° Entwicklungsperspektiven	° Leitfadentiefeninterview
- Kinderinterview	Informationsaufnahme und Interpretation ° Einstellung zur Schule ° Befinden in der jahrübergreifenden Lerngruppe ° Selbständigkeit beim Lernen ° soziale Beziehungen ° Lernmotivation	°Kinder-Gruppen-Leitfaden-Interview
Dokumentation	Dokumentation, Reflexion des päd. Alltags an den Schulen	° Dokumentenanalyse
	Rekonstruktion der Bedingen für Stabilsierung von päd. und didakt. Konzepten	° Arbeitsergebnisse von Kindern ° Befragung Schulprogramm

Informelle Teilnahme am Schulleben/Beobachtung	Erweiterte Erfassung und Rekonstruktion der Schulwirklichkeit	° informelle Gespräche ° Beratungen
Lernstandserfassung	Erfassung der Schriftsprachkompetenz und deren Entwicklung in altersgemischten Lerngruppen ° Rechtschreibentwicklung ° Freies Schreiben Leseverhalten	 ° Test ° Schreibgeschichte ° Befragung

Aus den umfangreichen Ergebnissen der Eltern- und Lehrerbefragung mittels Fragebogen sollen hier exemplarisch nur einige Ergebnisse dargestellt werden. Die quantitative Erhebung diente der Erfassung von Meinungen, Erwartungen, Haltungen der Befragten zur „Kleinen Grundschule“ am Beginn des Modellversuchs vom Dezember 1995 bis Februar 1996.
Die Ergebnisse der Elternbefragung belegen in der Tendenz eine überwiegende Zustimmung zum Vorhaben „Kleine Grundschule“. Die Zustimmung äußerte sich in folgenden Bereichen:

- im Grad der Informiertheit der Eltern über Ziele und Aufgaben des Projekts,
- im Engagement der Schulen, ihre Arbeit für Eltern transparent zu machen,
- in der Akzeptanz der pädagogischen Arbeit und im Vertrauen in die Arbeit der Lehrerinnen und Lehrer,
- in der Gestaltung des Lebens und Lernens an der Schule durch die Pädagogen, die zu Geborgenheit und „Lust auf Schule“ führen.

Den Aufgaben und Zielen der "Kleinen Grundschulen" stimmen 73 % der befragten Eltern sehr und überwiegend zu. In den Bereichen wie Erziehung zu Hilfsbereitschaft, Verständnis für einander, Toleranz und Selbständigkeit bewerten über 70 % der Eltern die Möglichkeiten "Kleiner Grundschulen" als sehr und überwiegend positiv. Die Befürchtung, daß in altersgemischten Gruppen zu wenig gelernt wird, äußern 20 % der Befragten, und etwa 30 % meinen, daß das teilweise so ist. Das ist als ein Hinweis auf Unsicherheiten oder als kritische Sichtweisen auf das Lernen und die Leistung in "Kleinen Grundschulen" aufzufassen.
Von den 70 an den Modellversuchsschulen tätigen Lehrkräften beteiligten sich 59 an der Befragung. Für knapp 80 % der Befragten bedeutet das Vorhaben „Kleine Grundschule“ eine große berufliche Herausforderung, der sich allerdings im Bereich didaktisch-methodischer Kompetenzen 73 % überwiegend gewachsen fühlen. Inwieweit sich diese Selbsteinschätzung auf veränderte Unterrichtskonzepte und binnendifferenzierte Lernformen bezieht, läßt sich anhand der schriftlichen Befragung nicht ableiten. Etwa ein Drittel der Befragten emp-

finden eine Mehrbelastung durch das Projekt. In diese Einschätzung fließen vermutlich erste Erfahrungen bezüglich erhöhter Planungs- und Vorbereitungszeit und der Teamarbeit als veränderte Kooperationsform in altersgemischten Lerngruppen ein. Diese Aussage macht auf mögliche Überforderungen aufmerksam. Um insgesamt gesicherte Aussagen bezüglich der veränderten Lehrerrolle treffen zu können, werden die Ergebnisse der schriftlichen Befragung mit Ergebnissen aus vorgesehenen Tiefeninterviews und den Beobachtungen des Lehrerhandelns über den Zeitraum des Modellversuchs in Beziehung gesetzt.

Zum Fortbildungskonzept und zum externen und internen Erfahrungsaustausch

Im Netzwerk der Fortbildungsaktivitäten findet sich die Kombination verschiedener Strukturen. Dazu gehören:

- Einzelfortbildungen an den Außenstellen des Pädagogischen Landesinstitutes Brandenburg (PLIB),
- Zentrale Fortbildungen zu inhaltlichen Schwerpunkten für Lehrergruppen der Modellversuchs-Schulen unter Einbeziehung weiterer Schulen (zukünftige "Kleine Grundschulen"),
- Fortbildung in drei Regionalgruppen im Rahmen von Schulkollegien im Verbund mit Lernwerkstätten,
- schulinterne Fortbildungen an einzelnen Modellversuchsschulen,
- Tagungen.

Nach Absprachen mit den Schulen zu notwendigen Inhalten für Fortbildung und resultierend aus den Beratungen und der Begleitung der Schulen durch das Projektteam dominierten im ersten Jahr des Modellversuchs Inhalte wie: Schulprogrammentwicklung, Organisationsentwicklung, organisatorische und curriculare Konsequenzen fächerübergreifenden Unterrichts in den Jahrgangsstufen 5/6, kindorientierter Anfangsunterricht, Teamarbeit am Beispiel fächer- und jahrgangsübergreifender Planung für die Klassen 4 - 6, Öffnung des Unterrichts - neue Lernformen, Werkstattunterricht, Erfahrungsaustausch der Schulen durch Hospitationen und die Weitergabe von Praxiserfahrungen in einer Tagung.
In der o. g. Lehrerbefragung und bei den Fortbildungsveranstaltungen werden prozeßbegleitend Bedarfs- und Fortbildungswünsche erfaßt. Belege für die Bedeutsamkeit der Fortbildung dokumentieren sich auch in folgenden Lehrerinnen- und Lehreraussagen:

„Fortbildung ist auf jeden Fall wichtig. Ich besuche sehr viele Fortbildungen. Im Moment ist es etwas eingeschränkt dadurch, daß ich Englisch studiere und viel zu tun habe. Dadurch schaffe ich es einfach nicht, noch innerhalb der Woche zu Fortbildungen zu gehen. Die Fortbildung ist sehr wichtig. Sie bringt immer wieder etwas Neues, wenn auch das Thema schon bekannt ist und ich schon dreimal etwas darüber gehört habe. Dann gehe ich das vierte Mal wieder hin. Bei einer anderen Person kommen immer wieder andere Sachen dabei heraus, die für einen selber wichtig sind. Also die Fortbildung würde ich ganz hoch einschätzen.“

Eine andere Lehrerin äußerte:
„Ein Jahr Modellversuch war für mich ein großer Selbstqualifizierungsprozeß."

Zur Kooperation und Öffentlichkeitsarbeit

Um die Akzeptanz und Identifikation der Beteiligten an dem Konzept „Kleine Grundschule" zu erhöhen und Transparenz für die Öffentlichkeit und die Entscheidungsträger zum Erhalt "Kleiner Grundschulen" zu ermöglichen, sind vielfältige Kooperationsbeziehungen und Öffentlichkeitsarbeit unverzichtbar. Dazu gehören die Kooperation aller auf verschiedenen Ebenen Beteiligten, die Gestaltung der Schule als kulturelles Zentrum der Gemeinde und des Umfelds, eine offensive Elternarbeit, Medienarbeit, die Zusammenarbeit mit anderen Bundesländern und mit Wissenschaftseinrichtungen sowie das Zusammenwirken mit Fortbildungsorten und anderen Schulen.
Einige Beispiele der bisherigen Arbeit sind:

- Gesprächskreise der Schulleiter der Modellversuchsschulen,
- Beratungen mit Schulrätinnen und Schulräten in Zusammenarbeit mit dem Fachreferat des Bildungsministeriums,
- Einzelberatungen mit Schulrätinnen und Schulräten zu Personal- und Stellenplanungen und Verständigung zum Konzept der Schulen,
- Beratungen mit Außenstellenleitern des PLIB,
- Beratungen in einer Koordinierungsgruppe PLIB/MBJS,
- Tagungen in den neuen Bundesländern und in Brandenburg,
- Beratungen mit einen länderübergreifenden ehrenamtlichen Sachbeirat,
- Beratungen mit Beteiligten „vor Ort", wie Vertretern der Ämter und Gemeinden, Elternvertretern und Schulämtern,
- Medienarbeit (Presse, Rundfunk, Fernsehen),
- Modellversuchsschulen als Fortbildungsorte.

Die ersten Schritte auf dem Weg zu einem Konzept „Kleine Grundschule" sind im Land Brandenburg gemacht.[1]

---

[1] Vgl. insbes. das mittlerweile erschienene 48. Werkstattheft des Pädagogischen Landesinstituts Brandenburg: Den kleinen Grundschulen das Wort geben - Dokumentation der 2. Fachtagung des Modellversuchs "Kleine Grundschule" im Pädagogischen Landesinstitut Brandenburg. Berlin 1997 - [A. P.].

Thilo TRAUB

Erfahrungen in der wissenschaftlichen Begleitung von vier hessischen Jenaplanschulen

Schulübersicht (Stand 1. August 1995)

Schule	**Kurzbeschreibung**	**Zentrale Beratungsanliegen**
Jenaplanschule Ulmbach Alte Steinauer Str. 4 36396 Steinau	Versuchsschule; Grundschule mit Förderstufe (Jg. 1-6); Stammgruppen 1-3 und 4-6; 120 Kinder; ländliches Einzugsgebiet; einzige sechsjährige Schule im Umkreis.	Impulse für die Aktualisierung des tradierten Schulkonzeptes; Erhaltung der Sechsjährigkeit
John-Sutton-Schule Neue Heimat 15 65399 Kiedrich	Versuchsschule mit Orientierung am Jenaplan; Grundschule (Jg.1-4); Stammgruppen i. d. R. 1-2 und 3-4; ca. 150 Kinder; Kleinstadt im Rheingau; Weiterführung der Hauptschule als Förderstufe 91/92 gescheitert	Kontinuierliche, jenaplanbezogene Fortbildung zur Absicherung und Weiterentwicklung des Schulkonzeptes
Grundschule Zell Faltenweg 22 64732 Bad König	Zwergschule mit ca. 65 Kindern in 3 Lerngruppen; Grundschule (Jg. 1-4); Ortsteil der Kleinstadt Bad König; wechselnde Stammgruppenbildung 1-2 und 3-4; Orientierung am Jenaplan seit 93/94; integrierte Sprachheilförderung	Hilfe bei der Bewältigung der vielfältigen Aufgaben und Reformvorhaben; Weiterentwicklung des Schulprogramms; Absicherung der Existenz
Grundschule Bellersheim-Obbornhofen Schulstr. 18 35410 Hungen	Grundschule mit ca. 110 Kindern (Jg.1-4); Jenaplanschule im Aufbau; ganztägiges Betreuungsangebot; Stammgruppen 1-3 und 4 seit 94/95; ländliches Einzugsgebiet	Beratung beim Aufbau einer Jenaplanschule; Realisierung einer Sechsjährigen Grundschule

Konzeptionelle Aspekte

Aufgaben und Rollen:
Reformorientierte Schulen und Universitäten (z. B. Bielefeld, Kassel) haben gemeinsam Formen einer wissenschaftlichen Begleitung erprobt, die sich als Unterstützung der jeweiligen Schulentwicklung versteht. Ziele und entsprechende Fragestellungen werden dort von den Handelnden selbst formuliert. Wissenschaftler begleiten unterstützend die Prozesse und geben inhaltliche Anregungen, sofern dies gewünscht wird.
Dreierlei ergibt sich aus diesen Konzepten für das hier vorgestellte Projekt:

1. Wissenschaft stellt sich den Aufgaben und Fragen der pädagogischen Praxis und begibt sich in einen konstruktiven Dialog mit den Lehrer(innen).
2. Lehrer(innen) emanzipieren sich dem formalen Standard ihrer Ausbildung entsprechend: Sie verfolgen das Ziel, ihre Kompetenz zur pädagogischen und didaktischen Reflexion im Bewußtsein wissenschaftlichen Arbeitens weiterzuentwickeln, indem sie selbst die Rolle aktiv Forschender einnehmen (vgl. „Aktionsforschung“: ALTRICHTER/ POSCH, (2) 1994).
3. Die externe wissenschaftliche Begleitung wird von einem Lehrer übernommen.

Dokumentation und Ergebnissicherung:
Zu Konferenzen und Fortbildungen wurden ausführliche schriftliche Berichte erstellt, die als Beiträge der Aktionsforschung neben den Arbeitsergebnissen auch Anmerkungen und Anregungen zu den Arbeitsprozessen enthalten. Alle TeilnehmerInnen haben die Berichte erhalten und Gelegenheit gehabt, eigene Sichtweisen beizutragen. Damit konnte die Datenqualität abgesichert werden. Für die Kollegien war diese Dienstleistung der wissenschaftlichen Begleitung zugleich ein hilfreicher Beitrag zur Klärung der Arbeitsschritte und Ergebnisse im Projektverlauf.
Zusätzlich wurden drei zusammenfassende Zwischenberichte angefertigt, die alle Aktivitäten in bezug auf die Aufträge des Kultusministeriums bilanzierten. Diese Berichte sind an das Hessische Kultusministerium und an die beteiligten Schulen gegangen und auf allen Ebenen diskutiert worden. Alle Beteiligten konnten sich so mit geringem zusätzlichem Arbeitsaufwand an der Dokumentation und Ergebnissicherung beteiligen.
Die vorhandenen Ressourcen reichten nicht aus, um Daten zu zentralen Entwicklungen z. B. mit ergänzenden Interviews zu sichern, also die Artikulation verschiedener Sichtweisen aktiv einzufordern (Triangulation). Auf die Optionen, eine umfassende Dokumentation zu erarbeiten sowie Erkenntnisse detailliert und in der Form von Praxishilfen bereitzustellen, mußte ebenfalls verzichtet werden.

Das Jenaplankonzept fordert eine wissenschaftliche Begleitung im Spagat zwischen der Offenheit für schuleigene Entwicklungen und der Sicherung von Standards

Peter PETERSEN hat sein Schulkonzept als „Ausgangsform“ bezeichnet (PETERSEN 1927). In der Jenaer Universitätsschule wurde die Schulpraxis von einer eigenständigen pädagogischen Tatsachenforschung begleitet und von PETERSEN ein erziehungswissenschaftliches Fundament für den Schulversuch entwickelt. Diese historische Form der Schulbegleitung steht dem aktuellen Ansatz „Aktionsforschung“ offensichtlich nahe. Durch die pragmatische Adaption des Jenaplans, die i. d. R aus der Praxis für die Praxis erfolgt, sind tatsächlich und durchaus im Sinne PETERSENs vielfältige Schulprofile entstanden. Eine be-

gleitende Tatsachenforschung ist außerhalb eines Schulversuches nicht realisierbar, der Anspruch an eine besondere Form der Unterrichtsreflexion und ein erziehungstheoretisch fundiertes Arbeiten läßt sich m. E. für Jenaplanschulen nicht aufheben.
Der Versuch, ein verbindliches Gerüst von „Jenaplan-Minima“ (Mieskes) zu entwickeln, ist in Deutschland zunächst gescheitert und später nicht mehr betrieben worden. Daß gerade seine Offenheit den Jenaplan positiv z. B. von den Konzeptionen Maria MONTESSORIs oder Rudolf STEINERs abhebt, wurde in der Gießener Jenaplan-Forschungsstelle als Chance für die „Bewegung“ öffentlicher Schulen angesehen.
In den Niederlanden wurden „20 Grundprinzipien“ erarbeitet und alle Jenaplanschulen verpflichtet, diese ihrem Schulprofil voranzustellen. Zusätzlich sind die Lehrer(innen) aufgefordert, in einem intensiven Lehrgang ein Jenaplan-Diplom zu erwerben.
Wissenschaftliche Begleitung befindet sich also bezogen auf Jenaplanschulen in einem Spagat zwischen der Offenheit für schuleigene Programmentwicklung einerseits und der Sicherung von jenaplanbezogenen Standards andererseits.
Eine Grundlage des hier vorgestellten Projektes ist der Versuch gewesen, möglichst umfassend und zugleich in knapper, also auch für Kolleg(innen) im Schulalltag lesbarer Form, Facetten der Jenaplan-Pädagogik zusammenzustellen. Der Reader enthält neben einer Interpretation des historischen Jenaplans u.a. die 20 Grundprinzipien der niederländischen Jenaplanschulen und postuliert, diese könnten auch für die deutschen Jenaplanschulen als Grundkonsens angenommen werden (TRAUB 1995).
Der Anspruch an die begleiteten Schulen war, in einem schuleigenen Programm Stellung zu den Aspekten des Jenaplans anhand der genannten aktuellen Interpretation zu beziehen, d. h. Schule und Unterricht entweder im Sinne des Jenaplans zu gestalten oder sich in bewußter Abgrenzung zu definieren.

Jenaplan: Parallelen zur Konzeption und Praxis hessischer Grundschulen

Der Hessische Rahmenplan Grundschule (Hess. Kultusminister 1995) führt für die Gestaltung des Unterrichts aus, was im Hessischen Schulgesetz bereits ein Jahr zuvor grundgelegt wurde. Schulen erhalten zunehmend Freiräume, verbunden mit dem Auftrag, schuleigene Programme zu erarbeiten. Der neue Rahmenplan beinhaltet neben dem Abschnitt „Pläne der Fächer/Lernbereiche“ ausführliche Darlegungen zu „Übergreifenden Orientierungen“ und zu der Gestaltung der „Grundschule als Lebensraum und Lernstätte“. Die Lernbereiche Deutsch und Sachunterricht werden derart miteinander verzahnt, daß sich ein themenorientierter Kernunterricht im Sinne des Jenaplans geradezu aufdrängt. Die beiden allgemeinen Teile des Rahmenplans sind zwar nicht in ihrer Genese, aber eben doch im Ergebnis eine moderne Interpretation der Jenaplan-Pädagogik. Als Gestaltungsaufgaben der Grundschule werden genannt: „Grundschule als Ort der

Begegnung; Elemente der Rhythmisierung (Im Kreis zusammenkommen, Tägliche Spiel- und Bewegungszeit, Wochenplanarbeit, Fächer-, Klassen-, Jahrgangsübergreifende Unterrichtsgestaltung); Freie Arbeit; Raumgestaltung; Feste, Feiern, Regeln, Rituale; Gemeinsames Lernen und Individualisierung; Leistungsförderung; Übergänge; Schuleigenes pädagogisches Konzept". Parallelen zur Jenaplan-Pädagogik sind bis in die Begrifflichkeit evident, Widersprüche konnte ich nicht ausmachen.

Die „Verordnung zur Ausgestaltung der Grundschule" vom August 1995 enthält in §3 (3) sogar den Satz „Unterricht wird in jahrgangsbezogenen oder jahrgangsübergreifenden Gruppen erteilt ..." und gibt damit den Grundschulen die Möglichkeit, „Stammgruppen", also jahrgangsgemischte Lerngruppen im Sinne des Jenaplans zu bilden.

Im konzeptionellen Anspruch sind damit die Hessischen Grundschulen im allgemeinen nur unwesentlich von den Jenaplanschulen zu unterscheiden, zumal auch in Jahrgangsgruppen eine „Pädagogik der Vielfalt" (PREUSS-LAUSITZ) kultiviert werden kann. In der Praxis sind die Differenzen von Schule zu Schule und von Lerngruppe zu Lerngruppe in Jenaplanschulen vermutlich weniger erheblich als in anderen Grundschulen: Es kann ein gewisser Erfahrungsvorsprung der Jenaplan-Lehrer(innen) angenommen werden.

Das Angebot der Jenaplan-Forschungsstelle an den Hessischen Kultusminister stellte in Aussicht, daß „der Erfahrungsvorsprung der Kollegien durch die wissenschaftliche Begleitung besser für die allgemeine Grundschulentwicklung des Landes genutzt" werden könnte. Zugleich sollte „die konzeptionelle Entwicklung der Schulen im Sinne der Jenaplan-Pädagogik unterstützt und mit den Kollegien reflektiert" werden.

Der Auftrag des Hessischen Kultusministeriums konzentrierte die möglichen Fragestellungen auf zwei Aspekte:

1. Ermitteln von Elementen der Jenaplan-Pädagogik und ihrer Aktualisierungen sowie Erfahrungen mit entsprechenden organisatorischen Formen.
2. Beratung bei der Entwicklung von Verfahren zur Vorbereitung und Selbstevaluation und von differenzierenden und offenen Unterrichtsformen, besonders im Kernunterricht der altersgemischten Lerngruppe.

Jenaplanbezogene Fortbildung - Organisationsentwicklung -Pädagogische Schulentwicklung

Jenaplan-Pädagogik und Reformpädagogik waren die Schwerpunkte der Lehrerfortbildungen, die von der Jenaplan-Forschungsstelle unter Leitung von Theodor F. KLAßEN in den 80er Jahren durchgeführt wurden. Die bildungpolitische Diskussion zur „Autonomie" der Schule und zu Fragen der Schulentwicklung machte zunehmend deutlich, daß Schulentwicklungen besser mit schulinternen Fortbildungen zu fördern sind, die in einen Gesamtprozeß entsprechend der Erkenntnisse der Organisationsentwicklung eingebunden werden. Die Beraterrolle in der wissenschaftlichen Begleitung der Hessischen Jenaplanschulen sollte die Begleitung der Schulentwicklungsprozesse („OE-Berater") und die inhaltliche Beratung („Jenaplan-Experte") umfassen. Ein Beraterteam, in dem diese Rollen getrennt werden könnten, war nicht zu finanzieren und wird für kleine Schulen kaum finanzierbar sein. Zudem war es für Schulleitungen und Kollegien attraktiv, Schulbegleitung im wesentlichen in einer Person angeboten zu bekommen. Nur einzelne inhaltliche Fortbildungen wurden von externen Referenten übernommen. (vgl. auch „Pädagogische Schulentwicklung", BASTIAN 1997).

Austausch mit anderen Schulbegleitern

In dem Projekt fehlte eine Form regelmäßiger Supervision für den Schulbegleiter. Auf verschiedenen informellen Ebenen war es aber möglich, die Arbeit zu reflektieren.

Eine wichtige Orientierungshilfe ergab der Kontakt zu Hans RAUSCHENBERGER und Wiltrud THIES (wissenschaftliche Begleitung der Reformschule Kassel) sowie durch Mareike MANGELSDORF und Udo SCHÖLER (Modellversuch Neukonzeption des Schulanfangs). Beide Begleitungsprojekte hatten auch die Erfahrung gemacht, daß eine eindeutige Trennung der Prozeßberatung von inhaltlichen Problemstellung nicht sinnvoll war, eine Einschätzung, die sich in der Greifswalder Arbeitsgruppe zur wissenschaftlichen Begleitung von Reformschulen bestätigte.

Stationen des Projekts:

Planungstreffen mit den Schulleitungen

Vor Beginn des Schuljahres 95/96 fand ein erstes Planungstreffen der Schulleitungen statt. Nach dem Austausch über den Stand und die Problemlagen der einzelnen Schulentwicklungen konnten gemeinsame Anliegen formuliert werden:

1. An allen Schulen sollte entsprechend der OE-Phasen-Modelle der „Ist-Stand" der vorhandenen Schulprofile geklärt werden. Hierzu wurden Konferenztermine vereinbart.
2. Die didaktische Weiterentwicklung des Kernunterrichts sollte Ziel einer gemeinsamen Fortbildung sein, die im Laufe des Schuljahres mit Hilfe des niederländischen Schulentwicklungsberaters Kees VREUGDENHIL durchgeführt werden sollte.
3. Die Schulleitungen erhielten das Angebot, sich in einem einführenden Seminar der Lehrerfortbildung über Organisationsentwicklung zu informieren. (Dies wurde zwar zunächst als sehr wichtig angesehen, aber letztlich nicht angenommen.)

Weiterentwicklung des Kernunterrichts durch das Konzept „Didaktische Routen“

Im „Kernunterricht“ arbeitet die jahrgangsgemischte Lerngruppe gemeinsam. Jenaplan-Didaktik verfolgt hierbei vor allem drei Ziele:

1. das Miteinander der Kinder fördern;
2. selbsttätiges Lernen in „Pädagogischen Situationen“ herausfordern;
3. weitestgehend interessengeleitetes und themenorientiertes Arbeiten ermöglichen.

Um diese Ziele möglichst weitgehend umzusetzen, sollte eine grundlegende didaktische Neuorientierung erfolgen und ein entsprechendes methodisches Repertoire erarbeitet werden.
Zu einem ersten Fortbildungsnachmittag trafen sich die Kollegien der vier beteiligten Schulen an einem Nachmittag im September 95 in Bad König-Zell. Die schulinternen Fortbildungen aller beteiligten Kollegien wurden in einer gemeinsamen Veranstaltung zusammengeführt. Dadurch entstand ein erweiterter und spannungsreicherer Austausch, der als gemeinsame Erfahrung in den einzelnen Schulen weiterwirken konnte. Die Kolleg(innen) diskutierten in schulgemischten „Dreier-Fachgesprächen“ über Ziele, Möglichkeiten und Probleme des Kernunterrichts. Anschließend wurden die Erwartungen an das geplante Kompaktseminar mit Dr. Kees VREUGDENHIL ausgetauscht und die vorliegende Seminarplanung vorgestellt. Kees VREUGDENHIL hatte mitgeteilt, daß er von den Kolleg(innen) als Vorbereitung kurze und regelmäßige Aufzeichnungen zu den Erfahrungen im Kernunterricht erwarten würde. Besonders beachtet werden sollten einzelne Schüler und eigene Bedürfnisse und Fragen der Lehrer(innen). Einzelne Unterrichtssituationen sollen in Fallbeschreibungen dokumentiert werden.
Der erste gemeinsame Fortbildungsnachmittag wurde von allen als sehr anregend empfunden. Einige Kolleg(innen) zeigten sich überrascht, daß man in einer geradezu heiteren Atmosphäre so lange arbeiten konnte. Das Vorhaben, sich im gleichen Kreis bereits im November wieder zu treffen, scheiterte aber. Es gab zu viele schulinterne Prioritäten.
In den Konferenzen an den einzelnen Schulen zeigte sich, daß die Vorbereitungsaufgabe von den Kolleg(innen) nicht erfüllt werden konnte. Es fehlte eine routinierte Form schriftlicher Unterrichtsreflexion. In den Niederlanden ist das Führen von „Logbüchern“ ein Programmpunkt des Lehrganges zum Erwerb des Jenaplan-Diploms, eine vergleichbare Kultur im Sinne der Aktionsforschung gibt es in den begleiten Jenaplanschulen nicht. Wir verständigten uns, daß alle Kollegien sich in einer Konferenz mit den Fragestellungen vorbereitend befassen sollen, damit die eigenen Erfahrungen, Bedürfnisse, Probleme und Arbeitslagen der Teilnehmer(innen) zum Ausgangspunkt des Kompaktseminares gemacht werden könnten.

Im März 96 fand die zweitägige Fortbildung mit Kees VREUGDENHIL in einer Frankfurter Tagungsstätte statt. Sie kann als wirkungsvoller Impuls für die Verbesserung der didaktischen Konzeption und methodischen Gestaltung des Kernunterrichts in allen beteiligten Schulen gewertet werden. Kees VREUGDENHIL konnte erfolgreich zu einer didaktischen Konzeption des Kernunterrichts und einer entsprechenden methodischen Qualifikation beitragen. Grundlage seines Seminars war eine konsistente Schultheorie, deren vier Wurzeln zu jeder Zeit im Hintergrund erkennbar blieben:

1. Jenaplan (historisch und aktuell; niederländische und europäische Aspekte)
2. didaktische Theorien (Bildungstheorie und Lerntheorie)
3. Schulentwicklungstheorie (DALIN und ROLFF / „lernende Schule“)
4. eigene Praxis (Lehrer, Jenaplan-Schulleiter, Schulbegleiter und Lehrerfortbildner)

Es zeigte sich eine optimale Passung zu den Interessen der Teilnehmer(innen) und den Zielen der wissenschaftlichen Begleitung. Jenaplan-Pädagogik wurde reduziert auf die primäre Orientierung der Unterrichtsziele an der Persönlichkeitsentwicklung der Kinder. Dem von den Niederländern eingeführten Begriff „Jenaplan-Didaktik“ ist eine Weiterentwicklung des historischen Konzeptes immanent. Gedanklich und terminologisch aufgegriffen wird PETERSENs Definition der „Pädagogischen Situation“ (PETERSEN 1937, S. 28), sie wird aber zugleich mit einem zentralen Anspruch moderner Didaktiken, der Effektivierung von Unterricht als Anreger von Lern- und Bildungsprozessen, aufgeladen.
Damit hat Kees VREUGDENHIL die in der Ausbildung tendenziell lerntheoretisch orientierte Haltung der Teilnehmer(innen) mit den pädagogisch-anthropologischen Zielen des Jenaplans versöhnen können.
Das aus der Praxis für die Praxis entwickelte Konzept „Didaktische Route“ (bisher nur auf niederländisch: Cees de MUNNIK, Kees VREUGDENHIL 1995) und die damit verbundene Vorstellung von Unterricht bietet eher strukturierend und lehrerzentriert arbeitenden Kolleg(inn)en eine relativ abgesicherte Möglichkeit zur Öffnung ihres Unterrichts. Andererseits werden Kolleg(inn)en, die Unterricht radikal öffnen, ermutigt, Strukturierung und Inhaltlichkeit verstärkt und positiv besetzt in ihrem Unterricht zu vertreten.
Die Teilnehmer(innen) arbeiteten im Seminar immer an ihrem eigenen Unterricht, interessengeleitet und unmittelbar praxisbezogen. Parallel zu der Didaktik wurde das Konzept der „lernenden Schule“ eingeführt und verwendet, das auch konzeptionelle Grundlage der wissenschaftlichen Begleitung ist. Die Kohärenz der zu Beginn des Seminars von den Teilnehmer(inne)n gegenübergestellten Lernbedürfnisse von Kindern und Lehrenden machte plausibel, daß Didaktik für Kinder, Fortbildung für Erwachsene und gemeinsame Schulentwicklung eine gemeinsame Grundlegung haben sollten. Andererseits wurde damit deutlich, daß die Qualifikationen eines Lehrers durchaus auch für die wissenschaftliche Be-

gleitung von Schulen grundlegend sind. (Eine ausführliche Dokumentation der Fortbildung liegt als unveröffentlichtes Arbeitspapier vor.)
Eine weitergehende kooperative Fortbildung der Kollegien ist bisher nicht zustande gekommen, weil die vielen schulinternen und regionalen Aktivitäten und Termine im Zweifel Priorität hatten. Die Teilnehmer(innen) waren sich einig, daß die Arbeit mit Kees VREUGDENHIL keineswegs jenaplanspezifisch war: Lerngruppen sind heterogen, da hilft auch die Jahrgangsgruppe nicht, und moderner Unterricht lebt von den Spannungen zwischen Offenheit und Zielorientierung, zwischen eigenverantwortlichem und lehrergeleitetem Lernen, wie sie in dem Konzept „Didaktische Route" konstruktiv aufgegriffen werden.

Schulbezogene Entwicklungen

Steinau-Ulmbach:
Es konnten einzelne Impulse für die Aktualisierung des tradierten Schulkonzeptes gegeben werden. Drei Kolleg(inne)n nahmen an der Fortbildung mit Kees VREUGDENHIL teil. Das Konzept Didaktische Routen wendeten die Referendarin und der Schulleiter konkret an. Es gab in drei Gruppen eine Neuentwicklung der Raumgestaltung, die von der Köln-Hospitation und der Arbeit mit Kees VREUGDENHIL inspiriert waren. Es ist allerdings nicht gelungen, das Ulmbacher Gesamtkollegium im Sinne der Idee einer „lernenden Schule" anzusprechen. Die Initiative ging während des gesamten Prozesses von dem Schulleiter oder von der wissenschaftlichen Begleitung aus. Fraglich ist, ob die Anregung und Begleitung eines Teambildungsprozesses als Voraussetzung für eine dynamischere Schulentwicklung mit größerem Aufwand, z. B. mit begleiteten wöchentlichen Teamsitzungen, möglich gewesen wäre.
Die Sechsjährigkeit der Ulmbacher Jenaplanschule konnte nicht erhalten werden. Entscheidend war die zunehmende Tendenz, gerade die begabteren Kinder nach Klasse vier abzumelden. Im schulischen Umfeld ist Ulmbach die einzige sechsjährige Schule. Neben den traditionellen Schulen (Gymnasium/Haupt- und Realschule) sind eine Integrierte Gesamtschule sowie eine Realschule mit Förderstufe für die Kinder erreichbar. Für die Anmeldungen zu Klasse fünf ist abgesehen von einer relativ konstanten Abwanderung an das Gymnasium keine einheitliche Tendenz zu einer der weiterführenden Schulen festzustellen. Freundschaftsgruppen können daher i. d. R. bei einem Wechsel nach Klasse sechs nicht erhalten bleiben. Eltern befürchten zudem, daß die Absprachen nicht ausreichen, um den Anschluß an Realschule, Gesamtschule oder Gymnasium abzusichern. Die Bildung eines entsprechenden Schulverbundes mit einer der benachbarten Schulen ist nicht gelungen. Perspektive ist daher für das Schuljahr 98/99 die Weiterarbeit als vierjährige Jenaplan-Regelschule.

Kiedrich:
Das Kollegium in Kiedrich hat bereits bei den ersten Kontakten ausdrücklich eine bezogen auf die Jenaplan-Pädagogik kompetente wissenschaftliche Begleitung gewünscht. Die wissenschaftliche Begleitung hat im gesamten Kollegium zu einer Annäherung der pädagogischen Haltung und Unterrichtskonzeption an die Jenaplan-Pädagogik beigetragen.
Bereits vor dem Beginn des Projektes wurden arbeitsteilig und mit großem Einsatz vielfältige Fortbildungen besucht und die Ergebnisse jeweils im Kollegium vermittelt. Besondere Wirkung zeigten die Hospitationen in den Jenaplanschulen (Köln-Porz und Steinau-Ulmbach). Im Rahmen des Begleitungsprojektes wurden die Aktivitäten auf jenaplan-orientierte schulinterne Fortbildungen konzentriert. Das Kollegium empfand diese Form einmütig als wesentlich effektiver für die gemeinsame Schulentwicklung.
Aus den vorliegenden, seit 1989 jährlich angefertigten Berichten zur Arbeit als Versuchsschule, die jeweils kollegial vorbereitet worden waren, konnten Stichworte ausgewählt werden, die im Rahmen einer Konferenz zu einer weitgehend systematischen Bestandsaufnahme des Schulprofils ausgebaut wurden. Verdeutlicht wurden auch Abgrenzungen und Umsetzungsprobleme bezüglich der Jenaplan-Pädagogik, die im Laufe verschiedener Konferenzen thematisiert werden konnten (z. B. Erziehungsgemeinschaft mit den Eltern, Fragen der Leistungsbewertung und der Korrekturen; mögliche Selbständigkeit der Kinder, Stofflernen und Themenorientierung, Wochenfeiern).
In Kiedrich präferiert man die Gruppenbildungen 1/2 und 3/4, da die differenzierende Arbeit mit Stammgruppen 1/2/3 zu Beginn der Jenaplanarbeit als Überforderung erlebt wurde. Die aus organisatorischen Gründen getroffene Entscheidung, 95/96 eine Stammgruppe 2/3/4 zu bilden, war aber zu keiner Zeit problematisch. Die betroffenen Kolleg(inn)en konnten die größere Altersspanne im Gegensatz zu der früheren Erfahrung besser nutzen und empfanden auch keine wesentliche zusätzliche Arbeitsbelastung. Vereinbart wurde, eine Projektwoche in didaktischen Routen zu gestalten und in einer pädagogischen Konferenz gemeinsam zu reflektieren. Die Kolleg(inn)en bewerteten individuell, inwiefern sie die Elemente der „didaktischen Route“ angewendet hatten und wie sie den Lernerfolg in bezug auf die Ziele des Rahmenplanes Sachunterricht und Deutsch einschätzten. Diese Selbstevaluation verdeutlichte, daß das Konzept von Kees VREUGDENHIL in besonderer Weise für die Verwirklichung der allgemeinen Ziele des Rahmenplanes geeignet ist und entsprechend sinnvoll auch im themenorientierten Kernunterricht angewendet werden kann. Das Kiedricher Kollegium hat inzwischen im Einvernehmen mit dem Elternbeirat beschlossen, ab dem Schuljahr 98/99 an einem Schulversuch zur Neukonzeption des Schulanfangs teilzunehmen. In diesem Schulversuch werden alle schulpflichtigen Kinder aufgenommen und der Schulanfang mit Hilfe einer Sozialpädagogin gestaltet.

Bad König-Zell:
Die drei KollegInnen der kleinen Zeller Grundschule sind in besonderer Weise gefordert, haben die geringste Entlastung für Verwaltungsaufgaben und müssen stets die Schulexistenz gegenüber dem Schulträger rechtfertigen. Das Konzept beinhaltet neben den jenaplan-typischen Merkmalen z. B. eine intensive Zusammenarbeit mit dem Sonderpädagogischen Förderzentrum, eine integrierte Sprachheilförderung und feste Öffnungszeiten. Die wissenschaftliche Begleitung diente hauptsächlich der Strukturierung und Bewältigung der Aufgabenvielfalt und der Absicherung der bereits weit entwickelten Jenaplankonzeption. Die Stammgruppenbildung wurde umgestellt. Jetzt sollen i. d. R. die Lerngruppen „aufsteigen“, d. h. eine 1-2 wird als 2-3 und 3-4 weitergeführt. Der Zyklus wird mit der Stammgruppenbildung 1-4 abgeschlossen. Dieses Modell ermöglicht nach den vorliegenden Zahlen in den kommenden Jahren relativ ähnliche Gruppengrößen und die stabilste Gruppensituation für die Kinder. Es ist grundsätzlich offen für jede Form der Jahrgangsmischung. Die Unterstützung der Arbeit durch die Eltern konnte gefestigt werden. Das Schulprofil ist gemeinsam mit Eltern in der Form einer Broschüre vorgelegt worden. Die Existenz der Schule ist aktuell nicht mehr gefährdet.

Bellersheim-Obbornhofen:
Bellersheim-O. wird im Schuljahr 98/99 erstmals einen fünften Jahrgang behalten und in der Folge als Sechsjährige Grundschule arbeiten. Auf dem Weg zu diesem Ziel war eine intensive kommunalpolitische Arbeit und eine verstärkte Verständigung mit der benachbarten Gesamtschule notwendig. Der Schulleiter konnte durch konzeptionelle Anregungen und gutachterliche Stellungnahmen unterstützt werden und nutzte regelmäßig die Möglichkeit, sich mit der wissenschaftlichen Begleitung über alle Fragen der Schulentwicklung zu beraten. Die Arbeit mit dem Kollegium gestaltet er eigenständig. Das Kollegium regelt die Arbeitszeit nach einem Präsenzzeitmodell, in dem wöchentliche Teamsitzungen und Gesamtkonferenzen fest verankert sind. Das Kollegium führt darüber hinaus eine monatliche Supervision durch. In den Teamsitzungen findet fortlaufend eine Verständigung über den Ist-Stand, aktuelle Entwicklungen und programmatische Vorhaben statt.
In Bellersheim-O. bedeutete das Ziel Sechsjährigkeit eine Präferenz für die Gruppenbildung 1-3. Die Jahrgangsgruppe vier wurde von der Lehrkraft weitergeführt, die den jahrgangsbezogenen Kursunterricht in den ersten drei Jahren anleitete. In der Übergangszeit hatten also Stammgruppen nach drei Jahren einen Lehrerwechsel. Nach einem Jahr Erfahrung mit der Arbeit in altersgemischten Lerngruppen wurde der anteilige Jahrgangsunterricht („Kurs“) auf maximal 1 Stunde täglich reduziert. Es hatte sich deutlich gezeigt, daß die emotionale Bindung der Kinder bei gleichen Unterrichtsanteilen zunehmend von der Jahrgangsgruppe zur Stammgruppe überging. Auch die Bedenken der Eltern, altersgemischtes Lernen sei möglicherweise weniger effektiv, traten inzwischen

in den Hintergrund. Die gemeinsame Fortbildung mit Kees VREUGDENHIL hat die Verständigung im Kollegium über didaktische und methodische Problemlagen wesentlich verbessert. Das Gesamtkonzept der Schule wurde im Sinne des Jenaplans weiterentwickelt und gefestigt. Die Jenaplanschule Bellersheim-O. wird ab dem Schuljahr 98/99 an dem Schulversuch zur Neukonzeption des Schulanfangs teilnehmen und konnte bereits eine Sozialpädagogin in das Kollegium aufnehmen. Sie wird als zukünftig sechsjährige Schule die einzige Jenaplan-Versuchsschule in Hessen sein.

Persönliches Resümee

- Das Projekt hat gezeigt, daß Schulbegleitung Entwicklungsprozesse wesentlich unterstützen kann. Alle Schulleitungen haben in einem abschließenden Gespräch deutlich gemacht, daß die entlastende und anregende Wirkung der wissenschaftlichen Begleitung den Aufwand deutlich überwogen hat. Den Beratungsanliegen der Schulen konnte weitgehend entsprochen werden. Zu den Fragestellungen des Kultusministeriums konnten klärende Aussagen erarbeitet werden.
- Es war eher hilfreich, daß ich als Lehrer in die Kollegien gekommen bin, um eine wissenschaftliche Begleitung durchzuführen. Voraussetzungen für jeden Schritt der Schulentwicklung sind die Absicherung der Kolleg(inn)en in ihrem Arbeitsalltag und die Verständigung über vorhandene Problemlagen und mögliche neue Antworten. Lehrer können dies möglicherweise besonders authentisch leisten. Hilfreich ist hierbei die Parallelität der pädagogisch-didaktischen Aufgaben, die wir in der Arbeit mit Kindern und Erwachsenen erkennen können.
- Kees VREUGDENHIL hat gezeigt, daß es möglich ist, Professionalität, Zielorientierung und menschliches Miteinander zu verbinden. Die Begriffe „Strategie" und „Humanität" sind nicht als Gegenbegriffe zu verstehen, wenn sich „Führung" in den „Dienst" der Persönlichkeitsentwicklung anderer (Kinder oder Erwachsener) stellt. Allerdings ist eine systematische persönliche Reflexion (Aktionsforschung) unabdingbar. Eine ergänzende Supervision und die damit verbundene Außensicht der Prozesse erscheint dringend geboten.
- Analog zur Teamarbeit in der Schule bilden bereits Schulleitungen Teams, und Schulbegleiter reflektieren gemeinsam z. B. unter dem Dach der Lehrerfortbildung. Daß in Hessen die Universitäten nicht in das System der sog. Unterstützungssysteme einbezogen werden, ist ein unverständliches Ergebnis der Trennung von Kultus- und Wissenschaftsministerium.
- Da die Institutionalisierung von Kooperationsformen durch die großen Entfernungen zwischen den Schulen erheblich erschwert wird, ist es erstrebenswert, auch für Jenaplanschulen institutionalisierte Formen von Kooperation mit benachbarten Grundschulen zu entwickeln, wie sie zur Zeit in dem Mo-

dellversuch des Landes Hessen „Institutionalisierte Kooperationsformen zwischen Grundschulen" erprobt werden.

- Die Konzeption der hessischen Grundschulen ermöglicht die Umsetzung des Jenaplans in der Regelschule. Es ist daher konsequent, vierjährigen Grundschulen (Kiedrich und Ulmbach) ab 98/99 nicht mehr den Sonderstatus „Versuchsschule" zu geben. Um so erfreulicher ist, daß es gelungen ist, die Jenaplanschule Bellersheim-O. nunmehr als sechsjährige Versuchsschule aufzubauen.
- Die Ressourcen reichten nicht aus, um im Unterricht zu hospitieren und eine entsprechend intensive didaktische Beratung zu leisten. Meine Arbeit mußte sich im wesentlichen auf die Leitung und Dokumentation pädagogischer Konferenzen und „Schulleitungscoatching" begrenzen. Lediglich die Praktika von Studierenden, die ich halbjährlich in allen Schulen betreute, dienten als Anlässe für die unmittelbare Beratung der Unterrichtsformen.
- Unbefriedigend bleibt die Dokumentation und wissenschaftliche Auswertung des Projektes. Der Prozeßverlauf und die inhaltlichen Ergebnisse sind nicht hinreichend ausgewertet, um der Praxis und der wissenschaftlichen Öffentlichkeit Greifbares und Übertragbares anzubieten. Viele Fragestellungen und theoretische Hintergründe konnten nur angedeutet werden. Kaum greifbar bleibt auch nach diesem Projekt das Wissen von den Zusammenhängen und Einzelaspekten, das in den bereits entwickelten Unterrichtsformen mit altersgemischten Lerngruppen vorliegt. Die Praxis der niederländischen Jenaplanschulen, der Peter-Petersen-Schulen in Nordrhein-Westfalen, der Projekte in Jena oder Kassel, um nur einige zu nennen, nehmen wir nur in Fragmenten und unter Einzelaspekten wahr, z. B. in Präsentationen aus Anlaß von Tagungen oder bei eintägigen Hospitationen. Die einschlägigen hessischen Schulversuche tauschen sich miteinander kaum aus. Neben dem Modellversuch zum Schulanfang oder den sehr unterschiedlichen Jenaplanschulen würden wir vermutlich auch in einigen integrierten Gesamtschulen dank der Heterogenität im Kernbereich Erfahrungen mit relevanten Organisations- und Unterrichtsformen finden.
- Dieses Forschungsdefizit ist sehr bedauerlich, weil der Erfolg altersgemischten Lernens wesentlich von der didaktisch-methodischen Konzeption abhängt. Den „aus dem Bauch heraus" oft hervorragend, gelegentlich aber auch wenig überzeugend arbeitenden Lehrer(inne)n müßten grundsätzliche Standards einer „Didaktik des altersgemischten Lernens" und entsprechende Fortbildungen angeboten werden können.
- Im Rahmen des bereits anlaufenden Projektes und unter Berücksichtigung meiner knappen Ressourcen (ca. 1 Arbeitstag pro Woche) erarbeitete ich anhand der vorliegenden Aufsätze und Bücher H. G. ROLFFS (z. B. ROLFF 1993) Kernaussagen und -probleme der Organisationsentwicklung und wendete sie unmittelbar in der Praxis an. Zugleich erweiterte ich mein Methodenrepertoire mit Hilfe einschlägiger Handbücher (z. B. PHILLIP 1992). Projektcharakter

hatte damit das Vorhaben nicht nur für die Schulen, die sich auf den Weg machen wollten, die Probleme des schulischen Alltags zunehmend besser zu lösen. Auch für mich stellte sich die Aufgabe, im Rahmen des Projektes meine Kompetenzen zu erweitern und mich selbst, ausgehend von meinen Qualifikationen als Lehrer, fortzubilden. Hilfreich war hierbei der Kontakt mit anderen Mitarbeitern der Jenaplan-Forschungsstelle, besonders mit Michael SEYFARTH-STUBENRAUCH, der zu dieser Zeit in verschiedenen Schulbegleitungsprojekten unterwegs war, und mit Günter KLEIN, der gerade seine einschlägige Dissertation schrieb („Schulen brauchen Beratung", KLEIN 1997).

Literatur

ALTRICHTER, H./POSCH, P: Lehrer erforschen ihren Unterricht. Eine Einführung in die Methoden der Aktionsforschung. Bad Heilbrunn ²1994.

BASTIAN, J.: Von der Organisationsentwicklung zur Pädagogischen Schulentwicklung. Pädagogik Heft 2/ 1997.

Hessisches Kultusministerium: Rahmenplan Grundschule. Wiesbaden 1995.

Hessisches Kultusministerium: Verordnung zur Ausgestaltung der Grundstufe. Amtsblatt 10/95.

KLEIN, G.: Schulen brauchen Beratung. Marquartstein 1997.

de MUNNK, Cees/VREUGDENHIL, K.: Didactisch routboek. Groningen 1995.

PETERSEN, P.: Der kleine Jenaplan. Weinheim, Basel (56-60) 1980.

PETERSEN, P.: Führungslehre des Unterrichts, Weinheim, Basel ¹⁰1971.

PHILIPP, E.: Gute Schule verwirklichen. Weinheim, Basel 1992.

ROLFF, H.-G.: Wandel durch Selbtsorganisation. Weinheim, München 1993.

TRAUB, T. (Hrsg): Jenaplan-Aktuelle Konzepte. Jenaplan-Forschungsstelle Gießen 1995/96.

Gernot BARTH

Aus einem Grundschulversuch – Individualität und Gemeinschaftlichkeit*

In Zeiten gesellschaftlicher Umbruchsituationen wächst sowohl das Bedürfnis von Pädagogen und Politikern, Alternativen im Bildungssystem zu entwickeln, als auch die Nachfrage von Eltern nach alternativen Schulen. In Deutschland läßt sich dies empirisch an den Modernisierungsschüben zur letzten Jahrhundertwende, in der Zeit der Bildungsreform um 1970 und auch in den Jahren nach 1990, als das Bildungssystem der DDR dem förderativen System der BRD angeschlossen wird, nachweisen. Die Suche nach Alternativen ist ein Bestandteil der Entwicklung der modernen bürgerlichen Gesellschaft. Schulversuche bzw. Versuchsschulen stellen der gesellschaftlichen Entwicklung inhärente experimentelle Situationen dar, um ihr adäquate Erziehungsinstitutionen zu schaffen, also die Möglichkeit, im Rahmen vorgängiger gesellschaftlicher Entwicklung verschiedene Wege zu erproben. Sie stehen aber auch in der besonderen Situation, daß sie im Gegensatz zu naturwissenschaftlichen Experimenten insoweit nicht "scheitern" dürfen, als pädagogische Experimente als praktische Experimente immer mit Menschen zu tun haben, deren Würde anerkannt werden muß. Sie sind über die Motivation der Handelnden als sich selbst Zwecke setzende Menschen vermittelt, können und dürfen diese nicht technologisch übergehen. Schüler müssen also auch nach einem Schulversuch, der die erhofften Ergebnisse nicht erreichte, in der Gesellschaft noch "lebensfähig" sein. Dies setzt eine verantwortliche rechtliche Rahmensetzung für Schulversuche durch die Bildungspolitik voraus und ebenso eine hohe Eigenverantwortlichkeit des Handelns von Lehrern, Eltern und Wissenschaftlern.

In der Praxis entstehen Schulversuche in erster Linie aus dem Wunsch von Lehrern, Eltern, Wissenschaftlern und/oder Bildungspolitikern, die im wohlverstandenen Interesse für die nachwachsende Generation Konzepte für ein alternatives Handeln von Lehrern im Unterricht oder für eine veränderte Organisationsstruktur der Schule entwickeln. Alternativ meint hier den Gegensatz zu einer quantitativ, in der Mehrzahl nicht vorfindbaren Praxis. Es meint nicht die Einzigartigkeit einer Praxis. Denn immer lassen sich Versuche eines neuen Handelns auch jenseits einer bildungspolitisch und wissenschaftlich angeleiteten und/oder initiierten experimentellen Praxis entdecken.

Schulversuche und auch Alternativschulen tragen seit der Jahrhundertwende in ihren programmatischen Aussagen vor allem sozial - integrativen Charakter und sind stark vom Gemeinschaftsgedanken geprägt. Sie reagieren damit auf die Veränderungen im Modernisierungsprozeß der Gesellschaft. Die Menschen in der Moderne müssen sich zunehmend um sich selbst kümmern. Ihre Identitätsbildung über die Teilhabe an einem Ganzen wird immer problematischer, denn die scheinbar empirisch gegebene Einheit des Menschen mit gesellschaftlichen Entitäten wie z. B. mit der Familie oder mit der Nation schwindet. Für das Verhältnis von Familie, Schule und Gesellschaft hat dies schon sehr früh Georg Wilhelm Friedrich HEGEL in seiner Gymnasialrede vom 2. September 1811 in bis heute gültiger Weise beschrieben. Er weist der Schule die Aufgabe zu, zwischen der Familie und der bürgerlichen Gesellschaft derart zu vermitteln, daß die nachwachsende Generation auf die "Willkürfreiheit" der ihre Parikularinteressen verfolgenden einzelnen in der Gesellschaft vorbereitet wird. Wenn in der Familie die Anerkennung des Heranwachsenden auf Liebe beruht, also auf der Anerkennung des heranwachsenden um seiner Selbst willen, so in der Gesellschaft auf Verdienst und Brauchbarkeit[1]. Schon deshalb ist die Familie in der modernen Gesellschaft oft überfordert, auf das "Leben" vorzubereiten. Es ist ein in die Vormoderne verweisender Irrtum, die Schule familienähnlich aufzubauen. Für die Bildung, die Erziehung und die Schule in der modernen Gesellschaft stellen sich verschiedene systematische Vermittlungsprobleme, wie z. B.

- die zunehmende gesellschaftliche Funktionalisierung der Praxen und der Individuen einerseits und die Verselbständigung der Individuen andererseits,
- der zunehmende Sachzwang als Determinante des Handelns einerseits und der wachsende Selbstbestimmungszwang und wachsende Selbstbestimmungsmöglichkeiten der Individuen andererseits,
- die zunehmende Individualisierung soziokultureller Lebensformen einerseits und die notwendige Konstruktion sozialer Zusammenhänge andererseits,
- der Zerfall traditioneller und bindender Weltbilder, insbesondere nationaler Bindekräfte einerseits und zunehmender Wert wissenschaftsorientierter Weltbilder und weltanschaulicher Pluralismus andererseits.
- die Mediatisierung von Erfahrungen der Heranwachsenden durch Medienkonsum einerseits und die notwendige Unmittelbarkeit der Gegenstände der Erfahrung für das Lernen der Heranwachsenden andererseits.

Diese gesellschaftlichen Veränderungen werden von reformpädagogischen Bildungsreformern oft nicht in ihrer Ambivalenz wahrgenommen, sondern nur einseitig als Bedrohung der Humanität: Die Moral in der Gesellschaft verfällt, die Individuen dienen in ihrem Handeln nur ihrem eigenen Ego, sie dienen nicht mehr der Gemeinschaft, dem Gemeinwohl. Materielle Interessen und der Konkurrenzkampf dominieren das Handeln.

Ohne die Veränderungen in der Gesellschaft hier werten zu wollen, kann man grundsätzlich von veränderten, auch problematischen Bedingungen des Aufwachsens der Kinder ausgehen. Diese haben einen Einfluß auf die lebensweltliche Orientierung der Schüler und auf ihr Lernen in der Institution Schule. In diesem Bedingungsfeld liegen sowohl *Risiken* als auch *Chancen* für eine gelingende Erziehung in der Moderne. Chancen liegen in zunehmenden Möglichkeiten für die Selbstbestimmung und Selbstverantwortung der Heranwachsenden für

[1] HEGEL, eher durch seine Positionierung in philosophischen Grundfragen bekannt, entwickelt diese Gedanken in seiner obligatorischen Rede zum Jahresabschluß als Nürnberger Gymnasialdirektor. Vgl. HEGEL, G. F. W.: Gymnasialrede am 2. September 1811. In: Ders.: Sämtliche Werke, hg. von H. GLOCKNER, Bd. III, Stuttgart 1961.

ihr eigenes Handeln unter der Perspektive eines wachsenden Freiheitsgewinnes. Risiken zeigen sich in den von Lehrern immer wieder beklagten Verhaltensauffälligkeiten, Motivationsverlusten, Disziplinschwierigkeiten und Gewalttätigkeiten von Schülern, die es nicht gelernt haben, mit den neuen Möglichkeiten adäquat umzugehen, d. h., in die eigene Lebensorientierung die Anerkennung der Würde des Anderen aufzunehmen und einen eigenen produktiven Sinn für das Schullernen aufzubauen. Die veränderten Sozialisationsbedingungen verlangen aber auch ein verändertes Lehrerverhalten, welches die Schüler nicht nur aus der Perspektive des zu formenden Objektes wahrnimmt, sich nicht nur didaktisch orientiert, sondern Schulpädagogik mit Sozialpädagogik verbindet. Am Beispiel eines Schulversuches möchte ich im folgenden Möglichkeiten der Veränderung von Schule kurz umreißen:

Schulversuch Jenaplan-Initiative Weimar

Im Bundesland Thüringen entwickelte sich mit der Auflösung des Schulsystems der DDR eine Initiative von Eltern und Lehrern, die, anknüpfend an das Jenaplan-Schulkonzept des Thüringer Reformpädagogen Peter PETERSEN, eine Schule aufbauen wollen, die eben die Risiken der modernen Welt im Schullernen mindert und den Schülern ein gemeinschaftsorientiertes Verhalten anerzieht. Peter PETERSEN nannte dieses Konzept 1927 "Erziehung in Gemeinschaft durch Gemeinschaft"[1]. Das Institut für Schulpädagogik der Pädagogischen Hochschule Erfurt ist seit 1994 mit der wissenschaftlichen Begleitung des Schulversuches beauftragt. Dieser Schulversuch ordnet sich derart in die Versuchsschulstrategie des Thüringer Kultusministeriums ein, als hier untersucht wird, wie Prinzipien des von Peter PETERSEN konstruierten Jenaplans in eine modernisierte Grundschule vor dem Hintergrund sich verändernder Lebensbedingungen in der modernen Industriegesellschaft überführt werden können. Mit der wissenschaftlichen Begleitung soll sichergestellt werden, daß erstens die Ergebnisse des Schulversuches verallgemeinert werden können und zweitens die erstrebten Wirkungen eines veränderten Handelns der Lehrer und einer veränderten Schulorganisation auch einem solchen zugeschrieben werden können[2].
Der Jenaplan tritt mit dem Anspruch an, schulisches Lernen auf gemeinschaftlicher Grundlage zu realisieren und die integrativen Kräfte der Gemeinschaft zur Ausbildung der Lernmotivation und zur Ausbildung von Fähigkeiten zur gewalt-

---

[1] Vgl. Projektgruppe Schulversuch Jenaplan Weimar: Antrag auf Erweiterung der Jenaplan-Schule Weimar um den vierten Grundschuljahrgang mit alternativen Anschlußmöglichkeiten an die Sekundarstufe I sowie auf Ausbau zu einer zweizügigen Grundschule ab Schuljahr 1995/ 96 an das Thüringer Kultusministerium, Erfurt 1995.
[2] Vgl. PETERSEN, P.: Der Kleine Jena-Plan. Braunschweig 1951.

freien Konfliktlösung durch eine starke kommunikativ - diskursive und dialogische Orientierung zu nutzen. Im Schulkonzept wurde eine kritische Nutzung reformpädagogischer Motive, wie das der Pädagogik "vom Kinde aus" und das der "natürlichen Erziehung" und reformpädagogischer Organisationsformen des Unterrichts in der Grundschularbeit angestrebt. Die Schule orientiert sich an folgenden Prinzipien:

- Unterricht in jahrgangsübergreifenden Lerngruppen (Stammgruppen), der sowohl differenziert als auch integriert, der auch sehr unterschiedliche Lernmöglichkeiten der Schüler angemessen berücksichtigt und zugleich gemeinschaftliche Lernaktivitäten ermöglicht,
- unterrichtliche Lernprozesse werden für die Mitgestaltung, Selbstgestaltung und für die Selbstkontrolle durch die Schüler geöffnet,
- die Verbindung von spielerischen und systematischen Formen des Umgangs mit Lerngegenständen und Situationen,
- die Gestaltung des Unterrichts und des Schullebens zu einem Ort gemeinsamer, unmittelbarer Grunderfahrungen,
- das Schulleben als ein Ort, an dem partiell Wissen und Handeln vermittelt werden können, an dem Selbsterprobung und Vorbereitung auf eine verantwortliche Teilhabe am gesellschaftlichen Leben ermöglicht wird.

Die heute oft übernommene Forderung nach ganzheitlichen Lernprozessen muß in der modernen Lebenswelt dahingehend ausgelegt werden, daß die Lernprozesse vor dem Hintergrund der Existenz divergenter Lebenswelten in der Moderne mit vielfältigen Lernorten und Lernformen verknüpft werden (Öffnung von Schule und Unterricht zur außerschulischen Lebenswelt). Auf diese Weise ist es auch möglich, Abschied zu nehmen von einer normativen Formung des ganzen Menschen durch Erziehung. Durch die Öffnung des Unterrichts für die außerschulischen Lebenserfahrungen der Schüler und durch die Öffnung außerschulischer Institutionen als Lernorte für die Schüler eröffnet sich die Möglichkeit, die Grenzen der gruppenspezifischen, vor allem der familialen Erfahrungen und Umgangsformen, die vor- und außerschulisch angeeignet werden, zu überschreiten. Damit kann gleichzeitig der einseitige Gemeinschaftsbezug (reformpädagogischer Schulpädagogik) mit der Überbetonung unmittelbarer Beziehungen zwischen Lehrern und Schülern überwunden werden. Denn oft wird davon ausgegangen, daß der Lehrer als *Vorbild* dienen soll und den Heranwachsenden in die neue Welt *führt, die er kennt.* Es ist aber Aufgabe des Lehrers, den Schüler derart in die Welt *einzuführen*, daß über ein selbstreflexives und selbstdistanzierendes Lernen sowohl eine Distanzierungsfähigkeit zur Sache (Unterrichtsinhalt), als auch eine Distanzierungsfähigkeit zu anderen Menschen als eine zivilisatorische Notwendigkeit erlernt wird. Der Lehrer kann so *auch* als ein Lernender wahrgenommen werden, der nicht einen "neuen", vollkommenen Menschen verkörpert. Dies ermöglicht dem Lehrer gleichzeitig, nicht nur in seiner Rollenfunktion aufzugehen, sondern auch die Rollendistanz partiell zu überwinden.

Folgende Organisationsformen wurden über die bereits genannten hinaus in der Versuchsschule eingeführt:

- der Morgenkreis und die offene Eingangsphase zu Beginn eines jeden Unterrichtstages, um die Schüler auf die schulischen Lernprozesse einzustimmen, Konflikte zu klären und um an ihre gemachten Erfahrungen im Unterricht anknüpfen zu können,
- der Unterricht erfolgt in jahrgangsübergreifenden Gruppen (1.-3. Jahrgang in einer Gruppe) anstelle der Jahrgangsklasse, um die Konsens- und Kooperationsfähigkeit der Schüler zu fördern,
- daneben erfolgt ein Kursunterricht im Jahrgang zur Sicherung der grundlegenden Allgemeinbildung im Fach, der es auch ermöglicht, leistungsschwächere bzw. leistungsstärkere Schüler zeitweise in einem Unterrichtsfach in einem anderen Jahrgang teilnehmen zu lassen,
- die vierte Klasse ist wieder Jahrgangsklasse und wird als Abschluß- und Übergangsklasse der Grundschule zur Sekundarstufe I geführt,
- die Arbeit der Schüler nach einem individuellen Wochenplan, der in begrenzten Phasen des Unterrichts ein selbstkontrolliertes und vom eigenen Lernrhythmus bestimmtes Lernen erlaubt,
- die Wochenschlußfeier, in der die Schüler Produkte ihrer Arbeit oder erlernte Fähigkeiten präsentieren (Erlernen der Selbstdarstellung),
- die Elternmitwirkung vor allem im Schulleben zur Stärkung des Erziehungsauftrags der Schule und als Öffnung der Schule zur außerschulischen Lebenswelt,
- der Verzicht auf Notengebung bis zum dritten Schuljahr zugunsten von Eigen- und Fremdbewertung in regelmäßigen Schüler - Lehrer - Eltern - Gesprächen und halbjährlichen schriftlichen Einschätzungen des Entwicklungsstandes.

Abschließend einige Ergebnisse des Schulversuches und ihre Kritik[1]:
In diesem Schulversuch werden die Schüler bis zur vierten Klasse der Grundschule geführt. Bisher haben zwei Jahrgänge die Schule verlassen. Dabei gingen jeweils ca. 80% der Schüler anschließend auf das Gymnasium. Das ist ein weit über dem Durchschnitt liegender Wert. Den Schülern wird an den weiterführenden Schulen eine hohe kommunikative Kompetenz bescheinigt, die sie Schülern anderer Schulen voraus haben. Dies betrifft sowohl die Fähigkeit, den eigenen Standpunkt in der Schulöffentlichkeit und im Unterricht darzustellen als auch die Fähigkeit der Selbstkritik. Über diese formalen Fähigkeiten hinaus haben sie keine Schwierigkeiten, den Leistungsanforderungen an den weiterführenden Schulen zu entsprechen.
Probleme ergeben sich für Schüler bei der Lösung schwieriger Aufgaben an den weiterführenden Schulen. Hier neigen sie überdurchschnittlich zum vorzeitigen

[1] Anhand der Beschreibung eines Projektes zum Erstleseunterricht können weitere Ergebnisse nachgelesen werden. In: BARTH, G.: Schulreform durch Versuchsschulen. Der Schulversuch Jenaplan-Initiative Weimar. In: KEMPER, H./PROTZ, S. (Hrsg.): Schulentwicklung und Lehrerbildung im Zeichen europäischer Integration. Tagungsbeiträge der Konferenz thüringisch-ungarischer Bildungsexperten (Erfurter Beiträge zur Schulpädagogik) Norderstädt 1998, S. 117-127.

Aufgeben, wenn sich ihnen kein Lösungsweg abzeichnet. Diese geringe Frustrationstoleranz führen wir auf die vielfältigen Möglichkeiten der Hilfeleistung in der Jenaplan-Schule durch die Lehrerinnen einerseits und durch die Mitschüler andererseits zurück. Da in den weiterführenden Schulen zum einen Gruppenarbeit in diesem Maße nicht stattfindet und zum anderen der Unterricht stärker auf individuell abrechenbare Leistungen aufbaut, ergeben sich für die Schüler hier einige Probleme, die letztlich auf die ausgeprägte Gemeinschaftsorientierung der Jenaplan-Pädagogik zurückzuführen sind.
Schulversuche bieten - so mein Resümee - gerade in gesellschaftlichen Umbruchsituationen die Möglichkeit, verschiedene Wege des Lernens und seiner Organisation zu erproben. In der Grundschule erfolgt der Übergang von der Familienerziehung zur schulischen Erziehung und Bildung. Ein jahrgangsübergreifender Unterricht kann hier sowohl gemeinschaftliche Elemente zunächst fortführen als auch die Individualisierung des Lernens ermöglichen. Die Erziehung in der modernen Gesellschaft kann sich nicht in erster Linie an einer nationalen, regionalen oder familialen Wertegemeinschaft orientieren, sondern muß diskursiv-dialogische Fähigkeiten auf der Basis Ich-starker Individualitäten ausbilden.

Jochen HINSCHING

Wissenschaftliche Begleitung und Beratung von Schulversuchen - ein Resümee

In Schulversuchen manifestiert sich die begründete Absicht, Schulentwicklung voranzutreiben. Schulen, die Entwicklungskonzepte diskutieren und beschließen, lassen sich bewußt darauf ein, eingefahrene Gleise zu verlassen und alte Sicherheiten des pädagogischen Handeln aufzugeben. In ihrem Vorgehen, Aufgaben und Funktionen der Schule heute auf neuen Wegen zu erproben, sind sie zugleich unterwegs in einem reformpädagogischen Sinne, der ihnen angemessen und angebracht zu sein scheint. Es ist ihr Konzept, das sie als Schule begründen und verwirklichen wollen. Dabei können und werden sich Schulen mehr oder weniger eng an traditionellen Vorbildern der Reformpädagogik orientieren.
Auf diesem Weg des Erkundens und Experimentierens mit neuen pädagogischen Wandlungskonzepten brauchen die Schulen verläßliche Partner. Diese Partner bieten sich auf sehr unterschiedlichen Ebenen an: Es können die Eltern der Kinder sein, die diese Schule besuchen. Es können Schulverwaltungen oder Schulberatungsgremien unterschiedlicher Art sein. Und es ist nicht zuletzt die pädagogische Wissenschaft, die dabei gefordert ist und sich als Ideengeber wie als lernender Partner bewähren muß.
Der Arbeitskreis hat dieses weite Feld kooperativen Handelns im Rahmen reformpädagogischer Arbeit thematisiert. Und obwohl einige der angemeldeten Referate durch Abwesenheit der Referenten leider ausfallen mußten (Schulversuch zur Integrationspädagogik, Reformpädagogik und Schulentwicklung in Polen), war es eine facettenreiche Sicht, die von den Referenten eingebracht und von den Zuhörenden lebhaft diskutiert wurde.
„Wege entstehen beim Gehen", so hat eine Referentin des Arbeitskreises das Problem kooperativen Miteinanders auf den Punkt gebracht. Überträgt man diesen Gedanken auf die Diskussion im Arbeitskreis, so waren es vor allem 4 Sachverhalte, die als zentrale Anliegen und wichtige, nicht immer schon gelöste Probleme reformpädagogischer Arbeit fokussiert wurden.

Schulinterne Probleme

Unbestritten und legitim ist es, die unterschiedlichen Möglichkeiten pädagogisch methodischen Arbeitens auszuprobieren. Dabei sind aber Folgen wie Nebenfolgen gründlich zu bedenken. Es ist ein Gewinn, die Schülerinnen und Schüler an die selbstgestellten Aufgaben zu binden. Zugleich ist es aber wichtig, die Dialektik der Ausbildung von Individualität und Sozialität nicht aus der pädagogischen Verantwortung zu eliminieren und einseitige individualitätsfördernde Erziehung zu initiieren. Auch die Dialektik des altersgemischten Lernens

kann als eine „sehr sperrige Angelegenheit“ betrachtet werden. Daß hier nicht die Form allein schon die Lösung ist, war Konsens in der Arbeitsgruppe.
Die Schule muß ihr reformpädagogisches Konzept für die Eltern transparent machen. Zugleich kann sie damit kein Erfolgsversprechen für alle Schüler abgeben. Zwar brauchen Schule und Eltern zusammen mit den Schülern feste Formen der Zusammenarbeit, sie müssen im Einzelfall aber auch auf die Situation des Scheitern vorbereitet sein und damit umgehen können. Und schließlich erschien auch jenes Problem von großer Praxisrelevanz, wie denn in der Schule selbst bei der Festlegung reformpädagogischer Maßnahmen, bei Schulversuchen insbesondere, im Kollegium Konsens hergestellt und Konfliktfähigkeit erfahren wird.
Daß darauf keine einfachen Antworten parat waren, versteht sich von selbst. Der Ressource „Vertrauen“, die in der Gesellschaft nicht unbegrenzt vorhanden ist und verteilt werden kann, kommt in allen diesen Fragen zweifellos eine große Bedeutung zu.

Probleme der Medienerziehung

Moderne Gesellschaften sind medial strukturiert. Es ist nur folgerichtig, daß die elektronischen Medien, die die Alltagswelt der Heranwachsenden immer stärker dominieren, auch in die reformpädagogischen Handlungsstrategien einbezogen werden. Angemahnt wurden im Diskurs darüber allerdings die pädagogischen Aspekte und deren konsequente Beachtung: interaktives Lernen, weite Denkhorizonte zu eröffnen, mit Metaphern als Denkaufforderung umgehen zu können Und nicht zuletzt geht es im Rahmen dieses Aufgabengebietes - in dem nach Meinung Anwesender in der Schulpraxis die Fähigkeit der technischen Anwendung neuer Medien noch zu sehr über einer wirklichen Medienerziehung dominiert - darum, bei den Kindern die Fähigkeit des kritischen und selektiven Umganges mit diesen Medien auszuprägen. Insofern ist mit einer wirksamen Medienerziehung auch die kritische Fähigkeit zur Auseinandersetzung mit der Welt (OELKERS) einzufordern, philosophische Weltbetrachtung schulbezogen wie lebensnah zu machen.

Probleme der wissenschaftlichen Begleitung

Mit reformpädagogischer Tätigkeit entsteht Expertenwissen an der Schule. Es wächst das Selbstvertrauen des Kollegiums in sein Konzept von Schulentwicklung, wenn auch wissenschaftlich nachweisbarer Erfolg vorhanden ist. Insofern kann auch von einer „Hebammentätigkeit“ der wissenschaftlichen Begleitung gesprochen werden.
Der spezifische Auftrag der Wissenschaft bei der Begleitung von Schulversuchen wird in der Transformation der Ergebnisse und Erkenntnisse in übergreifende und weiterverwertbare Aussagen gesehen. Sie leistet damit einen wichti-

gen Beitrag zur allgemeinen wie schulspezifischen Strukturierung der reformpädagogischen Schullandschaft.
Von grundsätzlicher Bedeutsamkeit ist die Qualifikation der wissenschaftlichen Begleitung. Eine reformpädagogisch orientierte Schule bedarf einer reformpädagogisch orientierten Wissenschaft. Und es ist deshalb für die Lehrerausbildung auch wichtig - so ein Hinweis des Vertreters aus Ungarn im Rahmen des Arbeitskreises -, daß die Heranführung der Studierenden an reformpädagogische Traditionen und reformpädagogisches Denken immanenter Bestandteil universitärer Ausbildung ist.
Wissenschaftliche Begleitung muß sich auch im mainstream des forschungsmethodischen Vorgehens bewegen. Das bedeutet insbesondere die stärkere Beachtung der Methoden der qualitativen Sozialforschung und ein gutes Methodenmix, neben der Erhebung aktueller Tatbestände auch biographische Forschung, Ermunterung zu selbstreflexiver Beobachtung u.a. Es ist ein Ausdruck von Selbstverantwortung der Wissenschaftler, daß sich externe Beobachter auch zur Legitimation der Art ihrer Außenperspektive der öffentlichen Diskussion in der Schule stellen.

Probleme von Schulentwicklung und Schulverwaltung

Betont wurde die Rolle der Schulaufsicht als wichtiges Beratungsgremium für Schulentwicklung. Das konnte insbesondere mit Beispielen aus dem Land Thüringen/Stadt Jena unter Beweis gestellt werden. Über den Schulamtsleiter - so das Beispiel aus Greifswald - können besonders Schulleiter angesprochen und zu konstruktiver Diskussion von Schulentwicklung geführt werden. Dabei hat es sich bewährt, daß es eine Art von begründetem regionalem Konzept gibt und nicht eine formale Kopie von Entwicklung irgendwo anderenorts. Mit einem solchen Regionalkonzept kann allen Schulen ein Orientierungsrahmen vermittelt werden kann, der Entwicklungsdenken nicht vorschreibt und einengt, sondern Unterschiede verdeutlicht und produktiv zur Diskussion stellt.

IV. Workshopbericht

Marion DAMERIUS & Hartmut GLÄNZEL

Das Wort geben - Workshop zur Freinet-Pädagogik

Ein Workshop inmitten einer Tagung, die „Anregungen international verwirklichter Reformpädagogik" vermitteln wollte. Ziel dieses Workshops, so der Moderator, Hartmut GLÄNZEL, sei es, in die Arbeitsweise von FREINET- Pädagogen einzuführen und das nicht anhand von aneinandergereihten Vorträgen, sondern - im Sinne FREINETs - im Kontext praktischen Tuns. Unterschiedlich waren die Erwartungen und Ausgangsvoraussetzungen der Teilnehmer und Teilnehmerinnen. Für die Mehrzahl von ihnen war das Freinetsche Konzept noch eine mehr oder weniger unbekannte Größe. Einige wollten ihr Wissen über reformpädagogische Konzepte und ihre Umsetzungsmöglichkeiten an der heutigen Schule um eine neue Möglichkeit erweitern, wieder andere kamen einfach aus Neugierde.
Was heißt Freinet-Pädagogik heute? Antwort auf diese Frage gibt Hartmut GLÄNZEL auf einem Arbeitsblatt, das er zu diesem Workshop mitgebracht hat. Freinet-Pädagogik, das war in Deutschland ein Wort, das Lehrer(innen) nur hinter vorgehaltener Hand benutzten, und schulamtlicherseits wurde ein Freinet-Lehrer dann auch eher behindert denn unterstützt. War doch mancherorts bekannt, daß der Begründer dieser Pädagogik, der französische Volksschullehrer FREINET, ein Sozialist war und zeitweilig sogar der kommunistischen Partei angehörte.
Inzwischen haben sich die Zeiten gewandelt, - freinetpädagogische Begriffe sind in einigen Bundesländern sogar in die Rahmenpläne eingegangen und hie und da gibt es inzwischen Schulräte, bei denen FREINET-Pädagogik einen guten Klang hat.
Weithin unklar bleibt bei alledem aber oft, was Freinet-Pädagogik denn eigentlich meint. Ist sie vielleicht die Pädagogik, die FREINET Anfang des 20. Jahrhunderts in seiner einklassigen Dorfschule praktizierte? Dann ist Freinet-Pädagogik einfach beschreibbar durch Stichworte wie Klassenrat, Wochenplan, Freier Ausdruck, Karteikartenarbeit, Klassenkorrespondenz, Druckerei etc. Bei der Mehrzahl derjenigen Lehrer(innen), die sich unter dem Begriff Freinet-Pädagogik weltweit zusammengefunden haben, hat sich allerdings ein anderes Verständnis von Freinet-Pädagogik entwickelt, und das ist übrigens schon bei FREINET selbst angelegt. Schon von Anfang an war nämlich Freinet-Pädagogik kein geschlossenes theoretisches Konzept, sondern lebte und entwickelte sich innerhalb einer Kooperative praktizierender Lehrer, die jeder je nach Klassensituation, Außenbedingungen und eigenen Möglichkeiten ihre individuelle Ausprägung von Freinet-Pädagogik entwickelten (und sich dabei natürlich der bekannten Methoden bedienten bzw. weitere entwickelten).

Freinet-Pädagogik in diesem Sinne meint denn auch weniger ein Konglomerat von Methoden und Techniken, die man in seinem Unterricht einsetzen sollte, sondern vielmehr eine Haltung dem Lernenden gegenüber, die gekennzeichnet

ist durch Achtung und Respekt vor dessen Lernweg und Leistungen, und die dem Lernenden hilft, seinen eigenen Weg zu finden. Eine Haltung, die vielleicht am ehesten durch den Titel des Freinet-Filmes „Den Kindern das Wort geben“ auf den Punkt gebracht werden kann.
„Den Kindern das Wort geben“ - das kann auch der Fachlehrer der Oberstufe, nicht indem er mit seinen Schülern Texte mit der Klappdruckpresse setzt, sondern sie - im Rahmen seiner Möglichkeiten - an der Unterrichtsplanung beteiligt, ihnen eigene Fragestellungen und Herangehensweisen gestattet und damit möglicherweise erheblich mehr politische Bildung vermittelt als der traditionell arbeitende Politik- oder Sozialkunde-Lehrer.
Freinet-Pädagogik in diesem Sinne heißt aber auch, sich selbst zu sehen als einen, der „auf dem Weg ist“, der seinen Unterricht immer wieder neu reflektiert und entsprechend verändert. Das kann letztlich nur im Austausch und im gemeinsamen Tun mit anderen „Suchenden“ geschehen, wozu sich Freinet-Pädagogen mit selbstorganisierten Treffen, eigenen Zeitungen, gegenseitigen Hospitationen, Rundbriefen, etc. eine Fülle von Möglichkeiten geschaffen haben (vgl. GLÄNZEL 1996).
Freinet-Pädagogik - das wurde vom Moderator der Veranstaltung verdeutlicht - läßt sich denn auch eher durch Prinzipien beschreiben, als durch die Aufzählung bestimmter Methoden oder Materialien. Unter Bezug auf BAILET beschrieb Hartmut GLÄNZEL vier Grundprinzipien der Freinet- Pädagogik:

„1. Die freie Entfaltung der Persönlichkeit:
Beim freien Schreiben, Gestalten, Musizieren etc. lernen die Schüler, sich zu öffnen und auf andere einzugehen. Eine solche „Befreiung“ ist wesentlich für die Persönlichkeitsentwicklung und stärkt die selbsttherapeutischen Kräfte des Menschen.
2. Die kritische Auseinandersetzung mit der Umwelt:
Die Lebenswelt der Schüler und deren Bedürfnisse bilden den Ausgangspunkt für praktische Arbeitsvorhaben, Untersuchungen und Erkundungen. Schlüsselbegriff ist hier „tatonnement experimental“, was soviel wie ein tastendes forschendes Herangehen an eine Fragestellung bedeutet.
3. Selbstverantwortlichkeit des Kindes:
Die Schüler sollen lernen, nicht nur die eigene Situation einzuschätzen und die Arbeit nach selbstgewählten Maßstäben zu organisieren, sondern auch die persönliche Identität und die Verschiedenheit der Mitschüler zu respektieren.
4. Kooperation und gegenseitige Verantwortlichkeit:
Demokratisches Zusammenleben ist kein abstrakter Unterrichtsinhalt, sondern wird gelernt in einer Atmosphäre von Vertrauen, zu der die offene Diskussion von Konflikten und die gegenseitige konstruktive Kritik und Hilfe ebenso gehört wie das Hinterfragen und Neuerarbeiten von Regeln und Strukturen in der Gruppe.“ (GLÄNZEL 1992)

Diesen mehr allgemeinen Ausführungen zum Anliegen der Freinet-Pädagogik konnten die Teilnehmerinnen und Teilnehmer des Workshops dann in mehreren Schreibrunden[1]„hautnah" auf den Grund gehen. Auf in der Runde kreisenden Zetteln wurde von jedem ein Wort, später eine Wortgruppe, ein Satz geschrieben. Dem jeweils Schreibenden blieb dabei überlassen, ob er auf das bereits von anderen Teilnehmern Geschriebene Bezug nimmt oder seinen eigenen, von der Allgemeinheit losgelösten Intentionen folgt. Bei der sich an jede Schreibrunde anschließenden Vorleserunde zeigte sich, daß auch die am Workshop teilnehmenden Lehrerinnen und Lehrer viel Freude daran hatten, sich den anderen zu öffnen und auf die Befindlichkeit der anderen einzugehen.
Einige Beispiele sollen die intensive Arbeit des Tages verdeutlichen:
1. Schreibrunde: Auf zirkulierenden Blättern werden von jedem Teilnehmer abwechselnd einzelne Worte geschrieben: (Ein Beispiel von 11 Papierseiten)
Sonne - Harmonie - warm - nur Harmonie? - **zu selten** - Blätter - glänzen - Entspannung - ***schlechtes Gewissen*** - faulenzen - *Langeweile* - Ruhe - toben - loben - **probieren** - Ruhe - schön - laufen - *kahle Bäume* - wohlfühlen - *Himmel.*
2. Schreibrunde: Auf zirkulierenden Blättern werden abwechselnd Wortgruppen geschrieben: (Eins von 11 Beispielen)
Neues erleben ist spannend - sehr spannend - Warum? - **ohne Erwartung** - ist alles nichts. - Wie soll es weiter gehen? - Es gibt immer einen Weg - ***Etwas auf sich zukommen lassen*** - viele Reiseeindrücke sammeln - *und mit offenen Augen und Ohren leben* - gesund bleiben - und aufgeschlossen - **nicht abgeschlossen** - was ist wenn - man das macht, was man wirklich denkt? - Das kann sehr gut aber auch schwierig sein - ***na denn los!*** - ich bin sehr neugierig - *Post von Freunden erhalten* - Volleyball ist Entspannung pur
3. Schreibrunde: Auf zirkulierenden Blättern werden gemeinsam Geschichten geschrieben. Es entstehen so in Gemeinschaftsarbeit 11 unterschiedliche Phantasiegeschichten. Hier ein Beispiel:
„An einem Wochenende, es war ein sonniger Herbsttag, da passierte in einer kleineren Stadt folgendes: Fünf schwarz-weiße Kühe standen auf dem Marktplatz und fraßen die Blumenrabatten ab. ***Eine nette Geschichte war das mit den Kühen.***
Viele Menschen standen herum und fragten sich „Wie kommen die Kühe auf diesen Platz?" Zunächst wird die Stadt von allen Seiten umstellt, damit keine Kuh entwischen kann. **Die Kühe aber wollen gar nicht entwischen. Es gefällt ihnen hier.** Die armen Kühe, sie

[1]Das hier beschriebene „kollektive Schreiben" als freies Schreiben bzw. Weg zum freien Schreiben wurde in deutschen Freinet-Gruppen erstmals durch den französischen Freinet-Pädagogen Paul LE BOHEC (ca. 1984) eingeführt. Paul LE BOHEC hat sich viele Jahre seines Lebens mit dem freien Ausdruck und insbesondere dessen therapeutischen Aspekten beschäftigt (vgl. LE BOHEC 1993 und HELLMICH/ TEIGELER 1995, S. 141 ff.).

`wollen doch sicher nicht in einer Stadt leben!` Aber sie demonstrieren für viel nahrhaftes Grün in der Stadt. Das gefällt vor allem den Kindern, die gleich anfangen, ihre Eltern zu „nerven".
„Laß uns doch eine Kuh als Haustier halten, bitte! Ich versorge sie auch jeden Tag und ... und ..." Und beim Versprechen blieb es, so daß die Kuh bald das Weite und freie Wiesen suchte."

Ganz im Sinne FREINETs, der die Kommunikation als ein wesentliches Element des Klassenlebens betonte, gelang es durch die Schreibrunden, gegenseitiges Verständnis und eine Vertrautheit in der Gruppe zu schaffen, die die Anspannung bei der Arbeit mit Worten und Wortgruppen sowie die gemeinsame Produktion von Geschichten und schließlich die Produktion und Gestaltung eines individuellen Textes kaum fühlbar werden ließ. Der Spaß am gemeinsam erzielten Schreibergebnis verdrängte das Gefühl von Anstrengung und Quälerei, das alle Teilnehmerinnen und Teilnehmer am Workshop aus der Zeit der Schulaufsätze kannten und mit dem sie in ihrer heutigen Schulpraxis seitens der Schüler immer wieder konfrontiert werden. Gleichzeitig erlebten sie an sich selbst, wie der Spaß an den gemeinsamen Schreibrunden ungeahnte Phantasien beflügelt, so daß am Ende der Veranstaltung ein individuelles vorzeigbares Ergebnis in Form eines gedruckten oder gestempelten Textes stand, das sich so mancher zu Beginn des Tages nicht vorstellen konnte. Stellvertretend für die entstandenen sehr individuellen Texte ein Beispiel:

Zeit !
so knapp
zum Arbeiten,
zum Entspannen.
Wo finde ich
Zeit ?

Die Teilnehmerinnen und Teilnehmer des Workshops hatten so über eigene produktive Tätigkeit die Möglichkeit, die Wirksamkeit der Grundprinzipien der Freinet-Pädagogik nicht nur theoretisch vermittelt zu bekommen, sondern gleichsam in der eigenen Tätigkeit zu spüren. Sie erlebten eine Wirkung der Arbeit mit „Freien Texten" und „Freiem Ausdruck", wie ihn LAUN für die Schule beschrieb:

„Einen Text ausdenken, ihn formulieren, niederschreiben, verbessern, mit anderen durchsprechen, ihn setzen, illustrieren, drucken und heften, das sind die vielfältigen Arbeitsschritte, bis das Ergebnis vorliegt. Dabei geht es um mehr als nur das Drucken, vielmehr darum, einer Inspiration eine sprachliche Form zu geben, sie zu schärfen und zu entäußern, sie also auf ihren Begriff zu bringen in gemeinsamer Anstrengung. Diese Sprachproduktion nimmt Erlebnisse zum Anlaß, um im Prozeß des Schreibens in die eigene Wirklichkeit einzugreifen, sie mit dem Instrument des Textes zu fassen und schließlich zu verändern. Schreibend arbeiten die Kinder an sich selbst, um gemachte Erfahrungen zu bewältigen und um sich anderen Personen mitzuteilen." (LAUN 1983, S. 69)

Der Workshop wollte mit der Freinet-Pädagogik vertraut machen. Darüber hinaus legte Hartmut GLÄNZEL viel Wert darauf, die Teilnehmer anzuregen, über ihren eigenen Unterricht zu reflektieren und vor allem Mut zu Versuchen und Erkundungen, zu einer Veränderung der eigenen Unterrichtspraxis auszubilden[1]. Nach Meinung der Teilnehmerinnen und Teilnehmer lag hier ein wesentlicher Gewinn, den sie aus der Veranstaltung mit in ihre Schulen nehmen konnten.

Literatur

BAILLET, D.: Freinet - praktisch. Beispiele und Berichte aus Grundschule und Sekundarstufe. Weinheim 1983.

DIETRICH, I. (Hrsg.): Handbuch der Freinet-Pädagogik. Eine praxisbezogene Einführung. Weinheim 1995.

GLÄNZEL, H.: Freinet- Pädagogik heute? Arbeitsblatt zum Workshop anläßlich der Tagung „Anregungen international verwirklichter Reformpädagogik", Greifswald 1996.

GLÄNZEL, H.: Freinet- Pädagogik. In: BAUER (Hrsg.): Lexikon des Sozial- und Gesundheitswesens. Oldenburg Verl. München 1992.

HELLMICH, A./ TEIGELER, P. (Hrsg.): Montessori-, Freinet-, Waldorfpädagogik. Weinheim 1995.

HERING, J./ HÖVEL, W. (Hrsg.): Immer noch der Zeit voraus. Kindheit, Schule und Gesellschaft aus dem Blickwinkel der Freinetpädagogik. Bremen 1996.

LAUN, R.: Freinet - fünfzig Jahre danach: Dokumente und Berichte aus 3 französischen Grundschulklassen; Beispiele einer produktiven Pädagogik. Heidelberg 1983.

LE BOHEC, P./ LE GUILLON, M.: Patricks Zeichnungen - Erfahrungen mit der therapeutischen Wirkung des freien Ausdrucks. Bremen 1993.

[1] Interessenten an Kontakten zu Freinet-Pädagog(innen), Fortbildungen, weiterführender Literatur und anderer Freinet-Materialien seien auf die Pädagogik-Kooperative e.V., Goebenstr. 8, 28209 Bremen verwiesen.

V. Ambivalenzen in der Aufarbeitung der historischen Reformpädagogik

Christine LOST

Einführung in die Ambivalenzendiskussion in der Aufarbeitung der historischen "Reformpädagogik"

Das uns vorgegebene Thema konfrontiert uns mit *Ambivalenzen.*

„Ambivalenz" ist im „Großen Wörterbuch der deutschen Sprache" auf Gefühle und Begriffe bezogen. Es bedeutet deren Doppelwertigkeit, Zwiespältigkeit, die Möglichkeit, das Gegenteil einzuschließen sowie auch (und sehr bildhaft) bei manchen Tieren die Fähigkeit, je nach Geschlecht des Partners männlich oder weiblich zu reagieren.

Unser Arbeitsthema „Ambivalenzen in der Aufarbeitung der historischen Reformpädagogik" ist gleichzeitig unsere Ausgangsthese, das heißt, wir gehen von der Existenz solcher Ambivalenzen aus. Bei genauerer Besichtigung ist zu erkennen, daß wir uns mit mehrfachen Ambivalenzen zu befassen haben, nämlich

1. mit Ambivalenzen des Begriffes „Reformpädagogik"[1] sowie
2. mit der Ambivalenz von Prozessen, die mit „Reformpädagogik" verbunden sind.

Solche *Ambivalenzen des Begriffes „Reformpädagogik"* zeigen sich auch auf dieser Tagung, beispielsweise im Tagungsprogramm. Zunächst erscheint „Reformpädagogik" als eine Art monolithisches Gebilde. Ihm ordnen sich Begriffe zu wie „verwirklichte Reformpädagogik", „historische Reformpädagogik", „traditionelle Reformpädagogik". Um diese Begriffe gruppieren sich andere, so „Schulreform", „Reformschulen", „Reformierung der Regelschule", „reformorientierte Schulpraxis", „reformpädagogische Basisarbeit".

Bei der *Ambivalenz von Prozessen, die mit „Reformpädagogik" verbunden sind,* handelt es sich eigentlich um mindestens vier Ambivalenzen, nämlich die von Konstituierungsprozessen, von Realisierungsprozessen, von wirkungsgeschichtlichen Prozessen und von Rezeptionsprozessen.

Damit sind wir jene Arbeitsgruppe - und tragen vielleicht auch deshalb die Nummer 1 -, die anhand der ihr zugeordneten sieben Vorträge neuer Forschungsergebnisse und Ergebnisbeispiele die Urgründe der „Reformpädagogik"diskussion des letzten Jahrzehnts berührt.

Das heißt aber auch:

Wir haben es offensichtlich mit einer höchst unsicheren, mehrfach ambivalenten Sache zu tun: mit der ambivalenten „Reformpädagogik", mit der Ambivalenz ihrer Rezeption und Aufarbeitung sowie mit der Ambivalenz ihrer historischen und aktuellen Realisierung im 20. Jahrhundert.

---

[1] Aus diesem Grund ist der Begriff „Reformpädagogik" im Rahmen dieses Beitrages - außer in Zitaten - durchweg in Anführungszeichen gesetzt worden.

Eine nicht mehr bestrittene „Grundambivalenz" lautet: Das 20. Jahrhundert ist das Jahrhundert der „Reformpädagogik", obwohl es eigentlich nicht das Jahrhundert der „Reformpädagogik" geworden ist. Eine zweite Ambivalenz: „Reformpädagogik" ist ein Konstrukt, dessen unkritischer Gebrauch Ambivalenzen lange Zeit überdeckt hat. Die *eine* „Reformpädagogik" existiert nämlich nicht. Und eine dritte: Die „Reformpädagogik" des ersten Jahrhundertdrittels kann nicht jene sein, die am Jahrhundertende eingelöst wird, obwohl sie seinerzeit nur in Ansätzen eingelöst worden ist. Wir brauchen eigentlich eine neue „Reformpädagogik". Dabei handelt es sich nicht darum, eine Begriffsverwirrung zu umgehen, sondern auch um eine inhaltliche Neubestimmung , die die historischen Erfahrungen einschließt, jedoch die veränderten Bedingungen ausreichend berücksichtigt. Eine vierte Ambivalenz besteht deshalb darin, daß die Aufarbeitung der „historischen Reformpädagogik" eine „neue Reformpädagogik" provozieren müßte, oder zurückhaltender gesagt: unterstützen sollte, und eine „neue Reformpädagogik" ohne die Aufarbeitung vorliegender reformpädagogischer Erfahrungen nicht denkbar ist.
„Reformpädagogik" - um den Sammelbegriff zu nehmen - war am Jahrhundertbeginn zweierlei und müßte es am Jahrhundertende möglicherweise wieder sein, nämlich:

- *einerseits* die pädagogische Kritik an und eine pädagogische Antibewegung zur funktionierenden Staatsschule mit bildungspolitischen Akzenten und basisdemokratischen Zügen.
- *andererseits* eine pädagogische Konzeptualisierungsbewegung, seinerzeit - im ersten Drittel des Jahrhunderts - der Versuch, die „neue" Pädagogik, nämlich die des 20. Jahrhunderts, zu bestimmen und zu praktizieren.

Nachfolgend möchte ich zwei solcher „Ambivalenzen" herausgreifen und etwas genauer beschreiben. Ich nutze dazu neuere Überblicksdarstellungen, da ihre Verbreitung - neben Erfahrungsberichten - in der reformorientierten Praxis verständlicherweise am größten ist, und klammere die außerdem speziell zum Begriff „Reformpädagogik" geführten Diskussionen zunächst bewußt aus.
Zu den neuesten Veröffentlichungen gehört ein außerordentlich informatives zweibändiges „Studienwerk"- so bezeichnen es die Herausgeber Michael SEYFAHRT-STUBENRAUCH und Ehrenhard SKIERA. In Fortsetzung und Weiterentwicklung ähnlich bewährter Überblicke[1] erschien es 1996 unter dem Titel Reformpädagogik und Schulreform in Europa" (SEYFAHRT-STUBENRAUCH/ SKIERA 1996).
Die zwei hier interessierenden Ambivalenzen betreffen erstens die historische Rekonstruktion des Begriffs „Reformpädagogik" und sein inhaltliches Spektrum

[1] Vgl. KLASSEN, Th. F./SKIERA, E./WÄCHTER, B. (Hrsg.): Handbuch der reformpädagogischen und alternativen Schulen in Europa. Baltmannweiler 1990. Dasselbe, 2. aktualisierte und erweiterte Auflage 1993 (hrsg. von KLASSEN, Th. F./SKIERA, E.).

und zweitens die Rezeptions- und Wirkungsgeschichte von „Reformpädagogik", im weiteren Sinne also die „Aufarbeitung" (und damit auch die „Anwendung").

Zur ersten Ambivalenz: Die historische Rekonstruktion des Begriffes „Reformpädagogik" und sein inhaltliches Spektrum

„Reformpädagogik" als ein Begriff der pädagogischen Historiographie ist, so SKIERA einleitend, zunächst „das sozialgeschichtlich um die Jahrhundertwende verifizierbare Faktum einer bis dato nicht gekannten breiten pädagogischen Aufbruchsbewegung, die sich gegen die überkommene und leidvoll erlebte didaktisch-methodische Normalform der 'alten Schule' wendet und unter dem Signum 'Neue Erziehung' bzw. 'Reformpädagogik' zu zahlreichen neuen methodischen Formen sowie andersgearteten Schulgestalten findet".[1] Lange Zeit war mit diesem Verständnis ein fester Bestand an Motiven, Vordenkern, Repräsentanten, Modellen und zeitlichen Abgrenzungen verbunden. Diese Vorstellung hält sich hartnäckig und ist, möglicherweise bedingt durch einen gewissen Nachholebedarf insbesondere in den neuen Bundesländern, seit 1990 wiederbelebt worden. „Reformpädagogik" jedoch mit einem solchen „festen Bestand" zu identifizieren, widerspricht nicht nur dem gegenwärtigen Stand der Forschung, sondern auch dem Wesen von „Reformpädagogik".
Hinzu kommt eine anhaltende Unschärfe im Gebrauch des Begriffes „Reformpädagogik". SEYFARTH-STUBENRAUCH/SKIERA zählen einige davon auf. So werde er unter anderem genutzt:

- zur Beschreibung bestimmter Bereiche des Schulwesens (Versuchsschulen und Schulversuche);
- als Begleit- oder Oberbegriff in Zusammenhang mit Schulreformen;
- als Bezeichnung für bestimmte methodische und pädagogische Handlungsweisen und Vorstellungen.

„Reformpädagogik" reicht heute vom Montessori-Kindergarten bis zum Situationsansatz, vom Landerziehungsheim bis zur Reggio-Pädagogik, von der Selbstverwirklichung der Erzieherinnen bis zur Deklaration einer „kindgemäßen" Pädagogik, entweder „vom Kinde aus" oder „dem Kinde zugewandt". Ungenau und eigentlich der „Reformpädagogik" widersprechend ist auch die Vorstellung von „angewandter" oder „verwirklichter" „Reformpädagogik" Von solchen Begriffsambivalenzen und -turbulenzen ist auch diese Tagung nicht frei. Das jedoch hat Gründe - über eine „Trivialisierung" des Begriffsgebrauchs hinaus (ich glaube OELKERS spricht davon) - in dem, was man unter

---

[1] Die Zitate sind der unpaginierten Einleitung zum Teil 1 (Zu den historischen Grundlagen der Reformpädagogik) entnommen. Die Einleitung ist von Ehrenhard SKIERA verfaßt und überschrieben worden: Anmerkungen zur historischen Rekonstruktion der „Reformpädagogik" und zum inhaltlichen Spektrum ihres Begriffes.

- „tragenden Grundmotiven der Reformpädagogik" (SEYFAHRT-STUBENRAUCH/SKIERA 1996, S. 111),
- „Prinzipien der Reformpädagogik" (Friedrich REGENER 1910 - nach SEYFAHRT-STUBENRAUCH/SKIERA 1996, unpag. Einleitung zum Teil II) beziehungsweise
- „Kriterien der „Reformpädagogik"" (RÖHRS 1994)
- versteht und zusammenfaßt.

Hermann RÖHRS hat 1994 auf der Grundlage seiner umfassenden, langjährigen und internationalen Forschungsarbeiten eine entsprechende begriffliche Ein- bzw. Abgrenzung dessen vorgenommen, was unter „Reformpädagogik" durchweg verstanden werden könne, und zwar seit 1890 mit entsprechenden Wirkungen bis heute.
Seine „zehn Kriterien zur systematischen Erhellung ihrer Grundintentionen" (nach SEYFAHRT-STUBENRAUCH/SKIERA 1996, Bd. 1, unpag. Einleitung zu Teil II) sind:

1. ihre radikale Paido- und Anthropozentriertheit;
2. ein neues Verhältnis zwischen Erzieher, Lehrer und Schüler;
3. der Versuch durch methodisch begründete Arbeitsweisen die Selbständigkeit zu fördern;
4. die Berücksichtigung von Entwicklungsgemäßheit und ganzheitlicher Erziehung;
5. die Berücksichtigung der sozialen und emotionalen Seite der Bildung (in Ergänzung zum Intellekt);
6. die Wandlung der pädagogischen Orte;
7. die Orientierung des Lernstoffes an den offenen Fragen der Lebenswelt;
8. die Einbeziehung des lehrenden Lebens;
9. die wachsende Bedeutung des außerschulischen Bereichs (hier: Erwachsenenbildung, Bibliotheken usw.);
10. die Internationalität als Kriterium.

So wichtig es möglicherweise ist, für „Reformpädagogik" einen „kleinsten gemeinsamen Nenner" zu finden, der für die Kategorisierung von Schulversuchen und Schulreformen sowie für schulreformerische Vergleiche praktikabel ist, gehört zu den grundlegenden Erfahrungen dieses Jahrhunderts zur Bewertung von „Reformpädagogik" meines Erachtens mehr. Bliebe man bei dem oben Genannten, ließen sich auch in der DDR-Schule relativ viele reformpädagogische Elemente entdecken, erinnert sei an den polytechnischen Unterricht, an die Kollektiverziehung, an die konsequente Koedukation usw.. Damit aber würden sich Ansprüche verwischen, der zu den Wesenszügen von „Reformpädagogik" gehören, nämlich:

1. Ihr Charakter als (häufig basisdemokratische) *Antibewegung* gegen die praktizierte Schule und Staatspädagogik und zu ihrer Veränderung und Verbesserung schließt „Reformpädagogik" als neue Staatspädagogik aus, kann aber zu deren Humanisierung, Demokratisierung und Pädagogisierung beitragen.
2. Die reformpädagogischen *Konzeptualisierungen und Modelle* erfaßten (und erfassen) Ausschnitte (z. B. Arbeitserziehung), betonten und betonen Akzente (Arbeiterbildung), trugen und tragen Modell- und Beispielcharakter (z. B. Landerziehungsheime, Versuchsschulen). Geblieben sind am Ende des Jahrhunderts pädagogische Modelle und teilweise schwer zu modernisierende Konzepte, deren Authentizität häufig sorgsam behütet wird, sowie Modernisierungsschübe im Rahmen von staatlicher Schule und Staatspädagogik (und teilweise auch in der DDR-Schule zu entdecken), letzteres ist aber schon nicht mehr „Reformpädagogik".

Das heißt: Was einmal „Reformpädagogik" war, muß nicht immer „Reformpädagogik" bleiben. Wenn sie die Fähigkeit verliert, sich ständig zu verändern - entsprechend sich verändernder Bedingungen, jedoch ohne das humanistisch-pädagogische Ursprungsideal aufzugeben -, wird ihr entweder Zeitlosigkeit und Ewigkeitswert unterstellt, oder sie erstarrt zum nostalgischen Modell, oder das Etikett „Reformpädagogik" dient zur Absicherung (und nicht mehr zur Veränderung) eines Zustandes.
Das heißt aber auch: „Reformpädagogik" am Ende des Jahrhunderts muß demzufolge etwas anderes sein, als zum Jahrhundertanfang. Dazwischen liegen nicht nur genauer recherchierte und sich gravierend verändernde Bedingungen für die Modelle und für die Staatsschule,[1] sondern es haben sich auch die pädagogischen Problemkreise verändert, es sind andere als jene, mit denen „Reformpädagogik" entstanden und untrennbar verbunden ist.

Zur zweiten Ambivalenz: Die Rezeptions- und Wirkungsgeschichte von „Reformpädagogik", im weiteren Sinne also die „Aufarbeitung" (und damit auch die „Anwendung").

Während sich bis in die siebziger Jahre hinein und erneut nach 1990 die („alte") „Reformpädagogik" als Erfolgspädagogik und als „Pädagogik des 20. Jahrhunderts" darstellte, die akzeptiert werden müsse, wurde zugleich ihre „innere" Ambivalenz diskutiert. Ich erinnere an dieser Stelle nur an Peter PETERSEN und die Geschichte seiner Jena-Plan-Pädagogik. Zudem ließe sich auch die Einschätzung der „Reformpädagogik" als „Erfolgs-pädagogik" infragestellen. Auf der einen Seite bestehen die wesentlichen der „Spannungs-felder", die die histori-

[1] In jüngster Zeit - Anfang Oktober 1996 - hat die Berliner Tagung „Politische Reformpädagogik" wieder darauf aufmerksam gemacht.

sche „Reformpädagogik“ hervorgebracht haben und für die pädagogische Lösungen gesucht und angeboten wurden, permanent weiter. Die mit Hilfe von Pädagogik angestrebten Veränderungen und Verbesserungen sind jedoch nicht annähernd erreicht worden.
Dazu gehören Vorstellungen und Forderungen wie:

- jene vom „Jahrhundert des Kindes“;[1]
- von der Gleichberechtigung der Mädchen und Frauen;
- von einer Welt ohne Krieg und in Frieden;
- von sozialer Gerechtigkeit;
- von der Arbeit als menschlichen Wesenszug und der Industrialisierung als Bestandteil zivilisatorischer Entwicklung (damit auch vom zivilisierten Umgang mit den natürlichen Ressourcen);
- von der Harmonisierung des Verhältnisses von Stadt und Land, Mensch und Natur;
- von der wechselseitigen Erschließung der Kräfte im Verhältnis von Gemeinschaft und Individuum;
- von einem ausgewogenen Verhältnis zwischen Nationalisierung und Internationalisierung und die entsprechende Erschließung kultureller und interkultureller Ansätze.

Die meisten Beiträge des heutigen Tages ordnen sich diesen Problematiken bzw. einer von ihnen zu.
Wir sollten uns in der Diskussion bewußt sein, daß wir - ausgehend vom Thema der Tagung „Anregungen international verwirklichter„Reformpädagogik“ und dem Auftrag unserer Arbeitsgruppe, den „Ambivalenzen in der Aufarbeitung der historischen Reformpädagogik“ nachzuspüren - in einer schwierigen Lage sind. Wir bewegen uns zwischen der historischen Forschung *über* „Reformpädagogik“ und den pädagogischen Interessen *an* „Reformpädagogik“ (OELKERS 1989, TENORTH 1994, DREWEK u. a. 1995, PEHNKE u. a. 1992 ff.).
Wir haben in unserer Arbeitsgruppe das Glück, in sieben Beiträgen reformpädagogische Jahrhundertprobleme und deren Lösungsansätze (und Ambivalenzen) anhand neuerer Forschungsergebnisse vorgestellt zu bekommen, so zur Internationalisierung von „Reformpädagogik“ (deutscher und schwedischer, in Japan und Rußland), zur Arbeitsschule und zur Arbeitserziehung, zur koedukativen Mädchenbildung, zu medien- und sozialpädagogischen Gesichtspunkten,[2] die Problematisierung des Verhältnisses von Schule und Gesellschaft und - aus re-

---

[1] Jürgen OELKERS betone mehrfach (z. B. 1989) als eigentlich originale Leistung von „Reformpädagogik“ die Charakterisierung des Kindes als Heilbringer und die „Fokussierung von Erziehungstheorie auf die ‘Individualität des Kindes’“ (nach SEYFAHRT-STUBENRAUCH/SKIERA 1996, Bd. 1, S. 95) Diese originärste Leistung der (historischen) „Reformpädagogik“ sei - so SEYFAHRT-STUBENRAUCH/SKIERA - zugleich die am wenigsten pädagogisch realisierte. Alle anderen Inhalte sind fast immer auch Bestandteile politischer Programmatiken.

[2] Der dafür vorgesehene Beitrag von Helmut-Gerhard Müller (Marburg) „Traditionslinien aktueller Medien- und Sozialpädagogik an den Beispielen Elisabeth BLOCHMANN und Berthold Otto“ wurde in der Arbeitsgruppe nicht vorgetragen.

gionaler Sicht - Aufarbeitungs- und Rezeptionsprozesse. Es geht um Japan, Rußland, Schweden, Berlin und Mecklenburg-Vorpommern.
Die Rezeptions- und Realisierungsgeschichte von „Reformpädagogik“ hat am Ende des „reformpädagogischen Jahrhunderts“, das tatsächlich keines war, zweierlei zu berücksichtigen:

(1) zu prüfen, was angeboten wurde, was sich erhalten hat und was außerdem erhaltenswert ist, zu fragen, ob tatsächlich von „verwirklichter“ oder „zu verwirklichender“ „Reformpädagogik“ gesprochen werden kann und was damit gemeint ist;
(2) und davon auszugehen, daß sich viele Ausgangsbedingungen am Ende des 20. Jahrhunderts verändert haben, es möglicherweise um eine „neue“ „Reformpädagogik“ geht und nicht um ein „Zurück zur (alten) „Reformpädagogik““ gehen kann, falls es die (ewige) „Reformpädagogik“ nicht gibt.

Literatur

OELKERS, J.: Reformpädagogik. Eine kritische Dogmengeschichte. Weinheim und München 1989.

RÖHRS, H.: Die Internationalität der Reformpädagogik und die Ansätze zu einer Welterziehungsbewegung. In: RÖHRS, Hermann/LENHARD, Volker (Hrsg.): Die Reformpädagogik auf den Kontinenten. Frankfurt am Main u. a. O. 1994.

SEYFARTH-STUBENRAUCH, M./SKIERA, E. (Hrsg.): Reformpädagogik und Schulreform in Europa. Grundlagen, Geschichte, Aktualität. Bd. 1: Historisch-systematische Grundlagen; Bd. 2: Schulkonzeptionen und Länderstudien. Baltmannsweiler 1996.

Andreas KRUSE & Eric SCHMITT

Zur Geschichte des interdisziplinären Dialogs zwischen Psychologie und Pädagogik am Beispiel des Leipziger Instituts für experimentelle Pädagogik und Psychologie*

Schon vor Wilhelm WUNDT (1832 - 1920) und dem von ihm im Jahre 1879 gegründeten Psychologischen Institut der Universität Leipzig bestand ein enger wissenschaftlicher Austausch zwischen Psychologie und Pädagogik, der auf Johann Friedrich HERBART (1776 - 1841), dem Königsberger und Göttinger Gelehrten, zurückgeht. HERBART hat grundlegende Beiträge zur Psychologie (hier vor allem zum "Gegenstand" und zur "Methode" wissenschaftlich-psychologischer Erkenntnis) und zur Pädagogik (hier vor allem zur wissenschaftlichen Begründung und zur Ausbildung der Pädagogik) verfaßt. Seinem wissenschaftlichen Interesse an beiden Disziplinen ist zu verdanken, daß der fruchtbare Dialog zwischen Psychologie und Pädagogik bereits von den Anfängen dieser Disziplinen an stattgefunden hat (siehe dazu die historische Analyse von WINDELBAND & HEIMSOETH, 1948). Den engen fachlichen Beziehungen zwischen den beiden "Leipziger Schulen" (der psychologischen und der pädagogischen Schule) dienten die Arbeiten HERBARTs (und BENEKEs) als Vorbild (wenngleich sich WUNDTs Auffassung von Pädagogischer Psychologie auch erheblich von jener HERBARTs unterscheidet (vgl. III)). Aus diesem Grunde sei einleitend auf einige Beiträge HERBARTs eingegangen, aus denen die Relevanz psychologischer Erkenntnisse für pädagogisches Handeln hervorgeht.

In seinen Schriften "Lehrbuch zur Psychologie" (erschienen im Jahre 1816) und "Psychologie als Wissenschaft, neu gegründet auf Erfahrung, Metaphysik und Mathematik" (erschienen in den Jahren 1824 / 1825) legt HERBART sein Verständnis psychologischer Forschung dar:

Da die Psychologie auf Erfahrungen aufbaut, ist sie eine empirische Wissenschaft - sie ist jedoch nicht "physiologisch" und "experimentell", da in der Physiologie und bei der Anwendung experimenteller Techniken von der Annahme ausgegangen werde, daß ihr Untersuchungsgegenstand "aufgespalten" werden könne. Der Geist bilde eine Einheit, die sich nicht aufspalten lasse. Die "Vorstellungen im Geist" werden als "dynamisches Gebilde" verstanden; sie besitzen "Energie" und ziehen sich somit gegenseitig an oder stoßen sich ab: HERBART spricht vom "Kampf der Vorstellungen um einen Platz im Bewußtsein". Vorstellungen werden nicht "vergessen", vielmehr werden sie von rivalisierenden Vorstellungen unter die Bewußtseinsschwelle gestoßen.

Alle Vorstellungen streben danach, ins Bewußtsein aufzusteigen - dies ist aber nur möglich, wenn die dort anwesenden Vorstellungen (von HERBART auch als "Apperzeptionsmasse" bezeichnet) empfänglich ("rezeptiv") für diese Vorstellungen sind. In diesem Falle verbinden sich die aufsteigenden Vorstellungen mit der Apperzeptionsmasse. Daraus ergibt sich der für das Verständnis des Lern-

prozesses grundlegende Satz: Was man lernt, hängt in hohem Maße von dem ab, was man weiß, sowie von der Bereitschaft, Neues mit Vertrautem zu verbinden. In diesem Sinne wird "Aufmerksamkeit" als Bereitstellung einer Apperzeptionsmasse verstanden. HERBART unternimmt - und darin ist er ein Vorläufer Wilhelm WUNDTs - in seinen Arbeiten den Versuch der Quantifizierung von "Apperzeption" (Aufmerksamkeit), "Bewußtseinsschwellen", "Aktivitäten der Vorstellungen", "Verschmelzungen" bewußt werdender mit bereits im Bewußtsein liegenden Vorstellungen.
Aus dieser Theorie ergeben sich nun Konsequenzen für den Unterricht, wie HERBART in seinen "Pädagogischen Schriften" (herausgegeben im Jahre 1873 - 1875 von Otto WILLMAN) aufzeigt. Die Vorbereitung auf den Unterricht müsse folgende didaktische Schritte berücksichtigen: (1.) Rückblick auf den vorhergehenden Stoff, (2.) Vorbereitung auf den neu zu lernenden Stoff durch Herstellung einer "sachgerechten" Apperzeptionsmasse, (3.) Präsentation des neuen Stoffes, wenn sich der Geist im rezeptiven Zustand befindet, (4.) Verknüpfung des neuen Stoffs mit dem alten Stoff, (5.) Richten des Blickes nach vorne, das heißt, auf Möglichkeiten der Anwendung des Gelernten und auf die Vorbereitung auf den Erwerb neuen Stoffes.

Der psychologische Ansatz von Wilhelm WUNDT

Wilhelm WUNDT (1832 - 1920) studierte in Tübingen und Heidelberg Physiologie und Medizin. Nach seiner Promotion im Jahre 1856 wurde er Assistent in HELMHOLTZ´ physiologischem Seminar der Universität Heidelberg. 1874 erhielt er einen Lehrstuhl für Philosophie und induktive Logik an der Universität Zürich, im Jahre 1875 einen Lehrstuhl für Philosophie an der Universität Leipzig. Bereits bei seiner Berufung nach Leipzig stellte er den Antrag auf Zuweisung von Räumen für psychologische Versuche; im Jahre 1879 richtete er ein "psychologisches Forschungslaboratorium" ein, das zunächst aus einem Raum bestand.
Zu den Forschungsbereichen dieses Instituts zählten vor allem Analysen der Sinnesempfindungen und der Wahrnehmung, der Reaktionszeit (zum Beispiel das Verhältnis von muskulärer zu sensorischer Reaktionszeit), der Aufmerksamkeit, der Assoziation und des Gefühls. Das Ziel der experimentalpsychologischen Arbeiten Wilhelm WUNDTs und seiner Mitarbeiter bildete die Reduktion des Bewußtseins sowie der "bewußten Verbindungen" (Wahrnehmungen und Emotionen) auf seine Elemente (einzelne Empfindungen und Gefühle); des weiteren sollten psychologische Prozesse zu physiologischen Prozessen in Beziehung gesetzt werden (grundlegend war hier die Annahme des psychophysiologischen Parallelismus). Die für diese Analyse notwendige Methode bildete das Experiment, das allerdings die "Introspektion" (= Selbstbeobachtung) einschloß; unter "Introspektion" verstand WUNDT die "systematische Zerlegung der Bewußtseinsinhalte in ihre Elemente" (wobei Wahrnehmungen und Emo-

tionen "Bewußtseinsinhalte", Empfindungen und Gefühle "Elemente" sind).
Der psychologische Ansatz des von WUNDT geleiteten Instituts ist - was in historischen Arbeiten nicht immer ausreichend berücksichtigt wird - insofern "methoden-plural", als von der Notwendigkeit zweier Methoden ausgegangen wird: jener der Beobachtung und jener des Experiments (zur ausführlichen Diskussion der Methodenpluralität siehe ASCHENBACH, 1988; v. SCHILLER, 1948). Während die experimentelle Methode für die Erforschung der "grundlegenden Prozesse" - vor allem der Empfindung und der Assoziation einzelner Empfindungen - geeignet ist, bildet die Beobachtung die Methode für das Verständnis der "höheren geistigen Prozesse", wie zum Beispiel der "Persönlichkeit", der "sozialen" und "kulturellen Phänomene".
Als Publikationsorgan dieses Instituts gründete er 1881 die psychologische Zeitschrift "Philosophische Studien", die später in "Psychologische Studien" umbenannt wurde. Bereits vor seiner Berufung nach Leipzig hat WUNDT mehrere Schriften zur Philosophie, Physiologie und Psychologie veröffentlicht (so zum Beispiel im Jahre 1862 die "Beiträge zur Theorie der Sinneswahrnehmung" und im Jahre 1874 das einflußreiche Buch "Grundzüge der physiologischen Psychologie"). In seine Leipziger Zeit fallen Arbeiten zur Logik, Ethik und systematischen Philosophie, im Jahre 1896 erschien der "Grundriß der Psychologie", zwischen 1900 und 1920 das zehnbändige Werk "Völkerpsychologie", das sich - als eines der grundlegenden Werke der Sozialpsychologie - unter anderem mit der Psychologie der Sprache, der Kunst, des Rechts, der Religion und der Ethik beschäftigte. In seinem Todesjahr erschien unter dem Titel "Erlebtes und Erkanntes" seine Autobiographie. (Zu Leben und Werk Wilhelm WUNDTs siehe vor allem ARNOLD, 1980; BORING, 1957; BRINGMANN & SCHEERER, 1980; BRINGMANN & TWENEY, 1980; Karl-Marx-Universität Leipzig, 1975 / 1976, 1980; RIEBER, 1980.)
WUNDT definierte die Psychologie als die "Wissenschaft vom Bewußtsein" oder als "Erfahrungswissenschaft". Den Gegenstand psychologischer Forschung bildet die unmittelbare Erfahrung, wie sie dem Beobachter direkt gegeben ist; diese ist Ausgangspunkt psychologischer Forschung. Als Wissenschaft vom Bewußtsein - mit ihrer Betonung der unmittelbaren Erfahrung und des erfahrenden Subjekts - ist die Psychologie als Ergänzung zu allen anderen Wissenschaften zu verstehen, die den "subjektiven Faktor" aus der Erfahrung auszuschließen versuchen. Die Psychologie ist nach WUNDT eine Voraussetzung für die kulturellen Disziplinen (zum Beispiel Philosophie, Geschichte, Recht, Pädagogik, Soziologie), ihre Aufgabe liegt in der Analyse des Bewußtseins sowie der Bewußtseinsinhalte (auch definiert als "bewußte Verbindungen und Komplexe").
Da das Bewußtsein nach WUNDT als "Kombination von Verbindungen und Komplexen" anzusehen ist, muß sich die Psychologie darum bemühen, jene Elemente, die diese Verbindungen und Komplexe konstituieren ("Synthetisierung einzelner Elemente"), möglichst genau zu erfassen und zu beschreiben. Erst durch die Erfassung dieser Elemente lassen sich empirisch begründete Aus-

sagen über den Aufbau von Verbindungen und Komplexen treffen. Diese Elemente können in "Empfindungen" und "Gefühle" unterteilt werden, wobei sich erstere auf objektive, letztere auf subjektive Erfahrungsinhalte beziehen. Auch wenn Verbindungen (Bewußtseinsinhalte) durch die Synthetisierung einzelner Elemente ("Empfindungen", "Gefühle") konstitutiert sind, so lassen sich die Eigenschaften dieser Verbindungen nicht aus den Eigenschaften der einzelnen Elemente ableiten: einzelne Empfindungen verbinden sich zu "Wahrnehmungen", einzelne Gefühle verbinden sich zu "Emotionen" - in den Wahrnehmungen und Emotionen spiegelt sich die "schöpferische Synthese" des Psychischen wider.
Die Synthetisierung von Elementen zu Verbindungen und von einfachen Verbindungen zu Komplexen höherer Ordnung gründet auf einem psychischen Assoziationsprozeß, der in drei Formen vorkommt: als Fusion (= Verschmelzung), Assimilation (= Angleichung), Komplikation (= Zusammensetzung). Unter Fusion wird die Verschmelzung von Elementen verstanden, die nie für sich allein auftreten; als Beispiel nennt WUNDT einen Klavierton, der aus zahlreichen reinen Tönen gebildet wird, die selbst nicht gehört werden. Mit dem Begriff der Assimilation wird eine Verbindung von Elementen umschrieben, die nicht alle im Bewußtsein gegenwärtig sind; als Beispiel läßt sich das Lesen eines Wortes ohne die bewußte Wahrnehmung seiner einzelnen Buchstaben oder des Drucktypus nennen. Mit "Komplikation" ist die Verbindung von Elementen verschiedener Sinnesmodalitäten gemeint, so zum Beispiel die Integration von Geruchs- und Geschmackswahrnehmungen bei der Einnahme eines Mahls. Die schöpferische Synthese, die in diesen drei Formen der Assoziation zum Ausdruck kommt, wird von WUNDT ausdrücklich als ein "geistiger Akt" beschrieben. Die Aufgabe der Psychologie besteht darin, die Produkte der schöpferischen Synthese in die einzelnen Elemente zu zerlegen, um auf diese Weise die Beschaffenheit der Elemente sowie die schöpferischen Leistungen des Psychischen ("Synthetisierung einzelner Elemente zu Verbindungen") verstehen zu können.
Große Bedeutung für die schöpferische Synthese kommt der Aufmerksamkeit zu, die einzelne Teile des Bewußtseins deutlicher hervortreten, andere Teile in den Hintergrund treten läßt. Die Erzeugung von Aufmerksamkeit bildet eine Bedingung für die klare Wahrnehmung. Jener Prozeß, durch den die Aufmerksamkeit auf bestimmte Dinge gerichtet wird, oder - umgekehrt - der "Dinge in die Aufmerksamkeit bringt", wird von WUNDT mit dem Begriff der "Apperzeption" umschrieben. Im Gegensatz zu HERBART versteht er darunter nicht die Rezeptivität des Bewußtseins für neue Vorstellungen, sondern eine klare, komplexe Perzeption: Verbindungen werden in den Blickpunkt gerückt.

Das Verhältnis zwischen Psychologie und Pädagogik

In seiner Schrift "Über psychologische Methoden" (vgl. WUNDT, 1911) hat Wilhelm WUNDT dem Verhältnis zwischen Psychologie und Pädagogik ein eigenes Kapitel gewidmet, auf das im folgenden ausführlicher eingegangen wird. In diesem Kapitel weist er darauf hin, daß "die praktische Anwendung psychologischer Erkenntnisse das unmittelbare oder mindestens das entfernte Ziel einer großen Anzahl, wenn nicht der meisten psychologischen Arbeiten, besonders derjenigen, die der experimentellen Richtung angehören", ist (S. 302). Die Pädagogik gehört nach WUNDT ebenso wie etwa die Psychiatrie, die Jurisprudenz oder die Ethnologie zu jenen Bereichen, in denen sich eine angewandte Psychologie bewähren muß. Als ein spezifisches Gebiet praktisch-psychologischer Forschung im Anwendungsgebiet der Pädagogik ist vor allem "das Studium der typischen und der individuellen Unterschiede der geistigen Begabungen, insbesondere der unter- und übernormalen Eigenschaften der Persönlichkeiten" zu nennen.

Generell stellen sich nach WUNDT einer angewandten Psychologie drei Arten von Aufgaben: Praktisch-technische, praktisch-theoretische und rein theoretische. Zu den praktisch-technischen Aufgaben im Anwendungsbereich der Pädagogik gehören etwa Untersuchungen über die Zweckmäßigkeit unterschiedlicher Lern- und Lehrmethoden oder über das Verhältnis von Erholung und Übung bei geistiger Arbeit; zu den praktisch-theoretischen Aufgaben zählt WUNDT Untersuchungen über Begabungsunterschiede zwischen unterschiedlichen Altersstufen oder den Geschlechtern sowie über Hilfsmittel zur Erhöhung der Aufmerksamkeit und des Interesses. Neben den beiden genannten Arten von Aufgaben darf eine dritte nicht übersehen werden: "als eine diese Aufgaben ergänzende und sie beeinflussende, aber an sich rein theoretische Aufgabe bietet sich die Entwicklungsgeschichte des Kindes mit ihren Verzweigungen nach den verschiedenen Funktionsgebieten, wie Ausdrucksbewegungen, Willenshandlungen, Intelligenzäußerungen, Sprache usw." (S. 303). Hiermit ist die anspruchsvollste Aufgabe einer angewandten Psychologie angesprochen, die in weit stärkerem Maße als die beiden zuvor genannten Aufgabenarten eine "umfassende Orientierung in der allgemeinen Psychologie und eine womöglich durch selbständige Arbeit erworbene psychologische Gesamtauffassung voraussetzt" (S. 311). Nur unter dieser Voraussetzung kann eine angewandte Psychologie der "reinen Psychologie" förderlich sein und zur Vertiefung und Begründung der Anwendungspraxis beitragen.

Ausgehend von der Unterscheidung dieser drei Arten von Aufgaben einer angewandten Psychologie kritisiert WUNDT den Stand der Forschung und die zu seiner Zeit dominierenden Forschungsthemen im Anwendungsbereich der Pädagogik. Er stellt fest, daß sich die Psychologie im Vergleich zu den Naturwissenschaften zu schnell anwendungsorientierten Fragestellungen zugewandt und versäumt habe, ein ausreichendes theoretisches und methodisches Fundament zu schaffen. Die Anwendungsgebiete naturwissenschaftlicher Erkenntnisse erwuchsen WUNDT zufolge "aus einer langen, wesentlich dem theoretischen Interesse zugewandten Entwicklung" (S. 312). Dies entspricht dem allgemeinen Grundsatz, "daß die Wissenschaft zunächst um ihrer selbst willen da ist, und daß

sie auch den Zwecken der Praxis am besten dient, wenn sie sich in erster Linie durch die Probleme rein theoretischer Erkenntnis leiten läßt" (S. 313). In der Wissenschaft gibt es einen natürlichen Primat der Theorie über die Praxis, es macht keinen Sinn, "wenn man anwenden will, wo das Wissen noch allzu beschränkt ist oder auf allzu unsicheren Grundlagen ruht" (S. 316). Mit der voreiligen Beschränkung auf praktisch-technische Aufgaben engt nach WUNDT nicht nur die Psychologie "unter dem Drang der praktischen Verwertbarkeit ihrer Ergebnisse das Gebiet der von ihr bearbeiteten Aufgaben" ein, sondern auch die Pädagogik wird "durch die gleiche Beschränkung zu einer schablonenhaften Anwendung experimenteller Ergebnisse veranlaßt, der die Einsicht in die Bedingungen und die Grenzen solcher Anwendungen abhanden kommt". WUNDT stellt am Beispiel der Gedächtnisforschung und der Anwendung ihrer Ergebnisse fest, daß die Nutzung vermeintlicher psychologischer Erkenntnisse der Pädagogik häufig eher schadet als nutzt: Die ("sogenannte") Gedächtnisforschung sieht WUNDT als "in erster Linie jener Ökonomie und Technik des Auswendiglernens zugewandt, deren Aufgaben sich leicht ohne eine besondere Vertiefung in die zugrundeliegenden Aufmerksamkeits-, Assoziations- und Reproduktionsprobleme erledigen lassen". Für die Pädagogik habe dies Folgen: "Wird sich doch nur zu leicht der Pädagoge, der sich überall von Lern- und Gedächtnisversuchen umgeben sieht, wiederum dem alten, wie man hoffen durfte, glücklich überwundenen Aberglauben hingeben, die Technik des Auswendiglernens sei eine Hauptaufgabe des Unterrichts, und durch eifrige Gedächtnisübungen seien schließlich alle Ziele der geistigen Bildung erreichbar" (S. 316).
In der Pädagogik seiner Zeit dominieren nach WUNDT zwei geistige Strömungen, die sich auf den ersten Blick erheblich zu unterscheiden scheinen, bei genauerem Hinsehen aber auf dem gleichen, falschen Verständnis seelischen Lebens beruhen. Zunächst weist er auf die Wirkung einer sogenannten "Vulgärpsychologie" hin: "Der Erzieher und Lehrer entnimmt die psychologischen Anschauungen, die er seinem Beruf zugrunde legt, ohne viel Besinnen seiner Umgebung" (S. 317). Diese "Vulgärpsychologie" läßt sich auch als "Reflexionspsychologie" charakterisieren, indem sie nicht darauf ausgeht, "das seelische Leben in seiner unmittelbaren Wirklichkeit aufzufassen, sondern sie substituiert ihm ohne weiteres die eigenen Reflexionen". Neben der "Vulgärpsychologie" wirkt sich weiterhin eine "philosophische Pädagogik" aus, "unter deren aus der Vergangenheit überkommenen Richtungen ... die HERBARTsche Pädagogik im Vordergrund steht". Diese sucht, "dem etwas planlosen Treiben der mit vereinzelten Lichtblicken PESTALLOZZI'scher Lebensweisheit prunkenden Vulgärpädagogik gegenüber, in der strengen systematischen Ordnung oder dem strengen Formalismus ihre Stärke". "Vulgärpsychologie" und "philosophische Pädagogik" verbindet nach WUNDT ein "rücksichtsloser Intellektualismus", der Mensch aber werde im Grund nur als eine "denkende und überlegende Maschine" gesehen. In scharfem Gegensatz zur "intellektualisierten Grundtendenz" der beiden Richtungen entwickelt sich eine "experimentelle Pädagogik". Diese ist nach

WUNDT "dazu berufen, jenem schablonenhaften Menschen der Reflexionspsychologie den wirklichen, aus Fleisch und Blut, nicht bloß aus Vorstellen und Denken, sondern zu einem wesentlichen Teile auch aus Fühlen und Wollen bestehenden zu substituieren" (S. 317). Eine experimentelle Pädagogik stellt nach WUNDT eine besondere Anforderung an die Ausbildung des Pädagogen: "der Pädagoge muß in erster Linie Psychologe sein".
Mit der Entwicklung einer experimentellen Pädagogik ist vor allem eine Institution verknüpft, auf die im folgenden näher eingegangen werden soll: Das *Institut für experimentelle Pädagogik und Psychologie des Leipziger Lehrervereins*.

Das Institut für experimentelle Pädagogik und Psychologie des Leipziger Lehrervereins

Die Gründung des Instituts für experimentelle Pädagogik und Psychologie des Leipziger Lehrervereins geht auf einen Aufruf des Leipziger Lehrers Rudolf SCHULZE in der Leipziger Lehrerzeitung vom 14. März 1906 zurück. In diesem Aufruf wird festgestellt, daß die moderne - experimentelle - Psychologie von Wilhelm WUNDT von Leipzig aus "die Welt erobert", die Lehrerschaft sich bislang aber nicht oder nur sehr wenig mit der modernen Psychologie beschäftigt habe. Die Frage der Lehrerausbildung ist nach Rudolf SCHULZE nicht befriedigend gelöst; obwohl die Psychologie als die für die Pädagogen wichtigste Wissenschaft angesehen wird, ist sie nicht Bestandteil der Ausbildung. Darüber hinaus ist "trotz der immensen Fortschritte in der experimentellen Psychologie ... für die Anwendung der neuen Psychologie und ihrer Methoden auf die Pädagogik nichts geschehen" (vgl. SCHLAGER, 1910). Bei der Anwendung experimenteller Psychologie war jeder einzelne auf sich alleine angewiesen, institutionelle Voraussetzungen waren nicht geschaffen worden. Damit waren gleichzeitig auch die Anwendungsmöglichkeiten experimenteller Psychologie begrenzt, da die erforderlichen Apparaturen in aller Regel die finanziellen Möglichkeiten von Lehrern überstiegen. Die institutionellen Voraussetzungen erschienen Rudolf SCHULZE in Leipzig besonders günstig, da Leipzig zum einen über das älteste und bedeutendste Psychologische Institut der Welt verfügte, zum anderen mit dem Leipziger Lehrerverein in ausreichendem Maße finanzielle Mittel zur Verfügung standen. Außerdem sah Rudolf SCHULZE im Leipziger Lehrerverein den einzigen in Deutschland, "der in seinem eigenen Vereinshaus den natürlichen Mittelpunkt für ein solches Institut bereits vorfindet". Die Zielsetzung eines solchen Instituts wurde wie folgt umschrieben: "Die Aufgabe des Instituts müßte es sein, Lehrer in die experimentelle Psychologie einzuführen, ihnen Gelegenheit zu geben, selbständige Untersuchungen anzustellen, und das Interesse für die experimentelle Psychologie zu verbreiten. Ein in weiterer Ferne liegendes Ziel würde es sein, Bausteine zu liefern für eine experimentelle Pädagogik". Aus den genannten Zielsetzungen leiten sich für Rudolf SCHULZE sieben Sonderaufgaben ab: (1.) Ein regelmäßig abzuhaltender allgemeiner Einführungskurs für Anfänger, (2.) Vorträge über ausgewählte Kapitel der experimentellen Psychologie und Pädagogik, (3.) praktische Übungen zur Einführung in die Methoden der experimentellen Psychologie und Pädagogik, (4.) Untersuchungen auf dem Gebiet der experimentellen Psychologie, (5.) Untersuchungen auf dem Gebiet der experimentellen Pädagogik, (6.) Veröffentlichung der angestellten Untersuchungen, (7.) Ferienkurse für auswärtige Lehrer.

Das Institut wurde am 3. Mai 1906 gegründet. Seine Zielsetzung wurde in der Satzung wie folgt festgelegt: "Das Institut verfolgt den Zweck, die Mitglieder in die experimentelle Pädagogik und Psychologie einzuführen, Gelegenheit zu geben für selbständige wissenschaftliche Arbeiten auf beiden Gebieten, und weitere Kreise für beide Wissenschaften zu interessieren". Bei der Gründung im Jahr 1906 hatte das Institut 47 aktive Mitglieder. Diese Zahl stieg in den folgenden Jahren kontinuierlich an: Im Jahr 1907 hatte das Institut bereits 70, 1908 85, 1909 114 und 1910 128 aktive Mitglieder. Von den 128 Mitgliedern im Jahre 1910 waren: 90 Lehrer und Lehrerinnen an Leipziger Volksschulen, 13 Lehrer aus der weiteren Umgebung, zwei Schuldirektoren, zwei Seminarlehrer, ein finnischer Oberlehrer, eine schwedische Lehrerin, je ein Lehrer aus Rußland, Österreich, der Schweiz, drei aus England, fünf Universitäts-Professoren, eine Studentin und fünf Studenten der Pädagogik, ein aktiver Offizier, ein Geistlicher. Im Jahr 1920 gehörten dem Institut bereits 329 Mitglieder an. Die Zahl der passiven Mitglieder (Förderer des Instituts; Vereine, Lehrerkollegien und Privatpersonen) stieg ebenfalls rapide an: Im Jahr 1910 hatte das Institut 39, 1920 bereits 1205 passive Mitglieder. Wilhelm WUNDT wurde 1911 45. Förderer des Instituts für experimentelle Pädagogik und Psychologie, 1920 dessen einziges Ehrenmitglied (vgl. auch PEHNKE 1998). Auch die Außenwirkung des Instituts nahm bereits in den ersten Jahren deutlich zu. So schreibt Paul SCHLAGER 1910: "Außerordentlich groß ist die Zahl der Besucher, die - oft von Regierungen und Vereinen offiziell entsendet - das Institut besichtigen." Ausdrücklich genannt werden Professoren aus Leipzig (u. a. WUNDT) und Mannheim, aus Bulgarien, Chile, Rumänien, Rußland, Polen und Japan.

Die Leitung des Instituts hatte von 1906 - 1919 PD Dr. M. BRAHN inne. Ab 1920 war Rudolf SCHULZE Leiter des Instituts.

Bevor wir auf die wissenschaftliche Tätigkeit des Instituts für experimentelle Pädagogik und Psychologie eingehen, soll kurz das in diesem Institut vertretene Verständnis von experimenteller Pädagogik dargestellt werden. Hierbei lehnen wir uns eine Darstellung von M. BRAHN im ersten Band der vom Institut für experimentelle Pädagogik und Psychologie herausgegebenen Schriftenreihe an.

Experimentelle Pädagogik im Verständnis des Instituts für experimentelle Pädagogik und Psychologie des Leipziger Lehrervereins

In seinem programmatischen Beitrag "Experimentelle Pädagogik" (1910) schreibt M. BRAHN, der Entstehung der experimentellen Pädagogik liege letztlich die Überzeugung zugrunde, "daß die bloße Beobachtung und Erfahrung in gar zu wenig Punkten Sicherheit über die Maßregeln der Erziehung und des Unterrichts gegeben hatte", bzw. die Überzeugung, "daß man aus einer Erfahrung nicht lernt, und aus zerstreuten Beobachtungen ebensowenig; daß man vielmehr denselben Versuch mit zwanzig Abstufungen zwanzigmal wiederholen muß, ehe er ein Resultat gibt ..." (S. 2).

Die moderne - experimentelle Psychologie sieht BRAHN als aus der Synthese verschiedener Wissenschaften entstanden: Mathematik, physikalische Optik und Akustik, Physiologie der Sinne und des Gehirns mußten entwickelt sein, "ehe sie (die experimentelle Psychologie) durch WUNDTs Kraft der geistigen Verknüpfung entstehen konnte." Ebenso münden nach BRAHN unterschiedliche Wissenschaften in die experimentelle Pädagogik. Hier ist vor allem die experimentelle Psychologie zu nennen, daneben aber auch experimentelle und statistische Ergebnisse von Anatomen und Physiologen zur körperlichen Entwicklung und andere "Versuche einer exakten Grundlegung geistiger Hygiene", etwa aus dem Bereich der Psychiatrie. Die Ergebnisse experimenteller Forschung weisen zu diesem Zeitpunkt zwar "eine gewisse Nähe zur Pädagogik" auf, sie sind allerdings noch nicht "ins Innere der Pädagogik" gelegt. Die Grundlegung experimenteller Pädagogik beschreibt BRAHN deswegen als Glaube an die Nutzbarkeit einer neuen Methodik, die eine "ganz neue Erfahrungsweise, vielleicht die erste sichere überhaupt" impliziert.

Allein diese neue Methodik, die konsequente Anwendung des experimentellen Verfahrens, die Bemühung um Objektivität, ist geeignet, experimentelle Pädagogik zu charakterisieren. Bei experimenteller Pädagogik handelt es sich nicht nur um "angewandte Kinderpsychologie" oder "kontrollierte Unterrichtspraxis". Solche Charakterisierungsversuche erweisen sich schnell als zu eng: Für die experimentelle Pädagogik sind auch das Jugend- und Erwachsenenalter von Interesse, ebenso Fragen der Schulorganisation. Da sich auch die experimentelle Pädagogik an allgemeine methodische Regeln - unter Bezugnahme auf Wilhelm WUNDT werden die Regeln der Variierbarkeit und Wiederholbarkeit ausführlich erläutert - zu halten hat, ist der Schulunterricht wegen der Vielzahl der dort nicht kontrollierbaren Bedingungen nur in Ausnahmefällen der Ort für die Durchführung von Untersuchungen zur experimentellen Pädagogik. "Das innere Wesen der "experimentellen Pädagogik" (deren Gegensatz BRAHN in einer sogenannten "Beobachtungspädagogik" sieht) liegt daher am besten in ihrem Namen ausgesprochen. Es liegt nicht in der Beziehung auf das Kind allein - obgleich hierin etwas wichtiges beschlossen ist - es liegt auch nicht in der exakt kontrollierten Unterrichtspraxis; es liegt darin, daß die Resultate auf dem exakten Wege des Experiments gefunden sind. Man könnte auch ... von "exakter" Pädagogik reden, d. h. solcher, deren Resultate der subjektiven Meinung entrückt und eindeutig festgestellt sind" (S. 4). Diese Eindeutigkeit der Resultate ist nach BRAHN auch bei statistischen Erhebungen gegeben (sofern diese von Experten durchgeführt werden - eine Befragung von Eltern würde dagegen das Kriterium der Eindeu-

tigkeit nicht erfüllen). Ebenso wie Wilhelm WUNDT vertritt auch M. BRAHN ein Primat der Theorie über die Praxis: "Die deutsche Wissenschaft ist stets dadurch groß geworden, daß sie zunächst nicht nach dem praktischen Nutzen gefragt hat, sondern den Eigenwert wissenschaftlicher Erkenntnisse schätzte" (S. 6).
Experimente können als "Tatsachenforschung" zwar keine Zielsetzungen für die Pädagogik liefern, derartige Fragen sind für die experimentelle Pädagogik grundsätzlich nicht von Belang, sie eignen sich aber in hervorragender Weise dazu, zu beurteilen, inwieweit mit bestimmten Lehr- und Lernmethoden solche Ziele zu erreichen sind. Damit bildet die experimentelle Pädagogik ein Korrektiv gegenüber einer von WUNDT kritisierten Anwendung von "Erkenntnissen" der reinen Reflexionspsychologie oder "Vulgärpsychologie". "Was auf dem Wege zu einem Ziel liegt, hat sich der Kritik statistischer und experimenteller Methoden zu fügen".
An Ergebnissen erwartete sich BRAHN vor allem Erkenntnisse zu den folgenden Bereichen:

(1.) zu einer allgemeinen Psychologie des Schulkindes: Ist bei Schulkindern von einer den Lehrplänen entsprechenden stetigen Entwicklung auszugehen oder müssen Lehrpläne an die Entwicklung des Schulkindes angepaßt werden? Wie kann die Aufnahme von Lerninhalten gefördert werden, wie können Aufmerksamkeit, Willen und Gefühle bei Schulkindern positiv beeinflußt werden?
(2.) zur Differenzierung unterschiedlicher Typen von Schulkindern: Hier geht es vor allem um "gewisse Arten seelischer Betätigung, die Gruppen von Individuen gemeinsam sind und bei ihnen die typische Art ihres Geisteslebens bestimmen" (S. 13). Die wichtigste Art solcher "Typenuntersuchungen" sieht BRAHN in experimentellen Begabungs- oder Intelligenzprüfungen.
(3.) zur allgemeinen Didaktik: Welche Fächer stehen in besonders enger Beziehung zueinander, wo sind "Transfereffekte" zu erwarten?
(4.) zur Organisation des Schulwesens: Wie lautet das günstigste Alter für den Schuleintritt, mit welchem Alter sollte man Kinder aus der Schule entlassen? Sollten Jungen und Mädchen gemeinsam oder getrennt unterrichtet werden? Inwieweit muß die Schulorganisation auf körperliche Schwankungen der Kinder Rücksicht nehmen? Wie können taubstumme oder geistig behinderte Kinder unterrichtet werden?

Wenn M. BRAHN auch nicht die WUNDT'sche Einteilung in praktisch-technische, praktisch-theoretische und rein theoretische Aufgaben übernimmt, so ergibt sich doch aus den beispielhaft angeführten Fragestellungen, ein ähnlich umfassendes Verständnis der Anforderungen, die sich aus der Praxis für die Forschungstätigkeit des Wissenschaftlers ergeben.

Die wissenschaftliche Arbeit des Instituts für experimentelle Pädagogik und Psychologie des Leipziger Lehrervereins

Die Grundlage der folgenden Darstellung bilden die in den Schriften des Instituts für experimentelle Pädagogik und Psychologie veröffentlichten Tätigkeitsberichte.

Mit der steigenden Anzahl der Mitglieder des Instituts wurde dessen wissenschaftliche Tätigkeit mehr und mehr von einzelnen Ausschüssen übernommen. In den ersten Jahren lag der Schwerpunkt der Institutsarbeit hauptsächlich beim Ausschuß für Begabungsprüfungen. Aus dessen Arbeit ist unter anderem der "Leipziger Bogen zur Beobachtung und Beurteilung von Schulneulingen am Ende des ersten Schuljahres" hervorgegangen. Daneben bestanden die Ausschüsse "Auswahl der Kinder für den fremdsprachlichen Unterricht", "Kinder als Zeugen vor Gericht" (später "Ausschuß für Aussage- und Zeugenspsychologie"), "Untersuchung der Begriffsbildung", "Untersuchung der Kombinationsfähigkeit", "Untersuchung des Gedächtnisses", "Farbenlehre" und die "Arbeitsgemeinschaft Völkerpsychologie".

1923 wurde eine Arbeitsgruppe gegründet, deren Zielsetzung darin bestand, "durch phänomenologische Methoden pädagogische Probleme zu lösen" (vgl. SCHLOTTE, 1924). Im selben Jahr traten weiterhin ein Ausschuß für die religiöse und sittliche Entwicklung des jungen Menschen" und ein Ausschuß zur sexuellen Entwicklung des Kindes hinzu. Aus den Arbeiten des Ausschusses für Aussage- und Zeugenpsychologie sind 1924 zwei Verordnungen zur Vernehmung jugendlicher Zeugen hervorgegangen, aus Arbeiten des Ausschusses für Begabungsuntersuchungen entstanden Richtlinien für die Abfassung von Schulgutachten und Aufnahmeverfahren für höhere Schulen.

Ostern 1924 wurde eine Arbeitsgemeinschaft für Psychoanalyse gegründet, deren Tätigkeit in den folgenden Jahren rapide zunahm und einen wichtigen Schwerpunkt des Instituts bildete.

Ab 1925 beschäftigte sich das Institut zunehmend mit der Eignung von Schülern für die Ausübung unterschiedlicher Berufe. Damit einher ging eine deutliche Akzentverlagerung des Ausschusses für Begabungsuntersuchungen: Die Institutsarbeit beschäftigte sich nicht mehr allein mit Schulkindern.

Die Tätigkeitsberichte des Instituts belegen ein starkes, im Laufe der Jahre deutlich zunehmendes Interesse an Typologien, sei es zur Differenzierung (und Selektion) von Kindern unterschiedlicher Begabung, sei es zur Differenzierung unterschiedlicher Charaktere. In diesem Zusammenhang kann auch die Gründung eines Ausschusses für "Charakterologie anormaler Kinder" im Jahre 1926 erwähnt werden.

Aus den Tätigkeitsberichten läßt sich ableiten, daß sich die Arbeit am Institut für experimentelle Pädagogik und Psychologie in späteren Jahren nicht mehr allein auf Einführungen in die experimentelle Psychologie und Pädagogik oder auf die Durchführung experimenteller Untersuchungen beschränkt (vgl. hier die Grün-

dung der Ausschüsse für Phänomenologie oder Psychoanalyse). Darüber hinaus werden auch umfassendere Einführungen in psychologische Themengebiete durchgeführt, die mit einer experimentellen Methodik nicht oder nur schwer vereinbar sind. Der Arbeit am Institut scheint damit ein Verständnis von Psychologie und Pädagogik zugrunde zu liegen, das sich mit der ursprünglichen methodischen Strenge nur schwer vereinbaren läßt. Hierin spiegeln sich vor allem auch Entwicklungen in der Psychologie, vor allem die zunehmende Popularität psychoanalytischer Ansätze, wider.
In der Schriftenreihe des Instituts für experimentelle Pädagogik und Psychologie wurden zwischen 1910 und 1933 insgesamt 60 pädagogische und psychologische Arbeiten veröffentlicht. In diesen Arbeiten wird ausschließlich über Ergebnisse experimenteller Untersuchungen oder Fragen experimenteller Methodik berichtet. In den Veröffentlichungen kommt damit nur ein Teil der am Institut für experimentelle Pädagogik und Psychologie geleisteten Arbeit zum Ausdruck. Von den 60 veröffentlichten Arbeiten nehmen 16 explizit Bezug auf Arbeiten von Wilhelm WUNDT (hier ist vor allem auf das im Jahre 1874 veröffentlichte Buch "Grundzüge der Physiologischen Psychologie" hinzuweisen, auf das in acht der 16 Arbeiten eingegangen wird).

1910 *Sprachunterricht Taubstummer auf Grund statistischer, experimenteller und psychologischer Untersuchungen.
*Untersuchungen über den Aufmerksamkeitsumfang und die Zahlauffassung bei Kindern und Erwachsenen.
1911 *Untersuchungen über die Reizschwelle für Farbsättigung bei Kindern.
*Beziehungen zwischen der Intelligenz und dem Lernen und Behalten.
*Wie verändern sich die körperlichen Leistungen der Schüler an den verschiedenen Tageszeiten durch Einwirkung des Schulunterrichts.
1912 *Die Wirkung der Frage.
1913 *Untersuchungen über die Aufmerksamkeitsformen der Kinder beim Lesen und Reagieren.
*Über die Beziehungen zwischen Intelligenz, körperlicher Entwickeltheit und Ermüdbarkeit.
*Beiträge zur Methodik der Arbeits- und Ermüdungsmessungen.
*Alte und neue Tachistoskope.
1914 *Über die Nachwirkung einer den natürlichen Anlagen entgegengesetzten Übung.
*Untersuchung über die Farbunterschiedsempfindung bei Schulkindern.
*Über die geistige Arbeit von Kindern, besonders von blutarmen Kindern.
1915 *Vergleich waagrechter Strecken durch Kinder.
1920 *Selbstbeobachtung als Prüfungsmittel für Begabungstests.
1925 *Das taubstumme Kind in Vergleichen mit vollsinnigen Kindern.
1930 *Ermüdung bei diaskopischer und episkopischer Projektion.

Aus dieser Übersicht geht hervor, daß sich spätere Veröffentlichungen des Instituts für experimentelle Pädagogik und Psychologie seltener auf Arbeiten Wilhelm WUNDTs beziehen als vorherige. Während fast alle Veröffentlichungen bis zum Jahre 1915 explizit auf WUNDT Bezug nehmen, ist dies nach 1915 nur noch in drei Arbeiten der Fall.

Literatur

ARNOLD, A.: Wilhelm WUNDT - Sein philosophisches System. Berlin 1980.

ASCHENBACH, G.: Wilhelm WUNDT - Vater der experimentellen Psychologie? In G. JÜTTEMANN (Hrsg.): Wegbereiter der Historischen Psychologie. München 1988, S. S. 230 - 244.

BORING, E. G.: A history of experimental psychology. Appleton Century Crofts. New York 1957.

BRAHN, M.: Experimentelle Pädagogik. In: Veröffentlichungen des Instituts für experimentelle Pädagogik und Psychologie des Leipziger Lehrervereins. Leipzig 1919, Band 1, S. 1-16.

BRINGMANN, W. G., SCHEERER, E. (Eds.): WUNDT centennial issue. Psychological Research, 42, No. 1-2. 1980.

BRINGMANN, W. G., TWENEY, R.D. (Des.): WUNDT studies. Toronto 1980.

HERBART, J. F.: Lehrbuch zur Psychologie. 1816.

HERBART, J. F.: Psychologie als Wissenschaft, neu gegründet auf Erfahrung, Metaphysik und Mathematik. Leipzig 1824-1825.

HERBART, J. F: Pädagogische Schriften. Zusammengestellt und herausgegeben von O. WILLMAN. Leipzig 1873-1875.

Karl-Marx-Universität (Hrsg.): Beiträge zur WUNDT-Forschung. Leipzig 1975/1976.

Karl-Marx-Universität (Hrsg.): Beiträge zum internationalen WUNDT-Symposion 1979: Wilhelm WUNDT - progressives Erbe. Wissenschaftsentwicklung und Gegenwart. Leipzig 1980.

PEHNKE, A. (1998a): Das durch Wilhelm WUNDT geförderte Leipziger Institut für experimentelle Pädagogik und Psychologie (1906-1933) und seine Ausstrahlungskraft. In: JAHNKE, J./FAHRENBERG, J./STEGIE, R./BAUER, E. (Hrsg.): Psychologiegeschichte - Beziehungen zu Philosophie und Grenzgebieten. München, Wien, S. 169-182.

PEHNKE, A.: (1998b): Sächsische Reformpädagogik. Traditionen und Perspektiven. Leipzig.

RIEBER, R. W. (Ed.): Wilhelm WUNDT and the making of scientific psychology. New York 1980.

SCHILLER, P. v.: Aufgabe der Psychologie. Eine Geschichte ihrer Probleme. Wien 1948.

SCHLAGER, P.: Das Institut für experimentelle Psychologie und Pädagogik. In: Veröffentlichungen des Instituts für experimentelle Pädagogik und Psychologie des Leipziger Lehrervereins, Band 1, S. I-XII. Leipzig 1910.

SCHLOTTE, F.: Institutsbericht. In: M. DÖRING (Hrsg): Pädagogisch-psychologische Arbeiten aus dem *Institut des Leipziger Lehrervereins*. Leipzig 1924, S. 244-250.

WINDELBAND, W., HEIMSOETH, H.: Lehrbuch der Geschichte der Philosophie. Tübingen 1948..

WUNDT, W.: Beiträge zur Theorie der Sinneswahrnehmung. Leipzig 1862.

WUNDT, W.: Grundzüge der physiologischen Psychologie. Band I-II. Leipzig 1874.

WUNDT, W.: Grundriß der Psychologie. Leipzig 1896.

WUNDT, W.: Völkerpsychologie, Band I-X. Leipzig 1900-1920.

WUNDT, W.: Kleine Schriften, Band1. Leipzig 1911.

WUNDT, W.: Erlebtes und Erkanntes. Stuttgart 1920.

Reimund MEFFERT

Anmerkungen zur Aufarbeitung des reformpädagogischen Erbes in Pommern (1815–1933)

Seit dem gesamtgesellschaftlichen Umbruch 1989 läßt sich in den fünf neuen Bundesländern ein schwärmerisches Aufblühen basispädagogischer Initiativen zur Umsetzung reformpädagogischer Intentionen verzeichnen. Die stürmischen Umwälzungen seit dem Jahr 1989 ließen den Ruf nach alternativen Formen der Bildung und Erziehung nach 40 Jahren starren Einheitsschulmodells, das im Selbstverständnis sozialistischer Schulpolitik als demokratisch galt, immer lauter werden. In der sich neu formierenden Bildungslandschaft haben reformpädagogische Initiativen die Funktion einer grundsätzlich neuen Wertorientierung angenommen.[1]

Die inzwischen abgeschlossene Studie zur Schulreform in Pommern versteht sich auch als Weiterführung der bisher vorliegenden regionalen Schuluntersuchungen reformpädagogischer Initiativen in Berlin[2] und Brandenburg, Sachsen[3], Thüringen[4] und Mecklenburg[5]. Pommern bietet sich für eine solche Untersuchung insofern an, als die Entwicklungsprobleme des Schulwesens für das 19. und 20. Jahrhundert vergleichsweise wenig untersucht worden sind. Vor allem interessiert die Beantwortung der Frage, ob die Industrialisierung und der damit verbundene gesamtgesellschaftliche „Aufbruch" entsprechende Reformbestrebungen im Schulwesen in Pommern aulöste, in dem es „[...] mit der Landes - wie mit der Volks-Kultur schrecklich [...]"[6] aussah, wie es der Oberpräsident der Provinz Pommern, Johann August SACK (1764–1831), formulierte.

Methodologische Probleme

Ein *erster* Problemkomplex ergibt sich zwangsläufig aus dem weitgesteckten zeitlichen Rahmen der Studie, die dadurch – und das sei ausdrücklich betont –

---

[1] Vgl. zuletzt PEHNKE, A. (Hrsg.): Einblicke in die reformorientierte Schulpraxis der neuen Bundesländer. Frankfurt a. M. (u. a.) 1996, S. 21 ff., 97 ff., 135 ff.

[2] Vgl. zuletzt KEIM, W./WEBER, N. H.: Reformpädagogik in Berlin. Tradition und Wiederentdeckung. Frankfurt a. M. (u. a.) 1998.

[3] Vgl. PEHNKE, A.: Sächsische Reformpädagogik. Traditionen und Perspektiven. Leipzig 1998.

[4] Vgl. FISCHER J.: Thüringen – Ein Land mit vielen reformpädagogischen Traditionen, in: Pädagogisches Forum 6 (1993) 2, S. 66-72;–FISCHER, H.: ZARP – Thüringen (Zentrum Alternativer Reformpädagogik). Vergangenes - Gegenwärtiges - Zukünftiges, in: Pädagogisches Forum 6 (1993) 2, S. 77-81.

[5] Vgl. SCHMIDTBAUER, W.: Zur Rezeption reformpädagogischen Gedankengutes im mecklenburgischen Landschulversuch Drosedow, in: Pädagogik und Schulalltag 48 (1993) 3, S. 245-263.

[6] Brief SACKS an STEIN vom 6. Juli 1817, abgedruckt bei STEFFENS, W. (Hrsg.): Briefwechsel Sacks mit Stein und Gneisenau (1807/1817). Stettin 1931, Dok. 63, S. 140.

den generalisierenden Charakter einer Grundlagenuntersuchung trägt. Da sie die erste größere Untersuchung zu dieser Thematik für Pommern ist, erschien es lohnenswert, gerade den Zeitraum von 1815 bis 1933 zu wählen. Dieser weist für Preußen eine Vielzahl unterschiedlich motivierter Reformversuche im Bildungswesen auf, die, und das zeigt der beeindruckende Umfang an Literatur, auch hinreichend bearbeitet worden sind – nur eben bisher nicht für die Provinz Pommern.

Der *zweite* Problemkomplex ergibt sich aus der nichtlinearen Entwicklung der pädagogischen Wissenschaftsgeschichte sowie der pommerschen Schulhistoriographie insgesamt. Erstgenannte fand in den letzten Jahren nur sehr schwer einen eigenen methodischen Zugang zu den bestehenden Problemen. Dies war nicht zuletzt auch eine Folge der methodologischen Diskussionen, hervorgerufen durch die unterschiedlichen Strömungen, die seit dem 19. Jahrhundert wirksam waren und sind, welche aber die pädagogische Historiographie in den letzten Jahrzehnten auch zu bereichern wußten. Das parallele Wirken von geisteswissenschaftlicher Hermeneutik[1], emanzipatorischen Interessen und Auffassungen der Vertreter der Dialektisch-Kritischen Theorie und Ideen der „systemtheoretischen Sozialgeschichtsschreibung" sowie der „Historischen Sozialwissenschaft" birgt Möglichkeiten der Problemuntersuchung.

Folgende Betrachtungsschwerpunkte (nach LUNDGREEN 1980) erscheinen für meine sozialgeschichtlich orientierte Darstellung ausgewählter Aspekte der Schulreform in Pommern interessant: die Entwicklung der Ausbildung des Schulwesens, die Kennzeichnung des Bildungssystems und der Bildungsinhalte der einzelnen Schultypen, die Höhe und Verteilung des Schulbesuchs, die Schulabschlüsse und Berechtigungen sowie die Interessen, Konflikte und Entscheidungsprozesse der politischen Gruppierungen und wirtschaftlichen Interessenvertreter, deren weltanschaulichen Positionen und auch die Standesinteressen der Pädagogen und Schulabsolventen.[2]

Ein *dritter* Problemkomplex ergibt sich aus der gebrochenen Entwicklung der pommerschen Historiographie zwischen 1815 und 1990. Diese wies bis 1945 drei Entwicklungsphasen auf (nach UNTERSTELL 1996)[3]: Die erste, „universitätsferne", dauerte von 1815 bis 1900. Die Jahrhundertwende leitete die zweite Etappe ein, die bis 1918 dauerte. Hier wirkten der *Rügisch-Pommersche Ge-*

---

[1] Vgl. u. a. SEIFFERT, H.: Einführung in die Wissenschaftstheorie. Band 2. München [6]1975, S. 43 ff.;–DANNER, H.: Methoden geisteswissenschaftlicher Pädagogik. Einführung in Hermeneutik, Phänomenologie und Dialektik. München–Basel [2]1989, S. 19 ff., 68 ff.;–KRÜGER, H.-H.: Einführung in Theorien und Methoden der Erziehungswissenschaft. Opladen 1997, S. 17-37.

[2] Nach LUNDGREEN, P.: Sozialgeschichte der deutschen Schule im Überblick. Teil 1: 1770–1918. Göttingen 1980, S. 9-11.

[3] Vgl. grundlegend zur Entwicklung der Historiographie Pommerns für die genannten Zeiträume die Arbeit von UNTERSTELL, R.: Klio in Pommern. Die Geschichte der pommerschen Historiographie 1815–1945. Köln–Weimar–Wien 1996, S. 21-36, 37-51, 109-155.

schichtsverein[1] (gegründet 1899) und die *Historische Kommission für Pommern*[2] (gegründet 1911). Dies bedeutete ein „Zueinanderfinden von historisch interessierten Dilettanten und professionellen Historikern auf dem landesgeschichtlichen Feld" (UNTERSTELL 1996, S. 265), die zur Etablierung einer „Forschungslandschaft" (ebd.) führte. In der dritten Etappe von 1918 bis 1945, die die Institutionalisierung der Pommernforschung als eine „landschaftsbezogene Volks- und Kulturbodenforschung" (ebd., S. 67) abschloß, zeigt sich, daß aus dem vorwissenschaftlichen Studium der Landesgeschichte bis 1945 eine „integrative Geschichtliche Landeskunde" (ebd. S. 269) entstand.[3]
Eine Zäsur in der bis dahin kontinuierlich verlaufenen Entwicklung (und damit außerhalb des Untersuchungszeitraumes) bedeutete das Jahr 1945. Die schwierigen politischen Bedingungen in Deutschland scheinen dabei u. a. für den desolaten bildungsgeschichtlichen Forschungsstand zur regionalen Schulgeschichte Pommerns im 19. und 20. Jahrhundert verantwortlich zu sein. Insgesamt muß festgestellt werden, daß eine selbständige pädagogische Historiographie Pommerns weder vor 1945 noch danach bestand. Von den vergleichsweise wenigen Aufsätzen bzw. Kapiteln in den einschlägigen – vor allem älteren – Monographien oder Sammelbänden sowie Veröffentlichungsreihen (Pommersche Jahrbücher, Pommersche Provinzialblätter [1820–1829], Baltische Studien) zur Geschichte Pommerns abgesehen, herrscht insgesamt ein betrüblicher Mangel an detaillierten und vor allem die neueren Forschungsrichtungen in der Historischen Pädagogik berücksichtigenden Beiträgen zur Schulgeschichte Pommerns im 19. und 20. Jahrhundert. Dies bedeutet zwar einerseits schulgeschichtliches Neuland zu betreten und die vielen weißen Flecken in der Schulgeschichte Pommerns mit Farbe zu füllen, andererseits besteht aber auch die Gefahr, von einer befriedigenden Darstellung der pommerschen Schulgeschichte noch weit entfernt zu bleiben.

Quellenlage und Schrifttum

Zur Untermauerung der in der Literatur dargestellten Probleme zur allgemeinen und Schul(reform)geschichte wird auf unveröffentlichte Quellen vor allem niederer Provenienz aus den Aktenbeständen des Landesarchivs in Greifswald (LAG), des Staatsarchivs in Szczecin (APSz), der Stadtarchive Greifswald (StAG) und Stralsund (StAS) sowie des Archivs der Ernst-Moritz-Arndt-Universität Greifswald (UAG) zurückgegriffen. Die Akten aus dem Bestand des Büros des Oberpräsidenten (Repositur [Rep.] 60), der Bezirksregierung in Stralsund (Rep. 65 c) und des Provinzialschulkollegiums (Repositur 62) im LAG waren besonders aufschlußreich. Im APSz wurden vornehmlich die Akten des *Kolegium Szkolne* (*KS Nr. 74*) sowie der *Rejencia Szczencinska* (*RSz Nr. 62*) aus-

[1] Vgl. UNTERSTELL, Klio (wie Anm. 3), S. 47-55.
[2] Vgl. ebd., S. 55-61.
[3] Vgl. ebd., S. 261-270.

gewertet. Es handelt sich bei den verwendeten Quellen zumeist um Sachakten der Regierungen, deren Korrespondenzen mit Privatpersonen oder umgekehrt, Verbänden und dem Ministerium, also vornehmlich um Quellen, die der Allgemeinheit in der Regel nicht zugänglich waren. Diese ausschließlich schriftlichen Quellen tragen sowohl *normativen* („Lectionsplan" der Industrieschule Sanz, Tagesordnung des Schullandheims, statistische Übersichten) als auch *subjektiven* (Briefe, Revisionsberichte, amtliche Stellungnahmen) Charakter. Leider lassen die vorliegenden Schulprotokolle für die pommerschen Industrieschulen allenfalls quantitative bzw. subjektive Aussagen zu, jedoch keine gesicherten Rückschlüsse auf die Zugehörigkeit zu bestimmten sozialen bzw. Berufsgruppen. Somit ist eine eindeutige Rekonstruktion des sozialgeschichtlichen Umfeldes der Kinder in Boldevitz oder Sanz kaum möglich. Eine wichtige gedruckte Quelle waren Zeitungen, insbesondere die *Pommerschen Blätter für die Schule und ihre Freunde*[1]. Sie waren im Gegensatz zu den oben genannten der Öffentlichkeit zugänglich. Ihre Bedeutung ergibt sich aus der Tatsache, daß in der Lehrerpresse zeitgeschichtliche politische und pädagogische Kontroversen (Psychologie des Kindes, Arbeitsschule, Werkstattunterricht, Einheitsschule, Schulkampf) geführt bzw. fortgeführt wurden. Angemerkt werden muß, daß aufgrund des Überblickcharakters der Studie nicht alle in den Archiven gesichteten Quellen in dieser Arbeit ihre Berücksichtigung fanden. Die themenrelevante Literaturbasis erweist sich als schmal. Eine selbständige und pommersche pädagogische Historiographie, die den Zielen dieser Arbeit entsprechen könnte, scheint, wie bereits angedeutet, für die Zeit vor 1945 und vor allem danach nicht zu existieren. Die preußische Schulhistoriographie wandte sich frühzeitig den einzelnen Bereichen der Schulreform zu. Ihre ungebrochene Attraktivität läßt sich auch aus der Unzahl von Veröffentlichungen, die – in der Tradition vor allem der Sozialgeschichtsschreibung – seit den 70er Jahren erschienen sind, ablesen. Allerdings eignen sie sich aufgrund ihrer inhaltlichen Ausrichtung auf Preußen für die Bearbeitung der Probleme auf provinzieller Ebene, wie sie in der vorliegenden Studie vorgenommen wird, nur bedingt.

Zur allgemeinen Geschichte Pommerns wurden Statistiken und Handbücher der preußischen Provinz Pommern sowie zeitgenössische und aktuelle wissenschaftliche Abhandlungen zur wirtschaftlichen, politischen, gesellschaftlichen und verfassungsrechtlichen Entwicklung Pommerns im 19. und im ersten Drittel des 20. Jahrhunderts verwendet. Der größte Teil dieser zumeist älteren Literatur trägt heimatgeschichtlichen Charakter und ist überwiegend auf lokale Verhältnisse beschränkt, die dann zumeist chronologisch bearbeitet wurden. Der überwiegende Teil der Arbeiten zur pommerschen Schulgeschichte wurde in den Jahren von 1890 bis 1945 veröffentlicht. Wesentliche Impulse für den Abschnitt über die *Industrieschulversuche* in Pommern vermittelten die Arbeiten von Ge-

[1] Vgl. Pommersche Blätter für die Schule und ihre Freunde, Vereinsblatt des Pommerschen Lehrervereins, des Pestalozzivereins, der Wilhelm-Augusta-Stiftung und der Sterbekasse der Provinz Pommern, Jg. 1 (1877)- 56 (1933).

org ILLIES (1802)[1], Johann G. PICHT (1802)[2] und Walter ALTMANN (1901)[3]. Obwohl die aktuelle historiographische Literatur das Phänomen „Jugendbewegung" in Deutschland beleuchtet, bleiben regionale Untersuchungen eine Seltenheit. Die Struktur und Entwicklung der Jugendbewegung in Pommern vor und während des Ersten Weltkrieges erhellen sich bisher nur nach der Auswertung von Akten des Provinzialschulkollegiums (PSK) im LAG oder nach Auswertung der seit 1912 veröffentlichten Gaublätter der einzelnen Wandervogelvereinigungen.

Zu den aktuellen Beiträgen zur pommerschen Schulgeschichte zählen der historisch-chronologische Überblick zur Entwicklung der pommerschen Lehrerbildungsseminare von Dietmar LUCHT (1996)[4] bzw. die Arbeit von Hans FENSKE (1995)[5], welche die Entwicklung des Schulwesens im Rahmen des Verwaltungsaufbaus in Pommern für den Zeitraum von 1815 bis 1945 untersucht. Bemerkenswert, wenn auch mit lokaler Orientierung, ist die Diplomarbeit von Torsten HENNIG (1983)[6], die sich vor allem den materiellen und sozialen Bedingungen des Bildungswesens in Greifswald im 19. Jahrhundert nähert. Ungeachtet der schwierigen Literaturlage zeigen die – bisher unveröffentlichten – Beiträge zum 4. Pommernkolloquium „Kindheit und Jugend in Pommern in Mittelalter und Neuzeit" (4. Pommernkolloquium in Greifswald vom 7. bis 10. November 1996), daß in jüngster Zeit durchaus ein breites interdisziplinäres wissenschaftliches Interesse an erziehungs- und bildungsgeschichtlichen Fragen in der Geschichte Pommerns besteht.

Ergebnisse

Grundlage der vorliegenden Studie war die Hypothese, daß zwischen der industriellen Entwicklung und den Interessen der Schulreform ein Zusammenhang besteht. Pommern weist für den Untersuchungszeitraum durchaus schulreformerische Bestrebungen auf, die – infolge der Industrialisierung – dem veränderten

---

[1] Vgl. ILLIES, G.: Über die Verbindung der Arbeits-Schulen mit den Lehr-Schulen auf dem Lande […], Greifswald 1802.

[2] Vgl. PICHT, J. G.: Die Schule zur Erziehung guter, gehorsamer und glücklicher Unterthanen […], Greifswald 1802.

[3] Vgl. ALTMANN, W.: Zur Geschichte der Lese- und Industrie-Schule zu Sanz, Kr. Greifswald. 1803–1819, in: Mitteilungen der Gesellschaft für Erziehungs- und Schulgeschichte 10 (1900) 3, 193-204.

[4] Vgl. LUCHT, D.: Die pommerschen Lehrerseminare, in: BUCHHOLZ, W./MANGELSDORF, G. (Hrsg.): Land am Meer. Pommern im Spiegel seiner Geschichte. Köln–Weimar 1996, S. 561-579.

[5] Vgl. FENSKE, H.: Die Verwaltung Pommerns 1815-1945. Aufbau und Ertrag. Köln–Weimar 1993, S. 98 ff.

[6] Vgl. HENNIG, T.: Zum Problem der Entwicklung und sozialräumlichen Strukturierung des Bildungswesens und seiner materiellen Bedingungen in Greifswald im ersten Viertel des 19. Jahrhunderts. Greifswald 1983, S. 20 ff. (unveröffentlichtes Manuskript [Nr. 134] im Stadtarchiv Greifswald).

gesellschaftlichen Bedürfnis nach einem qualifizierten und allgemeingebildeten Staatsbürger Rechnung trugen. Kennzeichnend für diese Entwicklung war, daß die Reformen in den Bereichen Volksschulwesen, höheres Schulwesen, Einheitsschule, Jugendbewegung und Erwachsenenbildung nicht nur „von oben" durchgeführt wurden, sondern zugleich auch durch basispädagogisch orientierte Reformversuche. Es zeigte sich, daß durch die spezifischen sozioökonomischen und politischen Verhältnisse in der Provinz die Entwicklung eines professionellen pädagogischen Selbstverständnisses gefördert wurde. Die Analyse der historischen Entwicklung des Pommerschen Lehrervereins (PLV) wies ihn als einen Träger der Schulreform im Volksschulwesen der Provinz aus. Sein Hauptaufgabenfeld war die erfolgreiche Verbesserung der sozialen Lage der Volksschullehrer vornehmlich im 19. Jahrhundert und ihre zunehmende Professionalisierung, die ihren Höhepunkt in der 1872 erfolgten Gründung des Provinzialvereins fand. Dabei wurde offensichtlich, daß die Einstellung seiner Mitglieder, z. B. in der Frage der Kinderarbeit in Pommern, teilweise über das Maß des rein Pädagogischen und Standespolitischen hinausging. Besondere Aufmerksamkeit verdient in diesem Zusammenhang der auf Initiative von Ernst BERNHEIM (1850–1942) initiierte Zusammenschluß von Lehrern unterschiedlicher Schularten in Greifswald um die Jahrhundertwende zu einer „Gesellschaft aller Lehrenden". Allerdings zeigte sich, daß der Wille zur generellen schulpolitischen wie gesellschaftlichen Veränderung, wie sie etwa der SLV in der Weimarer Republik postulierte, hinter diesen Vorstellungen zurückblieb. Die mehrheitliche Befürwortung des Nationalsozialismus und die darauffolgende nahezu reibungslose Gleichschaltung 1933 weisen diesbezüglich auf ein eher gestörtes Verhältnis zur parlamentarischen Demokratie hin. Dies erhellt sich allerdings vor dem Hintergrund der katastrophalen personalen wie finanziellen Einschnitte, wie sie die Schulpolitik in der Weimarer Republik seit 1925 vornahm, die insbesondere die stellenlosen Junglehrer in Pommern erleiden mußten. Trotzdem blieb der pädagogische Wille der pommerschen Schulreformer klar: die Erziehung aller Kinder zu denkenden Mitgliedern der Gesellschaft. In diesem Sinne wurden die pädagogischen Reformrufe nach „Arbeitsschule", „Knabenhandfertigkeitsunterricht", „Wahlfreiheit in der Oberstufe", „modernen Fremdsprachenunterricht", „persönlichkeitsorientierter Erziehung", „Lebensreform", „Einheitsschule" „Verbesserung der Volksbildung", von den pommerschen Lehrern gehört, in der pädagogischen Presse erörtert und versucht, sie *in praxi* zu erproben. Zu nennen sind die Industrieschulversuche in Pommern (Blodevitz, Sanz) am Anfang des 19. Jahrhunderts. Im Mittelpunkt stand hier der Versuch, *Arbeit* als pädagogisches Prinzip zu verstehen und praktisch – gleichwohl im pietistischen Sinne – umzusetzen. In der Diskussion um den *Knabenhandfertigkeitsunterricht* in Pommern am Ausgang des 19. und im ersten Drittel des 20. Jahrhunderts bestätigte sich nicht, daß die geographische Nähe und die traditionellen Verbindungen zu Skandinavien und dortige reformpädagogische Akzente wie z. B. Slöjd-Schule (Nääs/Schweden seit 1872) eine mögliche Ausstrahlung auf die prakti-

sche pädagogische Arbeit in Pommern hatten. Wohl aber wurde eine Diskussion der Ideen z. B. von CLAUSSON-KAAS in der Lehrerpresse geführt. Darüber hinaus erfolgte permanent der kritische pädagogische Diskurs zu aktuellen pädagogischen Forderungen nach der Realisierung der Ideen PESTALOZZIs, nach einem Knabenhandarbeitsunterricht, nach Verbesserung des Unterrichts durch Verwertung der Erkenntnisse der experimentellen Pädagogik, wie sie das Leipziger Institut für experimentelle Pädagogik bereitstellte, und nach strukturellen Reformen, die von Einheitsschulbefürwortern gefordert wurden. Dabei wurde offensichtlich, daß sich die Positionen der bildungspolitischen Gruppierungen Pommerns (in erster Linie der PLV) vor allem in der Weimarer Republik zur Frage, wie sich Schulorganisation im Rahmen einer *Einheitsschule* als ‚organische Verbindung' von niederem, höherem und Berufsschulwesen gestalten soll, mit denen des DLV deckten. Die Ansätze zur Realisierung kamen allerdings nicht über das Stadium des Versuchens hinaus. Als hinderlich erwies sich zum einen die Verschlechterung der schulpolitischen Rahmenbedingungen in Preußen nach 1923, die eine strukturelle Schulreform („Einheitsschule", „Weltliche Schule") verhinderten, und zum anderen die zumeist zögerliche Haltung der pommerschen Lehrer, die sich zwar mehrheitlich für eine Zurückdrängung des kirchlichen Einflusses aus der Volksschule aussprachen, aber keine konsequente Trennung von der alten Konfessionsschule wagten.
Im höheren Schulwesen in Pommern wurden Ansätze und Vorstellungen zur Veränderung insbesondere für eine organisatorische Reform diskutiert und umgesetzt. In bezug auf die Diskussion um die Erhöhung realer Bildungsinhalte an Gymnasien wurde von Seiten der pommerschen Gymnasiallehrerschaft die Beseitigung des altsprachlichen Unterrichts, des Lateinsprechens, die Aufhebung des Abiturientenexamens bzw. des Religionsunterrichts und eine Anhebung des Muttersprachenunterrichts gefordert. Parallel zur institutionellen Differenzierung höherer Schulen erfolgte in sogenannten Reformschulen ein Unterricht in modernen Fremdsprachen (Realgymnasium Swinemünde) und die Wahlfreiheit bzw. die freie Gestaltung in der Oberstufe (Reformrealgymnasium Stettin).
Daß die in Deutschland seit Ende des 19. Jahrhunderts populärer werdenden Ideen einer generellen *Lebensreform* auch in Pommern ihren Anklang fanden, zeigten die pommersche „Wandervogel"-Bewegung und ihre Aktivitäten vor dem Ersten Weltkrieg. Neben diesen, vornehmlich außerhalb des staatlichen Einflusses liegenden Bestrebungen fanden sich auch Bemühungen um einen schülerzentrierten Anschauungsunterricht innerhalb der Institution Schule. Diesen Ansätzen für eine persönlichkeitsorientierte Erziehung im Sinne der Landerziehungsheimbewegung wurde z. B. im Schullandheim des Stettiner König-Wilhelms-Gymnasium in Friedrichsberg und im Ostseeschülerheim in Kammin-Heidebrink nachgegangen.
Fritz KLATT (1888–1945) und seine Bemühungen um eine Reform der *Erwachsenenbildung* führten die seit dem 19. Jahrhundert erfolgreich in Pommern durchgeführten Volksbildungsbemühungen weiter. In seinem „Laboratorium für

die Erforschung und Verbesserung“ in Prerow versuchte er seit 1921, neue Wege für eine Öffnung des Pädagogikbegriffs hin zu einer freizeitorientierten Bildung zu finden. Seine theoretischen Grundpositionen sowie seine praktischen Versuche wiesen den Weg für eine „kommunikative Freizeitpädagogik“ (NAHRSTEDT 1991, S. 147) in Pommern.

Auf eine umfassendere Darstellung der Reform aller Bereiche des Schulwesens mußte zugunsten einer überschaubaren Abgrenzung des Themas verzichtet werden. In der vorliegenden Studie unberücksichtigt blieben die Reformen im Sonderschulwesen und im beruflichen Schulwesen ebenso wie die Umwälzungen im Mädchenschulwesen und in der Lehrerinnenausbildung in Pommern. Auch Probleme der Schulhygiene im niederen wie höheren Schulwesen und ihre Verbesserung blieben weitgehend ohne Beachtung. Die Arbeit bietet allerdings gerade durch ihren offenen Charakter die Freiräume für weiterführende und ergänzende wissenschaftliche Untersuchungen. Es bleibt zu hoffen, daß die Fragen zur Schulreform in Pommern zukünftig einer systematischen Untersuchung unterzogen werden. Die sozialgeschichtlich orientierte Regionalschulgeschichtsforschung zu den Schulreformbestrebungen in Pommern ist noch an ihrem Anfang.

Hans Joachim REINCKE

Pädagogischer Slöjd aus Nääs: Das schwedische System einer internationalen Arbeitsschule

Zum Ausgang des neunzehnten und zu Beginn des zwanzigsten Jahrhunderts kulminierten die Bestrebungen in der Reformpädagogik, die einseitige Kopflastigkeit der Lern- und Buchschule durch reformierende Erziehungsmaßnahmen zu kompensieren oder auch ganz neue Wege der schulischen Erziehung zu suchen. So hat die Arbeitsschulbewegung die Bedeutung der eigenen Erfahrung des Kindes in selbsttätiger Arbeit betont, und dies als ein Mittel gesehen, dass der werdende junge Mensch sich seiner Fähigkeiten und seiner Würde selbst bewußt werde. Die Arbeitsschule als Reforminstrument war mehr als eine bloße Reaktion auf das konventionelle und vorherrschende Oktroi, dass Intelligenz und Bildung ausschließlich durch das Bücherstudium der *artes liberales* und der klassischen Werke der Antike im Original entwickelt werden können.
Der skandinavische Kulturkreis nahm um die Jahrhundertwende in den vielen Bestrebungen gegen die einseitige Geistesarbeit der konventionellen Lern- und Bücherschule eine hervorragende Stellung ein. Hier ist der schwedische Reformpädagoge Otto SALOMON[1] zu nennen, dem es gelang, handwerkliches Gestalten und ästhetisches Formgefühl auf den pädagogischen Begriff und arbeitendes Lernen resp. lernendes Arbeiten zum tatsächlichen Begreifen zu bringen, und dies in der doppelten Bedeutung des Wortes. Sein Lebenswerk hatte vor ungefähr einhundert Jahren neben anderen Intentionen die Integration von pädagogisch organisierter manueller Arbeit in den Fächerkanon des etablierten Schulbetriebs zum Ziel[2]; die Forderung nach praktisch handwerklicher Arbeit als ein Bildungsmittel war auch damals nicht neueren Datums; sie wurde bereits von COMENIUS, CAMPE und ROUSSEAU formuliert; von Michel MONTAIGNE, John LOCKE bis PESTALOZZI haben sich seit der Renaissance nahezu alle Vertreter eines aufgeklärten Geistes hierfür ausgesprochen. Und erste erzieherische Ansprüche vergleichbarer praktischer Natur finden sich bereits in der griechischen Antike; in seiner "Nikomachischen Ethik" stellte ARISTOTELES die Regel auf: "Die Tugenden ... erwerben wir, indem wir sie zuvor ausüben, wie dies auch für die sonstigen Fertigkeiten gilt. Denn was wir durch Lernen zu tun fähig werden sollen, das lernen wir eben, indem wir es tun: durch Bauen werden wir Baumeister und durch Kytharaspielen [werden wir] Kytharaspieler." (ARISTOTELES, a .a. O., S.132). "Und mit einem Worte: die Eigenschaften entstehen aus den entspre-

---

[1] Otto SALOMON, geb. 1849 in Stockholm, gest. 1907 in Nääs.

[2] Vgl. GÖTZE, W.: *Manual Training and Citizenship – The Moral Value of Manual Training*, in: (Zt.) *Hand & Eye - A Monthly Journal for the Promotion of Slöjd, Kindergarten, and all other Forms of Manual Training*; Vol.1, No.1, London, Oct. 1892, S. 3 ff.
GÖTZE führt hier erstmals u.a. den Gedanken aus, dass Arbeitsunterricht und staatsbürgerliche Erziehung Hand in Hand stattfinden müssen.

chenden Tätigkeiten. Darum muss man die Tätigkeiten in bestimmter Weise formen. Denn von deren Besonderheiten hängen dann die Eigenschaften ab. Es kommt also nicht wenig darauf an, ob man gleich von Jugend auf an dies oder jenes gewöhnt wird; es kommt viel darauf an, ja sogar alles." Und zu diesem Zweck, so folgert ARISTOTELES weiter, "... müssen wir die Handlungen prüfen, wie man sie ausführen soll, denn von ihnen hängt es entscheidend ab, dass auch die Eigenschaften entsprechend werden, wie wir eben gesagt haben."[1] Diese Sentenzen ARISTOTELES können wir heute als pädagogisches Kredo Otto SALOMONs auffassen; und diesem schon in der Antike Griechenlands formulierten Gedanken in tätiger Arbeit, *hand and eye*[2] und *manu et mente*[3] involvierend, zu erfolgreicher pädagogischer Praxis verholfen zu haben, ist SALOMONs unstrittiges Verdienst und kennzeichnet ihn als einen der ersten pädagogischen Reformer im europäischen Kulturkreis. Es gelang O. SALOMON, eine klare Konzeption von systematischer manueller Arbeit in die erzieherische Praxis des alltäglichen Schulbetriebes zu integrieren. Im Lehrerseminar zu Nääs bei Göteborg wurde unter SALOMONs Leitung in der Zeit von 1871 bis 1907 eine grundlegende pädagogische Didaktik und Methodik manueller Arbeit entwickelt, welche bis heute als unübertroffenes Instrumentarium handwerklicher Allgemeinbildung und als Mittel zur Kompensation des auf Lerndrill ausgerichteten Schulbetriebes angesehen werden kann. Die Nääser Methodik war um 1900 in vielen Ländern der Welt vertreten und bekannt, darüberhinaus sogar als reguläres Unterrichtsfach in die Schulen der USA und Kuba und in Großbritannien eingeführt. Die Abhandlungen zu dieser handwerklich erzieherischen Bildungsweise wurden in fast allen Kultursprachen jener Zeit von eben jenen Lehrern übersetzt, die an den entsprechenden Ausbildungskursen in Nääs teilgenommen hatten. Rege Korrespondenzen mit einem internationalen Kreis von Interessenten, engagierten Lehrern und Pädagogen und dem Nääser Seminar hielten diese Idee am Leben und trugen zu ihrer methodischen Weiterentwicklung und weltweiten Verbreitung bei.

Erste Arbeitsergebnisse aus der Nääser Slöjd-Schule wurden bereits 1876 international bekannt:

In Philadelphia fand anläßlich der Einhundertjahrfeier des Bestehens der USA (1776-1876) eine Weltausstellung statt; hier präsentierte u. a. der Mäzen August ABRAHAMSON eine erste Reihe von Modellen und Arbeitsprodukten der Nääser Slöjdschule. ABRAHAMSON erhielt von den Veranstaltern der Weltausstellung für die Exponate der Nääser Slöjdschule eine Aus-

---

[1] ARISTOTELES: *Die Nikomachische Ethik, Zweites Buch*; Zürich 1991, S.131-133.

[2] Vgl. MACARTHUR, A.: *Education in its Relation to Manual Industry*; New York, 1886, see *Chap. VI: Education for Hand and Eye*, S.97 ff.
DEWEY, J.: *The Place of Manual Training in the Elementary Course of Study*; in: (Zt.) *Manual Training Magazine*, July 1901, Vol.II, No.4 (S.194): "*No one any longer doubts the thorough training of hand and eye, and (what is of greater importance) of the hand and eye coördination, which is gained through these agencies.*"

[3] LARSSON, G.: *Sloyd for American Schools*; Boston 1895 (Frontispiz).

zeichnung in Form eines Preises und einer Urkunde. Mit dieser Präsentation der bis dato von Nääser Schülern gefertigten Modelle auf einer Weltausstellung war der erste Schritt vor ein internationales Publikum getan, ein weiter Kreis einschlägiger Interessenten war angesprochen, Neugier war weltweit geweckt und neue Informationen aus anderen Kulturkreisen waren nunmehr zugänglich. Auf weiteren Weltausstellungen wurden die Didaktik des Nääser Sloyd-Systems präsentiert: 1878 in Paris, 1893 in Chicago, 1900 in Paris, und hier wurde dem Nääser System eine Goldmedaille als Preis zuerkannt[1]; und zuletzt wurde Nääser Slöjd auf der Weltausstellung 1904 in St. Louis vorgestellt.

Nach Durchsicht der belegten Literatur ist keine Schuldidaktik bekannt, die derart weltweit publiziert wurde und die über ein derartiges Renommee verfügte; keine gymnasiale und auch keine Arbeitsschuldidaktik hat eine vergleichbare Beachtung erfahren wie gerade der Nääser Slöjd. Und weltweit wurden ungefähr 15.000 Lehrer nach dem Nääser System ausgebildet.
Nun schien bis in unsere Tage diese Methode handwerklicher Bildung beinahe dem Vergessen anheimgefallen zu sein; in der Aufarbeitung der einstigen reformpädagogischen Ansätze werden die schwedische Leistung und ihre geistigen Urheber kaum genannt und namentlich nicht erwähnt oder teils in den falschen Kontext gerückt. Die Einträge einschlägiger Lexika wie *Brockhaus*, *Meyer*, *Pädagogisches Wörterbuch* und *Encyclopedia Britannica* geben heute kaum noch oder gar keine Hinweise auf die so bedeutende und weltweit verbreitete Ausbildungsmethode eines erzieherischen und handwerklichen Arbeitsunterrichts, die in dem Flecken Nääs, nordöstlich von Göteborg, während nahezu vierer Jahrzehnte ausgearbeitet wurde. Als geistiger Urheber dieser erzieherischen manuellen Arbeit in Skandinavien ist zunächst Uno CYGNAEUS aus Finnland zu nennen; August ABRAHAMSON fungierte in Schweden als Mäzen und Sponsor jener arbeitspädagogischen Unternehmung, die sein Neffe Otto SALOMON als Pädagoge und geistiger Urheber betrieb; und Gustav LARSSON initiierte von Boston aus die Verbreitung des Systems in den USA. Die Erfahrungen mit der schwedischen Arbeitspädagogik wurden auch auf die berufliche Vor- und Ausbildung ausweitet; und weit über einhunderttausend Schülerinnen und Schüler wurden in den USA von 1892 bis 1919 in der Methode des Nääser *"sloyd or knife work"* zwischen Boston und Pasadena unterrichtet.

Erzieherische manuelle Arbeit in Schweden

Mitte des neunzehnten Jahrhunderts wurde in Schweden begonnen, manuelle Arbeit in Schulen zu fördern; eine *arbet- och slöjdskola* [Arbeitsschule] wurde in Nääs bei Göteborg betrieben. Otto SALOMON und August ABRAHAMSON entwickelten dort seit 1871 jenen pädagogischen Slöjd, der den kleinen ländlichen Flecken zu einem internationalen Pilgerort einschlägig interessierter Pädagogen und Lehrer machte; noch heute reisen forschende Erziehungswissenschaftler aus

[1] SALOMON, O.: *Institution d'August Abrahamson Nääs ... à l'Occasion de l'Exposition Universelle à Paris 1900*, Göteborg, 1900, S. 32.

aller Welt gelegentlich nach Nääs, um dem Ursprung des Nääser Slöjd vor Ort auf den Grund zu gehen.
In der Weltliteratur hat Selma LAGERLÖF in ihren "*Wunderbaren Reisen des kleinen Nils Holgersson mit den Wildgänsen*" dieser Slöjdschule und dem Slöjd-Lehrerseminar in Nääs ein kleines literarisches Denkmal gesetzt[1]. Dieses Buch wird in Schweden als Geographielehrbuch für die Schüler von Primar- und Elementarschulen eingesetzt, was der ursprünglichen Absicht Selma LAGERLÖFs entsprach; eine märchenhafte Interpretation ist eher außerhalb Schwedens anzutreffen (vgl. die gleichnamige Adaption als Zeichentrickfilm aus japanischer Produktion).
Der arbeitspädagogische Schwerpunkt der handwerklichen Bildung in der Nääser Arbeitsschule lag in der erzieherischen Entwicklung und Förderung von Kindern, sich beim Verfertigen der Arbeitsobjekte an die erzieherischen Ausbildungsziele des Slöjd in selbständiger und selbsttätiger Weise ohne fremden auferlegten Zwang oder äußeren Drill heranzuarbeiten:[2]

- Entwicklung von Lust und Liebe zur Arbeit im allgemeinen.
- Erziehung zu einer Wertschätzung von grober, harter, körperlicher Arbeit.
- Entwicklung der Selbständigkeit und Selbsttätigkeit.
- Erziehung zu Ordnung, Sauberkeit und Genauigkeit im Arbeiten.
- Entwicklung des Gesichts- und Formensinns, des Geschmacks und eine allgemeinen Handfertigkeit.
- Gewöhnung an Aufmerksamkeit, Fleiss, Ausdauer und Geduld.
- Einheitliche Entwicklung der physischen Kräfte.
- Geschicklichkeit im Gebrauch der Werkzeuge.
- Genauigkeit der Arbeit.

So lauteten die erzieherischen Ziele des Nääser Arbeitsunterrichts. Die überlieferten Berichte lassen erkennen, dass die Nääser Arbeitspädagogik ihre Ziele erreicht hatte. An dem hier noch nicht näher erläuterten Kanon der *Slöjd*-Erziehungsziele interessiert uns u.a. im Rahmen unserer Untersuchung jener Komplex, der heute generell dem Bereich der Basiskompetenzen zugewiesen wird, wie :

⇒ Selbsttätigkeit und Selbständigkeit im Arbeiten,
⇒ genaues Beobachten von Plänen und Modellen,
⇒ eine planvolle Denk- und Vorgehensweise,
⇒ Genauigkeit im Arbeiten.

All jene erzieherischen Charakteristika, die man in heutiger Zeit erneut unter dem Begriff der "Schlüsselqualifikationen" thematisiert, waren den Pädagogen

---

[1] LAGERLÖF, S.: *Wunderbare Reise des kleinen Nils Holgersson mit den Wildgänsen*; München 1948, Kap. 54, Seite 424-429.
[2] SALOMON, O.: *Die Theorie des pädagogischen Slöjd*; Berlin 1899, S. NN.

des ausgehenden neunzehnten Jahrhunderts bereits geläufig, wenn auch in einer anderen Terminologie. So ist die Wiederentdeckung jener eingangs erwähnten Reformpädagogen des ausgehenden neunzehnten und frühen derzeitigen Jahrhunderts und die damit verbundene Diskussion nicht nur aus rein historischem Interesse zu erklären[1], sondern es liegt hier auch ein begründetes Interesse der heutigen Erziehungswissenschaften vor, in der Praxis bewährte Konzepte erneut auf ihre Verwendbarkeit in der Menschenbildung hin zu untersuchen.
Otto SALOMONs Ansatz, den er nach eigenen Angaben selbst aus FROEBELs, PESTALOZZIs und aus Uno CYGNAEUs Gedankengut schöpfte, und sein hieraus entwickeltes reformpädagogisches Nääser System der handwerklichen Bildung sind es daher über das historische Interesse hinaus wert, auf ihre Aktualität hin untersucht zu werden, wie heute aus der Theorie und Praxis des pädagogischen Slöjd für die Entfaltung von Kompetenzen und Qualifikationen Folgerungen für eine pädagogische Praxis zu ziehen wären.

Das Nääser System des pädagogischen Slöjd

Der Slöjdunterricht nach Otto SALOMON bezweckt, dem Schüler eine allgemeine Geschicklichkeit zu vermitteln, um im Verlaufe dieser Vermittlung seine physischen und mentalen Fähigkeiten zu entwickeln und zu stärken; da diese Entwicklung nicht material-neutral zu vermitteln ist, so ist ein bestimmtes "Handwerk" hierfür heranzuziehen. Auf diese grundlegende Zielsetzung fokussierend, streben die pädagogischen Slöjder insbesondere danach:

- das Kind durch die Art der Arbeit an Selbsttätigkeit und Selbständigkeit im Arbeiten so zu gewöhnen,
- dass es Spaß und Freude bei der Arbeit im allgemeinen gewinnt,
- was ihm Respekt vor anstrengender, körperlicher Arbeit vermittelt, und
- damit das arbeitende Kind sich an Ordnung am Arbeitsplatz,
- Genauigkeit und Sauberkeit im Arbeiten gewöhnt;
- das Kind ist auf Fleiß, Ausdauer und Aufmerksamkeit einzustimmen,
- seine physischen Kräfte sind zu fördern und zu entwickeln,
- und der Gesichtssinn und ein ästhetisches Formgefühl sollen entwickelt werden.

Um diese ehrgeizigen Ziele im Arbeitsverhalten und in der Disposition der Kinder zu realisieren, sind ganz bestimmte Methoden der Vermittlung und Unterweisung zu beachten: Die Kinder nehmen ausschließlich *freiwillig* am Slöjd-Unterricht teil; und um diese Freiwilligkeit ständig zu erhalten, hat sich die Slöjd-Arbeit nach folgenden Vorgaben zu richten:

---

[1] Tagung der *Deutschen Gesellschaft für Reformpädagogik 1991 zur Wirksamkeit der Reformpädagogik*; HELMS, R. (Hrsg.): Tagungsbericht; Hildesheim 1992.

1. Die Slöjd-Arbeit und das hergestellte Produkt muss aus der Sicht des Kindes für sie oder ihn selbst nützlich und verwertbar sein.
2. In der Handhabung der verschiedenen Werkzeuge dürfen keine vorbereitenden Arbeitsübungen vorkommen.
3. In der Anfertigung eines Modelles (Projektes) muss die Arbeitsabfolge eine erfrischende Abwechslung beinhalten.
4. Die Arbeit am Modell muss so beschaffen sein, dass ein Kind sie auch tatsächlich ausführen kann.
5. Es muss sich dabei aber auch um richtige Arbeit handeln, kein Spiel oder ein schlechte Imitation von Arbeit; der Ernstcharakter von Arbeit muss gewahrt bleiben.
6. Die Arbeitsobjekte, die sogenannten Modelle, sollen keinen Kleinkram oder Luxusgegenstände darstellen.
7. Die vervollständigten Modelle verbleiben ausnahmslos im Eigentum des Kindes, das diese anfertigt.
8. Die Arbeit am Objekt muss den Fähigkeiten des Kindes entsprechen.
9. Die Arbeit muss in jedwedem Bearbeitungszustand in einer methodischen und systematischen Art und Weise ausgeführt werden können.
10. Die Arbeit muss von ihrer Ausführungs her Sauberkeit und Genauigkeit ermöglichen.
11. Die Arbeit muss die planerische Denkfähigkeit des Kindes schulen; rein mechanische Abwicklungen sind nicht zuzulassen.
12. Die Arbeit muss während ihrer Ausführung die körperlichen Kräfte des Kindes trainieren und stärken.
13. Der Sinn für ästhetische Formen muss durch die Arbeitsobjekte selbst geschult werden.
14. Zu diesen genannten Zwecken müssen durch die Art der Arbeit zahlreiche verschiedene Handgriffe an diversen Werkzeugen angewandt werden.
15. Eine wie auch immer geartete Arbeitsteilung ist nicht zulässig; das Kind muss die Arbeit am Modell vollständig allein ausführen.

Um diese Arbeits- und Unterrichtsziele zu erreichen, werden Slöjd-Lehrer mit besonderer Qualifikation erforderlich:
Nur speziell ausgebildete Slöjd-Lehrer unterrichten im Arbeitsunterricht des Slöjd; wenn möglich sollte der Slöjd-Lehrer auch durch ein anderes, allgemeines Fach in der Klasse seiner Slöjd-Schüler Kontakt zu seinen Schülern halten.
Der Slöjd-Lehrer soll die Arbeit anleiten, beobachten und die korrekte Durchführung beobachten; dem Slöjd-Lehrer ist es untersagt, selbst Hand an die Arbeit oder das Modell des Schülers zu legen. Die Selbständigkeit des Arbeitens soll nicht infragegestellt werden. Korrekturen in der Arbeitshaltung des *slöjden* Kindes sollen *taktvoll*, dabei den *Selbstrespekt der Kinder achtend*, geschehen.

Das Alter der Kinder:
Um den anspruchsvollen Instruktionen folgen zu können, sollen die Kinder zu Kursbeginn, je nach individuellem Entwicklungsstand, zehn bis elf Jahre alt sein. Der Umfang eines Slöjd-Kurses ist dann so bemessen, dass die Kinder bei

wöchentlichem Slöjd-Unterricht von zwei bis vier Stunden das Kursprogramm im Alter von vierzehn vollendet haben.

Die Zahl der Schüler in einem Kurs:
Aus grundsätzlichen und aus praktischen Erwägungen kann der Slöjd-Unterricht nicht in der Form des konventionellen Klassenunterrichts erteilt werden; der Einzelunterricht des Individuums ist zwingend vorzusehen. Von daher muss die Zahl der Schüler, die ein Slöjd-Lehrer in einer Gruppe unterrichtet, so bemessen sein, dass individueller Unterricht erteilt werden kann. Dies ist von Schüler zu Schüler unterschiedlich, da einige Schüler einer intensiveren Betreuung bedürfen als andere.

Die Unterrichtsmaterialien:
Die gleichzeitige Beschäftigung mit verschiedenen Materialien wird als kontraproduktiv angesehen; der Slöjd-Unterricht kann bei Materialvielfalt in sein Gegenteil umschlagen und Unlust und Desinteresse erzeugen; denn viele Unterrichtsfächer werden an einer Volksschule unterrichtet, und Slöjd wird als ein eigenes, zusätzliches vollwertiges Fach betrachtet. So würden diverse Materialien auch zu einer Diversifizierung des kindlichen Arbeitsinteresses führen, und die Aufmerksamkeit zerfasern. Aus diesem Grunde, und aus hygienischen Gründen, wird *ein* Material, Holz, bevorzugt. Holzslöjd läßt sich aus verschiedenen Gründen auf eine konsequente erzieherische Grundlage stellen; Holzslöjd schließt Tätigkeiten des Tischlers und des Zimmermanns und des Schnitzens mit ein.

Die Modelle:
Modelle resp. vollständige Objekte (Projekte) sind als Unterrichtsgegenstand dem Zeichnen vorzuziehen; Modelle sind greifbar und von daher leichter zu erfassen (im doppelten Sinne des Wortes). Die Form einer Modellvorlage kann somit direkt auf das zu bearbeitende Stück Holz übertragen werden. Um eine neue Modellserie zu entwerfen, müssen folgende Punkte strikt beachtet werden:

Die Auswahl der Modelle erfolgt gemäß den nachstehenden Gesichtspunkten:

1. Alle unnützen Gegenstände sind von vornherein auszuschließen.
2. Die Modelle sind nach Möglichkeit im Haushalt des Kindes nutzbringend anzuwenden.
3. Die Modelle sind so zu gestalten, dass ein Kind sie ohne Hilfe von dritter Seite anfertigen kann.
4. Die Modelle sind vollständig in und aus Holz anzufertigen.
5. Die Schüler sollen hartes wie auch weiches Holz im Wechsel bearbeiten.
6. Drechseln und Kerbschnitzen sollen so wenig wie möglich zur Anwendung kommen.
7. Die Schüler sollen eine Sinn für gestalterisches Formen während des Arbeitens entwikkeln; zu diesem Zweck sind einige Modelle so zu gestalten, dass sie als Löffel, Schöpfkelle

oder ähnliches geformt sind; diese Gegenstände sind nur per Hand und dem geigneten Werkzeug aus dem vollen Material herauszuarbeiten.

8. Die vollständige Modellserie ist derart zusammenzustellen, dass jeder Schüler am Ende der Serie die gängigen holzbearbeitenden Werkzeuge in der Hand gehabt hat und sie zu handhaben weiß.

Eine solche Modellserie ist nach folgenden Gesichtspunkten zu entwerfen und zu arrangieren:

1. Die Modelle mit ihren inhärenten Arbeitsübungen sollen allmählich vom Leichten zum Schwierigen und vom Einfachen zum Komplexen fortschreiten.
2. In der Abfolge der einzelnen Arbeitsschritte und in der Modellabfolge soll eine erfrischende Abwechslung gegeben sein.
3. Die Modelle sind in ihrer steigenden Folge so zu arrangieren, dass der Schüler durch die erlernten Fähigkeiten am Modell #1 ohne größere Schwierigkeiten zu Modell #2 aufsteigen kann, ohne dass er hierzu der Unterstützung von fremder Hand bedarf.
4. Für die Anfertigung der ersten Modelle sollen lediglich wenige Werkzeuge verwendet werden; bei fortschreitender Arbeit werden die Werkzeuge zahlreicher und die Manipulationen vielfältiger.
5. Anfänglich dominiert das Messer als Werkzeug in der Holzbearbeitung.
6. Bei den ersten Modellen ist hartes, kurzfaseriges Holz zu bevorzugen.
7. Die ersten Modelle sind so zu gestalten, dass sie bereits nach kurzer Bearbeitungszeit fertigzustellen sind. Modelle, die längere Bearbeitungszeit erfordern, sind dem Schüler nach und nach zu präsentieren.

Am Ende einer Modellserie hat der Schüler sich selbst das Potential erarbeitet, sich eigene Objekte auszusuchen oder zu entwerfen, die er/sie nach Belieben anfertigen kann. Er/sie verfügt dann über die erforderliche Geschicklichkeit, über die notwendige geistige Kapazität und die körperliche Kraft, dies zu bewerkstelligen.

Interpretationen

Die folgende Einschätzung des Slöjdsystems durch W. JAMES[1] ist dem amerikanischen Diskurs von *Manual Training* zuzuordnen; doch da William JAMES Konjekturen von einem allgemein würdigenden Charakter sind, ist ihre Behandlung zum Abschluß gerechtfertigt.

Die Zeitschrift *Hand & Eye* veröffentlichte in der Septemberausgabe des Jahres 1899 eine Stellungnahme von JAMES zum Slöjd-Thema, die ihrem Tenor nach eine positive Kritik am Slöjd artikulierte: “Of various systems of Manual Trai-

[1] William JAMES (1842 - 1910), Bruder von Henry JAMES; W. JAMES war seit 1876 Professor für Psychologie und Philosophie an der Harvard-Universität; JAMES begründete neben C. PEIRCE den amerikanischen Pragmatismus in der Psychologie, und JAMES betonte in seinem Werk den ganzheitlichen, personalistischen Charakter des Seelenlebens.

ning, so far as Woodwork is concerned the Swedish Sloyd system is by far the best psychologically considered."[1] JAMES führt in dieser Stellungnahme aus, "...that education in the last analysis consists in the organising of resources in the human being, of powers of conduct which shall fit him to his social and physical world." (W. JAMES, in: *Hand & Eye*, No. 83, S. 360 f.); Erziehung soll dazu beitragen, dass ein Mensch seine Ressourcen und seine Fähigkeiten, Ziele zu erreichen, einteile, damit er sich planvoll in die Welt des Gegenständlichen wie in die des Sozialen einfüge. Eine solche Erziehung könne eben nicht durch verbalen Nachvollzug des gelehrten Lernstoffes bewirkt werden. "Verbal reactions, useful as they are, are insufficient. The pupil's word may be right, but the conceptions corresponding to them are often direfully wrong. In a modern school, therefore, they form only a small part what a pupil is required to. He [she] must keep notebooks, make drawings, plans and maps, take measurements, enter the laboratory and perform experiments, consult authorities, and write essays." (ebd., S. 361) Die Worte resp. Antworten des Schülers mögen richtig sein, jedoch die Vorstellungen, die damit einhergehen, sind häufig genug entsetzlich falsch. Aus diesem Grunde verlangt man in einer modernen Schule nur einen geringen Teil solcherart Antworten von Schülern. Ein/e Schüler/in muss Notizen und Zeichnungen, Pläne und Karten anfertigen, hierzu sind die Maße aufzunehmen, er/sie muss ins Labor und hier experimentieren, Fachleute um Rat fragen und Erörterungen abfassen.

"He must do in his fashion what is often laughed at by outsiders, when it appears in the prospectuses under the title of "original work", but what is really the only possible training for the doing of *original work* hereafter." (ebd.; Hervorhebung im Original). Er muss auf seine Art und Weise etwas tun, was häufig von Außenstehenden belächelt wird, wenn man es unter dem Vorzeichen originärer Arbeit präsentiert, aber das ist die einzig mögliche Ausbildung, um späterhin *echte Arbeit* zu leisten.

"The most colossal improvement which recent years have seen in secondary education lies in the introduction of the manual training schools; not because they will give us a people more handy and practical for domestic life and better skilled in trades, but because they will give us citizens with an entirely different intellectual fibre. Laboratory work and shop work engender a habit of observation, a knowledge of the difference between accuracy and vagueness, and an insight into nature's complexity and into the inadequacy of all abstract verbal accounts of real phenomena, which, once wrought into the mind, remains there as lifelong possessions. They confer precision; because if you are *doing* a thing,

---

[1] JAMES, W.: *Psychologie und Erziehung – Ansprachen an Lehrer*; Leipzig, 1908, hier S. 27 ff.
Vgl. JAMES, W.: *Talks to Teachers on Psychology*; New York, Henry Holt Publ., 1909, hier S. 35 ff.
Vgl. JAMES, W.:. *A Voluntary Testimony*, in: (Zt.) *Hand & Eye*, Vol.7, Sept. 15 1899, No. 83, S. 360–361.

you must do it definitely right or definitely wrong." (ebd.; Hervorhebung im Original). Die riesigen Fortschritte der letzten Jahre im Sekundarschulwesen liegen in der Einführung von Arbeitsschulen; nicht deswegen, weil etwa mehr Leute aus ihr hervorgehen, die geschickter und praktischer an das häusliche Leben herangehen und besser für das Handwerk ausgebildet sind; sondern weil aus ihnen Mitmenschen hervorgehen, die eine völlig andere intellektuelle Stärke aufweisen. Untersuchungen im Labor und Arbeiten in der Werkstatt erzeugen eine Gewohnheit der genauen Beobachtung, ein Wissen um den Unterschied zwischen Akkuratesse und Vagheit, sie erzeugen eine Einsicht in die Komplexität der Natur und in die Unzulänglichkeit aller abstrakter verbaler Darstellungen, und sind diese *Ein-Sichten* erst einmal ins Bewußtsein eingedrungen, so prägen sie ein Leben lang. Arbeitsschulen vermitteln Präzision, denn *macht* man etwas [im Sinne von *tun*], dann muss man es definitiv richtig oder definitiv falsch machen.

"They give honesty; for when you express yourself by making things, and not by using words, it becomes impossible to dissimulate your vagueness or ignorance by ambiguity. They beget a habit of self-reliance; they keep the interest and attention always cheerfully engaged, and reduce the teacher's disciplinary functions to a minimum. Of the various systems of manual training, so far as woodwork is concerned, the Swedish Sloyd system, if I may have an opinion on such matters, seems to me by far the best psychologically considered. Manual training methods, fortunately, are being slowly, but surely, introduced into all our large cities; but there is still an immense distance to traverse before they all shall have gained the extension which they are destined ultimately to possess." (ebd.). Denn drückt man sich durch das Machen von Dingen aus, und nicht durch das Machen von Worten, so wird es einem unmöglich, die Vagheit der Aussagen oder die eigene Ignoranz durch verbale Mehrdeutigkeiten zu verbergen. Arbeitsschulen erzeugen eine Gewohnheit zur Selbständigkeit, sie halten das Interesse und die Aufmerksamkeit in heiterer Weise wach, und sie reduzieren die disziplinarischen Funktionen des Lehrers auf ein Minimum. Und von den verschiedenen Systemen, die es in Arbeitsschulen gibt, erscheint mir das schwedische Slöjdsystem hinsichtlich der Holzbearbeitung bei weitem am besten in psychologischer Hinsicht durchdacht.

Die Einschätzung W. JAMES trifft den Kern des pädagogischen Söjd, was bedeutet: Das Slöjdsystem optimiert nicht den Menschen auf die Werkzeuge hin, sondern es konzipiert die Werkzeughandhabung für die jungen Menschen so, dass ihre Arbeitsleistung für sie selber erfahrbar und meßbar wird. Doch wurde während der einst weltweiten Suche nach einem praktikablen Arbeitsschulungskonzept die generelle Forderung: "*We need a science of tools!*" verkündet. Und so wurden in der vornehmlich tayloristischen Arbeitsforschung vornehmlich Mensch-Maschinensysteme in den Vordergrund der Betrachtungen gestellt, wobei dem arbeitenden Menschen der letzte Spielraum für die Gestaltung seiner

Verrichtung oder Tätigkeit genommen wurde, und wobei der arbeitende Mensch eher die Rolle eines beliebig austauschbaren Instrumentes spielte.
Den pädagogischen Slöjd mit seinem dezidiert humanen Ansatz nun lediglich aus Kenntnis des Literaturstudiums weiterhin dem Archiv zu überantworten, hieße meines Erachtens, die Chance vertun, dass Schülerinnen und Schüler in ihrer Bildung ein sinnvolles und sinnstiftendes Gestalten von Welt in eigener Arbeit selbständig begreifen lernen, *...by coordination through the agencies of hand and eye and mind...* (John DEWEY), denn wie wir gesehen haben, entstehen die Eigenschaften (Selbständigkeit, Ausdauer, Fleiß) aus den entsprechenden Tätigkeiten und darum muss man die Tätigkeiten in bestimmter Weise formen (ARISTOTELES).
Um die Jahrhundertwende war pädagogischer Slöjd nach dem Nääser System in vielen Ländern methodisch gründlich erprobt und akzeptiert; und das einst weltweit verbreitete Konzept der manuellen resp. handwerklichen Bildung ist heute wieder interessant geworden. Doch aufgrund der vorherrschenden tayloristischen Produktionsformen in den Industrien und die daraus folgenden Ausbildungsweisen wurde Nääser Slöjd in der Hintergrund gedrängt. Heute wird Nääser Slöjd unter neuem Blickwinkel und mit steigendem Interesse diskutiert: Die Nääser didaktischen Strukturen von einst treffen auf ein breiteres Interesse, da einerseits die Produktionsmethoden und die Arbeitsorganisation in der Industrie sich rapide und ständig verändern, andererseits changiert stetig das Akzeptanzverhalten der Jugendlichen gegenüber Lernanforderungen und den damit verbundenen Zumutungen. Ein Mehr an Selbständigkeit im Planen, Gestalten und Arbeiten an Stelle von autokratischer Weisungsbeflissenheit führt derzeit zu einer Revision der "Handarbeit" wie auch der "Kopfarbeit", sofern ein solcher Dualismus überhaupt noch aufrecht erhalten werden kann.

Takashi KANGI & Yuriko KINOSHITA & Andreas PEHNKE

Entwicklungslinien historischer Reformpädagogik in Japan

Seit 1868, dem Beginn der Meiji-Reform, einer Politik der "offenen Tür", befreite sich Japan aus seiner feudalen Isolation. Der wieder in seine Macht eingesetzte Kaiser MEIJI erteilte seiner Bevölkerung den Auftrag, sich vor allem an der ausländischen Technik- und Kulturentwicklung zu orientieren. Es setzte mit der Meiji-Zeit[1] eine umgehende Rezeption philosophischer und pädagogischer Konzeptionen der USA und Europas - hier wiederum neben französischer und englischer vor allem deutscher bildungspolitischer und pädagogischer Vorstellungen ein.
Bereits 1872 wurde nach diesen internationalen Vorbildern eine neuzeitliche Struktur für das japanische Bildungswesen konzipiert und per *Gesetz für das Nationale Erziehungswesen* eingeführt.
Im Rahmen dieses Rezeptionsprozesses ist es von besonderem Interesse, "daß Japan damals keineswegs alles assimilierte, sondern dabei in einer sehr bemerkenswerten Weise das auswählte, was der eigenen Mentalität besonders nahe kam" (DRINCK 1988, S. 31). Natürlich bedeutet der Prozeß der Assimilation von etwas bis dahin Fremdem immer, daß man selber zunächst die dafür notwendige Assimilationsfähigkeit entwickelt. Im Vergleich zu seinen Nachbarländern, die offensichtlich diese Fähigkeit nicht erwerben wollten und sich gerade deshalb in politische Abhängigkeiten begaben, entwickelte Japan diese Lernfähigkeit. Sie ist noch heute eine wesentliche Grundlage für Japans politische Stellung in der Welt und zugleich Basis des japanischen Erziehungskonzeptes und Bildungsverständnisses bis in die Gegenwart:

> "So erwuchs Politik auf der Grundlage von Bildung; einer Bildung, und das ist das Besondere, in der die Japaner in der erwähnten geradezu sprunghaften Entwicklung einer Assimilationsfähigkeit und einem damit verbundenen unglaublichen Bildungsschub keineswegs von 'sich weggingen', sich in ihrer Herkunft entfremdeten, sondern vielmehr ihre eigene Identität entwickelten, die natürlich in ihren Ausdrucksformen nicht die der auslaufenden mittelalterlichen Epoche sein konnte, sondern nunmehr die des neuen, modernen Japans" (ebd., S. 33).

Im Zuge der rasanten Entwicklung des neuen Staatssystems wurde in erster Linie zunächst die Realisierung der Schulpflicht in Angriff genommen:

Jahr	1874	1887	1892	1897	1901
prozentuale Realisierung der Schulpflicht	32,3	45,0	55,1	66,7	91,6

[1] Die Ära-Devisen der Neuzeit lauten nach westlicher Jahreszählung: Meiji (1868-1812), Taisho (1912-1926), Showa (1926-1989) und Heisei (seit 1989).

Die zunehmenden Qualifizierungsanforderungen an die Arbeitskräfte eines modernen Industriestaates führten zu qualitativen Verbesserungen der Lehrplaninhalte sowie zur Suche nach rationellen Erziehungsmethoden. Fragen der Effektivierung der Lehreraus- und -fortbildung sowie der Schulaufsicht spielten in diesem Zusammenhang am Ende des 19. Jahrhunderts eine vordergründige Rolle in den schulpolitischen und pädagogischen Überlegungen in Japan. Vor dem Hintergrund dieser konkreten Aufgabenstellungen der ersten Dekaden der Meiji-Reform ist das besondere Interesse japanischer Pädagogen an dem Werk Johann Heinrich PESTALOZZIS (1746-1827) und Johann Friedrich HERBARTS (1776-1841) nur zu verständlich (vgl. dazu ausführlich ebd., S. 35 ff.). Zum einen wurde J. H. PESTALOZZI studiert, um Anregungen für die Ausarbeitung der Volksschullehrpläne 1901 zu erhalten. Zum anderen nahmen die Herbartianer Emil HAUSKNECHT (1853-1927) und Ludwig BUTZE 1888 an der Universität Tokio dreijährige Gastprofessuren an. Durch ihre Vorlesungstätigkeit verbreiteten sich J. F. HERBARTS Ideen bald über ganz Japan. "HERBARTS Theorie war den Japanern besonders willkommen", wie Riotaro TAKAMAYE (1929, S. 75), ein Doktorand Peter PETERSENS in Jena, betonte, "weil er besonderen Nachdruck auf die Ethik legte, ein Gebiet, das von den anderen europäischen Pädagogen jener Zeit ziemlich vernachlässigt wurde." Im Jahre 1895 übersetzte Tiesuke FUJIRO HERBARTS "Allgemeine Pädagogik". 1881 wurde ein Regierungsprogramm verabschiedet, das das Studium des deutschen Schulwesens besonders zu fördern suchte. So wurden u. a. von 1886 bis 1896 sieben japanische Studenten von der Regierung nach Amerika und Europa gesandt. Fünf von ihnen studierten in Deutschland (vgl. ebd.).

Die zunehmende Orientierung an pädagogischen Ideen und Theorien aus Amerika, Frankreich, England, Deutschland u. a. Staaten führte in logischer Konsequenz auch zur Rezeption internationaler reformpädagogischer Diskussionen:

Zu jenen Pädagogen, die in Japan die sog. *Neue Erziehung* initiierten, zählen Tomeri TANIMOTO (1867-1946) und Kanjiro HIGUCHI (1871-1917). Während T. TANIMOTO als bisheriger Vertreter des Herbartianismus seine reformpädagogischen Intentionen während eines Studienaufenthaltes bei Ellen KEY (1849-1926)[1] in Schweden erhielt und nachfolgend seine individualpädagogische Konzeption "Jigakuhodo" entwickelt hatte, ließ sich K. HIGUCHI in den USA von der Aktivismus-Theorie F. W. PARKS (1837-1902) inspirieren, die zur Basis seiner "Konzentrierten Erziehungsmethode" wurde. Damit war der Weg für die nachhaltige Rezeption reformpädagogischer Ideen aus dem Ausland geebnet. In der Pionierzeit der Reformpädagogik-Rezeption in Japan am Anfang des 20. Jahrhunderts spielten zunächst folgende Vertreter der internationalen Reformpädagogik eine besondere Rolle:

- Aus Amerika waren es die Vertreter der Pragmatischen Pädagogik und Psychologie um Charles PEIRCE (1839-1914) und William JAMES (1842-1910) sowie die Vertreter der

[1] Ellen KEYS "Jahrhundert des Kindes" lag 1916 in japanischer Sprache vor.

Projektmethode um John DEWEY (1859-1952)[1] , William Heard KILPATRICK (1871-1965) und schließlich Helen PARKHURST (1887-1959), die Begründerin des Daltonplans;

- aus Frankreich die Ideen von Edmund DEMOLIUS (1852-1907),
- aus der Schweiz die Pädagogik Adolphe FERRIÈRES (1879-1960),
- aus Italien die Reformkonzeption Maria MONTESSORIS (1870-1952),
- aus Belgien das Konzept von Ovide DECROLY (1871-1932),
- aus Deutschland vor allem die Reformintentionen Paul NATORPS (1854-1924), Georg KERSCHENSTEINERS (1854-1932)[2], Hugo GAUDIGS (1860-1923), Ernst MEUMANNS (1862-1915) und Ernst LINDES (1864-1943).

Daß dieser Prozeß der Reformpädagogik-Rezeption nicht völlig reibungslos ablief, haben wir bereits an anderer Stelle beschrieben (vgl. KANGI/KINOSHITA/PEHNKE 1992). So bezogen auch ähnlich wie in Deutschland zahlreiche Vertreter der akademischen Pädagogik in Japan eine für längere Zeit zunächst distanzierte und eher abwartende Haltung gegenüber den internationalen reformpädagogischen Einflüssen.
1908 entstanden die ersten von Japanern verfaßten Pädagogik-Fachbücher: so Jintaro OSEs "Pädagogik" oder Yushara MOTOICHIs "Neue Unterrichtsmethoden". Beide Verfasser verstanden sich als Herbartianer (vgl. TAKEMAYE 1929, S. 75).
Viele Pädagogen, Wissenschaftler anderer Fachgebiete und Künstler studierten in den europäischen Ländern, insbesondere in Deutschland. Sie erlebten die europäische Reformpolitik vor Ort und berichteten dann in Japan von der erlebten Reformpraxis, aber auch von kontroversen Diskussionen, wie die auf der 1911 während der Dresdner Tagung des "Bundes für Schulreform" geführten Auseinandersetzung zwischen den damals führenden Arbeitsschulpädagogen KERSCHENSTEINER und GAUDIG. Diese Debatte zur Arbeitsschulproblematik wurde 1913 in Japan ausgewertet.
Die japanischen Reformer waren nicht nur Rezipienten ausländischer reformpädagogischer Bestrebungen, sondern hatten bereits sehr früh Vereine und Institutionen geschaffen, die aus reformpädagogischen Motiven entstanden waren und sich in den Dienst einer zeitgemäßen kindorientierten Pädagogik stellten. So wurde bereits 1897 der Japanische Verein für Kinderforschung, geleitet von Yujiro MOTORA (1857-1912), ins Leben gerufen. Mehr als 1000 Mitglieder qualifizierten sich in monatlichen Veranstaltungen zu pädagogischen und entwicklungspsychologischen Fragen. In der Monatszeitschrift dieses Vereins für Kinderforschung mit besonderer Berücksichtigung der pädagogischen Patholo-

---

[1] John DEWEYS "Schule und Gesellschaft" und "Demokratie und Erziehung" wurden 1910 bzw. 1919 in japanischer Sprache herausgegeben. Er selbst weilte im Februar 1919 zu Gastvorlesungen an der Universität Tokyo.

[2] Zur spezifischen Rezeption KERSCHENSTEINERS in Japan sprach Takashi KANGI in der AG "Ambivalenzen in der Aufarbeitung der historischen Reformpädagogik" unserer '96er Tagung.

gie und Therapie "Jidō Kenkyū" wurden vorwiegend Beiträge "über die körperliche und geistige Natur des normalen und abnormen Kindes (Säuglingsalter bis zur Reife) zur Gewinnung einer wissenschaftlichen Grundlage für Pflege, Unterricht, Erziehung und Fürsorge" veröffentlicht (*Arbeiten des Bundes für Schulreform* 1912, S. 21). Der Vereinsvorsitzende MOTORA stand seit 1888 bereits dem Psychologischen Institut an der Kaiserlichen Universität zu Tokyo vor, das sich schwerpunktmäßig mit Forschungen zur Jugendkunde befaßt hatte. 1906 gründete MATSUMOTO an dieser Universität noch zusätzlich ein Psychologisches Laboratorium, das sich mit Fragen der experimentellen Kinderforschung, der pädagogischen Psychologie, der genetischen Psychologie, mit Seminarübungen und vielfältigen wissenschaftlichen Untersuchungen einen Namen machte (vgl. ebd., S. 22).

Nach dem Ersten Weltkrieg thematisierten japanische Erziehungswissenschaftler verstärkt reformpädagogische Überlegungen, die aus der Kritik am Regelschulwesen erwachsen waren. Ungeachtet der verschiedenen Motive für reformpädagogische Aktivitäten waren sich die japanischen Reformpädagogen einig in der Richtung ihrer Kritik am veraltet und reformbedürftig empfundenen Schulwesen. Sie richtete sich immer gegen Lebensfremdheit der Schule, gegen die Unterdrückung der Aktivität und Selbständigkeit der Schüler, gegen Drill- und Zwangsmethoden im Unterricht, gegen Schematismus und Formalismus in der Erziehung, gegen das Auswendiglernen und Hersagen unverstandener Lehrsätze, gegen die Vorherrschaft der "Memorienstoffe", gegen die autoritäre Stellung des Lehrers und gegen die Einengung der Persönlichkeitsentwicklung des Kindes, um auf diese Weise dem Defizit an Denkfähigkeit, Können, Selbständigkeit und Schöpfertum in den Schulen zu begegnen. Davon zeugt beispielsweise das 1922 veröffentlichte Buch "Theorie zur Freien Pädagogik" von Kishie TEZUKA (1880-1936), Lehrer an der Chiba-Tuzoki-Volksschule. Aus dieser Kritik am Regelschulwesen erwuchsen zu Beginn der 20er Jahre unseres Jahrhunderts zahlreiche reformpädagogische Ansätze wie die "Theorie zur Selbstschulung" von Choichi HIGUCHI, die "Theorie zur Berücksichtigung subjektiver Erfahrungswerte" von Seigan KAWANO, Kishie TEZUKAs (1880-1936) "Theorie zur freien Erziehung", die von Meikichi CHIBA entwickelte "Theorie der vollen Zufriedenheit durch Triebhandlung", die "Theorie zur schöpferischen Erziehung" von Kinshichi INAGE, Heiji OIKAWAS (1875-1939) "Theorie zur dynamischen Erziehung", die "Theorie zur totalen Persönlichkeitserziehung" von Kuniyoshi OHARA und schließlich Shin KATAYAMAs "Theorie zur Nutzung der ästhetischen Erziehung".

Trotz aller Heterogenität dieser reformpädagogischen Theorieansätze einte sie ihr einhelliges Plädoyer für eine vielfältige Aktivierung des Schülers in Lern- und Erziehungsprozessen.

Ein Garant dafür, daß Japan nicht nur zum Konsumenten ausländischer Reformpädagogik wurde, sondern sehr wohl und dies recht schnell innerhalb der international geführten reformpädagogischen Diskussionen mit eigenständigen

Projekten und Profilen mitreden konnte, waren die seit 1907 gegründeten Versuchs- bzw. Experimentalschulen, deren Zahl bis zum Zweiten Weltkrieg sogar die 230 überschritt. Zunächst waren es Privatschulen wie die Japan-Saimi-Schule (1907), die Seijo-Jitumu-Schule und die Teikoku-Schule (beide 1912), in denen reformpädagogische Konzeptionen verwirklicht wurden. 1917 folgte die Seijyo-Schule[1], die später - wie wir noch verdeutlichen werden - zur Daltonplan-Versuchsschule avancierte, gefolgt von der Jiyugakuen-Schule und der Bunkagakuin-Schule, die beide seit 1921 eine interkulturelle Pädagogik verwirklichen, und schließlich die 1924 gegründete Ikebukuroidonomura-Schule, die sicherlich am entschiedensten eigene reformpädagogische Wege beschritt und sich am weitesten von staatlichen Vorgaben freizumachen wußte sowie die reformpädagogisch orientierten Erneuerungsvisionen am Anfang des 20. Jahrhunderts durch konsequente Selbstbestimmung der Schulgestaltung von den Kindern her verwirklichte. Als weitere private Reformschulen wurden 1924 die Myojo-Schule und die Tamagawa-Schule in Tokio gegründet, gefolgt von einer Vielzahl weiterer reformpädagogisch orientierter Privatschulen.
Während die Ikebukuroidomura-Schule durch ihre konsequente Schülerorientierung bestach, wußte die Seijyo-Volksschule vor allem durch das optimale Zusammenspiel von reformpädagogischen Visionen und eigenständiger Forschungstätigkeit zu überzeugen:
Der Begründer dieser Volksschule, Masatarou SAWAYANAGI (1865-1927), setzte von Anfang an auf sozialerzieherische Gesichtspunkte, so daß er die Heterogenität der Schülerpopulation favorisierte: Vielfalt in der sozialen Zusammensetzung, Altersheterogenität und seit 1923 Koedukation. Seit Mai 1919 wurden die Forschungsergebnisse dieser Versuchsschule regelmäßig veröffentlicht; so zum Beispiel zum Wortschatz der Kinder auf verschiedenen Altersstufen, zu neuen Leselernmethoden, zu aktuellen Erkenntnissen der Kinder- und Jugendpsychologie. Allein bis 1924 wurden 16 Forschungsbände der Seijyo-Versuchsschule herausgegeben. Im April 1920 wurde die "Forschungsgemeinschaft für pädagogische Probleme" an dieser Schule ins Leben gerufen, die eine eigene Fachzeitschrift, die "Forschungen über pädagogische Probleme", herausgab. Dieses Organ erlebte bis 1928 96 Ausgaben. Zu Schwerpunktaufgaben dieser Forschungsgemeinschaft wurden die Revision der Lehrpläne und demokratische Formen des schulischen Zusammenarbeitens und -lebens erklärt. Darüber hinaus öffnete sich diese Schule für die Lehreraus- und -weiterbildung. Nachdem M. SAWAYANAGI im April 1924 Helen PARKHURST für einige Wochen als Versuchsschullehrerin seiner Schule verpflichten konnte[2], genoß diese Schule vor

---

[1] Über die Bildungsinhalte und die Unterrichtsmethodik dieser Versuchsschule referierte Yuriko KONOSHITA in der AG "Praxisberichte über Arbeitsmethoden und -ergebnisse aus Schulen traditioneller Reformpädagogik" unserer '96er Tagung.

[2] Zunächst besuchte M. SAWAYANAGI mit seinem Kollegen Sigeno KONISHI (1875-1948) und seiner Mitstreiterin Arata OSADA (1887-1961) im August 1921 eine Schule in London, die nach dem Daltonplan arbeitete. Fasziniert von diesem Ansatz, der für die Reformer aus Japan

allem als Daltonplan-Versuchsschule eine weltweite Anerkennung. Nachdem der "theoretische Kopf" und Gründer dieser Versuchsschule im Dezember 1927 verstarb, kam die Forschungstätigkeit dieser Schule bis zur Schulschließung im Jahre 1933 allmählich zum Erliegen.
Auch im Spektrum der staatlichen Schullandschaft wurden recht bald zahlreiche Experimentalschulen - zumeist an eine Lehrerbildungsinstitution angebunden - gegründet. In diesen Schulen wurden vor allem auch die tragenden Grundmotive der international geführten reformpädagogischen Diskussion nach strengen empirischen Verfahren auf ihre Effizienz hin geprüft. So erprobte Heiji OIKAWA (1875-1939) gruppenunterrichtliche Lernverfahren, die von J. DEWEY konzipiert wurden. Kishie TEZUKA (1880-1936) entwickelte und prüfte Studienverfahren des "Selbstlernens" und des "Kooperierenden Lernens". Takeshi KINOSHITA (1872-1946) unterzog das "Gesamtunterrichtsverfahren" einer differenzierungsbetonten Kritik. Unterschiedliche Konzepte zum "Arbeitsschulunterricht" erprobte Taneichi KITAZAMA (1880-1931).
Während der Blütezeit der Reformpädagogik-Entwicklung in Japan von ca. 1916 bis 1930 suchten vor allem gesellschaftskritische Pädagogen ihre favorisierte Reformpädagogik mit Elementen der Friedenserziehung und der Völkerverständigung zu verbinden (vgl. dazu auch PEHNKE 1991). Ihre Kritik richtete sich vor allem gegen die militaristischen und nationalistischen Bildungsinhalte an Japans Schulen. Dadurch entstanden auch unmittelbare Kontakte mit internationalen Organisationen der pädagogischen Reformbewegung. Die Lehrerorganisation "Keimei-Kai", die später die erste Lehrergewerkschaft in Japan wurde, schlug 1921 der Generalversammlung des Völkerbundes die Gründung eines internationalen Amtes für Erziehung und eine Kommission für die Prüfung von Lehrbüchern vor. Wenn auch diese Forderung unerfüllt blieb, so wurde dennoch ein die Reformer motivierender Schritt zur Bildung eines internationalen Organs der weltweiten Erziehungsbewegung in der Öffentlichkeit diskutiert. Im Ergebnis der ersten Weltkonferenz des New Education Fellowship, die 1921 in Calais stattfand, gründete Entaro NOGUCHI (1868-1941) mit dem "Verein für neue Erziehung" eine Zweigabteilung dieses Verbandes in Japan. NOGUCHI und seine reformpädagogischen Mitstreiter nahmen aktiv an der sechsten Weltkonferenz der New Education Fellowship 1932 in Nizza teil (vgl. dazu insges. auch RÖHRS 1995). Die im August 1930 gegründete "Japan Teachers Association" nahm diesen völkerverbindenden Ansatz der internationalen reformpädagogischen Verbundenheit in konstruktiver Weise auf. Aber diese Initiative wurde wie die gesamte Reformbewegung der *Neuen Erziehung* allmählich durch den sich in radi-

---

eine glückliche Synthese von basispädagogischer Reformarbeit und wissenschaftlich begleiteter Reformpädagogik darstellte, suchten sie 1922 Helen PARKHURST in den USA auf. Nach ihrer Wiederankunft in Japan im Juni 1922 ließen sie PARKHURSTS "Education on the Dalton Plan" von Youekichi AKAI (1887-1974) in die japanische Sprache übersetzen. Der überwältigende Verkaufserfolg dieses Buches ermöglichte die Einladung H. PARKHURST nach Japan. Später weilte sie noch drei Mal auf Vortragsreisen in Japan.

kaler Richtung verändernden Nationalismus zunächst behindert und schließlich im Zweiten Weltkrieg erstickt.
In der Nachkriegszeit, nach 1945, wurde in Japan vor allem die Philosophie und Pädagogik John DEWEYs wiederbelebt. Bis in die 60er Jahre erfreute sie sich der größten Beliebtheit. Danach flachte das Interesse sowohl an J. DEWEY als auch an Reformpädagogik insgesamt rasch wieder ab (vgl. DRINCK 1988, S. 56).

Die hier nur skizzierten reformpädagogischen Traditionen in Japan wurden sehr nachhaltig von der europäischen Reformpädagogik, insbesondere der deutschen, und der Reformpädagogik in den USA beeinflußt. In der Verwobenheit mit der Vielzahl traditionell einheimischer Religionen wie dem Christentum, dem Schintoismus, dem Buddhismus und der Gesellschaftslehre des Konfuzius, aber auch jüngerer Religionsrichtungen in Japan wie dem "Omoto-Kyo", hat die ostasiatische Reformpädagogik ein unverwechselbar eigenes Profil.
Bei der Suche nach einem Ausgleich zwischen den Prinzipien einer entwicklungsgerechten japanischen Pädagogik einerseits und dem harten Selektionsdruck durch die immer schwereren Prüfungen andererseits kann in der jüngeren Vergangenheit und der Gegenwart von einer vorsichtigen Renaissance reformpädagogischer Überlegungen gesprochen werden (vgl. KIUCHI i. d. B. sowie DIEHL/FAULENBACH/HESSE 1997, S. 25).

Schüler(innen) in ihren traditionellen von der Mode des deutschen Kaiserreichs inspirierten Schuluniformen prägen noch heute das Straßenbild in der Nähe der großen Schulen. *Bildquelle*: *Informationen zur politischen Bildung Nr. 255/1997, S. 25.*

Literatur

Arbeiten des Bundes für Schulreform. Bd. 1: Forschung und Unterricht in der Jugendkunde. Hrsg. von O. LIPMANN und W. STERN. Leipzig, Berlin 1912.

DIEHL, E./FAULENBACH, J./HESSE, Chr. (Hrsg.): Japan - Informationen zur politischen Bildung (= Nr. 255). Bonn 1997.

DRINCK, B.: Über gegenwärtige Reformpläne für das japanische Erziehungs- und Bildungssystem. Dissertation, Bonn 1988.

EIZAWA, K.: Gedanken des Lehrers in der Taisho-Demopkratie-Periode. Tokyo 1990.

Geschichte der Erziehung in Japan. Hrsg. von einem Autorenkollektiv. Tokyo 1984.

IKEDA, S./MOTOYAMA, Y. (Hrsg.): Erziehung in der Taiso-Periode. Tokyo 1978.

INAGAKI, T.: Forschungen zur Geschichte der Unterrichtstheorien in der Meiji-Periode. Tokyo 1982.

KANGI, T./KINOSHITA, Y.: Die Bewegung der Reformpädagogik und Neue Erziehung in Japan. In: RÖHRS, H./LENHART, V. (Hrsg.): Die Reformpädagogik auf den Kontinenten. Ein Handbuch. Frankfurt am Main, Berlin, Bern, New York, Paris, Wien 1994, S. 443-450.

KANGI, T./KINOSHITA, Y./PEHNKE, A.: Zur Rezeption des regionalen reformpädagogischen Erbes in Japan und zu Besonderheiten der japanischen Erziehungsbewegung. In: PEHNKE, A. (Hrsg.): Ein Plädoyer für unser reformpädagogisches Erbe. Neuwied, Kriftel, Berlin 1992, S. 99-111.

NAGAO, T.: Die Entstehung und Entwicklung der Bewegung der Reformpädagogik. Tokyo 1990.

NAGAO, T.: Die Theorie der Bewegung der Reformpädagogik. Tokyo 1990.

NAGAO, T.: Die historische Betrachtung der Bewegung der Reformpädagogik. Tokyo 1990.

NAKANO, A.: Taisho-Demokratie und Erziehung. Tokyo 1990.

NITTA, T.: Masatarou SAWAYANAGI - sein Leben und Werk. Tokyo 1971.

NBAKAMORI, Z.: Pestalozzi, Herbart und der Herbartianismus in Japan. In: Pädagogische Rundschau 28(1974)7, S. 572-578.

PEHNKE, A.: Ein deutscher Reformpädagoge im Kampf für Frieden, Völkerfreundschaft und pädagogischen Fortschritt - Wilhelm LAMSZUS (1881-1965). In: Wissenschaftliche Zeitschrift der Osaka Kyoiku Universität Japan 12(1991)2, S. 43-54 [japanisch].

RÖHRS, H.: Der Weltbund für Erneuerung der Erziehung. Wirkungsgeschichte und Zukunftsperspektiven. Weinheim 1995.

SAWAYANANGI, M.: Die Gründungskonzeption für die Seijyo-Volksschule. Tokyo 1917.

60 Jahre SEIJYO-GAKUEN. Hrsg. von einem Autorenkollektiv. Tokyo 1977.

Peter LITTIG

Die Landerziehungsheime im Spannungsfeld von Funktionalität und Dysfunktionalität

Ausgangsbasis für meine Studie bilden die Erziehungspraxis und die dieser Praxis zugrunde liegende Theorie der Gründerväter der Landerziehungsheimbewegung in Deutschland, nämlich insbesondere Hermann LIETZ und sein Nachfolger Alfred ANDREESEN.
Bei der Betrachtung der Landerziehungsheimpädagogik steht dabei die Person Hermann LIETZ (1868-1919) im Mittelpunkt des Interesses. Es zeigt sich dabei, daß die persönlichen Lebenserfahrungen von Hermann LIETZ, daß seine Prägung durch sein Elternhaus in Dumgenewitz auf der Insel Rügen[1], daß seine Erfahrungen als Gymnasiast in Greifswald und später in Stralsund, daß seine Tätigkeit als Lehrer und später auch als wissenschaftlicher Mitarbeiter von Wilhelm REIN an der Universität Jena konstitutiv hinsichtlich der Gründung der ersten Landerziehungsheime in Deutschland wirkten. - In einigen Bespielen wird im Rahmen meiner Dissertation auch erläutert, wie sich die Erfahrungen von LIETZ als Großstadtbewohner oder wie sich seine politische Einstellung (national - konservativ, Anhänger von Kaiser WILHELM II.) auf seine Erziehungspraxis ausgewirkt hat. - Ebenfalls eine besondere Bedeutung erfährt in diesem Zusammenhang eine Betrachtung des reformpädagogischen Umfeldes, innerhalb dessen Hermann LIETZ seine Schulgründungen bewerkstelligte, d. h. auch die Einordnung seines pädagogischen Wirkens in dieses Umfeld. Um die Landerziehungsheimpädagogik von Hermann LIETZ in seiner Zeit und seine Absichten besser verstehen zu können, war es dabei erforderlich, diese innerhalb der damaligen gesellschaftlichen und schulpolitischen Realität zu beschreiben. Aus diesem Grunde befaßt sich das Kapitel „Die Praxis der Landerziehungsheimpädagogik des Hermann LIETZ“ u. a. auch mit den Realitäten des deutschen Schulwesens und der gesellschaftlichen Situation in Deutschland. Dabei wird immer wieder deutlich, daß LIETZ die Landerziehungsheime bewußt als Antisysteme zum damaligen staatlichen Schulsystem entwickelt hat, um seine Vorstellungen einer Erziehungsschule dem Prinzip der Unterrichtsschule entgegenzusetzen. Daß der Zugang zu einer eher theoretischen Darstellung der LIETZschen Landerziehungsheimpädagogik über die tatsächliche pädagogische Praxis von Hermann LIETZ an seinen Landerziehungsheimen gesucht wird, bildet die Tatsache ab, daß LIETZ eben nicht von theoretischen Ansätzen ausging und auch nicht zum Ziel hatte, eine neue theoretische Beschreibung eines zur erreichenden Zielzustandes

[1] „Einfach, sparsam, ohne Luxus und Verschwendung ging's im Elternhause zu, in dem ich als Zweitjüngster von meinen Geschwistern aufwuchs. Ernste, stetige Arbeit war allen selbstverständlich. Von früh auf mußten die Kinder, vor allem die Schwestern, bei der Fürsorge für die Jüngeren mithelfen. Streng wurden Nachlässigkeit und Fehler bestraft. Aber jedes Kind hat auch daheim eine herrliche Zeit goldner Freiheit verlebt, bis es dann in die städtische Schule auf dem Festland kam.“ LIETZ, H., Lebenserinnerungen. Veckenstedt 1922, S. 18.

von Schule zu erarbeiten: „Er ist weder ein Theoretiker noch ein konkreter Didaktiker. Die theoretische Begründung erfolgt schrittweise in nachträglicher Besinnung. Erst nach der Gründung der drei Heime in Ilsenburg im Harz (1898), Haubinda bei Hildburghausen in Thüringen (1901) und Bieberstein in der Rhön (1904) unternimmt LIETZ in den Jahresberichten der „Deutschen Landerziehungsheime“ den Versuch, sein Werk theoretisch zu rechtfertigen. “[1] Diesen, aus wissenschaftlicher Sicht offenkundigen Mangel, sah ANDREESEN nicht als Mangel der LIETZschen Landerziehungsheimpädagogik an sich, sondern eher als das wesentliche Hindernis dafür an, daß LIETZ letztlich nicht die Würdigung erfahren hatte, die seinem Werk gerecht wurde: „Denn sein Handeln war stets ganz untheoretisch. Darum deckt sich Theorie und Praxis, programmatische Erklärung und praktische Durchführung bei ihm in der Regel sehr wenig miteinander, weswegen man auch aus seinem Schrifttum kaum ein Bild von diesem Menschen und seinem Werk gewinnen kann; er war stets größer.“[2] Oder an anderer Stelle: „Lietz hatte die fabelhafte Kraft, durchaus aus dem Gedanken zu leben und ihn doch jederzeit sofort zur Tat werden zu lassen; er kannte nicht den Gegensatz von Theorie und Praxis“.[3] Die Schriften von Hermann LIETZ entstanden zunächst meist als Berichte aus der täglichen Landerziehungsheimpraxis und mündeten nach und nach in Forderungskataloge an die staatliche Schule, die er nicht aus einem pädagogisch - systematischen Ansatz heraus, sondern Kraft seiner persönlichen Überzeugung in den Raum stellte. Hierbei standen zwei Grundlinien im Vordergrund: Einmal war es die Forderung nach einer nationalkonservativen und religiös geprägten Nationalerziehung mittels einer von ihm beschriebenen Nationalschule, zum anderen waren seine Forderungen sehr konkret auf Lehrpläne und Methoden zur Verwirklichung seines Ideals der Erziehungsschule konzentriert. In seinen Erziehungsgrundsätzen[4] für die deutschen Landerziehungsheime im Jahr 1898 stellt LIETZ die Forderung nach Erziehung der anvertrauten Kinder zu harmonischen, selbständigen Charakteren an den Anfang: "Erziehung der anvertrauten Kinder zu harmonischen, selbständigen Charakteren, zu deutschen Jünglingen, die an Leib und Seele gesund und stark, die körperlich, praktisch, wissenschaftlich und künstlerisch tüchtig sind, die klar und scharf denken, warm empfinden, mutig und stark sein wollen."[5]

In seiner zweiten Hauptschrift ‘die deutsche Nationalschule’ aus dem Jahr 1910 sieht er in seiner ersten Hauptforderung für deutsche Nationalerziehung den Hauptzweck der Schule in der Charakterbildung in Zusammenhang mit der Erziehung und Entwicklung der religiös-sittlichen Anlagen, der körperlichen und geistigen Kräfte, Vorbereitung auf den Beruf eines deutschen Staatsbürgers, Ar-

---

[1] RÖHRS, H., Reformpädagogik. Weinheim 1991, S.118.
[2] ANDREESEN, A.(Hrsg.). In: Jahrbuch auf das Jahr 1924. Veckenstedt a. Harz 1924, S. 70.
[3] Ebd., S. 74.
[4] Vgl. LIETZ, H. In: LASSAHN, R.: Schulreform durch Neugründung. Paderborn 1970, S. 31.
[5] LIETZ, H.: Schulreform durch Neugründung. Paderborn 1970, S. 31 f.

beit an der Weiterentwicklung wertvoller nationaler Kultur, nicht aber Einprägung von Kenntnissen und Beibringung von Fertigkeiten. - D. h. LIETZ versteht unter Charakterbildung den Ansatz zu einer Erziehung zum ganzen Menschen, wobei im Sinne der Nationalpädagogik LAGARDES der Intellektualismus weitgehend zurückgedrängt werden soll . Somit stellt der Begriff der Charakterbildung wohl den zentralsten Begriff der LIETZ'schen Landerziehungsheimpädagogik dar. Wesentliche Forderungen an eine in seinem Sinne reformierte Nationalschule waren dabei:

- *Charakterbildung als Hauptziel von schulischer Erziehung* (ganzheitlicher Erziehungsansatz, religiös-sittliche Erziehung, Förderung der körperlichen und geistigen Kräfte, Erziehung zu deutschen Staatsbürgern auf Basis einer nationalpädagogischen (konservativen) Kultur. *Nicht*: Einprägen von Wissen, *sondern*: Vermitteln von Fertigkeiten.
- *Erziehung der Schüler zu Staatsbürgern durch Beteiligung an Schulordnungsaufgaben* (*Schülerselbstverwaltung*).
- Bekämpfung von *Alkoholismus, Sexualismus und Mammonismus durch Erziehung.*
- *In der Schule ist der Religion eine gesonderte Rolle zuzuweisen* (Vorbildfunktion der Erwachsenen, kein Prüfungsfach).
- *Aufgabe einer nationalreligiösen Erziehung*, (deutsches Fühlen, Denken und Wollen zur Bewältigung der Gegenwartsaufgaben).
- *Schule muß einen Schonraum für die Jugend bilden.*
- *Schule muß die Schülerinnen und Schüler auf ihre traditionelle geschlechtsspezifische Rolle in der Familie* (Vater und Soldat, bzw. Mutter) vorbereiten.
- *Schule muß auf die geschlechtsspezifische Berufstätigkeit vorbereiten*
- *Die Schule muß den Kindern genügend Zeit für körperliche Betätigungen lassen* (Spiel, Wanderungen, Sport).
- *In der Schule muß erziehender Unterricht gewährleistet werden:* (*Nicht*: mechanisch-äußerliche und unpsychologische Verfahren, wie Auswendiglernen, Extemporalien und Probearbeiten, *sondern*: psychologisch entwickelnden Unterricht).
- *Die Klassenfrequenzen müssen erheblich reduziert werden.*
- Die Erziehung sollte möglichst *aus den Städten heraus in die freie Natur* verlegt werden.
- *Beendigung des Streites bei Parteien und Kirchen zur Erneuerung der Nation.*
- *Finanzierung der Nationalerziehung* (durch Opfer der Reichen[1], eine Steuerpflicht für Unverheiratete, Kinderlose und Nichtwehrpflichtige).
- Schließlich soll dies alles in der neuen Nationalschule umgesetzt werden, *„um ein mutiges und kerniges Geschlecht heranzubilden, das sich seines Lebens freut und an dem jeder Echte sich freuen kann.“*[2]

In der Beschreibung der Ziele und Forderungen von Hermann LIETZ und Alfred ANDREESEN (1886 - 1944) wird dabei immer wieder deutlich, daß beide die von LIETZ gegründeten Landerziehungsheime als Basis zur Reform von Schule und

[1]LIETZ konkretisiert diesen Anspruch, indem er fordert: „Solange die Ausgaben von Heer und Flotte nicht verringert werden können, müssen alle Reichen es als nationale Pflicht betrachten, durch Schenkungen und Stiftungen zur Erziehung der deutschen Jugend beizutragen. Man vergleiche das Beispiel der amerikanischen Reichen.“(LIETZ 1920, S. 10).

[2] LIETZ, H.: Deutsche Nationalerziehung. Weimar 1938, S. 44.

Gesellschaft ihrer Zeit sahen. Stichworte wie 'Keimzelle religiöser und sittlicher Erneuerung' belegen dies. - Alfred ANDREESEN sieht in der Aufgabe freier Schulen, Keimzelle für religiöse und sittliche Erneuerung zu sein, die besondere Bedeutung dieser freien, nicht-staatlichen Schulen, die sich seit der Wende zum zwanzigsten Jahrhundert als Schulen mit Gemeinschaftscharakter entwickelten. Obwohl er ihre Anzahl noch als zu gering erachtete und es ihnen aus seiner Sicht noch an der genügenden Wucht mangelte, sah er in ihnen die Chance, die von LIETZ und ihm angestrebten Ziele zu erreichen: „Aber sie sind Keimzellen, die deswegen von besonderer Bedeutung sind, weil sie von vornherein weder mit dem religiösen Riß der Konfessionen, noch mit der parteipolitischen Zersplitterung belastet sind, und nach unserer Kenntnis, abgesehen von den konfessionellen Ordens- und Sektenschulen, die einzigen Institutionen sind, die bewußt und in voller Klarheit diese Aufgabe erfaßt haben und nicht nur intellektuelle Belehrung, sondern Charakterbildung anstreben.“[1]
Wenn nun Alfred ANDREESEN die von LIETZ gegründeten Landerziehungsheime wiederum als Keimzelle für diese Entwicklung der freien Schule beschreibt, so umschreibt er damit genau auch den Anspruch der Landerziehungsheimpädagogik bezüglich ihrer Bedeutung für die Schulentwicklung und für die Gesellschaft um die Jahrhundertwende: „Die LIETZschen Heime nehmen unter ihnen[2] eine besondere Stellung ein; sie stellen die älteste Gründung dar, sie sind direkt oder indirekt die Keimzelle für fast alle anderen freien Schulen gewesen; sie haben die größte Schülerzahl und die größte geographische Verbreitung; sie stehen neben Wickersdorf wohl am meisten im Mittelpunkt der öffentlichen Diskussionen und haben nach 25jähriger Arbeit eine gewisse Tradition erworben und ihre Daseinsberechtigung erwiesen. Daß sie in solcher Kraft existieren, ist der einzig mögliche, aber zwingende Beweis dafür, daß hier wichtige Aufgaben vorliegen, daß sie diese richtig erfaßt haben und auf dem richtigen Wege sind“[3] Was an Wirkungen durch die LIETZschen Landerziehungsheime zur Zeit der Gründerväter erzielt werden sollte, zeigen die Ausführungen von LIETZ und ANDREESEN, wie sie in der Studie angeführt werden, deutlich. Es war das Ziel der LIETZschen Landerziehungsheimpädagogik bzw. es war das Ziel von Hermann LIETZ und später Alfred ANDREESEN, mittels der Landerziehungsheime derart auf das staatliche Schulwesen und die Gesellschaft zu wirken, daß dabei der von ihnen vertretene Erziehungsschulgedanke als zukünftige Basis für ein reformiertes Schulwesen in der Gesellschaft implementiert werden sollte. Für LIETZ und ANDREESEN stand der Begriff der 'Erziehungsschule' für die Schule, welche die Mängel der von ihnen kritisierten Unterrichtsschule überwunden hat. Die dabei zugrundeliegende Kritik an der Unterrichtsschule war eine Kritik sowohl an ihrer Zielsetzung als auch an ihrer Methodik: In ihrer Zielsetzung zeichnet sich die

---

[1] ANDREESEN, A.: Die deutsche Aufgabe und die Landerziehungsheime. Veckenstedt 1924, S. 49.
[2] Gemeint sind die freien Schulen.
[3] ANDREESEN 1924, S. 49.

Unterrichtsschule aus der Sicht der Gründerväter der Landerziehungsheime dabei durch eine Überbetonung der *Intellektualität* und damit der Vermittlung von kognitivem Wissen mit dem einhergehenden *Prüfungs- und Berechtigungswesen* aus, was der Unterrichtsschule bzw. öffentlichen Schule eine Zielsetzung verleiht, die sie nur eine *unzureichende Qualifikationsfunktion im Sinne einer Qualifikation des „ganzen Menschen"* (Charakter, Körper und Geist) für das Leben in der Gesellschaft zugunsten einer ausufernden Selektionsfunktion ausüben läßt. D.h., daß die öffentliche Schule dadurch in hohem Maße *dysfunktional hinsichtlich der sie umgebenden und sich verändernden Gesellschaft wirkt.*

Die mit der Kritik an der Zielsetzung verknüpfte Methodenkritik durch LIETZ am öffentlichen Schulwesen läßt sich in den folgenden Punkten zusammenfassen:

a) Kritik am Standort bzw. Umfeld von Schule, nämlich der *Großstadt* mit all ihren schädlichen Einflüssen auf die Schüler;
b) Kritik an dem der Unterrichtsschule mangelnden Ansatz, neben dem Geist und den Intellekt auch den *Körper* zu *schulen*;
c) Kritik am Fehlen eines für den zu vermittelnden Inhalt *motivierenden* und in der Gestaltung *erziehenden Unterrichts*;
d) Kritik am mangelnden Ansatz der Unterrichtsschule, auch über den (theoretischen) Unterricht hinaus noch *erzieherisch* auf die Schüler zu *wirken.*

Demgegenüber stellte LIETZ sein Konzept der Erziehungsschule, für das er zur Erreichung seines Erziehungszieles (vergl. S. 3) einen festen Katalog von Erziehungsmitteln vorsah:

1. *Erziehung nicht in der Stadt*, sondern auf dem gesunden, schönen, in unmittelbarer Nähe großartiger Gebirgslandschaft (Harz) gelegenen Schullandgut mit weiten Wiesen, Gärten, Feldern; mit Fluß und Bach; auf einem Boden, der durch Sage und Geschichte berühmt ist, der durch seine Naturerzeugnisse und Menschenwerke eine Fülle von Belehrungen bietet: Bergwerk in Goslar, Tropfsteinhöhle in Rübeland, Eisen- und Kupferwerke in und bei Ilsenburg, Brocken in 2 ½ Stunden zu erreichen. - 2. *Zusammenleben, -spielen, -arbeiten* von Zöglingen und Erziehern als jüngeren und älteren Freunden, wobei letztere vor allem durch ihre vorbildliche starke Persönlichkeit, durch ihre begeisterte Hingabe für den Erzieherberuf, durch ihre Liebe zur Jugend sittlich-religiös einwirken. - 3. *Streng hygienische Lebensweise* im Erziehungsheim, im Essen und Trinken (kein Alkohol, keine stark gewürzten Speisen, reichlicher Genuß von Gemüse, Obst, Milch, Eiern, Fischen usw.); ferner Abwechslung zwischen wissenschaftlicher und körperlicher Arbeit einerseits und Erholung in Kunstübung und Spiel andererseits; zweckdienliche, allmähliche Abhärtung usw. - 4. *Tägliche Körperübungen,* wie Wandern, Laufen, Spielen, Schwimmen, Turnen u.ä.; morgens nach dem Aufstehen, in den Pausen, an einem Teil jedes Nachmittags, an einem wöchentlichen Freinachmittage und an den Sonntagnachmittagen. - Täglich ungefähr zwei Stunden.
5. *Tägliche praktische, körperliche Beschäftigungen*, die den Kindern Freude machen, ihrer Kraft entsprechen, sie geistig anregen und gesundheitlich fördern; als da sind Arbeiten im Garten oder Busch, auf Feld oder Wiese, in Werkstätte oder auf Bauplatz; wie Graben, Pflanzen, Begießen, Heu Zusammenbringen, Tischlern, Bauen u.a. - Täglich 1 - 2 Std. Nachmittags. 6. *Tägliche Kunstübung*: Zeichnen nach der Natur (2 Std. wöchentlich); Modellieren in Ton, Plastelina, Wachs, Gießen in Gips (2 Std. wöchentlich), Singen (½ Std. täglich), In-

strumentalmusikübung möglichst aller (ca. 1 Stunde täglich nach den Mahlzeiten); planmäßige Anleitung zum Verständnis von Werken der Kunst; Schul-Konzerte und -Theater. - J.g. täglich ungefähr 2 Std. - hauptsächlich abends. - 7. *Besondere Veranstaltungen zur Pflege des sittlich-religiösen und Vaterländischen Sinnes*, wie tägliche Morgen- und Abendandachten, religiöse Einwirkung bei feierlichen Gelegenheiten (Wanderungen im Wald, unterm Sternenhimmel), Feier- und Gedenktage, Betonung des Religiös-Sittlichen in allen Unterrichtsfächern, besonders in Naturwissenschaft und Geschichte, Pflege von Poesie und Kunst (s. o.).

Die Implementierung des Erziehungsschulgedankens war für LIETZ und ANDREESEN aber auch die notwendige Vorstufe zur Erziehung der Gesellschaft hin zu einer nationalkonservativen, nationalreligösen Gesellschaft im Sinne LAGARDES. - Diese verdeutlicht auch noch einmal den grundlegenden bildungspolitischen Anspruch der LIETZschen Landerziehungsheimpädagogik:

„Der Nation müssen die Heime die Gewähr bieten, daß sie in redlichem, kraftvollem Bemühen den nationalen Nöten und Aufgaben gerecht werden, an einer Höherentwicklung echter nationaler Kultur mitarbeiten wollen, daß sie aufbauen und nicht zerstören.“[1] Oder: „Auch die Nation hat ein Recht darauf, zu fordern und die Pflicht, zu überwachen, daß alles geschieht, was nur irgend möglich ist, um eine gesunde junge Generation zu bekommen und zu erhalten.“[2] Besonders deutlich wird dies, wenn LIETZ sein Schulmodell als Ausweg aus der von ihm konstatierten Not des deutschen Volkes anpreist: „Um der Not unseres Volkes abzuhelfen, um allen, die zu mir kommen würden, Recht und Liebe zu verschaffen, um die Nation, wenn auch an noch so kleinem Teil, vor Verkümmerung tüchtiger Glieder zu bewahren, darum gründete ich die Heime."[3]

In der Vorstellung von LIETZ sollte sein Schulmodell zu einer Gesellschaft führen, in der die Problematik der sozialen Ungleichheit und die damit korrespondierenden politischen Interessensgegensätze[4] beseitigt sind. Seine Erfahrungen mit Abbotsholme als Heimschule mit sozialpädagogischem Anspruch sowie seine Orientierung an den Reethisierungsforderungen seines Doktorvaters EUCKEN und an den Abgrenzungen des Herbartianismus vom Marxismus durch Wilhelm REIN bildeten schließlich die Grundlage dafür, daß LIETZ zur Lösung der Problematik der sozialen Ungleichheit den revolutionären Ansatz der Arbeiterbewegung ablehnte und statt dessen die Heimerziehung als Ausdruck seines Erziehungsschulgedankens als Antwort auf die soziale Frage ansah.
ANDREESEN, der wie LIETZ von einem nationalpädagogisch orientierten Zielzustand der Gesellschaft ausgeht, beschreibt die wesentlichste Aufgabe der Landerziehungsheime bezüglich der Entwicklung des staatlichen Schulsystems quasi als Wegweiser zu einer Erziehungsschule, die sich der Aufgabe der von ihm sogenannten Volkserziehung zu widmen hat. Eine Entwicklung, die

---

[1] LIETZ, H.: Das sechzehnte Jahr in Deutschen Landerziehungsheimen. Leipzig 1914, S. 20 f.
[2] Ebd., S. 3.
[3] LIETZ, H.: 16. Jahrbuch der Deutschen Landerziehungsheime. Weimar 1914, S. 21.
[4] Vgl. BENNER, D./KEMPER, H.: Zur Theorie und Geschichte pädagogischer Reformen, Studienbrief der Fernuniversität Hagen. Bd. 2, Hagen 1993, S. 59.

ANDREESEN als äußerst langwierig beschrieb: „Sie[1] erfordert Zeit, Jahrzehnte, Generationen und darum Ausdauer und Geduld. Sie müßte ein neues Werteempfinden in einer möglichst großen Zahl von Menschen entwickeln; Intensität und Qualität desselben messen den Erfolg."[2]
Die national-konservative und nationalreligiöse Zielsetzung von LIETZ und insbesondere seine wachsende Intoleranz gegenüber abweichend denkenden Mitarbeitern führten im Rahmen der konkreten Praxis in seinen Landerziehungsheimen (Ilsenburg, Haubinda und Bieberstein) zu Konflikten, die nicht zuletzt in Sezessionen endeten. Sezessionen, die allerdings wiederum zur Verbreitung der Landerziehungsheime in Deutschland und darüber hinaus beigetragen haben. Die Forderungen an Erziehungsziel und Erziehungsmittel verband LIETZ mit entsprechenden Anforderungen an die Erzieher, die diese dann in den Landerziehungsheimen realisieren sollten. Dabei standen nicht die fachliche Qualifikationen der Erzieher, die in der Doppelfunktion des Lehrers und Erziehers in den Landerziehungsheimen arbeiteten, im Mittelpunkt, sondern Forderungen hinsichtlich ihrer Vorbildfunktion und ihres Verhaltens gegenüber den Schülern. Was die *Vorbildfunktion* angeht, so forderte LIETZ von seinen Erziehern beispielsweise: 1. *Armut* - damit fordert LIETZ von einem Erzieher, daß dieser die ideellen Werte stets den materiellen Werten vorziehen solle. - 2. *Keuschheit* - insbesondere bezieht sich diese Forderung, oder auch dieses Gelübde, wie es bei LIETZ heißt[3], auf den Verzicht auf Nikotin, Alkohol, Sexualismus, Verweichlichung, Verschwendung und Genußsucht. - 3. *Tapferkeit* - hierbei fordert LIETZ von seinen Erziehern, alle Kraft, sogar bis hin zum Einsatz ihres Lebens, dafür einzusetzen, den von ihm angestrebten sittlichen und sozialen Idealismus durchzukämpfen. 4. *Gehorsam* - eine Forderung von LIETZ, die beinhaltete, daß die Erzieher und damit ihre Person selbst sich den Interessen der Erziehungsgemeinschaft im Landerziehungsheim, oder übergreifend gedacht, sich der Gemeinschaft im Staate unterzuordnen. Das von den Erziehern geforderte *Verhalten gegenüber den Schülern* sei durch die nachfolgenden Zitate von Hermann LIETZ umrissen:

- „Freude am Kind erfülle Dich, verstehe es Freude im Kinde zu schaffen ...",
- „Achtung vor dem Kind durchdringe Dich ...",
- „Sei Kamerad und Führer des Kindes und werdet einander Freunde ...",
- „Vertrauen zum Kind erfülle Dich ...",
- „Erwecke Ehrfurcht im Kinde vor dem, was unser aller Dasein überragt, bedingt und erhält, indem Du selbst Ehrfurcht vor diesem Unendlichen empfindest und beweist ..."[4]

In der Studie wird deutlich, daß die Mitarbeiterführung eine entscheidende Schwachstelle von Hermann LIETZ darstellte und daß er in seiner Art der Ver-

[1] Gemeint ist die Volkserziehung.
[2] ANDREESEN 1924, S. 21.
[3] Vgl. LIETZ, H., Schulreform durch Neugründung. Paderborn 1970, S. 114.
[4] Ebd., S. 116 f.

achtung seiner Erzieher *Konflikte* bewußt oder unbewußt eskalieren ließ, die seine Landerziehungsheime mehrfach in Existenzkrisen trieben. Aus heutiger Sicht, in Kenntnis der Geschichte der Landerziehungsheime, kann man aber auch den zugegeben gewagten Schluß ziehen, daß sein Verhalten gegenüber seinen Erziehern durchaus zur Entwicklung der Landerziehungsheimbewegung in Deutschland beigetragen hat. Denn ohne sein autoritatives Verhalten wäre es sicher nicht zu den Sezessionen in den Jahren 1906 und 1908 gekommen, bei denen sich so bedeutende Erzieher wie Gustav WYNEKEN, Paul GEHEEB, Alfred KRAMER u.a. von Hermann LIETZ abwandten und nach und nach eigene Landerziehungsheime gründeten, die zum Teil heute noch existieren. LIETZ stand dabei allerdings nicht nur in Einzelkonflikten mit einigen Lehrern (besser: Erziehern). In der Studie wird an einigen Beispielen (insbesondere der von LIETZ in den Mittelpunkt gerückten Charakterbildung) gezeigt, wie sehr seine theoretischen Vorstellungen von funktionalem Erziehungshandeln häufig mit seiner eigenen praktizierten Pädagogik in Konflikt gerieten. Deutlich wird dabei auch, daß dies auch auf die mangelnde theoretische Durchdringung seiner reformerischen Ideen zurückzuführen ist: BENNER/KEMPER weisen in diesem Zusammenhang darauf hin, daß LIETZ, wenn man beispielsweise seine Erziehungsgrundsätze aus dem Jahr 1898 für sein erstes Landerziehungsheim Ilsenburg betrachtet, ohne jede pädagogische Systematik auskam: „Anstatt den ideellen Wert dieser wünschenswerten Eigenschaften zu erläutern und vor allem zu begründen, welchen Beitrag sie zur Lösung der individuellen Lebensprobleme seiner Schüler und der sozialen Interessensgegensätze außerhalb der Schule leisten könnten, beschränkt sich LIETZ darauf, einen Katalog von Tugenden wie Treue und Zuverlässigkeit, Tapferkeit und Unbefangenheit, Offenheit, Reinheit und Keuschheit anzugeben."[1] Es darf an dieser Stelle nicht verwundern, wenn gerade in politischen und intellektuellen Kreisen keine direkte Wirkung eines pädagogischen Ansatzes zu verspüren war, dessen Handeln sich allein auf die persönliche Überzeugung von Hermann LIETZ bezüglich dessen Richtigkeit stützte.
Wie in der Diskussion der Praxis der LIETZschen Landerziehungsheimpädagogik immer wieder deutlich wird, bestätigt sich der Eindruck von BENNER und KEMPER, nämlich, daß LIETZ auf einer naiven Theorienbildung aufsetzte, was schließlich zu einer Reformpraxis mit nicht - reflexivem autoritativen Charakter führte. Die Studie zeigt dabei die aus unterschiedlichen Ansätzen zu Funktionalität und Dysfunktionalität entstehenden Konflikte und die weiteren Entwicklungen der Landerziehungsheimbewegung bis in die heutige Zeit hinein. Hierbei kommt zum Ausdruck, daß zum Beispiel Paul GEHEEB an der Odenwaldschule wie Gustav WYNEKEN in der freien Schulgemeinde Wickersdorf eine ganz entscheidende, zu Dysfunktionalitäten hinsichtlich der Charakterbildung führenden Schwachstelle der LIETZschen Landerziehungsheimpädagogik entfernen wollten, nämlich die zu enge emotionale Bindung an eine Führungsperson, verbun-

[1] BENNER/KEMPER 1993, S. 59.

den mit der entsprechenden gefühlsmäßigen Abhängigkeit. BENNER und KEMPER[1] betonen in diesem Zusammenhang, daß GEHEEB und WYNEKEN mit ihren Neugründungen Heime geschaffen haben, in denen die Jugend tatsächlich zu selbständig denkenden und handelnden Menschen erzogen werden konnte. Durch die Überwindung des autoritativen Ansatzes von LIETZ konnte GEHEEB und WYNEKEN dem von LIETZ selbst aufgestellten Anspruch einer Erziehung der Jugendlichen zu selbständigen Charakteren gerecht werden. Mit der Überwindung der von LIETZ geprägten autoritativen Struktur der Landerziehungsheimpraxis konnten die von LIETZ selbst gesetzten Grenzen der Wirkungsmöglichkeiten überwunden werden und letztlich eine gemeinsame Basis für die Entwicklung der Landerziehungsheime insbesondere nach dem zweiten Weltkrieg geschaffen werden.

In der Studie wird deutlich, daß es LIETZ und den anderen Gründervätern unabhängig von ihrer jeweiligen politischen Herkunft gelungen ist, die Zielsetzung und die Methodik des staatlichen Schulwesens nicht nur kritisch zu hinterfragen bzw. als dysfunktionale Instanz hinsichtlich der Gesellschaft ihrer Zeit zu entlarven, sondern auch über ihre vorgelebte Praxis in den Landerziehungsheimen neue pädagogische Konzepte zu entwickeln, die bis in die heutige Zeit hinein noch aktuell sind. Was die Dysfunktionalität der damaligen Schule betrifft, so war die deutsche Schule aus der Sicht von LIETZ zu einer Instanz reduziert worden, deren Hauptzweck darin bestand, daß dort die Schüler irgendwelche Berechtigungen bzw. Berechtigungsscheine erwerben konnten, wobei das, was die Kinder und Jugendlichen erlernen mußten, um diese Berechtigunsscheine zu erhalten, ihm nicht dazu geeignet schien, um die dann Berechtigten in die Lage zu versetzen, das Leben in der Gesellschaft als produktive Mitglieder dieser Gesellschaft zu meistern. In diesem Sinne war die deutsche Schule für LIETZ eine dysfunktionale Instanz. Eine Kritik, die auch bezüglich der heutigen Schule und der heutigen Gesellschaft nicht von der Hand zu weisen ist.

Um die konkreten Wirkungen und Wirkungsmöglichkeiten der Landerziehungsheime verdeutlichen zu können, setzt sich die Studie mit der Frage nach der Funktion der Landerziehungsheime auseinander, d. h. sie hinterfragt, ob die Landerziehungsheime

- Krisengebilde als Antwort auf die Situation von Staat, Gesellschaft und staatlicher Schule dieser Zeit waren, ob
- es Modelle für das staatliche Schulwesen waren, ob
- es idyllische pädagogische Provinzen waren, ob
- es pädagogische Antisysteme waren, ob
- es Komplementärinstitutionen waren, oder ob
- es von politischen Interessen geleitete Bildungseinrichtungen waren.

---

[1]Vgl. BENNER/KEMPER 1993, S. 74.

Dabei wird offenkundig, daß

- die Landerziehungsheime zu Zeiten von Hermann LIETZ von politischen Interessen geleitete Bildungseinrichtungen und somit prädestiniert für Konflikte um ihre Funktionalität waren, daß
- die Landerziehungsheime heute wie damals Krisengebilde darstellen, daß
- in der heutigen Zeit der sich radikal verändernde nicht-schulischen pädagogischen Instanzen die Funktion der Landerziehungsheimen als Komplementärinstitutionen immer deutlicher wird, daß
- die Landerziehungsheime unter einer eingeschränkten Definition des Modellbegriffes sicher als Modelle für das staatliche Schulwesen verstanden werden können.

Bei dieser Betrachtung wird immer wieder sichtbar, daß die heutige Landerziehungsheimpädagogik weiterhin an denselben Mängeln der Schule wie zu Lebzeiten von LIETZ orientiert ist oder wie Maria RIEGER es ausdrückt:

„Außer Prüderie und Bigotterie sind diese Sünden der Schule noch alle da:

- hie (im Gymnasium) verkopft, da (in der Volksschule) volkstümelnd
- überall den Körper mißachtend
- die Welt in eher willkürlich und ganz zusammenhanglos gebildeten Fächern vorstellend
- Heranwachsen und Reifen eher als genierliche Panne denn als Chance sehend
- trotz aller „Gleichheit" die ungleichen Sozialchancen perpetuierend; abrichtend
- die intakte Kleinfamilie als *Hort* voraussetzend."[1]

Die Studie zeigt, daß eine Diskussion um den möglichen Nutzen der Landerziehungsheimbewegung letztendlich auch für die Schulentwicklung gerade im Zusammenhang mit den Autonomisierungstendenzen im Bereich der staatlichen Schulen von hoher Bedeutung sein kann bzw. sein sollte, da hier eine solche Entwicklung über lange Zeit mit ihren positiven und negativen Erfahrungen, mit ihren Krisen und Konflikten bereits vorgelebt worden ist bzw. vorgelebt wird. Diese Diskussion ist verknüpft mit dem Beleg der Legitimation dafür, daß Ergebnisse und Erfahrungen aus dem Bereich des privaten Schulwesens durchaus in den Gegenstandsbereich einer modernen Theorie der Schule gehören. Einer Theorie, die sich noch vor kurzer Zeit als Theorie für die Schule als Instanz ausschließlich vom Staat veranstalteter Bildung sah.
Gerade im Hinblick auf die erwähnten Autonomisierungstendenzen bei den staatlichen Schulen kann die Betrachtung der Geschichte der Landerziehungsheime als Wegweiser auf dem Weg der Organisationsentwicklung gesehen werden: Die Landerziehungsheime haben den staatlichen Schulen die Vorteile und die Nachteile einer Entwicklung hin zur Autonomie vorgelebt. Sie haben sich dabei stets auf einer Art Gratwanderung zwischen 'pädagogischer Provinz' und autonomem institutionellem Bestandteil der Gesellschaft befunden. Die dabei auftretenden Differenzen bezüglich ihrer Funktionalität und Dysfunktionalität können als mittelbare Wegweiser für die Organisationsentwicklung einzelner

---

[1] RIEGER, M. F.: Thesen zu Situation der Landerziehungsheime (insbesondere Neubeuern) In: Deutsche Landerziehungsheime, Konzepte und Erfahrungen. Berlin 1983, S. 25.

Schulen gesehen werden. Dabei ist es im ersten Schritt unerheblich, ob diese Schulen keine Elemente, einzelne Elemente der Konzeption der Landerziehungsheime oder gar zusammenhängende grundlegende Konzeptionen übernehmen. Wichtig ist, daß sie erkennen, daß es einen Weg zu Autonomie gibt und daß dieser Weg kein einfacher Weg sein wird. Erst in zweiter Linie können die staatlichen Schulen von den Erfahrungen mit an den von Landerziehungsheimen erprobten Erziehungskonzepten profitieren. Sie können aber auch aufgrund der Erfahrungen der Landerziehungsheime Schwierigkeiten, die sich aus den Autonomiebestrebungen ergeben können, antizipatorisch aus dem Weg gehen: Die Erfahrung der Landerziehungsheime zeigt z. B., daß die Zusammenballung von gleichaltrigen Jugendlichen zu Negativverstärkungen und psycho-sozialem Druck (Hackordnung, Marktwert der Beziehungen) führt, daß die totale Institution ein Gefühl dauernder Kontrolle und Fremdbestimmung vermittelt und dadurch ein nicht zu unterschätzendes Fluchtverhalten (innere Emigration, Drogenkonsum) ihrer Mitglieder fördert, daß nicht zuletzt ein konsequenter Abschluß gegenüber der Außenwelt heute noch viel weniger möglich ist (Vorerfahrung einzelner Schüler, Ferienkontakte, Massenmedien, Verkehrsmittel), als zu Lebzeiten von Hermann LIETZ. Die Erfahrungen der Freien Schulen, speziell der Landerziehungsheime seit ihrer Gründung durch LIETZ, haben gezeigt, daß sich die Schulentwicklung in einem ständigen Spannungsfeld von Funktionalität und Dysfunktionalität hinsichtlich der unmittelbaren Vorstellung ihrer Mitglieder von Schule und Gesellschaft befindet. Für die Organisationsentwicklung von Schule wurde deutlich, daß sie die Diskussion um Funktionalität und Dysfunktionalität bestimmter Erziehungskonzepte als in ein Spannungsfeld eingebettet betrachten muß, das sich als Spannungsfeld zwischen Struktur und Prozeß und zwischen Kollektivität und Individualität beschreiben läßt. Die Entwicklung der Landerziehungsheime seit LIETZ, der seine Heime, wie Klaus BERTELSMANN betont, als Lebensmodell plante, „in dem die Voraussetzungen für den entspannten, von gegenseitiger Achtung bestimmten Umgang zwischen Kindern, Jugendlichen und Erwachsenen gegeben waren“[1], bis in die heutige Zeit hinein, die unterschiedlichen Folgeentwicklungen innerhalb der Landerziehungsheimbewegung aber auch innerhalb der Freien Schulen und die methodische Anknüpfungen und Diskussionen in nach Autonomie strebenden staatlichen Schulen belegen dies. Daß eine unmittelbare und unreflektierte Rezeption der Landerziehungsheimpädagogik für das staatliche Bildungswesen wenig ratsam ist, zeigen die Ausführungen in der Studie. Es wird dabei aber auch um so deutlicher, daß die Rezeption der Erfahrungen von Schulentwicklung bei den Landerziehungsheimen wertvolle Informationswirkungen auf die aktuelle Schulentwicklungsdebatte haben muß, da die Entwicklungsgeschichte nicht zuletzt auch Hinweise darauf geben kann, wie Ansätze zur Entwicklung einzelner Schulen hin zu lernenden Organisationen aussehen könnten. Dies ist um so bedeutsamer, da in der

---

[1] BERTELSMANN, K.: Was wollte Hermann Lietz. In: Leben und Arbeit, Zeitschrift der Deutschen Landerziehungsheime Hermann Lietz Schule. Hofbieber 1980, S. 7.

aktuellen Diskussion um die Organisationsentwicklung der Begriff der 'Lernenden Organisation' im Mittelpunkt steht, der allerdings schneller in den Wirtschaftsunternehmen unter dem Stichwort 'Lernendes Unternehmen' als in den staatlichen Schulen an Bedeutung gewann. Dabei ist es besonders frappierend, wenn im Zusammenhang mit der Diskussion um das 'Lernende Unternehmen' alte Forderungen der Reformpädagogik bzw. Landerziehungsheimpädagogik wie ganzheitliche Qualifizierung (Denken in Zusammenhängen u. ä.) im Zentrum des Interesses stehen.[1]

Die Studie macht deutlich, daß die Landerziehungsheime den Vorteil hatten und haben, ohne die innere Schranke des staatlichen Charakters des öffentlichen Schulwesens[2] den Weg der Professionalisierung gehen zu können. D. h. sie konnten und können sich als nicht nur nach höheren Weisungen handelnde Organisationen entwickeln, sondern als lernende Lernorganisationen, die sich selbst aufgrund ihrer eigenen Erfahrungswerte und Bedarfsanalysen sowie ihrer wachsenden Problemlösungskapazitäten ihre Ziele und Prioritäten selbst vorgeben.

---

[1] Vgl. LITTIG, P.: Die Klugen fressen die Dummen, das Lernende Unternehmen - Ergebnisse einer Marktstudie. Bielefeld 1996, S. 77.

[2] Vgl. ROLFF 1995, S. 136.

Irina MCHITARJAN

Die Rezeption der deutschen Reformpädagogik in Rußland (1900-1917): Das Beispiel Georg KERSCHENSTEINER[1]

In meiner Dissertation[2] ging es u. a. um die Frage, in welcher Weise innerhalb der russischen pädagogischen Reformdiskussion zwischen 1900 und 1917 die deutsche Reformpädagogik rezipiert wurde. Der Gegenstand der Untersuchung ist somit ein Rezeptionsprozeß - ist die russische Sicht auf die deutsche Reformpädagogik zu Beginn des 20. Jahrhunderts. Besonders starke Beachtung in Rußland fand das Werk von KERSCHENSTEINER - und darum geht es heute in meinem Vortrag: Wie wurde KERSCHENSTEINER zu Beginn des Jahrhunderts in Rußland rezipiert, wie hat er die dortige Diskussion beeinflußt?
Dabei möchte ich im ersten Teil des Vortrags eine Reihe von notwendigen Vorklärungen vornehmen; im zweiten Teil die Grundlinien der KERSCHENSTEINER-Rezeption darstellen und im dritten ein vorläufiges Fazit dazu ziehen.
Vorab ist hier noch zu sagen, daß ich auf *eine* Vorklärung aus zeitlichen Gründen verzichten muß: Die Kenntnis des Reformpädagogen KERSCHENSTEINERS, seiner Konzepte, seines Wirkens in München, setze ich hier als bekannt voraus.

Fünf Vorklärungen

Fragestellung und methodisches Vorgehen

Die Ideen der deutschen Reformpädagogen wurden in Rußland in Form von Zeitschriftenbeiträgen und Monographien veröffentlicht und diskutiert; ihre Autoren - TEWS, GANSBERG, SCHARRELMANN, LIETZ, WYNEKEN, GEHEEB, OTTO, KERSCHENSTEINER und NATORP - wurden von den russischen pädagogischen Zeitschriften zur Mitarbeit eingeladen[3]. Die pädagogischen Konzepte einiger von ihnen - wie die von KERSCHENSTEINER, OTTO oder LIETZ - wurden auf den größten bildungspolitischen Kongressen Rußlands zur Diskussion gestellt und in den russischen pädagogischen Reformvereinen behandelt[4]. Zwischen deutschen und russischen Reformpädagogen gab es einen regen Briefwechsel;

---

[1]Vorab veröffentlicht in: RÜLCKER, T./OELKERS, J. (Hrsg.): Politische Reformpädagogik. Bern, Berlin, Frankfurt/M., New York, Paris, Wien 1998, S. 407-439.
[2]Vgl. MCHITARJAN, I.: Der russische Blick auf die deutsche Reformpädagogik. Zur Rezeption deutscher Schulreformideen in Rußland zwischen 1900 und 1917. Hamburg 1998.
[3]Siehe LEVITIN „Novejšie pedagogičeskie tečenija na Zapade" [Die neusten pädagogischen Strömungen im Westen], in „Russkaja škola" [Russische Schule] 1914, Nr. 1, S. 120-130 und „Iz istorii 'Vestnika vospitanija' 1890-1915" [Aus der Geschichte des 'Boten der Erziehung' 1890-1915], in „Vestnik vospitanija" [Bote der Erziehung] 1915, Nr. 1, S. 8-57.
[4]Siehe z. B. „Doklady, prenija i postanovlenija 2oj sekcii 1go s'jezda po narodnomu vospitaniju" [Vorträge, Diskussionen und Resolutionen der 2. Sektion des 1. Allrussischen Kongresses für Volksbildung] (1915); „Dnevnik pervogo Vserossijskogo s'jezda po semejnomu vospitaniju" [Tagebuch des Ersten Allrussischen Kongresses für Familienerziehung] (1913); VENCEL 1906.

etliche russische Reformpädagogen reisten nach Deutschland, um die deutschen Reformschulen „vor Ort“ kennenzulernen.
In meiner Arbeit soll eine systematische Untersuchung dieses vielfältigen Rezeptionsprozesses durchgeführt werden. Das bedeutet: Es geht zunächst um eine chronologische und inhaltliche Rekonstruktion dieses Prozesses, sodann um seine Einordnung in die Gesamtstruktur der schulpolitischen Debatten Rußland. Und schließlich bemühe ich mich um die Einschätzung: Welchen Einfluß auf die russische Schulentwicklung kann man der deutschen Reformpädagogik zusprechen?
Die empirische Analyse des Rezeptionsprozesses stützt sich auf die wichtigsten russischen pädagogischen Zeitschriften Anfang des Jahrhunderts, die von mir systematisch durchgesehen wurden. Darüber hinaus liegen umfangreiche Dokumentationen vor über die Arbeit der russischen Reformvereine, über die Arbeit der Reformschulen, über die wichtigsten Schulreformkongresse usw. Schließlich finden sich in den Archiven weitere Materialien - z. B. Reiseberichte russischer Reformpädagogen - , die über den damaligen Austausch zwischen deutschen und russischen Reformpädagogen Auskunft geben. Die kritische Analyse dieser Quellen ist die Basis meiner historischen Rekonstruktion. Bei der Darstellung des gesellschaftlichen Hintergrundes dieser Rezeption (d. h. der schulpolitischen Arena und des Schulsystems in Rußland) stützte ich mich auf die russische, deutsche und englische Sekundärliteratur.

Historische Einschnitte: 1905, 1914 und 1917

Aufgrund der Zeitschriften-Analyse konnte ich feststellen, daß die Schulentwicklung in Rußland - und somit auch der zu untersuchende Rezeptionsprozeß - sehr stark von der gesamtgesellschaftlichen Entwicklung Rußlands beeinflußt wurde. Als zentrale historische Einschnitte, die sich auch auf die Rezeption ausgewirkt haben, sind anzusehen:
- die bürgerlich-demokratische Revolution von 1905 mit Übergang von der absoluten zur konstitutionellen Monarchie;
- der Ausbruch des Ersten Weltkrieges 1914 und
- die sozialistische Revolution von 1917.

Während die Zeit zwischen 1900 und 1905 als eine Anlaufphase der russischen Reformbewegung bezeichnet werden kann, läßt sich die Phase zwischen 1905 und 1914 als ihre Blütezeit kennzeichnen. Die Revolution von 1905 brachte eine Reihe von demokratischen Freiheiten: Die meisten Reformschulen, Zeitschriften, pädagogischen Organisationen und Lehrerverbände wurden in dieser Phase gegründet, wichtige Schulreformkongresse wurden organisiert und die Arbeit an vielen Schulreformprojekten wurde vorangetrieben. Der Erste Weltkrieg 1914 schränkte diese Aktivitäten stark ein und übte einen negativen Einfluß auf die deutsch-russischen Beziehungen aus. Die sozialistische Oktober-Revolution von 1917 führte zu einer völlig neuen Konstellation der schulpolitischen Arena Rußlands und zur radikalen ideologischen Umstellung der Bildungspolitik. Ich werde nachher am Beispiel KERSCHENSTEINERS aufzeigen, wie massiv diese politische Umorientierung den Rezeptionsprozeß beeinflußt hat.

Die Situation des Schulwesens in Rußland zu Beginn des 20. Jahrhunderts

Damit man die reformpädagogische Diskussion in Rußland versteht, muß man wenigstens eine grobe Einschätzung der damaligen realen Schulverhältnisse haben:

Das russische Schulwesen zu Beginn des 20. Jahrhunderts wurde nach dem deutschen Vorbild aufgebaut, aber wegen der mangelnden materiellen Mittel in einer verzerrten und verkürzten Form[1]. Wie in Deutschland, so gab es auch in Rußland die Trennung zwischen der „niederen" und „höheren" Bildung, d. h. zwischen dem System der Volksschule und dem des höheren Schulwesens.

Zunächst zum „niederen" Schulwesen: Es gab in Rußland weder eine Schulpflicht noch eine ausreichende Zahl von Schulen, um eine solche Schulpflicht einzuführen. Bei 125 Mio. Einwohnern gab es nur etwa 70 000 Volksschulen[2]. Die meisten dieser Schulen befanden sich auf dem Lande und standen unter der Kontrolle der örtlichen Geistlichkeit. Ihr Lehrplan bestand zu 44 % aus solchen Fächern wie Religion, Kirchenslawisch und Kirchengesang[3]. Die Schule dauerte in der Regel drei bis vier Jahre, manchmal fünf oder sechs Jahre. „Ein hoher Prozentsatz der Kinder schied frühzeitig aus der Schule aus und erhielt nicht einmal eine dreijährige Ausbildung"[4]. So wurden nach Angaben von 1897 nur 25% der Bevölkerung lese- und schreibkundig[5]. Die in den Lehrerseminaren ausgebildeten Volksschullehrer hatten eine ungesicherte rechtliche Lage, wurden schlecht bezahlt und behaust[6]. Aber die idealistische Einstellung vieler von ihnen machte den „geistigen Reichtum der materiell armen russischen Schule" aus[7].

Bei der „höheren" Bildung unterschied man zwischen 8jährigen klassischen Gymnasien und 7jährigen Realschulen. Ihr Unterrichtskurs begann im 10. Lebensjahr und schloß sich an die Vorschulklassen oder häusliche Erziehung an[8]. 1895 besuchten weniger als 1% der Bevölkerung diese höheren Schulen[9]. Die Ausbildung in diesen Schulen hatte einen ständischen Charakter. Z. B. Gymnasien wurden für den Adel bestimmt, Realschulen für die Kaufmannschaft, städti-

---

[1]Siehe MIŽHUEV 1902, OBUCHOV 1909, KAPTEREV 1914, LEVITIN 1916, FROESE 1963, DNEPROV 1984.
[2]Siehe und vgl. JOHNSON 1969, S. 172ff. und ANWEILER 1978, S. 19.
[3]ANWEILER 1978, S. 20.
[4]ANWEILER 1978, S. 20.
[5]Vgl. z. B. ANWEILER 1978, S. 460 und JOHNSON 1969, S. 173f.
[6]Siehe u. a. ANWEILER 1978, S. 21.
[7]KAJDANOVA 1938, S. 115.
[8]Siehe u. a. Tab. in ANWEILER 1978, S. 457.
[9]Vgl. JOHNSON 1969, S. 196.

sche Handels- und Gewerbetreibenden; die geistlichen Lehranstalten für die Pfarrersöhne[1] usw.
Die Berufsbildung hatte eine verwickelte Struktur und kein geregeltes Verwaltungssystem. Die wenigen beruflich-technischen Schulen wurden nicht vom Kultusministerium, sondern von den anderen Ministerien (Verkehrs-, Finanz- oder Handelsministerien) und Behörden nach ihren eigenen Bildungsvorstellungen unterhalten. Unsystematik herrschte auch im Ausbildungsprozeß, der mit der Produktion nur schwach verbunden war und ihren aktuellen Entwicklungsforderungen kaum entsprechen konnte. Wie im Elementarschulbereich gab es auch hier zu wenig Lehranstalten; und die technische Ausrüstung der bestehenden war ziemlich rückständig[2].
Die zwei führenden Verwaltungsinstanzen - das Ministerium für Volksbildung und der Heilige Synod - übten eine strenge Kontrolle über die Schule aus, die durch den dogmatischen Charakter des Unterrichts mit Drill und Pauken von innen ergänzt wurde.
Der Ausbau des Grundschulnetzes und die Einführung der allgemeinen Schulpflicht, die Abschaffung der Trennung zwischen klassischen Gymnasien und Realschulen, sowie die Verbindung der Volksschule mit dem höheren Schulwesen im Sinne eines Einheitsschul-Systems waren die brisantesten Themen der inner-russischen Diskussion um die Jahrhundertwende.

Die schulpolitische Arena

Die aufgezählten Probleme der Schule wurden von den Hauptakteuren der schulpolitischen Arena Rußlands - den Staatspädagogen und den Reformkräften - extrem unterschiedlich gesehen. Ihr Kampf um die Weiterentwicklung der Schule bildete den Mittelpunkt der schulpolitischen Auseinandersetzungen. Dabei verstehe ich unter „Staatspädagogen" all diese Kräfte, die in den staatlichen und kirchlichen Behörden saßen und das bestehende Schulsystem verteidigten. Während sie das wenig entwickelte Schulwesen konservieren wollten, setzten sich die zunehmend erstarkenden Reformkräfte - pädagogisch unterschiedlich begründet - für die Einführung der allgemeinen Schulpflicht und für die Etablierung eines allgemeinen, gleichen und pädagogisch reformierten Schulwesens ein.
Neben diesen *gemeinsamen* Forderungen arbeiteten verschiedene Reformkräfte auch ihre *selbständigen* Reformpläne aus, deren Ausmaß, Schwerpunkte und pädagogische Ausrichtungen deutlich unterschiedlich waren. Ich skizziere jetzt an dieser Stelle lediglich zwei Reformrichtungen, weil diese als Hauptrezipien-

[1] ANWEILER 1978, S. 23.
[2] Siehe dazu VESELOV „Nižhnee i srednee professionalno-techničeskoe obrazovanie v Rossii v konce 19 i načale 20 v." [Niedere und höhere beruflich-technische Ausbildung in Rußland am Ende des 19. und am Anfang des 20. Jahrhunderts], in „Sowjetskaja pedagogika" [Sowjetische Pädagogik] 1953, Nr. 1, S. 61-84.

ten der Kerschensteiner-Pädagogik auftraten: Die Reformrichtung der „Freien Erziehung“ und die der „realistischen“ Bildung.
Die Reformrichtung der „Freien Erziehung“ wurde durch die pädagogische Lehre von Leo TOLSTOJ (1828-1910) inspiriert, der allgemein als Begründer der russischen Reformpädagogik angesehen wird. Seine Schüler (DURYLIN, VENCEL, GORBUNOV-POSADOV, KLEČKOVSKIJ, ČECHOV, ŠACKIJ und KAJDANOVA, ZELENKO, ŠLEGER und KRUPSKAJA) traten besonders entschieden für die Autonomie der Schule ein, d. h. für die Befreiung der Schule von der administrativen Kontrolle des Staates und für ihre Ansiedlung bei den örtlichen Selbstverwaltungsorganen; für das Recht jeder Schulgemeinde, selbständig ihre pädagogische Praxis zu gestalten. Die Vertreter der „Freien Erziehung“ wollten alle Formen des äußeren Zwanges (Pflichtunterricht, Hausaufgaben, Prüfungen, Zensuren) abschaffen und optimale, möglichst familienähnliche Bedingungen für die allseitige Entwicklung des Kindes schaffen[1].
Die Anhänger der zweiten Reformrichtung werden als „realistische Pädagogen“ bezeichnet. Sie wurden vor allem von OBUCHOV, VACHTEROV, LEVITIN, IGNATJEV, VYŠNEGRADSKIJ und ZIRUL, RUMJANCEV, ZNAMENSKIJ und STEPANOVA vertreten. Ihre Reformpläne entstanden vor dem Hintergrund des etwa seit 1890 in Rußland beginnenden industriellen Wandels. Sie wollten vor allem das Arbeitsprinzip in der allgemeinbildenden Schule stärken und die Berufsbildung ausbauen. Dabei ging es ihnen in jedem Fall um den Vorrang der realistischen, naturwissenschaftlichen und praxisbezogenen Bildung. In der Sichtweise der „realistischen“ Pädagogen war eine solche Bildung sowohl im Interesse der Heranwachsenden als auch im Interesse des industriellen Wachstums[2].

Die russische Diskussion um Arbeitserziehung und Berufsausbildung

Bereits am Ende des 19. Jahrhunderts, d. h. lange vor dem Beginn der KERSCHENSTEINER-Rezeption, setzten sich die „realistischen Pädagogen“ mit Fragen der Arbeitserziehung und Berufsausbildung auseinander und wurden somit zu Hauptträgern dieser Debatte. Mit ihrer ersten Forderung knüpften sie an die Grundfragen der russischen Schulreform - die allgemeine Schulpflicht und das Einheitsschulsystem - an. Denn während das Einheitsprinzip die äußere Struktur der Schule ändern sollte, sollte ihre innere Struktur (also der Unterricht) auf der Basis des praktischen Lernens neugestaltet werden.
Zur Lösung dieser Probleme gründeten die „realistischen“ Reformer beispielsweise neben beruflich-technischen Schulen auch Lehranstalten für Arbeiter und Elementarschulen für Arbeiterkinder. Sie studierten das System der Handarbeit

---

[1]Vgl. Arbeitsbericht über die Tätigkeit der Pädagogischen Gesellschaft 1899; VENCEL 1906 und 1908; ČECHOV 1907.
[2]Vgl. MEDYNSKIJ 1938, S. 377ff. und 381; „Reform der höheren Schule“ [Reforma srednej školy], in „Russkaja škola“ [Russische Schule] 1915; Nr. 5/6, S. 78-85.

des Schweden Otto SALOMON und diskutierten die genannten Probleme auf drei Allrussischen Tagungen für beruflich-technische Ausbildung um die Jahrhundertwende. Dort wurde das Analphabetentum der Arbeiter als „Haupthindernis für die Verbreitung des technischen Wissens im Volke und die wichtige Ursache für die mangelnde Produktivität der Arbeit“[1] angesehen. Deswegen verlangten all diese Kongresse die Einführung der allgemeinen Schulpflicht, die breite Anwendung der Handarbeit in der Schule sowie die Ausbildung der entsprechenden Lehrkräfte[2].
Etwa seit 1905 begannen auch die Anhänger der „Freien Erziehung“, sich mit der produktiven Handarbeit als einem wichtigen Element ihrer neuen Schulkonzepte zu beschäftigen; somit stiegen auch sie in die Diskussion um Arbeitserziehung ein[3]. Durch diese intensive Auseinandersetzung mit der Idee der Arbeitserziehung war in gewisser Weise der Boden schon bereitet, als 1908 die Ideen KERSCHENSTEINERs in Rußland erstmals bekannt wurden.

Grundlinien der KERSCHENSTEINER-Rezeption

Im Jahre 1908 erschienen die ersten[4] russischen Veröffentlichungen zum KERSCHENSTEINERschen Ansatz und seiner Schulreform in München[5]. Seit die-

[1]VESELOV, in „Sowjetskaja pedagogika“ [Sowjetische Pädagogik] 1953, Nr. 1, S. 61-84, zitiert S. 80.
[2]Vgl. MEDYNSKIJ, in KALAŠNIKOV 1927, Bd. 1, S. 392-395; MICHAJLOVA/STEPANSKIJ, in DNEPROV 1985, S. 125ff.; KALAŠNIKOV 1928, Bd. 2, S. 579; MEDVEDKOV 1913, S. 180; KAJDANOVA 1938, S. 329 ff.; KAIROV 1965, Bd. 3, S. 81 ff.; VESELOV, in „Sowjetskaja pedagogika“ [Sowjetische Pädagogik] 1953, Nr. 1, S. 61-84; MEDYNSKIJ 1938, S. 378 f.
[3]Vgl. u. a. z. B. VENCEL 1906 und 1908; Das Wissenschaftliche Archiv der Russischen Akademie für Bildung, F. (Fond [Archiv-Fond]) 1, op. (opis' [Verzeichnis]) 1, ed. chr. (edinica chranenija [Aufbewahrungseinheit]) 4 - „Materialien der ‘Settlement’-Gesellschaft. Berichte, Versammlungsprotokolle u. a. Materialien (1906-1908)“; F. 1, op. 1, ed. chr. 60 und ed. chr. 62; ŠACKIJ „Kinderarbeit und neue Wege“ [Detskij trud i novye puti], in „Svobodnoe vospitanie“ [Freie Erziehung] 1907/08, Nr. 6, S. 47-56; ŠACKIJ/ZELENKO/KAZIMIROV „Kinder - Schaffende der Zukunft“ [Deti - rabotniki buduščego] 1908 - 1. Aufl., 1922 - 2. Aufl.; „Eine kurze Skizze der Entstehung und der dreijährigen Tätigkeit des Moskauer Settlements“ [Kratkij očerk vozniknovenija i trechletnej dejatel’nosti Moskovskogo Settlementa] 1909.
[4]Die erste Erwähnung von KERSCHENSTEINER in der russischen pädagogischen Presse erfolgte bereits im Jahre 1900; allerdings nicht im Zusammenhang mit seinem pädagogischen Hauptwerk, sondern in einem Bericht über die 71. Tagung der deutschen Naturwissenschaftler in München (1900). KERSCHENSTEINER nahm an dieser Tagung teil und plädierte dort für einen möglichst breiten naturwissenschaftlichen Unterricht als wichtige Grundlage für Bildung und Erziehung („Vestnik vospitanija“ [Bote der Erziehung] 1900, Nr. 2, S. 67-86).
[5]Dies waren SPERANSKIJs Artikel über die „Neue Strömung in der Volksbildung. Brief von der Münchner Ausstellung“ [Novaja struja v narodnom obrazovanii. Pis’mo s Mjunchenskoj vystavki 1908], auch in SPERANSKIJ „Bor’ba za školu. Iz prošlogo i nastojaščego na Zapade i v Rossii“ [Kampf um die Schule. Aus der Vergangenheit und der Gegenwart im Westen und in Rußland] 1910, S. 71-95; ORŠANSKIJs Bericht über die „Ausstellung in München 1908. Schulabteilung.“ [Vystavka. München v 1908 godu. Škol’nyj otdel], in „Russkaja škola“

sem Zeitpunkt nahm die Rezeption von KERSCHENSTEINERs Ideen kontinuierlich zu. Zwischen 1908 und 1920 wurden in russischer Sprache 13 Bücher und 2 Aufsätze von KERSCHENSTEINER veröffentlicht. Darunter seine mehrfach aufgelegten „Grundfragen der Schulorganisation“, „Arbeitsschule“ und „Charakterbegriff und Charaktererziehung“[1]. Zum Vergleich: Von DEWEY wurden nur 2 Werke bis 1917 ins Russische übersetzt.

In der gleichen Zeit erschien etwa 45 ausführliche Beiträge russischer Autoren, die entweder ausschließlich KERSCHENSTEINERs Ansatz behandelten oder aber eine breitere Thematik ansprachen, bei der KERSCHENSTEINER eine zentrale oder bedeutende Rolle spielte. Dabei beruhten die meisten dieser Publikationen auf dem Studium der umfangreichen deutschsprachigen Literatur zur Schulreform in München oder auf den persönlichen Eindrücken der Verfasser „vor Ort“. Studienreisen nach München oder zu den deutschen pädagogischen Kongressen, wo „Arbeitsschule und Arbeitserziehung“ den zentralen Diskussionspunkt bildete, unternahmen z. B. STEPANOVA im Jahre 1906, SPERANSKIJ 1908, ORŠANSKIJ 1908, REPIN, OBUCHOV 1909, ZELENKO zwischen 1908 und 1913 ŠACKIJ im Jahre 1913/14, LEVITIN 1914 und vermutlich KRUPSKAJA 1912. Von 1909 bis 1914 wurden im Rahmen eines Fortbildungsprogramms der Russischen Technischen Gesellschaft [Russkoe Techničeskoe obščestvo] reformierte Volks- und Fortbildungsschulen in München jedes Jahr von mehreren Delegationen russischer Lehrer besucht[2].

Aufgrund meiner Zeitschriftenanalyse kann ich sicher sagen: Kein anderer deutscher oder gar europäischer Pädagoge wurde in Rußland so stark rezipiert wie KERSCHENSTEINER. Er war der populärste westliche Pädagoge im vorrevolutionären Rußland.

[Russische Schule] 1908, Nr. 9, S. 53-58; STEPANOVAs Aufsatz „Demokratisierung des technischen Wissens in Europa“ [Demokratizacija techničeskich znanij v Evrope] (1908) und DURYLINs Beitrag unter dem Titel „Die pädagogische Oase“ [Pedagogičeskij oazis], in „Svobodnoe vospitanie“ [Freie Erziehung], 1908/09, Nr. 3 (Nov.), S. 71-94.

[1] KERSCHENSTEINER „Trudovaja škola“ [Arbeitsschule] (Festrede „Schule der Zukunft eine Arbeitsschule“ zur Pestalozzifeier vom 12. Februar 1908); „Trudovaja škola“ [Arbeitschule] (1910); „Osnovnye voprosy škol'noj organisacii“ [Grundfragen der Schulorganisation] in zwei Verlagen (1911 und 1912); „Zadači i ustrojstvo srednej školy“ [Aufgaben und Organisation der höheren Schule] (1911), „O charaktere i ego vospitanii“ [Charakterbegriff und Charaktererziehung] (1913); „Razvitie chudožhestvennogo tvorčestva rebenka“ [Entwicklung der künstlerischen Begabung des Kindes] (1914); „Izbrannye proizvedenija“ [Ausgewählte Werke] (1915) („Arbeitsschule“, „Grundfragen der Schulorganisation“ und „“Charakterbegriff und Charaktererziehung“); „O vospitanii graždanstvennosti“ [Über die (Zur) Erziehung der Staatsbürgerlichkeit] (1917); „Trudovaja škola“ [Arbeitsschule] (1918 - 4. Aufl.; siehe auch 1913, 1915); „Osnovnye voprosy škol'noj organisazii“ [Grundfragen der Schulorganisation] (1920); „Tezisy doklada KERSCHENSTEINERa na temu ‘Edinaja nacional'naja škola’ [Thesen aus dem Vortrag KERSCHENSTEINERs zum Thema ‘Die nationale Einheitsschule’] (übers. von M. LEVITINA), in „Russkaja škola“ [Russische Schule], 1914, Nr. 4, S. 153-156.

[2] „Russkie učitelja za granicej“ [Russische Lehrer im Ausland] 6 Bde, 1910-1915.

Die Rezeption seit 1908 ist dadurch gekennzeichnet, daß die Vertreter der beiden russischen Reformrichtungen in kürzester Zeit alle Schwerpunkte der Kerschensteiner-Pädagogik aufarbeiteten. Dies bedeutet vor allem: KERSCHENSTEINERS Konzept der staatsbürgerlichen Erziehung, sein Konzept für die fachlich gestalteten Fortbildungsschulen und für die als Arbeitsschule reformierte Volksschule. Dabei aber zeigten sie ein unterschiedlich starkes Interesse für diese unterschiedlichen Aspekte seiner Lehre. Dies will ich im folgenden aufzeigen.

Schule für die moderne Industriegesellschaft: Die Rezeption der „realistischen" Pädagogen (1908-1914)

Das Verhältnis zwischen einer komplexen Schulreform auf der Basis des Arbeitsprinzips und den aktuellen Problemen der modernen Industrie-Gesellschaft war genau der Punkt, an dem der Ansatz KERSCHENSTEINERS das Interesse der russischen Vertreter der realistischen Bildung weckte. Besonders wichtig war für sie die Frage: Welchen Beitrag kann eine Schulreform anhand der Arbeit zur praxisbezogenen Bildung des einzelnen Schülers und gleichzeitig zur Lösung der gesellschaftlichen Probleme der Zeit leisten. Aus dieser Perspektive betrachteten die Realisten den Ansatz KERSCHENSTEINERS und insbesondere seine Fortbildungsreform. Damit begründeten sie auch die Nutzbarkeit der KERSCHENSTEINERschen Ideen für die Reform des russischen Schulwesens.
Bereits im ersten Rezeptionsbeitrag der „Realisten" von 1908 wird das Konzept der Fortbildungsschulen nach KERSCHENSTEINER präsentiert, und zwar als Antwort auf die sozialpolitischen und ökonomischen Probleme der Gesellschaft[1]. Die Autorin Ek. STEPANOVA stellt genau die drei Grundsätze des Projektes vor: (1) den Ausbau des Werkstatt-Netzes; (2) die staatsbürgerliche Erziehung; und (3) die Organisation der Selbstverwaltung von Schülern. Sie bezeichnete die Schulreform in München als Beginn einer neuen pädagogischen Epoche und äußerte dabei die Hoffnung, daß auch die russische Regierung ähnliche Reformen in Kürze in Angriff nehmen möge.
Die Münchner Fortbildungschulen vor und nach der KERSCHENSTEINERschen Reform beschrieb auch N. SPERANSKIJ im Jahre 1908[2]. An ihrem Beispiel sowie anhand der Situation im russischen Schulwesen und der russischen Wirtschaft postulierte er einen Zusammenhang zwischen der Konkurrenzfähigkeit einer

---

[1]Ek. STEPANOVA „Demokratizacija techničeskich znanij v Evrope" [Demokratisierung des technischen Wissens in Europa] 1908.

[2]N. SPERANSKIJ „Novaja struja v narodnom obrazovanii. Pis'mo s Münchenskoj vystavki 1908" [Neue Strömung in der Volksbildung. Brief von der Münchner Ausstellung 1908], in Ders. „Bor'ba za školu. Iz prošlogo i nastojaščego na Zapade i v Rossii" [Kampf um die Schule. Aus der Vergangenheit und der Gegenwart im Westen und in Rußland] 1910, S. 71-95

Nation auf dem internationalen Markt und dem Qualitätsniveau ihres Schulwesens[1].
Der Autor einer anderen umfangreichen Publikation, *A.* OBUCHOV, erweiterte 1909 seine Darstellung[2] um die Beschreibung der Arbeitsschulreform, blieb aber der für die Realisten typischen Betrachtungsperspektive des KERSCHENSTEINERschen Ansatzes treu. Vor allem konzentrierte er seine Kritik auf die Reform der Münchner Fortbildungsschulen und ging dabei auf alle drei Grundsätze ihrer neuen Ordnung ein. Er kritisierte die Tatsachen, (a) daß die wissenschaftlichen Phänomene zu sehr aus der engen Perspektive ihrer praktischen Anwendbarkeit betrachtet werden, (b) daß es dort an der Selbstverwaltung der Schüler mangelte und (c) daß wegen der zu starken Fixierung auf die staatsbürgerliche Erziehung die individuelle Erziehung der Schüler leidet. In den KERSCHENSTEINERschen Fortbildungsschulen „versteckt sich der Mensch bei einem Jungen hinter der Figur des Deutschen, bei einem Mädchen hinter der Figur der Frau“. Dabei liege der Grund für diese Probleme nicht im Konzept, sondern in der Neuigkeit einer solchen Schulpraxis.
Eine ähnliche Kritik der Fortbildungsschule kam auch von anderen Vertretern der realistischen Bildung. P. MIŽHUEV (1910) und L. ARANOVIČ (1911) sahen die reformierte Fortbildung neben dem kostenlosen und verbindlichen Schulbesuch als einen wichtigen Beitrag zur Erweiterung der Ausbildungschancen des Volkes an[3]. Dabei sei die enge Spezialisierung der deutschen Fortbildungsschulen (und zwar auch in München) eher auf den Bedarf nach besser ausgebildeten Arbeitskräften als auf das Bestreben nach Demokratisierung der Bildung zurückzuführen. Nichtsdestoweniger besitze Deutschland ein sehr gut organisiertes Fortbildungsschulsystem und solle auch allgemein als „Mekka für Organisation der Arbeitsschule“ angesehen werden. Schon diese ersten Beispiele zeigen: Trotz der hohen Wertschätzung wurde KERSCHENSTEINER von den russischen Reformern keineswegs unkritisch gesehen.
Vor dem Hintergrund der zunehmenden Industrialisierung betrachteten die „Realisten“ auch die Arbeitsschule KERSCHENSTEINERS, wie beispielsweise S.

---

[1] SPERANSKIJ 1910, S. 92.
[2] OBUCHOV „Narodnoe obrazovanie v Münchene“ [Volksbildung in München] 1909; siehe auch OBUCHOV „Bližhajšie praktičeskie voprosy narodnogo obrazovanija v Rossii“ [Die nächsten praktischen Fragen der Volksbildung in Rußland] 1910, S. 37, 54, 63, 79, 126 und 198.
[3] MIŽHUEV „Škola i demokratizacija znanij v Evrope i Amerike“ [Schule und Demokratisierung des Wissens in Europa und Amerika], in „Russkaja škola“ [Russische Schule] 1910, Nr. 2, S. 31-59.
ARANOVIČ „Dopolnitel'nye školy v Germanii“ [Fortbildungsschulen in Deutschland], in „Russkaja škola“ [Russische Schule] 1911, Nr. 4, S. 1-30.
Siehe auch PODDEREGIN „Mašinostroitel'nye učilišča v Prussii“ [Maschinenbau-Schulen in Preußen], in „Techničeskoe i kommerčeskoe obrazovanie“ [Technische und kommerzielle Ausbildung] 1914, Nr. 2, S. 1-28, siehe S. 2.

LEVITIN zwischen 1912 und 1914[1]. Dabei stellte der russische Autor fest, daß die erfolgreiche Umsetzung dieser Schul-Konzeption nicht von ihren Protagonisten abhinge, sondern durch die wirtschaftlichen und sozialen Bedingungen bestimmt werde. Die alte Idee der Arbeitserziehung seit COMENIUS-, ROUSSEAU-, PESTALOZZI- und FRÖBEL-Zeiten sowie all ihre Umsetzungsversuche (z. B. im Waisenhaus von H. FRANKE oder in den Schulen von Philanthropisten BASEDOW und SALZMANN) könnten keinen dauerhaften Erfolg deswegen haben, weil die dafür notwendigen sozialen und ökonomischen Bedingungen gefehlt hätten. Diese ergeben sich erst mit dem industriellen Wandel am Ende des 19. Jahrhunderts und mit der Änderung der ganzen Lebensweise des Menschen.

Um 1912 - so LEVITIN - sei die Arbeitsschule zum Zentrum der pädagogischen Reformbewegung geworden, und ihr Erfolg in Deutschland sei KERSCHENSTEINER zu verdanken. Er habe „beachtenswerte Kritik der alten Schule" formuliert und ein hervorragendes Konzept der neuen Schule als Arbeitsschule entwickelt. Allerdings sei sie zu stark an die Konjunktur der Industrie-Entwicklung gebunden und leide dementsprechend am Opportunismus.

Auf massive Kritik stießen auch KERSCHENSTEINERS Intentionen, durch seine Reformschulen die deutsche Arbeiterschaft dem negativen Einfluß der Sozialdemokraten zu entziehen. Infolgedessen - so die Meinung LEVITINS - ist die „sozialpädagogische Politik KERSCHENSTEINERS um nichts mehr demokratisch als der 'Staatssozialismus' von BISMARCK". Nichtsdestoweniger sei die deutsche Arbeitsschul-Erfahrung für Rußland nutzbar, denn "Rußland mache dieselben Schritte durch, wie auch das Abendland". Auf die Ähnlichkeit der sozialpolitischen und ökonomischen Entwicklungstendenzen in Rußland und in Deutschland sowie der Nachteile der beiden Schulsysteme wies auch S. ZNAMENSKIJ im Jahre 1912 hin und begründete damit die Bedeutung der deutschen Arbeitsschulreform für Rußland, wobei dies ihre kritische Verarbeitung nicht ausschließen solle[2].

Mein Fazit: Zwischen den „realistischen" Pädagogen und KERSCHENSTEINER gab es in einem zentralen Punkt eine gemeinsame Sichtweise. Beide sahen im Prinzip der Arbeitsschule einen wichtigen Beitrag zur Entwicklung der Qualifikationen, die die aufkommende Industrie benötigte. Dies war der Hauptgrund (a) für das Interesse der russischen „Realisten" am Münchner Experiment insgesamt und (b) für die von ihnen ausgewählte Perspektive seiner Aufnahme. Die ähnlichen Probleme der beiden Schulsysteme, die ähnlichen Tendenzen der gesell-

---

[1]LEVITIN „Trudovaja škola - škola buduščego" [Arbeitsschule - Schule der Zukunft], in „Svobodnoe vospitanie" [Freie Erziehung], 1912/13, Nr. 3, S. 53-68, Ders., 1912/13, Nr. 4, S. 23-32; Ders. „Novejšie obščestvenno-pedagogičeskie tečenija na Zapade" [Die neusten gesellschaftlich-pädagogischen Strömungen im Westen], in „Russkaja škola" [Russische Schule], 1913, Nr. 10, S. 10-69; LEVITIN 1914 und 1916.

[2]ZNAMENSKIJ „Trudovaja škola v teorii i na praktike v Germanii" [Arbeitsschule in Theorie und Praxis in Deutschland], in „Russkaja škola" [Russische Schule] 1912, Nr. 10, S. 51-83; 1912, Nr. 11, S. 34-64; 1912, Nr. 12, S. 23-30.

schaftlichen Entwicklung der beiden Länder und schließlich die erfolgreiche Umsetzung der entsprechenden Schulreform in München machte das deutsche pädagogische Experiment in den Augen der russischen „Realisten" höchst relevant für Rußland.

Schule vom Kinde aus: Die Rezeption der „Freien Erziehung" (1908-1914)

Wie auch die „realistischen" Pädagogen haben die Anhänger der „Freien Erziehung" alle Schwerpunkte des KERSCHENSTEINERschen Ansatzes rezipiert, sich aber für sein Prinzip der Arbeitserziehung besonders stark begeistert; denn es entsprach ihren Reformbestrebungen am besten. Beim Praktizieren der produktiven Handarbeit wollten sie keine Fachleute ausbilden, sondern in umfassender Weise Menschen bilden. Sie wollten nicht die wirtschaftlichen Probleme der Zeit lösen, sondern die harmonische Erziehung des Menschen fördern. D. h. es ging den TOLSTOJ-Schülern nicht um den „politisch-ökonomischen", sondern um den „ethischen" und „pädagogischen" Sinn der Arbeit[1].

Geprägt durch die Reformvorstellungen der eigenen Bewegung stellten z. B. S. DURYLIN (1908) und A. ZELENKO (1911)[2] die neuen Lehrpläne der Münchner Arbeitsschule, ihre Prinzipien, Methoden und Vorgehensweisen besonders ausführlich vor. Dabei unterstrichen sie die große pädagogische Wirkung dieser Reform-Maßnahmen. Die Reform der Münchner Volksschule wird von beiden Autoren äußerst positiv beurteilt und von DURYLIN bildhaft als „pädagogische Oase" bezeichnet.

Mit Bezug zu KERSCHENSTEINER wurde das Arbeitsprinzip auch in den eigenen Reformschulen der „Freien Erziehung" praktiziert. ŠACKIJS Mitarbeiter E. FORTUNATOVA, A. FORTUNATOV und L. ŠLEGER nahmen sich vor, das Arbeitsprinzip in ihrer 1909 gegründeten experimentellen Schule anzuwenden. Dabei aber wollten sie ganz bewußt keine Schule gründen, die allein auf das Arbeitsprinzip hin ausgerichtet ist. Ihnen ging es weder um die Vervollkommnung der Handfertigkeiten des Kindes, noch befaßten sie sich mit der breiten Anwendung der Handarbeit im Unterricht aller Fächer. Aufgrund der praktischen Arbeit förderten sie die kreative Eigentätigkeit des Kindes. Die Autoren des Projekts haben sich zwar auf die Ideen KERSCHENSTEINERS und anderer Pädagogen bezogen, aber ihre eigene Schulpraxis nicht auf ein bestimmtes Prinzip beschränkt,

---

[1]Vgl. z. B. VENCEL 1908; ŠACKIJ/ZELENKO/KAZIMIROV 1908.

[2]DURYLIN „Pedagogičeskij oazis" [Die pädagogische Oase], in „Svobodnoe vospitanie" [Freie Erziehung] 1908/09, Nr. 3, S. 71-94; ZELENKO „Sovremennye reformatory vospitanija i obrazovanija" [Die gegenwärtigen Reformer der Erziehung und Bildung] 1911/12, Nr. 3, S. 21-48 und ZELENKO „Sovremennye reformatory vospitanija i obrazovanija. G. KERSCHENSTEINER i utilitarističeskoe napravlenie" [Die gegenwärtigen Reformer der Erziehung und Bildung. G. KERSCHENSTEINER und die utilitaristische Richtung], in „Svobodnoe vospitanie" [Freie Erziehung] 1911/12, Nr. 5, S. 7-58.

sondern unterschiedliche Elemente aus den Ansätzen verschiedener Pädagogen kombiniert und damit offenbar ihren pädagogischen Erfolg erreicht[1].
Eine andere Schule wurde von O. KAJDANOVA im Jahre1909 als eine Familien-Schule gegründet. Ihrem pädagogischen Unternehmen legte KAJDANOVA kein bestimmtes Vorbild zugrunde, nahm sich aber in bezug auf die „generelle Ausrichtung der Schule die Orientierung an Ideen des deutschen Reformpädagogen G. KERSCHENSTEINER vor, der einen großen Wert auf die allgemeinbildende Funktion der Arbeit legte". In dieser Funktion hat KAJDANOVA die praktische Arbeit in allgemeinbildender Absicht in ihrer Schule angewendet und positive Resultate damit erreicht[2].
So wurde von den Autoren der beiden Versuchsschulen nur eine zentrale Idee des deutschen Reformers - nämlich die der bildenden und erziehenden Kraft der praktischen Handarbeit - übernommen und entsprechend den russischen Schulbedingungen und den eigenen Reformvorstellungen umgesetzt. Handarbeit wurde von ihnen nur als ein Hilfsmittel, als didaktisch-methodisches bzw. Erziehungsprinzip angesehen, nicht aber - wie von KERSCHENSTEINER - als zentrale Grundlage der neuen Lehrpläne herangezogen oder gar als ein eigenständiges Fach eingeführt.
Im Jahre 1913/14 beschäftigte sich auch Stanislav ŠACKIJ mit der Entwicklung einer neuen Schulkonzeption auf der Basis des Arbeitsprinzips; und die Bekanntschaft der Münchner Arbeitsschule vor Ort brachte ihm zahlreiche Anregungen für sein Projekt. KERSCHENSTEINER und seine Münchner Schulen bildeten das Hauptziel seiner Reise (im Jahre 1913/14), und ihn habe ŠACKIJ „ausgiebig ausgeschnüffelt". ŠACKIJ teilte die in Deutschland an der Arbeitsschule KERSCHENSTEINERs oft geübte Kritik, sie neige zum Utilitarismus, und es werde in ihr zu wenig Erziehungsarbeit geleistet. Dagegen fand ein weiterer Kritikpunkt an KERSCHENSTEINER, nämlich die Allgemeinbildung der Schüler werde in seinen Fortbildungsschulen vernachlässigt, keine Unterstützung von diesem

---

[1]Vgl. FORTUNATOVA/ŠLEGER/FORTUNATOV „Pervyj god obučenija v načal'noj škole" [Das erste Jahr in der Grundschule], in „Svobodnoe vospitanie" [Freie Erziehung] 1910/11, Nr. 1, S. 21-44; Diess. 1910/11, Nr. 2, S. 1-40; 1910/11, Nr. 3, S. 58-96; Diess. „Vtoroj i tretij god obučenija v načal'noj škole. Iz opyta experimental'noj školy" [Das zweite und das dritte Schuljahr in der Grundschule. Aus der Erfahrung einer experimentellen Schule], in „Svobodnoe vospitanie" [Freie Erziehung] 1913/14, Nr. 10, S. 1-7; Diess. 1914/15, Nr. 3, S. 77-100 und 1914/15, Nr. 4, S. 1-38; 1914/15, Nr. 7, S. 1-36; 1914/15, Nr. 9, S. 1-22; FORTUNATOVA „Zadači opytnoj školy pri obščestve 'Detskij trud i otdych'" [Aufgaben der Versuchsschule bei der Gesellschaft 'Kinder-Arbeit und -Erholung'], in „Svobodnoe vospitanie" [Freie Erziehung] 1918, Nr. 8/9, S. 61-68.
[2]KAJDANOVA, in „Svobodnoe vospitanie" [Freie Erziehung] 1911/12, Nr. 1, S. 5-88; Dies. „Iz žhisni odnoj školy" [Aus dem Leben einer Schule], in „V poiskach putej dlja vospitanija i obrazovanija. Iz žhizni i raboty nekotorych russkich opytnych škol" [Auf der Suche nach neuen Wegen für Erziehung und Bildung. Aus dem Leben und der Arbeit einiger russischen Versuchsschulen], in „Peredovye školy i vospitatel'nye učrežhdenija v Evrope i Amerike" [Fortschrittliche Schulen und Erziehungseinrichtungen in Europa und Amerika], S. 56-96 (S. 56 f.); siehe auch KAJDANOVA 1938, S. 165-170.

russischen Reformer. Die kritische Verarbeitung des deutschen Schulexperiments half dem russischen Reformer dabei, sein eigenes Konzept genauer zu erfassen[1].

Zusammenfassend kann man sagen, daß die Anhänger der „Freien Erziehung" als auch die der realistischen Bildung den Ansatz KERSCHENSTEINERs recht vollständig rezipierten, aber unter den verschiedenen pädagogischen Perspektiven. Während sich die TOLSTOJ-Schüler für die pädagogische Kraft des Arbeitsprinzips interessierten und es auch in dieser Funktion in ihre eigenen Reformanstalten einbrachten, war für die Anhänger der realistischen Bildung der Beitrag einer Schulreform zur Qualifizierung der „modernen" Arbeitskraft wichtig. Sie nahmen den Ansatz KERSCHENSTEINERs umfassend auf und wollten in Rußland eine ähnliche Schulreform durchsetzen.

Zusammen haben die beiden Reformrichtungen ein relativ vollständiges Bild der aktuellen Arbeitsschul-Bewegung Deutschlands präsentiert, die - aus ihrer Sicht - positiven und die negativen Seiten des Münchner Experiments erläutert sowie seinen historischen und sozial-politischen Hintergrund aufgehellt.

Bereits im Jahre 1912 wurde die Arbeitsschule als zentraler Punkt der Schulreformbewegung angesehen. Von dieser Zeit an diskutierte man in Rußland nicht mehr allein über „Arbeitserziehung" oder über den Wert der Handarbeit für die Schüler. Vielmehr hatte sich der Begriff der „Arbeitsschule", der von KERSCHENSTEINER stammt, als zentrales Element der russischen Diskussion etabliert. Mit der Rezeption von KERSCHENSTEINER kam der Begriff der Arbeitsschule in die russischen Debatten hinein und nahm einen großen Einfluß auf ihren weiteren Verlauf. Dies kann ich in meinem nächsten Abschnitt besonders gut zeigen.

Bildungspolitischer Kongreß 1913/14: Im Streit auch KERSCHENSTEINER?

Im Jahre 1913/14 nahmen die Fragen der Arbeitsschule und der Arbeitserziehung neben den Problemen der allgemeinen Schulpflicht und der Einheitsschule einen gleichbedeutenden Platz im Programm des Allrussischen Kongresses für Volksbildung ein[2]. Der vom Petersburger Komitee für Elementarbildung veranstaltete pädagogische Kongreß war der größte und wichtigste in der vorsoziali-

---

[1]Das Wissenschaftliche Archiv der Russischen Akademie für Bildung Moskau, persönliches Archiv von ŠACKIJ, F. 1, op. 1, ed. chr. 332; siehe auch RÜTTENAUER/SCHIFF 1970.

[2]Zum ersten Mal wurde KERSCHENSTEINER in den öffentlichen schulpolitischen Debatten auf dem Zemstva-Kongreß im Jahre 1911 (mit 423 Teilnehmern) von P. P. DOBROSEL'SKIJ genannt. DOBROSEL'SKIJ unterstrich den wechselseitigen Zusammenhang zwischen dem wirtschaftlichen Erfolg einer Nation und dem Zustand ihres Schulwesens. Dabei verwies er auf die positiven Ergebnisse der KERSCHENSTEINERschen Reform in München und kritisierte gleichzeitig die passive Schulpolitik des russischen Kultusministeriums, das ähnliche Reformen in Rußland immer noch nicht ergreifen wolle („Žhurnal obščich zasedanij s'jezda. Stenografičeskaja zapis'" [Tagebuch der allgemeinen Sitzungen des Kongresses. Stenographische Aufzeichnung] 1912, S. 507 ff.).

stischen Geschichte Rußlands. An ihm nahmen vom 22. Dezember 1913 bis zum 3. Januar 1914 6500 Pädagogen teil[1]. Die im Rahmen dieses Kongresses geführten Diskussionen und die dort verabschiedeten Resolutionen waren für die weitere Entwicklung der russischen Schulreform von hoher Bedeutung. Der vom Staatspädagogen MAMONTOV als Vorsitzenden geleitete Kongreß verwandelte sich nach und nach in ein Forum der reformpädagogischen Bewegung. Dabei stand er ständig in Gefahr, von der Regierung aufgelöst zu werden. Die Reformkräfte (vertreten vor allem von den realistischen Pädagogen) leisteten den Staatspädagogen einen starken Widerstand und setzten ihre Hauptforderungen durch. Diese waren die einander ergänzenden Forderungen nach der Arbeits- und der Einheitsschule.

Auf dem Kongreß wurden zahlreiche Referate zur „Arbeitsschule und Arbeitserziehung" vorgetragen, deren Hauptziel es war, die Idee der Arbeitsschule durchzusetzen. Die zentrale These fast aller Vorträge war folgende: Die Arbeitsschule sei die optimale Lösung sowohl der pädagogischen als auch der wirtschaftlichen Probleme der Zeit[2].

Dabei wurde fast in jedem Vortrag - wie beispielsweise in denen von KASATKIN, SOLOMIN, REPIN, LEVITIN[3] oder SKOTNIKOV - ein direkter Bezug zum Ansatz

---

[1]Vgl. MEDYNSKIJ, in KALAŠNIKOV 1927, Bd. 1, S. 394; MEDYNSKIJ 1938, S. 441ff.; „Dnevnik pervogo Vsrossijskogo s'jezda po narodnomu obrazovaniju" [Tagebuch des 1. Allrussischen Kongresses für Volksbildung] 1913.

[2]„Dnevnik Vserossijskogo s'jezda po narodnomu obrazovaniju" [Tagebuch des Allrussischen Kongresses für Volksbildung] 1913.

„Vorträge, Diskussionen und Resolutionen der 2. Sektion des 1. Allrussischen Kongresses für Volksbildung" [Doklady, prenija i postanovlenija 2oj sekcii 1go Vserossijskogo s'jezda po narodnomu obrazovaniju] 1915.

„Vorträge, Diskussionen und Resolutionen der 1. Sektion des 1. Allrussischen Kongresses für Volksbildung" [Doklady, prenija i postanovlenija 1oj sekcii 1go Vserossijskogo s'jezda po narodnomu obrazovaniju] 1916.

LEVITIN „Trudovaja škola i professionalizm" [Arbeitsschule und Professionalismus], in „Russkaja škola" [Russische Schule], 1915, Nr. 4, S. 71-89; LEVITIN „Trudovoj prinzip vospitanija. Doklady, čitannye na pervom Vserossijskom s'jezde po narodnomu obrazovaniju" [Das Arbeitsprinzip der Erziehung. Die auf dem Ersten Allrussischen Kongreß für Volksbildung gehaltenen Vorträge], in „Svobodnoe vospitanie" [Freie Erziehung], 1914/15, Nr. 3, S. 25-40.

[3]Von S. A. LEVITIN wurden zwei Vorträge für den 1. Allrussischen Kongreß für Volksbildung (1913/14) vorbereitet. Der erste Vortrag trug den Titel „Arbeitsschule" [Trudovaja škola] und wurde am 26. Dezember 1913 abgehalten. Der zweite, für den 28. Dezember 1913 geplante Vortrag zu „Organisationsprinzipien und Methoden der Arbeitsschule" wurde aus reinem Zufall nicht vorgetragen, aber mehrmals veröffentlicht, und zwar einmal als Zeitschriften-Artikel unter dem Titel „Trudovaja škola i professionalizm" [Arbeitsschule und Professionalismus], in „Russkaja škola" [Russische Schule] 1915, Nr. 4, S. 71-89, und dann in LEVITINS Sammelband „Trudovaja škola - škola buduščego" [Arbeitsschule - Schule der Zukunft] 1916. In seinem zweiten Referat nahm Levitin auch Bezug zum pädagogischen Experiment KERSCHENSTEINERS und unterzog es einer kritischen Betrachtung. Dabei ging es ihm vor allem darum, die russischen Lehrer davor zu warnen, die „geniale Idee der Arbeitserziehung" zu

KERSCHENSTEINERS und seiner Schulreform als einem nachahmenswerten Vorbild aufgenommen[1]. Dabei bezogen sich die russischen Referenten sowohl auf ihre eigenen Eindrücke vor Ort (nach dem Besuch der Münchner Schulen) und die entsprechende Sekundärliteratur, als auch auf die Originalschriften KERSCHENSTEINERS, aus denen sie manchmal lange Passagen vortrugen. Diese russischen Anhänger der Arbeitsschule benutzten das Münchner Schulexperiment als ein wichtiges Argument sowohl zur Verteidigung ihrer Position gegenüber den Staatspädagogen als auch zur Propagierung ihrer Ideen unter der russischen Lehrerschaft.

So löste das Thema der Arbeitsschule heftige Diskussionen aus, welche über die inhaltliche Problematik hinaus auch die Frage des russischen Umgangs mit den westlichen, insbesondere deutschen Ideen zur Schulreform thematisierten. Nach Schilderung des Kongreßablaufs von S. A. LEVITIN[2], einem der kompetentesten und wichtigsten Rezipienten der KERSCHENSTEINER-Pädagogik in Rußland, bemühten sich die reformerisch eingestellten Pädagogen, die eher passive Gruppe von Lehrern von der Bedeutung der deutschen Arbeitsschulerfahrung zu überzeugen. Dabei wurden folgende Argumente vorgeführt: (1) Dem Aufruf der Opponenten, „Zurück zur alten russischen Schule" zu folgen, bedeutete, zur mißlungenen russischen Kopie des inzwischen bereits veralteten deutschen Originals zurückzukehren; (2) Ihre Forderung nach „konkreten Handlungsvorschriften" für die Umsetzung der Arbeitsschule in Rußland bedeutete ein Mißverständnis ihres wichtigsten Prinzips, nämlich des Prinzips der freien Initiative und der schöpferischen Selbsttätigkeit; (3) Die Erfahrung der deutschen Arbeitsschule solle einer kritischen Betrachtung unterzogen werden. Zu übernehmen seien nicht konkrete „Theorien und Formen", sondern nur die Hauptprinzipien. Das Konzept der Arbeitsschule könne auf dem russischen Boden nur dann erfolgreich verwirklicht werden, wenn der sozial-historische Kontext seiner Entwicklung in Deutschland und die national-kulturellen und gesellschaftlichen Bedingungen ihrer Umsetzung in Rußland berücksichtigt würden. Nach einer kon-

---

„eng-utilitaristisch zu verstehen" (LEVITIN „Trudovaja škola i professionalizm" [Arbeitsschule und Professionalismus], in „Russkaja škola" [Russische Schule] 1915, Nr. 4, S. 71-89 und LEVITIN 1916).

[1]"Doklady, prenija i postanovlenija 2oj sekcii 1go Vserossijskogo s'jezda po voprosam narodnogo obrazovanija" [Vorträge, Diskussionen und Resolutionen der 2. Sektion des 1. Allrussischen Kongresses für Volksbildung] 1915, S. 41-79 und S. 189-210.

„Doklady, prenija i postanovlenija 1oj sekcii Vserossijskogo s'jezda po voprosam narodnogo obrazovanija" [Vorträge, Diskussionen und Resolutionen der 1. Sektion des 1. Allrussischen Kongresses für Volksbildung], 1916, S. 93-103 und S. 121-137.

[2]LEVITIN 1916.

„Doklady, prenija i postanovlenija 2oj sekcii 1go Vserossijskogo s'jezda po voprosam narodnogo obrazovanija" [Vorträge, Diskussionen und Resolutionen der 2. Sektion des 1. Allrussischen Kongresses für Volksbildung] 1915

A. F. BYKOVA „1j Vserossijskij s'jezd po narodnomu obrazovaniju" [Der 1. Allrussische Kongreß für Volksbildung], in „Techničeskoe i kommerčeskoe obrazovanie" [Technische und kommerzielle Ausbildung], 1914, Nr. 2, S. 24-34.

troversen Diskussion trugen schließlich bei der Abstimmung die Argumente der Reformpädagogen den Sieg davon. Denn es wurden wichtige Beschlüsse in bezug auf die Anwendung des Arbeitsprinzips in den russischen Schulen in die Kongreß-Resolution aufgenommen.

Das Arbeitsprinzip wurde zum „notwendigen Element der allgemeinbildenden Schule" erklärt, mit dem die „innere Organisation der Schule neugestaltet werden sollte"[1]. Allerdings: „Vor jedem Versuch, der allgemeinen Schule einen beruflichen oder eng-utilitären Charakter zu verleihen, muß gewarnt werden. Dem Volksschullehrer wird empfohlen, bei einer breiten Anwendung des Arbeitsprinzips die allgemeinbildende Grundlage der Elementarausbildung uneingeschränkt beizubehalten".

So wurde das Arbeitsprinzip als zentrales Reformelement der allgemeinen Schule angesehen und mit den anderen Grundfragen der Schulreform in Rußland verknüpft. Dabei wurde der Name KERSCHENSTEINERs von den russischen Reformern zum einen als Argument im Kampf gegen die alte Tradition der Staatspädagogik verwendet; zum anderen wurde er benutzt, um die russische Lehrerschaft für diese Reformansätze zu gewinnen. Und obwohl diese Kongreß-Beschlüsse keinen verbindlichen Charakter hatten, konnte die von den Reformkräften befürwortete Idee der Arbeitsschule durch die Lehrer in die Praxis weitergetragen werden.

Pläne der IGNATJEV-Kommission 1915 - oder: Wird KERSCHENSTEINER zum „Staatspädagogen"?

Die von den Reformpädagogen in ihren Publikationen, Reformschulen und auf den bildungspolitischen Kongressen propagierte arbeits- und praxisbezogene Bildung fand im Jahre 1915 auch in den Schulreformprojekten des russischen Kultusministeriums ihren Niederschlag. Möglich wurde dies, weil ein Anhänger der realistischen Bildung, Graf Pavel Nikolaevič IGNATJEV, zum neuen russischen Volksbildungsminister ernannt wurde.

Obwohl seine Pläne nach eigenem Bekunden ihre „theoretische Fundierung in der Philosophie und Pädagogik von J. DEWEY fanden"[2], „verraten einige seiner Wendungen, wie die Erziehung zu einem 'brauchbaren Mitglied der Gesellschaft' und einem 'bewußten Staatsbürger' die Nähe zur Pädagogik KERSCHENSTEINERs"[3]. Für den möglichen Einfluß KERSCHENSTEINERs auf diese Reformprojekte sprechen zwei weitere Tatsachen. Zum einen war der neue Kultusminister selbst mit der Pädagogik und dem Schulwesen von Deutschland, England, Frankreich und Nordamerika sehr gut vertraut. Er war auch der Mei-

[1] "Resolucija Pervogo Vserossijskogo s'jezda po voprosam narodnogo obrazovanija s 22 dekabrja 1913 po 3 janvarja 1914 goda" [Resolution des Ersten Allrussischen Kongresses für Volksbildung vom 22. Dezember 1913 bis zum 3. Januar 1914] 1914.

[2] IGNATIEV, in IGNATIEV/ODINETZ/NOVGOROTSEV 1929, S. XXII.

[3] ANWEILER 1978, S. 37.

nung, daß die Schule die Entwicklung der Produktionskräfte des Landes fördern solle, und sah das Arbeitsprinzip als Grundlage des neuen schulpädagogischen Prozesses an[1]. Und zum anderen waren führende russische Reformpädagogen, vor allem aber aktive Rezipienten der KERSCHENSTEINER-Pädagogik, wie LEVITIN und ZNAMENSKIJ, als Mitglieder des Rates der Allrussischen Pädagogischen Gesellschaft (d. h. als Vertreter der pädagogischen Öffentlichkeit Rußlands) an der Besprechung der weiteren Reformschritte beteiligt[2]. Insbesondere LEVITIN trug wohl zur Verbreitung der Ideen KERSCHENSTEINERs in Rußland am meisten bei. Der persönliche Kontakt zu KERSCHENSTEINER, häufige Diskussionen mit ihm in München und auf den deutschen pädagogischen Kongressen, die Übersetzung vieler seiner Publikationen, die kritische Auseinandersetzung mit seinen Ideen in eigenen Aufsätzen, Monographien und Vorträgen, die Gründung der eigenen Arbeitsschule im Jahre 1910, all das begründete LEVITINs Ruf in Rußland als Experten für die pädagogische Lehre KERSCHENSTEINERs und allgemein für die neusten Reformideen im Westen. Ein anderer Teilnehmer der Projekt-Debatte, ZNAMENSKIJ, war Autor einer umfangreichen Publikationsreihe über „Arbeitsschule in Theorie und Praxis in Deutschland“[3].

Gemäß den neu entworfenen Plänen des Ministeriums sollte die Rückständigkeit des russischen Schulsystems überwunden und ein mit Westeuropa vergleichbares Entwicklungsniveau erreicht werden. Die reformierte Schule sollte eine Einheitsschule sein mit einer breiten Anwendung des praktischen Lernens. In den neuen Lehrplänen wurde ein bedeutender Platz den praktischen Übungen in Physik, Chemie und Naturkunde, sowie dem technischen Zeichnen und den Leibesübungen eingeräumt; Handarbeit wurde vor allem als von erzieherischer Bedeutung angesehen und sollte allmählich als Pflichtfach eingeführt werden[4].

---

[1]KONSTANTINOV 1947, S. 176f. und S. 188.
N. A. KONSTANTINOV untersuchte zwischen 1938 und 1941 Materialien des russischen Kultusministeriums im Russischen Historischen Staatsarchiv von St. Petersburg.

[2]Die IGNATJEV-Kommission und der Rat der Allrussischen Pädagogischen Gesellschaft tagten zur gleichen Zeit (im Mai/Juli 1915). Dabei waren die Sitzungen des Rates der Allrussischen Pädagogischen Gesellschaft so gelegt, daß sie bis auf eine Ausnahme, nämlich den 23. Mai 1915, nicht mit den Sitzungen der IGNATJEV-Kommission überlappten. Wenigstens eine Person, nämlich I. V. TITOV, Vertreter der Staatsduma (des ersten russischen Parlaments), war gleichzeitig Mitglied der IGNATJEV-Kommission und Teilnehmer der Besprechungen in der Allrussischen Pädagogischen Gesellschaft. Die Resolution des Rates der Allrussischen Pädagogischen Gesellschaft zum Thema der bevorstehenden Schulreform wurde in der pädagogischen Zeitschrift „Russkaja škola“ [Russische Schule] unmittelbar im Anschluß an die Reformpläne der IGNATJEV-Kommission abgedruckt, und zwar unter dem gemeinsamen Titel „Reform der höheren Schule“ (Siehe dazu „Reforma srednej školy“ [Reform der höheren Schule], in „Russkaja škola“ [Russische Schule], 1915, Nr. 5/6, S. 78-85).

[3]ZNAMENSKIJ „Trudovaja škola v teorii i na praktike v Germanii“ [Arbeitsschule in Theorie und Praxis in Deutschland], in „Russkaja škola“ [Russische Schule], 1912, Nr. 10, S. 51-83; 1912, Nr. 11, S. 34-64; 1912, Nr. 12, S. 23-30

[4]KONSTANTINOV 1947, S. 188.

Gemäß einer Aktennotiz der *Unterkommission für Handarbeit* im neuen Kultusministerium sollte der Handarbeitsunterricht mehrere Funktionen erfüllen. Er sollte (a) die Charaktererziehung bei jungen Leuten sowie (b) ihre intellektuelle Entwicklung fördern und (c) verschiedene Lehrkurse mit den Prozessen von Bildung und Erziehung miteinander verbinden. Während der wöchentliche verbindliche 2-3stündige Handarbeits-Unterricht in den niederen Klassen einen *allgemeinbildenden* Charakter haben sollte, sollte es in den höheren Klassen möglich sein, ihn entsprechend *beruflichen* Spezialisierungen der Schüler zu gestalten. Alles sollte schließlich dazu führen, daß Rußland „intellektuelle Arbeiter hervorbringt", an welchen Deutschland „bereits jetzt so reich und stark ist"[1]. Dadurch werde Rußland auch einen wirtschaftliche Aufschwung erleben[2].
Einen großen Wert legte Kultusminister IGNATJEV auf die Reform der beruflich-technischen Ausbildung und gründete dafür einen „Rat für Angelegenheiten der Berufsausbildung in Rußland"[3].
Die Reformpläne IGNATJEVs stellten einen radikalen Wandel der bisherigen Staatspädagogik dar: Sie waren geeignet, die wichtigsten Probleme des russischen Schulsystems zu lösen und es an den aktuellen Entwicklungsstand der Wirtschaft und Gesellschaft anzupassen. Das Arbeitsprinzip, das in Rußland in engem Zusammenhang mit dem Namen KERSCHENSTEINERs diskutiert wurde, wurde zum grundlegenden Element dieses Schulreformprojektes gemacht - es wurde mit dem Prinzip der Einheitsschule verbunden. Damit konnte man 1915 in Rußland den Eindruck haben: Die Reformideen von DEWEY und von KERSCHENSTEINER werden den künftigen Prozeß der Schulentwicklung in Rußland entscheidend beeinflussen. Die schulpolitische Debatte um Arbeitserziehung und Berufsausbildung wurde also mit der Akzeptanz dieses Konzepts auf der Ebene der Staatspädagogik gekrönt. Und die Rezeption von KERSCHENSTEINER hat dazu erheblich beigetragen. Doch aus diesen Hoffnungen, diesen Erwartungen wurde leider keine schulische Realität. Die Umsetzung der Reformpläne von IGNATJEV wurde zuerst durch den Ersten Weltkrieg und

---

[1]"Materialien zur Reform der höheren Schule. Die gemäß der Verordnung vom Kultusminister veröffentlichten vorläufigen Programme und Aktennotizen (Kommentar-Briefe)" [Materialy po reforme srednej školy. Primernye programmy, ob'jasnitel'nye zapiski, izdannye po rasporjažheniju g. Ministra Narodnogo Prosveščenija] 1915, S. 509.

[2]"Materialien zur Reform der höheren Schule. Die gemäß der Verordnung vom Kultusminister veröffentlichten vorläufigen Programme und Aktennotizen (Kommentar-Briefe)" [Materialy po reforme srednej školy. Primernye programmy, ob'jasnitel'nye zapiski, izdannye po rasporjažheniju g. Ministra Narodnogo Prosveščenija] 1915, S. 508-547.

[3]Siehe u. a. „Reforma srednej školy" [Reform der höheren Schule], in „Russkaja škola" [Russische Schule] 1915, Nr. 5/6, S. 78-85.
Im Jahre 1916 wurde von den Unterrichtsabteilungen der russischen Handels- und Industrieministerien in der Reihe „Materialien für die technische und handwerkliche Bildung" [Materialy po techničeskomu i remeslennomu obrazovaniju] (Nr. 3) ein Band unter dem Titel „Organisation, Lehrpläne und Programme der Fortbildungsschulen in München" [Organizacija, učebnye plany i programmy dopolnitel'nych remeslennych škol v Münchene] veröffentlicht.

dann durch die sozialistische Revolution 1917 verhindert. Und dies ist auch mein letzter Punkt in der Rezeptionsgeschichte: KERSCHENSTEINER und die sowjetische Staatspädagogik.

Sowjetische Staatspädagogik: MARX statt KERSCHENSTEINER

Die Ideen der Arbeits- und Einheitsschule waren wohl die einzigen Reformelemente, die von der Sowjetmacht aus der vorsozialistischen Schuldiskussion übernommen und zur neuen Staatspädagogik erklärt wurden. Im Jahre 1918 wurde von der Sowjetregierung eine „Verordnung zur einheitlichen Arbeitsschule der Russischen Sozialistischen Föderativen Sowjetrepublik" verabschiedet. Demnach sollte die neue Sowjetschule in allen ihren Stufen in eine kostenlose, allgemein zugängliche, allgemeinbildende, polytechnische, koedukative, weltliche und einheitliche Schule umgewandelt werden. Sie sollte eine Arbeitsschule sein, in der die Arbeit zur Grundlage der Bildung und Erziehung gemacht werden sollte[1].

Die Arbeitserziehung wurde somit zum Prinzip der neuen Staatspädagogik erklärt - die dann erfolgte Umsetzung entsprach jedoch kaum den Vorstellungen der russischen Reformpädagogen. Die von oben vorbehaltlos verlangte Arbeitsschule widersprach dem von den Reformpädagogen (vor allem den Anhängern der „Freien Erziehung") die ganze Zeit betonten Sinn der Idee, nämlich dem Prinzip der freiwilligen, selbständigen und kreativen Arbeit. Eine solche Sichtweise wurde von der sich etablierenden Sowjetpädagogik nicht geteilt.

Auch die Bewertung der KERSCHENSTEINER-Pädagogik hat sich ab 1917 entscheidend verändert. Dem Hauptvertreter der deutschen Arbeitsschule wurde viel weniger Aufmerksamkeit geschenkt als in den vorrevolutionären Zeiten. Zwar blieb sein Name allen bekannt - und einige seiner Werke wurden erneut veröffentlicht. Er wurde auch regelmäßig zitiert in den entsprechenden Beiträgen. Aber es gab keine weiteren, umfangreichen Publikationen, in denen sein Ansatz als zentraler Punkt und in Details betrachtet wurde, wie es vor 1917 häufig der Fall war. Die pädagogische Lehre des Deutschen wurde von nun an als eine neben den zahlreichen anderen Reformansätzen zur Arbeitsschule angesehen. Beispielsweise erwähnte VENCEL in seinen Schriften nach 1917 das pädagogische Experiment in München als einen hervorragenden Versuch, die übliche Schulpraxis zu reformieren, neben den pädagogischen Unternehmen von REDDIE, ELSANDER und DEWEY, von FERRER, LIETZ und WYNEKEN, von OTTO, HAUFE und TOLSTOJ, von ŠACKIJ, KAJDANOVA und schließlich von sich selbst.

---

[1]"Položhenie o edinoj trudovoj škole Rossijskoj Sozialističeskoj Federativnoj Sowjetskoj Respubliki" [Verordnung über die einheitliche Arbeitsschule der Russischen Sozialistischen Föderativen Sowjetrepublik] 1918.

VENCELs Ziel dabei war es, die Synthese zwischen „Freier Erziehung" und Arbeitserziehung nachzuweisen[1].
1918 analysierte ŠACKIJ die pädagogische Erfahrung der „Arbeitsschule in Europa und Amerika". Dabei habe KERSCHENSTEINERS Ansatz - so die Meinung von ŠACKIJ - zwar entscheidende Impulse für die Entwicklung der Arbeitsschulbewegung gegeben, könne aber nicht als eine echte Arbeitsschule bezeichnet werden, sondern sei eine „illustrative Schule", weil dort das Arbeitsprinzip vor allem als Anschauungsmittel praktiziert worden sei[2].
Auf der Konferenz der proletarischen Kultur- und Bildungsorganisationen (1918) bezeichnete KRUPSKAJA KERSCHENSTEINER als Vertreter der bürgerlichen und klassengeprägten Pädagogik, welche in der sozialistischen Erziehung nicht anwendbar sei. Denn er wolle das „Kind an unbedingten Gehorsam" und an Dienstbereitschaft gewöhnen. Außerdem trat sie für die MARXsche These der polytechnischen Erziehung ein, die von KERSCHENSTEINER nicht vorgesehen worden war[3].
Unter der neuen sowjetischen Perspektive wurde KERSCHENSTEINERS Ansatz auch von Pavel BLONSKIJ betrachtet[4]. Da die neue sowjetische Schule als eine *polytechnische* Arbeitsschule definiert wurde, entwickelte BLONSKIJ sein eigenes Konzept der Arbeitsschule auf dem polytechnischen Prinzip. Er rezipierte dabei vor allem die entsprechenden Ideen von MARX, aber auch von FRÖBEL, PESTALOZZI, DEWEY und SCHARRELMANN, und setzte sich mit dem Ansatz KERSCHENSTEINERS kritisch auseinander. KERSCHENSTEINERS Arbeitsschule wird als eine „Handwerks-Arbeitsschule" bezeichnet, die „nicht der zeitgemäßen, sondern einer veralteten Arbeitsweise" entspricht; denn die neue Epoche sei die „Epoche der maschinellen Industrie und nicht die des Handwerks. ... Der zeitgenössische Industrialismus und Maschinismus blieb dem Münchner Pädagogen fremd, als er das Erziehungssystem einer überlebten Handwerkordnung rekonstruierte und nicht begriff, was uns die Maschine lehren kann"[5]. Zweifel wird von BLONSKIJ auch daran geäußert, daß die Handwerks-Arbeitsschule von KERSCHENSTEINER allgemeinbildende Wirkung haben könne - ob sie nicht eine pure Handarbeits-Berufsschule sei"[6], in der der „Zusammenhang von Technik und Wissenschaft im Gegensatz zur maschinellen Industrie äußerst gering ist. ... Wir sollen die Handarbeit nicht meiden, uns aber nicht für sie begeistern. Wir

---

[1]Das Wissenschaftliche Archiv der Russischen Akademie für Bildung, persönliches Archiv von VENCEL, F. 23, op. 1, ed. chr. 45 - „Lekcii i zametki po trudovoj škole" [Vorlesungen und Notizen über die Arbeitschule]; VENCEL „Novye puti vospitanija i obrazovanija detej" [Neue Wege der Erziehung und Bildung der Kinder] 1923 (2. Aufl.).
[2]ŠACKIJ „Na puti k trudovoj škole" [Auf dem Weg zur Arbeitsschule], in „Svobodnoe vospitanie i svobodnaja trudovaja škola" [Freie Erziehung und freie Arbeitsschule] 1918, Nr. 10-12, S. 7-40; ZOLOTAREV/GOLUBEV/ŠACKIJ 1918.
[3]KRUPSKAJA „Ideale der sozialistischen Erziehung" (1918), in KRUPSKAJA 1972, S. 370-376
[4]BLONSKIJ 1973.
[5]BLONSKIJ 1973, S. 13 f.
[6]BLONSKIJ 1973, S. 14.

sind auf dem Wege von ihr weg, aber nicht zu ihr hin; sie kann bei uns lediglich die Schule der ersten Stufe ausfüllen, und auch das nur zum Teil"[1]. KERSCHENSTEINER ablehnend greift BLONSKIJ (genau wie KRUPSKAJA) zur MARXschen These über die Verbindung von Unterricht und Produktion und baut sein eigenes Konzept der Arbeitsschule hauptsächlich darauf auf[2].
Weil der Ansatz KERSCHENSTEINERs der in Sowjet-Rußland für offiziell erklärten polytechnischen Orientierung der Schule nicht entsprach, und weil er den Klassencharakter der Bildung nicht ablehnte, wurde KERSCHENSTEINER nicht mehr als Zeuge der Schulreform herangezogen. D. h. es gab zwei Arten von Gründen - ideologische und inhaltliche - die zur Ablehnung der Arbeitsschule KERSCHENSTEINERs in Sowjetrußland geführt haben.
Das Konzept der Arbeitsschule von Sowjetpädagogen fand seine theoretische Fundierung vor allem in der MARXschen Bildungstheorie, allerdings gelangen sie zu ihr durch eine kritische Verarbeitung des KERSCHENSTEINERschen Ansatzes. Das auf der MARXschen Bildungstheorie beruhende Konzept der Arbeitsschule wurde in Sowjetrußland haltungsleitend und das von ihm vertretene polytechnische Prinzip fand bis zum heutigen Tag in der sowjetischen Schule eine breite Anwendung.

Vorläufiges Fazit

KERSCHENSTEINERs Reformideen wurden in einer besonders wichtigen Phase der russischen Schulreformdiskussion intensiv rezipiert. Dabei knüpfte diese russische Rezeption der KERSCHENSTEINER-Pädagogik an die Diskussion um Arbeitserziehung und Berufsausbildung an. Rezipiert wurde KERSCHENSTEINER vor allem von den Vertretern der „Freien Erziehung" und der „realistischen" Pädagogen. Die beiden Reform-Richtungen arbeiteten zwar alle Schwerpunkte seines Ansatzes auf, aber unter verschiedenen pädagogischen Perspektiven.
Während für die realistischen Pädagogen eine komplexe Arbeitsschul-Reform in Orientierung an die wirtschaftlichen und sozialen Probleme der Zeit wichtig war, zeigten die Anhänger der „Freien Erziehung" ein großes Interesse für das Arbeitsprinzip als ein didaktisches Mittel neben den anderen Reformelementen und setzten es mit dem Bezug zur KERSCHENSTEINER-Lehre in eigenen Reformanstalten um.
Der durch KERSCHENSTEINER in die russische Debatte eingebrachte Arbeitsschul-Begriff beeinflußte ihren weiteren Ablauf in intensiver Weise: Das Konzept der Arbeitsschule wurde auf dem größten schulpolitischen Kongreß in der vorsozialistischen Geschichte Rußlands diskutiert. Diese Diskussion nahm einen bedeutenden Einfluß auf die russische pädagogische Öffentlichkeit und fand schließlich in den Reformplänen des Kultusministeriums ihren Niederschlag. Zwar erklärte auch die Sowjetmacht die Arbeitsschule zur Staatspädagogik, al-

[1] BLONSKIJ 1973, S. 14.
[2] BLONSKIJ 1973, S. 138.

lerdings wandte sie sich in ihrer Begründung von KERSCHENSTEINER ab. Somit hat dieses Rezeptionsbeispiel auch gezeigt: Solange bestimmte reformpädagogische Konzepte und Argumente nicht an die wirtschaftliche und soziale Entwicklung des Staates und an seine ideologische Struktur angebunden werden, haben sie geringe Chancen, zur Bildungspolitik bzw. Staatspädagogik erhoben zu werden.

Von allen Elementen der KERSCHENSTEINERschen Pädagogik hatte das Konzept der Arbeitsschule die größte Bedeutung. In vielen Reformschulen sowohl der „realistischen“ wie der „freien“ Erziehung wurde damit experimentiert.

Bei aller Vorläufigkeit meiner Analyse, bei allen Einschränkungen meines methodischen Vorgehens: Ich denke, daß ich am Beispiel KERSCHENSTEINER zeigen konnte, wie stark sich die russische Reformdiskussion Anfang des Jahrhunderts an ausländischen, insbesondere an deutschen Vorbildern orientiert hat. Zugleich ist auch deutlich geworden, daß dieser Rezeptionsprozeß von den gesamtgesellschaftlichen Entwicklungen in Rußland dominiert wurde. Insbesondere die Oktoberrevolution 1917 und die ihr folgende Staatspädagogik hat dann die entscheidenden Akzente gesetzt: Die Arbeitsschule - in der Variante der einheitlichen polytechnischen Schule - machte in der großen Sowjetunion eine einmalige Karriere - als Regelschule für alle. Der Arbeitsschulprotagonist KERSCHENSTEINER hingegen wurde aus der weiteren pädagogischen Diskussion eliminiert. So gesehen ist KERSCHENSTEINER, der die russische Diskussion beeinflußt hat wie kein zweiter europäischer Reformpädagoge, in Rußland letztlich an der Oktoberrevolution gescheitert.

Literatur

I. Quellen und Literatur aus dem vorsozialistischen Rußland

Einzelschriften

ČECHOV, N. V. (1907) Svobodnaja škola. Opyt organizacii školy novogo tipa [Eine freie Schule. Erfahrung bei der Organisation der höheren Schule des neuen Typs]. Moskau.

KAJDANOVA, O. V. (1914) Iz žhizni odnoj školy [Aus dem Leben einer Schule]. In: V poiskach putej dlja vospitanija i obrazovanija. Iz žhizni i raboty nekotorych russkich opytnych škol [Auf der Suche nach neuen Wegen für Erziehung und Bildung. Aus dem Leben und der Arbeit einiger russischen Versuchsschulen]. In: Peredovye školy i vospitatel'nye učrežhdenija v Evrope i Amerike [Fortschrittliche Schulen und Erziehungseinrichtungen in Europa und Amerika]. Moskau, S. 56-96.

KAPTEREV, P. F. (1914) Novaja russkaja pedagogija, eje glavnejšie idei, napravlenija i dejateli [Die neue russische Pädagogik, ihre wichtigsten Ideen, Richtungen und Vertreter], 2. ergänzte Aufl. St. Petersburg.

KERSCHENSTEINER, G. (1910) Trudovaja škola [Arbeitsschule] (übers. von V. KONŠIN) Moskau.

KERSCHENSTEINER, G. (1911) Osnovnye voprosy škol'noj organizacii [Grundfragen der Schulorganisation] (übers. von GER'E), Moskau.

KERSCHENSTEINER, G. (1911) Zadači i ustrojstvo srednej školy [Aufgaben und Organisation der höheren Schule] St. Petersburg.

KERSCHENSTEINER, G. (1912) Osnovnye voprosy škol'noj organizacii [Grundfragen der Schulorganisation] St. Petersburg.

KERSCHENSTEINER, G. (1913) O charaktere i ego vospitanii [Charakterbegriff und Charaktererziehung] St. Petersburg.

KERSCHENSTEINER, G. (1914) Razvitie chudožhestvennogo tvorčestva rebenka [Entwicklung der künstlerischen Begabung des Kindes] (übers. von S. A. LEVITIN) Moskau.

KERSCHENSTEINER, G. (1915) Izbrannye proizvedenija (Trudovaja škola, Osnovnye voprosy škol'noj organizacii, O charaktere i ego vospitanii, i dr.) [Ausgewählte Schriften (Arbeitsschule, Grundfragen der Schulorganisation, Charakterbegriff und Charaktererziehung u. a.] (Red. M. RUBINSTEIN) Moskau.

KERSCHENSTEINER, G. (1917) O vospitanii gražhdanstvennosti [Über die Erziehung der Staatsbürgerlichkeit] (übers. von. Z. N. ŽHURAVSKAJA) Petrograd.

KERSCHENSTEINER, G. (1918) Trudovaja škola [Arbeitsschule], 4. Aufl. (übers. von M. J. DREJ) Moskau.

KERSCHENSTEINER, G. (1920) Osnovnye voprosy škol'noj organizacii [Grundfragen der Schulorganisation], 2. Aufl. St. Petersburg.

LEVITIN, S. A. (1914) Georg KERSCHENSTEINER i Robert SEIDEL [Georg KERSCHENSTEINER und Robert SEIDEL]. St. Petersburg.

LEVITIN, S. A. (1916) Trudovaja škola - škola buduščego [Arbeitsschule - Schule der Zukunft]. Moskau.

MEDVEDKOV, A. P. (1913) Kratkaja istorija russkoj pedagogiki [Kurze Geschichte der russischen Pädagogik]. St. Petersburg.

OBUCHOV, A. M. (1909) Narodnoe obrazovanie v Münchene. Po ličnym nabljudenijam i vpečatlenijam na meste. [Volksbildung in München. Anhand der persönlichen Beobachtungen und Eindrücke vor Ort]. Moskau.

OBUCHOV, A. M. (1910) Bližhajšie praktičeskie voprosy narodnogo obrazovanija v Rossii [Die nächsten praktischen Fragen der Volksbildung in Rußland]. Moskau.

ŠACKIJ/ZELENKO/KAZIMIROV (1908) Deti - rabotniki buduščego [Kinder - Schaffenden der Zukunft], Moskau.

SPERANSKIJ, N. (1910) Novaja struja v narodnom obrazovanii. Pis'mo s Mjunchenskoj vystavki 1908 [Die neue Strömung in der Volksbildung. Ein Brief von der Münchner Ausstellung 1908]. In: SPERANSKIJ „Bor'ba za školu. Iz prošlogo i nastojaščego na Zapade i v Rossii [Kampf um die Schule. Aus der Vergangenheit und der Gegenwart im Westen und in Rußland]. Moskau, S. 71-95.

STEPANOVA, Ek. V. (1908) Demokratizacija techničeskich znanij v Evrope [Demokratisierung des technischen Wissens in Europa]. St. Petersburg.

VENCEL, K. N. (1906) Bor'ba za svobodnuju školu [Kampf um eine freie Schule]. Moskau.

VENCEL, K. N. (1908) Kak sozdat' svobodnuju školu. (Dom svobodnogo rebenka) [Wie kann man eine freie Schule gründen. (Haus des freien Kindes)], 2. ergänzte Aufl. Moskau.

Zeitschriftenbeiträge

ARANOVIČ, N. L. (1911) Dopolnitel'nye školy v Germanii [Fortbildungsschulen in Deutschland]. In: Russkaja škola [Russische Schule], 1911, Nr. 4, S. 1-30.

BYKOVA, A. F. (1914) Pervyj Vserossijskij s'jezd po narodnomu obrazovaniju [Der erste Allrussische Kongreß für Volksbildung]. In: Techničeskoe i kommerčeskoe obrazovanie [Technische und kommerzielle Ausbildung] 1914, Nr. 2, S. 24-34.

DURYLIN, S. N. (1908/09) Pedagogičeskij oazis [Pädagogische Oase]. In: Svobodnoe vospitanie [Freie Erziehung], 1908/09, Nr. 3 (Nov.), S. 71-94.

FORTUNATOVA/ŠLEGER/FORTUNATOV (1910/1911) Pervyj god obučenija v načal'noj škole [Das erste Lehrjahr in der Grundschule]. In: Svobodnoe vospitanie [Freie Erziehung], 1910/11, Nr. 1, S. 21-44.

Diess. 1910/11, Nr. 2, S. 1-40.

Diess. 1910/11, Nr. 3, S. 58-96.

Diess. (1913/14) Vtoroj i tretij god obučenija v načal'noj škole. Iz opyta experimental'noj školy [Das zweite und das dritte Schuljahr in der Grundschule. Aus der Erfahrung einer experimentellen Schule]. In: Svobodnoe vospitanie [Freie Erziehung] 1913/14, Nr. 10, S. 1-7.

Diess. 1914/15, Nr. 3, S. 77-100; 1914/15, Nr. 4, S. 1-38; 1914/15, Nr. 7, S. 1-36; 1914/15, Nr. 9, S. 1-22.

FORTUNATOVA, E. (1918) Zadači opytnoj školy pri obščestve „Detskij trud i otdych“ [Aufgaben der Versuchsschule bei der Gesellschaft 'Kinder-Arbeit und -Erholung']. In: Svobodnoe vospitanie i svobodnaja trudovaja škola [Freie Erziehung und freie Arbeitsschule] 1918, Nr. 8/9, S. 61-68.

Iz istorii „Vestnika vospitanija“ 1890-1915 [Aus der Geschichte des 'Boten der Erziehung' 1890-1915]. In: Vestnik vospitanija [Bote der Erziehung], 1915, Nr. 1, S. 8-57.

KAJDANOVA, O. V. (1911/12) Iz žhizni odnoj školy [Aus dem Leben einer Schule]. In: Svobodnoe vospitanie [Freie Erziehung], 1911/12, Nr. 1, S. 5-88.

KERSCHENSTEINER, G. (1908/09) Trudovaja škola [Arbeitsschule] (übers. von V. KONŠIN). In: Svobodnoe vospitanie [Freie Erziehung], 1908/09, Nr. 6, S. 27-46.

LEVITIN, S. A. (1912/13) Trudovaja škola - škola buduščego [Arbeitsschule - Schule der Zukunft]. In: Svobodnoe vospitanie [Freie Erziehung], 1912/13, Nr. 3, S. 53-68; 1912/13, Nr. 4, S. 23-32.

LEVITIN, S. A. (1913) Novejšie obščestvenno-pedagogičeskie tečenija na Zapade [Die neusten gesellschaftlich-pädagogischen Strömungen im Westen]. In: Russkaja škola [Russische Schule], 1913, Nr. 10, S. 10-69.

LEVITIN, S. A. (1914) Novejšie pedagogičeskie tečenija na Zapade [Die neusten pädagogischen Strömungen im Westen]. In: Russkaja škola [Russische Schule] 1914, Nr. 1, S. 120-130.

LEVITIN, S. A. (1914/15) Trudovoj prinzip vospitanija. Doklady, čitannye na pervom Vserossijskom s'jezde po narodnomu obrazovaniju [Arbeitsprinzip der Erziehung. Die auf dem 1. Kongreß für Volksbildung gehaltenen Vorträge]. In: Svobodnoe vospitanie [Freie Erziehung], 1914/15, Nr. 3, S. 25-40.

LEVITIN, S. A. (1915) Trudovaja škola i professionalizm [Arbeitsschule und Professionalismus]. In: Russkaja škola [Russische Schule], 1915, Nr. 4, S. 71-89.

MIŽHUEV, P. G. (1902) Srednjaja škola v Germanii [Höhere Schule in Deutschland]. In: Russkaja škola [Russische Schule], 1902, Nr. 2, S. 23-49.

MIŽHUEV, P. G. (1910) Škola i demokratizacija znanij v Evrope i Amerike [Schule und Demokratisierung des Wissens in Europa und Amerika]. In: Russkaja škola [Russische Schule], 1910, Nr. 2, S. 31-59.

ORŠANSKIJ, L. (1908) Vystavka. München v 1908 godu. Škol'nyj otdel [Ausstellung. München 1908. Schulabteilung]. In: Russkaja škola [Russische Schule], 1908, Nr. 9, S. 53-58.

PODDEREGIN, D. (1914) Mašinostroitel'nye učilišča v Prussii [Maschinenbau-Schulen in Preußen]. In: Techničeskoe i kommerčeskoe obrazovanie [Technische und kommerzielle Ausbildung], 1914, Nr. 2, S. 1-28.

Reforma srednej školy [Reform der höheren Schule]. In: Russkaja škola [Russische Schule], 1915, Nr. 5/6, S. 78-85.

ŠACKIJ, S. T. (1907/08) Detskij trud i novye puti [Kinderarbeit und neue Wege]. In: Svobodnoe vospitanie [Freie Erziehung], 1907/08, Nr. 6, S. 47-56.

Škol'no-gigieničeskie voprosy v Germanii [Fragen der Schulhygiene in Deutschland]. In: Vestnik vospitanija [Bote der Erziehung], 1900, Nr. 2, S. 67-89.

Tezisy doklada KERSCHENSTEINERa na temu „Edinaja nacional'naja škola" [Thesen aus dem Vortrag KERSCHENSTEINERs zum Thema 'Die nationale Einheitsschule'] (übers. von M. LEVITINA). In: Russkaja škola [Russische Schule], 1914, Nr. 4, S. 153-156.

ZELENKO, A. U. (1911/12) Sovremennye reformatory vospitanija i obrazovanija [Die gegenwärtigen Reformer der Erziehung und Bildung]. In: Svobodnoe vospitanie [Freie Erziehung] 1911/12, Nr. 3, S. 21-48.

ZELENKO, A. U. (1911/12) Sovremennye reformatory vospitanija i obrazovanija. G. KERSCHENSTEINER i utilitarističeskoe napravlenie [Die gegenwärtigen Reformer der Erziehung und Bildung. G. KERSCHENSTEINER und utilitaristische Richtung]. In: Svobodnoe vospitanie [Freie Erziehung], 1911/12, Nr. 5, S. 7-58.

ZNAMENSKIJ, S. F. (1912) Trudovaja škola v teorii i na praktike v Germanii [Arbeitsschule in Theorie und Praxis in Deutschland]. In: Russkaja škola [Russische Schule] 1912, Nr. 10, S. 51-83; 1912, Nr. 11, S. 34-64; 1912, Nr. 12, S. 23-30.

Tagebücher pädagogischer Kongresse, Protokolle, Resolutionen, Jahresberichte, amtliche Schriften und andere Dokumente

Dnevnik pervogo Vserossijskogo s'jezda po voprosam narodnogo obrazovanija [Tagebuch des 1. Allrussischen Kongresses für Volksbildung] (1913), St. Petersburg.

Doklady, prenija i postanovlenija 2oj sekcii 1go Vserossijskogo s'jezda po voprosam narodnogo obrazovanija [Vorträge, Diskussionen und Resolutionen der 2. Sektion des 1. Allrussischen Kongresses für Volksbildung] (1915). Petrograd.

Doklady, prenija i postanovlenija 1oj sekcii 1go Vserossijskogo s'jezda po voprosam narodnogo obrazovanija [Vorträge, Diskussionen und Resolutionen der 1. Sektion des 1. Allrussischen Kongresses für Volksbildung] (1916). Petrograd.

Kratkij očerk vozniknovenija i trechletnej dejatel'nosti Moskovskogo Settlementa s 1905 po 1908 gody [Eine kurze Skizze der Entstehung und der dreijährigen Tätigkeit des Moskauer Settlements], o. J., o. O.

Materialy po reforme srednej školy. Primernye programmy, ob'jasnitel'nye zapiski, izdannye po rasporjažheniju g. Ministra Narodnogo Prosveščenija [Materialien zur Reform der höheren Schule. Die gemäß der Verordnung vom Kultusminister veröffentlichten Programme und Aktennotizen] (1915) Petrograd.

Otčet o dejatel'nosti pedagogičeskogo obščestva [Bericht über die Tätigkeit der Pädagogischen Gesellschaft] (1899) Moskau.

Resoljucija Pervogo Vserossijskogo s'jezda po voprosam narodnogo obrazovanija s 22 dekabrja 1913 po 3 janvarja 1914 goda [Resolution des Ersten Allrussischen Kongresses für Volksbildung vom 22. Dezember 1913 bis zum 3. Januar 1914], (1914). St. Petersburg.

Russkie učitelja za granicej [Russische Lehrer im Ausland] (1910-1915), 6 Bde, Moskau 1912, 1913, 1910, 1914, 1915, 1911.

Žhurnal obščich zasedanij s'jezda. Stenografičeskaja zapis'. 1j Obščezemskij s'jezd po narodnomu obrazovaniju 1911 g. [Tagebuch der allgemeinen Sitzungen des Kongresses. Stenographische Aufnahme. Der 1. Zemstva-Kongreß für Volksbildung 1911] (1912). Moskau.

Archivalien des Wissenschaftlichen Archivs der Russischen Akademie für Bildung Moskau (der ehemaligen Akademie der Pädagogischen Wissenschaften der UdSSR)

F. (Fond [Archiv-Fond]) 1, op. (opis' [Verzeichnis]) 1 - Pervaja opytnaja stancija po narodnomu obrazovaniju [Die erste Versuchsstation für Volksbildung beim Volkskommissariat für Volksbildung der RSFSR].

F. 1, op. 1, ed. chr. (edinica chranenija [Aufbewahrungseinheit]) 4 - „Materialien der 'Settlement'-Gesellschaft. Berichte, Versammlungsprotokolle u. a. Materialien (1906-1908)".
F. 1, op. 1, ed. chr. 60 - persönliches Archiv von A. U. ZELENKO.
F. 1, op. 1, ed. chr. 62 - persönliches Archiv von A. U. ZELENKO.
F. 1, op. 1, ed. chr. 332 - persönliches Archiv von ŠACKIJ.
F. 23, op. 1, ed. chr. 45 - persönliches Archiv von K. N. VENCEL; „Lekcii i zametki po trudovoj škole" [Vorlesungen und Notizen über die Arbeitsschule].

II. Schriften aus Sowjetrußland

DNEPROV, E. D. (Hg.) (1984) Škola i pedagogičeskaja mysl' Rossii v period dvuch buržhuazno-demokratičeskich revoljucij [Schule und pädagogisches Denken Rußlands in der Zeitperiode von zwei bürgerlich-demokratischen Revolutionen]. Moskau.
KAIROV, I. A., PETROV, F. N. & andere (Hrsg.) (1965) Pedagogičeskaja enciklopedija [Pädagogische Enzyklopädie], 4 Bde, Moskau.
KALAŠNIKOV, A. G. (Hg.) (1927-1929) Pedagogičeskaja enciklopedija [Pädagogische Enzyklopädie], 3 Bde. Moskau.
KONSTANTINOV, N. A. (1947) Očerki po istorii srednej školy [Skizzen zur Geschichte der höheren Schule], Moskau.
MEDYNSKIJ, E. N. (1938) Istorija russkoj pedagogiki do Velikoj Oktjabr'skoj socialističeskoj revoljucii [Geschichte der russischen Pädagogik bis zur Großen Sozialistischen Oktoberrevolution], 2. Aufl. Moskau.
MICHAJLOVA, M. V. & STEPANSKIJ, A. D. (1985) Pedagogičeskie i prosvetitel'nye obščestva i organizacii Rossii nakanune i v period revoljucii 1905-1907 [Pädagogische und Aufklärungsorganisationen Rußlands am Vorabend und zur Zeit der Revolution von 1905-1907]. In: Škola Rossii nakanune i v period revoljucii 1905-1907 [Die Schule von Rußland am Vorabend und zur Zeit der Revolution von 1905-1907], hrsg. von DNEPROV, E. D. & TEBIEV, B. K. Moskau, S. 119-132.
Položhenie o edinoj trudovoj škole Rossijskoj Socialističeskoj Federativnoj Sowjetskoj Respubliki [Verordnung über die einheitliche Arbeitsschule der Russischen Sozialistischen Föderativen Sowjetrepublik] (1918), Moskau.
ŠACKIJ, S. T. (1918) Na puti k trudovoj škole [Auf dem Wege zur Arbeitsschule]. In: Svobodnoe vospitanie i svobodnaja trudovaja škola [Freie Erziehung und freie Arbeitsschule], 1918, Nr. 10-12, S. 7-40.
VENCEL, K. N. (1923) Novye puti vospitanija i obrazovanija detej [Neue Wege der Erziehung und Bildung der Kinder]. 2. Aufl. Moskau.
VESELOV, A. N. (1953) Nižhnee i srednee professional'no-techničeskoe obrazovanie v Rossii v konce 19 i načale 20 veka [Niedere und höhere beruflich-technische Ausbildung in Rußland am Ende des 19. und am Anfang des 20. Jahrhunderts]. In: Sowjetskaja pedagogika [Sowjetische Pädagogik], 1953, Nr. 1, S. 61-84.
ZOLOTAREV, S. A., GOLUBEV, A. V. & ŠACKIJ, S. T. (1918) Trudovaja škola [Arbeitsschule]. Moskau.

III. Schriften aus der russischen Emigration

IGNATIEV, P. N. /ODINETZ, D. M./ NOVGOROTSEV, P. J. (1929) Russian Schools and Universities in the World War. New Haven.
KAJDANOVA, O. V. (1938) Očerki po narodnomu obrazovaniju v Rossii i SSSR na osnove ličnogo opyta i nabljudenij [Skizzen zur Geschichte der Volksbildung in Rußland und der UdSSR anhand der persönlichen Erfahrungen und Beobachtungen], 2 Bde. Berlin.

IV. Schriften aus westlichen Ländern

ANWEILER, O. (1978) Geschichte der Schule und Pädagogik in Rußland vom Ende des Zarenreiches bis zum Beginn der Stalin-Ära. 2. durchgesehene Aufl. Berlin.

BLONSKIJ, P. P. (1973) Die Arbeitsschule, besorgt von H. E. WITTIG. Paderborn.

FROESE, L. (1963) Ideengeschichtliche Triebkräfte der russischen und sowjetischen Pädagogik, Heidelberg.

JOHNSON, W. H. E. (1969) Russia's Educational Heritage. New York.

KERSCHENSTEINER, G. (1968) Texte zum pädagogischen Begriff der Arbeit und zur Arbeitsschule. Ausgewählte pädagogische Schriften, Bd. 2, besorgt von G. WEHLE. Paderborn.

KRUPSKAJA, N. K. (1972) Sozialistische Pädagogik, Bd. 1. Berlin.

RÜTTENAUER, I. & SCHIFF, B. (1970) S. T. ŠACKIJ. Ausgewählte pädagogische Schriften. Heidelberg.

Inge HANSEN-SCHABERG

Zur Mädchenbildung in koedukativen reformpädagogischen Versuchsschulen in Berlin während der Weimarer Republik

Mit meinem Thema wird eine spezielle Problemsicht auf die Reformpädagogik, die historische Koedukationsdebatte, die Geschichte der Mädchenbildung und die Berliner Schulgeschichte entwickelt, die ich in einer größeren Untersuchung zur "Koedukation und Reformpädagogik in Berliner Versuchsschulen der Weimarer Republik"[1] bearbeite. Mir geht es dabei nicht um den gemeinsamen Unterricht beider Geschlechter, der aus ökonomischen Erwägungen heraus erfolgte und als Koinstruktion zu bezeichnen wäre, sondern um die bewußte pädagogische Entscheidung für eine gemeinsame Erziehung und Unterrichtung von Mädchen und Jungen, die Koedukation.

In den Berliner Versuchsschulen lassen in sich den curricularen Vorgaben, den konzeptionellen Überlegungen und der pädagogischen Praxis in vielerlei Hinsicht Ambivalenzen hinsichtlich der Mädchenbildung aufzeigen. So muß es z. B. als Erfolg der bürgerlichen Frauenbewegung bewertet werden, wenn in den "Richtlinien für die Lehrpläne der höheren Schulen Preußens" von 1925 vorgeschrieben wurde: "Bei der Stoffauswahl werden, vornehmlich in den Kernfächern, solche Zeitabschnitte vor allem zu berücksichtigen sein, in denen die Frau in hervorragender Weise Kulturträgerin gewesen ist. Frauenprobleme sind in der deutschen und fremdsprachlichen Lektüre zu erörtern; die Rechtsstellung der Frau in Familie, Gesellschaft und Staat ist auf Grund geschichtlicher Anschauung zu klären." (*Richtlinien* 1925, 2. Teil, S. 362). Diese curricularen Bestimmungen, die ein Zeugnis darüber abgeben, daß für Mädchen nach jahrzehntelangen Auseinandersetzungen nicht nur die gleiche Bildungschancen wie für Jungen erreicht worden waren,[2] sondern daß auch frauenspezifische Themen in den Unterricht eingingen, fanden keine Anwendung in den koedukativen reformpädagogischen Versuchsschulen. Dabei können inhaltliche Gründe nicht ausschlaggebend gewesen sein, denn die Lehrpläne bezogen sich nicht nur auf die Perspektive einer Familiengründung, sondern auch auf das Berufsleben und auf öffentliches Wirken der Frau überhaupt: "Innerhalb des gemeinsamen Bildungszieles der höheren Schule aber erfordert die besondere Veranlagung und Lebensaufgabe der Mädchen eine besondere Berücksichtigung. Sie müssen erkennen lernen, daß sie bestimmt sind, einst als gebildete und sittlich gefestigte Frauen an der Weiterentwicklung der Kultur zu arbeiten, entweder in der Familie, im Beruf oder sonst an irgendeiner Stelle im Dienste der Allgemeinheit."

[1] Es handelt sich um meine Habilitationsschrift, die mit einem Jahresstipendium des Förderprogramms Frauenforschung des Senats von Berlin gefördert wurde: Vgl. HANSEN-SCHABERG, I.: Koedukation und Reformpädagogik. Berlin 1999.

[2] Zur Geschichte der Mädchenbildung siehe z.B. BLOCHMANN 1966, KLEINAU/OPITZ 1996, MEINERS 1982, für Berlin: CONRADT/ HECKMANN-JANZ 1985, ULSHOEFER 1990.

(ebd. S. 360 f.). Dieses in den preußischen Lehrplänen vorgeschriebene spezifische Bildungskonzept für Mädchen betraf also nur die höheren Mädchenschulen und wurde weder bei der in Ausnahmefällen möglichen Zulassung von Mädchen auf höhere Knabenschulen[1] noch bei der Genehmigung koedukativer Versuchsschulen berücksichtigt, wie ich im folgenden darstellen möchte. Nach einer Skizzierung der bildungspolitischen Rahmenbedingungen für die Berliner Versuchsschulen präsentiere ich einige Ergebnisse meiner Untersuchung der Lehrpläne und der Unterrichtspraxis an koedukativen Schulen und versuche schließlich die Frage nach der Mädchenbildung in diesen Schulen zu beantworten.

Nach der Gründung Groß-Berlins 1920 existierten zehn sozialistisch ausgerichtete Arbeiterbezirke und eine Stadtverordnetenversammlung, die in der Anfangszeit mehrheitlich von der SPD und USPD, dann kurzzeitig bürgerlich-liberal und schließlich von der SPD und KPD geprägt war (RICHTER 1981, S. 103 ff.). Das blieb nicht ohne Auswirkungen auf die Bildungspolitik. In diesem Rahmen wurden in Berlin eine Vielzahl von schulreformerischen Ideen unterstützt bzw. initiiert, so daß Berlin während der Zeit der Weimarer Republik zu einem der wichtigsten Zentren von reformpädagogischen Bestrebungen und Versuchsschulen wurde.[2] Im Mai 1928 sprach sich die Stadtverordnetenversammlung sogar für die allgemeine Einführung der Koedukation aus[3] und stellte sich damit gegen die preußische Bildungspolitik, die sich in Berlin dem Ministererlaß von 1919 (siehe Fußnote 3) gemäß in einer strikten Separierung des höheren Mädchen- und Knabenschulwesens und einer restriktiven Zulassung von Mädchen auf höhere Knabenschulen ausdrückte.

---

[1] Der Minister für Wissenschaft, Kunst und Volksbildung formulierte am 3. Juni 1919 die folgenden Ausnahmebestimmungen für die Zulassung von Mädchen auf höhere Knabenanstalten, die während der Weimarer Republik in Preußen zur Anwendung kamen: "Danach haben: 1. da, wo Lyzeen oder voll entwickelte höhere Mädchenschulen vorhanden sind, die Mädchen erst diese durchzumachen, ehe sie in eine ihrer Vorbildung entsprechende Knabenschule eintreten; 2. Studienanstalten und Oberlyzeen erschließen den Mädchen den Zugang zur Universität. Wo diese vorhanden sind und solange sie noch Platz haben, werden die Mädchen an diese verwiesen; 3. da, wo keine höheren Lehranstalten für die weibliche Jugend zur Verfügung stehen, kann der Zutritt geistig und körperlich geeigneter Mädchen in Klassen der höheren Knabenschulen eröffnet werden." (Geheimes Staatsarchiv: I. Rep. 169 D xd A6, 81. Eingabenbericht, 22. 9. 1920, Bl. 4 R.).

[2] Zur Reformpädagogik in Berlin siehe HANSEN-SCHABERG 1995a, 1996b, 1997a, 1997b, HANSEN-SCHABERG/SCHONIG 1997, HAUBFLEISCH 1994, RADDE 1973, 1987, 1992, 1993, RADDE/KORTHAASE/ROGLER/GÖSSWALD 1993, RICHTER 1981, SCHONIG 1989, 1994, 1995, 1997.

[3] Der von der kommunistischen Fraktion eingebrachte Antrag fand z.T. die Unterstützung der SPD, so daß tatsächlich mit großer Mehrheit beschlossen wurde: "Der Magistrat wird ersucht, dahin zu wirken, daß die gemeinsame Erziehung und der gemeinsame Unterricht von Knaben und Mädchen in den städtischen Unterrichts- und Erziehungsanstalten planmäßig durchgeführt wird. Die Schulverwaltung soll in Kürze den städtischen Körperschaften dahinzielende Vorschläge über die zunächst zu ergreifenden Maßnahmen unterbreiten." (Landesarchiv Berlin: Stadtverordnetenversammlung , Rep. 00-02/1, Nr. 297, S. 522).

Für den Aufbau eines einheitlichen Schulsystems war das Amt eines Stadtschulrats geschaffen worden, das zunächst mit den profilierten Sozialdemokraten Wilhelm PAULSEN (1921-1924; RADDE 1973, S. 335 f.) und später mit Jens NYDAHL (1926-1933; RADDE 1973, S. 334 f.) besetzt wurde. Wilhelm PAULSEN konnte 1923 die Einrichtung von zunächst neun koedukativen Lebensgemeinschaftssschulen (Volksschulen) durchsetzen; insgesamt bekamen 12 Schulen diesen Status.[1] Die von ihm erstellten "Richtlinien und Grundsätze, nach denen die Versuchsschulen (Lebensgemeinschaftsschulen) einzurichten sind", wurden vom Provinzialschulkollegium Berlin-Brandenburg am 8. 6. 1923 verfügt[2] und sahen neben den allgemeinen Vorschriften und der Verfassung der Lebensgemeinschaftsschule einen Abschnitt über die pädagogische Arbeit dieser Schulen vor, durch den eine relative Freiheit in der Unterrichtsgestaltung und eine besondere Prägung jeder einzelnen Schule ermöglicht wurde.[3] Dazu gehörten die folgenden konzeptionellen Elemente: Gesamtunterricht, schöpferische Arbeit, keine verbindlichen Stoffpläne, statt dessen Arbeitspläne der Lebens- und Arbeitsgemeinschaften, jedoch keine Stundenpläne, Verteilung der für die Volksschule vorgeschriebenen Stundenzahl auf die Arbeits- und Lebensgemeinschaften, wobei die letzteren Stätten der Allgemeinbildung sein sollten, während in den Arbeitsgemeinschaften eine Vertiefung der besonderen Begabungen und Neigungen der Kinder in den Gebieten des Wissens, der Kunst, der Handarbeit, der Leibesübungen und für fremde Sprachen je nach Wunsch der Schulen erfolgen sollten. Begrenzt wurde die pädagogische Freiheit dadurch, daß die allgemeinen Bildungsziele der Volksschule auf der Unterstufe nach 4 Jahren, auf der Oberstufe nach 6 und 8 Jahren erreicht werden sollten.

Auf der Ebene der höheren Schule gelang es dem Neuköllner Volksbildungsrat, Kurt LÖWENSTEIN (1921-1933),[4] und dem Schulleiter des Kaiser-Friedrich-Realgymnasiums, Fritz KARSEN (1921-1933; RADDE 1973), eine Aufbauschule zu institutionalisieren, die 1922 ihre Arbeit mit männlichen Volksschülern ab

---

[1] Diese Schulen waren bis auf eine Ausnahme aus Sammelschulen, also Schulen ohne Religionsunterricht, hervorgegangen. Zur Entwicklung der Volksschulen in Berlin unter besonderer Berücksichtigung der weltlichen Schule und der Lebensgemeinschaftsschulen siehe EBERT 1990. Die Zahl dieser Volksschulen ohne Religionsunterricht einschließlich der Versuchsschulen, betrug am 1.1. 1928 schon 42 Schulen und 3 Filialen mit 556 Klassen und über 18000 Kindern (NYDAHL 1928, S. 47 f.) und erreichte nach eigenen Erhebungen anhand des Lehrerverzeichnisses von Berlin von 1931 bereits 56 Schulen. Unter diesen Schulen ist im Laufe der Jahre eine ständige Zunahme der aus Mädchen und Jungen gemischten Klassen zu verzeichnen. 1931 gab es bei den Sammelschulen nur noch 9 Schulen ohne Koedukationsklassen.

[2] Die Richtlinien und Grundsätze - II Nr. 2183/23 - für die Lebensgemeinschaftsschulen wurden in folgenden Publikationen veröffentlicht: Fritz KARSEN 1924, S.177 ff., NYDAHL 1928, S. 53 ff., HANSEN-SCHABERG 1995a, S. 93 f.

[3] Zum unterschiedlichen pädagogischen Profil einiger dieser Schulen siehe Gerd Radde 1993, eine ausführlichere Untersuchung erfolgt in der Habilitationsschrift von HANSEN-SCHABERG.

[4] Zu Leben und Werk LÖWENSTEINS siehe die biographische Skizze von LÖWENSTEIN und die Auswahl aus seinen Schriften, herausgegeben von F. BRANDECKER/H. FEIDEL-MERTZ 1976.

der 8. Klasse aufnahm. Erst drei Jahre später wurden die ersten Schülerinnen versuchsweise zugelassen, aber Ende 1928 wurde für die Aufbauschule und ab Ostern 1929 auch für das Gymnasium im Gegensatz zur sonstigen Praxis der preußischen Bildungspolitik die generelle Aufnahme von Mädchen gestattet.[1] Im Schuljahr 1931/32 waren es schon 351 Mädchen neben 842 Jungen (Jahresbericht über das Schuljahr 1931/32). Innerhalb weniger Jahre entwickelte Fritz KARSEN einen koedukativen Schulkomplex, der den Charakter einer Gesamtschule hatte und 1930 auf Betreiben von Kurt LÖWENSTEIN hin den programmatischen Namen Karl-Marx-Schule bekam. Offiziell hatte sie nicht den Status einer Versuchsschule, wurde jedoch, wenn man der Untersuchung Gerd RADDEs folgt, von KARSEN "als Musterschule der künftigen (demokratisch-sozialistischen) Gesellschaft" (RADDE 1973, S. 62) angesehen und arbeitete "mit Einverständnis des Ministeriums beziehungsweise Duldung des Provinzialschulkollegiums, aber mehr noch mit Unterstützung des Bezirksamts Neukölln" (ebd.).

Zu den Lehrplänen und der Unterrichtspraxis in den koedukativen Versuchsschulen

Die Lebensgemeinschaftsschulen zeichneten sich durch eine freie Lehrplangestaltung aus. Anhand von verschiedensten Materialien aus einzelnen Lebensgemeinschaftschulen, wie z.B. Konferenzprotokolle, Unterrichtspläne, Schulhefte, zeitgenössische Publikationen und Erinnerungen, konnte herausgefunden werden, daß in die konzeptionellen Überlegungen das häusliche Milieu, die Interessen politisch orientierter Arbeiterfamilien, stadtteilbezogene soziale und wirtschaftliche Erkundungen in Unterricht und Erziehung eine Rolle spielten, aber weibliche Tätigkeits- und Berufsfelder kaum Berücksichtigung fanden.[2] Hinsichtlich einzelner Unterrichtsfächer wie Sport, Handarbeit, Werken und Kochen galt trotz des proklamierten Gemeinschaftsunterrichts in der Regel eine geschlechtsspezifische Zuweisung. Als Besonderheit muß dabei aber hervorgehoben werden, daß nicht nur Mädchen am Jungen-Werkunterricht teilnehmen, sondern Jungen traditionell weibliche Fertigkeiten erlernen durften, wenn "Anlage und Neigung" dies nahelegten, also ein Hinweis auf die Berücksichtigung individueller Interessen der Kinder.
Allerdings habe ich durch die schriftlich fixierten Beobachtungen zu und Publikationen über den gemeinsam Unterricht von Mädchen und Jungen festgestellt, daß dezidierte Annahmen und Vorurteile über geschlechtsspezifische Fähigkeiten und Fertigkeiten bestanden. Die Jungen bevorzugten demnach naturwissenschaftliche Fächer, Geschichte, Erdkunde, Mathematik und praktische Betätigungen, die Mädchen Deutsch, Sprachen und Musik. Den Mädchen wurde meist

---

[1] Eine ausführliche Untersuchung dieses Prozesses von einer Knabenschule zu einer koedukativen Einrichtung wird in meiner Habilitationsschrift geleistet.
[2] Ausführlicher: HANSEN-SCHABERG 1997a.

idealtypisch die Zuständigkeit für Gefühl, Gemüt und Genuß, eine eher rezeptive Haltung und eine emotionale Herangehensweise zugeschrieben, während die Jungen für die intellektuelle Verarbeitung der Unterrichtsthemen und die Führung in der Klasse zuständig waren. Eine kleine Kostprobe der typischen geschlechterpolaristischen Beschreibungen und der diskutierten Interessen- und Entwicklungsunterschiede von Mädchen und Jungen soll hier aus der nicht publizierten Denkschrift der 20. Schule in Spandau (Lebensgemeinschaftsschule) vom 25. 1. 1933 gegeben werden: "Da das Schulleben natürlichste Form haben sollte, wurde eine Trennung der Geschlechter abgelehnt. Es wurden natürlich auch die sonst als Vorteile der Koedukation genannten Folgen erhofft. Es zeigte sich, daß die gemeinsame Erziehung von Jungen und Mädchen dem Lehrer manche Schwierigkeiten bereitete. Die Interessen und Entwicklungshöhen gingen manchmal soweit auseinander, daß es zu Spannungen zwischen den Geschlechtern kam, mit denen sich dann der Lehrer herumzuplagen hatte. Für die Erziehungsergebnisse ist der gegenseitige Einfluß des Wesens der Jungen und der Mädchen jedoch von größerem Wert gewesen. Der größere Wille der Jungen und ihr größeres Interessengebiet riß die Mädchen oft in der Arbeit mit fort. Das instinktive Taktgefühl der Mädchen weckte bei den Jungen das Empfinden für die Grenze. Zu solchen Ausgleichen charakterlicher Natur trat ein Ausgleich in der Interessiertheit für die verschiedenen Wissensgebiete und, was für das Leben in der Klasse vielleicht noch wichtiger ist, ein gewisses Abklingen von Spannungen, die gerade Folgeerscheinungen der beginnenden Reife sind. Eine Trennung von Jungen und Mädchen für einzelne Fächer erschien nicht notwendig, viel eher aber für einzelne Stoffe. Die Koedukation ist zweifelsohne ein voller Erfolg. Ein Blick auf den Hof zeigt in dem ausgeglichenen Spiel, in dem gemeinsamen Tanz von Jungen und Mädchen einmal den Erfolg der gemeinsamen Erziehung, zum andern weiter, wie sehr sich natürliches Leben in dieser Schule schon durchgesetzt hat." (FECHNER 1935, S. 26).

Einer der wenigen Hinweise auf eine andersgestaltete Unterrichtspraxis gibt Margarete TROOST,[1] Vertretungslehrerin an der 308. Schule im Wedding, der erst 1930 anerkannten Lebensgemeinschaftsschule. M. TROOST veröffentlichte einen "Beitrag aus der Praxis zur Frage der gemeinsamen Erziehung von Knaben und Mädchen", so der Titel 1929, in dem sie für die Gleichstellung der Geschlechter eintrat und forderte: "Dann heißt es allerdings vollständig mit der Anschauung von *besonderer weiblicher* oder *männlicher Bildung* brechen. An ihre Stelle tritt schlicht, doch allumfassend die *menschliche* Bildung, die ohne zu typisieren oder einzuengen einzig und allein jedem Menschenkinde ohne Ansehen des Geschlechts das zuträgt und zuteil werden läßt, was es zu seinem körperli-

---

[1] Über M. TROOST habe ich in den Lehrerverzeichnissen von Berlin von 1925, 1927 und 1931 die folgenden Informationen gefunden: Sie wurde am 7. 11. 1893 geboren, bekam ihre erste Anstellung im Schuldienst am 16. 4. 1915, war von 1925 an Vertretungslehrerin an der 308. Schule, damals eine koedukative Sammelschule, und wurde im Lehrerverzeichnis von 1931 als Lehrerin an der 197. Schule, einer ebenfalls koedukativen Sammelschule, erwähnt.

chen, geistigen und seelischen Wachstum braucht." (TROOST 1929, S. 413, Hervorhebung M.T.). Sie stellte eigene Unterrichtserfahrungen vor, die das Ziel hatten, mit geschlechtsspezifischen Merkmalszuweisungen und Bewertungen aufzuräumen, und bei denen die Einsicht der Knaben gewachsen sei, "daß nicht das Geschlecht an sich ein Mehr an Wertung bedeutet", bei den Mädchen, "daß ihr Geschlecht an sich dem anderen gegenüber nicht geringere Befähigung bedeutet" (ebd. S. 413).[1] Der von ihr praktizierte gemeinsame Unterricht erfolgte in allen Fächern ohne Differenzierung zwischen Mädchen und Jungen: "Eine solche gerechtere Beurteilung der Interessen und Befähigungen der Geschlechter untereinander setzt dann wohl am stärksten ein, wenn bei der Wahl der Fächer und beim Verteilen und Aussuchen der Aufgaben keinerlei Rücksicht auf das Geschlecht, sondern, davon unabhängig, nur auf die Befähigung Bedacht genommen wird. Ich habe versucht, das durchzuführen, indem ich z.B. weder beim Turnen und Spielen, noch bei Werkunterricht oder Raumlehre Knaben und Mädchen trennte; ganz bewußt und absichtlich und betont bei den Fächern nicht, bei denen die Trennung auch dann noch üblich ist, wenn der übrige Unterricht für alle gemeinsam, gegeben wird: nämlich bei Nadelarbeit und Hauswirtschaft." (ebd. S. 414). Sie merkte noch an, daß es bei den Kindern keine Schwierigkeiten mit ihrer pädagogischen Entscheidung gegeben habe und daß diese erst durch einige Elternproteste auf das Besondere ihres Unterrichts aufmerksam geworden seien.

Für die Karl-Marx-Schule entwickelte F. KARSEN das Konzept einer "sozialen Arbeitsschule". Nach seiner Auffassung konnte diese "annähernd rein ... nur in Arbeiterbezirken entstehen, wo Arbeiterkinder sie besuchen, in denen jener Trieb zur sozialen Umgestaltung als Erfolg der Arbeit lebendig ist, der das Wesen der Arbeiterbewegung und der echten Arbeitsschule ausmacht." (KARSEN 1930, S. 118). Für eine solche Schule war nach KARSEN ein "dynamischer Lehrplan" notwendig, der aufgrund der die Schüler interessierenden Lebensgebiete entsteht und "sich mit der Veränderung der Schüler und der sie umgebenden Welt ständig wandelt, natürlich unter möglichster Wahrung der in den amtlichen Richtlinien angegebenen großen Einteilungsprinzipien." (ebd. S. 113). Inspiriert von John DEWEYs Erziehungsphilosophie stand der Unterricht während eines Schuljahres unter einem Gesamtprojekt, dessen Aufgaben auf die einzelnen Klassen, Fächer und schließlich Schülerinnen und Schüler verteilt wurde. Jeder einzelne mußte seine Fähigkeiten und seine Arbeitskraft in den Dienst der Gemeinschaft stellen.

Die von mir durchgeführte Untersuchung einer Vielzahl von unterrichtsbezogenen Materialien hat ergeben,[2] daß gesellschaftspolitische und sozialkritische

---

[1] M. TROOST hat offensichtlich dic Texte von Lydia STÖCKER rezipiert, in denen sie sich für die Koedukation und für die Unterstützung der Mädchen in ihrem Selbstfindungsprozeß aussprach, siehe HANSEN-SCHABERG 1995, 1996.

[2] Eine kritische Untersuchung der pädagogischen Konzeption Fritz KARSENs und des praktizierten Unterrichts erfolgt in meiner Habilitationsschrift.

Themen sowie die Arbeiterbewegung und -dichtung eine zentrale Stellung in der Lektüre des Oberstufen-Deutsch- und Geschichtsunterrichts einnahmen, jedoch nicht die gesellschaftliche Situation, die rechtliche Stellung und Erwerbstätigkeit von Frauen. Die Orientierung auf männlich dominierte Themenbereiche, Einflußsphären und gesellschaftliche Perspektiven war unübersehbar. Zudem waren wie in den Lebensgemeinschaftsschulen geschlechterpolaristische Vorstellungen im koedukativen Unterricht vorherrschend, aber auch eine Negierung geschlechtsspezifischer Interessen und Fragestellungen war feststellbar. Der von Karl STURM (1892-1968; RADDE et al., Bd. 2, 1993, S. 237 ff.) konzipierte Geschichtsplan der Karl-Marx-Schule z.B. nahm die von Fritz KARSEN aufgestellten Postulate auf und ordnete jeder Klassenstufe "Projects" zu: "U III: das Land; O III: die Stadt; U II: der Staat; O II: das Agrarproblem, Staat und Kirche; U I: der bürgerliche Staat; O I: die Weltmächte, die Weltwirtschaft, die Arbeiterbewegung." (STURM 1931, S. 367). K. STURM ging davon aus, daß die in den Richtlinien für den Geschichtsunterricht[1] vorgegebene chronologische Bearbeitung einzelner geschichtlicher Epochen einem modernen Unterricht nicht genügen könne und daß ein "Verständnis der gesellschaftlichen Verhältnisse und Zusammenhänge unserer Zeit ... allein der Sinn des Unterrichts" sei (ebd. S. 366). Die ebenfalls vorgeschriebene staatsbürgerliche Belehrung wurde für ihn der Ansatzpunkt für die thematische Zuordnung, die, reformpädagogisch umgesetzt, mit Studienfahrten in jeder Klasse einherging, z.B. in "ein Gebiet mit ausgeprägter landwirtschaftlicher Eigenart", dann "in ein Gebiet, das das Studium frühkapitalistischer Produktionsformen ermöglicht" (ebd. S. 367) sowie in eine Stadt mit internationalem Handel, in eine katholische Gegend und in eine von der Kultur des Absolutismus geprägte Stadt.

Hervorzuheben ist jedoch, daß direkte Bezüge zum sozio-kulturellen Hintergrund der "Schüler" in der O III (Obertertia) bei dem Thema Großstadt angestrebt wurden. Hier sollte "von den Wohnverhältnissen der Schüler, von den sozialen Einrichtungen, die sie oder ihre Eltern in Anspruch nehmen, von der Arbeit und Organisation der Wohnungs- und Wohlfahrtsämter, der Verkehrsbetriebe, der Schulen, der Krankenhäuser usw." ausgegangen werden (ebd. S. 368). Auch wurde daran gedacht, "die berufliche Gliederung der Elternschaft (!) der Klasse, der Schule, eines größeren Bezirks" zu behandeln, an die "sich eine Besprechung der Arbeitsmöglichkeiten, der wichtigsten Betriebe usw. anschließen" könnte (ebd. S. 368).

Mit der Anknüpfung an die Lebenswelt und Erfahrungen der Schülerinnen und Schüler und mit der politisch-sozialen Orientierung, wenn auch lediglich die Arbeiter-, nicht jedoch die Frauen- oder die Jugendbewegung Berücksichtigung fanden, war der Ansatzpunkt für individuelle pädagogische Entscheidungen und

---

[1] Im Geschichtsunterricht sollte von der Quinta bis zur Untersekunda ein erster Durchgang von der Antike bis zur Gegenwart erfolgen, dann war eine Vertiefung derselben epochalen Aufteilung von der Obersekunda bis zur Prima vorgesehen (siehe Richtlinien für die Lehrpläne der höheren Schulen Preußens 1925, 2. Teil, S, 238 ff.).

für eine reflexive und auf Machtstrukturen sensibel reagierende Pädagogik gegeben. So erinnert sich die ehemalige Schülerin, Ilse THILO geb. MIETHKE, an eine gewisse Dominanz der Jungen im Unterricht an der Karl-Marx-Schule: "Die Mädchen waren vielleicht zum großen Prozentsatz ruhiger als die Jungen. Ich weiß noch, daß LEWINNEK[1] oft gesagt hat 'Du mußt dich auch mal ausdrükken, du bist so gut'. Die Mädchen taten sich schwerer - bis auf einzelne, haben sich schwerer an Diskussionen und so beteiligt." (K. HOFFMANN 1993, S. 306). Die Jungen waren tonangebend, was sich erst durch die Zusammenlegung mit der bis 1933 von Marion RUPERTI[2] geleiteten Parallelklasse änderte, in der leistungsstarke und selbstbewußte Mädchen in Erscheinung traten. Ilse THILO erwähnt auch die Bemühungen ihres Klassenlehrers Alfred LEWINNEK, den Mädchen gerecht zu werden: "LEWINNEK hat immer versucht auszugleichen, hat gedämpft und hat sie (die Jungen, I. H.-S.) auf eine andere Art und Weise beschäftigt, daß sie auch ruhiger waren. Wir haben ja z.B. Mathematik bei ihm gehabt ... - ganz egal, ob einer ein großer Mathematiker war - der konnte die alle mitziehen."[3] Auf der Ebene der täglichen Unterrichtspraxis waren für Mädchen also durchaus Ermutigung, Bestätigung und Unterstützung wahrnehmbar, während sich im Curriculum eine einseitig männlich orientierte Themenauswahl feststellen läßt, was zu ambivalenten Erfahrungen der Mädchen in der koedukativen Schule geführt haben muß.

Zur Frage der Mädchenbildung in den koedukativen Versuchsschulen

In den Erinnerungen der ehemaligen Karl-Marx-Schülerin, Erna NELKI, wird die politische und soziale Orientierung des Literatur- und Geschichtsunterrichts erwähnt: "Unsere Klassenlehrerin[4] machte uns mit Werken von ZOLA, HAUPTMANN, Arnold ZWEIG, TOLLER, NEXÖ, TOLSTOI, DOSTOJEWSKI, GORKI, Jack LONDON und Upton SINCLAIR bekannt. Das waren alles Schriftsteller, die sich mit sozialen Problemen und Konflikten beschäftigten. In Geschichte haben wir nicht die Geschichte der Könige, sondern die Kämpfe unterdrückter Gesellschaftsschichten behandelt." (NELKI 1991, S. 33 f.). Es handelt sich hier um die Vermittlung einer materialistischen Geschichtsbetrachtung, die die Frauenfrage im Kapitalismus allenfalls als "Nebenwiderspruch" gelten läßt, der sich nach der Enteignung der herrschenden Klasse im Sozialismus lösen wird. Insofern war lediglich die Arbeiterbewegung als "revolutionäre Kraft" von Interesse, nicht jedoch die als "bürgerlich" eingeschätzte Frauenbewegung. Das führte folgerichtig zur Ausblendung weiblicher Tätigkeit und Berufsfelder.

---

[1] Der Klassenlehrer Alfred LEWINNEK ließ sich ohne das übliche "Herr" anreden. Zu A. LEWINNEK siehe ROGLER 1988, 1993.

[2] Zu Marion LÖFFLER geb. RUPERTI siehe G. RADDE et al., Bd. 2, 1993, S. 231 ff.

[3] Gesprächsprotokoll des Interviews mit Ilse THILO geb. MIETHKE am 24. 9. 1992 von Karin HOFFMANN.

[4] Die Klassenlehrerin war Hedda KORSCH, siehe RADDE 1973, S. 297 f.

Interessant ist nun die Kontrastierung der an der Neuköllner Aufbauschule berücksichtigten Unterrichtshalte mit den Inhalten, die in den Richtlinien für die Lehrpläne der höheren Schulen Preußens für die Mädchenschulen vorgegeben waren. Sie sahen für den Deutschunterricht, der durch Geschichtserzählungen, meist in Form von "Lebensbildern" (Richtlinien 1925, 2. Teil, S. 226) starke Bezüge zum epochal angeordneten Geschichtsunterricht aufwies, bereits ab der Sexta "die Lebensgeschichte von Frauen der Heimat und die Arbeit der Frau zu Hause" vor (ebd. S. 223). In der Quarta sollten "Heldinnen der griechischen Sage und bedeutende Frauen der griechischen und römischen Geschichte besonders gewürdigt werden" (ebd. S. 228), dann "Heldinnen der deutschen Sage, auch Frauengestalten der norwegischen Sage" (ebd. S. 229). Hinzu kamen in der Untertertia Schilderungen heldenhaften deutschen Lebens, wobei wiederum nur für Mädchenschulen galt: "Neben den Helden der Arbeit dürfen auch die Heldinnen der Arbeit und des Duldens nicht vergessen werden." (ebd. S. 229). Ein weiterer wichtiger Hinweis betraf den Unterricht in der Obertertia: "In den Mädchenschulen wird, entsprechend der mit dem 17. Jahrhundert beginnenden Bedeutung der Frau für die deutsche Kultur (! I. H.-S.), die Stellung der deutschen Frau in Volkstum und Kultur eingehender behandelt; z.B. die Frau als Gattin und Mutter bedeutender Männer; die Frau als Heldin, als Missionarin, Ärztin, Kulturpionierin in den Kolonien. Daneben einzelne Kostproben wertvoller Frauendichtung." (ebd. S. 230). In der Untersekunda sollte dies fortgesetzt und um die Thematik der Frau im öffentlichen Leben erweitert werden.

In den Mädchenschulen wurden also Kenntnisse über historisch bedeutende Frauen und Beispiele weiblicher Biographien vermittelt, wobei neben traditionellen Lebenswegen als Ehefrau und Mutter sogar selbständige berufliche Alternativen und ein Wirken im öffentlichen Leben ausgewählt werden sollten. Auch wenn ich es skeptisch beurteile, den Frauen deshalb geschichtliche Bedeutsamkeit zuzuschreiben, weil sie z.B. die Fähigkeit zur Heldenhaftigkeit und Opferbereitschaft bewiesen haben, scheint mir dieser biographisch orientierte Ansatzpunkte sowie "die wertvolle Frauendichtung" von besonderer Bedeutung gewesen zu sein. Den Mädchen wurden hier Möglichkeiten zur Identifikation angeboten, die ihnen bei der Zulassung auf Lebensgemeinschaftsschulen und auch in dem Neuköllner Schulkomplex versagt blieben. Die Frage nach der Mädchenbildung in koedukativen Zusammenhängen muß also dahingehend beantwortet werden, daß es keine spezifische Mädchenbildung gab und daß frauenspezifische Themenkomplexe in koedukativen Einrichtungen keine Berücksichtigung fanden.

Wenn vom Curriculum her also keine Chance zur Identitätsfindung der Mädchen gegeben war, so bot aber die reformpädagogische Basis dieser Versuchsschulen Emanzipationsmöglichkeiten für Mädchen und Jungen durch die hier praktizierte Individualisierung und Selbsttätigkeit, durch das Gemeinschaftsleben und den Projektunterricht. Auf der Ebene der praktischen Pädagogik war z.B. durch die selbständige Erarbeitung von Themen des eigenen Interesses für

die Mädchen auch bei Dominanz patriarchalischer Strukturen die Möglichkeit gegeben, sich mit den Inhalten zu identifizieren bzw. Nischen zu finden. Die schulische Gemeinschaft bot zudem den Rahmen für ein starkes Zugehörigkeitsgefühl und für ein Engagement in der Selbstverwaltung auch für Mädchen. In ihrem Gesuch an das PSK um die Zulassung zur Reifeprüfung schrieb Nadja BIDER ihren Lebenslauf und maß der Karl-Marx-Schule eine besondere Bedeutung zu: "Die Schule, besonders die Klasse ist meine zweite Familie geworden. Die Koedukation war nichts Neues für mich, ich lebte mich nach einiger Zeit ein und verstand mich mit allen sehr gut. Die Arbeitsweise war mir neu, da sie mir aber zusagte, stellte ich mich bald auf sie ein. Sie erlaubte mir endlich meine außerschulische Arbeit und Interessen mit der Schule zu verbinden und hat mein Verhältnis zur Schule vollständig geändert. Ich beschäftigte mich sofort mit der Schülerselbstverwaltung, wurde 3. und dann 2. Vorsitzende und wandte mein Interesse besonders der organisatorischen Arbeit zu. Die Schule ist für mich *die* Gemeinschaft und *die* geistige Quelle geworden." (BIDER 1932, Hervorhebungen N.B.)[1]
Die Gemeinschaftspädagogik ließ die Integration im Sinne einer Sammlung zur Einheit als auch die Differenzierung und Förderung von individueller Vielfalt wirksam werden, förderte die Produktivität des Kindes und beabsichtigte die Einübung solidarischen Helfens und sozialen Verhaltens, wobei insbesondere einzelne Lehrerinnen und Lehrer, die durch ihre Persönlichkeit und ihr pädagogisch-politisches Engagement Vorbilder waren, eine prägende Wirkung hatten. Erna NELKI würdigt in ihren Erinnerungen die pädagogische Arbeit der Karl-Marx-Schule: "Wichtig scheint mir, daß man die Gemeinschaft erleben muß, durch gemeinsame Arbeit und ein Füreinandereinstehen. Das führt zur Respektierung des anderen Menschen und läßt Rassen- oder Geschlechtsunterdrückung nicht aufkommen. Die Verpflichtung gegenüber der Gemeinschaft, und später der Gesellschaft, heißt aufzutreten gegen Unterdrückung oder Ausbeutung." (NELKI 1991, S. 44). Damit benennt diese ehemalige Schülerin ein bis heute angestrebtes Ideal der Pädagogik, nämlich die Erziehung zur Toleranz, zur Anerkennung der Gleichberechtigung und zu politischem Handeln gegen jede Art von Unterdrückung. Die hier vorgestellten Versuchsschulen haben diesbezüglich Hervorragendes geleistet. Trotzdem kann sich, wie aufgezeigt wurde, hinter dem Begriff der Koedukation ein durchaus problematisches Verständnis der gemeinsamen Unterrichtung und Erziehung von Mädchen und Jungen verbergen, das zur Überprüfung geschlechtsdifferenzierender Grundannahmen und der Ambivalenzen koedukativer Unterrichts- und Erziehungspraxis in Versuchsschulen herausfordert - nicht um die pädagogische Reformbewegung aus heutiger Per-

[1] Gesuch der Oberprimanerin Nadja BIDER um die Zulassung zur Reifeprüfung Ostern 1932, unveröffentlichtes Manuskript, überlassen von Nadja BUNKE.

spektive zu kritisieren, sondern um auf Versäumnisse der bisherigen Rezeption hinsichtlich der Geschlechterproblematik aufmerksam zu machen.[1]

Unveröffentlichte Quellen

Archiv des Berliner Instituts für Lehrerfort- und -weiterbildung und Schulentwicklung (BIL), Berlin:
Jahresbericht der Karl-Marx-Schule in Berlin-Neukölln 1931/32.
Geheimes Preußisches Staatsarchiv, Berlin:
I. Rep. 169 D xd A6: Akten über die Gemeinschaftserziehung. Koedukation. Unterlagen der Preußischen Landesversammlung / des Preußischen Landtags.
Landesarchiv Berlin:
Stenographische Berichte über die öffentlichen Sitzungen der Stadtverordnetenversammlung der Stadt Berlin, Jg. 1928, Rep. 00-02/1, Nr. 297.
FECHNER, P.: Unsere Schulbewegung. Berlin o. J. (1935), darin: Die Denkschrift vom 25. 1. 1933, S. 15-47, Archiv Gerd RADDE.
Gesprächsprotokoll des Interviews mit Ilse THILO geb. MIETHKE am 24. 9. 1992 von Karin HOFFMANN.
Gesuch der Oberprimanerin Nadja BIDER um die Zulassung zur Reifeprüfung Ostern 1932, unveröffentlichtes Manuskript, überlassen von Nadja BUNKE geb. BIDER.

Gedruckte Quellen

KARSEN, F. (Hrsg.): Die neuen Schulen in Deutschland. Langensalza 1924.
KARSEN, F.: Sinn und Gestalt der Arbeitsschule. In: GRIMME, A. (Hrsg.): Wesen und Wege der Schulreform. Berlin 1930, S. 100-119.
Lehrerverzeichnis der Stadtgemeinde Berlin: Berliner Lehrerverzeichnis. Hrsg vom Lehrerverband Berlin, Jg. 76 (1922), Jg. 77 (1925), Jg. 78 (1927), Jg. 79 (1929) und Jg. 80 (1931).
NELKI, E.: Autobiographie eines Arbeitermädchens. In: E. und W. NELKI: Geschichten aus dem Umbruch der deutschen Geschichte zwischen Assimilation und Asyl. Hannover 1991, S. 31-44.
NYDAHL, J. (Hrsg.): Das Berliner Schulwesen. Berlin 1928.
Richtlinien für die Lehrpläne der höheren Schulen Preußens, hrsg. von H. RICHERT, 2. Teil, Berlin 1925.
STURM, K.: Der Geschichtsplan der Karl-Marx-Schule. In: Aufbau, Nr. 12/1931, S. 366-370.
TROOST, M.: Beitrag aus der Praxis zur Frage der gemeinsamen Erziehung von Knaben und Mädchen. In: Allgemeine Deutsche Lehrerzeitung, 59. Jg. (1929), S. 413 f.

Literatur

BLOCHMANN, E.: Das "Frauenzimmer" und die "Gelehrsamkeit". Eine Studie über die Anfänge des Mädchenschulwesens in Deutschland. Heidelberg 1966.
CONRADT, S./HECKMANN-JANZ, K.: "... du heiratest ja doch!" 80 Jahre Schulgeschichte von Frauen. Frankfurt a.M. 1985.

[1] Ausführlicher zum Geschlechterverhältnis, zur Koedukation und Mädchenbildung: HANSEN-SCHABERG 1996a, 1996c, 1997.

EBERT, N.: Zur Entwicklung der Volksschule in Berlin in den Jahren 1920-1933 unter besonderer Berücksichtigung der Weltlichen Schulen und der Lebensgemeinschaftsschulen. Diss. Humboldt-Universität Berlin 1990.

HANSEN-SCHABERG, I.: Die Pädagogin Lydia STÖCKER (1877-1942) und ihr Beitrag zur Mädchenbildung und Koedukation in der Weimarer Republik. In: M&M 43/1995, S. 34-63.

HANSEN-SCHABERG, I.: Berliner Reformschulen in den 20er Jahren. In: Pädagogisches Forum, 8. Jg. (1995a), Heft 2, S. 93-96.

HANSEN-SCHABERG, I.: Lydia STÖCKER und ihre Texte zur Koedukation in der Weimarer Republik. In: Feministische Studien, 14. Jg. (1996), Heft 1, S. 109-117.

HANSEN-SCHABERG, I.: Die pädagogische Reformbewegung und ihr Umgang mit der Koedukation. In: KLEINAU, E./OPITZ, C. (Hrsg.): Geschichte der Mädchen- und Frauenbildung in Deutschland, Bd. 2. Frankfurt a.M., New York 1996a, S. 219-229.

HANSEN-SCHABERG, I.: Die Montessoribewegung in Berlin während der Weimarer Republik und der Konflikt zwischen Clara GRUNWALD und Maria MONTESSORI. In: Das Kind. Zeitschrift für Montessori-Pädagogik, 1. Halbjahr 1996b, Heft 19, S. 27-36.

HANSEN-SCHABERG, I.: "Mütterlichkeit" und "Ritterlichkeit"? Zur Kritik der Ideen zur Koedukation in der pädagogischen Reformbewegung und in der Frauenbewegung. In: Neue Sammlung, 36. Jg. (1996c), Heft 4 (im Druck).

HANSEN-SCHABERG, I.: Bildliche Darstellungen zum Thema Reformpädagogik, Geschlechterverhältnis und Koedukation. In: SCHMITT, H./LINK, J. W./TOSCH, F. (Hrsg.): Bilder als Quellen der Erziehungsgeschichte. Bad Heilbrunn 1997 (im Druck).

HANSEN-SCHABERG, I.: Koedukation an Berliner Reformschulen in der Weimarer Republik. In: KEIM, W./WEBER, N. (Hrsg.): Reformpädagogik in Berlin - verdrängt und wiederentdeckt. Frankfurt a.M., Berlin, Bern, New York, Paris, Wien 1997a (im Druck).

HANSEN-SCHABERG, I.: Berliner Schule - Pädagogische Reformen und bildungspolitische Rahmenbedingungen zwischen 1900 und 1950. In: LOST, Chr. (Hrsg.): Bildungslandschaft Deutschland: Band 1 Berlin. Baltmannsweiler 1997b, Schneider Verlag Hohengehren (im Druck).

HANSEN-SCHABERG, I./SCHONIG, B.: "Auch in der alten Schule wurde gearbeitet und in der neuen Schule muß auch gelernt werden." Selbstorganisierte reformpädagogische Fortbildung in Berlin Spandau 1921-1929. In: Pädagogik und Schulalltag, 52. Jg. (1997), Heft 2 (im Druck).

HAUBFLEISCH, D.: Schulfarm Insel Scharfenberg. Reformpädagogische Versuchsschularbeit im Berlin der Weimarer Republik. In: AMLUNG, U./HAUBFLEISCH, D./LINK, J. W./SCHMITT, H. (Hrsg.): "Die alte Schule überwinden" - Reformpädagogische Versuchsschulen zwischen Kaiserreich und Nationalsozialismus. Frankfurt a.M. 1993, S. 65-88.

HAUBFLEISCH, D.: Berliner Reformpädagogik in der Weimarer Republik. Überblick, Forschungsergebnisse und -perspektiven. In: PEHNKE, A./RÖHRS, H. (Hrsg.): Die Reform des Bildungswesens im Ost-West-Dialog: Geschichten, Aufgaben, Probleme. Frankfurt a.M., Berlin, Bern, New York, Paris, Wien 1998, S. 143-158.

HOFFMANN, K.: Die natürlichste Sache der Welt? Erfahrungen mit der Koedukation. In: RADDE, G., et al. (Hrsg.):Schulreform. Kontinuitäten und Brüche. Das Versuchsfeld Berlin-Neukölln 1912-1945. Opladen 1993, S. 299-309.

KLEINAU, E./OPITZ, C. (Hrsg.): Geschichte der Mädchen- und Frauenbildung in Deutschland. Bd. 1: Vom Mittelalter bis zur Aufklärung, Bd. 2: Vom Vormärz bis zur Gegenwart. Frankfurt a. M., New York 1996.

LÖWENSTEIN, D.: Kurt LÖWENSTEIN. Eine biographische Skizze. In: Kurt LÖWENSTEIN: Sozialismus und Erziehung. Eine Auswahl aus den Schriften 1919-1933. Neu hrsg. von F. BRANDECKER und H. FEIDEL-MERTZ. Berlin, Bonn-Bad Godesberg 1976, S. 364-377.

LÖWENSTEIN, K.: Sozialismus und Erziehung. Eine Auswahl aus den Schriften 1919-1933. Neu hrsg. von F. BRANDECKER und H. FEIDEL-MERTZ. Berlin, Bonn-Bad Godesberg 1976.

MEINERS, K.: Der besondere Weg, ein Weib zu werden. Frankfurt a. M., Bern 1982.

RADDE, G.: Fritz KARSEN. Ein Berliner Schulreformer der Weimarer Zeit. Berlin 1973.

RADDE, G.: Ansätze eines Kursunterrichts an Berliner Lebensgemeinschaftsschulen während der Weimarer Zeit. In: KEIM, W. (Hrsg.): Kursunterricht - Begründungen, Modelle, Erfahrungen. Darmstadt 1987, S. 177-193.

RADDE, G.: Schulreform in Berlin am Beispiel der Lebensgemeinschaftsschulen. In: BELLER, E. (Hrsg.): Berlin und pädagogische Reformen. Berlin 1992, S. 83-101.

RADDE, G.: Schulreform in Berlin am Beispiel der Lebensgemeinschaftsschulen. In: AMLUNG, U./HAUBFLEISCH, D./LINK, J.-W./SCHMITT, H. (Hrsg.): "Die alte Schule überwinden" - Reformpädagogische Versuchsschulen zwischen Kaiserreich und Nationalsozialismus. Frankfurt a.M. 1993, S. 89-106.

RADDE, G./KORTHAASE, W./ROGLER, R./GÖSSWALD, U. (Hrsg.): Schulreform. Kontinuitäten und Brüche. Das Versuchsfeld Berlin-Neukölln, Bd. 1: 1912-1945, Bd. 2: 1945-1972. Opladen 1993.

RICHTER, W.: Berliner Schulgeschichte. Von den mittelalterlichen Anfängen bis zum Ende der Weimarer Republik. Berlin 1981.

Richtlinien für die Lehrpläne der höheren Schulen Preußens, hrsg. von H. RICHERT, 1. und 2. Teil, Berlin 1925.

ROGLER, R.: Mit dem Wind im Rücken - Porträt des Reformpädagogen Alfred Lewinnek. In: RADDE, G., et al. (Hrsg.):Schulreform. Kontinuitäten und Brüche. Das Versuchsfeld Berlin-Neukölln, Bd. 1: 1912-1945. Opladen 1993, S. 232-242.

ROGLER, R.: Alfred LEWINNEK, Frontkämpfer und Reformpädagoge. In: KOLLAND, D. (Hrsg.): Zehn Brüder waren wir gewesen ... Spuren jüdischen Lebens in Neukölln. Berlin 1988, S. 195-206.

SCHONIG, B.: Berliner Reformpädagogik in der Weimarer Republik. Personen - Konzeptionen - Unterrichtsansätze. In: SCHMOLDT, B. (Hrsg): Schule in Berlin gestern und heute. Berlin 1989. S. 31-53.

SCHONIG, B.: Krisenerfahrung und pädagogisches Engagement. Lebens- und berufsgeschichtliche Erfahrungen Berliner Lehrerinnen und Lehrer 1914-1961. Frankfurt a. M., Berlin, Bern, New York, Paris, Wien 1994.

SCHONIG, B.: Reformpädagogik im Prozeß Berliner Schulreform 1923-1933. Das Beispiel des Rektors Willy GENTSCH an der 3. Gemeindeschule in Berlin Friedrichshain. In: DREWEK, P./HORN, K.-P./KERSTING, Chr./TENORTH, H.-E. (Hrsg.): Ambivalenzen der Pädagogik. Zur Bildungsgeschichte der Aufklärung und des 20. Jahrhunderts. Weinheim 1995, S. 117-143.

SCHONIG, B.: Zur Verbreitung reformpädagogischer Ansätze in der öffentlichen Berliner Schule der Weimarer Republik. In: KEIM, W./WEBER, N. (Hrsg.): Reformpädagogik in Berlin - verdrängt und wiederentdeckt. Frankfurt a.M., Berlin, Bern, New York, Paris, Wien 1997a (im Druck).

ULSHOEFER, H.: Wie das Bildungsrecht für Mädchen und Frauen in der Berliner Schule verwirklicht wurde. Pädagogisches Zentrum: Berlin 1990.

Sylvia MEBUS

Martin WEISE - ein reformpädagogisch orientierter Lehrerbildner zwischen Anerkennung und Ächtung*

„In einer Schule, wo Lehrer und Schüler nicht Freunde wurden, wo die Schüler nicht erlebten, daß ihr Lehrer auch nur Arbeiter, Sucher mit und neben ihnen ist, wenn auch mit viel mehr Wissen und Erfahrung und Weisheit, wird sich die Kinderfrage verbergen und über allem, was in dieser Schule gelehrt, gearbeitet wird, liegt der Reif der Lebensfremde".

Dieser Anspruch an Schule erscheint uns gleich einer berufsethischen Besinnung auf das Verhältnis zwischen Lehrer und Schüler als gleichberechtigte Partner, die miteinander und voneinander lernen; er verweist auf ein Lernen und Problemlösen in gemeinsamer Anstrengung. Und er orientiert auf die Lebensbezogenheit von Schule. Er könnte neueren Datums sein - beispielsweise Hartmut von HENTIGs Buch „Die Schule neu denken" (1993) entstammen. Wir finden ihn als unverzichtbare Herausforderung an einen modernen Unterricht in einer Vielzahl aktueller Lehrbücher zur praxisorientierten Pädagogik und Didaktik (u. a. MEYER 1987, GRELL 1992, GUDJONS 1997), um nur auf einige zu verweisen. Aber er ist nun keineswegs neu.

Diese Worte führen uns zurück in die ersten Jahre der Weimarer Republik, als der Dresdner Lehrer Martin WEISE (geboren am 20. 2. 1891) - er unterrichtete seit 1916 an der 1920 in den Status einer Versuchsschule zur Erprobung reformpädagogisch orientierter Vorstellungen, vor allem im Geiste der Arbeitsschulidee, erhobenen 46. Volksschule am Georgplatz in Dresden. WEISE formulierte sie in einem Aufsatz über die Arbeitsschule, der 1921 in der Sächsischen Schulzeitung (SSZ), dem Verbandsorgan des Sächsischen Lehrervereins (SLV), abgedruckt wurde (WEISE 1921, 2. S. 169). Allein in den Jahren zwischen 1919 und 1923 regte der Volksschullehrer WEISE in über zwanzig Aufsätzen die Leser der SSZ zum Nachdenken über Fragen der Umgestaltung der Schule zur Arbeitsschule, des Gesamtunterrichts im Rahmen der Arbeitsschule, der Begabtenförderung der Kinder in Verbindung mit einer zu errichtenden Einheitsschule, schließlich der Neugestaltung des Geschichtsunterrichts an, die auf einen modernen, demokratischen, kindorientierten Unterricht gerichtet waren. Seine Unterrichtstätigkeit an der Versuchsschule, sein außerordentlich starkes schulpolitisches und pädagogisches Engagement im Rahmen des SLV, des Bundes Entschiedener Schulreformer (BES) - als enger Mitarbeiter Paul OESTREICHs - und der Pädagogischen Abteilung des SLV, deren Leiter er ab 1929 war, befruchteten nachhaltig sein pädagogisches Schaffen. Mit der Berufung zum Dozenten an das Pädagogische Institut der THD im Jahre 1923 (FROTSCHER 1996, S. 192) konnte er seine schulpraktischen Erfahrungen an junge Studenten weitergeben, die sich an jenem 1923 gegründeten Institut, das 1924 in die THD integriert wurde, auf das Lehramt an Volksschulen vorbereiteten. Es wird im folgenden die Rede von diesem über Sachsens Landesgrenzen hinaus bekannten und beliebten Lehrerbildner sein. Er wurde, wie viele seiner Mitstreiter, nach der Machtübernahme durch die Nationalsozialisten im Jahre 1933 vom Hochschuldienst suspendiert. Aber - und hier liegt eine besondere Tragik der Geschichte des Landes Sachsen - auf seine Bereitschaft zur Mitgestaltung einer demokratischen, die Erfahrungen der früheren Ausbildungspraxis kritisch aufgreifenden Lehrerausbildung, auf seine Kompetenz, meinte das Land Sachsen nach 1945 wissentlich verzichten zu können.

Zum Anspruch an einen Lehrerbildner am Pädagogischen Institut der THD

Die politischen Rahmenbedingungen des Freistaates Sachsen unter der Regierung des Sozialdemokraten Erich ZEIGNER ermöglichten 1923 die Verabschiedung des Lehrerbildungsgesetzes für eine dreijährige akademische Ausbildung der Volksschullehrer an der THD bzw. Universität Leipzig durch den Sächsischen Landtag (MEBUS 1987, S. 120 f.). Eine jahrzehntealte Forderung sächsischer Volksschullehrer - 1848 in Vorbereitung der im selben Jahr erfolgten Gründung des (Allgemeinen) Sächsischen Lehrervereins artikuliert und als Programmpunkt des Vereins aufgenommen - konnte nunmehr in Erfüllung gehen. Sie besagte, daß neben der Anerkennung der Pädagogik als selbständige Wissenschaft die Errichtung eines ordentlichen Lehrstuhls für Pädagogik an einer Landesuniversität für die Volksschullehrerstudenten freigegeben werden sollte (WEHNER 1925, s. 6).
Auf den neugeschaffenen Lehrstuhl für Pädagogik an der THD wurde 1924 der Neuhegelianer Richard KRONER berufen. Das Pädagogische Institut an der THD unter Leitung des erfahrenen sächsischen Seminarleiters und Schulpolitikers, am 8. November 1923 zum ordentlichen Professor für praktische Pädagogik berufenen Richard SEYFERT (Sächs. HStAD MfV Bd. 6, 15877e, SSZ 1924, S. 75), wandte sich der praktischen Bildungslehre zu.
Die Dresdner akademische Volksschullehrerausbildung nahm sich zum Ziel, das Theorie-Praxis-Verhältnis, auch unter Einbeziehung von Erfahrungen aus der seminaristischen Lehrerausbildung, auf eine fruchtbringende Art und Weise zu gestalten (FROTSCHER 1997, S. 103). SEYFERT, der die Einstellung der Mitarbeiter des Institutes offensichtlich im Alleingang vornahm (ebenda, S. 104), legte als Auswahlkriterien für den Lehrerbildner zugrunde, sie mögen zum einen wissenschaftlich gut durchgebildet sein und, wenn möglich, mit einer Promotion bzw. mit ausgewiesenen wissenschaftlichen Arbeitsergebnissen aufwarten können; zum anderen sollten sie schulpraktisches Leistungsvermögen aufweisen

(SSZ 1932, S. 319). Diesen Anspruch an den Lehrerbildner des Pädagogischen Institutes artikulierte er bereits 1922 in für die damalige Zeit sehr bemerkenswerten zwei Hauptaufgaben:

„Und das ist gewiß, den Weg zur Berufsmeisterschaft kann nur der Meister der Erziehungs- und Lehrkunst zeigen; das Päd. Inst. muß ihn haben. Aber er tut sein Werk zunächst nicht um des Studenten willen; er ist vielmehr zuerst Lehrer seiner Kinder. Nur weil er dies in vorbildlicher Weise ist, wird er zugleich zum Lehrer und Führer des zukünftigen Amtsgenossen ... Der Institutslehrer ist also zuerst ... nur Lehrer seiner Kinder. So zeigt er anschaulich, wie der Beruf ausgeübt wird. Er kann und wird aber gern darüber hinausgehen und, wie er sich selbst wissenschaftliche Rechenschaft über sein Werk gibt, auch dem Jünger, der ihn nach den Gründen fragt, Rede und Antwort stehen. Das ist die zweite Aufgabe des Institutslehrers" (SSZ 1922, S. 713).

In WEISE sah der Verfechter der Arbeitsschulidee SEYFERT, selbst engagiertes Mitglied des SLV, einen Lehrerbildner dieses Anspruchs. Es nimmt nicht wunder, daß er ihn an das Institut berief. Der Absolvent des Löbauer Lehrerseminars WEISE verfügte über mehrjährige Schulerfahrungen, zudem noch an einer reformpädagogisch orientierten Versuchsschule. Seine bildungspolitischen Vorstellungen und sozialpädagogischen Intentionen stellte er der interessierten sächsischen Volksschullehrerschaft nicht nur in zahlreichen Beiträgen des Verbandsorgans zur Diskussion; der Vorstand des SLV bestimmte ihn zum Leiter der als Fortbildungsmaßnahmen organisierten Arbeitsschulkurse an den Dresdner Versuchsschulen in den Jahren 1922 bis 1925 (Akten des Ministeriums I 1922-1923; II 1924-1926). Hier stellte er seine lehrerbildnerischen Fähigkeiten erstmals unter Beweis. An diesen vom SLV beantragten und vom sächsischen Kultusministerium verfügten „Lehrgängen zur Einführung in die Grundsätze über die Gestaltung des Arbeitsschulgedankens" in Dresden, Chemnitz und Leipzig (Verordnungsblatt 1922, S. 195) erhielten die dafür auserwählten Lehrer sächsischer Volksschulen die Möglichkeit zu umfangreichen Hospitationen und zur Auswertung der hospitierten Stunden; es wurden sowohl Seminare zu psychologischen, pädagogischen und unterrichtsdidaktischen Problemen angeboten als auch mit den Lehrgangsteilnehmern produktorientierte Übungen aus dem Werkunterricht durchgeführt (Akten des Ministeriums I 1922, S. 1 ff.). Als Multiplikatoren trugen sie für die Verbreitung ihrer Erfahrungen in den Bezirkslehrervereinen des SLV Sorge (SSZ 1926, S. 161).

Theorieanspruch und Unterrichtspraxis - zwei wichtige Pole in WEISEs Lehrtätigkeit

Beim Studium verschiedener in der SSZ publizierter Beiträge WEISEs, die im Vorfeld seiner Lehrtätigkeit am Pädagogischen Institut der THD entstanden, zeigt sich seine umsichtige und vielseitige Belesenheit. WEISE folgte in seinen Arbeitsschulvorstellungen nicht schlechthin dem Trend der Zeit, sich in neuen pädagogischen Ansätzen mehr oder weniger auszuprobieren. Ihn kennzeichnen scharfe Beobachtungsgabe sowie permanentes Streben nach theoretischer Vervollkommnung seines Wissens und beruflichen Könnens, das auf theoriegeleitetes pädagogisches Handeln ausgerichtet war. Bei der Analyse der Vielzahl der bestehenden Arbeitsschulvorstellungen war er versucht, die Palette bildungstheoretischer Grundlegungen, psychologischer Ansätze und gesellschaftspolitischer Überlegungen herauszuarbeiten und kritisch zu prüfen (WEISE SSZ 1921 1., S. 149 ff.; 2., S. 168 ff.). Seine Identifizierung mit den Vorstellungen der Entschiedenen Schulreformer, deren Mitglied er war, tritt dabei deutlich hervor. Die über Jahre hinweg zu verfolgende überzeugende Wortmeldung WEISEs in der aktuellen pädagogischen Diskussion im Rahmen des SLV und des BES entsprach den oben skizzierten SEYFERTschen Anforderungen an einen Lehrerbildner.

Das ehemalige Lehrerseminar in Dresden-Strehlen, das ab 1923 das Pädagogische Institut der TH Dresden beherbergte; zugleich war hier die dem Institut angeschlossene Institutsschule mit durchschnittlich 20 Klassen untergebracht. - *Quelle:* Sammlung des Instituts für Berufspädagogik an der Technischen Universität Dresden.

Das Pädagogische Institut verfolgte indes ein weiteres Ziel für eine erfolgreiche Verbindung von Theorie und Praxis in der Ausbildung der Volksschullehrer: Die in der unmittelbar im Gebäude des Institutes untergebrachte Institutsschule - ein aus der Tradition der Seminarausbildung übernommener Ausbildungsbestandteil - wurde als achtklassige Bezirksschule ausgebaut (FROTSCHER 1997, S. 96). Hier unterrichteten die am Institut beschäftigten Lehrerbildner wöchentlich ca. 15 bis 22 Stunden; sie führten in der Regel über vier Jahre hinweg eine der Klassen der Schule (ebenda). Beabsichtigt war damit eine für den Studenten sichtbar werdende ständige Verbindung praktisch-pädagogischen Tuns mit theoretischer Reflexion.
Für die Lehrtätigkeit WEISEs am Pädagogischen Institut zwischen 1924 und 1933 bedeutete diese Ausbildungskonzeption neben seinem regulären Unterricht an der Institutsschule ein vielfältiges Lehrangebot. In den Jahren 1924 bis 1933 hielt er Vorlesungen und führte er Übungen durch zu verschiedenen Lehrdisziplinen der besonderen Unterrichtslehre - beispielsweise zur deutschsprachlichen Bildung und zur Naturkunde. Praktisch-pädagogische Übungen leitete er in Deutsch, Geschichte, Vaterlandskunde, Arbeitskunde, Erdkunde, Physik, Chemie, ebenso Übungen zur deutschen Sprachlehre für die Grund-, Mittel- und Oberstufe der Volksschule (UATUD Verzeichnis).
Von besonderem Interesse dürften darüber hinaus die von ihm zusammen mit SEYFERT angebotenen Experimentell-didaktischen Übungen zur allgemeinen Unterrichtslehre gewesen sein, die er seit 1927 durchführte (ebenda). Bei diesen Übungen als Form des Lehrertrainings handelte es sich um ein für die Lehrerausbildung völlig neues Ausbildungsgebiet (FROTSCHER 1997, S. 214); sie dienten dem Studenten nicht nur zum unmittelbaren Kennenlernen didaktischer Einzelakte. Die Simulation von Situationen der Lehrertätigkeit beförderte zudem das Vermögen zur Schulung didaktischen Denkens sowie zum ansatzweisen Aufspüren eines persönlichen Lehrstils (ebenda, S. 215). Diese Lehrveranstaltungen bildeten eine Mischung aus psychologisch und didaktisch hinterfragtem „Sich-Versuchen“ und Reflektieren über eigenes pädagogisches Handeln unter Einbeziehung der zuvor im Studium erworbenen Erkenntnisse zu Lernprozessen (ebenda):

> „Die Studenten aber sollen vor allem den inneren Vorgängen nachzuspüren versuchen, die sich in den Kindern abspielen. Den Anhalt dafür haben sie in der Selbstbeobachtung, in der sie sich tüchtig üben müssen. Die Unterrichtslehre wird begleitet von Stoffvorbereitungsübungen, in denen die Studenten angeleitet werden, einen für den Unterricht notwendigen Stoff wissenschaftlich durchzuarbeiten, um ihn dann methodisch umzuformen. ... Die Schulung für solche Beobachtung erfolgt in den sogenannten experimentellen Übungen, in denen gleichsam isolierte, scharf charakterisierte Vorgänge, auf die natürlich auch die Selbstbeobachtung achten lernen muß, beobachtet werden“ (SSZ 1924, S. 644).

Das besondere Augenmerk legten SEYFERT und WEISE in den von ihnen geleiteten Experimentell-didaktischen Übungen auf die Beachtung der Kindgemäßheit des Unterrichtens. Die auf diese Weise angestrebten Ergebnisse in Form „verallgemeinerter Kategorien" einer situations- und schülerkonformen Unterrichtsgestaltung (FROTSCHER 1997, S. 216) deuten auf eine produktive Auseinandersetzung WEISEs und SEYFERTs mit Bestrebungen aus der empirisch-analytischen Pädagogik, beispielsweise der Begründer der experimentellen Pädagogik, Ernst MEUMANNs und Wilhelm August Hermann LAYs, sowie der pädagogischen Tatsachenforschung Peter PETERSENs.

Die Vielfalt sowie der Umfang der von WEISE und anderen Lehrerbildnern zu leistenden Lehr- und Unterrichtsverpflichtungen am Pädagogischen Institut und an der Institutsschule verdeutlicht ebenso eine problematische Seite der Dresdner akademischen Volksschullehrerausbildung: Eine derart umfangreiche und vielseitige Lehrbelastung verhinderte zwangsläufig die systematische Hinwendung zu einem speziellen Forschungsgegenstand und machte eine von Dozenten an einer Hochschule zu erwartende wissenschaftliche Qualifizierung faktisch unmöglich. So bot WEISE zwar eine von Studenten und Lehrkräften sowie Lehrern sehr anerkannte Unterrichts- und Lehrarbeit, in die er neueste Erkenntnisse aus geisteswissenschaftlichen Forschungsdisziplinen und aus verschiedenen reformpädagogischen Strömungen mit einbezog, aber für ein persönliches, zu einer Promotion führendes Forschungsvorhaben mangelte es an Zeit. Überdies hatte WEISE in SEYFERT zwar einen engagierten Partner für die Ausbildung der Studenten, auf ihn in Ermangelung dessen systematisierender und forschungsstrategischer Fähigkeiten bei der Leitung des Pädagogischen Institutes konnte er als wissenschaftlichen Betreuer aber nicht bauen, denn er war nicht imstande, WEISEs empirisch-theoretische Untersuchungen wissenschaftlich zu begleiten. Aber es sind weitere Aktivitäten WEISEs von Interesse, bei denen er schulpolitische und pädagogische Ansinnen miteinander anspruchsvoll verknüpfte, und die seinen prägenden Einfluß auf die Gestaltung der sächsischen Volksschulwirklichkeit in der Weimarer Republik nachhaltig bestimmten.

Beförderer und Mitgestalter reformpädagogisch orientierter Veränderungen im sächsischen Volksschulwesen

Seinem Verständnis von Sozialismus folgend, das er als „Lebensstrom" faßte und nicht als Parteipolitik verstand: „Sozialismus als Gesinnung, als Weltanschauung, vielleicht sogar als Religion: (als - S. M.) die wundervolle Idee der Gemeinschaft, den Willen für die Gemeinschaft" (WEISE 1921 2., S. 168), glaubte er, daß der infolge der Novemberrevolution in Deutschland sich herausgebildete „freie Volksstaat" seinen Vorstellungen sehr nahe gekommen wäre (WEISE 1919, S. 475). In einem solchen Staat müsse es möglich werden, eine für alle Kinder gemeinsame Schule einzurichten. WEISE, nunmehr schon als Dozent am Pädagogischen Institut tätig, wurde vom Vorstand des SLV beauftragt, in einem der drei gebildeten Unterausschüsse des SLV zur Erarbeitung einheitlicher Richtlinien für ein Schulprogramm mitzuwirken; er leitete die Dresdner

Arbeitsgruppe zur Erarbeitung eines Einheitsschulplanes. Grundlage für diesen Auftrag bildete die Äußerung ZEIGNERs in seiner Regierungserklärung vom 10. April 1923, in der er sich für „einen einheitlichen und gesunden Aufbau von der Volks- bis zur Hochschule“ aussprach (Verhandlungen I 1922/1923, S. 719).
Der von dieser Arbeitsgruppe in der SSZ vorgestellte Plan für den einheitlichen Aufbau des gesamten sächsischen Schulwesens reichte vom Kindergarten über eine zehnjährige Schulpflicht mit einer für alle Schüler sich anschließenden dreijährigen Oberschulausbildung mit gleichzeitiger Berufsausbildung bis zur Hochschule (SSZ 1923, S. 407). Zwar beendete die gewaltsame Amtsenthebung ZEIGNERs durch Reichswehrtruppen am 29. Oktober 1923 auch die scheinbar greifbar gewordene Chance zur Beförderung eines einheitlich geregelten Schulwesens im Verständnis des SLV, doch hielt dieser an seinem Ziel fest, auf seiner Vertreterversammlung im April 1924 in Bautzen den aus verschiedenen Zuarbeiten der Bezirkslehrervereine entstandenen Planentwurf zur Diskussion zu stellen und einen Beschluß über seine Verabschiedung herbeizuführen. Wieder war es WEISE, der auf dieser Tagung die Berichterstattung vornahm und den Planentwurf vorstellte (MEBUS 1992, S. 108). Anregungen für die von ihm vorgenommene Grundlegung speisen aus der Aufklärung; sie führen uns zu demokratisch-liberalem Gedankengut aus der Zeit der Französischen Revolution: „Freiheit als soziologisches Grundprinzip des Liberalismus“ proklamiere das Recht des Kindes, sich in seinen Anlagen und Kräften zur Persönlichkeit auszuwachsen (WEISE 1924, S. 72). Hinsichtlich des demokratischen Gleichheitsgedankens kritisiert er die Diskrepanz zwischen dem demokratischen Anspruch der Weimarer Verfassung und den in ihr enthaltenen Schulartikeln (§§ 145 und 146 - ebenda, S. 76). Brüderlichkeit setzt er gleich mit dem Gedanken der sozialen Gemeinschaft: „Der Aufbau unseres gesamten öffentlichen Erziehungswesens vom Kindergarten bis zur Hochschule muß eine äußere und innere Einheit der Volksgemeinschaft darstellen. Jede Trennung nach Besitz, Stand oder Weltanschauung ist abzulehnen“ (ebenda, S. 90).
Diese schulpolitischen Aussagen des mit nur zwei Gegenstimmen von den 500 Vertretern angenommenen Planes (ebenda, S. 111) wurden untersetzt von Bestimmungen, die reformpädagogischen Geist atmeten. Entsprechend den Auffassungen zur Arbeitsschule sächsischer Prägung in Anlehnung an die Vorstellungen des BES sollte der Unterricht in den unteren Klassen als Gesamtunterricht erteilt werden (ebenda, S. 90). So lehrte es WEISE auch am Pädagogischen Institut (FROTSCHER 1997, S. 243). In der sich anschließenden Mittelschule basiert der Unterricht auf ‘Kernunterricht’ (66 %), der durch einen ‘wahlfreien Unterricht’ (33 %) zu ergänzen sei (ebenda, S. 84). Diese Relation sollte sich dann in der neunten und zehnten Klasse zugunsten des Kursunterrichtes noch verschieben (ebenda).
Wenn auch die politischen Verhältnisse in Sachsen des Jahres 1924 eine Realisierung dieses Planes vereitelten, so hielt WEISE dennoch an der Berechtigung zu seinem Beschluß in Verantwortung der Volksschullehrerschaft vor der Zu-

kunft fest: „Wann für die Einheitsschule die Stunde der Wirklichkeit kommt, wissen wir nicht, aber daß wir fertig sein müssen und nicht länger ohne selbst umrissene Kampfziele bleiben können, tut not“ (ebenda, S. 110).
Teilziele aus dem Programm zumindest konnten in den folgenden Jahren erwirkt werden. So verordnete das Volksbildungsministerium 1927 die Einrichtung höherer Abteilungen an Volksschulen, an denen begabte und leistungsfähige Schülerinnen und Schüler auf freiwilliger Grundlage zur mittleren Reife in Klasse 10 geführt werden konnten (Verordnungsblatt 1927, S. 14). In den meisten Schulaufsichtsbezirken Sachsens konnten höhere Abteilungen an Volksschulen eingerichtet werden (Das 9. und 10. Schuljahr 1930, S. 15). Die theoretische Grundlegung für den von der Pädagogischen Arbeitsgemeinschaft des Dresdner Lehrervereins (Zweigverein des SLV) erarbeiteten Bildungsplan für die zehnjährige Volksschule verfaßte ihr Vorsitzender, WEISE (Bildungsplan 1928, S. 4). Seine zu Beginn der zwanziger Jahre bereits sichtbar gewordene Akribie in der wissenschaftlich-analytischen Arbeit zeigt sich auch an diesem Bildungsplan sehr deutlich: Diese fast 50 Seiten umfassende Grundlegung liefert dem Lehrer eine unverzichtbare Voraussetzung für die von ihm zu leistende theoriegeleitete pädagogische Arbeit in der Volksschule. Für einen Bildungsplan in die Hand des Lehrers bestechend erscheint - dies sei auch aus aktuellen Bedürfnissen heraus ausdrücklich betont - die Betrachtung des Bildungsgeschehens in der Synthese geisteswissenschaftlicher, empirisch-analytischer und naturwissenschaftlicher Perspektiven, wenn WEISE ausführt:

> „Vor allem ist es die Doppelheit von empirischer und ideeller Betrachtungsweise, die als Gegensätze der biologischen, psychologischen, soziologischen, historischen Erfahrung einerseits, der ethischen, erkenntniskritischen, metaphysischen Ideenbildung andererseits sich immer wieder geltend machen und die doch sich immer wieder gegenseitig fordern“ (ebenda, S. 13).

Dieser Bildungsplan als Leitfaden zur Unterrichtsgestaltung begleitet den Volksschullehrer erziehungswissenschaftlich fundiert bei seiner pädagogischen Arbeit. Unter Bezugnahme auf Theodor LITT und Paul NATORP verweist WEISE auf die geisteswissenschaftliche Bindung pädagogischer Wissenschaft (Bildungsplan 1929).

> „Die Pädagogik wird sich darum sowohl als Wissenschaft wie als Tat auf die Zweiheit in ihrem Werden und Wesen, auf ihre geschichtlich-kulturelle Bedingtheit wie auf ihre Eigengesetzlichkeit, eine Zweiheit, die gleichbedeutend ist mit dem Bei- und Ineinander von Ideellem und Erfahrungsmäßigem, Allgemeingültigem und geschichtlich Veränderlichem in allen ihren Zusammenhängen und Einzelfragen besinnen müssen, will sie nicht einer fruchtlosen Einseitigkeit verfallen; auch in der Theorie und Gestalt des Planes, der die Arbeit der Schule richten soll“ (ebenda, S. 13).

Die Betonung der Bildungstheorie als Ausgangspunkt und Gegenstand (ebenda, S. 15), die Bezeichnung dieses Planes als „Bildungs“-Plan, nicht als „Stoff“-

oder „Lehr"-Plan - läßt ihn als Bewahrer der Werte humanistischer Bildungstradition erkennen. Bildung als den die Erziehung einschließenden Terminus wird von ihm darum, Max FRISCHEISEN-KÖHLER zitierend, zum „Grundbegriff" erhoben, „von dem aus die Fülle der pädagogischen Probleme einer einheitlichen Betrachtung unterworfen werden kann" (ebenda, S. 17).
Nicht unerwähnt bleiben darf die Tatsache, daß den Volksschullehrern mit dem vorgelegten und vom sächsischen Volksbildungsministerium genehmigten Bildungsplan für die zehnjährige Volksschule ein in Gemeinschaftsarbeit von Lehrerbildnern am Pädagogischen Institut der THD und in der Schule tätigen Lehrern entstandenes Dokument zur Verfügung gestellt wurde. Neueste erziehungswissenschaftliche Erkenntnisse und schulpraktische Erfahrungen und Erfordernisse wurden miteinander konfrontiert und erfolgreich aufeinander abgestimmt. Im Bildungsplan spiegeln sich die „richtungsbestimmenden Grundsätze" der von WEISE in den SLV hineingetragenen und von ihm angenommenen Arbeitsschulidee wider: der Grundsatz des Kindes- und Entwicklungsgemäßen - an erster Stelle -, des Lebensgemäßen, der Kraftbildung, schließlich der Erziehung zur Gemeinschaft (ebenda, S. 64 f.). 1928 wurde der Bildungsplan durch „Stoffe und Beispiele" als ein Angebot für die Hand des Lehrers ergänzt. Die Mitarbeiter dieser Sammlung setzen sich wiederum aus Lehrerbildnern des Pädagogischen Institutes und Lehrern verschiedener Dresdner Volksschulen unter Leitung WEISEs zusammen (Stoffe und Beispiele 1929, S. 4).

Zwangsweise Versetzung in den Ruhestand

Das im Gefolge der Machtübernahme durch die Nationalsozialisten verhängte „Gesetz zur Wiederherstellung des Berufsbeamtentums" vom 7. April 1933 führte zur Überprüfung aller Lehrkräfte an der THD und am Pädagogischen Institut. Die auf dieser Grundlage am 2. September 1933 angewiesene „Überprüfung" der wissenschaftlichen Kräfte an der THD zog die zwangsweise Suspension von 21 Lehrkräften der THD nach sich, von der auch der Sozialdemokrat WEISE betroffen war (FROTSCHER/MEBUS 1993). Über sein Leben im Dritten Reich ist bislang sehr wenig bekannt. Als gesichert kann gelten, daß er zwischen 1940 und 1945 als Lehrer an einer privaten Realschule in Dresden unterrichtete (DUDEK 1993, S. 218).

Für und Wider die Integration WEISEs in den Aufbau einer Lehrerausbildung im Zeichen des Antifaschismus und der Demokratie in Sachsen

Nach der mit der bedingungslosen Kapitulation der deutschen Wehrmacht besiegelten Beendigung der wohl schrecklichsten und folgenschwersten Epoche deutscher Geschichte galt es auch auf dem Gebiet des Bildungswesens einen Neuanfang zu wagen, der antifaschistische, antimilitaristische und demokratische Bildung zu gewährleisten versprach. Für die Sicherung einer Elemen-

tarausbildung der so dringend benötigten Lehrer an den ab Oktober des Jahres 1945 wieder zu eröffnenden Schulen wurden in der Sowjetischen Besatzungszone (SBZ) Heimschulen für Lehrerbildung eingerichtet, die - als vorläufige Maßnahme gedacht - in Kurzlehrgängen junge Menschen auf ihren Einsatz als Neulehrer in den Schuldienst vorbereiten sollten. Eine solche Heimschule für Lehrerbildung wurde am 23. August 1945 in Dresden-Wachwitz eröffnet. Die ersten beiden Kurse umfaßten eine Ausbildungszeit von zwei Monaten. Die sächsische Landesverwaltung stand vor der Aufgabe, unter Aufsicht der Sowjetischen Militäradministration in Deutschland (SMAD) geeignetes Lehrpersonal für die Ausbildung der Neulehrer auszuwählen. WEISE zählte zu jenen Pädagogen, die sich sofort für eine Dozentur zur Verfügung stellten.
Am 10. August 1945 fand eine Vorbesprechung zur Vorbereitung der Eröffnung der Heimschule für Lehrerbildung statt. An ihr nahmen neben den Vertretern der SMAD, dem Stadtschulrat DÖLITZSCH und Ministerialrat Emil MENKE-GLÜCKERT auch die Dresdner Pädagogen WEISE, Kurt RIEDEL - er arbeitete in der Weimarer Republik ebenfalls sehr erfolgreich als Lehrerbildner am Pädagogischen Institut der THD - und der ehemalige Vorsitzende des SLV und Lehrer einer der Dresdner Versuchsschulen, in dieser Beratung in seiner Eigenschaft als Referent für Lehrerbildung, Karl TRINKS teil (MEBUS 1998, S. 62). Einigkeit bestand unter den Anwesenden über die Vorläufigkeit dieser provisorischen Ausbildungsvariante, die in der Folgezeit möglichst rasch durch eine an sächsische Traditionen anknüpfende akademische Lehrerausbildung abgelöst werden sollte. Es galt Lehrpläne für die Neulehrerausbildung auszuarbeiten, die der SMAD zur Bestätigung vorzulegen waren.
Fünf Tage später, am 15. August 1945, sandte der eingesetzte Leiter der Heimschule, Hellmuth HÄNTZSCHE, die angeforderten Unterlagen für die von den vorgesehenen Dozenten ausgearbeiteten Vorlesungen zur Gestaltung der Lehrplanvorgaben der SMAD zu (ebenda, S. 82). Auf WEISEs Ausführungen soll hier kurz verwiesen werden. Sie beinhalten Schwerpunkte über den „Gesamtunterricht und (die - S. M.) Arbeitsschule in der Schulreformbewegung“ (Sächs. HStAD NL M-G I/8). Seine Konzeptionen für die ersten beiden Vorlesungen stellen den Versuch einer historisch-bildungstheoretischen Herangehensweise dar. Er stellte die Problematik der auf autoritären Prinzipien bezüglich des Lehrer-Schüler-Verhältnisses beruhenden ‘alten Lernschule’ den mit der Jahrhundertwende sich ausbreitenden schulreformerischen Bestrebungen gegenüber. Die Kursteilnehmer wollte er mit Erkenntnissen des an die Traditionen des Psychologen Wilhelm WUNDT anknüpfenden, vom Leipziger Lehrerverein gegründeten „Institutes für Experimentelle Psychologie und Pädagogik“ zur Kinderpsychologie vertraut machen und sie auf tradierenswerte Erfahrungen der pädagogischen Intentionen vor allem in der Arbeitsschul-, Kunsterziehungs- und Heimatkundebewegung aus der Weimarer Republik aufmerksam machen. Die von ihm nachhaltig mitgeprägte Arbeitsschulidee hielt er für unbedingt entwicklungsfähig. Daher sollte sie auch in seiner Vorlesung gebührenden Platz einnehmen.

Dieses Lehrangebot gab nicht den geringsten Anlaß eines Zweifels über die politische Souveränität, der eine Zulassung seitens der SMAD nicht gestattet hätte. Der für Sachsen zuständige Bildungsoffizier, Major DRAGIN, erklärte den sächsischen Bezirksschulräten die einzuhaltenden Prämissen im Sinne des Potsdamer Abkommens:

„Wir beabsichtigen eines, daß die Kinder erzogen werden in einem antimilitaristischen, in einem antifaschistischen Sinne, d. h. in einem demokratischen Sinne. ... Wir müssen in Zukunft sicher sein, daß Deutschland nie wieder in einen solchen Zustand kommt. ... Diese Voraussetzung müssen wir schaffen" (Sächs. HStAD NL M-G I/14, S. 26).

In eben diesem Sinne verstanden sich WEISEs Ausführungen. Dennoch wurde er nicht als Dozent bestätigt. WEISE gab bekannt, daß er während des Nationalsozialismus Mitglied der SA war. Grundlage für die Entscheidung über eine Einstellung oder Ablehnung im öffentlichen Dienst bildeten die Bestimmungen des Potsdamer Abkommens, die in der SBZ als völkerrechtlicher Vertrag Geltung erlangten und daher eine normative Kraft darstellten. Darin heißt es in Punkt 6 des Abschnittes „A. Politische Grundsätze":

„Alle **Mitglieder der nazistischen Partei**, welche **mehr als nominell** an ihrer Tätigkeit teilgenommen haben, und alle anderen Personen, die den alliierten Zielen feindlich gegenüberstehen, **sind aus** den **öffentlichen und halböffentlichen Ämtern** von den verantwortlichen Posten **zu entfernen**" (Potsdamer Abkommen, S. 17).

Die Formulierung „mehr als nominell" schließt den Anspruch gründlicher Einzelfallprüfung ein, wie er im Fall WEISE auch seitens des Leiters der Heimschule und des Referenten für Lehrerbildung angestrebt wurde.

„Wir haben Herrn WEISE als Dozent vorgeschlagen, weil wir seiner Entwicklung vor 1933 entnehmen können, daß er demokratisch gesinnt ist. Sein Verhalten während der Mitgliedschaft in der SA hat uns nach eigenen Erfahrungen und auf Grund von Zeugnissen unbestritten antifaschistischer Personen bewiesen, daß er auch nach 1933 seine alte Gesinnung behalten hatte. ... Für uns war auch maßgebend, daß Herr WEISE trotz seiner Mitgliedschaft in der SA von den Nazis gemaßregelt wurde. ... Die Nazis gaben also selbst zu, daß sie die SA-Zugehörigkeit des Herrn WEISE nur als eine äußere Angelegenheit betrachteten und ihm nicht die Wandlung seiner demokratischen Anschauung zutrauten.
Wir möchten noch einmal betonen, daß wir den Fall des Herrn WEISE unbedingt als Einzelfall ansehen" (Sächs. HStAD MfV Nr. 958),

erklärte HÄNTZSCHE in einem Schreiben an die SMAD. Einer solchen Prüfung stimmten auch die sowjetischen Bildungsoffiziere in Sachsen, DRAGIN und MADWIEW, zu. Einem Schreiben HÄNTZSCHEs an TRINKS zufolge schienen „die Russen ... dem Fall wohlwollend gegenüberzustehen ... . Um eine ordnungsgemäße Abwicklung des Falls zu ermöglichen, habe (er - S. M.) dem russischen Offizier vorgeschlagen, das vorgetragene Gesuch der Verwendung des Herrn WEISE schriftlich zum Beschluß einzureichen" (ebenda).

Am 20. August erfolgte die Absage an WEISE, als Lehrerbildner an der Heimschule für Lehrerbildung Dresden-Wachwitz Neulehrer ausbilden zu können. Sie wurde nicht von der SMAD veranlaßt. Die sächsische Landesverwaltung, im besonderen MENKE-GLÜCKERT und ihr Präsident, trug für diese Entscheidung die Verantwortung: „Die Landesverwaltung hat auf eine Anfrage des Major DRAGIN der sowjetisch-militärischen Administration mitgeteilt, daß Herr WEISE dem Lehrkörper der Heimschule nicht angehören werde“ (ebenda). MENKE-GLÜCKERT teilte der SMAD schriftlich mit, daß er der Meinung sei, „daß jemand, der der SA angehörte, nicht geeignet“ sei, „um an dieser Stelle als Lehrer hervorzutreten und daß gerade an einer Ausbildungsstätte dieser Art nur Lehrkräfte beschäftigt werden“ dürften, „die politisch vollkommen einwandfrei dastehen. Die Landesregierung kann deshalb ihre Zustimmung zu der Verwendung des Lehrers WEISE an dem am 23. 8. beginnenden Lehrgang nicht erteilen und glaubt annehmen zu können, daß die Sowjetische Militärische Administration diese Auffassung teilen wird“ (Sächs. HStAD NL M-G I/8).
Vorsicht und Wachsamkeit der politischen Entscheidungsträger gegenüber ehemaligen Mitgliedern der NSDAP bzw. der SA lassen sich erklären und nachvollziehen. Sie geben aber dann Anlaß zu Zweifeln, wenn den Aussagen früherer Bekannter und Freunde sowie bestätigter Mitarbeiter und Leiter in öffentlichen Ämtern über die Integrität des Betroffenen mißtraut und sie wissentlich ignoriert werden. Fürsprecher für WEISEs Einsatz waren immerhin der Leiter der Heimschule, der Stadtschulrat, der Referent für Lehrerbildung, ebenso der Stadtrat von Dresden, KUNATH, sowie die provisorische Leitung der sächsischen Lehrergewerkschaft (Sächs. HStAD NL M-G I/8). Die Ablehnung WEISEs durch die sächsische Landesverwaltung führte über die Bestimmungen des Potsdamer Abkommens hinaus. Sie gleicht einem Exempel zur Demonstration unnachgiebiger Konsequenz und Härte im Hinblick auf die Ernsthaftigkeit des Willens zum Aufbau einer demokratischen, antifaschistisch-antimilitaristischen Gesellschaft. WEISE konnte keine mehr als „nominelle Mitgliedschaft“ nachgewiesen werden.
Diese Entscheidung mag sich als Symptom sich anbahnender Machtanmaßung einzelner Vertreter mit dogmatischem Zuschnitt, nicht selten wider die Vernunft, vielleicht auch als ein in der Geschichte offensichtlich immer wieder anzutreffende Tendenz eines zum Zwecke der Anpassung an die neuen Verantwortungsträger erscheinenden „vorauseilenden Gehorsams“ abzeichnen, mit dem sich persönliche Zuverlässigkeit demonstrieren ließ. Mit der Ablehnung WEISEs als Dozent wurde auf einen Lehrerbildner verzichtet, der - so DÖLITZSCH - „als Fachkraft schwer ersetzt werden kann“ (ebenda). So zeigt sich zum wiederholten Male, daß durch radikale und formalistische Abarbeitung vorgegebener Maßgaben unter Verzicht auf die Erwägung vernünftiger Gründe, vor allem in gesellschaftlichen Umbruchssituationen, Menschen ungeprüft Schuld zugewiesen und somit an ihnen neues Unrecht begangen wird.

Wiedereinstieg in die Lehrerausbildung

Da sich in Sachsen für WEISE keine Perspektive für seine weitere berufliche Entwicklung bot, sah er sich veranlaßt, seine nähere Heimat zu verlassen. In den Jahren zwischen 1947 und 1949 arbeitete er als Lektor im Berliner Verlag Volk und Wissen (DUDEK 1993, S. 218). In dieser Zeit trat er mit einem Aufsatz aus Anlaß des 70. Geburtstages von OESTREICH im Rahmen der ihm gewidmeten Festschrift an die Öffentlichkeit. Hier legte er mit dem ihm eigenen Theorieanspruch die Triebkräfte der Entschiedenen Schulreform bei gleichzeitiger Würdigung der Verdienste OESTREICHs dar (WEISE 1948). Diese Schrift erschien zu einer Zeit, da in der SBZ bereits die Weichenstellung für die Zurückdrängung reformpädagogischer Traditionen als 'spätbürgerliches pädagogisches Denken' zugunsten der stalinisierten Sowjetpädagogik gestellt wurden, auf die mit dem IV. Pädagogischen Kongreß 1949 die ostdeutsche Pädagogik in der Rede Hans SIEBERTs festgeschrieben wurde (Geschichte der Erziehung 1987, S. 701 f.). In diesem Zusammenhang erscheint es erwähnenswert, daß jener Pädagoge, dem diese Schrift gewidmet wurde, am 30. März 1948 von der Pädagogischen Fakultät der Universität Greifswald in Anerkennung seiner „wahrhaft demokratische(n - S. M.) Pädagogik", als „ein unermüdlicher Wegbereiter (der Einheitsschule) und einer besseren sozialen Lebensordnung unseres Volkes", der „eindringlich vor einer einseitig intellektuellen Bildung unserer Jugend warnte" und der „eine neue Lehrerbildung und Erziehung zur Volkskultur im Dienste edlen Menschentums und der Verständigung der Völker forderte", die Ehrenpromotion verliehen wurde (Menschheitspädagogik 1948, S. 9). Es zeigte sich an dieser Universität, wie auch an der THD und anderen ostdeutschen Universitäten, daß die dort berufenen pädagogischen Wissenschaftler, zumeist in der humanistischen Bildungstradition verwurzelt, sich zum damaligen Zeitpunkt nicht vorbehaltlos der aufoktroyierten Schulpolitik unterwarfen, die in wachsendem Maße eine ausschließliche Bindung an die in der Sowjetunion entwickelte marxistisch-leninistische Pädagogik verlangte. Darin mag auch der Grund für die Berufung WEISEs zum Professor der Erziehungswissenschaften an die Pädagogische Fakultät des Institutes für Systematische Pädagogik der Ernst-Moritz-ARNDT-Universität Greifswald im Jahre 1949 zu suchen sein (UAG. Bestand Personalakten. Nr. 2122. M. WEISE).

WEISE hat 1952 bei Heinrich DEITERS an der Humboldt-Universität zu Berlin, im Alter von 61 Jahren, promoviert (DUDEK 1993, S. 218). Auf diese Möglichkeit der Qualifizierung mußte er sehr lange verzichten. Am SEYFERTschen Pädagogischen Institut in Dresden mangelte es aufgrund von Lehrüberbelastung an Zeit; wegen fehlender Forschungsstrategie und einer daraus resultierenden nicht gewährleistete wissenschaftlichen Begleitung konnte er in der Weimarer Republik ein solches Qualifizierungsvorhaben nicht in Angriff nehmen. 1933 wurde er aus dem Hochschuldienst ausgeschlossen, was den Abbruch aller wissenschaftlichen und lehrerbildnerischen Tätigkeiten nach sich zog. Die politischen

Entscheidungsträger in Sachsen nach dem Ende des Zweiten Weltkrieges vermochten im Falle WEISEs nicht, die Kriterien für die unumstritten notwendige Prüfung über die antifaschistische Gesinnung des Bewerbers um eine Dozentur zur Ausbildung von Neulehrern differenziert und verantwortungsbewußt zu handhaben. Somit beraubte sich das Land selbst um einen Pädagogen und Wissenschaftler, der für den Aufbau und die Gestaltung der Lehrerausbildung in Dresden unverzichtbar gewesen wäre. Das „mecklenburgisch-pommersche Land" (Menschheitspäd-agogik 1948, S. 9) verstand damals mit dieser Situation toleranter umzugehen.
Eine letzte größere Arbeit aus der Feder WEISEs aus dem Jahre 1952 wirft noch einmal ein Licht auf seine Leistungsfähigkeit. Dieser Aufsatz zu „Wille und Willenserziehung in ihrer gesellschaftlichen Bedingtheit" erschien in der Wissenschaftlichen Zeitschrift der Universität Greifswald. Er ist Beispiel für den Versuch einer Synthese von pädagogischen, psychologischen und philosophischen Zugängen, wobei er auf geisteswissenschaftliche, empirisch-analytische und marxistische Ansätze zur Klärung eines wissenschaftlichen Sachverhalts auf dem Gebiet der pädagogischen Theorie zurückgreift. Er wägt frühere Auffassungen mit den neueren Erkenntnissen sorgsam ab und gelangt zu Ergebnissen, die ihn nicht in das Fahrwasser offiziell verkündeter Bildungspolitik geraten lassen, was sich u. a. an seinen Ausführungen zum Arbeitsbegriff verdeutlichen läßt:

> „Arbeit ist das materielle und ideelle Werte hervorbringende Schaffen. ... Die Produktionsschulidee, wie sie die Entschiedenen Schulreformer in den Anfängen ihrer Bewegung vertreten haben, die Arbeitsschule, wie sie von Robert SEIDEL ('Die Schule der Zukunft, eine Arbeitsschule', 1909) in Deutschland und von BLONSKI in Rußland kurz nach der Oktoberrevolution proklamiert worden ist, rückt diesen Arbeitsbegriff in den Mittelpunkt schulischen Lebens. Auch in MAKARENKOs Erziehungskollektiv nimmt die wirtschaftlich-produktive Arbeit einen großen Raum ein. Ohne Zweifel kann in Heimschulen, wo die Schüler wohnen, beköstigt und unterrichtet werden, der gemeinsame Streifen pädagogischer und wirtschaftlicher Zwecke breiter sein als in den öffentlichen Halbtagsschulen, deren Aufgabe das Unterrichten ist. Zweifellos kann auch der Erziehungswert solcher Produktions- oder Arbeitsschulen hoch sein. Folgerichtig verwirklicht, muß jedoch die Produktionsschulidee zur völligen Umgestaltung der Schule, ja zu ihrer Verneinung führen. Sind ausschließlich Produktion und Arbeit Bildungsstoff und Bildungsform, dann besteht die Gefahr, die Orientierung an den Wissenschaften zu verlieren" (WEISE 1952/53, S. 146).

Als produktiver Eklektizist erlag WEISE, der Mitbegründer des Schwelmer Kreises (DUDEK 1993, S. 64), wie auch sein früherer Mitstreiter in der Pädagogischen Arbeitsgemeinschaft des Dresdner Lehrervereins, TRINKS, seit 1946 Ordinarius für systematische Pädagogik und Geschichte der Pädagogik an der THD, nicht nostalgischen Erwägungen. Aus seiner Sicht war es möglich, erfolgreiche pädagogische Konzepte aus der Geschichte aufzubewahren, kritisch zu prüfen und ihre Fortentwicklung unter Berücksichtigung der gegebenen gesellschaftlichen Rahmenbedingungen zu fördern. Somit gliedert er sich ein in die Reihe

pädagogisch engagierter Wissenschaftler in der frühen DDR, die sich zwar sehr wohl mit der Idee des Sozialismus verbunden fühlten, die sich aber nicht vorbehaltlos auf die Alleingültigkeit des Marxismus-Leninismus für die pädagogischen Wissenschaften festschreiben ließ.
Der erwähnte Aufsatz sollte seine letzte Veröffentlichung werden. Am 23. Juni 1952 erlag er einem schweren Herzleiden. Die Verehrung und Wertschätzung, die WEISE seine Mitarbeiter am Institut entgegenbrachten, geht u. a. daraus hervor, daß sie den Grabstein für sein Grab stifteten (UAG. Bestand Personalakten. Nr. 2122. M. WEISE).

Literatur

BILDUNGSPLAN FÜR DIE ZEHNJÄHRIGE VOLKSSCHULE: Nach den Grundsätzen der Arbeitsschule auf jugendkundlicher und gegenstandsanalytischer Grundlage. Hrsg. von der Pädagogischen Arbeitsgemeinschaft des Dresdner Lehrervereins. Dresden 1928.

DUDEK, P.: Gesamtdeutsche Pädagogik im Schwelmer Kreis: Geschichte und politisch-pädagogische Programmatik 1952-1974. Weinheim, München 1993.

FROTSCHER, J.: Volksschullehrerausbildung in Dresden 1923 bis 1931. Inauguraldissertation. Technische Universität Dresden 1996.

FROTSCHER, J.: Volksschullehrerausbildung in Dresden 1923 - 1931. Köln, Weimar, Wien 1997.

FROTSCHER, J.: MEBUS, Sylvia u. a.: Lehrerbildung in Dresden: Ausstellung anläßich der Eröffnung der Fakultät Erziehungswissenschaften an der Technischen Universität Dresden. 1993.

GESCHICHTE DER ERZIEHUNG. (Herausgeberkollegium unter Leitung von v. Karl-Heinz GÜNTHER). Berlin 1987.

GRELL, J.:Techniken des Lehrerverhaltens. 14. Auflage. Weinheim, Basel 1992.

GUDJONS H.: Didaktik zum Anfassen: Lehrer/in-Persönlichkeit und lebendiger Unterricht. Bad Heilbrunn 1997.

von HENTIG, H.: Die Schule neu denken: Eine Übung in praktischer Vernunft. München, Wien 1993.

HOFFMANN, P.: Martin WEISE. In: Wissenschaftliche Zeitschrift der Universität Greifswald: Gesellschafts- und sprachwissenschaftliche Reihe Nr. 2. 2(1952/53)2, S. 107-108.

MEBUS, S.: Zu den fortschrittlichen bildungspolitischen und pädagogischen Bestrebungen im Sächsischen Lehrerverein 1918 bis 1924, untersucht an der „Sächsischen Schulzeitung". Dissertation A. Berlin: Akademie der Pädagogischen Wissenschaften der DDR 1987.

MEBUS, S.: Comeniusrezeption im Sächsischen Lehrerverein - die Einheitsschulidee. In: „Türen nach Europa": Internationale wissenschaftliche Tagung in Herrnhut vom 27. bis 30. August 1992. Herrnhut 1992, S. 105-111.

MEBUS, S.: Zur Entwicklung der Lehrerausbildung in der SBZ/DDR 1945 bis 1959 am Beispiel Dresdens - Pädagogik zwischen Selbst- und Fremdbestimmung. Habilitationsschrift: Ernst-Moritz-Arndt-Universität Greifswald 1998.

MEYER, H.: UnterrichtsMethoden. Bd.e I und II. 4. Aufl. Frankfurt/Main 1987.

MENSCHHEITSPÄDAGOGIK: Paul OESTREICH zum Dank. Rudolstadt 1948.

Das POTSDAMER ABKOMMEN vom 2. 8. 1945. In: Potsdamer Abkommen und andere Dokumente. Berlin 1950, S. 13-24.

SÄCHSISCHE SCHULZEITUNG (SSZ) 1919-1933.

DAS 9. UND ZEHNTE SCHULJAHR: Richtlinien und Hinweise zu seiner Durchführung im Freistaat Sachsen. (Als Manuskript gedruckt im November 1930 vom Sächsischen Lehrerverein).

STOFFE UND BEISPIELE ZUM BILDUNGSPLAN FÜR DIE ZEHNJÄHRIGE VOLKSSCHULE.
(Hrsg. von der Pädagogischen Arbeitsgemeinschaft des Dresdner Lehrervereins). Dresden 1929.

WEHNER, K.: Die Ziele des Sächsischen Lehrervereins: Vortrag, gehalten am 6. April 1925 auf der 19. Allgemeinen Versammlung des Sächsischen Lehrervereins in Leipzig. Leipzig 1925.

WEISE M.: Zur Neugestaltung des Geschichtsunterrichts. In: SSZ 1919, S. 474-477.

WEISE, M.: Die Arbeitsschule und ihr Zusammenhang mit den geistigen Strömungen der Gesellschaft 1. SSZ 1921, S. 149-152.

WEISE, M.: Die Arbeitsschule und ihr Zusammenhang mit den geistigen Strömungen der Gesellschaft 2. SSZ 1921, S. 168-171.

WEISE, M.: Der einheitliche Aufbau unseres Erziehungswesens. In: Bericht über die 49. ordentliche Vertreterversammlung des Sächsischen Lehrervereins in Bautzen am 14. bis 16. April 1924. 1924.

WEISE, M.: Die Triebkräfte der Entschiedenen Schulreform. In: Menschheitspädagogik: Paul Oestreich zum Dank. Rudolstadt 1948.

WEISE, M.: Wille und Willenserziehung in ihrer gesellschaftlichen Bedingtheit. In: Wissenschaftliche Zeitschrift der Universität Greifswald: Gesellschafts- und sprachwissenschaftliche Reihe Nr. 2. 2(1952/53)2, S. 109-148.

Archivalien

Sächsisches Hauptstaatsarchiv Dresden: (Sächs. HStAD)

Akten des Ministeriums des Kultus und öffentlichen Unterrichts. Sachbetreff: Lehrgänge zur Einführung in die Grundsätze über die Gestaltung des Arbeitsgedankens - Arbeitsunterricht. I 1922-1923; II 1924-1926.

Verhandlungen des Sächsischen Landtages I 1922/1923 (Erster Band). Dresden: Druck B. G. Teueren 1923.

Verordnungsblatt des Ministeriums des Kultus und öffentlichen Unterrichts für den Freistaat Sachsen vom Jahre 1922.

Verordnungsblatt des Ministeriums für Volksbildung vom Jahre 1927.

MfV Bd.6, 15877e: Lehramt für Volksschulen.

MfV Nr. 958, Niederschrift.

Nachlaß MENKE-GLÜCKERT I/8.

Nachlaß MENKE-GLÜCKERT I/14, S. 26.

Nachlaß Richards SEYFERT K1, 1.7.209.

Universitätsarchiv Greifswald (UAG); Bestand Personalakten. Nr. 2122. M. WEISE.

Universitätsarchiv der Technischen Universität Dresden (UATUD)

Verzeichnis der Vorlesungen, Seminare und Übungen der Technischen Hochschule Dresden (1923-1933).

Anke BARSCH

Ein Versuch zur Klassifizierung von Rezeptionen zu den pädagogischen Aussagen Hugo GAUDIGS*

Das Anliegen, die Rezeptionsgeschichte bestimmter Ideen und Erkenntnisse eines Menschen darzustellen, ist dann realisierbar, wenn Kriterien vorhanden sind, mit denen man einen Text als Rezeption und insbesondere als Rezeption mit konkreter Absicht identifizieren kann.

„Nachdenken und Diskutieren kommen oft nicht voran, weil mehrere Probleme gleichzeitig gelöst werden sollen, ohne daß Klarheit darüber besteht, welcher Art diese Probleme sind. Weil diese Klarheit fehlt, werden die verschiedenen Probleme nicht auseinandergehalten, kommen Gedanken und Diskussionsbeiträge zu den Teilproblemen in bunter Folge. Die Gedanken drehen sich im Kreise. Weil die Probleme nicht in ihrer Art erkannt werden, weiß man auch nicht, welche Informationen jeweils gebraucht werden und nach welchen Kriterien eine Lösung beurteilt werden soll" (KRAAK 1983, zitiert nach 1993, S.85).

Deshalb ist es nach KRAAK notwendig, „sich zu fragen, was man wissen oder was man entscheiden will" (ebd.). Eine Rezeption, die die bearbeiteten Probleme eindeutig darlegt, kann so wesentlich zur Erhöhung der Qualität der pädagogischen Diskussion beitragen.
Der erste Teil dieser Untersuchung beginnt mit einer Arbeitsdefinition des Begriffs Rezeption, die als Grundlage anschließender Überlegungen dient. Die Definition des Begriffs Rezeption muß aufweisen, was bearbeitet werden kann und wie die Bearbeitung ausgeführt werden muß, damit die Lösung der Aufgabe gerecht wird. Unter Berücksichtigung dieser Kriterien wird dann die Rezeptionsgeschichte der GAUDIGschen Ideen skizziert. Abschließend folgt im dritten Teil eine ausführlichere Besprechung von zwei Rezeptionen. Hier sollen Thema und Ausführung der einzelnen Arbeiten analysiert werden. Die Auswahl erfolgte nur unter repräsentativer Sicht; wegen des beschränkten Rahmens dieser schriftlichen Ausführungen kann sie nicht das Kriterium der Vollständigkeit erfüllen. azit dieser Untersuchungen soll nicht sein, daß eine konkrete Rezeptionsabsicht an die pädagogischen Erkenntnisse GAUDIGS[1] gefordert wird, sondern es geht allein darum, die methodische Sicht auf Rezeptionen wieder zu betonen. In der gegenwärtigen pädagogischen Diskussion fällt besonders die verstärkt normative Herangehensweise an pädagogische Texte auf, die nicht nur das pädagogische Werk an sich, sondern auch die Biographie der Autoren betrifft. Wie würde ich GAUDIG hinterfragen? Auch ich habe natürlich im Laufe der Zeit, in der ich mich mit Hugo GAUDIG auseinandersetzte, mehrere individuelle Bewertungen

---

[1] Hugo GAUDIG (1860-1923) Werke u. a.: Didaktische Ketzereien (1904), Didaktische Präludien (1908), Die Schule im Dienste der werdenden Persönlichkeit, 2 Bde. (1917), Deutsches Volk - deutsche Schule (1917), Freie geistige Schularbeit in Theorie und Praxis (1922), Was mir der Tag brachte (1923).

vorgenommen sowohl vom wissenschaftlichen Werk als auch von der persönlichen Haltung GAUDIGs. Die Texte GAUDIGs selbst bieten eine Semantik, die fast zu einer normativen Herangehenweise auffordert. Nicht alles konnte ich auf der Grundlage meines eigenen Wertesystems gutheißen. Jedoch weisen die pädagogischen Texte GAUDIGs auch Elemente auf, an die die pädagogische Diskussion speziell zur Bildungsproblematik durchaus anknüpfen kann und sollte. Es sei hier auf die Bildungsauffassung GAUDIGs, deren didaktische Umsetzung und die allgemeinen Kriterien GAUDIGs zur Auswahl der Bildungsinhalte hingewiesen. Wie kann man dieser Widersprüchlichkeit, wenn man sie denn empfindet, gerecht werden, oder anders gefragt, wann wird diese Widersprüchlichkeit überhaupt zu einem Problem der pädagogischen Forschung? Wann können Bewertungen konstruktiv sein? Es gibt viele Möglichkeiten, die Texte GAUDIGs zu hinterfragen, aber man sollte sich immer der Verschiedenheit der Probleme und der daraus folgenden verschiedenen Herangehensweise bewußt sein. Eine klare methodische Linie bei der Analyse von Texten hätte zur Folge, daß die Interpretation der gewonnenen Ergebnisse mit einer höheren Effektivität vorgenommen werden kann als das bis jetzt der Fall war.

Der Begriff Rezeption und der damit verbundene Anspruch an die Rezeptionssituation

Ich verwende die folgende Arbeitsdefinition als Grundlage aller Betrachtungen zu wissenschaftlichen Textforschungen an sich:
Man verstehe unter einer Rezeption einer Theorie (im Sinne einer einmaligen und durch eine Person ausgeführte Textforschung) das Ergebnis einer bewußt ausgelösten und auf Erkenntnis ausgerichteten Auseinandersetzung eines Menschen mit den Erkenntnissen eines anderen Menschen. Eine Rezeptionssituation kommt dann zustande, wenn ein Auslöser vorhanden ist, d.h. wenn der Rezipient eine *Frage* an die Ausführungen des anderen stellt. Diese Frage konstituiert erst das Thema, das die weiteren Untersuchungen leitet. Sie kann weiter als Problemfrage identifiziert werden, ihre Beantwortung wird erst durch das Vollziehen weiterer Überlegungen möglich. Man muß sich bewußt sein, daß viele Fragen an einen Sachverhalt gerichtet werden können, aber der Rezipient hat eine Frage oder eine beschränkte Anzahl von Fragen, die zu einem Komplex vereint sind, *ausgewählt*. Diese Ausführungen belegen nichts weiter als das Verständnis von dem Wesen eines Themas in der geistigen Prägung des Individuums. Daß ich diese Gedanken nochmals erwähnt habe, liegt daran, daß ich zu bemerken glaubte, daß der Ausgangspunkt einer Rezeption, der entscheidend ist für alle daran anknüpfenden Überlegungen, oft nicht mehr in dieser Weise bestimmt wird. So ist auch bei einigen Rezeptionstexten der Ausgangspunkt der Überlegungen, also die Frage, die sich der Rezipient gestellt hat, vom Leser nicht direkt erfaßbar. Bei genauerem Analysieren der Antworten ist es dann in den meisten Fällen möglich, die dazugehörigen Fragen zu erkennen. Oft treten

auch Verschachtelungen von mehreren Fragen auf, das ist zum Teil bedingt durch die Struktur einiger Probleme, und zum anderen treten einige Fragen als Folgeprobleme aus den Antworten anderer Fragen auf. Diese Fragen als solche wahrzunehmen ist für den Rezipienten entscheidend für die Qualität seiner weiteren Ausführungen. Für Autor und Leser ermöglicht die offen zu entnehmende Untersuchungsabsicht, daß sie ein gemeinsames Bezugssystem für die Informationsentnahme aus dem Text aufbauen können, denn jede Problemfrage läßt sich in meinem Verständnis aufgrund ihrer Struktur klassifizieren. Für die Zuordnung konkreter Probleme zu einer Gruppe wende ich das Klassifikationsmodell von KRAAK/ECKERLE an. Sie unterscheiden zwischen Diagnoseproblemen, Prognoseproblemen, Erklärungsproblemen, Bewertungs- und Zielproblemen und Wegeproblemen (vgl. ECKERLE 1983, S. 40 ff.; 1987, S. 121 ff., KRAAK 1983). Durch die Struktur der Frage sind dem Rezipienten die nötigen Schritte vorgegeben, die er ausführen muß, um zu einer Antwort zu kommen. Gleichzeitig ist eine Rezeption so auch rational nachvollziehbar und bewertbar: Der Weg von der Frage zur Antwort ist genau strukturiert. Die Zuordnung zu einer Problemfrage ergibt sich daraus, welche Funktion und Gültigkeit die Antwort der Problemfrage erfüllt: soll sie etwas feststellen, etwas erklären, etwas bewerten usw.?

Im folgenden habe ich einige mögliche Rezeptionsgründe an die Theorie GAUDIGs aufgelistet:

(1) Rezeptionsgründe, die die Bearbeitung diagnostischer Probleme thematisieren:
- Was sagt GAUDIG zu schulpolitischen Grundsätzen aus?
- Was sagt GAUDIG tatsächlich zur Zielsetzung der Pädagogik aus?
- Wie gestaltet GAUDIG eine Schule nach seinen Vorstellungen?
- Welche Aussagen macht GAUDIG zu den Beziehungen Schule - Staat usw.

(2) Rezeptionsgründe, die die Bearbeitung von Prognoseproblemen in den Vordergrund stellen (enthalten die Bearbeitung von Diagnoseproblemen):
- Kann man durch den Einsatz GAUDIGscher Forderungen die Ziele der Gegenwart besser erreichen als mit bisherigen Mitteln?
- Wird GAUDIG seinem selbstgesetzten Anspruch gerecht, durch seine Methodik zur Selbsttätigkeit zu führen?
- Treten mit der Rezeption oder Wiederaufnahme einiger Forderungen GAUDIGs unerwünschter Folgen ein? (z. B. Akzeptanz einiger abzulehnender Verhaltensweisen GAUDIGs im Ersten Weltkrieg)

(3) Rezeptionsgründe, die die Bearbeitung von Erklärungsproblemen thematisieren (enthalten die Lösungen von Diagnose- und Prognoseproblemen):
- Warum wollte GAUDIG die Schule neu organisieren?
- Warum konzentrierte sich GAUDIG auf die „innere Schulreform"?
- Warum begrüßte GAUDIG den Ersten Weltkrieg und bezog seine Begeisterung in die Schularbeit ein?

(4) Rezeptionsgründe, die die Bearbeitung von Wegeproblemen zentral thematisieren (erfordern die Bearbeitung von Diagnose- und Prognoseproblemen):

- Bieten GAUDIGs Forderungen Bedingungen, die zur Erreichung gesetzter Ziele beitragen können?
- Enthält GAUDIGs Theorie Aussagen, die bei deren Einsatz zur Unterstützung politischer Autorität und zur Aufgabe von Interessen des Individuums beitragen?

(5) Rezeptionsgründe, die die Bearbeitung von Bewertungsproblemen thematisieren (beinhalten die Lösung von Diagnose- und Prognoseproblemen sowie von Zielproblemen: Welche Ziele sollen höhere Priorität besitzen?):
- Sind die Ziele, die GAUDIG mit seiner pädagogischen Theorie verfolgt, wünschenswert?
- Sind die politischen Einstellungen GAUDIGs gutzuheißen?
- Wie sind GAUDIGs Vorschläge zur Organisation seiner formalen Bildung zu bewerten?
- Haben die methodischen Vorschläge GAUDIGs den Wert von pädagogischen Errungenschaften?
- Wie bewerte ich die pädagogische Theorie GAUDIGs?

Für den Rezipienten ist es also neben der Kenntnis seines Rezeptionsgrundes für die Bearbeitung eines bestimmten Problems wichtig, die Struktur dieses Problems zu kennen und für seine spezielle Problemfrage anzuwenden. Es gilt, das individuelle Gesicht der Problemfrage nach der enthaltenen Struktur zu identifizieren und den eigenen Rezeptionsgrund als einen ausgewählten zu erkennen.
Das schließt ein, daß man sich bewußt wird, daß man andere Rezeptionsgründe abgelehnt hat und dies auch verantworten muß. Die Verantwortung ergibt sich dann, wenn sich Folgeprobleme aus der eingeschlagenen Rezeption ergeben können und diese dann zu berücksichtigen sind.
Ich möchte hier dem „rationalen moralischem Prinzip der Wissenschaft" folgen, wie es von OSTERLOH (1991) formuliert wurde:

„Der Wissenschaftler ist als Mitglied der menschlichen Gemeinschaft für die weiteren Folgen seiner Arbeit moralisch *mitverantwortlich*, und zwar soweit, wie sich diese Konsequenzen aus seiner Arbeit herleiten lassen und er imstande ist, solche möglichen positiven und negativen Folgen abzuschätzen und zu beurteilen, die der moralischen Beurteilung unterliegen" (OSTERLOH 1991, S.229). In diesem Zusammenhang ist besonders die Klasse von Folgen gemeint, die Bernhard Kraak als Folgen bestimmt, „die sich durch die Anwendung erziehungswissenschaftlicher Ergebnisse auf die Menschen in der Welt und auf ihre Möglichkeiten der Lebensgestaltung auswirken" (OSTERLOH 1991, S.228).

Eine Rezeption als Ergebnis einer Entscheidung für ein Rezeptionsanliegen muß in dem Bewußtsein erfolgen, welche Probleme dominant bearbeitet werden sollen, welche darin enthalten sind und welche Probleme aus der Einschränkung erfolgen.

Rezeptionsgeschichte

An dieser Stelle sollen die Ergebnisse meiner zeitgeschichtlichen Analyse der deutschen Rezeptionsgeschichte zur GAUDIGschen Theorie bezüglich der bearbeiteten Problemgruppen zusammenfassend ausgeführt werden.

Betrachtet man die bisherigen Rezeptionshaltungen zu der GAUDIGschen Theorie, dann kann man mehrmals einen Wechsel der bearbeiteten Problemgruppen und der angewendeten Hierarchie der Probleme bezüglich der Wertbestimmung der pädagogischen Theorie feststellen.

a) Rezeptionsanliegen bis 1933

Die Rezeption bis 1933 wird durchgängig von der Feststellung des Ausgesagten dominiert. Es wird geprüft, ob GAUDIGs Aussagen wirklich seinem Anspruch gerecht werden und die Änderung der Unterrichtsarbeit nach GAUDIGschen Prinzipien wirklich zur Selbsttätigkeit des Schülers führt.

Es geht ausschließlich um die Bewertung pädagogischer Grundsätze nach diesen Kriterien (u. a. KARSEN 1923, SAUCE 1929).

Politische Zielsetzungen werden von keinem Rezipienten für die Bewertung des pädagogischen Verdienstes GAUDIGs als Maßstab genommen.

b) Rezeption 1933-1945

Von 1933 bis 1945 kann keine neue Rezeption der GAUDIGschen Theorie festgestellt werden.

c) Rezeptionsanliegen nach 1945

Die Rezeption nach 1945 spaltet sich von den Bewertungsgrundsätzen her entsprechend den verschiedenen politischen Zielsetzungen des gespalteten Deutschlands.

In der DDR wurde GAUDIG zunächst bis 1948/1949, eingeschränkt auf seine methodischen Forderungen zur Umgestaltung der Schule nach dem Prinzip der Selbsttätigkeit, weiter rezipiert, dann kam mit dem IV. Pädagogischen Kongreß 1949 (vgl. PEHNKE 1997) als grundlegendes Bewertungskriterium der pädagogischen Theorie die Bewertung der vom Autor verfolgten politischen Ziele. Dessen Berücksichtigung war verantwortlich für das Ablehnen der Theorie im ganzen oder deren Befürwortung. „Reformpädagogik wurde fortan als Hemmnis für demokratische Schulentwicklung definiert, folglich in der historischen Pädagogik der DDR aus dem Verständnis von Erbe und Tradition verbannt“ (PEHNKE 1998, S. 179).

Wenn in der diagnostischen Analyse der Theorie, die der Bewertung vorausging, pädagogische Grundhaltungen festgestellt wurden, die positiv bewertet werden konnten, weil sie in die Zwecke des Autors nur final eingebunden wurden, dann führte dies zum Teil zu einer Akzeptanz von Details der pädagogischen Theorie (GÜNTHER 1957, VÖLKER 1980).

Diese Bewertungsgrundlagen blieben bis zur Auflösung der DDR bestehen.

In der Bundesrepublik Deutschland wurde die GAUDIGsche Theorie nach 1945 zunächst nur wenig rezipiert und wenn, dann wurde sie meist aus diagnostischer Sicht hinsichtlich der Aussagen zur Selbsttätigkeitsmethodik analysiert und unter der Sicht von Wegeproblemen bewertet. Man suchte aus älteren pädagogischen Theorien Bedingungen, die zur Realisierung der Ziele der Gegenwart beitragen könnten (MÜLLER 1967-1970 u. a.; KLAFKI 1963, ECKERLE 1983). Andere Bewertungsprobleme treten erst ab 1974 verstärkt auf. Bewertet wurde die pädagogische Theorie zum einen nach pädagogischen Kriterien, hinsichtlich ihrer pädagogischen Novität, und zum anderen nach politisch-ethischen Kriterien, welche politische Zielsetzung mit der pädagogischen Theorie unterstützt wurde. Dabei wurden die politischen Ansichten des Autors zunächst unter Einordnung des Zeitgeistes bewertet (LOHSE 1978), später aber auch nach dem ethischen Verständnis der Gegenwart (DIETRICH 1986).

In den neunziger Jahren bis zur Gegenwart hat sich die Rezeption der GAUDIGschen Theorie aufgrund der normativen Diskussion in der Pädagogik erheblich verändert, zumindest was die Bewertungsgrundlagen betrifft.

Zwar findet man noch Arbeiten (MIETH 1990, KRATOCHWILL 1992, RAUSCH/STEINHÖFEL 1998), die sich rein mit der Diagnose der von GAUDIG geforderten Bedingungen und eventuell mit Wegeproblemen beschäftigen, aber das Bewertungsproblem ist zur zentralen Problemgruppe innerhalb der Auseinandersetzung mit Rezeptionshaltungen aufgestiegen, wenn man allein den quantitativen Umfang der Arbeiten mit normativen Gehalt betrachtet. Als häufig auftretendes Bewertungsproblem steht hier vor allem die Frage, ob und wie die politische Zielsetzung der Theorie bewertet werden soll. Fast eintönig werden GAUDIGs Einstellungen, die er zur Zeit des Ersten Weltkrieges äußerte, abgelehnt. Jedoch ist der Umgang mit dieser Bewertung in der pädagogischen Diskussion verschieden. Einige Autoren bewerten die Einstellungen GAUDIGs sowohl für die Biographie als auch für die Zielsetzung seiner Pädagogik nach gegenwärtigen ethischen Positionen. Von einer Ablehnung dieser Einstellungen wird auf die Ablehnung der pädagogischen Aussagen geschlußfolgert, weil die Befürwortung der pädagogischen Ideen zu einer Heroisierung der Person GAUDIG führen könnte. Andere Wissenschaftler wollen die Einstellungen im Sinne des Zeitgeistes für die Biographie bewerten und halten eine Trennung von Person und Werk für möglich, weil ihrer Meinung nach die pädagogischen Aussagen nur final den politischen Einstellungen unterstellt wurden. Eine weitere Gruppe von Wissenschaftlern lehnt die normative Diskussion für die Wertbestimmung einer Theorie grundsätzlich ab.

Darstellung von Rezeptionshaltungen - eine Auswahl

Die verschiedenen Ansichten dazu, welche Probleme bei einer Rezeption zu bearbeiten sind, sollen nun am Beispiel von zwei Autoren, die GAUDIG rezipierten, veranschaulicht werden. Ich wählte zwei ältere Rezeptionen, die sehr umfangreich und komplex die Texte GAUDIGs analysierten.

Die Rezeptionen wurden unter folgenden Kriterien analysiert:

1. Welches Rezeptionsanliegen wird in dem Text vertreten, ist eine Begründung des Autors entnehmbar?
2. Wie geht der Autor zur Umsetzung seines Anliegens vor?

3. Wird dem Rezipienten die Entscheidung für einen Rezeptionsgrund und die damit zu tragende Verantwortung bewußt? Antizipiert der Autor die Folgen, die sein Text nach sich ziehen könnte? Wenn ja, wie reagiert er?

Meine Bewertung der analysierten Rezeptionen orientiert sich an folgenden Maßstäben:

- Ist das Rezeptionsanliegen klar definiert?
- Leitet der Autor seine Vorgehensweise folgerichtig aus seinem Rezeptionsanliegen ab? Werden alle Teilprobleme, die für die Lösung des Hauptproblems zu berücksichtigen sind, bearbeitet?
- Trägt der Autor die Verantwortung für seinen Text, indem er alle Folgen, die seine Aussagen nach sich ziehen könnten, antizipiert und dann darauf reagiert?
- Ist die Reaktion des Autors folgerichtig, wird sie dem aufgetretenen Problem gerecht, d.h. löst sie das Problem bzw. trägt der Autor die Konsequenzen, wenn das Problem berechtigt an seinen Text herangetragen werden kann?

Meine Analyse hat nur Stichprobenfunktion und keinen Anspruch auf Vollständigkeit bezüglich der Aussagen der Autoren und bezüglich der aufgefundenen Rezeptionshaltungen.

Bärbel LOHSE (1978)[1]

Rezeptionsgrund:

Der GAUDIGsche Beitrag soll innerhalb der Reformpädagogik beurteilt und einer Wertung unterzogen werden. Dabei sind zwei Erkenntnisinteressen zu berücksichtigen (S.182): 1. die Bewertung der pädagogischen Novität und 2. die Bewertung der gesellschaftspolitischen Einbindung der pädagogischen Aussagen. Damit kann LOHSEs Rezeptionsanliegen als Bearbeitung eines Bewertungsproblems identifiziert werden. Als Voraussetzung dazu bietet LOHSE die Analyse des Werkes von GAUDIG und die Darstellung der zeitabhängigen Elemente seines Werkes an.

Begründung:

LOHSE geht von dem Forschungsauftrag der historischen Pädagogik aus, der jedes Rezeptionsanliegen bestimmt. So definiert LOHSE als Aufgabe der historischen Pädagogik bei einer Rezeption die objektive Beschreibung einer pädagogischen Theorie, die nicht nur deskriptiv und explikativ vorgeht, sondern auch klassifiziert.

Es gilt, den historischen Standort einer pädagogischen Theorie aufgrund von Bewertungen unter der Sicht von zwei Erkenntnisinteressen zu ermitteln.

LOHSE verlangt des weiteren die Rezeption der gesamten Theorie, da eine Auswahl von Theorieelementen die gewünschte ganzheitliche Sichtweise auf die formale und materiale Seite der pädagogischen Theorie nicht ermöglichen kann. So würde der Begründungszusammenhang der Elemente mißachtet und die Bewertung der teleologischen Ausrichtung dieses Theorieteils vernachlässigt werden. LOHSE geht davon aus, daß die gesamte Theorie GAUDIGs durch ihre teleologische Einbindung bestimmt wird. D. h., LOHSE prognostiziert die Folgen bei

[1] Alle folgenden Seitenangaben beziehen sich auf diese Quelle.

Beschränkung der Rezeption auf Theorieteile und mißt sie daran, ob sie der Erfüllung des Forschungsauftrages der historischen Pädagogik behilflich oder hinderlich sind. Nach LOHSE schließt demnach eine Rezeption von Theorieteilen die Erfüllung des Forschungsauftrages der historischen Pädagogik aus. Deshalb ist die Theorie in ihrer Ganzheit zu rezipieren und zu bewerten (des weiteren wäre die Auswahl von Teilen subjektiv und würde damit nicht weiter begründbar sein). Die Bewertung der GAUDIGschen Theorie für die Gegenwart aufgrund eines aktuellen Interesses schließt LOHSE als Aufgabe der historischen Pädagogik aus - bei der Suche nach gültigen Momenten würde sich in diesen Fällen meist auf die „inhaltsindifferenten Elemente“ (S.220) beschränkt, was aber der insgesamt teleologisch ausgerichteten Pädagogik GAUDIGs nicht gerecht würde. Die Rezeption muß im Zusammenhang erfolgen und kann nur den historischen Standort ermitteln.
Hier löst LOHSE gleichzeitig noch das Prognoseproblem, welche Folgen die Bewertung des Stellenwertes der Pädagogik GAUDIGs für die Gegenwart nach sich ziehen würde.

Fragen:
- LOHSE beschränkt das Rezeptionsinteresse der gesamten historischen Pädagogik auf das von ihr bestimmte Anliegen. Ist solche Einschränkung haltbar und nützlich?
- Wenn es „inhaltsindifferente Elemente“ in der Theorie GAUDIGs gibt, gilt es dann nicht, diese der Gegenwart zu erschließen? Könnte nicht eine Bewertung für die Gegenwart an der Bewertung innerhalb der Reformpädagogik anschließen?
- Wie kann man in LOHSEs Augen Erkenntnisse verwerten, die in einen anderen Rahmen gesetzt wurden, aber von diesen unabhängig sind?
- LOHSE will eine subjektive Auswahl von Theoriestücken verhindern, jedoch ist auch die Auswahl der Theorie GAUDIGs eine subjektive Auswahl, wie ist diese begründbar?
- Muß die pädagogische Forschung sich immer mit dem gesamten Wirken einer Person auseinandersetzen?

Vorgehensweise von LOHSE zur Bearbeitung des Rezeptionsanliegens:
1. Analyse des Werkes
   LOHSE geht davon aus, daß GAUDIG seine Theorie konsequent nach einer bestimmten Zwecksetzung ausgerichtet hat, und will diese teleologische Ausrichtung in ihrer Analyse zur Darstellung bringen. LOHSE führt zu folgenden Punkten näher aus:
   - die Idee der Persönlichkeit,
   - das Wesen der Persönlichkeitserziehung,
   - die Zwecke der Persönlichkeitserziehung (subjektiv und objektiv),
   - die Praxis der Persönlichkeitserziehung (die freie geistige Tätigkeit und das Schulleben) und
   - die Lehrer als Persönlichkeiten.

2. Bewertung der pädagogischen Innovationen GAUDIGs (Bearbeitung des Bewertungsproblems BP1)
a) Was soll bewertet werden?
   Die Theorie soll danach bewertet werden, „wie ein fragwürdiger Zustand geändert wird bzw. welcher Fortschritt in der pädagogischen Theorie hinsichtlich eines früheren theore-

tischen Konzeptes zu konstatieren ist oder wie die Pädagogik - in Theorie und Praxis - auf gewandelte historische Situationen reagiert" (S.183).

b) Welche pädagogischen Innovationen in Bezug auf die vor-reformpädagogische Zeit sind bei GAUDIG anzutreffen?
LOHSE untersucht die Gedanken GAUDIGs hinsichtlich der Bedeutsamkeit für die Erneuerung der Pädagogik, wobei sie den Gedankenkreis GAUDIGs auf drei Bereiche aufteilt.

Ergebnisse:

I. Die Ebene der Kulturkritik

Nach anfänglichem kulturpessimistischen Denkens suchte GAUDIG eine Lösung für die Krise. Er fand sie in der Idee der Persönlichkeit als Ausdruck der Kulturbezogenheit allen Denkens. LOHSE bewertet den GAUDIGschen Beitrag zwar für die „neue" Weltsicht und für die Erneuerung der Kultur als eher bedeutungslos, sie spricht ihm aber für die Pädagogik einen Verdienst zu durch das Entwerfen eines neuen Bezugssystems für die Pädagogik. GAUDIG verknüpfte die Kultur als Gesamtphänomen und die Erziehung gedanklich miteinander und setzte die gegenwärtige Kultur als Bezugsfeld für die Pädagogik ein. Damit erreichte er *Realitätsnähe*, denn Kultur und Leben waren im GAUDIGschen Begriffsverständnis identisch. GAUDIG proklamierte ein neues Erziehungsziel: „Die Erziehung für das Leben"!

II. Die Ebene der pädagogischen Theoriebildung

GAUDIG entwickelt die Pädagogik als Erziehungstheorie aus der Kulturbezogenheit allen pädagogischen Denkens heraus.

a) LOHSE beurteilt das als „neu", was sich im Grundsätzlichen von der Theorie HERBARTs absetzt:
HERBART: Er bestimmt als Grundlagenwissenschaft der Pädagogik die Ethik. Damit erhält die Pädagogik einen abstrakt-ungeschichtlichen Charakter, der die Allgemeingültigkeit der Erziehung begründet.
GAUDIG: Er bezeichnet als Grundlagenwissenschaft der Pädagogik die Kulturwissenschaft als Bereich des „Lebens". Damit erhält die Pädagogik eine historische Dimension, die nur eine zeitlich beschränkte Gültigkeit des pädagogischen Leitzieles nach sich zieht.
LOHSE bewertet GAUDIG als Vorläufer der „Kulturpädagogik".

b) LOHSE bewertet als GAUDIGsches Verdienst das Aufstellen eines neuen Erziehungszieles, das sich aus der Beachtung der Zeitdimension der Zukunft durch GAUDIG ergibt. Danach folgt die Auswahl der Stoffe nach dem angestrebten zukünftigen Kulturstatus, aber es gilt auch, daß die Pädagogik aus dem „angenommenen zukünftigen Sein und dessen Bedingungen (schlußfolgert), welcher Qualifikationen der Zögling bedarf, um in dieser Zukunft existenzfähig zu sein" (S.191). Doch hier ist nur die Voraussage von Entwicklungstendenzen möglich, woraus sich dann die Ablehnung des alten Erziehungszieles, die Vermittlung von Wissen, ergibt und ein neues Erziehungsziel aufgestellt werden muß. GAUDIG sieht dieses Ziel in der Ausbildung von Funktionen, die sich als bleibende Disposition als Gesinnung, Kraft und Technik der Selbsttätigkeit durch Methodenvermitt lung darstellen.
LOHSE stellt fest, daß diese Aussagen GAUDIGs später in der „Curriculumtheorie" weiterentwickelt wurden.

c) Nach LOHSE entwirft GAUDIG eine formale Struktur der Erziehung, die der individuellen und der sozialen Dimension in gleicher Weise gerecht wird. Vor GAUDIG gab es entweder eine individualpädagogisch ausgerichtete Theorie, wie bei Humboldt oder HERBART, oder die sozialorientierte Theorie, wie bei NATORP. GAUDIG hingegen hat sich als Ziel gesetzt, Ausgleich zwischen dem Individuum und den überindividuellen Mächten der Gesellschaft und des Lebens zu erreichen.
LOHSE wertet GAUDIGS Bestrebungen als Erneuerung, auch wenn sie eventuell nicht durchführbar sind. Allein der Versuch muß positiv bewertet werden.

Abschließende Bewertung des GAUDIGschen Beitrages auf dieser Ebene:
GAUDIG begründete die Reform der Schule, von seinem Denkansatz der Persölichkeitspädagogik aus, erfolgreich.
III. Die Ebene der konkreten Erziehungslehre
LOHSE sieht hier eine unumstrittene Leistung GAUDIGS und verzichtet auf die historische Begründung jeder „Erneuerung", denn der Wert ist offensichtlich. „all die Kritikpunkte, die man im allgemeinen gegen die Schule vorbrachte und deren Änderung man forderte, lassen sich in der „Gaudig-Schule" als positive Änderungen abbuchen" (S. 196). GAUDIG habe einen Stilwandel initiiert, der als ein entscheidender Schritt zur Humanisierung der Schule gewertet werden kann. Die Gaudig-Schule sei der „Prototyp" der Neuen Schule.

3. Bewertung des politisch-pädagogischen Stellenwertes innerhalb der Reformpädagogik (Bearbeitung des Bewertungsproblems BP2)

a) *Was soll bewertet werden?*
LOHSE geht von zwei politischen Standorten innerhalb der Reformpädagogik aus. Das ist zum einen der sozialistische Standort und zum anderen der bürgerliche, wobei innerhalb des bürgerlichen Lagers zwei unterschiedlich politisch ausgerichtete Kräftegruppen festgestellt werden. GAUDIG soll nun innerhalb der bürgerlichen Pädagogik bewertet werden „mittels einer Analyse seiner allen pädagogischen Aussagen immanenten Weltsicht" (S. 15). LOHSE führt zunächst ihr Begriffsverständnis von bürgerlicher Pädagogik ausführlich aus, wobei sie zwei Sichtweisen innerhalb der bürgerlichen Pädagogik unterscheidet: die bürgerlich-reformerische, die die Pädagogik in den Dienst der Allgemeinheit stellt, und die beharrend-konservative, die die Pädagogik für den Erhalt des Bürgertums unter dem status quo einsetzt.

b) *Kategorien des Wertens*

I. „Inwieweit ist GAUDIGS Werk eine an restaurativen, gesellschafts-statischen Inhalten gebundene Erziehungstheorie; welchen bildungspoltischen Maximen versucht er, gerecht zu werden? Wie manifestieren sich diese eventuellen Momente des 'Beharrens' sowohl in seinen allgemein-theoretischen als auch didaktisch-methodischen Überlegungen" (S.23)?

II. „Was leistet GAUDIG für eine staatsbürgerliche Emanzipation, d. h. inwieweit ist seine Erziehungstheorie und sein darin impliziertes anthropologisches Bild dazu geeignet, einer auf gleichen Grundrechten beruhenden, an den ethischen Ansprüchen „'egalite', fraternite', liberte'" orientierten und für alle Staatsbürger geltenden Erziehung zu entsprechen? Ist diese seiner Erziehung zugrunde liegende gesellschaftliche Vorstellung so weit dynamisch, daß auf reformerischem Weg eine Weiterentwicklung zur Verwirklichung dieser bürgerlichen Postulate möglich, also auf eine veränderbare gesellschaftliche Situation hin zu erziehen ist" (S.23f)?

c) *Feststellung der GAUDIGschen Weltsicht*

LOHSE unterscheidet in ihrer Analyse zwischen subjektivem und objektivem Bildungszweck bei GAUDIG. Für die Bewertung der GAUDIGschen Weltsicht ist die objektive Bildung von Bedeutung. Die objektive Bildung bei GAUDIG entspricht einer Nationalerziehung, deren primärer Zweck die Konsolidierung der bürgerlichen Gesellschaft ist. Aus dieser Zweckbestimmung folgere GAUDIG eine Volkserziehung, die allen Menschen die gleiche Grundausstattung bieten will.

Für LOHSE bestand bei GAUDIG zwar zunächst ein konservativer Antrieb (primäres Motiv des Beharrens), der sich aber zu fortschrittlichem reformerischen Bestreben wandelt. GAUDIG funktionalisierte die nationale Idee zum Mittel für die gesellschaftliche Reform.

LOHSE definiert den Begriff des Nationalen bei GAUDIG als Grundlage für das weitere Verständnis. Sie schließt einen nationalistischen Gehalt aus, da GAUDIG auch den subjektiven Aspekt der Erziehung betrachtet. Ferner stellt sie fest, daß GAUDIG sich auf die Nomenklatur Jellineks beruft und daß der GAUDIGsche Nationalbegriff im Denken FICHTEs und HERDERs wurzelt.

Für LOHSE stellt sich GAUDIGs Kulturgefüge aus folgenden Bestandteilen dar: Weltkultur; nationale Kultur; Lebensgebiete; Individuum.

- LOHSE benutzt in der Argumentation, daß GAUDIGs Nationalerziehung nicht nationalistisch sei, das Argument, daß eine nationalistische Konzeption die subjektive Seite der Erziehung, also „die Bedeutsamkeit und Eigenständigkeit des Individuums" (S.119), völlig ausschließt und GAUDIG hingegen eine Vielfalt von Persönlichkeiten wünscht, die die Freiheit haben, „bestimmte kulturelle bzw. nationale Gesichtspunkte; Anschauungen und Werte nicht zu akzeptieren" (S.119).

  Jedoch gab GAUDIG letztgenannte Freiheit zugunsten des objektiven Aspektes der Erziehung im Ersten Weltkrieg nachweisbar auf.

  LOHSE hätte den unterschiedlichen Stellenwert, den GAUDIG jeweils der subjektiven und objektiven Seite gab, bemerken, analysieren und auch bewerten müssen, da sie ja grundsätzlich normativ vorgeht.

  Würde man GAUDIGs Haltung im Ersten Weltkrieg im Vergleich zu den Zeitgenossen bewerten, könnte man eventuell eine Normalität feststellen, die Frage ist jedoch ob die Haltung GAUDIGs bei einer Analyse von dem Format LOHSEs mit aufgeführt werden muß und in die Bewertung einfließen sollte.
- LOHSE benutzt GAUDIGs Belegung des Begriffs Nation für ihre Argumentation, daß GAUDIG nicht nationalistisch eingestellt war, denn sie stellt eine Berufung GAUDIGs auf Jellineks Begriffsbelegung fest. LOHSE müßte jetzt die Grundlagen Jellineks näher darstellen und bewerten.
- In LOHSEs Abbildung fehlt wieder die zeitliche Differenzierung seiner Ansichten, denn im Ersten Weltkrieg dominierte zumindest in den Texten GAUDIGs dieser Zeit nicht die Weltkultur, sondern die nationale Kultur (siehe GAUDIG: Deutsches Volk - Deutsche Schule 1917).

d) *Bewertung*

LOHSE stellt einen Entwicklungsgang fest, in dem sich GAUDIGs Einstellung von einer konservativen zu einer bürgerlich-reformerischen wandelt.

In den ersten Jahren seines Wirkens politisiere GAUDIG das Bürgertum. Seine pädagogischen Aussagen richteten sich zu Beginn seines Wirkens an die Höhere Schule, somit wurde die Zielgruppe auf einen Teil der Bevölkerung beschränkt.

Zur Zeit des Ersten Weltkrieges entwickelt GAUDIG eine Nationalerziehung unter konservativem Motiv (Festigung bestehender gesellschaftspolitischer Bedingungen). Er folgt damit dem schulpolotischen Programm Wilhelm II.

GAUDIG orientiert sich an „höherem Kulturdasein“ und öffnete sein Bildungsideal für alle Staatsangehörigen. Es war eine Erziehung zum Staatsbürger, nicht mehr eine Erziehung an den „Bürger“.
Somit ist eine Wandlung der GAUDIGschen Haltungen zu einer bürgerlich-reformerischen Einstellung mit der Intention zur Verbesserung der Verhältnisse festzustellen.
LOHSE bewertet nun, ob GAUDIG die Grundideale der bürgerlichen Weltanschauung in seiner pädagogischen Konzeption aufgriff.
I. „Egalite´“
GAUDIG verfolgte das gleiche Bildungsideal für alle, für die selbständig im kulturellen Leben stehende Persönlichkeit. Die Erziehung zum künftigen Staatsbürger fand in den Formen der Selbstregierung der Klasse ihren Ausdruck.
GAUDIG setzte sich für die äußere Schulreform durch die Forderung nach einer Einheitsschule in Form einer gemeinsamen Grundschule ein.
II. „Fraternite´“
Das Gemeinschaftsideal GAUDIGs entsprach einer sozialethischen Gesinnung der Menschen, daß er durch die Organisation der Schule als Schulleben und durch die Förderung der „Klassengesinnung“ ausbilden wollte.
III. „Liberte´“
Die emanzipatorische Funktion der Persönlichkeitspädagogik fand in dem Erziehungsziel seinen Ausdruck. Der mündige Mensch war Ziel aller Erziehung. Um dies zu erreichen, muß dem Zögling die Freiheit zur optimalem Entwicklung seiner Eigenwesenheit gewährt werden.

In der Bewertung LOHSEs gelingt es GAUDIG, die Postulate der bürgerlichen Weltanschauung zu einer „einheitlichen“ Konzeption zu verschmelzen. GAUDIG ist demnach eindeutig der bürgerlich-reformerischen Pädagogik zuzuordnen.

Fragen:
- LOHSE stellt einen Wechsel der Motive fest: anfänglich Motive des Beharrens, am Ende fortschrittlich. Wie spiegelt sich das in der Bewertung wider? Wo bleibt die erste Phase?
- LOHSE legt die Motive des Beharrens zeitgeschichtlich mit dem Befürworten der Nationalerziehung 1917 fest. 1917 war jedoch nur 6 Jahre vor seinem Tod und ca. 15 Jahre nach Beginn seines Schaffens. Sind diese Motive zeitlich dann noch auf die „ersten Jahre seines Schaffens“ einzuordnen? Ist nicht vielmehr ein Nebeneinander von beharrenden und reformerischen Motiven in dieser Zeit zu bemerken und zu bewerten?

Bewertung der Rezeption LOHSEs
Entsprechend dem Anliegen, eine Theorie zu bewerten, geht LOHSE sehr gründlich vor, sie begründet ihr Anliegen, stellt die Kriterien mit klar definierten Maßstäben vor und bietet eine umfangreiche Analyse der Aussagen GAUDIGs an. Entsprechend den festgestellten Tatsachen und ihren gestellten Maßstäben geht LOHSE nicht konsequent bei der Bewertung vor: sie nimmt Teilbewertungen vor, zum Teil mit negativer Bilanz, zum Teil mit positiver Bilanz und rundet die Endbewertung zu Gunsten GAUDIGs mit durchgehend positiver Bilanz auf, ohne zu begründen, wo die negativen Ergebnisse bleiben. Ebenso wird die Widersprüchlichkeit im GAUDIGschen Denken von LOHSE nicht thematisiert: er folgt zwar primär einem abzulehnendem Zweck, aber seine Folgerungen entsprechen

einem fortschrittlichem Zweck. Eine Bewertung dieser Diskrepanz ist nicht zu bemerken. LOHSE thematisiert in ihrer Rezeption eine umfassende Bewertung der Theorie; sie bewertet die Vorschläge GAUDIGs zu vor-reformpädagogischen Bestrebungen und sie bewertet die politische Einbindung der pädagogischen Aussagen GAUDIGs, weil sie davon ausgeht, daß GAUDIGs Theorie teleologisch ist. Wo bleibt dann die Bewertung der Folgerichtigkeit von gestellten Zielen und geschlußfolgerten Mitteln, denn nach GAUDIGs teleologischer Bestimmung hat die Pädagogik die Mittel und Wege zu bestimmen, die notwendig zur Realisierung der Ziele führen?

LOHSE geht davon aus, daß GAUDIG alle seine pädagogischen Aussagen kulturphilosophisch eingebunden hat bzw. daß sie überhaupt erst als Folgerungen der Bezugsgröße Kultur entstanden. Das Element GAUDIGs "Selbsttätigkeit durch Selbständigkeit" entstand bis 1905 ohne die Bezugsgröße Ideal der Persönlichkeit, war also zunächst nicht durch sie geschlußfolgert, aber später zu ihrem Dienst in unveränderter Form eingebunden. Wie kann also dieses Wirken GAUDIGs bewertet werden?

LOHSEs Vorgehen würde dazu führen, daß jede Theorie nur in ihrem zeitlichen Entstehungszusammenhang begründet und bewertet werden kann und daß die historische Pädagogik auf die Darstellung von allgemeingültigen Aussagen zugunsten einer epochengebundenen Darstellung der Theorie im Ganzen verzichtet. Die Bewahrung von Erkenntnissen als Möglichkeit, sie später Geborenen zugänglich zu machen, ist so als Aufgabe der historischen Pädagogik ausgeschlossen. Die historische Gebundenheit des Denkens des Autors der Theorie ist Argument für eine ausschließlich historische Sichtweise der historischen Pädagogik. Welcher wissenschaftlicher Zweig der Pädagogik ist nun für das Aufspüren von Erkenntnissen, die auch in der Gegenwart noch gültig sind und das Nutzbarmachen dieser Erkenntnisse für die Gegenwart verantwortlich bzw. ist das nach LOHSE überhaupt Sache der Pädagogik?

Wie kann LOHSE es rechtfertigen, der Gegenwart Erkenntnisse vorzuenthalten, die die Bedingungen charakterisieren, die eintreten müssen, damit die Ziele, die sich die Gegenwart gesetzt hat, realisiert werden können?

Karl-Heinz GÜNTHER (1957)

Rezeptionsgrund:

GÜNTHER widmet sich dem Bewertungsproblem: Kann eine Wiederaufnahme der pädagogischen Theorie GAUDIGs in ihrer Ganzheit befürwortet werden?

Dabei gilt als Grundlage der Bewertung die Zuordnung der gesellschaftlichen Funktion, die von der Pädagogik getragen wird, zu einer bürgerlich-konservativen oder demokratischen Haltung.

Vorgehensweise:

1. Feststellen der gesellschaftlichen Funktion der Pädagogik (Diagnoseproblem DP1)

Für GÜNTHER sind die schulpolitischen Grundsätze GAUDIGs Aussagen, die die gesellschaftspolitische Einbindung der Pädagogik belegen.Er diagnostiziert die schulpolitischen Grundsätze GAUDIGs wie folgt:

- GAUDIG wendet sich gegen eine Einheitsschule im allgemeinen Sinne.
- GAUDIG befürwortet und fordert die Beibehaltung einer konfessionellen Schule.
- GAUDIG lehnt die akademische Ausbildung der Volksschullehrer ab.

Auch GAUDIGs Haltung zum Krieg wird von GÜNTHER als Indikator für die getragene gesellschaftspolitische Funktion seiner Pädagogik gewertet. GÜNTHER diagnostiziert diese Haltung als Zustimmung für den Weltkrieg und Duldung von Menschenopfern zugunsten der Nation.

2. Bewertung der gesellschaftlichen Funktion (Bewertungsproblem)
Die Bewertung der schulpolitischen Grundsätze erfolgt nach dem Kriterium: *Übereinstimmung mit*

• der liberalen Einheitsschule mit äußerer Schulreform (alle Kinder);	***oder***	• der bürgerlich-konservativen Auffassung gegen Einheitsschule im leberalen Sine; nur innere Schulreform;
• Aufhebung einer konfessionellen Schule;		• Beibehaltung der konfessionellen Schule,
• akademische Ausbildung von Volksschullehrern,		• gegen akademische Ausbildung von Volksschullehrern

Entsprechend den festgestellten Forderungen GAUDIGs wird sein verfolgtes gesellschaftliches Ziel seiner Pädagogik von Günther als Stärkung der bürgerlich-konservativen Auffassung bewertet. GAUDIG greife mit seinen Forderungen retardierend in das schulpolitische Ideal ein. Des weiteren charakterisiert GÜNTHER GAUDIG aufgrund dessen Kriegshaltung als bürgerlichen Chauvinisten, in dessen Äußerungen die Rassentheorie anklingt. Die gesellschaftliche Funktion der Pädagogik GAUDIGs wird als Verfolgung nationalistischer und antisozialistischer Zwecke bewertet.

3. Beantwortung des dem Rezeptionsanliegen zugrunde liegenden Bewertungsproblems
Die Wiederaufnahme des Theorieganzen ist für Günther im Rahmen einer demokratischen Pädagogik nicht möglich, da sie einen abzulehnenden politischen Zweck verfolgt bzw. initiiert.
Konsequenz: „Die Persönlichkeitsauffassung als Ganzes ist für eine demokratische Pädagogik ohne Bedeutung" (GÜNTHER 1957, S. 53).

Fragen:

- Die Bewertung der gesellschaftlichen Funktion der Pädagogik GAUDIGS schließt die Bewertung der persönlichen Haltungen GAUDIGS mit ein zumindest an der Stelle, an der GÜNTHER die Zustimmung GAUDIGS zum Geschehen des Ersten Weltkrieges bewertet und diese Bewertung für sein Gesamturteil verwendet. Eine Prüfung, ob die Schularbeit von diesem Kriegsenthusiasmus wesentlich beeinflußt wurde, liegt nicht vor.
  Meine Feststellung hat nicht die Gültigkeit eines Beweises, daß dieser Sachverhalt bei Günther tatsächlich nicht vorlag, sondern sie dient nur dem Sichtbarmachen der Argumentationskette GÜNTHERS: das Vermischen der Bewertungen von persönlichen Ansichten und werksimmanenten Aussagen. GÜNTHER vermischt also die Bewertung der gesellschaftlichen Funktion eines theoretischen Werkes mit der Bewertung der persönlichen Ansichten des Autors. Jedoch beruht GÜNTHERS Bewertung auf den Kriterien der äußeren Schulreform und der persönlichen Ansichten GAUDIGS zum Weltkrieg. Dabei verwendet Günther zum Teil Grundfragen der Schulorganisation, zum Teil persönliche Ansichten des Autors, aber von beidem betrachtet Günther eben nur einen Teil.
  Wo bleiben GAUDIGS Ausführungen zum Erziehungsziel, zur inneren Schulreform, zur Öffnung seiner Ideale für alle Schüler, seine Begründungen für die schulpolitischen Einstellungen, seine Ansichten über die Erkenntnisgegenstände?
  Reicht die Bewertung einer zeitlich begrenzten Haltung für die gesamte Bewertung der Person GAUDIGS aus?
- Wann zählen persönliche Einstellungen für die Bewertung der gesellschaftlichen Funktion des Werkes?

Kritik:

GÜNTHER hat bei der Diagnose der gesellschaftlichen Funktion nicht genügend dargestellt, was für ihn die gesellschaftliche Funktion ausmacht (fehlende Indikatoraufstellung).

Es fehlt die Begründung des Rückschlusses von der Ablehnung der getragenen gesellschaftlichen Funktion der Erziehung auf die Ablehnung des Theorieganzen.

4. GÜNTHER entwickelt ein Folgeproblem aus seiner Rezeption: Schließt die Ablehnung des Theorieganzen auch die Ablehnung von Theorieteilen nach sich? (Prognoseproblem PP1)

GÜNTHER entwickelt diese Fragestellung, nachdem er festgestellt hat, daß GAUDIGS Theorie in ihrer Ganzheit abzulehnen ist und er sich anschließend fragt, ob jetzt jede Rezeption der GAUDIGschen Theorie abzulehnen ist. Er schränkt das aufgestellte Prognoseproblem auf das Bewertungsproblem ein: Ist die Rezeption der didaktisch-methodischen Ausführungen weiterhin möglich?

Bewertungsgrundlage ist hier die Identifikation des Verhältnisses zwischen dem politischen Ziel und den pädagogischen Mitteln entweder als Unabhängigkeitsbeziehung, wenn nur eine finale Einbindung der pädagogischen Forderungen in die politische Zwecksetzung erfolgte, oder als Abhängigkeitsbeziehung, wenn die Umsetzung der pädagogischen Mittel notwendig zum Erreichen der politischen Ziele führt.

Die Rezeption der methodisch-didaktischen Ausführungen ist dann weiterhin möglich, wenn ein Unabhängigkeitsverhältnis festgestellt werden kann.
Problem: Welches Verhältnis besteht zwischen pädagogischem Mittel und politischem Ziel?
Vorgehensweise zur Lösung des Problems:

1. GÜNTHER sucht nach Aussagen, die die pädagogischen Grundhaltungen GAUDIGs wiedergeben. Dabei stellt er fest, daß GAUDIG mit dem Begriff Selbsttätigkeit zum einen das alle anderen Ziele dominierende Erziehungsziel und zum anderen das beherrschende Unterrichtsprinzip umschreibt. Wobei Selbsttätigkeit im Sinne eines Zielzustandes von GAUDIG als geistige Disposition der Denkfähigkeit definiert wird, Selbsttätigkeit als Prinzip, aber als Methode des Schülers identifiziert wird, mit deren Hilfe er zur Selbsttätigkeit als geistiger Disposition gelangt.
2. Bewertung der pädagogischen Grundhaltungen
   Für seine Bewertung benutzt Günther folgendes Kriterium: In welcher Tradition stehen die pädagogischen Haltungen oder sind es völlig neue?
   Günther stellt fest, daß GAUDIGs pädagogische Grundhaltungen nicht völlig neu sind, daß sie aber praktisch zum ersten Mal in dieser zusammengedachten Form von GAUDIG angewendet wurden. Dies bezeichnet GÜNTHER als Verdienst GAUDIGs. Die pädagogischen Haltungen GAUDIGs ständen in der Tradition von ROUSSEAU, PESTALOZZI, HERBART und seien deshalb gesund. Damit sind für GÜNTHER die pädagogischen Aussagen GAUDIGs an sich wertvoll.
   Frage:
   - Für GÜNTHER reicht für die positive Bewertung der Methodik GAUDIGs anscheinend die Tatsache aus, daß die pädagogischen Grundhaltungen GAUDIGs in der Tradition von ROUSSEAU, PESTALOZZI, HERBART u. a. stehen. Doch welche Kriterien wendet GÜNTHER an, um diese zu bewerten?
3. GÜNTHER stellt fest, daß die pädagogischen Mittel von den politischen Zielen unabhängig sind, sie sind nur final eingebunden, denn die pädagogischen Aussagen seien an sich nicht neu und entsprechend ihrer Tradition unter anderer Zielsetzung aufgestellt worden. GAUDIG hat die pädagogischen Aussagen nur in seinem Sinne umfunktioniert.
   Somit kann GÜNTHER die Rezeption dieser pädagogischen Aussagen GAUDIGs befürworten, jedoch mit einer Einschränkung. Bei einer Wiederaufnahme der pädagogischen Gedanken muß ein neuorientierter politischer Bezug hergestellt werden.

Fragen:

- Was bedeutet „gesellschaftlicher Bezug"?
- Ergibt sich der gesellschaftliche Bezug nicht aus den pädagogischen Aussagen als Folgerung? D.h., können diese Aussagen kausal mit einer politischen Zielsetzung verbunden sein? Muß nicht erst dies untersucht werden, ehe man eine weitere Zwecksetzung vornimmt?

- Welche Erweiterungen benötigt die eigentliche Zielsetzung der Selbsttätigkeit, durch Selbsttätigkeit denkfähige Menschen zu bilden, überhaupt? Durch was wird die Auswahl von Erkenntnisgegenständen beeinflußt? Kann diese Auswahl die Ausbildung bestimmter Fähigkeiten wie die des selbständigen Denkens beeinflussen?

Bewertung der Rezeption:
Entsprechend seinem Rezeptionsanliegen geht Günther gemäß der GAUDIGschen Auffassung, daß seine Pädagogik eine teleologisch ausgerichtete Pädagogik sei, vor. GÜNTHER sieht als entscheidenden Maßstab für die Bewertung der Theorie die Bewertung der gesellschaftlichen Funktion, also des Erziehungszieles in seiner Ansicht. Das allgemeine Erziehungsziel hat bei GAUDIG zwei Komponenten: Es vereinigt die Zielsetzung, die durch die idealbestimmten Normen der Gesellschaft gegeben ist, und die Zielsetzung, die durch die Rechte des Individuums gegeben ist. GÜNTHER bewertet nur eine Zielkomponente und schlußfolgert daraus die Ablehnung der gesamten Theorie. Damit hat bei GÜNTHER das Erziehungsziel in seiner gesellschaftlichen Ausrichtung oberste Priorität. Das wäre dann gerechtfertigt, wenn gelten würde: das Erziehungsziel in seiner gesellschaftlichen Ausrichtung zieht alle anderen Teilziele und alle Mittel nach sich und umgekehrt. Also dann, wenn die Folgerichtigkeit zwischen Hauptziel und Teilzielen und Zielen und Mitteln bestehen würde. Zunächst ist also zu prüfen, ob GAUDIGs Theorie wirklich eine teleologisch ausgerichtete Pädagogik in diesem Vollsinne ist. Wird GAUDIG überhaupt seinem Anspruch gerecht? Kann GÜNTHER beweisen, daß GAUDIGs Ziel nach seiner gesellschaftlichen Bestimmung alles andere nach sich zieht?
Erst wenn dies geprüft ist, kann aus der Ablehnung der gesellschaftlichen Ausrichtung der Pädagogik die Ablehnung der gesamten Theorie folgen, denn ansonsten hat die pädagogische Theorie vielleicht einen ganz anderen Begründungszusammenhang, der extra analysiert werden muß.
GÜNTHER empfindet diesen Widerspruch, indem er sich selbst fragt: sind jetzt alle Theorieelemente abzulehnen? Aber dieser Widerspruch wird ihm nicht voll bewußt, denn dann wäre seine Rezeption anders gestaltet. So stellt GÜNTHER keine kausale Verbindung einiger Theorieteile mit den gesellschaftlich-politischen Ambitionen GAUDIGs fest und befürwortet deren Wiederaufnahme. GÜNTHER begründet jetzt aber nicht, warum man dann erst die gesamte Theorie entsprechend ihrer gesellschaftlichen Funktion analysieren und bewerten muß, wenn man nur das Stück rezipieren will, das von diesen Haltungen unbeeinflußt ist? Warum muß man die gesellschaftliche Funktion bewerten? Wenn man Unabhängigkeit gezeigt hat, warum dann Bewertung nach ethischen Grundsätzen des Urteilenden der Gegenwart und nicht im Zeitgeist? GÜNTHERs Befürwortung der Wiederaufnahme einiger Theorieteile ist an die Bedingung geknüpft, ihnen einen neuorientierten gesellschaftlichen Bezug zu geben. Ist nicht erst zu prüfen, welche Zielsetzung sie notwendig nach sich ziehen?

Literatur

DIETRICH, I.: Reformpädagogik als politische Alphabetisierung. In: Demokratische Erziehung Heft 3, 1986, S. 20-25.

ECKERLE, G.-A.: Wissenschaftliche Grundbildung. Von der Notwendigkeit, mit Wissen umgehen zu können. Baden-Baden 1983.

ECKERLE, G.-A.: Innovatives Lernen. Frankfurt am Main 1987.

GÜNTHER, K.-H.: Über pädagogische Traditionen. Aus Schriften und Reden zur Geschichte der Erziehung. Berlin, 1988.

GÜNTHER, K.-H.: Über die Persönlichkeitspädagogik Hugo GAUDIGS. Berlin 1957.

KARSEN, F.: Deutsche Versuchsschulen der Gegenwart und ihre Probleme. Leipzig 1923.

KLAFKI, W.: Das pädagogische Problem des Elementaren und die Theorie der kategorialen Bildung. 4. Aufl. Weinheim 1964.

KRAAK, B.: Strategien und Kriterien sorgfältiger Urteilsbildung (1983) In: KRAAK, B.: Damit Psychologie praktisch wird. Texte zur Forschung und Ausbildung. Hrsg. und eingel. von ECKERLE, G.-A.. Göttingen u. a. 1993, S. 85-94.

KRATOCHWILL, L.: Pädagogisches Handeln bei Hugo GAUDIG, Maria MONTESSORI und Peter PETERSEN. Reihe Schule und Unterricht. Donauwörth 1992.

LOHSE, B.: Hugo GAUDIGS Persönlichkeitspädagogik, Diss.A Erlangen-Nürnberg: Friedrich-Alexander-Universität 1978.

MIETH, A.: Literaturaneignung und Sprachbildung im Spiegel der Auseinandersetzung der reformpädagogischen „Arbeitsschule“ mit der bürgerlichen „Lernschule“ - Eine problemgeschichtliche Untersuchung. Diss. B Leipzig: Karl-Marx-Universität 1990.

MÜLLER, L.: Die Gaudigschule als Beispiel. Erster Teil - Achter Teil. In: Zeitschrift des Deutschen Lehrerbundes im Deutschen Beamtenbund „Lehrer und Schüler“ Berlin. Erster Teil: H.1 (1967), Zweiter Teil: H.5 (1967), Dritter Teil: H.12 (1967), Vierter Teil: H.5 (1968), Fünfter Teil: H.9 (1968), Sechster Teil: H.2 (1969), Siebenter Teil: H.11/12 (1969), Achter Teil: H. 4/5 (1970).

OSTERLOH, J.: Wahrheit, Objektivität und Wertfreiheit in der Erziehungswissenschaft: begriffsanalytische und methodische Untersuchungen (Diss. 1990). Bad Heilbrunn 1991.

PEHNKE, A.: Zum Schicksal der Leipziger Gaudigschule (1945 bis 1951). Ein Stück Wirkungsgeschichte aus den Akten der Schulbürokratie. In: Neue Sammlung 37(1997)1, S. 7-25.

PEHNKE, A.: Sächsische Reformpädagogik. Traditionen und Perspektiven. Leipzig 1998.

RAUSCH, E./STEINHÖFEL, B.: Das arbeitsunterrichtliche Verfahren und das Unterrichtsgespräch im Sinne Hugo GAUDIGS und Otto SCHEIBNERS. In: PEHNKE, A./RÖHRS, H. (Hrsg.): Die Reform des Bildungswesens im Ost-West-Dialog. Geschichte, Aufgaben, Probleme. Frankfurt am Main u. a., 2., erw. Aufl. 1998, S. 215-229.

SAUPE, E.: Deutsche Pädagogen der Neuzeit. Ein Beitrag zur Geschichte der Erziehungswissenschaft zu Beginn des 20. Jahrhunderts. 8. Aufl., Osterwieck 1929.

VÖLKER, W.-G.: Die Unterrichtsgestaltung der Persönlichkeitspädagogik in Theorie und Praxis. Güstrow 1980.

Gabriele FÖRSTER

„Das Wandern ist des *'Schülers'* Lust ...“: Lebensnähe durch Wanderungen pommerscher Schüler(innen) während der Weimarer Republik*

Reformen im Schulwesen der Weimarer Republik

Die gesellschaftspolitischen Veränderungen während der Weimarer Republik wirkten sich auch auf das Schulwesen jener Zeit aus. Größte idealistische Hoffnungen und Erwartungen begleiteten diese Umgestaltung. Das Schulwesen erfuhr vor dem Hintergrund der Erneuerung der Gesellschaft große Beachtung und blieb nicht mehr den einzelnen Ländern allein überlassen, sondern neue Bestimmungen wurden in den Schulartikeln der Weimarer Verfassung (Artikel 142 bis 149) formuliert (vgl. SCHMITZ 1980, S. 82).
Reformen, letztendlich allerdings mit unterschiedlichem Erfolg, wurden insbesondere angestrebt bezüglich:

- der Verbesserung der Volksschulbildung,
- der Etablierung eines neuen Mittelbaus im deutschen Schulsystem,
- der Expansion und Differenzierung des höheren Schulsystems (vgl. HERRLITZ/HOPF/TITZE 1993; ZYMEK 1988; HAMANN 1986).

Positiv anzumerken ist im Zusammenhang mit den o. g. Gesetzesartikeln, daß sie insbesondere den schöpferischen pädagogischen Kräften weiträumige Entfaltungsmöglichkeiten eröffneten (vgl. BLANKERTZ 1982, S. 232). Viele reformpädagogische Ideen konnten in den Unterricht übernommen werden, was sich zum Beispiel im folgenden zeigte:

- Richtlinien lösten die früheren starren und detaillierten Lehrpläne ab, so daß die einzelnen Lehrer und Schüler größeren Freiraum zur Unterrichtsgestaltung erhielten;
- Verwirklichung einer eigenständigen kindorientierten Grundschulkonzeption;
- stärkere Berücksichtigung des Arbeitsunterrichts im Sinne einer größeren Eigenständigkeit der Schule;
- verstärkte Beachtung der Ideen der Kunsterziehungsbewegung;
- Pflege größerer Lebendigkeit und Lebensnähe statt der alten „Lernschule“ (vgl. SCHMITZ 1980, S. 83; PEHNKE 1998).

Lebensnähe durch Schülerwanderungen

Klassenwanderungen unter Führung des Lehrers/der Lehrerin rückten in den zwanziger Jahren unseres Jahrhunderts verstärkt in den Mittelpunkt des Interesses der schulischen Gesundheitspflege und eines lebendigen Unterrichts. Im März 1920 ging aus einem Rundschreiben des preußischen Ministers für Wissenschaft, Kunst und Volksbildung an die Provinzialschulkollegien und Regierungen des Landes hervor, daß „an einer großen Zahl von Lehranstalten aller Art

... neben den lehrplanmäßigen Turnstunden wöchentlich ein schul- und aufgabenfreier Halbtag eingeführt ist, an dem die Schüler und Schülerinnen in geordneter Weise sich der freien Betätigung in gesunden Leibesübungen, dem Wandern, dem Spiel, den winterlichen Leibesübungen, dem Schwimmen oder Rudern, hingeben können" (LAGwd.[1], Rep. 65c, Nr. 3649, Bl. 243; TEMPLIN 1931, S. 7).

In genanntem Erlaß wurde dann angeordnet, daß ab dem 1. April 1920 diese Möglichkeit der körperlichen Betätigung auf alle Volks- und Mittelschulen, Lehrer- und Lehrerinnenbildungsanstalten sowie alle höheren Lehranstalten vom 4. Schuljahr an ausgedehnt wird mit dem Zusatz „soweit es die örtlichen Verhältnisse irgend gestatten" (a.a.O.). Ab dem 6. Schuljahr sollte durchschnittlich alle 4 Wochen in der Unterrichtszeit sogar ein ganzer Tag für eine „turnerische Wanderung" zur Verfügung stehen. Die Ziele, die mit dieser Maßnahme verfolgt wurden, gehen aus diesem Rundschreiben ebenfalls hervor:

„Das Wandern soll einen frischen, fröhlichen Sinn und Wanderlust wecken, zu bewußtem Sehen und Hören erziehen, Freude an der Natur, an der Heimat und an der Kameradschaft gewähren und Ausdauer verleihen.
Daneben ist z.B. auf der Rast zum Fernsehen, zum Schätzen von Entfernungen, zum Zurechtfinden im Gelände und zur Beurteilung des letzteren anzuleiten. Hierbei können einfache, im Freien entworfenen Geländeskizzen dem erdkundlichen Unterricht wertvolle Dienste leisten.
Gelegentlicher frischer Gesang von Turn- und Wanderliedern erhöht die Freude und Ausdauer der Teilnehmer. Auch Geländespiele in Form einer Schnitzeljagd oder dergl. können diesem Zwecke dienen.
Die Jugend ist an die Beachtung der für das Wandern erprobten Gesundheitsregeln zu gewöhnen; insbesondere ist Alkohol- und Tabakgenuß zu meiden. Einer geordneten Fußpflege ist die notwendige Aufmerksamkeit zu schenken.
Wegen der verschiedenen Leistungsfähigkeit der Schüler und Schülerinnen ist in der Regel klassenweise zu wandern ..."(a.a.O.)

PROBSTHAIN hob 1926 besonders die Bedeutsamkeit des Schülerwanderns für ein Konzept eines reformpädagogisch begründeten heimatkundlichen Gesamtunterrichts hervor, indem er darstellte, daß die Vielschichtigkeit der Umwelt auf Wanderungen konkret erlebbar ist und es möglich wird, die festgestellten geographischen, biologischen, physikalischen und historischen Aspekte im Unterricht aufzuarbeiten. Jede Wanderung kann zur Entfaltung eines ganzheitlichen Heimatbildes bei den Schülern beitragen (vgl. HEILAND/SAHMEL 1985, S. 182 f.):

„Ich möchte die monatlichen Wanderungen mit meinen Kindern nicht missen, denn sie bilden die Grundlage für unsere Arbeit in der Klasse. Ja, ich kann mir einen fruchtbringenden heimatkundlichen Unterricht ohne die Halbtags- oder Ganztagswanderungen gar nicht mehr vorstellen. Es gibt wohl kaum ein Unterrichtsfach, das nicht durch Wanderungen be-

[1] LAGwd. als amtliche Abkürzung für das Vorpommersche Landesarchiv Greifswald.

fruchtet werden könnte ... Jeder Ausflug...brachte uns eine Fülle neuer Anregungen, die wir dann im Gesamtunterricht auswerteten. Ein Stoffganzes fügte sich an ein anderes, so daß schließlich ein abgerundetes farbiges Bild unserer engeren Heimat vor uns stand." (PROBSTHAIN 1926, S. 913-919)

Daneben wurde dem Wandern ein großer Beitrag für die soziale Erziehung, dem Gemeinschaftssinn zugeschrieben (vgl. BROSSMER 1928) sowie durch Untersuchungen nachgewiesen, daß sich gerade diese Aktivität positiv auf die Entwicklung des gesamten Organismus (vgl. CAESAR 1925; FULDA 1932; LORENTZ 1928) sowie insbesondere auf die Ausbildung der Lunge bei den heranwachsenden Mädchen und Jungen auswirkte (vgl. WORRINGEN 1928).
Am 20. November 1925 präzisierte das genannte Ministerium seine Bestimmungen dahingehend, „daß in jedem Monat während der eigentlichen Schulzeit ein Wandertag durchgeführt werden soll. Unter Berücksichtigung von rund drei Monaten Ferienzeit sind also neun Wandertage verbindlich.
Es ist im Interesse der geistigen und körperlichen Pflege der Jugend erwünscht, daß an allen Schulen diese Zahl der Wandertage während des Schuljahres erreicht wird" (zit. n. TEMPLIN 1931, S. 6).
Empfehlungen gab es des weiteren für den Umfang dieser Wanderungen. So geht aus den Bestimmungen für Mittelschulen in Preußen vom 1. Juni 1925 hervor, daß bei Tageswanderungen für die Klassen VI bis IV 12–18 km und für die Klassen III bis I 16-24 km genügen. In den Richtlinien für die Lehrpläne der höheren Schulen vom 6. April 1925 gelten als Empfehlung für die Unterstufe 12-18 km, die Mittelstufe 16-24 km und für die Oberstufe 20-30 km (TEMPLIN 1931, S. 6).

Widerstände gegen die Schülerwanderungen

Hans WULFF[1] berichtete 1930 in einem Vortrag, gehalten in der Abteilung der Schulgeographen Lübecks, daß keine Frage des praktischen Schulbetriebs so stark umstritten war wie die der pflichtgemäßen Schulwanderungen. Beobachtungen aus dem Schulalltag führte er zur Veranschaulichung an:

„Am ‚schwarzen Brett' des Lehrerzimmers steht angeschlagen: ‚Morgen ist Schulausflug!' Der erste kommt, liest es und geht – schon verstimmt – in seine Klasse. Das ‚Schon wieder!' des zweiten läßt ebenfalls keine freudige Zustimmung vermuten, während sich der dritte freut. Doch der nächste schwingt seinen Hut zornig auf den Kleiderhaken mit den

[1] Ausführlich WULF, H.: Schule und Schulwanderung. In: Die Deutsche Schule 34(1930) S. 406-417. Abgedruckt auch bei HEILAND, H./SAHMEL, K.-H.: Praxis Schulleben in der Weimarer Republik 1918-1933. Die reformpädagogische Idee des Schullebens im Spiegel schulpädagogischer Zeitschriften der Zwanziger Jahre. Hildesheim, Zürich, New York 1985, S.190-197.

Worten: ‚Herr Gott, man kommt überhaupt nicht zum Arbeiten, und schließlich bezahlen die Eltern doch auch noch Schulgeld!'...“(a.a.O., S. 190)

Ein weiteres negatives Stimmungsbild läßt sich bei PROBSTHAIN (1926, S. 913) finden, indem er zu der Einschätzung kam:

„Schulausflüge sind bei vielen Lehrern recht unbeliebt. Die Unbequemlichkeiten, die eine Wanderung mit 40 – 60 Kindern an einem heißen Sommertage mit sich bringt und der unausbleibliche Ärger auf der Bahn, dem Dampfer oder im Wirtshause schrecken manchen Kollegen ab. Außerdem hört man von Landlehrern häufig den Einwand: ‚Ja, Ausflüge mögen für Stadtkinder, die wochenlang aus ihrer Steinwüste nicht herauskommen, angebracht sein; aber unsere Landjugend, die ja täglich in frischer Luft arbeitet und spielt, hat sie nicht nötig! Ausflüge reißen uns bloß aus der Schularbeit heraus!' Nur dem Zwange gehorchend, nicht dem eigenen Triebe, tritt deshalb mancher Lehrer mit seinen Schülern die vorgeschriebene monatliche Wanderung an ...“

In Pommern versuchten schon zu Beginn der zwanziger Jahre kritische Stimmen, sich Gehör zu verschaffen. So geht aus einem Schreiben des Schulamtes Greifswald an die Regierung Stralsund, Abteilung für Kirchen- und Schulwesen, vom 11. Januar 1921 hervor:

„Die Lehrer berichten im allgemeinen befriedigt über die Ausflüge, die ihnen Gelegenheit geben zu heimatkundlichen und naturwissenschaftlichen Belehrungen und zur Erhöhung der Munterkeit und Gesundheit der Kinder beitragen. Doch sind auch gewisse Schwierigkeiten damit verbunden. Im Winter werden die Ausflüge mit Rücksicht auf das Wetter, auf die vielfach ungenügende Bekleidung und das mangelhafte Fusszeug wesentlich eingeschränkt werden müssen. Aber auch im Sommer lässt sich die vorgeschriebene Zahl von Ausflügen nicht immer erreichen. An manchen Stellen werden die Kinder derartig stark zu ländlichen Arbeiten herangezogen, dass sie sich freuen, wenn sie Ruhe haben können und zu weiteren Wanderungen nicht geneigt sind. Dasselbe gilt für diejenigen städtischen Kinder, die als Zeitungsträger usw. mitverdienen müssen. Auch wo die Kinder einen grossen Schulweg zurückzulegen haben, haben sie zu weiten Wanderungen keine Lust.
Einige ältere und kränkliche Lehrer empfinden die Verpflichtung unangenehm. Und für Halbtagsschulen, die sowieso gekürzte Unterrichtszeit haben, bedeutet der mit dem Ausflug verbundene Schulausfall einen Nachteil.
Unter normalen Schulverhälnissen können die Wanderungen und Ausflüge, wenn sie richtig veranstaltet werden, also manches Gute stiften.“(LAGwd., Rep. 65c, Nr. 1649, Bl. 3)

Dr. BAETGE, Leiter der Höheren Mädchenschule in Bergen, teilte der Provinzialregierung im selben Monat mit:

„Gegen die vierwöchentlichen Wandertage ist von manchen Eltern eingewandt worden, dass es ihnen nicht möglich sei, den Kindern immer den erforderlichen Mundvorrat für diese Wanderungen mitzugeben. Andere haben ihre Kinder mit der Begründung fernzuhalten versucht, dass ihr Schuhzeug zu sehr darunter leide. Die Berechtigung dieser Einwände hat in einzelnen Fällen nicht bestritten werden können ...“(LAGwd., Rep. 65c, Nr. 1649, Bl. 7)

Insbesondere mit dem Schuhwerk gab es zur damaligen Zeit gehäuft Probleme. So stellte Otto PEIPER (1928, S. 87) im Zusammenhang mit schulärztlichen Untersuchungen der Kinder in und um Greifswald fest: „Ausreichend lederndes Schuhzeug fehlt häufiger."
Kritikpunkte ganz anderer Art richteten sich gegen hygienische Gepflogenheiten. So merkte Leopold FULDA (1932, S. 199) an, daß sicher jeder, „der sich mal in der Nähe beliebter Marschziele seitwärts in die Büsche schlägt", feststellen muß: „Überall war schon einer da gewesen." Als Alternative empfahl er: „Die Katze sei unser Vorbild, sie gräbt ihre Faeces pfleglich ein."
Ebenfalls störend empfand genannter Autor das „zügellose Herumschmeißen von Butterbrotpapier an Ausflugspunkten und auf Wanderwegen". Anknüpfend an seine Erfahrung, daß Verbotstafeln nicht beachtet werden, sah er eine Lösung des Problems im Aufstellen von Papierkörben an derartigen Wegen und Plätzen oder im Anbringen von Verschen wie:

> „Papiere, Eierschalen und Scherben
> können die schönste Landschaft verderben!" (ebd.)

Auch der Unsitte, in Baumrinden seine Initialen, Liebesschwüre etc. zu hinterlassen, wollte FULDA mit Sprüchen zuleibe rücken wie:

> „Schneid niemals in die Rinden
> Pfeil, Herz und Namen ein!
> Die Rinde glatt zu finden,
> wird jedem lieber sein.
> Auch ist es gänzlich schnuppe,
> ob hier zu lesen ist,
> daß du mit deiner Puppe mal da gewesen bist!"(ebd.)

Trotz derartiger Proteste setzten sich Schülerwanderungen allgemein durch, waren bei vielen Kindern und Jugendlichen, aber auch Teilen der Lehrkräfte beliebt und fanden ihren Höhepunkt in mehrtägigen Klassenwanderungen. Paul LEHMANN konnte 1931 (S. 60) vermelden:

> „Wir sind glücklicherweise soweit, daß die Kinder die vorgeschriebenen neun Wanderungen im Jahre für selbstverständlich halten. Trotzdem geraten sie alle aus dem Häuschen, wenn eine mehrtägige Wanderung angekündigt wird."

1922 fand in Burg Rothenfels der 3. Deutsche Reichsjugendherbergstag statt, der in seiner Entschließung den Unterrichtsministerien der Bundesländer empfahl, den „... monatlichen Schulwandertag dahin zu erweitern, daß unter Hinzunahme des Sonntags oder durch Zusammenlegung mehrerer Monatswandertage

jährlich mindestens eine, möglichst mehrere mehrtägige Wanderungen stattfinden."[1]
In den Richtlinien zur Aufstellung von Lehrplänen für den Turnunterricht der Volksschule vom 15. Mai 1929 widerspiegeln sich diese Forderungen in der Aufforderung, mehrtägige Wanderungen durchzuführen.[2]
In Hinterpommern regte die Abteilung für Kirchen- und Schulwesen der Regierung Köslin knapp ein Jahr später bei den Schulen an, „im letzten Schuljahre gelegentlich zwei Wandertage zusammenzulegen und die Wanderung auf die Tage vom Nachmittag des Donnerstag bis zum Sonntag auszudehnen. Es bietet sich auch die Möglichkeit, für die Wanderung die beiden letzten Schultage vor den Ferien und die ersten Ferientage zu benutzen. Wir legen größten Wert darauf, daß die Kinder den Segen mehrtägigen Wanderns und der Jugendherbergen schon in der Schulzeit kennenlernen."[3]
Mit mehrtägigen Wanderungen verbunden war das Problem der Unterbringung der Schulklassen und ihrer Lehrer(innen), welches dadurch gelöst wurde, daß einmal Schulräume bei Bedarf und Möglichkeit mit Strohsäcken etc. hergerichtet wurden und eine ganze Reihe von Jugendherbergen entstanden.[4]

Jugendherbergen und Schullandheime in Pommern

1930 fanden in den 2106 Jugendherbergen Deutschlands 4 231 884 junge Wanderer ein Nachtquartier (GÜNTHER 1932, S. 229). Nach Altersgruppen geordnet verteilten sie sich wie folgt: 20% Volksschüler, 34% mittlere, höhere und Hochschüler sowie 46% sonstige Besucher, vor allem organisierte, arbeitslose Wanderer (ebd., S. 230).[5]
Besondere Verdienste bei der Errichtung und Unterhaltung dieser Übernachtungsstätten erwarb sich der kurz vor Beginn des I. Weltkrieges gegründete Reichsverband für Deutsche Jugendherbergen e.V. mit Sitz in Hilchenbach i. Westfal., der wiederum in 26, sich über das ganze Reich erstreckende, finanziell selbstverantwortliche Gaue unterteilt war (ebd., S. 229).
Der Zweigausschuß Pommern dieses Verbandes teilte 1925 in seinem Aufruf zur Durchführung einer „Jugendherberge-Lotterie", für die 200 000 Lose – jedes zweite Los würde gewinnen – verkauft werden sollten, mit, daß in dieser Pro-

---

[1] Mitteilung in den Pommerschen Blättern für die Schule und ihre Freunde 46 (1922) 29/30, S. 332.
[2] Abgedruckt bei TEMPLIN 1931, S. 14.
[3] Ebd.
[4] Vgl. Pommersche Blätter für die Schule und ihre Freunde 46(1922)29/30, S. 332 und 48(1924)23, S. 214.
[5] Zum Vgl. 1926: 30% Volksschüler, 32% mittlere, höhere und Hochschüler, 38% sonstige Besucher (GÜNTHER 1932, S. 230).

vinz 100 Jugendherbergen bestanden und die Errichtung von „Musterjugendherbergen" geplant sei.[1]
Für Hinterpommern schätzte Karl TEMPLIN (1931, S. 22) ein, daß man sich hier der Wanderbewegung in besonderem Maße angenommen hatte und überall Herbergen für die Aufnahme der jugendlichen Wanderer entstanden waren, „besonders seitdem die Regierung Köslin zusammen mit dem Gau Pommern des Deutschen Jugendherbergsverbandes den Ausbau des Herbergswesens systematisch in die Hand genommen hat, um nach Möglichkeit geschlossene Wanderwege mit Herbergen an allen Knotenpunkten des Verkehrs zu versehen" (ebd.).
Erwähnung finden dann 10 größere Wanderheime und der Hinweis darauf, daß ebenso kleinere Jugendherbergen errichtet worden sind. Typisch für den Baustil der meisten dieser Einrichtungen war, daß sich um einen größeren Gesellschaftsraum, der gleichzeitig zum Einnehmen der Mahlzeiten diente, mehr oder minder große Schlafräume gliederten. Des weiteren gehörten in der Regel genügend Waschgelegenheiten mit Brause- oder Wannenbädern dazu.
Betreut wurde jedes Heim von einem sogenannten Herbergsvater, der im Einvernehmen mit dem zuständigen Kreis- oder Stadtjugendpfleger arbeitete (KUSCHEL 1931, S. 48).
Neben den Jugendherbergen gab es noch Schullandheime als Übernachtungsstätten. Sie boten die Möglichkeit, ganze Schulklassen unter Führung ihrer Lehrer(innen) während der Schulzeit periodisch und vorübergehend aufs Land zu verlegen. Während der Ferien dienten diese Stätten als Aufenthalt für erholungsbedürftige Kinder aller Klassenstufen. 1920 wurden 20 derartige Einrichtungen gezählt (SAHRHAGE 1933, S. 139).
Am 1. und 2. Oktober 1926 fand die zweite Schullandheimtagung[2] statt, die vom Zentralinstitut für Erziehung und Unterricht in Zusammenarbeit mit dem Reichsbund der deutschen Schullandheime veranstaltet wurde. Auf ihr wurde die Gründung des Reichsbundes deutscher Schullandheime beschlossen. Als Aufgaben der Schullandheime kristallisierten sich die körperliche Ertüchtigung, geistige Belehrung und sittliche Erziehung heraus. 1926 gab es ca. 140 derartiger Einrichtungen, die sich vorwiegend in Nord- und Mitteldeutschland befanden.[3] 5 Jahre später gehörten genanntem Reichsbund schon 251 Schullandheime an. Darüber hinaus nutzten viele Schulen Kindererholungsheime oder Jugendherbergen für derartige Zwecke (SAHRHAGE 1932, S. 432).
Obwohl Schullandheime nicht als Unterbringung bei pflichtgemäßen Schulwanderungen dienten, spielte der Aspekt der körperlichen Betätigung im Freien, oft durch Wanderungen verwirklicht, hier neben dem Unterricht eine große Rolle.

---

[1] Ganze Aufrufe abgedruckt in den Pommerschen Blätter für die Schule und ihre Freunde 49(1925)11, S. 133 und 49(1925)50, S. 637
[2] Bisher keine Ortsangabe gefunden.
[3] Unter der Rubrik „Kleine Mitteilungen" in der Zeitschrift für Schulgesundheitspflege 39(1926)11, S. 503 veröffentlicht. Vgl. insgesamt auch BRECKLING Th. (Hrsg.): Der Reichsbund der deutschen Schullandheime e.V.- Illustriertes Handbuch. Kiel 1930.

So gestaltete sich beispielsweise der Tagesablauf für ostpommersche Landkinder in der Kolberger Jugendherberge (Hinterpommern), die als Schullandheim mit genutzt wurde, folgendermaßen:

„6.30 Uhr: Wecken und Morgenturnen
8 Uhr: Morgenfeier und Frühstück
8.30-10 Uhr: Singen und Musizieren oder Besuch des Frühkonzerts
10-12 Uhr: Arbeitsgemeinschaft
12.30 Uhr: Mittagessen
13-14.30 Uhr: Freizeit und Ruhe
14.30-18 Uhr: Wanderungen, Spiele im Freien, Volkstanz
18-19 Uhr: Aussprache und Niederschreiben des Erlebten
19 Uhr: Abendbrot
20-21 Uhr: gesellige Unterhaltung, Heimspiele, Abendwanderung
21 Uhr: Abendfeier und Ruhe (SCHULTZ 1931, S. 238).

Beispiel für mehrtägige Wanderungen von Schülerinnen und Schülern Pommerns

In einem Beitrag in den Pommerschen Blättern für die Schule und ihre Freunde vom 13. August 1925 heißt es unter der Überschrift „Welche Anregungen kann die Volksschule den neuen Richtlinien für die Lehrpläne der höheren Schulen Preußens entnehmen?“ unter anderem:

„Man gewöhne die Schüler an die Führung eines Wanderbuches und gebe größeren Wanderungen einen wertvollen Abschluß durch die Ausarbeitung eines Reiseberichtes mit Photographien oder Zeichnungen, mit Profilen und Skizzen. Wanderbuch und Reisebericht werden um so reichhaltiger ausfallen, je mehr man Gruppenbildung und Arbeitsteilung auf den Wanderungen hat eintreten lassen. Auf diesen Wanderungen sollten die Schüler möglichst die verschiedenen Gebiete des Vaterlandes, Gebirge und Küste, Moor- und Waldgebiete, Kleinstadt und Großstadt, Industrie- und Landwirtschaftsgebiete und die Verschiedenheit der deutschen Stämme nach Sitten und Gebräuchen kennenlernen“ (HARDT 1925, S. 389).

Dieses empfohlene Vorgehen setzte sich bei vielen wandernden Schulklassen durch und so kann man heute durch das Lesen derartiger Dokumente einen anschaulichen Eindruck bekommen, mit welcher Freude die Heranwachsenden an derartigen Ausflügen teilnahmen, aber auch, welche Probleme es eventuell gab. So unternahm beispielsweise eine Rummelsburger Klasse der dortigen Stadtschule vom 20. bis 23. August 1930 einen Wanderausflug nach Krangen, Schlawe, Rügenwalde bis zum Ostseestrandt, mit der der Lehrer die praxisverbundene Lösung der Frage „Was läßt sich über die naturwissenschaftlichen Verhältnisse dieser Gegend wandernden Kindern lehrend zeigen?“ anstrebte (OETKER 1931, S. 76). Auf welche Art und Weise an die Bewältigung dieser Zielstellung herangegangen wurde, läßt sich u.a. durch den Bericht der 13jährigen Elisabeth eindrucksvoll nachvollziehen:

„Wir verließen Krangen. Schnell noch einmal einen letzten Blick auf dieses schöne Dörfchen. Wir gingen zum Vorberg. Oben angelangt, sahen wir die schöne Aussicht, die sich uns hier bot. Wir erblickten den Dorfsee und den Neidsee und die Landzunge, die sich in diesen erstreckt. Wir gingen hinab. Jetzt marschierten wir auf einer Chaussee...Unterwegs erzählte uns Herr Schulrat von der Eiszeit...[Wir] wollten jetzt zu dem Jannewitzer Moor gehen...Zuerst gingen wir nach dem Flachmoor. Hierauf sah man hauptsächlich Wacholderbüsche. Dann kam das Übergangsmoor. Hierauf fand man Pflanzen von dem Hoch- und Flachmoor. Das Übergangsmoor ging von dem Flach- zum Hochmoor über. Der Boden des Hochmoores ist überwiegend mit Moosen bedeckt. Das Wollgras findet man hier in großen Büscheln. Dieses bot uns noch festen Boden unter den Füßen. Unter dem Moos befand sich Wasser...Nicht ganz unerwähnt möchte ich lassen, daß eine jede Pflanze, jede Beere, jedes Tier und jeder Strauch unter gesetzlichen Schutz gestellt worden ist...Doch unser Weg soll weitergehen...“[1]

Auch entfernter liegende Wanderziele wurden angestrebt; dann allerdings benutzte man in der Regel zur Hin- und Rückreise öffentliche Verkehrsmittel (Bahnfahrt 4. Klasse). 1922 begaben sich so 20 Pasewalker Schülerinnen für 8 Tage ins Riesengebirge, wo sie täglich ausgedehnte Bergwanderungen unternahmen.[2]

Beliebt waren besonders Schul-Pfingstfahrten. Allerdings mußten die Ausflügler dann, so berichtete 1923 der Pasewalker Lehrer Fritz KLOSE, wenn sie Strecken mit der Bahn zurücklegen wollten, mit hoffnungslos überfüllten Zügen rechnen: „Leute über Leute wurden in unseren Wagen gestopft, so daß sich bald niemand mehr rühren konnte ...“[3]

Doch die Strapazen der Anreise waren durch die Fülle der vielen neuen Eindrücke am Zielort schnell vergessen. So berichten die schon erwähnten Pasewalker Mädchen:

„Aus der großen Zahl unvergeßlicher Eindrücke ragte vor allem der erste der beiden Abende hervor, die wir auf der Wiesenbaude verlebten. Auf die romantische Wanderung durch den Weißwassergrund folgte ein immer mühsamer werdender Aufstieg durch die Knieholz- und schließlich gänzlich kahle Region des Brunnberges, des Nebenbuhlers der Koppe. Je näher wir dem Kamm kamen, desto länger verweilten die Wolkenfetzen, und bald wanderte die Schar gänzlich im Nebel, nur dem Pfad, keiner Sicht folgend. Immer wieder sah der Führer nach der Uhr, Wiesenbaude mußte doch bald erreicht sein. Plötzlich tauchte sie kaum 50 Schritte von uns entfernt riesenhaft im Nebel auf. Ein dreifaches Heil aus allen Kehlen – wir sind am Ziel...Wir setzten uns im Kreise zusammen, Erzählen, Singen, Deklamieren. Ungeahnte Schätze freiwillig gelernter Gedicht tun sich auf, und flugs wird dazugelernt...Frl. H. erscheint und meldet das fertige Abendbrot. Im Restaurant ist ein langer Tisch an der Seite für uns weiß gedeckt...Ein Zitherspieler läßt seine Kunst hören...Da plötzlich erklingt es wohlbekannt: Wem Gott will rechte Gunst erweisen...Das Wandern ist des Müllers Lust...Der Zitherspieler nickt uns freundlich zu, und die Mädchen singen den Böhmen ihr deutsches Lied. Die Gäste klatschen, leise Verständigung mit Wirtin und Zitherspieler, Tische werden beiseite

[1] Der gesamte Bericht ist zu finden bei TEMPLIN 1931, S. 89 f.

[2] Berichtet wurde hierüber in den Pommerschen Blättern für die Schule und ihre Freunde 46(1922)40/41, S. 442.

[3] Vgl. KLOSE, F.: Lehrer-Erfahrungen bei einer Schul-Pfingstfahrt ins Riesengebirge. In: Pommersche Blätter für die Schule und ihre Freunde 47(1923)25, S. 192 f.

getragen, Mädel treten im Kreise an und führen zu den Klängen der Zither und des eigenen Gesanges ihre schlichten gefälligen Volkstänze auf. Klatschen und freundliches Zurufen von den Tischen – und es wird gleich noch ein Reigen angeschlossen ... Dieses war der schönste Tag ...“(a.a.O.)

Wenn auch anfangs umstritten, so setzten sich pflichtgemäße Schülerwanderungen während der Weimarer Republik an den deutschen Schulen durch. Nicht nur in eintägigen Ausflügen, in denen vorrangig die nähere Umgebung erkundet wurde, sondern zunehmend sogar in mehrtägigen Wanderungen lernten die Schüler(innen) Land und Leute kennen, worüber die sogenannten Wanderbücher, aber auch Pressemitteilungen ein eindrucksvolles Zeugnis vermitteln.
Heute gelten Wandertage für die meisten schulpflichtigen Kinder und Jugendliche als selbstverständlich, allerdings wird hier leider oft nicht mehr gewandert wie im ursprünglichen Sinne, sondern Sehenswürdigkeiten, Städte, Freizeitzentren etc. werden als Ziele angestrebt und es steht mehr die gemeinsame Unternehmung als wie in den zwanziger Jahren unseres Jahrhunderts die körperliche Ertüchtigung, verbunden mit dem Kennenlernen der Natur, im Mittelpunkt.

Literatur

BLANKERTZ, H.: Die Geschichte der Pädagogik von der Aufklärung bis zur Gegenwart. Wetzlar 1982.

BROSSMER*: Der soziale Grundzug des Schülerwanderns. In: Zeitschrift für Schulgesundheitspflege und soziale Hygiene 41(1928)1, S. 1-4.

CAESAR*: Ueber Schülerwanderungen im Jahre 1932. In: Zeitschrift für Schulgesundheitspflege und soziale Hygiene 38(1925)1, S. 23-24.

FULDA, L.: Hygiene der Wanderung. In: Gesundheit und Erziehung 45(1932)5, S. 193-200.

GÜNTHER, Th.: Das deutsche Jugendherbergswerk. In: Gesundheit und Erziehung 45(1932)5; S. 229-233.

HAMANN, B.: Geschichte des Schulwesens. Werden und Wandel der Schule im ideen- und sozialgeschichtlichen Zusammenhang. Bad Heilbrunn/Obb. 1986.

HARDT*: Welche Anregungen kann die Volksschule den neuen Richtlinien für die Lehrpläne der höheren Schulen Preußens entnehmen? In: Pommersche Blätter für die Schule und ihre Freunde 49(1925)32, S. 389-391.

HEILAND, H./SAHMEL, K.-H.: Die reformpädagogische Idee des Schullebens im Spiegel schulpädagogischer Zeitschriften der Zwanziger Jahre. Hildesheim, Zürich, New York 1985.

HERRLITZ, H.-G./HOPF, W./TITZE, H.: Deutsche Schulgeschichte von 1800 bis zur Gegenwart. Eine Einführung. Weinheim und München 1993.

KLOSE, F.: Lehrer-Erfahrungen bei einer Schul-Pfingstfahrt ins Riesengebirge. In: Pommersche Blätter für die Schule und ihre Freunde 47(1923)25, S. 192-193.

KUSCHEL, W.: Von der Jugendherberge zum Schullandheim. Ein Reisebericht über eine Fahrt des Bezirkslehrerrates. In: TEMPLIN, K.: Die wandernde Schule ..., a. a. O., S. 47-49.

* Kein Vorname angegeben.

LEHMANN, P.: Mit einer Volksschulklasse in Jugendherberge und Schülerlandheim. Ein Vortrag von Herbergseltern. In: TEMPLIN, K.: Die wandernde Schule ..., a.a.O., S. 60-68.

LORENTZ, Fr.: Gesundheitskunde in der Arbeitsscheue. Langensalza 1928.

OETKER, H.: Vom Pollnower Bergesrand durchs Schlawer Land zum Ostseestrand. Lehrend auf Fahrt. In: TEMPLIN, K.: Die wandernde Schule ...; a.a.O., S. 76-92.

PEHNKE, A.: Sächsische Reformpädagogik. Leipzig 1998.

PEIPER, O.: Das Greifswalder Schulkind. Ergebnisse schulärztlicher Untersuchungen im Stadt- und Landkreise Greifswald von 1922-1927. Berlin 1928.

PROBSTHAIN, E.: Ein Schulausflug als Grundlage für einen heimatkundlichen Gesamtunterricht in der Landschule. In: Pädagogische Warte 33(1930), S. 913-919 sowie HEILAND, H./SAHMEL, K.-H.: Die reformpädagogische Idee des Schullebens im Spiegel schulpädagogischer Zeitschriften der Zwanziger Jahre. Hildesheim, Zürich, New York 1985, S.185.189.

SAHRHAGE, H.: Vom Stand der Schullandheimbewegung. In: Gesundheit und Erziehung 45(1932)9, S. 432.

SAHRHAGE, H.: Gesundheit und Erziehung im Schullandheim. In: Gesundheit und Erziehung 46(1933)4, S. 137-143.

SCHULTZ, W.: Eine Schulheimwoche pommerscher Landkinder in der Kolberger Jugendherberge. In: TEMPLIN, K.: Die wandernde Schule ..., a. a. O., S. 237-248.

SCHMITZ; K.: Geschichte der Schule. Stuttgart, Berlin, Köln, Mainz 1980.

TEMPLIN, K.: Die wandernde Schule. Bilder aus dem Leben der Jugendherbergen und Schülerlandheime. Stettin 1931.

WORRINGEN*: Schülerwandern und Lungenausbildung. In: Zeitschrift für Schulgesundheitspflege und soziale Hygiene 41(1928)1, S. 4-7.

WULFF, H.: Schule und Schulwanderung. In: Die Deutsche Schule 34(1930), S. 406-417 sowie HEILAND, H./SAHMEL, K.-H.: Die reformpädagogische Idee des Schullebens im Spiegel schulpädagogischer Zeitschriften der Zwanziger Jahre. Hildesheim, Zürich, New York 1985, S. 190-197.

ZYMEK, B.: Schule, Hochschule, Lehrer. In: LANGEWIESCHE, D./TENORTH, H.-E. (Hrsg.): Handbuch der deutschen Bildungsgeschichte. Band V 1918-1945, Die Weimarer Republik und die nationalsozialistische Diktatur. München 1989, S. 155-205.

Torsten SCHWAN

Die Petersen-Rezeption 1948 bis 1984 in der Bundesrepublik: Vergessene Geschichte als Schlüssel zur sogenannten Petersen-Debatte in der bundesdeutschen Pädagogik*

Im Frühjahr 1989 wurde mit der Auseinandersetzung zwischen Peter KASSLER (1989) und Wolfgang KEIM (1989) in der „Deutschen Schule" die seit etwa Ende der 70er Jahre virulente Differenz in der bundesdeutschen Pädagogik um das Verhältnis von Peter PETERSEN zum Nationalsozialismus (im folgenden: NS) endgültig für die Erziehungswissenschaft manifest: Es begann m. E. die bis 1992 andauernde „Kernphase" der sogenannten Petersen-Debatte, deren Debatten-Ende heute noch nicht abzusehen ist. Der nachfolgende Artikel bemüht sich, die weitgehend im Dunkeln liegenden Grundlagen dieser Debatte offenzulegen,[1] indem er den Versuch unternimmt, eine interpretierende Periodisierung der Petersen-Rezeption von 1948 bis 1984 in der Bundesrepublik zu erarbeiten. Er stellt in stark gekürzter (und so von Fall zu Fall sicher auch verkürzender) Weise Ergebnisse eines Promotionsvorhaben dar, in welchem zunächst die Petersen-Rezeption nach dem Zweiten Weltkrieg in der Bundesrepublik aufgearbeitet wird, woraufhin dann das PETERSENsche Schrifttum, das während des NS entstand, systematisch analysiert werden soll.[2] Obgleich sich dieser Artikel nicht ausschließlich an Petersen-Spezialisten richtet, kann eine Darstellung des PETERSENschen Lebens und Werkes aus Platzgründen nicht geleistet werden. Zu diesen sei auf die Standardwerke verwiesen.[3]

Zur Methode und Periodisierung des Artikels

Der Artikel geht grundsätzlich davon aus, daß es in der Petersen-Rezeption Entwicklungen gab, die nachfolgend erarbeitet werden sollen. Weiter lassen die darzustellenden Entwicklungen m.E. eine Periodisierung zu, die hier wie in meiner Dissertation in etwa nach Jahrzehnten unterteilt wird. Von daher stellen

---

[1]Die bis heute weitestgehende Arbeit zur Petersen-Rezeption legte Birgit OFENBACH (1990; 1985, S. 166-178) vor. Vgl. zu Teilen des Forschungsdesiderats auch bei Michael SEYFARTH-STUBENRAUCH (1991). Zur Darstellung der Entwicklung und zum Stand der Petersen-Debatte vgl. vor allem KEIM (1988, S. 43f.), KASSNER (1992, S. 261-269), RETTER (1996c, S. 55-77).

[2]Wobei der erste Teil, die Aufarbeitung der Petersen-Rezeption, weitgehend abgeschlossen ist. Zum verkürzenden Charakter dieses Artikels muß angemerkt werden, daß er quantitativ etwa nur ein Fünftel des entsprechenden Teils der Dissertation ausmacht. Von daher lege ich in dem nachfolgenden Artikel mein Augenmerk vor allem darauf, meine Periodisierung anhand einiger „Tiefenbohrungen" darzustellen. Eine halbwegs befriedigende Erarbeitung der Rezeptionsgeschichte kann also erst, so hoffe ich zumindest, mit Abschluß der Dissertation etwa Ende 1998/Anfang 1999 vorgelegt werden.

[3]Vgl. zu PETERSENs Biographie vor allem bei KLUGE (1992); zu PETERSENs Verhältnis zum NS sowie seinem Verhalten in der sich formierenden SBZ/DDR bei RETTER (1995; 1996a; 1996f), DUDEK (1996); zur Werkgeschichte s. weiter unten.

beide einen ersten umfassenderen Versuch dar, die Petersen-Rezeption interpretierend einer zeitlichen Gliederung und Analyse zu unterziehen.[1] Ziel kann es nur sein, für eine vertiefende Rezeptionsforschung zu plädieren.
Grundlegend für die Analyse der Petersen-Rezeption ist m. E. die Frage nach der Selbstverortung der Petersen-Forschung innerhalb der bundesdeutschen Pädagogik wie Gesellschaft. Eine solche Fragestellung hat allerdings zur Voraussetzung, daß es innerhalb der Petersen-Forschung lokalisierbare, relativ konsistente Gruppen gegeben hat, die, zumindest was ihr Forschungsfeld anging, über eine relativ einheitliche Sichtweise verfügten. Als Grundkonstrukt meiner Sichtweise der Petersen-Rezeption gehe ich davon aus, daß sich in den 50er Jahren in der Bundesrepublik eine solche Gruppe formierte (bzw. re-formierte), die ich als „Petersen-Kreis" bezeichne. Unter diesen verstehe ich eine *losere Verbindung von Familienmitgliedern, Schülern und Schüler-Schülern sowie Anhängern PETERSENs*. Auf diese Gruppe treffen die grundlegenden Kriterien Thomas S. KUHNS ([2]1976, S. 188f.) für eine „wissenschaftliche Gemeinschaft" zu: Die einzelnen Mitglieder verfügten i.d.R. über eine gleichartige Ausbildung bei ihrem Lehrer Peter PETERSEN; sie hatten dort weitgehend dieselbe Fachliteratur rezipiert; sie verfügten über ein gemeinsames, eigenes Gegenstandsgebiet und verfolgten hier - trotz mancher persönlicher Spannungen untereinander - verschiedene gemeinsame Ziele; sie rekrutierten ihren Nachwuchs selber und betrieben eine relativ starke Kommunikation untereinander; schließlich - wie noch zu zeigen sein wird - läßt sich eine relative Einheitlichkeit ihrer fachlichen Urteile konstatieren.
Dieser sich formierende Kreis prägte die Petersen-Forschung der 50er Jahre in einem weitgehenden Maße, aber nicht ausschließlich. Auch sind die von ihm präsentierten Ergebnisse, gerade auch, was die Darstellung der Person Peter PETERSENs angeht, noch nicht vereinheitlicht. Es findet sich folglich in der Literatur der 50er Jahre noch ein relativ breites Spektrum innerhalb wie außerhalb des Petersen-Kreises, das von kritischeren bis apologetischen Sichtweisen reicht. Von daher kann man m. E. von einer „ambivalenten Petersen-Forschung" der 50er Jahre sprechen. Diese „ambivalente Forschung" der 50er Jahre entwickelt sich in den 60er Jahren zu einer „defizitären Forschung" des Petersen-Kreises, die sich weitgehend von den Entwicklungen sowohl in der Pädagogik als auch in der Gesellschaft abschottet. Kennzeichen dieser Forschung wird es, daß sich ihr Spektrum stark verengt - sie bleibt praktisch auf den Petersen-Kreis beschränkt, dessen Darstellungsinteressen sich stark vereinheitlichen -, was einen zunehmenden Realitätsverlust nach sich gezogen hat. Infolge dieser Abschottung und

[1] Weniger umfassend hat KEIM (1994) versucht, seine Ende der 80er bzw. zu Beginn der 90er Jahre dargestellte Sichtweise der Petersen-Rezeption quantitativ zu begründen (vgl. KEIM 1989, S. 134; 1992, S. 126f). Hierbei gelang er bezogen auf die 60er Jahre zu wichtigen Ergebnissen. Sein Resümee (KEIM 1994, S. 241), daß die Petersen-Rezeption zwischen 1945 und 1965 „in den alten Gleisen weitergelaufen ist und bis heute weiterläuft", ist m. E. jedoch sowohl hinsichtlich der Literatur der 50er als auch der ab der 70er Jahre nicht haltbar.

Verengung ist für die Forschung des Petersen-Kreises in den 60er Jahren ein immer größerer Realitätsverlust zu konstatieren, in dessen Folge es zu Mythologisierungen, Immunisierungen und Propagierungen kommt. Dies gilt vor allem, neben der hagiographischen Darstellung von Peter PETERSENs Biographie, für die völlig realitätsferne Wahrnehmung der zeitgenössischen Jenaplan-Praxis. Die Sichtweisen und Darstellungen des Petersen-Kreises werden so im Laufe der 60er Jahre immer unzeitgemäßer, was ihre Forschung gegen Ende der 60er Jahre regelrecht sprengt und als ihr Scheitern einzustufen ist.
Dieses Scheitern der defizitären Forschung führt zu Beginn der 70er Jahre, bezogen auf seine rege Veröffentlichungstätigkeit in den 60er Jahren, zu einem weitgehenden Rückzug des Petersen-Kreises aus der Petersen-Forschung und öffnet diese für Nicht-Spezialisten. Insofern wird die Forschung der 70er Jahre von zentralen Defiziten der Forschung der 60er Jahre entkleidet - d.h. die Forschung in den 70er Jahren verzichtet größtenteils auf die mythologisierenden, immunisierenden und propagierenden Momente -; darüber hinaus lassen sich Einordnungsversuche in größere Kontexte und vergleichende Forschungsbemühungen konstatieren, was dafür sprechen dürfte, daß die Petersen-Forschung der 70er Jahre wieder Anschluß an die Entwicklungen in der Pädagogik gesucht hat. Andererseits führt die Öffnung der Forschung für Nicht-Spezialisten beinahe zwangsläufig zu Arbeiten, die PETERSENs Werk sehr viel weniger durchdrungen hatten als die ambivalente und defizitäre Forschung der 50er und 60er Jahre. Insofern führt also die Entimmunisierung und Öffnung der Forschung - zweifellos eine Erweiterung und ein Fortschritt für die Forschung - fast zwangsläufig zu dem Rückschritt der geringeren Durchdringung von PETERSENs Werk. Von daher erscheint es sinnvoll, die Petersen-Forschung der 70er Jahre als eine sich „paradox erweiternde“ zu kennzeichnen.
Zu Beginn der 80er Jahre kommt es zu mehreren politisch-gesellschaftlichen Zäsuren, die eine deutliche Auswirkung auch auf die Pädagogik haben und von daher auch auf die Petersen-Forschung rückwirken. Dieser Sachverhalt verdeutlicht gleichfalls die „Reintegration“ der Petersen-Forschung in die bundesdeutsche Pädagogik. Weiter zeichnet sich spätestens zu Beginn der 80er Jahre eine doppelte „Schulen“-Bildung ab, zu deren Formierung dann dem Jahr 1984, PETERSENs 100. Geburtsjahr, zentrale Bedeutung zukommt.[1] Für die Arbeiten des Jahre 1984 - wie auch für praktisch alle weiteren bis heute veröffentlichten Arbeiten - läßt sich schließlich als weitere Grundthese festhalten, daß sie in einem sehr weitgehenden Maße von der Petersen-Forschung *vor* 1984 beeinflußt

[1]Ohne daß an dieser Stelle auf diesen Sachverhalt vertiefend eingegangen werden kann - auch hier wird, so hoffe ich zumindest, meine Dissertation den Gedankengang deutlich machen -, gehe ich davon aus, daß im Laufe der 70er Jahre eine Art „vornormale Phase“ im Sinne Thomas S. Kuhns beginnt, die mit der Ausformierung zweier sich konträr gegenüberstehenden Schulen im Laufe des zweiten Drittels der 80er Jahre ihren Abschluß findet, so daß nach der abgeschlossenen Formierung im letzten Drittel der 80er Jahre, fast zwangsläufig, die sogenannte Petersen-Debatte ausgebrochen ist.

sind, ohne daß dieser Sachverhalt jedem einzelnen Autor bewußt (gewesen) sein dürfte. Dies betrifft zentral auch und gerade die Darstellung der Person Peter PETERSENs, dessen heutiges Bild m.E. in erstaunlichem Maße auf den Mythologisierungen der Literatur der 60er Jahre beruht: Denn die Sichtweise PETERSENs als eines politisch naiven, opportunistischen Pädagogen, wie sie immer wieder gezeichnet wird (vgl. in neuerer Zeit z.B. bei OELKERS 1993, S. 51; UHLIG 1994, S. 258; TENORTH [10]1994, S. 451; BENNER/SLADEK 1995, S. 70f.), ist tatsächlich das Produkt der vielfältig problematischen Literatur der 60er, nicht das Ergebnis tiefschürfender Forschungsanstrengungen der 80er und 90er Jahre. Auf diesen Sachverhalt wird in den Punkten 4 und 5 zurückzukommen sein.

Die „ambivalente Petersen-Forschung" der 50er Jahre

Vor PETERSENs Tod im Jahre 1952 lassen sich einerseits sowohl innerhalb wie außerhalb des Petersen-Kreises realitätsnahe, für die damalige Zeit forschungsgemäße Arbeiten zu PETERSENs Leben und Werk belegen;[1] andererseits finden sich im Petersen-Kreis z.B. bei ohne Autor (1948) und DÖPP-VORWALD (1949) bereits verschiedene für die 50er Jahre signifikante Ambivalenzen. Als Erklärungsmoment lassen sich m.E. zumindest drei Gründe anführen:

- Die starke Fixierung auf ihren Lehrer Peter PETERSEN, die sich aus der Erfahrung einer eminenten Vorbildfunktion erklären läßt (vgl. als anschauliche Beispiele bei BLÄTTNER 1952, S. 333f.; FASSNACHT 1954, S. 359; MIESKES 1954, S. 12);
- diese Fixierung dürfte durch die Erfahrung des letztlich aussichtslosen Kampfes gegen das Thüringische Volksbildungsministerium ab dem Frühjahr 1947 noch verstärkt worden sein (vgl. MIESKES [2]1966b, S. 13; DÖPP-VORWALD 1966, S. 410); jene Erfahrung, die in der Selbstvergewisserung mündete, Opfer zweier diktatorischer Regime gewesen zu sein (vgl. ebenda, bzw. z.B. KOSSE 1963, S. 700; ROTH 1964, S. 187; MIESKES [2]1966c, S. 22), dürfte den Petersen-Kreis gleichfalls enger zusammengeschweißt und die späteren Differenzen zumindest überbrücken geholfen haben (vgl. zu den Differenzen bei Ofenbach 1990, S. 612-614; Kluge 1992, S. 13f.; Retter 1996b, S. 19);
- ein weiteres Erklärungsmoment muß sowohl in der negativen Rezeption PETERSENs vor 1933 in Deutschland (vgl. Ofenbach 1990, S. 607) als auch in der der negativen Rezeption zugrundeliegenden starken Isolation PETERSENs in Thüringen gesucht werden (vgl. Retter 1996d, S. 105), die dazu führte, daß sich PETERSEN praktisch ab 1923 in Deutschland durchgehend in einer defensiven Position befand (vgl. Kluge, 1992, S. 145-166, vor allem

[1]Vgl. für den Petersen-Kreis z.B. die Arbeiten zweier seiner Protagonisten: DIETRICH (1948; 1949), MIESKES (1951); außerhalb des Petersen-Kreises: SCHWERDT ([5]1950). Zu DIETRICH (1948) muß noch angemerkt werden, daß der Aufsatz aus dem Kontext der immer massiver werdenden Schwierigkeiten des Petersen-Kreises in Jena zu sehen ist - vgl. zu diesen DUDEK (1996, S. 93-103), KLUGE (1992, S. 327-338) -: Sein Versuch, die von Petersen immer betonte Autonomie der Schule und so auch der Jenaer Universitätsschule zu belegen (vgl. DIETRICH 1948, S. 649f.), führte auf der anderen Seite fast zwangsläufig zur Verharmlosung des NS (vgl. ebenda, S. 649f.).

S. 145, 152, 155);[1] daß PETERSEN diese defensive Haltung auf seine Schüler übertrug, halte ich aufgrund der nachfolgenden Analysen für äußerst wahrscheinlich.

Exemplarisch läßt sich diese Ambivalenz anhand verschiedener der Gedenkreden und -aufsätze, die zu PETERSENs Tod 1952 entstanden, nachzeichnen. So finden sich z.B. bei MIESKES (1954) die für den Petersen-Kreis später typischen Momente aus Überhöhung (ebenda, S. 9, 11, 19), Selbsttäuschung (ebenda, S. 18, 22) und Immunisierung (ebenda, S. 8, 19). Gleichzeitig aber ist MIESKES allerdings auch bemüht, Defizite darzulegen (ebenda, S. 12) und vor „Sektiererei und Geheimniskrämerei" zu warnen (ebenda, S. 12).[2] Darüber hinaus finden sich auch außerhalb des Petersen-Kreises angemessene Nachrufe (vgl. z.B. BANASCHEWSKI 1952), in denen durchaus auch kritische Untertöne miteingeflochten wurden.[3]
Eine weitere zentrale ambivalente Entwicklung läßt sich in den 50er Jahren auch bezogen auf die Jenaplan-Praxis konstatieren. So zählt CHIOUT (1955, S. 137f.) 64 Schulen - zumeist Volks- und Dorfschulen - auf, die Mitte der 50er Jahre nach dem Jenaplan arbeiten. Im Zuge der Bildung von größeren Schuleinheiten - ein Prozeß, der vom Petersen-Kreis aus seiner Sichtweise zurecht abgelehnt und als „Omnibuspädagogik" charakterisiert wurde (vgl. Wilhelm KRICK 1981, S. 8f. sowie vor allem derselbe, in: Salzmann 1987, S. 71f.) - verschwanden diese nach und nach (vgl. SKIERA 1982, S. 4f.), so daß in der ersten Hälfte der 60er Jahre höchstwahrscheinlich nur noch die Petersen-Schulen in Köln, Frankfurt, Hannover, Hamburg und Obernjesa übriggeblieben sind (vgl. ZANDEN 1993, S. 36; RUPPERT 1963, S. 422). Dieser Prozeß der Marginalisierung der Petersen-Pädagogik dürfte gleichfalls den Einfluß des Petersen-Kreises auf die bundesdeutsche Lehrerschaft stark zurückgedrängt haben (vgl. SKIERA 1982, S. 3), ein Sachverhalt, den - wie gleich gezeigt wird - der Petersen-Kreis nicht wahrnehmen will, was m.E. einen der zentralen Gründe für seine Selbstabschottung und den damit einhergehenden Realitätsverlust darstellt. Mit diesem Prozeß der Selbstabschottung Hand in Hand gehend, läßt sich darüber hinaus nach dem Zweiten Weltkrieg eine deutliche Nichtbeachtung des PETERSENschen Werkes in der bundesdeutschen Erziehungswissenschaft feststellen (vgl. OFENBACH 1990,

---

[1] Der Versuch bzw. seine Hoffnung der Überwindung seiner defensiven Position dürfte m. E. einer der zentralen Gründe für PETERSENs komplexe Anpassungsbemühungen nach 1933 gewesen sein (vgl. auch RETTER 1996d, S.124-142).

[2] Ähnlich z. B. auch DIETRICH (1952), der PETERSEN zunächst zu „einer genialen Persönlichkeit" überhöht (ebenda, S. 460), um danach aber sachlich sein Werk darzustellen; siehe auch BLÄTTNER (1952), der zunächst Petersens Wirkung in der Weimarer Republik überzeichnet (ebenda, S. 333), dann aber durchaus richtig betont, daß Petersen sich nach 1933 „zuweilen Gutes" erhofft habe (ebenda, S. 334).

[3] Vgl. HILKER (1952, S. 298; Hervorhebungen durch T.S.): PETERSEN war ein „streitbarer Vertreter seiner Ideen in Vorträgen und Tagungen und als Vorkämpfer für eine neue Erziehung. *Darum suchte er sich die Möglichkeit der Arbeit auch unter schwierigsten Zeitumständen zu erhalten.*"

S. 608), deren Gründe m.E. in der Weimarer Republik und in PETERSENs zumindest bis in den Frühjahr 1947 mit Elan betriebenen Tätigkeiten in der sich formierenden SBZ/DDR zu suchen sind,[1] so daß für den Petersen-Kreis Ende der 50er Jahre schwerwiegende Gründe für eine kritische Reflexion ihrer Positionen bestanden hatte, die von diesem jedoch nicht geleistet wurde. Statt dessen verengt sich die in den 50er Jahren weitgehend ambivalente Petersen-Forschung in den 60er Jahren zu einer immer defizitäreren des Petersen-Kreises. Primäres Ziel dieser Forschung wird es, ein mythologisiertes Bild der Person Peter PETERSEN zu zeichnen und dieses in der Fachwelt zu installieren sowie darüber hinaus sein Werk zu propagieren.

Die „defizitäre Forschung" des Petersen-Kreises in den 60er Jahren

Exemplarisch läßt sich dieser Prozeß an einer Schrift des Döpp-Vorwald-Schülers Wilhelm KOSSE exemplifizieren, der m.E. in den 60er Jahren durch seine Veröffentlichungen zu einem zentralen Mitglied des Petersen-Kreises wird. In seiner Schrift zu PETERSEN und seinem Werk, die zu Beginn der 60er Jahre entsteht (KOSSE 1963), stellt er PETERSEN als eine bruchlose „vielseitige Persönlichkeit", „in der sich das Theoretische und das Praktische in genialer Potenz vereinigten", dar (ebenda, S. 697). Als größter Erziehungswissenschaftler und -praktiker seit HERBART (ebenda, S. 700) habe er mit „klarem Blick für ihre Möglichkeiten" die „Ansätze der 'Bewegung der inneren Schulreform'" aufgegriffen und sie „zu einer einheitlichen und ganzheitlichen Vollendung" geführt, wobei er „dieses Werk in lebendigem Kontakt mit der zeitgenössischen deutschen und internationalen Pädagogik" vollbracht habe (alle Zitate ebenda, S. 697) und „'eine Breitenwirkung noch zu Lebzeiten erzielt (hat), wie sie nur ganz wenigen Pädagogen beschieden gewesen ist'" (ebenda, S. 699). Neben diesen Überhöhungen und Mythologisierungen - wie bereits betont, befand sich PETERSEN ab 1923 praktisch durchgehend in der Defensive, und zwar mit einer über weite Strecken relativ beschränkten Breitenwirkung (vgl. T.S. S. 4 bzw. Retter 1996g) - schildert KOSSE zwar auch verschiedene Aktivitäten PETERSENs während des NS (ebenda, S. 699), ohne allerdings diesen mit auch nur einem Wort zu erwähnen. Statt dessen findet sich bei ihm die zu Beginn der 60er Jahre im Petersen-Kreis bereits standardisierte Darstellung PETERSENs als ausschließliches Opfer der sich formierenden SBZ/DDR: seine letzten „Lebensjahre [waren] verdunkelt durch die gewaltsame Behinderung seiner persönlichen Arbeit"

[1]Auf das Verhältnis Petersen-Kreis - offizielle DDR-Pädagogikhistoriographie kann in diesem Artikel nur ansatzweise eingegangen werden. Allerdings würde es mich nicht wundern, wenn hier in den nächsten Jahren - vorausgesetzt es entsteht hier ein Forschungsinteresse - für den heutigen Forschungsstand erstaunliche Entdeckungen gemacht werden. M. E. ist die Petersen-Rezeption in der Bundesrepublik ohne die der DDR-Pädagogikhistoriographie nicht wirklich angemessen zu verstehen und liegt hier eines der interessantesten Desiderate der Petersen-Forschung versteckt.

(ebenda, S. 700). Mit Ausnahme der Verwahrung vor kritischen Aufarbeitungs- und Analyseversuchen - zur Abwehr solcher Analyseversuche schreibt wiederum KOSSE zwei Jahre später die maßgebliche Arbeit, m.E. in deutlich hermetisierender und immunisierender Absicht, vgl. KOSSE (1965) - finden sich hier die zentralen Momente der defizitären Forschung der 60er Jahre: Überhöhung und Mythologisierung der Person Peter PETERSEN, Propagierung und Darstellung seines Werkes in apologetischer Absicht, Verdrängung und Tabuisierung des PETERSENschen Verhältnisses zum NS und zur sich formierenden SBZ/DDR. Diese Momente lassen sich breit nachweisen, können hier allerdings wiederum nur exemplarisch dargestellt werden.

a) Zum hermetisierenden und immunisierenden Charakter der Petersen-Forschung in den 60er Jahren: Zu PETERSENS 80. Geburtstag entstehen zwei Gedenkbände (MIESKES 1965; [2]1966a), deren insgesamt 24 Autoren sämtlich aus dem Petersen-Kreis stammen. Daneben finden sich auch Gedenkartikel in verschiedenen Zeitschriften, deren Autoren allerdings gleichfalls alle aus dem Petersen-Kreis stammen (vgl. Dietrich 1964; ROTH 1964; WOLFRUM 1964). Diese Sachverhalte verdeutlichen quantitativ, wie stark der Petersen-Kreis in den 60er Jahren auf sich selbst zurückgeworfen ist. Qualitativ läßt sich dieser Prozeß an dem Umgang mit bzw. der Darstellung von Kritik recht interessant nachweisen. Mit Ausnahme von Rudolf LOCHNER (1963) und Wolfgang KLAFKI ([3/4]1964) kommt es m.E. in den 60er Jahren außerhalb des Petersen-Kreises zu keiner schriftlich festgehaltenen tiefergehenden Auseinandersetzung mit PETERSENS Werk in der Bundesrepublik - es verwundert daher nicht, daß die beiden Autoren zur Abwehr von aus der Sichtweise des Petersen-Kreises unqualifizierter Kritik herhalten mußten (vgl. KOSSE 1965) -, statt dessen insistiert der Petersen-Kreis allerdings darauf, daß es eine scharfe Kritik an PETERSEN bzw. seinem Werk gäbe, ohne allerdings diese Kritik zu verorten und zu benennen (vgl. z.B. ROTH 1964, S. 178; RUTT 1965, S. 587f.; MIESKES [2]1966c, S. 25, 35f.; [2]1966d, S. 60; FREUDENTHAL-LUTTER 1968, S. 327).[1] Andererseits sind PETERSEN sowie sein Werk natürlich (und nicht erst in den 60er Jahren) scharf angegriffen worden, allerdings nicht in der Bundesrepublik, sondern von der DDR-Pädagogikhistoriographie.[2] M. E. ist hier von beiden Seiten ein unerbittlich geführter Kampf ausgetragen worden, der erstens bis heute nicht aufgearbeitet worden ist, zweitens von beiden Seiten praktisch nie - auch nicht in der Fülle der Veröffentlichungen der DDR-Pädagogikhistoriographie - beim Namen genannt worden ist, drittens im Petersen-Kreis immer wieder schlecht verheilte Wunden aufgerissen hat,[3] was von daher viertens als ein zentrales Erklärungsmoment für die Selbstabschottung des Petersen-Kreises und seiner bis heute anhaltenden Überempfindlichkeit gegenüber Kritik anzusehen ist.

---

[1]Wobei der Petersen-Kreis der 60er Jahre dadurch einen Mythos erschuf, der sich bis heute gehalten hat. So gehen SCHEUERL (1984, S. 715), SKIERA (1984, S. 724) und KLASSEN (1984, S. 99) unabhängig von einander von einer „polarisierten", „kontroversen" bzw. „polemischen" Diskussion um PETERSEN auch in den 60er Jahren in der Bundesrepublik aus, die tatsächlich aber nie stattgefunden hat.

[2]vgl. z. B. DIETRICH (1953), UHLIG (1965a, S. 246f.; 1965b, S. 247-251), HEUBACH (1967, S. 169-173), MITZENHEIM (1967, S. 61); die Liste läßt sich vielfach fortführen.

[3]Nicht umsonst haben sich zwei der Protagonisten des Kreises, nämlich Theo DIETRICH und Hans MIESKES, die beide ihre „DDR-Geschichte" hatten (DIETRICH lebte bis 1949, MIESKES bis 1956 in der DDR), intensiv und logischerweise deutlich ablehnend mit der DDR und ihrer Pädagogik beschäftigt, vgl. DIETRICH (1966), MIESKES (1960; 1971).

b) Mit diesem letzten Sachverhalt hängt natürlich zentral auch die Überhöhung und Mythologisierung der Person Peter PETERSEN zusammen, die wiederum im engen Kontext zu seinem Verhältnis gegenüber dem NS und der sich formierenden SBZ/DDR steht.[1] Wie Hein Retter (1996c, S. 56-59) überzeugend darlegt, entwickelte sich zwischen PETERSEN und seinen Schülern sowohl während des NS als auch in der sich formierenden SBZ/DDR eine enge Bindung, die auch politisch-pädagogische Implikationen miteinschloß. Erklären die eigene Belastung verschiedener seiner Schüler durch NS-Mitgliedschaften sowie PETERSENs komplizierte Anpassungsbemühungen, deren eines der wichtigsten Ziele die Verbreitung des Jenaplans darstellte (vgl. RETTER 1996h), die Verdrängung des NS in der Rezeption der Petersen-Schüler, dürfte die Erfahrung des permanenten Scheiterns und Zurückfallens in defensive Positionen gleichfalls zentral für die Mythologisierungs-Interessen des Petersen-Kreises gewesen sein. Dieser Sachverhalt gilt gerade auch für die Zeit nach dem Zweiten Weltkrieg. Denn bis zumindest zum Frühjahr 1947 dürfte sich PETERSEN - von offizieller Seite zunächst wohlwollend unterstützt durch den mit ihm in einem Zweckbündnis „liierten" thüringischen Volksbildungsministers Walter Wolf (vgl. DUDEK 1996, passim) - durchaus größere Hoffnungen gemacht haben, daß sein Jenaplan breitere Verwendung finden würde als zu irgendeiner Zeit während des NS. Nachdem das Zweckbündnis im Frühjahr 1947 zerbrach (vgl. ebenda, S. 88-92),[2] geriet PETERSEN ein weiteres Mal in eine immer defensivere Position und verdrängten in den folgenden Jahren und Jahrzehnten - in auf dem ersten Blick eigentümlicher Übereinstimmung - sowohl der Petersen-Kreis als auch die offizielle DDR-Pädagogikhistoriographie die zunächst vielschichtige Mitarbeit PETERSENs an der „antifaschistisch-demokratischen" Umgestaltung nach dem Zweiten Weltkrieg. Ein Versuch Eberhard HEUBACHS (1962), diese Zusammenarbeit ansatzweise offenzulegen, wurde in der DDR nie gedruckt, jedoch von der DDR-Pädagogikhistoriographie deutlich abgelehnt (vgl. UHLIG 1965a, S. 246 Anm. 552; GLÄSER 1971, S. 199-203).

c) Spielt also die unmittelbare Nachkriegszeit eine erhebliche Rolle, um die Eigen-Hermetisierung sowie die Mythologisierungen und Propagierungen des Petersen-Kreises der 60er Jahre angemessen zu beurteilen - einerseits befand sich der Petersen-Kreis m. E. permanent in (impliziter) Auseinandersetzung mit der DDR-Pädagogikhistoriographie, wodurch ihm eine angemessene Aufarbeitung von PETERSENs Leben und Werk nicht

---

[1]Da mir das Anreißen meines Erklärungskonzeptes wichtiger erscheint als die Referierung und Zitierung der einzelnen Überhöhungen, seien hier nur einige Quellen unzitiert erwähnt: DIETRICH (1964, S. 227), WOLFRUM (1964, S. 468), MIESKES ([2]1966b, S. 10f.; [2]1966c, S. 21; 1966, S. 12, 29), FREUDENTHAL-LUTTER (1968, S. 326, 327, 332).

[2]M. E. spielten hier weniger ideologische als deutlich mehr personale Gründe die zentrale Rolle für den das Ende der Petersen-Pädagogik in der DDR einleitenden Bruch zwischen WOLF und PETERSEN. Wie BRAUN (1992) belegt, wurde WOLF in der gleichen Woche, nämlich in der letzten April-Woche 1947, als Minister intern geschaßt, in der PETERSEN WOLFs Habilitationsversuch zurückwies (vgl. DUDEK 1996, S. 89f.). Da die Absetzung als Minister als freiwillige Demission mit dem Ziel, eine Professur an der Universität Jena zu übernehmen, getarnt werden sollte (vgl. BRAUN 1992, S. 89f.), hatte der hiervon nichtsahnende PETERSEN, der davon ausgehen mußte, daß Wolf fest im Sattel saß, folglich in ein Wespennest gestochen - denn wie sollte das Sekretariat des Thüringischen SED-Landesvorstandes plausibel machen, daß Wolf freiwillig demissionierte, um eine Professur zu übernehmen, wenn ihm hierzu gleichzeitig die Qualifikation abgesprochen wurde? -, woraufhin ihn WOLF fallen ließ (vgl. seinen Brief an Paul WANDEL vom 19. Mai 1947, abgedruckt bei SOMMERFELD 1995, S. 319) und PETERSEN praktisch zwangsläufig ein weiteres Mal - und dieses Mal endgültig - in die Defensive geriet.

möglich war, statt dessen setzte er den Dogmen der DDR-Pädagogikhistoriographie seine eigenen entgegen; andererseits verdrängten beide Seiten einmütig ihre vielschichtige Zusammenarbeit in den ersten beiden Jahren nach dem Zweiten Weltkrieg und hatten sie auch von daher von vornherein kein Interesse an einer forschungsgemäßen Aufarbeitung von PETERSENs Leben und Werk, welche sich darüber hinaus in Anbetracht der allgemeinen antikommunistischen Grundhaltung in der bundesdeutschen Gesellschaft nur als kontraproduktiv für die Interessen des Petersen-Kreises darstellen konnte -, werden diese Entwicklungen m.E. durch die weitgehende Zerstörung der Jenaplan-Praxis in der Bundesrepublik zu Beginn der 60er Jahre (vgl. S. 4) noch deutlich verstärkt. Denn, wie bereits betont, verdrängt der Petersen-Kreis der 60er Jahre diese Zerstörung und Marginalisierung der Jenaplan-Praxis, welche im Endeffekt den eigentlichen Sinn seiner Existenz in Frage stellte, und suggeriert er statt dessen ihre noch immer weite Verbreitung.[1] Tatsächlich hat die Jenaplan-Pädagogik in der zweiten Hälfte der 60er Jahre in der Bundesrepublik außerhalb des Petersen-Kreises praktisch kaum mehr eine Wirkung - weder in der Erziehungswissenschaft noch an den Schulen -, was die Propagierungsversuche des Kreises allerdings nur noch verstärkt hat.[2]

Die Analyseergebnisse zusammenfassend, muß konstatiert werden, daß sich der Petersen-Kreis am Ende der 60er Jahre in einer tiefen Krise befand, die er innerhalb seines defizitären Rahmens nicht lösen konnte. Ursache dieser Krise waren vielfachen Verdrängungen, die dazu führten, daß der Petersen-Kreis, hier in weitgehender Übereinstimmung untereinander, ein von Brüchen freies, mythologisiertes Petersen-Bild zeichnete und zugleich versuchte, dieses in der bundesdeutschen Pädagogik zu installieren, was ihm jedoch über den eigenen Kreis hinaus nicht gelang. Vorrangiges Ziel dieser zwangsläufig defizitären Forschungsbemühungen war es, Peter PETERSEN als durchgehend zeitgemäß bzw. seiner Zeit visionär voraus darzustellen: Problematische Züge der Person wie seines Werkes und seines Lebensweges wurden in der Regel verdrängt, Differenzierungsbemühungen - die es gegen Ende der 50er/zu Beginn der 60er Jahre durchaus von jüngeren Mitgliedern im Petersen-Kreis gab, vgl. MASKUS (1958; 1964), POPP (1962) - wurden in deutlicher Form in dem Moment bekämpft, in dem sie das mythologisierte Bild nicht unbesehen übernehmen wollten (vgl. die Reaktion KOSSEs 1965, S. 776-778 auf Rudi MASKUS). Darüber hinaus führte die Abwehr einer angemessenen Aufarbeitung des Verhältnisses PETERSENs zum NS und zur sich formierenden SBZ/DDR - ersteres ist zu sehen im Kontext der bundesdeutschen Verdrängungsgesellschaft, letzteres im Rahmen sowohl des Kalten Krieges wie der persönlichen Verletzungen von Petersen-Kreis-Mitgliedern bzw. deren Perpetuierung und Übertragung auf den von ihnen rekrutierten Nachwuchs - zur Verhinderung einer offenen Petersen-Forschung.

---

[1]Auch dieser Prozeß kann hier nicht angemessen nachgezeichnet werden. Verwiesen sei hier aber auf Hans MIESKEs' (1966, S. 33-43) zur Analyse der Situation und Selbstwahrnehmung des Petersen-Kreises Mitte der 60er Jahre hochinteressante Verschwörungstheorie, der m. E. ein beachtlicher Realitätsverlust zugrundeliegt.

[2]Vgl. z. B. KOSSE (1967, S. 160); darüber hinaus RUPPERT (1967), KOSSE (1968), RUTT (1969).

Dieser defizitäre Rahmen bedingte Ende der 60er Jahre, daß praktisch alles zum Thema Peter PETERSEN gesagt war. Denn sein Werk war - innerhalb des defizitären Rahmens - mehrmals exzellent dargestellt und interpretiert worden,[1] eine Weiterentwicklung der Forschung wäre nur durch den Aufbruch dieses Rahmens und der (Selbst-)Eingeständnis sowie der Aufarbeitung der Defizite möglich gewesen.[2] Statt dessen führte der Modernisierungsschub, den das Jahr 1968 für die Bundesrepublik darstellte, sowie die Unzeitgemäßheit PETERSENs wie des von ihm gezeichneten Bildes und der dieses Bild zeichnenden Forschung dazu, daß der Petersen-Kreis zu Beginn der 70er Jahre - bezogen auf seine rege Veröffentlichungstätigkeit der 50er und 60er Jahre - seine Veröffentlichungen über PETERSEN und sein Werk stark einschränkte, was m.E. als ein implizites Eingeständnis seines Scheiterns zu werten ist.

Die sich „paradox erweiternde" Petersen-Forschung der 70er Jahre

In den 70er Jahren kommt es m. E. zu einer Reintegration der Petersen-Forschung in die bundesdeutsche Erziehungswissenschaft. So lassen sich, wie gleich dargestellt wird, nun verstärkt Einordnungsversuche in größere Kontexte sowie vergleichende Forschungsbemühungen feststellen, die zum einen, methodisch gesehen, zwangsläufig Abstand nehmen müssen von den Absolutheitsansprüchen der defizitären Petersen-Forschung der 60er Jahre und die dadurch zum anderen zentrale Momente der defizitären Forschung - vor allem deren Hermetisierungen und Immunisierungen sowie Propagierungen und Überhöhungen - fallenlassen. Andererseits, wie bereits betont, führt die Öffnung der Forschung für Nicht-Spezialisten vielfach zu einer geringeren Durchdringung des PETERSENschen Werkes, so daß der Fortschritt der Überwindung zentraler Momente einer defizitären Forschungsauffassung beinahe zwangsläufig den Rückschritt einer geringeren Durchdringung von PETERSENs Werk nach sich ziehen mußte. Darüber hinaus muß als negativer Sachverhalt festgehalten werden, daß auch der sich „paradox erweiternden" Forschung der 70er Jahre eine kritische Aufarbeitung von PETERSENs Leben und Werk nur äußerst sporadisch gelingt,

---

[1] Vgl. z. B. DÖPP-VORWALD (1966) und KOSSE (1967).

[2] Ein Moment, daß von einer der sensibelsten bzw. sensibilisiertesten Angehörenden des Petersen-Kreises, von Susan FREUDENTHAL-LUTTER, Ende der 60er Jahre entweder durchschaut oder zumindest erahnt wurde. M. E. startete sie Ende der 60er Jahre einen Versuch des Aufbruchs des defizitären Rahmens - interessanterweise ohne diesen in ihren Arbeiten selbst zu verlassen -, indem sie für eine Internationalisierung der Forschung plädierte (vgl. FREUDENTHAL-LUTTER 1966; 1968). Gute 15 Jahre später betonte sie dann selber, daß sie Ende der 60er Jahre „einen bescheidenen Vorstoß zu einer internationalen Petersen-Forschung gewagt [habe], der leider, soweit mir bekannt ist, zu nichts geführt hat" (FREUDENTHAL-LUTTER 1984, S. 43).

wobei das Thema PETERSEN und der NS in der Regel auch weiterhin verdrängt wird.[1]

Große Stärke der ambivalenten und defizitären Forschung der 50er und 60er Jahre war es, daß sie - wenn auch zumeist unkritisch und dabei ihren Forschungsansatz immer dogmatischer als einzig möglichen darstellend - die Verwobenheit des PETERSENschen Werkes betont hat. Für diese Verwobenheit grundlegend ist m.E. der stark ganzheitliche Charakter des PETERSENschen Denkens. Nun bedeutet dieser Sachverhalt ganz sicher nicht, daß das PETERSENsche Werk ausschließlich von einem gleichfalls ganzheitlichen Denken, dem immer die Gefahr einer am Ende unkritischen, nur beschreibenden (historistischen) Herangehensweise inhärent ist, durchdrungen und analysiert werden könnte; dennoch ist der Jenaplan, als das zentrale Programm PETERSENschen Schaffens, angemessen analysierbar nur aus den Spannungsfeldern PETERSENscher Erziehungsphilosophie (bzw. -metaphysik) - PETERSENscher Erziehungspraxis (also dem Jenaplan) - PETERSENscher Erziehungsreflexion (also seinem Verständnis einer „Pädagogischen Charakterologie“ und „Pädagogischen Tatsachenforschung“). Diese Spannungsfelder müssen darüber hinaus in Bezug gesetzt werden zu seinen biographischen Entwicklungen, Brüchen und Sprüngen, die wiederum deutlich auf seine Werk zurückgewirkt haben.[2] Insofern kann es m.E. nicht völlig falsch gewesen sein, daß die defizitäre Forschung der 60er Jahre zumeist konsequent Leben *und* Werk in den Mittelpunkt ihrer Beschäftigung gestellt hat. Grundlegend falsch - wenn auch vielleicht historisch nachvollziehauf jeden Fall erklär-, wenn auch für unsere heutige Zeit entschieden nicht mehr hinnehmbar -[3] war ihre vielfach defizitäre Herangehensweise, die gleichfalls zur Verengung ihres methodischen Instrumentariums führte und deren schließliches

[1]M. E. läßt sich allgemein in der Pädagogik in den 70er Jahren eine sehr viel geringere Auseinandersetzung mit dem NS konstatieren als in den 80er Jahren (quantitativ läßt sich dieser Sachverhalt anschaulich anhand einer in meiner Dissertation vorgenommenen Auszählung der von DUDEK et.al. 1995 aufgeführten Arbeiten zum Thema belegen). Die Zäsur stellt hier das Jahr 1983 - der 50. Jahrestag der sogenannten „Machtergreifung“ - dar. Insofern ist es nicht verwunderlich, daß im Anschluß an das Jahr 1983 mehrere Debatten über das Verhältnis der deutschen Pädagogik zum NS ausgebrochen sind, in die auch die Petersen-Debatte eingeordnet werden muß.

[2]Wie betont, diese Feststellungen gelten ausschließlich für eine Analyse, nicht für die Praxis des Jenaplans. Denn dieser *kann* - gerade auch wegen der von Petersen so gewollten Offenheit des Programmes als „Ausgangsform“ - weitgehend ohne Analyse seiner Grundlagen und ohne je von einem Menschen Peter PETERSEN gehört zu haben angewandt werden (obgleich dieses kaum sinnvoll zu nennen wäre).

[3]Die für meine Analyse der Petersen-Forschung grundlegende und kontrafaktische Frage ist, wie ich mich unter gleichen Bedingungen verhalten hätte. M. E. bewahrt diese Frage einen (zumindest von Fall zu Fall) vor sowohl übertrieben idealistischen wie übertrieben ideologischen Urteilen (so hoffe ich zumindest). Für unsere heutige Zeit entscheidend ist m. E., daß wir die Schwierigkeiten und Fehler der Vergangenheit versuchen zu verstehen, um sie dann selber zu vermeiden und wenn möglich abzustellen.

Ziel nicht Aufarbeitung, Analyse und Weiterentwicklung, sondern Bewahrung, Propagierung und Verteidigung war.
In den 70er Jahren hingegen läßt sich eine deutliche Spezialisierung der Darstellungen auf häufig nur einen Bereich des PETERSENschen Schaffens - auf der einen Seite des Jenaplans, auf der anderen der Pädagogischen Tatsachenforschung - nachweisen, wobei im Zuge dieser Isolierungen zwar zumeist auch auf das PETERSENsche Leben miteingegangen wird, jedoch in der Regel ausschließlich unter dem Gesichtspunkt der jeweiligen Thematik.[1]
So finden sich zum Jenaplan z. B. vielfältig Artikel, die um eine Einordnung in größere Kontexte bemüht sind,[2] wobei hierbei neben deutlich verkürzenden auch deutlich gelungene Artikel genannt werden können.[3]Allen Artikeln zu eigen ist darüber hinaus aber einerseits, daß auf die weiteren Spannungsfelder aus Erziehungsphilosophie, Pädagogischer Tatsachenforschung und PETERSENs Biographie entweder nur verkürzt oder gar nicht eingegangen wird. Andererseits wird mit Ausnahme von LINGELBACH/DIEDERICH (1979) das Thema PETERSEN und der NS weitgehend verdrängt.
Die gleichen Tendenzen lassen sich auch bezogen auf die Darstellung der Pädagogischen Tatsachenforschung feststellen. Wenn hier auch die Spannungsfelder im einzelnen umfassender erarbeitet werden,[4] wird die Pädagogische Tatsachenforschung zumeist isoliert betrachtet,[5] was andererseits aber trotzdem im einzelnen zu gelungen Arbeiten geführt hat.[6] Manko ist allerdings auch hier, daß in den genannten Arbeiten der NS entweder nur äußerst rudimentär behandelt bzw. zumeist ganz verdrängt wird, was auch von daher als problematisch anzusehen ist, als daß zentrale Entwicklungen der Pädagogischen Tatsachenforschung während des NS vonstatten gegangen sind (vgl. instruktiv bei KASSNER 1997; RETTER 1996e).
Mit dem problematischen Thema PETERSEN und der NS beschäftigen sich in den 70er Jahren tiefergehend praktisch nur drei Arbeiten, von denen zwei als relativ problematisch einzustufen sind. So zeichnet HEYDORN (1970, S. 233-243) weit-

---

[1]Bezeichnenderweise lassen sich für die 70er Jahre nur zwei unselbständige Veröffentlichungen nachweisen, die sich umfassender mit Petersens Leben und Werk auseinandersetzen, wobei beide Autoren aus dem Petersen-Kreis stammen (HÖLTERSHINKEN 1978; KOSSE 1979). In beiden Arbeiten läßt sich zeittypisch sowohl eine deutliche Überwindung der defizitären Forschung als auch die noch weitgehende Verdrängung des Themas Petersen und der NS nachweisen. Unter Nichtbeachtung der letzten Schwierigkeit stellen beide profunde Arbeiten dar.
[2]Vgl. BÖNSCH (1973), BRINKMANN et.al. (1974), BEKKER (1977), NUHN (1979), LINGELBACH/DIEDERICH (1979), RÖHRS (1980).
[3]Einerseits BÖNSCH (1973), Brinkmann et.al. (1974), BEKKER (1977); andererseits Nuhn (1979), LINGELBACH/DIEDERICH (1979), RÖHRS (1980).
[4]Vgl. vor allem BENNER (1973), dessen komplexe Beschäftigung mit zu dem Besten gehört, was in den 70er Jahren zu PETERSENs Werk veröffentlicht worden ist; darüber hinaus auch Ruprecht (1974).
[5]Vgl. BALLAUF/SCHALLER (1973), MAIER/PFISTNER (^{2}1976), RUPRECHT (1978).
[6]Vgl. MERKENS (1975).

gehend die Ergebnisse der dogmatischen DDR-Pädagogikhistoriographie nach, indem er PETERSEN als einen spätkapitalistischen, imperialistischen und reaktionären Pädagogen darstellt (ebenda, S. 236), der sowohl ein Rassist (ebenda, S. 234) als auch ein „Fabrikateur einer faschistischen Bildungsideologie" (ebenda, S. 237) gewesen sei. Problematisch an diesen Zeichnungen ist zumindest dreierlei: Erstens verzichtet HEYDORN völlig auf einen Beleg seiner Zitierstellen und Thesen, zweitens ignoriert er PETERSENs Geist-Begriff völlig und ersetzt diesen statt dessen durch einen bei PETERSEN m. E. nicht vorhandenden 'fatalistischen Naturalismus' (ebenda, S. 234), was die Ergebnisse seiner Darstellung erst ermöglicht, schließlich zeichnet er gleich der defizitären Forschung der 60er Jahre und der dogmatischen DDR-Pädagogikhistoriographie das Bild der bruchlosen Persönlichkeit Peter PETERSEN, das für Differenzierungen keinen Raum hat. Andererseits beschäftigt sich mit KOSSE (1973) zum ersten Mal ein Mitglied aus dem Petersen-Kreis weitergehend mit dem Thema PETERSEN und der NS, jedoch ohne die jahrzehntelangen Verdrängungen aufbrechen zu können. Statt dessen findet hier eine Entpolitisierung (ebenda, S. 200), Überhöhung und Mythologisierung (ebenda, S. 200), Propagierung (ebenda, S. 205) und Immunisierung (ebenda, S. 205) nach bekannten - und bezogen auf andere Themen bereits überwundenen - Mustern statt.

Die für lange Zeit beste und eine auch heute noch bedenkenswerte Analyse des Verhältnisses PETERSENs zum NS erarbeitet zu Beginn der 70er Jahre LINGELBACH (1970, vor allem S. 181-184),[1] indem er versucht, daß PETERSENsche Spannungsfeld aus eigenen Interessen und nationalsozialistischer Wirklichkeit auszuloten.[2] Bezeichnend für die allgemeine Forschungslage auch noch der 70er Jahre werden seine Ergebnisse während der 70er Jahre praktisch nicht rezipiert, sondern verdrängt. Insofern muß konstatiert werden, daß mit Ausnahme von Karl Christoph Lingelbach die Forschung der 70er Jahre noch nicht in der Lage gewesen ist, sich angemessen dem problematischen Thema PETERSEN und der NS zu nähern.

Die Analyse zusammenfassend, müssen als Hauptkritikpunkte an der Literatur der 70er Jahre erstens die i.d.R. unkritische Beschäftigung bzw. verdrängende Nicht-Beschäftigung mit dem Themenkomplex PETERSEN und der NS sowie zweitens die in den meisten Fällen verkürzende Auseinandersetzung mit isoliert behandelten Teilen seines Werkes festgehalten werden. Während bezogen auf den ersten Kritikpunkt die Literatur der 70er Jahre die verdrängende Literatur

---

[1] An dieser Stelle muß betont werden, daß ich in weitgehender Weise mit den in den letzten Jahren veröffentlichten Ergebnissen von Karl Christoph LINGELBACH (1992; 1997) und Dietrich BENNER (BENNER/KEMPER 1991) nicht übereinstimme, da diesen m. E. eine deutlich verkürzende Beschäftigung und Darstellung zugrundeliegt. Dieser Sachverhalt macht allerdings ihre Arbeiten aus den 70er Jahren nicht schlechter.

[2] Das komplexe Konstrukt, das LINGELBACH auf wenigen Seiten stringent entwickelt, kann an dieser Stelle aus Platzgründen nicht dargestellt werden. Es hat m. E. die Petersen-Debatte deutlich beeinflußt.

der 50er und 60er Jahre mit Ausnahme Karl Christoph LINGELBACHs praktisch bruchlos fortsetzt, verweist der zweite Kritikpunkt auf eine deutliche methodische Problematik, die als Hauptursache für die konstatierte geringere Durchdringung des PETERSENschen Werkes und dem daraus folgenden - wenn auch höchstwahrscheinlich wissenschaftsgeschichtlich notwendigen, weil das Forschungsparadigma der defizitären Forschung überwindenden - Rückschritt angesehen werden muß. Um diese Kritik umfassender zu verdeutlichen, muß an dieser Stelle die Programmatik, die meiner Sichtweise des Forschungsfeldes zugrundeliegt, formuliert werden: M. E. führen sowohl eine *lebensgeschichtlich* kontextlose, ausschließlich werkimmanente als auch eine sich *werkgeschichtlich* nur mit isolierten Teilen beschäftigende, die PETERSENsche Erziehungsphilosophie außerachtlassende Hermeneutik zwangsläufig zu Verkürzungen. Tatsächlich müssen die *Schriften* des praktisch zu allen Zeiten erziehungspolitisch tätigen Autors Peter PETERSEN[1] allgemein im „politisierten Kontext" der ersten Hälfte dieses Jahrhunderts und speziell in ihren lebensgeschichtlichen Kontexten gesehen werden: eine Herangehensweise, als wären PETERSENs Schriften quasi in einem politisch und lebensgeschichtlich luftleeren Raum entstanden, kann hier nicht sinnvoll sein; und daneben müssen die *Begrifflichkeiten und verschiedenen Bereiche* des PETERSENschen Werkes im Kontext der sie rahmenden PETERSENschen Erziehungsphilosophie - und auch der Entwicklung und Veränderungen dieser Philosophie im Laufe des PETERSENschen Lebens - analysiert werden, um zumindest ein weniger verkürztes Bild von Leben *und* Werk der

[1]M. E. ist PETERSEN allerspätestens ab 1919 (vgl. RETTER 1996d, S. 105; KLUGE 1992, S. 271f. betont argumentativ überzeugend sogar das Jahr 1912) immer wieder erziehungspolitisch tätig gewesen. Darüber hinaus hatte er ab 1923 in Jena im Zuge des Streites um die akademische Lehrerbildung immer wieder mit politischen Instanzen zu tuen (vgl. RETTER 1996d, S. 105-121; 1996g, S. 17f.). Weiter ist er von seinen Professoren-Kollegen vor 1933 als politisch zumindest so kompetent bewertet worden, daß er aus gerade (universitäts-)politischen Gründen 1930/31 zum Dekan der philosophischen Fakultät gewählt worden ist. Das Amt hat er dann erfolgreich im Sinne der Fakultät bekleidet (vgl. KLUGE 1992, S. 234-237; KASSNER 1989, S. 120f.). Ohne daß ich PETERSEN als einen in erster Linie politischen Menschen einschätze, ist das heute fast durchgehend gezeichnete Bild von Petersen als eines unpolitisch-naiven Pädagogens (vgl. z. B. MASCHMANN/OELKERS 1985b, S. 16f.; KASSNER/SCHEUERL 1984, S. 652, 658; SEYFART-STUBENRAUCH 1987, S. 17; SKIERA 1990, S. 28, 37; KEMPER 1991, S. 118f.; KASSNER 1992, S. 270; LINGELBACH 1992, S. 314; OELKERS 1992, S. 484, 488, 493; RÜLCKER 1992, S. 211, 230-232; LUDWIG 1993, S. 339f.; die Liste ließe sich noch weiter fortführen) m. E. grundlegend falsch. Wie sich nachweisen - aus Platzgründen hier aber nicht darstellen - läßt, ist PETERSEN statt dessen vom Petersen-Kreis in den 60er Jahren deutlich „entpolitisiert" worden, da er so sehr viel leichter zum Opfer zweier Diktaturen gemacht werden konnte. Auch diesen Mythos schleppen wir heute noch mit uns herum. Er ist m.E. zentral verantwortlich dafür, daß PETERSENs Verhalten während des NS bis heute kaum angemessen erarbeitet und beurteilt worden ist.

Person Peter PETERSEN nachzeichnen zu können. Hier hat die sich spezialisierende Beschäftigung der 70er Jahre keine Fortschritte erbracht.[1]

Die Petersen-Forschung zu Beginn der 80er Jahre

Im Zuge verschiedener politisch-gesellschaftlicher Zäsuren[2] kommt es gegen Ende der 70er/zu Beginn der 80er Jahre „zur Rückbesinnung auf pädagogische Traditionen und dabei insbesondere auf die Reformpädagogik" (SANDER, 1984, S. 299). Dieser Prozeß der Suche nach reformerischen Alternativen läßt sich für die Pädagogik breit nachweisen.[3] Zentrale Konsequenz für die Pädagogik ist hierbei eine vermehrte Auseinandersetzung mit der Schulpraxis. Dieser Sachverhalt wirkt auch deutlich auf die Petersen-Forschung zurück: Denn so beginnt 1981 das Bundesland Nordrhein-Westfalen mit der Überarbeitung seiner Grundschulrichtlinien und bezieht sich hierbei in starkem Maße auf den Jenaplan.[4] Jener Prozeß wird von einer weitgehend positiv wertenden, dabei jedoch zumeist unkritischen Literatur begleitet, die die Hauptmerkmale der Literatur der 70er Jahre kontinuiert.[5]

Auf der anderen Seite kommt es aber zu Beginn der 80er Jahre gleichfalls auch zu scharfen Angriffen auf PETERSEN und sein Werk, die ebenfalls in den Kontext des Reformspektrums zu verorten sind. Denn Hauptziel dieser Angriffe ist es, vor einer originären Petersen-Pädagogik zu warnen, die von den Autoren als völkisch-konservativ bis NS-affin wahrgenommen wird. Problematisch an dieser Literatur ist die äußerst geringe Durchdringung des PETERSENschen Werkes, so daß ihre Angriffe über Schlagworte kaum hinausgelangen.[6]

Darüber hinaus formiert sich der in den 70er Jahren kaum in Erscheinung getretene Petersen-Kreis zu Beginn der 80er Jahre neu,[7] was sich auch in einer ver-

---

[1]Wobei die Kritik relativierend hinzugefügt werden muß, daß die „ganzheitlichere" defizitäre Forschung der 60er Jahre ob ihres mythologisierenden, verkürzenden, immunisierenden, propagierenden und verdrängenden Umgangs mit PETERSENs Leben und Werk der Forschung der 70er Jahre nur wenige forschungsgemäße Ansatzpunkte geliefert hat. Methodisch gesehen, sind beide ungenügend.

[2]Hier sind zum einen auf die Auseinandersetzungen um den Nato-Doppelbeschluß und die sich im Zuge dessen entwickelnde Formierung einer grün-alternativen (Friedens-)Bewegung, zum anderen auf das Ende der sozialliberalen und den Beginn der konservativ-liberalen Bundesregierung zu verweisen.

[3]Vgl. z. B. BORCHERT et.al. (1979), DICK (1979), BEER (1982), BRAND et.al. (1983). Es verwundert von daher auch nicht, daß der Bonner Lehrertag 1983 unter dem Motto „Alternativen in der Regelschule" stand (vgl. SCHULZ 1984, S. 38).

[4]Vgl. MAYER (1984, S. 71, 74-95), LEDL (1984, S. 691).

[5]Vgl. z. B. BERNHAUSER (1981), STACH (1981), WILLFÜHR (1981), WENZEL (1983).

[6]Vgl. ZUDEICK (1982, S. 108-112), HUFNAGEL (1982, S. 102-105); eine scharfe Auseinandersetzung um PETERSENs Jenaplan läßt sich auch innerhalb der grün-alternativen Bewegung nachweisen, vgl. SCHAARSCHUCH (1983, S. 64).

[7]Dieser Prozeß läßt sich recht anschaulich an der Gründung neuer Institutionen darstellen, nämlich zunächst im Oktober 1980 der „Jena-Plan-Forschungsstelle" an der Universität Gie-

mehrten Veröffentlichungstätigkeit widerspiegelt, deren Hauptaugenmerk gleichfalls auf der Schulpraxis liegt.[1] Obgleich sich das Spektrum bezogen auf das problematische Thema PETERSEN und der NS innerhalb des Kreises erweitert,[2] verdrängt der größere Teil des Petersen-Kreises das Thema entweder auch weiterhin nach bekannten Mustern[3] bzw. versuchen Teile, die defizitären Momente ihrer Forschung aus den 60er Jahren deutlich zu reaktivieren.[4]
Die dargestellten Tendenzen zusammenfassend, läßt sich folgendes Bild von der Forschung der beginnenden 80er Jahre zeichnen: In Abgrenzung zu einer weitgehend unkritischen Literatur sowohl innerhalb als auch außerhalb des Petersen-Kreises[5] entwickelt sich zu Beginn der 80er Jahre eine noch unverbundene kritische Strömung, die auf die jahrzehntelange Verdrängung mit scharfen und offensiv geführten, jedoch mehr polemischen als forschungsgemäßen Angriffen reagiert. Auf jene Angriffe wird von dem sich neu formierenden Petersen-Kreis zunächst entweder gar nicht oder defensiv-abwehrend eingegangen: Eine gleichfalls öffnende und offensive Auseinandersetzung mit dem PETERSENschen Schrifttum, das während des NS entstand, findet weiterhin nicht statt. Von daher lassen sich m.E. im Vorfeld des sogenannten „Petersen-Gedenkjahres" 1984 bereits zwei „Fronten" ausmachen, wobei bezogen auf die Kritiker sehr viel weniger von einem Kreis als vielmehr von noch unverbundenen Strömungen gesprochen werden muß. Entscheidend jedoch ist, daß die Arbeiten beider „Fronten" auf Grundlage miteinander unvereinbarer Petersen-Bilder entstehen, die konträrer kaum sein könnten. So gesehen schwelt also bereits vor dem Beginn des „Petersen-Gedenkjahres" eine wenn auch von der bundesdeutschen Pädagogik noch kaum wahrgenommene Petersen-Diskussion.

Das sogenannte „Petersen-Gedenkjahr" 1984

Wie bereits betont, kommt m. E. dem Jahr 1984 zentrale Bedeutung bei der soeben dargestellten Formierung der späteren Fronten der sogenannten Petersen-

ßen, dann 1981 der „Peter-Petersen-Nachlaßgesellschaft" in Vechta, schließlich im März 1982 des „Arbeitskreises Peter Petersen", in dem sich die beiden letztgenannten Institutionen sowie die noch existenten Jenaplan-Schulen der Bundesrepublik zusammenfassen. Der Rückzug des Petersen-Kreises aus der Veröffentlichungstätigkeit läßt sich für die 70er Jahre exemplarisch auch anhand der Tatsache belegen, daß 1974 - im Gegensatz zu den Jahren 1954, 1964 und 1984 - kein Erinnerungsband und keine Zeitschriftenaufsätze zu Petersens Geburtstag erscheinen.

[1]Vgl. z.B. KLASSEN (1980), KRICK (1981), RUTT (1983), STACH/MAYER/MEYER (1984).

[2]Hier ist vor allem Ehrenhard SKIERA zu nennen, der sich in der ersten Hälfte der 80er Jahre mit dem Thema PETERSEN und der NS auseinanderzusetzen beginnt, vgl. SKIERA (1982, S. 3, 440 Anm. 151; 1984).

[3]Vgl. die Literatur aus Fußnote 39, in der - mit Ausnahme von RUTT (1983) - auf das Verhältnis Petersen und der NS nicht eingegangen wird.

[4]Dies gilt vor allem für Theodor RUTT (1983; 1984).

[5]Vgl. über die in Fußnote 36 genannte Literatur hinaus bei LIEBENBERG (1983), SANDER (1984), BÖNSCH (1984, S. 3f.).

Debatte zu, wobei dieser Prozeß unter keinen Umständen isoliert betrachtet werden darf, sondern in die Entwicklungen in der Pädagogik eingeordnet werden muß.[1] Die Darstellung dieses Formierungs-Prozesses des Jahres 1984 umfaßt in meiner Dissertation zur Zeit etwa 30 Seiten, kann hier also nur äußerst graduell und oberflächlich dargestellt werden. Diesen Sachverhalt bitte ich beim Lesen zu beachten.

Zum Gedenken an Peter PETERSEN entstehen 1984 eine Fülle von Zeitschriftenaufsätzen sowie drei Sammelbände, die m.E. zentral sowohl zur Analyse des Standes der Petersen-Forschung 1984 sind als auch die spätere Petersen-Debatte deutlich beeinflußt haben.[2] Um diese These verdeutlichen zu können, muß hier noch einmal kurz der Stand der Petersen-Forschung zu Beginn der 80er Jahre reflektiert werden.

Wie gezeigt lag der defizitären Forschung der 60er Jahre u.a. vor allem daran, ein bruchloses Bild von Peter PETERSEN zu zeichnen. Eine biographische Forschung wurde von ihr nicht geleistet, sondern zugunsten der Mythologisierung PETERSENs zurückgestellt.[3] Nach dem Scheitern der defizitären Forschung Ende der 60er Jahre entwickelte sich in den 70er Jahren zwar eine offenere Forschung, deren methodischer Mangel jedoch eine in den meisten Fällen verkürzende Beschäftigung mit isoliert betrachteten Teilen des PETERSENschen Werkes war. Darüber hinaus fand eine Auseinandersetzung mit PETERSENs Biographie praktisch nicht statt. Beide Momente stellen zentrale Ursachen für die geringere Durchdringung des PETERSENschen Werkes und dem konstatierten (Teil-)Rückschritt dar. Infolgedessen herrschte in den 70er Jahren lange nicht mehr die Klarheit bezogen auf die Spannungsfelder des PETERSENschen Werkes. Zu Beginn der 80er Jahre rückte zwar das PETERSENsche Werk, im Zuge einer allgemein vermehrten Beschäftigung mit „der" Reformpädagogik, wieder stärker ins Interesse, jedoch weitgehend in Kontinuität zur Forschung der 70er Jahre, d.h. ohne Beschäftigung mit den Grundlagen des PETERSENschen Werkes und seiner Biographie.[4] So gesehen konnten also die Autoren des Jahres 1984 einerseits praktisch auf keinerlei gesicherte biographische Forschung zurückgreifen; andererseits waren - wie gleich gezeigt wird - verschiedene Autoren aus nach-

[1]Wobei die Entwicklungen in der Pädagogik wiederum, wie zu Beginn des letzten Abschnitts betont, deutlich in den Kontext der politisch-gesellschaftlichen Entwicklungen verortet werden müssen. Daß diese vielschichtigen Entwicklungen hier aus Platzgründen nicht erarbeitet werden können, muß eindeutig als Verkürzung gewertet werden. Die Petersen-Debatte ist nur unter Einbeziehung sowohl der historischen Entwicklung der Petersen-Rezeption als auch der politisch-gesellschaftlichen Entwicklungen der 80er Jahre in der Bundesrepublik und dann ab der 90er Jahre im vereinten Deutschland zu verstehen. Denn beide Entwicklungsstränge haben die Erkenntnisinteressen, Darstellungen und Ergebnisse der verschiedenen Akteure maßgeblich beeinflußt bzw. geprägt (und prägen sie natürlich auch noch heute).

[2]KLASSEN/SKIERA (1984), MASCHMANN/OELKERS (1985a), SALZMANN (1987).

[3]Vgl. hierzu auch KLUGE (1992, S. 12-15).

[4]Wichtige Ausnahme bezogen auf die PETERSENsche Erziehungsphilosophie stellt hingegen SKIERA (1982, S. 15-96) dar.

vollziehbaren Gründen nicht bereit, sich auf die werkhermeneutisch fundiertere, jedoch vielfach defizitäre Petersen-Literatur der 60er Jahre zu beziehen. In Anbetracht dieser Sachverhalte sowie einer schwelenden Petersen-Diskussion und vielfältiger Umbruchssituationen sowohl in der Gesellschaft wie in der Pädagogik mußte es praktisch zwangsläufig zu vielschichtigen Bewertungen auch der Person Peter PETERSENs kommen, die neue Elemente mit mythologisierten bzw. verdrängten und/oder vergessenen mischten, was im Einzelfall zu hochproblematischen Darstellungen geführt hat,[1] die wiederum zum Teil die Petersen-Debatte - und folglich auch das heute herrschende Petersen-Bild - entscheidend mitgeprägt haben. Von daher wird vielleicht auch meine zu Beginn des Artikels formulierte Grundthese (vgl. S. 3), wonach praktisch alle seit 1984 geschriebenen Arbeiten in einem sehr weitgehenden Maße von der Petersen-Forschung *vor* 1984 beeinflußt sind, deutlicher. Unter diesem Gesichtspunkt soll nun auf die m.E. zentralsten Artikel des „Petersen-Gedenkjahres" eingegangen werden, was dem vielschichtigen Prozeß der „Fronten"-Bildung kaum gerecht werden kann.[2] Zentral für den ersten in Fußnote 45 genannten Sammelband ist m. E. die Arbeit Susan FREUDENTHAL-LUTTERs (1984), in der der Beginn der Erforschung der PETERSENschen Verwobenheit mit und in den internationalen Reformströmungen gesehen werden muß,[3] wobei dieser Sachverhalt auch als ein erster Beleg für die ab 1984 sich verstärkende Biographie-Forschungen gesehen werden kann. Problematisch an ihrer Arbeit ist hingegen, daß sie bezogen auf PETERSENs Verhältnis zum NS klar aus den Sichtweisen, die den Hauptströmungen des Petersen-Kreises zu Beginn der 80er Jahre zu eigen sind, entsteht. Insofern werden hier verschiedene der im Petersen-Kreis gepflegten Mythen zur Absicherung ihres Petersen-Bildes benutzt.[4]

---

[1]Ein dem vielschichtigen Forschungsfeld angemessenes methodisches Analyseinstrument stellt m.E. das von Eric HOBSBAWM (1983) entwickelte Konstrukt der „erfundenen Traditionen" dar. Kurzgefaßt kann man unter diesen Überlieferungen verstehen, die nicht primär auf forschungsgemäßen, sondern auf problematischen Erkenntnisinteressen beruhen.

[2]Der Prozeßcharakter wird in der nachfolgenden Darstellung ganz sicher nicht deutlich, vielmehr handelt es sich bei dieser um einige Momentaufnahmen, die den Prozeß allenfalls erahnen lassen können.

[3]Ein m. E. zentrales Moment für die erste Zeit der Petersen-Debatte stellt der Sachverhalt dar, daß dieser Forschungsbeginn - mit Ausnahme der unabhängig von FREUDENTHAL-LUTTER erschienenen Arbeiten BODENSTEINs (1984; 1985) - erst zu Beginn der 90er Jahre wirklich aufgenommen worden ist (vgl. z. B. LUDWIG 1990; OFENBACH 1990, S. 604f.; KLUGE 1992, S. 176-180; SKIERA 1992). Da noch in den 80er Jahren praktisch kaum fundierte Informationen über die internationalen Aspekte PETERSENschen Schaffens bekannt war, wurde PETERSEN auch von daher immer wieder als ein primär völkisch-konservativer Pädagoge wahrgenommen.

[4]Als Mythen werden in diesem Zusammenhang unbelegte Behauptungen angesehen, die, sobald sie in der Forschung perpetuiert werden, sehr schnell zu „erfundenen Traditionen" werden können: Der Autor C benutzt Aussagen des Autors B als Beleg, die von diesem anhand von Autor A belegt worden sind. Wenn Autor A bloß eine unbelegte Mythologisierung erarbeitet hat, bedarf es bereits einer tiefschürfenden Quellenkritik, um die Aussagen des Autors

Zur Bündelung der kritischen Strömung zentral ist m.E. der von Ingeborg MASCHMANN und Jürgen OELKERS herausgegebene Sammelband gewesen. Er stellt zusammen mit dem abschließend zu betrachtenden Zeitschriften-Artikel von Peter KASSNER und Hans SCHEUERL (KASSNER/SCHEUERL 1984) das zentrale Dokument des Jahres 1984 dar und ist wegen der Vielschichtigekit seiner Ergebnisse hier nicht einmal ansatzweise diskutierbar, weshalb auf eine Bewertung seiner Ergebnisse an dieser Stelle verzichtet werden muß. Statt dessen sollen hier zusammenfassend nur seine wichtigsten Ergebnisse dargelegt werden.[1] Aus nachfolgender Zusammenfassung wird, denke ich, deutlich erkennbar, wie stark dieser Sammelband die spätere Petersen-Debatte geprägt hat und weshalb er als das zentrale Werk zur Bündelung der kritischen Strömungen angesehen werden muß. Denn in ihm kommt es zum ersten Mal überhaupt in der bundesdeutschen Pädagogik zu einer umfassenderen Um- und Neubewertung der Person Peter PETERSEN, was eine umso nachhaltigere Wirkung gehabt hat, da es sich bei den Autoren der einzelnen Arbeiten um anerkannte und ausgewiesene Erziehungswissenschaftler handelt. Ihr Sammelband trägt also die Petersen-Kritik weitergehend in die bundesdeutsche Pädagogik hinein und dürfte so eine breitere Fachwelt auf das problematische Thema PETERSEN und der NS aufmerksam gemacht haben. Das von den Autoren erarbeitete Petersen-Bild läßt sich wie folgt darstellen:
Der „in einem bäuerlichen Milieu aufgewachsene PETERSEN“[2] „war wesentlich oder vor allem Moralist“,[3] dessen Gesamtkonzeption metaphysisch und nicht gesellschaftskritisch begründet war.[4] Folge dieser drei Momente war die Ablehnung des „Projekts der Moderne“ aus einem „un-“ bzw. „antimodernen“ Bewußtsein heraus.[5] Dieses „antimoderne“ Bewußtsein weise sowohl auf die „na-

---

C als „erfundene Tradition“ zu entlarven (die ihm selbst noch nicht einmal bewußt gewesen sein muß). So gesehen sind also „erfundene Traditionen“ von tatsächlichen wissenschaftlichen Aussagen oftmals nicht zu unterscheiden, was sie nur umso problematischer macht. Da die Petersen-Forschung der 60er Jahre in beiden deutschen Staaten einen starken Mythologisierungsbedarf hatte, steht m. E. jede ungeprüfte Aussage, die sich explizit oder implizit auf die Literatur der 60er Jahre bezieht, in der Gefahr, eine „erfundene Tradition“ in der Forschung zu installieren bzw. zu perpetuieren. Ein typischer Mythos für die Hauptströmung des Petersen-Kreises der beginnenden 80er Jahre ist die von ihm nie belegte These, daß Petersen „den Nazis sehr verdächtig“ gewesen sei (FREUDENTHAL-LUTTER 1984, S. 56).

[1] Zur Verdeutlichung meiner Position sei hier nur angemerkt, daß ich den Sammelband für ungemein wichtig zum Aufbruch der dargestellten Problematiken der Petersen-Forschung zu Beginn der 80er Jahre halte. Dennoch, wie ich in meiner Dissertation kleinschrittig nachzuweisen versuche, beruhen seine Ergebnisse gleichfalls weitgehend auf methodisch problematischen Prämissen, die allerdings Ende 1997 leichter zu durchschauen sind, als sie es noch 1984 waren.

[2] MASCHMANN/OELKERS (1985b, S. 14), PRIOR (1985, S. 161).

[3] MASCHMANN/OELKERS (1985b, S. 14), OELKERS (1985, S. 86f.).

[4] Vgl. MASCHMANN/OELKERS (1985b, S. 16f.), OELKERS (1985, S. 86f.), PRIOR (1985, S. 156).

[5] Vgl. MASCHMANN/OELKERS (1985b, S. 10), OELKERS (1985, S. 86f.), PRIOR (1985, 152f.).

tional-konservative"[1] bzw. „konservativ-völkische"[2] Grundeinstellung PETERSENs hin und erkläre auch seine „politische Naivität"[3] sowohl gegenüber dem NS als auch gegenüber dem sich formierenden SED-Staat.[4]
Der letzte der genannten Sammelbände geht zurück auf ein Symposion, das Ende 1984 an der Universität Osnabrück stattfand. Er ist in der Literatur verschiedentlich als apologetisch bis hagiographisch dargestellt worden,[5] eine Charakterisierung, die in dieser Pauschalität jedoch nicht haltbar ist. Da an dem Symposion verschiedene zentrale Akteure des Petersen-Kreis teilgenommen haben, kann an ihm recht anschaulich eine Verortung seiner Petersen-Forschung im Jahre 1984 vorgenommen werden: Auf dem Symposion wurde, sowohl was die Vorträge als auch deren Diskussion angeht, solange relativ offen diskutiert, wie nicht das problematische Thema PETERSEN und der NS angesprochen wurde. Dieses jedoch war von dem Veranstalter, Christian SALZMANN, als eines der zentralen geplant gewesen, weshalb es von einem einordnenden und hinführenden und einem ausblickenden Teil quasi umrahmt worden war (vgl. Salzmann 1987, S. 556-559). Das zur Analyse des Verhältnisses PETERSENs zum NS geplante Referat Arno WARZELs (1987) geriet diesem jedoch zu einer völlig verdrängenden Darstellung der Problematik, die m.E. als extremer Rückfall in eine defizitäre Forschungsauffassung zu charakterisieren ist,[6] wonach es beinahe zum Eklat kam und der Petersen-Kreis sogleich in eigentümlicher Solidarität zusammenrückte (vgl. Salzmann 1987, S. 222-240).[7] Obgleich am nächsten Tag das Symposion wiederum weitgehend offen und instruktiv vonstatten ging, wurde das Thema PETERSEN und der NS nun beinahe durchgehend gemieden, wodurch sich der Petersen-Kreis m.E. endgültig um die letzte Chance brachte, sich von sich aus mit dem problematischen Thema zu beschäftigen.[8]
Abschließend muß noch auf die m. E. zentrale Arbeit des Petersen-Gedenkjahres, nämlich auf KASSNER/SCHEUERLs (1984) „Rückblick auf Peter

---

[1] Vgl. MASCHMANN/OELKERS (1985b, S. 15), MASCHMANN (1985, S. 26-29), OELKERS (1985, S. 76).
[2] PRIOR (1985, S. 153, 163).
[3] MASCHMANN/OELKERS (1985b, S. 16f.), MASCHMANN (1985, S. 35), OELKERS (1985, S. 72 Anm. 30, S. 87), PRIOR (1985, S. 161).
[4] MASCHMANN/OELKERS (1985b, S. 16f.), MASCHMANN (1985, S. 35).
[5] Vgl. KEIM (1989, S. 135f.), BENNER/KEMPER (1991, S. 11 Anm. 1), IMELMAN/JEUNHOMME/MEIJER (1996, S. 13).
[6] Dieser Sachverhalt läßt sich breit nachweisen; als Extrembeispiel sei nur auf die völlig unbelegt aufgestellten „Fakten" bezüglich des PETERSENschen Verhältnisses zum NS verwiesen (ebenda, S. 204f.), mittels derer der Referent jegliche Diskussion von vorneherein ausschließen wollte.
[7] Nicht umsonst sprach z. B. der Veranstalter auf eine Frage Adalbert RANGs - übrigens zum einzigen Mal während des Symposions - vom Petersen-Kreis als von „wir" und - gleichfalls zum einzigen Mal - von „unserem Kreis" (vgl. ebenda, S. 227).
[8] Zwei diesbezügliche Beiträge aus dem Petersen-Kreis, nämlich von Franz BERTOLD, der für eine endlich zu gestaltende offene Forschung plädierte, blieben vom Petersen-Kreis aus ohne Resonanz, vgl. ebenda, S. 271 f., 410-412.

PETERSEN, sein pädagogisches Denken und Handeln", eingegangen werden. Denn in ihr wird praktisch zum ersten Mal überhaupt, 32 Jahre nach PETERSENs Tod, ein akten- und quellenmäßig überzeugend fundierter Abriß der PETERSENschen Biographie geleistet, der konsequent PETERSENs Leben und Werk in den Mittelpunkt der Beschäftigung stellt, so daß in dieser Arbeit der Beginn der Biographie-*Forschung* zur Person Peter PETERSEN gesehen werden muß. Denn - bei aller hier nicht zu leistenden Kritik im einzelnen - rezeptionsgeschichtlich gesehen überwindet ihre Arbeit, durch das Insistieren auf die Belegung von Aussagen durch objektiv vorhandene Daten - vor allem Akten und schriftliche Quellen - bei gleichzeitiger analytischer Durchdringung von Leben *und* Werk, das Forschungsstadium einer „paradoxen Erweiterung" und schafft so das Fundament für eine offene und diskussionsfähige Petersen-Forschung. Denn nicht umsonst wird seit der zweiten Hälfte der 80er Jahre ein immer größerer Wert auf eine akten- und quellenmäßige Absicherung der Forschungsergebnisse zu PETERSEN und seinem Werk gelegt, was wiederum eine der zentralen Voraussetzungen für eine wissenschaftliche Debatte darstellt. Von daher schafft also die Arbeit von Peter KASSNER und Hans SCHEUERL die letzte, methodisch entscheidende Voraussetzung für die Petersen-Debatte. Denn ohne sie wäre keine Kontroverse, sondern allenfalls Scholastik möglich gewesen.

Schlußbetrachtung

Der Artikel hat in stark verkürzter Weise versucht, die Entwicklungen und Stationen der Petersen-Forschung nach dem Zweiten Weltkrieg in der Bundesrepublik bis ins „Petersen-Gedenkjahr" 1984 interpretierend darzulegen. Hierbei hoffe ich, daß die Komplexität des Forschungsfeldes deutlich geworden ist, die dazu geführt hat, daß es im Jahre 1984

- mit dem Sammelband von Ingeborg MASCHMANN und Jürgen OELKERS erstens zu einer Bündelung sowie Selbstvergewisserung von zuvor unverbundenen kritischen Strömungen gekommen ist;
- daß es zweitens dem Petersen-Kreis, trotz einer ansonsten deutlich offeneren Beschäftigung mit PETERSENs Leben und Werk als noch in den 60er Jahren, nicht gelang, sich von sich aus mit dem problematischen Thema PETERSEN und der NS auseinanderzusetzen;
- und daß drittens vor allem durch die Arbeit von Peter KASSNER und Hans SCHEUERL die letzten methodischen Grundlagen für eine wissenschaftliche Debatte gelegt worden sind, die die Chance eines wissenschaftlichen Erkenntnisfortschritts bot und bietet.

Diese Debatte begann, nach Abschluß der Formierung beider Debatten-Seiten im zweiten Drittel der achtziger Jahre und im Kontext der allgemeinen Debatten um das Verhältnisses der deutschen Pädagogik zum NS, im letzten Drittel der achtziger Jahre und darf zum einen nicht getrennt von den skizzierten historischen Entwicklungen betrachtet, kann darüber hinaus aber m. E. ebenfalls chronologisch-periodisierend interpretiert werden. Eine solche interpretierende Periodisierung ist allerdings nicht Thema dieses Artikels.

Literatur

BALLAUF, Th./SCHALLER, K.: Peter PETERSEN. In: dieselben: Pädagogik. Eine Geschichte der Bildung und Erziehung. Band II, 19./20. Jahrhundert. Freiburg, München 1973, S. 711-713.

BANASCHEWSKI, A.: Peter PETERSEN, geboren am 26. Juni 1884 in Großenwiehe, Kr. Flensburg gestorben am 21. März 1952 in Jena. In: Hamburger Lehrerzeitung 5 (1952) H. 8, S. 10-12.

BEER, W.: Ökologische Aktion und ökologisches Lernen. Erfahrungen und Modelle für die politische Bildung. Opladen 1982.

BEKKER, K.: Die Schulpädagogik Peter PETERSENs als Beispiel der Ermöglichung schöpferischer Schüleraktivität. In: derselbe: Erziehender Umgang mit Kindern. Praktische Wege zur Konfliktlösung für Lehrer, Eltern und Sozialpädagogen. Paderborn 1977, S. 42-48.

BENNER, D.: Unterrichtstheoretische Pädagogik bei P. PETERSEN. In: derselbe: Hauptströmungen der Erziehungswissenschaft. Eine Systematik traditioneller und moderner Theorie. München 1973, S. 159-177.

BENNER, D./KEMPER, H.: Einführung zur Neuherausgabe des Kleinen Jena-Plans. Weinheim et.al. 1991.

BENNER, D./SLADEK, H.: Das Erziehungsprogramm von 1947. Seine kontroverse Diskussion und das allmähliche Enstehen der Staatspädagogik in der SBZ/DDR. In: Zeitschrift für Pädagogik 41 (1995) H. 1, S. 63-79.

BERNHAUSER, J.: Reformpädagogik - auch heute noch? In: Grundschule 13 (1981) S. 192-194.

BLÄTTNER, F.: Peter PETERSEN zum Gedächnis. In: Die Sammlung 7 (1952) S. 333f.

BODENSTEIN, E.: Von Großenwiehe nach Jena. Zum 100. Geburtstag des Reformpädagogen Peter PETERSEN. In: Grenzfriedenshefte. Band 3/4. Flensburg 1984, S. 244-257.

BODENSTEIN, E.: Peter PETERSEN und die reformpädagogische Bewegung in Dänemark. In: MASCHMANN, I./OELKERS, J (Hrsg.): Peter Petersen. Beiträge zur Schulpädagogik und Erziehungsphilosophie. Heinsberg 1985, S. 169-183.

BÖNSCH, M.: Konzept einer Schule mit dem Schwerpunkt „Soziales Lernen“. Zur Weiterentwicklung des Jenaplans. In: Neue Unterrichts-Praxis. 6 (1973) H. 3, S. 15-17.

BÖNSCH, M.: Binnendifferenzierung. In: Sonderschulmagazin 6 (1984) S. 3f.

BRAND, K.-W. et.al.: Aufbruch in eine andere Gesellschaft. Neue soziale Bewegungen in der Bundesrepublik. Frankfurt, M. et.al. 1983.

BRAUN, G.: „Regierungsangelegenheiten“ in Thüringen im Spannungsfeld von sowjetischer Deutschlandpolitik und SED-Kalkülen 1947. Die Sekretariatssitzung des SED-Landesvorstands Thüringen vom 30. April 1947. In: Beiträge zur Geschichte der Arbeiterbewegung 34 (1992) H. 3, S. 67-91.

BORCHERT, M. et.al. (Hrsg.): Schulen, die ganz anders sind. Frankfurt, M. 1979.

BRINKMANN, G. et.al.: Schule als Lebensstätte des Kindes. Der Jena-Plan Peter Petersens. In: dieselben (Hrsg.): Theorie der Schule - Schulmodelle. Kronberg 1974, S. 112-127.

CHIOUT, H.: Schulversuche in der Bundesrepublik Deutschland. Neue Wege und Inhalte in der Volksschule. (Herausgegeben von der Hochschule für Internationale Pädagogische Forschung in Frankfurt, M.) Dortmund 1955.

DICK, L. van: Alternativschulen. Informationen, Probleme, Erfahrungen. Hamburg 1979.

DIETRICH, D.: Der Jena-Plan von Peter Petersen. Ein Beitrag zur Kritik imperialistischer Pädagogik. Berlin (DDR) 1953. (Dissertation.)

DIETRICH, Th.: Der „Jena-Plan" als Ausgangsform einer demokratischen Schulerziehung. In: Schola 3 (1948) S. 649-661.

DIETRICH, Th.: Erziehung nach dem Jena-Plan. (Zum 65. Geburtstag von Peter PETERSEN.) In: Bildung und Erziehung 2 (1949) S. 752-765.

DIETRICH, Th.: Peter PETERSEN - Leben und Werk. In: Lebendige Schule, Schola 7 (1952) S. 460-471.

DIETRICH, Th.: Mein Lehrer Peter PETERSEN. In: Lebendige Schule 19 (1964) S. 225-234.

DIETRICH, Th.: Sozialistische Pädagogik - Ideologie ohne Wirklichkeit. Grundlagen. Erziehungs- und Schulkonzeption. Erkenntnisse. Bad Heilbrunn 1966.

DÖPP-VORWALD, H.: Die Anliegen der inneren Schul-Reform und der Jena-Plan. In: Schola 4 (1949) S. 803-818.

DÖPP-VORWALD, H.: Peter PETERSEN. 1884-1952. In: FRANZ, G. (Hrsg.): Thüringer Erzieher. Köln, Graz 1966, S. 365-412.

DUDEK, P. et.al.: Pädagogik und Nationalsozialismus. Bibliographie pädagogischer Hochschulschriften und Abhandlungen zur NS-Vergangenheit in der BRD und DDR 1945-1990. Wiesbaden 1995.

DUDEK, P.: Peter PETERSEN: Reformpädagogik in der SBZ und in der DDR 1945-1950. Eine Fallstudie. Weinheim 1996.

FASSNACHT, W.: Ein Leben im Dienste der Erziehungsidee. Zum 70. Geburtstag von Peter PETERSEN. In: Lebendige Schule 9(1954) S. 355-362.

FREUDENTHAL-LUTTER, S. J.: Vorüberlegungen zu einer internationalen Petersen-Forschung. In: Blätter des Weltbundes für Erneuerung der Erziehung 2 (1966) H. 2, S. 59-71.

FREUDENTHAL-LUTTER, S. J.: Anregungen zu einer internationalen Petersen-Forschung. In: schule aktuell/Ganzheitliche Bildung 19(1968) S. 325-338.

FREUDENTHAL-LUTTER, S. J.: Peter PETERSENs Beziehungen zu ausländischen Reformpädagogen und Reformbewegungen. In: KLASSEN, TH. F./SKIERA, E. (Hrsg.): Pädagogik der Mitmenschlichkeit. Beiträge zum Petersen-Jahr 1984. Heinsberg 1984, S. 43-61.

GLÄSER, L.: Die Rolle der sowjetischen Pädagogik beim Aufbau der deutschen demokratischen Schule und bei der Entwicklung der pädagogischen Wissenschaft auf dem Gebiet der heutigen Deutschen Demokratischen Republik (1945 bis 1949). Teil II. In: Jahrbuch für Erziehungs- und Schulgeschichte. Berlin (DDR) 11(1971) S. 181-254.

HEUBACH, E.: Zu einigen Fragen der Entwicklung des Erziehungszieles und der Unterrichtsmethode beim Aufbau der deutschen demokratischen Einheitsschule in den Jahren 1945 bis 1949. Berlin (DDR) 1962 (unveröffentlichte Dissertation).

HEUBACH, E.: Das „Methodische Manifest" aus dem Jahre 1946 - ein Ergebnis der Auseinandersetzungen um die Unterrichtsmethode in der antifaschistisch-demokratischen Einheitsschule. In: Jahrbuch für Erziehungs- und Schulgeschichte. Berlin (DDR) 7(1967) S. 163-181.

HEYDORN, H.-J.: Industrielle Revolution: Fluchtversuche. In: derselbe: Über den Widerspruch von Bildung und Herrschaft. Frankfurt am Main 1970, S. 218-271.

HILKER, F.: Peter PETERSEN. In: Bildung und Erziehung 5(1952) S. 297-299.

HOBSBWAM, E.: Introduction: Inventing Traditions. In: HOBSBAWM, E./RANGER, T. (ed.): The Invention of Tradition. Cambridge [8]1992 ([1]1983), S. 1-14.

HÖLTERSHINKEN, D.: Peter PETERSEN. In: SPECK, J. (Hrsg.): Geschichte der Pädagogik des 20. Jahrhunderts. Von der Jahrhundertwende bis zum Ausgang der geisteswissenschaftlichen Epoche. Band 1. Stuttgart et.al. 1978, S. 103-116.

HUFNAGEL, E.: Peter PETERSEN (1884 - 1952). In: derselbe: Pädagogische Theorie im 20. Jahrhundert. Frankfurt am Main 1982, S. 102-113.

IMELMAN, J. D./JEUNHOMME, J. M. P. /MEIJER, W. A. J.: Jena-Plan. Eine begriffsanalytische Kritik. Weinheim 1996. (ndl. 1981.)

KASSNER, P./SCHEUERL, H.: Rückblick auf Peter PETERSEN, sein pädagogisches Denken und Handeln. In: Zeitschrift für Pädagogik 30(1984), S. 647-661.

KASSNER, P.: Peter PETERSEN - die Negierung der Vernunft? In: Die Deutsche Schule 81(1989), S. 117-132.

KASSNER, P.: Peter PETERSEN und sein Bild vom Nationalsozialismus. In: RÜLCKER, T./KASSNER, P. (Hrsg.): Peter PETERSEN: Antimoderne als Fortschritt? Erziehungswissenschaftliche Theorie und pädagogische Praxis vor den Herausforderungen ihrer Zeit. Frankfurt, am Main et.al. 1992, S. 247-284.

KASSNER, P.: Die Pädagogische Tatsachenforschung von Else und Peter PETERSEN. In: Pädagogische Rundschau 51(1997) S. 275-288.

KEIM, W.: Vergessen oder Verantwortung? Zur Auseinandersetzung bundesdeutscher Erziehungswissenschaft mit ihrer NS-Vergangenheit. In: Forum Wissenschaft 5(1988) H. 1, S. 40-45.

KEIM, W.: Peter PETERSENs Rolle im Nationalsozialismus und die bundesdeutsche Erziehungswissenschaft. Kritische Anmerkungen zu Peter KASSNERs Beitrag in diesem Heft. In: Die Deutsche Schule 81(1989) S. 133-145.

KEIM, W.: Zur Reformpädagogik-Rezeption in den alten Bundesländern - Phasen, Funktionen, Probleme. In: Pädagogik und Schulalltag 47(1992), S. 124-138.

KEIM, W.: Reformpädagogik als restaurative Kraft. Zur Problematik der Reformpädagogik-Rezeption in Westdeutschland zwischen 1945 und 1965. In: HOFFMANN, D./NEUMANN, K. (Hrsg.): Erziehung und Erziehungswissenschaft in der BRD und der DDR. Band 1, Die Teilung der Pädagogik (1945-1965). Weinheim 1994, S. 221-247.

KEMPER, H.: Der Jena-Plan Peter PETERSENs: Die Schulgemeinde als erzieherische und gesellschaftliche Alternative. In: Derselbe: Wie alternativ sind alternative Schulen? Theorie, Geschichte und Praxis. Weinheim 1991, S. 103-120.

KLAFKI, W.: Das Problem der Elementargrammatiken in der Didaktik Peter PETERSENs und in der gegenwärtigen Theorie des Gruppenunterrichts. In: derselbe: Das pädagogische Problem des Elementaren und in der Theorie der kategorialen Bildung. Weinheim 3/4 1964 (1 1959), S. 233-239.

KLASSEN, Th.-F.: Individuell lernen und gemeinsam leben - Jena-Plan-Schulen. In: LICHTENSTEIN-ROTHER, I. (Hrsg.): Jedem Kind seine Chance. Individuelle Förderung in der Schule. Freiburg et.al. 1980, S. 47-63.

KLASSEN, Th.-F.: Die Jenaplan-Renaissance in der Bundesrepublik Deutschland. Anmerkungen zur Problematik der inneren Schulreform. In: KLASSEN, TH. F./SKIERA, E. (Hrsg.): Pädagogik der Mitmenschlicheit. Beiträge zum Petersen-Jahr 1984. Heinsberg 1984, S. 99-104.

KLASSEN, Th.-F./SKIERA, E. (Hrsg.): Pädagogik der Mitmenschlichkeit. Beiträge zum Petersen-Jahr 1984. Heinsberg 1984.

KLUGE, B.: Peter PETERSEN. Lebenslauf und Lebensgeschichte. Auf dem Weg zu einer Biographie. Heinsberg 1992.

KOSSE, W.: Peter PETERSEN und sein Werk. In: Pädagogische Rundschau 17(1963) S. 697-704.

KOSSE, W.: Die Diskussion um Peter PETERSEN. In: Pädagogische Rundschau 19(1965), S. 771-785.

KOSSE, W.: Erziehung und Lebenssinn. Untersuchungen zur Erziehungsmetaphysik Peter PETERSENs. Oberursel 1967.

KOSSE, W.: Peter PETERSEN, 1884-1952, Leben und Werk. Der Mensch und Erzieher. In: schule aktuell/Ganzheitliche Bildung 19(1968) 257-261.

KOSSE, W.: Pädagogik aus dem Anspruch der Situation. In: Peter PETERSEN: Pädagogik der Gegenwart. Reprint der 2.Auflage 1937. Mit einem Nachwort von Professor Dr. Wilhelm KOSSE. Weinheim, Basel 1973, S. 195-205.

KOSSE, W.: Peter PETERSEN (1884-1952). In: SCHEUERL, H. (Hrsg.): Klassiker der Pädagogik. Zweiter Band: Von Karl MARX bis Jean PIAGET. München 1979, S. 183-195.

KRICK, W.: Die humane Schule als Lebensraum. Peter PETERSENs Jenaplan als Antwort auf die heutige Schulsituation. Oberursel 1981.

KUHN, Th. S.: Die Struktur wissenschaftlicher Revolutionen. Frankfurt am Main ^{2}1976.

LEDL, V.: Die Antwort des Jena-Plans (Peter PETERSEN) auf aktuelle pädagogische Probleme. Internationale Tagung in Königswinter/Rhein. In: Erziehung und Unterricht 134(1984), S. 690-692.

LIEBENBERG, K.: Unsere Schule ist für Kinder da. Eindrücke von einer Jena-Plan-Schule in den Niederlanden. In: betrifft: erziehung 16(1983), S. 59-63.

LINGELBACH, K. Ch.: Erziehung und Erziehungstheorien im nationalsozialistischen Deutschland. Marburg, Lahn 1970 (Dissertation).

LINGELBACH, K. Ch./DIEDERICH, J.: Der „Jena-Plan" Peter PETERSENs: „Schulleben und Unterricht einer freien allgemeinen Volksschule nach den Grundsätzen Neuer Erziehung". In: dieselben: Handlungsprobleme des Lehrers. Eine Einführung in die Schulpädagogik. Band 1, Unterricht und Schulleben. o. O. 1979, S. 128-135.

LINGELBACH, K. Ch.: Verdrängung politischer Wirklichkeit aus dem pädagogischen Denken. Peter PETERSENs „Pädagogischer Realismus" in den erziehungstheoretischen Kontroversen unter der NS-Herrschaft. In: RÜLCKER, T./KASSNER, P. (Hrsg.): Peter PETERSEN: Antimoderne als Fortschritt? Erziehungswissenschaftliche Theorie und pädagogische Praxis vor den Herausforderungen ihrer Zeit. Frankfurt am Main et.al. 1992, S. 285-317.

LINGELBACH, K. Ch.: Schulwohnstube oder weltoffene Schulwerkstatt? Zur Diskussion der Schulmodelle Peter PETERSENs und Adolf REICHWEINs. In: Pädagogik und Schulalltag 52(1997) S. 166-178.

LOCHNER, R.: PETERSEN. In: derselbe: Deutsche Erziehungswissenschaft. Meisenheim am Glan 1963, S. 332-339.

LUDWIG, H.: Peter PETERSEN und Maria MONTESSORI - Prolegomena zu einem komplexen Forschungsthema. In: Montessori-Werkbrief 28(1990) H. 1/2, S. 34-60.

LUDWIG, H.: Das reformpädagogische Modell der Schule als „Erziehungsschule" und „Lebensstätte" am Beispiel der Schulkonzeption Peter PETERSENs. In: Derselbe: Entstehung und Entwicklung der modernen Ganztagsschule in Deutschland. Band 1, Vom Ausgang des 19. Jahrhunderts bis zum Ende des 2. Weltkriegs. Köln et.al. 1993, S. 293-313.

MASCHMANN, I.: Zur Biographie und Zeitgeschichte Peter PETERSENs. In: MASCHMANN, I./OELKERS, J. (Hrsg.): Peter PETERSEN. Beiträge zur Schulpädagogik und Erziehungsphilosophie. Heinsberg 1985, S. 25-53.

MASCHMANN, I./OELKERS, J. (Hrsg.): Peter PETERSEN. Beiträge zur Schulpädagogik und Erziehungsphilosophie. Heinsberg 1985b.

MASCHMANN, I./OELKERS, J.: Einleitung: PETERSENs Pädagogik als Problem. In: Dieselben (Hrsg.): Peter PETERSEN. Beiträge zur Schulpädagogik und Erziehungsphilosophie. Heinsberg 1985a, S. 9-23.

MAIER, H./PFISTNER, H.-J.: Die „Pädagogische Tatsachenforschung" von Peter und Else PETERSEN - Analyse und Kritik. In: dieselben: Grundlagen der Unterrichtstheorie und Unterrichtspraxis. Beobachtungsformen. Strukturen. Systeme. Weinheim ^{2}1976 (^{1}1969), S. 166-179.

MAYER, W. G.: Neue Bestrebungen zur Jenaplan-Pädagogik. In: KLASSEN, TH. F./SKIERA, E. (Hrsg.): Pädagogik der Mitmenschlichkeit. Beiträge zum Petersen-Jahr 1984. Heinsberg 1984, S. 63-97.

MASKUS, R.: Peter PETERSENs Gemeinschaftsbegriff und seine erziehungswissenschaftliche Bedeutung. Münster 1958 (Dissertation).

MASKUS, R.: Gemeinschaft und Erziehung bei Peter PETERSEN. In: Lebendige Schule 19(1964) S. 235-240.

MERKENS, H.: Die pädagogische Tatsachenforschung Else und Peter PETERSENs als Beispiel empirischer Unterrichtsforschung. In: Zeitschrift für Pädagogik 21(1975) S. 835-842.

MIESKES, H.: Erfahrungen und Erkenntnisse im Jena-Plan. In: Schola 6 (1951) S. 93-101.

MIESKES, H.: Gedenkrede in der Aula der Friedrich-Schiller-Universität am 9.4.1952. In: Rudolf RENARD (Hrsg.): Peter PETERSEN. Leben und Werk. (Lebendige Schule. Beiheft.) Frankfurt am Main 1954, S. 7-22.

MIESKES, H.: Pädagogik des Fortschritts? Das System der sowjetzonalen Pädagogik in Forschung, Lehre und Praxis. München 1960.

MIESKES, H. (Hrsg.): Jenaplan. Anruf und Antwort. Oberursel 1965.

MIESKES, H.: Jenaplan und Schulreform. Erläuterungen, Erwägungen, Erfahrungen. Oberursel 1966.

MIESKES, H. et. al. (Hrsg.): Peter PETERSEN. Wirken und Werk. Bonn et.al. [2]1966a ([1]1964).

MIESKES, H.: Peter PETERSEN - Ein Leben für Wissenschaft und Erziehung. In: derselbe et.al. (Hsgg.): Peter PETERSEN. Wirken und Werk. Bonn et.al. [2]1966b ([1]1964), S. 9-13.

MIESKES, H.: Peter PETERSEN und unsere Zeit. In: derselbe et.al. (Hrsg.): Peter PETERSEN. Wirken und Werk. Bonn et.al. [2]1966c ([1]1964), S. 20-38.

MIESKES, H.: Die pädagogische Welt des Jenaplans. Eine Einführung in seine Lektüre und in sein Verständnis. In: derselbe et.al. (Hrsg.): Peter PETERSEN. Wirken und Werk. Bonn et.al. [2]1966d ([1]1964), S. 39-74.

MIESKES, H.: Die Pädagogik der DDR in Theorie, Forschung und Praxis. Entwicklung und Entwicklungsstand. 2 Bände. Oberursel 1971.

MITZENHEIM, P.: Kurzer Abriß der Lehrerausbildung an der Universität Jena (1945-1965). In: DREFAHL, G. (Hrsg.): Universität Jena und neue Lehrerbildung. Herausgegeben anläßlich der 20. Wiederkehr des Gründungstages der Sozialpädagogischen Fakultät der Friedrich-Schiller-Universität Jena. Jena 1967, S. 60-80.

NUHN, H.-E.: Die Stammgruppen Peter Petersens. In: Derselbe: Darstellung von Formen der Unterrichtsorganisation und Versuch einer pädagogischen Wertung. Frankfurt, M. 1979, S. 23-29.

OELKERS, J.: Petersen und die Reformpädagogik. In: MASCHMANN, I./OELKERS, J. (Hrsg.): Peter Petersen. Beiträge zur Schulpädagogik und Erziehungsphilosophie. Heinsberg 1985, 55-99.

OELKERS, J.: „Pädagogischer Realismus“: Peter Petersens erziehungspolitische Publizistik 1930-1950. In: Die Deutsche Schule 84(1992) S. 481-501.

OELKERS, J.: Renaissance mit Verdrängung. Zur politischen Wahrnehmung der deutschen Reformpädagogik. In: Die Grundschule 25(1993) H. 3, S. 50-52.

OFENBACH, B.: Individuum - Gemeinschaft - Erziehung. Ein anthropologischer Ansatz zur Neustrukturierung der Reformpädagogik. Bonn 1985 (Dissertation).

OFENBACH, B.: Petersen-Pädagogik im Streit der Meinungen. Eine fehlende Gesamtausgabe und die Folgen. In: Pädagogische Rundschau 44(1990) S. 603-618.

ohne Autor: Peter PETERSEN. 25 Jahre Ordinarius für Erziehungswissenschaft. In: Schola 3 (1948) S. 662 f.

POPP, W.: Das Verhältnis von Gemeinschaft und Erziehung bei Peter PETERSEN als Grundlage einer Pädagogik des Unterrichts. In: Pädagogische Rundschau 16(1962) S. 939-944.

PRIOR, H.: Die „Führungslehre des Unterrichts“ in heutiger Sicht. In: MASCHMANN, I./OELKERS, J. (Hrsg.): Peter PETERSEN. Beiträge zur Schulpädagogik und Erziehungsphilosophie. Heinsberg 1985, S. 145-167.

RETTER, H.: Der Reformpädagoge Peter PETERSEN (1884-1952). Zur Durchsetzung seiner Schul- und Lehrerbildungskonzeption in den zwanziger und dreißiger Jahren. In: Zeitschrift für Pädagogik 41(1995) S. 205-223.

RETTER, H. (Hrsg.): Reformpädagogik zwischen Rekonstruktion, Kritik und Verständigung. Beiträge zur Pädagogik Peter PETERSENs. Weinheim 1996a.

RETTER, H.: „Von Luther bis Hegel". Erkundungen zu einem nicht existierenden Untertitel eines bedeutenden Werkes. In: Derselbe (Hrsg.): Reformpädagogik zwischen Rekonstruktion, Kritik und Verständigung. Beiträge zur Pädagogik Peter PETERSENs. Weinheim 1996b, S. 13-24.

RETTER, H.: Reformpädagogik zwischen Rekonstruktion, Kritik und Verständigung. Metahermeneutische Anmerkungen zu einer Kontroverse. In: Derselbe (Hrsg.): Reformpädagogik zwischen Rekonstruktion, Kritik und Verständigung. Beiträge zur Pädagogik Peter PETERSENs. Weinheim 1996c, S. 25-82.

RETTER, H.: Peter PETERSENs Konzeption von Schule und Lehrerbildung im Wechsel der politischen Systeme. In: derselbe (Hrsg.): Reformpädagogik zwischen Rekonstruktion, Kritik und Verständigung. Beiträge zur Pädagogik Peter Petersens. Weinheim 1996d, S. 105-160.

RETTER, H.: Peter PETERSEN und Elsa KÖHLER. Briefwechsel über ein nicht realisiertes Projekt. In: derselbe (Hrsg.): Reformpädagogik zwischen Rekonstruktion, Kritik und Verständigung. Beiträge zur Pädagogik Peter PETERSENs. Weinheim 1996e, S. 189-226.

RETTER, H. (Hrsg.): Peter Petersen und der Jenaplan: Von der Weimarer Republik bis zur Nachkriegszeit. Berichte - Briefe - Dokumente. Weinheim 1996f.

RETTER, H.: Peter PETERSEN und die Jenaer Universitätsschule 1924-1945. In: derselbe (Hrsg.): Peter PETERSEN und der Jenaplan: Von der Weimarer Republik bis zur Nachkriegszeit. Berichte - Briefe - Dokumente. Weinheim 1996g, S. 17-34.

RETTER, H.: Zur Jenaplan-Bewegung in Westfalen ab 1933. In: derselbe (Hrsg.): Peter Petersen und der Jenaplan: Von der Weimarer Republik bis zur Nachkriegszeit. Berichte - Briefe - Dokumente. Weinheim 1996h, S. 41-46.

RÖHRS, H.: Die anthropologisch-sozialwissenschaftlich geleitete Reform bei Peter PETERSEN. In: Derselbe: Die Reformpädagogik. Ursprung und Verlauf in Europa. Hannover et.al. 1980, S. 248-262.

ROTH, F.: Sind die Gedanken Peter Petersens heute noch lebendig? In: Ganzheitliche Bildung 15(1964) S. 177-182 und 187.

RÜLCKER, T.: Erziehung für die Volksgemeinschaft. Die Funktion von PETERSENs völkisch-realistischer Erziehungswissenschaft in der NS-Zeit. In: Derselbe/KASSNER, P. (Hrsg.): Peter PETERSEN: Antimoderne als Fortschritt? Erziehungswissenschaftliche Theorie und pädagogische Praxis vor den Herausforderungen ihrer Zeit. Frankfurt am Main et.al. 1992, S. 193-246.

RUPPERT, H.: Pädagogische Woche in Obernjesa. Möglichkeiten des „Jena-Planes" - Erziehung zur Verantwortung in der Gemeinschaft - Bildungsaufgaben der modernen Arbeitswelt. In: Lebendige Schule 18(1963) S. 421 f.

RUPPERT, H.: 40 Jahre Jena-Plan. In: Pädagogik und Schule in Ost und West 15(1967) S. 210f.

RUPRECHT, H.: Peter Petersen. In: derselbe: Einführung in die empirische pädagogische Forschung. Bad Heilbrunn 1974, S. 59-72.

RUPRECHT, H.: Peter PETERSEN. In: Thiersch, H. et.al. (Hrsg.): Die Entwicklung der Erziehungswissenschaft. München 1978, S. 127-130.

RUTT, Th.: Peter PETERSEN, Leben und Werk. In: Peter PETERSEN et.al.: Die Pädagogische Tatsachenforschung. Paderborn 1965, S. 577-588.

RUTT, Th.: Peter PETERSENs Bedeutung für das Erziehungswesen und für die Erziehungswissenschaft. In: Pädagogik und Schule in Ost und West 17(1969) S. 38-45.

RUTT, Th.: Petersenschule heute. Heinsberg 1983.
RUTT, Th.: Peter PETERSEN. Leben und Werk. Heinsberg 1984.
SALZMANN, Ch. (Hrsg.): Die Sprache der Reformpädagogen als Problem ihrer Reaktualisierung. Dargestellt am Beispiel von Peter PETERSEN und Adolf REICHWEIN. Zusammenfassender Bericht über das gleichnamige wissenschaftliche Symposion vom 16.-17. November 1984 an der Universität Osnabrück. Heinsberg 1987.
SANDER, K.-H.: Aspekte der inneren Schulreform: Das Modell Jenaplan-Schule. In: Pädagogische Welt 38(1984) S. 299-306.
SCHAARSCHUCH, A. R.: Gedanken und Position zur Bildungspolitik. In: HORNIG, C./WAGNER, H. (Hrsg.): Grüne Alternativen zur Bildungspolitik. Diskussionsstand, Ansätze und Dokumente. o.O.u.J. [Bad Bentheim 1983], S. 61-65.
SCHEUERL, H.: Besprechungen. In: Zeitschrift für Pädagogik 30(1984) S. 715-719.
SCHULZ, W.: Alternativen in der Regelschule. In: betrifft: erziehung 17(1984) S. 37-44.
SCHWERDT, Th.: Die Lebensgemeinschaftsschule des Peter Petersens. In: Derselbe: Kritische Didaktik in klassischen Unterrichtsbeispielen. Paderborn [5]1950, S. 227-257.
SEYFARTH-STUBENRAUCH, M.: Das Dilemma [der Rezension] der Petersen-Pädagogik. In: demokratische erziehung 13 (1987) H. 11, S. 16-19.
SEYFARTH-STUBENRAUCH, M.: Die bildungstheoretische Bedeutung der Jenaplan-Pädagogik für die aktuelle Schuldiskussion im Lichte neuerer Ansätze zu einer kritischen Petersen-Rezeption. In: HOFMANN, K. (Hrsg.): Peter PETERSEN und die Reformpädagogik. Beiträge einer Fachkonferenz vom 20.-23. November 1989. Hagen 1991, S. 171-181.
SKIERA, E.: Die Jena-Plan-Bewegung in den Niederlanden. Beispiel einer pädagogisch fundierten Schulreform. Weinheim, Basel 1982.
SKIERA, E./IMELMAN/, E. J. D./JEUNHOMME, J. M. P./MEJER, W. A. J.: Jenaplan - wel en wee van een schoolpedagogiek. Begripsanalytische kritiek en handelingsonderzoek. Nijerk: Uitgeverij G. F. Callenbach 1981. 222 S. [Buchbesprechung.] In: Zeitschrift für Pädagogik 30 (1984) S. 719-724.
SKIERA, E.: Peter PETERSENs politisch-pädagogisches Denken in der Zeit des Nationalsozialismus - Versuch einer texthermeneutischen Kritik. In: Pädagogische Rundschau 44(1990) S. 25-41.
SKIERA, E.: Peter PETERSEN und die Jenaplanschulen. Unterricht und Erziehung aus dem Geist der europäischen Reformpädagogik. In: Pädagogik 44 (1992) H. 2, S. 46-50.
SOMMERFELD, D.: Peter PETERSEN und „Der Kleine Jena-Plan“ im Spannungsfeld der Schulreform in der SBZ/DDR 1945-1950. Frankfurt, M. et.al. 1995 (Dissertation).
STACH, R.: Schüler helfen Schülern im Unterricht. In: Grundschule 13(1981) S. 198-201.
STACH, R./WERNER, G./MAYER, P. (Hrsg.): Zusammen lernen - Zusammen leben. Eine praxisbezogene Einführung in die Pädagogik Peter PETERSENs. Ein Lese- und Arbeitsbuch in Form eines Werkstattberichts. Heinsberg 1984.
TENORTH, H.-E.: Reformpädagogik, ihre Historiographie und Analyse. Nachwort. In: Wolfgang Scheibe: Die reformpädagogische Bewegung 1900-1932. Eine einführende Darstellung. Weinheim et.al. [10]1994, S. 438-459.
UHLIG, Chr.: Reformpädagogik contra Sozialistische Pädagogik - Aspekte der reformpädagogischen Diskussion in den vierziger und fünfziger Jahren. In: HOFFMANN, D./NEUMANN, K. (Hrsg.): Erziehung und Erziehungswissenschaft in der BRD und der DDR. Band 1, Die Teilung der Pädagogik (1945-1965). Weinheim 1994. S. 251-273.
UHLIG, G.: Der Beginn der antifaschistisch-demokratischen Schulreform 1945-1946. Berlin (DDR) 1965a.
UHLIG, G.: Die Anfänge der antifaschistisch-demokratischen Pädagogik in der Deutschen Demokratischen Republik (1945-1946). In: Wissenschaftliche Zeitschrift der Karl-Marx-

Universität Leipzig (Gesellschafts- und Sprachwissenschaftliche Reihe) 14(1965b), S. 247-252.

WENZEL, A.: Die „Freiarbeit" bei Peter PETERSEN. In: Derselbe: Freiarbeit in der Grundschule. Modelle, Berichte und Beispiele. Bad Heilbrunn 1983, S. 12-16.

WILLFÜHR, K.: Individualisierung und Differenzierung. Ein Beispiel aus der Jenaplanschule Steinau-Ulmbach. In: Grundschule 13(1981) S. 202-204.

WOLFRUM, E.: Begegnung mit Peter PETERSEN und Erinnerungen an die Jenaer Universitätsschule. Zum 80. Geburtstag Peter Petersens am 26. Juni 1964. In: Schule und Leben 15(1964), S. 468-476.

ZANDEN, Huub van der: Eine Schule für Europa - Gemeinschaftsgedanken und Menschenbild in der Jenaplan-Schule heute. In: RETTER, H. (Hrsg.): Jenaplan-Pädagogik als Chance. Kindgerechte Schulpraxis im Zeichen europäischer Verständigung. Bad Heilbrunn 1993, S. 31-42.

ZUDEICK, P.: Zu reden hat der Lehrer nur, wenn er gefragt wird: Die Peter-Petersen-Schule. In: derselbe: Alternative Schule. Frankfurt am Main 1982, S. 103-116.

VI. Anlagen

Anlage 1

Münstersche Erklärung vom 27. März 1998

Gute Schulen sind pädagogisch innovative Schulen - pädagogisch innovative Schulen sind gute Schulen

Am 26. und 27. März 1998 sind auf Einladung der Bertelsmann Stiftung Vertreter von fast 400 Schulen aus den 16 Ländern der Bundesrepublik Deutschland zusammengekommen.
Ihr Ziel war es, zusammen mit Vertretern aus Politik, Wissenschaft, Verwaltung, Wirtschaft und Kommunen
- am Beispiel der eigenen Arbeit die Notwendigkeit und die Möglichkeit einer Weiterentwicklung des Schulwesens sichtbar zu machen,
- die Bedingungen zu klären, unter denen diese Schulreform erfolgreich sein kann.

Der Kongreß hat deutlich gemacht:
Die Weiterentwicklung des Schulwesens hat in allen Ländern begonnen. Die Chancen sind groß, die Entwicklung zu intensiven und zu beschleunigen. Dies kann gelingen, wenn die Schulen die Reform selbst in die Hand nehmen und die für das Schulsystem Verantwortlichen sie durch nachhaltiges Handeln unterstützen.
Außer den in Münster versammelten Schulen gibt es zahlreiche Schulen, die in ihrer täglichen Arbeit die Reform voranbringen. Es paßt nicht mehr in die Zeit, auf die Reform "von oben" zu warten. Die Bertelsmann Stiftung möchte in einer Situation, die durch die Gleichzeitigkeit von Aufbruch und Lähmung gekennzeichnet ist, mit dem Kongreß und dem Netzwerk "Innovative Schulen in Deutschland" der Reformbewegung Schubkraft und Zuversicht verleihen.
Die Schlußfolgerungen aus der Arbeit innovativer Schulen und aus den Diskussionsergebnissen des Kongresses sind in den **zehn Thesen und Forderungen** der Münsterschen Erklärung zusammengefaßt.

1. Eine Gesellschaft im Wandel verlangt eine sich wandelnde Schule

Es wird höchste Zeit, daß auch in Deutschland, dessen Zukunft in hohem Maße von Bildung und Innovationsfähigkeit seiner Menschen abhängt, die Reform des Schulwesens wie in anderen Ländern in den Mittelpunkt der gesellschaftlichen Anstrengungen rückt.
Das Engagement für das Bildungswesen spiegelt die Wertschätzung, die eine Gesellschaft ihren Kindern und Jugendlichen entgegenbringt.
Kinder und Jugendliche, die heute zur Schule gehen, müssen morgen in einer veränderten Welt bestehen. Sie werden in Schule und Familie die Fähigkeiten entwickeln müssen, in dieser veränderten Welt ihr Leben zu gestalten und den gesellschaftlichen Wandel verantwortlich mitzugestalten und mitzutragen.

Dazu bedarf es auch einer in ihren Zielen, Inhalten und Arbeitsweisen veränderten schulischen Bildung: Offenheit für unterschiedliche Lebens- und Arbeitssituationen, Sicherheit im Durchschauen von Zusammenhängen, in der Urteilsbildung und in der Wertorientierung sind zentrale Grundbefähigungen; die Kompetenz zu lebenslangem Lernen wird zu einem entscheidenden Bildungsziel.

2. Eine innovative Schulentwicklung ist möglich

Die Kräfte, die eine Schulreform tragen und vorantreiben können, sind vorhanden: Sie müssen geweckt, gestützt und in ihrer Arbeit gestärkt werden.
Die Schullandschaft hat sich in den letzten Jahren verändert. Schulen in allen Ländern haben selbst die Initiative zur Weiterentwicklung ergriffen. Dies war vor allem möglich durch das kontinuierliche Engagement vieler Lehrerinnen und Lehrer.
Sie haben ihre pädagogische Arbeit neu orientiert, sie haben sich auf die veränderten Lernvoraussetzungen und Lebensvorstellungen von Kindern und Jugendlichen eingestellt; sie haben die neuen gesellschaftlichen Anforderungen als pädagogische Aufgaben angenommen.
Das Echo von Eltern und von Schülerinnen und Schülern zeigt, daß Kinder und Jugendliche in einer pädagogisch innovativen Schule wieder einen Ort finden können, in dem sie sich angenommen fühlen und in ihren Entwicklungsmöglichkeiten und ihrem Leistungswillen ernstgenommen werden.

3. Es gilt Orientierungen zu schaffen, Eigenverantwortung zu stärken und Wettbewerb zu ermöglichen

Es ist höchste Zeit, aus den Erfahrungen der innovativen Schulen Konsequenzen für die Weiterentwicklung aller Schulen und der Schulsysteme zu ziehen.
Zu diesen Erfahrungen gehört: Innovation in der Schule ist eine pädagogisch orientierte Innovation; die innovative Öffnung der Unterrichts- und Erziehungsarbeit ist kein Freibrief für pädagogische Beliebtheit; Bildungsansprüche ohne Erziehungsansprüche sind keine Bildungsansprüche; die Orientierung an der kulturellen Tradition und das Bemühen darum, Wirklichkeit erfahrbar zu machen und zukunftsbezogen zu arbeiten, dürfen nicht gegeneinander ausgespielt werden; Innovationswille und Innovationsphantasie müssen sich in der konkreten Bildungssituation der einzelnen Schulen bewähren und legitimieren.
Bildungspolitik muß wieder langfristige Orientierungen für die Arbeit der Schulen schaffen und konsequent vertreten.
Politik für Bildung darf außerdem nicht in erster Linie Ressortpolitik sein - sie muß im Interesse der Jugend eine Politik gemeinsamen Handelns werden.
Ein gesellschaftlicher Diskurs muß stattfinden, damit neue Ziele im Konsens getragen und verfolgt werden, damit z. B. in der Schule die Handlungs- und

Lernfähigkeit des einzelnen gestärkt und zugleich Gemeinschaftstätigkeit gefördert wird.
Es geht nicht darum, eine neue Reform zu verordnen. Es gilt vielmehr, die innovative Eigenverantwortung der Schulen zu stärken, dafür angemessene Rahmenbedingungen zu schaffen, die Schulen für die Qualität der Bildung in die Verantwortung zu nehmen und den Wettbewerb um gute pädagogische Lösungen in Gang zu setzen.

4. Innovative Schulen brauchen ein innovatives Schulsystem

Selbstgestaltung und Qualitätsverantwortung entstehen dort, wo Entscheidungen getroffen werden und Verantwortung getragen wird.
Ein zentral gesteuertes Schulsystem und die Arbeit innovativer Schulen sind unvereinbar. Deshalb müssen enge Vorgaben, traditionelle Kontrollstrukturen und bürokratische Verkrustungen überall dort, wo sie noch vorhanden sind, aufgelöst und beseitigt werden. Anders sind Innovationskraft und Zukunftssicherheit nicht zu erreichen.
Innovative Schulen sollen eigene Leitbilder und Schulprogramme für ihre Arbeit entwickeln, um so ihre Schülerinnen und Schüler besser auf die Veränderungen vorzubereiten, die in einer offenen und dynamischen Gesellschaft unabweisbar auf den Menschen zukommen.
Innovative Schulsysteme ermutigen die Schulen dazu, geben ihnen Schutz und halten ihnen den Rücken frei.

5. Schulentwicklung braucht öffentliche Verantwortung

Die öffentliche Verantwortung für das Schulwesen darf nicht aufgegeben werden. Es muß bei der gemeinsamen Verantwortung des Staates, der Kommunen und der Einzelschulen für die Qualität und die Qualitätssicherung bleiben.
Qualität und Qualitätssicherung hängen jedoch in erheblichem Maße davon ab, daß staatliche Verantwortung "auf Distanz" wahrgenommen wird.
Ein neues Selbstverständnis der Schulaufsicht ist deshalb ebenso erforderlich wie ihre Neuorganisation. Beratung und Unterstützung müssen vor Weisung und Kontrolle rangieren.

6. Schulentwicklung braucht gute und engagierte Lehrerinnen und Lehrer

Eine pädagogisch ertragreiche Arbeit steht und fällt mit der Motivation und der Befähigung von Lehrerinnen und Lehren.
Innovative Aufgeschlossenheit und Professionalität müssen durch eine veränderte Ausbildung und durch Fortbildung in den Schulen gestützt und ausgebaut werden.
Personalführung und Personalentwicklung sollen in den Schulen ebenso zur Selbstverständlichkeit werden wie eine von den Schulen mitverantwortete Einstellungspolitik. Ohne eine kontinuierliche - wenn auch begrenzte - Ein-

stellung junger Lehrerinnen und Lehrer fehlt der innovativen Kraft der Kollegien eine entscheidende Möglichkeit zur Erneuerung.
Der Erfolg innovativer Schulen beruht nicht zuletzt auf dem Vertrauen und der Wertschätzung, die den Lehrerinnen und Lehrern in der Schule und in der Öffentlichkeit entgegengebracht werden. Schulen und Kommunen sollten gemeinsam Wege finden, die Arbeit der Schulen bekannt zu machen und öffentlich zu würdigen.

7. Schulentwicklung braucht Bundesgenossen vor Ort

Die Erfahrung innovativer Schulen zeigt, daß Schule dann erfolgreich ist, wenn sie nicht in die Isolierung gerät, sondern "unsere Schule vor Ort" wird.
Es ist Sache der Umgebung, Schulen nicht allein zu lassen - es ist Sache der Schulen, sich nicht abzuschotten.
Die Öffnung der pädagogischen Arbeit auf das unmittelbare Umfeld hin und eine enge Kooperation mit Eltern, mit Wirtschaft, Kommune und den gesellschaftlichen Gruppen vor Ort schaffen ein "Sicherungsnetz", das Schulen für ihre pädagogische Arbeit brauchen.

8. Schulentwicklung braucht Zeit

Pädagogische Arbeit lebt aus Kontinuität und Stabilität. Schulen müssen ihren eigenen Weg in die Reform gehen können.
Schulen brauchen Zeit, um sich in ihrem Selbstverständnis und in ihrer täglichen Arbeit auf die veränderten Anforderungen umzustellen.
Verläßlichkeit in der bildungspolitischen Orientierung ist deshalb Voraussetzung dafür, daß die Schulen den Reformprozeß beginnen und konsequent verfolgen. Langfristige Zielsetzungen, sichere Rahmenbedingungen und "individuelle Entwicklungszeiten" sind für eine nachhaltige Reform wichtig.

9. Schulentwicklung braucht Mittel

Innovative Schulentwicklung bedarf in erster Linie der Initiative, des Engagements und der Kraft der Menschen, die in den Schulen und für die Schulen tätig sind.
Sie bedarf jedoch auch der Mittel.
Der Widerspruch zwischen der immer dringenderen Aufforderung zur Reform und den finanziellen Restriktionen, die diese Reform behindern oder bereits in den Anfängen ersticken, wird für Lehrer, Schüler und Eltern immer weniger erträglich.
Es geht nicht darum, mehr zu fordern, wo nur noch wenig zu verteilen ist. Es geht aber durchaus darum, vorhandene Mittel richtig einzusetzen, Prioritäten dort zu sehen, wo Innovation und Weiterentwicklung sich zeigen. Deshalb sollten Wege gefunden werden, auch finanzielle Anreize zur Aktivierung der Reformpotentiale zu schaffen.

10.Schulentwicklung braucht Gemeinsamkeit

Der Kongreß "Innovative Schulen in Deutschland" soll Ausgangspunkt sein für ein Netzwerk innovativer Schulen, das von der Bertelsmann Stiftung betreut wird und für Schulen aus allen Ländern der Bundesrepublik offen ist. Netzwerke ermöglichen Information, Erfahrungsaustausch und selbstgewählte gemeinsame Arbeit; Netzwerke verbinden und geben Sicherheit, bündeln Kräfte und Ressourcen. Netzwerke machen deutlich, daß gleichgerichtete Entwicklungen über Ländergrenzen hinweg notwendig und möglich sind.

Eine Schul- und Bildungsreform in Deutschland ist Grundlage dafür, daß sich unsere Gesellschaft zu einer Lern- und Wissensgesellschaft weiterentwickelt. Dies ist Voraussetzung für kulturelle Kontinuität, für soziale Gerechtigkeit, für Wohlstand und den Anschluß an die Zukunft.

"We cannot command the wind, but we can set the sails."

(Durham Board of Education, Gewinner des Carl Bertelsmann-Preises 1996)

Anlage 2

Grundsatzkonzept für die Greifswalder Versuchsschule

Der pädagogische Auftrag

Die Schule soll versuchen, ein Beispiel dafür zu geben, wie in unserer pluralistischen Gesellschaft, die Unterschiede bejaht und Minderheiten schützt, Kinder verschiedener Herkunft und Begabung durch gelebte Toleranz, Mitmenschlichkeit und Demokratie zu mündigen Bürgerinnen und Bürgern erzogen werden können. Sie versteht sich als eine *Schule für alle Kinder*. Sie will ihnen helfen, in schwieriger Zeit erwachsen zu werden, indem sie sie als Individuen in ihrer Unterschiedlichkeit ernstnimmt, als Personen stärkt und ermutigt, ihnen Selbstbewußtsein und Lebenszuversicht ermöglicht und sie mit den Grundlagen unserer Kultur und unserer Gesellschaft vertraut macht: Technik und Wissenschaft, Kunst, Religion, Philosophie und Politik. Die Kinder und Jugendlichen dürfen und sollen unterschiedliche Lern- und Leistungsprofile entwickeln. An keiner Stelle aber sollen sie die Erfahrung machen, als "minderwertig" oder "höherwertig" zu gelten, weil sie Unterschiedliches und unterschiedlich schnell lernen. Das Leben in einer Gemeinschaft verschiedener Menschen ist die prägende Grunderfahrung ihrer Schulzeit. An deren Ende stehen die üblichen Abschlüsse, mit deren Vergabe die Schule ihrer Verteilungs- und Berechtigungsfunktion in unserer Gesellschaft Rechnung trägt. Diese ist jedoch dem pädagogischen Auftrag immer und ausdrücklich nachgeordnet. Bei der Erfüllung dieses Auftrags läßt sie sich von einer grundlegenden pädagogischen Hypothese leiten: Die Schule kann ihre Erziehungsziele nur erreichen, wenn die sie bestimmenden Werte von Kindern, Jugendlichen und Erwachsenen täglich auch *gelebt* werden. Die Schule kann - in einer medialisierten, komplexen, unverständlich gewordenen Welt - ihre Bildungsziele nur erreichen, wenn die Grundlagen unserer Kultur und unserer Gesellschaft für Kinder und Jugendliche täglich auch *erfahrbar* werden. Auf dieser Hypothese beruht das Konzept einer *Schule als Lebens- und Erfahrungsraum,* entsprechend der Pädagogik Hartmut von HENTIGS. Es unterscheidet sich von den in heutigen Schulen vielfach (noch) herrschenden Vorstellungen im wesentlichen durch ein verändertes Verhältnis zwischen Erwachsenen und Kindern, ein verändertes Verhältnis zwischen Leben und Lernen. Es konkretisiert sich in folgenden pädagogischen Prinzipien:

- *Einander annehmen - Unterschiede anerkennen:* Die Schule ist ein Ort, an dem das einzelne Kind in seiner Eigenart geachtet, als Individuum ernstgenommen und gefördert wird. Kinder sind unterschiedlich, lernen und entwickeln sich auf unterschiedliche Weise und unterschiedlich schnell. Dem muß die Schule Rechnung tragen, z.B. durch eine veränderte Auffassung von Unterricht. Nicht alle müssen zur gleichen Zeit das Gleiche tun und lernen. Neben grundlegenden gemeinsamen Lernerfahrungen gibt es unterschiedliche Lernwege und -angebote.

- *Schule als Gemeinschaft:* Die Schule ist eine Lebens- und Arbeitsgemeinschaft aller in ihr tätigen Personen, deren Verhältnis durch Achtung, Freundlichkeit und Toleranz bestimmt sein soll. Im Zusammenleben vieler unterschiedlicher Personen lernen Kinder täglich, gemeinsame Angelegenheiten gemeinsam zu regeln: In einer gelebten Schuldemokratie wachsen sie in unsere demokratische Gesellschaft hinein. An den Anforderungen des täglichen Lebens lernen sie, Aufgaben zu übernehmen, Pflichten zu erfüllen, allein oder mit anderen zusammen Verantwortung zu tragen.

- *Lernen an und aus der Erfahrung:* Die Schule ist ein Ort, an dem Leben und Lernen aufeinander bezogen sind, einander wechselseitig durchdringen. Kinder und Jugendliche lernen nicht nur und nicht primär durch Belehrung, sondern, soweit dies möglich und sinnvoll ist, an und aus der Erfahrung.

Der Versuchsauftrag

Die Schule soll daran arbeiten, mögliche Lösungen und Antworten für bestehende und zukünftige Fragen und Probleme der Pädagogik zu finden, die Ergebnisse dieser Arbeit anderen Schulen zugute kommen zu lassen und damit einen Beitrag zur kontinuierlichen Entwicklung des öffentlichen Schulwesens zu leisten. Sie hat, um diesen Auftrag durchführen zu können, besondere Freiheiten in der Gestaltung des Schullebens und des Unterrichts und muß über ihre Arbeit Rechenschaft ablegen.
Ihr Entwicklungsauftrag basiert auf einer grundlegenden Hypothese:

> „Es ist sinnvoll, alle Kinder eines Jahrgangs und Wohnbezirks bis zum sechzehnten Lebensjahr - also bis zum Beginn der Berufsausbildung für einen größeren Teil von ihnen - in einer Schule zusammen zu unterrichten, weil das Zurechtkommen mit der Unterschiedlichkeit der Interessen, Einstellungen und Aufgaben selber das schwierigste Lernpensum für das Bestehen unserer arbeitsteiligen, pluralistischen und demokratisch organisierten Gesellschaft ist. Es ist möglich, sie zusammen zu unterrichten, ohne die einen zu langweilen und die anderen zu überfordern, wenn die Gruppen klein genug sind und wenn man den Unterricht anders anlegt, ihn z.B. durch Lerngelegenheiten ergänzt."[1]

Die Klientel der Versuchsschule (Kinder mit sehr unterschiedlichen Voraussetzungen und Fähigkeiten) sowie ihre besonderen Bedingungen (weitgehende Gestaltungsfreiheit bei festen pädagogischen Prinzipien) bieten die Voraussetzung dafür, daß Probleme, die sich allen Schule stellen, hier besonders deutlich erkennbar werden und bearbeitet werden können. So können die Ergebnisse der Versuchsschule allen Schulen der unterschiedlichen Schulformen zugute kom-

---

[1] Hartmut von HENTIG: „Die Bielefelder Laborschule". Schriftenreihe IMPULS der Laborschule, Heft 7, Bielefeld, 2. Aufl. 1995, S. 6.

men. Die Schule kann und soll nicht „die beste aller Schulen" sein. Sie kann und soll jedoch ein Beispiel für Schulentwicklung, für kontinuierliche innovative Prozesse geben, weil sie als Versuchsschule gehalten ist, nicht bei Erreichtem stehenzubleiben, sondern ständig an sich zu arbeiten, insbesondere aus der täglichen Beobachtung der Praxis, aus eigenen Fehlern und auch aus Erfolgen zu lernen. Es gehört zu den bleibenden Aufgaben der Lehrenden, einander durch Beobachtung, Kritik, Beratung und gemeinsames Nachdenken bei der Erfüllung dieses Auftrags zu unterstützen.

Entsprechend den Prinzipien und Zielen der Schule könnte ihr Entwicklungsauftrag sich beispielsweise in den folgenden Aufgaben konkretisieren:

- *Neue Formen des Schullebens, Verbindung von Leben und Lernen:* Das gemeinsame Leben in der Schule gestalten; es nicht als „Nebensache" im Vergleich zur „Hauptsache" Unterricht ansehen, sondern Leben und Lernen bewußt und planvoll aufeinander beziehen.
- *neue Formen des Lernens, Lernen an und aus der Erfahrung:* Unterricht so anlegen, daß Erkenntnis, soweit dies möglich ist, primär aus Erfahrung und selbständiger Aneignung erwächst und nicht aus Belehrung.
- *Öffnung von Schule; Einbeziehung des Umfelds, der Kommune:* Die nähere Umgebung, insbesondere die Natur und die Stadt, in das Lernen einbeziehen, Kontakte zu Menschen und Institutionen pflegen, das Schulleben planvoll mit dem wirtschaftlichen und kulturellen Leben der Kommune verbinden.
- *Schule in Europa, in der Welt: Formen und Möglichkeiten des Hineinwachsens in eine multikulturelle Gesellschaft:* Die Heranwachsenden - insbesondere durch Begegnungen und Reisen - erfahren lassen, daß es eine Bereicherung der eigenen Möglichkeiten ist, sich auf Fremdes, auf fremde Menschen, Länder und Sprachen einzulassen.
- *Schule als Gemeinschaft; Erziehung zu Mündigkeit und Politikfähigkeit:* Die Heranwachsenden täglich erfahren lassen, daß sie gehört und ernstgenommen werden, daß es auf sie ankommt, daß es möglich und notwendig ist, gemeinsame Angelegenheiten und Konflikte vernünftig und friedlich miteinander zu regeln; Beteiligung und Verantwortung zur Grundlage des gemeinsamen Lebens machen.
- *Individualisierung und Integration:* Unterschiede bejahen, den Unterricht auf gemeinsame Bildungserlebnisse und unterschiedliche Wege und Formen der Aneignung anlegen im Sinne einer „Pädagogik der Vielfalt" (A. PRENGEL).
- *neue Formen der Leistungsförderung und - bewertung:* Die Leistungen und Lernergebnisse unterschiedlicher Kinder nicht nach einheitlichen Leistungsnormen (Zensuren) bewerten, sondern nach dem je unterschiedlichen individuellen Leistungsvermögen; Leistungsbewertung zum pädagogischen Instrument der Ermutigung und Förderung entwickeln.
- *geschlechterbewußte Erziehung; Förderung von Mädchen und Jungen:* Mädchen und Jungen in ihrer je unterschiedlichen geschlechtlichen Sozialisation behutsam begleiten, getrennt und gemeinsam fördern und dafür unterschiedliche Formen entwickeln.
- *Überwindung der Fächergrenzen; Lernen in Sinnzusammenhängen:* Den Lernprozeß so gliedern, daß er den Erfahrungs- und Erkenntnismöglichkeiten der Heranwachsenden in unterschiedlichen Altersstufen entspricht, daß Lernen in Sinnzusammenhängen erlebt wird, die von der Sache her einsichtig sind.

- *Schule als Ort der Lehrer- und Lehrerinnenbildung*: Entwicklung neuer Kooperationsformen zwischen Schule und Universität, Schule und Instituten der Lehrerausbildung: Die Schule als Praxisfeld für angehende Lehrerinnen und Lehrer kann diese schon während der Ausbildung in geeigneter Form in ihre Praxis einbeziehen und so zu eigenem innovativen Handeln qualifizieren.

Das angestrebte Schulprofil

Das Profil der Schule soll, entsprechend den genannten Prinzipien, dadurch gekennzeichnet sein, daß (1) die *Gestaltung des Schullebens* der des Unterrichts als gleichwertig angesehen, daß beide, soweit dies möglich ist, aufeinander bezogen werden und (2) die *Gestaltung des Unterrichts* darauf abzielt, allen Schülerinnen und Schülern gemeinsame Bildungserlebnisse mit jeweils unterschiedlichen Lernzugängen und Formen der Aneigung zu vermitteln und ihnen die Entwicklung eines ihren Fähigkeiten entsprechenden individuellen Leistungsprofils zu ermöglichen.

(1) Gestaltung des Schullebens

Die Schule will ein Ort sein, wo Kinder und Jugendliche gern leben und lernen, wo sie das gute Leben, das wir für sie und für uns anstreben, wenigstens in Ansätzen täglich erfahren können.

Schule: ein „Zipfel der besseren Welt“
Was und wie das gute Leben *nicht* ist, lehrt uns ein Blick auf die Lebenswirklichkeit vieler Kinder: eine erfahrungsarme, öde, ja feindliche Umgebung - dafür die tägliche Überwältigung durch Fernseh-Erfahrungen; das Fehlen von Erlebnis, Aufgabe, Abenteuer - dafür "Bewährung" in der computersimulierten Bildschirm-Realität; das Fehlen von Zuwendung und Vorbild - dafür immer längere Zeiten in Ausbildungsstätten, wo die Jugendlichen „beschult“, aber nicht gebraucht werden. Angesichts der wachsenden Arbeitslosigkeit wird das Bewußtsein, in eine Gesellschaft hineinzuwachsen, die sie nicht braucht, zum Lebensproblem der heranwachsenden Generation. Die Folgen dieser Entwicklung sind abzusehen, symptomatisch an der Zunahme von Gewalt und Drogenkonsum. Die Schule kann die Probleme der Gesellschaft nicht lösen und diese auch nicht verändern. Sie kann und soll es sich aber zur Aufgabe machen, den Heranwachsenden Möglichkeiten eines gemeinsamen guten Lebens, einen „Zipfel der besseren Welt“ aufzuzeigen und ihnen damit Halt und Orientierung für ihr Leben zu geben. Was und wie das gute Leben sein könnte, lehrt uns die abendländische Kultur und die christliche Ethik: gelebte Mitmenschlichkeit, eine Gemeinschaft unterschiedlicher Menschen, die gemeinsame Angelegenheiten täglich miteinander regeln und die Gestaltung ihrer „Polis“ zur gemeinsamen Aufgabe machen, erfülltes Leben durch Aufgabe und Bewährung, Leben in der

Natur (und nicht gegen sie). Die Schule soll ein Ort sein, an dem Kinder und Jugendliche die Erfahrung davon machen können.

Einbeziehung der Eltern
Diese Aufgaben kann die Schule nur in Zusammenarbeit und mit Hilfe der Eltern erfüllen. Soweit es in ihren Möglichkeiten steht, beteiligen diese sich am Leben der Schule, die ihnen jederzeit offen steht. Zum guten Leben gehört auch ein natürliches, von Achtung und Toleranz geprägtes Zusammenleben der Generationen. Eltern und Großeltern sind daher nicht nur Gäste in der Schule, sondern übernehmen auch nach Maßgabe ihrer Möglichkeiten Aufgaben - etwa bei der Betreuung und Förderung einzelner Kinder, bei der Berufswahlorientierung, bei Festen und Veranstaltungen, Projekten, Bauten und Reisen.

Öffnung der Schule
Die Schule öffnet sich der Stadt, der Region, sie nutzt die sich dort bietenden Lerngelegenheiten. Sie versteht sich als "Gesellschaft im Kleinen" und will zu ihrem Teil am Leben der größeren Gesellschaft, an der Gestaltung des öffentlichen Lebens mitwirken.

Verläßliche Ordnungen, Tagesrhythmus, unterschiedliche Zeiten
Die Kinder der *Eingangsstufe* (Jg. 0-3) leben und lernen in kleinen, altersgemischten Gruppen wie in einer Familie. Sie finden eine rudimentäre *Ordnung* vor, die das tägliche Leben, klar, verständlich und verläßlich macht. Sie finden eine *Gemeinschaft* vor, die sie freundlich an- und aufnimmt, ihnen hilft, sich einzuleben und sich die Regeln des Zusammenlebens anzueignen, ihre Rolle darin zu finden und ihre Aufgaben zu erfüllen. Sie leben nach einem *Tagesrhythmus*, der an ihren Bedürfnissen ausgerichtet ist. Phasen der Konzentration und Entspannung, Ruhe und Bewegung wechseln einander ab und stehen in einem ausgewogenen Verhältnis zueinander. Das Lernen der Kulturtechniken ist in den Tagesablauf integriert, ebenso wie die übrigen Lernerfahrungen: musizieren und malen, ein Beet anlegen und Tiere pflegen, einkaufen, in den Wald gehen und schwimmen, Vorlesen, Theater spielen und vieles mehr.
Bei den Kindern und Jugendlichen der Stufen II (Jg. 4-6) und III (Jg. 7-10) sind die Zeiten des Tages nach unterschiedlichen inhaltlichen Funktionen gegliedert. Es gibt *Kurse, Epochen, Übungszeiten, freies Arbeiten und Pausen.* In der Regel dienen die ersten Morgenstunden der Vermittlung und dem Üben von Kulturtechniken (Mathematik, Fremdsprachen, Deutsch). Es folgt als Kernstück des Tages die Epoche. Der Nachmittag dient unterschiedlichen Wahlangeboten.
Die Gestaltung des gemeinsamen Lebens kommt in verschiedenen Altersstufen und Gruppen in unterschiedlichen Formen vor. Wichtige Grunderfahrungen sind jedoch allen gemeinsam.

„Politik" im Kleinen lernen

Die sozialen Tugenden, die unsere Gesellschaft von mündigen Bürgerinnen und Bürgern erwartet, sollen den Kindern und Jugendlichen in der Schule im täglichen Umgang miteinander selbstverständlich werden. Dazu gehört das Lernen und Beachten von Höflichkeit und Umgangsformen; dazu gehört das Regeln gemeinsamer Angelegenheiten, das Aushalten von Konflikten, das Suchen nach vernünftigen Möglichkeiten, sie zu lösen; dazu gehört auch das Verstehen und Erproben demokratischer Verfahren und Institutionen. In den *Versammlungen* der Gruppen, der Jahrgänge oder der ganzen Schule lernen die Kinder, anderen zuzuhören und andere Standpunkte zu achten, die eigene Meinung zu sagen und zu vertreten, auf Redlichkeit und Vernunft anstatt auf Mißtrauen und Macht zu setzen. Die Gemeinschaft unterschiedlicher Menschen ist das Forum, an dem sie erfahren, daß und wie ein friedliches, geregeltes Zusammenleben auf vernünftiger Übereinkunft beruht, die die Freiheit und Autonomie eines jeden voraussetzt, seine Selbstentfaltung ermöglicht und zugleich seinem Egoismus Grenzen setzt.

Beteiligung und Verantwortung

An den kleinen Dingen des täglichen Lebens wird es schon den jüngsten Kindern zur selbstverständlichen Gewohnheit, Verantwortung zu übernehmen. Sie versorgen beispielsweise Tiere, besorgen Futter, kaufen ein, achten auf das Geld. Sie bereiten für sich und andere kleine Mahlzeiten, bedienen Geräte, dekken den Tisch, räumen auf. Die Älteren helfen den Jüngeren; in der altersgemischten Gruppe wird den Jüngsten ein "Pate" beigegeben, der ihnen in allem hilft. Im Schulalltag der Heranwachsenden gibt es bleibende und wechselnde Dienste. Sie sorgen für ihre Räume, ordnen und säubern sie, kümmern sich um die gemeinsamen Materialien, um die Pflanzenpflege. Wechselnde Gruppen betreuen die Teestuben, wo in den Pausen Speisen und Getränke angeboten werden, die Fahrradwerkstatt, die Tiere, den Garten. In der Werkstatt helfen sie, Möbel zu bauen und zu reparieren, in der Bibliothek bei der Katalogisierung und Ausleihe der Bücher. - Daneben betreiben sie größere Projekte. Sie machen eine Zeltreise und versorgen sich selbst; sie lernen zuvor in der Schule grundlegende Kenntnisse in Ernährung und Hauswirtschaft; einzelne Gruppen sind für die Verpflegung an je einem Tag zuständig. Sie bauen ein Spielgerät auf dem Gelände und lernen zuvor die dafür erforderlichen Techniken und handwerklichen Grundfertigkeiten. Sie gehen eine Partnerschaft mit einer Schule in einem Entwicklungsland ein; sie erwirtschaften Geld für Stipendien; sie lassen sich beraten, wie sie durch ihre Arbeit dazu beitragen können, daß die Partnerschule sich aus eigener Kraft helfen kann; sie bauen Spiele und stellen Unterrichtsmaterialien her. In den oberen Jahrgängen machen alle Jugendlichen ein *Sozialpraktikum.* Im Umgang mit kleinen Kindern, mit kranken oder alten Menschen erfahren sie den Ernstfall sozialer Verantwortung.

Das gemeinsame Leben ist eine tägliche Einübung in *ökologisch verantwortliches Handeln*. Die Kinder lernen, sparsam und bewußt mit Energie, Materialien und Ressourcen umzugehen, Müll zu vermeiden und den nicht vermeidbaren Abfall sachgerecht zu behandeln. Die Schule betreibt eine Kompostanlage im Garten. Das Schulgelände wird von allen gereinigt. In der umgebenden Natur übernehmen die Kinder und Jugendlichen in Zusammenarbeit mit den zuständigen Institutionen Aufgaben zu deren Schutz und Pflege. In den oberen Jahrgängen werden Projekte zur Erkundung und möglichen Nutzung alternativer Energien durchgeführt. Alle Jugendlichen machen ein ökologisches und/oder landwirtschaftliches Praktikum.

Schulkultur, Kultur in der Schule

Eine Gemeinschaft konstituiert sich durch die Gestaltung ihres Lebens und des Umfelds, in dem es sich abspielt: durch ihre Einrichtungen, durch Feste und Feiern, durch Kunst und Musik, Literatur und Theater.

Die *Gestaltung der Schule* ist zum Teil vorgegeben. In einer Schule, die sich als Lebens- und Erfahrungsraum versteht, ist sie zugleich auch bleibende Aufgabe aller; in ihr spiegelt sich das gemeinsame Selbstverständnis wider.

Die kleinen Kinder finden eine Ordnung des Lebens und der Dinge vor, in die sie hineinwachsen, in dem sie sie mitgestalten. In dem Maße, wie diese Ordnung durch Schönheit und Sorgfalt im Detail bestimmt ist, wird dies auch den Kindern selbstverständlich. Aus wechselnden Anlässen im Jahr ergeben sich Aufgaben, deren Ergebnisse die Gruppe oder eine größere Gemeinschaft bereichern: Die Kinder legen beispielsweise ein Beet auf dem Schulgelände an, bauen Drachen, schmücken die Schule für ein Fest, stellen Fundstücke aus der Natur aus.

Die Heranwachsenden gestalten ihre Räume zunehmend nach eigenen Vorstellungen und lernen zugleich, die eigenen Wünsche mit denen anderer zu koordinieren. Sie übernehmen größere Aufgaben zur Gestaltung der Schule und des Schulgeländes. Sie betreiben beispielsweise eine Cafeteria, legen Wege an, bauen eine Hütte oder ein Backhaus, richten Vitrinen ein. Die Arbeit der neuen Schule könnte in den ersten Jahren wesentlich in der gemeinsamen Gestaltung des Gebäudes und des Geländes bestehen.

Feste, Feiern und Veranstaltungen gehören zu den Ritualen der Schule. Jährlich wiederkehrende Ereignisse werden in einem *Jahresplan* festgehalten: die Einschulungsfeier und die Verabschiedung der Abgänger, das Schulfest und der Weihnachtsbasar, die Ausstellung von Werkstücken, Semester- und Jahresarbeiten, die gemeinsame Projektwoche und die Vorstellung von deren Produkten.

Kunst, Musik, Literatur und Theater sind nicht nur und nicht primär Bestandteile einer Festkultur, sondern vor allem des täglichen Lebens. Zum Schulalltag der kleinen Kinder gehören Vorlesen, Musizieren und Malen. Ebenso wie sie erfahren auch die Heranwachsenden große Kunst, Musik und Literatur nicht als "schmückendes Beiwerk", sondern als Bestandteil des gemeinsamen Lebens. Sie ist Quelle der Erfahrung, zugleich Ansporn zur Erprobung der eigenen Möglichkeiten: in Theater- und Zirkusaufführungen, in Kunstprojekten und -ausstellungen, in selbstgeschriebenen Geschichten und Gedichten, im Musizieren. Die Schule bietet allen Kindern die Möglichkeit, ein Instrument zu lernen.

(2) Gestaltung des Unterrichts

Die Art der Gestaltung des Unterrichts ist Ausdruck des Selbstverständnisses der Schule, das sie insbesondere in der Wahrnehmung ihres Bildungsauftags realisiert.
Es kann hier nicht der Ort sein, den Begriff „Bildung" zu reflektieren. Als Arbeitsgrundlage sei die Definition übernommen, die die Bildungskommission des Landes Nordrhein-Westfalen in ihrem Gutachten „Zukunft der Bildung, Schule der Zukunft" vorschlägt:

„Bildung soll im folgenden als individueller, aber auf die Gesellschaft bezogener Lern- und Entwicklungsprozeß verstanden werden, in dessen Verlauf die Befähigung erworben wird,
- den Anspruch auf Selbstbestimmung und die Entwicklung eigener Lebens-Sinnbestimmungen zu verwirklichen,
- diesen Anspruch auch für alle Mitmenschen anzuerkennen,
- Mitverantwortung für die Gestaltung der zwischenmenschlichen Beziehungen und der ökonomischen, gesellschaftlichen, poliltischen und kulturellen Verhältnisse zu übernehmen und
- die eigenen Ansprüche, die Ansprüche der Mitmenschen und die Anforderungen der Gesellschaft in eine vertretbare, den eigenen Möglichkeiten entsprechende Relation zu bringen."[1]

Diese Auffassung von Bildung als einem individuellen und sozialen Aneignungsprozeß, der auf Mündigkeit und Verantwortung zielt, erfordert eine entsprechende Bestimmung des Sinns von Schule und Unterricht. Das Konzept einer Schule als Lebens- und Erfahrungsraum, das auch die genannte Kommission vertritt, ist eine pädagogische Antwort auf diese Forderung.
In einer Welt, in der viele Kinder und Jugendliche grundlegende Lernerfahrungen nicht mehr machen können, werden diese in die Schule zurückgeholt: vom Anlegen eines Beetes bis zur ökologischen Exkursion, vom Verstehen und Bedienen einfacher Werkzeuge und Maschinen bis zum Fertigstellen größerer Werkstücke, von der kleinen selbstgeschriebenen Geschichte bis zur großen Theateraufführung, von der täglichen Versammlung bis zur aktiven Beteiligung am öffentlichen Leben, vom spielerischen Sprachenlernen bis zur Teilnahme an internationalen Work-Camps. Solches Lernen ist Lernen mit der ganzen Person; es zielt auf Wissen, das nicht angehäuft, sondern angeeignet ist. Es geschieht in Sinnzusammenhängen, die durch die herkömmliche Fächereinteilung vielfach

[1]Bildungskommission NRW: Zukunft der Bildung - Schule der Zukunft. Denkschrift der Kommission „Zukunft der Bildung - Schule der Zukunft" beim Ministerpräsidenten des Landes Nordrhein-Westfalen. Luchterhand: Neuwied, Kriftel, Berlin 1995, S. 31.

verstellt oder beeinträchtigt werden. An der neuen Schule soll dem durch folgende Merkmale des Unterrichts Rechnung getragen werden:

- entwicklungsgerechte Gliederung des Lernbereichs
- Lernen in altersgemischten Gruppen
- Unterschiedliche Kurs- und Unterrichtsarten

Die Gliederung des Lernbereichs in Erfahrungsbereiche

Die Gliederung des Lernbereichs folgt, wiederum in Anlehnung an Hartmut von HENTIG, der natürlichen Lernentwicklung und den Stufen, in denen diese sich vollzieht. Die kleinen Kinder leben und lernen ganzheitlich-ungefächert "am Tag entlang" (Stufe I, Jahrgang 0-3). Mit zunehmend differenzierter Lernerfahrung (Stufe II, Jahrgang 4-6) entwickeln sich allmählich auch die Konturen grundlegender *Erfahrungsbereiche*. In den oberen Jahrgängen (Jahrgang 7-10) sind diese weitgehend in *Fächer* differenziert.
Die Erfahrungsbereiche haben bei HENTIG folgende Bezeichnungen: *Umgang von Menschen mit Menschen* (Gesellschafts- und Sozialwissenschaft), *Umgang mit Sachen - beobachtend, messend, experimentierend* (Naturwissenschaft), *Umgang mit Sachen - erfindend, gestaltend, spielend* (Künste), *Umgang mit Gedachtem, Gesprochenem, Geschriebenem* (Sprache(n), Mathematik), *Umgang mit dem eigenen Körper* (Körper- und Gesundheitserziehung). Die in Klammern angegebenen Kurzformen deuten an, welche Fächer bzw. Fächergruppen in den Erfahgungsbereichen angelegt sind, die Langformen betonen den Erfahrungs- und Prozeßcharakter solchen Lernens. Im folgenden werden die Kurzformen verwendet.

Sozialwissenschaft
Dieser Erfahrungsbereich umfaßt alles, was den "Umgang von Menschen mit Menschen" betrifft: Geographie, Geschichte und Politik, Arbeit und Wirtschaft, Religion, Pädagogik und Psychologie. Das Leben in der Schule vermittelt die dafür grundlegenden Erfahrungen. Bei den jüngeren Kindern ist Geographie zunächst die Erkundung der Umgebung, Geschichte die der eigenen Familie, der eigenen Stadt, Wirtschaft das Beobachten oder Nachmachen einfacher Herstellungsverfahren und der Kauf von Waren...
Erfahrung zielt zugleich auf Verallgemeinerung und Systematik. Mit zunehmendem Alter und zunehmender Erweiterung der Themen tritt dieses Element stärker in der Vordergrund. Am Beispiel "Ägypten" lernen die Kinder zu verstehen, was "Staat" ist, warum und wie er entstehen konnte, am Beispiel „Mittelalter“, daß es Lebensformen und -ordnungen gibt, die von den unseren grundverschieden sind und diese doch mitgeprägt haben, am Beispiel "Geld", was und wic unsere Wirtschaftsordnung ist, welche es zuvor gegeben hat oder auch geben könnte ... Auf diese Weise entwickelt sich das Bewußtsein von unterschiedlichen Zugangsmöglichkeiten und Erkenntnismethoden, wie sie in den traditio-

nellen Fächern zum Ausdruck kommt. In den oberen Jahrgängen dominieren diese.

Naturwissenschaft
Unser Verhältnis zur Natur wird mehr und mehr durch das Bewußtsein bestimmt, daß die Mittel zu ihrer Beherrschung zugleich die zu ihrer Zerstörung und damit zur Bedrohung unserer eigenen Existenz sind. Aufgabe der Schule muß sein, Kinder und Jugendliche zu Aufmerksamkeit und Achtung, zu einem bewahrenden Verhältnis gegenüber der Natur zu erziehen.
Voraussetzung dafür ist, daß sie, soweit die Schule das ermöglichen kann, in und mit der Natur aufwachsen. Das Pflegen eines Beetes, der Umgang mit Tieren - das sind Erfahrungen, die alle Kindern machen sollen. Die Jüngeren lernen, sich achtsam und ohne Scheu in der Natur zu bewegen, sie sammeln und bestimmen Pflanzen, lernen die Lebensgewohnheiten von Vögeln und anderen Tieren kennen, beobachten die Krötenwanderung und legen Schutzzäune an ...
Aus solchem Umgang mit der Natur entwickelt sich mehr und mehr auch das Verstehen und Anwenden von Methoden und speziellen Verfahrensweisen, die uns systematische Erkenntnis erschließen: An exemplarischen Gegenständen lernen die Kinder diese Art des Verstehens kennen: Naturwissenschaft (*science).*
Unsere Kultur und unser Leben sind in hohem Maße von ihr bestimmt. Die Kritik an den negativen Folgen dieser Herrschaft darf nicht mit Wissenschaftsfeindlichkeit beantwortet werden und noch weniger mit dem Anhäufen von (meist unverstandenem) Faktenwissen in den Köpfen. Vielmehr geht es darum, im Sinne der Didaktik von Martin WAGENSCHEIN an wenigen ausgewählten Gegenständen "Pfeiler des Verstehens" aufzubauen, die das Gebäude einer naturwissenschaftlichen Grundbildung tragen. Dies geschieht in den mittleren Jahrgängen in fächerübergreifenden Unterrichtseinheiten, auf die in den oberen Jahrgängen Fachkurse folgen (Physik, Chemie, Biologie).

Wahrnehmen und Gestalten
"Umgang mit Sachen - erfindend, gestaltend, spielend" kommt im Leben der Schule täglich vor. Die jüngeren Kinder singen, spielen, malen, sie entwickeln eigene Ausdrucksformen und Techniken und schulen sich darin am Vorbild anderer, sie malen beispielsweise "wie PICASSO" und erproben daran die Wirkung von Formen und Farben, sie musizieren mit ORFFschen Instrumenten, sie spielen Theater. Auch in den mittleren und oberen Jahrgängen bleibt das Aufnehmen und Genießen von Kunst und Musik sowie das Erproben eigener Ausdrucksmöglichkeiten Bestandteil des gemeinsamen Lebens. Dabei tritt das Verstehen, Anwenden und Üben von Techniken stärker in den Vordergrund - in der Regel bezogen auf ein anzustrebendes Produkt. Schülerinnen und Schüler stellen eine Zeitung her und lernen dabei Druck- und Layouttechniken. Sie spielen Theater, malen die Bühnenbilder, stellen Kulissen und Kostüme her. Sie schreiben Gedichte, illustrieren sie und machen daraus eine Ausstellung "Lyrik und Kunst" ...

Neben solchen Epochen und/oder Projekten gibt es in den oberen Jahrgängen spezialisierende Kurse: Kunst, Musik, Theater, Fotografie.

Sprache
Sprache bringt jedes Kind bereits "fertig" mit in die Schule. Sie ist *das* Medium menschlicher Beziehungen und soll darum auch nicht in ein Schulfach (Deutsch) "gestopft" werden. Vielmehr ist es Aufgabe der Schule insgesamt, Kindern und Jugendlichen dabei zu helfen, sich dieses Instruments zunehmend bewußt, zunehmend selbstbewußt und gut zu bedienen. Das geschieht zum großen Teil im täglichen Miteinander-Umgehen. Anderen zuzuhören, auf sie einzugehen, ihre Argumente auzufnehmen oder nachzufragen, den eigenen Standpunkt klar und angemessen zu vertreten - das ist nicht Gegenstand von Unterricht, sondern Bestandteil gemeinsamer Lebenskultur. Auch die Literatur spielt im Leben einer Gruppe ein große Rolle: Bücher werden vorgelesen und vorgestellt, Geschichten geschrieben und anderen vorgetragen.
Die kleinen Kinder bedienen sich der Sprache unbefangen. Zugleich erfahren sie mit dem Lernen des Lesens und Schreibens eine erste Stufe der Abstraktion: vermittelte Sprache. Eine weitere ist das Lernen der ersten Fremdsprache - die bis dahin für "natürlich" gehaltene Muttersprache wird als eine unter anderen erkannt. Mit dem Lernen einer zweiten Fremdsprache ergibt sich eine weitere Abstraktionsstufe: aus dem Vergleich zwischen unterschiedlichen Sprachen werden Gemeinsamkeiten, wird Sprache als System erkennbar (Grammatik).
Der Fremdsprachenunterricht beginnt früh: Englisch im 3., die zweite Fremdsprache im 4. Schuljahr. Der Kinder lernen "spielend". Später, im 8. oder 9. Schuljahr, halten sie sich für längere Zeit im Ausland auf. Auf diesen beiden "Säulen" baut die Didaktik des Fremdsprachenunterrichts auf.
Deutschunterricht vermittelt Übung und Systematik - soweit dies möglich und sinnvoll ist, im Rahmen jeweils behandelter Sachthemen.

Mathematik
Mathematik als eine besondere Weise, dem menschlichen Geist die Welt verständlich zu machen, sollte auch so vermittelt werden: als ein Verfahren, durch Abstraktion und Relation komplizierte Gegebenheiten auf einfache Strukturen zu reduzieren. Im Gegensatz dazu wird das Schulfach Mathematik vielfach als "Angstfach" erfahren. Vorrangige Aufgabe einer "pädagogischen" Didaktik der Mathematik ist es, sie aus dieser Rolle zu erlösen. Das kann geschehen, wenn Kinder an geeigneten Beispielen die Mathematik und damit ihre Funktion gleichsam entdecken: als Verstehen durch Modellbildung und Abstraktion. Dies gelingt am besten, wenn unmittelbar einsichtig ist, wozu das gut ist; Mathematik sollte darum so weit wie möglich im Zusammenhang mit Sachthemen vermittelt werden. Ein "Minimalcurriculum" legt fest, welche grundlegenden Verfahren und Techniken dabei vermittelt werden müssen. Soweit solches Lernen auf lineares Fortschreiten angewiesen ist, wird es in Fachkursen vermittelt. Für Ma-

thematik soll also, ebenso wie für Deutsch, das Konzept eines integrativen Unterrichts unter Wahrung der Fachautonomie entwickelt werden.

Körpererziehung, Sport und Spiel
Wenn die Schule ein Lebens- und Erfahrungsraum ist, muß sich der ganze Mensch in ihr entwickeln können, müssen Kinder und Jugendliche dort zunehmend bewußt mit ihrem Körper leben und zu leben lernen. Der Körper fordert sein Recht - und der Schulalltag soll dem entsprechen. Bei den kleinen Kindern geschieht dies durch den Tagesrhythmus, der eine ausgewogene Balance zwischen Ruhe und Bewegung gewährleistet. Für die Größeren gibt es Spiel-, Sport- und Bewegungsmöglichkeiten, die sie täglich nutzen können und sollen. Im Unterricht lernen sie verschiedene Sportarten und -techniken in systematischem Aufbau. Pädagogische Grundprinzipien sind die Erkundung der eigenen Möglichkeiten und das soziale Lernen, das friedliche Miteinander. Das Sporttreiben und -lernen dient der Selbstentfaltung und dem gemeinschaftlichen Erlebnis, nicht dem konkurrenzbetonten Leistungssport.
"Körpererziehung" umfaßt jedoch weit mehr als der traditonelle Sportunterricht: Gymnastik, Spiel und Tanz, gesunde Ernährung, Körperpflege, Hygiene und Sexualität. In Epochen und Projekten (zusammen mit anderen Erfahrungsbereichen) kommen diese Bereiche als Schwerpunktthemen vor.

Lernen in altersgemischten Gruppen

Das Leben in der Familie, der Umgang mit Geschwistern sowie anderen Kindern und Jugendlichen unterschiedlichen Alters ist die natürliche Lebensform der Heranwachsenden. Sie in altersgleichen Jahrgangsgruppen zusammenzufassen, stellt dem gegenüber eine Künstlichkeit dar. Daß Unterricht vorwiegend in Jahrgangsklassen erteilt wird, beruht auf der Annahme, alle hätten annähernd gleiche Voraussetzungen. Dies erweist sich jedoch mehr und mehr als Illusion: Viele Untersuchungen und Erfahrungen aus allen Schulen stimmen darin überein, daß die per se vorhandene Unterschiedlichkeit der Kinder angesichts unserer zunehmend pluralistischen Lebensformen immer größer wird.
Eine Schule, die es sich zur Aufgabe machen will, den einzelnen Kindern in ihrer Besonderheit gerecht zu werden, die Unterschiede zwischen ihnen wahrzunehmen und anzuerkennen, muß daher Unterricht von vornherein anders anlegen: Auf *Gemeinsamkeit und Differenz*. Dem liegt folgende Hypothese zugrunde: Es ist möglich, einer altersgemischten Gruppe aus drei Jahrgängen gemeinsame Bildungserlebnisse zu vermitteln, wenn die Lernwege und Lerngelegenheiten, die Aneignungs- und Übungsformen hinreichend verschieden angelegt sind, um die Spannbreite der individuellen Fähigkeiten aufzufangen.
In altersgemischen Gruppen können soziale Prozesse sich natürlicher und darum besser entwickeln als in Jahrgangsklassen. Der Umgang mit Unterschieden wird durch die Differenz des Alters zur Selbstverständlichkeit, ebenso das Prinzip,

daß die Jüngeren von den Älteren lernen, die Älteren ihnen gegenüber Verantwortung übernehmen. Die Wahrnehmung von Leistungsunterschieden verliert durch die Altersmischung ihren stigmatisierenden Charakter, da alle sich als unterschiedlich erleben.
Es ist vorgesehen, die altersgemischte Gruppe als Stammgruppe bis zum Ende des 9. Schuljahrs, teilweise auch in 10, beizubehalten. Dies ist möglich, wenn nach oben hin der Anteil des Unterrichts in der Stammgruppe zurückgeht zugunsten anderer Unterrichtsformen.

Unterschiedliche Kurse und Unterrichtsarten

Auch die Differenzierung der Unterrichtsarten ist darauf angelegt, der Unterschiedlichkeit der Kinder und Jugendlichen gerecht zu werden und ihnen gleichwohl eine gemeinsame Grundbildung zu vermitteln.

Epochen
Das Prinzip der Epochalisierung soll die Zerstückelung des Unterrichts in unzusammenhängende Einzelinhalte verhindern, Lernen in Sinnzusammenhängen ermöglichen. Statt der Fächer steht für eine längere Zeit die Beschäftigung mit *einem* Thema auf dem Programm. In aller Regel sind solche Sachthemen „von Natur aus" fächerübergreifend; die Fächer sind Ausdruck universitärer Spezialisierungen, die für Kinder und Jugendliche weder notwendig noch sinnvoll sind.
Epochenthemen in der Stufe II (Jg. 4-6) können beispielsweise sein: Körper, Ernährung, Gesundheit; Leben in der Steinzeit; Menschen und Tiere im Winter; Märchen; Die Griechen ...
Epochenthemen in der Stufe III (Jg. 7-10) können beispielsweise sein: Klima und Wetter; Medien; Französische Revolution; Umgang mit Energie; Erziehung im Nationalsozialismus ...
Der Anteil der einzelnen Erfahrungsbereiche bzw. Fächer ist unterschiedlich und muß vorab bei der Planung festgelegt werden.

Fachkurse
In einigen Bereichen ist Lernen als lineares Fortschreiten notwendig. Dies gilt insbesondere für die Fremdsprachen. Auch die Vermittlung bestimmter Operationen, Verfahren und Techniken in der Mathematik, den Naturwissenschaften und teilweise auch in Deutsch erfolgt sinnvollerweise in linearer Progression. Um solches Lernen zu gewährleisten, finden parallel zum Epochenunterricht Fachkurse statt, die in der Regel in Jahrgangsgruppen erteilt werden. Für das Lernen und Üben der Kulturtechniken können auch andere Gruppierungen erprobt werden, gemäß den Bedürfnissen der Kinder.
In Mathematik, den Naturwissenschaften und Deutsch dürfen die Fachkurse jedoch nicht zum dominierenden Prinzip werden; vielmehr sollen sie dem Lernen in übergreifenden Zusammenhängen zuarbeiten. Ebenso sind die Fremdspra-

chenkurse letztlich „Mittel zum Zweck", der kommunikativen Verwendung im Ernstfall. Es wird angestrebt, in den oberen Jahrgängen Fachunterricht teilweise in englischer Sprache zu erteilen. In Zusammenarbeit mit Partnerschulen sollen deutsche und ausländische Jugendliche über längere Zeit an Projekten zusammenarbeiten und in bilingualen Kursen sprachlich darauf vorbereitet werden.

Wahl- und Leistungskurse
In einer Schule, die auf jede Selektion nach Leistungen verzichtet, muß die Entwicklung individueller Lern- und Leistungsprofile durch ein breit angelegtes, nach oben hin zunehmendes Wahlangebot gewährleistet sein. Diese Angebotsdifferenzierung setzt im 4. Schuljahr ein. Mit Beginn der Stufe II können die Kinder wählen, ob sie eine zweite Fremdsprache lernen möchten oder nicht. Darüber hinaus wählen sie in den drei Jahren dieser Stufe insgesamt 6 halbjährige Wahlkurse. Diese Kurse ergänzen und erweitern den Pflichtunterricht insbesondere um solche Inhalte, die auf Anwendung und praktisches Lernen ausgerichtet sind. In der Stufe III (Jg. 7-10) sollen alle Jugendlichen sich auf zwei Gebieten ihrer Wahl profilieren. Es werden ca. 10 altersgemischte Kurse angeboten, darunter die klassischen „Hauptfächer" Deutsch, Mathematik, Englisch, aber auch andere wie Sport, Theater, Musik, Ökologie, Kunst. Eine weitere Sprache (Spanisch, Russisch, Polnisch...) kann als dritte Fremdsprache angeboten werden.

Freiarbeitsstunden, unterrichtsfreie Zeit
Die Kinder und Jugendlichen sollen ihr Lernen und ihre Arbeit in der Schule zunehmend selbstverantwortlich planen und gestalten. Dazu brauchen sie Zeit, die in jedem Unterricht zur Verfügung stehen muß. Es ist sinnvoll, darüber hinaus eigene Freiarbeitsstunden einzurichten, in denen sie nach eigenem Tempo und in selbstgewählter Reihenfolge die anstehenden Aufgaben machen. Die Arbeit in der Schule wird durch zwei Pausen unterbrochen, eine halbstündige Frühstückspause und eine anderthalbstündige Mittagspause. In dieser unterrichtsfreien Zeit stehen den Kindern und Jugendlichen alle Lerngelegenheit der Schule zur Verfügung: Sie können musizieren, lesen, Sport treiben, in der Werkstatt arbeiten, können aber auch anderes tun. Diese Freiarbeits- und unterrichtsfreien Zeiten sollen reichlich bemessen sein, damit die Kinder lernen können, die Planung und Verwendung der eigenen Zeit als Möglichkeit der Selbstbestimmung und -entfaltung in zunehmender Selbstverantwortung wahrzunehmen.

Aufbau und Organisation der Schule

Die Schule soll die Jahrgänge 0-10 umfassen. Sie ist einzügig geplant für die Jahrgänge 0-6 und zweizügig für die Jahrgänge 7-10 (Im 7. Schuljahr kommen die Kinder der Montessori-Schule hinzu). Sie ist in drei Stufen gegliedert, die nachfolgend beschrieben werden.

Stufe I (Jg. 0-3)

Die Kinder kommen mit 5 Jahren in die Schule, in eine schon bestehende altersgemischte Gruppe. Diese Eingangsstufe dauert 4 Jahre (Jahrgang 0-3). Der Unterricht ist ganzheitlich und ungefächert, er folgt dem Tageslauf, nicht dem Stundenplan (den es nicht gibt). Offener Unterricht und individualisierende Lern- und Übungsformen bestimmen das Lernen der Kulturtechniken. Das gemeinsame Leben in der Schule bietet die Grundlage für alle wichtigen Lernerfahrungen. Dazu gehört auch das Verlassen der Schule, das Erkunden der Natur, der näheren Umgebung und der Stadt.

Die Schule ist ab 7 Uhr geöffnet. Der Schulvormittag beginnt zwischen 8 Uhr und 8.30 Uhr (gleitender Unterrichtsbeginn) mit einer ersten Arbeitseinheit, die bis 9.30 Uhr dauert. Eine halbstündige Pause mit Frühstück schließt sich an, gefolgt von einer halbstündigen Versammlung, in der alle Gruppen zusammenkommen. Die zweite Arbeitszeit dauert bis 12 Uhr. Die Kinder, die die Schule nur am Vormittag besuchen, fahren dann nach Hause, die übrigen essen in der Schule. Sie werden am Nachmittag bis 16 Uhr in der Schule betreut. Ab 17 Uhr ist die Schule geschlossen.

Der Unterricht liegt in einer Hand. Bei der Ganztagsbetreuung arbeiten Lehrerinnen/Lehrer und Erzieherinnen/Erzieher eng zusammen.

Im 3. Schuljahr beginnt der Unterricht in der ersten Fremdsprache: Die Kinder lernen - in spielerischer Form - täglich eine halbe Stunde Englisch (*Frühbeginn)*. Sie lösen sich auch zu anderen Gelegenheiten aus dem Verband der Stammgruppe, beispielsweise zu einer Einführungskurs in der Werkstatt.

Stufe II (Jahrgang 4-6)

In der Stufe II beginnt die Differenzierung des Lernfelds nach *Erfahrungsbereichen*. Der Tag ist in inhaltlich verschiedene Zeiten gegliedert, deren Abfolge einen den Kindern und Jugendlichen bekömmlichen Lern- und Lebensrhythmus ermöglicht. Dazu gehört die *Konzentration auf wenige Lerngegenstände* (an Stelle der üblichen Abfolge von 5-6 Fachunterrichtsstunden à 45 Minuten). Neben dem kontinuierlichen Lernen und Üben der Kulturtechniken und der Fremdsprache(n) steht *ein* Thema jeweils im Mittelpunkt des gemeinsamen Lernens (*Epochalisierung)*. Daneben gibt es, nach oben zunehmend, *Wahlkurse*. Als Zeiteinheiten gibt es die Kurzstunde (30 Minuten) - überwiegend für Kurslernen - und die Normal- bzw. Doppelstunde (60 bzw.120 Minuten) - überwiegend für praktisches Lernen und Epochenunterricht.

Die Altersmischung der Stammgruppe setzt sich auch in dieser Stufe fort. Neben dem täglichen Epochenunterricht in der Stammgruppe gibt es morgendliche altershomogene Fachkurse für Englisch und die zweite Fremdsprache, teilweise auch für Deutsch und Mathematik.

Die Stammgruppe findet sich um 8 Uhr zu einer *Morgenzeit* zusammen. Anschließend gehen die Kinder in die unterschiedlichen *Fachkurse* auseinander, die von 8.30 bis 10 Uhr dauern. Nach einer halbstündigen Frühstückspause schließt sich der *Epochenunterricht* an, der bis 12 Uhr dauert. Das gemeinsame *Mittagessen* bietet zugleich Gelegenheit für allgemeine Mitteilungen und Ansagen. Die folgende *Mittagszeit* bis 14 Uhr ist die Zeit für Spiel, Sport und Erholung, aber auch für freies Arbeiten und Musizieren. Ab 14 Uhr werden *Wahlkurse* aus unterschiedlichen Bereichen angeboten: Handwerk/Technik/Hauswirtschaft, Kunst/ Musik, Körper/Ernährung/Gesundheit. Einige Nachmittagsstunden sind als *Arbeitsstunden* für individuelles Arbeiten oder als *Versammlungen* für die Angelegenheiten der Gruppe reserviert. Der Epochenunterricht umfaßt die Erfahrungsbereiche Sozialwissenschaft, Naturwissenschaft, Wahrnehmen und Gestalten sowie Deutsch und Mathematik in jeweils unterschiedlicher Gewichtung. Auch Sportstunden können integriert werden, soweit es sich von der Sache her ergibt. Die Inhalte und die Reihenfolge der Epochen müssen langfristig geplant werden, um die Ausgewogenheit der Fächeranteile zu sichern. In Jahrgang 4 wird eine 2. Fremdsprache, wahlweise Französisch oder Latein, angeboten. Diese Kurse liegen entweder vor Unterrichtsbeginn (7.30 - 8 Uhr) oder im Wahlbereich.

Stufe III (Jahrgang 7-10)

In dieser Stufe erweitert sich der Wahlbereich. Die Schülerinnen und Schüler wählen statt des bisherigen Wahlkurses je zwei *Leistungskurse*: einen aus den vom Wahlkurs der Stufe II her bekannten Bereichen, in denen sie sich besonders profilieren möchten, einen weiteren aus den Bereichen Deutsch, Fremdsprache, Mathematik, Naturwissenschaft, Sozialwissenschaft. Im 7. Schuljahr wird erneut Französisch und/oder Latein als Anfangskurs angeboten ("Spätbeginn" im Unterschied zum "Frühbeginn" im 4. Schuljahr) und kann als zweite bzw. dritte Fremdsprache als Leistungskurs gewählt werden. Die Leistungskurse sind ganzjährig.

Die Gliederung des Tages und des Unterrichts wird beibehalten. Jedoch geht der Anteil des Epochenunterrichts in der altersgemischten Gruppe zugunsten der Fachkurse zurück. Im Epochenunterricht treten die Konturen der *Fächer* deutlicher hervor. Fachkurse können in das Epochenband integriert werden, bezogen auf das jeweilige Thema.

Die Stufe III ist in zwei unterschiedliche, jedoch aufeinander bezogene und aufeinander aufbauende Phasen unterteilt.

In den Jahrgängen 7 und 8 werden den Schülerinnen und Schülern, ihrem Alter entsprechend, zahlreiche Lerngelegenheiten und Bewährungsmöglichkeiten außerhalb der Schule geboten. Im 7. Schuljahr machen sie eine *Sportreise* (z.B. Langlauf und alpiner Skilauf, Kanufahren, Segeln ...) und bereiten sich in mehreren Unterrichtsepochen darauf vor: Selbstversorgung, Geographie, Ökologie, Wetterkunde ... Ende des 7. Schuljahrs machen sie ein *ökologisches und/oder landwirtschaftliches Praktikum* mit entsprechender Vorbereitung. Im 8. Schuljahr lernen sie den *Produktionsbereich* in einem dreiwöchigen Praktikum kennen, das im Unterricht vor- und nachbereitet wird. Im zweiten Halbjahr des 8.

Schuljahrs folgt ein mehrere Wochen dauernder *Auslandsaufenthalt* in einem englisch- oder französischsprechenden Land.[1] Anschließend sind die Austauschpartnerinnen und -partner zu Gast; in dieser Zeit stehen bilingualer Sprachunterricht und gemeinsame Projektepochen im Mittelpunkt des Unterrichts.
Das 9. und 10. Schuljahr sind geprägt durch die Orientierung auf den Abschluß und die Wahl des zukünftigen Berufs. Zu Beginn des 9. Schuljahrs machen alle Schülerinnen und Schüler ein *Sozialpraktikum*, zu Beginn des 10. ein drittes *Berufspraktikum* in einem Betrieb, der dem eigenen Berufswunsch entspricht.
In der Stufe III fertigen alle Schülerinnen und Schüler insgesamt 6 *Semester- oder Jahresarbeiten* an: selbständig erarbeitete größere Werkstücke, die theoretischer oder praktischer Art sein können.
Nach dem 9. Schuljahr erfolgt eine abschlußorientierte Differenzierung. Schülerinnen und Schüler, die nach dem 10. Schuljahr eine Berufsausbildung anstreben und diejenigen, die eine weiterführende Schule besuchen wollen, werden in getrennten Gruppen auf die entsprechenden Anforderungen vorbereitet. Diese Trennung erfolgt u.a. auf der Grundlage der Abschlußprognosen, legt jedoch die Höhe des Abschlusses nicht endgültig fest.

Zeugnisse erhalten die Schülerinnen und Schüler in Form von individuellen Halbjahres- und Jahresberichten. Ab Ende des 9. Schuljahrs erhalten sie darüber hinaus Notenzeugnisse, ab Ende 8 Abschlußprognosen.
Am Ende des 10. Schuljahrs vergibt die Schule die in unserer Gesellschaft üblichen *Abschlüsse*. Dies geschieht durch die zuständigen Lehrerinnen und Lehrer in Würdigung der gesamten Persönlichkeit der Schülerin/des Schülers, ihrer/seiner Entwicklung und Zukunftsperspektive.

Organisationstrukturen (in Stichworten)

Die Details der Schulorganisation können erst in der konkreten Aufbauphase entwickelt werden. Die nachfolgenden Stichworte geben wieder, was dazu in der Arbeitsgruppe bisher gedacht worden ist.
Schülerzahlen: Einzügigkeit von Jg. 0-6: 20 Schülerinnen und Schüler pro Jahrgang. Zweizügigkeit ab Jg. 7: 40 Schülerinnen und Schüler pro Jahrgang. Gesamtzahl: 300
Schüleraufnahme: Als Angebotsschule nimmt die Schule Kinder aus ganz Greifswald auf. Wenn es mehr Anmeldungen als Plätze gibt, wählt die Schule nach folgenden Kriterien aus: (1) gleiche Anzahl von Mädchen und Jungen, (2) Entfernung von der Schule, (3) Übereinstimmung der Eltern mit der Pädagogik

[1] Der geographischen Lage Greifswalds sowie dem Profil der Philosophischen Fakultät entsprechend - wird die (alternative) Berücksichtigung skandinavischer oder osteuropäischer Sprachangebote geprüft.

der Schule, (4) soziale Härtefälle. Die Auswahl erfolgt auf Grund von Elterngesprächen.
Aufnahme behinderter Schülerinnen und Schüler: Die Schule strebt an, solche Schülerinnen und Schüler aufzunehmen, soweit sie sich in der Lage sieht, diese entsprechend ihren Bedürfnissen zu fördern.
Schulgebäude und -gelände: Der äußere Rahmen und die Ausstattung der Schule können bescheiden sein, müssen ihr aber ermöglichen, ihr Konzept zu verwirklichen. Das Gebäude und das Gelände müssen so sein, daß sich ein Lebens- und Erfahrungsraum darin entwickeln kann. Sie müssen Gestaltungsmöglichkeiten bieten, also möglichst offen sein. Die Lerngelegenheiten, die die Schule braucht, müssen nach und nach aufgebaut werden: Bibliothek, Küche, Werkstatt, Garten...
Auswahl der Lehrerinnen und Lehrer: Es muß gewährleistet sein, daß nur solche Lehrerinnen und Lehrer in der Schule arbeiten, die das auch wollen. Die Schule muß ein Mitspracherecht bei ihrer Auswahl haben. Das Verfahren bleibt im Einzelnen zu klären.
Personelle Ausstattung: Die Verwirklichung des Schulkonzepts hängt ganz wesentlich von der Kleinheit der Gruppen ab. Altersmischung *und* integrativer Unterricht *und* ein hoher Anteil an praktischem, erfahrungsorientiertem Lernen mit Experimenten, Exkursionen usw. usw. sind unmöglich bei normalen Klassenfrequenzen zu leisten. Da in Zeiten äußerst knapper Ressourcen nicht damit zu rechnen ist, daß das Land die Schule mit zusätzlichen Lehrerstellen unterstützen kann, müssen andere personelle Ressourcen genutzt werden. Beispiele: *Eltern* beteiligen sich an der Arbeit der Schule, indem sie Angebote im Wahlbereich machen und/oder im Unterricht zeitweise mitbetreuen. *Studentinnen und Studenten* arbeiten über einen längeren Zeitraum in der Schule mit - im Rahmen von Projektpraktika oder anderen, im Einzelnen abzusprechenden Projekten der Lehrerausbildung. *Jahrespraktikantinnen und -praktikanten*, die eine Ausbildung als Erzieher/in, Sozialarbeiter/in oder Sozialpädagoge/Sozialpädagogin machen, absolvieren in der Schule ihr Anerkennungsjahr. *Referendarinnen und Referendare* arbeiten für ein Jahr an der Schule mit. Junge Erwachsene, die ein *freiwilliges soziales Jahr* absolvieren, werden der Schule zugeordnet, oder *Zivildienstleistende* oder Personen, die auf Grund einer *Arbeitsbeschaffungsmaßnahme* eingestellt worden sind. - Bei der Nutzung solcher Möglichkeiten ist die Schule auf die Unterstützung der Stadt und des Landes angewiesen. Sie muß ihren Personalbedarf ausweisen und begründen, und es muß klar sein, über welches Personenkontingent sie verfügen kann.
Finanzielle Ressourcen: Für diese gilt sinngemäß das Gleiche: In Zeiten knapper Ressourcen kann die Schule nicht mit zusätzlichen öffentlichen Geldern rechnen. Sie muß aber weitgehende *Autonomie* in der Verwendung der ihr zustehenden Mittel und in der Erschließung weiterer haben. Es muß zum Beispiel möglich sein, für bestimmte Kurse *Elternbeiträge* zu erheben: In einer einzügigen Schule sind Wahlgruppen teilweise so klein (z.B. Kurse der zweiten Fremdspra-

che, Instrumentalgruppen), daß der Unterricht nicht auf das volle Deputat angerechnet werden kann. Es wird ein besonderes Anliegen der Schule sein, darüber zu wachen, daß daraus keine finanziell bedingte Chancenungleichheit wird. Zu diesem Zweck (und anderen) gibt es einen *Förderverein*, dem die Eltern bei der Anmeldung ihres Kindes beitreten und den sie - nach Maßgabe ihrer Möglichkeiten, also mit unterschiedlichen Beträgen - finanziell unterstützen. Dessen Mittel werden für Anschaffungen und Unternehmungen verwendet und dienen insbesondere dem Ausgleich von sozialen Härten. Durch *Spenden*, die Unterstützung von *Sponsoren* und *zweckgebundenen* Stiftungen kann die Schule weitere Ressourcen erschließen und - in begrenztem Umfang - auch Geld einnehmen (z.B. bei Basaren, Theateraufführungen).

Arbeitszeitregelung der Lehrkräfte: Die Lehrerinnen und Lehrer halten sich in der Regel von 9 bis 16 Uhr in der Schule auf, unbeschadet ihres jeweiligen Unterrichtseinsatzes. Dies setzt voraus, daß sie die Möglichkeit haben, ihre Unterrichtsvor- und -nachbereitungen in der Schule zu machen.

Teamarbeit: Alle Lehrerinnen und Lehrer gehören einem *Stufenteam* an. Zu diesem gehören die Betreuungslehrerinnen und -lehrer der Stammgruppen, die Fachlehrerinnen und -lehrer und weitere Erwachsene, die in der Stufe tätig sind. Die Stufenteams tagen jede Woche. Sie sind verantwortlich für die Planung und Gestaltung des Unterrichts und des Schullebens der Stufe und regeln auch - soweit irgend möglich - die Vertretung in Krankheitsfällen. Zu ihren wichtigsten Aufgaben gehört die inhaltliche Planung, Vor- und Nachbereitung des Epochenunterrichts einschließlich des Stundeneinsatzes von Lehrerinnen und Lehrern.

Konferenzen: An jedem Schultag trifft sich das Kollegium zu einer kurzen Besprechung in der Frühstückspause (*„Teekonferenz“*). Darüber hinaus gibt es in jeder Woche einen Konferenznachmittag, der in der Regel von 14 bis 17 Uhr dauert. Außer dem im Schulgesetz vorgeschriebenen Konferenzen (Lehrerkonferenz, Schulkonferenz) gibt es die *Erfahrungsbereichskonferenzen*, die den Fachkonferenzen anderer Schulen entsprechen, *Pädagogische Konferenzen* zu besonderen Themen sowie die Teamkonferenzen. Diese tagen regelmäßig, die übrigen wechseln turnusmäßig ab. Damit den Teams genügend Zeit für ihre Arbeit bleibt, werden die übrigen Konferenzen - soweit irgend möglich - auf eine Stunde beschränkt.

Tages- und Stundenpläne: Die Tageszeiten sind in den Stufen unterschiedlich, jedoch immer nach einem festen Rhythmus gegliedert (s.o.). In der Stufe I folgt auch die Ordnung der Lerngegenstände dem Tagesplan. In den Stufen II und III haben die Schülerinnen und Schüler Stundenpläne, die die verschiedenen Unterrichtsarten ausweisen: Fachkurse (Fremdsprachen, Mathematik, Deutsch), Epochen, Wahlkurse, Arbeitsstunden, Versammlungen.

Jahresplan: Der Jahresplan für die gesamte Schule enthält - neben den allgemeinen Terminen - alle Feste, Veranstaltungen, Praktika, Exkursionen, deren Termine schon vorher feststehen. Er legt für die Stufen II und III drei *Intensivphasen* von je zwei Wochen fest, in denen der normale Unterricht zugunsten be-

sonderer Unternehmungen aussetzt. Eine Intensivphase wird in der Regel als Reisezeit genutzt. - Darüber hinaus werden von den Stufenteams Epochen-Jahrespläne erstellt, aus denen die Verteilung der Epocheninhalte auf das Jahr ersichtlich ist.
Elternmitwirkung: Die Eltern haben - außer den gesetzlich vorgeschriebenen Mitwirkungsrechten - das Recht, jederzeit in der Schule zu hospitieren. Die Schule ist wesentlich auf ihre Unterstützung angewiesen und wird darum versuchen, sie in die Gestaltung des Schullebens wo immer möglich einzubeziehen.
Zusammenarbeit mit anderen Insitutionen: Die Schule ist mit ihrem Konzept der Öffnung und insbesonders ihrem Charakter als Versuchsschule in besonderem Maße auf Kooperation und Öffentlichkeit angewiesen. Sie wird Kontakte zu anderen Schulen, zu sozialen und kulturellen Institutionen der Stadt aufbauen und pflegen und sich um die Zusammenarbeit mit der *Pommerschen Landeskirche* bemühen. Wünschenswert wäre eine auf Dauer angelegte *Kooperation mit der Universität Greifswald* nach dem Vorbild der Bielefelder Laborschule. Auch im Rahmen von Projekten der *Lehrerbildung* kann die Schule eng mit der *Universität und mit dem Landesinstitut für Schule und Ausbildung* zusammenarbeiten. Die Schule wird sich um Partnerschaften im In- und Ausland bemühen, insbesondere versuchen, ihren Schülerinnen und Schülern einen längeren Aufenthalt im Ausland zu ermöglichen und ausländische Schülerinnen und Schüler hier zu betreuen.
Die Schule ist vorerst nur bis zum Jahrgang 10 geplant. Später ist der Aufbau eine weiterführenden, das Konzept der Schule sinngemäß fortsetzenden Gymnasiale Oberstufe anzustreben.

Versuchsschule in Greifswald - ein Modell für Schulautonomie

(Stichworte zum Auftrag, zum rechtlichen und organisatorischen Status der geplanten Schule)

Das vorstehende Grundsatzkonzept für eine Versuchsschule in Mecklenburg-Vorpommern liegt seit Juli 1996 vor. In zwei Gesprächsrunden wurde die Realisierung einer solchen Schule von seiten des Kultusministeriums ausdrücklich befürwortet, die Stadt Greifswald gebeten, die Trägerschaft zu übernehmen. Es wurde vereinbart, daß die Schule, in Analogie zur Bielefelder Laborschule, den Status einer Versuchsschule haben, d.h. weitgehende Autonomie erhalten soll. Der Bildungsausschuß der Stadt Greifswald hat den Senator Dr. DRENCKHAN beauftragt, die Möglichkeiten der Realisierung dieser Versuchsschule zu prüfen. Vor weiteren Schritten der Konkretisierung bedarf es zunächst der Festlegung ihres Auftrags, ihres besonderen Status, ihrer rechtlichen Stellung und ihrer Ressourcen von seiten der Landesregierung. Diese sind in Auslegung des § 38 des Schulgesetzes für das Land Mecklenburg-Vorpommern zu klären und zu definieren.

Die Initiativgruppe „Reformpädagogische Gesamtschule Greifswald e.V." hat in diesem Papier als Vorlage für eine weitere Gesprächsrunde im Kultusministerium wichtige Punkte zusammengestellt, die sich aus dem Konzept der Schule ergeben und ihrer Meinung nach bei einer solchen Regelung besonders zu berücksichtigen sind.

Auftrag und Status der Schule

Die Versuchsschule ist - wie jede andere Schule - dem allgemeinen Bildungs- und Erziehungsauftrag verpflichtet, wie er im Schulgesetz (§ 2) festgelegt ist
Als **Versuchs**schule hat sie darüber hinaus (in Anlehnung an § 38) den Auftrag, auf die wechselnden Probleme, die sich in der Pädagogik stellen, mit der Erprobung neuer Lösungen zu reagieren, „neue pädagogische Konzeptionen und organisatorische Formen zu erproben" (insbesondere im Hinblick auf die in § 2 genannten allgemeinen Lernziele) und die Ergebnisse dieser Arbeit in Form gesicherter und nachprüfbarer Erkenntnisse der Öffentlichkeit zur Verfügung zu stellen. Sie hat also einen praktischen und wissenschaftlichen pädagogischen Entwicklungsauftrag. In dessen Erfüllung ist sie zugleich ein Modell permanenter Lehrerfortbildung und kann als Ort der Ausbildung angehender Lehrerinnen und Lehrer sowie Angehöriger sozialpädagogischer Berufe besondere Aufgaben übernehmen.
Die Erfüllung ihres Auftrags setzt einen möglichst weit gesteckten Gestaltungs- und Erprobungsspielraum voraus. Die Versuchsschule kann somit zu einem Modell für die generell angestrebte Autonomie von Schulen überhaupt werden, an dem exemplarisch gezeigt und erprobt werden kann, welche Formen dafür entwickelt werden können und welche Chancen und Probleme damit verbunden sind.

Autonomiekonzept

Dieses Autonomiekonzept läßt sich, gemäß dem Auftrag der Schule, wie folgt auffächern:
Pädagogische Autonomie: Die Versuchsschule als Ort pädagogischer Innovation, als Modell eines lernenden, sich entwickelnden, selbstreflexiven Systems;
Verwaltungs- und Finanzautonomie: Die Versuchsschule als Modell einer sich selbst steuernden Einrichtung;
Wissenschaftliche Autonomie: Die Versuchsschule als Ort zur Gewinnung systematischer und kontrollierter Erkenntnis pädagogischer Entwicklungsverläufe und ihrer Ergebnisse

Pädagogische Autonomie

Schüleraufnahme: Die Schule ist eine Angebotsschule und nimmt Kinder aus ganz Greifswald und Umgebung auf. Wenn es mehr Anmeldungen als Plätze gibt, wählt die Schule nach den im vorstehenden Konzept benannten Kriterien aus.
Vereinbarungen mit Eltern: Die Schule setzt auf intensive und konstruktive Zusammenarbeit mit den Eltern sowie auf deren Hilfe. Sie kann bindende Vereinbarungen mit ihnen treffen, durch die diese sich verpflichten, die Schule finanziell, materiell oder durch eigene Arbeit zu unterstützen.
Aufnahme behinderter Schülerinnen und Schüler: Die Integration behinderter Schülerinnen und Schüler gehört zum Konzept der Schule. Diese entscheidet in jedem Einzelfall über die Aufnahme.
Auswahl der Lehrerinnen und Lehrer: An der Versuchsschule arbeiten nur Lehrerinnen und Lehrer, die das ausdrücklich wollen. Die Schule hat ein Mitspracherecht bei ihrer Auswahl. Sie darf die Stellen ausschreiben, die Bewerberinnen und Bewerber zu Auswahlgesprächen einladen und die ausgewählten Personen der Regierung zur Einstellung vorschlagen.
Probezeit: Alle Lehrerinnen und Lehrer arbeiten zunächst ein Jahr auf Probe an der Versuchsschule. Nach Ablauf dieses Jahres kann die Schulleiterin/der Schulleiter gegen deren weiteren Verbleib ein Veto einlegen.
Präsenzregelung: Die Arbeitszeit der Lehrerinnen und Lehrer wird im Rahmen einer generellen Präsenzpflicht von 30 Wochenstunden geregelt
Eigene Konferenzordnung: Unbeschadet der gesetzlich vorgeschriebenen Konferenzen gibt die Schule sich eine eigene Konferenzordnung, die ihrem hohen Reflexionsbedarf Rechnung trägt und den Jahrgangs- und Stufenteams die notwendige Planungs- und Arbeitszeit sichert.
Schuleigene Curricula - Auswahl und Anordnung von Unterrichtsgegenständen: Ein Schwerpunkt der Arbeit der Versuchsschule wird die Entwicklung fächerübergreifender Unterrichtseinheiten und Projekte sein. Dazu muß sie die Möglichkeit haben, eigene Schwerpunkte zu entwickeln und auch die Freiheit haben, von den vorgeschriebenen Stundentafeln abzuweichen und Fächeranteile unterschiedlich zu gewichten, ohne an vorgeschriebene Jahrgangsstundenzahlen gebunden zu sein. Insbesondere muß es möglich sein, zugunsten von außerschulischen Lernformen wie Praktika, Reisen, Projekten den Stundenplan auszusetzen. Generell ist die Gliederung des Lernbereichs in Erfahrungsbereichen statt Fächern vorgesehen.
Altershomogene und -heterogene Gruppen: Die Schule sieht vor, Unterricht durchgehend zu einem hohen Anteil in altersgemischten Gruppen zu erteilen. Sie darf also nicht an die Jahrgangsklassen gebunden sein.
Eigenes Differenzierungskonzept: Die Schule macht es sich zur Aufgabe, auf die unterschiedlichen Fähigkeiten und Begabungen ihrer Schülerinnen und Schüler durch ein flexibles Differenzierungskonzept zu antworten: durch stark indivi-

dualisierende Lern- und Unterrichtsformen, durch Binnen- und Angebotsdifferenzierung. Da zudem Unterricht in altersgemischten Gruppen stattfindet, darf sie nicht an die vorgeschriebene Fachleistungsdifferenzierung gebunden sein.
Pflicht- und Wahlunterricht: Durch nach oben hin zunehmende Differenzierung der Angebote will die Schule individuelle Lernwege und Abschlußprofile fördern. In der Stundentafel kommt dem Wahlunterricht daher ein höherer Anteil zu als an anderen Schulen, wird der Pflichtunterricht entsprechend reduziert.
Leistungsbewertung: Die Schule wird bis zum 9. Schuljahr keine Notenzeugnisse vergeben. An deren Stelle tritt ein eigenes individualisierendes System der Leistungsbewertung. Die Schule muß also von den Vorschriften und Verfahren der Zensurengebung (einschließlich der Klassenarbeiten) ausgenommen sein.
Unterricht durch Nicht-Lehrende: Die Schule sieht vor, im Rahmen des Öffnungskonzepts regelmäßig außerschulische Lernorte in ihre Arbeit einzubeziehen sowie die Fachkompetenz von außenstehenden Personen für solche Lernprozesse zu nutzen. Die Schule muß Honorarverträge mit solchen Personen (z.B. aus dem handwerklichen oder künstlerischen Bereich) abschließen und diese mit der Wahrung von Unterrichtsaufgaben betrauen dürfen.

Verwaltungs- und Finanzautonomie

Wirtschaftliche Eigenständigkeit/Globalbudget: Alle Personal- und Sachkosten werden zu einem Globalbudget zusammengefaßt, über das die Schule eigenständig verfügt. Dazu ist es notwendig, daß zwischen der Stadt als Trägerin und dem Land entsprechende Absprachen getroffen werden, daß am Beispiel der Versuchsschule ein neues Autonomie-Modell entwickelt wird. Insbesondere soll das pädagogische Personal (Lehrerinnen und Lehrer einerseits, Erzieherinnen und Erzieher andererseits) nicht unterschiedlichen Verwaltungen unterstehen. Personal- und Sachkosten sollen generell konvertierbar sein.
Finanz- und Vertragsautonomie: Die Schule darf in begrenztem Umfang Gelder einwerben und Einnahmen haben. Sie darf Arbeitsverträge abschließen (z. B. zeitlich befristete Honorarverträge).
Schulleitung und Management: Die Schule wird von einem Schulleiter /einer Schulleiterin geleitet; diese Stelle wird - trotz der geringen Schülerzahlen, im Hinblick auf die besonderen Aufgaben der Schule sowie auf die später aufzubauende Oberstufe - als A-16-Stelle ausgeschrieben. Um ein professionelles Management hinsichtlich der Verwaltungs- und Finanzautonomie der Schule zu gewährleisten, wird anstelle eines Stellvertretenden Schulleiters/einer stellvertretenden Schulleiterin ein Geschäftsführer/eine Geschäftsführerin eingestellt. Die Schule erhält ein Sekretariat.
Schulaufsicht und Kontrolle: Als Aufsichts- und Kontrollorgan wird - nach dem Vorbild der „School Boards“ in anglo-amerikanischen Ländern - ein Verwaltungsgremium für die Schule eingerichtet (Schulbeirat), in dem die staatliche

Schulaufsicht und die Kommune sowie die Eltern, Lehrenden und Schüler/innen der Schule und die Schulleitung vertreten sind.

Wissenschaftliche Autonomie

Pädagogischer und wissenschaftlicher Auftrag: Nach dem Vorbild der Bielefelder Laborschule sind der pädagogische und der wissenschaftliche Entwicklungsauftrag der Schule eng aufeinander bezogen und miteinander verzahnt. (Es handelt sich also *nicht* um Begleitforschung, sondern um ein eigenständiges Kooperationsmodell).
Wissenschaftliche Einrichtung und Schule: Zur Wahrnehmung des wissenschaftlichen Auftrags wird eine Wissenschaftliche Einrichtung gegründet, die an der Universität Greifswald (oder Rostock) anzusiedeln ist und der ein Professor/eine Professorin für Pädagogik vorsteht. Schule und Wissenschaftliche Einrichtung sind durch eine Gemeinsame Leitung miteinander verbunden.
Wissenschaftlicher Beirat: Zum Zweck der Beratung und Kontrolle der pädagogischen Entwicklungsarbeit der Schule und ihrer wissenschaftlichen Ergebnisse wird ein Wissenschaftlicher Beirat eingerichtet, der in regelmäßigem Turnus in der Schule tagt.
Interne und externe Evaluation: Zu den Aufgaben der Versuchsschule gehört insbesondere die Entwicklung von Formen und Verfahren interner und externer Evaluation, die Bestandteil ihres Forschungs- und Entwicklungsauftrags ist.
Vernetzung mit anderen Institutionen: Die curriculare Entwicklungsarbeit der Schule sowie generell ihre Funktion als „Klinikum“ für die Pädagogik - für Studentinnen und Studenten, für angehende Lehrerinnen und Lehrer sowie Angehörige sozialpädagogischer Berufe - legt eine enge Zusammenarbeit mit den entsprechenden Institutionen, insbesonders mit dem Landesinstitut für Schule und Ausbildung nahe. Die Schule kann und soll Aufgaben im Rahmen der Lehreraus- und -weiterbildung übernehmen und Ausbildungsstätte für angehende Sozialpädagogen und Sozialpädagoginnen, Sozialarbeiterinnen und Sozialarbeiter, Erzieherinnen und Erzieher sein. Der Aufbau einer Lernwerkstatt in Zusammenarbeit mit der Universität ist anzustreben.

Ressourcen

Ressourcen für Unterrichts- und Betreuungsaufgaben: Die Schule erfüllt ihre Unterrichts- und Betreuungsaufgaben im Rahmen der auf Grund von staatlichen Vorgaben zur Verfügung stehenden Mittel. (Vgl. Anlage 2)
Ressourcen für den wissenschaftlichen Auftrag: Die Ressourcen für die Wissenschaftliche Einrichtung (in Bielefeld: 5 Lehrerstellen, 3 Wissenschaftlerstellen, Sekretariat und Sachmittel) sind, entsprechend der geringeren Größe der Schule, geringer anzusetzen: 2 Lehrerstellen, 1 Wissenschaftlerstelle, 1 Schreibkraft und Sachmittel.

Ressourcen für besondere Entwicklungsaufgaben: Der weitgefaßte und anspruchsvolle Entwicklungsauftrag der Schule kann in vollem Umfang nur mit Hilfe zusätzlicher Ressourcen durchgeführt werden. Hierfür bietet sich eine kostenneutrale Lösung an, wenn der Schule jährlich ein festes Kontingent von Referendarinnen und Referendaren sowie angehenden Erzieherinnen und Erziehern, Sozialpädagoginnen und -pädagogen, Sozialarbeiterinnen und -arbeitern, die hier ihr Anerkennungsjahr absolvieren, zur Verfügung gestellt wird. Hierzu ist es notwendig, daß die Schule einen fest eingestellten Sozialpädagogen hat, der für die Ausbildungs- und Betreuungsaufgaben zuständig ist.

Errichtung der Schule

Stufenweiser Aufbau: Die Schule soll im Schuljahr 1999/2000 mit ihrer Arbeit beginnen und in den Jahren danach auf- und ausgebaut werden (vgl. PEHNKE i. d. B.).
Vorlaufzeit: Für die Planung und den Aufbau der Schule ist eine einjährige Vorlaufzeit erforderlich, in der eine von der Landesregierung einzusetzende Aufbaukommission die konzeptionellen und organisatorischen Rahmenvorgaben zu einem endgültigen Schulkonzept ausarbeitet und die praktischen und curricularen Vorarbeiten für die ersten Jahre leistet. Dieser Kommission sollte u.a. die künftige Schulleitung (Schulleiter/in und Geschäftsführer/in) sowie eine Fachkraft für den Aufbau der Primarstufe angehören.[1]

[1] Für die Initiative „Reformpädagogische Gesamtschule Greifswald e.V.“: Annemarie von der GROEBEN, Nils KLEEMANN, Benjamin SKLADNY (Mai 1997).

Anlage 3

Andrea KÖNIG

Eine Tvind-Innenansicht

1992 lebte ich knapp vier Monate in Dänemark in Tvind. Ich möchte versuchen, meine Erlebnisse mit der Tvind-Organisation zu schildern.
Immer wieder liest man über Tvind in der nationalen und internationalen Presse, sehr oft Negatives und manchmal schlecht Recherchiertes. Die Diskussion um die Schulen und die gesamte Tvind-Organisation scheint nicht enden zu wollen. Die Vorwürfe sind unterschiedlicher Natur, unlautere Geldgeschäfte, Sektencharakter und Waffenhandel sind nur einige.
Ich möchte nur festhalten, was mir widerfahren ist und damit einen Blick aus der Innenperspektive bieten; denn das ist ein offensichtlicher Mangel der meisten Abhandlungen über Tvind: Sie werden von Außenstehenden geschrieben.
Ich biete also keine Analyse, vielmehr meinen ganz subjektiven Erlebnisbericht.

Eine Anzeige in der Zeitung ...

Ich wollte weg aus Deutschland!
Der starke Rechtsruck im Osten Deutschlands nach der Wende und mein abgebrochenes Universitätsstudium waren im Juli 1992 für mich zwei Gründe, auf eine Annonce zu reagieren, die mir sowohl im „Neuen Deutschland" als auch in der „Jungen Welt" auffiel: Eine alternative Lehrerausbildung in Dänemark warb junge Leute.
Die vierjährige Ausbildung sollte international ausgerichtet sein und ihren Ausgangspunkt im praktisch-theoretischen Unterricht nehmen. In diesen vier Jahren waren eine längere Studienreise nach Indien, mehrere Monate Praktikum in dänischen Betrieben sowie schulpraktische Tätigkeit an Schulen Dänemarks, anderen europäischen Ländern und Afrikas vorgesehen. An das vierjährige Studium sollte sich ein Jahr Arbeit als Entwicklungshelfer anschließen.
Hier sah ich eine Chance, neue Wege zu gehen und so reagierte ich auf die Anzeige und rief dort in Tvind an.

Das erste Mal in Tvind

Obwohl laut Anzeige nur noch 2 Plätze für deutsche Studenten vorhanden seien, wurde mir gleich bei einem ersten Telefonat ein Studienplatz zugesagt. Bestimmte Voraussetzungen wurden nicht gefordert, weder Abitur, noch andere Qualifikationen, es gab auch keine Altersbegrenzungen o.ä. Man empfahl mir, einfach vorbeizukommen, um mir die Schule anzuschauen. Was ich dann auch unmittelbar mit einer Freundin zusammen tat. In dem recht großen Areal der

Schulen in Tvind, in der Nähe Ulfborgs an der Westküste Jütlands, wurden wir sehr freundlich empfangen und konnten dort mehrere Tage bleiben. Andere Studenten oder Schüler waren leider zu diesem Zeitpunkt nicht anwesend, da Sommerferien waren. Uns wurde so ziemlich alles gezeigt. In Tvind selbst befinden sich ja mehrere Schulkomplexe mit Schul- und Wohngebäuden (es sind alles Internatsschulen), Gemeinschaftsräumen und Büros, eine schuleigene Schwimmhalle, eine Sporthalle und der riesige Windgenerator, der in der Gründungszeit der ersten Tvind-Schule, wie alle anderen Gebäude übrigens auch, von den Studenten in Eigenregie gebaut wurde und bis heute das Wahrzeichen der Schulen ist.

Ein bißchen Tvind-Geschichte

Wir erfuhren, daß die erste Schule Ende der 60er Jahre auf dem Gehöft namens Tvind von jungen Leuten gebaut wurde. Daher auch der Name. Diese erste Schule war eine Rejsende Folkhøjskole, eine Volkshochschule, die für ihre Studenten größere Reisen in alle Welt organisiert, mit einem bestimmten Länderschwerpunkt und immer mit dem Ziel, für globale Probleme zu sensibilisieren. Die dänischen Folkhøjskolen sind mit der deutschen Volkshochschule nicht zu vergleichen. Sie haben in Dänemark eine lange Tradition, sind nach wie vor sehr beliebt, und sie werden von staatlicher Seite gefördert.
Im Laufe der Jahre entstanden überall in Dänemark weitere staatlich anerkannte Tvind-Schulen. Heute gibt es ungefähr 40 in Dänemark, darunter besagte Volkshochschulen, Berufsschulen, Grund- und weiterführende Schulen, ein Institut, das Entwicklungshelfer ausbildet, und das Lehrerseminar, Det Nødwendige Seminarium (Das Notwendige Seminar, kurz DNS), für das in der oben genannten Anzeige geworben wurde.

Mein Entschluß zu bleiben und was folgte

Ich war begeistert von dem, was ich in Tvind vorfand und entschloß mich, mich für diese Lehrerausbildung der Tvindschulen, das Det Nødwendige Seminarium (DNS), einzuschreiben. Nachdem ich den festen Beschluß gefaßt hatte, wurde ich zu einem Gespräch unter vier Augen gebeten, an dem meine Freundin nicht teilnehmen durfte, da sie ja nicht dort studieren wolle. Während dieses Gesprächs wurden erstmalig finanzielle Voraussetzungen für den Schulbesuch angesprochen. 25.000 dänische Kronen (zum damaligen Zeitpunkt rund 6.500 DM) Schulgeld sollte ich zahlen, wobei mir aber gleich die Möglichkeit eröffnet wurde, diese Summe noch zu verdienen. Ein großer Teil der Studenten, die am DNS im September 1992 beginnen wollten zu studieren, das Geld aber nicht aus eigenen Mitteln aufbringen konnten, war zu diesem Zeitpunkt (Juli ´92) in Deutschland in Köln. Dort arbeiteten sie teilweise schon seit mehreren Monaten.

Eine Unterschrift nach der andren ...

Neben diesem Vertrag über das zu zahlende Startgeld von 25.000 dkr unterschrieb ich noch einen weiteren, der besagte, daß ich mit den etwa 30 Studenten meines Jahrgangs, dem DNS 15 (wir waren der 15. Jahrgang, daher die 15) eine Ökonomiegruppe bilden würde. Das bedeutete, daß ich während der nächsten fünf Jahre der Ausbildung über keine eigenen Konten verfügen durfte und alle Einnahmen und Ausgaben über einen Gruppenfond laufen mußten. Später erfuhr ich, daß auch alle Tvind-Lehrer eine solche Ökonomiegruppe bilden. Von staatlicher Seite bezahlt, geben die Lehrer ihre monatlichen Gehälter in einen gemeinsamen Fond und bekommen lediglich ein bescheidenes Taschengeld, wie wir Studenten auch, wöchentlich etwa 15,- DM, die Raucher bekamen etwas mehr.

Was mit den so über die Jahre zusammen kommenden Geldern passiert, läßt sich nur vermuten, zumal sich die Lehrer nicht in die Karten schauen ließen. Sicher ist, daß aus diesem Fond die DAPP bzw. UFF, wie die Organisation in Skandinavien heißt, unterhalten wird. Das ist eine Entwicklungshilfe-Organisation, die von dieser Lehrergruppe gegründet wurde.

DAPP besitzt u.a. in der Karibik Plantagen, und die Organisation verfügt auch über Besitz an dänischem Grund und Boden. Hier suchen Tvind-Gegner immer wieder Anhaltspunkte für unlautere Geldgeschäfte.

Nachdem dieser Vertrag zur Gruppenökonomie unterschrieben war, kam es zum nächsten Finanzkontrakt. (Und so sollte es die nächste Zeit bleiben: Solange ich es in Tvind aushielt, gab es immer und immer wieder neue ermüdende und verwirrende Ausführungen und Auseinandersetzungen über Finanzen.)

Diese dritte Finanzierung des Studiums bestand in einem Kredit, den jeder Student bei DAPP aufnehmen mußte für die vier Jahre der Ausbildung in Dänemark. Im fünften Jahr sollte dann jeder Lehrerstudent als Entwicklungshelfer in DAPP-Projekten in Afrika arbeiten, unentgeltlich, so daß jeder nach fünf Jahren ohne Verschuldung die Ausbildung beenden könne. Der Kredit belief sich auf eine Höhe *von 240.000 dkr (ungefähr 60.000 DM).* Mir wurde das zwar alles in aller Ruhe erklärt, aber ich konnte im Nachhinein nicht mehr nachvollziehen, wie ich bei all diesen Verträgen nicht mißtrauisch geworden war; die finanzielle Abhängigkeit, die meine Unterschriften nach sich zogen, erkannte ich nicht. Wahrscheinlich hing es damit zusammen, daß neben den Finanzplänen noch andere Themen angesprochen wurden und letztendlich eine solche Informationsfülle auf mich einwirkte, daß ich nicht alles sofort verarbeitet hatte. Außerdem sind die Tvind-Leute in der Regel gute Rhetoriker!

Die Finanzierung der Ausbildung war nicht die einzige Besonderheit der Tvind-Schulen. So erklärte ich mich einverstanden, das strikte Alkohol- und Drogenverbot an den Schulen zu akzeptieren. Begründet wurde dieses Verbot damit, daß sich Tvind zur Aufgabe gemacht hatte, sich auch um Kinder aus sozial

schwachen Verhältnissen zu kümmern und auch um Erwachsene mit sozialen Problemen u.a. Alkoholabhängigkeit.
Es gab in meiner Gruppe auch Studenten, für die Tvind eine Art Bürgschaft übernommen hatte, Genaueres habe ich aber nicht erfahren.

Erste Kontakte zu meiner Seminargruppe in Köln

Bevor ich in Köln begann zu arbeiten, gab es dort ein Vortreffen mit allen Studenten und Betreuern des DNS 15.
Ich traf dort auf Leute aus Deutschland, Großbritannien, den Niederlanden und aus den skandinavischen Ländern. In der Gruppe fühlte ich mich von Beginn an wohl. Die Atmosphäre empfand ich als ausgesprochen angenehm, was daran gelegen haben mag, daß sich für eine solche alternative Ausbildung ein bestimmter Menschenschlag entscheidet.
Ein bißchen Abenteuerlust, ein bißchen Aussteigermentalität, auf der Suche nach Alternativen zu einem Leben in einer Gesellschaft von Einzelkämpfern und ähnliche Einstellungen zum Leben und besonders zu materiellen Dingen, das war es, was uns verband, obwohl wir aus unterschiedlichen Ländern, Altersgruppen und sozialen Hintergründen stammten. Wir sollten uns bei diesem Treffen schon mal kennenlernen, und wir klärten organisatorische Dinge. Unter anderem wurden wir durch Los eingeteilt in drei Gruppen mit jeweils einem „tvindschen" Gruppenleiter. Zwischen Studenten und Betreuern gab es aber keine hierarchische Ordnung. Es sollte ein gleichberechtigtes Miteinander sein.
Im August 1992 arbeitete ich dann 3 Wochen in Köln, obwohl ich das Schulgeld sofort hätte zahlen können. Nicht in erster Linie, um Geld zu verdienen, sondern um die andren Studenten meiner Gruppe kennenzulernen, reiste ich nach Köln. Immerhin würde ich mit denen die nächsten fünf Jahre zusammenleben. Wir wohnten zusammen in einem kleinen mehrstöckigen Haus in der City, das den Tvind-Schulen gehörte, Miete mußten wir deshalb nicht zahlen.
Die Wohnung befand sich über einem Geschäft der Second-Hand-Ladenkettte HUMANA, einem deutschen Ableger der DAPP-Organisation.

HUMANA und was ich später darüber erfuhr

Mitte der neunziger Jahre, lange nachdem ich vorzeitig und in einer Nacht- und Nebelaktion den Tvind-Schulen entflohen war, geriet eben diese Organisation HUMANA in Deutschland in negative Schlagzeilen. Im Mai 1996 betitelte der „SPIEGEL" einen Artikel über die dänische Tvind-Organisation mit „Imperium der Lumpensammler". Es wurde versucht, die Zusammenhänge zwischen den Tvind-Schulen, DAPP und HUMANA aufzudecken und die schier unergründlichen Tiefen, in welche Unmengen von Geldern aus dem Altkleiderhandel verschwänden, auszuloten, was, soweit ich es beurteilen kann, dem „SPIEGEL"

nicht ganz gelang, aber zumindest wurden einige wichtige Hintergrundinformationen gegeben, die selbst mir noch nicht bekannt waren. (SPIEGEL, 13.5.96)
Nachdem ich die Schulen erst einmal verlassen hatte, wunderte ich mich nicht über Anschuldigungen und Verdächtigungen.
Während meines Aufenthaltes in Tvind erfuhr ich allerdings recht wenig (ich könnte auch böse sagen, so wenig wie möglich) von den Problemen, die die Öffentlichkeit mit Tvind bzw. Tvind mit der Öffentlichkeit hatte. Es kursierten jedoch Gerüchte und vage Vermutungen, aber wir kamen ja so gut wie gar nicht mit „normalen" Dänen zusammen. Die Schulen waren weit ab vom Schuß und für Ausflüge blieb keine Zeit. Man war die meiste Zeit „unter sich" und kannte daher höchstens die tvindsche Version der Kritik, wenn man denn überhaupt etwas erfuhr.
Die Artikel über das Tvind-Imperium las ich anfangs mit Interesse, weil sie Licht ins Dunkel brachten und manches im Nachhinein klarer wurde, aber neben Tatsachenberichten sind die Zeitungsartikel doch oft durchsetzt von Stimmungsmache und Effekthascherei, irgendwo zwischen Wahrheit und bloßer Behauptung.

Der Beginn meiner Lehrerausbildung in Tvind

Im September 1992 begann das Ausbildungsprogramm in Tvind. Allerdings waren von den 30 Studenten vom DNS 15 die meisten noch in Köln zum Geldverdienen, was für die Anwesenden hieß, die Aufgaben der anderen mit zu übernehmen. Und davon gab es genug!
Im Mittelpunkt stand nicht ein Pädagogikstudium, wie es vielleicht an deutschen Hochschulen absolviert wird. Die Ausbildung in Tvind war anders organisiert, denn auch die Ziele waren ganz andre. Hier sollten Lehrer ausgebildet werden, die in erster Linie mit beiden Füßen im Leben stehen, die in der Lage sind, mit Menschen umzugehen, die ein gutes Allgemeinwissen haben, die weltoffen und mit starkem Gemeinschaftssinn und Selbstbewußtsein ausgerüstet waren. Das Studium bestand in den ersten Wochen und auch später demzufolge in keiner Weise aus Bücherwälzen und Wissensvermittlung.
In Tvind ist es üblich, daß alle anfallenden Tätigkeiten von der Reinigung über Kochen bis hin zu Garten- und Reparaturarbeiten und der ökologischen Müllentsorgung in Eigenverantwortung von den Tvind-Bewohnern übernommen werden, denn Hausmeister, Köche oder Reinigungskräfte findet man dort nicht.
Schon allein mit solcher Arbeit lassen sich ganze Tage füllen! Aber wir hatten außerdem noch unser DNS-Programm zu bewältigen.

Bevor es nach Indien ging ...

Zum ersten Studienjahr des DNS-Programms sollte traditionsgemäß eine mehrmonatige Indienreise per Bus gehören. Mit einer Indienreise hatte nämlich 1968 alles begonnen. Auf jener Reise entstand die Idee, eine Schule zu gründen, die Rejsende Folkhøjskole, die Gruppeneisen organisieren und damit zu einer besseren Völkerverständigung beitragen wollte. In den drei Monaten der Vorbereitungsphase unserer Reise wurden 3 Busse so hergerichtet, daß jeweils 10 Leute pro Bus (deswegen die Einteilung in drei Gruppen) vier Monate so komfortabel wie irgend möglich darin wohnen und arbeiten könnten: mit Schlaf-, Sitz- und Schreibplätzen, Kochgelegenheit und kleiner Bibliothek; alles in Eigenarbeit, versteht sich. Außerdem bereiteten wir uns im Selbststudium inhaltlich auf die Reise vor, indem sich jeder kundig machte über jeweils eines der Länder, welche wir auf der Fahrt nach Indien durchqueren würden. Für das Studium konnten wir die schuleigene Bibliothek nutzten, die allerdings weder auf dem neuesten Stand noch sehr ergiebig war. Auf unsre Kritik hin wurden jedoch schnell einige neuere Publikationen besorgt, englisch- und deutschsprachige. Neben dem Ausbau der Busse und der theoretischen Einstimmung auf die Reise übten wir auch den Umgang mit Fotoapparat und Videokamera, denn nach der Reise wollten wir in Vorträgen von unsren Reiseerfahrungen berichten, in Schulen zum Beispiel. Dafür nahmen wir schon vor der Reise Kontakt zu Schulklassen auf und ließen uns von den Kindern Aufträge erteilen, was wir für sie auf unsrer Fahrt erkunden sollten, um ihnen nach unsrer Reise dann berichten zu können von dem, was wir für sie herausgefunden hätten. Für die Foto- und Filmarbeiten stand uns gute Technik zur Verfügung: die Kameras, ein Fotolabor und ein modernes Mischpult für das Schneiden von Filmen. Aber es mangelte an fachkundiger Anleitung. Immer wieder mußten wir uns die Schlagworte „Learning by doing“ und „Do it yourself“ anhören, als wir um Hilfe baten, wenn wir mit der Technik nicht klar kamen. Meiner Meinung nach muß man abwägen, wo selber gesucht und experimentiert werden sollte und wo wenigstens eine Starthilfe angebracht wäre, in unsrem Fall schon aus Kosten- und Zeitgründen. In diesem Zusammenhang wurde mir von einer unsrer Gruppenleiter erklärt, daß nicht tiefgehende Fähig- und Fertigkeiten angestrebt werden, sondern vielmehr, daß jeder von vielem ein bißchen können muß – jedenfalls für den Anfang. Nicht Fachidioten, sondern „Allrounder“ sollten wir werden.

Ein ganz normaler Tag in Tvind

Der Tagesablauf sah für uns ungefähr so aus: Nach dem Wecken und dem Frühstück im großen Speisesaal, der von den Studenten des DNS und der benachbarten Folkhøjskole gemeinsam genutzt wurde, hatte jeder täglich seinen bestimmten Aufgabenbereich, dem er sich vormittags eine Stunde lang zu widmen hatte: Wäsche waschen, bügeln, Fenster putzen, Gartenarbeit, kleinere Reparaturarbeiten, Reinigung der Gemeinschaftsräume, Müllentsorgung etc. Anschließend trafen wir uns im DNS-Gruppenraum. Jede Sitzung wurde mit ein, zwei Liedern eröffnet. Es gab ein spezielles Tvind-Singebuch, in dem wir Lieder aus aller Welt fanden. Das weitere Programm für den Vormittag bestand aus Vorträgen, Foto- und Videoübungen und verschiedenen Vorbereitungen für die Reise, z.B. Visa beantragen und ärztliche Vorsorge treffen. Außerdem bekamen wir ausländischen Studenten Dänischunterricht. Kommunikationssprache war anfangs zwar fast ausschließlich englisch, wegen der unterschiedlichen Nationalitäten in unsrer Gruppe, aber schon in den ersten Wochen begannen wir, Dänisch zu lernen, da Dänisch die Sprache war, in der wir später geprüft werden und unterrichten sollten. Abwechselnd mußten einige von unsrer Gruppe für Mittag- und Abendbrot sorgen. Das hieß, für etwa 50 bis 60 Leute war einzukaufen und zu kochen. Der Nachmittag war ähnlich organisiert oder wie die Abende mit dem Busaus- und -umbau gefüllt. Die Wochenenden unterschieden sich nicht sehr von den normalen Wochentagen, eigentlich waren wir rund um die Uhr beschäftigt.

„Nichts ist unmöglich" oder „kein Problem!"

Ich hatte noch eine andre Aufgabe. Für die drei Busse, die nach Indien fahren würden, brauchten wir Fahrer und die sollten selbstverständlich aus den eigenen Reihen kommen. In Dänemark ist es möglich, den Bus- und LKW-Führerschein gleich im Anschluß an die bestandene Prüfung für den Pkw-Führerschein zu machen. Einige DNS-15-Studenten waren zu diesem Zeitpunkt bereits abgesprungen, darunter auch welche, die als Fahrer vorgesehen waren, so rückte ich kurzfristig auf und besuchte mit drei anderen potentiellen Busfahrern die Fahrschule, um in einem Crash-Kurs den „großen" Führerschein machen. Die Fahrschule befand sich in der nächst größeren Stadt Holstebro, wohin wir mehrmals in der Woche zu pendeln hatten. Gerade im Zusammenhang mit dieser Fahrschule war ich immer wieder beeindruckt von dem unglaublichen Organisationstalent der Tvind-Leute und der just unendlichen Zuversichtlichkeit, auch aus der scheinbar aussichtslosesten Situation einen Ausweg zu finden. Manchmal wurde unter Umständen ein bißchen getrickst, vielleicht sogar am Rande der Legalität. Jedenfalls nahm das in Tvind oft benutze Motto „We can do what ever we want to do" geradezu Züge eines „Nichts ist unmöglich" an! Und „Kein Problem!" hörten wir auch in den verschiedensten Sprachen, wenn wir mal nicht ein noch aus wußten. Solche Schlagworte und Leitsätze zählten zum Grundwortschatz in Tvind.
Auch folgendes Problem war eigentlich „kein Problem!". Wir ausländischen Fahrschüler brauchten für die Zulassung zur Fahrschule z.B. die gelbe Versicherungskarte, die man in Dänemark anstelle eines Personalausweises erhält, wenn man im Land arbeitet und somit versichert ist. Man muß aber - wie gesagt - in Dänemark arbeiten. Wir hatten jedoch als Tvind-Studenten gar nicht die Zeit, uns Arbeit zu suchen. So wurden wir vier (zwei Deutsche, zwei Engländer) kurzerhand pro forma von den Tvind-Schulen als Lehrerassistenten eingestellt. Unsere obligatorischen Arbeitsstunden leisteten wir dann in einer Tvind-Abiturklasse ab, die wir bei allgemeinen Aufräumungsarbeiten auf dem Tvind-

Gelände, an welchen wir so oder so hätten teilnehmen müssen, „beaufsichtigten“. Wenn ich mir vorstelle, in welch kurzen Zeiträumen solche Probleme angegangen und - soweit ich es mitbekommen habe - auch immer bewältigt wurden, ist das schon beeindruckend und zeugt von sagenhaftem Einfallsreichtum, Optimismus und unerschütterlichen Glauben an die Sache.

Wir brauchen wenigstens einen freien Tag

Nach wenigen Wochen wurden uns die alltäglich anfallenden und die unvorhersehbaren zusätzlichen Arbeiten ein bißchen viel. Wir beanstandeten, daß wir eigentlich recht wenig Zeit für uns selbst hatten und klagten einen freien Tag ein. Bei solchen Diskussionen zwischen Tvind-Lehrern und Studenten fiel immer wieder das Motto „You can just do what you want to do“. Wir wollten und beschlossen also, uns einen freien Tag pro Woche zu gönnen, ohne Programm, ohne Gruppenzwang. Aber es stellte sich schnell heraus, daß wir doch nicht ständig tun konnten, was wir wollten, sondern, daß irgendwo anders schon geplant war, was zu machen sei. Unsren freien Tag in der Woche konnten wir nicht beibehalten, irgend etwas Dringendes kam dann doch dazwischen.

Geld, Geld, Geld

So etwas Dringendes wurden zum Beispiel Ökonomietreffen, in denen es um den Finanzhaushalt der Gruppe ging. Leute sprangen ab und neue tauchten auf. Denn obwohl das Ausbildungsprogramm bereits begonnen hatte, wurde im In- und Ausland massive Werbung gemacht für das DNS 15, denn die Tvind-Leitung hatte sich zum Ziel gesetzt, mit 30 Leuten nach Indien zu fahren, weil sich das Unterfangen nur bei dieser Zahl rechnen würde, was uns mit beeindrukkenden Zahlenspielereien nahe gebracht werden sollte. Bloß, daß die meisten von uns mit Zahlen und Finanzen nicht viel am Hut hatten ...
Das Geld jedes Einzelnen schlug zu Buche und durch das anhaltende Abspringen und Hinzustoßen neuer Kandidaten gab es ständig aktualisierte Finanzpläne, seitenlange Rechnungslisten. Besonders nervenaufreibend war folgende Diskussion: Zwei Deutsche wollten bereits nach drei Wochen das Seminar verlassen. Sie hatten die gesamte Summe von 25.000 dkr bereits bezahlt und baten nun um einen Teil davon, um in Deutschland etwas zu haben, wovon sie einstweilen leben könnten, bis sich eine Möglichkeit, Geld zu verdienen, fände. Während wir anderen Studenten nichts einzuwenden hatten, kam aus den Reihen der Gruppenleiter lauter Protest. Die wollten nicht, daß die Aussteiger Geld zurück bekämen. Wir beriefen uns unsererseits darauf, daß es *unsre* Gruppenfinanzen wären und wir Studenten über das Geld entscheiden können und darüber, was wofür ausgegeben wird. Die Lehrer beriefen sich wiederum auf jahrelange Erfahrungen. Daß ihre Meinung keineswegs nur empfehlenden Charakter hatte, stellte sich schnell heraus. In Tvind wird bei verschiedenen Meinungsauffassungen

nämlich nicht nach dem Mehrheitsprinzip entschieden, sondern es gilt, einen Konsens zu finden. Diese Suche endet vielleicht sogar wirklich mit einem Konsens, einem scheinheiligen allerdings.
Da die Tvind-Leute einfach den längeren Atem zu haben schienen, gaben wir andren meist irgendwann nach ermüdendem Hin und Her erschöpft auf, gleichgültig, was entschieden wurde, Hauptsache: Ende der Diskussion! Da stimmten wir dann auch mal Dingen zu, von denen wir keine Ahnung hatten oder die uns eigentlich gar nicht paßten. In diesem einen Fall konnten wir uns immerhin soweit durchsetzen, daß die beiden einen kleinen Teil des eingezahlten Geldes zurückbekamen.

Und dann gab es da solche Studenten und solche

Ein andermal gab es großes Aufsehen, weil einige Studenten eine Versammlung ohne Anwesenheit von Lehrern abhalten wollten, um endlich einmal ungestört (sprich: unbeaufsichtigt) miteinander reden zu können, um Zweifel und Unsicherheiten anzusprechen, die viele von uns zu haben schienen.
Die Versammlung konnte schließlich stattfinden, aber die „Tvindys", wie wir die Alteingesessenen nannten, die vor dem DNS schon durch andre Tvind-Schulen gegangen waren, waren überall. So gab es auch unter den Studenten welche, die bereits Mitglied der Lehrergruppe waren. Nun waren sie es, die die Tvind-Schiene fuhren und die Position der Lehrer einnahmen, als wären sie vorher instruiert worden.
All das war ziemlich verwirrend, manchmal ein bißchen unheimlich. Wir mußten an „Gehirn-wäsche" denken, aber es blieb stets nur ein vages Gefühl von „Hier stimmt was nicht". Es ging mehreren von uns so, daß wir uns nicht recht wohl fühlten, aber auch nicht genau sagen konnten, was eigentlich die konkreten Ursachen gewesen wären.
Einmal bemerkte jemand, er käme sich vor wie auf Georg Orwells „Farm der Tiere". Wir fanden den Nagel auf den Kopf getroffen, die „Tvindys" jedoch reagierten empfindlich, ließen ihn, der das gesagt hatte, nach einigen Tagen die Schule verlassen, ohne zu versuchen, ihn davon abzuhalten und zum Dableiben zu bewegen, wie sie es mit anderen versuchten. Ich sollte das später selbst erfahren.

„Vil du købe mine blomster?"

Je länger wir jedenfalls über Geld redeten, desto weniger schien es zu werden. Noch immer waren nicht alle aus Köln nach Tvind übergesiedelt, noch immer war nicht alles Schulgeld zusammen. Es tauchten Finanzlöcher auf, und es mußten Möglichkeiten gefunden werden, diese zu stopfen. Die Insider hatten auch gleich einen Plan parat. Wie sich herausstellte, gab es an den Tvind-Schulen schon seit langem zwei Wege, zu Geld für die Gruppenkassen zu kommen: zum einen durch Blumen- und zum andren durch Postkartenverkauf. So zog der Teil vom DNS 15, der bereits in Tvind war, mit Kisten voll kleiner Blumentöpfe beladen, in mehr oder weniger weit entfernte Städte und versuchte, von Haus zu Haus ziehend, diese Töpfe zu verkaufen. Die Blumen bezogen wir zu Vorzugspreisen von einer Gärtnerei. Tvind war dort regelmäßig Großabnehmer. Einige mögen bei dem Haustürgeschäft ganz gut gewesen zu sein, mir lag das gar nicht und so verkaufte ich denn auch meist nicht viel. Ich hatte deswegen ein zermürbend schlechtes Gewissen und ständig das Gefühl, den Anforderungen nicht zu genügen. Es war amüsant, daß wir etwas verkaufen sollten, ohne überhaupt dänisch zu können. Wir lernten also auf der Fahrt zu den Plätzen, wo wir verkaufen sollten, einige Sätze Dänisch in der Hoffnung, die potentiellen Kunden kauften sofort und würden nicht erst noch Fragen stellen oder uns gar in Gespräche zu verwickeln suchen! „Vil du købe mine blomster?" Aber zum Glück sprechen ja so ziemlich alle Dänen hinreichend gut englisch!

Und was Dänen von den Tvind-Schulen halten

Wirklich interessant war allerdings, auf diese Weise endlich mal mit Dänen zusammenzutreffen, die nichts mit den Tvind-Schulen zu tun hatten. Es fiel dann doch tatsächlich das eine oder andere Mal krachend eine Tür vor meiner Nase ins Schloß, wenn ich die Frage, ob ich von Tvind sei, bejahte. Ein anderes Mal kaufte mir eine freundliche ältere Dame gleich die halbe Palette Blumentöpfe ab, als ich auf die gleiche Frage das gleiche antwortete. Besonders beunruhigte mich das Gespräch mit einem jungen Geistlichen, der mir keinen Blumentopf abkaufte, mich aber in die Wohnung bat. Er riet mir, mich, bevor es zu spät sei, von den Tvind-Schulen zu lösen. O-ha! Was war das? Ich erzählte später meinen Leuten davon. Von den Betreuern kam dann die Erklärung, daß es Leute in Dänemark gäbe, die den Tvind-Schulen deren Erfolg neideten und die alles daran setzten, die Schulen zu verunglimpfen und als Zentren kommunistischer Ideologie gekoppelt mit kapitalistischer Geldgier zu beschimpfen. Die anderen „da draußen" waren also die Bösen, die uns, den Guten, Schlechtes wollten.

Was ist aus den Grundideen der Anfangsjahre geworden?

Man braucht jedoch wirklich nicht lange in den Tvind-Schulen leben um mitzukriegen, daß sowohl an kommunistisch angehauchten Ideen als auch an der Geldmacherei was dran ist. Es machten sich schon nach kurzer Zeit des Verweilens in Tvind bei den meisten Zweifel breit. Aber die Hemmschwelle, der Schule wirklich Schlechtes nachzusagen, lag sehr hoch. Immerhin hatte ich mich mit wehenden Fahnen von meiner Familie und Deutschland auf längere Zeit verabschiedet. Einige hatten hinter sich alles abgebrochen, ihren Haushalt verkauft, um das Schulgeld aufzubringen. Wir hatten uns psychisch und moralisch auf eine gute Weile Leben in der Tvind-Gemeinschaft eingestellt, weit weg von dem, was wir bis dahin gelebt hatten, wenn auch nicht unbedingt weit weg im räumlichen, so doch zumindest im ideellen Sinn. Das plötzlich wieder aufzugeben und sich damit eine Fehlentscheidung einzugestehen , war nicht leicht. Zumal wir die eigentlichen Grundideen ja befürworteten. Hinzu kam, daß wir alle die Verträge unterschrieben hatten, die uns finanziell banden, und uns die Ausmaße nicht klar waren, mit denen man einen eventuellen Vertragsbruch ahnden würde. Gegen allen Unmut und alle Unsicherheit redeten wir uns gegenseitig immer wieder gut zu, versuchten, das Positive, nämlich die Freundschaften und Sympathien in der Gruppe, hervorzuheben und uns so gegen die Macken der „Tvindys" zu feien.

Und dann auch noch Postkarten verkaufen ...

Der Blumenverkauf war jedenfalls nur die eine weitere Variante, den Gruppenetat aufzubessern. Dann gab es da noch den Postkartenverkauf, der, wie sich herausstellte, von Anfang an geplant war. Auf den Postkarten sah man lachende Kinder, fotografiert in Entwicklungshilfeprojekten der DAPP in Afrika. 10 Stück für 15,- DM. Diesmal fand der Verkauf nicht an dänischen Haustüren statt, sondern auf den Straßen und Plätzen großer europäischer Städte. Mir blieb diese Art des Geldverdienens glücklicherweise größtenteils erspart, weil ich meinen Führerschein machen mußte und deshalb in Tvind blieb. Die anderen waren in zwei Gruppen aufgeteilt und drei Wochen lang unterwegs, die einen in Berlin, die anderen in Hamburg.

Durchgebrannt ...

Ich sollte einmal mit zum Postkartenverkauf, allerdings in einer dänischen Stadt, aber ich blieb ohne Erfolg und auf all meinen Karten sitzen. Es lag mir einfach nicht, Leute auf der Straße anzusprechen und ihnen etwas verkaufen zu müssen. Hinzu kam, daß ich von der Sache ja selbst überhaupt nicht überzeugt war. Ich hatte diese Kinder, die da auf den Postkarten lachten, schließlich nie gesehen und wer garantierte mir, daß die sich wirklich in der Obhut von DAPP befanden. Inzwischen war ich mißtrauisch genug, alles anzuzweifeln, was man mir vorsetzte, und ich war überhaupt ständig mißgelaunt und reagierte gereizt und trotzig. Am nächsten Tag sollte ich es noch einmal mit dem Postkartenverkauf versuchen, aber ich stahl mich morgens auf Schleichwegen vom Schulgelände, um den Postkarten und den Betreuern zu entgehen, und kehrte erst abends wieder zurück. Ich mußte also 22 Jahre alt werden, um das erste Mal in meinem Leben durchzubrennen! Wo war ich da bloß hingeraten? Völlig unerwartet nahm man mir meinen Ausreißer nicht übel. Den ganzen Tag hatte ich mir schwere Vorwürfe gemacht und versucht, mir vorzustellen, was bei meiner Rückkehr geschehen würde. Aber man begegnete mir geradezu mit Verständnis, was jedoch meine argen Zweifel nicht beseitigen konnte.

Hol mich hier weg!

Ich beschloß in diesen Tagen, rund zwei Monate, nachdem ich die Lehrerausbildung am DNS in den dänischen Tvind-Schulen begonnen hatte, ernsthaft, nach Deutschland zurückzukehren. Als ich meine Absichten laut werden ließ, „bearbeitete“ man mich auf die sanfte Tour. Meine beste Freundin aus der Gruppe, die mit in Berlin zum Postkartenverkauf war, wurde herbeigeholt (Geld spielte keine Rolle!) und all meine Gründe, Tvind zu verlassen, wurden schlichtweg zerredet. Mir wurden verschiedene Zugeständnisse gemacht und so ließ ich von meinem Vorhaben, wegzugehen, ab. Nach kurzer Zeit war ich jedoch an dem gleichen Punkt angelangt. Ich hielt es in Tvind nicht mehr aus. Meine Freunde waren immer noch in Berlin und Hamburg, und so ganz ohne die Truppe wurde mir sehr schnell bewußt, daß ich nicht länger in Tvind bleiben konnte. Der Auslöser für den erneuten Wunsch, nach Deutschland zurückzugehen, war eher banal. Durch ein sprachliches Mißverständnis kam es bei der Fahrschule zu einer heftigen Auseinandersetzung zwischen mir und einem „Tvindy“. Ich weiß nur noch, daß ich in aller Öffentlichkeit einen fürchterliche Wutanfall bekam und den anderen, einen Dänen, lauthals und ausgiebig auf deutsch beschimpfte, mir war egal, ob er mich verstand oder nicht, ich mußte mir nur endlich einmal Luft machen. Anschließend telefonierte ich mit meinem Bruder in Deutschland und bat ihn, mich so schnell wie möglich abzuholen. Er wollte bereits am nächsten Morgen in Tvind sein. Nachdem ich seine Zusage hatte, setzte ich die anderen von meiner endgültigen Absicht in Kenntnis. In der Nacht versuchte man, mich noch einmal umzustimmen, aber ohne Erfolg, ich wußte ja meine Rettung bereits auf dem Wege zu mir. Bei Tagesanbruch saß ich im Auto meines Bruders und fuhr zurück in Richtung Deutschland.

Was hat mir das nun gebracht?

Seit langem fühlte ich mich endlich wieder frei, und ich war erleichtert. Ich wußte, daß ich die richtige Entscheidung getroffen hatte. Ich bedauerte, daß ich gute Freunde zurückließ und daß ich nicht an der unter Mühen vorbereiteten Reise nach Indien teilnehmen konnte. Ich fühlte mich zwar um einige wichtige Erfahrungen reicher, aber der Preis dafür war doch recht hoch. Immerhin hatte ich Geld, Zeit und vor allem Nerven gelassen. Mit meinen Freunden vom DNS 15 blieb ich weiter in Kontakt. Andere sind nach mir abgesprungen, manche noch vor der Indienreise, andere während der Reise, aber der größte Teil anschließend, noch im Laufe des ersten Studienjahres. Irgendwelche Nachspiele gab es - soweit mir bekannt ist - nicht.

In der ersten Zeit nach meinem Ausstieg hatte ich gelegentlich ein ungutes Gefühl. Ich befürchtete, man würde versuchen, mich zurückzuholen. Das war nicht völlig aus der Luft gegriffen. Es gab ziemlich am Anfang unserer Ausbildung in der Schule folgende Begebenheit: Eine deutsche Gruppenleiterin war noch vor

der Indienreise von ihrem Heimurlaub aus Deutschland nicht zurückgekehrt. Wir konnten über ihren Verbleib so wenig wie über ihre Gründe in Erfahrung bringen, und von den andren Tvind-Lehrern erfuhren wir nur die unglaubhafte Erklärung, ihre Mutter sei plötzlich schwer erkrankt. In inoffiziellen Quellen hingegen hieß es, sie wäre untergetaucht. Auch so etwas Ungeklärtes ...
Häufig trifft man in Zusammenhang mit Tvind auf den Begriff „Sekte". Ob es sich bei Tvind tatsächlich um eine Sekte handelt oder nicht, kann ich nicht beurteilen. Es gibt einige Punkte, die an eine sektenartige Gemeinschaft erinnern: Finanzielle Abhängigkeit, starker Gruppendruck, ständiger Arbeitszwang, um die offensichtlichsten zu nennen. Wichtig ist mir jedoch nach wie vor, daß so viel wie möglich über die Tvindschulen nach außen dringt. Noch sind sie in Deutschland zu wenig bekannt. Ich hielte es für besonders wichtig, daß Interessenten wissen, worauf sie sich bei einem Kontakt mit dieser Organisation einlassen und sich bewußt entscheiden können, ob sie so leben wollen. Laut Zeitungsberichten sollen sich die Gründer der Tvind-Organisation anfangs tatsächlich die kommunistische Weltrevolution auf die Fahnen geschrieben haben. Das hieße, daß ein Wandel stattgefunden hat, denn die Ziele wurden später niedriger (und realistischer) gesteckt. Zuletzt waren die Tvind-Schulen vor allem ökologisch und sozial ausgerichtet. Der humanitäre Aspekt trat in den Vordergrund und die Ausrichtung auf Entwicklungshilfe in der dritten Welt und Sorge für diejenigen, die durch das soziale Netz der ersten Welt fallen, gewannen an Gewicht. Und gerade das erscheint mir schon erhaltens- und ehrenwert.
Es ist schwer zu sagen, was ich außerdem auch im Nachhinein weiterhin für gut halte. Vieles, was 1992 Tvind für mich interessant machte, hat im Laufe meines dortigen Aufenthalts einen bitteren Beigeschmack bekommen; sei es nun das enge Zusammenleben in einer größeren Gruppe oder der Verzicht auf Dienstleistungen von außen, z.B. bei größeren Reparaturarbeiten. Selbst das Auffangen sozial Entgleister in den Tvind-Schulen, hat einen Haken. Was nützt es, wenn sie nach einigen Jahren in den festen Strukturen des Tvind-Lebens wieder große Probleme damit haben, „draußen", in der freien Marktwirtschaft zu bestehen?
Meine Meinung über Tvind kann ich nicht einmal mehr zwiespältig nennen. Die Enttäuschung war zu groß, die unangenehmen Gefühle wirken zu stark nach.

Autor(inn)enverzeichnis

Alphei, Hartmut; Schulleiter der Odenwaldschule. Anschrift: Odenwaldschule, 64646 Heppenheim.

Altermann, Klaus; Prof. Dr. - Institut für Pädagogik der Universität Riga. Anschrift: Visralza Straße 4 A, LV - 1011 Riga, Lettland.

Barsch, Anke; Lehrerin in Schwerin und Doktorandin am Lehrstuhl für Schulpädagogik der Universität Rostock. Anschrift: Berta-von-Suttner-Straße 10, 19061 Schwerin.

Barth, Gernot; Dr. - wiss. Assistent am Institut für Schulpädagogik der Pädagogischen Hochschule Erfurt. Anschrift: Nordhäuser Straße 63, 99089 Erfurt.

Berger, Jens; Lehrer am Chemnitzer Schulmodell. Anschrift: Charlottenstraße 52, 09126 Chemnitz.

Boensch, Jens; wiss. Assistent am Institut für Rehabilitationspädagogik der Martin-Luther-Universität Halle-Wittenberg. Anschrift: Postfach, 06099 Halle/Saale.

Čaure, Anita; Prof. Dr. - Institut für Fremdsprachen der Universität Riga. Anschrift: Visralza Straße 4 A, LV - 1011 Riga, Lettland.

Damerius, Marion; Dr. - Sozialberaterin im Sozialamt der Hansestadt Greifswald. Anschrift: Lessingstraße 12, 17489 Greifswald.

Drews, Ursula; Prof. Dr.; Institut für Grundschulpädagogik der Universität Potsdam. Anschrift: Am Neuen Palais 10, 14469 Potsdam.

Ehrtmann, Reinhardt; Lehrer am Werkgymnasium Heidenheim. Anschrift: Römerstraße 101, 89522 Heidenheim.

Förster, Gabriele; Dr. - wiss. Assistentin am Institut für Erziehungswissenschaft der Universität Greifswald. Anschrift: Franz-Mehring-Straße 47, 17487 Greifswald.

Glänzel, Hartmut; Studienrat. Anschrift: Falkstraße 25, 12053 Berlin.

Graorac, Isidor; Prof. Dr., Universität Serbien. Anschrift: Baranjska 5, 21000 Novi Sad, Serbien.

Grecmanová, Helena; Dr. - wiss. Assistentin am Lehrstuhl für Pädagogik der Palacky Universität. Anschrift: Tr. 17. Listopadu 6, 77140 Olomouc, Tschechien.

von der Groeben, Annemarie; Dr. h.c. der Fakultät für Pädagogik der Universität Bielefeld und didaktische Leiterin der Bielefelder Laborschule. Anschrift: Universitätsstr. 25, 33615 Bielefeld.

Hansen-Schaberg, Inge; *Dr.* - Privatdozentin für Erziehungswissenschaft an der Technischen Universität Berlin. Anschrift: Birkenweg 15, 27356 Rotenburg.

Herrmann, Kerstin; Lehrerin. Grundschule Kleingeschwenda. Anschrift: Ortsstr. 27a, 98743 Gösselsdorf.

Hinsching, Jochen; Prof. Dr. - Direktor des Instituts für Sportwissenschaft der Ernst-Moritz-Arndt-Universität Greifswald. Anschrift: Falladastraße 2, 17487 Greifswald.

Jung, Burkhard; StD. i. K. - bislang Schulleiter des Evangelischen Schulzentrums Leipzig; jetzt Leipziger Bürgermeister und Beigeordneter für Jugend, Schule und Sport. Anschrift: Gräfestraße 18, 04129 Leipzig.

Kagel, Heike; Direktorin der Erwin-Fischer-Gesamtschule Greifswald. Anschrift: Feldstraße 87, 17489 Greifswald.

Kangi, Takashi; Prof. Dr. - Anschrift: 96 Kitahananobo-Cho, Kita-Ku, 603 Kyoto - Japan.

Kelck, Necla; Promotionsstipendiatin der Böckler-Stiftung. Anschrift: Wiesenstraße 45a, 20255 Hamburg.

Kinoshita, Yuriko; Prof. Dr. - Anschrift: Sakae-Machi 2-3-28, Yao-Shi 581, Osaka - Japan.

Kleemann, Nils; Direktor der Montessori-Grundschule Greifswald. Anschrift: Helsinkiring 5, 17493 Greifswald.

König, Andrea; Studentin für Anglistik an der Universität Greifswald. Anschrift: Stalsunder Straße 21, 17489 Greifswald.

Kruse, Andreas; Prof. Dr. - Direktor des Instituts für Gerontologie der Universität Heidelberg. Anschrift: Bergheimer Straße 20, 69115 Heidelberg.

Kuichi, Yoichi; Prof. Dr.- Naruto University of Education. Anschrift: Takashima, Naruto - Shi 7772 - Japan.

Laging, Ralf; Prof. Dr.; Otto-von-Guericke-Universität Magdeburg, Institut für Sportwissenschaft. Anschrift: Stresemannstraße 23, 39104 Magdeburg.

Littig, Peter; Dr.; stellv. Direktor der Hermann Lietz Schule Buchenau. Anschrift: Gleichweg 34, 80999 München.

Lost, Christine; Prof. Dr. - Seminar für Pädagogik der Universität Ulm. Anschrift: Hanns-Eisler-Straße 6, 10409 Berlin.

Lüthi, Armin; Ecole d'Humanite. Anschrift: Berner Oberland, CH-6085 Hasliberg Goldern, Schweiz.

Mavrina, Irina; Prof. Dr. - Staatliche Pädagogische Universität Omsk, Lehrstuhl Sozialpädagogik. Anschrift: Nabereshnaja Tuchatschewskogo 14, 644099 Omsk, Rußland.

Mchitarjan, Irina; Dr. - wiss. Assistentin am Institut für Erziehungswissenschaft der Universität Greifswald. Anschrift: Franz-Mehring-Straße 47, 17487 Greifswald.

Mebus, Sylvia; Dr. - Privatdozentin für Erziehungswissenschaft an der Universität Greifswald und Fachleiterin für Geschichte und Pädagogik am Staatlichen Seminar für das Höhere Lehramt an Gymnasien in Dresden. Anschrift: Manitiusstraße 2, 01067 Dresden.

Meffert, Reimund; Referendar am Gymnasium Anklam und Doktorand am Institut für Erziehungswissenschaft der Universität Greifswald.

Mehlhorn, Gerlinde; Prof. Dr. - Geschäftsführerin der BIP-Kreativitätszentrums. Anschrift: Hermann-Löns-Straße 12, 04454 Holzhausen bei Leipzig.

Merz-Atalik, Kerstin; Dr. - wiss. Assistentin am Institut für Rehabilitationspädagogik der Martin-Luther-Universität Halle-Wittenberg. Anschrift: Postfach, 06099 Halle/Saale.

Mett, Birgit; Landesinstitut Mecklenburg-Vorpommern für Schule und Ausbildung (L.I.S.A.). Anschrift: von-Flotow-Straße 20, 19059 Schwerin.

Müller, Karin; Direktorin der Martin-Andersen-Nexö-Schule Greifswald. Anschrift: Warschauer Straße 16, 17493 Greifswald.

Paech, Barbara; Grundschullehrerin. Anschrift: Grundschule Riems, Schulstraße 1, 17498 Riems.

Palt, Beatrix; Dr.- wiss. Mitarbeiterin im FB Pädagogik der Universität der Bundeswehr Hamburg. Anschrift: Holstenhofweg 85, 22039 Hamburg.

Pehnke, Andreas; Prof. Dr. - Direktor des Instituts für Erziehungswissenschaft der Ernst-Moritz-Arndt-Universität Greifswald. Anschrift: Franz-Mehring-Straße 47, 17487 Greifswald.

Prüß, Franz; Prof. Dr. - Institut für Erziehungswissenschaft der Ernst-Moritz-Arndt-Universität Greifswald. Anschrift: Franz-Mehring-Straße 47, 17487 Greifswald.

Rang, Adalbert; Prof. Dr. (em.). Anschrift: Westerwaldweg 26, 53424 Remagen-Oberwinter.

Reincke, Hans-Joachim; Dr. - Anschrift: Birkenwinkel 53 A, 26209 Kirchhatten/Oldbg.

Röhrs, Hermann; Prof. (em.) Dr. Dr. h.c. - Universität Heidelberg. Anschrift: Bergstraße 58, 69259 Wilhelmsfeld.

Rosenberger, Manfred; Dipl.-Päd. - Mitbegründer der Bundesarbeitsgemeinschaft "Gemeinsam leben - gemeinsam lernen / Eltern gegen Aussonderung", Lehrer an einer Grundschule in Berlin-Kreuzberg. Anschrift: Schülerstraße 2, 10787 Berlin.

Rýdl, Karel; Prof. Dr. - Pädagogische Fakultät der Karlsuniversität Prag. Anschrift: Rettigové 4, 11639 Prag 1, Tschechien.

Schäfer, Margarethe; Grundschullehrerin. Anschrift: Kornblumenstraße 42, 35396 Gießen-Wieseck.

Schmitt, Eric; Dr. - wiss. Assistent am Institut für Gerontologie der Universität Heidelberg. Anschrift: Bergheimer Straße 20, 69115 Heidelberg.

Schneider, Wolfgang; Referendar am Jahn-Gymnaisum Greifswald. Anschrift: Franz-Mehring-Straße 1, 17489 Greifswald.

Schwan, Torsten; Doktorand. Anschrift: Blocklander Straße 17, 28215 Bremen.

Schwerin, Hildebrand; Direktor des Landesinstituts Mecklenburg-Vorpommern für Schule und Ausbildung (L.I.S.A.). Anschrift: von-Flotow-Straße 20, 19059 Schwerin.

Skladny, Benjamin; Direktor der Martinschule der Johanna-Odebrecht-Stiftung in Greifswald. Anschrift: Loissiner Wende 5, 17491 Greifswald.

Stein, Jens; Stellv. Direktor der Karl-Krull-Grundschule. Anschrift: Bleichstraße 36, 17489 Greifswald.

Thiele, Peter; Lehrer am Chemnitzer Schulmodell. Anschrift: Charlottenstraße 52, 09126 Chemnitz.

Thies, Wiltrud; wiss. Mitarbeiterin im FB Erziehungs- und Humanwissenschaften an der Gesamthochschule Kassel - dort zuständig für die wissenschaftliche Begleitung der Reformschule Kassel. Anschrift: Steinbergstraße 8, 39110 Magdeburg.

Tillmann, Klaus-Jürgen; Prof. Dr. - wiss. Leiter der Bielfelder Laborschule. Anschrift: Universitätsstraße 25, 33615 Bielefeld.

Traub, Thilo; Lehrer. Anschrift: Helgenwald 29, 35463 Fernwald.

Urbanovská, Eva; Dr.; wiss. Assistentin am Lehrstuhl für Pädagogik der Palacky Universität. Anschrift: Tr. 17. Listopadu 6, 77140 Olomouc, Tschechien.

Waldmann, Elvira; Dr. - Referentin für Grundschule im Pädagogischen Landesinstitut Brandenburg (PLIB). Anschrift: 14961 Ludwigsfelde - Struveshof.

Wawerka-Driesch, Hanni; Projektleiterin des reformpädagogisch orientierten Schulversuchs an der Blumenschule Malchin. Anschrift: Blumenschule, Blumenstraße 10, 17139 Malchin.

Wiesner, Ingrid; Grundschullehrerin. Anschrift: Jenaplanschule Rostock, Friedrichstraße 23, 18057 Rostock.

Winkels, Theo; Dr.- Direktor der Montessori-Grundschule Mönchengladbach. Anschrift: Bleichstraße 9, 41061 Mönchengladbach.

Wolf, Anne; lebte von 1989 bis 1997 in Benposta (Spanien, Venezuela) und studiert derzeit Lehramt Englisch/Spanisch/Deutsch an der Universität Greifswald. Anschrift: Kurzer Weg 9, 17493 Greifswald.

Zeplin, Anett; Lehrerin. Anschrift: Ackerstraße 162, 10115 Berlin.

Greifswalder Studien zur Erziehungswissenschaft

Herausgegeben von Andreas Pehnke

Band 1 Hermann Röhrs / Andreas Pehnke (Hrsg.): Die Reform des Bildungswesens im Ost-West-Dialog. Geschichte, Aufgaben, Probleme. 1994. 2., erw. Aufl. 1998.

Band 2 Herbert Flach / Joachim Lück / Rosemarie Preuß: Lehrerausbildung im Urteil ihrer Studenten. Zur Reformbedürftigkeit der deutschen Lehrerbildung. 1995. 2., durchges. Aufl. 1997.

Band 3 Selma-Maria Behrndt / Martina Steffen (Hrsg.): Lese-Rechtschreibschwäche im Schulalltag. 1996.

Band 4 Andreas Pehnke (Hrsg.): Einblicke in reformorientierte Schulpraxis der neuen Bundesländer. Anregungen einer Tagung. 1996.

Band 5 Friedhelm Käpnick: Mathematisch begabte Kinder. Modelle, empirische Studien und Förderungsprojekte für das Grundschulalter. 1998.

Band 6 Karel Rýdl: Geschichte und Gegenwart dänischer Schulreformbestrebungen. 1999.

Band 7 Sylvia Mebus: Zur Entwicklung der Lehrerausbildung in der SBZ/DDR 1945 bis 1959 am Beispiel Dresdens. Pädagogik zwischen Selbst- und Fremdbestimmung. 1999.

Band 8 Andreas Pehnke / Gabriele Förster / Wolfgang Schneider (Hrsg.): Anregungen international verwirklichter Reformpädagogik. Traditionen, Bilanzen, Visionen. 1999.